나는 누구인가? 나는 무엇을 아는가? 나는 어떻게 살 것인가?

인생이란 무엇인가

레프 톨스토이/채수동 옮김

톨스토이는 무엇으로 살았는가

세상 속으로

레프 톨스토이는 1828년 9월 9일에 태어났다. 톨스토이가 태어나기 3년 전 12월에 수도 상트페테르부르크에서 일어난 데카브리스트의 반란은 실패로 끝나고 주동자들은 사형 또는 시베리아 유형에 처해지면서 일단락되었다. 니콜라이 1세는 국가를 마치 군대처럼 취급하면서 스스로 연대장이 되어 엄격한 규율을 엄수했다. 그러나 신세대들은 이런 정치에 넌더리를 내면서 질식할 것 같은 괴로움을 호소했다. 데카브리스트의 주된 반란 목적은 러시아에서 전제정치와 농노제 폐지였으나 니콜라이 1세로서는 도저히 인정할 수 없는 일이었다. 황제의 사상을 대변한 이는 문부장관 세르게이 우바로프 백작이었다. 우바로프는 러시아 국민들을 그리스 정교와 전제와 국민성이 하나가 될 수 있게끔 국민들을 교육해야 한다고 생각했다. 그는 독일어와 프랑스어로 많은 저서를 남겼는데 정작 러시아어로 쓴 저서는 아주 소수에 지나지 않았다. 니콜라이 1세나 우바로프는 농노들이 반란을 일으킬 우려가 있음은 잘 알고 있었으면서도 러시아 사회를 뿌리부터 지탱하고 있는 농노제를 폐지할 생각은 결코 없었다. 농노들은 이미 몇 번이나 봉기했다. 톨스토이의 집안에서도 일하는 사람들이 형편없는 처우에 불만을 품고 보란 듯이 반발한 일이 있었다. 모든 일꾼들이 톨스토이의 어머니인 마리야를 위해 전 생애를 희생한 프라스코비야 이사예브나처럼 충성할 생각은 없었던 것이다.

▲상트페테르부르크 상원 광장에 집결한 데카브리스트 반란군　카를 콜만

◀니콜라이 1세의 승마 초상

▼처형된 5명의 데카브리스트들
페스텔·릴리예프·카홉스키·세르게이 무라비요프·페스트체프 류민

▲데카브리스트들을 기리는 비석

▶〈심문하려고 용의자를 끌고 들어온 순간〉 바실리 페로프

▼툴라 지방의 부활절 전야제 모습

눈부신 초원 야스나야 폴랴나

톨스토이는 귀족 가문 출신이다. 그는 농민 차림새로 꾸미고 손님을 맞이하길 좋아했다지만, 한편으로는 자신이 귀족 혈통임을 자랑스러워했다. 톨스토이라는 이름은 모스크바의 대공 바실리 2세가 톨스토이의 선조에게 붙인 '살찐'이라는 별명에서 비롯되었다고 전한다. 그 뒤 톨스토이 집안의 표트르 안드레비치가 표트르 대제로부터 백작 칭호를 수여받았다. 톨스토이의 아버지 쪽 가계가 귀족치고는 별볼 일 없었던 데 비해, 어머니 쪽은 명문 중에서도 명문이었다. 어머니의 생가인 볼콘스키 집안은 체르니고프 공화국의 미하일 공이 시조인데, 한참을 더 거슬러 오르면 9세기에 스칸디나비아에서 러시아로 건너와 최초의 왕국을 세웠다고 알려진 류리크와 이어진다. 그러니 '농민' 톨스토이는 그 어떤 귀족들보다도 자기 가문에 긍지를 느끼고 있었던 것이다.

톨스토이의 생가는 러시아 중심부에 있는 툴라에서 그리 멀지 않은 야스나야 폴랴나(러시아어로 '눈부신 초원'이라는 뜻)에 있었다. 저택 둘레에는 울창한 숲으로 둘러싸인 약 1500헥타르에 달하는 영지가 있었다. 그러나 그의 집안에 잇달아 불행이 찾아들었다. 톨스토이가 겨우 두 살 때 어머니가 돌아가셨고, 7년 뒤인 1837년에는 아버지마저 미심쩍은 소문과 함께 갑작스럽게 세상을 떠났다. 부모를 잃은 그들 형제는 고모 알렉산드라 오스텐 사켄에게 맡겨졌다. 그러나 톨스토이에게 가장 큰 영향을 주었던 이는 아버지의 사촌 누이 타챠나 에르고르스카야와 유모 프라스코비야 이사예브나였다. 농노 출신의 이 유모에 대해서는 《유년 시절》에서 나탈리야 사비시나라는 이름으로 그려져 있다.

젊은 날의 고뇌

고모 알렉산드라가 1841년에 죽고

◀야스나야 폴랴나의 톨스토이가 태어난 집 톨스토이는 이 집에서 생애의 대부분을 보냈으며 작품도 거의 여기서 집필했다.

▶표트르 안드레비치　그는 표트르 대제로부터 백작 칭호를 받았다.

▶▶펠라게야 유시코바　부모를 잃은 톨스토이의 후견인이었던 고모마저 죽자 카잔의 지주 유시코바의 집으로 들어갔다. 톨스토이는 1844년 카잔대학교에 입학했다.

▶▶▶아버지 니콜라이 톨스토이　수백 명의 농노와 영지를 소유한 귀족으로 톨스토이가 9세 때 죽었다.

▶야스나야 폴랴나의 박물관에 보존되어 있는 가죽 소파　톨스토이와 그의 아버지는 모두 이 소파 위에서 태어났다.

▼톨스토이의 어머니가 애용했던 작은 상자　톨스토이의 부모 및 선조의 모습을 담은 세밀화로 장식되어 있다. 모스크바 톨스토이박물관

톨스토이는 또다시 카잔에 살고 있던 펠라게야 고모에게 맡겨졌다. 그녀는 알렉산드라 언니와는 전혀 성격이 달라 믿음이 깊고 완고했으며, 자신이 맡게 된 조카들을 엄격하게 훈육해야 한다고 생각했다. 그녀는 톨스토이가 군인이나 외교관이 되었으면 했다. 그러나 어린 톨스토이는 여러 면에서 그녀를 실망만 시켰다. 그는 공부에는 전혀 흥미가 없었고 예의범절도 형편없었다. 두 번이나 입학시험에 실패한 뒤에야 16세가 되던 가을에 카잔대학교에 입학했다. 이 대학에는 유명한 수학자 로바쳅스키가 있었는데, 그때로서는 모스크바나 상트페테르부르크 다음가는 이름 있는 대학이었다. 그는 철학부 동양어학과에 입학해 아랍어나 터키(지금의 튀르키예)어와 문학을 배우게 되었다. 그러나 이 마을의 온갖 향락에 금세 마음을 빼앗긴 톨스토이는 공부와 담을 쌓았고 결국 진급시험에도 떨어졌다. 이듬해에는 법학부로 과를 옮겨보지만 강의는 실망스럽기 그지없었다. 마침내 대학이란 한낱 '학문의 장례식장'에 지나지 않는다는 결론에 이른 그는 1847년 4월 자퇴의사를 밝히고 야스나야 폴랴나로 돌아왔다. 타차나 숙모와 유모는 한결같이 따뜻하게 그를 맞아주었다. 톨스토이는 평생을 이곳에서 살겠다는 생각과 함께, 농노들에게도 따스하게 대해주리라 결심했다. 카잔에서부터 톨스토이는 일기를 쓰기 시작했는데 이 습관은 평생토록 이어졌다. 엄격한 자기완성에의 욕구와 깊은 회한의 감정에 빠져들었던 그 무렵의 심경은 《청년 시절》에 잘 나타나 있다.

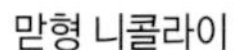

맏형 니콜라이

둘째 형 세르게이

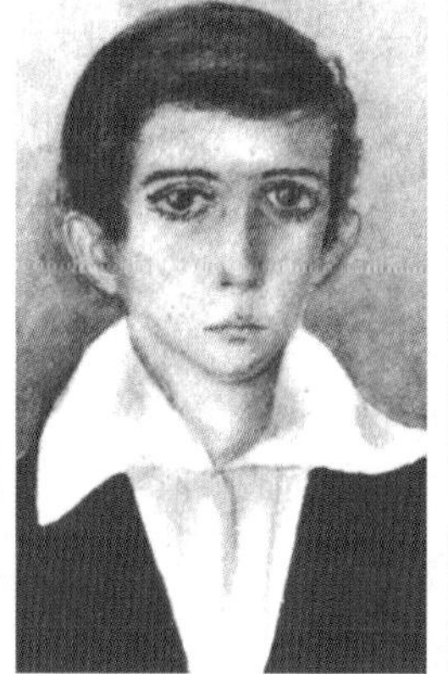

셋째 형 드미트리

여동생 마리야

▲톨스토이가 열렬히 숭배했던 루소의 초상 언제나 몸에 지니고 다녔던 메달에서 나온 그림
▲▲카잔에 있을 때 무명의 화가가 그린 13세 무렵의 톨스토이 이 초상화들은 모두 톨스토이박물관에 있다.

▶카잔거리 광장

◀**앞 페이지**
1830년 무렵의 카잔대학교

▼카잔 마을

문학의 싹 《옛이야기》

톨스토이 같은 기질의 젊은이에게 야스나야 폴랴나는 그야말로 이상적인 땅이었다. 그곳에는 고요하고 평온한 생활이 있었다. 또 톨스토이처럼 농업에 종사하고 싶어 하는 사람에게 일은 얼마든지 있었다. 그러나 세속의 삶을 완전히 떨쳐버리기에는 아직 그 결심이 그리 굳지 못했다. 20세 청년 톨스토이는 얼마 안 가 모스크바로 떠났다. 1848년 가을부터 이듬해 초까지 방탕한 생활과 도박으로 빚도 많이 졌다. 그러다 이번에는 상트페테르부르크에 가서 대학 법학부의 학사시험을 보았다. 겨우 1주일밖에 준비하지 않았지만 민법과 형법시험은 통과했다. 그런데 남은 시험을 한순간에 포기하는가 하면, 또 노름에 빠져 빚만 더 늘어났다. 그러다 보니 타챠나 숙모가 보내준 돈으로 6월에야 간신히 야스나야 폴랴나로 되돌아올 수 있었다.

이 무렵 상트페테르부르크에서는, 프랑스의 공상적인 사회주의자 푸리에의 학설을 연구하는 젊은이들이 한자리에 모여 오랜 압정으로 암울한 러시아의 현실을 개혁할 방법을 의논하고 있었다. 젊은 도스토옙스키도 그들과 함께 있었다. 그들은 곧 체포되었고 시베리아 유형에 처해졌다. 하지만 톨스토이는 이런 움직임과는 전혀 상관없이 여전히 방탕한 생활을 계속했다. 그의 말대로라면 '거의 자살마저 생각한 시기의 심각한 악의 유혹'을 받던 시절이었던 셈이다. 1850년 겨울에 그는 '도박과 결혼과 취직'을 위해서 다시 한번 모스크바로 나왔다. 그는 이때 처음으로 유년 시절을 주제로 작품을 써보겠다고 진지하게 마음먹고 2년 뒤에는 발표까지 하게 되었으나, 그가 살아 있는 동안에는 간행되지 못했다. 톨스토이의 작품에서 진정한 첫 작품이라 할 수 있는 《옛이야기》가 바로 그것이다.

▲상트페테르부르크 학사시험 볼 무렵의 톨스토이(1848, 20세)

▲▲〈볼가강의 배 끄는 인부들〉 일리야 레핀. 1870~73.

▶〈아무도 기다리지 않았다〉 일리야 레핀. 1884~98.

◀앞 페이지와 아래
19세기 초의 상트페테르부르크 발트해에서 이 항구로 배를 타고 들어오는 많은 사람들은 화려한 궁전과 뾰족한 탑들이 무척 인상적이었으리라.

캅카스의 사관후보생

1851년 4월 캅카스(코카서스) 포병대에서 근무하던 맏형 니콜라이가 야스나야 폴랴나로 돌아왔다. 형은 톨스토이에게 그곳의 생활이나 러시아군에게 총구를 겨누고 있는 용맹스런 체첸인과의 전투실황을 자세하게 이야기해 주었다. 산악 민족의 진기한 풍습과 캅카스의 아름다운 풍경 이야기에 매료된 톨스토이는 형을 따라 그곳으로 출발했다. 카잔, 사라토프, 아스트라한을 지나 한 달 뒤에는 형의 부대가 주둔하고 있는 카자흐(코사크) 지방의 스타로그라드코프스카야에 도착했다. 이 여행은 톨스토이의 생애에서 가장 멋진 날들이었다. 그즈음 러시아인들의 캅카스에 대한 인상은, 푸시킨이나 레르몬토프의 작품 속에 나오듯 막연한 이국의 느낌밖에 없던 지역이었다. 마을 사람들은 예로부터 정교를 믿는 분리파 교도 카자흐인이 대부분이었고 체첸인들과 혼혈이 많았다. 마을 처녀들은 놀랄 만큼 아름다웠다. 톨스토이는 이 지방에서 한 처녀를 사랑하게 되어 결혼까지 생각하기도 했다. 뒷날 그는 이곳의 체험을 바탕으로 소설 《카자흐 사람들》을 쓰게 된다. 카자흐에 도착한 같은 해 7월 체첸인 토벌에 함께 참가했던 톨스토이는 전투 중에 보여준 용감한 행동으로 사령관의 인정을 받게 되었고 그로부터 사관후보생에 지원하라고 권유받았다. 망설인 끝에 그는 사령관의 권유를 받아들이기로 했다. 그는 이듬해 1월 사관후보생 시험에 합격해 군대에 들어가고, 그루지야(지금의 조지아)에서 한 작품을 구상한다.

▲티플리스(지금의 트빌리시) 지역 풍경 톨스토이가 사관 후보생 시험에 합격했던 시기

▶캅카스로 출발하기 직전의 톨스토이(왼쪽)와 큰형 니콜라이(1851)

◀**앞 페이지와 아래**
〈출정〉 콘스탄틴 사비츠키. 1888.

▼▼그루지야의 민속의상

우리들을 하나도 남김없이 경탄시킬 것이다

1853년 러시아는 터키를 상대로 크림 전쟁을 일으켰다. 이미 오래전부터 발칸반도로 세력을 넓히고자 하던 니콜라이 1세는 터키 영내에 그리스 정교도의 권리 확보와 성지 예루살렘의 관리권을 요구했다. 터키는 엄연한 내정 간섭이라 단호히 이를 거부했다.

1853년 7월, 러시아군이 터키 영토인 몰도바와 왈라키아(지금의 루마니아)를 점령하자 터키도 가을에 이에 맞서 선전 포고를 하고 첨예하게 대치했다. 11월 러시아 함대가 시노페해에서 터키 함대를 격침하자 이번에는 영국과 프랑스가 흑해로 함대를 파견했다. 이듬해 3월 양국은 러시아에 선전 포고를, 9월에는 러시아 영토인 크림반도에 상륙했다. 세바스토폴에서 벌어진 공방전은 10월부터 다음 해 9월까지 꼬박 1년 동안 이어졌다. 다뉴브 파견 부대에서 소위 보좌로 있던 톨스토이는 1854년 11월 초 마침내 세바스토폴에 도착해 프랑스군의 포격을 마주하게 되었다. 치열한 공방전 속에서 톨스토이는 《청년 시절》, 《세바스토폴 이야기》 집필도 게을리하지 않았다.

《유년 시절》을 발표하고 오래지 않아 톨스토이의 문학적 재능은 이미 두 작가에 의해 높은 평가를 받았다. 유형 중이던 도스토옙스키는 이 멋진 작품의 저자가 누구인지 알아봐 달라고 친구에게 편지를 보냈고, 투르게네프는 "그에게는 최고 수준의 문학적 재능이 있다"고 썼다. 1855년 2월, 세바스토폴에서 치열하게 공방전이 벌어지던 가운데 갑자기 니콜라이 1세가 서거하고 알렉산드르 2세가 즉위하게 된다.

▲크림 전선에 출정하는 기병대를 사열하는 니콜라이 1세 오귀스트 라페

▶크림 전쟁 중 세바스토폴 공방전을 벌이는 러시아-프랑스군

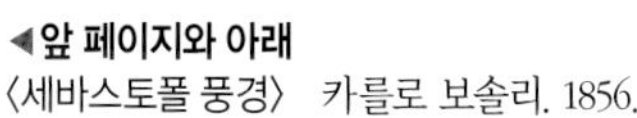

◀앞 페이지와 아래
〈세바스토폴 풍경〉 카를로 보솔리. 1856.

용감한 자기희생 정신

1855년 4월 톨스토이는 《12월의 세바스토폴》이라는 작품을 잡지 〈동시대인〉의 편집자 네크라소프에게 보냈다. 톨스토이는 이 작품에서 포위된 마을의 상황을 생생하게 그려내어 주민과 군인들의 용감한 자기희생 정신을 전했고 읽는 사람들에게는 작은 애국심을 호소했다. 톨스토이는 잇달아 7월에 《5월의 세바스토폴》을 완성하는데, 전쟁을 출세 수단으로 삼는 귀족 사관들의 기만과 불성실을 폭로한 이 작품은 검열에 걸려 다시 쓰도록 명령받았다. 세바스토폴 시리즈의 마지막인 《1855년 8월의 세바스토폴》은 12월에 완성되어 이듬해 1월에 발표되었다. 이 작품은 톨스토이의 이름으로 낸 첫 작품이었다. 이 이야기는 군인의 의무를 주제로 삼은 것임에도 톨스토이는 인간의 내면 심리로까지 파고들어 다루고 있다. 앞서 발표한 두 작품에서 보여준 교훈적인 느낌이나 격앙된 감정은 사라지고 등장인물 한 사람 한 사람의 감정이 그야말로 완벽하게 그려지고 있다. 전투가 한창이던 4월 13일 톨스토이의 일기를 보면 "여전히 제4진지에 있다. 갈수록 이곳이 마음에 든다. 끊임없이 위험이 존재한다는 게 매력이다. 게다가 함께 생활하고 있는 병사나 선원, 또 전쟁 그 자체를 관찰하는 것은 아주 흥미롭다. 이곳을 떠나고 싶지 않다"고 적고 있다. 그러나 세바스토폴 공방전은 중요한 말라코프 고지가 8월 25일 연합군의 손에 넘어가면서 전투는 매듭지어졌다. 이날 밤 러시아군은 남아 있던 요새를 모두 파괴한 뒤 남은 함정을 이끌고 북으로 후퇴했다.

▲1855년 제4 방어진지가 구축되었던 에카테린스카야 거리　톨스토이는 이 진지를 수비하던 포병대에 속해 있었다.

▶말라코프 고지의 수비대　세바스토폴 방위사령관이 이 고지에서 부상당해 죽었다.

▼연합군 포격으로 파괴된 세바스토폴 한복판에 있던 극장

▶파리강화조약　1856년 3월 30일 러시아·프랑스·영국·오스트리아·터키·사르데냐·프로이센 대표들이 한자리에 모인 가운데 파리강화조약이 조인되었다.

◀앞 페이지

〈세바스토폴 전투〉 뒤랑 브라제. 러시아는 영국·프랑스·사르데냐 연합군의 쉼 없는 공격을 받으면서도 1854년 10월부터 거의 1년간 이곳을 사수했다.

문단으로 나아가다

세바스토폴을 적에게 내주면서 톨스토이는 전령으로 상트페테르부르크에 파견되었다. 지옥같이 처참한 전장에서 기적적으로 생환한 군인으로, 또 《유년 시절》 및 《세바스토폴 이야기》의 작가로 그는 곧 문단의 열렬한 환영을 받았다. 투르게네프는 그를 자기 집으로 초대했고, 네크라소프는 〈동시대인〉지와 관련된 수많은 문인들을 소개해 주었다. 27세의 청년 작가는 곤차로프, 오스트롭스키, 페트, 파나예프 등의 유명 작가들과 어깨를 나란히 하게 되었다. 6년 만에 수도로 돌아온 톨스토이는 더 이상 예전의 시골 대학생이 아니었다. 그러나 기성 작가들은, 문단에서 정해진 규율이나 살롱에서의 예의도 알지 못한 채 마음 내키는 대로 발언하는 톨스토이를 멀리했다.

이듬해 1856년 3월, 알렉산드르 2세는 굴욕적인 크림 전쟁의 종결을 알리는 선언문을 발표한 직후 모스크바의 귀족들을 모아놓고 농노제도를 폐지한다는 역사적인 연설을 했다. 황제는 군사 기술이나 병기의 열세를 가져온 근본 원인이기도 한 러시아 사회의 후진성 극복을 위해서는 농노제도의 청산이 먼저 이루어져야 한다고 깨달았다. 또 민중들의 봉기로써 이를 폐지하기보다는 지도층에서 먼저 움직여야 한다고 생각했다.

톨스토이도 자기 농노를 해방할 방법을 궁리했다. 그는 자유주의적인 농노해방론자로 알려진 카베린을 만나서 유상 토지를 딸려 주어 노예를 해방하는 방안을 세웠다. 수도에서 반년쯤 머문 뒤 1856년 5월에 톨스토이는 다시 고향 마을 야스나야 폴랴나로 되돌아왔다.

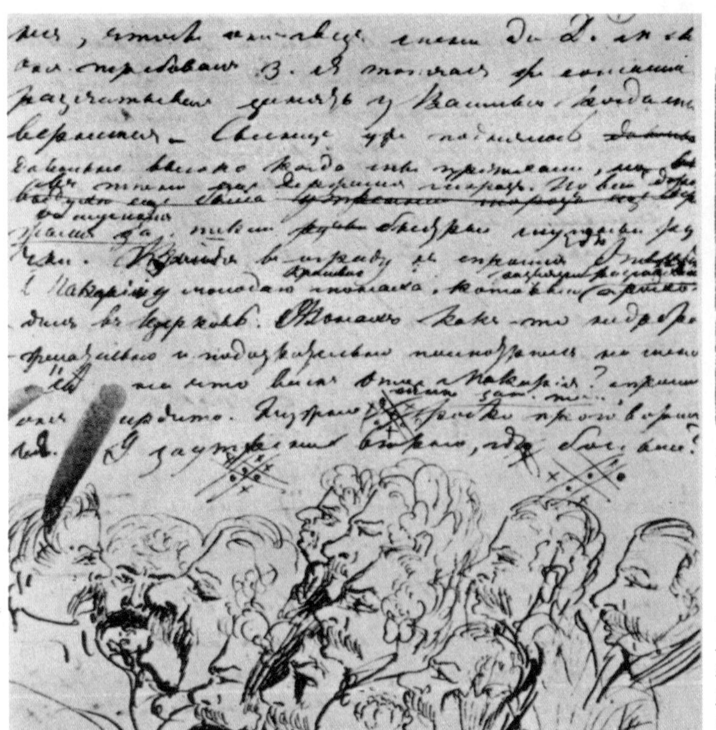

▲세바스토폴 결전을 보여주는 석판화 톨스토이박물관

◀《청년 시절》 친필 원고 여기 그려진 여러 얼굴 스케치는 작품의 구성과 표현 방법을 놓고 톨스토이가 고심한 흔적을 여실히 보여준다.

▲《유년 시절》 삽화 크세니아 크레멘체바

▶톨스토이의 가정교사 카를 이바노비치가 나태한 학생을 두들겨 깨우는 장면

▼〈동시대인〉지 동인들과 함께 찍은 사진 앞 왼쪽부터 곤차로프·투르게네프·드루지닌·오스트롭스키. 뒷줄 톨스토이와 그리고로비치(1856)

유럽 여행

톨스토이는 1856년 1월 바로 셋째 형 드미트리의 죽음을 알았다. 이 불행한 형의 자취를 그는 나중에 《안나 카레니나》에서 니콜라이 레빈의 형태로 묘사하게 된다. 11월 군에서 제대하고 상트페테르부르크에서 돌아오자마자 그는 도저히 농노 해방의 필요성을 이해하지 못하는 타챠나 숙모와 말다툼을 한 뒤, 곧 자기의 농노들을 불러 모아 이 자리에서 자유를 줄 생각이라고 알렸다. 그리하여 이제까지의 부역 대신 3년 동안 부부 한 쌍당 매년 은으로 26루블어치를 징수하되 그 이후에는 토지가 완전히 농민 소유가 되게 한다는 계획을 밝혔다. 놀랍게도 농노들은 이 제안을 거부했다. 그들은 이제 곧 황제가 대관식에서 칙령을 발표할 것이고, 자기들에게는 토지를 분배해 해방시킬 것이라는 소문을 철석같이 믿었기 때문이다. 톨스토이는 이때만 해도 아직 농민들의 마음을 충분히 이해하지 못했던 것이다.

이듬해 1월에 그는 처음으로 유럽 여행을 떠났다. 파리에서 난생처음 단두대 사형집행 현장을 목격하고 큰 충격을 받았다. 뒷날 그가 모든 살생을 부정하는 사상을 지니게 되는 계기가 된다. 그리고 역사가 드루지닌과 스위스 루체른에 갔을 때 단편 《루체른》에서도 나왔던 어떤 일화가 있다. 톨스토이가 머문 호텔 앞에서 어느 초라한 기타 연주자가 노래를 불렀는데, 부유한 숙박객들은 노래는 실컷 듣고도 누구 하나 돈을 던져줄 생각을 하지 않았다. 화가 난 톨스토이는 기타 연주자를 호텔 별실로 초대해 둘이 밤새 술을 마셨다.

▶군복무 시절의 톨스토이

▶▶톨스토이의 여권 1957년 1월 9일 발급 '알렉산드르 니콜라예비치 황제 폐하로부터'라고 적혀 있다.

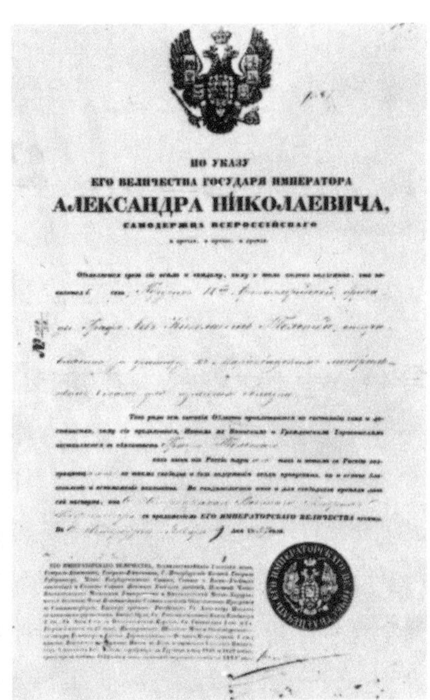

ПО УКАЗУ
ЕГО ВЕЛИЧЕСТВА ГОСУДАРЯ ИМПЕРАТОРА
АЛЕКСАНДРА НИКОЛАЕВИЧА,
САМОДЕРЖЦА ВСЕРОССІЙСКАГО

◀앞 페이지
드레스덴 극장 광장 여기 보이는 가톨릭 성당은 제2차 세계대전까지 있었다. 톨스토이는 1857년 7월 말에 이 지역을 방문했다.

▼파리에서 본 단두대 사형 현장(판화)

교사 톨스토이

톨스토이는 이전부터 교육의 필요성을 절실히 느끼고 있었다. 군대에서는 가끔 부하들이 가족에게 보낼 편지를 써달라고 부탁하곤 했다. 글을 모르는 이들은 그가 생각했던 것보다 훨씬 많았다. 다뉴브 파견군의 일원으로 부쿠레슈티에 있었던 1854년 무렵, 톨스토이는 동료 장교와 뜻을 모아 병사들을 가르치고 싶다는 생각에서 교재 정리를 어느 정도 했다. 크림 전쟁이 일어나면서 이 계획은 물거품이 되고 말았으나, 군대를 제대한 지금 톨스토이는 이 계획을 다시 검토했다. 유럽 여행의 목적에는 훌륭한 선생을 한 명 사귀어서 가르침을 받자는 뜻도 들어 있었다. 슈투트가르트에 체재하던 7월 11일 일기에 "고향에서 가까운 마을에 학교를 세우거나 이런 활동을 하고자 하는 생각이 내 머릿속에서 아주 뚜렷하게 떠오른다. 중요한 것은 변함없이 계속해야 한다는 사실이다"라고 적는다.

게르첸을 비롯한 많은 러시아 지식인들이 그랬던 것처럼, 톨스토이도 서유럽 사회의 속물근성을 목격하고 순박한 고향 농민들을 교육할 필요가 있다고 생각하게 되었던 것이리라. 그러나 그가 자기 집에서 방 한 칸을 교실처럼 꾸며 마을 사람들과 꼬마들에게 읽기와 쓰기를 가르치기 시작한 것은 그로부터 2년이 지난 1859년 초가을이었다. 그 무렵 러시아에는 아직 농민 자녀를 위한 무료 학교가 없었다. 기껏해야 신부가 돈을 받고 읽기와 쓰기를 가르치는 게 고작이었다. 톨스토이는 이런 상황을 어떻게든 극복해 보려고 '국민교육협회' 설립을 제안했다.

농민과 그의 자녀들을 위해 톨스토이가 연 학교

▲톨스토이가 런던에서 게르첸을 만났을 무렵 게르첸의 소개로 프루동, 폴란드의 역사가 렐레벨 등 저명한 인물들을 만나게 된다.

▶야스나야 폴랴나의 톨스토이 생가 앞에 있는 오래된 느릅나무

▼모스크바에서 프랑스인이 경영했던 캉칼호텔 관광포스터 가장자리에 시내 명소가 그려져 있다.

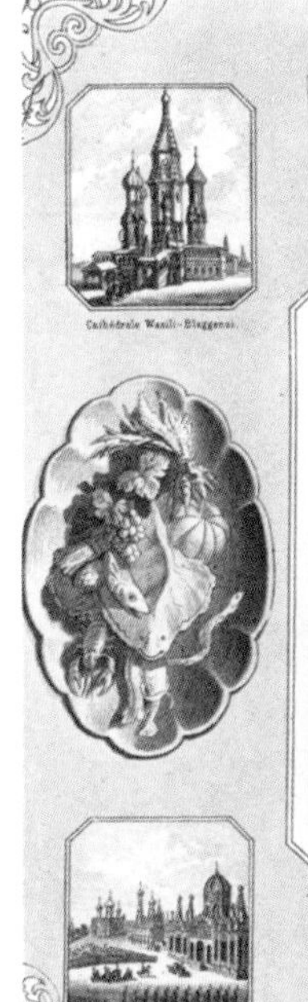

해방된 농노를 위하여

알렉산드르 2세는 1861년 2월 19일 농노해방령에 서명하고 3월 5일 이를 공포했다. 2천만이 넘는 러시아 농노들은 비로소 자유로워졌다. 톨스토이는 선언문을 가져와 찬찬히 읽어보았지만 농민들이 이해할 수 없는 내용뿐이었으므로 도대체 누구를 위한 선언문인지 알 수 없었다. 이 해방령에 따라서 러시아 농민들은 인격적으로는 무상으로 자유를 얻었으나 문제는 토지였다. 지금껏 농민들 사이에는 전통적으로 '우리들은 영주님 소유지만 토지는 우리들 것이다'는 사고가 일반적이었다. 그런데 해방령은 영주에게 농지의 3분의 1을 확보할 권리를 인정했다. 게다가 농민에게 양도된 토지의 가격은 시가보다 훨씬 높았고 이를 연 6부 이자로 49년이라는 어처구니없는 장기할부로 사야만 했다. 그렇기 때문에 영주와 농민의 이해를 조절하기 위해 정부는 '조정관'이라는 제도를 만들었다.

러시아로 돌아간 톨스토이는 이 조정관을 맡아서 농민이 지금보다 훨씬 나쁜 땅으로 배정이 되거나 속아서 토지를 잃게 되는 사태에 항의했다. 또 해방령 공포 뒤 영주가 농민을 채찍으로 때린다거나 무상으로 노동력을 착취하는 사태에 대해서도 배상을 요구했다. 그러나 이런 그의 활동은 근처 지주 귀족들의 반감을 불러일으켰다. 그들은 지사에게 톨스토이의 파면을 진정했으나 받아들여지지 않자, 다른 조정관들을 부추겨서 톨스토이가 조정한 사례들을 무효로 만들었다. 화가 난 톨스토이는 결국 1862년 2월 툴라의 농사위원회 앞으로 편지를 보내 호소하지만, 지주 귀족동맹의 단체행동은 그를 마침내 조정관에서 사임하도록 만들었다. 이 경험으로 톨스토이는 공무원들의 비열함과 정치 및 행정의 무의미함을 다시 한번 뼈저리게 실감했다.

▲농노들을 그린 수채화　레베데프. 이 그림은 니지니노브고로드 중앙시장에 팔려고 내놓은 농노들을 그린 그림.

◀야스나야 폴랴나의 가을　시체르바코프. 러시아를 상징하는 자작나무가 아름답게 단풍이 들어 있다.

▼러시아의 농민들이 살던 오두막

소피아와의 결혼

조정관을 사임한 톨스토이는 몸이 쇠약해져 의사의 권유를 좇아 사마라의 초원에 마유(馬乳) 치료를 하러 떠났다. 이 의사는 베르스라고 하는 크렘린 궁전의 시의로, 톨스토이는 그의 아내 류보피와는 어릴 적부터 아는 사이였다.

베르스 부부에게는 딸이 셋 있었다. 장녀 리자는 키가 크고 아름다운 처녀였지만 어딘지 차가운 느낌을 주었다. 동생 소피아는 장밋빛 뺨에 갈색 눈을 한 활발한 처녀로 집안일과 아이 돌보기를 좋아했다. 톨스토이가 사마라에서 돌아와 얼마 지나지 않았을 때 베르스 부인이 세 딸을 데리고 톨스토이의 집을 찾아왔다. 베르스 집안은 그 무렵 톨스토이의 집에서 50킬로쯤 되는 조부의 영지에 체류하고 있었다. 그들은 자고 갈 생각이었으나 톨스토이의 집에는 침대가 하나 모자랐다. 그래서 톨스토이가 커다란 안락의자를 꺼내오자 소냐(소피아)는 그것을 곧 자기 침대로 택했다. 톨스토이는 어색한 손놀림으로 시트를 깔아주었고 소냐는 그런 배려가 무척 친밀하게 느껴졌다. 며칠 뒤 톨스토이는 그녀들과 함께 베르스 집안의 조부 영지로 갔다. 톨스토이는 이 여름 매일 밤마다 모스크바 교외에 있는 베르스 집안의 별장을 방문했다. 그리고 마침내는 소냐의 명명일(命名日)에 맞추어 편지로 청혼했다. 큰딸에게 청혼해 주기를 희망했던 아버지는 처음에는 이들의 결혼을 반대했으나 마침내 승낙했다. 두 사람의 결혼식은 그로부터 1주일 뒤인 9월 23일 크렘린에서 치러졌다. 신랑은 34세, 신부는 18세였다.

모스크바 크렘린　노엘 레르부르. 1842.

▲결혼할 무렵의 톨스토이와 소피아

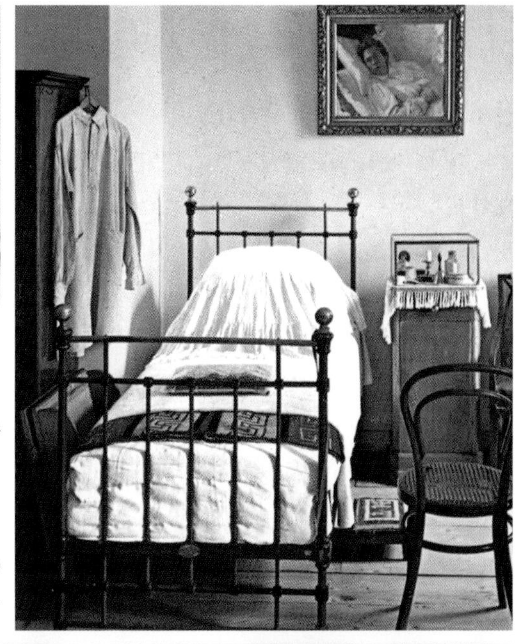

▶톨스토이가 1862년부터 1910년 세상을 떠날 때까지 사용했던 침실 방은 그즈음 모습대로 잘 보존되어 있다.

▼소피아가 1897년까지 쓰던 침실 왼쪽의 침대에서 1919년 75세로 생애를 마쳤다. 사진을 굉장히 좋아하여 벽에 걸린 것은 모두 소피아가 찍은 것들이다.

달콤한 행복

톨스토이와 소피아의 부부 생활은 결코 처음부터 끝까지 사랑으로 가득한 완전한 것은 아니었다. 18세 어린 아내로서는 지나치게 개성적이고 까다로운 성품의 톨스토이가 도저히 이해할 수 없는 사람으로 보였고 가끔 말다툼을 하기도 했다. 그러나 건전한 상식과 풍부한 감정을 지닌 소피아는 남편에게 늘 성실한 아내였다. 그녀는 남편을 도와 농장의 수입을 늘리도록 애썼고 작품을 열심히 정서하면서 그의 창작활동을 도왔다. 〈러시아 보도〉지 제1호에 톨스토이는 《카자흐 사람들》을 발표해 크게 호평을 얻었는데 이런 일화가 있다. 전년 1월 모스크바를 방문했을 때 톨스토이는 또 도박 버릇이 도져서 당구에서 1천 루블이라는 거금을 잃었다. 그는 마침 이만한 돈이 없었으므로 〈러시아 보도〉지의 편집자로 있는 카트코프와 상의하여 《카자흐 사람들》을 싣기로 했고 선불 조로 그 돈을 마련했다. 톨스토이는 1852년에 이미 이 소설을 쓰기 시작했는데, 3부에 이르는 방대한 구상을 계속 이어가던 중이었다. 그래서 아직 미완성인 채로 성급하게 발표할 약속을 했다고 뒤늦게 후회하면서 고료를 되돌려줄 테니 연재를 중단하고 싶다고 했지만 들어주지 않았다. 그러나 이 작품이 발표되자마자 톨스토이의 작가로서의 명성은 단숨에 높아갔다. 《카자흐 사람들》은 톨스토이의 캅카스 시절의 체험을 그대로 살려 청년 귀족 올레닌과 카자흐인의 딸 마리야나의 이루어지지 않는 사랑을 그린 작품이었다.

▲주인공 올레닌의 친구 에로시카 에로시카는 카자흐의 사냥꾼으로 모든 생물을 인간처럼 사랑하는 자연인이다.

◀〈마리야나와 루카시카의 이별〉 베네치안

〈마리야나와 올레닌의 첫 만남〉 아르카디 플라스토프

불멸의 거작 《전쟁과 평화》

톨스토이가 처음 《전쟁과 평화》를 구상한 것은 1856년이었다. 그 뒤 1860년 가을에 톨스토이는 이 소설을 쓰기 시작했으나 1825년의 반란을 이해하기 위해서는 나폴레옹의 1813년 러시아원정까지 거슬러 올라가지 않으면 안 된다는 것을 깨달았다. 데카브리스트의 대부분이 나폴레옹을 상대로 한 '조국전쟁'에 종군했고, 종군 중에 그들 눈으로 직접 서유럽의 진보된 사회를 보고 낙후된 조국을 개혁할 생각을 하게 된 것이기 때문이었다. 그러나 '조국전쟁'에 대한 사료를 모으던 중 1805년까지 한 층 더 거슬러 올라가야 한다는 것을 알았다. 그래서 1805년에서 12년까지를 1부, 1825년 데카브리스트의 반란을 제2부, 1856년 시베리아에서 돌아오기까지를 3부로 하는 장편을 구상했다. 그러나 이 생각은 구상만으로 끝났고 1878년에서 79년에 걸쳐 제3부의 첫 5장만 쓰고 결국 미완성인 채로 끝나고 말았다. 톨스토이는 제1부를 완성하는 데 자그마치 6년이나 걸렸다. 그동안 아들 셋과 딸 하나를 얻었다. 소피아는 창작에 몰두하는 남편을 위해 일곱 번이나 원고를 정서했다. 이 소설 첫머리는 1865년 〈러시아 보도〉에 《1805년》이라는 표제를 달고 발표되었다. 그러나 1867년 가을 그는 제목을 《전쟁과 평화》로 고치고 싶어졌다. 이 작품은 장편소설이라기보다는 웅대한 서사시로 불려야 할 것이다. 그는 이 작품에서 러시아를 구성하는 두 계급—즉 귀족과 민중을 묘사했는데, 로스토프 가문과 볼콘스키 가문은 톨스토이의 친가와 외가의 집안을 그대로 모델로 했다.

나폴레옹군의 입성을 눈앞에 두고 불타오르는 모스크바　이 화재는 일명 초토화작전으로 불린다.

▲영화 〈전쟁과 평화〉에서 러시아군 사령관 쿠투조프 그는 모스크바 퇴각작전을 진두지휘했다.

▶〈무도회의 나타샤〉 블라디미르 소레프, 1960. 《전쟁과 평화》 여주인공 나타샤는 아내의 여동생을 모델로 하여 거기에 소피아의 특징을 더했다.

▼러시아군에 쫓기면서 베레지나강을 건너는 나폴레옹군

교육활동 사회활동

《전쟁과 평화》를 완성한 1869년부터 톨스토이는 또다시 열성적으로 교육활동에 들어갔다. 그는 꼬박 1년이 넘도록 누구나 읽기 쉬운 교과서를 만들기에 골몰했고 그 자료를 위해 온갖 궁리를 다했다. 교과서에는 러시아 민요나 속담 외에도 외국의 이야기를 많이 넣었다. 그러기 위해서 그는 그리스어도 공부했다. 또 수학과 물리학의 문제도 고심해서 만들어 냈고 천문학 부분에서는 밤을 새워 별을 관찰했다. 그리하여 1872년 드디어 《초등독본》이 출판되었다. 여기에는 삽화가 들어간 러시아어와 자연과학 외에, 가르치는 사람들을 위한 자세한 지도서도 함께 실렸다. 게다가 명료하고 간결한 문체로 씌어 있는 문장도, 작가 톨스토이가 아니면 좀처럼 만들기 어려운 훌륭한 교재였다. 그는 이 교과서를 만들어 다시금 마을 어린이들을 가르치기 시작했는데, 이렇게 교육에 몰두하느라 다시 건강을 해친 톨스토이는 가족과 함께 예전에 마유(馬乳) 치료법으로 효과를 본 사마라로 갔다. 그러나 거기서 톨스토이가 본 것은 3년이나 이어진 기근에 신음하는 농민이었다. 이들의 궁핍한 실상을 목격한 톨스토이는 바로 〈모든 신문 발행인에게〉라는 제목의 공개서한을 발표하고, 황후가 부디 이 기근을 가엾게 여겨주길 호소했다.

농민의 처참한 실상을 전한 톨스토이의 편지는 러시아 전역에 커다란 반향을 불러일으켰다. 황후의 기부금을 비롯해 188만 루블이 넘는 구원금이 모였다. 이것은 톨스토이의 첫 사회활동이었다.

▶마을의 초등학교 교실 레이먼의 수채화

▼소피아와 아들 세르게이, 딸 타챠나(1866) 13명의 아이가 태어났으나 그중 5명은 일찍 죽고 5명의 아들과 3명의 딸이 어른으로 성장했다.

▼▼아이들에게 읽기와 쓰기를 가르치는 톨스토이 비제르. 톨스토이는 통제된 교육을 반대하여 즐겁고 자유스럽게 수업을 이끌어 나갔다.

▶교실 문 앞에서 수업 장면을 바라보고 있는 소년 니콜라이 보그다노프 벨스키

◀**앞 페이지** 야스나야 폴랴나 풍경

《안나 카레니나》를 구상하며

《초등독본》이 출판된 지 2년이 지난 1874년 톨스토이는 네크라소프가 편집하던 〈조국의 기록〉에 〈국민교육론〉을 발표했다. 이 논설에서 참교육을 실천하기 위해서는 "교사들이 민중 속으로 파고들지 않으면 안 된다"고 주장했다. 이듬해 톨스토이는 《새 초등독본》을 출판했다. 한편, 톨스토이는 《전쟁과 평화》가 완성될 무렵부터 다음 소설을 구상하고 있었다. 1870년 초엽에 그는 이미 어떤 상류층 부인을 주인공으로 그녀의 부정을 죄가 아닌 불행한 운명으로 다루는 소설을 계획 중이라고 아내에게 털어놓았다. 그러나 일이 쉽지만은 않았다. 이 작품은 첫머리만 열일곱 번 고치고 나서야 1873년 겨우 완성되었다.

여기에는 우연한 두 사건이 배경에 있었다. 하나는 야스나야 폴랴나 부근에 사는 지주 부인이 남편과 여자 가정교사 사이를 질투해 야센키 역에서 철도에 뛰어들어 자살하는 사건이다. 이 사건은 마냥 평화롭게만 지내온 마을 사람들에게 엄청난 충격을 주었다. 톨스토이는 이 소문을 듣자마자 야센키로 달려가 부검에 참석했다. 전에 파리에서 단두대 처형 광경을 보았을 때처럼 톨스토이는 이번에도 며칠 동안 말 한마디 하지 않고 생각에만 잠겨 있었다. 두 번째 우연은 그로부터 1년이 지난 1873년에 일어났다. 톨스토이는 병상에 누운 타챠나 숙모의 머리맡에서 푸시킨의 《벨킨 이야기》를 발견하고 아무 생각 없이 처음 몇 쪽을 들척이다가 문득 어떤 생각이 섬광처럼 머릿속을 스쳤다. 그러고 나서야 드디어 지금까지 몇 번이나 고치고 또 고치던 소설 《안나 카레니나》의 말머리를 그날 밤 쓸 수 있었다.

▲〈불평등한 결혼〉 바실리 푸키레프. 1862. 트레차코프미술관. 늙은 고관에게 시집가는 처녀와 그 곁에 있는 푸키레프 자신을 그린 것이다.

▲▲〈가정교사의 도착〉 바실리 페로프. 1866. 트레차코프미술관. 새로 온 가정교사를 주인이 거만하게 맞이하고 있다.

▶톨스토이 초상 이반 크람스코이. 1873. 수많은 톨스토이 초상화 가운데 아주 우수한 작품에 속한다.

◀앞 페이지 마을회의 1861년 농노해방령으로 농노들은 자유를 얻었지만 마을공동체의 제약을 받았다.

도스토옙스키의 절찬

소설 《안나 카레니나》는 1875년부터 77년에 걸쳐 〈러시아 보도〉에 발표되었다. 톨스토이는 이 작품에 4년이 넘는 세월을 쏟아 넣었다.

주인공 안나는 사랑하는 브론스키 백작을 위해 자식과 남편을 버린다. 그리고 브론스키와의 사이에서도 여자아이가 태어나나, 안나는 두고 온 아들 세료쟈가 자꾸만 눈에 밟힌다. 두 사람은 잠시 외국으로 나갔다가 돌아온다. 귀국하기 무섭게 사교계가 할퀸 손톱자국은 안나를 상처투성이로 만든다. 한편 브론스키는 이 아름다운 연인에게 서서히 싫증을 내고 안나는 마침내 열차에 몸을 던져 목숨을 끊는다. 이런 비련과 함께 청년 지주 레빈과 공작의 딸 키티의 결혼에 이르는 연애가 본 줄거리와 나란히 그려진다.

이 두 연애사건을 통해 톨스토이는 "사랑은 무엇이며 도덕은 또 어떤 것일까" 하는 문제를 제시하지만, 결코 세상 사람들이 안나를 비난하거나 재판하는 것은 허용하지 않는다. 그는 이 소설의 제목에 붙이는 글로 "복수는 나만이 할 수 있는 권리로 결코 남에게 양보할 수 없다"고 하는 말을 적어 두었는데, 잘못을 저지르기 쉬운 인간에게는 원래부터 타인을 비난할 권리 따위는 있을 수 없고 오로지 신만이 가능하다는 의미로 해석할 수 있다. 도스토옙스키는 이 작품의 가치를 인정하고 《작가의 일기》(1877)에서 절찬하는 글을 남겼다.

▲《안나 카레니나》의 경마 장면 베네치안. ▲▲샤모프 바로프가 그린 같은 경마 장면 안나 뒤에 서 있는 사람은 남편 알렉세이 카레닌. 장애물 경주에 출정한 브론스키가 골인 직전 말에서 떨어진다. 이때 안나의 표정과 남편의 표정이 대비된다.

▲안나와 남편 카레닌 그리고 연인 브론스키 루다코프.
안나는 소설 속에서 남편에 대해 "그 사람은 남자도 아니고 인간도 아닙니다…… 그는 사람이 아니라 관청의 기계랍니다"라고 말한다. 그는 진작 아내의 부정을 눈치챘으면서도 가문의 체면과 세상 사람들의 이목에만 신경을 썼다.

▶경마장의 브론스키 콘스탄틴 루다코프의 수채화. 브론스키는 그즈음 러시아 상류사회의 전형적인 유형이었다.

내면의 성찰 《참회록》

1877년, 러시아는 또다시 터키와 전쟁을 시작했다. 국내는 슬라브 동포를 구하자는 표어 아래 배타적 애국주의가 팽배했고 톨스토이는 도저히 이런 풍조를 받아들일 수 없었다. 예전에 크림 전쟁에 종군하면서 바로 눈앞에서 전쟁의 비참함을 겪은 그로서는, 이런 시류에서도 스스로 전쟁의 의미를 물어보지 않고는 견딜 수 없었다.

그는 《전쟁과 평화》의 속편에 해당하는 데카브리스트 사건을 쓰기 위해 유형지에서 돌아온 늙은 혁명가를 방문하거나 자료를 모으려 상트페테르부르크에 가기도 했다. 그러나 이 작업은 결국 끝내지 못했다. 정부가 문서관 이용을 허가하지 않는다고 하는 외형적 문제 말고도 오래전부터 마음을 괴롭히던 내면적인 이유도 있었기 때문이었다. 톨스토이는 문학에 몰두하는 것이 자기 인생의 참된 목적인지 진지하게 생각해 보았다.

1877년부터 79년까지 그는 칼루가 지방의 오프치나 수도원이며 키예프 페체르스카야 수도원을 방문해 보았지만 그의 갈등은 사라지지 않았다. 톨스토이는 그동안 착실한 그리스도교도로서 정교의 의식도 잘 지켰으나 점차 교회의 가르침에서 많은 모순을 발견하게 되었다. 특히 정교회 분리파 교도나 전쟁에 대한 태도는 도저히 받아들일 수 없었다. 이런 가운데 1879년에서 이듬해에 걸쳐 《참회록》과 《교의(教義) 신학 비판》을 집필했고, 1881년에는 《4복음서 통합번역》을 저술했다. 그러나 정부가 출판을 허락하지 않아 실제 간행된 것은 1908년이었다.

▲진격하는 카자흐 기병대
1877년 4월 러시아는 터키와 전쟁을 일으켰다. 터키는 사태를 수습하기 위해 1878년 3월 마침내 산스테파노 조약을 체결했다.

▶강화조약 체결 모습

▶터키를 편들다 불가리아의 파자르지크에서 반역자로 처형된 폴란드의 사관 그 무렵 폴란드는 러시아·프로이센·오스트리아로 분할되었는데 민족독립 운동이 그치지 않았다.

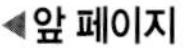

◀앞 페이지
안톤 루빈시테인의 연주를 듣고 있는 톨스토이 파스테르나크

혁명가들보다 한층 더 높은 이상을 가지소서

1879년 4월 겨울, 궁내를 산보하던 황제 알렉산드르 2세는 과격파 테러리스트에 의해 저격되었으나 가까스로 생명은 건졌다. 1874년 여름에 시작된 '인민 속으로!' 운동이 실패한 뒤, 과격한 젊은이들은 '인민의 의지'라는 비밀단체를 만들어 황제를 비롯한 정부 고관을 암살함으로써 러시아에 혁명을 일으킬 수 있다고 생각했다. 1881년 3월 1일 황제는 결국 이 '인민의 의지'파가 던진 폭탄으로 사망했다. 농노를 해방하고, 지방행정이나 사법제도에 대해서도 근대적인 개혁을 단행한 황제는 위로부터의 개혁에 만족지 못하는 혁명파에 의해 목숨을 잃었다.

이 사건은 온 유럽에 커다란 충격을 주었다. 톨스토이는 6인의 테러리스트들이 사형 선고를 받은 사실을 알고 새로 즉위한 알렉산드르 3세에게 〈마태복음〉에 나오는 말을 인용해 사형집행을 멈춰달라고 탄원했다. 그리고 혁명사상과 싸우기 위해서는 혁명가들보다 한층 더 높은 이상을 내걸 필요가 있다고 덧붙였다. 그러나 황제는 그의 이런 바람을 저버리고 혁명가들을 극형에 처했다. 톨스토이가 우려했듯이 러시아는 이 사건을 계기로 반동정책이 강행되었고 혁명가들은 지하로 숨어들어 끊임없이 테러를 일으켰다. 톨스토이는 이번 사건으로 주권자가 권력으로 민중을 지배하는 국가제도에 점점 더 회의를 품게 되었고, 모든 국가 권력을 부정한 그리스도의 무정부주의자로 기울어 갔다.

〈체포당하는 혁명가〉 일리야 레핀. 1880~92.

▲알렉산드르 2세 초상화

▲▲알렉산드르 2세 사진

▶알렉산드르 솔로비예프　1879년 4월 2일 알렉산드르 2세를 암살하려다 실패하고 5월 28일 교수형에 처해졌다.

▼알렉산드르 2세가 암살되는 장면의 그림

▼▼처형되는 혁명가들

그럼 인간은 어떻게 살아야 하는가?

1881년 톨스토이는 자녀들이 좋은 교육을 받을 수 있도록 모스크바로 옮겨갔다. 이해 겨울 그는 모스크바 주민 조사에 참여해 빈민가를 샅샅이 돌아다녔다. 한편에서는 돈을 물 쓰듯 하는 계층들도 있지만 빈민의 비참한 생활은 상상을 뛰어넘었다. 그때 톨스토이는 자선단체를 만들어 구원금을 모을까 생각했지만 근본적인 해결이 어렵다는 생각이 굳어졌다. 제대로 해결하자면 무엇보다도 뿌리부터 사회 개혁이 필요하겠지만 그 전에 그들이 스스로 삶의 방식을 바꾸려는 의지가 필요하다고 보았다. 톨스토이는 이 경험을 바탕으로 뒷날 《사람은 무엇으로 사는가》를 펴냈다. 모두 40장으로 된 이 작품에서 그는 먼저 최근 있었던 주민 조사를 회상하면서 사회의 경제 불평등의 원인을 논한 뒤, 지주 귀족으로서 자신의 지위를 부정하면서, 땀 흘려 얻는 빵 한 조각의 가치를 이야기한다. 또 1881년 후반에 그가 알던 툴라의 관리가 암으로 죽었는데, 이 소식은 톨스토이에게 다시 한번 죽음의 의미를 진지하게 생각할 계기를 주었다. 이리하여 1883년부터 3년 동안에 톨스토이는 《이반 일리치의 죽음》을 완성했다.

어느 고위 관리가 무의미한 인생을 보낸 끝에 죽음에 맞닥뜨리게 되었다. 냉혹한 아내나 위선적인 동료들은 누구 하나 그를 걱정해 주지 않았는데 어느 날 평민 게라심이 아주 사소하나마 유일하게 그를 위로한다. 죽음을 눈앞에 두고 있는 고독과 섬뜩할 정도로 사실적인 묘사가 미묘하게 어우러져, 독자들에게 삶의 의미를 자문하게 한다.

▲야스나야 폴랴나의 톨스토이 생가 그는 1856년부터 1910년까지 거의 대부분의 세월을 여기서 보냈다.

▶야스나야 폴랴나의 서재에 있는 톨스토이 일리야 레핀. 1887. 〈볼가강의 배 끄는 인부들〉로 유명한 레핀은 1885년부터 야스나야 폴랴나를 여러 차례 방문하여 톨스토이의 초상화를 많이 그렸다.

◀**앞 페이지**
야스나야 폴랴나 톨스토이 집으로 이어지는 오솔길 사르타노프. 톨스토이박물관. 여름에는 마차가, 겨울에는 썰매가 이 길을 달렸다.

'크로이체르 소나타'

톨스토이와 소피아의 결혼 생활은 1879년 무렵부터 평온해졌다. 두 사람은 취미와 기호가 크게 달랐음에도 소피아의 성실한 애정과 헌신에 힘입어 그는 잇달아 대작을 써냈다. 그러나 차츰 종교로 빠져들면서, 톨스토이는 세상 사람들이 바라는 소설보다는 교과서나 복음서 집필에 열중했고 사회의 부정을 증오한 나머지 자신의 재산마저도 죄악시하자 소피아는 더 이상 그를 이해할 수 없었다.

1884년 6월, 톨스토이는 아내와 심한 말다툼을 벌인 뒤 처음으로 집을 뛰쳐나왔다. 그러나 이때 아내가 임신 중이었으므로 생각을 고쳐 그는 다시 집으로 돌아갔다. 이렇게 불화가 계속되는 가운데 톨스토이는 1885년부터 《크로이체르 소나타》를 집필했다. 배우 안드레예프 블라크가 그에게 들려준, 질투에 눈이 먼 남편이 여자를 살해한 이야기가 계기였다. 톨스토이는 처음 이 이야기를 듣고 실마리를 얻어 소설을 쓰기 시작했으나, 이듬해 아주 사소한 우연을 통해 새로운 착상을 얻게 되었다. 그것은 어느 봄날 저녁에 톨스토이의 집에서 열린 연주회에서 일어났다. 이날 화가 레핀을 비롯한 많은 손님들 앞에서 바이올린 연주자 유리 라소트가 톨스토이의 아들 세르게이의 반주로 베토벤의 〈크로이체르 소나타〉를 켰다. 이 연주를 듣고 톨스토이는 자기는 소설을 쓸 테니까 레핀은 이 음악을 그림으로 그려보라고 제안했다. 그리하여 소설 《크로이체르 소나타》는 완성되었으나 성(性)의 위선과 간통을 다룬 이 작품은 당국에 의해 금지처분을 받았다.

▲톨스토이의 맏딸 타챠냐가 그린 아버지의 초상(1891)

◀〈말을 탄 톨스토이〉 동상 파울로 트루베츠코이. 1899. 파리 슬라브연구소. 톨스토이는 말년에 이르기까지 승마를 즐겼으며 애마 테릴을 타고 야스나야 폴랴나 주위를 달렸다.

▲야스나야 폴랴나 톨스토이 침실에 놓인 사이드 테이블

▶톨스토이가 아버지로부터 물려받은 책상 《전쟁과 평화》《안나 카레니나》《부활》 등의 대작은 모두 이 책상에서 쓰임.

▼톨스토이 부부의 침대　저마다 침대가 있으나 두 사람이 함께 자는 침대도 있었다.

굶주린 사람들의 구제를 위하여

1891년부터 92년에 걸쳐 러시아를 덮친 역사상 유례가 드문 기근은 러시아 남부로 퍼져갔다. 이때 굶주림과 콜레라, 발진티푸스로 사망한 사람은 모두 50만에 이른다. 극심한 기근이 계속되던 9월 끝 무렵 톨스토이는 추수할 작물이 없는 지방을 둘러보았다.

11월에는 맏딸 타챠나와 둘째 딸 마리야를 데리고 기근 피해가 가장 심했던 라잔으로 갔다. 여기서 그는 딸들의 도움을 받아 무료 식당을 개설했는데 이런 식당들이 톨스토이의 감독 아래 1년 동안 360개로 늘어났고, 하루에 1만 6천 명의 굶주린 이들에게 따뜻한 식사를 제공할 수 있게 되었다.

이 시기에 발표된 주된 작품에는 《나의 신앙은 어디에 있는가》가 있다. 이 저작에서 그는 그리스도의 무정부주의를 극한까지 끌어내고 있다. 그는 정부는 체제를 유지하기 위해 경찰과 감옥과 군대를 이용하지만, 무엇보다 국가를 지킨다는 이름 아래 국민에게 병역의 의무를 지우는 짓이야말로 가장 사악하다고 생각했다. 러시아에는 17세기 정교회가 분열한 이래 새로운 전례나 의식을 인정하지 않는 구교도(분리파)가 많았다. 그 가운데서도 캅카스 지방의 두호보르파 교도는 국가에 대한 병역 의무를 거절하면서 1895년에는 무기를 부수는가 하면 정부와 적대적인 태도를 취했다. 따라서 정부로부터 '다루기 힘든 무리'라는 낙인이 찍혀 살던 마을에서도 쫓겨나 결국 캐나다로 집단 이주할 수밖에 없었는데, 톨스토이는 러시아와 미국 사회에 호소하여 많은 보조금을 만들어 주었다.

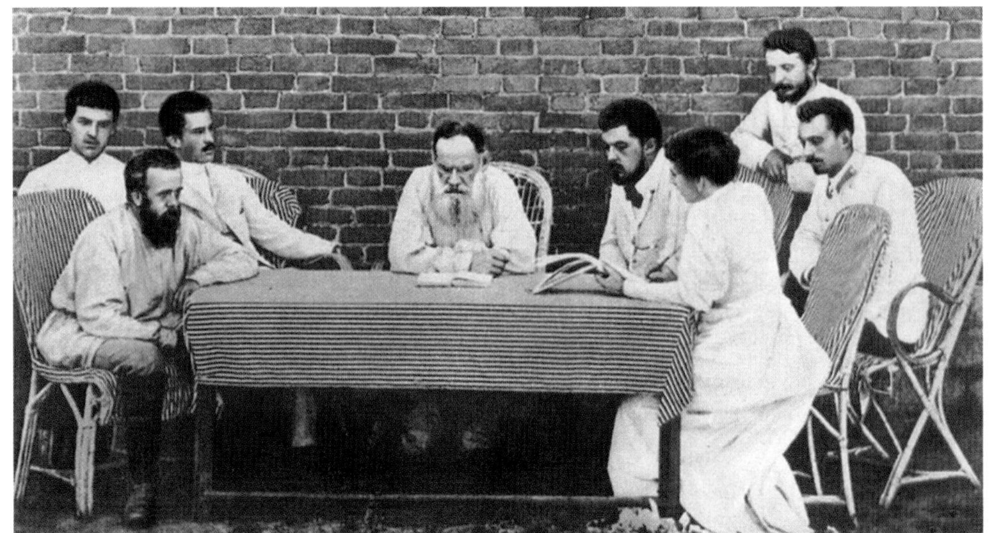

▲굶주림으로 신음하는 농민을 구제할 방법을 모색하기 위해 모인 톨스토이와 그 협력자들 1892. 사마라에서

▶〈쟁기질하는 톨스토이〉 일리야 레핀. 1890년대의 톨스토이는 그다지 작품을 쓰지 않고 농민처럼 밭농사를 하면서 난민 원조 활동에 힘썼다.

▶〈지주와 농민의 처절한 다툼〉 소콜로프

◀**앞 페이지**
〈수확〉 그리고리 마소예도프. 1887.

체호프와 고리키

톨스토이는 농업과 난민구제 활동에 몰두하면서도 문단에 관심을 잃지 않고 특히 젊은 작가의 작품을 주의 깊게 살펴보았다. 그는 세기말에 나타난 새로운 문학 경향이 마음에 들지 않았으나 체호프와 고리키 두 사람에 대해서는 일찍부터 그 재능을 인정하고 있었다. 1889년에 아직 무명에 불과했던 21세의 고리키가 톨스토이를 찾아왔다. 부인은 남편이 지금 병으로 아무도 만날 수 없다고 말한 뒤 이 초라한 청년에게 커피와 빵을 대접한 뒤 돌려보냈다. 그러나 톨스토이는 진짜 병에 걸린 게 아니고 소피아가 내키지 않는 손님에게 자주 쓰는 수법이었다.

그로부터 1년 뒤, 고리키는 다시 톨스토이의 집을 방문했고 이번에는 크게 환영받았다. 톨스토이는 그를 시험하기 위하여 여러 가지를 물어보고 작품의 평도 해주었다. 그러나 체호프에 대해서는 '문학 기교가 최고'라고 칭찬했다. 그는 자주 가족과 방문객에게 체호프의 작품을 읽어주었지만 그에게도 미흡한 점은 하나 있었다. 그것은 체호프의 작품에 참된 중심이 없다는 사실이었다. 하지만 그의 글솜씨는 감탄할 수밖에 없었다. 그런데도 체호프의 희곡만큼은 도무지 톨스토이 마음에 들지 않았다. 《바냐 아저씨》를 보고 나서는 자신의 병문안을 온 체호프에게 사실대로 분명하게 생각을 털어놓았다. 조금 더 자세히 말하면, 셰익스피어도 참을 수 없지만 자네 연극은 더 형편없다는 식이었다. 나중에 체호프는 이 일화를 그의 유머러스한 입담으로 친구에게 전했다고 한다.

▲안톤 체호프(위), 막심 고리키(아래)

◀톨스토이의 맏딸 타챠나

▶모스크바 서재에서 니콜라이 게. 1884.

▼모스크바 서재에 놓인 책상 톨스토이는 여기서도 원고를 썼다. 이 원고들은 처음에는 아내가, 나중에는 딸들이 정서해 주었다.

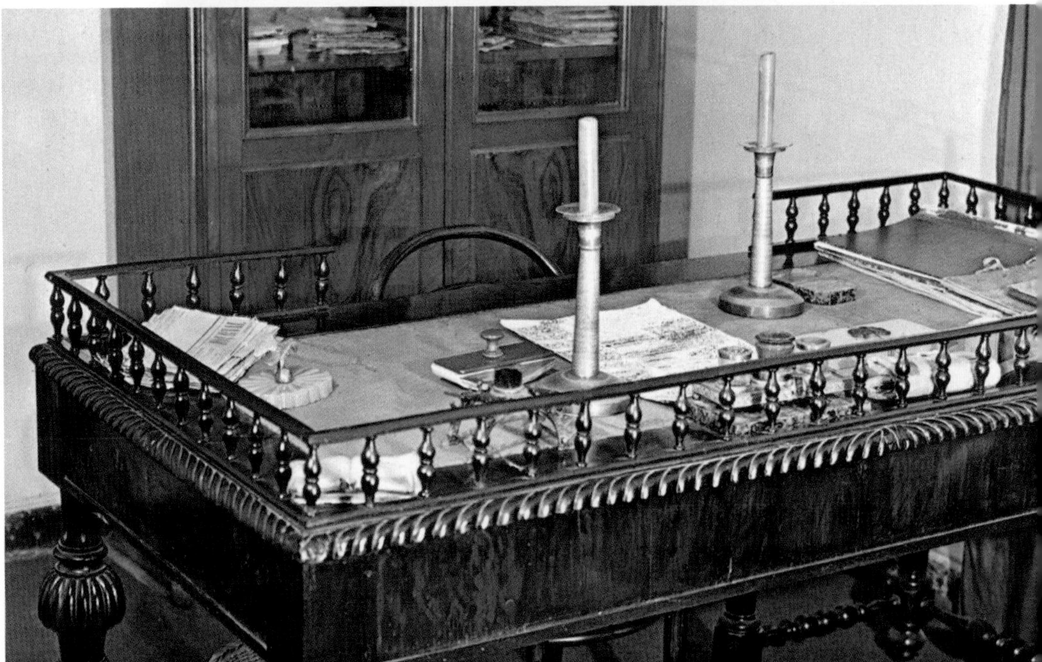

민중들의 기대를 깨버리는 황제

1894년에 알렉산드르 3세가 죽고 니콜라이 2세가 즉위했다. 13년 동안에 걸친 알렉산드르 3세의 시대는 60년대 농노해방과 관련된 일련의 개혁사업을 폐지하거나 더 나쁘게 만든 반동의 세월이었다. 대학의 자치나 지방자치는 제한되고 검열은 강화되는 한편, 유대인과 분리파 교도들은 박해받았다. 또한 그 무렵 러시아의 영토였던 폴란드나 핀란드에서도 러시아 동화정책이 강요되어 소수민족에 대한 압박은 한층 강도를 높여 갔다. 그 무렵 황제 뒤에서 정치를 좌지우지했던 사람은 종무원(宗務院) 장관 포베도노스체프였다. 그는 새 황제 니콜라이 2세에게도 여전히 커다란 영향력을 미쳐서, 새 군주에 대한 민중들의 기대를 여지없이 깨버리고 반동적 정치를 이어갔다. 한편 1891년의 극심한 기근에서 니콜라이 2세가 즉위할 때까지, 러시아의 젊은 지식인들 사이에서는 마르크스주의를 신봉하는 사람들이 차츰 늘어났다. 90년대에는 철도 건설을 비롯해 공업화가 대규모로 행해지면서 러시아 곳곳에서 노동자조합이 생겨났는데, 이들 조합이 주도하는 파업 물결이 러시아 산업을 휘청거리게 했다. 1895년에는 상트페테르부르크에 레닌이나 마르크스 이론에 의한 '노동자계급 해방투쟁동맹'이 결성되었다. 이 단체가 설립되자 40명에 이르는 간부들이 곧 체포되었음에도 다음 해에는 상트페테르부르크의 전 섬유노동자의 파업을 주도할 만큼 영향력을 갖게 되었다. 그리고 이 '투쟁동맹'을 본받아 모스크바 등 모든 도시에 같은 이름의 단체가 속속 결성되었다.

니콜라이 2세 가족 왼쪽부터 올가·마리야·니콜라이 2세·알렉산드라·표도로브나·아나스타시야·알렉세이·타티야나. 1913. 리바디야궁전

다음쪽▶
니콜라이 2세 대관식 모스크바 크렘린. 1896년 5월 18일. 식이 끝난 뒤 축하 군중들이 몰려들면서 관람석이 무너져 많은 사상자를 냈다. 니콜라이 2세는 러시아 마지막 황제가 되었다.

《부활》은 희망의 기도

1898년 톨스토이는 10년 전에 계획하다 만 소설 하나를 다시 쓰기 시작했다. 왜냐하면 두호보르파 교도를 캐나다로 이주시키는 데 자금이 필요했기 때문이었다.

어떤 돈 많은 러시아 부인의 양녀가 된 핀란드 고아 소녀의 비극적인 일생 이야기였다. 그녀는 부인의 친척 남자에게 유혹당해 임신하게 되고 결국 집을 나오지만 살아가기 위해서 몸을 팔게 된다. 어느 날 손님의 돈을 훔쳤다는 혐의로 체포되어 재판에 회부되었다. 그런데 공교롭게도 배심원 가운데 옛날 그녀를 유혹했던 그 남자가 있었는데, 너무나도 달라진 그녀의 모습을 보고 양심의 가책을 느껴 그녀와 결혼할 생각을 했으나 아쉽게도 한발 늦어 그녀는 티푸스로 감옥에서 죽는다. 이런 이야기를 토대로 1899년 말 드디어 《부활》을 완성했다.

톨스토이는 이 소설에서 애인을 만나려고 서둘러 재판을 끝내는 재판관을 그려 넣거나, 감옥에서 행해지는 미사를 마치 오페라처럼 아름답게 묘사했다. 이것은 정교회의 예배에 대한 분명한 모독처럼 보였다. 1899년 11월 하리코프의 대주교는 톨스토이를 마땅히 파문해야 한다고 종무원에 제소했다. 그러나 달리 구체적인 행동을 취하지 않았던 종무원도, 1901년 톨스토이의 제자 체르트코프가 망명지 런던에서 정교회를 비방하는 문서를 출판하자 격분해 마침내 톨스토이를 정식으로 파문했다. 이 통고가 세상에 알려지기 무섭게 많은 이들이 항의 데모에 참여했고 격려 편지와 꽃다발이 물밀듯이 전해졌다.

▲감옥 면회실 《부활》 삽화. 죄수는 방문자와 이런 쇠창살을 사이에 두고 이야기를 나누었다.

◀《부활》의 삽화가 파스테르나크가 그린 톨스토이 야스나야 폴랴나. 1890. 톨스토이는 그의 재능을 높이 평가하여 여러 번 집으로 초대했다.

▲유형지로 끌려가는 날을 기다리는 여죄수들 《부활》 삽화. 톨스토이는 이 장면을 쓰려고 재판소나 감옥을 여러 차례 방문해 죄수들을 만났다.

▶피고인들 "세 번째 죄수는 마슬로바였다."

▼《부활》 57장 삽화 여기 세 장의 삽화 모두 파스테르나크가 그렸다.

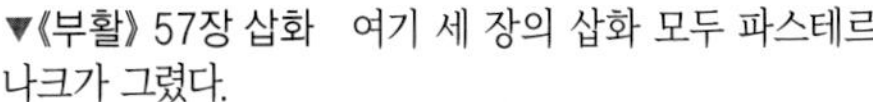

모두 그의 건강을 기원하다

정교회에서 파문당한 1901년 6월, 톨스토이는 야스나야 폴랴나에서 말라리아에 걸렸다. 툴라와 모스크바에서 불러온 의사는 하나같이 죽음이 가까워졌다고 가족들에게 말했는데 톨스토이는 얼마 안 가 바로 회복했다. 그러나 위독하다는 소문이 시외로 퍼져 많은 문안 편지가 배달되었다. 그중에는 문학을 아끼는 루마니아 황후도 있었다. 한편 정부는 비밀리에 훈령을 내려 톨스토이의 장례에 즈음하여 불온한 데모라도 일어날 듯하면 곧 중지시키라고 명령해 두었다.

7월 말 톨스토이는 또다시 병석에 누웠다. 이번에는 협심증이었다. 의사는 곧장 모든 작업을 멈추고 겨울 동안 따뜻한 지방에서 요양할 것을 권했다. 톨스토이는 어느덧 75세의 생일이 가까워지고 있었다. 9월 5일 톨스토이는 아내와 두 딸을 데리고 파닌 백작 부인이 제공해 준 크림의 가스프라에 있는 별장으로 출발했다. 철도 회사는 이들 톨스토이 가족을 위해 특등 차량 하나를 통째로 제공했다. 도중의 하리코프 역에서는 뜻밖으로 많은 사람들의 뜨거운 환영을 받았다.

크림의 별장에는, 그즈음 결핵을 앓고 요양중이던 체호프가 문안을 와주었다. 또 가스프라 근처에서 요양하던 고리키도 경찰의 감시가 극심함에도 가끔씩 찾아왔다. 어느 날 작가이자 언론인인 표트르 세르게엔코가 그즈음으로서는 그리 흔치 않던 자동차를 몰고 가스프라 별장을 방문했다. 호기심 많은 톨스토이는 기어이 가족의 반대를 무릅쓰고 오랜 시간 드라이브를 즐겼다.

▲야스나야 폴랴나의 타챠나 방　그녀는 그림을 좋아하여 레핀이나 게의 그림과 자신이 그린 그림들이 지금도 걸려 있다.

◀니콜라이 카사트킨이 그린 맏딸 타챠나　톨스토이박물관. 타챠나는 부모의 반대를 무릅쓰고 이혼남 수코틴과 결혼했다. 이때 그녀는 35세, 수코틴은 49세에 자식이 6명이나 있었다.

▲크림에서 체호프와 톨스토이(1901)　얄타에서 결핵으로 요양하고 있던 체호프가 여러 번 찾아왔다.

▶야스나야 폴랴나에서 고리키와 톨스토이(1900)　소피아가 찍은 사진

▼야스나야 폴랴나에서 가족 사진(1899)
왼쪽 소피아가 꽃다발을 들고 있다. 《부활》 출판 무렵

내 작품을 모든 민중에게

톨스토이를 믿고 따르는 사람은 많았다. 그 예로 체르트코프를 들 수 있다. 그는 명문 귀족 출신으로 근위사관이 되었으나 1881년 제대하고 보로네시의 광대한 영지 속에 틀어박혔다. 이때가 27세였는데 톨스토이로부터 많은 영향을 받고 성서를 연구하면서 영지 내 농민들의 생활을 개선시키고자 했다. 그는 1883년 이후 톨스토이가 가장 아끼는 제자가 되었고 무슨 일이건 함께 의논했다. 90년대 초에 톨스토이는 그의 제안으로 자신의 모든 저작권을 누구나 마음대로 출판할 수 있도록 포기하려고 생각했다. 그러나 부인 소피아는 생활상의 이유로 이에 맹렬히 반대했고, 결국 1891년 가을에 톨스토이는 1881년 이후에 쓰인 작품의 저작권만 포기하겠다는 취지를 공식으로 밝혔다. 그즈음 톨스토이의 집을 자주 방문했던 단골손님으로는 유명한 피아니스트이자 작곡가인 타네예프와 피아니스트인 골덴바이저가 있었다. 1896년 그들이 야스나야 폴랴나에 한동안 머물게 되면서 여름 동안 톨스토이의 집에서는 이따금 연주회가 벌어지곤 했다. 그녀는 타네예프에게 피아노 레슨을 받았다. 이때 타네예프는 36세, 소피아는 52세였다.

가족들은 소피아가 타네예프를 은근히 좋아하는 것을 금세 알아차렸고 톨스토이는 격렬한 질투심에 사로잡혔다. 그는 《크로이체르 소나타》에서 아내에게 배신당한 남편의 처지와 자신이 비교된다는 사실에 한층 더 못 견뎌 했다. 그러나 소피아의 사랑은 플라토닉한 혼자만의 사랑으로 끝났다.

▲톨스토이 80회 생일기념 1908년 8월 28일. 야스나야 폴랴나

◀톨스토이 석고상 일리야 긴즈부르크. 1908. 톨스토이박물관. 긴즈부르크도 톨스토이네 단골손님 중 하나였다. 만년의 톨스토이 모습을 잘 전해주는 작품으로 꼽힌다.

▲가족들에게 둘러싸여 수코틴과 체스를 두는 톨스토이

▶톨스토이가 애용하던 체스

▼장인 톨스토이와 체스를 두는 사위 수코틴(맏딸 타챠나의 남편)　타챠나. 1908.

어떠한 전쟁도 죄악이다

러시아는 1891년 시베리아 철도 건설 이래 극동으로 진출하려고 박차를 가하고 있었다. 한편 일본도 1894~95년의 청일전쟁 이후 만주(중국 동북 지역)와 조선반도로 경제와 군사 진출에 더더욱 힘을 기울였다. 1900년에 중국에서 의화단의 난이 일어나자 이를 진압한다는 구실로 러시아는 군대를 보내 만주를 차지하고는 좀처럼 돌아갈 생각을 하지 않았다. 국내 혁명 정세를 피하기 위해 이 일대에서 작은 전쟁을 일으켜 승리한다면 국민들도 정부를 지지할 게 분명하다는 속셈도 작용했다. 일본은 1904년 선전포고도 없이 인천과 뤼순(旅順)에서 러시아군을 기습공격했다. 이것은 20세기 최초 제국주의 전쟁이었다. 전쟁이 시작되자 외국 신문들은 앞다투어 톨스토이에게 달려와 러시아의 전쟁 수행을 찬성하는지, 일본의 기습공격을 어떻게 생각하는지 알고 싶어 했다. 그는 이 질문에 엄숙하고 의연한 태도로 "나는 러시아 편을 들 수 없다. 그렇다고 일본 편을 드는 것은 더더욱 아니다. 정부에 속아서 자신의 양심과 종교가 가로막는 데도 전쟁터로 달려간 두 나라의 모든 군인들 편이다"라고 말했다. 톨스토이는 전쟁 자체를 반대함을 분명히 하기 위해 '반성하라!'는 제목으로 글을 썼다. 톨스토이는 이 글에서 전쟁이 얼마나 비도덕적이고 비인간적인지 설명했다. 이 글을 둘러싸고 러시아의 배타적 애국주의자들은 톨스토이가 조국을 배반했다고 비난하는 편지를 보냈다. 한편 세계의 인도주의자들이 보내는 많은 격려 편지를 읽고 톨스토이는 위로를 받았다.

두 그림은 러일 전쟁의 일화를 나타내는 일본의 판화
밀라노의 베르타렐리 컬렉션. 일본은 제2차 세계대전 때 진주만 기습공격에서 그랬던 것처럼 선전포고도 없이 러시아군에 기습공격을 감행했다.

▲일본군의 뤼순항 포위작전 기습공격으로 인한 석유 비축 기지 화재 장면(1904)

▶러시아군과 일본군의 백병전

▶▶203고지 격전 패배 뒤에 일본 군막을 향해 내려가는 러시아군 스테셀 장군

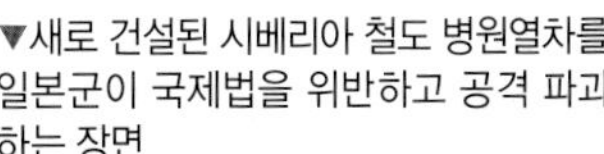

▼새로 건설된 시베리아 철도 병원열차를 일본군이 국제법을 위반하고 공격 파괴하는 장면

포그롬과 '피의 일요일'

19세기 끝 무렵의 러시아 제국 영내에는 약 500만 명의 유대인이 살고 있었다. 그들은 정해진 거주지에서만 살 수 있었고 교육에서도 차별을 받았다. 1880년 이후 포그롬이라 불리는, 조직적인 유대인 학살 및 약탈이 있었으나 정부는 외면했다. 러일 전쟁이 일어나기 전 서남 러시아의 키시뇨프에서 특히 격렬한 포그롬이 일어났다. 목적은 유대인의 재산 약탈이었는데, 이때 50여 명이 살해되고 700명이 넘는 부상자가 났다. 톨스토이는 정면에서 정부를 비난했다. 그로부터 2년이 지난 1905년 1월 '피의 일요일' 사건이 발생한다. 뤼순이 함락되고 러시아 국내의 혁명 정세는 오히려 높아만 가서 1월 4일에 상트페테르부르크에서 대대적인 파업이 일어났다. 이 때문에 작년 봄부터 수도의 노동자조합을 조직하고 있던 가폰은 1월 9일 황제에게 보낼 청원서 운동을 일으켰으나 군대와 경찰의 일제 사격을 받고 수천 명의 사상자를 냈다. 이 사건을 계기로 러시아 곳곳에서는 항의 파업이 꼬리에 꼬리를 물었고, 6월에는 흑해함대의 전함 포템킨호에서도 수병이 반란을 일으켰다. 혁명의 파도는 차츰 높아져 10월 제네스트에서 최고조에 달했다. 이쯤 되자 황제도 어쩔 수 없이 양보할 수밖에 없었고, 마침내 10월 17일 국회 개설, 선거권 확대, 언론·집회·결사의 자유를 보장한다는 이른바 '10월 선언'을 발표했다. 이것을 읽고 난 톨스토이는 "인민에게 도움이 될 만한 것은 아무것도 없다"며 의견을 말했다. 그는 전제든 입헌제든 힘에 의한 지배라는 점에서는 매한가지라고 생각했다.

▲피의 일요일 학살　니콜라이 2세에게 탄원하기 위해 겨울궁전으로 평화적인 청원 행진을 하는 군중에게 정부 당국의 근위군이 발포하여 대규모 유혈사태가 일어난 사건이다.

◀일본군과 해전에서 격침되는 발트함대　로제스트벤스키가 이끄는 발트함대가 일본의 연합함대에 의해 쓰시마 해협에서 격침되었다.

▲, ▲▲전함 포템킨호의 반란 1905년 흑해함대 소속 러시아 전함 중 가장 중추적 역할을 한 전함으로 굴뚝이 세 개인 점이 구별되었다. 오데사 항구 반란 진압 명령을 거부하고 선상 반란을 일으켰다.

▶포템킨 계단 1905년 흑해의 오데사 항구 노동자들이 파업에 들어가 러시아 정부의 폭압에 대항해 반란을 일으켰다. 이를 진압하라는 명령을 받은 전함 포템킨호의 해병들 또한 노동자들과 동조하여 반란을 일으키자 차르(황제)의 군대가 진격해와 포템킨 계단에서 약 2천 명의 사람들을 살생한 사건이다.

사랑과 죽음의 나날

톨스토이는 70세가 넘도록 소설·우화·논문·희곡 등 많은 글을 썼다. 이 대부분은 그가 세상을 떠난 뒤인 1911년에서 12년에 걸쳐 발표되었다. 만년의 대표 작품으로는 희곡 《산송장》과 소설 《하지 무라트》를 들 수 있겠다. 《산송장》은 어떤 부부의 기묘한 이야기로 톨스토이가 1899년에 친구 다비도프에게서 들은 이야기에서 실마리를 얻은 작품이다. 톨스토이는 이야기를 들은 이듬해 내용을 각색해 《산송장》을 쓰기 시작했으나 결국 미완성으로 끝나고 말았다. 그러나 그가 죽고 나서 1911년 1월부터 10월까지 《산송장》은 무려 243개 극장에서 9천 회 넘게 공연되었고, 톨스토이의 희곡 중에서도 가장 빛나는 성공을 거둔 작품이 되었다. 《하지 무라트》의 집필에는 1896년 무렵부터 1904년까지 8년의 세월이 걸렸다. 이 소설은 톨스토이의 캅카스에서의 생활을 떠올리게 한다.

1908년 8월 28일, 톨스토이의 80세 생일을 축하하기 위해 1월 7일 상트페테르부르크에 준비위원회가 설립되었다. 또한 국외에서도 톨스토이의 생일을 축하하는 기획이 진행되었다. 그러나 톨스토이는 준비위원으로 있는 친구 스타호비치에게 편지를 써서 축제를 중지하도록 부탁했다. 정교회는, 자기들이 파문한 톨스토이를 위해 온 세상이 이처럼 하나같이 대규모 축하행사를 열려 하는 데 크게 분노했다. 종무원의 요청으로 결국 공식적인, 탄생 기념 축하행사는 취소되었지만 나라 안팎으로 2천 통이 넘는 생일축전이 톨스토이에게 밀려들었다.

맏딸 타챠나의 낭독에 귀를 기울이는 톨스토이 파스테르나크

야스나야 폴랴나의 식당(왼쪽)과 거실(오른쪽) 식탁에는 12인분 식기가 놓여 있다. 톨스토이는 거실 식탁에 둘러앉아 가족들에게 자기 작품을 읽어주길 좋아했다. 어느 날 손님 중 한 명이 《하지 무라트》 읽는 것을 듣고 톨스토이는 거실로 뛰어들어와 "그런 시시한 이야기는 그만 읽으라"고 했다 한다.

▲미하일 네스테로프가 그린 만년의 톨스토이 초상(1907)

▶레핀이 그린 분홍색 안락의자에 앉아 휴식을 취하는 톨스토이 초상화(1910)

▼레핀과 함께 찍은 사진(1908)

마지막 순간까지 깨어 있는 위대한 혼

만년의 톨스토이는 스스로의 괴로움에서 찾아낸, 그리스도교의 도덕을 실행하기 위하여 술과 담배도 끊고 채식주의자가 되었다. 그는 야스나야 폴랴나의 쾌적한 생활도 거부했고, 지금껏 물질적으로 풍부하게 살아온 데 대해 깊이 반성했다. 하지만 그의 이런 엄격한 생활 태도는 소피아에게는 차츰 받아들이기 힘든 것이 되었다.

톨스토이는 무슨 일이건 아끼는 수제자 체르트코프와 의논했는데, 말을 나누다가도 소피아가 방에 들어오면 두 사람은 약속이나 한 듯이 갑자기 입을 다물었다.

1908년 여름 병상에 있던 톨스토이는 자기의 죽음이 머지않은 것을 깨닫고 비서 구세프에게 일기를 받아 적게 했다. 그는 자신이 죽고 나면 모든 저작권을 사회에 내놓고 싶다고 말했다. 만약 이대로 실행된다면 1881년 이전에 출간된 작품의 저작권도 소피아가 내놓지 않으면 안 되었다. 남편의 일기를 본 소피아는 톨스토이에게 항의했고 두 사람 사이에는 그 해 내내 냉랭한 바람이 일었다. 이듬해 여름, 톨스토이는 체르트코프와 상의해 1881년 1월 1일 이전의 간행되지 않은 저작과 그 이후의 모든 작품 저작권을 포기해 누구라도 출판할 수 있도록 했다.

1910년 10월 28일 새벽, 톨스토이는 예전부터 생각해 오던 가출을 결행했다. 딱히 어딜 가겠다는 작정도 없이 주치의인 두샨 마코비츠키와 딸 사샤(알렉산드라)를 깨워 자기 생각을 밝혔다. 그리고 아내에게는 편지를 남겼다.

"나의 가출이 가족 모두를 슬프게 하겠지만

▲가출하는 톨스토이 장 스티카가 그린 이 그림은 그 무렵 러시아 신문을 화려하게 장식했다.

◀파울로 트루베츠코이가 유화로 그린 톨스토이(1910)

▲아스타포보 역 조토프

▶아스타포보 역장 관사 콘스탄티노프. 톨스토이는 1910년 11월 7일 이곳에서 숨을 거뒀다. 역 이름이 톨스토이 역으로 바뀌고, 관사는 박물관이 되었다.

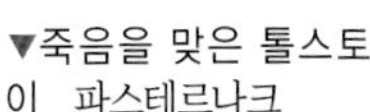

▼죽음을 맞은 톨스토이 파스테르나크

▼▼톨스토이의 장례식

부디 이해해 주었으면 하오. 내게는 달리 방법이 없구려. 집에 있기가 너무도 힘이 든다오. 이제껏 호의호식하면서 살아왔지만 이제 더 이상 그렇게 살고 싶지가 않다오……."

톨스토이는 마코비츠키(의사) 한 사람만 데리고 집을 나왔다. 그날 밤 8시에 두 사람은 오프치나 수도원에 도착했다. 이곳에서 톨스토이는 새벽녘까지 공개장 형식을 취한 사형 반대 논문 〈유효한 수단〉을 완성했다. 이튿날 동생 마리야가 수녀로 여생을 보내고 있는 샤마르디노로 가서 오랜만에 동생과 저녁 식사를 함께했다.

그러나 다음 날 사샤가 불쑥 찾아와 어머니가 편지를 읽고는 몹시 절망해서 연못에 몸을 던져 자살을 기도했다고, 지금이라도 당장 어머니가 달려오실지 모른다고 말했다. 톨스토이는 서둘러 라잔-우랄선 3등 열차에 몸을 싣고 정처 없이 달렸다. 그는 기차 안에서 폐렴에 걸려 고열로 신음했다. 마코비츠키는 그를 가까운 아스타포보 역에 내리게 하여 역장 관사의 아이들 방으로 데려갔다. 톨스토이는 얼마 지나지 않아 혼수상태에 빠져들었고 1910년 11월 7일 다시는 돌아오지 못할 사람이 되었다.

야스나야 폴랴나의 톨스토이 무덤　톨스토이의 유해는 아스타포보 역에서 야스나야 폴랴나로 옮겨졌다. 고인의 바람대로 간소하게 조성된 무덤은 작가가 생전에 좋아했던 참피나무로 둘러싸여 있다.

Лев Николаевич Толстой

Круг чтения

인생이란 무엇인가

레프 톨스토이/채수동 옮김

동서문화사

《인생이란 무엇인가》는 세계 수많은 위대한 작품과 사상서에서 삶의 지혜를 내가 가려 엮은 것이다. 글 끝마다 지은이를 밝혀 두었다. 출처를 밝히지 않은 것은 지은이 미상의 책에서 뽑은 것이거나 내가 직접 쓴 것이다. 그러나 그 글을 추려낸 원전 제목, 작품을 정확하게 밝히지는 않았다. 어떤 부분은 원서가 아닌 외국어판에서 다시 옮긴 것도 수록돼 있어서 내 옮김이 원문과 완전히 일치하지 않을 수도 있다. 독일, 프랑스, 이탈리아 사상가들의 글을 뽑을 때는 원문을 엄격하게 따르지 않고, 이해하기 쉽게 다시 써 옮겼으며 때에 따라서는 간략하게 줄이기도 했다.

독자들은 이 글들이 파스칼이나 루소의 것이 아니라 나의 창작이라고 말할지도 모르지만, 조금 언어가 변형되긴 했어도 그들의 사상을 전달하는 데는 아무런 문제가 없다고 생각한다.

그러므로 이 책을 다른 말로 옮기려는 사람이 있다면 영국 시인 콜리지, 독일 철학자 칸트, 프랑스 저술가 루소의 원문을 해석하려 들지 말고 나의 글을 직접 옮길 것을 권하고 싶다. 그 글이 더러 원문과 일치하지 않는 또 다른 이유는, 길고 복잡한 주장에서 하나의 단상을 뽑아내야 했는데 이때 표현의 명료성과 통일성을 위해 부득이하게 낱말과 구절을 바꿔야 했기 때문이다. 어떤 경우에는 지은이의 생각을 나 자신의 말로 바꿔 표현한 것도 있다.

그렇게 된 이유는 내가 이 책을 세상에 내놓는 목적이 원래 지은이의 말을 앵무새처럼 따라 읊기 위함이 아니라 여러 저술가들의 위대하고 유익한 지적 유산을 많은 독자가 매일 쉽게 다가가서 읽고 최상의 생각과 감정을 얻도록 하려는 것이기 때문이다.

내가 이 책을 만들면서 경험했으며 이 책을 새로 엮어나가느라 나날이 되새겨 읽으면서 다시금 경험하게 된 이 뜻깊고 숭고하며 아름답게 고양된 감정을 이 책을 읽을 독자들도 부디 경험하게 되기를 바란다.

야스나야 폴랴나에서

레프 톨스토이

인생이란 무엇인가

차례

톨스토이는 무엇으로 살았는가
머리글–레프 톨스토이

1월… 71
도둑의 아들·83/회개한 죄인·101
자기완성·116/그리스도교의 본질·132

2월… 143
이성·151/부처·166
자기희생·184/자유인·186
천사 가브리엘·202/기도·203

3월… 218
가난한 사람들·224
(1) 합일·243/(2) 항해·244
폭력으로 악에 대항하지 말라·259
수라트의 찻집·273/코르네이 바실리예프·294

4월… 313
선(善)·325/채소장수·341
편지에서·371/달걀만 한 씨앗·387

5월 … 396
교육 · 405/교육에 관한 편지 · 406/병원에서의 죽음 · 425
폭력의 법칙과 사랑의 법칙 · 440/소크라테스의 변명 · 455

6월 … 468
귀여운 여인 · 472
체호프의 단편 〈귀여운 여인〉 뒤에 부친 글 · 484
정말 이래도 된단 말인가 · 502/첫 슬픔 · 518
스스로 노예이기를 원하다 · 545/독수리 · 553/딸기 · 572

7월 … 585
파스칼 · 602
1. 세상의 구조 · 624
2. 초기 그리스도교도의 전쟁에 대한 태도에 대하여 · 626
3. 병역을 거부했던 농부 올호비크의 편지 · 629
믿음이 없는 사람 · 647/1. 뉘우침 · 666/2. 돌 · 668

8월 … 675
1. 큰곰자리 · 683/2. 참새 · 684/3. 쿠나라의 눈 · 685
고독 · 699/가톨릭과 개신교 · 718
토지제도에 대해 · 733

9월… 748
사람들은 왜 스스로를 마비시키는가·750
어린이의 힘·767/페트르 헬치츠키·783
1. 멕시코 왕의 유서에서·802/2. 소크라테스의 죽음·803
무엇 때문에?·824

10월… 852
살아 있는 주검·862/하느님의 법칙과 이 세상의 법칙·889
라므네·910/계시와 이성·927

11월… 941
신적인 것과 인간적인 것·947
그리스도교와 인간 차별·998
사랑의 요구·1020/미리엘 주교·1039

12월… 1057
여성·1059/누이들·1061
〈열두 사도의 가르침〉 서문·1083
해리슨과 그의 '선언'·1113/미치광이·1135
헝가리와 세르비아, 크로아티아에 퍼져 있는 나사렛파에 대하여·1158

톨스토이가 남긴 인류 지혜의 유산… 1166

1월

1월 1일

1

그리 중요치 않은 평범한 것을 많이 알기보다는 참으로 좋고 필요한 것을 조금 아는 것이 더 낫다.

2

잘 갖추어진 작은 서재에 굉장한 보배가 존재할 수 있다. 수천 년에 걸친 세계의 모든 문명국에서 추려낸 가장 지혜롭고 고귀한 위인들의 세계, 즉 그들의 연구와 지혜의 소산이 그 책들 속에 고스란히 살아 숨 쉼을 우리에게 보여주고 있기 때문이다. 모습을 드러내지 않으며 가까이 하기 어려운 존재인 그들은, 우리가 자신들의 고독을 깨뜨리거나 자신들의 작업을 방해하는 것을 견디지 못할 것이고, 또는 사회적 조건들이 그들과의 교류 자체를 불가능하게 할 수도 있을 것이다. 그러나 책 속에는 그들의 최상의 벗에게도 보여주지 않았던 사상이, 세기를 건너뛰어 누구인지도 모르는 우리에게 명료한 언어로 펼쳐져 있다. 우리는 인생에서 가장 큰 정신적 은혜를 책 속에서 얻고 있는 것이다. 에머슨

3

인간은 원래 반추동물이다. 그러므로 우리는 그저 많은 책을 머리에 채워 넣는 것만으로는 충분하지 않다. 우리가 삼킨 것을 잘 새김질하여 소화시키지 않는다면 책은 우리에게 아무런 힘과 자양도 주지 않을 것이다. 로크

4

다양한 저자의 저술과 온갖 종류의 책을 읽음으로써 우리 머릿속에 혼란과

모호함이 일어나지 않도록 조심하라. 만약 독서를 통해 무엇인가 유익한 것을 끌어내고 싶거든 진정으로 가치 있는 저자의 책만을 즐기도록 해야 한다. 책을 무턱대고 많이 읽는 것은 두뇌를 산만하게 만들 뿐이다. 그러므로 확실히 양서로 정평이 나 있는 책만 읽도록 하라. 만약 잠시 다른 종류의 책을 접하고 싶은 생각이 나더라도 언젠가는 다시 본래의 독서법으로 돌아가기를 잊지 말라.

세네카

5

무엇보다 먼저 좋은 책부터 읽어라. 그렇지 않으면 결국 평생 그 책을 읽을 기회를 놓치게 될 것이다.

소로

6

자신의 사상이 고갈되었다고 느낄 때 비로소 책을 읽어야 한다. 그것은 지극히 총명한 사람들에게도 흔히 일어나는 일이다. 그러나 독서에 의해, 아직 완성되지 못한 자신의 사상을 혼란케 하는 일은, 자기 영혼에 대한 범죄행위이다.

쇼펜하우어

7

문학에서도 인생에서와 같은 현상을 볼 수 있다. 어디를 돌아보나 마치 여름철 파리처럼 득실거리며 모든 것을 더럽히고 있는 구제할 길 없는 속된 무리와 부딪히게 된다. 그것 때문에 실제로 나타나고 있는 악서의 범람과 좋은 씨앗의 발아를 방해하는 문학적 독초의 이상 번식이 일어나고 있다. 그와 같은 책들은, 엄선된 참으로 뛰어난 작품에 투자해야 할 시간과 돈과 정신력을 훔치고 있다.

악서는 무익하기만 한 것이 아니라 단연코 유해하다. 홍수처럼 쏟아지는 문학서 가운데 십중팔구는 우매한 독자의 호주머니에서 조금이라도 더 돈을 뜯어내려는 목적으로 출판되고 있다. 그래서 저자와 출판업자와 인쇄업자들은 고의로 책을 두껍게 만들고 있는 것이다.

돈벌이를 위해 글을 쓰는 매문업자는 더더욱 유해하고 후안무치한 기만을 자행하고 있다. 하찮은 문장을 늘어놓고 한 줄에 얼마라고 하는 이 일용 노동자들은 독자의 기호에 흠집을 내고 참된 문화를 망치고 있다.

이 같은 해독에 대항하는 수단으로서 우리는 반드시 '읽지 않는 것'을 배워야 한다. 즉 대중에게 인기가 있는 책, 평판이 자자한 책은 아예 읽지 말아야 한다. 더욱 과감하게 말하면, 발행된 첫해가 그 존재의 마지막 해가 되는 책은 모두 멀리해야 한다.

분명히 말해두지만, 어리석은 사람들을 대상으로 하는 저자가 언제나 가장 많은 독자층을 확보하는 법이다. 우리는 이 짧고 덧없고 한정된 생애를, 동서고금의 위대한 작품과 수많은 열등작가들 위에 탑처럼 우뚝 솟아 있는 천재적 작가들의 작품을 가까이하며 보내지 않으면 안 된다. 오직 이러한 저자들만이 우리를 정말로 움직일 수 있고 가르칠 수 있기 때문이다.

악서는 아무리 적게 읽어도 지나치지 않고, 양서는 아무리 많이 읽어도 과하다고 할 수 없다. 악서는 마음을 흐리게 하는 정신적인 독이다.

어리석은 사람들은 고금의 양서는 읽을 줄 모르고, 그저 그 시대의 새로운 작품만 읽기에 바쁘다. 그래서 오늘날의 지식인들은 언제나 우물 안 개구리처럼 같은 주제를 우려먹으며 같은 주장만 되풀이하고 있다. 그로 인해 우리 시대는 해악에서 좀처럼 벗어나지 못하고 있는 것이다. 쇼펜하우어

8

물질적인 독물과 정신적인 독물의 차이는 다음과 같다. 물질적인 독물은 대부분 맛이 불쾌하지만, 저급한 신문이나 악서 같은 정신적인 독물은 불행히도 아주 매혹적이라는 점이다.

1월 2일

1

가장 야만적인 미신의 하나는, 현대의 대다수 학자들에게 만연하고 있는, "인간은 신앙이 없이도 살아갈 수 있다"는 미신이다.

2

언제 어느 시대를 불문하고 사람들은, 자신을 처음으로 이 세상에 보낸 이가

누구이고, 또 그 궁극의 목적이 무엇인지 알고 싶어 하며, 적어도 그것에 대해 자기 나름의 이해를 가지기를 열망해 왔다. 그래서 이 같은 요구를 만족시키기 위해, 만인을 하나의 기원을 가진 형제로 결합시키고, 그들의 삶에 공통된 과제와 공통된 궁극의 목적을 천명하기 위해 종교가 등장한 것이다. 주세페 마치니

3

진정한 종교는, 사람들이 자기를 에워싸고 있는 무한한 삶과의 사이에 수립하는 관계를 뜻한다. 그 관계가 그의 삶과 이 무한한 삶을 연결하여 그의 행위를 지도하는 것이다.

4

모든 종교의 본질은 나는 무엇을 위해 사는가, 그리고 나를 둘러싼 무한한 세계와 나는 어떤 관계에 있는가 하는 물음에 대한 해답에 있다. 가장 고차원적인 종교에서 가장 야만적인 종교에 이르기까지 거의 모든 종교가 그 밑바탕에, 이러한 인간을 둘러싸고 있는 세계와 '나'의 관계의 수립이라는 문제를 가지고 있다.

5

종교는 사람들에게 최고의 교육자이며 최대의 계몽자이지만, 반면에 외면적인 현상과 정치상의 이기적 활동은 인류의 진보를 방해하는 가장 큰 장애물이다. 종교의 본질인 신성함과 영원함은 살아 있는 한, 느끼는 한 모든 사람의 마음을 한결같이 채워준다.

우리가 탐구의 길로 나아가면 갈수록, 모든 위대한 종교의 근본 원리는 하나라는 것, 천지창조 이후 오늘날까지 연면히 이어져 온 가르침이 그 하나로 관철되어 있음이 밝혀질 것이다.

모든 신앙의 밑바탕에는 오직 하나의 영원한 진리의 흐름이 있다.

조로아스터교도는 조로아스터교의 깃발을, 유대교도는 유대교의 깃발을, 그리스도교도는 십자가를, 이슬람교도는 그들의 반월기(半月旗)를 걸게 하라. 그러나 그들도 모두, 그러한 것은 단순한 외면적인 표징(表徵)에 지나지 않으며, 모든

종교의 본질적 원리는 예수, 바울(바울로), 마누, 조로아스터(자라투스트라), 부처, 모세, 소크라테스, 실러, 마호메트(무함마드)가 한결같이 설파한 '이웃에 대한 사랑'이라는 것을 잊어서는 안 된다. 모리츠 플뤼겔

6

특정한 가르침을 신의 계시로 정하는(그래서 그것을 신학이라고 부르지만) 것이 아니라, 인간의 모든 의무를 신의 계율로 정하는 것 속에 모든 종교의 본질이 존재한다. 칸트

7

신앙이 없는 사람의 생활은 금수의 생활과 조금도 다를 바가 없다.

1월 3일

1

"내 양식은 나를 보내신 분의 뜻을 행하고 그분의 사업을 성취하는 데 있다"고 그리스도는 말했다. 우리에게도 저마다 우리를 보내신 분의 일을 성취하기 위해 해야 할 일이 있다. 우리는 신이 우리를 통해 이룩할 사업의 전모를 알 수는 없다. 그러나 그 사업에 동참하기 위해 우리가 무엇을 해야 하는지는 모를 수가 없다.

2

나더러 "주님, 주님!" 하고 부른다고 다 하늘나라에 들어가는 것이 아니다. 하늘에 계신 내 아버지의 뜻을 실천하는 사람이라야 들어간다.

〈마태복음〉 제7장 21절

3

타오르는 힘, 빛을 발하는 힘이 없다면, 적어도 빛을 가리지는 않도록 하라.

4

지혜의 법칙을 아는 자는 그것을 사랑하는 자보다 못하다. 그것을 사랑하는 자는 그것을 실천하는 자보다 못하다. 중국 금언

5

우리 생애에서 가장 중요한 문제는, 우리에게 주어진 이 짧은 생애에서 우리를 이 세상에 보낸 이가 우리에게 바라는 것을, 우리가 얼마나 실천하며 살아가고 있는가 하는 점이다. 우리는 과연 그렇게 살고 있는가? 《탈무드》

6

나는 괴롭다, 나는 신에게 도움을 청한다. 그러나 내가 신을 섬겨야 하는 것이지 신이 나를 섬겨야 하는 것이 아니지 않는가. 그것을 깨닫는다면 괴로움은 절로 가벼워질 것이다.

7

이 지상과 천상 사이에 심연이 있는 것은 아니다. 신이 우리에게 준 주거가 영원히 악과 이기주의와 압박의 지배 아래 있어야 한다고 생각하는 것은 신성 모독이라고 하지 않을 수 없다. 지상은 단순한 속죄의 장소가 아니라 우리가 진리와 정의를 실천하기 위해 노력해야 하는 곳이다. 그 진리와 정의에 대한 갈망은 모든 사람의 마음속에 내재되어 있다. 주세페 마치니

8

언젠가 우리는 천사가 될 것이라고 생각하고 있든, 옛날에는 연체동물이었다고 믿고 있든, 중요한 것은 우리는 우리에게 주어진 일을 성실히, 그리고 실수 없이 완수해야 한다는 사실이다. 존 러스킨

9

인생의 목적을 단순히 일신상의 행복이라고 생각한다면, 인생은 견디기 어려운 허망한 것이 되고 말 것이다. 그러나 성현이, 그리고 우리의 이성, 우리의 심장

이 우리에게 말하듯이, 인생이란 우리를 이 세상에 보내신 분에 대한 봉사라고 생각한다면, 그 순간부터 인생은 끊임없는 기쁨이 될 것이다.

1월 4일

1

우리는 아무리 그럴 생각이 없어도, 싫든 좋든 이 세상과 맺어져 있음을 느끼지 않을 수 없다. 산업, 교역, 예술, 지식 등이, 특히 우리 처지의 동일성, 세계에 대한 관계의 동일성이 우리를 결합시키고 있다.

2

선한 사람들은 굳이 그것을 의식하지 않고 서로 돕고 산다. 그러나 악한 사람들은 의식적으로 서로에게 적대행위를 하기 마련이다. 중국 속담

3

모든 사람은 저마다 무거운 짐을 지고 있고, 저마다 결점을 가지고 있다. 남의 도움 없이 살아갈 수 있는 사람은 아무도 없다. 그러므로 우리는 서로를 위로하고 대화하고 충고하면서 돕지 않으면 안 된다. 성현의 사상

4

이 세상은 1000명이 함께 일하면 같은 1000명이 따로따로 일할 때보다 훨씬 많은 것을 생산할 수 있도록 되어 있다. 그렇다고 여기서 999명의 사람이 한 사람의 노예가 되어야 한다는 결론을 내려서는 안 된다. 헨리 조지

5

선한 사람은 악한 사람의 스승이다. 악인은 선인이 교육해야 할 학생에 지나지 않는다. 자신의 스승을 존경하지 않는 사람도, 자신의 제자를 사랑하지 않는 사람도, 똑같은 잘못을 저지르는 것이다. 노자

6

인간은 모두 아담의 자식, 말하자면 하나의 몸에 딸린 손이고 발이다. 손이 괴로우면 발도 괴롭다. 남의 괴로움에 냉담한 자는 인간이라는 이름으로 불릴 자격이 없다.

사디

7

우리 한 사람 한 사람의 생활은 인류 전체의 생활과 밀접하게 결부되어 영위되지 않으면 안 된다. 왜냐하면 모든 피조물은 조화와 합일을 추구하고 있기 때문이다. 자연계에 있어서와 마찬가지로, 정신계에 있어서도 모든 생명 현상은 서로 긴밀한 관계로 맺어져 있다.

마르쿠스 아우렐리우스

8

천지창조 이후의 인류 역사는 인류의 합일을 향한 끊임없는 전진의 역사이다. 이 합일은 수많은 다양한 방법으로 달성되는 것이며, 그 합일을 위해 일하는 사람들뿐만 아니라, 그것에 저항하는 사람들까지 거기에 봉사하고 있는 것이다.

1월 5일

1

사람들이 북적대는 건물 안에서 누군가가 "불이야!" 하고 외친다. 그러면 사람들은 한꺼번에 출구로 몰려가고, 눈 깜짝할 사이에 수십 명 수백 명의 사람들이 죽게 된다.

2

언어에 의한 해독은 명백하다. 우리가 우리의 언어에 의해 괴로워하는 사람들을 눈앞에서 보지 않는다 해도 그 해독이 큰 것은 마찬가지이다. 총에 맞은 상처는 나을 수 있지만, 언어에 의해 입은 상처는 결코 아물지 않는다.

페르시아 격언

3

우리는 모두 실수하는 일이 많습니다. 말에 실수가 없는 사람은 온몸을 잘 다스릴 수 있는 완전한 사람입니다. 말은 입에 재갈을 물려야 고분고분해집니다. 그래야 그 말을 마음대로 부릴 수가 있습니다. 또 배를 보십시오. 거센 바람의 힘으로 움직이는 크디큰 배라도 아주 작은 키 하나로 조종됩니다. 그래서 키잡이는 자기가 원하는 방향으로 그 배를 마음대로 몰고 갈 수 있습니다. 이와 같이 혀도 인체에서 아주 작은 부분에 지나지 않지만 엄청나게 허풍을 떱니다. 아주 작은 불씨가 굉장히 큰 숲을 불살라 버릴 수도 있습니다. 혀는 불과 같습니다. 혀는 우리 몸의 한 부분이지만 온몸을 더럽히고 세상살이의 수레바퀴에 불을 질러 망쳐 버리는 악의 덩어리입니다. 그리고 혀 자체도 결국 지옥 불에 타버리고 맙니다. 〈야고보서〉 제3장 2~6절

4

남을 헐뜯는 얘기를 들을 경우, 그들과 함께 맞장구를 치지 말라. 남의 험담을 들으면 끝까지 다 듣지 말고 이미 들은 것은 잊도록 하라. 반대로 남의 선행에 대한 말을 듣거든 그것을 마음에 새겨 두고 여러 사람에게 얘기하라. 그렇게 하면 우리는 이내 그런 것에 길들여져, 남의 험담을 들을 때는 자신이 욕을 얻어먹은 것처럼 괴로움을 느끼고, 저도 모르게 남에 대해 험담을 해버렸을 때는 자기가 자기 자신을 때린 것처럼 아프게 느낄 것이다. 동양의 금언

5

논쟁에는 귀를 기울이되 거기에 끼어들지는 말라. 아무것도 아닌 사소한 말에도 격앙과 흥분을 경계하라. 노여움은 어떠한 경우에도 바람직하지 않지만, 옳은 일을 하는 경우에는 더욱 그렇다. 왜냐하면 노여움이 그 옳은 일을 흐려놓기 때문이다. 고골

6

"혀를 함부로 놀려 죄를 짓지 아니하리라. 악한 자 내 앞에 있는 한 나의 입에 재갈을 물리리라" 마음먹었습니다. 〈시편〉 제39장 1절

7

말로 사람들 마음에 서로의 반감을 부채질하여 그들의 합일을 방해하는 사람이 되어서는 안 된다.

1월 6일

1

착한 일을 하기 위해서는 노력이 필요하지만, 악을 행하지 않기 위해서는 그 이상의 노력이 필요하다.

2

성인의 경지에 도달하는 데는 자제심이 가장 중요하다. 그 자제심은 되도록 일찍부터 습관을 들이지 않으면 안 된다. 어릴 때부터 그것이 몸에 배여 있으면 우리의 덕행은 견고한 것이 될 것이다. 덕행이 견고한 사람에게는 극복할 수 없는 일은 아무것도 없다. 노자

3

사람들이 그처럼 매혹되어 있는 모든 것, 그리고 그것을 얻기 위해서 그처럼 골몰하고 있는 것, 그러한 것은 그들에게 아무런 행복도 가져다주지 않는다. 사람들은 골몰하고 있는 동안에는 그 갈망하는 것 속에 자신들의 행복이 있다고 생각하지만, 그것이 손에 들어오자마자 그들은 다시 안절부절못하고 아직 손에 넣지 못한 것을 바라며 남들이 갖고 있는 것을 부러워한다. 마음의 평화는 헛된 욕망의 충족에 의해 생기는 것이 아니라, 반대로 그 같은 욕망을 버림으로써 얻어지는 것이다. 그것이 진실이라는 것을 확인하고 싶다면, 그러한 헛된 욕망을 만족시키기 위해 네가 오늘까지 쏟아온 노력의 반이라도 좋으니, 그러한 욕망으로부터 자기 자신을 해방시키는 데 힘써 보라. 그러면 너는 곧 그렇게 함으로써 훨씬 더 많은 평화와 행복을 얻을 수 있다는 것을 발견할 것이다. 에픽테토스

4

유혹에 굴복하지 않는 사람에게 영광이 있을지어다. 하느님은 모든 자들을 시

험한다. 어떤 사람은 부(富)를 통해, 어떤 사람은 가난을 통해. 부유한 자는 가난한 자에게 아낌없이 베푸는지, 가난한 자는 그 가난을 원망하지 않고 순종하는 마음으로 견뎌내고 있는지를. 《탈무드》

5

화살같이 달리는 마차와도 같은 자신의 분노를 꾹 참을 수 있는 사람이야말로 좋은 마부라고 불릴 자격이 있다. 그 밖의 힘없는 사람은 그저 고삐만 잡고 있을 뿐이다. 부처의 가르침

6

만일 불쾌한 일이 자꾸 겹쳐서 분노와 격앙을 느끼거든 얼른 자기 자신 속에 침잠하여 자제심을 잃지 말도록 하라. 우리가 의지의 힘으로 평화로운 정신상태로 돌아가는 법을 배우면 배울수록 우리 내부의 정신을 평화롭게 유지하는 능력은 커진다. 마르쿠스 아우렐리우스

7

우리가 자신의 욕정을 억제하지 못하고 여러 번 죄에 빠지더라도 결코 절망해서는 안 된다. 욕정과의 싸움을 계속하면 계속할수록 그 힘이 약해져서 쉽게 그것을 이겨낼 수 있다.

1월 7일

1

사람들에 대한 선의는 인간의 의무이다. 만일 우리가 선의로써 사람을 대하지 않는다면 우리는 인간의 가장 중요한 의무를 이행하지 않는 것이 된다.

2

아무리 비참하고 우스꽝스러운 사람일지라도, 우리는 그를 존중하지 않으면 안 된다. 또한 어떤 사람의 내부에도, 우리들 속에 살고 있는 것과 똑같은 영혼이 살고 있다는 것을 잊어서는 안 된다. 어떤 사람이 정신적으로나 육체적으로

혐오감을 불러일으킬 때도, '그래, 세상에는 온갖 사람이 다 있게 마련이니까 참아야지' 하고 생각하라. 만일 우리가 그런 사람들에게 혐오감을 드러낸다면, 첫째로 우리는 옳게 행동하는 것이 아니며, 둘째로 그들을 결사적인 싸움으로 유인하게 된다.

그가 어떤 사람일지라도 자기 자신을 바꿀 수는 없다. 그로서는 불구대천의 원수로서 우리와 싸울 수밖에 없지 않은가! 그런데도 우리는 그가 현재와 같은 인간이 아니라면 좀더 잘해 줄 수 있을 텐데 하고 생각한다. 그러나 그에게 그런 일은 불가능하다. 따라서 우리는 어떤 사람이라도 선의로 대하며, 그에게 다른 사람이 될 것을 요구하지 않도록 해야 한다. 쇼펜하우어

3

악의 유혹에 빠진 사람을 잔인하게 대해서는 안 된다. 자신도 남에게 위로받은 적이 있는 것처럼, 그 사람을 위로하기에 힘써라. 성현의 사상

4

① 오늘 할 수 있는 일을 내일로 미루지 말라.

② 내가 할 수 있는 일을 남에게 시키지 말라.

③ 오만은 의식주에 필요한 경비보다 더 비싼 값을 치르게 한다.

④ 우리는 일어날지도 모른다는 것만으로, 실제로 일어나지도 않은 일을 가지고 얼마나 괴로워하는가!

⑤ 만약 화가 나거든 무엇인가를 하거나 말을 하기 전에 열을 세도록 하라. 그래도 여전히 마음이 가라앉지 않거든 백까지, 그래도 안 된다면 천까지 세도록 하라. 제퍼슨

5

어느 누구도 얕보지 마라. 이웃에 대한 악의와 시기심을 버려라. 남의 행위와 말은 언제나 선의로 해석하라. 성현의 사상

6

성인은 강직한 마음을 가지지 않는다. 성인은 자신의 열린 마음을 만인의 마음에 적응시킨다. 그래서 선덕이 있는 사람은 선덕이 있는 사람으로 대하고, 죄 많은 사람은 선덕의 가능성을 지닌 사람으로 대한다. 동양의 금언

7

총명하고 선량한 사람일수록 사람들 속에 있는 선을 알아본다. 파스칼

8

친절한 마음은 모든 모순을 풀어주는 인생의 꽃이다. 그것은 싸움을 해결해주고, 어려운 일을 수월하게 해주며, 어둠을 밝게 해준다.

이레째 읽을거리

도둑의 아들

어느 고을에서 배심재판이 열렸다. 배심원은 농부와 귀족과 상인으로 구성되어 있었다. 배심장은 명망 있는 상인 이반 아키모비치 벨로프라는 사람이었다. 사람들은 이 선량한 상인을 존경하고 있었다. 그는 장사를 무척 정직하게 하는 데다 누구도 속이는 일이라곤 없고, 계산이 정확하며 어려운 사람들을 도와주기 때문이었다. 그는 이미 일흔 살에 가까운 노인이었다.

배심원들이 모여 선서를 하고 저마다 자리에 앉자, 한 농부의 말을 한 마리 훔친 죄로 기소된 남자가 끌려 나왔다. 막 재판이 시작되려는 순간, 이반 아키모비치가 자리에서 일어나 재판장에게 말했다.

"재판장님, 허락해 주십시오. 저는 평결을 내릴 수가 없습니다."

재판장은 깜짝 놀랐다.

"그게 무슨 말씀이신지?"

"아무튼 저는 할 수 없습니다. 부디 배심원에서 제외시켜 주십시오."

이반 아키모비치의 목소리가 갑자기 떨리는 것 같더니, 곧 울음이 터져 나왔

다. 어찌나 우는지 한참 동안 말도 하지 못했다. 이윽고 정신을 가다듬은 그는 재판장에게 말했다.

"재판장님, 제가 평결을 내릴 수 없는 것은, 저나 제 아비가 어쩌면 이 도둑보다 더 나쁜 사람일지도 모르기 때문입니다. 어떻게 나하고 똑같은 인간을 심판할 수 있겠습니까. 전 못합니다. 제발 허락해 주십시오."

재판장은 이반 아키모비치를 일단 돌려보낸 다음, 저녁에 자기 집에 불러 물었다.

"어째서 재판을 거부하셨습니까?"

"사실은 이렇습니다."

이반 아키모비치는 재판장에게 다음과 같이 자신의 사정을 얘기하기 시작했다.

재판장님은 아마 제가 상인의 아들이고 이 고을에서 태어난 것으로 생각하고 계시겠지만, 실은 그렇지 않습니다. 저는 농부의 아들입니다. 제 아비는 농부였지만, 이 일대에서는 둘째가라면 서러운 도둑으로 결국 감옥에서 죽었습니다. 아버지는 원래 착한 사람이었는데, 한번 술에 취하기만 하면 어머니를 때리고 온갖 난폭한 짓을 다했습니다. 그러다가 나중에 술이 깨면 후회하는 것이었습니다. 한번은 아버지가 저를 데리고 도둑질을 하러 갔습니다. 그런데 바로 그 한번이 나에게 큰 행운을 가져다준 겁니다.

사건의 내막은 이렇습니다. 어느 날, 제 아버지는 다른 도둑들과 주막에서 만나, 어디 좋은 벌이가 될 만한 데가 없는지 서로 의논을 하고 있었습니다. 그러다가 제 아버지가 그들에게 이렇게 말했습니다.

"여보게들, 좋은 수가 있네. 왜 그 큰길가에 있는 벨로프네 가게 창고 알지? 그 창고 안에는 어마어마한 재물이 잔뜩 들어 있는데, 문제는 그 안에 들어가는 것이 쉽지 않다는 거야. 그래서 내가 궁리를 해봤는데, 그 창고에는 조그만 들창이 하나 있어. 그런데 그 들창이 높은 곳에 있는 데다 좁아서 어른은 들어갈 수가 없는 거야. 그래서 나는 또 생각해 봤지. 우리 집에 날쌘 개구쟁이 녀석이 하나 있는데(그건 바로 저를 두고 하는 말이었지요) 말이야, 그 녀석을 데리고 가서 가는 삼노끈으로 묶어 창문까지 당겨 올리는 거야. 그러면 그놈이 창문으로 기어 들어갈 수 있지 않겠어? 그런 다음 또 하나의 끈을 그 녀석에게 들려주는 거지. 그러면 아이가 그 끈에 재물을 매달아 올리고, 우리는 그것을 끌어올리면 되는 거야. 다 됐다 싶으면 이번에는 그 녀석을 끌어내면 돼."

도둑들은 그 묘안을 크게 환영하며 이구동성으로 말했습니다.

"자, 그렇다면 당장 자네 아들놈을 데려와."

그래서 아버지는 집에 돌아와 큰 소리로 저를 불렀습니다.

"그 아인 왜요?" 하고 어머니가 물었습니다.

"볼일이 있으니까 부르지."

"그 아인 지금 밖에 나가 있는걸요."

"어서 가서 불러 와."

어머니는 아버지가 술에 취해 있을 때는 아무리 말해봤자 소용없고, 이내 손이 올라오는 것을 알고 있었기 때문에, 밖에 나가 저를 불렀습니다. 아버지가 저에게 말했습니다.

"바니카! 너 기어 들어가는 건 잘할 수 있지?"

"그럼요, 어디든지 기어 들어갈 수 있어요."

"그럼 나하고 같이 가자."

어머니가 말리려 했지만 아버지가 주먹을 치켜드는 바람에 어머니는 입을 다물고 말았습니다. 아버지는 저에게 옷을 갈아입히고 주막에 데리고 가서 차와 과자를 주었습니다. 우리는 저녁때까지 그곳에 앉아 있다가, 주위가 완전히 어두워진 뒤에 출발했습니다. 도둑 세 명과 어린 저는 잠시 뒤 그 벨로프라는 상인의 집에 도착했습니다. 거기서 도둑들은 저를 가는 삼노끈에 묶고 또 한 가닥의 끈을 손에 쥐여주고는 달아 올리는 것이었습니다.

"무서우냐?"

"무섭긴요, 아무렇지도 않아요."

"그럼 창문으로 기어 들어가. 그리고 내 얘기 잘 들어라. 잘 살펴보고 가능한 한 비싼 물건을 고르는 거야. 모피 같은 것 말이다. 그래서 그걸 끈에다 묶는데, 주의해야 한다. 끝에다 매지 말고 중간에다 매란 말이야. 우리가 끌어당길 때 끝자락이 네 손에 남아 있도록 말이다. 알겠어?"

"예, 잘 알겠어요."

그리하여 그들은 저를 들창까지 올려주었고, 제가 들창 안으로 기어 들어가자, 이번에는 다시 내려주었습니다. 바닥에 내려선 저는 이내 두 손으로 더듬기 시작했습니다. 깜깜해서 뭐가 뭔지 보여야 말이지요. 그저 손으로 더듬기만 할 뿐이었습니다.

뭔가 모피일 성싶은 것이 손에 걸리면 그것을 끈 끝자락이 아닌 중간에 매었습니다. 그러면 밖에서 그것을 잡아당겼지요. 다시 끈을 끌어 내려주면 물건을 또 비끄러매었습니다. 그렇게 세 번을 하고 나자 끈이 완전히 밖으로 나가버리더군요. 이제 그만하면 충분했던 거지요. 그리고 이번에는 저를 끌어올리기 시작했습니다. 제가 조그만 두 손으로 줄을 꼭 붙들자 세 사람은 그것을 잡아당겼습니다. 그런데 절반쯤 올라갔을 때 툭 하고 줄이 끊어지고 말았습니다.

저는 아래로 떨어졌는데, 다행히 커다란 베개 위에 떨어져서 다치지는 않았습니다. 나중에 안 일이지만, 바로 그때 야경꾼이 세 사람을 발견하고 소리를 지르는 바람에, 그들은 훔친 물건을 걸머지고 냅다 줄행랑을 쳐버린 것이었습니다.

세 사람은 도망치고 저는 혼자 남았습니다. 어둠 속에 혼자 있으려니까 와락 무서운 생각이 들어 엄마를 부르며 울었습니다. 하지만 무서움과 눈물에 지친 데다 그때까지 잠도 자지 못했기 때문에, 그만 베개 위에서 잠이 들어버렸습니다. 얼마 뒤 문득 눈을 뜨자 눈앞에 등불을 든 바로 그 상인 벨로프와 순경이 서 있는 것이 아니겠어요? 순경이 저에게 누가 널 데리고 왔느냐고 물었습니다. 아버지하고 같이 왔다고 대답했지요. "네 아버지가 누구냐?"

저는 또 울기 시작했습니다. 그때 벨로프 영감님이 순경에게 말하는 것이었습니다. "이제 그만하시오. 어린아이는 천사입니다. 저 아이에게 아버지의 이름을 대라고 할 수는 없어요. 이미 잃어버린 것은 할 수 없는 일이니까."

지금은 천국에 가 계시지만, 벨로프 씨는 정말 어진 분이었습니다. 게다가 노부인은 그분보다 한결 더 자비로운 분이었어요. 노부인은 저를 자기 방으로 데리고 가서 과자를 주셨습니다. 그래서 저는 울음을 그쳤지요. 아시다시피 어린아이들이란 조그마한 일에도 기뻐하는 법이니까요.

이튿날 아침 부인은 저에게 "아가, 집에 돌아가고 싶니?" 하고 물었습니다. 저는 뭐라고 대답해야 할지 몰라 그저 "예" 하고 말했지요. 그러자 이번에는 부인이 "이 집에 있고 싶니?" 하고 물어서, 저는 또 "예" 하고 대답했습니다. "그럼, 여기 있으렴."

그리하여 저는 그대로 그 집에 있게 되었습니다. 그러다가 결국 그곳에 주저앉아 버리고 말았지요. 그 집 사람들은 버려진 아이를 주웠다고 관청에 신고하고, 저를 수양아들로 삼았습니다. 처음에는 잔심부름을 했지만 적당한 나이가 되자 정식 직원으로 채용되어 가게에서 장사를 맡게 되었습니다. 그분들 보기에 제가 웬만큼 일을 해내기도 했지만, 그보다는 그분들이 워낙 좋은 분들이라 저를 진심으로 사랑해 주셨기 때문이지요. 결국은 따님을 저와 결혼시켜 주고 저를 양자로 삼으셨습니다. 그리고 벨로프 영감님이 돌아가시자 재산은 온통 제 차지가 되었지요.

저란 사람은 바로 그런 사람입니다. 저는 도둑이었고, 도둑의 아들이었어요. 그런 제가 어떻게 남을 심판할 수 있겠습니까? 그리고 재판장님, 그것은 그리스도교의 가르침에도 어긋나는 일이라고 생각합니다. 우리는 모든 사람을 용서하고 사랑해야 합니다. 도둑질로 죄를 범한 사람이 있다 하더라도, 그 사람을 벌하지 말고 오히려 불쌍히 여겨야 할 것입니다. 그리스도가 말씀하신 것을 생각해 보십시오.

이반 아키모비치의 이야기가 끝났다. 그러자 판사는 더 이상의 질문을 그만두고, 그리스도교의 계명에 비추어, 누가 누구를 심판하는 일이 과연 있을 수 있는 일일까 하고 조용히 생각에 잠겼다.

레스코프 원작, 레프 톨스토이 다시 씀

1월 8일

1

그리스도교의 가르침은 매우 알기 쉬워서 어린이도 그 참뜻을 이해할 수 있다. 다만 그리스도교도인 양 행동하고 그렇게 자칭하면서 실제로는 그렇지 않은 사람들만이 그것을 이해하지 못하고 있다.

2

부처는 말했다. "영혼에 봉사하는 생활을 시작한 사람은 캄캄한 집안에 빛을 가지고 들어온 것과 같다. 어둠은 이내 걷혀 버린다. 오직 그와 같은 생활을 굳게 지키도록 하라. 그렇게 한다면 그대의 마음속에 완전한 광명의 세계가 임하게 될 것이다."

3

그리스도가 맘몬(재물의 신)의 유혹이라고 부른 것에서 벗어나 배고픔을 모면할 정도의 빵만으로 만족하며, 하느님을 향해, 하느님이, 뿌리지도 않고 거두지도 않는 새들에게 주는 정도의 것밖에 바라지 않는 일반 백성, 그러한 백성이야말로 이 세상의 욕망과 계산에 묻혀 사는 사람들보다 훨씬 진실한 생활, 영적인 생활을 보내고 있는 것이다. 그러므로 참된 영웅적 행동과 헌신적 행동은 그것을 백성들 가운데서 구하지 않을 수 없다.

만일 일반 백성이 없다면 인간적 의무의 가르침은 어떻게 될까? 사회생활을 지탱해 주는 유일한 것, 민족의 힘과 존엄성의 기틀은 도대체 어떻게 될까? 민족이 쇠퇴해 갈 때 일반 백성을 빼놓고 도대체 누가 그것을 부활 갱생시킬 수 있겠는가? 또한 만일 병이 이미 골수에 스며들어 민족의 사멸에서 벗어날 수 없는 경우에도 이 역시 일반 백성 가운데서가 아니면, 도대체 어디서 그 썩은 나무를 대신할 사명을 띤 어린나무가 싹을 틔울 수 있겠는가? 그렇기 때문에 그리스도도 일반 백성에게 이야기를 했고, 일반 백성도 그를 하느님이 보내신 사자로 인정하고 그 이름을 찬양했으며 그 권능에 순종하여 그 가르침을 찬미한 것이다. 그러나 제사장들과 율법학자들은 그를 저주하고 마침내 죽였다. 그러나 그들의 폭력과 간계에도 불구하고, 그리스도는 일반 백성 가운데서 승리를 얻었다. 백성들은 그의 왕국을 이 세상에 세웠으며, 그것이 온 세계에 전파된 것도 백성들에 의해서이다. 따라서 자신들의 종말의 날이 가까워진 것을 일찍부터 두려워한, 폭력기구 위에 서 있는 권력이, 눈에 불을 켜고 그 영적인 싹을 도려내려 하고 있는 새로운 인류의 생활도 백성들에 의해 탄생될 것이다. 라므네

4

똑같이 해로운 두 가지 미신을 주의해서 피해야 한다. 그 하나는 신의 존재를 언어로 표현할 수 있다고 가르치는 신학의 미신이다. 또 하나는 신의 힘을 학문적인 연구를 통해 해명할 수 있다고 보는 과학의 미신이다. 존 러스킨

5

그리스도의 마지막 계명은 그의 가르침의 전부를 표현하고 있다.

"내가 너희를 사랑한 것처럼 서로 사랑하라. 만약 너희가 서로 사랑한다면 너희가 내 제자임을 모든 사람들이 알 것이다."

그는 "만일 너희가 그것을 믿는다면"이라거나 "이것을 믿는다면"이라고 말하지 않고 "만일 서로 사랑한다면"이라고 말했다. 신조라는 것은 사람들의 의견과 지식의 부단한 변화와 함께 변화한다. 그것은 시간과 결부되어 있고 시간과 함께 변하는 것이다. 그러나 사랑은 시간을 초월한다. 사랑은 언제나 변함이 없다.

6

나의 종교는 생명 있는 모든 것에 대한 사랑이다. 코르도바의 이브라힘

7

그리스도교의 가르침을 실현하기 위해서는 그 왜곡을 제거하는 것만으로 충분하다.

1월 9일

1

기억에 의해서가 아니라 자신의 사색에 의하여 얻어진 것만이 참된 지식이다.

2

우리가 지금까지 배워왔던 것을 완전히 잊어버렸을 때 진정한 인식은 시작된다. 어떤 것을 인식하려고 할 때, 그것과 자신의 관계가 학자에 의해 정해져 있다고 생각한다면 한 발짝도 그 인식에 다가갈 수 없다. 어떤 것을 인식하기 위해서는 완전히 백지의 상태에서 거기에 다가가지 않으면 안 된다. 소로

3

끊임없이 남의 사상만 접하다 보면, 자기 자신의 사상은 방해를 받아 위축되고 만다. 게다가 그것이 장기화되면, 그 사상에 그와 같은 부자연스러운 영향에

반발할 만한 유연성이 없을 경우, 완전히 소멸되어 버릴 것이다. 그래서 늘 책을 읽으며 공부만 하고 있으면 머리가 이상해지는 것이다. 이와 마찬가지로 우리가 완전한 타인의 사상에 접하기 위해 너무 멋대로 자기의 사상적, 학문적 활동을 중단하는 일이 거듭되면, 자기 자신의 사상 체계 또는 학문 체계가 그 통일성과 관련성을 잃게 된다.

책에서 읽은 사상에 자리를 양보하기 위해 자신의 사상을 내쫓는 것은, 셰익스피어가 당시의 여행자를 비난하여 말했듯이, 남의 땅이 보고 싶어서 자신의 땅을 팔아치우는 것과 같다고 나는 생각한다. 그뿐만 아니라 어떤 사항에 대해 스스로 생각해 보기도 전에, 남이 그것에 대해 쓴 책을 읽는 것도 유해하다고 하지 않을 수 없다. 왜냐하면 새로운 재료에 대한 타인의 견해와 타인의 태도가 그 사람의 머릿속에 끼어들기 때문이다. 원래 인간에게는, 나태하고 무관심해서 스스로 노력하여 사색하기보다는 기존의 사상을 받아들이고 끝내려는 습성이 있기 때문에 더욱 그렇다. 이 습성이 뿌리를 내리면 이미 사상은 운하로 흘러드는 개울처럼 다만 일정한 통로로 나아갈 뿐이다. 그렇게 되면 결국 자신의 새로운 사상을 발견하는 것은 더욱 어려워진다. 독자적인 사상을 지닌 학자가 좀처럼 나오지 않는 까닭이 여기에 있다.

쇼펜하우어

4

지식은 돈의 흐름과도 같다. 금을 채굴하는 일에 종사했거나, 그 주조에 참여했거나, 또는 정직하게 일하여 유통화폐를 손에 넣은 사람은 자기 돈을 자랑할 자격이 있다. 그러나 그가 이러한 일은 하나도 하지 않고 다만 지나가는 사람이 코앞에서 던져주는 것을 받았을 뿐이라면, 어찌 자랑할 자격이 있겠는가?

존 러스킨

5

사람의 두뇌를 위해서는 너무 일찍 너무 많이 배우는 것보다는 전혀 배우지 않는 것이 폐해가 적다.

6

위대한 사상가가 위대한 까닭은, 그들이 그때까지 나온 책이나 전설과는 상관없는 자신의 생각을 말했지, 자기보다 먼저 살았던 사람들이나 현재 자신과 함께 살고 있는 다른 사람들의 생각을 말한 것이 아니라는 점에 있다. 그와 마찬가지로, 우리도 이따금 마치 불꽃처럼 마음속에 밝게 피어오르는 사상을 늘 주시하며 놓치지 않도록 해야 한다. 우리 각자에게 있어서 그 같은 내면적인 빛이, 반짝이는 별 같은 시인과 철학자들의 관찰과 연구보다 훨씬 더 많은 의미를 지니고 있다.

에머슨

7

사상은, 자신의 지능에 의해 얻어졌거나 조금이라도 이미 마음속에 일어난 의문에 대해 답하는 경우에 비로소 인생을 움직인다. 이와 반대로 머리와 기억력만으로 받아들여진 남의 사상은, 인생에 아무런 영향도 주지 않고 거기에 반하는 행위와 태연하게 공존한다.

8

더 적게 읽고 더 적게 배우고, 더 많이 생각하라. 정말로 필요하고 진심으로 알고 싶은 것만을 스승이나 책에서 배우도록 하라.

1월 10일

1

교육의 기초는 만유의 본원에 대한 관계를 수립하고, 그 관계에서 생기는 행동의 규범을 수립하는 일이다.

2

나를 믿는 이 보잘것없는 사람들 가운데 누구 하나라도 죄짓게 하는 사람은 그 목에 연자맷돌을 달고 깊은 바다에 던져져 죽는 편이 오히려 나을 것이다. 사람을 죄짓게 하는 이 세상은 참으로 불행하다. 이 세상에 죄악의 유혹은 있게 마련이지만 남을 죄짓게 하는 사람은 참으로 불쌍하다. 〈마태복음〉 제18장 6~7절

3

아동 교육에서 잊어서는 안 될 것은, 아동은 그저 인류의 현상태에 맞춰 교육받는 것이 아니라, 미래의 더 나은 상태, 즉 지금까지와는 다른 더 나은 생활 조건에 맞춰 교육받아야 한다는 것이다. 흔히 부모들은 현재의 세상(비록 타락해 있을지라도)에만 맞춰 아이들을 교육하고 있다. 그러나 아동을 미래의 더 나은 세상에 맞춰 교육함으로써, 비로소 우리는 인류의 미래 사회에 공헌할 수 있다.

칸트

4

미래에 이바지할 인간을 교육하려면, 완전무결한 인간을 목표로 하여 교육하지 않으면 안 된다. 그래야만 비로소 피교육자는 장차 그가 함께 살게 될 새로운 세대의 좋은 일원이 될 수 있다.

5

아이들에게 자기 내부의 신성(神性)을 자각시키는 일이야말로 그 부모와 교육자들의 가장 큰 의무라고 나는 생각한다.

채닝

6

진정한 교육의 목적은 사람들에게 선한 일을 하게 하는 것뿐만 아니라, 그 속에서 기쁨을 찾아내게 하는 것이다. 결백하고 정직할 뿐만 아니라, 결백과 정직을 사랑하게 하는 것이다. 정의에 어긋남이 없을 뿐만 아니라, 정의를 갈망하게 하는 것이다.

존 러스킨

7

종교는 교육의 기초이다. 그런데도 현대의 그리스도교 사회에서는 아무것도 믿지 않는 것을 가르치고 있다. 어린이는 예리하기 때문에 그것을 꿰뚫어 보고, 그것들을 믿지 않을 뿐만 아니라 오히려 가르치는 사람들까지 신용하지 않는다.

1월 11일

1

겸허함이 없는 자기완성은 불가능하다. "내가 이렇게 훌륭한데 더 이상 무엇이 완성되어야 한다는 건가."

2

높아질수록 더욱 겸손하라. 많은 사람들이 높은 지위와 명예 속에 있지만 인생의 수수께끼는 낮은 곳에 있는 사람들에게만 계시된다. 너무 어려운 것, 자신의 역량 이상의 것을 구해서는 안 된다. 그러나 자기에게 주어진 사명을 진지하게 고찰하라. 자기에게 필요하지 않은 것에 호기심을 가지지 말라. 지금도 그대 앞에는 그대가 이해할 수 있는 이상의 것이 펼쳐져 있다. 많은 사람들이 남에게 보여주기 위한 의견으로 스스로를 속이고 있다. 그러므로 있지도 않은 지식을 자랑하지 마라. 《아포크리파(외경)》

3

예수께서는 그들을 가까이 불러놓고 "너희도 알다시피 세상에서는 통치자들이 백성을 강제로 지배하고 높은 사람들이 백성을 권력으로 내리누른다. 그러나 너희는 그래서는 안 된다. 너희 사이에서 높은 사람이 되고자 하는 사람은 남을 섬기는 사람이 되어야 하고 으뜸이 되고자 하는 사람은 종이 되어야 한다. 사실은 사람의 아들도 섬김을 받으러 온 것이 아니라 섬기러 왔고 많은 사람을 위하여 목숨을 바쳐 몸값을 치르러 온 것이다" 하셨다. 〈마태복음〉 제20장 25~28절

4

모욕을 당하고도 보복하지 않고 평온하게 그것을 참아 넘길 수 있는 사람은 인생의 위대한 승리자이다. 제네비오 란

5

어떤 사람은 너를 비난하고 어떤 사람은 너를 칭찬한다. 너를 비난하는 사람들을 가까이 하고 너를 칭찬하는 사람들을 멀리할지어다. 《탈무드》

6

자기에게 합당한 자리보다 낮은 자리에 앉으라. 아래로 내려가라는 말을 듣느니보다 위로 올라가라는 말을 듣는 것이 나으니라. 스스로를 높이는 자는 신에 의해 낮춰지지만 스스로를 낮추는 자는 신이 그를 높여주리라. 《탈무드》

7

한 순간 한 순간, 자신의 내부에 있는 모든 지배욕을 없애기에 힘써라. 영예와 칭찬을 찾지 말라. 그러한 것들에는 모두 너의 영혼을 파멸시킬 위험성이 있다. 정신 차려서, 나에게는 남에게 없는 미덕이 있다는 자기도취를 경계하라.

성현의 사상

8

현자는 자기 자신에 대해서는 엄격하지만 남들한테는 아무것도 요구하지 않는다. 그는 언제나 자신의 처지에 만족하며, 자신의 운명에 대해 하늘을 원망하거나 남들을 비난하지 않는다. 그러므로 그는 낮은 자리에 있으면서 운명에 순종한다. 이에 반하여 어리석은 자는 지상의 행복을 찾으려다 종종 위험에 빠진다. 활이 과녁을 맞히지 못하면 궁수는 자신을 탓하지 남을 탓하지 않는다. 현자도 그처럼 처신한다.

공자

9

너희 중에 으뜸가는 사람은 너희를 섬기는 사람이 되어야 한다. 누구든지 자기를 높이는 사람은 낮아지고 자기를 낮추는 사람은 높아진다.

〈마태복음〉 제23장 11~12절

10

자신이 저지른 나쁜 짓을 모두 떠올려 보라. 그것은 다음에 나쁜 짓을 하지 않도록 도와줄 것이다. 만일 자신이 한 좋은 일을 떠올리면, 그것은 다음에 착한 일을 하는 것을 방해하게 될 것이다.

1월 12일

1

남을 대신하여, 그들의 신과 우주에 대한 관계를 결정할 권리를 넘보는 사람들이 있다. 한편으로는 그러한 권리를 남에게 양보하고 그들이 말하는 것을 그대로 맹신하는 수많은 사람들이 있다. 그 양쪽 다 잘못에 빠져 있는 것이다.

2

모든 종교상의 문제가 이미 해결되어 교리가 확립되어 있다고 믿고, 이내 그 같은 문제의 해결과 교리의 확립을, 뒤를 잇는 사람들의 손에 모두 일임하는 사람들이 있다.

남이 자기의 전매특허로 생각하고 있는 일에 대해 무슨 고민을 할 필요가 있겠는가? 그 사람들은 밤낮으로 즐겁게 지내며 취생몽사하는 일생을 보내면 되는 것이다. 그 같은 어리석은 자기만족의 결과가 수많은 사람들의 남의 말을 이해하려고 하는 노력의 결여로 나타나고 있다. 맹목적인 신앙에 의해 만들어진 무쇠 멍에의 흔적이 노예의 증거로서 오래오래 우리의 목에 남게 되지 않을지 나는 두렵다. 밀턴

3

사람이 자기의 도덕적 자주성을 포기한 그때부터, 자기의 의무를 내면의 목소리에 의해서가 아니라, 일정한 계급 또는 당파의 견해에 좇아 결정하기 시작한 그때부터, 자신이 몇천만 명 가운데 단 한 사람에 지나지 않는다는 것을 핑계로, 자기 의무를 돌아보지 않게 된 그 순간부터, 그는 자신의 도덕적 힘을 잃고 신만이 할 수 있는 일을 인간에게서 구하여, 어리석고 경솔한 인간의 지식을 신의 권좌에 앉힌다. 채닝

4

우리는 처음에는 할머니로부터, 그다음에는 선생님들로부터, 더욱 성장한 다음에는 길에서 만나는 여러 훌륭한 사람들로부터 배우는 확고부동한 진리를 앵무새처럼 되풀이하는 어린애와 같다. 우리는 그들로부터 들은 말을 외우려고 필

사적으로 노력한다. 그러나 우리가 일단 그 스승들이 서 있던 단계에 이르러, 그들이 한 말들의 의미를 이해하게 되는 순간, 그때 느끼는 환멸이 너무 강렬하여 그들한테서 들은 말들을 모두 잊어버리고 싶어지는 것이다. 에머슨

5

거짓 예언자들을 조심하여라. 그들은 양의 탈을 쓰고 너희에게 나타나지만 속에는 사나운 이리가 들어 있다. 너희는 행위를 보고 그들을 알게 될 것이다. 가시나무에서 어떻게 포도를 딸 수 있으며 엉겅퀴에서 어떻게 무화과를 딸 수 있겠느냐? 이와 같이 좋은 나무는 좋은 열매를 맺고 나쁜 나무는 나쁜 열매를 맺게 마련이다. 좋은 나무가 나쁜 열매를 맺을 수 없고 나쁜 나무가 좋은 열매를 맺을 수 없다. 좋은 열매를 맺지 못하는 나무는 모두 찍혀 불에 던져진다. 그러므로 너희는 그 행위를 보아 그들이 어떤 사람인지 알게 된다.

〈마태복음〉 제7장 15~20절

6

우리는 과거의 성현들로부터 전해져 온 가르침을 맘껏 이용할 수 있지만, 자신의 이성으로 그 가르침을 검토하여 취할 것은 취하고 버릴 것은 버려야 한다.

7

우리는 한 사람 한 사람이 스스로, 자신과 세계 및 신과의 관계를 수립하지 않으면 안 된다.

1월 13일

1

신앙이란 인생의 의미를 이해하는 일이며 그 이해에서 생기는 의무를 인식하는 일이다.

2

선한 인간이란 누구를 말하는 것일까? 오직 신앙을 가진 사람만이 선한 사

람이다. 그렇다면 신앙은 무엇일까? 그것은 자신의 의지와 양심, 즉 보편적 이성의 조화이다. 중국 불교

3

신앙은 사람을 선하게 하는 일만 하는 것이 아니다. 선한 사람의 신앙은 그 자신을 모든 것이 편안하고 기쁨으로 가득한 경지로 높여주기도 한다. 레싱

4

없어서는 안 되는 오직 하나의 것, 그것은 모든 것을 신에게 맡기는 일이다. 자신을 바로잡고, 세상과의 인연과 운명으로부터의 해방은 신에게 맡겨라. 소멸이든 불멸이든 무슨 상관인가? 언젠가 오지 않으면 안 될 것이 올 것이다. 그리고 그 올 것은 반드시 선(善)이리라. 인생을 살아가는 데는 선에 대한 신앙 외에는 아무것도 필요치 않다. 아미엘

5

두 가지의 평화가 있다. 하나는 소극적인 평화로, 소란과 번거로움이 없는 상태를 말한다. 이를테면 전쟁 뒤, 태풍 뒤의 고요함이다. 그러나 이 최초의 소극적 평화는 그 서곡에 지나지 않는, 또 하나의 더욱 완벽한 평화가 있다. 그것은 모든 것을 이해하는 정신적 평화로, "신의 나라는 너희들의 마음속에 있다"고 하는 것이 그 진정한 이름이다. 신앙이 우리에게 주는 평화는 이런 종류의 마음의 평화에 속한다. 그것은 하느님, 그리고 세계와의 의식적인 합일(合一)이고, 사랑에 의한 만물과의 결합이며, 모든 청정무구한 것에 대한 애정이고, 사리사욕을 버리는 일이며, 만유의 마음, 만유의 삶에 참여하는 일이고, 자신의 의지와 무한한 본원의 완전한 조화이다. 그 속에 비로소 인간의 참된 평화와 행복이 있는 것이다. 채닝

6

사람들은 말한다. 인류 최후의 날, 심판이 열리고, 선하신 하느님도 대노할 것이라고. 그러나 선한 신에게서는 선 이외에는 아무것도 나올 수 없다. 두려워하

지 말라. 최후의 날은 기쁨으로 충만될 것이다. 이 세상에 어떠한 신앙들이 있을지라도 진실한 신앙은 오직 하나, 하느님은 사랑이라는 신앙이 있을 뿐이다. 사랑에는 선 이외의 아무것도 있을 수 없다.

페르시아 격언

7

우리는 죽은 뒤 어떻게 되는가? 하고 묻는 사람들이 있다. 이 물음에 대하여는 다음과 같이 대답하여야 한다. "만일 당신이 입에 붙은 말이 아니고 진심으로 '아버지의 뜻이 하늘에서와 같이 땅에서도 이루어지게 하소서', 즉 '아버지의 뜻이 이 세상의 일시적 삶에서 이루어지듯이 영원한 삶에서도 이루어지게 하소서'라고 기도드린다면, 굳이 죽은 뒤의 일을 걱정할 필요가 없지 않은가? 다만 유구무한한 존재자를 찬양하며 그의 뜻에 모든 것을 맡기면 된다. 당신은 그 본질이 사랑임을 알고 있을 것이다. 그렇다면 어찌 두려워해야 한다는 말인가? 그리스도는 죽음에 임하여 말했다. '아버지시여! 당신의 손에 내 영혼을 맡기겠나이다' 하고. 이 말을 그저 입으로만이 아니라 전심전력을 다해 말할 수 있다면, 그에게는 더 이상 아무것도 필요하지 않다." 만일 내 영혼이 아버지 품으로 돌아간다면, 이제는 행복한 일들만 생길 것이다.

8

참된 신앙을 가지려면 자신의 내부에서 그것을 기르지 않으면 안 된다. 그리고 그것을 기르려면 신앙에 합당한 행위를 하지 않으면 안 된다. 신앙에 합당한 행위의 본질은 빛나는 공명과 업적에 있는 것이 아니라, 남의 눈에 띄지도 않을 만큼 사소하지만, 오로지 하느님을 위해 하는 행위 속에 있다. "모든 존재는 홀로 죽어간다"고 파스칼은 말했다. 그와 마찬가지로 참되게 사는 것은 오직, 사람들 앞에서가 아니라 하느님 앞에서 홀로 사는 것이다.

9

신앙 없이 정신의 평화를 찾을 수 있다고 생각해서는 안 된다.

1월 14일

1

사람이 자신 속에서 사랑해도 좋은 자는, 만인 속에 존재하는 유일자뿐이다. 만인 속에 존재하는 유일자를 사랑한다는 것은 곧 하느님을 사랑하는 것이다.

2

"선생님, 율법에서 어느 계명이 가장 큰 계명입니까?" 하고 물었다. 예수께서 이렇게 대답하셨다. "'네 마음을 다하고 목숨을 다하고 뜻을 다하여 주님이신 너희 하느님을 사랑하여라.' 이것이 가장 크고 첫째가는 계명이고, '네 이웃을 네 몸같이 사랑하여라' 한 둘째 계명도 이에 못지않게 중요하다. 이 두 계명이 모든 율법과 예언서의 골자이다." 〈마태복음〉 제22장 36~40절

3

사람들이 사는 것은 그들이 자기와 자기 몸에 대해 배려하기 때문이 아니라, 사람들의 마음속에 사랑이 있기 때문이다. 신은 사람들이 뿔뿔이 흩어져 살기를 바라지 않은 듯 그들 한 사람 한 사람에게 무엇이 필요한지 계시하지 않고, 오히려 사람들이 합일하여 살기를 바라고, 그들에게 자신을 위해서도 다른 모든 사람들을 위해서도 필요한 것이 무엇인지를 계시하고 있는 것 같다. 사람들은 모두 스스로 자신을 돌봄으로써 살고 있는 것처럼 생각하고 있지만, 실은 오로지 사랑에 의해서 살고 있는 것이다. 만일 사람들 속에 사랑이 없다면, 단 한 명의 어린아이도 자라지 않을 것이고, 단 한 명의 인간도 살아남지 못할 것이다.

4

사람들은 사랑에 의해 살고 있다. 그러나 자기애(自己愛)는 죽음의 시작이고, 신과 인류에 대한 사랑은 삶의 시작이다.

5

아직까지 하느님을 본 사람은 없습니다. 그러나 우리가 서로 사랑한다면 하느님께서는 우리 안에 계시고 또 하느님의 사랑이 우리 안에서 이미 완성되어 있

는 것입니다. ……누구든지 예수께서 하느님의 아들이시라는 것을 인정하면 하느님께서 그 사람 안에 계시고 그 사람도 하느님 안에 있습니다. ……하느님은 사랑이십니다. 사랑 안에 있는 사람은 하느님 안에 있으며 하느님께서는 그 사람 안에 계십니다. ……하느님을 사랑한다고 하면서 자기의 형제를 미워하는 사람은 거짓말쟁이입니다. 눈에 보이는 형제를 사랑하지 않는 자가 어떻게 보이지 않는 하느님을 사랑할 수 있겠습니까? 하느님을 사랑하는 사람은 자기의 형제도 사랑해야 한다는 이 계명을 우리는 그리스도에게서 받았습니다.

〈요한일서〉 제4장 12~21절

6

자기 형제를 용서할 수 없는 사람은 자기 형제를 사랑하고 있지 않는 것이다. 참된 사랑은 무한하다. 참된 사랑이라면 아무리 큰 모욕이라도 용서 못 할 것이 없다.

7

마음에 드는 사람만 사랑하는 것은 진정한 사랑이라고 할 수 없다. 진정한 사랑이란, 상대 속에 있는, 자기 속에 있는 것과 동일한 신을 사랑하는 경우에만 말할 수 있다. 그러한 진정한 사랑을 통해 우리는 그저 제 형제뿐만 아니라, 또 우리를 사랑하는 사람뿐만 아니라, 불쾌하고 악한 사람들, 우리를 미워하는 사람들까지 사랑할 수 있다. 그러한 사람들을 사랑하려면, 그 상대방 역시 우리가 우리 자신을 사랑하고 있는 것처럼 자기 자신을 사랑하고 있다는 것, 우리 안에 신이 있듯이 그들 안에도 신이 있다는 것을 잊지 말아야 한다. 그것만 기억한다면 상대방을 어떤 태도로 대해야 할지 알 수 있게 된다. 또 그것만 알면 그들을 사랑할 수 있고, 만약 그렇게 사랑할 수 있다면, 그것은 우리를 사랑하는 사람을 사랑하는 것보다 훨씬 더 큰 기쁨을 우리에게 안겨줄 것이다.

8

사랑이 우리 생활의 본원(本源)은 아니다. 사랑은 결과이지 원인이 아닌 것이다. 사랑의 원인은 자신의 내부에 있는 신적(神的) 또는 영적인 본원에 대한 자각이다. 그 자각이 사랑을 요구하고 사랑을 낳는다.

이레째 읽을거리

회개한 죄인

"예수님! 예수님께서 왕이 되어 오실 때에 저를 꼭 기억하여 주십시오!" 하고 간청하였다. 예수께서는 "오늘 네가 정녕 나와 함께 낙원에 들어가게 될 것이다" 하고 대답하셨다. 〈누가복음〉 제23장 42~43절

어떤 사람이 70년 동안 이승에서 살았는데, 그동안 온갖 죄를 다 저지르며 살았다. 그러다가 병에 걸렸지만 그는 끝내 회개하려 하지 않았다. 마침내 죽음이 찾아와 막 숨을 거두기 직전에, 그는 울면서 말했다. "주여! 십자가 위의 도둑에게 하신 것처럼 저를 용서해 주옵소서!" 그러고는 이내 숨을 거두었다.

이 죄인의 영혼은 하느님을 그리워하고 하느님의 자비를 믿으며 천국의 문에 당도했다. 죄인은 천국의 문을 두드리며 안에 들어가게 해달라고 부탁했다. 그러자, 문안에서 어떤 목소리가 들려왔다.

"천국의 문을 두드리는 자가 누구인고? 이 사람은 살아생전에 어떤 일을 했는고?"

그때 한 고발자의 목소리가 거기에 대답하여, 그가 저지른 온갖 죄를 낱낱이 늘어놓으며, 선행은 한 가지도 말하지 않았다. 그러자 문안의 목소리가 대답했다.

"그런 죄인은 천국에 들어올 수 없느니라. 썩 물러가거라."

그래서 죽은 자가 말했다.

"당신의 목소리는 들리는데 얼굴은 보이지 않고 이름도 모르나이다."

그러자 그 목소리가 대답했다.

"나는 사도 베드로이니라."

죄인은 다시 말했다.

"불쌍히 여겨주소서, 사도 베드로 님. 인간은 나약한 존재이며 하느님은 자비

로우시지 않습니까? 당신은 그리스도의 제자가 아니시던가요? 당신은 주님의 입에서 직접 가르침을 들었고, 주님 평생을 통해 보여주신 모범을 보지 않으셨습니까? 주님께서 괴로움과 슬픔에 잠겨, 당신에게 잠들지 말고 기도해 달라고 세 차례나 부탁하셨는데, 당신은 수마를 이기지 못하고 잠들어 버렸고, 주님께서는 세 번이나 당신이 자고 있는 모습을 보셨습니다. 그때를 떠올려 보십시오.

그리고 또, 당신이 주님을 향해, 죽는 한이 있어도 주님을 버리지 않겠다고 그처럼 굳게 맹세하고도 주님이 가야파의 집으로 끌려가실 때 그를 세 번이나 부정한 것을 떠올려 주십시오. 저도 그와 마찬가지입니다.

그리고 또, 첫닭이 울기 시작하자 당신이 밖으로 나가 슬프게 우신 것을 떠올려 보십시오. 저도 역시 그와 마찬가지입니다. 사정이 이러한데 저를 안에 들여보내 주지 않으실 이유가 없지 않습니까?"

그러자 천국의 문안에서 들려오던 목소리는 잠잠해졌다. 죄인은 한참 뒤 다시 천국의 문을 두드리며 안에 들어가게 해달라고 간청했다. 이번에는 문안에서 아까와는 다른 목소리가 물었다.

"저건 누군고? 저 사람은 아랫세상에서 어떻게 살았는고?"

고발자의 목소리가 이에 대답하여, 다시 죄인의 온갖 죄를 늘어놓고, 선행은 전혀 말하지 않았다. 문안의 목소리가 대답했다.

"여기서 썩 물러가지 못하겠느냐! 그런 죄인은 우리와 함께 천국에서 살 수 없느니라."

죄인은 말했다.

"당신의 목소리는 들리지만 얼굴은 보이지 않고 이름도 모르나이다."

그러자 목소리가 대답했다.

"나는 제왕이자 예언자인 다윗이니라."

죄인은 그래도 포기하지 않고 천국의 문에서 물러가지 않고 말하기 시작했다.

"저를 불쌍히 여겨 주십시오, 다윗 대왕님. 인간의 나약함과 하느님의 자비를 생각해 주십시오. 하느님은 당신을 사랑하시어 사람들의 왕이 되게 하셨습니다. 당신은 왕국과 명예와 부(富)와 처자, 모든 것을 가지셨습니다. 그런데 당신은 지붕 위에서 가난한 자의 아내를 보고 정욕에 눈이 멀어 우리아의 아내를 빼앗고, 암몬인의 칼로 그를 죽이셨습니다. 당신은 부유하면서도 가난한 자의 손에서 마지막 양을 빼앗고 그 남자를 죽여 버렸습니다. 나도 당신과 다를 바가 없습니다.

그리고 또 당신이 회개하여, '나는 내 죄를 안다. 내 죄는 항상 내 앞에 있다'고 슬퍼하신 것을 생각해 보십시오. 저도 그것과 같습니다. 저를 천국에 들여놓지 못할 까닭은 없다고 생각합니다."

또 문안의 목소리는 잠잠해졌다. 죄인은 한참 서 있다가 또다시 문을 두드리며 천국에 들여보내 달라고 간청하였다. 그러자 문 뒤에서 세 번째의 목소리가 들려왔다.

"저 사람은 누군고? 저 아랫세상에서 어떤 일을 하였는고?"

고발자의 목소리가 거기에 답하여, 세 번째로 그가 저지른 온갖 죄를 하나하나 들춰내고 역시 선행은 하나도 얘기하지 않았다.

그러자 문안에서 목소리가 말했다.

"여기서 당장 물러가거라. 죄인은 천국에 들어올 수 없느니라."

죄인은 말했다.

"당신의 목소리는 들리지만 얼굴은 보이지 않고 이름도 모르나이다."

목소리가 대답했다.

"나는 그리스도의 제자이자 예언자인 요한이다."

그 말을 듣고 죄인은 기뻐하며 말했다.

"이젠 정말 저를 천국에 들여보내지 않을 수 없게 되셨군요. 베드로 님과 다윗 대왕님은 인간의 나약함과 하느님의 자비를 알고 계시므로 저를 들여보내 주실 겁니다. 그리고 당신에게는 많은 사랑이 있기 때문에 저를 들여보내 주시겠지요. 예언자 요한 님, 자신의 책 속에서 '신은 사랑이며 사랑하지 않는 사람은 하느님을 모르는 사람'이라고 쓰신 것은 당신이 아니었던가요? 늘그막에 이르러 사람들을 향해 오로지, '형제들이여, 서로 사랑하라!'고 되풀이하여 말씀하신 것도 당신이 아니었던가요? 그런 당신이 이제 어떻게 저를 미워하고 쫓아내겠습니까? 당신은 자신이 한 말을 부정하거나, 저에게 사랑을 베푸시어 천국에 들여보내 주시거나, 둘 중의 하나를 선택해야 할 것입니다."

그러자 천국의 문이 열렸고, 요한은 이 회개한 죄인을 끌어안고 천국으로 맞이하였다.

레프 톨스토이

1월 15일

1

그리스도교의 가장 근본적인 의의는 인간, 즉 신의 아들과 아버지인 하느님의 직접적인 교류를 수립하는 데 있다.

2

그리스도에게 가장 중요하고 본질적인 점이 무엇이냐고 묻는다면, 나는 그가 인간 영혼의 위대함을 확신하고 있었던 것이라고 대답하겠다. 그는 인간 속에서 신의 그림자를 보았기 때문에, 어떠한 상황, 어떠한 성격의 인간이든 그들 모두를 사랑했다. 예수는 인간의 겉모습을 꿰뚫어 그 마음속을 들여다보았다. 육체는 그의 앞에서는 사라져 버렸다. 그는 부자의 아름다운 옷과 가난한 자의 누더기를 뚫고 그 안에 있는 인간의 영혼을 마주 보았다. 그리고 그는 무지의 어둠과 죄의 얼룩 한가운데서 무한하게 발달할 수 있는 힘과 완성의 싹을, 불멸의 영적 본성을 보았다. 그는 타락의 극에 달한 인간의 내부에도 빛의 천사로 바뀔 수 있는 본질을 보았다. 그뿐만 아니라 그는, 그러한 자신의 내부에도, 누구의 손에나 닿는 것 외에 특별한 것은 아무것도 없다는 것을 느끼고 있었다. 채닝

3

각 개인의 경우와 마찬가지로 민중 전체에 있어서도, 온갖 편견으로부터 벗어나는 것이 당장 도덕적 장애의 감소로 연결되지는 않는다. 단지 야만적인 지배 체계가 좀더 고도한 지배 체계로 바뀔 뿐이다. 수많은 가련한 사람들은 그때 지금까지 자기를 지탱해 주었던 것을 잃게 된다. 그러나 그것은 전혀 나쁜 일도 위험한 일도 아니다. 다만 성장일 뿐이다. 갓난아기도 언젠가는 홀로 걷지 않으면 안 된다. 지금까지 습관이 되어왔던 미신을 잃은 사람은, 처음에는 자신이 버림받은 것처럼, 또는 집 없는 아이가 된 것처럼 느낀다. 그러나 그런 외적인 지주를 잃으면 그를 자기 자신의 내면으로 들어가게 하여, 그것에 의해 그를 더욱 강하게 만든다. 그는 자신이 신과 마주하고 있는 것을 느낀다. 그는 책 속에서가 아니라 자신의 영혼 속에서 가르침의 의미를 읽으며, 그의 가슴속의 교회는 하늘까지 닿는 커다란 성소가 된다. 에머슨

4

신의 인식에는 지적인 것과 신앙에 바탕을 둔 도덕적인 것이 있다. 지적 인식은 허약하여 위험한 오류에 빠지기 쉽다. 한편 도덕적 인식은 도덕적인 행위를 요구하는 자질만을 신에게 돌리려 한다. 그와 같은 신앙이야말로 자연인 동시에 자연을 뛰어넘는 것이다.

칸트

5

단순히 도덕적인 생활만을 찾을 것이 아니라, 도덕을 초월하는 것을 추구하라.

소로

6

너희와 신, 즉 너희 속에 살고 있는 영혼과 너희 사이에 있는 모든 것을 두려워하라.

1월 16일

1

나쁜 사회제도의 가장 큰 원인은 그릇된 신앙이다.

2

인간의 삶의 의미는 자기 속의 불합리한 것을 합리적인 것으로 이끌어 가는 데 있다. 그것을 위해서는 다음의 두 가지가 필요하다.

첫째, 생활의 불합리를 있는 그대로 바라보고 그것을 외면하지 말 것.

둘째, 다가올 미래 사회의 합리성에 대해 지극히 순수한 이념을 가질 것.

사회제도의 불합리와 거기서 생길 수밖에 없는 비참함을 생각할 때, 자연히 그것에 대한 혐오감을 느끼는 반면, 합리적인 생활의 가능성을 뚜렷이 의식할 때는, 자연히 그것을 향해 정진하지 않을 수 없게 된다. 따라서 불합리에서 생기는 병폐를 숨기지 말고 합리적인 생활의 행복을 사람들에게 분명하게 보여주는 것이, 모든 인류의 스승이 해야 할 임무이다.

그러나 그 모세의 자리에는 언제나 악한 행위 때문에 밝은 데로 나오지 못하는 사람들이 앉아 있다. 그러므로 항상 자기 자신을 이 세상의 스승이라고 자칭하는 사람들은 현재의 사회악과 다가올 미래 사회의 합리성을 밝히려고 애쓰지 않을 뿐만 아니라, 오히려 그 반대로, 현재의 생활의 불합리를 감추고 다가올 미래 사회의 합리성에 대한 신앙의 싹을 도려내려고 기를 쓴다. 또 그러한 목적으로 경찰, 군대, 형법, 감옥, 고아원, 양로원, 요양원, 유곽, 정신병원, 병원, 보험회사 등을 비롯하여, 강제로 징수한 세금으로 설립된 모든 의무교육 기관과 소년원, 그 밖의 온갖 기관이 존재하며 활동하고 있는 것이다.

이 기관들은 모두 그저 사회악을 은폐할 뿐만 아니라 필연적으로 새로운 악을 재생산하며, 제거해야 할 악을 오히려 눈덩이처럼 불어나게 하고 있다. 만일 이러한 사회악을 은폐하기 위해 악을 더욱 증대시키기만 하는 모든 부문에 투입되는 노력의 천분의 일을, 그 은폐된 악과의 싸움에 투입한다면, 밝은 곳으로 끌려나온 그 악들은 금세 소멸할 것이다.

3

우리는 현대 사회의 여러 가지 사상(事象)에 대해 신중한 주의를 기울여야 한다. 항상 낡은 사고방식에서 벗어나 새로운 것을 받아들임으로써 자신의 의견을 바꿀 수 있는 마음 자세를 가져야 한다. 또 선입견을 버리고 완전히 백지상태에서 사물을 판단해야 한다. 바람의 방향도 살피지 않고 언제나 똑같이 돛을 올리는 사공은 절대로 목적한 항구에 다다르지 못할 것이다. 헨리 조지

4

노동자와 자본가가 자신들의 관계를 개선하고 싶다면, "눈에는 눈, 이에는 이"라는 모세의 옛 율법을 버리고 사랑의 율법을 실천하지 않으면 안 된다. 다시 말해 남에게 대접받고 싶은 만큼 남을 대접하지 않으면 안 된다. 루시 맬러리

5

사람들이 지금의 모습을 바꾸지 않는 한, 어떠한 폭력적 강제에 의한 개혁도 악을 바로잡을 수 없다. 악을 바로잡는 것은, 우리의 생활 형태의 변화가 아니라 오로지 선과 도덕의 보급 확대에서만 기대할 수 있다.

6

그리스도의 가르침을 있는 그대로 솔직하게 받아들인다면, 우리 모두가, 그리고 또 한 사람 한 사람이 빠져 있는 무서운 기만이 이내 밝혀질 것이다.

7

사이비 신앙의 요구에 복종하는 것, 거기에 인간을 불행하게 하는 가장 큰 원인이 있다.

1월 17일

1

자신의 내적인 사명을 수행하며 영혼을 위해 사는 것이야말로, 가장 효과적인 형태로 사회생활의 개선에 봉사하는 길이다.

2

사람들을, 그 내적 생활에서 해방되어 있는 것 이상으로 외적 생활에서 해방시킬 수는 없다.

게르첸

3

공상가는 종종 정확하게 미래 사회를 예측하지만, 그것을 기다리려 하지 않는다. 그는 자신의 힘으로 그것을 앞당기려고 한다. 자연에 있어서도 천년이 필요한 것을, 자신이 살아 있는 동안 성취되는 것을 보고 싶어 한다.

레싱

4

무엇 때문에 너희는 그 불우한 처지에 있으면서 헛되이 스스로를 괴롭히고 있는가? 너희는 선을 바라고 있으면서도 그것을 어떻게 달성해야 하는지 모르고 있다. 생명을 줄 수 있는 자만이 그것을 누릴 수 있음을 알아야 한다. 하느님 없이는 아무것도 성취할 수 없을 것이다.

너희는 그 고뇌의 자리에 앉아 헛되이 몸부림치면서 도대체 무엇을 발견했는가? 너희는 몇몇 폭군들을 파멸시켰지만, 곧 전보다 훨씬 더 악랄한 폭군이 나타났다. 너희는 노예제도를 타도했으나 곧 새로운 피의 제도, 더욱 새로운 노예제도가 너희에게 주어졌다.

하느님과 너희 사이에 막아서서 그 그림자로 너희들로부터 하느님의 모습을 가리는 자들을 믿어서는 안 된다. 그런 자들에게는 반드시 사악한 의도가 있다. 왜냐하면 사람들을 합일시키는 사랑이 오직 하느님으로부터 나오는 것과 같이, 사람들을 해방시키는 힘도 오로지 하느님으로부터 나오기 때문이다. 자신의 생각과 충동만으로 움직이는 사람이 너희를 위해 무엇을 해줄 수 있겠는가? 설혹 그 의도가 선하고, 오로지 선을 원하고 있다 하더라도 그는 율법 대신 자신의 의도를, 그리고 법칙 대신 자신의 사상을 강요할 것이다. 그것은 모든 폭군들이 쓰는 수법이다.

하나의 폭정을 다른 폭정으로 대치하기 위해 앞의 것을 멸하는 것은 무의미한 일이다. 지배자가 누가 되느냐에 자유가 있는 것이 아니라, 오직 하느님만이 지배자로 있을 때 자유가 있다. 하느님이 지배하지 않는 곳은 인간이 지배한다. 하느님의 나라는 정의와 인애(仁愛)가 지배하는 나라이며, 그 기초는 그리스도가 정한 계율에 대한 신앙, 즉 인애와 정의의 법칙에 대한 신앙이다. 정의의 법칙은 만인은 아버지인 하느님 앞에, 그리고 유일한 스승인 그리스도 앞에 평등하다고 가르친다. 또 인애의 법칙은 오직 한 분의 아버지의 아들로서, 그리고 오직 한 분의 스승의 제자로서 서로를 사랑하고 도울 것을 가르친다.

만일 사람들이 너희에게 "우리 이전에는 정의가 무엇인지 아는 사람이 아무도 없었다. 정의는 우리로부터 처음 시작된다. 우리를 믿으라. 우리는 너희에게 너희가 만족할 수 있는 정의를 세워줄 것이다"라고 말한다면 그것은 너희를 속이고 있는 것이며, 설사 진심으로 너희에게 자유를 약속했다 하더라도, 그것은 그들이 스스로 자신을 속이고 있는 것일 뿐이다. 왜냐하면 그들은 너희가 그들을 주인으로 인정하기를 바라고 있으며, 그렇게 되면 너희의 자유는 그 새 주인에게 복종하는 것을 의미할 뿐이기 때문이다. 그러므로 너희는 그들에게 우리의 주인은 하느님뿐이고, 다른 주인은 필요치 않다고 대답해야 한다. 그러면 하느님은 기꺼이 너희에게 자유를 허락할 것이다.

라므네

5

물이 한 사이펀에서 다른 사이펀으로, 양쪽의 용량이 똑같아질 때까지 흘러 들어가듯, 인간의 지혜도 그것이 가득 차 있는 사람한테서 전혀 가지고 있지 않은 사람에게 흘러 들어갈 수 있는 것이면 얼마나 좋을까? 그러나 슬프게도 남의 지혜를 받아들이기 위해서는 무엇보다 먼저 스스로 노력하지 않으면 안 된다.

6

만일 남에게 선을 가르칠 수 있는데도 그것을 실천하지 않는다면, 너희는 가장 소중한 형제를 잃게 될 것이다.

중국 금언

7

자신의 영혼을 더욱 개선하고 완성시키면서 평생의 일에 힘써라. 오직 그럼으로써만 가장 효과적인 형태로 사회 전반의 개선에 공헌할 수 있다는 것을 믿어라.

1월 18일

1

지혜로운 사람은 자기 인생의 사명을 알고 있는 사람을 가리킨다.

2

학자란 책을 읽어 많은 것을 알고 있는 사람을 말한다. 교양인이란 그 시대에 가장 널리 보급되어 있는 지식과 풍속, 관습을 완전히 터득한 사람을 말한다. 현자란 인생의 의미를 이해하고 있는 사람을 말한다.

3

천지창조 이래 항상, 많은 민족 속에서 사람에게 가장 필요한 학문을 이룩한 스승들이 나타났다. 이 학문은 언제나 한 사람 한 사람의, 그리고 만인의 사명이, 또 그 진정한 행복이 어디에 있는지를 가르쳤다. 이 학문에 의해 비로소 우리는 그 밖의 모든 지식의 의의를 판단할 수 있다.

학문의 대상은 무한하다. 그래서 모든 사람의 사명과 행복이 어디에 있는가 하는 지식이 없으면, 이 무한한 대상 가운데서 선택하는 것이 불가능해진다. 따라서 그러한 지식이 없으면, 그 밖의 모든 지식과 예술도, 오늘날의 그리스도교 사회에서 그러하듯이, 유해무익한 놀이가 되고 만다.

4

현대인들이 모든 시대의 성현들의 의식에 반하여 어리석은 생활을 하고 있는 것에 대한 유일한 변명은, 그들은 천체의 위치라든가, 수백만 년 전의 지구의 상태, 생물의 기원 같은, 지난 시대에는 배우지 않았던 온갖 어려운 지식을 배운다는 점이다.

그러나 그들은 모든 사람에게 필요한 오직 하나의 것, 인생에는 어떤 의의가 있는가, 인생을 어떻게 살아야 하는가, 이 문제에 대해 옛 성현들은 어떻게 생각하고 어떻게 결론을 내렸는가 하는 것은 배우려 하지 않는다. 현대의 젊은 세대는 그것을 배우지 않을 뿐만 아니라 도리어 하느님의 율법이라는 이름 아래, 교사 자신조차 믿지 않는 분명한 엉터리를 배우고 있다. 이것은 현대 생활이라는 건물의 토대에 돌이 아니라 풍선을 쌓는 것과 같다. 그런 건물이 어찌 무너지지 않을 수 있겠는가?

5

오늘날 가장 눈에 띄는 현상은, 필요 없는 지식을 산처럼 채워 넣고 자신을 학자나 교양인, 현자라고 생각하고 있는 사람들이, 자기 인생의 의의도 모르면서 오히려 그 모르는 것을 자랑하는, 깊은 미망의 구렁 속에 빠져 있다는 것이다. 그러나 화학 분자식도 모르고 라듐의 시차(視差)와 그 성질도 모르는 무지한 문맹자 가운데, 인생의 의의를 알고 있는 몇 안 되는 지혜로운 사람을 찾을 수 있다. 그들은 자신의 지혜를 자랑하지도 내세우지도 않으며, 다만 끝없는 자만에 의해 더욱 미망의 구렁에 빠져드는 사이비 지성인을 연민의 시선으로 바라보고 있을 뿐이다.

6

우리에게 진정으로 필요한 유일한 학문은 "인간은 어떻게 살아야 하는가"에 대한 학문이다. 그리고 그것은 모든 사람의 손에 닿는 학문이다.

1월 19일

1

일반 사회의 생활은 각 개개인의 자기희생에 의해서만 개선될 수 있다.

2

"한 마리의 제비가 봄을 부르는 것은 아니다"라는 말이 있다. 그러나 아무리 한 마리의 제비로는 봄을 부르지 못한다 하더라도, 이미 봄을 느끼고 있는 첫 번째 제비가 날지 않고 마냥 기다리고만 있을 수는 없는 일이다. 만약 그처럼 온갖 꽃봉오리와 풀이 그저 기다리고만 있을 뿐이라면 봄은 결코 오지 않을 것이다. 그와 마찬가지로 우리도 하느님의 왕국을 세우기 위해 자기가 첫 번째 제비인지 아니면 천 번째 제비인지 생각할 필요는 없다.

3

하늘과 땅은 영원하다. 그것이 영원한 것은 하늘과 땅이 자신을 위해 존재하기 시작한 것이 아니기 때문이다. 그러므로 그 존재는 영원한 것이다. 그와 마찬가지로 성인도 자기로부터 벗어남으로써 영원해진다. 그는 영원해짐으로써 비할 데 없이 강력해지고 자기에게 필요한 모든 것을 성취한다. 노자

4

개인의 생활이든, 사회 전반의 생활이든 법칙은 오직 하나, 그 생활을 개선하고 싶으면 그것을 버릴 각오를 하지 않으면 안 된다.

5

일찍이 이 세상에 일어났던 그 어떤 선과 악의 투쟁보다 더 큰 투쟁이 시작될 전조를 수많은 백성들이 기다리고 있는 오늘날, 세계의 모든 장소에서 이미 희미

한 천둥소리가 들려오며 하느님의 군대와 사탄의 군대가 최후의 결전을 벌일 때가 다가오고, 자유냐 예속이냐 하는 인류 미래의 운명이 거기에 걸려 있는 오늘날, 이같이 중대한 시점에 우리는 무엇보다 먼저 하느님 군대의 병사로서 사명을 다하기 위해, 또 사람들을 구하기 위해 스스로 가난한 생활을 한 하느님 군대의 지휘관의 본보기를 따라야 한다는 것을 잊어서는 안 된다. 즉 모든 것을 버리고, 자기 머리를 누일 만한 자리도 없이, 죽은 사람으로 하여금 죽은 사람을 장례하도록 맡기고, 오늘은 여기 내일은 저기, 모든 위험한 장소, 모든 싸움의 장소로 언제라도 달려갈 수 있도록, 굳은 결심으로 안일을 경계할 것을 잊어서는 안 된다. 죽은 사람이란, 변천하는 것에 대한 번민에 빠지고 물욕의 포로가 되어, 자기 속에 해방을 구하는 영혼이 있다는 것도 모르고, 산다는 것은 곧 싸우는 것이요, 결국은 죽는 것이며, 오직 그것을 통해서만 위대한 자유가 성취된다는 것을 모르는 사람들을 말한다.

라므네

6

인간의 완성은 그가 자아로부터 얼마나 해방되었는가 하는 정도에 의하여 가늠할 수 있다. 우리가 자아에서 해방되면 해방될수록 인간으로서의 완성도도 커진다.

7

희생을 치르지 않고 삶을 개선하려는 것은 헛된 것이다. 그러한 시도는 다만 개선의 가능성을 멀어지게 할 뿐이다.

1월 20일

1

죽음과 탄생은 두 개의 경계선이다. 이 경계선 너머에는 똑같은 그 무엇이 있다.

2

죽은 뒤에 영혼은 어떻게 될까 하고 생각한다면 태어나기 전의 영혼은 어떠했을까 하는 것도 생각하지 않을 수 없다. 만일 그대가 어딘가로 간다면 당신은 틀림없이 어딘가에서 나온 것이다. 인간의 일생도 마찬가지다. 그대가 이 세상에 온 것은, 어딘가에서 온 것이다. 만일 그대가 죽은 뒤에도 산다고 하면 태어나기 전에도 살았던 것이다.

3

우리는 죽은 뒤에 어디로 가게 될까? 원래 왔던 곳으로 돌아간다. 원래 왔던 곳에는 우리가 '나'라고 부르는 것은 존재하지 않는다. 따라서 우리는, 그때 어디에 있었는지, 그곳에 얼마나 오래 있었는지, 그곳에는 무엇이 있었는지 하는 것을 하나도 기억하지 못하는 것이다. 만약 우리가 죽은 뒤에 원래 왔던 곳으로 돌아가게 된다면, 죽음 이후의 세계에도 우리가 '나'라고 부르는 것은 존재하지 않을 것이다. 그러므로 우리는 우리가 죽은 뒤에 자신들의 생활이 어떻게 될지 전혀 알 수 없다. 오직 한 가지 확실하게 말할 수 있는 것은 태어나기 전의 우리에게 악이 존재하지 않았던 것처럼 죽은 뒤에도 악이 존재할 리 없다는 것이다.

4

사람이 선한 생활을 할 때, 우리는 오늘, 바로 지금이 행복이며 이 생활 뒤에는 어떻게 될지 생각하지 않는다. 만약 죽음을 생각하더라도 현재의 삶이 좋은 것으로 미루어 죽은 뒤에도 역시 좋으리라고 믿을 것이다. 하느님은 선하며 우리를 위해 최선을 다해 왔고, 앞으로도 최선을 다해줄 거라고 믿는 것이, 천국의 모든 기쁨을 믿는 것보다 훨씬 견실하고 마음에 평화를 준다.

5

우리가 태어날 때 우리의 영혼은 육체라는 관 속에 들어간다. 그러나 이 관, 즉 우리의 육체는 서서히 허물어지는 반면 우리의 영혼은 점점 더 자유로워진다. 그리하여 육체가 죽었을 때 영혼은 완전히 자유로워지는 것이다.

헤라클레이토스

6

이 세상의 삶 뒤에 어떻게 될 것인지에 대해 천착할 필요는 없다. 다만 현재의 삶 속에서 우리가 자신의 이성과 심정에 의해 알고 있는, 우리를 이 세상에 보낸 분의 의지를 실천하기 위해 노력하면 된다.

1월 21일

1

어떤 사람 속의 이성이 점점 강해져 번뇌가 점점 사라질수록, 그 사람 속의 하느님과 이웃에 대한 사랑이라는 영혼의 생활이 해방된다. 의식적으로 그 해방에 협력하는 사람은 행복하다.

2

만약 어떤 사람이 자기 집에 지붕을 이고 창문을 다는 대신, 비바람이 칠 때마다 바깥으로 뛰어나가 바람이 몰아치고 비가 퍼붓는 속에 서서, 비구름을 향하여 너는 오른쪽으로 가라, 너는 왼쪽으로 가라고 호령하고 있는 것을 본다면, 우리는 틀림없이 그를 미친 사람이라고 할 것이다. 그러나 사람들이 악을 행하는 것을 보고 화를 내고 그를 욕하면서도, 자기 안의 악을 없애려는 노력을 전혀 하지 않는다면, 즉 지붕을 이고 창문을 다는 것은 우리도 할 수 있는 일이지만, 세상의 악을 뿌리 뽑기란 비구름에 명령하는 것과 마찬가지로 어려운 일이다. 사람들이 남을 가르치는 대신 비록 가끔이라도 자기 자신을 가르치려고 노력한다면, 세상의 악은 점차 줄어들고 사람들의 생활은 보다 좋아질 것이다.

3

실수와 착오가 일어나도 실망하지 말라. 자기의 실수를 깨닫는 것처럼 공부가 되는 것은 없다. 그것은 자기를 교육하는 가장 좋은 방법의 하나이다. 칼라일

4

자기와 상관없는 일로 마음을 괴롭히지 말라. 자기와 상관없는 일에 참견하지 말라. 그럴 바엔 자기 자신을 바로잡아 자기완성을 향하는 길을 서두르는 것이

좋다. 성현의 사상

5

우리의 생활은 바로 우리 조상들의 생활이 인류에게 유산인 것처럼, 우리 자신에게 도덕적인 유산이다. 우리가 행한 위대한 행위는 그 뒤의 우리의 모든 삶의 지표가 될 것이다. 조지 엘리엇

6

작고 사소한 악이라고, 이 정도는 괜찮다고 생각해서는 안 된다. "이번에는 했지만 앞으로는 하지 않겠다." 이것은 거짓말이다. 한번 저지른 죄를 다시 되풀이하지 않기란 여간 어려운 일이 아니다. 선한 일의 경우에도 "별로 어려운 일 아니다. 이 정도야 식은 죽 먹기이며 마음만 먹으면 언제든지 할 수 있다"고 말해서는 안 된다. 그런 것은 생각해서도 안 되고 말해서도 안 된다. 아무리 작은 일이라도 선하게 살아가는 데 힘이 된다. 나쁜 일이 반드시 그 의지를 꺾는 것처럼.

7

오래된 사과나무에서 무르익은 사과가 어린 사과나무 옆에 떨어졌다. 어린 사과나무는 무르익은 사과에게 말을 건넸다.

"안녕하세요, 사과 님, 당신도 하루빨리 썩어서 나처럼 싹을 틔워 나무로 자랐으면 좋겠군요."

그러자 익은 사과가 말했다.

"이 바보야. 썩는 게 좋으면 너나 썩으렴. 그래, 네 눈에는 내가 얼마나 빨갛고 곱고 단단하고 싱싱한지 뵈지도 않는다는 거니? 난 썩기 싫어. 즐겁게 살고 싶어."

"하지만 당신의 그 젊고 싱싱한 몸은 잠시 빌려 입는 옷에 불과해요. 거기에는 생명이 없어요. 당신은 아직 모르고 있지만, 생명은 오직 당신 안에 있는 씨 속에 있어요."

"씨는 무슨 씨가 있다는 거야, 바보같이!" 무르익은 사과는 그렇게 말하고 입을 다물어 버렸다.

자기의 내부에 영적인 생명이 깃들어 있음을 의식하지 못하고, 그저 동물적인 생활을 하고 있는 사람도 이 무르익은 사과와 같다. 그러나 원하든 원하지 않든, 그 사람도 사과와 마찬가지로 나이와 함께 시들어, 자신의 생명이라고 생각했던 육체가 쇠약해지면, 진실이 쉬지 않고 성장하는 씨앗과 같은 참된 생명의 존재가 더욱더 확실해지는 것을 느낄 수 있을 것이다. 그러므로 아예 처음부터, 언젠가는 사멸해 버리는 생명이 아니라, 쉬지 않고 성장하며 소멸하는 일이 없는 생명에 의지하여 사는 편이 더 낫지 않을까?

8

우리는 세상에서 가장 중요한 일은 뭔가 눈에 보이는 일, 이를테면 집을 짓고 밭을 갈고 가축을 치고 과일을 거둬들이는 그런 일이라고 생각하며, 자신의 영혼 같은 눈에 보이지 않는 것의 중요성을 간과하는 경향이 있다. 그런데 사실은 영혼을 생각하는 것, 즉 매일 조금씩이나마 선량한 사람이 되어가는 것이 진정 중요한 일이고, 그 밖의 눈에 보이는 모든 일들은, 그 영혼을 생각하고 있을 때 비로소 우리에게 유익함을 가져다준다는 사실을 잊지 말아야 한다.

이레째 읽을거리

자기완성

인간은 하느님의 완전성에 도달할 수는 없지만, 그래도 쉬지 않고 조금씩 거기에 다가가려고 노력하지 않으면 안 된다. 그것이 천지창조 이후 인류에게 주어진 길이다. 그러나 거기에 이르는 길은 그야말로 가시밭길이어서, 그 앞에는 온갖 난관이 기다리고 있다. 하지만 역경을 극복한 후 우리가 누릴 수 있는 참된 행복을 생각할 때 그것은 위안의 길과 기쁨의 길이 될 수 있다. 또한 이로써 우리는 지상에서 인류애의 세계, 평화와 사랑으로 가득한 하느님의 나라를 건설할 수 있는 것이다. 그때에야 비로소 궁극적인 위대한 합일(合一)이 찾아온다. 그러나 합일이란 각 개인의 생명과 만인의 생명의 합류이므로, 그 합일의 실현을 위해서는 그것이 요구하는 범위 내의 자기희생—분열과 고립을 가져오는 모든 것을 자주적으로 거부하는 것—이 필요하다.

모든 복음서가 가르치고 있는 것도 바로 그것이다. 그것은 모두 사랑의 가르침이며 하느님 및 하느님의 모든 피조물을 포용하는 보편적인 가르침이다. 모든 신의 피조물 속에서, 만물은 무엇보다 그 방향을 향해 움직인다. 먼저 자기를 사랑하는 마음으로부터는 오만과 탐욕, 음욕, 질투, 분노, 원한 등이 생기고, 하느님에게 바탕을 둔 모든 사람의 일체감으로부터는 온유와 자기희생, 그리고 내면의 평화, 즉 지상의 고통을 무엇으로도 파괴할 수 없는 최고의 행복으로 승화시키는 순수한 기쁨이 태어난다.

그러나 잊지 말아야 할 것은, 너희가 이 길을 나아가면 나아갈수록 과거의 왕에게 추종하는 무리의 방해가 더욱 거세질 거라는 사실이다. 그들은 너희를 증오하고 박해할 것이다. 즉 너희가 주위에 뿌리는 선의 싹을 도려내기 위해 너희를 법정에 세우고 감옥에 집어넣으며 필사적으로 자신들이 섬기는 악을 계속 행사하려 할 것이다. 이 성스러운 싸움에서 지지 않도록 부디 용맹심을 발휘해 주기 바란다. 이 싸움을 후대에 물려줄 최대의 유산으로 남겨두어야 할 것이다. 싸움 뒤에는 휴식이 올 것이다. 그리고 이 싸움은 "하느님은 승리하셨다. 하느님의 왕국이 지상에 건설되어, 하느님의 자녀들에게 조국이 주어졌다"고 얘기할 그날까지 계속되리라. 라므네

"너 자신을 사랑하듯이 네 이웃을 사랑하라"는 도덕률은, 성서에서 이야기된 것처럼(《마태복음》 제24장 35절에 "하늘과 땅은 사라질지라도 내 말은 결코 사라지지 않을 것이다"라고 되어 있다), 그것이 실천되지 않은 채 버려지는 일은 결코 없을 것이다. 그것은 중력의 법칙이나 화학상의 화합의 법칙, 그리고 그 밖의 모든 물리학의 법칙과 마찬가지로 필연적인 것이다. 옛날에는 물리학상의 법칙이 불안정해서 모든 자연현상에 공통으로 적용되지 않았지만, 연구에 연구를 거듭하여 마침내 필연적인 법칙에 도달했다. 도덕률의 경우도 마찬가지다. 우리가 도덕률을 키우고 있는 것이다(모세의 율법보다 더욱 고도의 율법을 예수가 가르쳤고, 그것이 사람들의 마음에 정착해 갔다). 지혜로운 이들에게 이 세상에서 가장 중요한 목적은 이 세상의 모든 존재의 합일이다. 처음에는 일정한 사람들만이 서서히 이성의 법칙을 받아들여, 인생의 행복은 각자가 자신만의 행복을 지향하는 것이 아니라,

만인의 행복을 지향함으로써 달성된다는 것을 깨닫지만, 이윽고 다른 사람들도 모두 서서히 그것을 깨달아 가거나 싫어도 깨닫지 않을 수 없게 될 것이다.

1월 22일

1

살인은 어떤 이유에서도 정당화될 수 없다. 그것이 모든 종교상의 가르침과 사람들의 양심으로 표현된 하느님의 법칙에 대한 지극히 난폭하고 명명백백한 침범인 것은 움직일 수 없는 사실이다.

2

그리스도는 어디에 있는가? 그의 가르침은 어디에 있는가? 모든 그리스도교 나라 가운데 그의 가르침이 존재하는 곳은 도대체 어디란 말인가? 그것은 교회와 같은 시설물 속에 있는 것이 아니다. 불공평으로 가득 찬 법률 속에도 있지 않다. 이기주의에 침해당한 전통과 관습 속에도 역시 있지 않다. 그럼 그리스도의 가르침은 어디에 있다는 것인가? 그것은 인간의 깊은 내면에 준비되고 있는 미래 속에 있고, 세상 구석구석의 모든 사람들을 뒤흔들고 있는 움직임 속에 있으며, 정결한 영혼과 올바른 마음의 정진 속에 있다. 그것은 또 모든 사람들의 의식 속에 있다. 왜냐하면 오늘날의 체제는 자비와 우애를 부정하는 악이요, 카인의 후예의 유산이며, 하느님의 영광 앞에서 언젠가는 물러나야 할 망령과 같은 것이므로, 결코 오래가지 않는다는 것을 누구나 알고 있기 때문이다.

라므네

3

병역(兵役)이란 무엇인가. 바로 다음과 같은 것이다. 젊은이가 신체적으로 성장하여 부모를 도울 수 있게 되면, 곧바로 그를 신검장(身檢場)으로 끌고 가서 옷을 벗기고 신체검사를 한 다음, 십자가와 성서에 손을 얹고, 상관의 명령에 절대 복종할 것, 명령을 받으면 누구든지 살해할 것을 맹세하게 한다. 그가 그 이성과 양심에 반하고, 성서 속의 그리스도의 계율에도 반하는 명령에 복종하여 맹세를 하면, 그에게 당장 군복을 입히고 총을 주어, 사격 훈련을 시킨 다음, 형제를 죽이라고 싸움터로 내보낸다. 그가 죽여야 할 사람들은 그에게 아무런 나쁜 짓도 한 적이 없을 뿐만 아니라 그들을 본 적조차 없지만, 성서에 대고 맹세했다는 이유만으로 그들에게 총을 쏘고 칼로 찌른다. 실은 바로 그 성서 속에서, 절대로 맹세해서는 안 되며, 형제를 죽이는 것은 물론 형제들에게 화를 내어서도 안 된다고 가르치고 있는데도 말이다.

4

대체로 군대 복무는, 입대한 자들을 완전한 무위의 상태, 바꿔 말하면 정당하고 유익한 노동을 하지 못하게 하여 그들을 인간의 보편적인 의무에서 해방시키는 대신, 연대의 명예나 군복의 명예, 군기의 명예 같은 조작물을 안겨주고, 나아가 타인에 대한 무제한의 권력을 부여하는가 하면, 그와는 반대로 상관에 대한 노예적인 굴종을 강요함으로써 그들을 크게 타락시키고 있다.

그중에서도 특히 군인을 타락시키는 것은 그들의 안일하고 방종한 생활이다. 군인이 아닌 일반 사람이 그런 생활을 한다면, 그는 스스로 부끄러워하지 않을 수 없을 것이다. 그런데 군인은 그것을 당연한 것으로 생각하고 그 생활을 과시하며 자랑까지 하고 있다. 특히 전시 중에는 더욱 그러하다. "우리는 전쟁에서 언제든지 목숨을 바칠 각오가 되어 있다. 그렇기 때문에 이러한 느긋하고 즐거운 생활이 허락될 뿐만 아니라, 그것은 오히려 우리에게 꼭 필요한 것이다. 그러므로 우리는 이렇게 살고 있다."

5

사람이 사람을 죽이는 것은 용서받을 수 없는 일이다. 만일 사람을 죽인다면 그는 범죄자이며 살인자이다. 두 사람, 열 사람, 백 사람이 사람을 죽여도 그들 역시 살인자이다. 그러나 한 국가, 한 민족인 경우, 사람을 아무리 많이 죽여도 살인이 아닐 뿐만 아니라, 오히려 훌륭한 공이 된다. 되도록 많은 사람을 징집하여 몇만 명을 살육하면 그건 이미 죄가 되지 않는다. 그런데 이를 위해서는 도대체 얼마나 많은 사람이 필요한 것일까? 그것이 문제다. 낱낱의 인간에게는 도둑질도 강도질도 허용되지 않지만, 국민 전체라면 허용된다. 그렇다면 그것을 위해서는 얼마나 많은 사람이 필요할 것일까? 어째서 한 사람, 열 사람, 백 사람은 하느님의 율법을 어겨서는 안 되는데, 수많은 사람들이 그러면 괜찮단 말인가.

아딘 발루

6

한 사람 한 사람의 육체 속에는 누구나 똑같은 신적 본원(本源)이 깃들어 있다. 그러므로 한 개인이든 인간의 집단이든, 그 신적 본원과 육체의 결합체를, 즉 사람의 목숨을 파괴할 권리는 없다.

1월 23일

1

모든 죄 가운데 오직 하나, 이웃에게 분노하는 죄는, 인간 최대의 행복인 사랑의 행복을 정면으로 배반한다. 그러므로 인간에게서 인생 최대의 행복을 이보다 더 확실하게 빼앗는 것은 없다.

2

로마의 철학자 세네카는 분노를 억제하는 가장 좋은 방법은, 분노가 치밀어 오르는 것을 느끼면 아무 일도 하지 말고 가만히 있는 것, 걷지도 말고 움직이지도 말고 말도 하지 않는 것이라고 말했다. 또한 몸과 혀를 다스리지 못하면 분노는 점점 더 커질 것이라고 했다.

세네카는 또 화내는 버릇을 없애려면 다른 사람들이 화를 낼 때의 모습을 잘 살펴보는 것도 좋다고 말했다. 그 사람이 화를 내고 있을 때의 모습, 즉 마치 술 취한 사람이나 짐승처럼 붉어진 얼굴, 증오에 찬 추한 표정으로 불쾌한 목소리를 꽥꽥 지르며 더러운 말을 뱉어내는 모습을 보고, 나는 저런 추태를 부리지 않아야겠다고 생각하라고 했다.

3

사람들이 종종 분노에 사로잡혀 그것을 억제하지 못하는 것은, 분노 속에 일종의 남자다움이 있다고 착각하기 때문이다. 나는 결코 용서하지 않겠다, 단단히 혼내 주겠다, 등등. 그러나 그것은 착각이다. 분노의 발작에 지지 않기 위해서는, 분노 속에는 좋은 것이란 아무것도 없고 또 있을 수도 없다는 것, 분노는 나약함의 증거이지 힘의 증거가 아니라는 것을 인식하지 않으면 안 된다. 화를 내고 서로 멱살잡이를 하거나, 아이나 여자 같은 약자를 때리는 사람은, 강한 것이 아니라 스스로 자신의 나약함을 폭로하고 있는 것이다.

4

분노가 다른 사람에게 아무리 해를 끼친다 해도, 그것은 누구보다 분노하고 있는 본인에게 더 해롭다. 분노는 반드시 그것을 불러일으킨 상대의 행위 이상으로 유해하다.

5

우리는 욕심 많고 인색한 사람이 왜 모두에게 미움을 받는지 잘 알고 있다. 그는 부자가 되기 위해 남의 재산까지 탐을 낸다. 따라서 그 사람은 자신의 이익을 위해 남을 해치고 있는 것이다. 그런데 사악한 인간은 자기에게 아무런 이익이 없는데도 남을 해친다. 게다가 남에게 해를 줄 뿐만 아니라 자기 자신까지 해친다.

소크라테스

6

한없는 증오심을 품고 있는 사람, 마치 덩굴나무처럼 그 증오심에 감겨버린 사람은 이윽고 가장 흉악한 적이 그를 밀어뜨리려고 하는 곳으로 스스로 걸어 들어가게 될 것이다.

부처의 가르침

7

네 원수는 악으로써 너에게 복수할 것이고, 너를 미워하는 자는 너에게 끔찍한 보복을 할 것이다. 그러나 네 마음속의 분노는, 그것과 비교할 수 없을 만큼 큰 악을 너에게 가져다준다. 하지만 너의 아버지와 어머니, 친척과 이웃도, 남의 죄를 용서하고 잊어버리는 네 마음보다 더 큰 선을 가져다주지는 못할 것이다.

부처의 가르침

8

어떠한 경우에도, 사람들에 대한 자신의 분노를 정당하다고 생각해서는 안 된다. 그리고 어떤 사람일지라도 그가 인간이 아니라거나 쓸모없는 사람이라고 생각하거나 말해서는 안 된다.

9

우리가 화를 내는 것은 무엇 때문에 그런 화나는 일이 일어났는지 그 원인을 모르기 때문이다. 만일 그 원인을 알면, 우리는 결과가 아니라 그 원인에 대해 화를 낼 것이기 때문이다. 온갖 현상의 외적 원인은 매우 먼 곳에 있어서 그것을 발견할 수는 없지만, 그 내적 원인은 언제나 우리 자신에게 있다. 무엇 때문에 우리는 그처럼 남을 비난하기를 좋아하고, 이렇게 심술궂고, 이렇게 함부로 비난하고 있는 것일까. 그것은 남을 비난함으로써 자신의 책임을 면하고 싶어서다. 우리는 자신에게 곤란한 일이 생기면, 이것은 자기가 잘못한 것이 아니라 남이 잘못했기 때문이라고 믿고 싶어 한다.

10

사람들이 서로 증오하면서 말다툼을 하고 있으면, 아이는 누가 옳고 누가 그른지도 모른 채, 진심으로 양쪽을 비난하면서 슬픈 듯이 두 사람한테서 돌아서 버린다. 두 사람 중 어느 누구보다 그 아이가 언제나 옳다.

1월 24일

1

인류가 어디로 갈 것인지 아는 사람은 아무도 없다. 최고의 예지는 네가 어디로 가야 하는지를 아는 것이다. 그것은 네가 아는 바이니, 곧 최고의 자기완성을 향해 걸어가야 한다.

2

생명으로 인도하는 길은 좁고, 그곳으로 들어가는 자는 적다. 왜냐하면 대부분의 사람들은 모두 넓은 길로 들어가기 때문이다. 진정한 길은 좁아서 한 사람씩밖에 들어갈 수 없다. 거기에 들어가려면 군중과 함께 걸어갈 것이 아니라 부처나 공자, 소크라테스, 그리스도 같은 고독한 사람의 뒤를 따라야 한다. 그들이야말로 자기 자신을 위해, 또 우리 모두를 위해 차례차례 똑같이 좁은 길을 개척한 사람들이다. 루시 맬러리

3

사람은 오직 다음과 같은 세 종류로 나눠진다. 하나는 하느님을 찾아내 그를 섬기는 사람들이며, 그들은 지혜롭고 행복하다. 또 하나는 하느님을 찾지도 않고 찾을 생각도 없는 사람들이며, 그들은 어리석고 불행하다. 나머지는 아직 하느님을 찾아내지는 못했지만 그를 찾으려고 노력하는 사람들로, 이들은 지혜롭지만 아직 불행하다. 파스칼

4

진리의 탐구가 시작되는 곳, 그곳에서는 반드시 생명이 시작된다. 그러나 진리의 탐구가 중단되면, 그 즉시 생명도 중단된다. 존 러스킨

5

모든 것을 신적(神的)인 완전성이라는 이념에 비추어 바라보며, 자신의 모든 생활을 그 완전성을 향한 정진에 바친 자들이 있다. 소크라테스와 에픽테토스, 마르쿠스 아우렐리우스 같은 고대의 성현들이 그들인데, 그들이 인생을 바라보는 눈이 위대한 것은 바로 그 점에 있다. 그런데 그리스도교 가운데 이들 성현의 예지를 비방하고 인정하지 않으려는 자들이 있다. 그러나 지상에서의 하느님 나라를 목표로 하는 예지가, 하느님의 나라는 무덤 저편에서만 가능하다고 하는 가르침보다 한결 더 높은 곳에 있다. 거짓된 가르침의 특징은 인생을 저세상까지 연장하여 선을 행하는 사람보다 자신의 가르침을 믿는 사람을 더 높이 평가하는 것이다. 아미엘

6

참된 지혜를 찾고 있는 사람은 현명한 사람이다. 그러나 만일 그것을 찾아냈

다고 생각한다면 그는 어리석은 사람이다. 페르시아 격언

7

중요한 것은 우리가 현재 차지하고 있는 자리가 아니라, 우리가 나아가고 있는 방향이다. 올리버 홈스

8

너를 둘러싸고 있는 사람들과 공통된 목적이 아니라, 세상 모든 사람들의 사명과 동일한, 네 인생의 사명이 네 행위를 규정해야 한다.

1월 25일

1

누구에게나 반드시 필요한 지식이 있다. 그러한 지식을 자기 것으로 하지 않는 한 다른 모든 지식은 오히려 유해하다.

2

소크라테스는 언제나 자신의 제자들에게 어떤 학문이든 그것을 올바르게 배우기 위해서는 일정한 한도를 지키고 그것을 넘지 않도록 해야 한다고 가르쳤다. 이를테면 기하학의 경우에 대해 그는 이렇게 말했다. "토지를 사고팔고, 유산으로 나눠주거나 농부들에게 경작할 넓이를 각각 지정할 수 있도록 토지를 정확하게 측량할 수 있으면 된다. 그 정도면 그리 어렵지 않아서 조금만 노력하면 어떤 측량도 할 수 있다. 지구 전체를 측량하는 것도 어렵지 않을 것이다."

그러나 그 자신은 그것을 연구하고 있었으면서도, 기하학의 고등이론에 지나치게 몰두하는 것은 권장하지 않았다. 그런 것들은 크게 유용한 것도 아닌데 그것을 위해 자신의 시간을 소비하느라, 다른 더 유익한 학문을 소홀히 하게 된다고 경고했다.

또 천문학의 경우에도, 그는 하늘을 보고 밤의 시간과 월일(月日)을 알고 계절을 알아, 길을 잃지 않고, 바다에서 항로를 잘 잡고, 정확한 시간에 야경꾼을 교대시킬 수 있을 정도의 지식이면 바람직하다고 했다. "그런 학문은 무척 쉬워서

어떤 사냥꾼, 항해자도, 요컨대 조금만 공부하면 누구나 배울 수 있다"고 했다. 그러나 온갖 천체가 그리는 궤도를 연구하고, 항성과 행성의 크기를 계산하고, 지구와의 거리며 그 운행과 변화에 대해 너무 깊이 파고드는 것은, 아무런 득이 없다 하여 엄하게 이를 경계했다.

그가 그런 학문을 낮게 평가한 것은 그가 그것에 대해 잘 몰라서가 아니라(실제로 그는 그 학문을 잘 알고 있었다), 그런 종류의 학문에 너무 열중하면 인간으로서 가장 중요한 도덕적 자기완성에 써야 할 시간과 정력을 잃게 될 것을 염려했기 때문이다.

3

단순히 지식을 수집하고 다니는 학자는 불쌍한 사람이다. 끝없는 지식욕에 쫓겨 스스로를 높이는 철학자들 또한 불쌍한 사람이다. 이 나쁜 부자들은, 옆에서 라자로(나사로)가 계속 배고픔을 호소하고 있을 때, 날마다 그 지적 유희에 시간 가는 줄을 모른다. 그들은 모두 헛된 지식으로 배가 터질 지경이 되어 있다. 그들의 쓸모없는 지식은 한 사람 한 사람의 내면적 완성이나 사회의 향상과 진보에 아무런 도움이 되지 않는다.

페늘롱

4

네 눈길을 기만의 세계에서 돌려라. 그리고 오관의 유혹을 물리쳐라. 오관은 너를 기만할 것이다. 오히려 너 자신 속에서, 자아를 망각한 너 자신 속에서 영원한 인간을 찾아라.

부처의 가르침

5

경험적 과학이 그 자체만을 위해 연구되고, 지도 원리로서의 철학적 사상이 결여되어 있다면, 그것은 마치 눈이 없는 얼굴과 같다. 그것은 중간 정도의 재능을 가지고 있고, 그런 세세한 연구에는 오히려 방해가 되는 최고의 자질이 결여된 사람들에게 어울리는 학문이다. 그러한 중간 정도의 재능을 가진 사람들은, 자기의 모든 정력과 모든 능력을 오직 하나의 한정된 학문 분야에 집중하므로, 그 분야에서는 최대한의 업적을 올리지만, 그 대신 다른 분야에 대해서는 전혀 모르게 된다. 말하자면 그들은 시계공장의 노동자처럼 한 사람은 톱니바퀴, 한 사람은 태엽, 또 한 사람은 사슬만 만들고 있는 것과 같은 이치이다.

쇼펜하우어

6

무익한 지식을 많이 배우기보다는 조금이나마 인생의 법칙을 배우는 것이 더 중요하다. 인생의 법칙은 너를 악으로부터 보호해 주고 선으로 이끌어 줄 것이다. 그와 반대로 무익한 지식은 다만 너를 자만심에 빠지게 하여 진정 필요한 인생의 법칙을 깨닫지 못하도록 방해할 뿐이다.

7

무지를 두려워하지 말고 거짓 지식을 두려워하라. 진실이 아닌 것을 진실이라고 생각할 바에는 차라리 아무것도 모르는 편이 더 낫다. 하늘은 고체이며 그 위에 하느님이 앉아 있다고 생각하기보다는, 차라리 하늘에 대해 아무것도 모르는 편이 더 낫다. 그러나 또 우리가 하늘이라고 부르고 있는 것을 무한한 공간이라고 하는 것도 그리 적절한 말은 아니다. 하늘을 무한한 공간이라고 하는 것도 고체라고 하는 것과 마찬가지로 진실과 거리가 멀다.

1월 26일

1

부자는 아무래도 무자비해지지 않을 수 없다. 만약 그가 인간다운 자비심을 발휘하기 시작한다면 그는 이내 가난해질 것이다.

2

우리가 식탁에 둘러앉아 즐거운 얘기를 나누면서 배불리 먹고 있을 때, 길 가는 사람이 울고 있는 것을 보고도 아무렇지도 않고 더 나아가 그들에게 화를 내고 사기꾼이라고 욕까지 한다면, 그것은 정말 부당한 일이 아니겠는가? 빵 한 조각 때문에 남에게 사기를 치는 사람이 어디 있겠는가? 설령 그 사람이 정말 그랬다 하더라도, 너는 그를 가엾게 여기고 더욱더 그 사람을 가난에서 구해주어야 한다. 만일 네가 끝까지 자선을 베풀고 싶은 마음이 없다면, 적어도 그들에게 모욕만은 주지 말아야 한다. 요한

3

먼저 약탈을 중지하고, 그 뒤에 자선을 베풀어라. 부정한 돈에서 손을 뗀 뒤, 그 손을 이웃을 위해 내밀어야 한다. 만일 우리가 제 손으로 어떤 사람의 옷을 벗겨, 같은 손으로 다른 사람에게 입힌다면, 우리의 자선행위가 곧 범죄행위에 대한 방아쇠가 되는 셈이다. 그 같은 자선은 아예 하지 않는 편이 낫다. 요한

4

부자가 자선행위를 할 때만큼 그의 잔인함이 잘 드러날 때는 없다.

5

부잣집에는 세 사람 앞에 열다섯 칸의 방이 있지만, 가난한 사람이 몸을 녹일 수 있도록 방을 내주지는 않는다. 농부의 집에는 7평방아르신(1아르신은 71.12센티미터. 러시아의 길이 단위)의 방에 일곱 사람이 살고 있어도 낯선 나그네를 기꺼이 재워준다.

6

우리는 여러 가지 대상을 불완전하기 때문에 사랑한다. 그 불완전성은 노력이 인생의 법칙이 되고 자비가 인간 심판의 법칙이 되게 하기 위해 하느님이 정하신 것이다. 존 러스킨

7

예지의 첫 번째 원칙이 자기 자신을 아는 것에 있는 것처럼(실은 이것이 무엇보다 어려운 일이지만), 자선의 첫 번째 원칙은 적은 것으로 만족하는 데 있다(이것도 참으로 어려운 일이다). 그것처럼 만족할 줄 알고 평화를 사랑하는 사람만이, 남에 대한 자선에서도 강한 힘을 발휘한다. 존 러스킨

8

누구든지 세상의 재물을 가지고 있으면서 자기의 형제가 궁핍한 것을 보고도 마음의 문을 닫고 그를 동정하지 않는다면 어떻게 그에게 하느님을 사랑하는 마음이 있다고 하겠습니까? 사랑하는 자녀들이여, 우리는 말로나 혀끝으로 사랑하지 말고 행동으로 진실하게 사랑합시다. 〈요한일서〉 제3장 17~18절

9

말과 입이 아니라 행위와 진실로 사랑하기 위해서는, 그리스도가 말한 것처럼 부자는 구걸하는 자에게 베풀어야 한다. 그러나 만일 구걸하는 자 모두에게 베푼다면 그 사람은 아무리 많은 재물을 가지고 있어도 금세 가난해질 것이다. 그렇게 가난해져야 비로소 그는, 그리스도가 부유한 젊은이에게 명령한 것을 실천한 것이 된다.

1월 27일

1

다른 사람들에 대한 사랑이야말로, 우리를 이웃과, 또 하느님과 하나가 될 수 있게 함으로써, 그 무엇으로도 빼앗을 수 없는 진정한 내면적인 행복을 가져다 준다.

2

본인 외의 그 누구도 인간의 정신적인 성장을 방해할 수 없다. 육체의 쇠약이나 지력의 감퇴도 정신적 성장에 대한 장애가 될 수 없다. 왜냐하면 정신적 성장은 오로지 사랑의 증대 속에 있고, 그 증대를 방해할 수 있는 것은 아무것도 없기 때문이다. 루시 맬러리

3

현자는 자신의 이익을 위해 사랑하는 것이 아니라, 사랑 그 자체에서 행복을 발견하기 때문에 사랑하는 것이다. 파스칼

4

지나간 일을 후회하지 마라. 후회한들 무슨 소용인가? 허위는 회개하라고 말한다. 그러나 진실은 오직 사랑하라고 말한다. 모든 추억을 멀리하라. 지나간 일에 대해 얘기하지 말라. 오로지 사랑의 빛 속에서 살며 그 밖의 모든 것은 지나가 버리는 대로 내버려 두어라. 페르시아 격언

5

사람들이 중국의 현자에게 물었다. "지혜는 무엇입니까?" 현자가 말했다. "그것은 사람을 아는 것입니다." 사람들은 또 물었다. "그럼 인(仁)이란 무엇입니까?" 그러자 현자가 대답했다. "그것은 사람을 사랑하는 것입니다."

6

인간은 여간해서는 행복에 도달하기 어렵다. 왜냐하면 현세의 행복에 대한 갈망은 높으면 높을수록 실현 가능성이 적어지기 때문이다. 의무의 이행 또한 행복을 가져다주지는 못한다. 그것은 마음의 평화는 줄지언정 행복을 주지는 않기 때문이다. 오직 신성한 사랑과 하느님과의 합일만이 우리에게 진정한 행복을 준다. 왜냐하면 만약 자기희생이 기쁨으로 바뀌면, 즉 끊임없이 솟아나는 불멸의 기쁨으로 바뀌면 우리의 영혼에는 영원한 행복이 보장될 것이기 때문이다.

아미엘

7

네가 여태까지 사랑하지 않았던 사람, 오히려 비난했던 사람, 나에게 악한 짓을 한 사람을 사랑하도록 노력하라. 만일 네가 그리할 수 있게 된다면 너는 지금까지 전혀 몰랐던 멋진 기쁨의 감정을 경험하게 될 것이다. 너는 곧 그 사람 속에서도, 네 속에 살고 있는 하느님을 만날 수 있을 것이다. 그러면 어둠 뒤에 빛이 더욱 밝듯이 네가 증오에서 해방되면 네 속에 하느님의 사랑의 빛이 더욱 강하고 더욱 찬란하게 빛날 것이다.

8

나는 내 속에 서서히 이 세계를 바꿀 수 있는 힘이 깃들어 있음을 느낀다. 그 힘은 찌르지도 밀지도 않지만, 나는 그것이 내 의지와는 상관없이 조금씩 나를 끌어당기고 있음을 느낀다. 그리고 내가 무의식 속에 다른 사람들을 끌어당기듯, 무언가가 나를 끌어당기고 있음을 느낀다. 내가 그들을 끌어당기면 그들은 나를 끌어당긴다. 그리하여 우리는 새로운 합일을 향한 열망을 느낀다. 나는 내 속에 있는 그 힘한테 묻는다. "너는 누구냐?" 그러면 그 힘은 대답한다. "나는 사랑이요, 하늘을 지배하는 자이며, 지상을 지배하고 싶어 하는 자이다. 나는 우주의 모든 힘 가운데서도 가장 강한 것, 지상에 미래의 세계를 건설하기 위해 찾아왔다."

크로즈비

9

어머니가 목숨을 걸고 자신의 자식, 단 하나뿐인 사랑하는 자식을 키우며 지켜가듯이, 우리 안에 있는 모든 생명에 대한 우애의 정을 키우고 지켜가야 한다.

메타스타시오

10

사랑이 우리에게 주는 용기와 평화와 희열의 감정은 너무 커서, 그 내면적 사랑의 기쁨을 알게 된 사람은 세속적인 사랑이 주는 세속적인 행복 같은 건 대수롭지 않은 것으로 여기게 된다.

1월 28일

1

만약 우리가, 우리가 따라야 할 법칙, 우리에게 자유를 주는 법칙을 알고 싶으면, 우리는 육체의 생활에서 영혼의 생활로 옮겨가지 않으면 안 된다.

2

"나는 너희에 대해서 할 말도 많고 판단할 것도 많지만 나를 보내신 분은 참되시기에 나도 그분에게서 들은 것을 그대로 이 세상에서 말할 뿐이다." 그러나 그들은 예수께서 아버지를 가리켜 말씀하신 줄을 깨닫지 못하였다. 그래서 예수께서는 "너희가 사람의 아들을 높이 들어올린 뒤에야 내가 누구라는 것을 알게 될 것이다. 또 내가 아무것도 내 마음대로 하지 않고 아버지께서 가르쳐 주신 것만 말하고 있다는 것도 알게 될 것이다." 〈요한복음〉 제8장 26~28절

3

자기의 자아 속이 아니라 각자의 마음속에 살고 있는 하느님의 영혼 속에서 자신의 생명을 인정하는 것을, 그리스도는 사람의 아들을 높이 들어올린 것이라고 말했다.

4

그리스도는 진정한 예언자였다. 그는 영혼의 신비를 보았다. 그리고 인간의 위대함을 보았다. 그는 우리들 속에도 그 위대함이 똑같이 살고 있음을 믿었다. 그는 인간의 육체에 살고 있는 하느님을 보았다. 그리하여 위대한 기쁨을 느끼면서 그는 말했다. "나는 하느님의 아들이다. 하느님이 나를 통해 행하시고 나를 통해 말씀하신다. 그것을 보고 싶으면, 내가 생각하고 느끼고 있는 것과 같은 것을 네가 생각하고 느낄 때 너 자신을 들여다보라." 사람들의 마음에 살고 있는 하느님의 법칙을 인식한 그리스도는 다른 어떠한 법칙에도 이 법칙을 종속시키지 않았다. 그는 이 법칙이 바로 하느님 자체라고 인정했다. 에머슨

5

"나와 하느님은 하나이다!" 하고 예수는 말했다. "그러나 만약 너희가 내 육체를 하느님으로 생각한다면 그것은 잘못이다. 또, 다른 모든 존재에서 독립한 나의 비육체적인 존재를 하느님으로 생각한다면 그것 또한 잘못이다. 너희가 너희 자신 속에서 진정한 나를, 참으로 하느님과 하나이며 모든 사람 속에서도 동일한 나를 이해했을 때, 비로소 너희는 옳은 것이다. 그런 나를 이해하려면, 자기 안에 있는 사람의 아들을 높이 올리지 않으면 안 된다. 그렇게 하면 너희는, 자신과 다른 사람들 사이에 아무런 구별이 없다는 것을 깨달을 것이다."

우리에게는 자신들이 하나하나 별개의 존재로 보이지만, 그것은 마치 모든 사

과꽃이 저마다 자기는 하나의 독립된 존재라고 생각해도, 사실은 한 그루의 사과나무에 핀 꽃이며, 모두 하나의 씨에서 태어난 것과 같은 것이다.

표도르 스트라호프

6

우리는 이 세상의 짧은 생애 동안 영원한 생명의 법칙을 좇아 살아야 한다.

소로

7

"인간의 정신은 그 본성으로 보아 그리스도교적이다." 사람들은 그리스도교를 자기도 모르는 사이에 까맣게 잊고 살다가 갑자기 생각났다는 식으로 받아들이고 있다. 그리스도교는 인간을 합리적인 법칙에 따르는 즐거운 세상을 널리 둘러볼 수 있는 높은 곳으로 이끈다. 그리스도교의 진리를 깨달은 사람은, 마치 그때까지 캄캄하고 답답한 탑 속에 갇혀 있던 사람이 탑 위의 높은 전망대에 올라가, 지금까지 보지 못한 아름다운 세상을 보았을 때 경험하는 것과 같은 감정을 느끼게 될 것이다.

8

인간이 만든 법에 복종해야 한다는 의식은 우리를 노예로 만들지만, 하느님의 법칙에 복종해야 한다는 의식은 우리를 자유롭게 한다.

이레째 읽을거리

그리스도교의 본질

사람들은 아주 먼 옛날부터 언제나, 자기 존재의 비참함, 허망함, 무의미함을 느끼고, 거기에서 구원을 얻기 위해 신들을 믿으려 했다. 그 신들이 인간을 현세의 모든 불행에서 벗어나게 해주고, 현세에서 얻고자 했지만 얻지 못한 행복을 내세에서 누릴 수 있게 해주기를 기대한 것이다. 그래서 먼 옛날부터 여러 나라에 많은 선지자가 나타나, 인간을 구원하는 신은 어떤 것이며, 그 신들을 기쁘게 하여 현세 또는 내세에서 보상을 받으려면 어떻게 해야 하는지를 가르쳐 왔다.

그런데 어떤 종교에서는 신은 태양이나 온갖 동물의 모양을 하고 있다고 가르치고, 또 어떤 종교는 신은 하늘과 땅이라고 가르치고, 또 다른 종교는 유일신이 세상을 창조하여, 만민 가운데 마음에 드는 민족을 선민으로 삼았다고 주장하고, 또 어떤 종교는 신에도 여러 종류가 있으며, 인간이 하는 일에 직접 관여한다고 가르치고, 또 다른 종교는 신은 인간의 형상을 하고 지상에 내려왔다고 가르친다. 그 선지자들은 하나같이 진실과 거짓을 혼동하면서 사람들에게 이런 것은 나쁘니까 하지 말라, 이런 것은 좋은 것이므로 해야 한다고 말할 뿐만 아니라, 성스러운 행사와 제물과 기도를 요구하고, 그런 것들이 무엇보다 이 세상과 저 세상에서의 모든 사람의 행복을 보장한다고 말했다.

그러나 그러한 가르침들은, 차츰 사람들의 정신적 요구를 만족시킬 수 없게 되었다.

첫째로, 사람들은 자신들이 추구하는 현세의 행복은, 신이나 신들의 요구를 실천해도 얻을 수 없다는 것을 알았다.

두 번째로, 문명의 보급과 함께 종교인들이 신과 내세와 내세의 보상에 대해 하는 말이, 새로운 세계관과 일치하지 않기 때문에 점점 그 믿음을 잃어가게 되었다.

이를테면 옛날 사람들은, 하느님이 6000년 전에 세상을 창조했고, 지구가 우주의 중심이며, 지구 밑에는 지옥이 있고, 하느님이 지상에 내려왔다가 다시 하늘로 올라갔다는 등등의 말을 태연하게, 아무런 의심 없이 믿었는지 몰라도, 지금은 그런 말을 믿을 사람이 어디 있겠는가? 왜냐하면 사람들은 세상이 6000년 전이 아니라 수백만 년, 수천만 년 전부터 존재하고 있었다는 것을 알고 있고, 지구는 우주의 중심이 아니라 다른 천체에 비하면 지극히 작은 행성에 불과하다는 것, 지구는 구체이기 때문에 그 밑에 지옥이 있을 수 없다는 것을 알고 있으며, 나아가서는, 원래 하늘 같은 건 실재하지 않고 아치 같은 하늘의 모양만 있을 뿐이므로 하늘로 올라가거나 할 수 있는 게 아니라는 것을 알고 있기 때문이다.

세 번째로, 이것이 가장 중요한 것인데, 사람들의 세계적인 교류가 빈번해짐에 따라 여러 나라에 여러 종교의 스승들이 있고, 그들이 각각의 가르침을 설교하며 자기네 것만이 진정한 종교이고 다른 것은 모두 거짓이라고 말한다는 것을 알게 되었기 때문이다. 그것을 안 사람들은 자연히, 그러한 가르침들 가운데 어느 것 하나 다른 것보다 진실한 것이 없으며, 따라서 그중의 어느 하나도 완전한 진리로 받아들일 수는 없다는 결론에 도달했다. 이 세상에서는 행복을 달성하기 어렵다는 것과, 인류 문명의 보급과 사람들의 세계적 교류의 결과, 여러 나라에 여러 가지 가르침이 있다는 것을 알게 됨으로써, 사람들은 그 가르침들을 점차 믿지 않게 된 것이다.

그런데 한편으로는, 인생의 의의를 밝히고 행복에 대한 소망과 인생의 모순을 해결하고자 하는 욕구가 있으면서도, 반면에 인간이 벗어날 수 없는 불행과 죽음의 의식이 더욱 또렷해지는 딜레마가 갈수록 깊어지고 있었다. 인간은 행복을 원하고 그 속에서 자신의 삶의 의의를 인정하고 있지만, 결국 오래 살면 살수록 행복이 자신에게 불가능하다는 것을 알게 된다. 그는 살아가기를 바라고 생명이 영원히 지속되기를 원하지만, 자신은, 그리고 자신을 에워싸고 있는 모든 생명은, 언젠가는 별수 없이 죽어서 사라질 거라는 것을 안다.

그에게는 또 이성이라는 것이 있어서, 인생의 합리적인 설명을 원하고 있지만, 자신의 인생에 대해서건 남의 인생에 대해서건 아무런 합리적 설명도 얻지 못한다. 옛날에는 자신의 삶의 행복과 영원한 생명에 대한 욕망, 죽음과 고통을 피할 수 없다고 하는 서로 모순 대립되는 의식은, 솔로몬이나 부처, 소크라테스, 노자 같은 뛰어난 사람들에게만 있었지만, 요즘에는 모든 사람이 그것을 의식하게 되었고, 따라서 그 모순의 해결은 그 어느 때보다 더욱더 필요한 것이 되었다. 그처럼 행복과 불멸의 삶을 바라는 마음과, 그것이 불가능하다는 의식 사이의 모순을 해결하는 것은, 이제 인류에게 피할 수 없는 과제가 되었다.

바로 그때, 그 해결을 제시한 것이 진정한 의미의 그리스도교였다. 고대의 가르침은 조물주, 만물의 지배자, 구세주로서 하느님의 존재를 가르침으로써 인생의 모순을 숨기려고 애썼다. 그런데 그리스도교는 오히려 반대로, 사람들에게 그 모순을 있는 그대로 보여주었다. 그 모순의 필연성을 보여주고, 모순에 대한 인식을 토대로 그 해결법을 이끌어 낸 것이다.

그 모순이란 다음과 같다. 인간은 실제로 동물이어서, 육체 안에서 살고 있는 동안에는 어디까지나 동물로 산다. 그런가 하면 참으로 정신적인 존재로서, 모든 동물적인 욕망을 부정한다. 인간은 처음에는 자신이 살고 있다는 것도 모르고 살고 있는데, 말하자면 그 자신이 살고 있는 것이 아니라, 그를 통해 우리가 아는 만물 속에 살고 있는 힘이 살고 있는 것이다. 인간이 진정 스스로 살기 시작하는 것은, 그가 자신이 살고 있다는 것을 아는 순간부터이다. 자신이 살고 있음을 아는 것은, 자신이 행복을 원하고 있고 다른 사람들도 그것을 원하고 있음을 알 때이다. 그것을 앎으로써 그의 내부에서 이성이 눈을 뜬다.

그런데 자신이 살고 있고 행복을 원하고 있으며, 또 다른 사람들도 그것을 원하고 있다는 것을 안 인간은, 이번에는 어쩔 수 없이 그가 자기 한 사람을 위해 원하는 행복은 도저히 이루어질 수 없으며, 그러한 희망과는 반대로, 그 앞에는 피할 길 없는 고통과 죽음이 기다리고 있고, 자기 외의 모든 사람에게도 그것이 기다리고 있다는 것을 깨닫게 된다. 그런 까닭에 그 모순 앞에서, 그는 자신의 인생이 합리적인 의미를 가질 수 있는 해결책을 찾는다. 그리하여 그는 자신의 인생이 이성이 눈뜨기 전의 상태 그대로 계속 동물적으로 살거나, 아니면 완전히 정신적으로 살거나, 양자택일을 하지 않을 수 없다. 그러나 인간은 완전한 짐승도 될 수 없고 완전한 천사도 될 수 없다.

그때 그리스도교가 그 모순의 해결자로 등장하는 것이다. 그리스도교는 인간에게 사람은 짐승도 천사도 아닌, 짐승에서 태어나려고 하는 천사, 즉 동물에서 태어나려 하는 정신적인 존재라고 말한다. 즉 현세의 생활은 바로 그러한 영혼에 의한 탄생 과정에 지나지 않는다.

인간이 합리적 의식에 눈뜨자마자 이 의식은 그를 향해, 자신은 행복을 원한다고 말한다. 그런데 그의 합리적 의식은 개인적 자아로서 그 안에서 눈뜬 것이므로, 그는 그 행복의 희구를 그의 개인적인 자아에 대한 것으로 생각한다. 그러나 그에게, 그 자신의 행복을 원하는 자아로서의 그를 나타낸 합리적 의식은, 동시에 그에게 자아라는 것이 그가 생각하고 있는 의미에서의 행복이나 영원한 생명에 합당하지 않다는 것을 알려준다. 즉 그는, 자아로서의 자신은 행복도 영원한 생명도 가질 수 없다는 것을 알게 되는 것이다.

그렇다면 도대체 무엇이 진정한 생명을 가질 수 있는 것일까? 그것은 그 자신도 그를 에워싸고 있는 사람들도 가지고 있지 않으며, 오직 행복을 원하는 자만이 가지고 있다는 것을 안다.

그것을 인식한 인간은, 다른 것에서 고립된, 언젠가 죽는 육체적인 존재가 자기라는 생각을 버리고, 그의 합리적 의식이 그에게 보여준, 다른 존재와 분리할 수 없는 정신적인, 따라서 영원불멸의 존재를 자기라고 생각하게 된다.

이러한 것을, 인간 안에 새로운 정신적인 존재가 탄생했다고 일컫는다. 합리적 의식에 의해 인간에게 계시된 것은 행복에의 희구, 즉 전에도 그의 인생의 목적이었던 것과 같지만, 다만 그 차이는 전에는 그 행복에의 희구가 개인적 자아로서의, 하나의 육체적인 존재로서의 그 자신을 향한 맹목적인 것이었으나, 지금은 그 희구가 스스로 탄생하여, 단순한 자아가 아니라 살아 있는 모든 것을 향하게 되었다는 점이다.

이성이 태어난 초기, 인간은 그가 자신 속에서 느끼는 행복에의 희구는 오직 그 희구를 품고 있는 육체에 관한 것으로 생각한다. 그러나 이성이 더욱 또렷해지고 더욱 확고부동한 것이 될수록, 진정한 존재, 곧 그가 자기를 의식하는 인간으로서의 진정한 '나'는 결코 참된 생명을 가질 수 없는 육체가 아니라, 실은 행복의 희구 자체, 바꿔 말하면 살아 있는 모든 것에 대한 행복의 희구임이 분명해진다. 이것이야말로 또한 살아 있는 모든 것에 생명을 주는 자이며, 곧 우리가 하느님이라고 일컫고 있는 그것이다. 따라서 그 의식에 의해 인간에게 계시되는 것, 그 안에 탄생한 것, 그것이 만물에 생명을 주는 신인 것이다.

이전의 가르침에 의하면 인간이 하느님을 알기 위해서는 다른 사람이 그에게 하느님에 대해 얘기하는 것, 즉 하느님이 세상과 인간을 창조한 뒤 사람들에게 모습을 드러냈다고 하는 얘기를 믿지 않으면 안 되었다. 그러나 그리스도교에 의하면 인간은 자기 내부의 의식에 의해, 직접 하느님을 인식한다. 자기 속에 있는 의식은 인간에게, 자기 생명의 본질은 살아 있는 모든 것에 대한 행복의 희구이며, 말로는 설명할 수도 표현할 수도 없지만 인간에게 가장 친근하고 이해하기 쉬운 것임을 말해준다.

행복을 추구하는 마음이 맨 처음 인간에게 생긴 것은, 한낱 동물적인 존재로서의 자신의 생명 속에서였지만, 다음에는 자기가 사랑하는 사람들의 생명 속에 나타났고, 그 뒤 그의 내부에 합리적인 의식이 생기자, 그것은 살아 있는 모든 것에 대한 행복의 희구가 되어 나타났다.

살아 있는 모든 것에 대한 '행복의 희구'야말로 모든 생명의 시작이고 사랑이며, 성서에서 하느님은 사랑이라고 말한 것과 같이 곧 하느님 그 자체이다.

레프 톨스토이

1월 29일

1

예지를 단지 특별한 사람에게만 주어진 축복으로 생각해서는 안 된다. 예지는 모든 사람에게 없어서는 안 되는 것이며, 그렇기 때문에 모든 사람의 속성이기도 하다. 예지는 자신의 사명과 그 사명을 수행하는 방법을 아는 것이다.

2

세 개의 길을 통해 우리는 예지에 도달할 수 있다. 첫 번째는 사색의 길로, 이것은 가장 고상한 길이다. 두 번째는 모방의 길이며, 이것은 가장 쉬운 길이다. 그리고 세 번째는 경험의 길인데 이것이 가장 힘든 길이다. 공자

3

인간의 가치는 그가 소유한 진리에 있지 않고, 그 진리를 얻기 위해 그가 기울인 피땀 어린 노력에 있다. 레싱

4

인생은 학교이며, 거기서의 실패는 성공보다 훌륭한 스승이다.

그라나드의 술레이만

5

자기 자신을 알고 싶거든 남과 남의 행위를 관찰하라. 남을 알고 싶으면 자신의 마음속을 들여다보라. 실러

6

사물을 이해한다는 것은 처음에는 그 속에 있다가 나중에 거기서 나오는 일

이다. 따라서 먼저 포로가 된 뒤에 석방되어야 하며, 매료당했다가 환멸을 느껴야 하며, 열중했다가 그 열기가 식어야 한다. 지금 매료당해 있는 사람도, 한 번도 매료당한 적이 없는 사람도, 둘 다 사물을 이해할 수 없다. 우리는 먼저 믿은 뒤에 비판의 메스를 가한 사람만이 그것을 충분히 이해할 수 있다. 사물을 이해하려면 자유로워야 하지만, 그 전에 먼저 포로가 되지 않으면 안 된다. 아미엘

7

우리의 내부에서 또는 배후에서 우리를 투과하여 빛이 비칠 때 우리는 자신이 무와 같은 존재이며 그 빛이 모든 것임을 안다. 우리가 보통 인간이라고 부르는, 먹고 마시고 앉고 셈을 하는 존재는, 진정한 의미에서의 인간을 우리에게 보여주지 않고 오히려 그 거짓 모습을 보여준다. 참된 인간은 그 사람 속에 사는 영혼이다. 그 사람이 행위에 의해 그 영혼을 드러낸다면 우리는 그 앞에 고개를 숙일 것이다. 성스러운 옛 말씀에 "하느님은 소리 없이 찾아온다"고 했다. 즉 그것은 우리와 만물의 본원 사이에는 장벽이 없다는 것, 결과인 인간과 원인인 하느님 사이에 벽이 없다는 뜻이다. 에머슨

8

영혼은 그 자체가 자신의 재판관이며 또 도피처이기도 하다. 너의 내부에 눈뜬 영혼을, 최고의 내적 재판관을 모욕하지 말지어다. 마누

9

예지가 발현될 수 없는 상황이란 없으며 그런 무의미한 일은 있을 수 없다.

1월 30일

1

땅은 사유의 대상이 되어서는 안 된다.

2

어디 출신이냐는 질문을 받았을 때, 소크라테스는 "나는 세계시민이다"라고

대답했다. 그는 자신을 세계의 주민이며 세계의 시민이라고 생각한 것이다.

키케로

3

우리가 살고 있는 모든 땅이 지주들의 사유재산이고 그들이 지상권을 가지고 있다면, 땅을 소유하지 않은 사람은 모두, 거기에 대한 아무런 권리가 없게 된다. 땅을 소유하지 않은 사람은 땅 주인의 승낙을 얻어야만 지상에서 살 수 있는 셈이다. 그들은 두 다리로 땅을 딛고 서 있을 권리까지 땅 주인의 승낙이 있어야만 얻을 수 있다. 그러므로 만약 땅 주인들이 그들에게 다리를 둘 장소를 주지 않으면, 그들은 지구 밖으로 쫓겨나야 할 것이다.

허버트 스펜서

4

땅의 사유는 노예의 사유와 마찬가지로 노동에 의해 만든 물건을 사유하는 것과는 본질적으로 다르다. 어떤 사람이 한 사람으로부터, 또는 많은 사람으로부터 돈이나 물건, 가축 같은 것을 약탈할 경우, 그 사람이 떠나면 동시에 그 약탈은 끝난다. 물론 시간의 흐름이 그 사람의 범죄행위를 좋은 행위로 만들지는 못하지만, 결국 범죄의 결과를 소멸시킬 수는 있다. 그 범죄행위는 거기에 관련된 사람들과 함께 즉시 과거 속으로 사라지는 것이다. 그러나 만약 사람들한테서 땅을 빼앗는다면 그 약탈행위는 영원히 지속된다. 그것은 차례차례 죽고 태어나고 다시 죽고 태어나는 사람들에게 해마다 그리고 날마다 계속되는 약탈행위가 될 것이다.

헨리 조지

5

우리가 어떤 섬에서 제 손으로 일하며 살고 있는데, 그곳에 난파선에서 살아남은 선원이 해안으로 올라온다고 치자. 그 경우, 그에게 어떤 권리가 있을까? 그는 이렇게 말할 수 있을까? 나도 인간이다, 나에게도 땅을 일궈 먹고살 권리가 있다. 나도 너희와 마찬가지로 땅의 일부를 차지하여 당당하게 일하며 살아갈 수 있다고.

라블레

6

땅이 누군가의 사유재산일 수 있다는 해괴하기 짝이 없는 사고방식이야말로, 우리의 가장 큰 불행의 원인이다. 그것은 노예제도를 주장하는 것과 마찬가지로 부정하고 잔인한 말이다.

뉴먼

7

만일 땅에 대한 권리를 가지지 않은 사람이 한 사람이라도 있다면, 나와 당신, 그리고 또 모든 사람들의 땅에 대한 권리는 불법이다.

에머슨

8

땅은 우리 모두의 어머니이다. 땅은 우리를 먹여주고 우리에게 누울 자리를 주며 우리를 기쁘게 하고 따뜻하게 감싸준다. 이 세상에 태어난 순간부터 어머니 같은 대지의 품 안에서 영원한 잠에 들 때까지, 땅은 끊임없이 그 자비로운 날개로 우리를 보호해 준다. 그런데 보라, 그럼에도 불구하고 사람들은 땅을 사고파는 것에 대해 얘기하며, 또 실제로 오늘날, 땅은 시장에 진열되어 값이 매겨져서 이른바 매각의 대상이 되고 있다. 그러나 조물주의 손에 만들어진 땅을 사고판다는 것은 지극히 야만적인 행위라고 하지 않을 수 없다. 땅은 오직 전능한 신과 그 위에서 일하고 있는, 또는 앞으로 일하게 될 모든 사람의 아들에게 속해 있다. 땅은 특정한 세대의 소유물이 아니며, 그 위에서 일하는 과거, 현재, 미래에 걸친 모든 세대의 소유물인 것이다.

칼라일

9

어느 누구도 땅을 소유할 권리를 가져서는 안 된다.

1월 31일

1

다른 사람들의 비판을 허용하지 않고, 너희는 그저 잠자코 믿기만 하면 된다는 식으로 종교상의 율법을 조작하는 사람들이 있다. 세상에 이보다 더 오만불손한 행위가 있을까? 그런 율법이 사람들에게 무슨 소용이 있으랴!

2

만약 그것이 진실이라면, 부자든 가난뱅이든 남자든 여자든 어린아이든 모두 그것을 믿으면 된다. 만약 그것이 진실이 아니라면, 부자든 가난뱅이든 일반 민중이든 여자든 어린아이든 믿어서는 안 된다. 진실은 지붕 위에서 소리 높이 외쳐 퍼뜨려야 한다. 어떤 종류의 일은 모든 사람에게 밝히는 것은 위험하다고 속삭이는 소리가 계속 들려온다. 우리는 그것이 진실이 아님을 알고 있지만 일반 민중에게는 큰 도움을 주며, 그들의 신앙을 동요시키면 큰 폐해가 생길 것이라고 하면서. 그러나 가령 그것이 개개인이 아니라 일반 대중을 속이기 위한 것일지라도 그릇된 길은 어디까지나 그릇된 길이다. 그러므로 우리는 단지 하나의 내적인 동인(動因)만을 인정해 주자. 그것이 우리를 어디로 데리고 가든, 오로지 우리가 알고 있는 진리에 따라 나아가는 것이다. 클리퍼드

3

일반 대중이 무지몽매한 까닭은 대개 다음과 같은 사정에서이다. 즉 자신들은 문명의 빛의 혜택을 입으면서 그 빛을 당연히 사용할 곳에, 이를테면 무지의 어둠에서 벗어나려는 사람들을 돕기 위해 사용하지 않고, 도리어 그들을 어둠 속에 가두어 놓기 위해 사용하는 잔인한 사람들이 여태껏 있었고 지금도 여전히 있기 때문이다.

4

참으로 어이없게도, 어느 시대에나 자신들의 추행을 종교와 도덕과 조국에 봉사한 것이라고 속이는 사기꾼들이 있다. 하이네

5

율법학자들을 조심하여라. 그들은 기다란 예복을 걸치고 나다니기를 좋아하고 장터에서 인사받는 것을 즐기며 회당에서는 높은 자리를 찾고 잔치에 가면 윗자리에 앉으려 한다. 그리고 과부들의 가산을 등쳐 먹으면서도 기도만은 남에게 보이려고 오래 한다. 이런 사람들이야말로 그만큼 더 엄한 벌을 받을 것이다.

〈누가복음〉 제20장 46~47절

6

그러나 너희는 스승 소리를 듣지 마라. 너희의 스승은 오직 한 분뿐이고 너희는 모두 형제들이다. 또 이 세상 누구를 보고도 아버지라 부르지 마라. 너희의 아버지는 하늘에 계신 아버지 한 분뿐이시다. 또 너희는 지도자라는 말도 듣지 마라. 너희의 지도자는 그리스도 한 분뿐이시다. 〈마태복음〉 제23장 8~10절

7

그리스도의 가르침의 본질은 그의 계명을 실천하는 데 있다. 하늘나라에는 "주여! 주여!" 하고 외치는 자가 들어가는 것이 아니라, 아버지의 뜻을 행하는 사람이 들어간다.

8

그리스도는 사람들에게 하느님과 사람 사이에 중개자는 필요하지 않다고 가르쳤다. 그는 모든 사람이 하느님의 아들이라고 가르쳤다. 아버지와 아들 사이에 무슨 중개자가 필요하겠는가?

2월

2월 1일

1

어떠한 이치도 정신적인 것을 물질적인 것에 귀속시킬 수는 없으며, 정신의 탄생을 물질로 설명할 수도 없다.

2

인간은 자기의 육체와 정신을 자기라고 생각한다. 그러나 인간은 언제나, 특히 젊었을 때는 육체에만 관심을 둔다. 하지만 인간에게 가장 중요한 것은 육체가 아니라 정신이다. 그러므로 우리가 가장 배려해야 할 것은 육체가 아니라 정신이 아니면 안 된다. 이 같은 사고방식을 길러 네 생명이 정신 속에 있다는 것을 자주 상기하여, 세상의 모든 더러움을 멀리하고, 육체가 정신을 지배하지 않도록 유의하며 오히려 정신이 육체를 지배하게 해야 한다. 그러면 너는 네 사명을 다하고 기쁨이 충만한 인생을 보낼 수 있을 것이다. 마르쿠스 아우렐리우스

3

영혼이 실재한다는 것을 믿느냐 안 믿느냐, 모든 것은 거기에 달려 있다. 사람들은 정신적인 의미에서 산 사람과 죽은 사람, 즉 믿는 사람과 믿지 않는 사람으로 나눌 수 있다. 믿지 않는 사람은 말한다. "영혼 같은 게 어디 있어? 여길 봐, 난 지금 이렇게 배불리 먹고 만족하고 있어. 이게 바로 나야!" 하고. 그리하여 그는 겉모습에만 정신이 팔려 육체에 속하는 나쁜 행위에 빠져 남을 속이며, 아랫사람에게는 거만하게 굴고, 윗사람에게는 비굴하게 머리를 조아리며, 자유와 정의와 사랑 같은 정신적인 것의 필요성을 전혀 느끼지 않는다.

그러한 사람은 언제나 이성의 빛으로부터 몸을 피한다. 왜냐하면 그는 죽은

사람으로, 빛은 오직 살아 있는 사람에게만 생명을 주며, 반대로 죽은 사람이 빛을 받으면 마르고 썩기만 하기 때문이다.

영적 생명에 대한 믿음은 사람들의 사고방식을 다르게 변화시킨다. 영적 생명을 믿는 사람은 자신의 내부에 주의를 돌려 자신의 감정과 사상을 점검하려고 애쓰며, 자신의 생활을 고결한 영적 요구에 합당하도록, 즉 자유롭고 올바르고 사랑으로 충만되도록 노력하고, 실천을 통해 자신의 생활을 선의 여러 목적에 가장 합당한 사상과 감정으로 채우려고 노력한다. 그러한 사람은 진실을 찾아 빛을 향해 손을 뻗는다. 왜냐하면 영적 생활은, 눈에 보이는 외계의 생활이 태양의 빛이 없이는 불가능한 것처럼, 이성의 빛이 없이는 절대로 불가능하기 때문이다.

세상에는 완전한 암흑 속에서 살고 있는 사람도 없고, 완전한 빛 속에서 살고 있는 사람도 없다. 모두들 저마다의 기로에 서서 어느 쪽으로든 나아갈 힘을 가지고 있기 때문에, 어떤 사람은 저쪽으로 어떤 사람은 이쪽으로 나아간다. 영적 생명의 실재를 믿는 사람, 그리고 이성의 빛 속에서 사는 사람은 모두 하느님 나라에 살며 영원한 생명을 누릴 것이다. 부카

4

학자와 철학자는 멋대로 그 숙명론과 역사적 필연론을 전개하도록 하라. 세상이 우연의 연속에 의해 성립된다고 생각하게 두라. 그러나 나는 그들의 그런 주장에도 불구하고, 자신에게 유일한 근원을 인정하지 않을 수 없는 하나의 섭리가 존재한다는 것을 느낀다. 그것은 마치 그들이 나에게 《일리아드》는 우연히 늘어선 활자의 집합으로 성립되었다고 말하는 것이나 같다. 그것에 대해 나는 주저 없이 그런 것은 거짓이라고 말할 것이다. 나로서는 그것을 믿을 수 없다는 것 말고, 그것을 믿지 않는 이유가 하나도 없다 하더라도.

"그런 것들은 모두 미신이다"라고 학자들은 말한다. "어쩌면 미신일지도 모른다"라고 나는 대답하리라. "그러나 너희의 그러한 애매한 판단이 그보다 훨씬 설득력 있는 미신에 대해 어떻게 대응할 수 있단 말이냐? 정신과 육체의 이원론은 있을 수 없다"고 너희는 말한다. 그러면 나는 "내 사상과 나무 사이에는 아무런 공통점이 없다"고 대답하리라. 무엇보다 우스운 것은, 그들이 서로 그 궤변을 늘

어놓다가, 급기야 인간이 아니라 돌 속에 영혼이 있다고 말할지도 모른다는 것이다. 루소

5

나는 '개'가 선택하고 기억하고 사랑하고 두려워하고 상상하고 생각할 수 있는지 없는지 알지 못한다. 그러므로 만일 사람들이 나에게 '개' 안에 있는 것은 욕망도 아니고 감정도 아니며, 다만 물질 분자의 온갖 조합으로 구성된 유기체 조직의 자연적이고 필연적인 움직임에 불과하다고 말한다면, 어쩌면 그 의견에 찬성할지도 모른다. 그러나 나는 사색하며, 내가 사색한다는 것을 알고 있다. 도대체 사색하는 것과 온갖 물질 분자의 결합체, 즉 길이, 넓이, 깊이의 삼차원을 가지고 온갖 형태로 공간을 차지하는 물체 사이에 어떤 공통점이 있는 것일까?

라브뤼예르

6

만약 모든 것이 물질에 지나지 않는다면, 내 안의 사상도, 다른 모든 사람들의 그것도, 물질 분자가 결합한 결과에 지나지 않는다고 한다면, 도대체 누가 이 세상에 물질 외의 존재에 대한 관념을 만들어 낸 것일까? 어떻게 물질이, 그 물질을 부정하고, 자신의 존재 밖으로 배제하려는 것의 원인이 될 수 있을까? 어떻게 물질이 인간 내부의 사상이 될 수 있을까? 어떻게 그 사람에 대해, 자신은 물질이 아니라는 확신을 줄 수 있을까? 라브뤼예르

7

형이상학은 실제로 존재하고 있다. 학문으로서는 아닐지라도 인간의 자연적인 성향으로서 존재한다. 왜냐하면 인간의 이성은 단순히 해박한 지식을 자랑하기 위한 허영심뿐만 아니라, 이성 자신의 요구에 떠밀려 좋든 싫든 전진을 계속한 끝에, 결국 이성의 어떠한 경험적 영위도 그 영위에서 도출된 어떠한 이론도 대답할 수 없는 문제에 도달하기 때문이다. 그리하여 사변(思辨)으로까지 확대된 이성을 갖춘 모든 사람에게는 항상 무언가의 형태로 형이상학이 있었으며 앞으로도 있을 것이다. 칸트

8

정신적인 것과 물질적인 것의 차이는, 지극히 단순한 어린아이부터 지극히 심오한 학자에 이르기까지 누구나 명백히 알 수 있다. 따라서 정신적인 것과 물질적인 것에 대한 천착과 논쟁은 무익하다. 그러한 것은 아무것도 설명해 주지 않을 뿐만 아니라, 오히려 의심할 여지 없이 명백한 것을 애매한 것으로 만들 뿐이다.

2월 2일

1

죽음을 완전히 잊은 생활과 시시각각 다가오고 있는 죽음을 의식하는 생활 사이에는 하늘과 땅의 차이가 있다.

2

우리의 삶이 육체적 분야에서 정신적 분야로 이행하면 할수록 죽음은 점점 두렵지 않게 된다. 완전히 정신적인 생활을 하고 있는 사람에게는 죽음의 공포 따위는 있을 수 없다.

3

만약 네가 자신의 껍데기인 육체를 버려야 할 때, 즉 죽음이 언제 찾아올지 모른다는 것을 깊이 생각하고 명심하라. 그러면 공정함을 지키고 정의롭게 사는 것이 더 쉬워지고, 자신의 운명을 받아들이는 것도 훨씬 쉬워질 것이다. 그러므로 너는 언제 어느 때나 모든 행위에 있어서 정의에 벗어나지 않도록, 언제 어느 때나 너에게 다가올 운명을 조용히 받아들이도록 노력하라.

그렇게 살면 너는 세상 사람들의 어떠한 험담과 비방과 유혹도 태연한 태도로 대할 수 있고, 그들에 대해서는 생각도 하지 않게 될 것이다. 그리고 또, 너에게 닥칠지도 모르는 온갖 불행도 하찮은 것으로 여겨지게 될 것이다. 왜냐하면 그러한 삶에서는 너의 모든 소망은 하느님의 뜻을 실천하려는 오직 하나의 소망으로 융합되고 통일되기 때문이다. 하느님의 뜻을 실천하는 일은 너에게 언제나 가능하다.

마르쿠스 아우렐리우스

4

죽음에 대해 자주 생각하고, 당장 오늘 밤에라도 죽을 수 있다는 생각으로 살아라. 어떻게 해야 할지 도무지 알 수 없다가도 당장 오늘 밤에 죽을지도 모른다고 생각하면, 이내 고민이 사라질 것이다. 그리고 무엇이 너의 의무이고 무엇이 너의 개인적 욕망인지도 분명해질 것이다.

5

나는 내 정원을 사랑하고 독서를 사랑하고 아이들을 사랑한다. 그러나 죽는다면 그런 것들은 모두 사라진다. 그래서 나는 죽고 싶지 않고 죽음이 두렵다. 어쩌면 내 인생은 그 같은 일시적인 세속적 욕망과 그 충족으로 이루어져 있는지도 모른다. 만약 그렇다면 나는 그 같은 욕망의 만족을 중단시키는 죽음을 두려워하지 않을 수 없다.

그러나 만약 내 안에서 그러한 욕망과 그 만족이 다른 욕망으로 바뀐다면—하느님의 뜻을 수행하며, 지금 있는 그대로의 자신은 물론 미래의 자신까지 완전히 하느님에게 맡기고 싶다는 욕망으로 바뀐다면, 내 의지가 하느님의 의지로 바뀌는 정도에 따라서 죽음이 두렵지 않게 될 뿐만 아니라, 그 존재 자체가 희박해질 것이다. 또 나의 개인적인 행복에 대한 욕망이 완전히 하느님의 뜻을 실천하고 싶다는 욕망으로 바뀐다면, 나에게는 삶 이외의 어떠한 것도 존재하지 않게 될 것이다. 세속적이고 일시적인 행복을 영원불멸의 행복으로 바꾸어 간다는 것, 그것이 삶의 길이며, 우리는 그 길을 걸어가야 한다. 어떻게 그 길을 갈 것인가? 그것은 우리 모두가 이미 마음으로 알고 있다.

6

죽음을 떠올린다는 것은, 곧 죽음을 생각지 않고 살고 있다는 것이다. 죽음을 떠올리는 것이 아니라, 그것이 시시각각 다가오고 있다는 것을 항상 의식하면서, 조용히, 기쁘게 살아가야 한다.

2월 3일

1

영혼에 있어서의 선은 육체에 있어서의 건강과 마찬가지이다. 그것이 진실로 몸에 배어 있을 때 선은 눈에 띄지 않는다.

2

진실로 선한 사람은 자기가 선하다고 생각하지 않는다. 그러므로 진정 선한 사람인 것이다. 스스로 선하다고 믿는 사람은 절대로 자신의 선행을 잊지 않는다. 그러므로 그들은 진짜 선한 사람이라 할 수 없다. 진정한 선행은 자기주장을 하지 않고 자기 이름도 알리지 않는다. 반면 거짓된 선행은 자기를 주장하고 자기 이름을 알린다. 진정 착한 마음은 스스로 자기 자신을 깨닫지 못하며 이름을 알리려고도 하지 않는다. 거짓된 착한 마음은 자기를 주장하며 자기 이름을 알린다. 진정한 공정함은 필요한 경우에만 얼굴을 내놓지만 함부로 나서지 않는다. 거짓된 공정함은 늘 참견하고 나서기를 좋아한다. 진정한 예의는 필요할 때는 나타나지만 특별히 자기를 나타내 보이려고 하지는 않는다. 거짓된 예의는 늘 자기를 과시하고, 거기에 응하는 사람이 아무도 없으면 폭력을 써서라도 자신의 규칙을 지키게 한다. 바른 도리가 쇠퇴하고 인의가 사라지면 예의가 나타난다.

그 예의의 법칙은 정의의 모조품이며 모든 무질서의 시초에 불과하다.

노자

3

진정으로 선한 사람은 끝까지 저 똑바른 길을 걸어가려고 애쓴다. 길을 반쯤 가다가 기운을 잃어버리는 것, 그것을 우리는 두려워해야 한다. 중국 금언

4

인간의 선덕에는 보석과 같은 성질이 없으면 안 된다. 보석은 무슨 일이 일어나더라도 여전히 아름답게 빛나는 법이다. 마르쿠스 아우렐리우스

5

남몰래 선행을 하고 사람들에게 알려지지 않도록 하라. 그때 비로소 너는 선행을 하는 진정한 기쁨을 알게 될 것이다. 사람들의 칭찬이 아니라, 선한 생활을 하고 있다는 의식 자체가 선한 생활에 대한 최고의 보상이다.

6

인간은 자기가 남에게 행복을 준 만큼 자신의 행복을 증대시킨다. 벤담

7

우리가 서로 상대의 생명 속에 살면서 행복하게 지내는 것, 그것이 하느님의 뜻이다. 존 러스킨

8

식물의 행복은 빛에 있다. 그러므로 어떤 것에도 가려지지 않은 식물은 자기가 어느 쪽으로 뻗어나가야 하는지, 이 빛은 좋은 빛인지, 더 나은 빛을 기다려야 하는 건 아닌지 묻는 일 없이, 이 세상의 유일한 그 빛을 향해 뻗어나간다. 이와 마찬가지로 자기만의 행복에서 벗어난 사람은 자기가 누구를 사랑해야 할 것인지, 즉 자기가 지금 사랑하고 있는 사람을 사랑해야 할 것인지, 아니면 지금 가능한 것보다 더 나은 사랑은 없는지 궁리하는 일 없이, 자신의 손에 닿는, 그리고 바로 눈앞에 있는 사랑에 당장 뛰어든다.

9

자신의 벗을 위해 영혼을 바치는 것, 그 이상의 사랑은 없다. 사랑은 자기희생을 동반해야 비로소 사랑이다. 사람이 자기 자신을 잊고, 자기가 사랑하는 사람의 생명 속에 살 때 비로소 그 사랑은 진실한 사랑이며, 그러한 사랑 가운데서만 우리는 행복하고, 또한 사랑의 대가를 얻는다. 사람들 가운데 그러한 사랑이 존재함으로써 비로소 세계는 존립할 수 있다.

10

선량함이 습관이 되어버린 상태보다 자기 생활과 다른 사람들의 생활을 아름답게 꾸며주는 것은 없다.

2월 4일

1

진리 속에 있을 때에만 인간은 자유롭다. 진리는 이성에 의해서만 드러난다.

2

이성적인 존재의 특질은 자유로운 자로서 자신의 운명에 따르는 것이며, 동물들에게 특유한 운명과의 추한 싸움이 아니라는 것을 잊어서는 안 된다.

마르쿠스 아우렐리우스

3

눈을 뜨면 세상을 볼 수 있음에도 한 번도 눈을 떠보려 하지 않는다면 참으로 비참한 일일 것이다. 그와 마찬가지로 모든 고난을 조용히 이겨낼 수 있는 이성이 주어져 있는데도 그것을 모르고 있다면 더욱더 비참한 일이 아닐 수 없다. 만약 사람이 이성에 따라 살아간다면 그는 모든 고난을 쉽게 견뎌낼 수 있을 것이다. 왜냐하면 이성이 그에게, 모든 고난은 언젠가는 사라지며, 때로는 선으로 바뀌기도 한다는 것을 알려주기 때문이다. 그러나 사람들은 불행을 직시하려 하지 않고 오히려 눈을 돌리려고 한다. 그렇게 하기보다는 하느님이 우리에게 우리의 의사와는 상관없이 우리 몸에 내려지는 일들을 조용히 견딜 수 있는 능력을 준 것을 기뻐하고, 그가 우리의 영혼을, 우리가 자유로워지는 것, 즉 우리 이성에 따르게 한 것을 감사하는 편이 좋지 않을까? 하느님은 우리의 영혼을, 우리의 부모에게도 형제들에게도 재물에도 우리의 육체에도, 그리고 죽음에도 예속시키지 않았다. 하느님은 그것을 우리에게 속하는 것, 즉 우리의 이성에 따르게 한 것이다.

에픽테토스

4

한길에다 호두나 과자를 뿌려 보아라. 그러면 금세 아이들이 달려와 그것을 주우려고 서로 다투기 시작할 것이다. 어른들은 그런 것 때문에 싸우지는 않는다. 그리고 빈 호두 껍데기였다면 아이들도 주우려 하지 않을 것이다. 이성적인 사람에게 부와 명예, 명성 같은 것은 바로 어린아이들의 사탕이나 빈 호두 껍데기 같은 것이다. 어린아이들은 그런 것들을 줍도록 내버려 두어라. 서로 싸우도록 내버려 두어라. 이와 마찬가지로 어리석은 사람으로 하여금 부자와 권력자, 또는 그들의 심부름꾼의 손에 입맞추도록 내버려 두어라. 이성적인 사람에게는 그런 것들은 모두 빈 호두 껍데기에 지나지 않는다. 만일 우연히 이성적인 사람의 손에 호두가 굴러 들어온다면 어찌 그라고 그것을 먹지 못하겠는가. 그러나 그러한 쓸데없는 것들 때문에 그것을 주우려고 허리를 구부리거나, 그것 때문에 싸우고 남을 밀어서 넘어뜨리거나 자기가 자빠지는 것은 어리석은 짓이다.

에픽테토스

5

우리는 이성의 요구에서 멀어지면 그만큼 자유를 잃고, 자신의 욕망과 다른 사람들에게 얽매이게 된다. 진정한 자유와 해방은 오직 이성에 의해서만 성취된다.

이레째 읽을거리

이성

이 세상의 무슨 일에 있어서나, 어떤 새로운 방법과 새로운 특권, 새로운 우월성은, 그 이면에 나름대로 불리한 점이 있게 마련이다. 이성도 인간에게, 동물에게는 없는 위대한 특권을 부여하는 반면 그 나름의 불리한 점을 가져와서, 동물은 절대로 빠지지 않는 유혹의 길을 터놓는다. 그 길을 통과함으로써 동물에게는 결코 주어지지 않은 새로운 종류의 동기가 그의 의지를 지배하게 된다.

그 동기는 추상적 동기, 즉 자신의 직접적인 체험에서는 여간해서 생기지 않고, 때때로 언어와 타인의 범례, 암시, 문학 등에서 생기는 단순한 관념이다. 이성의 가능성과 동시에 인간에게는 미망의 가능성도 시작된다. 그리고 모든 미망은 얼마 안 가 해악을 가져오고, 미망이 크면 클수록 그 해악도 더 커진다. 개인적인 미망의 경우도 언젠가는 반드시 벌을 받게 되며 그것도 자주 비싼 대가를 치르지만, 대집단의 경우, 이를테면 여러 민족이 미망에 빠지는 경우에도 역시 마찬가지이다. 그러므로 모든 미망을 인류의 적으로 삼아 언제 어떠한 경우에도 그것을 추적하고 근절하지 않으면 안 된다는 것, 그리고 무해한 미망이라는 것은 있을 수 없으며, 하물며 유익한 미망은 더욱 있을 수 없다는 것은 아무리 명심해도 지나치지 않을 것이다. 의식이 있는 사람은 반드시 그런 미망과 싸우지 않으면 안 된다. 가령 전 인류가 마치 종기를 절개하는 환자처럼 큰 소리로 비명을 지르더라도 그렇게 하지 않으면 안 된다.

일반 대중에게는 그들이 나름대로 받는 여러 가지 훈련이 그 교육을 대신하고 있다. 그것은 범례와 습관, 그리고 일정한 관념을, 그것에 대항할 만한 사고 경험도 판단력도 없는 극히 어린 시절부터 철저하게 주입함으로써 이루어지고 있다. 이렇게 심어진 관념이 이윽고 튼튼하게 뿌리를 내리면, 마치 태어나면서부터 그랬던 것처럼 어떠한 다른 가르침도 받아들이지 않게 된다. 심지어는 철학자들까지 그것을 태어나면서 가지고 있는 것으로 생각한다.

이렇게 하여, 사람들에게 올바르고 합리적인 관념이든 지극히 어리석은 관념이든 뭐든지 감쪽같이 주입시켜 버린다. 이를테면 어떤 우상이든 그것에 접근할 때마다 무서워서 몸을 벌벌 떨고, 그 이름을 부를 때마다 몸은 물론이고 마음까지 코가 땅에 닿도록 엎드리며, 단순한 말, 단순한 이름을 위해, 또 지극히 기묘한 하찮은 것을 지키기 위해, 자신의 생명과 재산을 기꺼이 바치고, 어떤 것을 제멋대로 최고의 명예로 생각하거나 최대의 치욕으로 생각해서 그것에 따라 어떤 사람을 진심으로 존경하거나 경멸하며, 힌두스탄에서처럼 모든 육식을 금하거나 아비시니아(에티오피아의 옛 이름)에서처럼 살아 있는 짐승의 살을 저며 아직도 따뜻한 피를 흘리며 꿈틀거리는 것을 먹어치우고, 뉴질랜드에서처럼 사람을 잡아먹고, 자기 자식을 몰록의 제물로 바치고, 자기가 자기를 거세(去勢)하고, 죽은 사람을 태우고 있는 장작불 속에 자진해서 뛰어들고, 요컨대 뭐든지 자유자재로 가르칠 수 있다.

이리하여 예전의 십자군과 온갖 광신도의 광신행위가 등장하고, 거기서 학살과 전체주의, 이단에 대한 박해, 종교 재판에 의한 화형(火刑)이 생겨나고, 그 밖에 인류의 오랜 미망의 역사 속에서 발견되는 온갖 일들이 일어난 것이다.

이와 같은 미망과 편견은 실천적으로는 비극이며 이론적으로는 희극이다. 설사 처음에는 단 세 사람에게 주입된 어떠한 황당무계한 사상일지라도 나중에는 전 국민적 신념이 될 수도 있다. 이러한 것이 우리 속에 이성이 존재하는 것과 관련하여 생기는 불리한 측면이다. 쇼펜하우어

진리의 탐구와 인식에 관한 사람들의 미망과 불일치는, 다름 아닌 그들의 이성에 대한 불신에서 비롯하는 것이다. 그 불신의 결과로서 사람들의 생활은 습관이나 전설, 유행, 미신, 편견, 폭력, 대체로 이성 이외의 것들에 이끌려 흘러가고, 한편 이성은 이성대로 홀로 존재하게 된다.

그래서 이성의 기관인 사고력이 무언가에 적용되는 경우에도, 그것이 진리의 탐구와 보급을 위해 적용되지 않고, 습관과 전설, 유행, 미신, 편견 등을 무턱대고 변호하고 지지하기 위해 적용되는 사태가 종종 발생한다.

유일한 진리의 인식이라는 것에 관한 사람들의 미망과 불일치는, 사람들의 이성이 단 하나가 아니거나 사람들에게 유일한 진리를 보여줄 수 없기 때문이 아니라, 사람들이 이성을 믿지 않기 때문에 생긴다. 만약 사람들이 자신의 이성을 믿는다면, 그들은 자신의 이성이 가리키는 것과 다른 사람의 이성이 가리키는 것을 비교 검토할 방법을 발견할 것이다. 그리고 그러한 비교 검토의 방법을 발견한다면, 설사 이성의 능력, 즉 사고력의 정도에 따라 이성이 사람들에게 다양한 것을 보여준다 하더라도, 원래 이성 자체는 하나임을 확신할 것이다.

이성의 경우도 시각의 경우와 마찬가지다. 시각의 기관인 눈이 사람들에게 각각 다양한 넓이의 시계를 보여주는 것은 시각의 법칙에 통일성이 없어서가 아니라 각자의 시력과 시점(視點 : 직접적인 의미의)의 차이 때문인 것처럼, 이성의 기관인 사고력이 사람들에게 각각 다른 지적 및 도덕적 시야를 보여주는 것도, 사색의 법칙에 통일성이 없어서가 아니라 각자의 지적인 시력 또는 시점(비유적인 의미의)의 차이 때문이다.

그리고 자연계를 육안으로 볼 때 한 사람 한 사람의 시점의 일면성이, 하나의

공통된, 이를테면 최고의 시점(직접적인 의미의)으로 통일됨으로써 정정(訂正)되고, 나아가서 시력의 문제에서는 안경이나 쌍안경, 망원경, 광학기구의 사용에 의하여 그 능력이 평균화되는 것과 똑같이, 도덕적, 정신적 시야의 경우에도 개개인의 시점의 일면성은 그들 시점을 똑같이 만인 공통의 최고 시점으로 통일함으로써 정정되며, 지적 시력의 차이는 사회적 계몽의 힘에 의해 감소해 가는 것이다. 그리고 그 경우 계몽의 힘을 최대로 발휘하는 것은 최고의 예지자들의 입에서 나오는 말이다.

지혜로운 사람은 모든 사람들이 창세(創世) 이후 그들에게 주어진 본래의 사상과 감정을 스스로 생산하도록 도와주고 있다. 지혜로운 사람의 역할은 바로 망원경의 역할이며, 장님에게 시력을 주지는 못하지만 눈이 나쁜 사람의 시력을 증대시킨다. 소크라테스는 현자를, 여자에게 아기를 주지는 못하지만 여자가 스스로 자신의 아기를 낳는 것을 돕는 산파에 비유했다.

그러나 유일한 진리의 인식에 있어서 사람들이 일치하지 않는 이유는, 시점의 차이와 사색력의 정도의 차이에만 있는 것은 아니다. 그 같은 불일치의 원인은 나아가 사람들의 자존심 속에도 숨어 있어서, 속으로는 상대방의 논리가 옳다는 것을 느끼면서도, 그 자존심 때문에 한번 뱉어낸 자신의 의견을 끝까지 고집하는 경우가 종종 있다.

표도르 스트라호프

2월 5일

1

인간 한 사람 한 사람의 생활과 인간 사회의 생활 속에서 일어나는 일은 모두 사상 속에 그 단서를 찾을 수 있다. 따라서 사람들의 몸에 일어나는 모든 일들에 대한 설명은 그 이전에 일어난 일 속에서 찾을 것이 아니라, 그 이전에 가졌던 사상 속에서 찾아야 한다.

2

무엇을 생각하지 않아도 되는지를 아는 것은, 무엇을 생각하지 않으면 안 되는지를 아는 일보다 더 중요하다.

3

우리의 생활은 우리 사상의 결과이다. 그것은 우리의 사상에서 나온다. 만일 사람이 나쁜 사상에 의해 말하거나 행동한다면, 그것은 마치 달구지를 끄는 바퀴가 그것을 끄는 소의 발뒤꿈치를 좇는 것과 같다. 우리의 생활은 우리 사상의 결과이다. 그것은 우리의 마음속에서 태어나고 우리의 사상에 의하여 키워진다. 만일 사람이 선량한 사상에 의하여 말하거나 행동한다면 그림자가 따라다니듯 기쁨이 그를 따라다닐 것이다.

부처의 가르침

4

인간은 자기 집이 아름다워졌다고 해서 달라지는 것이 아니다. 사람의 행복은 더 많은 만족과 더 많은 물질적인 풍요가 주어진다고 해서 커지는 것이 아니다. 결국 영혼이 자신이 사는 육체를 창조한다. 다시 말하면 사상만이 자신에게 딱 맞는 집을 지을 수 있다.

주세페 마치니

5

우리의 습관이 된 사상은 우리의 머릿속에서 우리가 접촉하는 모든 것에 그 사상 특유의 색깔을 부여한다. 그러므로 그 사상이 그릇된 것이라면 그것은 가장 숭고한 진리조차 왜곡시킨다. 습관적인 사상에 의해 형성된 분위기는 우리가 살고 있는 집보다 뿌리가 깊다. 그것은 바로, 달팽이가 어디에 가든 지고 다니는 껍데기와 같은 것이다.

루시 맬러리

6

우리의 좋은 생각은 우리를 천국으로 인도하고 나쁜 생각은 지옥으로 인도하나, 그것은 하늘이나 땅속에서가 아니라 이 세상에서 사는 동안 이루어진다.

루시 맬러리

7

생각은 자유로운 것처럼 보이지만 인간의 내부에는 생각을 지배하는, 생각보다 강한 무언가가 있다.

8

자신 또는 자신 속에 고정된 생활의 흐름을 바꾸려면, 생활 자체와 싸우는 것이 아니라 그 생활을 낳고 있는 사상과 싸우지 않으면 안 된다.

2월 6일

1

우리를 가장 강하게 붙들고 놓지 않는 욕망, 그것은 육체적 욕망이다. 그 육욕은 결코 완전한 만족을 주지 않으며, 만족을 주면 줄수록 더욱더 커진다.

2

노예가 어떤 생활을 원하는지 물어보라. 무엇보다 먼저 그는 노예의 신분에서 해방시켜 주기를 원한다. 그는 그렇지 않고는 자기가 결코 자유롭지도 행복하지도 않다고 생각한다. 그는 이렇게 말한다. 만일 나를 자유롭게 해방시켜 주기만 하면 나는 당장 행복해질 것이다. 나는 내 주인을 섬기고 비위를 맞추도록 강요받지 않게 될 것이고, 누구와도 대등하게 말을 할 수 있게 될 것이며, 또 누구에게도 묻지 않고 마음 내키는 대로 어디든 자유로이 갈 수 있게 될 것이라고.

그러나 해방되는 순간부터 그는 당장 밥을 먹기 위해 누군가 아첨해야 할 대상을 찾아다닐 것이다. 주인은 더 이상 먹여주지 않기 때문이다. 그것을 위해 그는 어떠한 비천한 짓이라도 서슴지 않을 마음의 준비가 되어, 또다시 전보다 훨씬 더 괴로운 노예의 상태로 전락할 것이다. 그리고 특별히 힘든 일을 당하게 되면, 그는 예전에 노예였던 것을 떠올리며 이렇게 말한다.

"그 주인을 섬기고 있었을 때도 그리 나쁘지는 않았어. 때가 되면 나에게 옷을 입혀주고 신을 신겨주고 먹을 것을 주었지. 그리고 내가 병에 걸렸을 때는 나를 돌봐주었어. 게다가 일도 그리 힘들지 않았어. 그것에 비하면 지금은 얼마나 불행한지! 전에는 내 주인이 한 사람밖에 없었는데 지금은 도대체 몇 사람인 거야! 풍족한 생활을 하려면 얼마나 많은 사람의 비위를 맞춰야 한다는 말인가!"

풍족한 생활을 하기 위해 그는 모든 어려움을 참는다. 그러나 원했던 것을 얻는 동시에 온갖 불쾌한 걱정거리로 옴짝달싹할 수 없게 된 것을 안다. 하지만 그는 달리 좋은 생각이 떠오르지 않는다. 그는 생각한다. 내가 만일 훌륭한 군지휘관이 된다면 나의 모든 불행은 사라질 것이다, 그리고 모든 사람들로부터 칭송을 받게 될 것이다! 그리하여 그는 군대에 들어가 전쟁터에 나간다. 그는 마치 죄수처럼 모든 고난과 역경을 딛고, 그래도 두 번 세 번 전쟁터에 자원해서 나간다. 그리하여 그의 생활은 점점 더 나빠지기만 한다.

만약 그가 자신의 온갖 고통과 불행에서 벗어나고 싶다면 아예 생각을 바꾸어야 할 것이다. 그리고 인생의 진정한 행복이 무엇인지 깨닫지 않으면 안 된다. 진정한 행복이란 삶의 한 걸음 한 걸음마다 모든 사람의 마음속에 새겨져 있는 정의와 선의 법칙에 따라 사는 일이다. 오직 그렇게 함으로써 비로소 인간은, 진정한 자유와 모든 사람의 마음이 원하고 있는 진정한 행복을 얻을 수 있는 것이다.

에픽테토스

3

더러운 육체적 욕망, 독으로 가득 찬 그 욕망에 사로잡힌 사람에게는 온갖 고뇌가 뿌리 없는 덩굴풀처럼 달라붙는다. 그 욕망을 이겨낸 사람은 마치 연꽃잎에서 빗방울이 굴러떨어지듯이 모든 고뇌가 사라진다.

부처의 가르침

4

우리는 좋지 않은 일 때문에 욕망하고 동요하고 고민한다. 참으로 선한 것은, 그러한 우리의 욕망과는 관계가 없을 뿐 아니라 오히려 그 반대편에 있으며, 또한 그것은 종종 좋지 않은 일들로 인한 동요와 고뇌를 맛본 뒤 비로소 얻을 수 있다.

5

사람들은 흔히 자신의 욕망을 다스리는 힘보다 자신의 욕망의 힘 자체를 더 자랑한다. 얼마나 해괴한 미망인가!

6

지금은 혐오까지는 하지 않을지언정 전혀 관심을 느끼지 않는 많은 일들이, 지난날에는 얼마나 간절하게 원했던 일인지 생각해 보라. 지금 너를 혼란시키고 있는 욕망도 그와 마찬가지이다. 또 네가 여태까지 자신의 욕망을 만족시키려고 애쓰다가 얼마나 많은 것을 잃었는지를 상기해 보라. 현재도 마찬가지이다. 네 욕망을 달래고 가라앉혀라. 그것이 가장 유익한 일이고, 또 언제라도 가능한 일이다.

2월 7일

1

자기완성은 내면적인 일이기도 하고 외면적인 일이기도 하다. 우리는 사람들과의 교류가 없이는, 또 그들과 서로 주고받는 영향이 없이는 진정한 자기완성을 이룰 수 없다.

2

세 가지 유혹이 사람들을 괴롭힌다. 육욕과 교만과 물욕이다. 그것에서 사람들의 모든 고통이 시작된다. 육욕과 교만과 물욕이 없다면 사람들은 모두 행복해질 것이다. 어떻게 해야 이 같은 무서운 질병에서 벗어날 수 있을까? 그러한 것들에서 벗어난다는 것은 지극히 어려운 일이다. 무엇보다 먼저 그 질병의 뿌리가 우리의 본성 속에 도사리고 있기 때문이다.

단 한 가지, 그러한 것들에서 벗어날 수 있는 방법이 여기에 있다. 그것은 바로 각자가 자기 자신에게 영향을 주는 것이다. 사람들은 흔히 법이니 정부니 하는 것이 도와줄 거라고 생각하기 쉽지만 그런 일은 결코 없다. 왜냐하면 법률을 기초하고 민중을 지배하는 사람들도 우리와 마찬가지로 육욕과 교만과 물욕의 유혹에 괴로워하고 있는 사람들이기 때문이다. 그러므로 법이나 정치가들에게 기대를 걸 수는 없다. 따라서 자기의 행복을 위해 우리가 할 수 있는 유일한 것은, 자기 속의 육욕과 교만과 물욕을 없애는 일이다. 우리들 각자가 자기 개선을 시작하지 않는 한 어떠한 개혁도 불가능하다.

라므네

3

인내를 배우는 데는 음악을 배울 때와 마찬가지로 연습이 필요하다. 그런데 우리는 선생이 오자마자, 바꿔 말하면 인내를 배울 기회가 찾아오자마자 그 수

업에서 얼른 달아날 생각부터 한다. 존 러스킨

4

"하늘에 계신 아버지가 완전하듯이 너희도 완전히 되라"라고 성서에 씌어 있다. 이것은 그리스도가 인간에게 하느님과 똑같이 되라고 명령한 것이 아니라, 모든 사람들이 하느님의 완전성에 조금이라도 다가서도록 노력해야 한다는 뜻이다.

5

불순물이 전혀 없는 완전성, 그것이 곧 하느님이며, 하느님에게 다가가는 것, 그것이 곧 인생이다. 자기완성을 향해 줄곧 정진하고 있는 사람, 그 사람은 총명한 사람이며 선과 악을 분별할 줄 아는 사람이다. 만약 어떤 사람이 선이 선인 줄 알고 악이 악인 줄 알 때, 그 사람은 굳게 선을 지키고 악에서 멀어질 것이다.

공자

6

나는 아무리 배움이 적을지라도 이성의 길을 더듬어 나아갈 수 있다. 내가 두려워해야 할 것은 오직, 그렇지도 않은데 깨달은 척하는 것이다. 최고의 지혜는 지극히 단순하다. 그러나 사람들이 그것을 이해하지 못하고 있는 것은, 그들이 자신들이 알지도 못하는 것을 알고 있다고 생각하기 때문이다. 노자

7

참으로 기묘한 일이 아닌가! 우리는 외부로부터의 악에는, 즉 남이 나에게 가하는 악, 도저히 제거할 수 없는 악에는 분개하면서도, 언제나 자신의 지배하에 있는 자기 자신의 악과는 전혀 싸우려 들지 않으니. 마르쿠스 아우렐리우스

8

만일 현재, 부자에 대한 공격과 현 사회 체제를 개혁하여 부를 공평하게 나눌 수 있는 방법을 발견하려는 노력에 소비되는 시간과 에너지가, 고스란히 자

기완성을 위해 소비된다면, 우리가 그렇게도 고대하는 국가적, 사회적, 도덕적 생활의 개선은 신속하게 실현될 것이다. 인류가 올바르게 사고하는 것을 배우면 우리의 세상은 지금의 불행한 상태와는 완전히 반대로 행복한 것이 되리라. 그러나 보통 사람들은 그들에게 자유를 주는 진리를 깨달으려 하지 않는다. 왜냐하면 그것이 그들에게 익숙한 국가적, 종교적 미망에 어긋나기 때문이다.

루시 맬러리

9

오로지 자신의 육체적 생활을 위해 쏟아붓는 노력만큼 자신에게나 남에게 유해한 것은 없고, 자기 영혼의 개선을 위해 쏟아붓는 노력만큼 자신에게도 남에게도 유익한 것은 없다.

2월 8일

1

사람들은 어째서 서로 비난하기를 좋아할까? 모든 사람이 남을 비난할 때 자기는 그런 식으로 비난받을 짓은 하지 않는다고 생각하기 때문이다. 그래서 너나 할 것 없이 남의 험담을 듣는 것이 즐거운 것이다.

2

무릇 비난은 부당한 비난뿐만 아니라 정당한 비난까지, 한꺼번에 세 사람을 해친다. 첫째로 비난을 받는 당사자에게, 그리고 비난의 말을 듣는 제삼자에게, 그리고 무엇보다도 비난의 말을 하는 그 사람에게. "남의 잘못을 숨겨주어라. 하느님은 너의 두 가지 죄를 용서할 것이다"라는 속담이 있는데 참으로 맞는 말이다.

3

남에 대한 험담은 모두가 즐겨 듣는 법인데, 그래서 상대방에게 그런 즐거움을 주고 싶은 유혹에 맞서 싸우는 것, 즉 남의 험담을 하지 않는 것은 대단히 어려운 일이다.

4

두 사람이 싸울 때에는 언제나 두 사람 모두에게 잘못이 있다. 그러므로 두 사람 중 어느 한 사람이 자기 잘못을 인정할 때 비로소 싸움을 그칠 수 있다.

5

남을 판단하지 마라. 그러면 너희도 판단받지 않을 것이다. 남을 판단하는 대로 너희도 하느님의 심판을 받을 것이고 남을 저울질하는 대로 너희도 저울질을 당할 것이다. 어찌하여 너는 형제의 눈 속에 있는 티는 보면서 제 눈 속에 있는 들보는 깨닫지 못하느냐? 제 눈 속에 있는 들보도 보지 못하면서 어떻게 형제에게 "네 눈의 티를 빼내어 주겠다" 하겠느냐? 이 위선자야! 먼저 네 눈 속에서 들보를 빼내어라. 그래야 눈이 잘 보여 형제의 눈에서 티를 빼낼 수 있지 않겠느냐?

〈마태복음〉 제7장 1~5절

6

끊임없이 자신을 돌아보라. 그리고 남을 비난하기 전에 자기 자신부터 바로잡을 것을 생각하라.

성현의 사상

7

경솔한 칭찬이나 경솔한 비난은 많은 해악을 가져오지만, 무엇보다 경솔한 비난이 가장 큰 해악을 낳는다.

존 러스킨

8

남을 비난하는 것을 그만두어라. 그러면 너는 술꾼이 술을 끊었을 때 같은, 또는 담배를 피우는 사람이 담배를 끊었을 때 같은 기분이 되면서 마음이 한층 가벼워질 것이다.

2월 9일

1

전쟁에 의해 생기는 물질적 손해가 아무리 크다 해도, 선악에 관한 왜곡된 관념이 단순하고 생각하는 일이 적은 근로 대중의 정신에 미치는 해악에 비하면 아무것도 아니다.

2

전쟁이 낳는 모든 나쁜 관념, 즉 국가 간의 증오, 무공에 대한 동경, 승리 또는 복수에 대한 갈망 등은, 국민의 양심을 짓밟아 인간 상호의 선의를 '애국심'이라는 이름의 비열하고 무분별한 자애심으로 바꾸고, 자유에 대한 사랑을 허물어뜨리며, 단순히 남의 목을 베려고 하는 야만적인 욕망에서, 또는 남이 내 목을 노리지 않을까 하는 두려움에서 사람들로 하여금 지배 계급의 발아래 스스로 몸을 던지게 만든다. 전쟁에 의해 부추겨진 나쁜 관념이 사람들의 종교적 감정을 완전히 왜곡시켜, 그리스도교의 스승으로 일컬어지는 사람들이 그리스도의 이름으로 살인과 약탈을 위한 무기를 축복하고, 대지가 손발이 잘린 시체로 뒤덮여 죄 없는 백성들 가슴을 슬픔이 가득 메울 때, 평화의 하느님을 향해 승리의 감사를 바치는 실정이다.

헨리 조지

3

어린이와 어린이가 만날 때, 그들은 기쁨에 찬 얼굴로 서로 웃으며 호의를 나타내는데, 아직 변질되거나 타락하지 않은 어른의 경우도 그와 마찬가지다. 그러나 한 국가의 일원이 되면 아직 한 번도 본 적이 없는 이방인을 증오하며, 그들에게 고난과 죽음을 안겨주려고 마음먹게 된다. 사람들 속에 이 같은 증오심을 조장하여 그런 잔학행위로 몰아가는 사람들의 죄가 어찌 무겁지 않을 것인가!

4

가장 훌륭한 무기는 동시에 가장 혐오해야 할 무기이다. 그러므로 지혜로운 사람은 그런 것에 의지하지 않는다. 그는 무엇보다 평화와 안정을 존중한다. 그는 정복하더라도 무기는 사용하지 않는다.

노자

5

"분할하여 통치하라." 이 말 속에 모든 지배자들의 교활함이 표현되어 있다. 민족적 적개심과 국민과 국민 사이의 증오, 그리고 지역적인 편견을 부채질함으로써만, 또 한 국민을 다른 국민과 대립하게 함으로써만, 귀족제와 독재제가 구축되고 유지될 수 있다. 따라서 사람들을 자유롭게 해방시키고자 하는 사람은, 그들로 하여금 증오의 감정을 초월하도록 이끌어야 한다. 그렇지 않고서는 결코 목적을 달성할 수 없을 것이다. 헨리 조지

6

전쟁이란 가장 비열하고 죄 많은 자들이 권력과 명예를 장악하는 상태이다.

2월 10일

1

자기 자신을 스스로 높이 평가하면 할수록 그가 선 자리는 불안해지고, 반대로 자신을 낮추면 낮출수록 그가 선 자리는 더욱 견고해진다.

2

강해지려면 물과 같이 되어야 한다. 가로막는 것이 없으면 물은 흐르고, 둑이 있으면 물은 멈춘다. 그러다가 둑이 터지면 다시 흐르기 시작한다. 네모난 그릇에 담으면 네모가 되고 둥근 그릇에 담으면 둥글게 된다. 그처럼 유연하고 막힘이 없는 대응력 때문에 물은 무엇보다 필요하고 강한 것이다. 노자

3

겸손이란 자신을 죄인으로 인정하고 자신의 선행을 자랑하지 않는 것이다.

4

사람은 내면을 깊이 성찰하면 할수록 자기 자신이 하찮은 인간임을 깨닫게 된다. 그것이 예지에 이르는 첫걸음이다. 현명해지기 위해서는 먼저 겸허해지자. 자신의 약점을 알자. 그러면 그것이 우리에게 힘을 줄 것이다. 채닝

5

물이 높은 곳에 머물지 않고 항상 낮은 곳으로 흐르듯, 선덕 또한 자신을 높이는 사람들에게 머물지 않고 오직 겸허한 사람들에게만 머문다. 《탈무드》

6

어진 사람은 선을 행하는 데 있어서, 이를 행할 힘이 부족한 것을 한탄할지언정, 남이 자신을 알아주지 않거나 잘못된 비판을 하는 것을 한탄하지 않는다.

중국 금언

7

사람들은 보통, 자신의 결점에는 주의를 기울이지 않지만, 자신의 이웃한테서 보는 악보다 더 나쁜 악이 자기 속에 있음을 모르는 사람은 아무도 없다.

울슬리

8

선량하고 총명한 사람의 첫 번째 특징은, 자신은 아는 것이 조금밖에 없으며 자신보다 훨씬 지혜로운 사람들이 많다고 생각하고, 언제나 남을 가르치기보다 남에게서 듣고 배우기를 원한다는 것이다. 남을 가르치려 하거나 남을 지배하려 하는 사람은 결코 잘 가르칠 수도 잘 지배할 수도 없다. 존 러스킨

9

누구보다도 자기 자신을 잘 알고 있는 사람은, 누구보다 자기 자신을 존경하는 일이 적다.

10

자신의 힘을 알려고 애써라. 자신의 힘을 안다면 그것을 과소평가할지언정 결코 과대평가하지는 않는다.

2월 11일

1

좋은 인생은 그것이 인생의 법칙, 바꿔 말하면 하느님의 섭리를 얼마나 실천하고 있는지에 따라 판단해야 한다.

2

죽음과 고통의 형태로 나타나는 악이 인간에게 보이는 것은, 그가 자신의 육체적, 동물적 존재의 법칙을 자기 인생의 법칙으로 받아들였을 때뿐이다. 그 경우에만 그는 인간이면서도 동물적 단계에 떨어져, 죽음과 고통이 허깨비처럼 사방에서 그를 위협하며 그의 눈앞에 열린 유일한 삶의 길, 즉 사랑이라는 형태로 표현된 하느님의 법칙의 실천으로 그를 몰아세운다. 죽음과 고통은 이 법칙에 대한 배반을 의미할 뿐이다. 철저하게 하느님의 법칙에 따라 사는 사람에게는 죽음도 고통도 존재하지 않는다.

3

건강, 희열, 애착의 대상, 생생한 감정, 기억력, 일에 대한 능력, 이 모든 것들이 우리를 저버리고, 태양마저 차갑게 식어 인생이 그 모든 매력을 잃었다고 느껴질 때, 우리는 어떻게 해야 할 것인가? 모든 희망이 사라졌을 때 어떻게 해야 할 것인가? 자신의 마음을 굳게 닫아버려야 할 것인가, 아니면 돌처럼 굳어져 버려야 할 것인가? 대답은 언제나 단 하나이다. 자신의 의지를 하느님의 의지에 합류시키는 일이다. 마음이 평화롭고 자신이 처한 상황에 편안함을 느낀다면 무엇이 어떻게 되든 무슨 상관이랴! 너는 마땅히 그러해야 할 모습의 너이면 된다. 나머지는 모두 하느님의 몫이다. 만약 하느님의 사랑이라는 것이 없고 있는 것은 오로지 만유의 법칙뿐이라 해도, 역시 인간으로서의 의무야말로 모든 비밀을 푸는 열쇠이다.

아미엘

4

의무의 수행과 개인적 향락 사이에는 아무런 공통점도 없다. 의무에는 그 자신의 독특한 법칙과 심판이 있으며, 만약 우리가 의무와 개인적 향락을 뒤섞어 그 속에서 살려고 한다면 의무와 향락은 그 자리에서 저절로 분리되어 버릴 것이다.

칸트

5

우리는 하느님의 법칙을 예부터 있어온 여러 종교의 가르침에서 알 수 있고, 또 온갖 욕망과 기만에 차 있는 사상으로 정신이 흐려지지 않은 한, 자기의 의식으로도 알 수 있으며, 나아가서는 그 법칙을 인생에 적용함으로써도 알 수 있다. 우리에게 흔들림 없는 행복을 주는 모든 법칙의 요구는 진실의 요구이다.

이레째 읽을거리

부처

2400여 년 전 인도에 '수도다나'라는 왕이 살고 있었다. 그에게는 친자매 사이인 두 아내가 있었는데, 둘 다 아이를 낳지 못했다. 왕이 그것을 몹시 슬퍼하며 거의 포기하고 있었을 때, 뜻밖에 언니인 마야 부인(摩耶夫人)한테서 아들이 태어났다. 덩실덩실 춤을 추며 기뻐한 왕은, 아들을 기쁘게 하고 즐겁게 하기 위해서라면, 그리고 모든 학문을 가르치기 위해서라면 아무것도 아까워하지 않았다.

싯다르타(아들의 이름)는 총명하고 예쁘고 착한 아이였다. 싯다르타가 열아홉 살이 되었을 때 왕은 그를 그의 사촌누이와 혼인시키고, 젊은 내외를 아름다운 정원과 숲이 있는 화려한 궁전에서 살게 하였다. 그 궁전과 정원에는 인간이 바랄 수 있는 한의 모든 것들이 다 갖춰져 있었다. 수도다나왕은 사랑하는 아들이 늘 행복하고 즐겁게 살 수 있도록, 아들의 시종과 종들에게 엄명을 내려, 그의 기분을 절대로 거스르는 일이 없도록 할 뿐만 아니라, 젊은 후계자를 슬퍼하게 하거나 우울하게 만들 만한 것은 모조리 숨기게 했다. 싯다르타는 자신의 궁전에서 한 발짝도 밖에 나가지 않았고, 궁전 안에서도 깨진 것, 불결한 것, 낡은 것은 아무것도 보지 못했다. 수도다나의 신하들은 모든 부정한 것을 멀리하고, 나무와 수풀의 마른 잎까지 떼어내며 보기에 불쾌한 것은 모조리 치우기에 바빴다. 그리하여 젊은 싯다르타는 자신의 주위에서 언제나 싱싱하고, 건강하고, 아름답고, 즐거운 것만 보며 살았다.

그는 결혼한 뒤 1년 남짓을 그렇게 지냈다. 그러던 어느 날, 정원에서 마차를 타고 달리다가, 싯다르타는 문득 다른 사람들은 어떻게 살고 있는지 궁금해서 궁전 밖으로 나가 보고 싶어졌다. 그는 마부 찬나에게 자기를 성 밖으로 안내하라고 명령했다. 궁전 밖으로 나가자, 눈에 보이는 모든 것, 거리와 집들, 다양한 옷을 입은 사람들의 모습, 상점, 거기에 진열된 상품, 그 모든 것들이 한결같이 신기하고 흥미로워서 싯다르타의 마음을 즐겁게 해주었다.

그러다가 우연히 어느 큰길에서 여태 한 번도 본 적 없는 이상한 사람을 보았다. 그 이상한 사람은 어느 집 벽 앞에 쭈그리고 앉아 가련한 목소리로 신음하고 있었다. 찌푸린 얼굴은 창백하고 온몸은 덜덜 떨고 있었다.

"저 사람은 도대체 왜 저러는 것이냐?"

싯다르타는 마부 찬나에게 물었다.

"아마 병을 앓고 있나 봅니다." 찬나가 대답했다.

"병을 앓는다는 게 무슨 말이지?"

"사람의 몸이 아픈 것을 말합니다."

"그래서 저 사람이 괴로워하고 있는 것이냐?"

"그러하옵니다."

"어쩌다가 저렇게 됐지?"

"병에 걸렸기 때문입니다."

"누구나 다 저렇게 병에 걸릴 수 있는 거냐?"

"그러하옵니다."

싯다르타는 더 이상 묻지 않았다. 잠시 뒤, 이번에는 늙은 거지가 싯다르타가 타고 있는 마차 쪽으로 다가왔다. 허리가 굽고 핏발 선 두 눈에 눈물이 글썽한 늙은이는, 덜덜 떨리는 두 다리로 간신히 다가와 이 빠진 입을 우물거리며 동냥을 하는 것이었다.

"저 사람도 병에 걸렸느냐?" 싯다르타가 물었다.

"아닙니다, 저 사람은 늙은이입니다." 찬나가 대답했다.

"늙은이란 건 무슨 말이냐?"

"나이를 먹은 사람을 가리키는 말입니다."

"어째서 나이를 먹지?"
"오래 살았기 때문입니다."
"모든 사람이 다 나이를 먹는 건가? 오래 산 사람은 다 저렇게 되는 것이냐?"
"누구나 다 저렇게 됩니다."
"그러면 나도 오래 살게 되면 저렇게 된단 말이냐?"
"예, 누구나 다 저렇게 됩니다."
"마차를 돌려라!" 싯다르타가 명령했다.

찬나는 말을 채찍질했다. 하지만 고을 어귀에서 인파 때문에 길이 막히고 말았다. 그들은 들것에다 무엇인가 사람 형상을 한 것을 나르고 있었다.

"저건 무엇이냐?" 싯다르타가 물었다.
"저것은 죽은 사람입니다."
"죽는다는 건 무슨 말이냐?"
"죽는다는 것은 목숨이 끝나버렸다는 뜻입니다."

싯다르타는 마차에서 내려 송장을 나르고 있는 사람들에게 다가갔다. 죽은 사람은 유리알 같은 두 눈을 뜬 채 이를 드러내고 손발이 굳어져서, 죽은 사람 특유의 부동자세로 누워 있었다.

"저 사람은 어쩌다가 저렇게 되었느냐?"
"죽음이 찾아왔기 때문입니다. 사람은 누구나 저렇게 죽습니다."
"누구나 다 죽는다고?"

싯다르타는 그렇게 되풀이하면서 마차로 돌아와, 궁전에 도착할 때까지 고개를 들지 않았다.

그날 싯다르타는 온종일 정원 한구석에 앉아, 자신이 본 것에 대해 골똘히 생각했다.

'모든 사람이 병들고, 늙고, 죽는다고 한다. 왜 사람들은 자기가 언제 병에 걸릴지도 모르고, 시시각각 나이를 먹고 추해지며, 체력이 없어진다는 것을 알면서도, 또 언제 죽을지 모르지만 반드시 죽는다는 사실을 알면서도 저렇게 태연하게 살 수 있을까? 반드시 죽는다는 것을 알면서도, 어떻게 무언가를 기뻐하고 무언가를 할 수 있단 말인가? 어떻게 살아갈 수 있는 것일까? 아니야, 이대로 있어서는 안 돼.' 싯다르타는 그렇게 자기 자신에게 말했다.

'그러한 것에서 벗어날 길을 찾아야겠다. 나는 그것을 찾아내리라. 그리고 그 해답을 찾아내면 그것을 모든 사람들에게 전하리라. 하지만 그 해답을 찾자면 온통 나의 사색을 방해하는 것으로 가득한 이 궁궐에서 먼저 떠나야 한다. 아내와 부모를 버리고 은자와 현자들을 찾아가서, 그들이 이 모든 문제에 대해 어떻게 생각하고 있는지 물어봐야 한다.'

이렇게 마음먹은 싯다르타는 이튿날 밤에 자기의 마부 찬나를 불러, 말에다 안장을 얹고 궁전 문을 열어놓으라고 일렀다. 궁전을 떠나기 전에 그는 아내의 침실로 갔다. 그녀는 잠들어 있었다. 그는 아내를 깨우지 않고 마음속으로 그녀에게 작별인사를 한 뒤, 자고 있는 하인들이 깨지 않도록 조용한 걸음으로, 다시는 돌아오지 않을 결심과 함께 영원히 궁전을 나가, 말 등에 올라타 홀로 고향을 떠났다.

말의 다리가 견딜 수 있는 데까지 오자 그는 말을 놓아주고, 길을 가다 만난 중과 옷을 바꿔 입고 머리를 깎았다. 그리고 사람은 왜 늙고 병들고 죽어야 하는가, 또 어떻게 해야 그러한 것들에서 벗어날 수 있는가 하는, 자신이 아직 모르고 있는 문제에 대해 물어보기 위해, 브라만의 위대한 은자들을 찾아갔다.

한 브라만이 그를 맞아 그에게 브라만의 가르침을 전했다. 그 가르침의 요지는 인간의 영혼은 한 존재에서 다른 존재로 윤회한다는 것, 인간은 전생에서는 모두 동물이었다는 것, 그리고 죽은 뒤에는 이 세상에서의 삶에 따라 더욱 고등한 존재로 다시 태어나거나, 더 하등한 존재로 태어난다는 것이었다. 싯다르타는 이 가르침을 이해했지만 그것을 받아들일 수는 없었다.

그는 브라만들이 있는 곳에서 반년쯤 지내다가, 그들을 떠나 고명한 수도승들이 살고 있는 밀림으로 들어가서, 그들과 함께 노동과 수도 속에서 여섯 해의 세월을 보냈다. 그 노동과 수도가 너무 지극하여 세상에 그에 관한 평판이 알려지자 그의 주위에 제자들이 모여들었고, 모든 사람들이 그를 칭찬하게 되었다. 그러나 이러한 은자들의 가르침 속에서도 그는 자기가 찾고 있는 해답을 찾지 못하자, 그의 마음에 유혹이 일어나, 불현듯 자신이 버리고 온 것을 아깝게 여기는 마음이 생겨서 아버지와 아내에게 돌아가고 싶어졌다.

하지만 그는 궁전으로 돌아가지 않고, 자신의 숭배자와 제자들 곁을 떠나 자기를 아는 사람이 아무도 없는 곳으로 가서, 여전히 어떻게 하면 질병과 노쇠와 죽음에서 벗어날 수 있는지 생각했다.

그는 오랫동안 괴로워하며 생각했다. 그러던 어느 날 나무 밑에 앉아 그 문제들에 대해서 생각하고 있을 때, 갑자기 그의 앞에 그가 찾고 있던 것, 즉 고통과 노쇠와 죽음에서 벗어날 수 있는 구원의 길이 열렸다. 그 구원의 길은 네 가지 진리로 이루어져 있었다.

첫 번째 진리는 이 세상의 모든 사람은 고통에 시달리고 있다는 것, 두 번째 진리는 그 고통의 원인은 욕망에 있다는 것, 세 번째 진리는 고통에서 벗어나려면 그 욕망을 없애야 한다는 것, 네 번째 진리는 욕망을 없애기 위해서는 다음의 네 단계가 필요하다는 것이었다. 그 네 단계 가운데 첫 번째 단계는 마음의 각성이고, 두 번째 단계는 사상의 정화이며, 세 번째 단계는 악의와 분노로부터 해방되는 것이고, 네 번째 단계는 사람뿐만 아니라 무릇 생명이 있는 모든 것에 대한 자애를 마음에 불러일으키는 일이다. 자신의 헛된 육체적 욕망을 억누르기 위해서는 무엇보다도 모든 나쁜 생각으로부터 마음을 정화하지 않으면 안 된다. 진정한 해방은 오직 사랑 속에만 있다. 오직 육체적 욕망을 사랑으로 바꾼 사람만이 무명(無明)과 번뇌의 사슬을 끊고 고통과 죽음에서 벗어날 수 있다.

이러한 진리를 깨달은 싯다르타는 황야를 떠나 단식과 고행을 그만두고, 세상으로 나가 자신이 깨달은 진리를 사람들에게 설법하기 시작했다. 최초의 제자들은 그를 떠났지만, 이윽고 그의 가르침을 이해하고 그에게 다시 돌아왔다. 그리하여 브라만들의 온갖 박해에도 불구하고 그의 가르침은 점점 널리 퍼져갔다. 싯다르타는 자신의 가르침을 '열 가지 계율'로 설법했다.

① 살생하지 말라. 살아 있는 모든 생명을 존중하라.

② 훔치지 말고 빼앗지 말라. 남들로부터 그들의 노동의 대가를 가로채지 말라.

③ 생각이나 행위나 항상 정결하라.

④ 거짓말을 하지 말라. 필요할 때 두려워하지 말되 사랑을 가지고 진실을 말하라.

⑤ 남의 험담을 하거나, 들은 험담을 옮기지 말라.

⑥ 맹세하지 말라.

⑦ 쓸데없는 말에 시간을 허비하지 말고 필요한 말만 하라. 그렇지 않으면 입

을 다물어라.

⑧ 탐하지 말라. 질투하지 말라. 이웃의 행복을 기뻐하라.

⑨ 원망과 증오로부터 마음을 정화하라. 누구도 미워하지 말고 모든 중생을 사랑하라.

⑩ 진리를 터득하려고 노력하라.

싯다르타는 60년을 하루같이 이곳저곳으로 옮겨 다니면서 자신의 가르침을 설법했다. 만년에는 몸이 완전히 노쇠했지만 그래도 싯다르타는 행각을 계속하며 설법을 멈추지 않았다. 그러던 어느 날, 문득 그는 죽음이 다가왔음을 느끼고 걸음을 멈추더니 말했다. "물을 다오." 제자들은 그에게 물을 떠다 바쳤다. 그 물을 몇 모금 마신 뒤 그 자리에 잠시 앉아 있다가, 그는 다시 길을 나섰다.

그러나 그는 하라네아바타강 가에서 다시 걸음을 멈추고, 나무 밑에 앉아 제자들에게 말했다. "마침내 죽음이 찾아왔다. 내가 죽은 뒤에도 내가 너희들에게 말한 것을 잊지 마라." 그의 수제자 아난다가 그 말을 듣고 참지 못하여, 한쪽으로 물러가 울음을 터뜨렸다. 싯다르타는 그를 불러서 말했다. "아난다여! 울음을 그치고 슬픔을 거두어라. 우리 모두 언젠가는 우리에게 소중한 모든 것들과 작별하지 않으면 안 된다. 이 세상에 영원불멸한 것이 무엇이 있다는 것이냐."

그는 다른 제자들을 향해 말했다. "부디 내가 너희에게 가르친 대로 살아야 하느니라. 너희를 속박하는 육체적 욕망의 그물에서 벗어나도록 하라. 내가 너희에게 가리켜 준 길을 걸어가라. 무릇 육체에 속한 자는 반드시 멸망하며, 진리만이 영원불멸하다는 것을 한시도 잊어서는 안 된다. 부디 진리 속에서 구원을 찾을지어다."

이것이 그가 남기고 간 마지막 말이었다.

레프 톨스토이 다시 씀

2월 12일

1

죽음이 우리 한 사람 한 사람을 기다리고 있다는 사실만큼 확실한 것은 없는데도, 우리는 마치 죽음이 절대로 찾아오지 않을 것처럼 살고 있다.

2

인간의 생명이 과연 죽음과 동시에 끝나는가 하는 것은 가장 중요한 문제로서, 아무래도 이 문제에 대해 생각지 않을 수가 없다. 우리가 불멸을 믿느냐 믿지 않느냐에 따라, 우리의 행위는 이성적인 것이 되기도 하고 무의미한 것이 되기도 한다. 그러므로 우리는 무엇보다 먼저 "인간은 육체의 죽음과 함께 완전히 사라지는가, 또는 완전히 사라지지는 않는 것인가, 만약 완전히 사라지는 것이 아니라면, 우리 속의 무엇이 불멸하는 것인가?" 하는 문제를 해결하지 않으면 안 된다. 그리고 우리 속에 멸하는 것과 멸하지 않는 것이 있다는 것을 알면, 멸하는 것보다 멸하지 않는 것에 대해 더 많이 배려해야 한다는 것은 자명한 이치이다. 그런데 사람들은 흔히 그것과 정반대되는 일을 하고 있다. 파스칼

3

만일 이 세상에서의 온갖 고통이 선을 낳지 않는다면, 세상은 두려움 그 자체일 것이다. 그것은 정신적, 육체적으로 사람들을 괴롭히기 위해 만들어진 사악한 시설일 뿐이다. 만약 그렇다면 이 세상은 말할 수 없이 부도덕한 것이라고 해야 마땅하다. 왜냐하면 그것은 미래의 선을 위해서가 아니라 아무런 목적도 없이 악을 행하기 때문이다. 그것은 마치 일부러 사람들을 괴롭히기 위해 그들을 유혹하는 것과 같다. 우리가 태어난 순간부터 괴롭히며, 모든 행복의 잔에 쓰디쓴 것을 타고, 항상 죽음으로 우리를 위협한다. 따라서 하느님과 영생이 없다면, 사람들이 삶에 대해 나타내는 혐오의 감정은 당연하다고 할 수 있다. 그들의 그 혐오의 감정은, 현존하는 질서보다 오히려 무질서에 의해, 즉 무서운 도덕적 혼란에 의해 유발된 것이기 때문이다. 그러나 만약 우리 위에 하느님이 있고, 우리 앞에 영원불멸이 있다면 모든 것은 순식간에 변한다. 우리는 악 속에서 선을 보고 어둠 속에서 빛을 보게 된다. 그리고 희망이 절망을 몰아내게 될 것이다.

이 두 가지 명제 가운데 어느 쪽이 더 옳은 것일까? 도덕적 존재인 인간이, 자신들 앞에 그 모순을 해결해 줄 방법이 제시되어 있음에도 불구하고, 현존하는 세계 질서를 피치 못해 저주하지 않을 수 없다고 한다면 말이 되겠는가? 만약 하느님과 내세가 없다면 그들은 이 세상을, 그리고 자신이 태어난 날을 저주해야 할 것이다. 그러나 반대로 그 두 가지가 존재한다면, 인생은 저절로 행복해질

것이고 세상은 도덕적 완성의 장, 행복과 신성이 무한하게 펼쳐진 낙원이 될 것이다. 에라스뮈스

4

자신의 생명을 깊이 의식하면 할수록 죽음에 의한 멸망을 믿지 않게 된다.

5

우리는 흔히 자신이 죽어서 저세상으로 가는 광경을 상상해 보려고 하는데, 그것은 하느님을 상상하는 것이 불가능한 것처럼 전적으로 불가능한 일이다. 우리가 할 수 있는 것은 다만, 하느님에게서 나오는 모든 것들이 그러하듯 죽음 또한 선(善)임을 믿는 것뿐이다.

6

사람들 속에서 느끼고, 이해하고, 살고, 그리고 존재하는 그 본원이 어떠한 것이든, 그것은 신성한 것, 따라서 영원불멸한 것이 틀림없다. 키케로

7

불멸을 믿지 않는 사람은, 진지하게 죽음에 대해 생각해 본 적이 한 번도 없는 사람이다.

2월 13일

1

종교란 모든 사람이 쉽게 이해할 수 있는 철학이다.

2

사람은 선한 생활에 의해서만 하느님을 기쁘게 해드릴 수 있다. 그러므로 바르고 깨끗하고 선량하고 겸허한 생활 이외의 그 무엇으로 하느님을 기쁘게 하려고 생각하는 것은 모두 기만이요, 하느님에 대한 거짓 봉사이다. 칸트

3

그리스도교의 특징은 도덕적으로 좋은 것과 나쁜 것을, 하늘과 땅이 아니라 천국과 지옥처럼 구별하여 생각하는 점에 있다. 영겁의 고통이 따르는 지옥의 표상(表象)은 우리를 두려움에 떨게 한다. 그러나 원래의 의미에서 그 표상은 옳다고 말하지 않을 수 없다. 그것은 우리에게 선과 악이, 다시 말하면 빛의 나라와 어둠의 나라가 나란히 서 있고, 그 사이를 오가는 계단이 있는 것처럼 상상하는 것을 막아주는 역할을 한다. 그러한 표상 방식은 선과 악이 측량할 수 없는 심연에 의해 서로 분리되어 있다는 것을 나타내고 있다.

칸트

4

추상적인 것에 대한 생각에서는, 대개 최초의, 가장 오래된 생각이 옳다. 왜냐하면 건전하고 인간적인 예지가 직접 그 속에 반영되어 있기 때문이다. 세상의 기원, 즉 하느님이 존재한다는 생각도 그와 같다.

레싱

5

종교란 단순한 형태로 마음에 호소하는 예지이다. 예지란 이성에 의해 인정된 종교이다.

6

사람들이 종교라고 일컫는 것에서 그들의 교육관과 정치 형태, 경제기구, 그리고 모든 예술활동이 태어난다.

주세페 마치니

7

종교를 가지지 않는 사람, 다시 말하면 세상과 아무런 관계도 가지지 않은 사람은, 심장이 없는 사람과 마찬가지로 존재할 수 없다. 자신에게 심장이 있다는 것을 모르는 사람이 있을 수는 있다. 그러나 심장이 없이는 어떤 사람도 살 수 없듯 종교가 없어도 살 수 없다.

8

선한 생활의 법칙(살생하지 말라. 노하지 말라. 간음하지 말라. 악으로 악을 갚지 말라 등등)은, 그것이 하느님의 계율이기 때문에 진리이며, 그래서 우리도 그것을 지켜야 한다고 생각해서는 안 된다. 우리가 그 법칙들을 자신의 내면적인 의무로 느끼기 때문에, 그것을 하느님의 계율이라고 생각해야 하는 것이다. 칸트

9

"앞으로 무슨 일이 일어날지, 무엇이 우리를 기다리고 있을지 모르면서 어떻게 살아갈 수 있는가?" 무엇이 우리를 기다리고 있는지 모를 때 비로소 진정한 삶이 시작된다. 그때 비로소 우리는 진실하게 살며 하느님의 뜻을 실천한다. 미래의 일은 하느님이 주관하신다. 진실한 생활만이 하느님과 하느님의 법칙에 대한 신앙의 증거이다. 거기에 비로소 자유가 있고 생명이 있다고 해야 할 것이다.

10

종교는 철학적인 사색에 빛을 줄 수 있고, 철학적인 사색은 종교적인 진리를 뒷받침할 수 있다. 그러므로 현재 살아 있는 사람이든 이미 죽은 사람이든, 진정으로 종교적인 사람, 진정으로 철학적인 사람들과 교류하는 것이 좋다.

2월 14일

1

인간의 내부에는 하느님의 영혼이 살고 있다.

2

정말 잘 들어두어라. 누구든지 새로 나지 아니하면 아무도 하느님의 나라를 볼 수 없다. 〈요한복음〉 제3장 3절

3

이성은 선한 사람만이 밝힐 수 있으며, 이성이 밝아질 때에 비로소 선한 사람이 될 수 있다. 선한 생활에는 이성의 빛이 필요하고, 이성의 빛을 비추기 위해서

는 선한 생활이 필요하다. 이 둘은 서로를 돕는다. 그러므로 이성이 선한 생활을 돕지 않는다면 그것은 진정한 이성이 아니다. 그와 마찬가지로 선한 생활이 이성을 돕지 않는다면 그것은 선한 생활이 아니다. 중국 금언

4

한 상인이 왕의 딸과 결혼하여, 그녀를 위해 대궐 같은 집을 지어주고 값진 옷을 사들이고 많은 하인까지 딸려주어 그녀의 환심을 사려고 열심히 노력했다. 그러나 그녀는 곧 싫증을 내며 자기가 왕족 출신이라는 것만 줄곧 생각했다. 인간에게 깃드는 영혼도 그와 마찬가지이다. 지상의 온갖 쾌락으로 그것을 감싸더라도 영혼은 언제나 자신의 집, 자신이 태어난 본원, 즉 하느님을 그리워한다.

《탈무드》

5

선이 무엇인지 모르더라도 사람들은 언제나 자신의 내부에 그것을 가지고 있다. 공자

6

옛날 로마에 세네카라는 철학자가 살고 있었다. 그는 그리스도도, 그의 가르침도 몰랐지만 인생을 그리스도와 마찬가지로 이해하고 있었다. 그는 한 친구에게 다음과 같은 편지를 썼다.

"친애하는 루킬리우스(그것이 벗의 이름이었다)여, 자네가 자신의 힘으로 아름답고 선한 마음을 유지하려고 애쓰고 있는 것은 좋은 일이라고 생각하네. 누구든지 언제나 그런 식으로 자기 자신을 가다듬을 수가 있네. 그러기 위해 하늘을 향해 두 팔을 벌리거나 우리가 하는 말이 더 잘 들리도록, 좀더 신에게 가까이 다가갈 수 있도록, 신전 문지기에게 사정할 필요는 없어. 신은 언제나 자네 가까이, 아니, 자네의 내면에 있다네. 친애하는 루킬리우스여, 나는 분명히 말하네만, 우리의 내면에 모든 선한 자와 악한 자의 증인이며 감시자인 성령이 살고 있네. 그리고 그 성령은 우리가 그것을 대하는 태도에 따라 우리에게 다양하게 대응하지. '모든 선한 사람들의 내부에는 신이 살고 있는 걸세.' 자네 눈에 사람의 영

혼이 보이지 않듯이 신의 모습도 보이지 않지만, 신의 창조물 속에서 자네는 신을 볼 수 있다네. 그와 마찬가지로 자네는, 완전성을 지향하는 영원한 정진이라는 형태로 나타나는 영혼의 신성한 힘을 인정하지 않을 수 없을 걸세."

7

우리 한 사람 한 사람의 내부에는 하느님이 살고 있다. 그것을 자각하는 것만큼, 우리를 악에서 멀리 해주고 선행을 하도록 도와주는 것은 없다.

2월 15일

1

천성적인 소박함과 예지에서 오는 소박함이 있다. 그리고 그 둘 다 사랑과 존경을 불러일으킨다.

2

인생의 문제는 대부분 대수방정식과 같다. 즉 가장 간단한 형태로 바꿈으로써 풀리는 것이다.

3

진실한 말은 언제나 꾸밈이 없고 단순하다. 마르실리우스

4

가장 위대한 진리는 가장 간결하다.

5

소박함에는 언제나 매력이 있다. 어린아이와 동물이 지닌 매력도 바로 소박함에 있다.

6

자연은 사람들이 자기네들끼리 조작한 차별이라는 것을 모른다. 자연은 신분

이나 부에 관계없이 모든 사람들에게 정신적인 자질을 부여한다. 자연스럽고 선량한 감정은 오히려 서민들 가운데서 더욱 많이 볼 수 있다. 레싱

7

사람들이 교활하고 화려한 미사여구를 늘어놓는 것은, 우리를 속이거나 잘난 척하기 위함이다. 그런 사람들을 믿어서는 안 되며 흉내를 내서도 안 된다.

8

좋은 말은 언제나 간결하고 누구나 알기 쉬우며 논리적이다.

9

솔직함이란 인간으로서 자신의 존엄성을 의식하는 것이다. 부아스트

10

솔직함은 언제나 고상한 감정에서 생긴다. 달랑베르

11

언어는 사람들 사이의 거리를 좁혀준다. 그러므로 모든 사람들이 너를 이해할 수 있도록, 그리고 네가 이야기하는 것이 모두 진실이 되도록 말하는 데 힘써야 한다.

12

꾸민 듯한 태도나 유별난 행동, 특별히 사람의 눈길을 끄는 행동은 절대 삼가는 것이 좋다. 솔직함만큼 사람들 사이의 거리를 좁혀주는 것은 없다.

2월 16일

1

사람은 아직 젊고 사려가 깊지 못할 때일수록 자신의 생명의 근원이 육체에 있다고 믿기 쉽다. 그러나 나이를 먹고 예지가 깊어짐에 따라, 자신과 온 세상의

생명의 근원이 정신 속에 있음을 알게 된다.

2

우리의 진정한 생활은 현재 이 세상에서 보내고 있는 피상적이고 육체적인 생활뿐만 아니라, 그것과 함께 내적인 생활, 곧 정신적인 생활이 있다는 것을 가능한 한 자주 떠올리도록 하라. 우리의 눈에 보이는 우리의 육체적인 생활, 그것은 건물을 짓기 위한 비계와 같은 것이다. 비계 그 자체가 필요한 것은 건물을 짓는 동안뿐이다. 건축이 끝나면 용도가 다하여 제거되어 버린다. 우리의 육체적인 생활도 그와 같다. 육체는 정신적인 생활의 집을 짓기 위해서만 필요할 따름이며, 그 집이 다 지어지고 나면 육체는 폐기되는 것이다. 건물은 이제 겨우 토대 위로 올라왔을까 말까 한데, 쇠로 야무지게 조여진 비계만 거창하고 높다랗게 눈에 들어올 때, 우리에게는 중요한 것은 다름 아닌 그 비계이고 건물이 아닌 것처럼 여겨진다. 우리가 자신의 모든 생활을 육체 속에서 볼 때도 역시 그와 같다. 비계가 건물을 짓기 위해서만 필요한 것처럼, 우리의 육체 또한 정신적 생활을 키우기 위해서만 필요하다는 것을 스스로에게, 또 이웃에게 얘기해 주어야 한다.

3

하늘과 땅을 보고 생각하라. 산도, 강도, 온갖 형태의 생명도, 자연이 만들어낸 것도, 모두 덧없이 지나가 버린다. 바로 제행무상(諸行無常)이다. 네가 그것을 이해하기만 하면 당장 한 줄기의 빛이 나타나, 상주불변(常住不變)하는 것의 존재를 인식하게 될 것이다.

부처의 가르침

4

우리는 건물과 산, 천체의 거대함에 경탄하여, 저것은 몇백 만 피트나 될까, 몇백 만 푸드(1푸드는 약 16.38킬로그램. 러시아의 무게 단위)나 될까 하며 떠든다. 그러나 그처럼 크게 보이는 것들도 그것을 인식하는 자에 비하면 무(無)와도 같다. 노자의 말처럼 세상에서 가장 강력한 것은 눈에 보이지 않고 귀에 들리지 않으며 손으로 만질 수 없는 존재이다.

5

죽는 것은 네 자신이 아니라 네 육체이며, 사는 것은 네 육체가 아니라 육체 속의 정신이라는 것을 기억하라. 네 육체가 네 정신으로 하여금 네 생활과 전 세계의 생활을 이해하게 하는 것이 아니라, 네 속에 살고 있는 정신이 육체를 움직이고, 느끼고, 생각하고, 예견하고, 네 육체와 네 행위를 지배하며 길을 인도한다. 눈에 보이지 않는 힘이 네 육체를 다스리듯 우주 전체를 다스리는 눈에 보이지 않는 힘이 존재하는 것이다. 키케로

6

유형의 것만을 진정으로 존재하는 것으로 인식하는 감성의 기만에서 해방되어야, 우리는 비로소 자신의 진정한 사명을 깨닫고 실천할 수 있다.

2월 17일

1

세상 사람들은 모두 자연의 은혜를 누릴 평등한 권리와 평등한 인권을 가지고 있다.

2

우리는 그리스도교가 너무 왜곡돼 있고, 그 본래의 가르침이 사람들의 생활 속에서 너무 적게 실현되고 있는 것에, 아니 전혀 실현되지 않고 있는 것에 놀라지만, 사람들의 진정한 평등을 요구하는 가르침이요, 모든 사람은 하느님의 아들, 전 인류는 형제, 그리고 모든 사람의 생명은 똑같이 신성불가침하다고 하는 그리스도교의 가르침이 과연 잘못된 것이라고 할 수 있을까? 진정한 평등은 신분제도와 칭호와 특권의 폐지를 요구할 뿐만 아니라, 불평등을 낳는 최대의 무기인 폭력의 근절을 요구한다. 평등은 사람들이 생각하고 있듯이 사회적인 수단에 의해서는 실현될 수 없으며, 하느님과 사람들에 대한 사랑에 의해서만 실현되는 것이다. 하느님과 사람들에 대한 사랑은 정치적 수단에 의해서가 아니라 참된 종교적인 가르침에 의해서만 이루어진다. 사람들이 사형과 사형의 위협, 폭력에 의해 자유와 평등과 사랑을 가져올 수 있다고 하는 터무니없는 미망에 빠

졌다고 해서, 그것이 그들이 지향한 것이 잘못되었다는 증거는 되지 않으며, 다만 그들이 자유와 평등, 사랑을 실현하고자 하여 선택했던 길이 잘못되었음을 나타낼 뿐이다.

3

남들보다 강하고 영리한 사람들이 반드시 있기 마련이므로, 평등 같은 건 어차피 불가능하다고 말하는 사람들이 있다. 그러나 어떤 사람들이 다른 사람들보다 더 강하고 영리하다는 바로 그 이유 때문에, 사람들의 평등한 권리가 더욱 필요하다고 리히텐베르크는 말했다. 현재 약자에 대한 강자의 박해가 그처럼 무서운 것은, 지식과 체력의 불평등 외에 권리의 불평등까지 존재하기 때문이다.

4

그리스도교도로 자칭하는 사람들 중에서 볼 수 있는 차별 의식, 특히 잔인하기 이를 데 없는 불평등한 사회제도 아래 전개되고 있는, 평등에 대한 기만에 찬 설교에 전율을 느끼고 싶다면, 제 살을 깎아 먹듯 바보처럼 자신들에게는 전혀 필요도 없는 일에 평생 혹사당하는 사람들과, 무위도식하며 온갖 쾌락에 빠져 사는 사람들로 나뉘어 있는, 이른바 여러 그리스도교국의 민중의 생활을 한번 들여다보는 것만으로도 충분하다.

5

어린이만큼 그 생활 속에서 참된 평등을 실현하고 있는 자는 없을 것이다. 그런데 어린이들에게 이 세상에는 황제니 귀족이니 부자니 명사니 하는 존경하지 않으면 안 되는 사람들과 노비나 노동자, 거지 같은 무시해도 좋은 사람들이 있다고 가르침으로써 어린이들의 신성한 감정을 파괴하는 어른들의 죄가 얼마나 깊은지 생각해 보라!

"나를 믿는 이 보잘것없는 사람들 가운데 누구 하나라도 죄짓게 하는 사람은……."(《마태복음》 제18장 6절)

6

그리스도는 사람들에게 그들이 항상 알고 있는 것을 가르쳤다. 즉 사람들은 모두 평등하다는 것, 그리고 그것은 모든 사람의 가슴속에 똑같이 하느님의 영혼이 살고 있기 때문이라고 가르쳤다. 그러나 사람들은 먼 옛날부터 왕후와 귀족, 부자, 노동자, 거지 등으로 나뉘어 있고, 모두가 원래 평등하다는 것을 알면서도 마치 그것을 모르는 것처럼 살고 있어서, 현실적으로 평등이란 있을 수 없는 일이 되었다.

그런 것은 믿지 않는 것이 좋다. 그리고 어린아이들한테서 배워라. 그들처럼 사랑과 자비로 모든 사람을 대하며 차별 없이 행동하라. 어떤 사람들에게 "너"라고 말했다면 다른 사람들에게도 "너"라고 하고, 또 "당신"이라고 말했다면 다른 사람들에게도 "당신"이라고 하라. 스스로 자신을 높이는 사람을 만나더라도 다른 사람들 이상으로 존경할 필요는 없다. 또 만약, 모두가 어떤 사람들을 멸시하는 것을 보거든, 그런 나쁜 본을 따르지 않도록 그들을 특별히 존경하도록 노력하라.

2월 18일

1

우리 모두의 자아는 그 내부에 깃들어 있는 신성을 가리는 덮개이다. 우리가 자아에서 벗어나면 벗어날수록 우리 안의 신성은 더욱더 뚜렷이 나타난다.

2

오로지 하느님만을 사랑하고 오로지 자신의 자아를 미워해야 한다. 파스칼

3

아버지께서는 내가 목숨을 바치기 때문에 나를 사랑하신다. 그러나 결국 나는 다시 그 목숨을 얻게 될 것이다. 누가 나에게서 목숨을 빼앗아 가는 것이 아니라 내가 스스로 바치는 것이다. 나에게는 목숨을 바칠 권리도 있고 다시 얻을 권리도 있다. 이것이 바로 내 아버지에게서 내가 받은 명령이다.

〈요한복음〉 제10장 17~18절

4

우리는 자신에 대해 고민하고 자신에게 얽매이는 일이 많으면 많을수록, 그리고 자신의 생명을 지키려고 몸부림치면 칠수록, 더욱더 나약해지고 더욱더 자유로부터 멀어지게 된다. 그런데 반대로 자신에 대해 고민하고 집착하거나, 자신의 생명에 대한 애착이 적으면 적을수록, 더욱더 강해지고 더욱더 자유로워진다.

5

만약 욕심과 집착을 버리고 무슨 일을 도모한다면, 모든 일이 쉽게 풀릴 것이다.

6

진리를 가르치는 말은, 그것이 자신의 자아를 버린 사람의 입에서 나왔을 경우에만 믿을 만한 가치가 있다. 《탈무드》

7

제 목숨을 살리려는 사람은 잃을 것이며, 나 때문에 또 복음 때문에 제 목숨을 잃는 사람은 살릴 것이다. 〈마가복음〉 제8장 35절

8

자기 속에서 잠시 머무르는 것, 자신의 명성과 육체 속에서 자신의 모습을 보지 않는 자야말로 인생의 진리를 아는 사람이다. 부처의 가르침

9

우리 자신에게 적어도 잠시나마 그 생활을 체험해 보고자 하는 용기가 우러나지 않는 한, 무조건적으로 자기를 포기한 생활의 결과를 평가할 재료도 없고, 그것을 비판할 권리는 더더욱 없다. 그러나 총명한 사람, 정직한 사람이라면, 자기를 잊고 자아를 버린 한 순간이 자신의 정신과 육체에 미친 바람직한 영향을 감히 부정하지 않을 것이다. 존 러스킨

10

이야기 도중에 자기를 의식하면 이야기의 흐름을 놓쳐버린다. 자기를 완전히 잊고 자기를 떠났을 때 비로소 우리는 유익한 대화를 나눌 수 있고, 그들에게 봉사하고, 그들에게 영향을 줄 수 있다.

이레째 읽을거리

자기희생

가장 강인한 사람도 의기소침해질 때가 있다. 선(善)을 보고 그것에 매진하며 그것을 실현하고자 하지만, 모든 노력이 허망하게 느껴지고, 그것을 위해 스스로를 희생시킨 바로 그 상대로부터 버림받은 것처럼 느껴진다. 증오와 비방과 박해가 닥친다. 바로 그러한 때 마음속에서 이런 외침이 터져 나온다.

"아버지시여, 나를 이런 상황에서 벗어나게 해주시옵소서!"

……그리스도가 경험한 것이 바로 그것이다. 자신을 이해해 주지 않는 세상과 제자들 속에서, 거칠고 냉담한 군중과 자신을 적대시하는 잔인하고 냉혹한 사람들 속에서, 모진 매를 맞고 피땀 흘리며 가시관을 쓰고 사형장으로 끌려가면서 오직 홀로 자신의 사명의 첫 번째 결실인 죽음을 예견한 그리스도는, "나의 하느님, 나의 하느님, 어찌하여 나를 버리셨나이까?"라고 부르짖었으나, 이내 다시 십자가에 의한 죽음에 순명하면서 이렇게 덧붙였다. "아버지, 제 영혼을 아버지 손에 맡깁니다."

그렇다, 바로 그것을 위해, 즉 고통스러워하고 죽기 위해, 그리고 그 고통과 죽음으로 세상을 이겨내기 위해 그는 이 세상에 태어난 것이다. 그것은 그의 사명을 계승하려는 사람들에게 영원한 불멸의 본보기이다! 그리스도는 그들에게 그 사명은 자기희생을 통해서만 열매를 맺을 수 있다는 것, 또 열매는 씨앗을 뿌린 사람만이 거둬들이는 것이 아니라는 것, "만약 죽지 않는다면 혼자 그대로 남지만, 그렇지 않고 죽으면 땅에 떨어진 한 톨의 씨앗처럼 싹을 틔워 수많은 열매를 맺으리라"고 가르쳤다.

자신의 말이 거부당하고 반응이 보이지 않아, 나아가서는 그 말에서 태어나야 할 미래가, 악마의 아들들이 진리 자체를 묻어버리려 하는 무덤 속에, 너희들과 함께 내던져질 것 같은 느낌이 들어, 너희의 마음이 동요할 때, 바로 그러한 때 오히려 반대로 '이제부터 인생에 있어서의 사명이 시작되는 것이다. 이때를 위해 나는 이 세상에 태어난 것이다'라고 생각하라.

그리스도의 제자들이여, 너희는 그 스승보다 뛰어나지 않다. 너희는 그를 따라 그가 너희를 위해 개척한 길을 나아가, 의무 자체를 위해 의무를 수행하지 않으면 안 된다. 그리고 이 지상에서 아무것도 구하지 말고 무엇 하나 기대하지도 말며, 도마(십이 사도 중 한 사람)처럼 "우리도 그와 함께 나아가 그와 함께 죽자"고 말하지 않으면 안 된다. 타는 듯한 태양 아래, 얼어붙는 진눈깨비 속에서도 쉬지 않고 씨를 뿌리자. 재판정에서도, 감옥에서도, 그리고 형장에서도 가는 곳마다 씨를 뿌리자. 그러면 거둬들일 때가 반드시 오리라. 라므네

말로만 아니라 진정으로 타인을 사랑하려고 생각한다면, 역시 말로만이 아니라 실제로 자기 자신을 사랑하는 것을 그만두지 않으면 안 된다. 그런데 흔히 우리는 남을 사랑하고 있다고 생각하며 자신은 물론 남에게도 그것을 믿게 하려고 한다. 그러나 남을 사랑하는 것은 그저 말뿐이고 실제로는 자기 자신을 사랑하고 있는 것이다. 남에게 먹을 것을 주고 잠자리를 제공하는 것은 잊어버리지만, 자기 자신에 대해서는 절대로 잊지 않는다. 그러므로 남을 실천적으로 사랑하기 위해서는, 남에 대해서 종종 잊어버리듯이 자기 자신에게 먹을 것을 주고 잠자리를 제공하는 것을 잊어버리지 않으면 안 된다. 희생이 크면 클수록 사랑도 크고, 사랑이 크면 클수록 그 사람의 행위는 많은 결실을 맺으며, 다른 사람들에게도 크게 이로움을 준다.

인간의 삶에는 두 가지의 극한이 있다. 하나는 남을 위해 자신의 생명을 버리는 것이고, 또 하나는 자신의 삶을 전혀 바꾸지 않고 살아가는 것이다. 모든 사람은 이 두 가지 극한의 중간에서 살고 있다. 전자는 모든 것을 버리고 그리스도의 뒤를 따르는 제자에 비유할 만한 삶을 살고 있고, 후자는 삶을 바꾸라는 말을 들으면 이내 돌아서서 가버리는 부자 청년과 같은 삶을 살고 있다. 이 양극 사이에 생활의 일부분만 바꾼 요하난 벤 자카이 같은 사람들이 있다.

적어도 자카이가 되기 위해서라도, 우리는 전자의 삶을 향해 끊임없이 정진하

지 않으면 안 된다. 레프 톨스토이

자유인

네플류도프는 물살이 센 넓은 강을 바라보며 뱃전에 서 있었다. 시내 쪽에서 아호트니키 성당의 대종(大鐘)의 울림과 그 구리의 금속적인 여운이 수면 위로 들려왔다. 네플류도프 옆에 서 있던 마부와 뱃사람들이 차례차례 모자를 벗어 들고 성호를 그었다. 난간에 가장 가까이 서 있던 더벅머리 자그마한 늙은이는 (처음에 네플류도프는 그 노인이 있는 것도 보지 못했지만), 성호는 긋지 않고 고개를 든 채 네플류도프를 가만히 응시하고 있었다. 그 늙은이는 누더기 같은 외투에 나사 잠방이를 입은 데다 다 헤진 곳에 헝겊을 댄 가죽신을 신고 있었다. 어깨에는 작은 봇짐을 지고 머리에는 닳아빠진 높은 모자를 쓰고 있었다.

"영감은 왜 기도를 드리지 않는 거요?" 네플류도프의 마부가 모자를 쓰면서 말했다. "세례를 받지 않은 건가?"

"누구에게 기도를 드리란 말인가?"

늙은이가 도전하는 듯 단호한 기색으로 한 마디 한 마디를 빠르게 발음하면서 말했다.

"누구에게는 누구야, 하느님 말이지."

마부가 조롱하듯이 말했다.

"어디 그럼 가르쳐 줘보게, 그 하느님이라는 게 어디에 있는지."

늙은이의 표정에는 어딘지 모르게 진지하고 엄격한 데가 있어서 마부는 만만찮은 작자에게 걸려들었구나 생각하며 약간 당황했으나, 그런 내색은 하지 않고 많은 사람들이 듣고 있는 데서 말문이 막혀 창피를 당하지 않으려고 애쓰면서 얼른 대꾸했다.

"어디라니? 뻔하잖아, 하늘에 있지."

"그럼 자넨 거기에 가봤나?"

"가보든 안 가보든, 하느님께 기도를 드려야 한다는 것쯤은 누구나 다 알고 있는 거 아니오?"

"하느님을 본 사람은 아무도 없어. 아버지의 품 안에 있는 하느님의 독생자만이 하느님을 나타내 보여주었지."

눈살을 찌푸리면서 역시 빠른 말투로 늙은이가 말했다.

"영감은 틀림없이 사교도인 모양이군. 구멍교도 말이야. 구멍이라도 믿는 거겠지."

마부는 채찍 손잡이를 허리춤에다 꽂고 옆의 말 봇줄을 바로잡으면서 말했다.

누군가가 웃음을 터뜨렸다.

"영감, 당신 신앙은 도대체 어떤 거요?"

나룻배의 뱃전에 달구지와 함께 서 있던 한 중년 사내가 물었다.

"나에게는 신앙 같은 건 없어. 나 외에는 아무도 믿지 않으니까."

늙은이는 여전히 단호하고 빠른 말투로 대답했다.

"어떻게 자기 자신을 믿을 수 있습니까?" 네플류도프가 이야기에 끼어들면서 물었다. "자기 자신도 잘못하는 수가 있는 법인데."

"아니야, 그렇지 않아요." 늙은이는 고개를 저으면서 확신하는 투로 대답했다.

"그렇다면 세상에는 어째서 여러 가지 신앙들이 있나요?"

네플류도프가 다시 물었다.

"사람들이 남은 믿으면서 자기 자신은 믿지 않기 때문에 여러 가지 신앙이 생긴 거지. 나 역시 남만 믿다가 밀림 속에 들어간 것처럼 길을 잃고 헤매고 말았네. 완전히 길을 잃어 도저히 빠져나갈 수 없을 만큼 말이야. 구교도도 그렇고 신교도도 그렇고, 제칠일 안식일교도도, 흘리스트파 교도도, 사제파 교도도, 비사제파 교도도, 오스트리아파 교도도, 몰로칸파 교도도, 거세파(去勢派) 교도(모두 러시아에 있었던 교파로 정교회로부터 이단시되었음)도 모두 자기네 신앙만 찬양하지만, 어느 것이나 다 눈먼 강아지처럼 이리저리 헤매며 기어다니고 있을 뿐이라네. 신앙은 많지만 영혼은 하나일세. 그 영혼은 자네 속에도 내 속에도 저 사람 속에도 있네. 그러니까 각자가 자신의 영혼을 믿기만 하면 모든 사람이 하나가 될 거라는 거지."

늙은이는 큰 소리로 말하면서 많은 사람들이 자신의 말을 들어주기를 바라는 듯 계속 주위를 둘러보았다.

"그럼 영감님은 오래전부터 그런 신앙을 가지고 있었습니까?"

네플류도프가 물었다.

"나 말인가? 그야 물론. 그래서 벌써 23년째 박해를 받고 있다네."
"박해를 받다니요?"
"그리스도가 박해를 받았던 것처럼 나도 박해를 받고 있네. 나를 붙잡아서는 재판소다, 수도원이다 하며, 말하자면 학자들과 바리새인들 사이로 끌고 다니는 거지. 정신병원에도 수용된 적이 있었네. 그렇지만 그들은 나를 어떻게 못해, 난 자유로우니까. '네 이름이 뭐냐'고 그들이 묻지. 내가 이름 같은 걸 가지고 있다고 좋아하는 줄 알아. 하지만 난 이름 따위는 아무 필요 없네. 난 모든 것과 인연을 끊었어. 난 이름도, 집도, 조국도 없고, 아무것도 없어. 난 다만 나 자신일 뿐이네. 그래도 뭐라고 부르냐고 묻는다면 인간이라고 부를 뿐이지. '나이는 몇이지' 하고 묻지만 난 나이 따위는 세어본 일도 없고, 또 셀 수도 없어. 난 언제나 있었고 앞으로도 언제나 있을 거니까. '네 부모는 누구냐'고 묻는다면 나에게는 하느님과 대지 외에는 아버지도 어머니도 없네. 하느님이 아버지이고 대지가 어머니지. '황제를 인정하느냐'고? 인정 안 하고 어쩔 건데? 황제는 황제 스스로 황제이고 나는 나 스스로 황제지. '당신하고는 도통 얘기가 통하지 않아'라고 말하면 그러면 나도 이렇게 대답하지. '내 쪽에서 얘기하자고 부탁한 적 없어.' 말하자면 이런 게 박해인 거지."
"영감님은 지금부터 어디로 가실 겁니까?" 네플류도프가 물었다.
"하느님에게 맡기는 수밖에. 일이 있으면 일하고, 없으면 구걸이라도 하는 거지."
늙은이는, 나룻배가 강기슭에 거의 다 온 걸 보고 이렇게 말을 맺은 뒤, 의기양양하게 자기의 말을 듣고 있던 사람들을 둘러보았다.
나룻배가 강기슭에 닿았다. 네플류도프가 지갑을 꺼내 늙은이에게 돈을 주려 하자 늙은이는 거절했다.
"난 그런 건 받지 않네. 빵이라면 몰라도."
"아, 실례했습니다."
"사과할 건 없소. 당신은 나에게 나쁜 짓을 한 게 아니오. 또 나에게 나쁜 짓을 할 수도 없고." 늙은이는 내려놓았던 봇짐을 어깨에 짊어졌다. 그사이 역마차도 강둑에 올려져 말이 연결되었다.
"나리도 참! 저런 인간하고 말을 섞으시다니."

네플류도프가 건장한 사공에게 뱃삯을 치르고 마차에 올랐을 때, 마부가 그에게 말했다.

“저 사람은 아무 짝에도 쓸모없는 부랑자일 뿐입니다.”

레프 톨스토이 《부활》에서

2월 19일

1

일하지 않아도 먹고살 수 있다고 하여 일을 하지 않는 것은 죄악이다.

2

노동만큼 인간을 고상하게 만들어 주는 것은 없다. 사람은 노동하지 않고는 인간적 존엄성을 유지할 수 없다. 무위도식하는 사람들이 겉치레에 그토록 애쓰는 것도 그것 때문이다. 그들은 그렇게 꾸미지 않으면 사람들로부터 경멸당한다는 것을 알고 있다.

3

땀 흘려 일하며 자신이 먹을 빵을 제 손으로 얻으려 하지 않는 사람들 속에, 진정한 종교적 이해와 순수한 도덕성이 존재하는 것은 물리적으로 불가능하다.

존 러스킨

4

어느 누구도 살아가는 데 있어서 남에게 없는 특권이나 우선권을 가지고 있지 않고, 또 가져서도 안 된다는 것과, 한편 의무에는 한계가 없으며, 인간으로서 가장 중요한 의무는 자신과 타인의 생활을 위해 자연과의 싸움에 참여하는 것임을 깨닫기 위해서는, 그 진리를 전적으로 받아들이고 지난날의 나태한 생활을 전적으로 뉘우쳐야 한다.

5

지극히 확실하고 순수한 기쁨의 하나는 노동 뒤의 휴식이다. 칸트

6

부자든 가난한 자든, 강자든 약자든, 무릇 노동하지 않는 자는 모두 쓸모없는 사람이라 해야 마땅할 것이다. 사람은 누구나 기술을 배우거나 순수한 육체노동에 종사하지 않으면 안 된다. 노동을 함으로써 비로소 우리는 최상의 순수한 희열을 알 수 있다. 그것은 노동 뒤의 휴식이며, 노동이 고되면 고될수록 휴식의 기쁨도 커진다.

루소

7

쉬지 말고 일하라. 노동을 불행으로 생각하지 말고, 또 그것으로 사람들의 칭찬을 바라지 말라.

마르쿠스 아우렐리우스

8

가장 탁월한 재능도 무위도식하면 사장된다.

몽테뉴

9

공정함이란 자신이 남에게 주는 것보다 더 많은 것을 남에게서 받지 않는 것이다. 그러나 자신의 노동과 자신이 이용하는 남의 노동을 저울질한다는 것은 불가능하다. 그뿐만 아니라 우리는 언제 어느 때 스스로 일할 능력을 잃어 남의 노동력을 가로채야 하게 될지 모르는 일이다. 그러므로 되도록 공정함을 잃지 않기 위해, 자기가 취하는 것보다 많은 것을 남에게 주도록 노력해야 한다.

2월 20일

1

인류는 끊임없이 진보한다. 그 진보는 신앙의 영역에서도 없으면 안 되는 것이다.

2

사람들의 생활양식은 그들의 신앙에 달려 있다. 신앙은 시대와 함께 갈수록 단순하고 명료하며 이해하기 쉬워져서 진정한 지식과 일치하게 된다. 그리고 신앙의 단순함과 명료함에 비례해 신앙은 더욱더 많은 사람들을 화합시킨다.

3

지금 우리에게 계시된 신앙의 이해 단계에 머물러 있어야 한다고 생각하는 사람이 있다면, 그는 진리에서 아주 멀리 떨어져 있는 거라고 해야 할 것이다. 우리가 받은 빛은 그것을 그저 바라만 보라고 우리에게 주어진 것이 아니라, 그 빛에 의해 우리 안에 숨겨져 있는 새로운 진리를 볼 수 있도록 주어진 것이다.

밀턴

4

이 세상의 권력자들이 권력의 힘을 빌려 폭력적으로 억누르려 하고 있음에도 불구하고, 그리스도의 정신은 곳곳에서 뚜렷하게 나타나고 있다.

과연 복음서의 정신이 민중 속에 침투해 있지 않은 것일까? 그들은 그 빛을 보지 못하고 있는 것일까? 권리와 의무에 대한 관념이 모든 사람들에게 더욱더 명확해지지 않은 것일까? 더욱 공평한 법률을 요구하는 목소리, 공정한 평등 의식에 기초한, 약자를 보호하는 체제를 요구하는 목소리가 사방에서 들려오지 않는 것일까? 강압에 의해 갈라진 사람들 사이에 놓여 있는 지금까지의 적대관계가 사라지지 않은 것일까? 과연 세상의 모든 사람들은 서로를 형제로 느끼지 않는 것일까?

이 세상의 압제자들은 이미, 내부의 목소리가 그들에게 머지않은 종말을 예언하는 것을 들은 것처럼 두려움에 떨고 있다. 그들은 공포로 가득 찬 환영에 겁을 먹고, 민중을 매어 놓았던 쇠사슬, 그리스도가 그것을 풀기 위해 왔고 또 머지않아 산산조각이 날 쇠사슬을, 떨리는 손으로 움켜쥐고 있다. 불길한 땅울림이 그들의 꿈을 어지럽힌다. 어딘가 은밀한 장소에서 어떤 일이 벌어지고 있지만 어떤 힘으로도 그것을 저지할 수 없으며, 그 일이 시시각각 진행되고 있다는 사실이, 그들을 형용하기 어려운 공포 속에 빠뜨린다. 그것은 바로 뻗어가는 사랑의 활동이다. 그 사랑의 활동은 이 세상의 죄악을 뿌리 뽑고, 시들어 가는 생명에 활력을 주며, 슬퍼하는 자를 위로하고, 묶인 자의 쇠사슬을 끊어, 그 내적 법칙이 이미 폭력이 아니라 인간 상호 간의 사랑인 새로운 생활의 길을 사람들에

게 열어줄 것이다. 라므네

5

인류가 진보하는 것은 바로 신앙이 진보하기 때문이다. 신앙이 진보한다는 것은 새로운 종교적 진리를 발견하거나, 인간의 세계와 이 세계의 창조자에 대한 새로운 관계를 탐구하는(새로운 것은 아무것도 없다) 것이 아니라, 종교적 이해와 결부된 모든 필요 없는 것들을 버리는 일이다. 새로운 종교적 진리라는 것은 없다. 유사 이래 모든 현자의 세계 및 세계의 창조자에 대한 관계는, 오늘날의 그것과 완전히 같았다. 종교가 진보하는 것은 뭔가 새로운 것이 발견되는 것이 아니라, 오로지 이미 발견되고 표현된 것을 정화하는 데 있다.

6

신앙이란 어떤 시대, 어떤 사회에서 가장 뛰어난 선각자들에 의해 도달된, 인생에 대한 가장 높은 이해의 지표이며, 그 사회의 나머지 사람들도 언젠가 틀림없이 불가항력적으로 그것에 접근해 가게 된다.

7

진정한 진보, 즉 종교적 진보와 기술적, 과학적, 예술적 진보를 혼동해서는 안 된다. 기술적, 과학적, 예술적 업적은 현대에서 볼 수 있듯 종교적 퇴폐 속에서도 매우 위대할 수 있다.

하느님을 섬기려거든 무엇보다 먼저 온갖 미신과의 싸움과 종교적 의식의 해명, 정화를 목적으로 하는 종교적 진보의 투사가 되지 않으면 안 된다.

2월 21일

1

사람이 사람을 먹는 시대가 있었다. 이윽고 사람을 먹는 습관은 사라졌지만, 동물은 지금도 계속 먹고 있다. 그러나 이제 사람들이 이 무서운 육식의 습관도 멀리할 날이 가까이 다가오고 있다.

2

어린이 보호와 동물 애호를 주장하는 여러 단체들이, 육식이야말로 대부분 그들이 형벌로서 방지하고자 하는 잔학행위임에도 불구하고, 채식에 대해 전혀 관심이 없는 것은 얼마나 해괴한 일인가. 사랑의 실천은 형법상의 책임에 대한 공포보다 훨씬 더 강력하게 잔학행위를 방지할 수 있다. 분노에 사로잡혀 사람을 괴롭히고 죽이는 잔학성과 그 살코기를 먹으려는 목적으로 동물을 괴롭히고 죽이는 잔학성 사이에 도대체 어떤 차이가 있단 말인가? 동물을 죽이고 먹는 일이야말로 사람들 속의 잔인성을 불타게 하는 가장 큰 원인인 것을.

루시 맬러리

3

흡연과 음주와 육식은 가장 저주받아야 할 세 가지 습관이다. 이 무서운 세 가지 습관에서 최대의 불행과 최대의 빈곤이 태어난다. 이 세 가지 습관에 빠지는 것과 동시에 사람들은 동물에 가까워져서, 인간다운 모습과 인간으로서의 가장 큰 행복인 맑은 이성과 선한 마음을 잃게 된다.

힐스

4

동물에 대한 인간의 행위에는 아무런 도덕적 의미가 없다는 생각, 더욱 일반적으로 말해 인간은 동물에 대해 아무런 의무가 없다는 생각 속에는 참으로 무서운 잔인성과 야만성이 도사리고 있다.

쇼펜하우어

5

한 여행자가 아프리카 식인종에게 다가가니, 마침 그들은 살코기 같은 것을 맛있게 먹고 있는 중이었다. 여행자는 그들에게 무엇을 먹고 있느냐고 물었다. 그러자 그들은 사람 고기라고 대답했다.

"어떻게 그런 것을 먹을 수 있느냐?"고 여행자는 소리쳤다.

"왜 못 먹어? 소금만 치면 아주 맛있지."

아프리카 식인종이 대답했다.

그들은 사람 고기를 먹는 것이 완전히 습관이 되어 있어서, 여행자가 무엇 때문에 그렇게 놀라 소리치는지 전혀 이해할 수 없었던 것이다.

육식을 하는 사람들 또한, 돼지나 양이나 소의 살코기를 단지 소금을 치면 맛이 있다는 이유만으로 맛있게 먹는 것에 대해 채식주의자들이 느끼는 불쾌한 느낌을 이해하지 못한다. 루시 맬러리

6

인간이 동물을 잡아먹는 것은, 동물은 인간의 먹거리를 위해 하느님이 만든 것이므로 동물을 죽이는 것에 아무런 잘못이 없다고 생각하는 데 가장 큰 원인이 있다. 그러나 그것은 옳지 않다. 설사 세상의 모든 책 속에 동물을 죽이는 것이 죄악이 아니라고 씌어 있다 할지라도, 우리의 마음속에 그 어떤 책에 씌어 있는 것보다 훨씬 더 명확하게, 동물도 인간과 마찬가지로 불쌍히 여겨야 한다고 씌어 있으며, 우리는 자신의 양심을 죽이지 않는 한 그것을 다 알고 있다.

7

너희가 육식을 끊으면 사람들이 모두 몰려와 너희를 공격하고 비난하고 비웃을지도 모르지만, 결코 거기에 동요해서는 안 된다. 육식이 해도 괜찮은 일이라면, 육식주의자도 굳이 채식주의자를 공격하지 않을 것이다. 그들이 신경을 곤두세우고 있는 것은, 이미 오늘날에는 그들도 그 죄를 의식하고 있으면서도, 아직 그 습관에서 벗어나지 못하고 있기 때문이다.

2월 22일

1

하느님에 대해 어떤 말을 들어도, 또 하느님에 대해 어떤 말을 해도 우리의 마음은 결코 채워지지 않는다. 우리가 하느님에 대해 이해할 수는 있지만 표현할 수는 없는 것, 그것이 바로 모든 사람에게 필요한 것이며, 그것만이 모든 사람에게 생명을 주는 것이다. 안겔루스 질레지우스

2

진정한 길은 흔히 길이라고 불리고 있는 그런 길이 아니다. 진정한 이름은 흔

히 그 이름으로 불리고 있는 그런 이름이 아니다. 노자

3

자신의 내부에 만물을 포용하는 것, 그것 없이는 하늘도 땅도 있을 수 없는 존재가 있다. 이 존재는 평안하고 형태를 갖추고 있지 않다. 그 작용을 가리켜 이성이라 부르고 사랑이라 부르지만, 그 존재 자체는 이름을 가지고 있지 않다. 그것은 가장 높고 먼 존재인 동시에 가장 가까운 존재이다. 노자

4

신, 그것은 우리에게 정의를 요구하는 무한한 존재를 뜻한다. 매슈 아널드

5

신, 그것은 우리가 우리 자신을 그 일부로서 의식하는 모든 것을 뜻한다.

6

신이 어디에 있느냐고 묻는 것은 어리석다. 신은 삼라만상 속에, 모든 사람의 마음속에 있다. 신앙은 수없이 많지만 신은 단 하나이다. 만일 사람으로서 자기 자신을 알지 못한다면 어떻게 신을 알 수 있으랴. 인도 금언

7

전에는 내가 이 세상에 존재하지 않았고 현재의 내가 죽는 것도 나 자신의 의지와 상관없이 일어나는 것처럼, 나의 출생도 내 의지와는 아무 상관 없이 일어났다. 따라서 나는 처음부터, 나 이전에 존재했고 내 뒤에도 존재하며 나보다 강력한 누군가의 힘에 의해 존재하기 시작했고, 또 계속 존재하고 있는 것이다. 그런데 사람들은 나에게 하느님이라는 건 존재하지 않는다고 말하고 있다.

라브뤼예르

8

태어나면서부터 불투명한 유리창이 있는 방에 갇힌 사람이 태양을 불투명한

유리라고 하듯이, 즉 햇빛을 투과시키는 유일한 물체의 이름을 태양 자체에 붙이듯이, 복음서 또한 하느님을 가리켜, 하늘로부터의 계시를 전하는 최고의 인간적 감정, 또는 최고의 인간적 자질의 이름으로 일컫는다. 즉 하느님을 사랑이라 부르고 예지(로고스)라고 부르는 것이다.

그리고 방에 갇혀 있던 사람이 거기서 나와, 비로소 태양 자체와 그 빛을 받고 있는 불투명한 유리를 구별할 수 있는 것처럼, 인간의 영혼에도 그 사람의 육체 또는 물질의 속박에서 해방된 정도에 따라 하느님의 본성과 직접적으로 하나가 될 수 있는 가능성이 더욱 커진다.

그러나 무엇보다 자신의 예지를 높이 평가하는 사람들은 하느님을 예지와 동일시하여 예지라고 부를 것이고, 또 사랑의 감정을 무엇보다 높이 평가하는 사람들은 하느님과 사랑을 동일시하여 사랑이라고 부를 것이다.

그리고 마지막으로, 아직 자신의 예지도 자신의 사랑의 감정도 믿지 못하고 특정한 인물의 권위를 절대적으로 맹신하는 사람들은, 그 특정한 인물을 하느님과 동일시할 것이다. 표도르 스트라호프

9

태양의 강렬한 빛에 네 눈이 먼다 해도, 태양이 존재하지 않는다고 말하지는 않을 것이다. 그와 같이, 하느님을 이해하려고 열심히 노력하다가 네 이성이 혼란을 일으키거나 사라지더라도, 그것 때문에 하느님이 존재하지 않는다고 말해서는 안 된다. 안겔루스 질레지우스

2월 23일

1

지금의 사회 체제는 양심의 요구에도 이성의 요구에도 부응하지 않는다.

2

대부분의 기업인들은 이 세상에 가장 바람직한 사회 체제는, 수많은 무질서한 대중이 서로 가능한 한 상대가 가진 것을 빼앗고, 노약자까지 혹사시키며, 하찮은 달콤한 유혹으로 노동력을 그러모아 쓸모도 없는 물건을 생산하고는 이

용가치가 사라지면 굶어 죽든 말든 해고해도 되는, 그런 체제로 생각하고 있다.

존 러스킨

3

호밀밭에 내려앉은 백 마리의 비둘기 떼를 상상해 보라. 그들 중 아흔아홉 마리가 자신이 쪼아 먹을 수 있는 데까지 쪼아 먹는 게 아니라 꼭 필요한 만큼만 쪼아 먹고, 자신의 힘으로 가능한 한 많은 낟알을 모아, 자신들을 위해서는 껍질 외에 아무것도 남기지 않은 채, 그 호밀 더미를 자기네 무리 중에서 가장 연약하고 하잘것없는 한 마리의 비둘기에게 주는 광경을 상상해 보라. 그 아흔아홉 마리가 한 마리의 형제 주위에 둘러앉아, 한 마리 비둘기가 배불리 먹고 나서 호밀을 온통 흩뜨려 놓고 있을 때, 다른 비둘기들보다 대담하고 훨씬 배가 고픈 한 비둘기가 그 호밀 속의 단 한 알에 부리를 대는 것을 보고, 다른 비둘기가 모두 그 비둘기에게 달려들어 갈기갈기 찢어버리는 그림을 상상해 보라.

만약 그런 광경을 본다면, 그것은 우리 사회에서 관행적으로 늘 일어나고 있는 광경의 복제그림으로 생각해도 무방하다.

페일리

4

사람들이 서로 지혜를 다투고 서로 함정을 만들며 속이고 배신하는 광경을 보고 어찌 한탄하지 않을 수 있겠는가! 선과 악의 기준이 무시되고 있는, 아니 그보다 오히려 깡그리 잊히고 있는 것을 어찌 눈물 없이 바라볼 수 있겠는가!

테오그니스

5

흙과 햇빛, 동식물계, 광석층, 그 밖에 우리가 막 이용하기 시작한 모든 자연의 힘 속에는 무진장한 부(富)가 있어서, 웬만한 이성을 갖춘 사람들이라면 그것으로 모든 물질적 요구를 충족시킬 수 있다. 자연 속에는 빈곤을 초래할 원인이 없다. 불구자와 노약자가 가난에 빠질 이유도 없다. 왜냐하면 인간은 본질적으로 사회적인 동물이므로 사람들이 만성적인 가난으로 짐승처럼 타락하지 않는 한, 가정적인 애정과 사회의 동정이 스스로 자신을 부양할 힘이 없는 사람들을

위해 꼭 필요한 것을 완전히 조달할 것이기 때문이다. 헨리 조지

6

사회생활의 개선을 위해 꼭 필요한 것은, 사회의 특정 계층에 있는 일부 사람뿐만 아니라 그 사회를 구성하고 있는 모든 사람들의 예지와 사랑이 그 일에 결집될 수 있도록 하는 것이다. 우리가 그 일을 정치가에게만 맡겨두어서는 좋은 결과를 얻을 수 없다. 대중이 스스로 생각하지 않으면 안 된다. 왜냐하면 실제로 일하는 것은 대중이기 때문이다. 헨리 조지

7

현대 문명이 우리에게 제아무리 견고하게 보일지라도 거기에는 이미 파괴력이 작용하고 있다. 황야나 숲속이 아니라 바로 도시의 뒷골목과 중심가에, 흉노족과 반달족이 고대 문명에 대해 자행했던 것과 똑같은 짓을 현대 문명시대에 아무 거리낌 없이 자행하고 있는 야만인들이 있다. 헨리 조지

8

사회 개혁은 민중에 의해, 그리고 민중을 위해 이루어지지 않으면 안 된다. 개혁이 지금처럼 일부 계급에 장악된 독점적 사업인 한, 그것은 하나의 악을 다른 악으로 대치하는 작용만 할 뿐, 민중은 그것에 의해 결코 구제되지 않는다.

주세페 마치니

9

인간은 이성적인 존재이다. 그런데 사회생활을 하는 데 있어서는 왜 이성이 아니라 폭력을 사용하는 것일까?

2월 24일

1

진리가 상대방의 귀에 들리도록 하려면 그것을 선의를 가지고 이야기할 필요가 있다. 아무리 이치에 맞는 옳은 말이라도 화를 내면서 말하면 상대방에게 전

달되지 않는다. 그러므로 만약 네가 누군가에게 어떤 말을 했는데 그것이 받아들여지지 않을 때는, 그것은 둘 중의 하나, 네가 진리라고 생각한 것이 실은 진리가 아니거나, 네가 그것을 선의로 전달한 것이 아니며, 그것도 아니면 진리도 아니고 선의도 결여되어 있었던 거라고 생각하라.

2

진리를 전달하는 유일한 방법은 사랑으로 얘기하는 것이다. 사랑하는 사람의 말만이 사람들의 귀에 들리게 마련이다. 소로

3

진리를 말하는 것도, 바느질을 잘하고 능숙하게 풀을 베고 글씨를 아름답게 쓰는 것과 이치는 똑같다. 그것은 바느질을 많이 하고 풀을 많이 베고 글씨를 많이 써본 사람에게만 가능하다. 아무리 애써도, 수없이 해보지 않은 일은 잘 되지 않는다. 그러므로 진실을 말하고 싶으면 그 일에 익숙해지지 않으면 안 된다. 그리고 그 일에 익숙해지려면 아무리 사소한 일에 대해서라도, 오로지 진실만을 말하도록 해야 한다.

4

우리는 남들 앞에서 자기 자신을 위장하는 것이 완전히 습관이 되어버려서, 종종 자기 자신에게조차 자신을 위장하기 쉽다. 라로슈푸코

5

실질적으로는 자신의 내부에 뿌리내린 사상에만 진리와 생명이 있고, 진정한 의미에서 우리가 이해할 수 있는 것은 오직 그것뿐이다. 책에서 읽은 남의 사상은, 이를테면 남의 밥상 위의 먹다 남은 찌꺼기이며 이방인에게서 빌린 옷과 같다. 쇼펜하우어

6

만일 사람이 진리를 보고 두려워하며 그것을 인정하지 않고, 자신이 지금까지

진리라고 생각해 온 것이 허위였다는 의식을 애써 무시한다면, 그는 자기가 해야 할 일을 영원히 모르게 될 것이다.

7

진리를 위해 진리를 사랑하는 현자들은 진리를 자신의 소유물로 생각하지 않는다. 그들은 어디서 진리와 만나더라도 감사하게 그것을 받아들이며, 그것에 누군가의 이름이 적힌 딱지를 붙이려 하지 않는다. 왜냐하면 그러한 진리는 오랜 옛날부터 이미 그들의 내부에 있었기 때문이다. 에머슨

8

진리가 인간에게 악의를 불어넣고 교만한 마음을 불어넣을 리가 없다. 진리의 발로는 언제나 온화하고 겸허하며 순수하다.

2월 25일

1

기도한다는 것은 영원하고 무한한 존재인 하느님의 법칙을 인정하고 그것을 상기하며, 그 법칙에 자신의 과거와 미래의 행위를 적용하여 생각하는 일이다. 되도록 자주 기도하는 것이 좋다.

2

기도를 시작하기에 앞서서 먼저 자신이 그 시간 동안 온전하게 정신을 집중할 수 있는지 스스로 시험해 보라. 만약 그것이 되지 않을 때는 기도하지 말라.

습관적으로 기도하는 것은 진실한 기도라고 할 수 없다. 《탈무드》

3

우리의 약점과 싸우는 수단인 기도를 어찌 자신으로부터 빼앗아야 한단 말인가? 신에게 다가가기 위한 모든 정신적인 노력은 우리를 아집으로부터 해방시켜 준다. 신에게 도움을 구할 때, 우리는 그것을 자기 자신 속에서 발견하는 것을 배운다. 신이 우리를 변화시키는 것이 아니라 우리가 신에게 한 발짝 한 발짝

다가가면서 스스로를 변화시키는 것이다. 우리가 신에게 간절하게 바라는 모든 것은 우리 스스로 자신에게 주는 것이다. 루소

4

기도할 때에도 위선자들처럼 하지 마라. 그들은 남에게 보이려고 회당이나 한길 모퉁이에 서서 기도하기를 좋아한다. 나는 분명히 말한다. 그들은 이미 받을 상을 다 받았다. 너는 기도할 때에 골방에 들어가 문을 닫고 보이지 않는 네 아버지께 기도하여라. 그러면 숨은 일도 보시는 네 아버지께서 다 들어주실 것이다. 너희는 기도할 때에 이방인들처럼 빈말을 되풀이하지 마라. 그들은 말을 많이 해야만 하느님께서 들어주시는 줄 안다. 그러니 그들을 본받지 마라. 너희의 아버지께서는 구하기도 전에 벌써 너희에게 필요한 것을 알고 계신다.

〈마태복음〉 제6장 5~8절

5

기도는 오랜 옛날부터 인간에게 필요한 것으로 인정되어 왔다. 옛날 사람들에게 있어서 기도(지금도 대부분의 사람들에게 그렇지만)는 일정한 상황과 일정한 장소에서 일정한 동작과 언어로 하느님 또는 여러 신들에게 말을 걸어 그 자비와 은혜를 청하는 것을 뜻했다.

그리스도교의 가르침은 그러한 기도에는 관여하지 않는다. 기도란 이 세상에서의 불행에서 벗어나고 개인적인 이익을 얻는 수단으로서가 아니라, 죄악과의 싸움에서 인간을 강하게 만들어 주는 수단으로서 꼭 필요한 것이라고 가르치고 있다.

6

기도란 세속적인 것과 자신의 오관을 어지럽히는 모든 것에서 떠나(그 점에 있어서, 이슬람교도가 회당에 들어가거나 기도할 때 손가락으로 눈과 귀를 가리는 것은 의미 있는 일이다) 자기 내부에 신적 본원을 일깨우는 일이다. 이것을 위한 최선의 방법은 그리스도가 가르친 대로 하는 것이다. 즉 혼자 방에 들어가 문을 닫고 기도하는 것, 말하자면 혼자서 기도하는 것, 그곳이 방 안이든 들판 한가운데든

완전히 혼자가 되어 기도하는 것이다. 바꿔 말하면, 기도란 모든 세속적인 것, 외면적인 것을 떠나 자기 속에 자기 영혼의 신적인 부분을 일깨워, 그 속에 몰입하고, 그것을 통해 그것이 그 일부분에 불과한 전체, 즉 하느님과의 교류에 들어가 자신을 하느님의 종으로 인식하며, 세속적이고 외적인 조건의 요구에 따르지 않고 오히려 영적인 부분의 요구에 따라, 자신의 영혼과 자신의 행동과 자신의 소망을 점검하는 일이다.

그러한 기도는 노래와 그림과 조명과 설교를 곁들인 세속의 일반적인 기도가 자아내는 공허한 감동과 흥분과는 달리, 영혼의 구원이고 단련이며 향상이다. 그것은 참회이고 과거의 모든 행위의 검증이며 앞으로의 행동에 대한 지침이다.

7

자신의 기도 방법을 새롭게 하는 것, 즉 하느님에 대한 자신의 관계의 표현을 새롭게 바꾸는 것은 좋은 일이다. 인간은 끊임없이 성장하고 변화한다. 그러므로 그의 하느님에 대한 관계도 변화하고 또 분명해진다. 따라서 기도도 성장하고 변화하지 않으면 안 되는 것이다.

이레째 읽을거리

천사 가브리엘

어느 날 천사 가브리엘은 하늘나라에서 들려오는 하느님의 목소리를 들었다. 하느님은 누군가를 축복하고 있었다.

'틀림없이 그 사람은 지상에 있는 하느님의 중요한 종이 틀림없다. 아마 성스러운 은자나 현자의 한 사람일 것이다.'

그렇게 생각한 천사는 그 사람을 찾아보려고 지상으로 내려갔다. 그러나 천상에서도 지상에서도 그를 찾을 수가 없었다. 그래서 그는 하느님에게 돌아가 말했다.

"오, 주여! 부디 저에게 당신이 사랑하고 계시는 그 사람이 있는 곳을 가르쳐 주십시오."

하느님이 대답했다.

"마을로 가거라. 그러면 그곳의 작은 교회당의 불빛이 보일 것이다."

천사가 그 교회당으로 내려가자, 한 남자가 그곳에서 우상을 앞에 놓고 절을 하고 있었다. 천사는 하느님에게 다시 돌아가 말했다.

"주여, 당신은 정말로 저 우상 숭배자를 사랑하는 마음으로 보고 계시는 것입니까?"

하느님은 말했다.

"나는 그가 나를 올바르게 이해하고 있지 않은 것은 중요하게 생각지 않는다. 나를 정확하게 이해하는 것은 어떤 인간에게도 불가능한 일이다. 내가 누구인지 진정으로 이해할 수 없다는 점에서는 모든 인간 가운데 가장 위대한 성인도 저 사람과 전혀 다를 바가 없다. 나는 인간의 지혜가 아니라 마음을 중시한다. 저 남자의 마음은 나를 구하고 있다. 그렇기 때문에 그는 나와 가까운 곳에 있느니라."

페르시아 시인 아타르의 이야기에서

기도

너희의 아버지께서는 구하기도 전에 벌써 너희에게 필요한 것을 알고 계신다.

〈마태복음〉 제6장 8절

"아니야, 아니야, 안 돼요! 그럴 리가 없어요…… 선생님! 도저히 방법이 없는 건가요? 왜 두 분 다 잠자코 있는 거예요?"

젊은 어머니는 자신의 하나밖에 없는 세 살 난 아들이 물뇌증에 걸려 죽어가고 있는 방에서 결연한 걸음으로 걸어 나오며 그렇게 말했다.

낮은 목소리로 얘기를 주고받던 그녀의 남편과 의사는 입을 다물어 버렸다. 남편은 멈칫멈칫 아내에게 다가가 아내의 헝클어진 머리에 가만히 손을 얹고 무거운 한숨을 내쉬었다. 의사는 고개를 숙이고 서 있었다. 입을 꼭 다문 채 미동도 하지 않는 그 자세가 아이의 병세가 절망적이라는 것을 말해주고 있었다.

"어쩔 수 없는 일이오! 체념해야겠소, 여보……."

남편이 말했다.

"싫어요! 그런 말은 하지 말아요, 제발!" 그녀는 화난 것처럼 비난하는 듯한 목소리로 외치고는 홱 돌아서서 아이 방을 향해 다시 걸어갔다.

남편은 아내를 만류했다.

"카챠! 가지 않는 게 좋아……."

그녀는 대답하지 않고 피곤에 지친 커다란 눈으로 그를 바라보더니, 그대로 아이 방으로 들어갔다.

아이는 머리 밑에 하얀 베개가 받쳐진 채 유모의 팔에 안겨 있었다. 눈은 뜨고 있지만 아무것도 보지 못하고 있었다. 앙다문 작은 입에서 거품이 흘러나와 있었다. 유모는 화난 듯 엄숙한 표정으로 아이의 얼굴에서 시선을 피해 어딘가를 응시하며, 어머니가 들어와도 꼼짝도 하지 않았다. 어머니가 그녀에게 다가가 아이를 받아 안으려 하자 유모는 조용히 말했다. "아기가 죽을 것 같아요!" 그러고는 어머니에게서 살짝 몸을 피했다. 하지만 어머니는 상관하지 않고 재빠르고 익숙한 손놀림으로 아이를 자신의 품에 안았다. 아이의 긴 곱슬머리가 뒤엉켜 있었다. 그녀는 그것을 쓸어 올리며 아기의 얼굴을 지그시 들여다보았다.

"아니야, 절대로 안 돼." 그녀는 그렇게 중얼거리고는, 재빠르면서도 조심스런 동작으로 아기를 유모에게 돌려주고 방에서 나갔다.

아이가 발병한 지 벌써 일주일이 지나 있었다. 병을 앓는 동안 어머니는 하루에도 몇 번씩 절망과 희망 사이를 오락가락했다. 그동안 그녀는 하루에 겨우 한 시간 반 정도밖에 자지 못했다. 그리고 하루에도 몇 번씩 자기의 침실에 들어가, 황금으로 장식된 커다란 구세주의 성상 앞에 서서 아들을 살려달라고 하느님에게 기도를 올렸다. 검은 얼굴의 구세주상은 그 작고 검은 손에 금박으로 장식된 책을 들고 있었는데, 그 책에는 흑금(黑金)으로 상감 처리한 글씨로 "고생하며 무거운 짐을 지고 허덕이는 사람은 다 나에게로 오너라. 내가 편히 쉬게 하리라" (〈마태복음〉 제11장 28절)라고 새겨져 있었다.

그녀는 그 성상 앞에 서서 자신의 온 영혼을 기울여 기도를 올렸다. 기도를 드리는 동안에도 마음속에서는, 결국 자신에게는 산을 움직일 힘이 없다는 것, 하느님은 그녀가 원하는 대로가 아니라 하느님 자신이 원하는 대로 이루실 거라는 것을 느끼고 있었지만, 그래도 그녀는 정해진 기도문과 자신이 그때그때 지은 문구를 힘주어 소리 내어 외곤 했다.

그리고 지금, 아들이 죽었다는 것을 또렷이 깨달았을 때, 그녀는 머릿속에서 마치 무언가가 툭 끊어져서, 그것이 빙글빙글 돌기 시작하는 것 같은 이상한 기분이 들어, 자신의 침실에 들어가서도 거기가 어딘지 모르는 것처럼 놀란 눈으로 가구와 세간들을 둘러보았다. 그런 다음 침대 위에 개켜져 있는 남편의 실내복 위에 머리를 얹고는 그대로 의식을 잃고 말았다.

그러자 꿈속에 코스차가 나타났다. 건강하고 밝은 표정을 한 코스차는 풍성한 곱슬머리와 하얗고 가느다란 목을 드러내고 팔걸이의자에 앉아, 장딴지가 통통한 두 다리를 까불거리면서 입술을 삐죽이 내밀고, 사내아이의 인형을, 마분지로 만든 다리가 하나 없고 등에 구멍이 난 말 등에 태우려고 열심이었다.

'저 아이가 살아 있다면 얼마나 좋을까!' 하고 그녀는 생각했다. '저 아이가 죽다니 정말 잔인한 일이야. 도대체 왜! 내가 그토록 기도를 드렸는데도 하느님은 그 아이를 죽게 내버려 두신 걸까? 도대체 하느님은 무슨 생각으로 그렇게 하신 걸까? 그 아이가 누군가에게 장애물이라도 될 거라고 생각하신 걸까? 하느님도 그 아이야말로 내 목숨이고, 그 아이 없이는 내가 살아갈 수 없다는 것을 잘 알고 계실 텐데! 가엾게도 그 죄 없는 귀여운 아기에게 느닷없이 병을 주고 괴롭히더니 내 생활을 엉망으로 만들고는, 내가 그토록 열심히 기도를 드렸는데도 그 아이의 눈을 감기고, 온몸을 쭉 뻗어 싸늘하게 식어버리게 하는 것으로 응하시다니!'

그녀는 계속 꿈을 꾸었다. 코스차가 걸어가고 있다. 저렇게 작은 몸으로, 저렇게 높은 문을 향해, 작은 손을 흔들면서 마치 어른처럼 걸어가고 있다. 그리고 이쪽을 보며 방긋 웃는다……. '귀여운 내 아기! 이렇게 귀여운 아기를 하느님은 그토록 괴롭히다가 끝내 생명을 거둬가고 마시다니! 하느님이 이렇게까지 끔찍한 짓을 하신다면 기도는 무엇 때문에 한단 말인가!'

그러자 갑자기 유모를 도와 아기를 봐주는 어린 하녀 마트료샤가 뭔가 이상한 말을 하기 시작한다. 어머니는 그것이 마트료샤라는 것은 알고 있지만 마트료샤인 동시에 천사로 보이기도 한다. '그렇지만 이 아이가 천사라면 어째서 등에 날개가 없을까?' 하고 어머니는 생각한다. 그러나 그녀는 누구였는지 확실하게 기억이 나지는 않지만 어쨌든 믿을 만한 어떤 사람이 그녀에게 요즈음은 흔히 날개 없는 천사도 있다고 말하던 것을 떠올린다. 그 천사 마트료샤가 말한다.

"마님, 그런 식으로 하느님에게 불평하시면 안 돼요. 하느님이라고 모든 인간의 부탁을 다 들어줄 수는 없잖아요. 세상 사람들은 곧잘 한 사람에게 좋으면 다른 사람에게는 나쁜 것을 부탁하거든요. 지금도 그래요. 러시아의 방방곡곡에서 사람들이 기도를 드리고 있는데, 그게 도대체 어떤 사람들의 기도인지 아세요? 가장 훌륭한 주교와 사제들이 대성당과 교회에서 고마운 성자의 유골을 앞에 놓고, 제발 일본군을 이기게 해달라고 기도하고 있는 거예요. 그런데 그게 과연 선한 일일까요? 그런 것을 비는 것은 소용이 없는 일인 데다 하느님도 일일이 다 들어주실 수가 없어요. 일본 사람들도 역시 자신들이 이기게 해달라고 빌고 있을 테니까요. 하느님은 한 분뿐인데 도대체 어떻게 해야 하겠어요? 하느님은 도대체 어떻게 해야 할까요, 마님!"

"그래, 네 말이 맞다. 그건 옛날부터 말해오던 얘기야. 볼테르도 그런 말을 했지. 그건 누구나 다 알고 있고, 누구나 다 얘기하고 있는 말이야. 하지만 내가 말하는 것은 그런 얘기가 아니란다. 어째서 하느님은, 내가 나쁜 것을 원하는 게 아니라 그저 내 소중한 아들이 죽지 않도록 해달라고 간청했을 뿐인데, 어째서 그 소원을 들어주지 않으시는 거냐고 말하고 있는 거야. 난 그 애 없이는 살아갈 수가 없는걸" 하고 그녀는 대답한다. 그리고 그녀는 아들이 그 포동포동한 두 손으로 자신의 목을 껴안는 듯한 느낌과 함께, 아들의 따뜻한 체온을 온몸으로 느꼈다. '아, 다행이야! 거봐, 코스차는 죽지 않았어' 하고 그녀는 생각한다.

"그뿐만이 아니에요, 마님" 하고 마트료샤는 늘 그렇듯이 막무가내로 주장한다. "그뿐만이 아니라고요. 하느님은 때로는 단 한 사람의 소원도 들어주실 수 없는 경우가 있어요. 우리는 그것을 다 알고 있죠. 저도 자주 그걸 전하기 때문에 다 알고 있는걸요." 천사 마트료샤는 어제 마님이 자기를 나리한테 심부름을 보냈을 때, 유모에게 "나리께서 집에 계시다는 걸 알고 있어요. 들어오시는 걸 봤으니까요" 하고 말했을 때와 똑같은 말투로 말한다.

"전 그 훌륭한 분(대개는 젊은이였지만)이, '제발 나쁜 짓을 저지르지 않도록, 향락에 빠지지 않도록 저에게 힘을 주십시오. 부디 몸에서 가시를 제거하듯 악을 제거해 주십시오' 하고 당신에게 간원했다는 것을 몇 번이나 하느님께 전달했는지 몰라요."

'아니 그런데, 마트료사가 정말 말을 잘하는구나' 하고 마님은 생각했다.

"그렇지만 하느님도 도와줄 수가 없어요. 모든 인간은 스스로 노력하지 않으면 안 돼요. 스스로 노력해야만 비로소 정말로 몸에 배이거든요. 마님도 저에게 '검은 암탉 이야기'라는 책을 읽으라고 하셨잖아요? 그 책에 검은 암탉 한 마리가 자기를 죽을 고비에서 살려준 한 소년에게, 보답으로 마법의 삼씨를 한 알 주었는데, 그 삼씨가 바지 주머니에 들어 있는 동안은 공부를 하지 않아도 모든 과목을 다 암기할 수 있기 때문에 그 소년은 공부를 전혀 하지 않게 되어, 기억력이 없어져 버렸다는 얘기가 있어요. 하느님도 인간들에게서 악을 제거하지는 못해요. 또 그런 것을 비는 것은 잘못된 것이고, 모든 인간은 자신의 죄를 스스로 제거하고, 씻어내고, 뿌리를 뽑지 않으면 안 돼요."

'이 아이는 대체 어디서 이런 말을 다 배웠을까?' 하고 생각하면서 마님은 말한다.

"하지만 마트료샤, 넌 아직 내 질문에 대답하지 않았잖아."

"잠깐만 기다리세요, 다 말씀드릴 테니까요. 예를 들면 이런 기도를 전해드린 일도 있었어요. 어느 한 집안이 아무 죄도 없이 파산해, 모두 울면서 지금까지 살아왔던 훌륭한 저택에서 초라한 셋집으로 이사하여, 심지어는 차도 마시지 못하게 되자, 하느님께 제발 좀 도와달라고 간청하고 있다고요. 그렇지만 하느님으로서는 그 사람들의 소원을 들어줄 수가 없었어요. 왜냐하면 그 셋방살이가 오히려 그 사람들에게는 좋은 것이기 때문이었어요. 그 사람들은 모르고 있었지만, 하느님은 그 사람들이 지금까지처럼 사치스러운 생활을 계속하다가는 언젠가는 엉망으로 타락하리라는 것을 알고 있었던 거예요."

마님은 생각한다. '그건 맞는 말이야. 하지만 이 아이는 어째서 하느님에 대해 이렇게 버릇없게 말을 하는 것일까? 엉망으로라니…… 정말 좋지 않은 말이야. 언젠가 기회가 있으면 주의를 주어야겠어…….'

"그렇지만 난 그런 말을 하고 있는 게 아니야" 하고 어머니는 다시 말한다. "난 도대체, 무엇 때문에, 하느님이 나의 소중한 아들을 빼앗아 가셨는지 묻고 있는 거야."

그러자 어머니의 눈앞에 건강한 코스차의 모습이 떠오르고, 방울을 울리는 것처럼 사랑스러운, 코스차 특유의 천진난만한 웃음소리가 들려온다. "어째서 내 아들을 빼앗아 갔느냔 말이야. 만일 하느님이 그렇게 하신 거라면 그 하느님은 잔인한 하느님, 나쁜 하느님이야. 그런 하느님은 필요 없어, 얼굴도 보고 싶지 않아."

그런데 이게 어찌 된 일인가, 마트료샤는 이제 전혀 마트료샤가 아닌 뭔가 전혀 다른 신비롭고 눈부신 존재가 되어, 이제는 입으로가 아니라 뭔가 독특한 방법으로 직접 어머니의 마음을 향해 말하는 것이 아닌가!

"너, 눈이 어두운 오만불손한 여자여! 너는 지금, 일주일 전의 팔다리를 힘차게 움직이며 순진하고 귀여운 목소리로 똑똑하게 말을 하는 코스차의 모습을 보고 있다. 하지만 그 아이는 언제나 그런 모습이었을까? 아니다, 너는 그 아이가 '엄마' '아빠'라는 말을 할 수 있게 되고 사람을 알아보게 된 것을 기뻐했던 때가 있지 않느냐? 더 거슬러 올라가면, 너는 그 아이가 처음 두 발로 서서 비틀거리면서 그 말랑말랑한 발을 움직여 의자 쪽으로 걸어가는 것을 보고 기뻐 어쩔 줄 몰라 하지 않았느냐? 또 그 아이가 동물의 새끼처럼 방 안을 기어다니는 것을 보고, 다 같이 기뻐하지 않았느냐? 더욱 거슬러 올라가면, 사람의 얼굴을 처음 알아보게 되고, 머리가 나지 않아 정수리의 숨구멍이 팔딱팔딱 뛰는 것이 보이는 머리를 꼿꼿하게 가눌 줄 아는 것을 보고 기뻐했으며, 그 전에는 젖꼭지를 이가 없는 잇몸으로 물 줄 알게 되었다고 크게 기뻐하지 않았느냐? 또 그 전에는 아직 탯줄도 자르지 않은 새빨간 살덩어리 같은 그 아이가 응애응애 하고 우는 것을 보며 기뻐한 적도 있지 않느냐? 그리고 그 1년 전 아이가 아직 태어나지도 않았을 때, 그 아이는 도대체 어디에 있었다고 생각하느냐? 너희는 모두 너희가 언제나 그대로 있고, 너희 자신도 너희가 사랑하는 사람도 언제나 지금과 같은 모습 그대로 머물러 있다는 착각에 빠져 있다. 그러나 너희는 한 순간도 가만히 머물러 있지 않고 끊임없이 죽음을 향해, 조만간 너희 모두가 맞이하게 될 죽음을 향해 강물처럼 흐르고 돌처럼 떨어지고 있는 것이다. 너는 어째서, 그 아이가 무(無)에서 태어나 현재의 모습이 되었고, 또 잠시도 그대로 머물지 않고, 영원히 죽었을 때의 모습 그대로 있을 리 없다는 것을 알려고 하지 않느냐? 어느 날 무에서 태어나 젖먹이가 되고 젖먹이에서 어린애가 되면, 다음에는 학교에 가게 되고, 소년이 되고, 청년, 성인, 장년, 마지막에는 노인이 된다. 너는 만약 그 아이가 살아 있었다면 장차 어떻게 되었을지 알지 못한다. 그러나 나는 알고 있다."

그러자 어머니의 꿈속에, 조명이 환히 켜진 레스토랑의 한 별실이 나타난다.

언젠가 한번 남편이 그녀를 그런 레스토랑에 데리고 간 적이 있었다. 저녁 식사 때 먹던 음식이 그대로 남아 있는 식탁에, 피부가 늘어지고 주름이 쭈글쭈글한 인상 나쁜 한 노인이, 콧수염을 위로 말아 올리고, 나이에 걸맞지 않게 젊은 옷차림을 하고 앉아 있다. 노인이 푹신한 소파에 몸을 파묻고 앉아 술기가 오른 몽롱한 눈으로, 하얗고 굵은 목을 드러낸 짙은 화장을 한 창녀들을 탐욕스럽게 쳐다본다. 그가 혀 꼬부라진 상스러운 농담을 던질 때마다, 그의 못된 친구들이 와아 하고 웃음을 터뜨리자 그는 크게 만족한 듯한 표정을 지어 보였다.

"아니야, 아니야, 저건 내 아이가 아니야. 우리 코스챠가 아니야!" 어머니는 그 불쾌한 노인을 공포의 눈길로 바라보며 소리친다. 그 노인의 눈길이며 입매가 왠지 모르게 코스챠를 연상시키는 것이 어머니를 두렵게 한다. '아, 꿈이어서 다행이야.' 그녀는 생각한다. '진짜 코스챠는 바로 이 아이야.' 그녀에게 피부가 뽀얗고 가슴이 통통한 코스챠가, 욕조 속에 알몸으로 앉아 깔깔거리면서 두 다리를 까불거리고 있는 모습이 보인다. 그리고 그 아이가 갑자기 그녀의 팔꿈치까지 소매를 걷어 올린 팔을 붙잡고 입을 맞추고 또 맞추고, 그러다가 흥에 겨워서 손을 깨무는 것이 느껴진다.

"바로 이것이 코스챠야. 저런 끔찍한 늙은이가 코스챠라니 말도 안 돼." 그녀는 중얼거린다. 그러자 자신의 그 말에 문득 잠이 깨어, 더 이상 깨어날 수 없는 현실 세계로 돌아온 자신을 공포와 함께 의식한다.

그녀는 아이 방으로 갔다. 유모가 벌써 코스챠의 몸을 씻기고 수의를 입힌 뒤였다. 밀랍같이 하얗고 뾰족한 코, 콧구멍 옆에 조그만 보조개가 있는 코스챠는 이마 위로 머리가 말끔하게 빗겨져 높은 탁자 위에 눕혀 있었다. 주위에는 촛불이 켜져 있고 머리맡의 조그만 탁자 위에는 흰색, 연보라색, 분홍색의 히아신스가 장식되어 있다. 유모는 의자에서 일어나 눈썹을 치켜올리고 입술을 내밀며 반듯하게 누워 돌처럼 움직이지 않는 귀여운 코스챠의 얼굴을 꼼짝도 하지 않고 들여다보고 있다. 어머니가 들어간 문의 맞은편 문에서 마트료샤가 그 소박하고 선량한 얼굴에 울어서 퉁퉁 부은 눈을 하고 들어왔다.

'나보고는 슬퍼해선 안 된다고 해놓고 저는 울었구나.' 어머니는 속으로 생각하면서 죽은 아이 쪽으로 시선을 옮긴다. 코스챠의 죽은 얼굴이 꿈에서 보았던 그 노인의 얼굴과 어찌나 닮았던지 그녀는 한순간 깜짝 놀라 얼굴을 돌렸지만,

이내 그런 생각은 떨쳐버리고 자신의 따뜻한 입술로 이미 싸늘해진 밀랍 같은 코스차의 이마에 키스하고, 이어서 가슴 위에 모아진, 싸늘하게 식은 작은 손에 키스한다. 갑자기 히아신스 꽃내음이 코에 전해오면서, 그것이 뭔가 새롭게, 이제 코스차는 죽었다는 것, 다시는 돌아올 수 없다는 것을 상기시켰다. 기어이 그녀는 울음을 터뜨리며 다시 한번 아기의 이마에 입을 맞춘 뒤 하염없이 눈물을 흘렸다. 그녀는 울었다. 하지만 그것은 절망한 자의 눈물이 아니라, 운명에 대해 복종하는 경건한 눈물이었다. 괴롭기는 하지만 그녀는 이제 운명에 대해 화를 내지 않고 또 한탄하지도 않고, 사람의 몸에 일어나는 일은 마땅히 일어나야 하기에 일어나는 것이며, 그래서 좋은 일이라는 것을 깨달았다.

"마님, 이제 그만 우세요" 하고 유모가 말하며 어린 유해 옆으로 다가가 접은 손수건으로 코스차의 밀랍인형 같은 이마 위에 떨어진 어머니의 눈물을 닦는다. "눈물을 흘리시면 도련님의 영혼이 괴로워하게 돼요. 도련님은 이제 천국에 있어요. 죄 없는 작은 천사가 되었으니까요. 살아 있었다면 어떤 사람이 되었을지 알 수 없는 일이잖아요."

"그래, 맞아, 하지만 그래도 슬퍼서 말이야, 하도 슬퍼서!" 하고 어머니는 말했다.

레프 톨스토이

2월 26일

1

오랜 대화 뒤에는 대체 어떤 이야기가 오갔는지 상기해 보라. 그러면 그 대화의 대부분이, 아니 때로는 전부가 참으로 공허하고 쓸데없고 종종 사악했다는 것을 깨닫고 전율하게 될 것이다.

2

어리석은 사람은 침묵하는 것이 가장 낫다. 그러나 그 사실을 알고 있다면 이미 그는 어리석은 사람이 아니다.

사디

3

네가 말을 할 때에는 그 말이 침묵보다 나은 것이어야 한다. 아라비아의 속담

4

말하지 않은 것을 후회하는 일이 한 번이라면, 침묵을 지키지 못한 것을 후회하는 일은 백 번이나 될 것이다.

5

선량한 사람은 말다툼을 그리 좋아하지 않고, 말다툼을 좋아하는 사람들은 그리 선량하지 않다.

참으로 현명한 사람은 박식하지 않으며, 이른바 박식한 사람은 참으로 현명한 사람이 아니다. 진실한 말은 종종 귀에 거슬리고, 귀에 듣기 좋은 말은 종종 진실하지 않다. 노자

6

육체노동은 하찮은 잡담에 빠지지 않게 해주는 것만으로도 유익하다.

7

현명해지고 싶으면 현명한 질문을 하고, 주의 깊게 들으며, 차분하게 대답하고, 그리고 할 말이 없을 때는 잠자코 있는 것이 좋다. 라바터

8

사람들이 오랫동안 논쟁하고 있을 경우, 그것은 그들이 논쟁의 쟁점을 그들 자신도 잘 모르고 있다는 증거이다. 볼테르

9

사람들은 뭔가 새롭고 자극적인 이야기를 하고 싶어 하는 허영심 때문에, 얼마나 하찮은 말을 많이 하는지 모른다. 볼테르

10

벙어리의 혀는 거짓말쟁이의 혀보다 낫다. 튀르키예 속담

11

말을 시작하기 전에 생각할 시간이 있으면, 이런 말을 할 가치가 정말 있는지, 말을 할 필요가 있는지, 이런 말을 하여 누군가에게 상처를 주지는 않을지 잘 생각해 보라.

2월 27일

1

자선은 그것이 자기희생에 의한 것일 때 비로소 진정한 자선이다.

2

당신들의 재물은 썩었고 그 많은 옷가지들은 좀먹어 버렸습니다. 당신들의 금과 은은 녹이 슬었고 그 녹은 장차 당신들을 고발할 증거가 되며 불과 같이 당신들의 살을 삼켜버릴 것입니다. 당신들은 이와 같은 말세에도 재물을 쌓았습니다.

〈야고보서〉 제5장 2~3절

3

금전은 그 자체에도, 그것을 소유하는 것에도 뭔가 부도덕한 것이 있다.

4

하느님의 은총을 원한다면 그것에 합당한 행위를 보여라. 그러나 어쩌면 오늘도 그 부자 청년처럼, "나는 모든 것을 지켰습니다. 훔치지도 않고 살생도 하지 않고 간음도 하지 않았습니다"라고 말하는 자가 있을지도 모른다. 그러나 그리스도는 그 청년에게 "그것만으로는 부족하다. 그것 말고도 더 할 일이 있다"고 말했다. 그렇다면 그것은 도대체 무엇일까? "예수께서는 '네가 완전한 사람이 되려거든 가서 너의 재산을 다 팔아 가난한 사람들에게 나누어 주어라. 그러면 하늘에서 보화를 얻게 될 것이다. 그러니 내가 시키는 대로 하고 나서 나를 따라오너라' 하셨다."(〈마태복음〉 제19장 21절) 그리스도를 따른다는 것은 그의 행위를 모방하는 것이다. 그럼 그 행위는 어떠한 행위일까? 이웃에 대한 사랑이다. 만약 그 청년이 넘쳐나는 부를 소유하고 있으면서도 자신의 재산을 가난한 사람들에게 나누어 주지 않는다면, 어떻게 그가 이웃을 사랑하고 있다고 말할 수 있으랴? 만일 그 사랑이 입으로만 하는 말이 아니라 정말 진실한 것이라면, 그것은 행위로 나타날 것이다. 부자가 진정으로 사랑을 실천하는 것은 자신의 부를 거부하는 것과 같다. 이오안 즐라토우스트

5

자비로운 사람은 부자가 될 수 없고, 부자는 자비로울 수 없다. 만주 속담

6

부자들은 가난한 사람에게 자선을 베풀 때, 더 가난한 사람들로부터 빼앗은 것을 베풀고 있다는 것을 알려고 하지 않는다.

7

부유한 사람들이 가난한 사람들에게 아무리 자선을 베풀어도, 그들이 여전히 부를 옹호하고 사치에 빠져 있는 한, 세상을 해롭게 할 뿐이다. 그들은 자신들이 부를 숭배하며 사치스러운 생활을 하고, 가난하고 비참한 생활을 경멸하고 있는 것 자체가, 가난한 사람들을 유혹하고, 가난한 사람들에게 이 세상의 유일한 행복은 부이며 무엇보다 먼저 부를 획득해야 한다는 기분을 부추긴다는 것을 미처 생각하지 못하고 있다. 채닝

8

예수께서는 제자들에게 이렇게 말씀하셨다. "나는 분명히 말한다. 부자는 하늘나라에 들어가기가 어렵다. 거듭 말하지만 부자가 하느님 나라에 들어가는 것보다는 낙타가 바늘귀로 빠져나가는 것이 더 쉬울 것이다."

〈마태복음〉 제19장 23~24절

9

부(富)로 선을 행할 수는 없다. 부자가 선을 행하려면 무엇보다 먼저 부를 버리지 않으면 안 된다.

2월 28일

1

예술은 사람들을 합일시키는 수단 가운데 하나이다.

2

모든 예술도, 사람들을 합일시키는 유일한 것인, 모든 사람에게 보편적인 도덕적 이념이 없다면, 사람들이 자기 스스로에 대한 불만을 달래기 위해 자꾸만 의지하게 되는 심심파적에 지나지 않는다. 그리고 그것에 의해 사람들은 더욱더 자신을 무익한 존재, 끊임없는 불만으로 괴로워하는 존재로 만든다. 칸트

3

예술이 완전히 사라진다는 것은 상상할 수 있는 일이지만, 부를 숭배하고 가난을 우롱하면서 살아갈 수 있다는 것은 상상도 할 수 없는 일이다. 모리스

4

예술은 사람들의 마음속에 있는 것을 고취하기 위한 가장 강력한 수단이다. 그러나 나쁜 일을 고취할 수도 있고(나쁜 일 쪽이 훨씬 더 고취하기 쉽다) 좋은 일을 고취할 수도 있기 때문에, 예술이라는 고취 수단에 대해서는 다른 어떠한 고취 수단의 경우보다 세심한 주의가 필요하다.

5

종교적 가르침에 신비적인 요소가 적으면 적을수록 그것은 높은 가르침이며, 그 반대 또한 진실이다.

6

예술과 학문의 가치는 만인을 위하여 사심 없이 봉사하는 데 있다.

존 러스킨

7

예술가는 덕망 높은 제사장이거나, 또는 잘하든 못하든 어쨌든 광대이거나, 그 둘 중의 하나이다. 주세페 마치니

8

예술은 그 목적이 도덕적 완성일 경우에 비로소 그 설 자리를 얻는다. 예술의 임무는 사랑으로써 가르치는 것이다. 예술이 사람들이 진리를 발견하는 데 도움이 되지 않고, 단지 재미있는 심심파적에 지나지 않는다면, 그것은 수치스런 일이지 결코 고상한 일이 아니다. 존 러스킨

9

부자들에게 즐거움을 제공하는 것이 목적인 현대의 예술은 창녀와 닮은 정도가 아니라 바로 창녀 그 자체이다.

10

예술에 대한 논의만큼 공허한 것은 없다. 예술을 이해하는 사람은 누구나 예술이 자신의 혀로 이야기하는 것, 따라서 언어로 예술을 이야기하는 것은 아무 의미가 없다는 것을 알고 있다. 예술을 이해하지 못하고 또 느끼지 못하는 사람들이 오히려 예술에 대해서 이러쿵저러쿵하는 경우가 많다.

2월 29일

1

길을 걸어갈 때는 자기가 어디로 가고 있는지를 알아야 한다. 도덕적으로 선한 생활을 하는 데도 역시 마찬가지로, 내 생활과 모든 사람의 생활이 우리를 어디로 이끌고 가고 있는지 알아야 한다.

2

완전성은 신의 본성이며, 완전성을 바라는 것은 인간의 본성이다. 괴테

3

인생은 일하지 않고 즐기기 위해 주어져 있는 것이 아니다. 인생은 투쟁이며 전진이다. 악에 대한 선의 투쟁, 부정 불의에 대한 정의의 투쟁, 압제에 대한 자유의 투쟁, 사리사욕에 대한 박애의 투쟁이다. 인생은 우리의 머리와 가슴에 여명의 빛을 던지는 이념의 실현을 향한 우리 한 사람 한 사람의 전진이다.

주세페 마치니

4

우리 모두는 자신들이 사실은 더 좋은 삶을 살 수 있는데도 잘못된 생활을 하고 있다는 것을 알고 있다. 더 나은 삶을 살 수 있을 것이고 또 그렇게 하지 않으면 안 된다는 생각을 결코 잊어서는 안 된다. 그런데 그것을 잊지 않는 것은, 현재의 삶을 비판하기 위해서일 뿐만 아니라 더 좋은 삶을 열어가기 위해서이기도 하다. 그래서 우리는 현재의 삶에 비해 더 나은 삶을 살 수 있다는 것을 믿으면서, 또 실제로 우리의 삶이 더 나아질 수 있도록 살아가지 않으면 안 된다.

5

"인간은 약한 존재여서 어차피 성인이 될 수 없으므로 노력해도 소용없다. 다른 사람들처럼 살면 된다"고 사람들은 흔히 말한다. 그러나 그것은 크게 잘못된 생각이다. 더 나은 생활을 하려고 노력하는 것은, 성인이 되기 위해서가 아니라 전보다 조금이라도 나은 생활을 하기 위해서이다. 그것이야말로 모든 사람에게 가장 중요한 일이며, 그것이야말로 우리 한 사람 한 사람에게 그리고 전 인류에게 가장 큰 행복이다.

6

이념은 우리의 마음속에 있고, 이념의 실현을 방해하는 여러 가지 요인도 우리의 마음속에 있다. 우리가 지금 처해 있는 상황은 그것을 통해 우리가 이념을 실현해야 하는 재료에 지나지 않는다.

칼라일

7

완전성이란 그것의 실현을 이념으로 생각할 수 있을 때만, 무한한 미래에 실현될 수 있다고 생각할 때만, 따라서 그 실현을 향한 노력이 무한하게 계속될 때만 참으로 그 이름에 보답한다.

8

우리가 의식하는 선은 우리의 내부에서도 또 온 세상 속에서도 반드시 실현될 것임을 기대하고 또 믿어야 하며, 그것이 바로 그 실현을 가능하게 하는 조건이다. 그것을 믿지 않고 앞으로도 계속 지금과 같은 나쁜 생활을 하며, 다른 사람들도 모두 지금처럼 잘못된 생활을 할 것이라고 생각하는 것이야말로 선의 실현에 다가가는 것을 방해하는 가장 큰 장애물이다.

3월

3월 1일

1

죽음에 대한 두려움은 이성적인 존재에게는 어울리지 않는다. 사람이 죽음을 두려워할 때, 그는 자신의 죄를 의식하고 있는 것이다.

2

동물은 피할 수 없는 죽음을 예견하지 못하기 때문에 죽음의 공포를 모른다. 그러나 인간은 자주 죽음을 두려워한다. 과연 인간이 자신이 언젠가는 죽는다는 사실을 알고 있는 이성을 갖추고 있다는 사실이, 다른 짐승과 견주어 인간을 더 비참하게 만들 리가 있을까? 만일 인간이 자신의 이성을, 죽음을 예견하는 데만 사용하고 자신의 생활을 개선하는 데는 사용하지 않는다면 그럴지도 모른다. 인간은 정신적으로 성장하면 성장할수록, 그에게는 죽음의 공포가 적어진다. 나아가 오로지 정신적인 삶을 산다면 죽음은 전혀 두렵지 않게 된다. 그러한 인간에게 죽음은 육체로부터의 정신의 해방에 불과하다. 그는 자신의 삶의 근거가 결코 소멸하지 않는다는 것을 알고 있다.

3

죽음을 두려워하는 사람은 진정으로 살고 있지 않는 자이다. 조이메

4

우리는 죽음으로써 새로운 상태로 이행하는 것이 아니라, 태어나기 전에 '있었던' 상태로 돌아갈 뿐이라는 생각처럼 우리의 생명의 불멸성과 영원성을 믿게 해주는 것은 없다. 또 그 생각처럼 차분하게 죽음을 맞이할 수 있는 힘을 주는

것은 없다. 아니, '있었던' 상태라는 말도 정확한 표현이 아니며, 지금 우리가 이곳에 이렇게 있는 것과 마찬가지로 자연스러운 상태로 돌아간다고 해야 할 것이다.

5

죽음은 육체에 있어서 가장 큰 최후의 변화이다. 우리는 모두 자신들의 육체의 변화를 여태까지 경험해 왔고 지금도 계속 경험하고 있다. 우리는 처음엔 알몸의 살덩어리였지만 곧 젖먹이가 되어, 머리카락이 자라고 이가 나고, 이윽고 젖니가 빠지고 새 이가 난다. 그리고 언젠가는 백발이 되고 대머리가 된다. 그러한 모든 변화를 우리는 두려워하지 않는다. 그런데 어째서 이 마지막 변화만은 두려워하는 것일까? 그것은 그 마지막 변화 뒤에 무슨 일이 일어났는지 아무도 말해준 사람이 없기 때문이다. 그러나 누군가가 우리 곁을 떠나 어디론가 가버린 뒤 그길로 소식을 끊는다면, 우리는 그가 없어졌다고 하지 않고 그저 소식을 모른다고만 말하지 않는가? 죽음의 경우도 그것과 같다. 우리가 죽은 뒤에 어떻게 될 것인지, 태어나기 전에는 어땠는지 하는 것을 모르는 것은, 그런 것은 특별히 알 필요가 없기 때문에 알려져 있지 않아서이다. 오직 한 가지 우리가 알고 있는 것은, 우리의 생명은 육체의 변화 속에 있는 것이 아니라 육체에 깃들어 있는 것 속에 있다는 사실이다. 그런데 그 육체 속에 살고 있는 것은 정신적인 존재이며, 그 정신적 존재에게는 본디 시간이 존재하지 않기 때문에 처음도 없고 끝도 없는 것이다.

6

소크라테스는 만약 죽음이 우리가 잠들어 생명의 의식을 완전히 잃을 때와 같은 상태라면, 그 상태 속에는 특별히 무서운 것이 아무것도 없다는 것을 우리는 알고 있다고 말했다. 만약 죽음이라는 것이 많은 사람들이 생각하고 있듯 더 나은 삶으로의 이행이라면 죽음은 악이 아니라 선일 것이다.

7

죽음은 내일이 오는 것보다, 낮 뒤에 밤이 오고, 여름 뒤에 겨울이 오는 것보다 더욱 확실하게 찾아온다. 그런데 왜 우리는 내일과 밤과 겨울에 대해서는 준비하면서 죽음에 대해서는 준비를 하지 않을까? 우리는 죽음에 대한 준비를 해야 한다. 그 죽음에 대한 준비는 오직 한 가지, 선한 생활이 있을 뿐이다. 생활이 선하면 선한 만큼 죽음의 공포는 줄어들고 가벼워진다. 따라서 성자에게는 죽음은 존재하지 않는다.

3월 2일

1

자신의 의지를 하느님의 의지와 하나가 되게 할수록 그 사람의 행위는 견실해진다.

2

우리는 자신이 무엇 때문에 살고 있고 또 전 인류의 삶을 위해 어떤 일을 하고 있는지 알지 못하고, 알 수도 없지만, 만약 우리가 우리를 이 세상에 보내신 하느님의 뜻을 실천한다면, 우리는 마땅히 해야 할 일을 하고 있는 것이며, 그것은 우리에게 있어서 좋은 일이라는 것을 알고 있다. 달구지를 끄는 말은 자신이 어디로 무엇 때문에, 무엇을 싣고 가고 있는지 모른다. 그러나 말이 얌전하고 온순하게 짐을 끌고 간다면 그 말은 자기가 주인을 위해서 일을 하고 있다는 것, 그리고 그것은 자기를 위해서도 좋은 일이라는 것을 알 수 있을 것이다. 인간의 경우도 마찬가지다. "내 멍에는 편하고 내 짐은 가볍다"라고 그리스도도 말했다. 만약 우리가 하느님이 우리에게 바라는 것만 행한다면 그것은 우리에게 가벼운 것이고 또 우리를 행복하게 하는 것이다.

3

하느님의 의지를 자신의 의지처럼 실천하라. 그러면 하느님은 너의 의지를 자신의 의지처럼 이루어 줄 것이다. 하느님이 원하는 것을 이루기 위해 자신이 원하는 것을 희생하라. 그러면 하느님은 다른 사람들이 네가 원하는 것을 이루게 하기 위해, 자신이 원하는 것을 희생하도록 만들어 줄 것이다. 《탈무드》

4

언제나 하느님의 뜻에 좇아 행동하고 모든 일에서 하느님에게 순종하는 사람의 내부에는 얼마나 커다란 힘이 들어 있는 것일까! 마르쿠스 아우렐리우스

5

거리에 강도들이 출몰할 때, 나그네는 혼자서 길을 떠나지 않는다. 그는 누군가 호위가 딸린 사람이 지나가기를 기다렸다가 그 사람과 합류하고 나서야 비로소 강도들을 두려워하지 않게 된다.

현명한 사람은 자신의 인생행로에 있어서도 그와 같이 행동한다. 그는 자기 자신에게 이렇게 말한다.

"인생에는 온갖 재앙이 있다. 어디서 그 재앙에 대한 보호자를 찾으며 어떻게 그러한 재앙으로부터 자신을 지킬 것인가? 위험에 빠지지 않고 인생행로를 걸어가기 위해서는 어떠한 길동무를 기다려야 할 것인가? 누구의 뒤를 따라가야 할 것인가? 이 사람의 뒤를 따라가야 할 것인가, 아니면 저 사람의 뒤를 따라가야 할 것인가? 부자의 뒤를 따라가야 할 것인가, 혹은 권력자의 뒤를 따라가야 할 것인가? 그렇지 않으면 차라리 정치가의 뒤를 따라가야 할 것인가? 또 그들은 과연 나를 지켜줄 수 있을까? 그들도 역시 약탈을 당하고 살해를 당하고 있지 않은가? 또 다른 사람들과 마찬가지로 그들도 재난을 당하고 있지 않은가? 그뿐만 아니라 어쩌면 나의 길동무가 나에게 달려들어 약탈을 할지도 모른다. 나를 보호해 주고 동시에 나를 습격하지 않을 그런 강하고 충실한 길동무를 어디서 발견할 수 있을까?"

그 같은 충실한 길동무는 오직 하나뿐이다. 그것은 하느님이다. 재앙에 빠지지 않으려면 하느님의 뒤를 따라가야 한다. 이 하느님의 뒤를 따라간다는 것은 어떤 의미일까? 그것은 하느님이 바라는 것을 바라고 하느님이 바라지 않는 것은 나도 바라지 않음을 의미한다. 그럼 어떻게 하면 그럴 수 있을까? 그것은 하느님의 계명을 이해하고 그것에 따름으로써 가능하다. 에픽테토스

6

노동자는 자신의 처지를 이해했을 때 비로소 자신의 일을 잘할 수 있다. 그리

스도의 가르침이 진정으로 우리에게 다가오는 것은, 우리의 생명은 우리 자신의 소유물이 아니라 우리에게 생명을 준 자의 소유물이며, 그 생명의 목적은 인간이 아니라 생명을 준 자의 의지 속에 있다는 것을 깨달음으로써 비로소 가능하며, 따라서 우리는 그 의지를 알고 그것을 실천하지 않으면 안 된다.

7

너는 아무것도 원하지 않는다고 말한다. 그러나 그것으로 된다고 생각해서는 안 된다. 하느님이 원하는 것을 원하는 것, 필요한 것은 그것이다. 아미엘

8

네가 어떠한 처지에 있더라도 그것 때문에 인간으로서 사명을 완수할 수 없다고 생각해서는 안 된다. 우리는 이 세상의 어떠한 곳에 있든, 인간으로서의 사명에도, 무한한 존재자에게도 똑같이 가까운 곳에 있다. 아미엘

9

선한 삶의 길은 좁다. 그러나 그 길을 식별하는 것은 쉬운 일이다. 우리는 그것을 수렁 위에 걸친 널빤지처럼 쉽게 알아볼 수 있다. 그리고 이쪽이나 저쪽으로 발을 헛딛는 날에는 암흑과 악의 수렁 속에 빠지고 만다. 지혜로운 사람은 수렁 속에 빠져도 이내 다시 널빤지 위로 올라오지만 어리석은 사람은 수렁 속으로 더욱 깊이 빠져 들어가 거기서 헤어나기가 더욱 어려워진다.

3월 3일

1

선한 일에 대해서 그 위에 또 어떠한 보답을 바란다는 말인가? 보답은 이미 인간이 선한 일을 행하면서 경험하는 그 기쁨 속에서 얻어지고 있다. 그 외의 모든 보답은 이 같은 기쁨을 말살하는 것이다.

2

남에게 선을 행하는 자는 무엇보다 자기 자신에게 선을 행하는 것이다. 이는

그것에 대하여 보답이 있다는 의미가 아니라, 선을 행했다는 의식이 벌써 스스로에게 커다란 기쁨을 안겨준다는 의미이다. 세네카

3

성스러운 생활을 하고 있는 사람이 하느님에게 다음과 같이 기도했다.

"하느님이시여! 부디 악인을 불쌍히 여기시옵소서. 당신은 선인에게는 이미 자비를 베푸셨나이다. 선인은 선인이라는 것만으로도 이미 행복하니까요." 사디

4

선을 행하고 보답을 요구하는 것은 그 선의 작용과 힘을 죽이는 것이 된다.

성현의 사상

5

남이 우리들에게 베푼 친절은 종종 흔적도 남지 않고 사라지지만, 우리가 남에게 베푼 친절은 흔적을 남기지 않는 일이 절대로 없다. 성현의 사상

6

오른손이 하는 일을 왼손이 모르게 하라. 〈마태복음〉 제6장 3절

7

어떤 사람들은 누군가에게 좋은 일을 하면 그것에 대한 보답이나 감사의 말을 기대한다. 또 어떤 사람들은 비록 보답과 감사의 말을 기다리지는 않더라도, 그래도 역시 자신이 한 것을 잊지 않고 자신이 선을 베푼 상대를 자신에게 빚을 진 것으로 생각한다. 그러나 무릇 선행은, 그것이 남을 위해서가 아니라 자기 자신을 위해 행해졌을 때, 그리고 그것을 행한 사람이 보답을 요구하지 않고, 과일나무가 열매를 맺어 모두가 그것을 먹어주는 것만으로 충분히 만족하듯이 선을 행했을 때 비로소 참된 선이 된다. 마르쿠스 아우렐리우스

8

만일 너희가, 상대가 감사하는 마음으로 이익을 줄 것을 계산해서 사람들에게 선한 일을 한다면, 너희는 너희의 선에 대해 아무 보답도 받지 못할 것이다. 그러나 너희가 아무런 계산을 하지 않고 사람들에게 선을 베푼다면, 너희는 사람들로부터 감사도 받고 이익도 얻을 것이다. 모든 일이 이와 같다.

"자기 목숨을 얻으려는 사람은 잃을 것이며, 나를 위하여 자기 목숨을 잃는 사람은 얻을 것이다."(〈마태복음〉 제10장 39절)

존 러스킨

9

모든 선행을 위해 노력하고 온갖 악행을 피하라. 하나의 선행은 많은 선행을 부르고 하나의 악행은 다른 많은 악행을 부른다. 선행의 대가는 선행이고 악행의 대가는 악행이다.

벤차사이

10

선을 행하는 것은 기쁜 일이다. 자기가 행한 선을 아무도 모른다면 그 기쁨은 더욱더 커진다.

이레째 읽을거리

가난한 사람들

어부의 오두막 안 난로 옆에서 어부의 아내 잔나가 낡은 돛을 손질하고 있다. 바깥에는 바람이 휭휭 울부짖고 있고, 해안에는 파도가 밀려와 물보라를 일으키고 있다. 바다는 거칠고 바깥은 캄캄하고 춥지만, 어부의 오두막 안은 훈훈하고 아늑하다. 바닥은 깨끗이 비질이 되어 있고, 난로에는 아직도 불이 타오르고 있으며, 선반 위에는 깨끗하게 닦은 접시가 반짝이고 있다. 하얀 커튼이 쳐진 침대에는 포효하는 듯한 바다의 울음소리 속에서 어린 다섯 아이들이 새근새근 잠자고 있다. 어부인 남편은 아침부터 거룻배를 타고 바다에 나가 아직 돌아오지 않고 있다. 바다의 노호와 바람 소리를 듣고 있는 동안 어부의 아내는 마음이 불안해진다.

낡은 나무시계가 목이 쉰 듯한 소리로 10시를 치고 11시를 친다. ……남편은 그래도 돌아오지 않는다. 잔나는 생각에 잠긴다. 남편은 몸을 돌보지 않고 추위와 폭풍 속에서 고기를 잡고 있고, 자신은 이렇게 아침부터 밤까지 일거리를 붙들고 앉아 있다. 그런데 어떠한가? 살림은 겨우 끼니를 때울 정도밖에 되지 않는다. 아이들은 사시사철 신발도 없이 맨발로 뛰어다니고, 흰 밀가루 빵은커녕 호밀빵을 먹는 것만으로도 감사해야 할 지경이다. 반찬이라고 해야 사시사철 생선이 고작.

'그래도 그나마 다행이지, 아이들이라도 건강하니까. 불평해야 소용없는 일이고.' 잔나는 그렇게 고쳐 생각하며 휘몰아치는 비바람 소리에 다시 귀를 기울인다.

"그이는 지금 어디에 있을까? 하느님, 그이를 지켜주시옵소서, 구원해 주시옵소서, 자비를 내려주시옵소서!" 그녀는 성호를 긋는다.

아직 잠자리에 들기에는 이른 시간이다. 잔나는 일어나서 두꺼운 머릿수건을 머리에 쓴 뒤, 칸델라르에 불을 밝혀 들고 밖으로 나갔다. 바다가 좀 잔잔해지지 않았나, 날이 새지 않았나, 등대의 불빛이 켜져 있나, 그리고 남편의 거룻배가 보이지 않는지 살펴볼 양으로. 하지만 바다 위에는 아무것도 보이지 않았다. 바람이 그녀의 머리에서 수건을 앗아가고 무언가 바람에 날아와서 옆집 문에 부딪혔다. 그제야 잔나는 저녁나절에 몸져누워 있는 옆집 여자를 한번 들여다봐야겠다고 마음먹었던 일이 머리에 떠올랐다. '그 여자를 돌봐줄 사람이라고는 아무도 없는데.' 잔나는 그렇게 생각하며 문을 두드렸다. 귀를 기울여도 대답이 없다.

잔나는 문지방 옆에 서서 생각한다. '과부살이를 하는 게 무척 안됐어. 자식이 둘뿐이니 많은 건 아니지만, 혼자 살림을 꾸려나가야 하니 말이야. 설상가상으로 저렇게 병까지 걸려서! 과부란 정말 가엾어. 문병이라도 해야지.'

잔나는 두 번 세 번 문을 두드렸다. 역시 아무 대답이 없다.

"이봐요, 아주머니!" 잔나는 소리쳤다.

'혹시 무슨 일이 있는 게 아닐까?' 그녀는 그렇게 생각하며 문을 밀었다.

오두막 안은 축축하고 썰렁했다. 잔나는 병자가 어디에 누워 있는지 보려고 칸델라르를 치켜들었다. 맨 먼저 그녀의 눈에 들어온 것은 문 바로 맞은편의 침대로, 그 침대에는 옆집 과부가 등을 이쪽으로 돌리고 마치 죽은 사람처럼 꼼짝도 하지 않고 누워 있었다. 잔나는 칸델라르를 더 가까이 가지고 갔다. 역시 그랬다. 똑바로 천장을 향해 흙빛이 되어 싸늘하게 식어 있는 얼굴에는 평화로운 죽음의 표정이 떠올라 있었다. 뭔가를 붙잡으려는 듯이 뻗어 있는 죽은 여자의 창백한 손은 침대 위에서 축 늘어져 있었다. 그리고 죽은 어머니 바로 옆에 곱슬머리에 뺨이 통통한 두 어린아이가, 몸을 오그린 채 금발머리를 서로 맞대고 잠들어 있었다.

보아하니 어머니는 죽기 바로 직전에 한 아이의 발을 낡은 머릿수건으로 감싸고, 자신의 옷을 덮어준 것 같았다. 어린것들의 숨결은 고르고 조용했다. 아마 완전히 단잠에 빠져 있는 모양이었다.

잔나는 두 아이가 잠들어 있는 요람을 가만히 내려, 자신의 머릿수건으로 싸서 집으로 데리고 왔다. 그녀의 심장은 종소리처럼 울리고 있었고, 스스로도 자기가 왜 그런 짓을 했는지 몰랐지만, 도저히 그렇게 하지 않을 수가 없었다는 것은 알았다.

집으로 돌아오자 그녀는 아직 자고 있는 두 어린것들을 자기 아이들과 함께 침대 위에 나란히 눕혔다. 그리고 얼른 커튼을 쳤다. 그녀는 흥분하여 얼굴이 새파랗게 질려 있었다. 마치 양심의 가책이라도 느끼는 듯이. 그녀는 혼잣말을 한다. '그이가 뭐라고 할까? 말도 안 돼, 우리 집에도 아이가 다섯이나 되는데. 그 아이들을 거두는 데만도 그이의 뼛골이 빠질 지경이야. 응? 그이가 돌아온 걸까? 아니야, 아직 오지 않았어. 정말 어쩌자고 데려오고 만 걸까? 그이는 틀림없이 나를 때리고 말 거야! 하지만 난 맞아도 싸. 아, 돌아왔나 봐! ……아, 아니야, 아니었어! ……휴, 가슴이 철렁했네!'

문이 삐걱거리며, 누군가가 들어오는 것 같은 기척이 났다. 잔나는 부르르 몸을 떨며 의자에서 일어났다.

'아니야, 역시 아무도 오지 않았어! 아, 하느님! 어쩌다 이런 짓을 저질러 버렸을까? ……그이의 얼굴을 어떻게 쳐다본담.' 잔나는 깊은 생각에 잠겨 오랫동안 침대 옆에 묵묵히 앉아 있었다.

비가 멎고 동이 텄지만 바람은 여전히 울부짖고 바다는 미친 듯이 날뛰고 있었다.

갑자기 문이 벌컥 열리며 한 줄기의 차갑고 축축한 바닷바람이 방 안으로 흘러 들어오더니, 키가 훤칠하고 햇볕에 잘 그을린 어부가 물에 젖어 너덜너덜한 그물을 질질 끌면서 방 안에 들어섰다.

"나 돌아왔어, 잔나!"

"아, 돌아오셨군요!" 잔나는 그렇게 말하고는, 남편의 얼굴을 똑바로 쳐다볼 용기가 없어서 가만히 서 있었다.

"아! 정말 끔찍한 밤이었어. 무서운 날씨야!"

"네, 정말 지독한 날씨였어요! 그래, 고기는 얼마나 잡았어요?"

"말도 마, 형편없었어! 한 마리라도 걸려들어야 말이지. 그물만 찢어 먹었다니까. 정말 두 손 두 발 다 들었어, 하여튼 간밤의 그 날씨! 그런 날씨는 머리털 나고 처음이었어. 그 판국에 고기는 무슨 고기! 살아서 돌아온 것만도 다행이지…… 그래, 내가 없는 동안 당신은 뭐했어?"

어부는 그물을 방 안으로 끌고 들어와서 난롯가에 앉았다.

"나 말이에요?" 잔나의 얼굴이 새파래졌다. "나야 뭐, 앉아서 바느질을 하고 있었죠. 바람이 하도 끔찍하고 무서워서 당신이 얼마나 걱정됐는지 몰라요."

남편은 중얼거리듯이 말했다.

"응, 그래? 완전히 미친 듯한 날씨였으니까! 어휴!"

잠시 침묵이 흘렀다.

이윽고 잔나가 입을 열었다.

"저어, 여보, 옆집의 시몬이 죽었어요."

"뭐? 정말이야?"

"확실히는 모르겠지만, 아마 어제 죽은 것 같아요. 얼마나 괴로웠을까! 어린 것들을 두고 갈 걸 생각하고 얼마나 마음이 아팠을까! 그 어린것들만 남겨두고…… 하나는 아직 말도 제대로 못하고 또 하나는 이제 겨우 엉금엉금 기기 시작했는데."

잔나는 입을 다물었다. 어부는 미간을 찌푸렸다. 그 얼굴에 가라앉은, 침울한 표정이 떠올랐다.

그는 뒷덜미를 긁적거리면서 말했다. "거참, 큰일이군! 하는 수 없지. 우리가 맡는 수밖에. 눈을 떠보니 죽은 어머니 옆이라는 건 너무 불쌍한 일이야. 뭐…… 어떻게든 꾸려나갈 수 있을 거야! 어서 가서 아이들을 데려와!"

하지만 잔나는 자리에서 일어서려 하지 않았다.

"왜 그래, 당신? 싫은 거야? 이봐, 왜 그래, 잔나?"

"벌써 집에 데려다 놨어요."

그렇게 말하며 잔나는 침대의 커튼을 열었다.

빅토르 위고 원작, 레프 톨스토이 다시 씀

3월 4일

1

식탐(食貪)은 가장 일반적인 죄악이다. 우리들이 그것을 느끼지 못하는 것은 거의 모든 사람이 그 죄악에 빠져 있기 때문이다.

2

남에 대한 죄악과 자기 자신에 대한 죄악이 있다. 남에 대한 죄악은 우리가 다른 사람의 내부에 있는 신의 영혼을 존경하지 않는 데서 생긴다. 자기 자신에 대한 죄악은 자기 자신의 내부에 있는 신의 영혼을 존경하지 않는 데서 생긴다. 그리고 자기 자신에 대한 죄악 중에서 가장 일반적인 죄악이 바로 식탐이다.

3

만일 먹이를 탐하는 마음이 없다면 한 마리의 새도 그물에 걸리지 않을 것이다. 사람들도 이와 마찬가지로 먹을 것의 유혹에 의해 포로의 몸이 된다. 식욕의 노예는 언제나 노예이다. 자유로워지려면 무엇보다 먼저 식욕에서 벗어나야 한다. 그러므로 굶주림을 면하기 위해 먹을 일이지 식욕을 채우기 위해 먹지는 말도록 하라.

사디

4

포식하는 사람은 게으름과 싸우는 것이 힘들지만, 일 없이 그저 포식만 일삼는 사람에게는 성욕과 싸우는 것이 훨씬 더 어려운 일이다. 그러므로 어떠한 가르침에 있어서도 절제를 향한 첫걸음은 포식의 욕망과의 싸움, 즉 단식에서 시작된다.

5

우리는 모두 야수를 길들이는 사육사와 흡사하다. 그리고 야수란 한 사람 한 사람 속에 있는 욕정이다. 야수들의 엄니와 발톱을 뽑고 재갈을 물려 서서히 길들여, 비록 짖기는 하더라도 온순한 가축으로, 인간의 심부름꾼으로 만드는 것, 여기에 자기 교육의 과제가 있다. 아미엘

6

하느님은 인간들에게 먹을 것을 보내고 악마는 요리사를 보냈다.

7

철학자 소크라테스는 모든 여분의 것, 즉 굶주림을 면하기 위해서가 아니라 식도락을 위해서 먹는 것을 스스로 자제하고, 제자들에게도 그렇게 하도록 설득했다. 그는 지나치게 먹고 마시는 것은 육체와 정신에 큰 해가 된다고 말하며, 절대로 포식하지 말고 조금 모자라는 듯할 때 식탁을 떠나라고 충고했다. 그는 자기의 제자들에게 자주 지혜로운 오디세우스(《오디세이아》 중의 인물)에 대한 이야기를 들려주었다. 즉 마녀 키르케도 오디세우스가 음식을 탐하지 않아서 그에게 마법을 걸 수 없었는데, 그의 동료들은 맛있는 음식에 달려들자마자 모두 돼지로 변해버렸다는 것이다.

8

도덕적인 노동 때문에 육체가 괴로워하는 것은 나쁜 일이 아니지만, 인간에게 가장 중요한 정신이 육체 때문에 괴로워하는 것은 부끄러운 일이다. 《탈무드》

9

네 입을 조심하라. 병은 입으로 들어간다. 조금 모자라는 듯한 느낌이 들 때 식탁에서 일어서는 것이 좋다.

10

음식을 절제하지 못하는 것이 죄악으로 인식되지 않는 것은, 그것이 다른 사람들에게 눈에 띄는 해를 주지 않기 때문이다. 그러나 인간으로서의 자기 존엄이라는 의식에 반(反)하는 죄악이 있는데, 음식을 절제하지 못하는 것이 그 하나이다.

3월 5일

1

사람은 스스로 자신의 몸을 들어올릴 수 없듯 스스로 칭찬함으로써 평판을 높일 수는 없다. 오히려 스스로 자신을 칭찬하면 칭찬할수록 사람들의 평가는 내려가는 법이다.

2

사람들 앞에서 스스로 자신을 칭찬해도 안 되고 자신을 깎아내려서도 안 된다. 자신을 칭찬하면 사람들은 너를 믿지 않을 것이다. 또 자기를 깎아내리면 그들은 너를 네가 말하는 것보다 훨씬 더 형편없이 생각할 것이다. 그러므로 가장 좋은 것은 자신에 대해 아무 말도 하지 않는 것이다.

3

자기를 온화하다고 말하는 사람은 사실은 온화하지 않다. 자기는 아무것도 모른다고 말하는 사람은 사실은 현명한 사람이다. 자기는 학식이 있다고 하는 사람은 허풍쟁이다. 침묵하고 있는 사람은 가장 현명하고 가장 뛰어난 사람이다.

인도의 《바마나 푸라나》

4

페르시아 사람 사디는 언젠가 아버지 옆에서, 집안 식구들이 깊이 잠들어 있는 동안 밤새도록 자지 않고 코란을 읽었을 때의 일을 이야기한 적이 있다. "한밤중이 되어, 나는 코란에서 눈을 떼고 아버지에게 말했다. '아무도 기도를 드리고 있는 사람이 없고 코란에 귀를 기울이는 사람도 없습니다. 모두 죽은 것처럼 깊이 잠들어 있습니다.' 그러자 아버지가 말했다. '너도 어서 가서 자도록 해라. 남에 대해 이러쿵저러쿵할 바에는.'"

5

스스로 자신을 칭찬하는 자는 자기 외에는 아무것도 보지 못한다. 자기밖에 보이지 않는 사람은 차라리 장님이 되는 것이 낫다. 사디

6

남들한테서 좋은 말을 듣고 싶거든 스스로 자신의 좋은 점을 늘어놓지 말라. 파스칼

7

사상과 그 표현, 즉 언어는 매우 중요한 것이다. 그러나 자신의 행위를 합리화하기 위해 사상과 언어를 가지고 노는 것은 좋지 않다.

8

남이 자신에 대해 하는 얘기에 귀를 기울이는 사람에게는 결코 마음이 평화로울 때가 없을 것이다.

9

아첨꾼이 아첨을 하는 것은, 자기 자신을 낮게 보고 상대도 낮게 보기 때문이다. 라브뤼예르

10

좋은 평판을 얻고 싶거나 나쁜 평판을 면하고 싶거든, 스스로 자신을 추켜세우지 않는 건 물론이고 남에게도 자신을 추켜세우지 못하게 해야 한다.

3월 6일

1

하느님에 대한 사랑은 자기 자신에 대한 사랑, 즉 사랑에 대한 사랑이다. 이 사랑이야말로 최상의 행복이다. 그러한 사랑은 어떠한 존재도 예외 없이 사랑할 것을 요구한다. 비록 한 사람이라도 사랑하지 않는다면 너는 하느님에 대한 사랑과, 사랑의 행복을 잃게 될 것이다.

2

그들 중 한 율법교사가 예수의 속을 떠보려고 "선생님, 율법서에서 어느 계명이 가장 큰 계명입니까?" 하고 물었다. 예수께서 이렇게 대답하셨다. "'네 마음을 다하고 목숨을 다하고 뜻을 다하여 주님이신 너의 하느님을 사랑하여라' 이것이 가장 크고 첫째가는 계명이고, '네 이웃을 네 몸같이 사랑하여라' 한 둘째 계명도 이에 못지않게 중요하다. 이 두 계명이 모든 율법과 예언서의 골자이다."

〈마태복음〉 제22장 35~40절

3

불행한 정신적 고뇌는 모두 어디에서 오는 것일까? 그것은 모두 끝없는 변화 때문에 영원한 소유를 허락하지 않는 사물에 대한 우리의 집착 탓이다. 실제로 사람들이 무서워하고 괴로워하는 것은 오로지 자신들이 애착을 갖고 있는 사물 때문이며, 분개하고 시기하고 악의를 갖는 것도 오로지 인간으로서는 완전히 지배할 수 없는 사물에 대한 애착 때문이다.

오직 영원하고 무한한 것에 대한 사랑만이 우리의 마음에 순수한 기쁨을 준다. 바로 이러한 행복을 향해 우리는 젖 먹던 힘을 다해 노력하지 않으면 안 된다.

그러므로 인간의 최고의 행복은 하느님을 인식하는 것에 달려 있을 뿐만 아니라, 완전히 그 속에 포함되어 있다고 할 수 있다. 그것은 인간의 완전성이, 그가 다른 무엇보다 사랑하는 것의 완전성의 정도에 따라 커지고, 그 반대 또한 참이라는 사실에 비추어 봐도 명백하다. 그러므로 인간은 가장 높은 완전성을 구비한 존재, 즉 하느님을 사랑하면 사랑할수록, 그리고 그 사랑에 자신을 맡기면 맡길수록 완전성에 다가가서, 최고의 행복을 얻을 수 있다는 사실이 확실해진다. 따라서 우리의 최고의 행복과 그 행복의 기초는 오로지 하느님에 대한 인식 사랑 속에 있는 것이다.

이 사실을 한번 인정하면, 인간이 그것을 목표로 삼아 노력해야 할 궁극적인 목적을 이루는 수단이 하느님의 모든 계명임을 인정할 수 있고, 또 인정하지 않을 수 없게 된다. 왜냐하면 그러한 계명에 의해 살아야 하는 것은, 하느님이 우리의 마음속에 존재하고 있는 한, 하느님 자신이 우리에게 명령하는 것이기 때문이다. 따라서 이 목적으로 이끄는 행동의 지침은 하느님의 계명 또는 하느님의 율법이라고 불러도 무방할 것이다. 하느님의 율법은 모두 다음과 같은 최고의 계명 속에 포함되어 있다. 즉 "최고의 행복으로 하느님을 사랑하라. 다시 말해 하느님의 벌이 두려워서가 아니라, 또 하느님 이외의 자들에 대한 사랑에서가 아니라, 하느님에 대한 온전한 사랑이야말로 우리의 모든 행위가 지향해야 할 궁극의 목적이기 때문에 하느님을 사랑하라"는 계명이다.

육체에 사로잡혀 있는 사람은 그것을 이해하지 못한다. 그에게는 그러한 하느님의 법칙이 공허한 것으로 여겨진다. 신에 대해 불완전한 관념밖에 가지고 있지 않은 데다, 그에게 제시된 행복 속에서는 감각적인 것, 쾌감을 주는 것, 향락의 원천인 육체를 만족시키는 것은 아무것도 발견할 수 없기 때문이다. 그에게 제시된 행복은, 오로지 추상적인 사색과 이성 속에만 들어 있을 뿐이니 그럴 수밖에 없다. 그러나 인간의 내부에 이성보다 높은 것은 없고 청정한 마음보다 완전한 것은 없다는 것을 이해할 수 있는 사람들은 틀림없이 그렇게 생각하지 않을 것이다.

만약 우리가 이 하느님의 율법의 본질을 주의 깊게 생각해 본다면, 우리는 첫째, 이 율법이 전 세계적인 율법, 즉 모든 사람의 본성에서 나온 것이기 때문에 모든 사람에게 보편적인 율법이라는 것을 깨닫게 되고, 두 번째로, 그 율법은 오로지 인간의 본성에서 나온 것이어서, 우리는 그것을 고독 속에 살고 있는 사람의 마음속에서도, 세상 사람들과 함께 섞여서 사는 사람의 마음속에서도 똑같이 발견할 수 있기 때문에, 그것은 결코 어떤 역사적인 이야기에 의해 확인될 필요가 없다는 것을 알 수 있게 된다. 세 번째로 알 수 있는 것은, 우리는 이 '하느님에 대한 사랑'이라는 하느님의 율법은 원래 우리에게 어떠한 거추장스런 예배의식, 즉 본질적으로는 아무래도 상관없는 일이지만 모든 사람들이 전승을 통해 인정하고 있을 뿐인 의례적인 어떠한 행사도 요구하지 않는다는 사실이다. 왜냐하면 우리 안에 있는 본연적인 이성의 빛은, 우리가 그 자체가 선이며, 참된 행복을 달성하는 수단임을 똑똑히 이해하고 상상할 수 없는 것은 우리에게 결코 요구하지 않기 때문이다. 그리고 끝으로 우리는, 율법을 지킨 대가는 율법 그 자체라는 것, 즉 하느님을 아는 것, 하느님에 대한 자유롭고 변치 않는 사랑이라는 것을 발견하게 될 것이다. 이 하느님의 율법을 배반하는 자에 대한 형벌은, 이러한 행복의 상실, 즉 육체와 끊임없이 변하고 끊임없이 방황하는 마음의 노예가 되는 것이다. 스피노자

4

하느님에 대한 사랑이 없는 인류애는 뿌리가 없는 초목과 같다. 하느님에 대한 사랑이 없는 인간애는, 우리를 사랑하는 사람, 우리의 마음에 드는 사람, 아름답고 즐거운 사람에 대한 사랑에 지나지 않는다. 그런 사랑은 자주 증오로 바뀐다. 하느님을 사랑하기 때문에 이웃을 사랑하는 경우 우리는, 우리를 사랑하지 않는 사람도, 우리에게 불쾌감을 주는 사람도, 육체적으로 불구여서 추한 사람도 한결같이 사랑하게 된다. 이러한 사랑이야말로 건전한 사랑이며, 그런 사랑은 결코 약해지지 않을 뿐만 아니라, 갈수록 더욱더 견고해져서 그것을 경험하는 자에게 더욱더 큰 행복을 안겨준다.

5

사람들은 흔히, "하느님을 사랑한다는 것이 어떤 것을 말하는 건지 모르겠다"고 말한다. 그러나 무언가를, 또 누군가를 사랑한다는 것이 어떤 것인지 이해할 수 있는 사람은 도대체 누구일까? 그것은 그 무엇 또는 누군가를 사랑하고 있는 당사자뿐이다.

예를 들어 어떤 사람이 "예술과 학문을 사랑한다는 것이 어떤 것인지 모른다"고 하더라도, 그가 만약 예술과 학문 그 자체가 무엇인지 모른다면, 어떻게 그것을 설명할 수 있겠는가?

그와 마찬가지로, 어떤 사람이 하느님이 무엇인지 모를 뿐만 아니라, 오히려

그 모른다는 것을 자랑하고 있을 경우, 그에게 하느님을 사랑한다는 것이 어떤 것인지를 어떻게 설명할 수 있으랴.

6

우리가 사랑할 수 있는 것은 인격체(人格體)뿐이다. 나는 하느님이 인격체가 아니라는 것을 알고 있다. 그래서 하느님을 사랑할 수가 없지만, 나 자신이 인격체이기 때문에 역시 하느님을 사랑하지 않을 수 없다.

7

하느님을 두려워하지 않으면 안 된다고들 말한다. 하지만 그것은 옳지 않다. 하느님은 사랑해야 하는 것이다. 그러나 자신이 두려워하고 있는 자를 어떻게 사랑할 수 있으랴. 그뿐만 아니라 하느님을 본디 사랑이라고 하는데 어떻게 하느님을 두려워할 수 있단 말인가? 신은 두려워해야 하는 게 아니라 사랑해야 한다. 만약 우리가 하느님을 두려워하지 않고 사랑하게 된다면, 우리는 이 세상의 어떠한 것도 두려워할 것이 없을 것이다.

3월 7일

1

노동, 즉 자신의 힘을 사용하는 것은 인생의 필수 조건이다. 인간은 자신에게 필요한 것을 남을 시켜 하게 할 수는 있지만, 노동에 대한 육체적인 요구에서 벗어날 수는 없다. 그러므로 만일 자신에게 필요한 훌륭한 일을 하지 않는다면, 대신 불필요하고 어리석은 일을 하게 될 것이다.

2

인간도 모든 동물과 마찬가지로, 굶주림과 추위로 인해 죽지 않기 위해서는 일을 하지 않으면 안 되게 되어 있다. 그리고 먹기 위해, 또 비와 이슬을 피하기 위해 하는 노동은, 모든 동물과 마찬가지로 인간에게도 고통이 아니라 기쁨이다. 그러나 인간 사회는, 어떤 사람들은 스스로를 위해 자신은 아무 일도 하지 않고 남을 시켜 일하게 하며, 정작 자신은 무엇을 해야 좋을지 몰라 시간을 때우기 위해 온갖 어리석은 짓과 추악한 짓을 궁리하고 있는 한편, 어떤 사람들은 가혹한 노동을 강요당하며, 그것도 자신들을 위한 것이 아니라 남을 위해 억지로 해야 하는 노동이기 때문에, 마지못해 하고 있다.

그것은 전자에게도 후자에게도 좋지 않은 일이다. 즉 일을 하지 않는 사람들은 무위도식하는 생활에 의해 자신들의 영혼을 파멸시킨다는 점에서 불행하고, 후자는 가혹한 노동에 의해 육체를 소모시킨다는 점에서 좋지 않다. 그러나 뭐니 뭐니 해도 역시 일하는 사람이 일하지 않는 사람보다 낫다. 영혼은 육체보다 존엄하기 때문이다.

3

만일 노동 그 자체가 너희에게 있어 일차적인 것이고, 그 대가는 이차적인 것이라면 노동과 그 창조자인 하느님이 너희의 주인이 될 것이다. 그러나 만약 노동이 너희에게 있어 이차적인 것이고 그 대가가 일차적인 것이라면, 너희는 대가와 그 창조자인 악마의 노예가 될 것이다. 게다가 그 악마야말로 가장 비열한 악마이다.

존 러스킨

4

악마는 사람들을 낚아 올리기 위해 온갖 미끼를 낚싯바늘에 매단다. 그러나 일하지 않고 놀고먹는 사람에게는 어떠한 미끼도 필요하지 않다. 그는 비어 있는 낚싯바늘에도 달려들기 때문이다.

5

유럽인들은 중국인들에게 기계공업을 자랑한다. "기계공업은 인간을 노동에서 해방시킨다"고. 그러나 "노동은 기쁨이다. 노동으로부터의 해방은 커다란 불행이 될 것이다"라고 중국인은 대답한다.

6

모든 육체노동은 인간을 고결하게 한다. 어린이에게 일하는 즐거움을 가르치지 않는 것은 그를 미래의 약탈자로 만들 준비를 하는 것과 같다.

《탈무드》

7

자신의 육체를 단련하지 않고는 동물이 살아갈 수 없듯, 인간도 또한 마찬가지이다.

그러나 그 단련이 우리에게 만족과 기쁨을 주기 위해서는 무엇보다 타인에 대한 봉사를 위한 단련이어야 한다. 그것이 육체를 사용하는 가장 좋은 방법이라고 할 수 있다.

3월 8일

1

기도는 자신과 무한한 존재, 즉 하느님과의 관계를 새롭게 상기하는 일이다.

2

나날의 생활은 우리를 혼란시키고, 긴장시키며, 우리의 생각을 산만하게 만든다. 그렇기 때문에 기도는 영혼을 위해서 지극히 유익하다. 기도는 말하자면 강장제로서, 우리에게 평화와 용기를 되돌려 준다. 기도는 우리에게 자신의 죄를 상기시키고 모든 사람을 용서해야 할 우리의 의무를 상기시킨다. 기도는 우리에게 이렇게 말한다. "너는 사랑받고 있다. 너도 사랑하라. 너는 남으로부터 받았다. 너도 남에게 주어라. 너는 필경 죽지 않으면 안 된다. 그러므로 네가 해야 할 일을 하라. 관용으로 분노를 이기고 선으로 악을 극복하라. 너에 대해 사람들이 잘못된 판단을 내린다 한들 무슨 상관있으랴. 너는 그들에게 아첨할 필요도 없고 그들에게 떠받들릴 필요도 없다. 네가 마땅히 해야 할 일을 하고, 그 결과는 될 대로 되게 내버려 두어라. 너의 증인은 너의 양심이며, 너의 내부에서 속삭이는 하느님이다. 이러한 것을 새롭게 깊이 생각하는 것, 그것이 바로 기도이다."

아미엘

3

우리가 하느님에게 기도하며 자신의 소망을 말하는 것은, 하느님의 의지를 바꾸고자 하는 것이 아니라, 하느님에게 고함으로써 하느님을 인정하고 하느님의 권능을 인정함으로써 우리의 영혼이 정화되고 높아지기 때문임을 잊어서는 안

된다. 《탈무드》

4

내가 하나의 인격체인 것처럼 하느님을 향해 기도하는 것은, 하느님이 인격체이기 때문이 아니라(그렇기는커녕 나는 하느님이 인격체가 아니라는 것을 확실하게 알고 있다. 왜냐하면 인격체는 유한하지만 하느님은 무한한 존재이기 때문이다) 나 자신이 하나의 인격체이기 때문이다.

즉 내가 푸른색 안경을 끼고 있는 것과 같다. 그러면 나에게는 모든 것이 파랗게 보인다. 이 세상이 파란색이 아니라는 것은 알고 있지만, 그래도 모든 것이 파랗게 보이는 것이다.

5

기도, 그것은 자신과 만물의 본원 사이의 관계를 정립하는 것이고, 우리와 동일한 아버지의 아들인 사람들과의 관계와 그들에 대한 의무의 정립이며, 자신의 지난 행위를 돌이켜 보며 앞으로 지난날의 잘못을 되풀이하지 않기 위해 자신의 어두운 과거를 반성하는 일이다. 《탈무드》

6

매일 같은 시간에 기도를 하는 것은 좋은 일이다. 그러나 정신을 집중시킬 수 없을 때는 차라리 기도를 하지 않는 것이 더 낫다. 입으로만 기도의 말을 되뇌이는 것은 좋지 않다.

7

아무도 없는 곳에서 혼자 기도하는 것은 바람직하고 중요한 일이지만, 네가 번잡한 세상 속에서 흥분하고 열광하고 초조해 있을 때 기도하는 것이 무엇보다 중요하다. 그러한 때 자신의 영혼을 생각하고 하느님을 생각하는 것, 그것이 바로 가장 중요하고 가장 바람직한 기도이다.

8

하느님을 따르지 않고 기도로 하느님을 기쁘게 할 수 있다고 생각해서는 안 된다. 기도란 네가 누구인지, 네 인생에서 해야 할 일이 무엇인지를 너 자신에게 들려주는 행위이다.

3월 9일

1

전쟁과 그리스도교는 양립할 수 없다.

2

어떤 사람이 어떤 나쁜 일에 대해, 나는 그것이 나쁜 일이라는 것을 알고 있지만, 그래도 그 일을 하지 않을 수 없다고 말한다면, 만약 그런 말을 한다면, 결국 그는 아무리 잔인한 행위도 해치울 수 있으며, 그래도 괜찮다고 생각할 뿐만 아니라 오히려 그 잔인한 행위를 자랑하게 될 것이다. 그런 잔인한 행위의 하나가 바로 전쟁이다.

3

무장된 세계와 전쟁, 이 두 가지가 언젠가는 없어진다 하더라도, 그것은 결코 통치자들이나 이 세상의 권력자들에 의해서는 아닐 것이다. 전쟁은 그들에게 너무나도 큰 이익을 주기 때문이다. 전쟁은, 전쟁으로 인해 가장 괴로운 사람들이 자신들의 운명은 자신들에게 달려 있음을 깨닫고, 전쟁의 비극에서 벗어나기 위한 가장 간단하고 자연스러운 방법에 호소함으로써, 즉 그들을 전쟁터로 내모는 자, 그들을 병사로 만들려고 하는 자의 명령에 복종하기를 그만둘 때, 비로소 사라질 것이다.

아르두앙

4

우리의 신앙을 이해하지 못하고, 우리의 손에 무기를 쥐여주며, '공공의 복지'라는 이름 아래 사람을 죽이게 하려는 자들에게 우리는 이렇게 대답할 수 있다. 너희의 우상과 너희의 성전에 봉사하는 사제들은 그들이 너희의 신들의 제단에 공물을 바칠 때, 그것을 피와 살인에 의해 더럽혀지지 않은 깨끗한 손으로 바칠 수 있도록, 항상 손을 깨끗이 씻도록 주의하고 있지 않느냐? 그러므로 너희들도 어떤 전쟁이 일어나도 그들을 군대에 넣지는 않는다. 만약 그 관습이 합리적인 것이라면, 우리 그리스도교도가 자신들의 손을 모든 더러움에서 지키려 하는 것이 훨씬 더 합리적이지 않을까?

만약 우리가 우리의 충고에 의해 세계의 모든 민족이 서로 손을 잡고 평화의 조건을 지키도록 한다면, 우리는 권력자들에게 그들의 병사보다 훨씬 유익한 존재가 될 것이다. 만일 우리가 그 충고와 아울러, 사람들에게 온갖 번뇌로부터의 해탈을 가르치는 사색과 수련까지 시킬 수 있다면, 우리는 진정으로 공공의 복지를 목적으로 하는 일에 참여하는 것이 된다. 우리는 권력자의 행복을 위해 누구보다 치열하게 싸우고 있다. 우리는 그의 군기 밑에서 일할 생각은 없으며 그가 그것을 강요한다 해도 따르지 않지만, 선한 일을 함으로써 그를 위해 싸우고 있는 것이다.

오리게네스(185~254, 신학자)

5

예수는 새로운 사회의 기초를 닦았다. 그가 출현하기 전에는 민중은 가축 떼가 그 주인들의 소유물이었듯이, 한 사람 또는 수많은 주인에게 예속되어 있었다. 왕후와 권력자들은 오만하고 탐욕스럽게 민중을 폭압으로 다스렸다. 예수는 그러한 왜곡된 사회에 종지부를 찍고, 꺾여 있던 민중의 고개를 쳐들게 하고 노예들을 해방했다. 그는 민중에게 인간은 하느님 앞에 평등하기 때문에 모두 자유로운 존재이며, 원래부터 어느 누구도 자신의 형제 위에 권력을 휘두를 수 있는 자격이 없다는 것, 평등과 자유는 하느님이 인류에게 준 신성불가침한 율법이라는 것, 진정한 권위는 권리가 아니라 사회생활에 있어서 오히려 의무이자 봉사이며, 공공의 복지를 위해 자발적으로 받아들인 일종의 노예상태가 아니면 안 된다는 것을 가르쳤다. 예수가 기초를 세운 사회는 그러한 사회였다. 그러나 우리는 그러한 사회를 실제로 이 세상에서 목격하고 있는 것일까? 그러한 가르침이 정말로 지상을 지배하는 것일까? 현대 사회에서 민중을 지배하는 통치자들은 봉사자인가, 주인인가? 19세기나 되는 세월을 거치는 동안 사람들은 부모한테서 자식에게, 자식한테서 손자에게 그리스도의 가르침을 전하며 그를 믿는다고 말하고 있지만, 과연 세상에 어떤 변화가 일어났단 말인가? 민중은 폭정에 허덕이면서 자신들에게 약속된 자유와 해방을 헛되이 고대하고 있지만, 그것이 이루어지지 않고 있는 것은, 그리스도의 말이 옳지 않았거나 현실적이지 못했기 때문이 아니라, 민중이 그들 자신의 노력과 강인한 의지에 의해 그리스도의 가르침을 실현해야 한다는 것을 깨닫지 못하고, 완전히 노예근성에 빠져버려서 그들에게 승리를 주는 단 한 가지를 게을리한, 즉 진리를 위해서라면 죽을 수도 있다는 각오를 게을리했기 때문이다. 그러나 언젠가 그들도 눈을 뜰 것이다. 그들 속에서 무언가가 태동하고 있다. "구원의 날이 가까웠다!"고 하는 소리가 그들에게 들려오고 있다. 라므네

6

인간은 누구나, 특히 그리스도교도는 더더욱, 직접적인 행동을 통해서든 재물을 통해서든 언론을 통해서든, 전쟁과 그 준비에 참여해서는 안 된다.

3월 10일

1

삶의 근원은 삼라만상에 있어서 동일하다.

2

생명이 있는 것은 모두 고통을 두려워한다. 생명이 있는 것은 모두 죽음을 두려워한다. 살아 있는 모든 것 속에 너 자신이 깃들어 살고 있음을 알라. 그들을 죽이거나, 괴롭혀서 죽음에 이르게 하지 말라.

무릇 생명이 있는 모든 것은 네가 원하는 것과 똑같은 것을 원하고 있다. 무릇 생명이 있는 모든 것은 자신의 목숨을 소중히 한다. 살아 있는 모든 것 속에 너 자신이 깃들어 살고 있음을 알라. 부처의 가르침

3

네가 보는 모든 것, 신적인 것과 인간적인 것을 갖춘 모든 것들은 모두 한 몸이다. 우리는 하나의 거대한 몸뚱이의 손과 발에 불과하다. 자연은 우리를 같은

재료로, 같은 목적을 위해 이 세상에 내보냄으로써, 우리를 형제로 만들었다. 자연은 우리 속에 서로를 사랑하는 마음을 불어넣고, 우리를 사교적이고 우호적으로 만들었다. 또한 자연은 우리에게 정의와 의무감에 대한 지표를 주었다. 자연의 법칙에 의하면 죽이는 것은 죽임을 당하는 것보다 나쁜 일이며, 자연이 명하는 바에 의하면 우리의 손은 언제나 남을 돕기 위해 내밀어져 있지 않으면 안 된다. 우리는 하나가 되기 위해 태어났다. 우리의 하나됨은 수많은 돌로 지은 돔과 같은 것이다. 만약 하나하나의 돌이 서로에게 기대지 않는다면 돔은 이내 허물어지고 말 것이다.

세네카

4

우리는 이웃에 대한 봉사 속에서만 행복을 발견할 수 있다. 그리고 그 봉사에 의해 인간은 비로소 전 세계의 생명의 근원과 하나가 될 수 있다.

5

나는 인간과의 일체감을 똑똑히 의식하고 똑똑히 느낀다. 또 그러한 일체감을 (비록 미약하기는 하지만) 동물에게서도 느낀다. 곤충이나 식물의 경우는 그 일체감은 미약해지고, 미시적인 존재와 인간의 감각을 넘어선 초대형 존재에 이르러서는 그 일체감은 완전히 사라져 버린다. 그러나 나에게 그 일체성을 느끼는 감각기관이 없다고 해서, 그것이 일체성이 존재하지 않는다는 증거는 되지 않는다.

6

삶의 길은 단 하나이며, 우리는 모두 언젠가 거기서 만나게 된다. 우리에게는 그 길을 아는 힘이 분명히 주어져 있는 데다, 그 길이 넓고 눈에 잘 띄어서, 아무래도 그 길을 보지 못하고 지나칠 수가 없게 되어 있다. 그 길 끝에 하느님이 있어 우리를 손짓하고 있는데, 그 길을 가지 않고 죽음의 길을 걸어가는 사람들을 볼 때, 우리의 마음은 안타깝기 그지없다.

삶의 길은 넓다. 그러나 많은 사람들이 그것을 모르고 죽음의 길을 걷고 있다.

고골

7

생명이 있는 모든 것과의 유대를 느끼는 데 방해가 되는 모든 것을 너 자신으로부터 제거하라.

이레째 읽을거리

(1) 합일

"각 개인은 모두 남과는 별개의 존재이다. 참된 내 존재는 오직 나 자신 속에 있을 뿐이고, 그 밖의 모든 것은 내가 아니며 나와는 아무 관계가 없다." 바로 이것이 살과 뼈가 그 진실성을 증명하는 인식이요, 모든 욕심의 밑바탕에 도사리고 있는 것이며, 바로 그 인식에서 사랑에 반하는 부정한 또는 악의적인 행위가 실제로 모습을 드러내게 된다.

"나의 진정한 내면적 존재는 나의 자의식 속에서 나에게 직접 계시되는 것과 마찬가지로, 직접적으로 살아 있는 모든 것 속에 내재되어 있다." 산스크리트어의 Tat-twam-asi, 즉 "모든 생명 있는 것, 그것은 너다"라는 불변의 명제로 표현되어 있는 이 인식은, 남에 대한 사려라는 형태를 취하고 있으며, 그렇기 때문에 모든 진실한 선행, 바꿔 말하면 개인적 욕심을 떠난 선행은 바로 거기서 시작되고 있고, 거기서 개개의 선행이 실제로 모습을 드러내게 되는 것이다. 우리가 사랑과 용서와 선행을 사람들에게 호소하는 것도, 결국은 그런 인식이 사람들에게 있다는 전제에서 비롯된다. 왜냐하면 그러한 종류의 호소는, 우리는 모두 결국 같은 존재라는 생각으로 돌아가기를 바라는 호소이기 때문이다. 이와 반대로 욕심과 질투, 박해, 냉담, 복수, 원한, 잔인 등은 모두 최초의 인식에 기초하고 있고, 그것에 의해 지탱되고 있다. 우리가 남의 고결한 행위를 듣거나 실제로 목격했을 때, 나아가서는 스스로 고결한 행위를 했을 때 느끼는 감동과 기쁨은, 그 행위가 우리에게 온갖 종류의 수많은 자아 속에 그 일체성이 숨어 있고, 실제로 그 일체성이 행위가 되어 밖으로 나타난 것이므로, 그것은 우리에게 이해할 수 있는 현실적 존재라는 확신을 준다는 점에 가장 깊이 뿌리내리고 있다.

이러한 두 가지 인식은 모두 단순히 개개의 행위에서 그 모습을 보여줄 뿐만 아니라, 사람들의 모든 의식 속, 정신상태 속에서도 모습을 보여준다. 선한 성격을 가진 사람의 경우와 악한 성격을 가진 사람의 경우는, 그 의식이 완전히 다르다. 악한 성격의 사람은 도처에서 자기와 자기 이외의 모든 사람 사이에 두꺼운 장벽을 느낀다. 세계는 그에게 있어서 내가 아니며, 세계에 대한 그의 관계는 처음부터 적의로 가득 차 있다. 그러므로 그의 근본적인 정신상태는 언제나 원한, 시기, 질투, 적의이다. 한편 선한 성격의 사람은 자기 자신 속에서만 살고 있는 것이 아니라, 그가 결국 자기와 동일한 존재로 의식하는 이웃 속에서도 살고 있다. 그에게 있어서 남은 내가 아닌 자가 아니라, '역시 틀림없는 나'인 것이다. 그러므로 그는 모든 사람에게 언제나 우호적이다. 그는 모든 존재와 자기가 같은 생명임을 느끼고 그들의 행불행에 직접적인 관심을 가지며, 그들에게도 그런 관심이 있다는 것을 굳게 믿는다. 그리하여 그의 마음에는 평화와, 그의 옆에 있으면 누구나 즐거워지는 믿음직하고 조용하고 충만한 정신상태가 튼튼하게 뿌리를 내리고 있다.

쇼펜하우어

(2) 항해

나는 함부르크에서 런던으로 가는 배를 타고 있었다. 승객은 둘뿐이었다. 나와 조그마한 원숭이 한 마리였다. 비단털원숭이 종류의 작은 암컷인 그 원숭이는, 함부르크의 한 상인이 영국의 친구에게 보내는 선물이었다.

원숭이는 갑판 위의 벤치에 가느다란 쇠사슬로 매어져 있었는데, 계속 몸부림을 치면서 새 같은 목소리로 애처롭게 울고 있었다.

내가 그 옆을 지나갈 때마다 녀석은 그 검고 차가운 손을 내 쪽으로 뻗으며, 슬픈 듯한, 거의 사람과 똑같은 눈으로 나를 쳐다보았다. 내가 그 손을 잡아주자 녀석은 울고 몸부림치는 것을 뚝 그쳤다.

바다는 잔잔하고 고요했다. 수면은 움직이지 않는 납빛 식탁보처럼 사방에 펼쳐져 있었다.

배꼬리에서는 작은 방울이 원숭이 울음소리 못지않게 애처로운 소리를 끊임없이 울리고 있었다.

이따금 바다표범이 불쑥 물 위에 떠올랐다가 다시 날렵하게 곤두박질치며 물 속으로 사라지고 나면, 수면 위에 잔잔한 물결이 일 뿐이었다.

말수가 적은 선장은 햇볕에 그을린 침울한 얼굴로 짤막한 파이프에 담배를 피우며, 이따금 화난 것처럼 잔잔한 수면에 침을 뱉었다.

내가 뭘 물어도 그는 더듬더듬 뭔가를 무뚝뚝하게 중얼거릴 뿐이었다. 하는 수 없이 나는 내 유일한 동행인 원숭이를 상대할 수밖에 없었다.

나는 녀석의 옆에 가서 앉았다. 녀석은 우는 것을 그만두고 또다시 나에게 손을 내밀었다.

가만히 고여 있는 것 같은 안개가 졸음을 부르는 듯한 습기로 우리를 감싸고 있었다. 우리는 똑같이 멍하니 생각에 잠겨, 마치 피를 나눈 형제처럼 서로에게 몸을 기댔다.

실제로 지금 나는 이 글을 쓰면서 빙그레 미소 짓고 있지만, 그때의 내 가슴 속에는 좀더 다른 감정이 일고 있었다.

'우리는 모두 한 어머니의 자식'이라는 기분이었다. 나에게는 그 가련한 짐승이 나를 깊이 신뢰하는 듯 얌전해져서, 마치 피붙이처럼 나에게 몸을 기대오는 것이 무척 기뻤던 것이다.

투르게네프

3월 11일

1

음식물이 우리의 생활에 없어서는 안 되는 조건인 것과 마찬가지로, 결혼 또한 인류의 생활에 없어서는 안 되는 필수 조건이다. 그리고 음식물의 남용이 개인의 건강을 해치듯, 결혼의 남용 또한 개인과 인류에게 커다란 해악을 낳는다.

2

2세를 낳는 것을 전제로 한 결합이야말로 진정 올바른 결혼이다. 온갖 의식이나 신고서, 약속 등이 결혼을 성립시키는 것이 아니며, 그런 것은 대부분의 경우, 그 이전의 모든 결합은 결혼이 아니었다고 인정하기 위한 것이다.

3

너는 너의 남편 또는 아내에 대한 책임을 소홀히 할 수는 있다. 그 책임이 너에게 주는 슬픔에서 벗어나기 위해 떠날 수는 있다. 그러나 그때 너는 무엇을 발견하게 될까? 역시 똑같은 슬픔, 그러나 책임을 다했다는 의식이 따르지 않는 슬픔이다.

조지 엘리엇

4

결혼이란 두 남녀 사이에서만 아이를 가지겠다는 약속이다. 이 약속을 어기는 것은 기만이자 배신이요, 죄악이다.

5

두 사람의 영혼이 자신들은 온갖 고생, 온갖 슬픔에도 서로 의지하고, 온갖 고뇌에 있어서도 서로 도우며, 이 세상에서 마지막으로 작별하는 그 표현할 길 없는 침묵의 순간에도 서로 굳게 하나로 맺어지기 위해 영원히 결합되어 있다고 느끼는 건, 얼마나 위대한 일인가!

조지 엘리엇

6

서로 사랑하는 부부가 자신들의 목표를 자기완성에 두고, 그 달성을 위해 경고와 충고와 솔선수범으로서 서로 돕는다면, 두 사람은 큰 행복을 얻을 수 있을 것이다.

7

바리새파 사람들이 와서 예수의 속을 떠보려고 "무엇이든지 이유가 닿기만 하면 남편이 아내를 버려도 좋습니까?" 하고 물었다. 그러자 예수께서는 "처음부터 창조주께서 사람을 남자와 여자로 만드셨다는 것과 또 '그러므로 남자는 부모를 떠나 제 아내와 합하여 한 몸을 이루리라' 하신 말씀을 아직 읽어보지 못하였느냐? 따라서 그들은 이제 둘이 아니라 한 몸이다. 그러니 하느님께서 짝지어 주신 것을 사람이 갈라놓아서는 안 된다" 하고 대답하셨다.

〈마태복음〉 제19장 3~6절

8

아내를 버리고 다른 여자와 결혼하는 사람은 간음을 행하는 것이며 버림받은 여자와 결혼하는 사람도 간음을 행하는 것이다. 〈누가복음〉 제16장 18절

9

인류의 존속을 위한 남녀의 결합은 각 개인에게도 전 인류에 있어서도 지극히 중요한 일이므로, 이것을 생각나는 대로 함부로 행하거나 기분에 좇아 행해서는 안 되며, 우리보다 먼저 이 세상에 살았던 현자와 성인들이 깊이 생각하고 결정한 대로 행하여야 한다.

3월 12일

1

인간이 하는 일—그것은 우리의 삶의 방식이다. 그 일이 선이든 악이든 우리의 운명을 결정한다. 거기에 우리네 인생의 법칙이 있다. 그러므로 인간에게 가장 중요한 것은 "내가 현재 무엇을 하고 있느냐" 하는 것이다.

인도의 《아그니 푸라나》

2

페르시아에 이런 우화가 있다.

어떤 사람이 죽어서 그 영혼이 하늘에 오르자, 문득 그 앞에 온몸이 고름투성이인 추악하고 더러워 소름이 끼치는 여자가 나타났다. "너는 왜 이런 곳에서 헤매고 있느냐? 그처럼 흉측하고 더럽고 끔찍한 몰골로! 너는 도대체 누구냐?" 하고 영혼이 말했다.

그러자 그 무서운 여자가 대답했다. "나는 너의 행위이다."

3

선을 행하고, 자비롭고, 온화하고 겸손하며, 좋은 말을 하고, 남에게 선을 바라고, 깨끗한 마음을 지니고, 항상 배우며, 항상 진실을 말하고, 분노를 억제하고, 만족을 알고 인내심이 강하며, 사람들에게 친절하고, 웃어른을 공경하고, 부

모와 스승을 존경하는 사람, 이들은 모두 선인들의 벗이요, 악인들의 적이다.

거짓을 말하고, 훔치고, 음란한 눈으로 여자를 바라보고, 남을 속이고 욕하고, 이웃에게 악을 바라고, 오만하고 게으르며, 사람을 중상하고, 인색하고, 무례하며, 파렴치하고, 화를 잘 내고, 남의 것을 가로채며, 복수심이 강하고, 고집이 세고, 질투심이 강하며, 이웃에게 나쁜 짓을 하고, 미신에 빠지는 사람, 이들은 모두 악인의 벗이요, 선인의 적이다. 페르시아의 교리문답서

4

중요한 것은 선한 생활에 대한 탁상공론이 아니라, 실제로 선을 행하는 것이다. 《탈무드》

5

지금 당장 할 수 있는 선행은 절대로 뒤로 미루지 말라. 왜냐하면 죽음은 네가 마땅히 해야 할 일을 다 했는지 여부와 상관없이 불쑥 찾아온다. 죽음은 어느 누구도, 또 그 어떤 것도 기다려 주지 않는다. 죽음에는 적도 없고 아군도 없다. 인도의 《아그니 푸라나》

6

네가 이 세상에 태어났을 때 너는 울고 네 주위의 사람들은 모두 기뻐했다. 네가 이 세상을 떠날 때는 모든 사람들이 울고 너 혼자 웃도록 하라.

인도 금언

7

네가 자신이 알고 있는 진리를 실천했을 때 비로소 새로운 진리가 나타날 것이다. 루시 맬러리

8

과거의 행위가 그 사람의 삶에 아무리 큰 영향을 미친다 해도, 인간은 역시 자신의 정신력으로 그 삶을 바꿀 수 있다.

3월 13일

1

예지의 조건은 도덕적 순결이다. 그리고 그 예지의 결과는 정신적 평화이다.

2

선한 사람은 자신에게 무슨 일이 일어나는가보다, 자기가 마땅히 해야 할 일을 하는 것에 더 마음을 쓴다. 그는 말한다. 마땅히 해야 할 일을 하는 것은 내 일이고, 내 몸에 무슨 일이 일어날 것인가는 하느님의 일이다. 나에게 무슨 일이 일어나더라도 내가 마땅히 할 일을 하는 것을 방해하는 것은 아무것도 없다고.

3

자기가 하고 싶은 일만 하는 습관이 몸에 배인 사람은, 무슨 일을 하든 이내 싫증을 낼 것이다.

4

우리는 자신이 육체적으로 누구보다도 약하다고 느낄 때도, 정신적으로는 누구보다 강해질 수 있다. 루시 맬러리

5

예지의 가장 좋은 증거는 변함없이 선한 정신상태이다. 몽테뉴

6

너의 정신을 살찌우는 일만 하라. 바로 그런 행위에 의해서 너는 무엇보다 사회에 유익할 수 있다.

7

뭔가 슬프고 괴로운 일이 일어났을 때는, 먼저, 더 나쁜 일이 일어날 수 있었으며, 실제로 다른 사람에게 그런 일이 일어나고 있다고 생각하는 것이 좋다. 두 번째로, 전에도 꼭 지금처럼 여러 가지 사건과 사정 때문에 슬퍼하고 괴로워했지

만, 지금은 그 일을 돌이켜 봤을 때 아무렇지도 않고 태연할 수 있다는 것을 생각하라. 세 번째로 가장 중요한 것은, 지금 너를 슬프게 하고 괴롭히고 있는 일은 하나의 시련에 지나지 않으며, 그 시련을 발판으로 정신력을 더욱 강화할 수 있다고 생각하라.

8

사람의 정신은 때로 지극히 완전에 가까운 상태에 있으며, 또 때로는 지극히 타락한 상태에 있다. 좋은 시간을 소중히 간직하고 나쁜 시간은 버리는 것이 좋다. 그러면 너는 더욱더 좋은 시간을 보내는 일이 많아지고 나쁜 시간을 보내는 일은 줄어들게 될 것이다. 베이컨

9

자신을 현자로 생각하지 않는 사람만이 현자가 될 수 있다. 그리고 자기 눈앞에 언제나 하느님의 완전성을 보고 있는 사람만이 자기 자신을 현자로 생각하지 않는 법이다.

10

잃어야 할 것이 아무것도 없는 사람이 가장 부자이다. 중국 속담

11

예지는 무한하다. 예지를 향해 나아가면 나아갈수록 그것은 더욱더 필요해진다. 인간에게는 무한한 발전이 가능하다.

3월 14일

1

사랑은 사람들을 하나가 되게 한다. 그리고 모든 사람에게 유일하고 보편적인 이성이 그것을 최종적으로 뒷받침해 준다.

2

인간은 생각한다, 생각하도록 만들어져 있다. 그런데 그 생각은 합리적이어야 하는 것이 분명하다. 합리적으로 생각하는 사람은 무엇보다 먼저 자신이 어떤 목적을 위해 살아야 하는지를 생각한다. 그리고 자신의 영혼에 대해, 하느님에 대해 생각한다. 그런데 대부분의 세상 사람들은 무엇을 생각하고 있는지 한번 살펴보라. 그저 닥치는 대로 잡다한 생각을 하지만, 자신의 영혼과 하느님에 대한 생각만은 하려 들지 않는다. 그들은 춤에 대해, 음악에 대해, 노래에 대해 생각하고, 건축에 대해, 부에 대해, 권력에 대해 생각한다. 그러면서 부자와 권력자들을 부러워한다. 그러나 대체 인간이라는 것이 어떤 것인지에 대해서는 전혀 생각하지 않는 것이다.

파스칼

3

인간의 중요한 의무 중의 하나는, 우리가 원래 하늘로부터 받은 이성의 빛을 최대한 빛나게 하는 데에 있다.

중국 금언

4

모든 사람들이 인정하고 있고 또 인정하지 않을 수 없는 것, 오직 그것만이 참된 이성의 빛이다.

5

진정한 인간이 되고자 하는 사람은 세상에 아부하는 태도를 버리지 않으면 안 된다. 진정한 삶을 살고 싶은 사람은 세상에서 선으로 인정하는 것에 이끌리지 말고, 진정한 선이란 무엇인가, 그것은 어디에 있는가 하는 것을 깊이 생각하지 않으면 안 된다. 자율적인 정신적 탐구욕보다 존엄하고 생산적인 것은 없다. 무엇보다 먼저, 인생의 모든 일에 대해 그러한 태도를 갖고, 그런 다음에 직면하는 모든 문제를 스스로 해결해야 한다.

에머슨

6

우리가 진리의 힘을 의심하며, 사람들의 사상을 밝히는 것을 허용하거나 금지

한다면, 그것은 진리를 모욕하는 것이 된다. 그보다도 진리와 허위를 대결하게 하라. 진리는 자유롭고 공평한 싸움에서는 절대로 지지 않는다. 진리는 허위를 논파함으로써 어떤 금지령보다 철저하게 허위를 뿌리 뽑을 것이다. 밀턴

7

이른바 현대의 그리스도교 교회는 공허하고 취약한 지반 위에 세워져 있다. 거기에 매달리는 사람들은 끊임없이 위험에 처하여, 언제나 무언가를 두려워하고 있다. 교회에 대하여 그 기초를 흔들어 놓는 강렬한 의혹이 제기되면, 교회 대표자들은 대뜸 번개와 천둥처럼 번쩍거리고 으르릉거리면서 소란을 피운다. 그 의혹이 근거가 있는 의혹일수록 소동은 더욱 요란해진다.

과연 사람들은 산이 무너지지나 않을까 하고 걱정할 것인가? 그러나 지금까지의 교회의 가르침은 언제 어느 때 무너질지 알 수 없다. "어쩌면 옳을지도 모르고 또 어쩌면 그렇지 않을지도 모른다." 이것이 바로 교회에 매달리는 사람들이 말할 수 있는 전부이다. 그럼에도 그들은 종교의 기초를 교회에 두고 있다. 권위가 진리로 인정되고 맹목적인 신앙이 종교의 본질이 되었다. 파커

8

어느 누구도 이성의 판단을 뒤엎을 수 없다. 우리가 안다는 것은 이성을 통해서 아는 것이다. 그러므로 이성에 따를 필요는 없다고 하는 사람들의 말을 믿어서는 안 된다. 그런 말을 하는 사람들은 캄캄한 어둠 속에서 우리를 인도하는 오직 하나의 등불을 끄는 것이 낫다고 권하는 사람들과 똑같다.

3월 15일

1

불쾌감을 주는 사람, 자신에게 적의를 품는 사람을 사랑하는 자만이 진정한 사랑을 안다. 사랑의 진실성을 증명하는 것은 적에 대한 사랑이다.

2

우리를 사랑하는 사람, 우리에게 즐거움을 주는 사람을 사랑하는 것은, 인간

의 애정으로도 가능하다. 그러나 적을 사랑하는 것은 하느님의 사랑에 의해서만 가능하다. 인간의 사랑으로 사랑하면 사랑에서 증오로 변하는 경우가 있다. 그러나 하느님의 사랑은 변하는 일이 없다. 그 어떤 것도 그것을 막을 수는 없다. 하느님의 사랑이야말로 영혼의 본질이다.

3

너희가 만일 자기한테 잘해 주는 사람에게만 잘해 준다면 칭찬받을 것이 무엇이겠느냐? 죄인들도 그만큼은 한다. 너희가 만일 되받을 가망이 있는 사람에게만 꾸어준다면 칭찬받을 것이 무엇이겠느냐? 죄인들도 고스란히 되받을 것을 알면서 서로 꾸어준다. 그러나 너희는 원수를 사랑하고 남에게 좋은 일을 해주어라. 그리고 되받을 생각을 말고 꾸어주어라. 그러면 너희가 받을 상이 클 것이며 너희는 지극히 높으신 분의 자녀가 될 것이다. 그분은 은혜를 모르는 자들과 악한 자들에게도 인자하시다. 그러니 너희의 아버지께서 자비로우신 것같이 너희도 자비로운 사람이 되어라. 〈누가복음〉 제6장 33~36절

4

너희의 적을 사랑하라. 그러면 너희에게 적이 사라지게 될 것이다.

열두 제자의 가르침

5

"네 이웃을 사랑하고 원수를 미워하여라" 하신 말씀을 너희는 들었다. 그러나 나는 이렇게 말한다. 원수를 사랑하고 너희를 박해하는 사람들을 위하여 기도하여라. 그래야만 너희는 하늘에 계신 아버지의 아들이 될 것이다. 아버지께서는 악한 사람에게나 선한 사람에게나 똑같이 햇빛을 주시고 옳은 사람에게나 옳지 못한 사람에게나 똑같이 비를 내려주신다. 〈마태복음〉 제5장 43~45절

6

사람의 마음을 아는 하느님은 만인에게 평등하게 사랑을 베풀며 차별하는 일이 없는데, 사람의 마음속에서 무슨 일이 벌어지고 있는지 모르는 우리가, 어

찌 단순한 겉모습만으로 사람들을 차별해, 어떤 사람은 사랑하고, 어떤 사람은 사랑하지 않을 수 있단 말인가!

7

어떤 사람을 다른 사람 이상으로 소중히 하고 싶어 하는 잘못된 사랑, 즉 번뇌의 사랑은 진정한 사랑을 접목해 열매를 맺게 하기 위한 야생의 바탕나무에 지나지 않는다. 그러나 그 야생나무 자체는 사과나무가 아니라, 사과를 맺을 수 없거나 맺더라도 맛있는 사과가 아니라 쓴맛의 사과이듯, 괴로운 사랑은 사람들에게 선을 가져다주지 않거나 더 큰 악을 가져다줄 뿐이다.

8

사랑의 싹은 매우 연약해 살짝 건드리기만 해도 말라 죽기 일쑤지만, 일단 자라고 나면 대단히 강인해진다. 사람들이 그것을 만지작거릴수록 오히려 더 망치는 법이다. 싹이 트는 데 필요한 것은 오직 한 가지, 그것이 무럭무럭 자랄 수 있게 하는 이성의 햇빛을 가리지 않는 것이다.

9

인간 가운데 가장 완성된 사람은, 모든 이웃을 사랑하여 선인이든 악인이든 가리지 않고 그들에게 선을 행하는 사람이다. 마호메트

10

타락한 사람에게도 온유하게 대해야 한다. 날카로운 칼날도 부드러운 비단을 자르지 못한다. 부드러운 말과 부드러운 태도로 대하면 한 오라기의 머리카락으로도 코끼리를 끌 수 있다. 사디

11

너에게 모욕을 준 사람에 대해 나쁜 감정을 느낄 때마다, 모든 사람이 똑같이 하느님의 아들이며, 그가 아무리 불쾌하게 느껴질지라도, 그를 네 형제로서 너와 같은 하느님의 아들로서 사랑하지 않으면 안 된다는 것을 떠올리도록 하라.

3월 16일

1

현대 과학의 가장 큰 해악은, 어차피 '모든 것'을 연구하지는 못하고 종교의 도움 없이는 '무엇을 연구해야 할지'도 모르는 채 올바르지 않은 생활을 보내고 있는 과학자가, 자신에게 '좋고 필요한 것'만 연구하고 있다는 점이다.

그들에게 가장 '좋은' 것은 공허한 지식욕의 만족이고, 그들에게 가장 '필요한' 것은 그들에게 유리한 현재의 체제이다.

2

박물학 연구는 독일에서 광기에 도달했다. 하느님에게는 곤충도 인간도 똑같은 존재일지 모르지만, 우리 인간의 이성에 있어서는 그렇지 않다. 우리 인간에게는 새와 나비에 대해 생각하기 전에 먼저 해결해야 할 일이 얼마나 많은가! 자신의 마음을 연구하라. 자신의 지능으로 판단에 신중을 기하고, 마음으로 평화를 사랑하라. 인간을 알려고 노력하고 이웃의 행복을 위해 당당하게 진실을 말할 수 있는 용기를 지녀라. 그 밖에 다른 적당한 수단이 없다면 수학으로 두뇌를 연마하라. 그러나 곤충을 분류하는 따위는 그만두는 것이 좋다. 그러한 피상적인 지식은 전혀 도움이 되지 않으며, 정밀한 연구에 들어가면 끝이 없다.

"그러나 하느님은 태양에 있어서와 마찬가지로 곤충에 있어서도 무한하다"고 너는 말할 것이다. 나도 기꺼이 그것을 인정한다. 하느님은 지금까지 아무도 그 천태만상을 밝히지 못한 바닷가의 모래알보다 무한 광대하여 헤아릴 수 없는 존재이다. 그러므로 만일 네가 그 모래알 속에서 진주를 캔다는 특별한 사명이 자신에게 있다고 생각하지 않는다면, 집에 남아서 자신의 밭을 일구는 것이 좋다. 밭은 네가 정성껏 일궈주기를 기다리고 있다. 네 두뇌의 용량에 한계가 있다는 것을 잊어서는 안 된다. 나비에 대한 연구를 그만둔다면, 너를 감동시키는 성현의 사상을 받아들일 수 있는 여유가 생길 것이다. 리히텐베르크

3

많은 것을 아는 것이 예지는 아니다. 우리는 모든 것을 다 알 수는 없다. 예지는 될 수 있는 대로 많은 것을 아는 것이 아니라, 어떠한 것이 가장 필요한 지식

이고 어떠한 것이 덜 중요한 지식이며 그리고 또 어떠한 것이 더욱 덜 중요한 지식인가를 아는 것이다. 인간에게 필요한 지식 가운데 가장 중요한 것은 어떻게 해야 잘 살 수 있는가, 즉 어떻게 해야 악을 적게 행하고 선을 많이 행하며 살 수 있는가 하는 것에 대한 지식이다. 그런데 현대인들은 필요 없는 온갖 학문은 연구하면서, 정작 자신에게 가장 중요한 유일한 것만은 배우려 하지 않는다.

4

인간으로서 무엇이 가장 큰 불손일까? 우리 인간이 모르는 것은 하느님도 모른다고 생각하는 것이다.

칼뱅

5

지식이 적은 사람은 말이 많다. 지식이 풍부한 사람은 대개 침묵하고 있다. 그것은 흔히 지식이 적은 사람은 자기가 아는 것을 모두 중요하게 생각하여 그것을 모든 사람들에게 얘기하고 싶어 하는 한편, 많은 것을 아는 사람은 자기가 알고 있는 것 외에도 알아야 할 것들이 많다는 것을 알고, 남이 물을 때만 얘기할 뿐 묻지 않으면 아무 말도 하지 않는 것이다.

루소

6

진정한 학자는 이성의 요구를 이해하면 그것을 실현하려고 노력한다. 평범한 학자는 이성의 요구를 들으면 때로는 실현하려고 노력하기도 하고 때로는 실현하려 하지 않는 애매한 태도를 취한다. 어리석은 학자는 이성의 요구를 들으면 그것을 비웃는다. 어리석은 사람이 비웃지 않는다면 그것은 이성이라고 할 수 없다.

노자

7

만약 어떤 사람이 애초에 어떤 질문을 해야 하는지 알고 있다면, 그것만으로도 이미 그 사람이 현명한 사람이라는 틀림없는 증거가 된다. 왜냐하면 질문 자체가 어리석고 무익한 대답을 요구한다면, 그것은 그 질문을 한 사람 자신의 수치일 뿐만 아니라, 질문을 받은 상대도 자칫 어리석은 대답을 하게 되기 때문이다. 그 결과, 옛말에도 있듯이 한 사람이 숫양의 젖을 짜면 또 한 사람이 그것을 받으려고 체를 갖다 대는 것과 같은 우스꽝스러운 장면이 연출되는 것이다.

칸트

8

만약 모든 지식이 진실한 것이라면 어떤 지식도 다 유익할 것이다. 그러나 사람들의 잘못된 생각이 지식이라는 이름을 쓰고 있으므로, 자신이 얻고자 하는 지식을 선택할 때는 아무리 신중을 기해도 지나친 일이 아니다.

3월 17일

1

세상의 나쁜 것으로부터 오는 해악에서 구원받는 길은 오직 하나, 사람들 사이에 진정한 신앙을 전하는 것이다.

2

인류 사회의 진보와 향상을 위한 진지한 첫걸음마다, 거기에는 반드시 그 주된 원인으로서 신앙의 역할이 있었다. 그러므로 신앙에 기초하지 않은 모든 가르침은 사회의 개선에 언제나 무력했고, 앞으로도 그럴 것이다. 그 가르침이 훌륭한 방식을 만들어 내는 것은 가능할지 모르지만, 그러한 방식에는 프로메테우스가 하늘에서 훔친 불꽃은 결코 존재하지 않는다.

주세페 마치니

3

"너희는 먼저 하느님의 나라와 하느님께서 의롭게 여기시는 것을 구하여라! 그러면 이 모든 것도 곁들여 받게 될 것이다."(〈마태복음〉 제6장 33절)

자연스럽고 건강한 사회기구를 위한 첫걸음은 언제나, 모든 사람들의 물질계에 대한 당연하고 평등하며 빼앗을 수 없는 권리를 보장하는 것 속에 있다. 물론 그것이 전부라는 얘기는 아니지만, 그럼으로써 그 밖의 모든 것이 한결 수월해진다. 그 보장이 없는 한 다른 모든 것은 아무런 이익도 가져다주지 않을 것이다.

헨리 조지

4

사회는 공통의 신앙과, 공통의 목적이 없이는 존재할 수 없다. 사회적인 활동은 종교에 의해서 성립된 원칙을 실생활에 적용하는 것이다. 주세페 마치니

5

그리스도의 사도들은 모두 마음을 합치고 영혼을 합쳐 생활하였다. 만일 그들의 생각이 서로 어긋났더라면 그리스도교 신앙에 대해 알 수 있는 자는 아무도 없었을 것이다. 오늘날에도 이교도가 그리스도교를 받아들이지 않는 것은 그리스도교도들의 일치와 사랑을 보지 못하기 때문이다. 선행만큼 사람들을 설득하는 것은 없고, 악행만큼 사람들의 반발을 사는 것도 없다. 사람들이 그리스도교를 외면하는 까닭은 원수를 사랑하라고 배운 사람이 폭리를 취하고 착취하고 전쟁을 일으키고 적개심을 부채질하며 사람들을 마치 짐승처럼 다루는 것을 보고, 그리스도교의 사랑의 가르침이라는 것을 믿을 마음이 들지 않기 때문이다. 그리스도교도가 죽음을 두려워하는 것을 본다면 아무도 영생을 믿지 않을 것이다. 사람들이 그리스도교를 인정하지 않는 것은 우리 그리스도교도들의 책임이다. 어쩌면 "옛 성인들한테서 배우라"고 말하는 사람이 있을지도 모른다. 그러나 사람들은 선덕이 있는 사람들을 바로 눈앞에서 보고 싶어 한다. 실천을 통해 우리에게 신앙을 보여 달라고 하는데, 바로 그러한 실천이 빠져 있는 것이다. 그뿐만 아니라 사람들은 우리가 짐승보다 더 잔인하게 이웃을 학살하는 것을 목격한다. 바로 그런 것이 사람들로 하여금 그리스도교에서 멀어지게 하고 있다. 우리는 입으로는 그리스도교를 믿는다고 말하면서, 실은 사람들을 그리스도교로부터 쫓아내고 있을 뿐이다. 이오안 즐라토우스트

6

그리스도교는 만약 그것이 진지하게 받아들여지기만 한다면, 모든 낡은 것을 부수고 새로운 무한한 지평선을 여는, 다이너마이트처럼 강력한 작용을 할 것이다.

7

만일 네가 현재의 잘못된 사회 체제를 개혁하고자 한다면, 그것을 위한 방법은 오직 한 가지뿐이라는 것을 알아야 한다. 즉 모든 사람들이 더욱 선량해지는 것이 그것인데, 이를 위해 네가 할 수 있는 단 한 가지는 네 자신부터 더욱 선량해지는 일이다.

이레째 읽을거리

폭력으로 악에 대항하지 말라

"눈은 눈으로, 이는 이로" 하신 말씀을 너희는 들었다. 그러나 나는 이렇게 말한다. 앙갚음하지 마라.(《마태복음》 제5장 38~39절)

그리스도는 악에 대항하지 말라고 가르쳤다. 이 가르침이 진실한 까닭은, 그것이 악을 당하는 사람의 마음에서도 악을 행하는 사람의 마음에서도 그 악을 뿌리째 제거하기 때문이다. 이 가르침은, 세상의 악을 키우기만 할 뿐 결코 멸하지 않는 행위를 하지 말라고 한 것이다. 한 사람이 다른 사람을 공격하여 해를 가하면, 해를 가한 사람은 당한 사람의 마음속에 모든 악의 근원인 증오심을 불어넣게 된다. 그러한 나쁜 감정을 없애기 위해서는 어떻게 해야 할까? 이쪽에서도 상대에게 해를 가하여 똑같이 나쁜 감정을 불어넣어야만 할까? 즉 악을 되풀이하는 짓을 해야만 할까? 그러한 행위는 악을 쫓아내는 게 아니라 오히려 그것을 더욱 부채질할 뿐이다. 사탄은 사탄에 의해서는 쫓아낼 수 없고, 허위는 허위에 의해 교정되지 않으며, 악은 악에 의해 극복되지 않는다.

그러므로 악으로써 악을 갚지 않는 것이 악을 극복하는 유일한 수단이다. 그것은 악을 행하는 자의 마음에서도 악을 당하는 자의 마음에서도 나쁜 감정을 제거한다.

"그야 백번 옳은 가르침이지만 과연 실천할 수 있는 일일까?" 하고 사람들은 말할 것이다. 그렇다, 그것은 하느님의 법칙으로 정해진 모든 선과 마찬가지로 실천 가능하다. 선은 어떠한 경우에도 자기희생과 고난을 겪지 않고서는, 더욱 극단적인 경우에는 자신의 생명마저 희생하지 않고는 실천할 수 없다. 자신의 생명을 하느님의 의지를 실천하는 것보다 더 중히 여기는 사람은 이미 참된 생명에 있어서는 죽은 사람이나 다름없다. 그런 사람은 제 한 목숨을 구하려다가 오히려 그것을 잃게 된다. 그뿐만 아니라 악에 대해 저항하지 않는 것이 한 사람의 생명 또는 한 사람의 실질적인 삶의 행복을 희생시킨다면, 악에 대한 저항은 천의 희생을 치르게 한다.

따라서 무저항은 지키고 저항은 파괴한다.

정의롭게 행동하는 것이 부정하게 행동하는 것보다, 악을 견디는 것이 폭력으로 그것에 저항하는 것보다 훨씬 안전하다. 현재의 생활에 대한 관계에서도 마찬가지이다. 모든 사람이 악으로써 악에 대항하지 않는다면 당장 행복한 사회가 출현할 것이다.

"그러나 겨우 소수의 사람들만이 그렇게 행동한다면 그들은 어떻게 될 것인가? 단 한 사람이 그렇게 행동하고 다른 사람들은 모두 그를 처형하는 것에 찬성할 경우에도, 그 사람으로서는 자신의 적을 위해 기도하면서 죽는 것이, 악에 희생된 사람들의 피로 물든 왕관을 쓴 제왕이 되기보다 훨씬 낫지 않을까?"

그러나 악으로써 악에 대항하지 않으려고 굳게 결심한 사람이 단 한 사람이든 천 사람이든, 그리고 또 그들이 문명화된 사회에 살고 있든 야만적인 사회에 살고 있든, 그들은 폭력에 의지하는 사람들에 비하면 훨씬 더 폭력을 당하는 일이 적다. 강도, 살인자, 사기꾼들은 무기로 대항하는 자들보다는 그 사람들의 안전을 훨씬 더 보장해 줄 것이다. 칼을 든 자는 칼로 멸망한다. 평화를 구하고, 우애를 중히 여기며, 사람에게 위해를 가하는 일이 없이, 사람들의 악을 잊고 이를 용서하는 사람들은, 대부분의 경우 평화를 즐기며 만약 죽는다 하더라도 하느님의 축복을 받으면서 죽을 것이다.

그리하여 모든 사람이 무저항의 계명을 지킨다면, 모든 부정행위와 악덕행위가 사라질 것은 틀림없는 이치이다. 만약 그런 사람들이 대다수라면 그들은 결코 악으로써 악에 대항하지 않고, 어떠한 폭력도 행사하지 않고, 자신들에게 악을 행하는 사람들까지 사랑과 우호의 정신이 지배하게 만들 것이다. 또 그런 사람들이 아직은 드물지만 언젠가 많아지면, 그 도덕적 영향에 의해 모든 잔혹한 형벌이 사회에서 자취를 감추고, 폭력과 불화와 반목이 평화와 사랑으로 변할 것이다.

또 만약 그런 사람들이 극소수에 지나지 않는다 하더라도, 그들은 사회로부터 따돌림당하는 것을 제외하면 나쁜 일은 거의 겪지 않을 것이고, 한편 사회는 스스로 그것을 느끼지 못하는 사이에, 또 그것에 감사하는 일도 없이, 절로 현명해지고 절로 선량해진다.

그리고 최악의 경우, 그 소수 가운데의 몇몇 사람이 박해를 받고 죽임을 당한다 하더라도, 진리를 위해 목숨을 버린 그들은, 그 희생의 고귀한 피에 의해 이미 거룩한 그 가르침을 몸소 남기게 될 것이다.

아딘 발루[1)]

3월 18일

1

남에 대한 평가는 언제나 정확하지 않다. 왜냐하면 그 사람의 내부에서 일어난, 그리고 일어나고 있는 일은 아무도 알 수 없기 때문이다.

2

우리는 자주 남을 평가하며, 어떤 사람은 착한 사람이라 하고 어떤 사람은 나쁜 사람이라 하며, 또 어떤 사람은 어리석은 사람, 어떤 사람은 현명한 사람이라고 부른다. 그러나 사실은 그렇게 불러서는 안 된다. 인간은 강물처럼 쉬지 않고 흘러가고 있다. 내일의 그는 이미 오늘의 그가 아니다. 어리석었던 사람이 현명해지고 나쁜 사람이 착한 사람이 되며, 또 그 반대인 경우도 있다. 그러므로 인간을 심판할 수는 없다. 심판한 순간 그 사람은 이미 변해 있을 테니까.

3

만약 네가 항상 진실만을 얘기하고 거짓을 거부하며, 의심스러운 것만 의심하고 선과 이로움만 원할 정도로 행복한 사람이라면, 너는 악하거나 어리석은 사

---

1) 미국의 종교 지도자의 한 사람. 1890년 8월 사망. 50년 동안 주로 폭력으로 악에 저항하지 않는다는 문제에 대한 저서를 계속 발표했다. 명료하고 아름다운 문체의 그 저서 속에서 그 문제를 모든 측면에서 검토하고 있다. 그러한 그의 대표적 저서 가운데 하나가 《무저항주의 문답》이다.〔원주〕

람한테도 화를 내지 않을 것이다.

"그런데 그들은 도둑이고 사기꾼이란 말이오!" 하고 너는 말한다. 한데 도둑이니 사기꾼이라는 건 도대체 무엇이란 말인가? 죄악과 미망에 빠진 사람들이 아닌가. 그러한 사람에게는 화를 낼 게 아니라 동정심을 가져야 한다. 만약 가능하다면, 그 사람에게 현재와 같은 생활을 하는 건 그 사람 자신을 위해 좋지 않다는 것을 일깨워 주는 것이 좋다. 그러면 그는 악을 행하는 것을 그만둘 것이다. 그래도 그것을 깨닫지 못한다면, 그가 어리석은 생활을 계속하는 것에 놀랄 필요도 없다.

"하지만 그런 사람들을 벌하는 것이 정말 안 되는 일인가?" 하고 사람들은 말한다. 그런 말을 하기보다는 차라리, 이 사람은 세상에서 가장 중요한 곳에서 길을 잃고 헤매고 있다, 육체적으로는 장님이 아니지만 정신적으로는 장님인 것이다, 라고 생각하면 된다. 그렇게 자신에게 말하는 순간, 너는 자신이 그에 대해 무자비했다는 것을 깨닫게 될 것이다. 눈병을 앓아 시력을 잃은 사람을 그것 때문에 처벌해야 한다고 생각하는 사람은 아무도 없을 것이다. 그런데 어째서 눈보다 더 중요한, 인간으로서 가장 큰 행복, 즉 지혜롭게 사는 능력을 잃은 사람을 벌하려 하는가? 그러한 사람들에 대해서는 화를 낼 일이 아니라 오히려 가엾게 여겨야 한다.

그런 사람들을 가여워하고 그들의 잘못된 생각에 대해 화내지 않도록 노력하라. 너 자신이 얼마나 자주 미망에 빠져 죄를 범했는지를 떠올리고, 마음속에 증오와 잔인한 마음이 도사리고 있다는 것에 대해 너 자신을 꾸짖어라.

에픽테토스

4

만약 네가 자신의 단점을 알고 그것을 고치려고 노력한다면, 남을 비난한다든가 하는 생각은 전혀 머리에 떠오르지 않을 것이고 또 그럴 겨를도 없을 것이다.

5

입장을 바꿔 생각해 보지도 않고 그를 이러쿵저러쿵 비난해서는 안 된다.

《탈무드》

6

남의 잘못은 용서하고 자신에게는 아무것도 용서하지 말라.

푸블리우스 시루스

7

나는 악을 행하는 것을 원하지 않지만, 만약 행하는 경우에는 그것을 도저히 자제하지 못했기 때문이라는 것을 잘 알고 있다. 다른 사람들도 역시 자제하지 못하기 때문에 악을 저지르는 것이다. 그런데 어떻게 그들을 나쁘게 생각하거나 비난할 수 있을까!

3월 19일

1

가난한 사람들의 노동에 의해 편한 생활을 누리며 사는 부자들이, 자신들을 그 가난한 사람들의 은인으로 생각하는 세상은, 잘못되어도 한참 잘못되었다고 할 수 있다.

2

돌이 물병 위에 떨어지면 물병이 깨진다. 물병이 돌 위에 떨어져도 물병이 깨진다. 어쨌거나 깨지는 것은 물병이다. 《탈무드》

3

부자가 가난한 사람에게 자선을 베풀 수 있는 것은, 정부가 소수의 사람들에게 특혜를 베풀어 부의 불평등을 낳고, 그것을 정당화하기 위해 자선적 행위가 필요하기 때문이다. 그러한 세상 구조 속에서 부자는 가난한 사람을 알량하게 도와주고 큰 은혜라도 베푼 것처럼 으스대지만, 과연 그것이 정말로 '자선'이라고 할 수 있을까?

칸트

4

부자의 만족은 가난한 사람들의 눈물을 통해 얻어진다.

5

우리는 아무리 직접적으로 남의 황금을 빼앗고 땅을 강탈하지는 않더라도, 역시 온갖 부정한 수단을 다 동원하여 감쪽같이 교묘한 약탈행위를 하고 있는 것이다. 이를테면 물건을 사고 팔 때 최대한 흥정을 해서 될 수 있는 한 싸게 사서 비싸게 팔려고 하는데, 과연 그게 도둑질이 아니라고 할 수 있을까? 야만적인 약탈행위라고 할 수 없는 것일까? 나는 결코 집과 노예를 훔친 것이 아니라고 말하지 말라. 부정과 불의는 도둑맞은 물건의 가격에 따라서가 아니라, 훔친 자의 의도에 따라 결정되는 것이다. 규모가 크든 작든 어디까지나 정의는 정의이고 부정은 부정이다. 나는 남의 지갑을 털어 돈을 훔치는 자와 마찬가지로, 시장에서 물건을 살 때 턱없이 싼값에 사는 자도 도둑이라고 부른다. 벽을 부수고 남의 집에서 물건을 훔쳐가는 자만이 약탈자가 아니라 부정한 방법으로 이웃에게서 뭔가를 가로채는 자 또한 약탈자이다.

이오안 즐라토우스트

6

"가난한 자에게서 재물을 빼앗지 말라. 왜냐하면 그는 가난한 자이기 때문이니라" 하고 솔로몬은 말했다. 그러나 가난하기 때문에 당하는 약탈은 극히 일상적으로 일어나고 있다. 부자는 언제나 그들의 가난을 이용해 어쩔 수 없이 자기를 위해 일하게 만들거나 그들이 파는 물건을 아주 헐값으로 사기도 한다.

이와 정반대의 약탈, 즉 상대방이 부자이기 때문에 큰길가에서 행해지고 있는 약탈행위는 그에 비하면 훨씬 드물다. 왜냐하면 가난한 자를 약탈하는 것은 아무런 위험이 없는 반면, 부자를 약탈하는 것은 크게 위험하기 때문이다.

존 러스킨

7

부가 노동의 집적이라는 말은 참으로 맞는 말이다. 그런데 한 사람이 노동하면 다른 사람은 그 땀의 대가를 긁어모으는 것이 세상의 관행이다. 그리고 학자들은 그것을 '분업'이라 부르고 있다.

영국 금언

8

올바른 부는 모두가 만족하는 사회에만 존재할 수 있다. 우리의 이 사회처럼 한 사람의 부자에 대해 몇백 명의 가난한 사람들이 있는 사회에서는, 부는 정의에 어긋나는 것이다.

3월 20일

1

신의 의지를 실천하기 위해 사는 사람은 사람들의 평판에 따라 울고 웃지 않는다.

2

우리 모두는 우리 마음속에서 무슨 일이 일어나고 있는지 볼 수 있다.

세네카

3

대낮같이 떳떳하게 살아라.

오귀스트 콩트

4

나쁜 일을 숨기는 것은 좋지 않지만 공공연하게 나쁜 짓을 저지르고 그것을 과시하는 것은 더욱 좋지 않다.

5

남에게 부끄러워하는 것은 좋은 감정이다. 그러나 자기 자신에게 부끄러워하는 것은 더욱더 좋은 감정이다.

6

그 사람이 무엇을 부끄러워하고 무엇을 부끄러워하지 않는가 하는 것만큼 그 사람의 인격을 정확하게 나타내는 것은 없다.

7

질문을 받으면 아무것도 숨기지 말라. 그러나 그럴 필요가 없는 경우에는 자신의 나쁜 일에 대해서는 얘기하지 않는 것이 좋다.

8

사람들이 신을 두려워하는 마음이 사람을 두려워하는 마음보다 강하다면 얼마나 좋을까. 인간은 사람들 앞에서는 자신의 잘못을 숨길 수 있지만 신 앞에서는 절대로 숨길 수 없다. 그러므로 나쁜 짓을 하지 말아야 한다.

9

사람들에게는 숨길 수 있지만 신에게는 숨길 수 없다.

10

사람들이 기를 쓰고 숨기려 하는 것은 대부분의 경우 나쁜 일이다.

11

자신의 선행은 숨기는 것이 좋다.

12

감추어 둔 것은 나타나게 마련이고, 비밀은 알려져서 세상에 드러나게 마련이다.

〈누가복음〉 제8장 17절

13

아무것도 감출 필요가 없는 삶, 그와 동시에 자기가 한 일을 사람들 앞에 특별히 자랑하지 않는 삶을 살아라.

3월 21일

1

우리가 알고 있는 삶은 현재 이 세상에서의 삶뿐이다. 따라서 만약 우리의 삶에 의미가 있다면 그것은 바로 이 세상의 삶 속에 있어야 한다.

2

사람들 속에서 세속적인 목적을 위해서 사는 자에게도, 혼자서 정신적인 목적을 위해 사는 자에게도 마음의 평화는 없다. 사람들 속에서 신에 대한 봉사를 위해 사는 자만이 마음의 평화를 얻을 수 있다.

3

살기 힘들다 해서 죽기를 바라서는 안 된다. 도덕적인 사람은 자신에게 지워진 무거운 짐을 벗기 위해 자신의 사명을 오로지 실천한다. 자신의 사명을 다했을 때 비로소 그 짐에서 해방될 수 있다.

에머슨

4

현재의 삶만이 진정한 삶이다. 과거는 이미 없고 미래는 아직 오지 않았다. 현재의 순간만이 존재할 뿐이다. 그러므로 현재의 이 순간을 잘 사는 것, 오직 그것에만 온 정신을 쏟아 노력하라. 내세를 위해 현세를 살아야 한다고 가르치는 사람이 있어도 믿어서는 안 된다. 우리가 알고 있는 삶, 실제로 살고 있는 삶은 현재의 이 삶뿐이다. 따라서 현재의 이 삶을, 이 삶의 한 순간 한 순간을 가능한 한 잘 사는 것에 온 힘을 기울여야 한다.

5

인생은 고뇌도 아니고 쾌락도 아니다. 그것은 우리가 끝까지 성실하게 수행해야 할 사명이다.

토크빌

6

너는 아무리 노력해도 마음먹은 대로 잘 되지가 않아, 뭔가 다른 생활이라면 더 쉽게 할 수 있을 텐데 하며 괴로워한다. 그러나 그 생활 속에서, 네가 현재 놓여 있는 조건 속에서, 너는 언제나 자신이 해야 할 일을 할 수 있다는 진리를 알아야 한다.

칼라일

7

우리가 봉사해야 할 곳은 현재 이 세상이다. 그러므로 우리는 이 세상에서 봉사하는 데 온 힘을 기울이지 않으면 안 된다.

3월 22일

1

설령 진실이 우리의 잘못을 들춰낸다 하더라도 역시 진실을 감추기보다는 떳떳하게 인정하는 것이 낫다. 우리의 삶은 바뀔 수 있지만 진실은 언제까지나 진실로 남아, 우리의 잘못을 결국 들춰내고야 말 것이다.

2

우리는 언제나 모든 사람들이 나를 보고 있다는 마음가짐으로 살아야 한다. 우리의 마음속 가장 내밀한 곳에도 누군가의 눈길이 닿고 있는 것처럼 생각해야 한다. 무엇 때문에 사람들에게 뭔가를 숨길 필요가 있을까? 어차피 신의 눈으로부터는 무엇 하나 숨길 수가 없다. 결국 신의 가르침과 인간의 가르침은 모두 하나의 진리에 이른다. 그것은 우리는 모두 하나의 위대한 몸뚱이의 손이고 발이라는 사실이다. 자연은 우리 모두를 한 가족으로 결합시켰다. 우리는 모두 서로 관계를 맺고, 서로 도우면서 살도록 창조되어 있다. 세네카

3

그리스도교가 가르치는 것은 인간은 평등하며, 신은 아버지이고, 우리 인간은 모두 형제라는 것이다. 그 가르침은 문명사회를 지배하고 있던 무서운 폭력적 체제에 타격을 가했다. 노예들의 쇠사슬을 끊고 또 소수의 사람들이 대중의 노동 위에 거만하게 앉아 온갖 사치에 빠지고, 노동 계급으로부터 그 땀의 결정을 빼앗는 부조리의 사슬도 끊었다. 초기 그리스도교가 박해를 받았던 것은 바로 그 때문이었다. 또 그 가르침을 박해하는 것이 불가능하다는 것을 알았을 때, 지배계급이 일단 그것을 받아들인 뒤 그 뼈대를 제거해 버린 것도 바로 그 때문이다. 그리하여 그리스도교는 겉으로는 번성하였으나 초기 그리스도교와 같은 진정한 그리스도교가 아니라 부자들의 꼭두각시로 전락하고 만 것이다. 헨리 조지

4

네 형제가 굶어 죽어가는데, 너는 너무 잘 먹어 병에 걸릴 지경이다. 형제가 알몸으로 돌아다니고 있을 때, 너는 많은 옷을 감당하지 못해 어떻게 보관해야 벌레가 슬지 않을까 궁리하느라 여념이 없다. 남는 옷은 차라리 가난한 사람들에게 입혀주는 것이 훨씬 더 좋지 않을까? 그러면 그 옷도 제 구실을 하게 될 것이고, 너도 쓸데없는 걱정을 하지 않아도 된다. 그러므로 옷을 좀벌레에게 먹히고 싶지 않으면 가난한 사람들에게 나눠주어라. 그들이 벌레와 먼지를 잘 털어줄 것이다. 부에 중독된 사람들은 내 말에 대해 귀를 막을지도 모르지만, 그 대신 가난한 사람들이 내 말을 알아들을 것이다. 가난한 사람들이 알아봤자 뭐하느냐, 그들은 돈도 없고 옷도 없는데, 하고 너는 말할지 모른다. 그러나 그들에게도 빵과 물은 있고, 병자를 문병할 수 있는 다리도 있으며, 불행한 사람을 위로할 수 있는 혀와 말도 있고, 나그네를 반겨주는 집과 지붕도 있다.

이오안 즐라토우스트

5

오늘날의 모든 선인들의 착오는, 그들이 악인들에게 손을 정중히 내밀어 그들의 악행을 지지할 뿐만 아니라, 그것을 도와주기까지 하면서 그 악의 결과로부터는 달아나려 하는 데 있다.

아침에는 자비심이 솟아 몰락한 몇몇 가족에게 구원의 손길을 내밀면서, 저녁이 되면 그들을 몰락의 구렁텅이로 밀어 넣은 장본인들과 함께 식사를 하고, 수천 명의 사람들을 거리에 나앉게 만든 돈 많은 투기업자를 흉내 내려 한다. 그리하여 그들은 불과 몇 시간 안에 몇십 년이 걸려도 복구할 수 없는 많은 것들을 파괴한다. 그들은 곧, 모든 것을 파괴해 버리는 군대가 휩쓸고 지나간 뒤에 굶주리고 있는 사람들에게 먹을 것을 주는 한편, 군대의 수를 더욱 늘리고 행군의 속도를 더욱 높이려는 사람들과 다를 바가 없다.

존 러스킨

6

너희는 이웃을 구덩이 속에 밀어 넣은 뒤, 네 이웃에게 신이 내려준 그 처지에 만족해야 한다고 말한다. 현대의 그리스도교는 모두 그런 식이다. “우리가 그를 밀어 넣은 것이 아니다"라고 그들은 말한다. 물론 우리는 아침마다 자기 자신을 향해 오늘 하루, 나에게 유리한 일이 아니라 인간으로서 마땅히 해야 할 일을 하고 싶다고 말하지 않는 한, 자신들이 도대체 무엇을 하고 있는지, 또 무엇을 하고 있지 않은지 전혀 깨닫지 못할 것이다. 존 러스킨

7

설사 진실이 우리에게 무엇을 해야 하는지 알려주지 않을 때가 있더라도, 우리가 무엇을 해서는 안 되는지는 항상 알려줄 것이다.

3월 23일

1

땅은 공기나 태양과 마찬가지로 만인의 소유이며 결코 개인의 사유물이 아니다.

2

우리는 모두 이 세상의 나그네이다. 동서남북 어디로 가든 발길 닿는 곳마다 반드시 "이곳은 내 땅이다"라고 말하며 너를 내쫓는 사람을 만날 것이다. 결국 우리는 이 세상의 모든 곳을 돌아다닌 끝에, 전 세계 어디에도 우리의 아내가 자식을 낳을 수 있는 한 조각의 땅과, 우리가 걸음을 멈추고 경작할 수 있는 한 뙈기의 땅, 우리의 아이들이 우리의 뼈를 묻을 수 있는 한 뼘의 땅도 없다는 것을 깨닫고 돌아오게 될 것이다. 라므네

3

곳곳마다 누군가가 사유지로 차지하고 있는 땅에 어떤 사람을 내려놓고, 너는 자유로운 인간이다, 마음껏 일하여 스스로 번 것을 마음대로 사용해도 좋다고 말하는 것은, 그 사람을 대서양 한가운데 내던지고 너는 마음대로 헤엄쳐서 해안으로 갈 수 있다고 말하는 것 못지않게 악랄한 행위이다. 헨리 조지

4

땅을 소유하는 권리는 세상 과반수의 사람들한테서 자연의 상속권을 빼앗는 것이다. 토머스 페인

5

100명의 사람들을 외딴섬에 이주시키고, 그중 한 사람을 나머지 99명에 대한 독재자로 앉히는 것은, 섬 전체의 땅을 그 한 사람이 소유하게 하는 것과 다를 바가 없다. 헨리 조지

6

영국에는 현재의 인구보다 열 배나 많은 사람들을 먹여 살릴 수 있는 땅이 있음에도 불구하고, 수많은 사람들이 자신의 형제인 동포들에게 구걸을 하거나 가혹한 날품팔이를 강요당하면서 도둑질을 하지 않으면 굶어 죽거나 지상에서 살 가치가 없는 인간으로서 교수형에 처해지고 있으니, 과연 이것이 노예제도가 아니고 무엇이란 말인가! 제럴드 윈스턴리

7

토지 사유권은 굶주림과 헐벗음, 노동의 허비, 남의 노동에 의한 결실의 약탈, 가옥의 파괴, 빈곤, 질병, 가족의 죽음, 가난한 사람들이 인간으로서 가장 절실하고 당연한 생활의 권리 의식에 눈떴을 때 그들의 마음속에 일어나는 절망감, 자포자기 등등을 의미한다. 그것은 모두 토지 사유권의 산물이다. 매닝 추기경

8

자신과 가족을 부양하는 데 필요한 것보다 많은 땅을 소유한 사람은, 일반 민중의 고통의 원인이 되고 있는 인고와 결핍과 타락에 참여하는 자일 뿐만 아니라 그 책임자이기도 하다.

3월 24일

1

신의 계율을 실천하는 자만이 신 자체도 인식할 수 있다. 그리고 신의 계율을 바르게 실천하면 할수록 더욱 명료하고 더욱 가깝게 신을 인식할 수 있다.

2

예수께서는 이렇게 말씀하셨다. "내 말을 믿어라. 사람들이 아버지께 예배를 드릴 때에 '이 산이다' 또는 '예루살렘이다' 하고 굳이 장소를 가리지 않아도 될 때가 올 것이다. ……아버지께서는 이렇게 예배하는 사람들을 찾고 계신다. 하느님은 영적인 분이시다. 그러므로 예배하는 사람들은 영적으로 참되게 하느님께 예배드려야 한다."

〈요한복음〉 제4장 21~24절

3

아무리 신을 믿고 있어도, 가끔 그 존재를 의심하는 순간에 부딪히지 않는 사람은 아무도 없을 것이다. 그러나 그러한 의심의 순간은 나쁜 것이 아니며, 오히려 우리를 신에 대한 한층 더 높은 차원의 이해로 이끌어 준다.

우리가 지금까지 알고 있던 신은 완전히 진부해져 버려서, 이젠 신을 믿고 있다고 말할 수 없게 되어버렸다. 우리가 진정으로 신을 믿는 것은 신이 우리에게 새로운 모습으로 나타날 때뿐이며, 신은 우리가 온 마음으로 구하면 그 새로운 모습을 우리에게 계시한다. 그리고 그 모습은 무한하다.

4

모세가 하느님에게 물었다.

"오, 주여! 저는 어디서 당신을 찾으리이까?"

하느님은 대답했다.

"네가 나를 찾을 때 너는 이미 나를 찾았느니라."

5

"어떻게 신이 존재한다는 것을 알고 있습니까?" 하고 묻자 현자는 대답했다.

"해를 보는데 과연 등불이 필요할까?"

신이 도대체 무엇인지 표현할 수 있는 인간의 언어는 없다. 그러나 그러한 언어가 없더라도 우리는 신이 존재한다는 것을 이미 알고 있다. 아라비아 잠언

6

신을 알고 있는 사람에는 두 종류가 있다. 영리하거나 어리석은 것과는 상관없이 마음이 가난한 사람과 진정으로 현명한 사람들이다. 오만한 사람과 어설프게 현명한 사람들만이 신을 모른다. 파스칼

7

어떤 사물이든 가까이 가보면 잘 알 수 있듯, 신을 아는 것도 신에게 가까이 갔을 때뿐이다. 신에게 가까이 다가가는 것은 오직 선행에 의해서만, 즉 신의 율법을 실천하는 것에 의해서만 가능하다. 그리고 신을 잘 알면 알수록 우리는 더욱더 기꺼이 그 율법을 실천한다. 또 그 율법을 훌륭하게 실천하면 할수록 신을 더 잘 알게 된다. 참으로 이 둘은 서로를 돕고 있다.

8

유대인은 신의 이름을 부르는 것을 죄악으로 생각한다. 그들이 그렇게 생각하는 것은 당연하다. 신은 곧 영혼이기 때문이다. 모든 이름은 육체적인 것이지 영적인 것이 아니다.

이레째 읽을거리

수라트의 찻집

인도의 도시 수라트에 한 찻집이 있었다. 거기에는 여러 나라에서 온 여행객과 외국인들이 모여 서로 담소를 나누곤 했다.

한번은 거기에 페르시아의 한 신학자가 찾아왔다. 그는 평생을 바쳐 신의 본성에 대해 연구하면서 그것에 대한 책을 읽고 쓰기도 했다. 너무 오랫동안 신

에 대해 생각하며 읽고 쓰는 사이에 정신이 이상해져서, 머릿속에서는 모든 것이 뒤죽박죽이 되고 말았다. 그리하여 그는 마침내 신을 믿는 것을 그만두어 버렸다.

그 사실을 안 황제는 그를 페르시아 왕국에서 추방했다.

이렇게 한평생을 우주의 기원인 신에 대해 연구하면서 머리가 이상해져 버린 신학자는, 자신이 이성을 잃었다는 것을 깨닫지 못하고 이 세상을 지배하는 최고의 이성이란 건 존재하지 않는다고 생각하게 되었다.

이 신학자에게는 어디를 가나 그를 따라다니는 아프리카인 노예가 있었다. 신학자가 찻집에 들어서자 아프리카인은 문밖의 마당에 남아 양지쪽 돌 위에 걸터앉았다. 그리고 자신에게 달라붙는 파리를 쫓고 있었다. 신학자는 찻집의 소파 위에 비스듬히 누워 아편차를 한 잔 주문했다. 아편차를 한 잔 들이켜고 나자, 그것이 뇌수에 작용하기 시작한 그는 노예에게 말했다.

"어이, 이 더러운 노예 놈아. 너는 신이 있다고 생각하느냐, 아니면 없다고 생각하느냐? 어디 한번 말해봐라."

"그야 물론 있습죠!" 하고 노예는 말하며, 당장 허리춤에서 조그만 나무 조각상을 꺼냈다. "보십시오, 이것이 신입니다. 제가 이 세상에 태어난 날부터 저를 지켜주고 있는 신입죠. 이 신은 우리나라에서 모든 사람이 숭배하고 있는 신성한 나무의 가지로 만든 것입니다."

이 신학자와 노예가 주고받는 이야기를 듣고 있던 사람들은 깜짝 놀랐다.

주인의 물음에도 놀랐지만 더욱 놀라운 것은 노예의 대답이었다.

노예의 말을 듣고 있던 한 브라만이 그에게 말했다.

"이런 불쌍한 놈이 있나! 그래, 신이 인간의 허리춤에 있다고 생각하는 바보가 어디 있단 말이냐! 신은 오직 한 분 브라흐마님밖에 없어. 이 브라흐마님은 이 세상을 다 합친 것보다 위대하시다. 왜냐하면 그분이 이 세상을 만드셨기 때문이야! 브라흐마님이야말로 오직 한 분뿐인 위대한 신이시다. 이 신을 위해 갠지스강 언덕 위에 사원들이 지어졌고, 그 유일한 승려인 브라만들이 그 속에서 오로지 그 신만을 섬기고 있지. 이 승려들만이 진실한 신을 알고 있어. 벌써 2000년의 세월이 지나는 동안 이 세상에 수많은 변화가 일어났지만 승려들은 옛날과 조금도 달라지지 않았어. 그것은 유일한 신인 브라흐마님이 그들을 지켜주시기 때문이지."

브라만은 모든 사람을 설득하기 위해 이렇게 말했다. 그러나 거기에 있던 한 유대인 고리대금업자가 그를 반박했다.

"그렇지 않아요. 진정한 신의 사원은 이 인도에는 없습니다! 신은 브라만들을 지켜주시지 않습니다! 진정한 신은 브라만들의 신이 아니라 아브라함, 이삭, 그리고 야곱의 신입니다. 그리고 진정한 신은 오직 하나밖에 없는 자신의 이스라엘 백성만을 지켜주십니다. 신은 천지를 창조한 이래 이스라엘 백성만을 사랑해 왔고 지금도 사랑하고 있으니까요. 지금 우리 민족이 지구상에 뿔뿔이 흩어져 있는 것은 다만 시련일 뿐입니다. 신은 약속했던 것처럼 언젠가 다시 자신의 백성을 예루살렘에 모아, 옛날 같은 기적을 일으켜 예루살렘의 성전을 재건하고, 이스라엘을 세상의 모든 민족의 지배자로 군림하게 만들 겁니다."

유대인은 이렇게 말한 뒤 울음을 터뜨렸다. 그는 말을 더 계속하고 싶은 눈치였으나 옆에 있던 이탈리아인이 그를 가로막았다.

"그런 거짓말이 어디 있소!" 하고 이탈리아인은 유대인에게 말했다. "당신은 신에게 불공평을 강요하고 있어요. 신이 어느 한 백성을 다른 백성들보다 더 많이 사랑할 리가 없습니다. 오히려 그 반대로, 설사 전에는 이스라엘을 지켜주었다 하더라도, 그 이스라엘 민족에게 노한 신은 노여움의 표시로 이스라엘 민족의 독립을 빼앗고, 이스라엘 백성을 전 세계에 흩어지게 한 지 벌써 1800년이나 지났지만, 그 신앙은 퍼지기는 고사하고 겨우 여기저기서 명맥이나 유지하고 있지 않소? 신은 어떠한 백성도 편애하지 않고 구원을 원하는 모든 사람을 유일한 로마 가톨릭교회의 품 안에서 구제하고 계십니다. 로마 가톨릭 외에는 구원은 어디에도 없어요."

그러자 옆에 있던 신교의 목사가 새파랗게 질린 얼굴로 가톨릭 신부를 향해 말했다.

"구원은 오직 당신네 종파 속에서만 가능하다는 말을 어떻게 할 수 있단 말입니까? 분명히 말하지만, 성서에서 말했듯 오직 예수의 율법에 좇아 정신과 진리 속에서 신을 섬기는 자만이 구원받는다는 것을 아십시오."

그때 옆에 앉아 엄숙한 얼굴로 파이프 담배를 뻐끔뻐끔 피우고 있던, 수라트 세관에서 근무하는 한 터키(튀르키예의 옛 이름)인이 두 그리스도교도에게 얼굴을 돌렸다.

"당신네가 아직도 로마 교회의 신앙을 믿고 있다니, 개가 웃을 일이군요. 당신네의 신앙은 벌써 한 600년 전에 마호메트의 진정한 신앙으로 바뀌었어요. 그리고 당신들도 알다시피 마호메트의 진정한 신앙은 유럽에서는 물론 아시아, 심지어는 문명한 중국에까지 퍼져가고 있습니다. 당신들도 유대인은 신에게 버림을 받았다는 것, 그 증거로 유대인들은 가는 곳마다 멸시당하며 그들의 신앙을 전혀 전파하지 못하고 있다는 것을 인정하고 있지 않습니까? 이슬람 신앙의 진실성을 인정해야 합니다. 이슬람교는 지금 융성의 절정에 있고, 갈수록 퍼지고 있으니까요. 신의 마지막 예언자인 마호메트의 가르침을 믿는 자만이 구원을 받을 수 있습니다. 그것도 오마르파가 아니면 안 되며 알리파는 안 됩니다. 알리파는 신앙이 없기 때문입니다."

그 말을 듣고, 알리의 종파에 속해 있는 페르시아 신학자가 반박하려고 했다. 그러나 이때 찻집 안에 있던 여러 다른 신앙과 종파에 속해 있는 모든 외국인들 사이에 일제히 논쟁이 벌어지기 시작했다. 거기에는 아비시니아의 그리스도교도, 인도의 라마승, 심지어는 조로아스터교도까지 있었다.

모든 사람들은 신의 본성과 신을 어떻게 믿어야 하는지를 두고 말다툼을 벌였다. 각자가 자신의 민족만이 진정한 신을 알고, 신을 어떻게 숭배해야 하는지 알고 있다고 주장했다.

모두들 침을 튀기며 말다툼을 하고 소리를 질러댔다. 오직 한 사람 공자의 가르침을 실천하는 중국인만은 찻집 한쪽 구석에 앉아 이 말다툼에 끼어들지 않고 있었다. 그는 차를 마시면서 아무 말 없이 모든 사람들의 말에 귀를 기울이고 있었다.

터키인이 한창 말다툼을 하다 그를 알아보고 그에게 말했다.

"나를 좀 응원해 주시구려, 중국 양반. 잠자코 있지 말고 뭐든 나한테 유리한 말을 해줄 수 없겠소? 나는 당신네 중국에 요즈음 온갖 신앙이 있다는 것을 알고 있어요. 당신네 나라의 상인들이 몇 번인가 나에게 얘기해 준 적이 있지요. 당신네 중국인들은 모든 신앙 가운데 이슬람교를 가장 좋은 신앙으로 생각하고 기꺼이 받아들이고 있다고 말이오. 내 말의 증인이 되어주시오. 그리고 진정한 신과 그 예언자에 대한 당신의 생각을 말씀해 주지 않겠소?"

"그래, 맞아, 어디 당신 생각을 한번 말해보구려" 하고 다른 사람들도 말했다.

공자의 가르침을 실천하는 그 중국인은 두 눈을 지그시 감고 잠시 무언가 생각하더니, 눈을 뜨고 자기 옷의 널따란 소맷부리에서 두 손을 꺼내 가슴 위에 포개고, 조용하고 침착한 목소리로 말문을 열었다.

여러분, 나는 신앙 문제에서 사람들의 고집만큼 모두의 일치를 방해하고 있는 것은 없다고 생각합니다. 당신들이 내 말에 귀를 기울여 주신다면 그것을 예를 들어 설명하지요. 나는 세계를 일주하는 영국 여객선을 타고 중국에서 이 수라트에 왔습니다. 도중에 물을 얻기 위해 수마트라섬의 동쪽 해안에 정박했지요. 한낮에 우리는 섬에 내려 주민들의 마을에서 그리 멀지 않은 바닷가 야자나무 그늘에 앉아 있었습니다. 제각각 다른 나라에서 온 사람들이었어요.

우리가 앉아 있는 동안 한 장님이 다가왔습니다.

나중에 안 일입니다만, 그 사람은 태양이 무엇인지 알고 싶어서 너무 오랫동안 열심히 태양을 쳐다보다가 눈이 멀었다고 했습니다. 그는 태양빛을 조금이라도 가지고 싶어서 오랫동안 온갖 학문을 열심히 연구했습니다. 그는 태양빛을 붙들어 병 속에 채워 넣고 싶었습니다. 그래서 열심히 태양을 바라보았지만 결국 아무것도 얻지 못하고 태양빛에 의해 마침내 눈이 멀게 되고 만 겁니다.

그때 그는 자기 자신에게 말했습니다.

"태양빛은 액체가 아니다. 만일 그게 액체라면 병에 흘려 넣을 수 있을 것이고 바람이 불면 물처럼 흔들릴 것이다. 태양의 빛은 불도 아니다. 만일 그게 불이라면 물속에서 꺼질 테니까. 그렇다고 빛은 영혼도 아니다. 왜냐하면 눈에 보이기 때문이다. 또 움직이지 않으니 고체도 아니다. 태양빛이 액체도 불도 영혼도 고체도 아니라면 결국 태양빛은 무(無)다."

그는 이렇게 생각했습니다. 그러고도 여전히 태양을 바라보며 줄곧 그것에 대해 생각했기 때문에 시력과 함께 이성까지 잃어버리고 만 거지요.

그가 완전히 장님이 되었을 때는 이미 태양은 없는 것이라고 믿게 되었습니다.

이 장님과 함께 그의 노예도 있었습니다. 그는 자기 주인을 야자나무 그늘에 앉힌 뒤, 떨어져 있는 야자열매를 주워 그것으로 등불을 만들기 시작했습니다. 야자의 섬유를 비벼 심지를 만들고 야자열매의 기름을 짜서 껍질 속에 그것을 담고 그 속에 심지를 넣더군요.

노예가 등불을 만들고 있는 동안 장님은 한숨을 쉬면서 그에게 말했습니다.

"나는 너에게 태양이란 건 없다고 말했는데 내 말이 맞았지? 봐라, 이렇게 캄캄하지 않느냐? 그런데도 사람들은 태양이 이러니저러니 하고 있으니, 도대체 태양이 무엇이기에?"

"저는 모릅니다, 태양이 무엇인지. 저하고는 아무 상관도 없는 일이니까요. 하지만 빛에 대해서는 알고 있습죠. 자, 이제 등불을 다 만들었어요. 이것이 있으면 밤에도 볼 수 있으니 나리도 잘 모실 수 있고, 또 제 방의 물건도 뭐든지 찾을 수 있지요." 노예는 야자 껍질을 집어 들고 말했습니다. "저에게는 바로 이것이 태양입죠."

그 자리에 목발을 짚은 한 절름발이가 앉아 있다가, 노예의 이 말을 듣고 웃음을 터뜨렸습니다. 그는 장님에게 말했습니다.

"당신은 보아하니 태어나면서부터 장님인가 보구려, 태양이 무엇인지 모르는 걸 보니. 내가 가르쳐 드리죠. 태양은 불덩어리입니다. 그리고 그 덩어리는 아침마다 바다에서 솟아 저녁마다 우리 섬의 산속으로 지지요. 그것은 누구나가 다 보고 있는 일이고, 당신도 앞을 볼 수만 있다면 그걸 알 수 있을 텐데 말이에요."

그러자 이번에는 옆에 있던 한 고기잡이가 이 말을 듣고 절름발이에게 말했습니다.

"그러고 보니 당신은 당신네의 이 섬 밖으로는 어디에도 나가본 적이 없는 모양이군. 당신이 만일 절름발이가 아니어서 바다에 나갈 수 있다면, 당신은 해가 이 섬의 산속으로 지는 것이 아니라, 바다에서 솟아오른 것처럼 저녁에도 또한 바닷속으로 진다는 것을 알 텐데. 나는 자신 있게 말할 수 있소. 날마다 그것을 내 눈으로 보고 있으니까."

한 인도인이 이 말을 듣고 있었습니다.

"무슨 그런 당치도 않은 말을 하시오! 그래, 불덩어리가 물속에 떨어지는데도 꺼지지 않는다는 게 말이 되는 소리요? 태양은 불덩어리가 아니라 신입니다. 바로 '제바'라고 하는 신이지요. 이 신은 '메루바'라고 하는 황금의 산 주위를 마차를 타고 돌아다니고 있어요. 이따금 '라구'라고도 하고 '케투'라고도 하는 나쁜 뱀이 이 제바님에게 달려들어 삼켜버리기도 하는데, 이때 세상이 캄캄해지는 거요. 그러나 우리나라의 제사장들이 기도를 드리면 신은 다시 뱀의 배 속에서 나옵니다. 자기네 섬 밖으로 한 번도 나가본 일이 없는 당신네 같은 무식한 사람들만이, 태양은 오직 자기네 섬만 비추고 있다고 생각하는 겁니다."

그때 한 이집트인 배 주인이 입을 열었습니다.

"아니요, 그건 잘못 생각한 겁니다. 태양은 신도 아니고, 인도와 그 황금의 산 둘레를 돌아다니고 있는 것도 아닙니다. 나는 흑해와 아라비아 연안에도 여러 번 항해해 보았고 마다가스카르와 필리핀 군도에도 가본 적이 있소만, 태양은 모든 곳을 비추고 있습니다. 태양은 한 곳만 빙빙 돌고 있는 것이 아니라 일본 연안에서도 떠오르고 있어요. 그래서 그 나라를 일본, 즉 그들의 말로 '해가 떠오르는 나라'라고 부르고 있는 겁니다. 일본에서 떠오른 태양은 저 멀리 훨씬 서쪽의 영국의 섬들 너머로 지고 있습니다. 나는 그것을 잘 알고 있어요. 왜냐하면 나 자신도 직접 보았고 나의 할아버지한테서도 많이 들었기 때문이오. 나의 할아버지는 바다 끝까지 항해하고 돌아다니신 분이니까."

그는 더 얘기하고 싶은 모양이었으나 우리가 타고 있던 배의 영국인 선원이 그의 말을 가로막았습니다.

"영국만큼 태양의 움직임을 잘 알 수 있는 곳은 없을 겁니다" 하고 그는 말했습니다. "우리 영국인들은 다 알고 있는데, 태양은 어디에서도 떠오르지 않고 어디로도 지지 않습니다. 그것은 끊임없이 지구의 둘레를 돌고 있어요. 우리는 그것을 잘 알고 있습니다. 왜냐하면 방금 우리는 지구를 한 바퀴 돌고 왔지만, 어디에서도 태양과 부딪힌 일이 없기 때문입니다. 태양은 여기서와 마찬가지로 어디서도 아침에 나타났다가 저녁에는 사라지는 겁니다."

영국인은 막대기를 주워 모래 위에 원을 그리고 태양이 지구 둘레의 하늘을 어떻게 돌고 있는지 설명하기 시작했습니다. 그러나 그는 생각대로 잘 설명할 수가 없어서 자기 배의 키잡이를 가리키며 말하는 것이었습니다.

"사실은 저 사람이 나보다 배운 것이 많으니까 더 잘 설명해 줄 겁니다."

그 키잡이는 지혜로운 사람이어서 질문을 받을 때까지 잠자코 이야기를 듣고 있었습니다. 그러나 모든 사람의 얼굴이 그를 향하자 그는 입을 열었습니다.

"여러분은 모두 서로가 서로를 속이고 있고 자기 자신도 속이고 있습니다. 태양이 지구 둘레를 돌고 있는 것이 아니라 지구가 태양의 둘레를 돌고 있고, 지구 자체도 스물네 시간에 한 바퀴씩 돌면서 일본과 필리핀 군도, 우리가 지금 앉아 있는 이 수마트라와 아프리카, 유럽, 아시아, 또 그 밖의 모든 나라의 땅을 태양 쪽으로 향하게 하고 있어요. 태양은 그저 하나의 산, 하나의 섬, 하나의 바다, 심지어 지구만을 위해 비추고 있는 것이 아니며, 지구와 같은 다른 많은 별들을 위해서도 비추고 있습니다. 만일 자기의 발밑이 아니라 하늘을 우러러보고, 태양이 자기 한 사람이나 자기 나라만을 위해 비추고 있다는 생각을 그만둔다면, 그것을 잘 알게 될 것입니다."

이렇게 배를 타고 온 세상을 수없이 돌아다니며 하늘을 많이 올려다본 지혜로운 키잡이가 말했습니다.

그렇습니다, 신앙 문제에서 빚어지는 사람들의 미망과 분열은 모두 아집에서 비롯되는 것입니다. 태양의 이야기는 또한 신의 이야기이기도 합니다. 사람들 아집 때문에 자기만의 신이나 최소한 자기 나라만의 신을 가지고 싶어 하는 겁니다. 모든 국민은 자기들만의 신전 속에 전 세계를 포용할 수 없는 절대적인 신이라는 존재를 가두어 두려 하고 있습니다.

이 같은 신전을, 모든 사람을 그 속에서 하나의 가르침, 하나의 신앙으로 결합시키기 위해 신 자신이 세운 신전과 견줄 수 있을까요?

모든 인간의 신전은 이러한 신전, 즉 신의 세계의 모형으로서 만들어져 있는 것에 지나지 않습니다. 모든 신전 안에는 세례반이 있고 궁륭과 등불과 성상과 고문서가 있으며, 경전과 공물과 제단과 신관이 있습니다. 그런데 도대체 어떤 신전에, 바다 같은 세례반, 하늘 같은 궁륭, 태양과 달과 별 같은 등불, 서로 사랑하고 도우며 사는 인간 같은 살아 있는 성상이 모셔져 있다는 말입니까? 도대체 어디에, 인간의 행복을 위해 신이 가는 곳마다 뿌린 은총만큼 신의 선성을 이해하기 쉬운 문서가 있단 말입니까? 도대체 어디에, 우리들 각자의 마음속에 새겨져 있는 경전만큼 이해하기 쉬운 경전이 있을까요? 도대체 어디에, 사랑이 풍부한 인간이 자신의 이웃을 위해 행하는 자기희생만큼 고귀한 공물이 있겠습니까? 도대체 어디에, 신이 직접 공물을 받는 선량한 인간의 마음보다 더 좋은 제단이 있을 수 있겠습니까?

신을 깊이 이해하면 이해할수록 우리는 더욱더 신을 잘 알게 됩니다. 그리고 신을 잘 알게 될수록 더욱더 신에게 가까이 다가가게 되어, 신의 선한 의지와 자비와 인간에 대한 사랑을 본받게 될 것입니다.

그러므로 이 세상을 가득 채우고 있는 태양의 빛을 본 사람이라도, 자신의 우상 속에서 한 줄기의 빛만을 보고 있는 어리석은 사람을 비난하고 경멸해서는 안 된다고 생각합니다. 그리고 눈이 멀어 전혀 빛을 보지 못하는 자도 경멸해서는 안 될 것입니다.

공자의 가르침을 실천하는 중국인이 말을 마치자, 찻집 안에 있던 사람들은 모두 입을 다물고 말았다. 그리고 누구의 신앙이 더 나은지 더 이상 다투지 않았다.

베르나르댕 드 생피에르 원작, 레프 톨스토이 다시 씀

3월 25일

1

동병상련이라는 말이 있다. 사람은 서로 돕지 않고는 살 수 없다. 그것은 상호적인 것이어야 함에도 불구하고, 우리의 삶은 매우 복잡다단하여 어떤 사람들은 남을 돕고 어떤 사람들은 남의 도움만 받고 있다.

2

누구나 남의 노동을 이용하고 있기 때문에, 남의 노동을 도둑질하지 않으려면 자신이 남들한테서 받은 것만큼 그들에게 자신의 노동을 제공하여야 한다.

그러나 자기가 얼마나 받고 얼마나 주고 있는지 계산하는 것은 불가능하므로, 도둑이 되지 않으려면 남의 노력을 될 수 있는 대로 적게 받고, 자신의 노력은 될 수 있는 대로 많이 주도록 애써야 한다.

3

무엇을 얻고 무엇을 사용하든 그것은 인간의 땀의 결정이며, 그것을 허비하거나 파괴하고 망가뜨리는 것은, 남의 땀의 결정을 파괴하고 인간의 생명을 허비하고 있는 것이나 다름없다는 것을 잊어서는 안 된다.

4

너와 네가 손에 넣은 물건 사이에 어떤 중개인이 있다 할지라도, 그것은 네 형제의 손에 의해 만들어진 것으로서 그 노력에 경의를 표하지 않으면 안 된다. 그 경의는 네가 형제들의 노력의 산물을 귀하게 다루고, 그들에게 자신의 노력을 바치는 것을 통해서만 표할 수 있다. 존 러스킨

5

부자들은, 물건을 사는 행위 속에 들어 있는 남의 노동과의 관계 외에, 노동자와 하인에 대한 직접적인 관계를 가지고 있다. 하인에 대한 우리의 태도만큼, 우리가 그리스도교를 무시하고 있음을 잘 보여주는 것은 없다. 하인들은 우리를 대신해서 지극히 불결하고 불쾌하며 무의미하기까지 한 일을 하면서, 우리에 대한 봉사에 자신들의 모든 시간을 바치고 있는데, 우리는 대부분 약속된 급료를 주기만 하면 그들과의 셈은 끝난 것이라고 생각한다. 그러나 그들도 우리의 형제가 아닌가? 그러므로 만약 지금의 사회구조 속에서 그들이 돈 때문에 우리에게 봉사하지 않을 수 없는 거라면, 하다못해 그들과의 사이에 인간적인 관계를 쌓도록 노력해야 한다.

그들이 우리에게 봉사한다면, 어째서 그들과 함께 같은 것을 먹어서는 안 된단 말인가? 어째서 그들과 함께 쉬면서 즐겁게 놀고 공부해서는 안 된단 말인가?

6

너의 모든 재능과 지식을 남을 돕는 수단으로 생각하라.

7

강하거나 현명한 사람에게 힘과 지혜가 주어져 있는 것은, 약자를 박해하기 위해서가 아니라 그들을 돕고 그들을 보호해 주기 위한 것이다. 존 러스킨

8

사람들이 서로 돕고 사는 것을 동병상련으로만 여겨서는 안 된다. 자신의 형

제로부터 도움을 받은 사람은, 그것을 물질로 갚아야 함은 물론이고, 존경과 감사로도 보답해야 한다.

3월 26일

1

모든 사람들의 생활에서 가장 중요한 변화는 그들의 신앙의 변화이다.

2

예수는 자신의 죽음이 가까워졌을 때 주로 두 가지 문제에 대해 깊이 생각했다. 자신의 이름이 악용될 위험성과, 심각하고 파괴적인 사회적 대변동 뒤에 올 자신의 율법의 확립에 대한 것이었다. 그리스도는 죽기 전에 자신의 제자들과 모든 사람들에게 자신이 죽은 뒤에 사이비 그리스도와 사이비 예언자들이 나타날 텐데, 그들이 아무리 세상 사람들을 놀라게 하더라도 절대로 속아서는 안 된다고 말했다. 그는 또 그들이 매우 강력하다는 것, 그 강력함이 세상 사람들을 유혹할 것임을 깨달았다.

그는 또 어떻게 하면 그들의 가르침이 허위라는 것을 알 수 있는지에 대해서도 말했다. 우리가 좋은 나무와 나쁜 나무를 그 열매로 판단하는 것과 마찬가지로, 만약 이 세상의 모든 세속적인 것을 멀리하지 않고, 자기 부정의 정신도 없으며, 모든 차별을 넘어선, 만인에 대한 자비와 사랑이 없다면, 어떠한 경우에도 진정한 그리스도교는 없고 사이비 그리스도와 사이비 예언자들만이 있을 것이다, 그리스도도 그러한 가짜들이 많이 나타날 것이라고 말했다. 그리고 하늘에 계시는 아버지만이 아는 그날 그때가 도래할 때까지는 그러한 무리가 차례차례 나타날 것이라고 했다.

그러나 언젠가는 그때가 도래한다. 세상이 크게 흔들릴 때, 사람들이 서로 싸우고 권력자와 강자가 쓰러지고 사회적 대혼란이 일어날 때가 도래한다. 그때가 바로 낡은 세계의 종말이자 새로운 세계의 탄생이며, 신의 나라의 도래라고 그리스도는 말했다. 그리고 이 새로운 세계의 도래는 멀지 않았으며, 그것은 낡은 세계, 사이비 그리스도, 사이비 예언자들이 사라지고 있음이 이미 확실하니, 모든 사람은 기쁜 마음으로 고개를 들고 신의 나라의 도래를 맞이할 준비를 하고

있기 때문이라는 것이다. 라므네

3

옛날에 민중이 불행했을 때 예언자들은 그들에게 말했다. "너희는 신을 잊고 신의 길에서 벗어났다. 그렇지 않았다면 불행이 너희를 덮치지 않았을 것이다. 너희는 영원한 율법을 좇아 생활하지 않았고 허위와 기만의 율법에 따르며 진실을 인정하려 들지 않았다. 그리하여 마침내 자연의 인내력도 한계에 이른 것이다."

이것은 아직 소박하고 타락하지 않은 사람들은 충분히 이해할 수 있는 말이다. 그러나 요즈음, 자연을 수천 년 전에 발명된 태엽시계 비슷한 고물로 생각하는 사람들이 나타났다. 그 시계는 지금도 여전히 째깍거리면서 가지만 아무 짝에도 쓸모가 없다는 것이다. 그렇게 생각하는 사람들에게는 어떠한 충고와 비난도 무용지물이다. 그러나 다행히 모든 사람이 다 그런 것은 아니어서, 만약 자신의 생활이 나쁘다면 그 죄는 오직 자기 자신에게 있다는 것을 아는 사람들도 있다. 칼라일

4

벼랑 끝에 서 있는 주정꾼이, 위험하다고 그를 제지하려는 사람들을 향해 낄낄 웃으면서 횡설수설하는 것처럼, 온갖 부정한 욕망에 취한 현대 사회는 다가올 비참한 운명에서 자신을 구하고자 하는 예언자들을 비웃고 있다. 옛날과 마찬가지로 오늘날에도 예언자는, "예루살렘이여, 예루살렘이여, 예언자를 죽이고 너에게 보내진 자를 돌로 쳐 죽이려는 예루살렘이여! 나는 이미 여러 차례 어미 닭이 병아리를 날개 밑에 품듯 너희들을 품고자 했건만, 너희는 번번이 그것을 거절하였노라" 하고 말하지 않으면 안 되리라. 루시 맬러리

5

인류는 영원히 배우는 인간과 같다. 개개의 인간은 죽어가지만 그들이 지금까지 사색을 거쳐 도달한 진리와 그들이 토로한 진실은 그들과 함께 사라지지 않는다. 인류는 그 모든 것을 간직하고 있으며, 한 사람 한 사람이 죽은 자의 무덤

에서 조상들이 획득한 것을 꺼내어 이용할 수 있다. 우리 개개인은 우리 이전에 살았던 인류가 쌓아온 신앙의 세계 속에 살아가는 것이며, 또 우리 개개인은 무의식 속에 우리 뒤의 인류의 삶을 위해 다소나마 가치 있는 것을 남긴다. 인류의 교육은, 그 옆을 지나가는 사람이 누구나 돌을 하나씩 쌓아올리는 그 동양의 돌탑처럼 완성되어 간다. 이 세상에 잠시 머물다 가는 우리는, 다른 세상에서 자신들의 교육을 완성시키기 위해 부름을 받고 이 세상을 떠나지만, 인류의 교육은 비록 느리기는 해도 부단히 진행되고 있는 것이다.

주세페 마치니

6

신앙은 어느 시대에나 같은 것이라고 생각하는 것은 큰 잘못이다. 오래 살면 살수록 사람들의 신앙은 더욱 이해하기 쉽고 간결하고 견고한 것이 된다.

신앙이 이해하기 쉽고 간결하고 견고하면 할수록, 사람들의 생활은 더욱 평화롭고 당당한 것이 된다.

어떠한 시대에도 동일한 신앙으로 충분하므로 그것을 바꾸지 않아도 된다고 생각하는 것은, 우리가 어렸을 때 어머니한테서 들은 옛날이야기를 사실로 믿고 영원히 그것을 믿어야 한다고 생각하는 것과 같다.

3월 27일

1

신을 믿으면 믿을수록 사람을 두려워하지 않게 된다.

2

설사 네가 바라는 모든 선을 충분히 실천하지 못했다 하더라도 낙담하거나 실망해서는 안 된다. 만약 높은 데서 떨어졌다면 다시 올라가기 위해 노력하라. 인생의 시련을 조용히 극복하며, 지혜롭게 맨 처음 섰던 자리로 돌아가야 한다.

마르쿠스 아우렐리우스

3

사람을 두려워하는 자는 신을 두려워하지 않고 신을 두려워하는 자는 사람을 두려워하지 않는다.

4

그 생애가 끊임없는 승리의 연속인 사람, 무한한 것과 진실한 것을 위해 세상 사람들의 칭찬 속에서가 아니라 일 속에서 자신의 의지처를 발견하는 사람, 세상의 눈에 띄지 않고 눈에 띄려고 생각도 하지 않는 사람, 그런 사람을 존경하라. 그런 사람은 자기가 그것으로 말미암아 괴로워하리라는 것을 알고 있으면서도 세상 사람들의 욕을 먹는 선행을 선택하고, 진리를 선택한 것이다. 가장 높은 선은 언제나 세상의 법칙에 반(反)한다.

에머슨

5

모든 위대한 진리는 인류의 의식 속으로 들어가기 위해 반드시 세 단계를 거치지 않으면 안 된다. 첫 번째 단계는 "이런 것은 얘기할 가치도 없을 만큼 어리석은 것이다." 두 번째 단계는 "이것은 부도덕하고 종교에 반한다." 그리고 세 번째 단계는 "이런 것은 이미 오래전부터 다 알고 있는 사실이다."

6

진리를 위해서라면 아무것도 두려워하지 않으며, 언제라도 자신의 목숨을 기꺼이 내던질 각오가 되어 있는 사람은, 모든 사람들이 두려워하는 사람, 다른 사람들의 생명을 자기의 권력의 손아귀에 쥐고 있는 사람보다 훨씬 강한 사람이다.

7

세상 사람들이 손가락질하는 사람들 가운데서 훌륭한 인물을 찾아라.

8

네가 마땅히 해야 할 일이라고 생각하는 일을 주저 없이 행하라. 그리고 그것에 대해서 어떠한 명예도 기대하지 말라. 어리석은 인간은 이성적인 행위에 대한 비판자라는 것을 기억하라.

9

사람들의 지배에서 벗어나고 싶으면 신의 지배하에 들어가라. 네가 신의 지배하에 있음을 의식한다면 사람들은 너에게 어떠한 짓도 할 수 없을 것이다.

3월 28일

1

예지는 고독 속의 정신적인 활동과, 사람들 틈에서 자기 자신을 의식함으로써 획득할 수 있다.

2

남의 말에 귀를 기울이고 신중하라. 그러나 말은 적게 하라.

묻는 사람이 없거든 절대로 입을 열지 말라. 그러나 질문을 받거든 이내 짧게 대답하고, 모를 때는 부끄러워하지 말고 모른다고 말하라.

논쟁을 위한 논쟁을 하지 말라.

과장하지 말라.

높은 자리를 찾지 말고 그런 자리를 권하거든 받아들이지 말라.

아무래도 상관없는 일, 즉 자신의 의무에 반하는 일이 아니라면 네가 같이 살고 있는 이웃의 습관과 희망에 따르도록 하라.

네 의무도 아니며 이웃에게 도움이 되지도 않는 일에는 구태여 나설 필요가 없다. 그러한 습관은 우상이 되기 쉽다. 우리는 모두 자신 속의 우상을 파괴하지 않으면 안 된다.

수피

3

남의 눈을 통해서만 제 흠집을 볼 수 있다.

중국 속담

4

우리는 모두 타인 속에 자기의 죄악과 단점과 여러 가지 나쁜 습관을 똑똑히 비추는 거울을 가지고 있다. 그럼에도 불구하고 우리의 대부분은 이 경우 거울 속에 보이는 것이 자기 자신이 아니라 다른 개라고 생각하고 거울을 향해 짖어

대는 개처럼 행동하고 있다. 쇼펜하우어

5

"너 자신을 알라"는 것은 근본적인 원리이다.

그러나 과연 우리는 자기 자신을 바라봄으로써 자기 자신을 알 수 있다고 생각하는가? 그렇지 않다. 타인을 바라봄으로써 비로소 자기 자신을 알 수 있는 것이다. 나의 힘을 타인의 힘과 견주어 보며 나의 이익을 양보하도록 노력하라. 자신을 늘 부족한 존재로 생각하고 타인의 존엄성 앞에 머리를 숙여라.

존 러스킨

6

만일 세 사람이 모인다면 나는 반드시 거기서 두 스승을 발견한다. 선인을 보면 그를 본받으려고 노력하고, 악인을 보면 나 자신을 바로잡으려고 노력한다.

중국 금언

7

나는 내 스승들한테서 많은 것을 배웠다. 내 벗들한테서는 더 많은 것을 배웠다. 그러나 내 제자들한테서 무엇보다 많은 것을 배웠다. 《탈무드》

8

성인을 보면 자신도 그런 사람이 되겠다고 생각하고, 악인을 보면 스스로 자신을 되돌아보라. 중국 금언

9

"인간의 내부에 있는 악마를 치려다가 그의 내부에 있는 신을 다치게 하지 않도록 조심하라." 이것은 곧 다른 사람을 비판할 때 그의 내부에 신의 영혼이 살고 있음을 잊지 말라는 뜻이다.

10

“죄와는 싸우되 죄인을 미워하지는 말라.” 사람 속의 악은 미워하되 그 사람 자체는 사랑하라.

11

말로써가 아닌 실천하는 참사랑은 어리석을 수 없을 뿐만 아니라, 오직 그러한 사랑만이 진정한 통찰력과 예지를 준다.

12

사람들과 함께 있을 때는 네가 고독할 때 배운 것을 잊지 말라. 고독 속에 있을 때는 사람들과 사귐으로써 배운 것을 깊이 생각하라.

3월 29일

1

만약 네가 진심으로 정욕을 극복하고자 하는데도 불구하고 때때로 정욕에 지배당할 때가 있더라도, 너에게는 정욕을 이겨낼 힘이 없다고 생각해서는 안 된다. 그것은 다만 순간적일 뿐이다. 마부가 단번에 말을 세우지 못하더라도 고삐를 내던지지 않고 계속 잡아당기면 말은 언젠가는 서게 되어 있다. 우리도 또한 그와 마찬가지다. 단번에 억누르지 못했더라도 끝까지 싸워야 한다. 그러면 틀림없이 정욕이 아니라 네 쪽이 이길 것이다.

2

이성이 감성을 지배할 수 있는 능력이 바로 절제이다. 이것에 대해서 교회의 한 성직자는 그것은 선 자체는 아니지만 선의 위대한 사업이라고 말했다.

벤저민 존슨

3

탐욕과 망상과 사치와 분노를 다스리는 방법을 배워라.

4

자기 자신을 이기는 자는 싸움터에서 백만 군대에 이기는 자보다 위대한 승리자이다. 모든 타인을 이기는 것보다 자신을 이기는 것이 훨씬 낫다.

싸움터에서 남을 이긴다 해도 언젠가는 질 수도 있다. 그러나 자기 자신을 이기고 자기 자신을 다스리는 자는 영원히 승리자로 남을 것이다. 《법구경》

5

남을 자기 자신처럼 존경하고, 자기 자신을 이기며, 내가 원하는 것을 남에게 베푸는 것이야말로 인애의 가르침이라고 할 수 있다. 이보다 더 높은 가르침은 없다. 공자

6

젊은이여! 유흥이나 사치 등의 온갖 욕망의 만족을 멀리하라. 설사 온갖 욕망을 완전히 물리치겠다는 생각이 아니더라도, 뒤로 미루면 미룰수록 커지는 즐거움을 간직하기 위해서라도 그렇게 하는 것이 좋다. 그러한 관능의 향락을 절제하고 미룸으로써, 네 즐거움은 더욱더 풍부해진다. 즐거움이 수중에 있다는 의식은 그 향락에 의해 채워진 감정보다 훨씬 풍요로운 결실을 거둘 수 있다. 왜냐하면 즐거움은 욕망의 만족과 함께 당장 사라져 버리기 때문이다. 칸트

7

사람의 마음속에 사는 정욕은 처음에는 거미줄 같지만, 나중에는 굵은 동아줄처럼 되어버린다.

정욕은 처음에는 남과 같다가, 다음에는 손님처럼 되고, 마지막에는 그 집의 주인이 되어버린다. 《탈무드》

8

방종은 자살의 시작이다. 이것은 집 밑을 흐르며 얼마 안 가 집의 토대를 무너뜨리는 눈에 보이지 않는 수맥과 같다. 블래키

9

자신을 이기는 자야말로 진정한 강자이다. 동양의 금언

10

나의 간절한 소망은 절대로 화를 내지 않는 것, 언제나 진실을 말하고 그 진실을 사랑으로써 누구도 상처받지 않도록 말하는 것, 성미가 급한 사람을 인내심으로 대하는 것, 정욕에 사로잡힌 사람들 속에서 정욕으로부터 자유로운 것, 이것이 바로 나의 간절한 소망이다. 《법구경》

11

절제에 이르는 길은 멀고 험하지만, 한 걸음 한 걸음 그것을 향해 꾸준히 걸어갈 수는 있다. 모든 인간의 삶은 정욕의 강화가 아니라 그 약화를 향해 나아가고 있다. 시간이 그러한 절제와 노력에 큰 힘이 되어줄 것이다.

3월 30일

1

진정한 선은 미덕이며 기쁨일 뿐만 아니라 폭력보다 강력한 무기이다.

2

죄 많고 거짓에 차 있으며, 특히 우리에게 나쁜 짓을 하는 사람을 친절하게 대하는 건 확실히 어려운 일이지만, 그런 사람에 대해서도, 아니 바로 그런 사람에 대해서야말로, 그를 위해서나 자신을 위해서나 친절하게 대할 필요가 있다.

3

그때에 베드로가 예수께 와서 "주님, 제 형제가 저에게 잘못을 저지르면 몇 번이나 용서해 주어야 합니까? 일곱 번이면 되겠습니까?" 하고 묻자 예수께서는 이렇게 대답하셨다. "일곱 번뿐 아니라 일곱 번씩 일흔 번이라도 용서하여라."

〈마태복음〉 제18장 21~22절

4

만약 네가 세상 사람들이 행복을 위해 어떻게 살아야 하는지 알고 있고, 또 그들에게 선을 원한다면, 너는 사람들에게 그들이 너를 믿고 이해하도록 그 사실을 얘기할 것이다. 그들이 너를 믿고 또 이해하게 하려면 너는 가능한 한 네 생각을 차분하게 그리고 친절하게 전달하도록 애써야 한다.

그런데 우리는 얼마나 자주 그것과 정반대의 일을 하고 있는 것인가! 우리는 우리와 의견이 같거나 거의 비슷한 사람과는 잘 얘기할 줄 알지만, 상대방이 우리가 인정하는 진리를 믿지 않거나 이해하지 못하고, 아무리 설명해도 우리의 의견에 동의하지 않고 부득부득 고집을 부리거나 우리의 말을 왜곡할 때, 우리는 쉽게 평정을 잃고 분노를 느낀다. 그리고 화를 내며 상대에게 불쾌한 말을 하고, 이렇게 아둔하고 고집불통인 사람과는 얘기해 봤자 헛수고라 생각하고 입을 다물어 버린다.

상대에게 진실을 말할 때 가장 중요한 것은, 절대로 화를 내지 않고 모욕적인 말은 한마디도 해서는 안 된다는 것이다.

에픽테토스

5

만약 네가 누군가의 잘못을 알아챘다면, 그것을 따뜻하게 감싸주고 그가 잘못하고 있는 점을 조용히 지적해 주어라. 만약 그가 네 충고를 듣지 않는다면, 너 자신을 나무라거나 차라리 아무도 나무라지 말고 끝까지 너그러운 태도로 대해야 한다.

마르쿠스 아우렐리우스

6

만약 네가 누구하고 사이가 나빠져 그가 너에게 불만을 품고 있다면, 또 네가 옳은데 그가 동조하지 않는다면, 그것은 그에게 잘못이 있는 것이 아니라 틀림없이 그와 얘기할 때의 네 태도가 나빴기 때문이라고 생각하라.

3월 31일

1

뉘우친다는 것은 자신의 잘못과 자신의 단점을 모두 인정한다는 것을 의미한다. 회개는 자기 내부의 모든 악을 질책하는 일이고, 영혼을 정화하는 일이며, 영혼이 선을 받아들이기 위한 준비이다.

2

아무리 선한 사람이라도 자신의 잘못을 인정하지 않고 항상 자기 자신을 정당화하려고 애쓴다면, 그는 이내 선인에서 악인으로 전락할 것이다.

3

자신에게 무엇인가 버려야 할 점이 있지 않은지 스스로 빨리 돌아보도록 하라.

4

자신의 잘못을 깨닫는 것처럼 마음을 유연하게 해주는 것은 없고, 언제나 자기가 옳다고 생각하는 것처럼 마음을 완고하게 만드는 것도 없다. 《탈무드》

5

만약 마음속으로는 자신이 신에 대해 죄가 있음을 느끼면서도, 남에 대해서나 자기 자신에 대해 그것을 인정하지 않는 사람은, 언제나 남을, 특히 자기가 죄를 짓고 있는 상대방을 나쁘게 말하고 싶어 하는 법이다.

6

선인이란 자신의 잘못을 기억하고 자신의 선행은 잊는 사람이며, 악인이란 그와 반대로 자신의 선행은 기억하지만 자신의 잘못을 잊는 사람을 말한다.

자신을 용서하지 말라. 그러면 남을 쉽게 용서하게 될 것이다. 《탈무드》

7

자신의 지난 악행을 선행으로 덮는 자는, 구름 사이로 숨는 달처럼 어둠의 세계를 비추어 낸다. 부처의 가르침

8

아직 힘이 있을 때 죄를 뉘우치는 것이 좋다.

뉘우친다는 것은 곧 자신의 영혼을 정화하고 선한 생활을 준비함을 의미한다. 그러므로 인간으로서 생명력이 남아 있을 때 뉘우치는 것이 좋다. 등잔불이 꺼지기 전에 기름을 부어야 하는 것처럼. 《탈무드》

9

무한한 세계 속에 자신은 유한한 존재라는 의식, 그리고 자신이 할 수 있었고 또 마땅히 했어야 하는 모든 일을 하지 않았다는 죄의식은, 인간이 인간인 한 언제나 있었고 앞으로도 있을 것이다.

이레째 읽을거리

코르네이 바실리예프

1

코르네이 바실리예프가 마지막으로 마을에 돌아왔을 때 그는 꼭 쉰네 살이었다. 숱 많은 곱슬머리에는 아직 새치 한 오라기 없었고 광대뼈 언저리에 흰 털이 조금 희끗거릴 뿐이었다. 얼굴은 반지르르하니 혈색이 돌고 목덜미는 실팍했다. 그의 강인한 몸은 풍족한 도시 생활로 기름기가 올라 있었다.

그는 20년 전 병역을 마치고 돈을 좀 모아 돌아왔다. 처음에는 조그만 가게를 냈다가 나중에 가게를 거두고 가축 장사를 하게 되어, 체르카시에 가서 '상품'(가축)을 구입해 모스크바에 가서 팔았다.

가야 마을에 있는 생철로 지붕을 인 그의 돌집에는 늙은 어머니와 아내와 아들과 딸, 벙어리에 고아인 열다섯 살 난 조카, 그리고 하인이 하나 있었다. 코르네이는 두 번째 장가를 들었다. 전처는 몸이 약해 병치레만 하다가 자식도 낳지 못하고 죽어서, 상당히 나이가 들어 이웃 마을의 가난한 과부의 딸인 튼튼하고 아리따운 처녀를 두 번째 아내로 맞이한 것이다. 아이들은 이 두 번째 아내에게서 태어난 자식들이었다.

코르네이는 최근에 사들인 '상품'을 모스크바에서 팔아 톡톡히 재미를 보았기 때문에 3000루블가량의 목돈을 모아두고 있었다. 코르네이는 마을 사람한테서 마을에서 그리 멀지 않은 곳의 한 영락한 지주가 숲을 헐값에 내놓았다는 얘기를 듣고, 목재장사에 한번 손을 대볼까 하고 생각했다. 그쪽 장삿속을 그도 모르는 바가 아니어서, 군대에 들어가기 전 목재장사꾼 밑에서 수습점원으로 일한 적이 있었던 것이다.

가야 마을에서 가장 가까운 철도역에서 코르네이는 같은 마을 사람인 애꾸눈 쿠지마를 만났다. 쿠지마는 기차가 올 때마다 손님을 받으려고, 가야에서 비리비리한 두 필의 조랑말이 끄는 썰매를 몰고 나왔다. 쿠지마는 가난해서 부자를 싫어했지만, 유달리 돈 많은 코르네이를 더 싫어하여 코르네이를 코르니시카(코르네이의 비칭)로 부르고 있었다.

반코트 위에 털가죽 외투를 받쳐 입은 코르네이는, 여행용 가방을 들고 정거장 출구로 나와 걸음을 멈춘 뒤, 배를 쑥 내밀고 심호흡을 하며 사방을 둘러보았다. 아침이었다. 조용하고 흐린 날씨에 약간 서늘한 기운이 느껴졌다.

"아직 손님을 못 찾았소, 쿠지마 아저씨? 그렇다면 나나 태워다 주지 그래요, 어때요?"

그가 말했다.

"어쩐다, 1루블은 내야 하는데……."

"70코페이카면 충분하지 뭘 그래요."

"그렇게 돈이 많으면서 아, 그래 이런 가난뱅이한테 30코페이카를 아낄 셈인가?"

"좋아요, 까짓것!" 코르네이는 조그만 썰매 속에 가방과 보따리를 집어넣고 뒷자리에 널찍하게 자리 잡고 앉았다.

쿠지마는 마부석에 그대로 앉아 있었다.

"자, 이제 됐어요, 출발해요."

썰매는 정거장의 저지에서 반반한 길로 빠져나왔다.

"그런데 영감님 마을은, 우리 마을 말고 영감님 마을 말이오, 요즘 경기가 어때요?" 코르네이가 물었다.

"형편없지, 뭐."

"그래, 우리 어머니는 잘 계시겠지요?"

“물론 잘 계시지. 바로 며칠 전에도 교회에서 뵈었는걸. 노인네도 건강하시고 젊은 마님도 아직 건강하시고. 다들 여전하지. 참, 이번에 하인을 새로 들였다던데.”

그렇게 말하면서 쿠지마는 웃었는데, 코르네이에게는 그 웃음이 이상야릇하게 느껴졌다.

“어떤 머슴? 표트르는 어쩌고!”

“표트르가 병에 걸려서 카멘카에서 예프스치그네이 벨르이를 데려왔어. 그러니까 친정 마을에서 데려온 거지.”

“그래요?”

코르네이가 마르파와의 혼담을 추진하고 있을 때부터 예프스치그네이가 이렇다느니 저렇다느니 하는 소문이 아낙네들의 입살에 오르내리고 있었다.

쿠지마가 다시 입을 열었다.

“정말이지, 코르네이 바실리예프. 요즘 아낙네들의 입김이 얼마나 세어졌는데!”

“누가 아니랍니까!” 코르네이는 중얼거리듯이 말하고 일부러 화제를 돌리려고 “그런데 영감님 말도 어지간히 늙었군요?” 하고 덧붙였다.

“나도 늙었으니 피장파장이지, 뭐.” 쿠지마는 다리가 굽은 말에게 채찍을 휘두르면서 말했다.

도중에 주막이 있었다. 코르네이는 마차를 세우게 해 집 안으로 들어갔다. 쿠지마는 말을 비어 있는 말구유에 넣으면서, 코르네이를 쳐다보지는 않았지만 속으로는 은근히 그가 자기를 불러주기를 기다리며 봇줄을 손보고 있었다.

“들어와요, 쿠지마 아저씨. 한잔합시다.” 코르네이가 현관에 나와서 말했다.

“어, 고맙네.” 쿠지마는 그리 서두르지 않는 시늉을 하면서 대답했다.

코르네이는 보드카를 한 병 주문해 쿠지마에게 권했다. 쿠지마는 아침부터 아무것도 먹지 않았기 때문에 이내 취기가 돌았다. 그러더니 코르네이 옆에 바짝 다가앉아 그에게 마을의 풍문을 소곤소곤 들려주기 시작했다. 그의 아내인 마르파가 옛날 애인을 하인으로 들여 같이 살고 있다는 것이었다.

“나하고는 상관없는 일이지만 자네가 안됐다는 생각이 들어서 말이야. 세상의 웃음거리가 되는 줄도 모르고 죄의식도 없는 모양이야. ‘어디 두고 보자, 곧 진짜 남편이 돌아오면 어떻게 하나’ 다들 그러고 있지, 뭐. 코르네이 바실리예프!”

쿠지마가 거나하게 취해서 말했다.

코르네이는 잠자코 쿠지마가 말하고 있는 것을 듣고 있었지만, 그의 짙은 눈썹은 차츰차츰 내려가더니 석탄처럼 반짝이고 있는 검은 눈 위로 처졌다.

"이제 말에게 물을 먹여야 할 때가 되지 않았소?" 그는 병이 거의 비었을 때 비로소 입을 열었다. "자, 그럼 갑시다."

그는 주인과 계산을 마치고 한길로 나왔다.

그는 땅거미가 져서야 집에 도착했다. 맨 먼저 그를 맞이한 것은 바로 그 예프스치그네이였다. 코르네이는 그와 인사를 나누었다. 눈썹도 속눈썹도 새하얀 비쩍 마른 예프스치그네이의 얼굴을 보고, 코르네이는 '설마 이 남자가' 하는 듯이 고개를 저었다. '저 늙어빠진 영감탱이가 거짓말을 했군.' 그는 쿠지마가 하던 말을 떠올렸다. '하지만 아직은 모를 일이야. 아무튼 알아나 보자.'

쿠지마는 말 옆에 서서 곁눈으로 예프스치그네이를 눈짓하고 있었다.

"그러니까 자네가 우리 집에서 살고 있단 말이지?" 코르네이가 물었다.

"예, 어디서든 일을 해야 해서요." 예프스치그네이가 대답했다.

"방의 페치카에 불은 지폈나?"

"그럼요, 마트베브나 님이 거기에 계신데요."

코르네이는 정면 계단으로 올라갔다. 마르파가 목소리를 듣고 현관으로 쫓아 나왔다. 그리고 남편을 보자 얼굴이 새빨개지며 당황한 듯 유달리 애교스럽게 말했다.

"어머님도 저도 목이 빠지게 기다리고 있었어요." 코르네이를 뒤따라 그녀도 방으로 들어왔다.

"그래, 나 없는 동안 어떻게들 지냈지?"

"여전하죠, 뭐." 그녀는 치마를 잡아당기며 젖을 달라고 조르는 두 살 난 딸을 안아 올려 큰 걸음걸이로 성큼성큼 현관으로 나갔다.

코르네이와 영락없이 닮은 새까만 눈의 어머니가, 펠트 슬리퍼를 신은 발을 가까스로 끌면서 방으로 들어왔다.

"잘 돌아왔다." 그녀는 떨리는 머리를 흔들면서 말했다.

코르네이는 무슨 일로 돌아온 건지 어머니에게 얘기하고, 쿠지마가 생각나서 그에게 돈을 주려고 나갔다. 그가 현관문을 열자, 문 바로 옆에 마르파와 예프스치그네이가 서 있는 것이 보였다. 둘은 바싹 붙어 서서 무엇인가 얘기를 주고

받고 있었다. 코르네이를 보자 예프스치그네이는 후닥닥 마당으로 뛰어내려가 버리고, 마르파는 사모바르가 있는 곳으로 가서 연통을 바로잡았다.

코르네이는 묵묵히 허리를 구부리고 있는 그녀 옆을 지나가 보따리를 집어 들자, 쿠지마에게 차를 마시고 가라고 말했다. 차를 들기 전에 코르네이는 모스크바에서 가지고 온 선물을 집안 식구들에게 나누어 주었다. 어머니에게는 실크 스카프, 페지카에게는 그림책, 벙어리 조카에게는 조끼, 아내에게는 옥양목 프린트 옷감 한 감이었다.

차를 마시는 동안 코르네이는 찡그린 얼굴로 묵묵히 앉아 있었다. 기뻐서 어쩔 줄 몰라 하고 있는 벙어리 조카를 쳐다보며 억지로 미소를 한번 지었을 뿐이었다. 그는 조끼를 선물받은 것이 하도 기뻐서 그것을 개켰다 폈다 입었다 하다가, 코르네이를 향해 제 손에 쪽! 입을 맞추어 보이며 싱글벙글 웃었다.

차를 마시고 저녁 식사가 끝나자 코르네이는 이내 마르파와 어린 딸과 함께 자는 침실로 갔다. 마르파는 설거지를 하느라고 남아 있었다. 코르네이는 혼자 탁자 앞에 앉아 턱을 괴고 기다리고 있었다. 아내에 대한 증오가 어지럽게 그의 마음속에서 끓어오르기 시작했다. 그는 벽에서 주판을 내리고 호주머니에서 수첩을 꺼내 마음을 가라앉힐 양으로 계산을 시작했다.

그는 계산을 하면서도 연신 문을 쳐다보며 식당에서 나는 소리에 가만히 귀를 기울였다.

몇 차례 그는 식당 문이 열리며 누군가가 현관으로 나가는 발소리를 들었지만, 마르파가 내는 소리는 아니었다. 마침내 그녀의 발소리가 들리고 문이 열리더니 빨간 플라토크(두건)를 쓴 아름답고 혈색 좋은 그녀가 딸을 안고 들어왔다.

"먼 길 오느라 힘들었죠?" 그녀는 그의 어두운 안색을 알아채지 못한 듯 환히 웃으면서 말했다.

코르네이는 그녀를 쳐다보고는, 아무 말도 하지 않고 다시 계산을 시작했다. 그러나 실은 이미 아무것도 계산할 것이 없었다.

"벌써 밤이 깊었어요." 그녀는 딸을 내려놓고 칸막이 뒤로 갔다.

그는 그녀가 잠자리를 보며 딸을 재우고 있는 소리에 귀를 기울였다.

"세상의 웃음거리가 되는 줄도 모르고."

그는 쿠지마의 말을 떠올렸다.

'어디 두고 보자.' 그는 숨이 막히는 심정으로 그렇게 생각하자, 천천히 일어나 몽당연필을 조끼 호주머니에 집어넣고 주판을 못에 건 뒤 침실문 쪽으로 다가갔다. 그녀는 성상(聖像)을 향해 서서 기도를 드리고 있었다. 그는 잠시 서서 기다렸다. 그녀는 오랫동안 성호를 긋고 고개를 숙인 뒤 속삭이듯 기도의 말을 외고 또 외웠다. 그에게는 그녀가 진작 기도의 말을 다 외고 나서도 일부러 몇 번이나 그것을 되풀이하고 있는 것 같았다. 드디어 그녀는 마지막으로 무릎을 꿇고 절한 뒤, 일어서서 입 속으로 중얼중얼 기도의 말을 하고 남편을 향해 돌아섰다.

"아가쉬카는 이제 잠들었어요." 그녀는 딸을 가리키며 생긋 웃으면서 삐걱거리는 침대 위에 걸터앉았다.

"예프스치그네이는 언제부터 와 있소?"

코르네이가 문으로 들어서면서 물었다.

그녀는 차분한 동작으로 숱이 많은 머리 한쪽을 어깨에서 가슴팍에 늘어뜨리고 손가락을 잽싸게 놀려 풀기 시작했다. 그녀는 남편의 얼굴을 똑바로 바라보았다. 그녀의 눈이 웃고 있었다.

"예프스치그네이 말이에요? 글쎄요, 한 2, 3주일쯤 됐을걸요."

"당신 그놈하고 좋아지내고 있지?"

코르네이가 다짜고짜 물었다.

그녀는 손에서 머리채를 놓았다가, 곧 다시 그 빳빳하고 숱 많은 머리채를 잡아 새로 땋기 시작했다.

"무슨 밑도 끝도 없는 말이에요? 내가 예프스치그네이하고 좋아지내다뇨?" 그녀는 '예프스치그네이'라는 이름에 유달리 힘을 주어 말했다. "그런 터무니없는 말이 어디 있담! 누가 당신에게 그런 말을 했어요?"

"말해봐! 사실이야, 아니야?" 코르네이는 호주머니 속에서 커다란 주먹을 불끈 쥐며 말했다.

"그런 쓸데없는 소릴랑 하지 마세요. 그보다 어서 구두나 벗는 게 어때요?"

"어서 대답하지 못해!" 그가 연거푸 말했다.

"기가 막혀! 내가 예프스치그네이를 좋아한다고요? 도대체 누가 그따위 거짓말을 했냐고요!"

"아까 그놈하고 현관에서 무슨 말을 했지?"

"하긴 무슨 말을 해요? 통에 테를 메워야 한다고 말했어요. 어쩌자고 그런 이상한 말을 하시는 거예요?"

"말해, 사실대로 말하라고! 죽여 버릴 테니까, 이 더러운 년!"

그가 아내의 머리채를 덥석 움켜잡자, 그녀는 남편의 손에서 머리채를 떼려고 하면서 아픔으로 얼굴을 찡그렸다.

"당신은 툭하면 사람을 패려고 한다니까! 그래, 당신이 나한테 뭘 잘해 준 게 있어서 그래요? 이렇게 살다간 나도 무슨 짓을 할지 몰라요."

"뭘 어떻게 할 건데?" 그는 아내를 몰아붙이면서 말했다.

"어쩌자고 머리채를 잡아당겨요? 어머나, 이 머리카락 빠진 것 좀 봐. 왜 이렇게 지긋지긋하게 구는지 모르겠어. 도대체 내가……."

그녀가 미처 말을 끝내기도 전에 그는 그녀의 팔을 잡고 침대에서 확 끌어내려, 머리며 옆구리며 가슴을 마구 때리기 시작했다. 그가 때리면 때릴수록 그의 가슴속의 증오는 더욱더 불타올랐다. 그녀는 고함을 지르며 달아나려고 몸부림쳤지만 남편은 그녀를 놓아주지 않았다. 딸이 잠에서 깨어 어머니에게 매달렸다.

"엄마!" 딸이 울며 소리쳤다.

코르네이는 딸의 팔을 움켜잡아 제 어머니한테서 떼어놓더니, 새끼 고양이처럼 한쪽 구석에다 내동댕이쳤다. 딸은 외마디 소리를 지르고는 한참 동안 아무 소리도 내지 못했다.

"이 악마가 애기를 죽이려고 해!" 마르파는 소리치며 일어나서 딸 쪽으로 가려고 했다.

그러나 그가 다시 그녀를 붙잡아 명치를 후려쳤기 때문에, 그녀는 벌렁 나자빠져서 역시 소리를 뚝 그쳤다. 딸아이가 불에 덴 것처럼 날카롭게 울기 시작했다.

노모가 머릿수건도 쓰지 않고 백발을 풀어 헤친 채 고개를 덜덜 떨며 비틀비틀 방 안으로 들어와서, 코르네이와 마르파는 쳐다보지도 않고, 소리치며 우는 손녀에게 다가가서 번쩍 안아 올렸다.

코르네이는 괴로운 숨을 토하며, 마치 금방 잠에서 깨어나 자기가 지금 어디에 누구와 같이 있는지도 모르는 양 주위를 둘러보며 멍하니 서 있었다.

마르파는 고개를 들고 신음하면서 피투성이가 된 얼굴을 옷소매로 닦았다.

"이 악마! 그래! 난 예프스치그네이하고 정을 통하고 있고 전에도 그랬어! 자, 어디 한번 죽여 봐! 아가쉬카도 당신 딸이 아니야, 그 사람 딸이야!" 그녀는 재빠르게 내뱉듯이 말하고는, 또 맞을 줄 알고 팔꿈치로 얼굴을 가렸다.

그러나 코르네이는 뭐가 뭔지 아직도 모르겠다는 듯이, 그저 한숨만 토하며 두리번거릴 뿐이었다.

"이 아이를 좀 보렴, 팔을 다 부러뜨리다니!" 노모는 아직도 큰 소리로 울고 있는 손녀의 팔이 빠져서 덜렁거리는 것을 그에게 들이밀면서 말했다. 코르네이는 홱 돌아서서 묵묵히 현관 계단 쪽으로 걸어갔다.

바깥은 여전히 꽁꽁 얼어붙어 있는 음산한 날씨였다. 눈송이가 화끈화끈 달아오른 볼이며 이마 위에 떨어졌다. 그는 계단에 앉아 난간 위의 눈을 쓸어 한 줌 입 안에 털어 넣었다. 문 뒤에서는 마르파의 신음 소리와 딸아이가 애처롭게 우는 소리가 들려왔다. 이윽고 현관문이 열리더니 노모가 딸을 안고 거실에서 나와, 현관을 지나서 식당 쪽으로 가는 소리가 들렸다. 그는 일어서서 거실로 들어갔다. 심지를 줄인 램프가 탁자 위에서 가물거리고 있었다. 칸막이 뒤에서는 그가 들어옴과 동시에 더 커진 마르파의 신음 소리가 들리고 있었다. 그는 말없이 옷을 걸쳐 입고 소파 밑에서 트렁크를 꺼내, 그 속에 자기의 물건들을 주섬주섬 챙겨 넣고 끈으로 잡아맸다.

"왜, 왜! 내가 도대체 무슨 짓을 했다고!" 마르파가 애처로운 목소리로 말하기 시작했다. 코르네이는 대꾸도 하지 않고 트렁크를 들고 문으로 갔다. "이 나쁜 놈! 악마! 어디 두고 봐, 천벌을 받게 될 테니까!" 그녀는 이번에는 전혀 딴 목소리로 앙칼지게 퍼부었다.

코르네이는 여전히 대답하지 않고, 벽이 흔들릴 정도로 힘껏 발로 차서 문을 닫았다.

식당으로 들어가면서 코르네이는 벙어리 조카를 깨워 썰매를 준비하라고 일렀다. 벙어리 조카는 얼른 잠이 깨지 않아 어리둥절한 듯 주위를 둘러보면서 두 손으로 머리를 긁었다. 그러다가 코르네이의 말을 겨우 이해한 듯, 서둘러 일어나 펠트 장화를 신고 누더기 반코트를 걸쳤다. 그리고 등불을 들고 마당으로 나갔다.

코르네이가 벙어리 조카와 함께 조그만 썰매를 몰고 대문을 나와 간밤에 쿠지마와 함께 돌아왔던 그 길을 되돌아갔을 때는 벌써 날이 훤히 새고 있었다.

발차 5분 전에 그는 정거장에 닿았다. 벙어리 조카는 그가 표를 사서 트렁크를 들고 기차에 올라타는 모습을 지켜보고 있었다. 그리고 기차가 보이지 않을 때쯤 그에게 고개를 끄덕여 인사를 했다.

마르파는 얼굴에 입은 상처 외에 갈빗대가 두 대 부러지고 머리가 깨졌다. 그러나 젊고 건강한 그녀는 반년도 못 가서 완전히 회복하여 상처 하나 남지 않았다. 그러나 딸은 영원히 반병신이 되고 말았다. 팔뼈가 두 군데나 부러져 팔이 굽어버린 것이다.

코르네이가 떠나버린 뒤로 그의 소식을 아는 사람은 아무도 없었다. 그가 살았는지 죽었는지조차도.

2

그로부터 17년이 흘렀다. 늦은 가을날이었다. 해가 짧아져서 저녁 4시인데도 벌써 주위가 어둑어둑했다. 안드레예바 마을의 가축들이 마을로 돌아가고 있었다. 계약기간이 끝난 목동들은 일을 마치고 단식재(斷食齊)가 시작되기 전에 떠나버렸기 때문에, 지금은 아낙네며 어린애들이 가축을 몰고 있었다.

가축 떼는 귀리를 베어낸 밭을 지나, 먼지가 풀썩풀썩한 발굽 자국과 수레바퀴 자국으로 푹푹 패인 검은 흙길로 나오자, 끊임없이 울음소리를 내며 마을 쪽으로 가고 있었다. 가축 떼 앞의 길을 비바람에 바래어 검은색이 되어버린 외투를 입고 커다란 모자를 쓰고 구부정한 등에 가죽자루를 진, 키 큰 늙은이가 걷고 있었다. 허연 턱수염에 곱슬곱슬한 머리털도 새하얀데 짙은 눈썹만이 까맣다. 그는 축축하게 젖고 다 해진 러시아풍 장화를 질질 끌면서 한 발짝 한 발짝 떡갈나무 지팡이에 의지해 걷고 있었다. 가축 떼가 따라붙자 그는 지팡이에 기대어 걸음을 멈췄다. 무명베로 머리를 싸고 치맛자락을 걷어붙인 채, 남자 장화를 신고 가축 떼를 몰고 있던 한 젊은 여자가, 빠른 걸음으로 무리에서 뒤처지는 양이며 돼지를 부지런히 몰면서 길 이쪽저쪽으로 뛰어다니고 있었다. 늙은이의 옆에 오자 그녀는 걸음을 멈추고 그를 이리저리 쳐다보았다.

"안녕하세요, 할아버지?" 그녀가 낭랑하면서도 부드러운 목소리로 말을 걸었다.

"아, 안녕하시오." 늙은이도 대답했다.

"오늘 밤, 이 마을에 묵으실 거예요?"

"글쎄요, 피곤하긴 한데." 늙은이는 쉰 목소리로 말했다.

"그런데 할아버지, 순경한테는 찾아가지 마세요." 새색시가 친절하게 말했다. "저희 집으로 오세요, 끝에서 세 번째 집이에요. 저희 시어머님은 언제나 나그네들을 재워주세요."

"세 번째 집이라, 그러면 지노베예프 씨네 말이오?" 늙은이는 뭔가 생각나는 게 있는 듯이 눈썹을 꿈틀거리며 말했다.

"아니, 저희 집을 아세요?"

"아, 옛날에 들른 적이 있어요."

"아, 페주시카! 뭘 멍하니 그러고 있어? 저 절름발이가 저렇게 뒤처졌잖아!" 그녀는 가축 떼 뒤에 처진, 다리가 하나 없는 양을 가리키면서 소리쳤다. 그리고 오른손으로 삭정이를 휘두르며 이상하게 굽은 왼손으로 머리 위의 무명베를 누르더니, 뒤처진 절름발이 까만 양을 뒤쫓아 도로 뛰어갔다.

이 늙은이는 코르네이였고 젊은 새색시는 17년 전에 그가 팔을 부러뜨린 바로 그 아가쉬카였다. 그녀는 가야에서 4베르스타 떨어진 안드레예바 마을의 부잣집으로 시집온 것이었다.

3

건강하고 돈 많고 자존심이 강했던 코르네이 바실리예프도 지금은 완전히 몰락하여, 몸에 걸치고 있는 다 해진 옷과 병적증명서와 봇짐 속의 속옷 두 벌 외에는 아무것도 없는 늙은 거지 신세가 되어 있었다. 이 같은 변화는 모두 조금씩 일어난 것이었기 때문에, 그 자신도 그것이 언제 시작되어 언제 이렇게 되어버렸는지 아마 말할 수 없었을 것이다. 오직 한 가지 그가 알고 있는 것이 있다면, 다시 말해 굳게 믿고 있는 것이 있다면, 그것은 자신이 불행한 책임이 아내의 부정에 있다는 것이었다. 그는 옛날 일을 생각하면 뭔가 이상야릇하고 가슴이 아픈 느낌이 들었다. 그리고 그 일을 생각할 때마다, 자기가 지난 17년 동안 겪은 모든 불행의 원인인 아내에 대한 증오가 끓어올랐다.

그는 아내를 때린 날 밤 숲을 판다는 지주한테 갔었다. 하지만 숲을 사지 못했다. 벌써 팔려 버린 뒤였다. 그래서 빈손으로 모스크바로 돌아가 거기서 술을 마시기 시작했다. 그는 전에도 술을 마시기는 했지만 이번에는 두 주일 동안 내리 취해 있었다. 그리고 가까스로 정신이 들자, 남쪽 지방으로 가축을 사러 떠났다. 거기서 그는 물건을 잘못 사서 큰 손해를 보았다. 그는 다시 갔지만 두 번째 물건도 실패했다. 그리하여 1년이 지나는 동안 그가 가지고 있던 3000루블은 25루블밖에 남지 않게 되어, 이제 고용살이를 하지 않으면 안 되게 되었다. 전에도 술을 마셨지만 그때부터는 더욱 자주 마시게 되었다.

처음 1년 동안은 가축상의 점원으로 들어가 지냈으나, 장삿길에 술을 마셔 취하는 바람에 주인에게 해고당하고 말았다. 다음에는 친지의 주선으로 술집에 들어갔지만 거기서도 오래 있지 못했다. 계산을 잘못해 큰 손해를 끼친 후 쫓겨났던 것이다. 그렇다고 집으로 돌아가는 것은 창피하기도 하고 아직 원망하는 마음도 있었다. '내가 없어도 그것들은 잘 살고 있어. 어쩌면 아들도 내 자식이 아닐지 몰라.' 그는 생각했다.

모든 일이 뜻대로 되어주지가 않았다. 이제 술이 없이는 하루도 살아갈 수 없었다. 남의 집 점원으로도 들어가지 못하게 되어 목동으로 들어갔지만, 나중에는 그곳에도 오래 붙어 있지 못하게 되었다.

하는 일마다 안 되면 안 될수록 그는 더욱더 아내를 미워하며 그녀에 대한 원한은 깊어만 갔다.

마지막으로 그는 어떤 집의 목동으로 들어갔다. 그런데 운이 나쁘게도 가축이 병이 들고 말았다. 코르네이에게 책임이 있는 것이 아니었는데도, 주인은 화를 내며 점원과 그를 내쫓았다. 이제 어디에도 일할 곳이 없었다. 코르네이는 방랑의 길을 떠나기로 마음먹었다. 그는 장화와 가죽바랑을 장만해 차와 설탕과 8루블의 돈을 지니고 키예프로 갔다. 하지만 키예프는 그의 마음에 들지 않아서, 그는 캅카스 지방의 노브이 아흔으로 갔다. 그런데 그 노브이 아흔에 당도하기도 전에 그는 열병에 걸리고 말았다. 그리고 갑자기 몸이 쇠약해졌다. 돈은 1루블 70코페이카밖에 남지 않은 데다 아는 사람이라곤 한 사람도 없었다. 그래서 그는 고향 집의 아들한테 가기로 결심했던 것이다. '아마 그 여편네도 지금쯤은 죽었겠지. 그렇지 않고 아직 살아 있다면 죽기 전에 내가 그 여편네 때문에 어떤 고생을 겪어야 했는지 얘기라도 해야겠어.' 이렇게 생각하고 고향으로 돌아온 것이다.

열병은 하루가 멀다 하고 그를 괴롭혔다. 그는 날이 갈수록 쇠약해져서 하루에 10베르스타나 15베르스타 이상은 걸을 수 없게 되었다. 아직 집까지 200베르스타나 남은 곳에서 돈이 한 푼도 없이 떨어지고 말았다. 하는 수 없이 구걸을 하면서 순경이 주선해 주는 데서 묵곤 했다. '자, 네년이 나를 어떻게 만들어 놓았는지 똑똑히 보여주마!' 하고 그는 아내를 생각할 때마다 버릇처럼 힘없는 늙은 손으로 불끈 주먹을 쥐었다. 그러나 때릴 상대도 없고 그 주먹에도 이제 힘이 없었다.

두 주일 걸려 그는 그 200베르스타의 길을 걸었다. 그리하여 병들어 쇠잔한 몸을 이끌고 집에서 4베르스타 떨어진 데까지 왔다. 그리고 그곳에서 자기가 팔을 부러뜨린 아가쉬카를 만난 것인데, 아버지도 딸을 알아보지 못하고, 딸도 아버지를 알아보지 못한 것이다.

4

그는 아가쉬카가 하라는 대로 했다. 지노베예프의 집에 가서 하룻밤 묵어가게 해달라고 청했고, 그들은 허락했다.

방에 들어서면서 그는 언제나 하듯이 성상을 향해 성호를 긋고 주인과 인사를 나누었다.

"얼마나 추우실까, 영감님! 이리 오세요, 이 페치카 옆으로 오세요." 탁자 위를 치우고 있던 주름살투성이의 활달한 노파가 말했다.

젊은 농부인 아가쉬카의 남편은 탁자 옆의 긴 의자에 앉아 램프를 손질하고 있었다.

"가뜩이나 젖기까지 하셨군요, 영감님! 자, 어려워하지 마시고 어서 옷을 말리세요!"

젊은 농부의 말대로 코르네이는 윗도리와 장화를 벗고 감발을 페치카 앞에 널고 뒤 페치카 위로 기어 올라갔다.

그때 주전자를 든 아가쉬카가 방에 들어왔다. 그녀는 벌써 가축 떼를 몰아넣고 그 뒤치다꺼리를 다 마치고 온 것이었다.

"낯선 영감님이 한 분 오지 않았어요? 우리 집에 오시라고 일러놨는데요." 그녀가 물었다.

"저기 계셔." 그녀의 남편이 털북숭이의 뼈만 앙상한 두 다리를 문지르면서 코르네이가 앉아 있는 페치카 위를 가리키며 말했다.

그들은 코르네이를 차 마시는 자리에 불렀다. 그는 페치카에서 내려와 의자 끝에 가서 앉았다. 그에게 찻잔과 설탕이 주어졌다.

이야기는 날씨며 가을걷이로 옮아갔다. 보리농사가 시원치 않다, 땅임자네 보리는 들판에 쌓아둔 채 싹이 나기 시작했다, 나르려고 하면 비가 내리곤 했다. 농부네 것은 다 날라 들였지만 땅임자네 것은 다 썩어버렸다. 게다가 들쥐들이 그 속에다 새끼를 치고 있다는 것이었다.

코르네이는 도중에 보릿단이 잔뜩 널려 있는 들판을 보았다고 말했다. 새색시는 누르스름해진 다섯 잔째의 엷은 차를 따라 그에게 권했다.

"사양 마시고 한 잔 더 드세요, 할아버지." 사양하는 그에게 새색시가 말했다.

"팔은 어쩌다 그렇게 됐소, 색시?" 그는 가득 찬 찻잔을 그녀에게서 조심스럽게 받아 들고 눈썹을 꿈틀거리면서 물었다.

"아주 어렸을 적에 부러진 거예요. 이 애의 아버지가 이 애를 죽이려다가 이렇게 되었답니다." 수다스러운 시어머니가 말했다.

"그건 또 왜요?" 코르네이가 물으며 새색시의 얼굴을 쳐다보았다. 그러자 그의 기억 속에서 갑자기 파란 눈의 예프스치그네이 벨르이가 되살아났다. 찻잔을 들고 있던 손이 떨려 그는 찻잔을 탁자까지 가져가기도 전에 차를 반이나 엎질러 버렸다.

"이 아이의 아버지는 코르네이 바실리예프라고 하는 가야 마을 사람이었는데, 돈이 많았다오. 그런데 어쩌다 마누라한테 화가 나서 두들겨 패고는 이 아이까지 이렇게 병신을 만들어 버린 거예요."

코르네이는 검은 눈썹을 쉴 새 없이 꿈틀거리면서 말없이 아가쉬카와 그녀의 남편을 번갈아가며 쳐다보고 있었다.

"무엇 때문에 화가 났는데요?" 그가 설탕을 깨물면서 물었다.

"그걸 누가 알겠어요. 우리 여자들 사이에는 곧잘 뜬소문이 나기 마련이잖아요, 뭐 하인 때문에 이러쿵저러쿵하면서 말이에요. 그 하인이란 사람은 좋은 사람이었는데 우리 마을 출신이었지요. 그 집에서 벌써 죽어버렸지만."

"죽었어요?" 코르네이는 되물으면서 기침을 했다.

"죽은 지 오래됐어요. 그 집에서 며느리를 데려온 거죠. 잘살았어요. 마을에서 첫손가락에 꼽혔으니까, 주인이 살아 계실 동안은."

"그래, 그 아버지는 지금 어떻게 됐습니까?"

"보나 마나 죽었겠죠. 그 뒤로 온데간데없이 사라졌으니까요. 벌써 15년이나 지났는걸요."

"더 될 거예요, 제가 막 젖을 뗐을 때라고 어머니가 말했어요."

"그래서 색시, 아버지를 원망하지는 않소, 팔을 그렇게……." 코르네이는 그렇게 말하다가 갑자기 목이 메기 시작했다.

"어디 남인가요? 제 아버지인걸요. 자, 더 드세요, 속이 훈훈하게. 더 따라 드릴까요?"

코르네이는 대답도 하지 않고 흐느껴 울었다.

"왜 그러세요, 할아버지?"

"아무것도 아니오, 난 이만 자러 가겠소!"

코르네이는 떨리는 손으로 기둥과 발판을 붙잡고, 길고 앙상한 다리를 끌면서 페치카 위로 기어 올라갔다.

"별난 사람이야!" 할머니는 아들에게 늙은이 쪽을 눈짓하면서 말했다.

5

이튿날 코르네이는 누구보다 일찍 일어났다. 그는 페치카에서 기어 내려와 바싹 마른 발싸개를 비벼 부드럽게 했다. 그리고 간신히 딱딱한 장화를 신고 바랑을 어깨에 짊어졌다.

"아니, 할아버지, 아침밥이나 드시고 가시잖고!" 할머니가 말했다.

"고맙지만 가봐야겠습니다."

"그럼, 어제저녁에 먹다 남은 과자라도 가지고 가세요. 바랑 속에다 넣어드릴 테니."

코르네이는 고맙다는 인사를 하고 작별했다.

"돌아가실 때 또 들르시구려. 그럼 잘 가시오."

바깥에는 모든 것을 뒤덮을 듯이 짙은 가을 안개가 자욱이 끼어 있었다. 그러나 코르네이는 길을 훤히 알고 있었다. 어떤 내리막이나 오르막길, 하나하나의 덤불, 길가의 버드나무 가로수까지 모두 기억하고 있었다. 비록 17년 동안 어떤 것은 베어져 나가 묵은 등걸에서 새순이 자라기도 하고, 또 어떤 것은 어린나무가 고목이 되어 있기도 했지만, 가야 마을은 예나 조금도 다름이 없었다. 그저 마을 주변에 전에는 없었던 새 집이 몇 채 들어서 있을 뿐이었다. 그리고 목조집은 벽돌집이 되어 있었다. 그의 돌집은 그저 조금 헐었을 뿐 옛날 그대로였다. 생철지붕은 오랫동안 칠을 하지 않은 데다 한쪽 모퉁이의 벽돌이 헐려 있고 계단은 기울어져 있었다.

자신의 옛집으로 다가갔을 때, 삐거덕거리는 대문에서 망아지를 거느린 암말이 얼룩털의 늙은 악대말과 세 살짜리 말과 함께 나왔다. 얼룩털의 늙은 말은 코르네이가 집을 나가기 1년 전에 시장에서 사 왔던 암말과 영락없이 닮아 있었다.

'아마 그때 그것의 배 속에 들어 있었던 그놈이겠지. 저 처진 엉덩이 하며 넓은 가슴패기, 털북숭이 다리, 모든 것이 똑같아.' 그는 생각했다.

말들은 새 신을 신은 검은 눈의 아이가 물을 먹이러 몰고 가는 참이었다. '저건 틀림없이 페지카의 아들, 내 손주놈이야, 검은 눈이 영락없는 걸 보니.'

아이는 낯선 늙은이를 바라보다가 먼지 속을 뛰어다니기 시작하는 망아지 뒤를 좇아 뛰어갔다. 아이의 뒤를 따라 옛날에 기르던 볼초크와 닮은 검은 개가 달려갔다.

'저건 볼초크인가?' 그는 한순간 생각했지만, 그렇다면 그 개는 벌써 스무 살일 거라는 생각이 떠올랐다.

그는 현관 계단으로 다가가 옛날에 그가 앉아 난간의 눈을 쓸어 집어삼켰던 계단을 간신히 올라가 현관문을 열었다.

"누군데 남의 집에 함부로 들어오는 거예요?" 여자의 목소리가 안에서 들려왔다. 그는 그 목소리를 알아들었다.

잠시 뒤 삐쩍 마르고 힘줄이 툭툭 불거진 주름투성이의 할머니가 된 그녀가 문에서 얼굴을 내밀었다. 코르네이는 자기를 배신했던 그 젊고 아름다운 마르파를 상상하고 있었다. 그는 그녀를 증오하며 실컷 욕해 줄 생각이었는데, 그의 앞에 나타난 것은 생각지도 않던 한 노파였다.

"동냥을 하려면 창문 밑에서 하면 될 텐데." 그녀는 귀청을 찌르는 듯 날카로운 목소리로 말했다.

"거지가 아니오." 코르네이가 말했다.

"그럼, 도대체 무슨 일로 왔어요, 무슨 볼일로?"

그녀의 몸이 갑자기 굳어졌다. 코르네이는 그녀의 표정으로 그녀가 자기를 알아본 것이라고 생각했다.

"당신 같은 사람, 이제 지긋지긋해. 어서 가. 썩 꺼져버려!"

코르네이는 벽에 등을 기대고 지팡이에 의지한 채 그녀를 찬찬히 바라보았다. 그리고 놀랍게도 자신의 마음속에 그토록 오랜 세월 동안 품어왔던 그녀에 대한 증오가 싹 사라지고, 별안간 심약한 감상이 가슴이 차오르는 것을 느꼈다.

"마르파! 우린 이제 얼마 살지 못해."

"저리 가, 가버리라니까!" 그녀는 빠른 말로 표독스럽게 소리쳤다.

"할 말은 그것뿐이오."

"무슨 할 말이 있다고! 가요, 가! 썩 꺼져버려! 당신처럼 고약한 비렁뱅이는 꼴도 보기 싫으니까."

그녀는 총총걸음으로 집 안으로 들어가서 문을 쾅 닫아버렸다.

"뭘 그렇게 야단이세요?" 젊은 남자의 목소리가 들리더니 허리춤에 도끼를 꽂은 거무튀튀한 농부가 문에서 나왔는데, 40년 전의 코르네이를 쏙 빼닮아 있었다. 그저 몸피가 조금 작고 말랐을 뿐, 반짝반짝 빛나고 있는 검은 눈은 정말 똑같았다.

그는 바로 그 17년 전에 그가 그림책을 사주었던 페지카였다. 그가 거지를 동정하지 않는 어머니를 나무라고 있었다. 그와 함께 역시 마찬가지로 허리춤에 도끼를 꽂은 벙어리 조카도 나왔다. 이제는 의젓한 어른이 되어 제법 듬성듬성 난 턱수염까지 기르고, 긴 목에 또렷하고 날카로운 눈매, 얼굴에는 주름살이 잡힌 건장한 사내였다. 두 농부는 막 아침 식사를 마치고 숲으로 가려던 참이었다.

"조금만 기다리세요, 할아버지" 하고 페지카는 말한 뒤, 벙어리 조카에게 먼저 늙은이를 가리킨 다음 거실을 가리키더니 손으로 빵을 써는 시늉을 해 보였다.

페지카는 한길로 나가고 벙어리 조카는 집 안으로 다시 들어갔다. 코르네이는 내내 고개를 푹 숙이고 벽에 기댄 채 지팡이를 의지하고 서 있었다. 그는 완전히 마음이 약해져서 복받쳐 오르는 오열을 꾹 참고 있었다. 벙어리 조카는 집 안에서 방금 구워 향기로운 커다란 흑빵을 들고 나와 성호를 긋고 코르네이에게 건넸다. 코르네이가 빵을 받아 들고 역시 마찬가지로 성호를 그었을 때, 벙어리는 집 문을 향해 두 손으로 얼굴을 쓸어내리면서 침을 뱉는 시늉을 했다. 그는 그렇게 해서 숙모에 대한 불만을 표현한 것이었다. 그러더니 갑자기 그는 넋을 잃고 입을 벌린 채, 마치 알아보기라도 한 듯이 코르네이를 유심히 쳐다보았다. 코르네이는 더 이상 눈물을 억제할 수가 없었다. 그는 외투 자락으로 눈이며 코며 허연 턱수염을 닦으면서 얼굴을 돌리고 현관 계단으로 나갔다. 그는 어떤 독특한 감동과 기쁨과 함께, 자신의 아들과 세상 모든 사람들에 대한 겸양과 비하의 감정을 느끼고 있었는데, 그 감정이 달콤하고도 씁쓸하게 그의 마음을 자극했다.

마르파는 창문으로 바라보면서 늙은이가 집 모퉁이로 자취를 감춘 것을 보고서야 안도한 듯이 한숨을 지었다.

마르파는 늙은이가 떠나버린 것을 확인한 뒤 베틀에 앉아 베를 짜기 시작했다. 그녀는 열 번도 더 북을 내동댕이치려고 했지만 손이 도저히 움직이지 않았다. 그녀는 일손을 멈추고 금방 만난 코르네이—그녀는 그 노인이 그라는 것을 알고 있었다—가 자기를 그렇게 두들겨 패기는 했지만 그래도 전에는 자기를 사랑해 주었던 바로 그 사람에 대해 생각하며 회상하기 시작했다. 그녀는 방금 자기가 한 짓이 두려워졌다. 자신이 취한 태도는 잘못되어 있었다고 그녀는 생각했다. 그렇다면 도대체 그를 어떻게 대했어야 했단 말인가? 그는 자기가 코르네이라는 것도, 집에 돌아왔다는 것도 말하지 않았는데!

그녀는 다시 북을 들고 해가 질 때까지 계속 베를 짰다.

6

코르네이는 저녁에야 겨우 안드레예바 마을에 도착해 다시 지노베예프의 집을 찾아갔다. 그들은 전날과 마찬가지로 그를 흔쾌히 맞이했다.

"아니, 할아버지, 떠나지 않으셨어요?"

"가지 못했소. 워낙 몸이 쇠약해져서요. 가다가 도로 돌아왔지요. 하룻밤 더 재워주시겠습니까?"

"재워드리다 뿐이겠어요? 어서 올라오셔서 몸부터 말리세요."

코르네이는 밤새도록 열병에 시달리다가 새벽녘에야 겨우 잠이 들었다. 눈을 떴을 때 집안사람들은 모두 일터로 나가고 집 안에는 아가쉬카 혼자 남아 있었다.

그는 패치카 위에 노파가 깔아준 마른 외투 위에 누워 있었다. 아가쉬카는 페치카에서 빵을 꺼내고 있었다.

"색시, 이쪽으로 잠시 와주겠소." 그가 힘없는 목소리로 그녀를 불렀다.

"잠깐만 계세요, 할아버지. 뭐 마실 것이라도 드릴까요, 크바스가 어때요?" 그녀는 빵을 뒤집어 놓으면서 말했다.

그는 대답하지 않았다.

그녀는 빵을 다 뒤집어 놓고 나서 크바스 한 잔을 들고 그에게 다가왔다. 그는 그녀 쪽을 쳐다보지도 않고 크바스를 마시려고도 하지 않았다. 그리고 반듯이 누워서 꼼짝도 하지 않고 이렇게 말하기 시작했다.

"가샤." 그가 나직한 목소리로 말했다. "드디어 마지막이 온 것 같구나. 난 이제 죽는다. 부디 나를 용서해 다오."

"그게 무슨 말씀이세요? 할아버지는 저에게 하나도 나쁜 짓을 하지 않으신걸요."

그는 잠시 잠자코 있었다.

"그리고 한 가지 부탁이 있는데, 부디 어머니에게 가서 말해다오. 그 떠돌이 영감이, 그 어제의 그 떠돌이 영감이 부디, 그……."

그는 훌쩍거리기 시작했다.

"그럼, 저희 집에도 가셨어요?"

"그래, 말 좀 전해다오. 어제 그 떠돌이 영감이, 그 떠돌이 영감이" 또다시 그는 목이 메어 말을 잇지 못하다가 마지막 안간힘을 짜내 말을 마쳤다. "용서를 빌러 찾아온 거라고." 이렇게 말하고 그는 자기 가슴을 더듬었다.

"전해드릴게요, 할아버지, 전해드리겠어요. 그런데 뭘 찾으세요?"

늙은이는 아무 대답도 하지 않고 얼굴을 잔뜩 찡그린 채 앙상한 털북숭이 손으로 품 안에서 종이 한 장을 꺼내 그녀에게 건넸다.

"누가 묻거든 이것을 주어라. 내 병적증명서다. 아, 이제야 간신히 마음 놓고 죽을 수 있게 됐구나."

노인의 얼굴에 범접할 수 없는 표정이 떠올랐다. 눈썹은 치켜 올라가고 눈은 천장을 응시한 채 이내 그는 미동도 하지 않았다.

"촛불을!" 그는 입술을 움직이지 않고 말했다.

아가쉬카는 즉시 깨닫고 성상에서 반쯤 타다 남은 양초를 가져와서 불을 켜 그에게 건넸다. 그는 그것을 마디가 굵은 손가락으로 잡았다.

아가쉬카가 그의 병적증명서를 궤 속에 넣어두러 나갔다가 다시 그의 옆으로 왔을 때, 촛불은 그의 손에서 떨어져 있었고, 두 눈은 이미 아무것도 보지 않고 있었으며, 가슴의 숨결도 멎어 있었다. 아가쉬카는 성호를 긋고 촛불을 끈 뒤, 깨끗한 수건을 가져와서 그의 얼굴에 덮어주었다.

그날 밤 마르파는 한숨도 자지 못하고 내내 남편을 생각하고 있었다. 날이 새기가 바쁘게 그녀는 겉옷을 걸치고 플라토크를 쓰자, 어제의 늙은이를 찾아 나섰다. 이내 그녀는 그 늙은이가 안드레예바 마을에 있다는 것을 알았다. 마르파는 울타리에서 지팡이로 쓸 작대기를 뽑아 들고 안드레예바 마을로 갔다. 걸음을 재촉하면 재촉할수록 점점 두려워지기 시작했다.

'그 사람과 화해하자. 그리고 집으로 데리고 돌아와 서로 죄를 씻자. 하다못해 그이를 제 집의 아들 앞에서나마 죽게 해주어야지' 하고 그녀는 생각하고 있었다.

마르파가 딸네 집으로 다가가기 시작했을 때 많은 사람들이 모여 있는 것이 보였다. 어떤 사람들은 현관에 또 어떤 사람들은 창문 밑에 서 있었다. 이 사람들은 모두, 40년 전에 이 근방에서 떵떵거리며 살았던 이름난 부자 코르네이 바실리예프 바로 그 사람이 거지가 다 된 떠돌이 신세로 딸네 집에서 죽었다는 것을 알고 모여든 것이었다. 아낙네들은 서로 소곤거리며 한숨짓고 있었다.

마르파가 집 안으로 들어가려고 하자 사람들은 그녀에게 길을 비켜주었다. 그녀는 성상 밑에, 씻겨서 염포(殮布)를 씌워 놓은 주검을 보았다. 글을 읽을 줄 아는 필립 코노느이치가 사제를 대신하여, 목청을 길게 뽑아 슬라브어로 시편을 읽고 있었다.

이제는 용서할 수도 용서를 빌 수도 없었다. 코르네이의 엄숙하고 평화로운 죽은 얼굴에서는, 과연 그가 모든 것을 용서한 것인지, 아니면 아직도 화를 내고 있는 것인지는 알 수 없었다.

4월

4월 1일

1

학문의 종류는 무수히 많다. 그 어떤 학문에도 끝이 없으니, 아무리 깊이 파고들어도 다 파헤칠 수가 없다.

그러므로 학문에서 가장 중요한 것은, 어떤 것이 가장 중요하며 어떤 것이 다음으로 중요한지, 나아가서 어떤 것이 그보다 덜 중요하고, 어떤 것이 가장 덜 중요한지를 아는 것이다. 왜냐하면 어차피 모든 것을 다 배울 수는 없는 이상, 가장 중요한 것부터 배워야 하기 때문이다.

2

오늘날에는 배워야 할 것이 너무 많다. 머지않아 그 학문들 중에서 가장 유익한 것의 극히 일부분조차 진정한 내 것으로 하기에는, 우리의 능력은 너무도 부족하고 우리의 인생 또한 너무도 짧은 것이 되고 말 것이다. 헤아릴 수 없이 많은 학문이 우리를 위해 기다리고 있지만, 기껏 그것을 받아들여도 결국 그중의 대부분은 무용지물로 버려지고 만다. 따라서 그런 무용지물은 처음부터 아예 구하지 않는 편이 나을 때도 많다. 칸트

3

오늘날처럼 지나치게 새로운 읽을거리가 넘치고, 우리가 채 소화할 수 없는 정보들이 앞다투어 경쟁하는 세상에서는, 보통 우리의 기억력이 우리의 감정과 기호의 주인이 되어버린다. 그래서 우리는 종종, 우리의 감정에 그 원초적인 순수함을 되찾아 주고, 남의 사상과 견해의 쓰레기 더미에서 '자신'을 발견하기 위해, 스스로 느끼고 말하기 위해, 나아가서 언젠가 '진정한 자기 자신'이 되기 위해 많

은 정신적 노력이 필요하게 된다. 리히텐베르크

4

페르시아의 현자는 이렇게 말했다.

"젊었을 때 나는 나 자신에게 말한 적이 있다. 모든 학문을 다 배우고 싶다고. 그래서 마침내 모르는 것이 거의 없게 되었지만, 이제 늙어버린 지금, 내가 지금까지 안 것을 되돌아보니, 내 인생은 이미 다 지나가 버렸는데 나는 알고 있는 것이 아무것도 없었다."

5

하늘과 땅의 모든 것을 알려고 하는 생각은 버리는 것이 좋다. 하늘의 뜻에 대해서든, 존재의 모든 법칙에 대해서든, 결국 우리가 알 수 있는 것은 아주 조금밖에 없다. 하지만 그 적은 것으로도 우리는 충분하다. 그 이상 알려고 애쓰는 것은 좋은 일이 아니다. 우리가 겸허하게 살아가는 데 실제로 필요한 범위, 또는 우리가 이루어야 할 사명, 바꿔 말하면 자기 자신과 자신의 사상과 언어, 행동에 있어서 필요한 범위를 벗어나 더 많은 것을 알려고 하는 것은, 오히려 미망을 불러오기만 할 뿐, 아는 것이 많아질수록 슬픔도 커진다는 것을 깨달아야 한다. 존 러스킨

6

천문학자들의 관측과 계산은 놀랄 만큼 많은 것을 우리에게 가르쳐 주었다. 그러나 그들의 연구에서 가장 중대한 성과는, 아마 우리가 알 수 없는 무한한 것의 존재를 우리에게 알려준 것이 아닐까 한다. 그것이 없었더라면, 인간의 이성이 그 무한한 미지의 세계를 상상하는 일은 결코 없었을 것이다. 그리고 그 세계를 사색함으로써 비로소, 우리의 이성이 활동하는 궁극적인 목적에 커다란 변화를 가져다줄 수 있다. 칸트

7

"이 땅에는 온갖 풀들이 자라고 있다. 우리는 그것을 볼 수 있지만, 달에서는

보이지 않는다. 그 풀 속에는 실처럼 생긴 것이 있고 그 속에 아주 작은 생물이 있다. 그러나 그것 외에는 아무것도 없다." 이 무슨 주제넘은 말인가! "복잡한 물체는 여러 가지 원소로 구성되어 있고, 그 원소는 더 이상 분해되지 않는다." 이 무슨 주제넘은 말인가!

파스칼

8

모르는 것을 두려워하지 말라. 오히려 거짓된 지식을 두려워하라. 이 세상의 모든 악은 그것에서 시작되느니.

9

지식은 무한하다. 많은 것을 아는 사람이 조금밖에 모르는 사람보다 우월하다. 하지만 그 차이는 극히 미미하다.

4월 2일

1

진정한 삶이란 더 나은 사람이 되기 위해 정신력으로 육체를 극복하고 신에게 가까이 다가가는 것이다. 그러나 그것은 저절로 되지는 않는다. 그러기 위해서는 노력이 필요하고, 그 노력은 우리에게 큰 기쁨을 준다.

2

습관은 좋은 것이 아니다. 아무리 좋은 습관이라도 그렇다. 좋은 행위도 습관이 되어버리면 이미 덕행이라고 할 수 없다. 오로지 노력으로 얻어지는 것만이 덕이다.

칸트

3

네가 무거운 짐을 지고 있는 그곳에 너의 행복이 있다는 것을 알라. 그 무거운 짐에서 너의 이성적인 생활에 필요한 것을 섭취하라. 위장이 음식물에서 몸에 필요한 것을 섭취하듯, 또 무엇을 던져 넣으면 불길이 더욱더 타오르듯.

마르쿠스 아우렐리우스

4

자신의 십자가를 멀리하면 할수록 그것은 더욱더 괴로운 짐이 된다 아미엘

5

항상 행동을 조심하고 작은 일도 중히 여겨라. 공자

6

눈에 띄지 않는 일상의 의무를 겸허한 마음과 높은 도덕심으로 쉬지 않고 실천하면, 그 사람의 성격을 공고히 하여, 어지러운 세상 속에 있든, 단두대 위에 있든 의연하고 꿋꿋하게 살아갈 수 있는 힘을 줄 것이다. 에머슨

7

성장은 서서히 진행되는 과정이지 폭발하듯 갑자기 일어나는 현상이 아니다. 하나의 학문 전체를 한 순간의 폭발적인 사색으로 알 수 있는 게 아니듯, 순간적인 회개를 통해 죄를 극복하는 것은 불가능하다. 내적 완성의 진정한 수단은 총명한 판단력에 의한 부단하고 끈기 있는 노력뿐이다. 채닝

8

정신적인 노력과 인생을 아는 기쁨은 육체노동과 휴식의 기쁨처럼 서로 번갈아 찾아드는 것이다. 육체적인 노동 없이 휴식의 기쁨은 없고, 정신적인 노력 없이 인생을 아는 기쁨은 없다.

4월 3일

1

죽는다는 것은 다음의 두 가지 가운데 하나이다. 즉 내가 다른 존재로 바뀌거나, 내가 개체로서 존재하는 것을 그만두고 신과 합류하거나. 그 어느 쪽이든 행복하지 않은가.

2

만약 인생이 꿈이고 죽음이 꿈에서 깨어나는 거라고 한다면, 내가 나를 모든 사람들로부터 독립된 개체로 보는 것도 꿈이 아닐까? 쇼펜하우어

3

죽음이란, 우리가 그것을 통해 표상으로서의 이 세계를 인식하고 있던 육체가 멸망하는 것이다. 즉 우리가 그것을 통해 사물을 보고 있던 유리가 깨지는 것이다. 그 유리가 다른 무엇으로 바뀌는 것인지, 아니면 유리창 너머로 보고 있던 우리가 만유와 하나가 되는 것인지, 우리로서는 알 수 없다.

4

인생에는 일정한 한계가 없으면 안 된다. 바로 과수원과 밭에서 나는 작물처럼, 또 일 년의 사계절처럼. 모든 것은 태어나고, 성장하고, 이윽고 사라져 버린다. 현자는 우주 만물이 한시도 같은 모습으로 머무르지 않는 그 이치에 기꺼이 순종한다. 키케로

5

나, 이 우주에서 오직 하나뿐인 나는 죽은 뒤에도 존재하는가 하는 물음, 이 물음에 대한 해답은 오직 하나뿐이다. 즉 만약 죽은 뒤에도 개체로서의 삶이 지속되는 것이 좋다면 그렇게 될 것이고, 그렇지 않다면 존재하지 않을 것이라는 것이 그 해답이다.

내가 신에 대해 알고 있는 한, 나는 신이 이루시는 일은 우리에게 항상 최선이라는 것을 믿지 않을 수 없다. 에머슨

6

죽음은 참으로 쉽게 우리를, 모든 고난과 불행에서 벗어날 수 있게 하므로, 영생을 믿지 않는 사람은 그것을 원하지 않으면 안 될 것이다. 또 영생을 믿고 새로운 삶을 기대하는 사람은, 더더욱 믿지 않으면 안 된다. 만약 이 양쪽이 모두 그것을 바라지 않는다면, 그것은 사람들이 죽음의 순간을 괴로워하기 때문일

뿐이다. 고통이 사람들로 하여금 죽음을 피하게 하고 있다.

7

어느 누구도 죽음이 무엇인지, 나쁜 것인지 아니면 좋은 것인지 아무도 모른다. 그런데도 모든 사람이 그것이 나쁘다는 것을 확실하게 알고 있는 것처럼 싫어하고 두려워한다. 플라톤

8

천둥소리가 들릴 때는 이미 방전된 뒤이므로 생명의 위험이 없다는 걸 알면서도, 우리는 그것을 무서워한다. 죽음에 대해서도 마찬가지다. 육체의 죽음은 육체를 멸하는 것일 뿐, 정신을 멸하는 것은 아니라는 것을 알면서도, 역시 우리는 죽음을 두려워하지 않을 수 없다. 그러나 진정 지혜로운 자는 자신 속의 그 공포감을 극복하고, 생명은 육체에 있는 것이 아니라 정신에 있다는 것을 안다. 이에 반해 어리석은 자는, 죽음과 함께 모든 것이 끝난다고 여기고, 결코 생명의 위험이 없는데도 천둥이 무서워 달아나 숨는 사람처럼, 죽음을 두려워하며 죽음에서 달아나려고 한다.

9

죽음을 두려워하지도 않고 또 그것을 원하지도 않는 삶을 살아야 한다.

4월 4일

1

인생은 끝없는 기쁨이어야 하며, 또 기쁨일 수 있다.

2

이 세상의 삶은 결코 눈물의 골짜기도 아니고, 시련의 장소도 아니며, 우리가 더 이상 좋은 것은 상상할 수 없을 정도로 멋진 것이다. 이 세상을 살아가는 기쁨은, 그것이 우리에게 주어진 뜻에 따라 살아갈 수 있다면 무한하게 큰 것이 될 수 있다.

3

남에 대한 악의는 자신을 불행하게 하고 상대방의 삶도 불행하게 만든다. 반대로 사람들에 대한 선의는 바퀴에 치는 기름과 같아서, 그 사람의 삶은 물론 남의 삶까지 밝고 유쾌하게 만든다.

4

세상 사람들은 대부분 지금까지의 만족과 기쁨을 잃어버리면 탄식하고 슬퍼한다. 그러나 기쁠 때는 순수하게 기뻐하되, 기쁨의 원인이 사라질 때도 슬퍼하지 않는 사람이야말로 진정으로 현명한 사람이다. 파스칼

5

한번 실천해 보라. 아마 자신의 운명에 만족하는 사람처럼, 사랑과 선행을 통해 내적 평안을 얻은 사람처럼 살아갈 수 있을 것이다. 마르쿠스 아우렐리우스

6

늘 쾌활함을 유지하는 비결은 사소한 일에 얽매이지 않으면서 운명이 가져다주는 사소한 기쁨에 감사를 잊지 않는 것이다. 스마일스

7

만족을 찾아 헤매지 말라. 그보다는 항상 모든 것 속에서 만족을 발견하려는 마음 자세가 중요하다. 너의 일이 바쁘더라도 마음이 자유롭다면, 아무리 하찮은 일이라도 너에게 만족을 줄 것이고, 네가 듣는 모든 이야기 속에서 흥미롭고 즐거운 것을 발견하게 될 것이다. 그러나 만약 네가 인생의 목적을 만족에 둔다면, 아무리 재미있는 장면을 만나도 결코 진심으로 웃을 수 없게 될 것이다.

존 러스킨

8

진정한 현자는 언제나 쾌활하다.

9

기쁘게 사는 데 가장 중요한 것은, 인생은 기쁨을 위해 주어진 것이라고 믿는 것이다. 만약 기쁨이 끝났다면 자기가 어디가 잘못되었는지 반성해 보아야 한다.

4월 5일

1

죄를 짓지 않고서는 노동의 의무를 피할 수 없다. 즉 폭력을 행사하고 폭력에 참여하거나, 폭력에 아부하고 폭력에 추종하지 않고서는 불가능한 일이다.

2

비열한 자에게 아부할 바에는 차라리 목숨을 버리는 것이 낫다. 부자에게 빌붙어 호강할 바에는 가난뱅이에게 아부하는 것이 낫다. 부잣집 문 앞에 서서 애원하지 않는 것, 그것이 바로 최상의 생활이다. 인도 경전

3

빵을 얻기 위해 인간으로서의 지조를 잃을 바에는 굶어 죽는 것이 낫다.

소로

4

두 형제가 있었다. 한 사람은 궁전에서 왕을 섬기고, 한 사람은 땀 흘려 일하며 살고 있었다. 하루는 잘사는 형이 못사는 동생에게 말했다.

"너는 왜 왕을 섬기지 않느냐? 그러면 힘들게 일하지 않아도 될 텐데."

그러자 못사는 동생이 말했다.

"어째서 형님은 비굴한 노예의 신세에서 벗어나기 위해 노력하지 않으십니까? 예로부터 현자들이 말했습니다. '황금의 띠를 두르고 남의 종이 되기보다는 자신의 노동으로 얻은 빵을 편안한 마음으로 먹는 것이 낫고, 자기가 노예라는 표시로 가슴 위에 두 손을 포개고 있기보다는 그 손으로 석회나 진흙을 이기는 것이 나으며, 노예처럼 허리를 굽실거리기보다는 한 조각의 빵으로 만족하는 것이 낫다'고."

사디

5

왕이 내려준 옷이 아무리 아름다워도 자신의 거친 베옷이 낫다. 부자들의 음식이 제아무리 맛있어도 자기 집 식탁 위의 빵 한 조각이 더 낫다. 사디

6

사람들에게 먹을 것을 구걸할 바에는, 새끼줄을 들고 숲으로 땔나무를 하러 가서, 그 땔나무 한 단을 팔아 먹을 것으로 바꾸는 것이 훨씬 낫다. 먹을 것을 구걸해서 얻지 못할 때는 부끄럽고 화가 날 것이고, 또 얻으면 얻는 대로 더욱 나쁘다. 왜냐하면 준 사람에게 빚을 지게 되기 때문이다. 마호메트

7

땅을 갈지 않는 자에게 땅이 말한다.

"너는 그 오른손과 왼손을 사용하여 나를 갈지 않는 벌로서, 영원히 뭇 거지들과 함께 남의 집 문전에 서서, 영원히 부자들이 먹다 남긴 찌꺼기를 얻어먹게 될 것이다." 조로아스터

8

땀 흘려 일하는 생활이 게으른 생활보다 고귀하다는 것을 확신하고, 스스로 그 믿음에 따라 살며, 또 그렇게 사는 사람들을 높이 평가하는 사람들에게, 산다는 것은 참으로 즐거운 것이다.

9

일하기 싫으면 폭력을 휘두르거나 동정을 구걸하면 된다.

4월 6일

1

사람들은 정말 많은 일을 매우 중요하다고 여기면서 살고 있지만, 원래 그들에게 사명이 주어진 유일한 일, 다른 모든 일을 그 안에 포함하는 일만은 하려 하지 않는다. 즉 자신의 영혼을 개선하고, 영혼의 신적 본원을 일깨우는 일을 하

지 않는 것이다. 그 일이 인간의 사명인 것은, 그것이야말로 인간이 그것을 달성하는 데 아무런 장애도 만나지 않는 유일한 목적이라는 사실에 비추어 봐도 명백하다.

2

사람들은 젊었을 때는, 우리가 자신과 남에게 바라는 선덕을 행할 수 있고, 인간의 사명은 끊임없는 자기완성이며, 심지어 모든 인류의 모든 죄악과 불행을 제거하는 것까지 가능하다고 확신한다. 이러한 젊은이의 공상을 가볍게 여겨서는 안 된다. 오히려 그런 공상 속에, 세속의 때가 묻어 오랫동안 인간 본연의 삶과 거리가 먼 삶을 살아온 노인들이, 남에게 아무것도 원하지 말고 아무것도 구하지 말며 그저 있는 그대로 살라고 충고하는 말보다 훨씬 더 많은 진리가 들어 있다. 젊었을 때의 공상이 잘못된 것은, 젊은이들이 자기완성과 자기 영혼의 완성을 남에게 강요하는 것과, 장차 일어날 일을 지금 당장 눈앞에 보고 싶어 한다는 것뿐이다.

3

나날이 더 나은 인간이 되려고 노력하는 삶보다 좋은 삶은 없으며, 실제로 자신이 더 나은 인간이 되어가고 있다는 것을 느끼는 것보다 큰 기쁨은 없다고 나는 생각한다. 그것이 바로 내가 오늘까지 끊임없이 경험해 온 행복이며, 내 양심이 나에게 그것이야말로 진정한 행복임을 말해주고 있다. 소크라테스

4

자신의 단점을 지적해 주는 사람들에게 감사하라. 우리의 단점은 너무 많아서 지적받는다고 금방 고칠 수 있는 것은 아니지만, 그 단점을 확실히 알면 그것이 우리의 마음에 자극이 되어 양심이 나태한 잠에 빠져 있는 것을 허락하지 않으므로, 자세를 바로잡고 그 단점들에서 벗어나려고 노력하게 되는 것이다.

파스칼

5

우리의 의식상태는 외부로부터의 어떤 비판보다 우리에게 큰 의미를 가진다. 왜냐하면 우리는 항상 자신의 의식 속에서 살기 때문이다. 우리의 행복과 불행은 우리에 대한 다른 사람들의 태도가 아니라, 우리 자신의 태도에 달려 있다. 그래서 자기 자신과 자신의 영혼을 향상시키기 위해 노력해야 한다. 그럼으로써 우리는 자신을 위해서도 남을 위해서도 최선을 다하게 된다. 루시 맬러리

6

최상의 행복은 한 해를 마칠 때 처음보다 자신이 더욱 나아졌음을 느끼는 것이다. 소로

7

"하늘에 계신 아버지께서 완전하신 것같이 너희도 완전한 사람이 되어라"(《마태복음》 제5장 48절)고 한 것은, 너희 내부에 있는 신적 본원을 일깨우는 데 노력하라는 뜻이다.

8

번잡한 세상 속에 살면서 삶의 완성을 바라는 것은 불가능하다. 그렇다고 또 끊임없이 고독 속에 살면서 이것을 바라는 것은 더더욱 가능성이 적다. 완성을 위한 가장 좋은 조건은, 고독 속에서 자신의 세계관을 정립하고, 그런 다음 세상 속에 살면서 그것을 실천하는 것이다.

4월 7일

1

악을 선으로 갚는 것은 악을 악으로 갚는 것보다 훨씬 자연스럽고 훨씬 간단하며 또 훨씬 합리적이다.

2

해골산이라는 곳에 이르러 사람들은 거기에서 예수를 십자가에 못 박았고 죄

수 두 사람도 십자가형에 처하여 좌우편에 한 사람씩 세워놓았다. 이에 예수께서는 "아버지, 저 사람들을 용서하여 주십시오! 그들은 자기가 하는 일을 모르고 있습니다" 하고 기원하셨다. 〈누가복음〉 제23장 33~34절

3

사람들은 지칠 줄 모르고 자신의 행복을 추구한다. 그러나 인간의 손에 닿는 가장 큰 행복은 자신의 높은 본성에 따라 행동하는 것이며, 네 영혼의 고상한 신적 본성은 너에게, 너의 가장 큰 행복을 위해 지칠 줄 모르고 남에게 선을 베풀라고 명령하고 있다. 마르쿠스 아우렐리우스

4

선으로 악을 갚으라. 《탈무드》

5

자신의 적에게 무엇으로 복수할 것인가? 그에게 될 수 있는 대로 많은 선을 행하도록 힘써라. 에픽테토스

6

온유함으로 분노를, 선으로 악을, 인자함으로 욕심을, 진실로 거짓을 정복하라. 《법구경》

7

이웃과 사귈 때, 그들에게 현재 상태에 걸맞은 태도로 대하는 것은 그들을 더 나쁘게 할 따름이다. 그들을 실제보다 뛰어난 사람으로 대함으로써 우리는 그들을 보다 나은 인물로 만들 수 있다. 괴테

8

악에 대해 선으로 보답하라. 그러면 너는 그가 악에서 얻는 모든 기쁨을 빼앗아 버리게 될 것이다.

9

네 마음에 가르쳐라. 그러나 네 마음한테 배우지 말라. 부처의 가르침

10

선으로 악을 갚아본 기쁨을 경험한 사람은, 다시는 그 기쁨을 맛볼 기회를 놓치려 하지 않을 것이다.

이레째 읽을거리

선(善)

자연계의 초목이나 동물에는 선도 없고 악도 없다. 또 살아만 있고 사색을 하지 않는 인간의 육체도 이와 마찬가지다. 선과 악의 구별이 인간의 마음속에 싹트는 것은, 인식하고 이해하는 능력에 의해 시작된다. 인간의 마음속에는 이미 어릴 때부터 악과의 끊임없는 싸움이 벌어지고 있다. 그 악과의 투쟁 장소로서 인간에게 가장 어울리고 효과적인 곳은 바로 그곳, 즉 자신의 마음속이다. 이 영역 밖에서의 악과의 투쟁은 인간의 본성에 부적당하고 아무런 성과도 가져올 수 없다. 악으로서 악에 대항하지 말라는 그리스도의 가르침은 바로 그것을 말하고 있다. 그 가르침은 악과의 투쟁 장소를 명료하고 정확하게 지정하고 있다. 그 장소란 다름 아닌 자기 자신의 내부인 것이다.

현명한 사람은 누구나 강제의 한계를 자기의 육체 안에 두고 있다. 왜냐하면 정신으로 자기의 육체를 다스리는 것, 바로 거기에 정신의 작용이 있고 정신의 가치가 있기 때문이다. 타인의 경우에도 그에게는 그 사람 나름대로 주인이 있기 때문에, 타인에 대한 폭력은 결코 정당화될 수 없다. 그것은 불필요한 폭력이다. 악으로 악에 맞서지 말라는 가르침은 바로 이것, 즉 타인에게 가해지는 폭력이 불필요함을 일깨우는 것을 목적으로 한다.

인간은 자신의 의지로 스스로를 다스릴 수 없다거나, 이 세상에서의 삶을 위해 그에게 요구되고 있는 것이 무엇인지 모른다고 누가 감히 주장할 수 있을까? 그것을 주장하는 것은 곧 신이 인간에게 부여한 삶의 자유, 자기 자신을 살리거

나 죽이는 자유, 이성적 존재로서 사는 자유, 즉 인간 자체를 부정하는 것이다. 인간의 의지가 때로 그 존재의 틀을 일탈할 수는 있어도, 도대체 누가 그 일탈이 반드시 필요한 것이라고 주장할 수 있단 말인가? 그 같은 것을 주장하는 것은 곧 신의 의지만으로는 부족하다고 말하는 것과 같다. 곧 신을 부정하는 것과 같은 것이다. 이 세상의 악은 분명히 사람들이 자신의 의지를 자신의 영역 밖으로 넘어서게 하는, 즉 자신의 의지를 신의 의지의 자리에 놓는 데 있다. 그것은 신을 두려워하지 않는 행위라는 것을, "악으로써 악에 맞서지 말라"는 가르침이 명시하고 있는 것이다.

성공은 모든 것을 정당화한다. 이기면 충신이요, 지면 역적인 것이다. 그것이 육체의 세계, 동물의 세계, 이교도의 세계에서의 진리라는 말에 대한 해석이다. 그것은 하나의 공허한 울림에 지나지 않는다. "진리가 무엇이냐? 좋다, 그렇다면 그 진리와 함께 너를 십자가에 매달아 주마!" 하고 빌라도는 말했다. 그러나 그리스도는 진리를 보고 있었다. 바로 그것과 정반대의 위치에서 진리를 보고 있었다. 그에게는 지는 것이 이기는 것이었다. 만일 네가 다른 사람과의 싸움에서 폭력으로 이긴다면, 절대적으로 네가 잘못된 것이며 진리는 네 쪽에 있지 않음을 알아야 한다. 진리는 억압당한 자에게 있으며, 억압당한 자 속에 신이 존재한다. 즉 억압당한 자는 몸으로 신의 영광을, 태초의 근원적 이성의 영광을 보여주고 있는 것이다. 그것이 이 지상에서 인간이 놓인 입장이며, 얼핏 비참해 보이는 그 처지에서 유일하게 나아갈 수 있는 길은, 악으로 악에 맞서지 말 것, 남과 싸우지 말 것, 남과 싸우기에 앞서 항상 질 것을 각오하고 있을 것, 항상 신의 힘에 복종할 것, 즉 올바른 종교, 올바른 인생관에 의해 환히 비쳐지고 높여진 길이다.

무저항은 모든 싸움을 끝냄으로써 평화를 향한 더욱 확실한 길을 열고, 투쟁과는 다른 정신적 상호작용을, 이미 투쟁의 경우와는 다른 힘을 보여줄 것이다. 이 세상에서의 인간의 사명 또한, 복음서 속의 예수가 악마의 유혹을 받은 이야기와 니고데모와의 대화 속에 나타나 있듯, 원래 신이 부여한, 인간으로서 사물을 생각하고 인간으로서 이해하는 능력을 일깨우며, 또 무엇보다 그러한 지혜를 높이는 것—바로 그러한 이성적 의식, 즉 사람의 아들, 인간 속의 신의 아들을 해방하고 높이는 것이다. 그러므로 악에 맞서지 않는다는 것은 곧 이 신의 아들을 각성시켜 부활시키는 것이며, 그리스도를 부활시키는 것이다. 거꾸로 이것에 맞선다는 것은, 그를 박해하고 십자가에 못 박는 것이다. 인간은 이성적 존재이다. 이성적 존재의 특질은 이성의 승리, 이성의 지배에 있다. 그것을 위해서는 무엇보다 먼저 탐욕과 번뇌를 다스리는 것이 필요하다. 한 개인의 삶으로도 여러 민족의 사회적 삶으로도, 탐욕과 번뇌, 교만, 재판, 권력, 폭력의 터전 위에 이성의 나라를 세울 수는 없다. 악에 대한 무저항의 계율에 의해 비로소 우리의 삶 속에 그 예지의 원리가 실현되는 것이다.

사물을 생각하고 이해하는 능력은 신에 의해 모든 사람의 마음에 주어져 있다. 복음서도 무엇보다 가장 그 능력을 존중하라고 가르치고 있다. "자기 형제에게 성을 내는 사람은 누구나 재판을 받아야 하며 자기 형제를 가리켜 바보라고 욕하는 사람은 중앙 법정에 넘겨질 것이다. 또 자기 형제더러 미친놈이라고 하는 사람은 불붙는 지옥에 던져질 것이다."(〈마태복음〉 제5장 22절)

오직 인간의 영혼만이 사물을 생각하고 이해하는 능력 속에서 일치와 사랑을 발견한다. 인간의 영혼 밖의 세계에서는 모든 존재는 세상의 어떤 것보다 자기를 더 사랑한다. 악에 대한 무저항의 가르침은, 악과의 진정한 투쟁의 방식을 사람들에게 가르침으로써, 영혼 밖에 있는 분열과 미움의 세계와 영혼의 내부에 있는 합일과 사랑의 세계 사이의 영원한 모순과 대립의 문제를 해결하고 있다. 따라서 예수가 나타나엘에게 감동을 담아, "정말 잘 들어두어라. 너희는 하늘이 열려 있는 것과 하느님의 천사들이 하늘과 사람의 아들 사이를 오르내리는 것을 보게 될 것이다"(〈요한복음〉 제1장 51절) 하고 말씀하신 것처럼, 사람들을 유일한 신의 나라에서 한데 모이게 할 것이다.

부카

4월 8일

1

사람들은 살인이라는 범죄행위를 '전쟁'이라고 부르기만 하면, 살인이 살인이 아니게 되고, 범죄가 범죄가 아니게 된다고 생각하고 있다.

2

여러 가지 방법으로 그리스도를 부정할 수 있다. 첫째, 처음부터 신을 모독하고 그리스도의 권위를 조롱할 수 있다. 그러나 그 방법은 그리 위험하지 않다. 종교는 사람들에게 너무나 소중하여, 비웃음만으로 그것을 사람들의 마음에서 빼앗아 갈 수는 없기 때문이다. 그러나 또 하나의 방법이 있다. 그것은 그리스도를 주(主)라고 부르면서 그의 계율을 실천하지 않는 것, 다시 말하면 그의 말을 빌려 인간의 자유로운 사상을 억압하고, 그의 이름을 빌려 사람들의 무지와 미망과 죄악을 옹호하고 미화하는 것이다. 이 두 번째 방법이 특히 위험하다.

파커

3

이방인에 대한 전쟁은 신성하다는 말은 거짓이다. 대지가 피를 원하고 있다고 하는 말도 말짱한 거짓이다. 대지는 하늘을 향해 하천에 댈 물을 구하고, 하늘의 구름에서 맑은 이슬을 내려줄 것을 구하지, 피를 구하는 것이 아니다. 전쟁은 신에 의해, 심지어는 거기에 참여하는 사람들에 의해서도 저주받고 있는 행위이다.

알프레드 드 비니

4

너희가 악해서 너희와 하느님 사이가 갈라진 것이다. 너희가 잘못해서 하느님의 얼굴을 가려 너희 청을 들으실 수 없게 된 것이다. 너희 손바닥은 사람 죽인 피로 부정해졌고 손가락은 살인죄로 피투성이가 되었구나. 너희 입술은 거짓이나 지껄이고 너희 혀는 음모나 꾸민다. 모두들 하나같이 부당한 송사를 일으키고 없는 일을 꾸며내어 고소하는구나. 터무니없는 것을 믿고 사실무근한 소리를 지껄인다. 그 밴 것이 음모인데 잔악 말고 무엇을 낳으랴? 독사의 알이나 품어 까려는 것들, 거미줄이나 치려는 것들, 그 알을 하나만 먹어도 사람은 죽고, 눌러 터뜨리면 독사가 나온다. 그들이 치는 거미줄로는 옷도 만들지 못하고 천을 짜서 몸을 두르지도 못한다. 그들이 한다는 짓은 잔학뿐이요 손으로 한다는 짓은 횡포뿐이다. 그들의 발은 나쁜 짓이나 하러 뛰어다니고 죄 없는 사람의 피나 흘리러 달린다. 잔악한 계책을 꾸며 닥치는 대로 빼앗아 먹고 짓부수는 것들, 평화의 길은 아랑곳도 없는데 그 지나간 자리에 어찌 정의가 있으랴? 그들이 구불구불 뚫어놓은 뒷골목을 가면서, 평화를 맛볼 사람이 있으랴? 그리하여 공평은 우리에게서 멀어만 가고 정의는 우리에게 떨어져만 간다. 빛을 기다렸는데 도리어 어둠이 오고 환하기를 고대하였는데 앞길은 깜깜하기만 하다. 우리는 담을 더듬는 소경처럼 되었고 갈 길을 몰라 허둥대는 맹인이 되었다. 한낮인데 황혼 무렵인 듯 발을 헛딛기만 하는 모양이 몸은 피둥피둥한데도 죽은 것이나 다름없구나.

〈이사야〉 제59장 2~10절

5

이 땅에는 기막힌 일, 놀라 기절할 일뿐이다. 예언자들은 나의 말인 양 거짓말을 전하고, 사제들은 제멋대로 가르치는데, 내 백성은 도리어 그것이 좋다고 하니, 그러다가 끝나는 날이 오면 어떻게 하려느냐?

〈예레미야〉 제5장 30~31절

6

또 세상은 무법천지가 되어 사람들의 마음속에서 따뜻한 사랑을 찾아볼 수 없게 될 것이다.

〈마태복음〉 제24장 12절

7

"내가 매일 너희와 함께 성전에 있을 때에는 잡지 않더니 이제는 너희의 때가 되었고 암흑이 판을 치는 때가 왔구나" 하셨다.

〈누가복음〉 제22장 53절

8

전쟁이란 모든 사람들과 모든 백성들이 그 뒤에 숨어서, 세계가 도저히 감당할 수 없는 온갖 잔인무도함를 드러내는 휘장 같은 것이다.

스프링필드

9

하느님께서 민족 사이의 분쟁을 판가름해 주시고 강대국 사이의 시비를 가려 주시리라. 그리되면 나라마다 칼을 쳐서 보습을 만들고 창을 쳐서 낫을 만들리라. 나라와 나라가 사이에 칼을 빼어 드는 일이 없어 다시는 군사를 훈련하지 아니하리라. 사람마다 제가 가꾼 포도나무 그늘, 무화과나무 아래 편히 앉아 쉬리라. 만군의 야훼께서 친히 하신 말씀이다.

〈미가〉 제4장 3~4절

10

살인은 누가 그것을 허용하든 또 아무리 변명하든 역시 죄악이다. 따라서 실제로 사람을 죽이는 자나 그것을 준비하는 자나 모두 죄인이며, 그들을 대할 때 필요한 것은 존경과 격려와 칭찬이 아니라 연민과 교화와 설득이다.

4월 9일

1

선에 대한 사랑과 불멸에 대한 신앙은 불가분의 관계이다.

2

내세(來世)가 존재한다는 것을 '알고 있다'고 말할 수 있는 사람은 아무도 없다. 우리가 내세를 믿는 근거는 이론적인 것이 아니라 도덕적인 것이다. 그러므로 나는 신의 존재와 나의 불멸이 의심할 나위 없는 진실이라고 단언할 수는 없지만, 다만 나는 신이 존재한다는 것과 내가 불멸한다는 것을 도덕적으로 믿어 의심치 않는다고 말해야 할 것이다. 그것은 곧 신과 내세에 대한 믿음이 나에게서 결코 떼어놓을 수 없을 만큼 내 본성과 굳게 맺어져 있음을 뜻한다. 칸트

3

우리의 삶이 정신적이면 정신적일수록 우리는 더욱더 불멸을 믿게 된다. 우리의 본성이 동물과 같은 성질에서 멀어짐에 따라 불멸에 대한 의심은 서서히 사라진다. 미래를 가리는 휘장이 걷히고 어둠이 사라져, 우리는 이 세상에 있으면서도 자신의 불멸을 느끼게 되는 것이다. 마티노

4

내가 지금까지 보아온 것, 알고 있는 것의 전부는, 내가 아직 본 일이 없는 것, 모르는 것을 믿으라고 나에게 가르친다. 우리를 위해서 신이 미래에 준비해 둔 것은, 그것이 무엇이든, 우리가 이 세상에서 지금 알고 있는 신의 행위처럼 위대하고 축복에 찬 것임이 틀림없다. 우리의 미래는 우리가 이 세상에서 상상할 수 있는 한, 가장 높고 거룩한 것임이 틀림없다. 에머슨

5

죽음은 조금도 무서운 것이 아니다. 우리가 이 세상에 살면서 영원한 율법을 일탈하는 정도에 정비례하여 무서운 것으로 보일 뿐이다.

6

이 세상에서의 우리의 입장은, 학자가 자신의 학문에 대해 얘기하고 있는 방에 들어간 어린아이와 같다. 어린아이는 그 얘기의 시작을 듣지 못했고 또 얘기가 끝날 때까지 기다리지도 못하고 나간다. 그는 무엇인가 듣기는 듣지만 들은 것을 이해하지는 못한다. 신의 위대한 말은 우리가 공부를 시작한 것보다 몇십 세기나 전에 시작되었고, 우리가 죽은 뒤에도 여전히 계속될 것이다. 우리는 신의 말의 극히 일부를 들을 뿐이며, 게다가 자기가 들은 것의 대부분을 이해하지 못한다. 그런데 비록 조금이지만, 또 지극히 막연하지만, 어쨌든 우리는 무엇이 위대한 것이고 무엇이 존엄한 것인지는 이해할 수 있다. 데이비드 토머스

7

진정으로 신을 사랑하는 자는, 신의 사랑을 얻기 위해 안달하지 않는다. 그런 사람은 자신이 신을 사랑하는 것만으로 충분하다. 스피노자

8

전 존재를 기울여 선(善), 즉 신을 사랑하는 사람은 자신의 불멸을 의심할 수 없다.

4월 10일

1

사람들의 내부에 있는 신적 본원의 해방은, 필연적으로 현 체제의 개혁과 새로운 체제의 수립으로 우리를 이끈다.

2

오래 살면 살수록 내 앞에는 할 일이 더욱더 많아진다. 우리는 중대한 시기에

살고 있다. 일찍이 사람들 앞에 이처럼 해야 할 일이 많았던 적은 없었다. 현대는 좋은 의미에서의 혁명의 시대, 물질적인 의미가 아닌 정신적인 의미에서의 혁명의 시대이다. 숭고한 사회 체제의 이념, 숭고한 인간성의 이념이 창조되고 있다. 우리는 수확을 거두지 못하고 이 세상을 떠나지만, 믿음을 가지고 씨를 뿌리는 것은 크나큰 행복이라고 하지 않을 수 없다. 채닝

3

원망과 분노 때로는 비탄으로 시끄러운, 현재의 그리스도교에 대한 심각한 불만의 소리에 귀를 기울여 보라. 모든 사람이 신의 나라를 갈망하고 있다. 그리고 그것은 점점 다가오고 있다.

더욱 순수한 그리스도교가 느리기는 하지만, 소위 '그리스도교'라는 같은 이름으로 불리고 있는 종교의 자리를 대신해 가고 있다. 채닝

4

자연계의 건조상태가 상반되는 두 가지 원인, 곧 겨울의 혹독한 추위가 여름의 혹독한 더위에서 생기듯, 인간의 과단성 또한 정반대의 두 가지 원인에서 비롯된다. 즉 순수하게 이단적인 인생관과 순수하게 그리스도교적인 인생관이 그것이다.

봄, 즉 겨울에서 여름으로 넘어가는 시기에 습도가 가장 높듯, 우리의 내부에도 이단적 신앙에서 그리스도교로 옮아갈 때 과단성이 가장 적어져서, 무엇을 어떻게 해야 할지 몰라 회의에 빠지기 쉽다.

봄을 반기지 않거나 이교에서 그리스도교로 옮아가는 것을 기뻐하지 않는 것은, 그러한 계절과 그러한 이행이 무엇에 의해 일어나는지 이해하지 못하는 사람들뿐이다. 자연계의 봄철의 습기와 인간 내부의 회의와 망설임은 각각 자연과 인간의 과도기 상태, 다시 말해 전자는 자연계가 순환하는 상태이며, 후자는 인생관이 더욱 성숙해지고 있는 상태라는 것을 이해하는 사람들은, 그 습기와 회의를 탄식하지 않는다. 그뿐만 아니라, 전자는 자연계에 여름철이 다가오는 징후로, 후자는 인류에게 신의 나라가 다가오고 있는 징후로 받아들이고 이를 함께 기뻐한다. 표도르 스트라호프

5

모든 사람은 한 형제라는 종교적 인식이 널리 퍼져 있는 현대에, 진정한 학문은 이 인식을 실생활에 적용하는 방법을 가르쳐 주어야 하고, 예술은 또 이 인식을 사람들의 감정 속에 불러일으켜야 한다.

6

목적지가 멀면 멀수록 더욱더 전진해야 한다. 서두르지 말고 쉬지도 말고 전진하라. 주세페 마치니

7

나는 내 눈앞에서 예속과 정치적 속박에 갇힌 민중이 누더기를 걸치고 굶주림에 지쳐, 부자들이 호사스러운 술자리에서 모욕적으로 던져주는 음식 찌꺼기를 줍는 민중을 보고, 또 야수 같은 증오와 야만적인 기쁨에 취해 무서운 반역의 충동에 몸을 던지는 그들을 본다. 그리고 그러한 때 그 같은 야수로 둔갑한 사람들의 이마에도 신의 손가락 자국이 새겨져 있는 것을 보고 그들에게도 우리와 공통된 사명이 있다는 것을 떠올린다. 그런 다음 미래 쪽으로 눈길을 돌리면 평등과 박애라는 공통된 연대감으로 맺어진, 신앙을 함께하는 형제로서의 민중이 그 위용을 드러내고 있는 광경이 마음속에 떠오른다. 그것은 사치에 의해 타락하지 않고, 가난에 의해 야수화하지도 않고, 인간의 존엄성에 눈뜬 미래의 민중이다. 그리하여 나는, 현재를 생각하면 괴로움에 몸부림치고, 미래를 생각하면 기쁨에 가슴이 설렌다. 주세페 마치니

8

"너희는 걱정하지 마라. 하느님을 믿고 또 나를 믿어라"(〈요한복음〉 제14장 1절)는 것은, 그리스도가 우리에게 계시한 "너희의 내부에 있는 신성을 믿으라"는 뜻이다. 이 자신의 내부에 있는 신성은 자각되지 않을 수 없고, 따라서 실현되지 않을 수 없다.

4월 11일

1

정신적인 세계에는 육체적인 세계보다 모든 것이 훨씬 더 긴밀하게 이어져 있다. 모든 기만은 반드시 또 다른 기만을 부르고, 모든 잔학행위 또한 또 다른 잔학행위를 부른다.

2

가벼운 계율을 어긴 사람은 결국 중대한 계율도 어기게 된다. 만약 그가 "너 자신처럼 네 이웃을 사랑하라"는 계율을 어긴다면, 그 결과 복수하지 말라, 악의를 품지 말라, 네 형제를 미워하지 말라고 하는 계율도 어기고 마침내 피를 흘리게 될 것이다.

《탈무드》

3

사람들은 흔히 단순한 건망증으로 인해 자신의 양심이 결백함을 자랑한다.

조니자드 라페시스키

4

작은 악에 대해 이 정도쯤이야 하고 소홀하게 생각해서는 안 된다. 조그만 물방울이 모여 항아리 하나를 채운다. 어리석은 자는 조금씩 악을 저지르다가 마침내 온몸이 악으로 가득 차버린다.

선에 대해서도 어차피 나는 할 수 없는 일이라고 미리 포기해서는 안 된다. 한 방울 한 방울의 물이 그릇을 가득 채우듯, 선을 향해 꾸준히 나아가는 사람 또한 조금씩 선을 쌓아가다가 마침내 온몸이 선으로 가득 찬 사람이 될 것이다.

부처의 가르침

5

우리의 내부에는, 다른 근원적인 죄악에 의해 지탱되고 있어서, 마치 나무기둥을 쓰러뜨리면 그 가지도 함께 쓰러지듯, 그 근원적인 죄악의 뿌리가 제거되면 같이 제거되는 죄악이 있다.

파스칼

6

하나의 죄를 뿌리 뽑으면 열의 죄가 사라지리라. 로드

7

양심은 우리가 나아가야 할 길을 가르쳐 주는 나침반이다. 사람들은 이 길을 벗어났을 때, 양심이 가리키는 대로 생활을 바꾸거나 양심이 가리키는 것을 보지 않거나, 둘 중의 하나를 선택한다. 전자의 경우는 단 한 가지 방법밖에 없다. 자신의 내부에 있는 빛을 확대하여 그 빛이 비추는 것에 주의를 집중하는 것이다. 그러나 후자의 경우, 즉 양심이 가리키는 것을 보지 않는 데는 외적인 방법과 내적인 방법 두 가지가 있다. 외적인 방법은 양심의 가리킴에서 주의를 딴 데로 돌릴 수 있는 여러 가지 일에 몰두하는 것이고, 내적인 방법은 양심 자체를 흐리게 하는 것이다. 무엇보다 그것을 두려워해야 한다. 선의 길에서 한 발짝이라도 벗어나는 날에는 미처 정신을 차릴 겨를도 없이 이내 악의 구렁텅이에 빠지고 말 테니까.

8

악의 싹을 감시하라. 악이 싹트는 것을 알리는 영혼의 목소리가 있어, 그것이 싹트자마자 우리는 왠지 모르게 초조하고 부끄러워질 것이다. 그 목소리를 믿어라. 그리고 걸음을 멈추고 찾아보면 틀림없이 기만이 싹트고 있는 것을 발견할 것이다.

4월 12일

1

자신의 내면으로 깊이 들어가면, 우리는 거기서 초인간적인 무언가를 의식하게 된다.

2

우리가 존재하고 있는 이상 신도 역시 존재한다. 그것을 신이라 부르건 뭐라 부르건, 어쨌든 우리 안에 우리가 창조한 것이 아니라 우리에게 주어진 생명이 있다는 것은 의심할 나위가 없다. 그 생명의 원천을 신이라 부르건 뭐라 부르건 그것은 하나도 중요하지 않다.

주세페 마치니

3

우리는 공상 속에서 온갖 환영을 만들어 내며 그것을 두려워한다. 그러나 그것은 괜찮다고 할 수 있다. 왜냐하면 그것은 어디까지나 공상이니까. 하지만 이지(理智)가 날조한 생각에 굴복하고 그것을 두려워하는 것은 허용되지 않는다. 왜냐하면 이지는 기만당해서는 안 되기 때문이다. 그런데 '크기'에 대한 미신은 공간의 개념을 낳는 이지의 기만이다. 창조된 것은 창조자보다 클 수 없다. 아들은 아버지보다 크지 않다. 여기에 수정이 필요하다. 이지는 그 자신에 대한 잘못된 개념을 그에게 주는 공간의 미신에서 빠져나오지 않으면 안 된다. 그러나 이 해방은 우리가 공간 속에서 이지를 보는 대신 이지 속에서 공간을 보는 것을 배울 때 비로소 가능하다. 그렇다면 그것을 어떻게 배워야 할까? 공간을 본래의 성질로 되돌리는 것에 의해서이다. 공간은 원래 이지의 활동 조건에 지나지 않는다.

그러므로 신은 꼭 무한대의 공간을 차지하고 있지 않아도 어디에나 두루 존재한다고 말할 수 있으며, 공간적 크기의 척도로 가늠할 수 있는 것이 아니다.

우리의 의식 속의 세계는 공간을 가지지 않지만, 세계에 대해서 논할 경우, 무한한 공간을 생각하지 않으면 안 된다.

시간과 수(數)도 마찬가지로 의식에 있어서는 필요하지 않으며, 다만 이지 속에 그것이 있을 따름이다. 그러므로 인간은 아무리 거대한 공간과 무한한 시간, 그리고 무한대의 수와 비교해도 결코 작지 않으며, 오히려 크다고 해야 할 것이다.

아미엘

4

숲속에 서서, 내 눈을 피해 전나무의 뾰족한 잎 속에 몸을 숨기려고 다급하게 땅 위를 기어가는 딱정벌레를 바라보면서 스스로 묻는다. 어째서 이 딱정벌레는 이렇게도 겁을 먹고 나에게서 숨으려고 하는 것일까. 어쩌면 내가 그 녀석의 은인이 되어 그들의 무리에게 무척 기쁜 소식을 전해줄지도 모르는데. 그럴 때, 나는 나도 모르게 내 위에, 즉 이 딱정벌레나 다름없는 인간 위에 서 있는 위대한

은인을 생각하지 않을 수가 없다. 소로

5

신을 찾지 않는 자에게 신은 존재하지 않는다. 신을 찾기 시작하는 동시에 신은 네 안에 있고, 너는 신 안에 있다.

6

신을 찾는 것은 그물로 물을 뜨는 것과 같다. 뜨고 있는 동안은 물은 그물 속에 있지만, 떠냈을 때에는 아무것도 들어 있지 않다.

사색과 행위를 통해 신을 찾고 있는 동안, 신은 너의 내부에 있다. 그러나 신을 찾아냈다고 생각하고 안심한 순간 너는 신을 잃어버릴 것이다.

표도르 스트라호프

7

이 세계와 우리의 삶 뒤에 왜 이 세계가 존재하며, 그 속에서 우리가 왜 부글거리는 물거품처럼 솟아올랐다 부서졌다 사라지는지 알고 있는 누군가가 존재한다는 것은 의심할 여지 없는 진리이다. 어떻게 그것을 인정하지 않을 수 있는지 참으로 놀라울 따름이다.

8

모든 것이 조용히 신에 대해 이야기하고 있는 이 위대한 만물의 합일 속에서 믿지 않는 자는 오직 영원한 침묵만을 볼 뿐이다. 루소

9

설사 신을 의식하지 못하더라도, 그것으로 신은 존재하지 않는다고 결론을 내릴 권리는 없다.

4월 13일

1

우리 생명의 영적, 신적 본원을 우리는, 한편으로는 이성으로 인정하고 다른 한편으로는 사랑으로 인정한다.

2

현자에게는 다음과 같은 세 가지 특징이 있다. 첫째, 남에게 하라고 권하는 것은 스스로도 실천한다. 둘째, 정의에 어긋나는 행동은 절대로 하지 않는다. 셋째, 주위 사람들의 약점을 참을성 있게 견뎌낸다.

3

위대한 사상은 마음에서 나온다. 보브나르그

4

우리의 도덕적 감정과 지적 능력은 서로 굳게 얽혀 있으므로, 어느 한쪽에 손을 대면 반드시 다른 한쪽도 건드리지 않을 수 없다. 위대한 지성도 도덕적 감정이 따르지 않으면 커다란 불행의 원인이 된다. 존 러스킨

5

뭐든지 연구해도 좋다. 그러나 이성에 합치되는 것만 믿어라.

6

이성과 지적인 능력은 전혀 다른 성질의 것이다. 세상에는 많은 지적 능력을 가졌으면서도 이성이 결핍된 사람들이 많이 있다. 지적 능력은 살아가는 데 필요한 세속적인 조건을 이해하고 헤아리는 능력이지만, 이성은 우리의 영혼에 자신의 세계와 신의 관계를 스스로 계시하는 능력이다. 이성과 지적 능력은 같지 않을 뿐만 아니라 정반대의 것이다. 이성은 지적 능력으로 인해 인간이 빠지는 유혹과 기만에서 인간을 해방한다. 그것이 이성의 가장 중요한 작용이다. 이성은 유혹을 이기고 인간의 영혼의 본성인 사랑을 해방하여, 그 발현을 가능하게

한다.

7

사람들은 종종 이성과 양심을 구별하여, 선한 일은 깊은 사고력보다 중요하다고 말한다. 그러나 원래 분리할 수 없는 영혼의 힘을 억지로 구별하는 것은, 우리의 본성을 불구로 만드는 짓이다. 선행에서 사상을 제거하면 도대체 무엇이 남을까? 사고력이 결여되면 우리가 양심이라고 일컫는 것도 망상과 과장과 악을 인정하는 것으로 변질되고 만다. 실제로 세상에서 가장 잔인한 일이 양심이라는 이름으로 수없이 자행되어 왔다. 사람들은 양심의 명령이라는 핑계로 서로를 미워하며 죽여 온 것이다.

채닝

8

이성적인 사람은 절대로 악인이 될 수 없다. 선인은 언제나 이성적이다. 이성의 작용으로 자기 내부의 선을 키우고, 사랑을 키움으로써 이성을 증대시키지 않으면 안 된다.

4월 14일

1

부유한 지배 계급과 가난한 피지배 계급으로 나뉘져 있는 세상이란 처음부터 잘못된 거라고 할 수밖에 없다.

2

우리는 황금 만능주의의 결과 기괴한 귀결에 도달했음을 인정하지 않을 수 없다. 우리는 공동 사회에서 살고 있다고 말하면서, 공공연히 완전한 분열과 극단적인 소외를 불러일으키고 있다. 우리의 생활은 서로 돕는 정경이 아니라, 공정한 경쟁이니 하는 미명 아래 지극히 가혹한 전쟁의 법칙으로 뒤덮인 생존경쟁의 아수라장을 드러내고 있다. 우리는 모든 인간관계가 금전 지불 관계로 귀착하는 것이 아님을 완전히 잊고 있다.

부유한 기업인은 말한다. "노동자가 굶어 죽거나 말거나 나하고 무슨 관계가 있단 말이냐? 나는 그들을 시장에서 떳떳하게 고용하여, 약속한 대로 임금을 마지막 한 푼까지 계산해 주었다. 그 이상 나더러 어떡하라는 말이냐?"

황금 만능주의는 참으로 슬픈 신앙이다. 카인도 제 욕심 때문에 아우 아벨을 죽이고 "네 아우 아벨이 어디 있느냐?"고 야훼께서 물었을 때, "제가 아우를 지키는 사람입니까?" 하고 잡아떼며 모른다고 대답했다. 공장주도 또한 이렇게 말한다. "내가 형제인 노동자에게 약속한 임금을 다 치르지 않았다는 말이냐?"

칼라일

3

인간은 땅 위에서 땅에 의해서만 살 수 있는 존재이므로, 어떤 사람이 사는 땅을 다른 사람이 빼앗는 것은, 그 사람의 피와 살을 다른 사람의 소유로 하는 것과 같이 그를 완전히 노예로 만들어 버린다. 그리고 결국, 사회가 일정한 발전 단계에 도달하면, 땅의 약탈에서 생기는 노예제도는 주인과 노예의 관계가 덜 직접적이고 덜 노골적일 뿐, 사람들의 육체를 재산으로 삼는 노예제도보다 더욱 잔인하고 더욱 사람을 타락하게 만든다.

헨리 조지

4

지금 우리는 우리의 조상들은 상상도 하지 못했던, 행복을 위한 수많은 수단과 온갖 편리한 물건 속에 파묻혀 있다. 그러나 우리는 과연 행복한가? 설령 소수의 사람들이 많은 행복을 누리고 있다 치더라도, 대다수의 사람들은 그만큼 더 불행해지지 않았는가! 부유한 몇 사람을 위해 우리는 대다수 사람들을 불행하게 만들거나 불행하다고 느끼게 하고 있다. 남의 행복을 희생시켜 얻어지는 행복이라는 것이 과연 떳떳할 수 있을까?

루소

5

내가 물에 빠져 죽어가는 사람을 구해주기 전에 그 사람으로부터 재산을 모두 주겠다는 약속을 받았다고 치자. 그때는 분명히 거래가 성립된다. 그 사람은 재산보다 목숨이 소중했기 때문이다. 그러나 이것은 말도 안 되는 약속이다. 그런데 실제로 수많은 사람들이 보잘것없는 재산밖에 가지지 않았기 때문에, 그 약간의 재산마저 빼앗기고, 그 결과 그들의 노동, 즉 그들의 유일한 재산에 대해 간신히 목숨을 부지할 정도로만 대가를 받고 있다. 솔터

6

백만장자 뒤에는 반드시 거지가 있다. 헨리 조지

7

한쪽에는 무지와 가난과 예속과 타락이 있고, 한쪽에는 문화와 부와 권력이 있어서, 서로 존경하고 사랑하는 것을 방해하고 있는 세상에서는, 그리스도교적 사해동포의 삶이란 허구에 불과하다. 주세페 마치니

8

포악한 주인이 되는 것은 순종적인 노예가 되는 것보다 나쁘다. 가난을 괴로워하지 말고 오히려 부귀를 괴로워하라.

9

만일 네가 일도 하지 않고 수입을 얻는다면 그것은 틀림없이 누군가 다른 사람이 일을 하고 그 대가를 받지 못한 것이다. 마이모니데스

이레째 읽을거리

채소장수

채소장수 제롬 크랭크빌은 손수레를 끌며 "양배추, 당근, 순무 사려!" 하고 외치면서 마을을 돌아다녔다. 또 부추를 가지고 있을 때는 "싱싱한 아스파라거스 있어요!" 하고 외쳤다. 부추는 가난한 사람들에게는 아스파라거스 대신이었기 때문이다.

그러던 어느 날, 10월 20일 오후, 몽마르트르 거리를 내려가는데, 바야르 부인이라고 하는 구두 가게 안주인이 가게에서 뛰어나오더니 수레 옆으로 다가왔다.

그리고 멸시하는 듯한 표정으로 부추를 한 단 집어 들며 말했다.

"부추가 별로 좋지 않은데, 한 단에 얼마요?"

"15수(프랑스의 동전, 20분의 1프랑)예요, 아주머니. 이보다 좋은 부추는 구경 못 하실 걸요."

"이따위 부추가 한 단에 15수나 한다고?"

그녀는 그렇게 말하더니 얼굴을 찌푸리며 부추를 손수레 속에 던져 버렸다.

이때 64번이라는 번호를 단 순경이 다가와서 크랭크빌에게 말했다.

"어이, 비켜요, 비켜!"

크랭크빌은 벌써 50년 동안, 아침부터 저녁까지 손수레를 끌고 돌아다니고 있었다. 그는 순경의 명령이 지극히 당연하고 정당하다고 생각했다. 그래서 그는 이 명령을 지킬 양으로 구두 가게 안주인에게 빨리 마음에 드는 것을 고르라고 말했다.

"다시 한번 처음부터 골라봐야겠어요."

구두 가게 안주인은 퉁명스럽게 말했다.

여자는 다시 부춧단을 모두 뒤져서 그중 가장 싱싱해 보이는 단을 고르더니 그것을 가슴에 안았다.

"14수에 줘요. 그거면 충분하지 뭘. 금방 가게에 가서 가지고 올게, 지금은 가진 게 없으니까."

이렇게 말하더니 여자는 부추를 안고, 방금 어린애를 안은 여자 손님이 들어간 가게로 돌아갔다.

그러자 64번 순경이 다시 크랭크빌에게 말했다.

"어서 가지 못해?"

"돈을 기다리고 있는 중이라서……" 하고 크랭크빌이 대답했다.

"누가 아니랬어? 어서 가기나 하란 말이야!" 순경이 엄격하게 말했다.

그러는 사이 구두 가게 안주인은 자기 가게에서, 태어난 지 1년 반쯤 된 아기 발에 맞는 하늘색 구두를 고르고 있었다. 여자 손님은 몹시 서두르고 있었기 때문에, 새파란 부추 다발은 탁자 위에 느긋하게 누워 있었다.

50년이란 세월을 손수레를 끌며 마을 여기저기를 돌아다녔던 크랭크빌은 권력에 복종할 줄 알고 있었다. 그러나 이때의 그는 권리와 의무 사이에 낀 난처한 입장에 처해 있었다. 그는 법에 대해 무지하여, 아무리 개인의 권리를 행사하기 위해서라 해도 사회적 의무를 지켜야 한다는 것을 이해하지 못했다. 그는 14수라는 돈을 받아야 하는 자신의 권리에 지나치게 집착해서, 손수레를 끌고 가야 한다는 의무를 소홀히 했다. 그는 그 자리에서 움직이지 않았다.

64번 순경은 한 번 더, 화내지 않고 침착한 목소리로 그에게 빨리 가라고 명령했다.

"빨리 가라고 말하고 있는 게 들리지 않나?"

그러나 크랭크빌로서는 그 자리를 떠날 수 없는 너무나 중요한 이유가 있었다. 그래서 그는 그 이유를 솔직하게 있는 그대로 얘기했다.

"아니, 이보시오, 순경 양반! 돈을 기다리고 있다고 말씀드렸잖아요?"

그러자 순경이 말했다.

"아하, 그렇다면 '공무집행 방해죄'로 끌려가고 싶다는 얘긴가? 진작 그렇게 말할 것이지."

이 말을 듣고 크랭크빌은 천천히 어깨를 움츠리며 우울한 눈빛으로 순경을 쳐다보더니, 그 시선을 하늘 쪽으로 향했다. 그 눈은 이렇게 말하고 있었다.

'내가 범법자인지 아닌지는 하느님이 알고 있다.'

그러나 아마 그 눈길이 의미하는 것을 이해하지 못했거나, 그래도 사정을 봐줄 수는 없다고 생각한 것인지, 순경은 다시 한번 엄격하고 거친 목소리로 자기가 하는 말을 알아들었느냐고 그에게 물었다.

그때 마침 몽마르트르 거리에는 마차가 유난히 많이 몰려들고 있었다. 삯마차, 무개마차, 달구지, 승합마차, 손수레들이 염주알 꿰어놓은 듯이 늘어서 있었다. 사방에서 고함 소리와 욕설이 튀어나왔다.

마부들은 넌더리가 난다는 듯이 가게 점원들과 상스러운 욕을 주고받았다. 승합마차의 마부들은 크랭크빌을 이 교통 혼잡의 주범으로 생각하고 그를 '지겨운 부추'라고 욕해댔다.

그러는 동안 호기심에 끌린 구경꾼들이 모여들어 이 말다툼에 귀를 기울이고 있었다. 그러자 순경은 구경꾼들이 자기를 보고 있다는 것을 의식하고 오로지 자기의 권력을 보여주는 것만 생각했다.

"좋아." 순경은 호주머니에서 지저분한 수첩과 몽당연필을 꺼냈다.

크랭크빌은 눈에 보이지 않는 내면의 어떤 힘에 이끌려 여전히 고집을 부리고 있었다. 게다가 지금은 그 역시 앞으로도 뒤로도 꼼짝할 수 없는 상태에 있었다. 그의 손수레 바퀴가 우유 가게 수레의 바퀴와 함께 뒤엉켜 버렸던 것이다.

그래서 그는 에라 모르겠다 하고 머리털을 쥐어뜯으면서 소리를 질렀다.

"돈을 기다리고 있다고 말하고 있잖아! 이건 또 무슨 놈의 날벼락이람! 원 이렇게까지 재수가 사나워서야! 오, 이 일을 어쩐다지!"

반항보다는 자포자기에서 나온 말이었음에도 불구하고 64번 순경은, 채소장수의 이 같은 말은 자신을 모욕한 것이라고 생각했다. 그러자 모든 모욕의 말을, 전통적인 습관에 의해 파리에서는 거의 의례적인 말이 되어버린 '망할 놈의 암소야!'(파리의 도둑들 사이의 은어로 순경을 암소라고 부르고 있었다)라는 말과 동의어로 생각하고 있던 그에게는, 그 죄인의 말이 완전히 그 모욕적인 말로 들리고 만 것이다.

"뭐라고! 나에게 '망할 놈의 암소야!'라고 말했겠다. 좋아, 날 따라와."

채소장수는 극도의 놀라움과 절망에 어리둥절한 눈으로 64번 순경을 쳐다보더니, 푸른 허드레옷 위에 팔짱을 낀 채 큰 소리로 외쳤다.

"내가 '망할 놈의 암소야!'라고 말했다고? 내가? 나 원 참!"

이 느닷없는 사건을 가게 점원들과 골목 개구쟁이들은 웃음소리로 화답했다. 그것은 구경거리에 대한 모든 군중의 비열하고 잔인한 호기심을 만족시켰다. 그러나 이때 구경꾼들을 헤치고, 높다란 모자를 쓰고 온통 검은 옷을 입은 한 노인이 나섰다. 그는 순경에게 다가가 나직하고 점잖은, 그러나 단호한 목소리로 말했다.

"당신은 잘못 알고 있소. 이 사람은 당신을 모욕한 게 아니오."

"남의 일에 참견할 것 없습니다."

순경은 상대방이 좋은 옷을 입고 있는 것을 보고 위협적인 말투만은 자제했다.

노인은 매우 차분하고 겸손한 태도로 자신의 의견을 되풀이해서 말했다. 그러자 순경은 노인에게, 그렇다면 서장에게 가서 그렇게 설명하라고 말했다.

그때 크랭크빌이 다시 소리쳤다.

"그러니까 내가 '망할 놈의 암소야!'라고 말했다고? 어이구, 나 참!"

그가 한창 그 이상한 말을 하고 있을 때, 구두 가게 안주인인 바야르 부인이 손에 돈을 들고 가게에서 나왔다. 이때 순경은 이미 채소장수의 멱살을 움켜잡고 있었다. 그래서 바야르 부인은 경찰에게 끌려가는 인간에게 돈을 치러 주고 말고 할 것도 없다고 생각하고, 그 14수의 돈을 앞치마 주머니 속에 도로 집어넣어 버렸다.

크랭크빌은 느닷없이 손수레를 빼앗기고 경찰서에 끌려가는 신세가 되고 말았다. 발밑에는 파멸의 구렁텅이가 입을 쩍 벌리고 있는 데다 해까지 뉘엿뉘엿 지고 있다는 것을 안 그는 자기도 모르게 소리를 질렀다.

"에라 모르겠다! 어디 마음대로 해봐!"

낯선 노인은 경찰서장 앞에서 한길에서 마차의 정체로 발이 묶여 우연히 이 사건의 목격자가 되었노라고 설명했다. 그리고 순경은 절대로 모욕당한 것이 아니며, 순경이 그저 잘못 들었을 뿐이라고 주장했다. 노인은 앙브루아즈 파레 병원의 원장이자 레종 도뇌르 훈장 수여자인 다비드 마티외라고 자신의 신분을 밝혔다.

그러나 크랭크빌은 여전히 풀려나지 못한 채 경찰서 안에서 하룻밤을 보냈다. 이튿날 아침 마차에 실려 그는 미결수 감옥으로 보내졌다.

감옥은 그에게는 특별히 끔찍한 곳도 괴로운 곳도 아니었다. 그에게는 오히려 없어서는 안 될 곳처럼 여겨졌다. 감옥 속에서 그가 가장 놀란 것은 벽과 마루가 깨끗하다는 것이었다.

그는 말했다.

"이런 곳치고는 무척 깨끗하군. 정말 마룻바닥에 앉아서 밥을 먹어도 되겠어."

혼자 남자, 그는 자신의 걸상을 조금 움직여 보려고 했으나 그것은 벽에 단단히 고정되어 있었다. 늙은 채소장수는 깜짝 놀라며 큰 소리로 말했다.

"어허! 그것참 시설이 아주 잘돼 있군그래! 정말 생각지도 못했어!"

그는 의자에 앉아 경탄하면서 주위에 있는 것들을 하나하나 손으로 만져보았다. 정적과 고독이 그를 괴롭혔다. 지루했다. 그는 불안한 마음으로 양배추며, 당근, 미나리, 상추 등이 가득 실린 자신의 손수레를 생각하고 있었다. 그는 쓸쓸하게 자신에게 물었다. '그자들은 내 손수레를 어디에다 치워 놓았을까?'

사흘째 되는 날 그에게 르메를이라고 하는 법조계에서 가장 젊은 변호사가 찾아왔다.

크랭크빌은 그에게 사건을 이야기하려고 했지만 말주변이 없는 그에게는 쉬운 일이 아니었다. 변호사가 그를 잘 이끌어 주었으면 어떻게 해결되었을지도 모르지만, 그의 변호사는 늙은 채소장수가 하는 모든 말에 미심쩍다는 듯 고개를 설레설레 저으면서 혼자 중얼거렸다. "아, 예! 하지만 조서에 그런 말은 하나도 적혀 있지 않은데요."

이윽고 지친 듯한 얼굴로 금발 콧수염을 배배 꼬면서 변호사가 말했다.

"있는 그대로 모두 자백하는 게 당신을 위해서도 좋을 겁니다. 내 생각에 영감님처럼 모든 걸 부인하는 건 오히려 불리해요."

이렇게 된 이상 크랭크빌도 자기가 무엇을 시인해야 하는지만 알았더라면 이내 그렇게 했을는지 모른다.

부리슈 재판장은 크랭크빌의 신문에 꼭 6분을 소비했다. 이 신문은 만일 피고가 자신에게 제기된 질문에 대해 제대로 대답했더라면 조금 더 좋은 결과를 가져올 수 있었을지도 몰랐다. 그러나 크랭크빌은 논리적으로 말하는 데 익숙하지 못했다. 그뿐만 아니라 이런 높은 양반들 앞에서는 공포와 존경심이 그의 입을 꽉 틀어막아 버리는 것이었다. 그리하여 그가 침묵을 고수하는 바람에 재판장 자신이 답변까지 떠맡는 결과를 가져왔다. 그와 같은 답변은 피고의 유죄를 확정짓는 것이었다. 마지막에 가서 재판장은 이렇게 결론을 내렸다.

"그러니까 결국 피고는 '망할 놈의 암소야!'라고 말한 것을 시인하는 거군!"

그때 비로소 피고 크랭크빌의 목구멍에서 고철이 부딪히는 소리 또는 유리가 깨지는 소리를 연상케 하는 목소리가 튀어나왔다.

"순경 나리가 '망할 놈의 암소야!'라고 말했기 때문에 저도 '망할 놈의 암소야!'라고 말한 겁니다. 그러니까 그때 처음으로 나도 '망할 놈의 암소야!'라고 말한 거지요."

그는 이 느닷없는 고발에 놀라고 하도 어이가 없어서, 하지도 않았는데 했다고 하는 그 말을 자기도 모르게 앵무새처럼 따라했을 뿐임을 말하려 했던 것이다.

그런데 부리슈 재판장은 그렇게 받아들이지 않았다.

"그럼 피고는 경관이 먼저 그런 말을 입에 담았다고 주장하는 건가?"

크랭크빌은 아무 대답도 하지 않았다. 그 부분을 설명하는 것이 그에게는 너무나 힘겨운 일이었다.

"피고는 항변하지 않는군. 당연히 그럴 테지." 재판장이 말했다.

그는 증인을 부를 것을 명령했다.

바스티앵 마트로라는 이름의 64번 순경은 진실을, 오직 진실만을 말하겠다고 선서했다. 그리고 다음과 같이 진술했다.

"10월 20일 오후 1시에 직무 수행 중 본관은 몽마르트르 거리에서 채소장수로 보이는 한 인물을 보았습니다. 그런데 이 사람의 손수레가 328번지 소재 가옥 앞에 불법 주차하고 있어서 그 지점이 교통체증의 원인이 되고 있었습니다. 그래서 본관은 그에게 세 차례나 통행 명령을 내렸지만 그는 끝까지 제 명령에 복종하기를 거부했습니다. 그래서 제가 시말서를 꾸미겠다고 경고하자 그는 나에게 '이 망할 놈의 암소야!' 하고 소리쳤습니다. 그래서 본관은 심한 모욕을 느꼈던 것입니다."

이 간결한 해명은 재판관들에게 상당히 좋은 인상을 주었다. 한편 변호인 측 증인으로서 구두 가게 안주인인 바야르 부인과, 앙브루아즈 파레 병원 원장이자 레종 도뇌르 훈장 수여자인 다비드 마티외가 출두했다. 바야르 부인은 자기는 아무것도 보지도 못하고 듣지도 못했다고 말했다. 마티외 박사는 그때 채소장수에게 통행을 명령하고 있는 순경을 둘러싸고 있던 군중 속에 끼어 있었다고 말했다. 그의 진술은 기묘한 결과를 낳았다.

"나는 이 사건의 목격자올시다. 그리고 나는 순경에게 당신이 잘못 알고 있는 거라고 말해주었습니다. 그를 모욕한 사람은 아무도 없었습니다. 그래서 나는 일부러 그에게 다가가서 그 사실을 일깨워 주었습니다. 그런데도 경관은 채소장수를 체포하고 나에게도 서장한테 동행하자고 해서 이렇게 오게 된 것입니다. 거기에 대해서는 서장님에게도 이미 얘기했습니다."

증인의 진술이 끝나자 재판장이 말했다.

"앉아도 좋습니다. 수위, 마트로 순경을 다시 불러오게."

"마트로 순경, 자네가 피고를 체포했을 때 여기 계신 마티외 박사라는 분이 자네가 오해하고 있다는 것을 일깨워 주지 않았나?"

"이분은 저를 모욕했습니다, 재판장님."

"무슨 말을 했는데?"

"'망할 놈의 암소야!'라고 말했습니다."

웅성거리는 소리와 함께 웃음소리가 법정 안을 가득 메웠다.

"퇴정해도 좋아." 재판장은 당황한 투로 말했다. 그리고 그는 방청자들에게 만일 지금과 같은 무례한 태도가 다시 되풀이될 경우에는 전원 방청을 금지하겠다고 경고했다. 그러는 사이에도 변호인 측은 의기양양했다. 사람들은 모두 크랭크빌이 무죄가 될 것으로 생각하고 있었다.

법정이 다시 조용해지자 르메를이 일어섰다. 그는 자신의 변론을 먼저 경찰관에 대한 찬사로부터 시작했다. "그들은 쥐꼬리만 한 봉급을 받고, 피로와 끊임없는 위험에 몸을 맡기며, 날마다 영웅적인 임무를 수행하고 있는 우리 사회의 겸허한 공복들입니다. 모두 군인 출신인 그들은 지금도 여전히 병사인 것입니다. 병사! 이 한마디로 이미 모든 것을 얘기하고도 남음이 있습니다." 그리고 르메를은 군인의 미덕에 대한 고매한 사상을 늘어놓기 시작했다. 그 말에 의하면 그 자신도 '그가 일찍이 복무하는 영광을 가졌던 프랑스 군대를 모함하는 것을 용서하지 않는' 사람들 가운데 한 사람이었다.

재판장은 고개를 끄덕여 보였다.

르메를은 실제로 민병대 중위였다. 또 동시에 비엘 오드리에트구(區) 경찰의 민간 대표였다.

변호사는 계속했다.

"그렇기 때문에 말할 것도 없이 저는 파리 시민의 평화를 수호하기 위해 이들이 밤낮으로 보여주는 겸허하고 고귀한 봉사에 대해 잘 알고 있습니다. 따라서 저는 피고 크랭크빌이 이 같은 군인 출신을 모욕한 것을 알았더라면, 여러분, 저는 절대로 그의 변호를 맡지 않았을 겁니다. 피고는 '이 망할 놈의 암소!'라고 말했다는 혐의로 고발되어 있습니다. 이 말의 의미를 모르는 사람은 아무도 없을 것입니다. '은어사전'을 찾아보면 여러분은 틀림없이 거기서 '암소—게으름뱅이, 빈둥거리는 자, 암소처럼 누워 있기만 하고 일하려 하지 않는 사람. 또는 경찰에 매수된 자, 경찰 스파이' 등이라는 의미의 말을 읽게 될 것입니다. 이 '망할 놈의 암소!'라는 말은 어떤 특정인들의 사회에서 자주 사용되고 있습니다. 그러나 요컨대 문제는 크랭크빌이 어떤 식으로 이 말을 입에 담게 됐는가 하는 데 있습니다. 아니, 과연 그런 말을 정말 입에 담았을까요? 여러분, 이 같은 의문을 품게 되는 것을 용서하십시오. 결코 마트로 순경에게 어떤 악의가 있었다고는 생각하지 않습니다. 그러나 그는 우리가 이미 알고 있듯이 힘든 임무를 수행하고 있습니다. 그리고 때로는 노역에 지쳐 고달플 때도 있습니다. 따라서 그러한 경우에는 쉽게 어떤 환청을 들을 수도 있다는 것은 쉽게 상상할 수 있는 일입니다. 여러분, 실제로 그가 여러분 앞에서 사회적 명사인 다비드 마티외 박사, 레종 도뇌르 훈장 수여자이자 앙브루아즈 파레 병원의 원장이고 과학계의 대표적 인물인 마티외 박사까지 그에게 '망할 놈의 암소야!'라고 소리쳤다고 말한 이상, 우리는 마트로 순경을 정신병 환자, 또는 그 표현이 여러분에게 너무 과격하게 들린다면 피해망상증 환자로 인정하지 않을 수 없습니다.

그리고 이 경우 설사 크랭크빌이 정말로 '망할 놈의 암소야!'라고 외쳤다 한들 그의 입에서 나온 말이 과연 범죄적 성질을 띠고 있는 것일까요? 크랭크빌은 술과 여자로 몸을 망친 채소장수의 사생아입니다. 다시 말해 그는 유전적인 알코올 의존자로 태어난 존재입니다. 지난 60년 동안의 가난 때문에 찌들어 버린 이 가련한 모습을 보신다면, 여러분도 반드시 그가 책임을 물어 처벌할 만한 존재가 아니라는 것을 인정하실 것입니다."

르메를은 자리에 앉았다. 그러자 부리슈 재판장이 입 안으로 중얼거리는 듯한 목소리로 판결문을 읽었다. 제롬 크랭크빌을 2주일간의 금고형과 50프랑의 벌금형에 처한다는 내용이었다. 법정은 마트로 순경의 증언을 신뢰한 것이다.

재판소 건물의 어두운 복도로 끌려갈 때 늙은 채소장수 크랭크빌은 누구에게든 위안을 받고 싶은 심정이었다. 그는 자기를 호송하고 있는 간수 쪽으로 몸을 돌려 세 차례나 그를 불렀다.

"나리! 나리! 아, 나리!" 늙은 채소장수는 한숨을 쉬었다. "정말이지 2주일 전까지는 이런 일이 일어날 줄은 꿈에도 생각지 못했는데."

그리고 그는 다음과 같이 자신의 생각을 말했다.

"그 양반들은 말이 너무 빨라요. 말들은 잘하는데 너무 빨리 씨부렁거려서 도무지 무슨 얘긴지 알아들을 수가 있어야지, 원! 나리는 어떻게 생각하시오, 그 양반들 말이 빠르지 않소?"

그러나 호송병은 대답은커녕 쳐다보지도 않고 그저 묵묵히 걷기만 했다. 크랭크빌은 그에게 다시 물었다.

"왜 대답을 안 해주시는 거요?"

그래도 호송병은 침묵만 지켰다. 슬그머니 화가 난 늙은 채소장수는 그의 부아를 질렀다.

"개하고도 이야기를 하지 않습니까! 왜 아무 말도 하지 않는 겁니까? 혹시 한 번도 입을 벌려본 적이 없는 게 아니오? 입 안이 썩어버려도 상관없다는 건가?"

다시 감옥에 들어간 크랭크빌은 멍하니 벽에 고정된 걸상에 걸터앉았다. 그는 재판관들이 잘못했다는 것을 알지 못했다. 법정은 그 장엄한 형식으로 그들의 약점을 은폐했다. 그래서 그는 자기가 옳고 자기가 이해할 수 없는 돼먹지 않은 소리를 늘어놓았던 그들 높은 양반들이 잘못되었다는 것을 믿기가 어려웠다. 그런 엄숙한 의식 속에 뭔가 결점이 있으리라고는 상상도 할 수 없었다. 교회에도 엘리제궁에도 가본 적이 없는, 그는 평생 동안 재판소보다 더 훌륭한 곳은 본 경험이 없었다. 자기가 '망할 놈의 암소야!'라는 말을 하지 않았다는 것은 잘 알고 있었다. 그런데도 그런 불경한 말을 입에 담았다는 죄로 2주일의 금고형을 당하고 보니, 그의 뇌리에는 모든 것이 일종의 장엄한 신비, 경건한 신자들이 무슨 뜻인지도 모르고 무조건 따라하는 교리 같은 것, 요컨대 장엄한 동시에 무서운 수수께끼로 찬 계시로 느껴졌다.

이 가련한 늙은이는 마치 교리문답서를 배우고 있는 어린아이가 하와의 죄를 자신의 죄로 생각하듯, 자신도 어떤 신비로운 작용에 의해 그 64번 경관을 모욕하는 죄를 범한 게 틀림없다고 생각했다. 아무튼 자기를 감방에 가두면서 "너는 망할 놈의 암소야!라고 말했어"라고 했으니! 그렇다면 틀림없이 자기도 실제로 뭔가 신비에 찬, 뭐가 뭔지 전혀 알 수 없는 방법으로 그 말을 외친 것이리라. 그는 어느새 초자연의 세계에 이끌려서 재판이라는 것이 그의 눈에 일종의 운명적인 계시처럼 여겨졌다.

자신의 죄에 대해 명확한 관념을 가질 수 없었던 그에게는 형벌에 대한 관념은 그 이상으로 알쏭달쏭한 것이었다. 그에게 내려진 판결은 엄숙하기 그지없는 중대한 의식이요 화려한 행사여서, 애초에 이해하거나 이러니저러니 비판할 수도 없고, 또 기뻐하거나 슬퍼할 수도 없는 것으로 여겨졌던 것이다.

감옥에서 나오자 크랭크빌은 다시 전처럼 손수레를 끌며 몽마르트르 거리를 "양배추, 당근, 부추 사려!" 하고 외치면서 돌아다녔다. 그는 자기가 감옥에 들어간 것을 자랑하지도 않았고 그렇다고 부끄러워하지도 않았다. 또 그것으로 인한 괴로운 기억도 남아 있지 않았다. 그의 뇌리에는 그것은 일종의 연극이나 여행, 또는 꿈같은 인상을 남기고 있을 뿐이었다. 한 노파가 손수레에 다가와 상추를 고르면서 물었다.

"크랭크빌 영감, 무슨 일이라도 있었소? 꼬박 3주일이나 통 얼굴을 보지 못했으니 말이오. 병이라도 앓은 건가, 안색이 좋지 않구려."

"그동안 호강 좀 하느라고요, 아주머니." 늙은 채소장수가 말했다.

그의 생활에는 아무것도 변한 데가 없었지만, 그날은 평소보다 더 자주 술집에 드나들었다. 어쩐지 그날은 축제일 같은 기분이 들고, 또 자신이 무척 좋은 사람들과 알게 된 것 같은 기분이 들었기 때문이다. 그는 약간 들뜬 기분으로 자기의 셋방으로 돌아왔다. 그리고 침대에 누워 구석방의 밤장수가 빌려준 자루를 이불 대신 덮고 생각했다. '감옥도 그리 나쁘기만 한 곳이 아니야. 사람에게 필요한 것치고 없는 게 없으니까. ……아무리 그래도 역시 내 집보다는 못하지만.'

그런데 늙은이의 행복은 오래가지 않았다. 얼마 안 가 그는 단골 아낙들이 이상한 눈길로 자신을 쳐다보기 시작한 것을 알아챘다.

"상추가 아주 좋아요, 쿠앵트로 아주머니!"

"됐어요, 아무것도 필요 없어요."

"왜 필요 없어요? 공기만 마시고 사는 것도 아닐 테고!"

그러나 빵집의 쿠앵트로 부인은 한마디도 대꾸하지 않고 새침한 얼굴로 자신의 커다란 가게로 들어가 버렸다. 지금까지 채소며 꽃으로 가득 찬 그의 손수레를 이제나저제나 기다려 주었던 여기저기 가게의 안주인과 하녀들이 지금은 그를 보면 얼굴을 돌렸다. 이번 사건이 일어났던 그 구둣방 앞에 왔을 때 그는 큰 소리로 외쳤다.

"바야르 아주머니, 바야르 아주머니, 나에게 15수 외상값이 있습니다."

그러나 계산대 앞에 앉아 있던 바야르 부인은 쳐다보지도 않았다.

몽마르트르의 모든 사람이 크랭크빌이 감옥에서 나왔다는 것을 알고 있었다. 이제 아무도 그를 아는 척하지 않게 되었다. 그가 감옥에 갔다 왔다는 소문은 몽마르트르 변두리는 물론 리셰의 번화가에까지 퍼졌다. 거기서 점심때쯤 그는 큰 단골 고객인 로르 부인을 보았다. 그녀는 마르탱이라는 소년의 손수레 위에 몸을 구부리고 큼직한 양배추를 만지작거리고 있었다.

그것을 보자 크랭크빌은 부아가 났다. 그는 자신의 손수레로 마르탱 소년의 손수레를 밀치면서 서운한 듯이 로르 부인에게 말했다.

"아주머니까지 저를 저버리시다니, 이거 너무하시는군요."

그러나 로르 부인은 화난 듯한 얼굴로 아무 대꾸도 하지 않았다.

늙은 채소장수는 심한 모욕을 느끼고 있는 대로 소리를 질렀다.

"에이, 빌어먹을 여편네 같으니!"

로르 부인은 들고 있던 양배추를 떨어뜨리고 소리쳤다.

"저리 썩 꺼져, 이 영감탱이! 감옥에서 나온 주제에 행패까지 부려?"

크랭크빌은 평상시였으면 로르 부인의 행동에 대해 절대로 그렇게 욕하고 덤비지는 않았을 것이다. 그러나 이때 그는 완전히 이성을 잃고 있었다. 그래서 그는 세 차례나 로르 부인에게 빌어먹을 여편네, 못돼 먹은 년, 갈보라고 욕을 해 댔다. 그리하여 이 한바탕 난리 때문에 크랭크빌은 결정적으로 몽마르트르 교외와 리셰 거리 전체 사람들의 눈 밖에 나고 말았다.

늙은 채소장수는 이렇게 혼자 중얼거리면서 떠났다.

"저런 갈보를 봤나! 저런 갈보는 보다보다 처음일세."

그보다 더욱 나쁜 것은 그를 마치 무뢰한처럼 대하는 사람이 그녀뿐만이 아니라는 사실이었다. 이제 아무도 그를 아는 척하려고 하지 않았다.

그리하여 그의 성격은 비뚤어지기 시작했다. 로르 부인과 말다툼을 하고 난 뒤부터 그는 아무하고나 걸핏하면 싸우려 들었다. 조그만 일을 가지고도 오랜 단골손님에게 욕지거리를 퍼부어 댔다. 그들이 오래 물건을 고르기라도 하면 대놓고 잔소리꾼이니 게으름뱅이니 하고 욕을 했다. 선술집에서도 노상 사람들과 말다툼을 했다. 그의 친구인 밤장수까지 그에게 정나미가 떨어져 "크랭크빌 영감은 진짜 개망나니가 돼버렸다"고 단언했다. 그것은 부정할 수 없는 일이었다. 정말 그는 툭하면 시비를 걸고 싸우려 드는 고약한 사람이 되어 있었다. 교육을 받지 못한 사람들의 세계에서 살고 있는 그로서는 말할 것도 없이 대학의 사회과학 교수처럼 현재의 사회제도의 결함과 그 개선책에 대해 자신의 생각을 피력하는 것은 어려운 일이었다. 또 그 생각 자체도 그의 머릿속에 무질서하게 뒤엉켜 있는 치졸한 것이었다.

불행은 그를 '부정한 사람'으로 만들어 버렸다. 그는 이제 자신에게 한 번도 해롭게 한 적이 없는 사람들과 때로는 자기보다 약한 사람들에게까지 행패를 부리게 된 것이다. 그래서 한번은, 얌전한 선술집 아들 알퐁소가 감옥에서 재미가 좋았느냐고 물었다고 사정없이 따귀를 올려붙였다.

"요 못된 코흘리개 녀석! 네 아비야말로 감옥에 들어가 앉아 있는 게 어울릴 게다, 이런 독약을 팔아서 배를 살찌우는 것보다는."

결국 그는 정신적으로 완전히 망가지고 말았다. 그렇게 되면 인간은 다시 일어나지 못하는 법이다. 지나가는 사람들은 모두 그에게 발길질을 했다.

가난이, 그야말로 최악의 가난이 찾아왔다. 옛날에는 하루에 15프랑이나 벌어 호주머니를 두둑이 채워서 몽마르트르에서 돌아온 적도 있는 이 늙은 채소장수는, 지금은 단돈 1수도 없는 신세가 되어 있었다. 겨울이 닥쳤다. 셋방에서 쫓겨난 그는 지금은 어느 헛간의 달구지 밑에서 잔다. 꼬박 한 달 동안 장마가 져서 하수가 넘치고 헛간에 물이 들었다.

쥐와 거미와 들고양이들이 득실거리는 곳, 더러운 물에 잠긴 손수레 속에 웅크리고 앉아, 늙은이는 어둠 속에서 생각에 잠기는 것이었다. 하루 종일 아무것도 먹지 못한 데다 몸을 덮을 자루마저 없는 신세가 된 늙은이는, 정부가 자기에게 살 집과 먹을 것을 주었던 옛날을 회상했다. 그는 굶주림에도 추위에도 시달리지 않는 죄수들의 처지가 부러웠다. 그러자 문득 다음과 같은 생각이 그의 머리를 스치고 지나갔다.

"그래, 맞아! 그 방법이 있었지!" 그는 일어나서 거리로 나왔다. 밤 11시가 지나 있었다. 어둡고 축축한 밤이었다. 어떤 비보다 차갑게 몸에 스며드는 이슬비가 내리고 있었다. 드문드문 오가는 행인들은 모두 처마 밑을 따라 걷고 있었다.

크랭크빌은 성(聖) 외스타슈 성당 옆을 지나 몽마르트르 거리로 꺾어들었다. 거리는 텅 비어 있었다. 질서의 감시자는 교회 입구께의 가스등 불빛 밑에 혼자서 있었다. 등불 주위에서는 이슬비가 내리는 것이 잘 보였다. 경관은 모자를 쓰고 부동자세로 서 있었다. 어둠보다 불빛이 좋은 건지 아니면 걷다가 지쳤는지, 그는 마치 친구 옆에 있는 것처럼 가로등 밑에 꼼짝도 않고 서 있었다. 이 가물거리는 등불만이 인적 없는 밤의 유일한 얘기 상대였다. 그의 미동도 하지 않는 모습은 거의 사람 같지가 않았다. 비에 젖어 호수의 표면 같은 거리에 비친 그의 장화 그림자가 길게 뻗어, 멀리서 보면 물에서 상반신을 내밀고 있는 거대한 양서류 같았다. 그러나 옆에서 보면 모자를 쓴 그 모습은 수도사 같기도 하고 군인 같기도 했다. 모자 때문에 더욱더 커 보이는 그의 얼굴은 조용하고 슬픈 듯했다. 그의 짧고 숱 많은 콧수염은 벌써 희끗희끗 세어가고 있다. 마흔 살이 넘은 늙은 중사였다.

크랭크빌은 그에게 조용히 다가가서 떨리는 목소리로 이렇게 말했다.

"이 망할 놈의 암소야!"

그런 다음 그는 그 신성한 말의 효과를 기다리고 있었다. 그러나 아무런 효과도 없었다. 경관은 그 헐렁한 망토 밑으로 팔짱을 낀 채 묵묵히 부동자세로 서 있었다. 어둠 속에서 빛나는 그 커다랗게 열린 눈이 슬픈 듯, 조금은 경멸하는 듯 늙은이의 얼굴을 말없이 응시하고 있었다. 크랭크빌은 잠시 당혹스러웠지만 다시 용기를 내어 중얼거리듯이 말했다.

"나는 당신한테 '이 망할 놈의 암소야!'라고 말했소!"

오랜 침묵이 흘렀다. 그동안 이슬비는 여전히 내리고 주위를 깊은 어둠이 지배하고 있었다. 마침내 경관이 입을 열었다.

"그런 말은 하면 안 돼…… 진심으로 충고하겠는데, 그런 말은 하는 게 아니야. 당신만 한 나이가 되면 조금은 생각이 있어야 하지 않겠어? 자, 자, 어서 갈 길이나 가시오."

"왜 나를 체포하지 않는 거요?" 하고 크랭크빌이 물었다.

경관은 그 젖은 모자를 쓴 머리를 내저었다.

"무례한 말을 했다고 일일이 다 잡아들이다간 그 많은 일을 언제 다하나, 또 그런 짓을 해서 무엇하게!"

크랭크빌은 이 씨알도 먹히지 않는 태도에 맥이 빠져서, 어찌할 바를 모르고 커다란 물웅덩이 한복판에 오랫동안 묵묵히 서 있었다. 그러나 그 자리를 떠나기 전에 그는 어쨌든 자신의 심정을 설명해 보려고 했다.

"내가 '이 망할 놈의 암소야!'라고 말한 것은 당신한테 하는 말이 아니었소. 또 다른 누구에게 말한 것도 아니라오. 실은 어떤 목적이 있어서 그런 말을 한 거요."

"목적이 있든 없든 그런 말은 절대로 하는 게 아니오. 적지 않은 수고를 하면서 자신의 의무를 수행하고 있는 사람한테 쓸데없는 말로 모욕을 줘서는 안 돼요. ……자, 어서 가던 길이나 가시오."

크랭크빌은 고개를 푹 숙이고 팔을 흔들면서 비가 내리는 밤의 어둠 속으로 사라져 갔다.

아나톨 프랑스

4월 15일

1

우리는 우리의 행위에 대한 결과를 절대로 다 알 수 없다. 왜냐하면 무한한 세계에서 우리의 행위의 결과는 무한하기 때문이다.

2

우리의 행위 자체는 우리에게 속해 있지만 그 행위의 결과는 이미 하늘에 속한 것이다.

프란체스코

3

우리는 날품팔이꾼이다. 하루하루 열심히 일해서 그날의 품삯을 받도록 하라.

《탈무드》

4

신이라는 존재에 대한 비밀을 캐려는 인간의 노력은 모두 헛된 것이다. 인간이 해야 할 일은 오직 신의 법칙을 지키는 것뿐이다.

《탈무드》

5

의무를 다하라. 그러나 그 결과는 너에게 그 의무를 지운 자에게 맡겨라.
《탈무드》

6

우리의 행위에 대한 결과는 다른 사람이 평가한다. 오로지 지금 이 순간 네 마음을 깨끗하고 바르게 유지하기만 하면 된다. 존 러스킨

7

성인은 내적인 것에 전념하고 외적인 것을 돌아보지 않는다. 그들은 외적인 것을 무시하고 오직 내적인 것만 선택한다. 노자

8

우리가 추구하는 목표가 높으면 높을수록, 또 우리가 노력한 결과를 보고 싶어 하는 마음이 적으면 적을수록, 성공할 확률도 더욱 높아진다. 이것이 인간의 행위에 따르는 결정적인 조건의 하나이다. 존 러스킨

9

인간의 행위 가운데, 자신에게도 남에게도 가장 중요하고 가장 필요한 것은, 당사자가 살아 있는 동안 그 결과를 볼 수 없는 일이다.

10

인간의 행위 가운데, 결과가 천천히 나타나는 것일수록 더 훌륭하고 더 가치가 높으며 더 위대한 일이다. 존 러스킨

11

결과를 염두에 두지 않고 오로지 신의 뜻만을 따르는 행위야말로 인간이 할 수 있는 최선의 행위이다.

12

이 세상에는 광산에서 사용하는 화약처럼 거대한 악과 부정이 쌓여 있다. 우리가 그 갱도에 새로운 악과 부정의 화약을 장치하더라도, 얼핏 그것이 인간 사회의 일반적인 평화와 균형을 파괴하지는 않는 것처럼 보인다. 그러나 악과 허위가 아니라 선과 진실의 화약을 장치하면, 그 선과 진실이 도화선이 되어 악과 허위의 화약을 터뜨리고, 그러면 숨어 있던 악과 허위가 사람들 눈에 똑똑히 드러나게 될 것이다.

갱도 속에서의 폭발을 피하고 싶어서 선을 행하지 않고, 여전히 세상에 군림하는 악을 지지하는 것은, 곧 그 폭발만이 악을 완화하고, 그것을 증대시키는 것이 아니라 오히려 감소시킨다는 것을 이해하지 못하기 때문이다.

자신의 가르침은 이 세상에 평화를 가져다주는 것이 아니라 칼과, 땅의 분할을 가져다주는 것임을 스스로 인정한 그리스도는, 결국 선과 빛의 명백한 승리로 돌리기 위해, 자신이 폭로하는 악을 두려워하지 않고 선과 악, 빛과 어둠의 당당한 대결을 기쁘게 여겼던 것이다. 표도르 스트라호프

13

인간이 자신이 한 행위의 결과를 보는 것은 쉬운 일이 아니다. 결과를 확인할 수 있는 가능성이 적으면 적을수록 그 행위는 중요한 행위이다. 우리는 신의 사업을 행하면서 인간의 대가를 바라고 있다.

14

만일 네가 자신이 일한 결과를 직접 볼 수 있다면, 네가 한 것은 결국 하찮은 일이었다는 것을 알라.

4월 16일

1

자기 속에도 타인 속에도 인간으로서의 존엄성이 있다는 것을 인정하는 것과, 한 인간이 다른 인간에게 예속되거나 한 인간이 다른 인간을 특별히 비호하고 은혜를 베푸는 것은 절대로 양립할 수 없다.

2

모든 인간은 자기 자신에 대한 존경을 요구할 수 있다. 그와 동시에 자신도 이웃을 존경해야 할 의무가 있다. 어떠한 사람도 수단이나 목적이 될 수 없다. 바로 거기에 인간적 존엄성이 존재한다. 그가 어떠한 대가를 대신해서도 자기 자신을 팔아넘겨서는 안 되는 것처럼(그것은 그의 인간적 존엄성에 어긋난다), 만인에 대한 평등한 존경이라는 도덕적 의무를 결코 면할 수는 없다. 바꿔 말하면 그는 만인 속의 인간적 존엄성을 실제로 인정하고, 만인에 대해 그 존엄성에 대한 경의를 표시하는 데 인색해서는 안 된다. 칸트

3

노동자들의 복지 문제에 대해 권력자들은 마치 자신들이 그들의 보호자라도 되는 양 거만하게 말한다. 노동의 존엄성을 인식하고 있는 사람들에게 그 거만한 말투는 노골적으로 드러내는 모욕보다 더욱 모욕적이다. 노동자를 지극히 동정하는 듯한 그들의 말 속에서, 원래 노동자에게 가난은 피할 수 없는 것이고, 자신들이 따뜻한 도움의 손길을 내밀지 않으면 반드시 가난하고 비참한 상태에 빠지게 된다는 생각을 엿볼 수 있다. 지주와 자본가에게 보호가 필요하다고 생각하는 사람은 아무도 없다. 그들은 모든 걸 스스로 할 줄 알지만, 가난한 노동자들만은 보호해 주어야 한다고 권력자들은 말하고 있다. 헨리 조지

4

일반 민중에 대한 보호는 어느 시대에나 폭력에 대한 구실이었고, 전제군주제와 귀족제도, 그 밖의 온갖 특권의 정당화에 대한 구실이었다. 그러나 세계의 역사에서 군주제하에서든 공화제하에서든, 노동 계급에 대한 보호가 곧 그들을 박해하는 것을 의미하지 않았던 예가 단 한 번이라도 있었던가? 권력을 장악하는 사람들이 노동자들을 보호하는 것은 고작해야 인간이 가축을 보호하는 것과 같다. 인간은 나중에 그 힘과 살코기를 이용하기 위해 가축을 보호할 뿐이다.

헨리 조지

5

지극히 사소한 일이 인간의 성격 형성에 영향을 미친다.

6

그런 사소한 일은 아무래도 상관없다고 말하지 말라. 진정으로 도덕적인 사람은 아무리 사소한 일이라도 그 의미를 놓치지 않는다.

7

모든 사람들의 발아래 머리를 조아리는 습관을 가진 신앙인들이 있다. 그들은 모든 사람 속에 신의 영혼이 살고 있기 때문에 그렇게 하는 것이라고 말한다. 정말 기묘한 습관이기는 하지만 그 밑바탕에는 깊은 진실이 들어 있다.

8

사람들은 소심하여, 늘 자신을 비하하기만 한다. 그리고 "나는 존재한다. 고로 나는 생각한다"고 말할 용기조차 없다. 에머슨

9

우리가 남에게 봉사하는 것은, 상대에게 복종하는 것도 아니요, 상대를 비호하거나 상대에게 은혜를 베푸는 것도 아니며, 자신의 의무, 즉 인간에 대한 의무가 아니라 신에 대한 의무를 실천하는 것임을 알아야 한다.

4월 17일

1

그리스도교는 인간의 내부에 깃들어 있는 신성에 대한 가르침이다.

2

그리스도교의 가르침은 지극히 간단하다. 인간에 대한 사랑의 가르침, 신에 대한 사랑의 가르침이다. "하늘에 계신 아버지께서 완전하신 것같이 너희도 완전한 사람이 되어라"(〈마태복음〉 제5장 48절), 즉 최선의 일을 최선의 방법으로 최

선의 목적을 위해 이루라는 것이 그 가르침이다.

이러한 모든 것은 지극히 간단해서 어린아이라도 이해할 수 있다. 그것은 참으로 훌륭한 가르침이며 가장 위대하고 지혜로운 사람이라 해도 그보다 더 아름다운 것은 생각해 내지 못할 것이다. 파커

3

모세에서 예수에 이르는 동안, 개개인과 여러 민족 사이에는 지적, 종교적으로 위대한 발전이 이루어졌다. 예수에서 현대에 이르는 동안, 그 발전은 개개인 사이에서나 여러 민족 사이에서 더욱 분명해졌다. 낡은 생각은 버려지고 새로운 진리가 인류의 인식 속에 싹텄다. 개개의 인간은 인류 그 자체보다 위대할 수 없다. 설사 어느 위대한 인물이 인류보다 앞서 나아가, 사람들이 그를 이해하지 못하는 일이 있다 해도, 언젠가는 사람들이 그를 따라잡고 그를 훨씬 앞질러 가서, 이번에는 거꾸로 이전의 그 위대한 인물이 서 있던 곳에 머물러 있는 사람들은 그들을 이해할 수 없게 될 때가 온다. 바로 그때 새로운 위대한 인물이 필요해지며, 그런 인물이 출현하여 새로운 길을 개척하게 된다. 파커

4

자신의 생명의 의의를 명확하게 이해하지 않고서는, 다시 말해 신앙이라는 것을 가지지 않고서는, 우리는 언제 어느 때 지금의 생활을 포기하고, 지금까지 저주했던 생활로 돌아가게 될 위험에 빠질지 모른다.

5

인간은 자신의 삶의 목적 자체를 정확히 이해할 수는 없다. 다만 목적이 있는 방향만 알 수 있을 뿐이다.

6

모든 종교상 가르침의 본질은 사랑이다. 특히 사랑에 대한 그리스도의 가르침의 특징은, 그것을 어기면 모든 사랑의 가능성이 무너지는, 중대한 사랑의 조건을 명백히 정하고 있는 데 있다.

그 조건은 바로 "악으로 폭력에 맞서지 말라"는 것이다.

7

그리스도교적 사랑은 자신과 만인 속에서, 아니 인간뿐만 아니라 모든 만물 속에서 동일한 신적 본원을 의식하는 데서 나온다.

8

평화롭고 강한 사람이 되고 싶으면 자신의 마음에 신앙을 확립하라.

4월 18일

1

중요한 것은 지식의 양이 아니라 질이다. 굉장히 많은 것을 알고 있으면서도 가장 필요한 것은 모르고 있는 사람이 있다.

2

모른다는 것은 그리 부끄러운 일도 아니고 나쁜 일도 아니다. 아무도 모든 것을 다 알 수는 없다. 모르는 것을 아는 척하는 것이야말로 부끄러운 일, 잘못된 일이다.

3

우리 인간에게는 세상에서 일어나고 있는 모든 일을 알고 모든 것을 이해할 수 있는 힘이 없다. 따라서 여러 가지 일에 대한 우리의 판단이 정확하다고 할 수는 없다. 인간의 무지에는 두 종류가 있다. 하나는 태어나면서부터의 순수하고 자연스러운 무지이며, 또 하나는 이른바 진정한 현자만이 도달하는 무지이다. 모든 학문을 다 배우고 동서고금의 모든 지식을 섭렵한 사람들은, 그 모든 지식들을 다 합쳐도 지극히 보잘것없으며, 그것으로 신의 세계를 진정으로 이해하는 것은 불가능하다는 것을 알고, 결국 학자들도 본질적으로는 학문을 배우지 않은 보통 사람과 마찬가지로, 실은 아무것도 모른다는 것을 확신하게 될 것이다.

그런 한편, 세상에는 이것저것을 조금씩 공부하여 온갖 학문을 거죽만 핥고도 대단한 학자인 양 함부로 떠들고 다니는 사람들이 있다. 이런 사람들은 인간 본래의 무지에서는 벗어났을지 모르지만, 모든 지식이 불완전하고 보잘것없음을 깨달은 학자의 진정한 예지에는 도달하지 못한다. 이렇게 스스로 지식인임을 내세우는 자들이 바로 세상을 어지럽히고 있는 자들이다. 그들은 모든 것에 대해 자신만만하게 경솔한 판단을 내리며 끊임없이 실수만 저지른다. 또 교묘하게 사람들을 현혹시켜 종종 그들을 존경하는 사람들이 나타나지만, 일반 민중은 그들의 허황됨을 알고 경멸한다. 그리고 그것에 대한 보복으로 그 지식인들은 일반 민중을 무지몽매한 무리라며 경멸하는 것이다. 파스칼

4

만일 일부 사람들에게만 먹을 것을 생산하는 것이 허용되고 다른 사람들에게는 그것이 금지되어 있거나 생산할 수 없는 상태에 놓인다면, 생산된 그 음식은 결코 좋은 음식이 아닐 것이다. 그런데 이와 똑같은 일이 특정 계급에 독점된 학문과 예술 분야에서도 일어나고 있다. 다만 거기에 차이가 있다고 한다면, 육체적인 양식의 경우는 자연에서 크게 벗어날 수 없지만 정신적인 양식의 경우에는 아주 중대한 일탈이 일어날 수 있다는 것이다.

5

예지는 인간에게 영원한 목표이며, 우리는 모든 자유로운 시간을 그 달성에 바쳐야 한다. 우리가 아무리 많은 문제를 해결하는 데 성공한다 해도, 우리는 여전히 검토하고 해결해야 할 수많은 문제 앞에서 신음하지 않으면 안 되는 운명에 놓여 있다. 이러한 문제들은 우리의 지성을 충분히 발휘하기 위해 머릿속에서 쓸모없는 모든 것을 제거하지 않으면 안 될 정도로 광범하고 다양하다. 이를테면 우리가 평생 언어 문제에만 매달려 있어도 되는 것일까? 그런데 세상에는 종종 인생에 대해서보다 대화에 대해서 더 많이 사색하는 학자가 있다. 학문에 대한 지나친 천착이 얼마나 큰 해악을 낳는지, 그리고 진리에 있어서 그것이 얼마나 위험한 것인지 우리는 깨달아야 한다. 세네카

6

지식인들의 논리 정연해 보이는 말들은, 때때로 어떻게도 받아들일 수 있는 애매한 의미를 언어에 부여함으로써, 해결하기 곤란한 모든 문제를 회피하려는 일반적인 합의에 불과할 때가 있다. 그것은 '모른다'고 하는 매우 편리하고 솔직한 말이 학문의 세계에서는 그리 환영받지 못하고 있기 때문이다. 칸트

7

진리를 흠잡을 데 없이 원고지에 적고, 그것을 사람들의 머리에 전하기 위해서는 수많은 장애를 극복하지 않으면 안 된다. 거짓말쟁이들은 진리의 가장 힘없는 적이다. 가장 위험한 진리의 적은 첫째로, 술에 거나하게 취한 사람처럼 잔뜩 흥이 나서 온갖 얘기를 늘어놓으며 모든 일에 끼어드는 저술가이고, 다음은 인간의 온갖 행위에서 그 사람에 대해 꼬치꼬치 캐내고자 하는 이른바 인간학의 전문가로 자처하는 인물이며, 마지막으로 단순한 모든 것을 맹신하고 열다섯 살 전에 배운 것을 조금도 재검토하지 않고, 스스로 약간의 이론을 내세울 때도 스스로 검토한 적이 없는 기초 위에 그것을 세우려 하는 선량하고 경건한 사람이다. 이러한 사람들이야말로 가장 위험한 진리의 적이다. 리히텐베르크

8

모든 학문들이 그렇지만, 약간의 백안시도 허용하려 들지 않는 그 학문의 열렬한 옹호자들은 대개 최근에 그 분야에 뛰어들어 마음속에 남몰래 그 약점을 의식하고 있는 사람들이다. 리히텐베르크

9

이른바 문화란 진정한 문명보다 오히려 야만을 위장하기 위해 둘러친 합판과도 같은 것이다. 루시 맬러리

10

아무것도 창조하지 않는 학자는 비를 내리지 않는 구름과 같다.

동양의 금언

11

가장 나쁜 것은 깊이 고찰된 사상에만 어울리는 언어를 사용해, 함부로 자신의 사상을 얘기하려는 저술가들이다. 만일 그들이 그런 짓을 하지 않고 자기 사상을 거기에 어울리는 적당한 언어로 표현한다면, 그들은 틀림없이 그들 나름대로 학문 전체의 발전에 기여할 수 있고 세상의 주목도 받게 될 것이다.

리히텐베르크

12

진정한 지식과 학문에 있어서 가장 나쁜 것은, 애매한 관념과 애매한 언어를 사용하는 것이다. 실제로 사이비 학자들은 애매한 관념을 설명하기 위해 애매하고 공허하고 날조된 언어를 사용하고 있다.

4월 19일

1

고뇌의 고귀함을 모르는 사람은 아직 이성적 생활, 즉 참된 인생을 시작하지 않은 사람이다.

2

인류의 위대한 사업은 모두 고뇌를 통해 이루어진다.

그리스도는 자신도 그것을 각오하지 않으면 안 된다는 것을 알고 있었다. 그리고 그는 모든 것을 예견하고 있었다. 그의 권능을 파괴하기 위해 찾아온 사람들의 증오, 그들의 음모와 폭력, 또 그가 병을 낫게 해준 사람들, 또는 낡은 사회의 황야에서 천국의 양식이라 해야 할 하느님의 말씀을 전해준 사람들의 배신, 나아가서는 십자가와 죽음, 죽음보다 훨씬 고통스러운 제자들의 이반 등등, 이 모든 것을 예견하고 있었다. 그 생각들은 결코 그의 마음을 떠나지 않았지만, 그래도 그는 한 순간도 망설이지 않았다. 설사 그의 육체는 '이 잔'을 밀쳐내려 해도 더욱 강력한 신의 의지가 주저 없이 그것을 받아들이게 했다. 그것이 바로 그리스도가 그의 사업을 이어받으려 하는 모든 사람들에게, 다시 말하면 그 자신처럼 사람들을 구원하고 미망과 악의 무거운 짐에서 해방하는 사명을 띠고 태어난 모든 사람들에게 보여준 모범, 사람들이 영원히 기억해야 할 규범이다. 만약 사람들이 그리스도가 이끄는 목적에 도달하고 싶다면, 그들도 똑같은 길을 가지 않으면 안 된다. 그처럼 괴로운 대가를 치러야만 비로소, 사람들은 다른 사람들에게 봉사할 수 있다.

너희는 세상 사람들이 모두 진정한 형제가 되기를 바라고, 그들을 인류 본래의 보편적 법칙으로 불러내어 모든 억압, 모든 불법, 모든 위선에 맞서 싸운다. 너희는 지상에 정의와 도덕과 진실과 사랑의 나라를 건설하려 한다. 그렇다면 너희와 정반대 쪽에 서서 권력을 이룬 사람들이 어찌 너희에게 맞서 일어나지 않을 리 있겠는가! 어떻게 제대로 싸워보지도 않고, 너희가 그 신전을 파괴하고, 그런 인간의 손에 의한 신전과는 다른, 하느님 자신이 주춧돌을 놓은 영원불멸의 신전을 세우도록 내버려 둘 수 있겠는가?

만약 너희가 언젠가 경솔하게도 그런 기대를 품은 적이 있다고 해도, 지금 당장 그 기대를 버리지 않으면 안 된다. 너희는 '실패의 쓴잔'을 마지막 한 방울까지 마시게 될 것이다. 너희는 도둑처럼 붙잡혀 너희에게 죄를 씌우기 위한 거짓 증인 앞에 서게 되리라. 그리하여 너희가 자신에 대해 증언할 때 "그는 신을 모독했다!"고 하는 외침이 들려올 것이다. 그러면 재판관들은 그는 사형에 처해야 마땅하다고 말할 것이다. 만약 그런 일이 일어나거든 너희는 기뻐하라. 그것이야말로 너희가 진정으로 하느님이 보낸 자라는 결정적인 증거이므로. 라므네

3

밤의 어둠 속에 별이 보이듯, 고뇌 속에서만 인생의 의미가 보이는 법이다.

소로

4

고뇌 없이 정신적 성장은 있을 수 없고 삶의 발전도 불가능하다. 인간의 죽음에 늘 고통이 따르는 것도 그 때문이다. 또 신은 불행에 허덕이는 사람을 사랑한다고 말하는 것도 그 때문이다.

5

질병, 수족을 잃는 것, 끔찍한 환멸, 재산의 상실, 벗과의 이별이니 하는 이러한 모든 것은 처음에는 돌이킬 수 없는 불행처럼 여겨진다. 그러나 세월과 함께 그러한 상실 속에 숨어 있는 강인한 치유력이 힘을 발휘하기 시작한다.

에머슨

6

인생의 진리는 사람들이 원시적이고 무의식적인 삶에서 이성적이고 의식적인 삶으로 이행하기 위한 문이라는 점에 참된 의의가 있다. 설사 고뇌는 어디까지나 고뇌이고 죽음은 어디까지나 죽음이라 하더라도, 이성적인 의식에 눈뜬 사람은 그것을, 모든 사람의 삶, 전 세계의 삶에 있어서, 또 신성하고 영원한 생명에 있어서의 행복으로 받아들인다.

부카

7

운명이라는 것 자체가 실제로 어떠한 것인가 하는 것보다도, 인간이 그 운명을 어떻게 받아들이는가 하는 것이 더 중요하다.

훔볼트

8

작은 고통은 우리를 화나게 하지만, 커다란 고통은 우리를 자기 자신으로 되돌아가게 한다. 금이 간 종은 탁한 소리를 내지만, 그것을 아예 두 동강내 버리면 다시 맑은 소리를 낸다.

장 파울(요한 파울 리히터)

9

종교의 힘과 은혜는 종교가 인간에게 그 존재의 의의와 궁극의 사명을 밝혀주는 데 있다. 만약 우리가 종교에서 나오는 도덕 원리를 모두 포기한다면(현재의 과학시대, 지적 자유의 시대에 사는 우리가 실제로 하고 있듯이), 도대체 우리는 무엇 때문에 이 세상에 태어났는지, 또 이 세상에서 무엇을 해야 하는지 알 수 있는 아무런 단서도 얻지 못하게 되리라.

운명의 비밀이 그 다양하고 엄격한 문제로 사방에서 우리를 둘러싸고 있다.

고통과 공포에 찬 인생의 무의미를 맛보지 않으려면 아무것도 생각하지 않는 수밖에 없다. 육체의 고통, 도덕상의 악, 영혼의 아픔, 악인은 번영하고 선인은 불행한 것 등은 모두, 세계의 내면적 질서를 이해할 수만 있다면, 결국 거기에 하늘의 섭리가 있다는 것을 알 수만 있다면 쉽게 견딜 수 있을 것이다. 믿음이 있는 자는 자신이 입은 상처조차 기뻐한다. 그는 자신이 부정과 폭력을 당해도 말없이 참아낸다. 어떠한 죄악도, 심지어는 범죄마저도 그의 희망을 빼앗아 가지는 못한다. 그러나 모든 신앙을 잃은 사람에게 악과 고뇌는 그 의미를 잃고, 인생은 그저 혐오스러운 유희로밖에 보이지 않게 될 것이다. 아나톨 프랑스

10

정신으로 사는 사람은 그가 겪는 모든 고뇌가, 그를 자신이 원하는 완성을 향한 목표 지점으로 다가가게 하고 있음을 느낀다. 그런 사람에게는 고뇌도 그 쓴맛을 잃고 달콤한 행복이 된다.

4월 20일

1

동물적 생활을 보내는 사람들에게 온갖 육욕의 만족이 행복인 것처럼, 자신의 영성(靈性)을 의식하고 있는 사람에게 자기 부정은 바로 행복이다.

2

남에게 선을 행하는 사람은 선인이다. 만약 그가 선을 행하는 것으로 말미암아 고통을 받는다면 그는 더욱더 선인이다. 나아가서 그가 선을 행한 상대 때문에 고통을 받는다면 그는 최고의 선에 도달한 것이며, 그 선을 더욱 강화할 수 있는 것은 오직 그가 그것을 계속함으로써 받는 고뇌의 증대뿐이다. 또 만약 그가 그것 때문에 죽는다면 그것이야말로 인간으로서 최고의 완성에 도달한 것이 된다. 라브뤼예르

3

아버지나 어머니를 나보다 더 사랑하는 사람은 내 사람이 될 자격이 없고 아

들이나 딸을 나보다 더 사랑하는 사람도 내 사람이 될 자격이 없다. 또 자기 십자가를 지고 나를 따라오지 않는 사람도 내 사람이 될 자격이 없다. 자기 목숨을 얻으려는 사람은 잃을 것이며 나를 위하여 자기 목숨을 잃는 사람은 얻을 것이다.

〈마태복음〉 제10장 37~39절

4

개인적 욕심을 버리고 남을 위해 일하는 것, 즉 영원한 신을 위해 일하는 것처럼 큰 행복은 없다. 사람들이 현재 자신의 개인적 욕망을 위해 살고 있듯이 모든 사람의 이익을 위해 산다면, 그들은 거기서 평화와 행복을 배우고, 그들 앞에 지금은 그들의 눈에 보이지 않는 신의 예지의 무한한 세계가 펼쳐질 것이다.

루시 맬러리

5

그리고 제자들에게 이렇게 말씀하셨다. "나를 따르려는 사람은 누구든지 자기를 버리고 제 십자가를 지고 따라야 한다. 제 목숨을 살리려고 하는 사람은 잃을 것이며 나를 위하여 제 목숨을 잃는 사람은 얻을 것이다. 사람이 온 세상을 얻는다 해도 제 목숨을 잃으면 무슨 소용이 있겠느냐? 사람의 목숨을 무엇과 바꾸겠느냐?"

〈마태복음〉 제16장 24~26절

6

촛불이 초를 녹이듯, 선한 일을 하면 자아의식이 사라진다.

집이 완성되면 비계를 제거하듯 죽음은 인간의 육체를 제거한다. 그리고 제 집을 지은 사람은 비계가 제거되는 것을 기뻐한다. 즉 육체의 죽음을 기뻐하는 것이다.

7

우리 마음속의 태양에도 반드시 흑점이 있다. 그것은 우리의 자아가 드리우는 그림자이다.

칼라일

8

아집은 영혼의 감옥이다. 감옥이 우리의 육체의 자유를 빼앗는 것처럼 아집은 반드시 우리의 행복을 빼앗는다. 루시 맬러리

9

남을 위해 사는 것이 비로소 진정으로 자기 자신을 위해서 사는 것이다. 얼핏 이상하게 들릴지도 모르지만 실천해 보라. 그러면 사실이라는 것을 알게 될 것이다.

10

인간이 영적인 삶을 살고 있다면, 세속적인 행복을 거부하는 것은 특별한 자랑거리가 되지 않는다. 그로서는 거부하지 않을 수가 없는 것이다. 그렇게 함으로써 자신의 처지를 나쁘게 하는 것이 아니라 오히려 개선하고 있다.

4월 21일

1

우리의 그리스도교적 세계가 직면해 있는 사회 체제의 개혁의 골자는, 사랑으로 폭력을 대신하는 것, 폭력과 그 폭력의 공포를 바탕으로 한 것이 아니라 사랑을 바탕으로 한 삶이 가능하며, 그래서 더욱 즐겁고 더욱 축복받고 있음을 인정하는 데 있다.

2

그들 자신이 스스로를 가엾게 여기고 있는 것, 즉 재산, 가족, 아름다움, 건강, 세속적 명예를 상실한 것에 대해 그들을 동정하는 것이 아니라, 그들이 진정으로 가엾은 상태, 즉 도덕과 예지의 순수함과 좋은 습관을 잃은 것에 대해 동정하는 방법을 배우는 것은 쉬운 일이 아니다. 그런데 이런 인간관계는 그들에 대한 자신의 의무를 실천하는 데 꼭 필요하다.

3

서로 사랑하여라. 이것이 너희에게 주는 나의 계명이다. 세상이 너희를 미워하거든 너희보다도 나를 먼저 미워했다는 것을 알아두어라. 너희가 만일 세상에 속한 사람이라면 세상은 너희를 한집안 식구로 여겨 사랑할 것이다. 그러나 너희는 세상에 속하지 않았을뿐더러 오히려 내가 세상에서 가려낸 사람들이기 때문에 세상이 너희를 미워하는 것이다. 〈요한복음〉 제15장 17~19절

4

사람들은 흔히 사랑 없이 남을 대해도 괜찮은 경우가 있다고 생각하지만 그런 경우는 절대로 없다. 사물을 대하는 데는 사랑이 없어도 무방하다. 즉 사랑 없이 나무를 베고 벽돌을 만들고 쇠붙이를 쳐도 괜찮다. 그러나 사람을 대하는 데는 사랑이 없으면 안 된다. 그것은 함부로 꿀벌을 다뤄서는 안 되는 것과 마찬가지이다. 벌의 성질에서 보아 만약 그것을 함부로 다룬다면 벌도 다치고 인간도 다친다. 인간의 경우도 마찬가지이다.

이것은 인간들의 서로에 대한 애정이야말로 인생의 근본 법칙인 이상 지극히 당연한 일이다. 분명히 인간은 일할 생각만 있으면 일할 수 있지만, 사랑의 실천은 아무리 노력해도 안 되는 경우가 있다. 그러나 그렇다고 해서 사랑 없이 사람들을 대해도 괜찮다는 결론을 내려서는 안 된다. 남에게 무엇인가를 요구할 때는 더욱 그러하다. 사람들에 대해 사랑을 느끼지 않을 때에는 가만히 앉아 자기 자신을 되돌아보거나, 무엇이든 하고 싶은 일을 해도 되지만, 적어도 사람만은 상대하지 않는 것이 좋다. 배가 고플 때는 음식을 먹어야 유익한 것처럼, 사람을 대하는 데도 오직 사랑이 뒤따라야 유익한 인간관계가 이루어진다. 한번 사랑 없이 사람을 대하기 시작하면 결국 사람들에 대한 잔인함과 냉혹함에 한계가 없어지고, 너 자신의 고통에도 한계가 사라질 것이다.

5

그리스도의 가장 중요한 계율인 "원수를 사랑하라"가 실제로 지켜지는 것을 보기 전에는, 나는 절대로 그리스도교도라고 자처하는 자들을 진정한 그리스도교도로 인정할 수 없다. 레싱

6

우리가 원하지 않는 것, 즉 온갖 종류의 폭력과 강제, 형벌, 심지어는 사형이라는 살인행위가 사라지기 전에는, 사랑의 가르침은 단순한 구호에 불과하다.

7

아무리 최고의 행복을 이루기 위해서라 해도, 아무리 작은 악도 결코 행해서는 안 된다. 파스칼

8

일찍이 세상에서 일어났던 가장 파괴적인 잘못은 정치학을 도덕학의 범주에서 분리한 일이다. 퍼시 셸리

9

세상과 타협하기 위해 끝없이 현재의 생활을 지속하는 삶을 살아서는 안 된다. 그런 삶을 살면, 너는 사랑의 나라를 멀리하는 것이 된다. 사랑의 나라를 가까이 불러올 수 있는 삶을 살아라. 그런데 그처럼 살기 위해서는 자신의 생활을 폭력이 아니라 사랑 위에 쌓아야 한다.

이레째 읽을거리

편지에서

인간에게는 그가 태어나기 전부터 존재했고 죽은 뒤에도 존재하는 세계가 있고, 우리는 그 세계가 영원하며, 그 영원한 세계에 사는 것이 바람직하다는 것을 알고 있습니다. 한번 이 세상에 삶을 받은 이상, 우리 인간들은 자신을 둘러싸고, 자극하고, 또한 자신을 비웃거나 파멸시키려 하는 이 세상 속에서 자기 나름의 역할을 원할 것입니다. 그는 자신의 삶이 시작된 것을 알고, 그것이 끝나는 것을 원치 않습니다. 그는 큰 소리로 호소하거나 조그만 목소리로 절대적인 믿음과 평화의 경지를 간절히 원하지만, 그 경지에 도달하는 것은 좀처럼 불가능한 일입

니다. 왜냐하면 인간의 에너지를 가장 강하게 지배하는 것의 정체를 알지 못하기 때문입니다. 인간이 자신에 대해 확실하게 알고 있는 것은 결국 자신의 운명이 언젠가 끝나고 죽음을 맞이하게 된다는 것뿐입니다. 그러나 그는 그러한 경지에 도달하지 못한 채 뭔가 완전성에 대한 충동을 느끼고, 오만과 호기심과 증오심 속에서 일시적으로 완전성에 대한 회의와 부정에 빠지더라도 언젠가는 반드시 희망으로 되돌아옵니다. 인간은 희망 없이는 살아갈 수 없기 때문입니다.

따라서 인간의 완전성을 향한 노력은 때때로 안개가 낄 경우는 있지만 완전히 사라지는 일은 결코 없습니다. 달을 가리는 구름처럼, 그의 마음을 안개가 가리는 일은 있어도, 달은 그 운행을 멈추지 않고 홀연히 구름 속을 빠져나와 원래의 밝은 모습을 보여줍니다. 이러한 인간의 내부에 있는, 완전성에 대한 그칠 줄 모르는 갈망이야말로, 인간들이 이성을 떠나 지극한 신뢰와 기쁨으로 모든 종교에 몰입하는 까닭을 말해주고 있습니다. 그리고 '무한한 것'을 약속하는 그 종교들은, 그에게 알맞은 '무한한 것'을 제공하고, 그를 완전성을 위해서도 언제나 필요한 일정한 틀 속에 가두는 것입니다.

그러나 이미 오래전부터 인류 역사의 각 단계에서, 새로운 사람들이 차례차례 나타나(특히 지난 100년 동안은 더욱 그렇지만), 이성과 학문과 관찰이라는 이름 아래 전부터 절대적인 진리로 여겨져 왔던 것을 부정하고, 그것들을 상대적인 것이라고 선언하며, 그 절대적인 진리를 내용으로 하는 가르침을 파괴하려 하고 있습니다.

그러나 설사 그것이 무엇이든, 세계를 창조한 힘(나로서는 세계가 스스로 자신을 창조했다고는 도저히 생각할 수 없으므로)은 우리를 언제든 필요할 때 꺼내 쓰려고만 할 뿐, 왜 우리를 창조했는지, 우리를 도대체 어디로 데려가려 하는지에 대해 알 권리를 우리에게 주지 않습니다. 우리가 아무리 미루어 짐작하며 간구해도, 그 힘은 자신의 의도와 비밀을 결코 밝히려 들지 않습니다. 솔직히 말하면, 그래서 인류도 그 비밀을 캐내는 것을 아무래도 단념한 것처럼 보입니다. 인류는 종교에 물어보았지만 종교는 여러 갈래로 분열된 채 아무것도 가르쳐 주지 않았습니다. 다음에는 철학에 매달려 보았지만, 이 역시 각 학파가 서로 분열 대립하고 있어, 종교 이상으로 아무것도 설명해 주지 않았습니다. 그리하여 인류는 마침내, 오로지 자신의 단순한 본능과 상식에 의지해, 무엇을 위해 어떻게 살아야 하는지도 모르는 채 이 세상에 살면서, 어떻게든 이 지구상에서 주어진 모든 방법을 동원해 행복해지기 위해 노력하고 있는 것입니다.

세상에는 인생의 모든 고난에 대한 대응책으로서 노동을 권장하는 사람들이 있습니다. 노동은 분명히 좋은 약이라고 할 수 있으며, 그것을 이용하는 것도 나쁘지 않습니다. 그러나 그것만으로는 지금까지도 충분하지 않았고, 앞으로도 그럴 것입니다. 근육을 움직이고 머리를 사용하며 아무리 일을 해도, 역시 먹을 것을 구하거나 재산을 이루고, 명예를 획득하는 것만이 인간의 유일한 관심사는 아닐 것입니다. 그러한 목적밖에 가지지 않은 사람들은, 그 목적을 이루었을 때 뭔가가 부족하다는 것을 느낍니다. 요컨대 사람이 무엇을 생산하고 무엇을 말하고, 또 남에게서 무슨 말을 듣든, 그는 단순히 음식으로 살찌우는 육체와, 교육하고 발달시켜야 하는 지능만으로 구성된 존재가 아니며, 그것 말고도 영혼이라는 것이 있어서, 이 영혼이 부단히 활동하고 끊임없이 발전하면서 빛과 진리를 향해 나아가는 것입니다. 그리고 그것은 모든 빛을 받아들이고 모든 진리를 깨달을 때까지 인간을 계속 괴롭힐 것입니다.

아마 지금처럼 영혼이 우리 인간에게 강력한 힘을 행사하는 시대는 없을 것입니다. 그것은 전 세계가 호흡하고 있는 공기 속에 충만해 있습니다. 제각기 인간사회의 새로운 탄생을 염원하고 있던 사람들이, 점차 서로를 찾아 헤매며 접근하고 단결하여 하나의 집단, 즉 중심을 형성하고, 그 중심을 향해 세계 곳곳에서 마치 종달새가 거울을 향해 날아들듯 다른 영혼들도 모여듭니다. 그래서 그 영혼들은 장차 사람들이 힘을 모아, 최근까지 자의 반 타의 반으로 적대관계에 있던 세계 각 민족의 화합과 올바른 진보를 위해 단결하게 할 것입니다. 이 새로운 영혼을, 나는 자칫 그것을 부정하기 쉬운 오늘의 현실 속에서 무엇보다 깊이 인식하고 있습니다.

많은 나라들이 서로 군사력을 키우고 권력자들이 서로를 위협하는 모습, 또 특정 민족을 박해하는 움직임의 부활, 같은 국민들 사이의 적대관계 등은 확실히 나쁜 현상이기는 하지만, 반드시 나쁘기만 한 조짐은 아닙니다. 그것은 마땅히 사라져야 할 것의 마지막 발악이기 때문입니다. 이러한 병적 현상은 바로, 살아남아야 할 존재가 죽음의 굴레에서 벗어나려고 몸부림치는 역동적인 노력일 뿐입니다.

지난날의 어리석음을 이용해 온 사람들, 그리고 가능하면 앞으로도 영원히 이용하고 싶어 하는 사람들은, 모든 개혁을 방해할 목적으로 한데 뭉칩니다. 그 결과 이러한 군사력 증강과 위협행위, 박해가 등장한 것인데, 잘 관찰해 보면 그것들은 모두 피상적인 것에 불과하다는 것을 알 수 있습니다. 말하자면 그것은 종이호랑이 같은 것입니다.

그 속에 이제 영혼은 존재하지 않습니다. 그것은 이미 다른 장소로 옮겨가 버리고 말았습니다. 매일같이 살육전쟁을 훈련하고 있는 수백만의 사람들도 이제 자신이 싸워야 할 상대를 미워하고 있지 않으며, 그들의 지휘관들도 누구 한 사람 감히 선전포고를 하려 들지 않습니다. 아래에서 들려오는 원망의 목소리, 연쇄적으로 퍼지는 증오의 목소리에 대해, 벌써 위에서는 그 정당성을 인정하고 진심 어린 동정으로 응답하기 시작했습니다.

앞으로 인간적으로 서로 이해하는 세상이 반드시 찾아올 것입니다. 그것은 우리가 생각하고 있는 것보다 훨씬 빨리 찾아올지도 모르고, 언젠가 내가 이 세상을 떠나 지평선에서 떠오르는 빛을 볼 수 없게 된 뒤에 찾아올지도 모릅니다. 그러나 나는, 현대 사회는 이제 "서로 사랑하라"는 말을, 그것을 말한 자가 신이든 인간이든 상관없이 실현시켜야 할 때가 왔다고 생각합니다.

요즘 세계 각지에서 볼 수 있는, 자애로운 소박한 사람들만을 대상으로 하고 있는 정신운동도, 언젠가는 무조건적으로 전 인류에게 퍼져갈 것입니다. 어쩌면 성미가 급한 사람들은 미친 듯 서로 사랑하자고 격정적으로 외칠지도 모릅니다. 그러나 처음부터 모든 것이 잘되기를 바랄 수는 없습니다. 때로는 오해도 있을 것이고 피를 흘리는 비극적인 일이 발생할지도 모릅니다. 우리는 종종, 우리에게 사랑을 가르쳐야 할 사명을 지닌 사람들에 의해 서로를 미워하도록 교육받고 길들여졌기 때문입니다. 그러나 세상 모든 사람들의 이 위대한 꿈은 반드시 성취되어야 하는 것이기에, 나는 우리 모두가 그 성취를 간절하게 원할 때가 곧 찾아오리라는 것을 믿어 의심치 않습니다.

알렉상드르 뒤마

4월 22일

1

자신을 아는 것은 신을 아는 것이다.

2

예수께서 큰 소리로 이렇게 말씀하였다. "나를 믿는 사람은 나뿐 아니라 나를 보내신 분까지 믿는 것이고 나를 보는 사람은 나를 보내신 분도 보는 것이다. 나는 빛으로서 이 세상에 왔다. 그러므로 누구든지 나를 믿는 사람은 어둠 속에서 살지 않을 것이다. 어떤 사람이 내 말을 듣고 지키지 않는다 하더라도 나는 그를 단죄하지 않을 것이다. 나는 이 세상을 단죄하러 온 것이 아니라 구원하러 왔기 때문이다. 그러나 나를 배척하고 내 말을 받아들이지 않는 사람을 단죄하는 것이 따로 있다. 내가 한 바로 그 말이 세상 끝날에 그를 단죄할 것이다. 나는 내 마음대로 말하지 않고 나를 보내신 아버지께서 무엇을 어떻게 말하라고 친히 명령하시는 대로 말하였다. 나는 그 명령이 영원한 생명을 준다는 것을 안다. 그래서 나는 무엇이나 아버지께서 나에게 일러주신 대로 말하는 것뿐이다."

〈요한복음〉 제12장 44~50절

3

어떤 것은 좋아하고 어떤 것은 싫어하는 사람의 근본적인 성질은, 시간적, 공간적 조건에서 생기는 것은 아니라, 반대로 그가 어떤 것은 좋아하고 어떤 것은 싫어하는 일정한 성질을 태어나면서부터 가지고 있기 때문에, 시간적, 공간적 조건이 그에게 작용하기도 하고 때로는 작용하지 않기도 하는 것이다. 시간적, 공간적으로 완전히 같은 조건 속에서 태어나 자란 사람들이 그 내면적 자아에 있어서 종종 매우 날카로운 대립을 보여주는 것도 바로 그 때문이다.

4

영혼의 순결 없이 어떻게 신에게 예배를 드릴 수 있겠는가? 어떻게 예배드리러 가겠노라고 말할 수 있겠는가? 악을 행하는 자가 어떻게 신에게 예배를 드릴 수 있다는 것인가?

거룩한 것은 숲에도 있지 않고, 하늘에도 있지 않으며, 땅에도 있지 않고, 성스럽다고 하는 강물 속에도 있지 않다. 자신의 육체를 깨끗이 하라. 그러면 너는 그것을 볼 수 있으리라. 너의 육체를 신의 전당으로 삼아, 그릇된 생각을 버리고 마음의 눈으로 신을 바라보라. 우리가 신을 알 때 동시에 우리 자신도 아는 것이다. 스스로 경험하지 않고 다만 쓰인 글을 읽는 것만으로는 우리의 두려움을 극복할 수 없다. 그것은 바로 그림으로 그린 불이 어둠을 몰아낼 수 없는 것과 마찬가지이다. 네가 무엇을 믿고 어떤 기도를 하든, 네 속에 진실이 없다면 행복의 길에 이르지 못할 것이다. 진리를 아는 자는 새롭게 태어난다.

참된 행복의 원천은 마음속에 있다. 그것을 다른 데서 찾는 자는 어리석은 자이다. 그는 마치 제 품에 안고 있는 어린 양을 두리번거리며 찾고 있는 목동과 같다. 너희는 무엇 때문에 돌을 모아 거대한 신전을 짓고 있느냐? 신은 언제나 너희 가슴속에 살고 있는데, 어찌 그처럼 자신을 괴롭히고 있느냐?

생명이 없는 집안의 우상보다 마당의 개가 더 낫다. 그리고 수많은 신들보다 세상에서 유일한 위대한 신이 더 낫다.

새벽별처럼 모든 사람의 마음속에 살고 있는 빛, 늘 머물며 사라지지 않는 그 빛이야말로 우리의 정신적 고향이다. 인도의 《바마나 푸라나》

5

자기 자신을 모르는 사람에게 자신을 떠나 신을 따르라고 외치는 것은 우스꽝스러운 일이다. 자기 자신을 알고 있는 사람에게 그렇게 말해야 마땅하다.

파스칼

6

인간은 자신의 자아를, 예속적이고 불안정하며 고통스러운 세계에서 자유롭고 흔들리지 않는 기쁨의 세계로, 즉 자신의 정신적 본원에 눈뜨는 세계로 이끌 수 있다.

4월 23일

1

진정으로 선한 것은 언제나 소박하다. 소박하다는 것은 참으로 매력적이고도 유익한데도, 소박한 사람이 이렇게 적다는 것은 놀라운 일이다.

2

바다 저편에서 행복을 찾지 말라. 필요한 것은 쉽게, 필요하지 않은 것은 어렵게 만드신 신에게 감사하라. 그레고리 스코로보다

3

참으로 좋은 것은 언제나 값싸고, 해로운 것은 언제나 비싸다. 소로

4

이른바 진보라는 것은 언제나 우리에게 무언가를 주는 대신 반드시 무언가를 빼앗아 간다. 이를테면 새로운 발명은 사회를 풍요롭게 하는 반면, 우리 내면의 타고난 특질을 손상시킨다. 문명인은 마차를 소유하는 대신 자신의 다리를 못 쓰게 된다. 그에게는 멋진 스위스제 시계가 있지만 태양을 보고 때를 알지 못한다. 그는 달력을 사지만, 그 속에 필요한 것이 다 적혀 있다는 것을 믿고, 하늘에 있는 별 하나도 구별할 줄 모르고 봄이 오는 절기도 모르게 된다.

참으로 현명한 사람은 필요 없는 것은 모두 버리고, 결국 자신에게 꼭 필요한 것으로 돌아간다. 에머슨

5

우리가 쓰는 돈의 대부분은 남을 흉내 내는 데 쓰인다. 에머슨

6

언어와 절제와 노력으로 네 이웃을 위해 봉사하라. 사랑의 사업을 하라. 행여 나쁜 말을 입에 담지 말고 나쁜 행위를 피하며, 필요하면 용기를 내고 잘못된 수치심을 극복하며, 해야 할 말을 하고 좋은 일, 사랑이 넘치는 일을 한다. 이러한

것들은 모두 사소한 일이요, 눈에 띄지 않는 일이지만, 이처럼 조그마한 씨알에서 온 세상을 그 가지로 가득 덮는 사랑의 거목이 자라난다.

7

굳이 위대한 일을 찾을 것까지는 없다. 현재 네가 처해 있는 입장에서 너에게 요구되는 것을, 가능한 한 열심히, 그리스도교도답게, 성심성의껏 하기만 하면, 너는 최선을 다해 살고 있는 것이며, 따라서 특별히 위대한 일을 찾을 필요가 없는 것이다.

8

모든 위대한 것은 순수하고 신중하며 단순 소박한 상태 속에서 이루어진다. 밭을 갈고, 집을 짓고, 가축을 치는 것, 심지어는 사색하는 것까지도 천둥과 번갯불 밑에서는 불가능하다. 위대하고 진실한 것은 언제나 소박하고 겸허하다.

9

소박하게 보이려고 애쓰는 사람일수록 사실은 소박하지 않다. 겉으로만 소박한 것은 가장 나쁜 위장술이다.

4월 24일

1

투쟁에 있어서의 참된 용자는 신이 자신의 동맹자라는 것을 알고 있는 자이다.

2

그날이 오면 너희가 나에게 물을 것이 하나도 없을 것이다. 정말 잘 들어두어라. 너희가 내 이름으로 아버지께 구하는 것이면 아버지께서 무엇이든지 주실 것이다. 〈요한복음〉 제16장 23절

3

죽음에 이를 때까지 진리를 위해서 싸워라. 그러면 하느님 또한 너를 위해서 싸울 것이다. 시라(벤 시라)의 아들 예수

4

대부분의 사람들을 움직이는 동기와 원인을 거부하고, 자기 자신을 믿으려고 결심한 자는 행복하다. 일반 사회와 관습과 법규를 대신하여, 오로지 자신의 내적 신념만이 강한 힘을 지니기 위해서는, 그의 영혼이 지극히 고결하고 의지가 강하며, 사물을 보는 눈이 맑아야 한다. 에머슨

5

무슨 일이 있어도 용기를 잃어서는 안 된다. 원래 인간으로서 네가 감당하지 못할 정도로 나쁜 일은 절대 일어날 리 없으니까.

6

모든 것이 불안정하고 애매하며 덧없이 지나가지만, 오직 선한 마음만은 확실하여 어떠한 폭력에 의해서도 파괴되지 않는다. 키케로

7

자아를 부정하는 사람은 그 무엇보다 강하다. 왜냐하면 자아는 우리의 내부에서 신을 가리고 있기 때문이다. 자아를 부정하는 순간부터 우리의 내부에서 행동하는 것은 이미 우리가 아니라 신이다.

8

한번은 로마의 여왕이 자신의 보석을 잃어버렸다. 온 나라 안에 다음과 같은 방이 붙었다.

"30일 안에 보석을 찾아 돌려주는 사람은 후한 상을 받을 것이다. 그러나 만약 30일이 지나서 돌려주는 사람이 있으면 사형에 처하리라."

유대의 랍비 사무엘이 이내 잃어버린 보석을 찾았으나 그것을 30일이 지나서

야 돌려주었다. "너는 외국에 가 있었느냐?" 여왕이 그에게 물었다.

"아닙니다. 저는 집에 있었습니다." 그가 대답했다.

"그렇다면 아마 온 나라에 어떤 방이 붙었는지 모르고 있었던 모양이구나."

"아닙니다. 알고 있었습니다."

"그럼 어째서 30일이 지나기 전에 가져오지 않았느냐? 30일이 지나면 사형에 처한다고 하지 않았느냐?"

"제가 폐하께서 잃어버리신 물건을 돌려드리는 것은, 처형이 두려워서가 아니라, 신이 두려워서임을 보여드리려 한 것입니다."

9

네가 섬기고 있는 신의 사업이 완성되기를 기다리지 말라. 그러나 너의 노력은 하나도 헛되지 않고 그 사업의 추진력이 되고 있음을 알라.

4월 25일

1

인간은 자기 자신을 육체적 존재로도 영적 존재로도 인식할 수 있다. 자기 자신을 육체적 존재로 인식하면 인간은 자유로울 수 없다. 그러나 영적 존재에게는 자유롭지 못하다는 것은 전혀 문제가 되지 않는다.

2

정말 잘 들어두어라. 내 말을 듣고 나를 보내신 분을 믿는 사람은 영원한 생명을 얻을 것이다. 그 사람은 심판을 받지 않을 뿐만 아니라 이미 죽음의 세계에서 벗어나 생명의 세계로 들어섰다. 정말 잘 들어두어라. 때가 오면 죽은 이들이 하느님의 아들의 음성을 들을 것이며 그 음성을 들은 이들은 살아날 터인데 바로 지금이 그때이다. 아버지께서 생명의 근원이신 것처럼 아들도 생명의 근원이 되게 하셨다.

〈요한복음〉 제5장 24~26절

3

'신에 대한 사랑'이란 자기 존재에 최고의 창조력을 불어넣기 위한 정진과 노력이 아니고 무엇이겠는가. 신의 창조력은 모든 것에 잠재하고 있다. 그러나 세상에서 그것이 가장 많이 나타나는 것은 인간이다. 그 힘이 작용하려면 인간이 먼저 그것을 인식해야 한다.

자신이 최선의 것을 창조할 수 있다는 것을 인식하지 못하면, 인간은 반드시 최악의 것을 창조하게 될 것이다. 세계의 선진 사상

4

나는 끊임없이 자기 자신을 성찰해야 함을 알고 있으며, 하늘은 모든 것을 알고 있고, 그 법칙은 불변이라는 것을 알고 있다. 나는 또 하늘은 모든 것을 보고 모든 것 속으로 들어가 모든 것 속에 존재하고 있음을 알고 있다. 태양이 어두운 방을 비추듯 하늘은 모든 사람의 마음속을 투시한다. 우리는 잘 조율된 두 악기가 화음을 내듯 하늘의 빛을 세상에 비추는 데 노력해야 한다.

중국 고문헌

5

사람의 본성은 원래 곧은 것이다. 이 원래의 곧음을 사는 동안 잃어버리게 되면 그는 결코 행복할 수 없다. 중국 금언

6

영혼의 본질에 대해 생각할 때, 마치 다른 나라에 살듯 육체라는 껍데기 속에 살고 있는 영혼이란 도대체 무엇인지 생각하는 것이, 육체를 떠나 스스로를 그 일부로 느끼는 것, 즉 신과 융합한 영혼을 생각하는 것보다 훨씬 더 어렵다.

키케로

7

"무슨 일에서든 그것이 신의 뜻임을 알았을 때, 나는 내 의지를 버리고 신이 원하는 것만 행하리라"고 진심으로 네가 말할 때, 비로소 너는 완전히 자유로운 존재가 된다. 에픽테토스

8

인간은 자신의 삶을 육체적 존재에서 영적 존재로 이행시키는 정도에 따라 자유를 누릴 수 있다.

4월 26일

1

신을 의식하는 것은 간단해서 누구나 할 수 있다. 그러나 신을 배워서 아는 것은 누구에게도 불가능하다.

2

현명하고 겸손한 사람은, 아무리 뛰어난 지성이라 해도 인간의 지성에는 한계가 있다는 것을 느끼고, 그 한계를 벗어나려 하지 않는다. 자신의 영혼과 자신을 창조한 자에 대한 개념도, 결국 순수한 영혼만이 볼 수 있는 것처럼 똑똑히 파악할 수 없다는 것을 알고, 그 한계 안에서 찾으려 한다. 그는 그 개념 앞에서 걸음을 멈추고, 자신이 참으로 높은 존재와 마주하고 있다는 것을 의식하는 것으로 만족하며, 그 속을 들여다보려 하지 않는다. 철학은 그 한계 안에서만 유익하고 필요하다고 할 수 있다. 그 한계를 넘어서는 것은 인간의 본성에 어긋나는 공허한 관념이며, 현명한 사람은 그것을 피하고 일반 민중들은 애초부터 거리가 먼 것이다.

세계의 모든 사람들이 신이 있음을 알고 신을 숭배한다. 비록 여러 민족이 저마다 자기 식으로 신에게 옷을 입히고 있지만, 그 옷 속에는 언제나 같은 신이 있는 것이다. 일반인에 비해 더욱 높은 가르침을 추구하는 소수의 선택받은 사람들은, 일반 사람들의 건전하고 상식적인 논거에 만족하지 않고 더욱 추상적인 신을 찾으려 한다. 나는 그들을 비난하고 싶지 않다. 그러나 그 소수가 자신들이 신을 보지 못했다 해서, 자기네가 온 인류의 대표자라도 된 듯 신은 인간에게는 보이지 않는 존재라고 주장한다면, 그건 잘못된 것이다. 나도 사람들이 때때로 교묘한 말에 속아 신은 존재하지 않는다고 일시적으로 믿기도 한다는 것은 인정한다. 그러나 그것은 결코 오래가지 않는다. 인간은 어떤 형태로든 절대적으로 신을 필요로 한다. 설사 신이 자연의 법칙에 반해서 더욱 확실하게 우리 앞에 모습을 보여준다 해도, 무신론자들은 여전히 신을 부정하기 위해 온갖 새로운 궤변을 늘어놓을 것이다. 지성은 항상 감정이 요구하는 것에 굴복하기 때문이다.

루소

3

나에게 있어, 세상에서 가장 확고한 것은, 지금 이 순간의 나 자신에 대한 인식이다.

4

신을 믿는 것은 인간에게 있어서 두 발로 걷는 것과 마찬가지로 자연스러운 일이다. 이 신앙은 어떤 사람들에게는 변형되어 있을지도 모르고, 또 어떤 사람들에게는 완전히 사라져 버렸을 수도 있지만, 일반적으로 그것은 틀림없이 존재하고 있고, 이성적인 생활을 위해 꼭 필요한 것이다.

리히텐베르크

5

신은 존재한다고 하는 명제도, 존재하지 않는다고 하는 명제도, 육체에 영혼이 있다고 하는 명제도, 없다고 하는 명제도, 세계는 창조되었다는 명제도, 창조되지 않았다는 명제도 모두 인간의 지혜로는 알 수 없는 일이다.

파스칼

6

종교는 신에게 속하고 신학은 인간에게 속한다.

데셰르니

7

자신의 내면에 있는 신을 의식하면서 신과 함께 신 안에서 살라. 그리고 말로서 신을 정의하려고 들지 말라.

4월 27일

1

나쁜 감정이 일어나면 사람들을 비난하고 싶어지는 법이지만, 또 사람들을 비난하면 그들에 대한 나쁜 감정이 일어나는 경우도 매우 많다. 그리고 비난의 정도가 크면 클수록 나쁜 감정도 커진다.

2

남을 판단하지 마라. 그러면 너희도 판단받지 않을 것이다. 남을 판단하는 대로 너희도 하느님의 심판을 받을 것이고 남을 저울질하는 대로 너희도 저울질을 당할 것이다. 어찌하여 너는 형제의 눈 속에 있는 티는 보면서 제 눈 속에 들어 있는 들보는 깨닫지 못하느냐? 제 속에 있는 들보도 보지 못하면서 어떻게 형제에게 "네 눈의 티를 빼내 주겠다"고 하겠느냐? 이 위선자야! 먼저 네 눈에서 들보를 빼내어라. 그래야 눈이 잘 보여 형제의 눈에서 티를 빼낼 수 있지 않겠느냐?

〈마태복음〉 제7장 1~5절

3

가장 일반적이고 널리 퍼져 있는 미신의 하나는 인간은 저마다 정해진 본성을 가지고 있어서 착한 사람, 나쁜 사람, 현명한 사람, 어리석은 사람, 열정적인 사람, 냉철한 사람 등이 있다는 미신이다. 그러나 인간은 그런 것이 아니다.

우리는 어떤 사람에 대해 그 사람은 나쁜 사람일 때보다 좋은 사람일 때가 더 많고, 어리석을 때보다 현명할 때가 더 많으며, 냉정할 때보다 정열적인 때가 많다거나 그 반대로도 말할 수는 있지만, 만약 어떤 사람은 언제나 선량하고 현명한데 다른 사람은 언제나 사악하고 어리석다고 말한다면 그건 잘못된 것이다. 그런데 우리는 언제나 그처럼 사람들을 구별하고 있다. 이것은 옳은 일이 아니다.

4

너는 이웃의 약점을 보고 있지만, 그의 선한 행위 하나가 너의 한평생보다 더욱 신을 기쁘게 하고 있다는 것을 모른다. 네 이웃이 불행히도 죄에 빠졌을 때, 너는 그가 그 전에 흘린 눈물도 모르고 그 뒤의 참회도 모르며, 그의 슬픔과 상심의 목격자인 신은 그를 용서했는데도 너는 여전히 그를 비난하고 있다.

성현의 사상

5

만일 두 사람 사이에 미워하는 마음이 있다면 그것은 양쪽에 다 허물이 있는 것이다. 어떠한 수를 곱하더라도 영은 영원히 영이다. 만일 미움이 생겼다면 그 미움은 양쪽에 다 있었던 것이다.

6

사람들 사이에 싸움이 벌어진다면, 정도의 차이는 있지만 어쨌든 양쪽에 다 잘못이 있다. 만약 당사자 가운데 한쪽의 행동이 완전무결하다면, 한없이 매끄러운 표면, 이를테면 거울 표면으로는 성냥에 불을 붙일 수 없는 것과 마찬가지로 절대로 싸움이 일어날 리 없다.

7

인간은 항상 자신이 최선으로 생각하는 행동을 한다는 것을 늘 기억하라. 만약 그 행동이 진정으로 그에게 최선의 것이라면, 그는 옳은 것이다. 또 만약 그게 아니라면 그는 그만큼 불행하다. 왜냐하면 모든 미망에는 반드시 고뇌가 따르기 때문이다.

만약 네가 이와 같은 사실을 늘 잊지 않고 있으면, 너는 누구에게도 화내지 않고, 분개하지 않고, 아무도 비난하거나 공격하지 않으며, 누구도 미워하지 않을 것이다.

에픽테토스

8

친한 사람과 함께 살 때, 한 사람이 남을 흉보기 시작하면 즉시 서로 말리자는 약속을 해두는 것이 좋다.

4월 28일

1

의심할 여지 없는 행복의 조건은 바로 노동이다. 그 첫째는, 자기가 좋아하는 자유로운 노동이며, 두 번째는 식욕을 돋우고 깊고 조용한 잠을 자게 해주는 육체노동이다.

2

이 세상의 번뇌가 없는 낙원의 생활이나 우리가 동경해 마지않는 호화 생활이 매력적인 것은 틀림없지만, 양쪽 다 어리석고 부자연스럽다. 왜냐하면 쾌락만 있는 곳에는 결코 진정한 쾌락은 있을 수 없기 때문이다. 어쩌다가 일하는 틈틈이 찾아오는 짧은 휴식만이 진정으로 즐겁고 또 유익하다. 칸트

3

육체노동은 지적인 활동을 불가능하게 하는 것이 아니다. 오히려 지적인 활동의 질을 향상시킬 뿐만 아니라, 그것을 자극하고 촉진하기도 한다.

4

육체노동은 모든 사람에게 의무이자 행복이다. 지적인 활동과 상상력의 활동은 둘 다 특수한 활동으로, 그 천직이 주어진 자에게만 의무이고 행복이다. 그것이 그 사람의 천직인지 아닌지는, 학자이든 예술가이든 거기에 몸을 바치기 위해 자신의 평화와 안녕을 얼마나 희생하는지에 따라 인정할 수 있다.

5

영원한 게으름은 지옥의 고통으로 생각해야 하거늘, 사람들은 반대로 천국의 기쁨으로 생각하고 있다. 몽테뉴

6

가장 평범한 노동에 있어서도, 인간의 영혼은 그가 일을 시작하자마자 차분히 가라앉는다. 의혹, 비애, 상심, 분노, 절망…… 가난한 자도 남들처럼 이런 모든 악령에게 시달린다. 그러나 그가 모든 것을 떨치고 일을 시작하는 순간 모든 악령은 감히 그에게 다가가지 못하고 그저 멀리서 투덜거릴 뿐이다. 그는 그때 비로소 진정한 인간이 된 것이다. 칼라일

7

노동은, 그게 없으면 고통을 불러오는 인간 본연의 욕구이기는 하지만 결코

덕행은 아니다. 노동을 덕행으로 끌어올리는 것은 인간이 섭취하는 영양분을 그럴듯한 선덕인 양 여기는 것처럼 가소로운 짓이라 하지 않을 수 없다.

8

유쾌해지고 싶거든 지칠 때까지 일하라. 그러나 과로는 피하는 것이 좋다. 유쾌한 기분은 언제나 게으름에 의해 손상을 입지만, 때로는 과로 때문에 깨지기도 한다.

이레째 읽을거리

달걀만 한 씨앗

어느 날 골짜기에서 어린애들이 한가운데 줄무늬가 있고 크기가 달걀만 한 곡물 비슷한 것을 발견했다. 마침 지나가던 사람이 그것을 보고 5코페이카에 사서 도시로 가지고 와 귀한 물건이라며 황제에게 팔았다.

황제는 현자들을 불러 모아 그들에게 이것이 무슨 물건인지, 달걀인지 아니면 씨앗인지 알아보라고 일렀다. 현인들은 아무리 생각해 봐도 그것이 무엇인지 도저히 알 길이 없었다. 그 물건은 창문 위에 놓여 있었는데 암탉 한 마리가 날아들어와 쪼기 시작해서 그만 구멍을 내고 말았다. 그래서 사람들은 그것이 씨앗이라는 것을 알았다. 현인들은 궁궐에 들어와 황제에게 아뢰었다.

"이것은 호밀인 줄 아뢰오."

황제는 깜짝 놀라 현자들에게 이 호밀이 언제 어디서 생겼는지 알아보라고 명을 내렸다. 현자들은 요모조모 생각하며 온갖 책을 뒤져 보았지만 아무것도 알아내지 못했다. 그래서 다시 황제 앞에 나아가 아뢰었다.

"도저히 알 수가 없사옵니다. 소신들의 책에는 이것에 관해서 아무것도 씌어 있지 않사옵니다. 그러니 늙은 농부들 가운데 언제 어디에 이런 씨앗을 뿌렸다는 얘기를 들은 적이 있는 사람이 없는지 물어보는 것이 좋을 듯합니다."

그래서 황제는 사자를 보내 늙은 농부를 한 사람 데리고 오게 했다. 사자는 나이 많은 늙은이를 찾아 황제에게 데리고 갔다. 그 농부는 벌써 이도 다 빠지고 얼굴도 푸르죽죽해져서 두 개의 지팡이에 몸을 의지해 간신히 들어섰다.

황제가 그에게 씨앗을 보여주자, 이미 눈이 먼 늙은이는 그것을 이러저리 뜯어보고 손으로 더듬었다.

황제가 그에게 물었다. "노인이여, 이런 씨앗이 어디서 생겼는지 모르겠는가? 그대의 밭에 이런 곡식을 심은 적은 없는가? 아니면 농사를 짓던 시절에 어디서 이런 씨앗을 산 적이 없는가?"

늙은이는 귀가 멀어 겨우겨우 알아듣고 황제의 질문의 뜻을 이해했다. 그리고 다음과 같이 대답했다. "소인은 밭에다 이런 곡식을 심어본 적도 없고 거두어들인 적도 없으며 산 적도 없사옵니다. 소인이 곡식을 샀을 시절에는 씨앗은 모두 이보다 낟알이 더 잘았습죠. 지금도 그렇지만 말씀이에요. 그런데 저어," 하고 그는 덧붙였다. "소인의 아비에게 한번 물어보아야겠습니다. 어쩌면 제 아비는 어디서 이런 씨앗이 생겼는지 들었을지도 모르니까요."

황제는 이 노인의 아버지한테 사람을 보내 데리고 오게 했다. 그리하여 노인의 아버지도 황제 앞에 오게 되었다. 이 늙은 노인은 지팡이를 한 자루 짚고 왔다. 황제는 그에게 씨앗을 보여주었다. 늙은이는 아직 시력이 그런대로 좋아 잘 볼 수 있었다.

"노인이여, 이런 씨앗이 어디서 생겼는지 그대는 알고 있는가? 그대 밭에 이런 곡식을 심거나 또 그대가 농사를 짓던 시절에 어디서 이런 씨앗을 산 적이 없는가?"

늙은이는 귀가 다소 멀기는 했지만 아들보다 더 잘 알아들었다.

"예. 소인은 밭에 이런 씨앗을 뿌린 적도 없고 거두어들인 적도 없사옵니다. 또 산 적도 전혀 없습니다. 왜냐하면 소인들의 시절에는 아직 돈이라는 게 없었기 때문입니다. 모든 사람이 자기 곡식을 먹고 모자랄 때는 서로 바꿔 먹었습니다. 소인은 어디서 이런 씨앗이 생겼는지 모르옵니다. 소인네 시절의 씨앗은 요새 것보다 더 굵고 소출이 많긴 했습죠. 하나 이런 것은 본 적이 없사옵니다. 이건 소인이 제 아비한테서 들은 얘기옵니다만, 그 시절에는 소인 시절 것에 대면 한결 소출도 많고 낟알도 더 굵었다 하옵니다. 소인의 아비에게 물어보시는 게 좋을 줄로 아뢰옵니다."

그래서 황제는 이 늙은이의 아버지를 데리러 사람을 보냈다. 노인도 황제 앞으로 불려왔다. 노인은 지팡이도 짚지 않고 어전으로 나아갔다. 가벼운 걸음걸이였다. 눈도 밝고 귀도 잘 들리며 목소리도 또렷했다. 황제는 이 노인에게 다시 그 씨앗을 보여주었다. 노인은 그것을 이리저리 만지작거리고 요모조모 뜯어본 뒤 대답했다.

"소인은 오랫동안 이렇게 옛날 곡식은 보지 못해서." 노인은 씨앗을 이로 자근자근 깨물어 보았다. "이게 바로 그것이옵니다. 틀림없습니다."

"노인이여, 어디 한번 말해보라. 어디서 이런 씨앗이 생겼는가? 그대는 이런 곡식을 밭에 심은 적이 없는가, 아니면 그 시절 어딘가에서 산 적은 없는가?"

그러자 노인이 말했다. "이런 곡식은 소인들의 시절에는 어디서나 생산되고 있었사옵니다. 소인은 이런 곡식을 한평생 먹고 살아왔고 또 다른 사람들도 먹여 살려 왔사옵니다."

그러자 황제는 다시 물었다. "그럼 노인, 어디 말해보라. 그대는 이런 씨앗을 어디서 샀으며 그걸 밭에다 뿌린 적이 있는가?"

노인은 빙긋 웃으며 대답했다.

"소인 적에는 곡식을 사고파는, 그런 죄받을 짓은 아무도 하지 않았사옵니다. 또 돈이라는 것도 몰랐지요. 곡식은 누구에게나 충분히 있었으니까요. 소인은 이런 곡식을 직접 심어서 거두어들이고 타작도 하였사옵니다."

황제는 다시 물었다. "그럼, 노인이여, 그대는 어디다 이런 곡식을 심었고 또 그대의 밭은 어디에 있었는고?"

노인은 말했다. "소인의 밭은 하늘 아래 곳곳에 있었습니다. 쟁기질을 하면 바로 거기가 밭이었사옵니다. 땅은 모든 사람의 것이었고 지금처럼 내 땅이라고 주장하는 사람은 아무도 없었습니다. 제 것이라고 말할 수 있었던 것은 제 노동뿐이었사옵니다."

"그럼, 두 가지만 더 묻겠노라. 한 가지는 어째서 옛날에는 이런 곡식이 자랐는데 지금은 자라지 않는가 하는 것이고, 또 한 가지는 그대의 손자는 두 자루의 지팡이를 짚고 다니고 또 그대의 아들도 한 자루의 지팡이를 짚고 왔는데, 그대만이 그처럼 가뿐하게 혼자 걷는가 하면 눈도 밝은 데다 이도 실하고, 말도 또렷하고, 행동거지도 더 단정한 것은 어찌 된 영문인가 하는 것이다. 어째서 그런가, 노인이여, 이 두 가지에 대해 대답해 보라."

그러자 노인이 말했다. "그것은 다름이 아니오라 세상 사람들이 땀 흘려 일하며 살기를 그만두고 남의 것을 넘보게 되었기 때문이옵니다. 옛날 사람들은 그렇게 살지 않았사옵니다. 옛날 사람들은 신의 뜻을 좇아 살며, 제 것으로 만족하고 남의 것을 탐내지 않았기 때문이옵니다."

레프 톨스토이 다시 씀

4월 29일

1

인간은 병에 걸렸을 때도 건강할 때와 마찬가지로 자신의 사명을 다할 수 있다.

2

인간이 만약 사후에도 자신의 생명이 불멸이라는 것을 믿는다면, 모든 병은 오직 하나의 생활에서 다른 생활로 옮겨가는 과정, 그것도 바람직하지 않은 생활이 아니라 바람직한 생활로 옮겨가는 과정으로 이해할 수 있을 것이다. 그러면 그는, 우리가 나중에는 좋은 결과를 가져올 것이 틀림없는 노동의 고통을 참고 견디는 것처럼 모든 병고를 참고 이겨낼 것이다. 병상에 있는 동안 우리는 우리 몸에 일어나고 있는 일의 의미를 이해하고, 다가올 새로운 상황에 대한 준비를 해야 할 것이다.

3

우리는 보통, 신에게 봉사하고 사람들에게 유익한 존재가 되려면 건강해야 한다고 생각하기 쉽다. 하지만 그건 틀린 생각이다! 오히려 그 반대인 경우가 많다. 그리스도가 신과 사람들에게 최대의 봉사를 한 것은, 십자가 위에서 숨을 거두기 직전 자기를 죽이려 한 사람들을 용서한 그 순간이었다. 이와 마찬가지로 병을 앓고 있는 사람도 그것이 가능하다. 신과 사람들에게 봉사하는 데 건강한 상태와 병에 걸린 상태 중 어느 쪽이 더 나은지는 비교할 필요가 없다.

4

사람들이 생각을 하기 시작한 이래, 그들은 죽음을 생각하는 것만큼 인간의 도덕적 생활에 도움이 되는 것은 없다는 것을 인정해 왔다. 잘못된 의술은 고통을 덜어주는 것에 대해서는 관심이 없고, 환자의 목숨을 연장하는 것만 목적으로 하여, 그들로 하여금 죽음을 면하는 것에 대한 기대를 품고 죽음에 대한 생각을 뿌리치게 한다. 그래서 그들로부터 도덕적인 생활에 대한 가장 큰 격려를 빼앗는 것이다.

5

자신만을 위해서라면, 즉 자기 자신에게 봉사하기 위해서라면 가능한 한 건강하고 강해야 하지만, 신에게 봉사하기 위해서라면 그것은 불필요할 뿐만 아니라 종종 그 반대일 경우가 있다.

6

아픈 사람을 대할 때, 아픈 사람에게 가장 중요한 것은 죽음의 접근을 그의 눈에서 가리는 것이 아니라, 오히려 반대로 그 자신 속의, 결코 나약해지지도 죽지도 않고 항상 성장을 멈추지 않는 신의 자녀로서의 본질을 의식하게 하는 것임을, 우리는 얼마나 자주 잊고 있는 것인가!

7

병이라는 것은, 거의 어떠한 경우든 육체의 힘을 빼앗아 감으로써 정신의 힘을 자유롭게 한다. 그리고 자신의 의식을 정신적인 영역으로 옮긴 사람에게, 병은 그의 행복을 빼앗는 것이 아니라 반대로 행복을 증대해 준다.

4월 30일

1

인간은, 무엇 때문에 사는지도 모르고 살아갈 수는 없다. 우리는 무엇보다 자신의 생명의 의미를 분명히 알지 않으면 안 된다. 그리고 우리는 사람들이 그 의미를 과거에도 알았고 지금도 알고 있다고 생각한다. 그런데 이른바 교양인으로 자처하며, 자신들은 무지한 민중보다 사상적으로 훨씬 높은 입장에 있다고 스스로 도취해 있는 자들 중에, 인생은 아무런 의미도 없다고 말하는 자들이 있다.

2

사람들에게는 서로 대립하는 두 가지 인생관이 있다.

어떤 사람들은 말한다. "나는 나를 둘러싼 일정한 조건 속에서 사는 모든 생물과 마찬가지로 부모로부터 태어났다. 나는 그 조건을 조사 연구할 수 있기 때문에, 나를 포함한 모든 생물, 또는 무생물을 연구하고, 또 그들이 존재하는 조건도 연구하여, 그 결과에 따라 나 자신의 생활태도를 결정하기도 한다. 개개의 생물 내지 무생물의 발생에 대한 문제도 역시 그것과 마찬가지로, 관찰과 실험을 통해 끊임없이 지식을 넓혀간다. 그러나 나는 이 세상 전체는 어디서 생겼는가, 그것은 무엇 때문에 존재하고 있는가, 나는 무엇 때문에 그 속에서 살고 있는가 하는 문제에 대해서는 대답하지 않기로 한다. 왜냐하면 그것에 대해서는, 이 세상에 존재하는 것을 에워싸는 조건에 대한 문제처럼 명확하고 실증적으로 대답하는 것이 불가능하다고 생각하기 때문이다. 따라서 나를 이 세상에 태어나게 한 신이 존재한다거나 그 신이 일정한 목적에 따라 내 삶의 방식을 결정했다고 하는 생각에는, 수많은 생명현상의 원인과 조건에 대한 문제의 경우처럼 명료성과 실증성이 없기 때문에, 나는 그것을 인정할 수 없다."

이런 식으로 신앙을 갖지 않은 사람들은 말한다. 이 입장은 관찰과 그러한 관찰에 의해서 얻어진 지식, 또는 관찰한 것을 분석하고 판단함으로써 얻어진 지식 이외의 모든 지식을 인정하지 않는 것이다. 그것은 옳다고 할 수는 없어도 적어도 논리적으로는 완전히 일관성이 있다.

한편 신을 믿는 그리스도교도는 말한다. "나는 스스로를 이성적인 존재로 의식할 때, 비로소 자신이 살아 있다는 것을 느낀다. 자신을 이성적인 존재로 의식하는 이상, 나는 나와 다른 모든 존재의 삶도 마찬가지로 이성적이라는 것을 인정하지 않을 수 없다. 이성적인 삶에는 목적이 있어야 한다. 그 목적은 내 밖에 있는 존재자, 즉 나를 포함한 모든 것이 오로지 그의 목적을 이루기 위해 있는 존재자 속에 있지 않으면 안 된다. 그 존재자는 틀림없이 존재하고 있다. 그리고 나는 그 존재자의 율법을 수행하지 않으면 안 된다. 나에게 그 율법의 수행을 요구하는 존재는 누구인가? 언제 어느 때 내 안에 그 이성적 생명이 태어났는가? 또 나 이외의 다른 존재 속에는 그러한 생명이 어떻게 태어났는가? 그것은 어디서 와서 어디로 가는가? 몸의 어느 부분에 살고 있는가? 그러한 물음에 대해 나는 모든 대답을 유보해야 한다. 왜냐하면 그것은 모두 무한한 시간과 무한한 공간 속에 숨겨져 있어서, 아무리 관찰하고 연구해도 결정적인 해답은 절대로 나올 수 없다는 것을 알고 있기 때문이다. 바로 그렇기 때문에 나는, 이 세상은 어떻게 창조되었으며 영혼은 어떻게 태어났는지, 그리고 그것은 두뇌의 어느 부분에 있는지 하는 문제에 학문이 제시하는 답을 인정하려 하지 않는 것이다."

전자의 경우처럼, 자신을 단순한 동물적 존재로 보고, 그래서 외적 감각기관이 받아들이는 것만 인정하는 사람은, 영적 본원을 인정하지 않고 이성의 요구를 묵살하는 자기 존재의 무의미함과 타협한다.

후자의 경우, 즉 자신을 이성적인 존재로만 보기 때문에 이성의 요구에 합당한 것만 인정하는 그리스도교도는, 외적 경험이 주는 정보의 진실성을 인정하지 않고, 그런 것은 환상에 지나지 않으며 오류로 가득 찬 것이라고 단정한다.

양쪽 다 나름대로 옳다. 그러나 그들 사이의 차이, 그것도 본질적인 차이는 전자의 세계관에 의하면, 이 세상의 모든 것은 지극히 과학적이고 논리적, 합리적이지만, 다만 인간과 세상의 모든 생명에는 아무런 의미가 없다는 얘기가 된다. 그래서 그러한 세계관에서는 매우 재미있는 생각이 끊임없이 난무하지만, 인생의 지침이 될 만한 사고는 하나도 없다. 그런데 후자의 세계관에 의하면, 인간과 이 세상의 모든 생명은 일정한 이성적 의미를 가지고 있고, 거기에 따라 각자가 쉽고 간단하게 자신의 생명에 의미를 줄 수 있으며, 또 과학적 연구의 가능성이 파괴되는 일 없이 제각각 합당한 영역을 지킬 수 있게 된다.

3

생명은 존재의 의식에 의해 주어지는 것이며, 그것은 언제나 어디에나 존재한다. 그런데 우리는, 우리로부터 생명을 가리고 있는 것을 생명 자체로 착각하고 있다.

4

인생의 참된 목적은 무한한 생명을 이해하는 데 있다.

5

인간은 자신이 왜 살고 있는지는 모르지만, 어떻게 살아야 하는지는 모를 수가 없다. 큰 공장의 노동자는 자신이 지금 왜 이런 일을 하고 있는지 모르지만, 그가 좋은 노동자라면 자기가 지금 하고 있는 일을 어떻게 해야 하는지는 알고 있다.

6

사람들의 인생관에는 두 종류가 있다. 어떤 사람들은 인생을 감성적이고 개인적인 관점에서 바라보고, 세상은 자신을 위해 만들어졌고 신은 인간이 편의상 만들어 낸 것이라고 생각하며, 인생의 무의미한 고통과 무의미한 죽음에 대해 분개한다. 거기에 비해 어떤 사람들은 그것과 완전히 대립되는 정신적인 인생관을 갖고 있다. 그것에 의하면, 전자와는 반대로 인간이 세상을 위해, 그리고 신을 위해 살고 있는 것이며, 인간에게 고통과 죽음이 있는 것은 그것이 세상에 필요하고 신의 뜻에 합당하기 때문이다. 이 두 번째 인생관에 의하면, 우리가 태어나서 괴로워하고, 고통스럽게 죽어가는 것에도 의미가 있다. 첫 번째 인생관에 의하면 모든 것이 무의미하고 목적이 없지만, 두 번째 인생관에 의하면 세상은 합리적이고 엄연한 목적을 가지고 있다.

이 두 가지 인생관에 의해 사람들은, 두 줄기의 길을 더듬어 결국은 '진리'라는 같은 목표 지점에 도달한다. 첫 번째의 감성적 인생관을 가진 사람들은, 인생을 극복하려고 안간힘을 쓰다가 결국 곳곳에서 실의와 비애와 피곤과 권태와 질병을 만나, 인생을 고뇌로 가득 채우고, 끝내 사물의 이치 앞에, 즉 신의 섭리와 신의 의지 앞에 고개를 숙인다. 그것도 마치 쇠사슬에 묶인 노예처럼 무의식적으로 마지못해 고개를 숙이는데, 거기에는 헛된 고통만 있고 기쁨은 아주 적다. 그런데 두 번째의 신적 인생관에 의하면, 사람들은 하늘에 있는 아버지의 아들, 진리의 아버지의 아들이라는 이성적인 존재자의 입장에서, 의식적으로 진리를 향해 정진하게 된다. 그리고 쇠사슬에 묶인 무의식적 노예에게는 숙명적 굴레인 모든 고뇌로부터 벗어난다.

한편 인생의 기쁨, 인위적이지 않고 진실하고 자연스러우며, 그렇기 때문에 가장 소중한 인생의 희열과 행복은, 인생관과는 상관없이 양자에게 평등하게 주어진다. 첫 번째 인생관의 사람들도 그것을 누린다면, 두 번째 인생관의 사람들한테 그것을 빼앗기는 일은 없을 것이다. 부카

7

모든 사람은 세계에서 자신이 처한 위치를 스스로에게 보여주는 기관을 갖고 있다. 인간의 경우 그 기관은 바로 이성이다.

만약 너의 이성이 너에게, 세계에서의 너의 위치와 사명을 보여주지 않는다면, 그것은 세상이 잘못된 것이 아니라, 네가 너의 이성을 왜곡했기 때문이다.

5월

5월 1일

1

인생의 목적을 정신적 완성에 두는 사람은 어떠한 외적 사건도 두려워하지 않는다.

2

아부 하니파는 바그다드의 한 감옥에서 죽었다.

그는 캇다의 가르침을 인정하기를 거부한 혐의로 국왕 알만조르에 의해 투옥돼 있었다. 이 유명한 스승은 어느 날 호되게 맞은 적이 있는데 그때 자기를 때린 사람에게 이렇게 말했다. "나는 내가 당한 모욕에 대해 모욕으로 되돌려 줄 수 있다. 그러나 그런 짓은 하지 않겠다. 나는 칼리프에게 고발할 수도 있지만 그런 짓도 하지 않을 것이다. 나는 내 기도로 네가 나에게 준 모욕을 신에게 호소할 수도 있다. 그러나 나는 그것도 하지 않을 것이다. 심판의 날에 나는 신에게 너에 대한 복수를 원할 수도 있지만, 만약 그날이 지금 당장 찾아와 내 기도가 이루어진다면, 나는 너와 함께 천국에 들어갈 것이다."

페르시아 격언(데르벨로의 책에서)

3

남자다움은 오직 용맹함 속에만 있다고 생각해서는 안 된다. 최고의 남자다움은 분노를 이기고 자신에게 악을 행한 자를 사랑하는 데 있다.

페르시아 격언(데르벨로의 책에서)

4

자신의 행위를 나무라라. 그러나 절망은 하지 말라. 에픽테토스

5

내가 어두운 데서 말하는 것을 너희는 밝은 데서 말하고, 귀에 대고 속삭이는 말을 지붕 위에서 외쳐라. 그리고 육신은 죽여도 영혼은 죽이지 못하는 사람들을 두려워하지 말고 영혼과 육신을 아울러 지옥에 던져 멸망시킬 수 있는 분을 두려워하여라.

〈마태복음〉 제10장 27~28절

6

옳은 것을 알면서 실천하지 않는 것은 용기가 없는 것이다.

공자

7

어떠한 불행도 그것에 대한 공포보다 무섭지 않다.

초케

8

만약 누군가가 나를 가혹하게 대한다면, 그것은 그 사람의 행위이며, 그것이 그의 버릇이고 성정(性情)일 것이다. 그러나 나에게는 나의 성정이 있고, 나는 그 편이 훨씬 인간답다고 생각하기 때문에 어디까지나 나의 성정에 따라 행동할 것이다.

마르쿠스 아우렐리우스

9

"마음을 애태우지 말라. 지나간 일, 끝난 일을 가지고 슬퍼하지 말라"고 현자들도 말했다. 오직 지금 네가 해야 할 일을 하되, 별처럼 쉬지 말고 서두르지도 말라.

하지 압둘 헤지

10

만일 무언가가 두렵거든 네 두려움의 원인이 네 밖에 있는 것이 아니라 네 속에 있음을 알라.

5월 2일

1

사람들이 진리에 동의하지 않는 것은, 무엇보다 그 진리가 제시되는 형식에 그들이 모욕을 느끼기 때문인 경우가 많다.

2

끓어오르기 시작하는 다툼은 둑을 무너뜨리는 물줄기 같은 것이다. 한번 넘치기 시작한 물은 아무도 막지 못한다. 《탈무드》

3

싸움과 말다툼은 시작하기는 쉽지만, 끝내는 것은 활활 타오르는 불길을 끄는 것처럼 어려운 일이다.

4

논쟁을 할 때 노여움을 느끼기 시작하면 우리는 이미 진리를 위해서가 아니라 자신을 위해 논쟁하게 된다. 칼라일

5

어떤 사람을 설득할 때는, 그 사람이 지닌 사상에 의하지 않고서는 절대로 불가능하다. 즉 그 사람 안에 건전한 사려와 분별심이 있다고 생각해야 한다. 만약 그렇게 생각하지 않는다면 그 사람을 자기편으로 끌어들이는 것은 꿈도 꾸지 말라. 이와 마찬가지로 그 사람의 마음은 그 자신의 감정에 의해서만 움직일 수 있다. 그 사람 속에 선량한 마음이 틀림없이 있다고 생각해야 한다. 만약 그렇지 않다면 내가 아무리 악의 무서움을 얘기하고 선을 칭찬해도, 악에 대한 혐오를 느끼지 못할 뿐 아니라 선을 추구해야 할 필요성도 느끼지 못할 것이다.

칸트

6

논쟁할 때는 말은 부드럽게 논리는 분명하게 하는 것이 좋다. 상대방을 화나

게 하지 말고 그를 설득하는 것이 중요하다. 윌킨스

7

이성의 승리에 가장 공헌하는 것은, 이성에 봉사하는 자의 평정한 마음이다. 진리는 종종 반대자의 공격보다 옹호자의 열광 때문에 더 괴로워한다.

토머스 페인

8

말을 하는 쪽은 어리석은 자라도 듣는 사람은 현명할지어다!

온화한 응대는 증오를 멀리한다. 그러나 모욕적인 말은 분노를 불러일으킨다.

9

칭찬받을 만한 일을 한 사람은 마음껏 칭찬하라. 그 사람은 자신이 원하는 지지와 격려를 얻지 못해 바른길에서 벗어날 우려가 있고, 너 자신도 상대방에게 그것에 대한 당연한 대가를 주는 기쁨을 잃게 된다. 존 러스킨

10

네가 만약 진리를 알고 있다면, 혹은 진리를 알고 있다고 생각한다면 그것을 될 수 있는 대로 간결하게, 그리고 가능한 한 부드럽게, 애정을 가지고 그것을 전하는 것이 좋다.

5월 3일

1

사람들이 자신의 사명과 행복이 어디에 있다고 생각하든, 학문은 바로 그 사명과 행복에 대해 배우는 것이다.

2

지혜로운 사람은 스스로 알기 위해 배우고 어리석은 사람은 남에게 알려지기 위해 배운다. 동양의 금언

3

이른바 학문이니 예술이니 하는 것은 쓸데없는 지식과 감정의 소산이며, 또 그러한 쓸데없는 지식과 감정에 아부하는 것을 목적으로 하고 있다. 현대의 학문과 예술은 일반 대중에게는 종잡을 수 없는 것으로 우리에게 아무것도 이야기해 주는 것이 없다. 왜냐하면 그것은 일반 대중의 행복에는 아무 관심도 없기 때문이다.

4

인간은 자신의 힘이 허락하는 한, 또 사정이 허락하는 한, 자신과 이웃의 행복을 위해서 살고 있다. 그래서 자신의 궁극적인 목적에 더 빨리 도달하기 위해서 그는 선인(先人)의 경험을 이용한다. 그래서 배우는 것이다.

그러한 목적도 없이 그저 남이 한 말을 그대로 따라 말하기 위한 학문은 가장 저급한 학문이라고 해야 마땅하다. 도서 목록을 책이라고 부를 수 없듯 그런 사람을 진정한 학자라고 부를 수 없다. 진정한 사람은 선인이 우리를 위해서 한 일을 알 뿐만 아니라, 그것과 같은 일을 미래의 사람들을 위해서 실제로 행하는 사람이다. 과연 우리는, 전에 이미 발견된 것을 재발견하는 방법도 모르면서, 단지 학자들의 역사를 공부하는 데 평생을 보내도 된단 말인가? 동일한 사상이 고의로 다시 한번 되풀이되는 경우가 있는데, 그 사상이 새로운 측면에서 표현되기만 한다면 아무런 문제가 없다. 만일 우리가 자기 스스로 생각해 낸다면, 그것이 이미 이전에 누군가에 의해 발견된 것이라 하더라도, 역시 소중한 것이다.

리히텐베르크

5

최고의 인(仁)에 도달하려면 무엇보다 마음을 정화하는 데 노력해야 한다. 그리고 마음이 진실을 찾고 의지가 신성을 지향할 때 비로소 마음이 정화된다. 모든 것은 참다운 지혜의 여하에 달려 있다.

공자

6

사람들이 자기 자신을 위해 공부하고 있을 때, 그 학문은 그들에게 유익하다.

그러나 학자라는 이름으로 불리고 싶어서 남에게 보이기 위해 공부할 때, 그 학문은 이롭지도 않을 뿐 아니라 오히려 해롭다. 중국 금언

7

종종 미신이 오히려 진리와 더 가깝고 학문이 진리와 더 멀 때도 있다.

소로

8

누구나 인생의 목표는 단 하나, 즉 선의 완성이다. 그러므로 선의 완성으로 이끄는 지식만이 진정 필요한 지식이다.

5월 4일

1

말로 표현된 사상은 모두 무한한 작용을 가진 힘이다.

2

우리는 모두 자신만의 시간과 공간 속에서 홀로 살고 있지만, 우리의 모든 사상과 감정은 인류에게 반향을 불러일으키고 있다. 그것은 과거에도 그랬고 앞으로도 그럴 것이다.

인류의 대부분이 자신들의 지도자, 계몽자로 인정하는 사람의 경우, 그 반향은 특히 절대적이고 강력하다. 그러나 아무리 보잘것없는 사람이라 해도 그의 사상이 타인에게 영향을 주지 않는 경우는 없다. 모든 진정한 사상의 토로와 신념의 표명은 누군가에게 또는 무언가에 반드시 도움을 준다. 설사 그것이 사람들에게 알려지지 않은 채 네 입이 봉해지거나, 네 목에 올가미가 씌워지려 하고 있을 때도. 누군가에게 일단 전해진 말은, 모든 운동과 마찬가지로 형태는 여러 가지로 바뀔지라도 결코 소멸하지 않는다. 아미엘

3

인간의 가슴에서 나오는 좋은 말은 모범이 되는 좋은 행위와 마찬가지로 유익

하다. 세네카

4

우리가 가지고 있고 또 이야기하고 있는 모든 사상은, 결국 선 또는 악을 행하는 능력으로 바뀌어 우리가 행한 것에 대한 마땅한 결과로 우리에게 다시 돌아온다. 루시 맬러리

5

간결하게 표현된 힘찬 사상은 생활의 개선에 크게 이바지한다. 키케로

6

순진무구하고 미숙함은 신성한 것이다. 어린이의 마음에 풍요로운 언어의 씨앗을 뿌리는 아버지와 어머니는 신성한 일을 하고 있는 것이며, 항상 종교적 의식처럼 경건하게 기도하는 마음으로 그것을 행해야 한다. 왜냐하면 그들은 신의 나라를 세우기 위해 일하고 있기 때문이다. 땅에 뿌려지는 씨앗이든, 사람의 마음에 뿌려지는 씨앗이든, 씨앗을 뿌린다는 것은 신비로운 일이다. 인간은 모두 농부와 같아서, 깊이 생각하면 인간의 사명은 모름지기 생명을 가꾸고, 곳곳에 씨앗을 뿌리는 것이라 할 수 있다.

그것이 인류의 사명이며 그 사명은 신성한 것이다. 그리고 언어야말로 그것을 하는 데 가장 중요한 연장이다.

우리는 자칫하면, 언어가 동시에 파종이기도 하고 계몽이기도 하다는 것을 잊기 쉽다. 적절한 순간에 나오는 말은 한없이 큰 결과를 낳는 법이다. 아! 언어의 의미는 이렇게도 깊은데, 우리는 육체에 사로잡혀 이렇게도 둔감해지고 말았으니! 우리는 돌을 보고, 길 양옆의 나무를 보고, 집들의 겉모습을 본다. 형태를 이루고 있는 것은 뭐든지 본다. 그러나 대기를 가득 채우고, 우리 한 사람 한 사람의 주위에서 날갯짓하고 있는, 눈에 보이지 않는 사상의 행렬은 깨닫지 못하고 있다. 아미엘

7

사상은 인간에게서 나와 그 성질 여하에 따라 저주받을 일을 하기도 하고 축복받을 일을 하기도 하는 정신적 활력이다. 루시 맬러리

8

말로 표현된 진리는 인간의 생활에서 가장 강력한 힘이다. 우리들이 이 힘을 깨닫지 못하는 것은 그 결과가 금방 나타나지 않기 때문이다.

9

사람들의 좋은 사상을 아낌없이 이용하라. 그리고 똑같이 좋은 사상으로 그들에게 보답하지 못하겠거든, 적어도 자신의 것이든 남의 것이든 애매하고 잘못된 사상을 퍼뜨리지는 않도록 하라.

5월 5일

1

교육의 기초는 종교적인 가르침이 아니면 안 된다. 다시 말하면, 삶의 의의와 그 사명을 명백히 하는 일이 아니면 안 된다.

2

사람들은 법정에서의 거짓말을 범죄로 생각하고, 같은 성인들끼리 잘못된 말을 하는 것을 한심한 일로 생각하지만, 어린이들에 대해서는 아무리 허황한 말을 지껄이고 아무리 거짓말을 지껄여도 잘못이 아니며 오히려 필요한 일처럼 생각하고 있다. 그러나 어린이들에게 얘기할 때 어떻게 말해야 할지 특별히 신중을 기해야 한다는 것은 누구라도 알 수 있는 이치가 아닌가?

3

인생의 의의와 사명에 대해 설명하는 종교상의 가르침은, 천년 전의 사람들에게는 만족을 주었지만 현대인들은 만족시키지 못하고 있다. 그런데 어린이들에게 무엇보다 먼저, 천년 전의 사람들의 요구에 대답했던 것을 가르치고 있는 것

이 지금의 실정이다. 이것은 무서운 잘못이다.

"어린이를 교육할 때, 아직 확실히 밝혀지지 않은 것은 어린이들에게도 모르는 것으로 가르칠 수 있다면 얼마나 좋을까!"(리히텐베르크)

이 말은 흔히 세상에서 일어나고 있듯, 어린이들에게 의심스러운 미신을 제법 근거가 있는 것처럼 믿게 해서는 안 된다는 뜻이다. 그렇게 하면 결국 어린이들은 애매하고 어중간한 논거에 만족하는 버릇이 생겨서, 모르는 것도 아는 척하게 되어버리기 때문이다.

4

유년 시절에 너무 많이, 그리고 너무 일찍 알아버리면 틀림없이 훗날 늘그막에 들어 아무것도 아는 것이 없이 끝날 것이다. 그래서 이론을 따지기 좋아하는 사람은 마침내 자신이 젊었을 때 빠진 미신을 변호하기 위해 궤변을 늘어놓게 된다.

칸트

5

어린이들에게는 그들이 성인이 된 뒤에도 아무것도 덧붙일 필요가 없을 정도로 완전하게 이해할 수 있는 것만 가르쳐야 한다.

6

누구에게나 성실하라. 특히 어린이에게는 더더욱 성실하라. 어린이에게 약속한 것은 반드시 지켜라. 그렇지 않으면 어린이를 거짓말에 길들게 할 것이다.

《탈무드》

7

어린이를 교육할 때 그들을 지나치게 힘들게 하는 것은 생각해 볼 문제이다. 다시 말하면, 우리는 아직 인간에 대해 충분히 모르기 때문에 어린이의 교육은 자연에 맡기는 것이 좋을 거라는 뜻이다. 만약 현대의 교육자들이 자신의 목적을 성공적으로 달성한다면, 다시 말해 만약 그들이 어린이들을 완전히 자기가 뜻한 대로 교육한다면 진정으로 위대한 인물은 장차 한 사람도 나오지 않을 것이다. 인생에서 가장 중요한 것에 대해서는 거의 아무도 가르쳐 주지 않기 때문이다.

전 자연을 스승으로 삼아야 할 인간이, 그 어떤 교수의 거만한 초상이 새겨진 밀랍 한 조각이 되어서는 큰일이다. 리히텐베르크

8

자신이 가르치는 자에게, 자신이 전혀 믿지 않는 것은 물론, 아직 의심스러운 것도 얘기하는 것은 피해야 하며, 그것을 신성하고 반박할 수 없는 진리처럼 얘기하는 것은 반드시 삼가야 한다. 그런 행위는 커다란 죄악이다.

이레째 읽을거리

교육

모든 인간은 제각각 특별히 타고난 재능과, 일정한 사명을 수행할 수 있는 능력을 가지고 있다. 그러므로 어린이의 내부에서 그 타고난 재능을 개발해 거기에 맞춘 교육을 펼치도록 노력해야 한다. 어린이에게 인간으로서 유익한 공부를 다 같이 시킨 뒤에는, 개개의 어린이 안에 있는 특별한 재능을 발전시키는 교육을 하지 않으면 안 된다. 교육은 어린이에게 잠재된 능력을 찾아 키우는 것이지, 없는 능력을 새롭게 창조하는 것이 아니다. 그것은 절대로 불가능한 일이다.

그러나 단 한 가지, 모든 어린이들에게 반드시 필요한 것이 있다. 그것은 바로 삶에 대한 올바른 관념을 심어주는 것, 그들이 인간으로서의 사명을 수행하기 위해 보내진 이 세상이 대체 어떤 곳인지 올바르게 가르치는 것이다.

삶은 의무이자 과제이며 사명이다. 모든 성스러운 이름에 맹세코, 제발 어린이들에게 개인적인 또는 공공의 행복에 대한 가르침을 설교하지 말아주기 바란다. 개인적인 행복에 대한 신앙은 어린이를 이기주의자로 만든다. 또 공공의 행복에 대한 신앙도 얼마 안 가 그들을 이기주의로 이끌게 될 것이다. 그는 실현 불가능한 것을 꿈꾸며, 청년 시절에는 그 불가능한 일을 실현하기 위해 안간힘을 쓴다. 그러나 이윽고 자신이 마음속에 그렸던 꿈이 쉽사리 실현될 것 같지 않다는 것

을 알면, 이번에는 자기만의 껍데기 속에 들어앉아 개인적인 행복을 얻기 위해 골몰한 나머지, 결국 이기주의의 늪에 빠지고 만다.

삶은 사명 또는 의무로서만 의미를 가지며, 삶이라는 여로를 가끔씩 비춰주는 행복의 태양이 그에게도 미소를 지어줄지 모르지만, 만약 그때가 오면 순수하게 그것을 기뻐하며 신에게 감사해야 한다는 것, 그러나 두리번거리며 행복을 찾아다니는 것은 인간을 파멸로 이끌고, 언젠가 행복을 누릴 수 있는 가능성조차 빼앗아 갈 것임을 어린이에게 가르쳐야 한다. 나아가, 인류의 진보와 완성을 위해 도덕적 또는 지적인 자기완성에 이르기 위해 노력하는 것이 우리의 진정한 의무라는 것, 먼저 진리를 추구한 다음, 언어로, 또 그것을 두려움 없이 꾸준히 실천함으로써 진리에 봉사해야 한다는 것, 진리가 무엇인지 알기 위해서는 두 가지 지침, 즉 자신의 마음과 양심, 그리고 선인의 가르침, 다시 말해 전 인류의 예지가 있다는 것을 가르쳐야 한다.

주세페 마치니

교육에 관한 편지

모든 교육의 기초에는 현재 학교에서 도외시하고 있는 것, 즉 종교적인 인생관이 없으면 안 되며, 그것도 수업을 통해 가르치는 것이 아니라, 모든 교육활동의 지도 원리로 존재하지 않으면 안 됩니다. 내 생각에는, 현대인들의 삶의 기초가 되어야 하는 종교적 인생관을 가장 간결하게 표현한다면, 다음과 같은 것이 아닐까 합니다. 즉 우리의 인생의 의의는, 우리가 자신을 그 일부로 느끼고 있는 무한한 존재의 의지를 실천하는 데 있으며, 그 존재의 의지는 살아 있는 모든 것, 특히 우리 인간의 일치에, 다시 말하면 사람들이 한 형제처럼 서로 도우며 사는 것에 있다는 것입니다. 이 종교적인 인생관을 다른 측면에서 표현한다면, 인생에서 가장 중요한 것은 살아 있는 생명과의 일치, 무엇보다 사람들이 형제처럼 사이좋게 돕는 것입니다. 왜냐하면 우리는, 자신이라는 존재를 무한한 전체의 일부로 느낄 수 있어야만 참으로 살아 있다고 할 수 있는 것이며, 전체의 섭리는 바로 그 일치이기 때문입니다. 어쨌든 종교적인 인생관에서 일어나는 생명현상은, 사랑에 의한 만물의 일치이며, 무엇보다 인류 화합의 관계 형성입니다. 이것이 바로 인생 최대의 실천적 법칙으로, 교육의 기초에 두어야 할 것이며, 그래서 어린이의 내부에 이러한 일치로 이끄는 모든 것을 개발하고, 분열로 이끄는 모든 것을 억제하는 것은 바람직한 일일 뿐만 아니라 반드시 이루어져야 할 일입니다.

어린이들은 언제나, 어리면 어릴수록, 의사들이 암시의 제1단계라고 부르는 상태에 있습니다. 그들은 그러한 상태에 있기 때문에 많은 것을 배우면서 성장할 수 있습니다. 그러한 암시에 대한 감수성으로 인해 그들은 완전히 어른들의 영향 아래 있기 때문에, 우리가 그들에게 암시를 줄 때는 아무리 조심해도 지나친 법이 없는 것입니다. 그렇게 사람은 항상 암시를 통해 배우고 성장하기 마련인데, 이 암시에는 의식적인 암시와 무의식적인 암시, 두 종류가 있습니다. 우리가 어린이에게 가르치는 것은, 기도에서 노래와 춤, 음악에 이르기까지 모두 의식적 암시이며, 우리의 희망과는 상관없이 어린이가 모방하는 것, 특히 우리 어른의 생활과 어른의 행동을 모방하는 것은 모두 무의식적인 암시가 됩니다. 의식적인 암시는 교육이고 훈육이지만, 무의식적인 암시는 실제 행위의 모범이자, 좁은 의미에서의 양육이며, 내 식으로 말하면 계발입니다. 현대 사회에서는 전자에 모든 노력이 기울여지고 있고, 후자는 우리의 생활이 열악해서 등한시되고 있습니다. 교육자인 어른들은 대부분의 경우 어린이를 군사학교, 전문학교, 기숙사 같은 특수한 환경에 가두고, 자신들의 생활과, 일반적인 어른들의 생활을 어린이의 눈에서 가리거나, 무의식적으로 해야 할 것을 의식의 영역으로 가지고 가서 도덕생활의 규칙을 어린이들에게 강요하는데, 그 경우, 내가 말하는 것을 행하되 내가 행하는 것은 하지 말라(fais ce que je dis, mais ne fais pas ce que je fais)고 주의를 주지는 않는 것이 현실입니다.

그래서 현대 사회에서는, 이른바 교양만이 앞서가고, 진정한 교육, 진정한 계몽은 완전히 뒷전이 되어 있습니다. 어딘가에 진정한 교육이 있다고 한다면, 오로지 가난한 노동자의 가정에 있을 뿐입니다. 그런데 어린이에 대한 무의식적인 영향과 의식적인 영향 두 가지 중에서는 전자, 즉 무의식적으로 일어나는 도덕적 영향이 개인에게 있어서나 사회에 있어서나 가장 중요합니다.

이를테면 은행가, 지주, 관리, 화가, 작가 같은 사람의 가족이 유복한 생활을 하면서도 술에 탐닉하지도 않고 방탕하지도 않으며, 누구와 싸우지도 않고 남에게 가혹한 처사도 하지 않으며, 어린이를 도덕적으로 교육하려 한다고 칩시다.

그러나 그것은, 어린이에게 어떤 새로운 언어를 가르치되, 그 언어로 말하지도 않고 그 언어로 쓰인 책을 주지도 않으면서 가르치려는 것과 마찬가지로 불가능한 일입니다. 어린이들은 도덕의 규칙과 인간 존중에 대한 얘기를 듣기는 하지만, 무의식적으로 어른의 세계를 모방할 뿐만 아니라, 어떤 사람은 구두를 닦고, 옷을 세탁하고, 물과 오물을 운반하고, 요리를 하는데, 어떤 사람은 옷을 더럽히고, 방을 어지럽히고, 남이 만들어 주는 음식을 먹는 것을 참으로 당연한 일로 받아들입니다. 인생의 종교적 원리인 인류는 형제라는 이념을 진지하게 생각해 보면, 남으로부터 착취한 돈으로 살고, 그 돈의 위력으로 남을 부리고 있는 사람들의 생활이 부도덕한 생활이라는 것은 명백하며, 입으로는 아무리 도덕을 외쳐대도 어린이들은 무의식적으로 그 부도덕한 영향을 피할 수 없으니, 결국 평생 왜곡된 인생관 속에서 살거나 뼈아픈 시행착오를 수없이 되풀이한 끝에 간신히 거기서 빠져나가는 게 고작입니다.

교육이라는 것, 무의식적인 암시라는 것은 이처럼 중요한 것입니다. 그것이 선한 것, 도덕적인 것이기 위해서는, 말하기 두려운 일이지만, 교육자의 생활 전체가 선한 것이 아니면 안 됩니다. 그럼 그 선한 생활이란 어떤 생활을 말하는 거냐고 물으시겠지요. 선한 생활에도 수없이 많은 단계가 있지만, 거기에는 보편적인 중요한 특징이 한 가지 있습니다. 그것은 바로 사랑의 완성을 위한 노력입니다. 만약 교육자 안에 그것이 있고 어린이가 거기에 물들 수 있다면, 그 교육은 선한 교육이라고 할 수 있습니다.

어린이를 성공적으로 교육하기 위해서는, 교육자들이 끊임없이 스스로를 교육하고 서로 협조하며 목적의 실현을 위해 노력하지 않으면 안 됩니다. 그러기 위한 방법은, 각자가 자신의 정신을 정화하기 위해 내면적으로 노력한다는 가장 중요한 방법 말고도 여러 가지가 있습니다. 그 방법들을 찾아 거기에 대해 깊이 생각하고 판단한 뒤 실천으로 옮겨야 합니다.

이것은 모두 사물의 한 측면, 즉 넓은 의미의 일반 아동 교육에 대해 살펴본 것이고, 이번에는 다른 측면, 다시 말해 학문과 교양이라는 의미에서의 교육에 대해 알아봅시다. 나는 학문이니 교양이니 하는 것은, 뭐니 뭐니 해도 가장 현명한 사람들이 생각한 것을 일반 대중에게 전달하는 것이라고 생각합니다. 그러한 현자들이 생각하는 것에는 세 종류가 있습니다. 첫 번째는 자신의 생명의 의미를 철학적, 종교적으로 생각하는 것으로, 바로 종교이자 철학입니다. 두 번째는 다양한 실험과 관찰에서 결론을 이끌어 내는 역학, 물리학, 화학, 생물학 같은 자연과학이며, 세 번째는 여러 가지 정리를 생각하고, 그 정리에서 다시 계통을 이끌어 내는, 이른바 수학적으로 생각하는 사고방식으로, 이것이 수학 또는 고등수학입니다. 이 세 종류의 학문이야말로 진정한 학문이라고 할 수 있습니다. 이들 학문은 흉내 낼 수 있는 것이 아니며, 어설픈 지식도 허용하지 않습니다. 알거나 모르거나 둘 중의 하나이지요. 이 세 종류의 학문은 만국 공통의 학문이며, 사람들을 분열시키지 않고 합일시키는 성질을 가지고 있습니다. 그 어느 것도 모든 사람이 가까이 다가갈 수 있고, 인류 형제의 이념에 대한 요구를 충족시킬 수 있는 것입니다. 그러나 각 나라와 각 민족 안의 법학이나 역사학 같은 것은 학문이 아니며, 그것을 굳이 학문으로 친다면 유해한 학문이니 마땅히 배제되어야 합니다. 여기에 또 덧붙인다면, 학문에 이상의 세 가지 부문이 있는 것처럼, 그것을 전달하는 데에도 세 가지 수단이 있습니다(부디 내가 억지로 세 개로 끼워 맞췄다고 생각하지는 말아주십시오. 넷이든 열이든 있으면 좋겠지만 역시 셋입니다).

그 전달을 위한 가장 일반적인 첫 번째 수단은 언어인데, 언어에도 수많은 나라의 언어가 있어서, 그것 때문에 또다시 인류 형제라는 이념이 요구하는 대로 어학이라는 학문이 태어납니다(만약 시간이 있고 학생들이 원하면 에스페란토어 수업도 필요할지 모릅니다). 두 번째 수단은 조형미술, 즉 회화와 조각 같은 것으로, 이것은 시각을 통해 자신이 알고 있는 것을 남에게 전달하는 수단이라고 할 수 있습니다. 또 세 번째 수단은 음악과 노래로, 이것은 청각을 통해 자신의 생각과 감정을 남에게 전달하는 수단입니다.

이들 여섯 가지 학과 외에, 또 한 가지 일곱 번째가 추가되지 않으면 안 됩니다. 그것은 바로 기술 공부로, 이것 역시 인류 형제의 이념적 요구에 부응하는 것, 즉 모든 사람에게 필요한 대장장이, 소목장이, 목수, 재봉사 같은 기술입니다. 따라서 학과는 모두 일곱으로 나눠지는 셈입니다.

나날의 노동 외에 위의 일곱 가지 중 어느 것에 하루 중 얼마의 시간을 할애해야 할지는 학생 한 사람 한 사람의 성향이 결정해야 할 것입니다.

나는, 교사가 교사 나름대로 강의 시간을 정하고, 학생들은 거기에 참석하든 안 하든 자유롭게 하는 방식이 좋다고 생각합니다. 참으로 기괴하기 짝이 없는 교육제도를 만들어 버린 우리의 눈에는 그것이 이상하게 보일지라도, 완전한 학문의 자유야말로, 바꿔 말하면 학생들이 하고 싶을 때만 공부하는 것이야말로 효과적인 교육에 반드시 필요한 조건입니다. 그것은 음식이 진정으로 몸에 흡수되는 것은, 정말 먹고 싶을 때 먹는 경우뿐인 것과 같습니다. 다만 그 양쪽의 차이라고 하면, 물질적인 것에서는 자유의 결여에 의한 폐해가 즉시 나타나서, 당장 구역질을 하고 배가 아프기도 하지만, 정신적인 것에서는 폐해가 그리 빨리 나타나지 않아서, 1년이 지나도 아무 표시가 없을 때가 있습니다. 그렇게 완전한 자유를 보장해 주어야 비로소, 우수한 학생이 능력이 뒤떨어지는 학생 때문에 제자리걸음하는 일 없이, 그가 가지고 있는 능력을 최대한으로 발휘할 수 있고, 그런 좋은 학생이야말로 가장 필요한 학생인 것입니다. 그러한 자유가 주어지면, 적당한 시간에 자유로운 조건 아래 배우면 굉장히 좋아하게 될 학과를 학생이 까닭 없이 싫어하는, 흔히 볼 수 있는 현상도 사라지고, 나아가서는 어느 학생이 어느 학과에 적성이 있는지도 알 수 있으니, 완전한 자유만이 아무런 방해도 받지 않고 교육 효과를 올릴 수 있다고 할 수 있습니다. 그렇지 않으면 우리는 학생들에게, 남에게 폭력을 휘둘러서는 안 된다고 훈계하면서, 우리 자신이 그들에게 잔인하기 짝이 없는 지적 폭력을 휘두르게 되는 것입니다.

이상과 같은 것을 실천하는 것은 무척 어렵다는 것은 알고 있지만, 자유의 결여가 교육에 치명상을 입히는 것을 아는 이상, 어쩔 수 없는 일이 아닐까요? 아니 사실은, 우리가 어리석은 흉내를 내는 짓은 다시는 하지 않겠다고 굳게 결심한다면 그리 어려운 일도 아니라고 생각합니다.

레프 톨스토이

5월 6일

1

동물에 대한 연민은 우리에게 지극히 자연스러운 감정인데, 세상의 온갖 관습과 암시의 힘에 의해 우리는 동물의 고통과 죽음에 대해 냉혹하고 무자비해지고 있다.

2

동물에 대한 연민은 선량한 성격과 밀접하게 관련이 있어서, 동물에게 잔인한 자는 결코 선량한 인간이 아니라고, 확신을 가지고 말할 수 있다. 동물에 대한 연민과 인간에 대한 선량한 태도는 같은 뿌리에서 나오는 것이다. 그래서 이를테면 감수성이 예민한 사람이라면, 기분이 나쁘거나 화가 날 때 또는 술에 취했을 때, 자기가 키우는 개며 말이며 원숭이를 이유도 없이 부당하게 또 매우 모질게 때렸던 것을 떠올리면, 인간에게 심한 처사를 한 것을 떠올릴 때와 마찬가지로 자기 자신에 대해 불만을 느끼게 된다. 우리는 이 경우 그 불만을 양심의 가책이라고 부른다.

쇼펜하우어

3

신을 두려워하라. 그리고 동물을 학대하지 말라. 기꺼이 일해 주는 동안에는 그들을 부리고, 지치면 쉬게 해주며, 말 못하는 그들에게 충분히 먹을 것과 마실 것을 주어라.

마호메트

4

육식은 동물을 죽이지 않고는 불가능하다. 동물을 죽이는 것은 행복으로 가는 길을 가로막는다. 인간들이여, 육식을 삼가라.

《마누법전》

5

인간이 동물들보다 위에 서는 까닭은, 우리가 동물을 냉혹하게 괴롭힐 수 있기 때문이 아니라 동물을 불쌍하게 여기는 마음이 있기 때문이다.

부처의 가르침

6

아이들로 하여금 벌레를 죽이지 못하게 하라. 그것은 무서운 살인의 시작이 될 수 있기 때문이다.

피타고라스

7

동물에 대한 연민의 정이 우리에게 주는 기쁨은, 사냥과 육식을 끊음으로써 잃는 만족을 보상하고도 남는다.

5월 7일

1

현세에서나 내세에서나 자기 자신 밖에서 행복을 찾는 것은 잘못된 것이다.

2

나는 나를 이끌어 줄 빛을 찾아 전 세계를 구석구석 돌아다녔다. 낮이고 밤이고 쉬지 않고 그것을 찾아다니다 마침내 나는 나에게 진리를 계시하는 예언자의 목소리를 들었다. 그 예언자는 내 마음속에 있었고 내가 온 세계를 찾아 헤맸던 그 빛도 결국 내 속에 있었다. 수피의 금언

3

우리가 바로 우리 자신의 구원자이고 또한 파괴자이기도 하다. 외부적인 것은 인간에게 악을 저지를 수 없다. 인간이 자신의 삶의 법칙에 따라 살고 있다면, 설사 우주가 멸망한다 해도 그의 몸에 악은 깃들지 못할 것이다. 루시 맬러리

4

그리스도는 오로지 외면적인 것에만 사로잡혀 있는 바리새인들과는 반대로, 내면적인 인간 개선을 지향했다. 그는 바리새인들이 자신들의 전승을 좇아 신의 계율을 버린 것을 비난했다. 스스로 사람의 스승이라 칭하는 자의 정신력이 퇴폐하고 지난날의 수많은 제도가 처음의 힘을 잃고 약해지면, 두 가지 일이 일어난다. 즉 외면적인 신에 대한 신앙의 습관이 복잡다단해지고, 사람들에게 그 신앙이 진정한 선행의 대용품이 되기 때문에, 진정한 신의 계율은 지키지 않아도 된다고 설교하며, 공허한 신앙적 행사만을 그들에게 강요하게 된다. 그렇게 되면, 그런 어리석은 가르침이 지배하는 사회 안에 거짓 양심이라는 것이 형성된다. 민중은 모두 추상적인 신앙을 열광적으로 지키면서, 가장 신성한 의무는 아랑곳도

하지 않고 태연하게 있거나 방탕과 타락의 늪에 몸을 던진다. 그들은 육체를 위한 음식을 먹기 전에는 손을 씻고 그릇을 씻지만, 영혼을 청결하게 하는 방법은 모른다. 마음이 내팽개쳐지고, 그 마음에서 예수가 열거해 보인 온갖 무서운 죄악이 생긴다.

그리스도는 그것에 대해 말했다. "마음에서 모든 악의 뿌리를 뽑기 위해 마음속으로 깊이 들어가라. 외면적인 것은 중요하지 않다. 선도 악도 다 내면적인 것이다." 그리스도는 이와 같이 가르쳤다. 그것과 다른 것을 가르치는 자, 그리스도처럼 가르치지 않는 자는, 그리스도의 제자가 아니라 오로지 사람들을 속이기 위해 그리스도의 이름을 악용하고 있는 자이며, 그리스도가 "양의 가죽을 쓰고 너희에게 다가가지만, 속은 탐욕스러운 이리와 같은 위선자를 경계하라"고 말하거나, "주여! 주여! 하고 입으로는 외치면서 마음은 악에 있는 자는 천국에 들어갈 수 없다"고 말한, 바로 그 사이비 예언자이다. 라므네

5

운명에 우연이라는 것은 없다. 인간은 운명을 만나는 것이 아니라 운명을 창조하는 것이다. 빌맹

6

인간은 스스로 죄를 범하고 스스로 악을 생각하며, 스스로 악을 멀리하고 스스로 마음을 정화한다. 죄에 빠지는 것도, 마음이 깨끗해지는 것도 오직 자신의 힘에 달려 있다. 남이 너를 구원할 수는 없다. 《법구경》

7

네 육체는 선과 악이 살고 있는 도시이다. 너는 그 도시의 왕이고 이성은 너의 재상(宰相)이다. 세이프 알물루크

8

인간의 행복과 불행은 재산에 있지 않고 금은보화에 있지도 않다. 행복과 불행은 각자의 마음속에 있다.

부정을 행하지 않는 자가 선량한 것이 아니라 그것을 추호도 생각하지 않는 자가 선량한 사람이다.

지혜로운 사람에게는 가는 곳마다 고향이요, 고귀한 영혼에는 전 세계가 조국이다.

압데라의 데모크리토스

9

자신의 노력 이외의 무엇인가에서 구원과 행복을 구하려고 하는 것만큼 인간을 무력하게 만드는 것은 없다.

5월 8일

1

선량함이 따르는 겸손처럼 사람의 마음을 끄는 것은 없다. 그러나 그것은 스스로 찾아야 하는 것이며, 전시되어 있는 것이 아니다.

2

이스라엘의 왕 아합은 뒤따라와서 그를 욕하는 남자에게 말했다. "나를 욕할 말이 더 있거든 문안에 들어가기 전에 말하라. 그렇지 않으면 문안의 사람들이 그것을 듣고 너에게 덤벼들 테니까."

이집트 금언

3

제자들 사이에서 누구를 제일 높게 볼 것이냐는 문제로 옥신각신하는 것을 보시고 예수께서 이렇게 말씀하셨다. "이 세상의 왕들은 강제로 백성을 다스린다. 그리고 백성들에게 권력을 휘두르는 사람들은 백성의 은인으로 행세한다. 그러나 너희는 그래서는 안 된다. 오히려 너희 중에서 제일 높은 사람은 제일 낮은 사람처럼 처신해야 하고 지배하는 사람은 섬기는 사람처럼 처신해야 한다. 식탁에 앉은 사람과 심부름하는 사람 중에 어느 편이 높은 사람이냐? 높은 사람은 식탁에 앉은 사람이 아니냐? 그러나 나는 심부름하는 사람으로 여기에 와 있다."

〈누가복음〉 제22장 24~27절

4

어느 겨울날 프란체스코는 아우 레오와 함께 페루자에서 포르치운쿨라를 향해 걷고 있었다. 날씨가 하도 추워서 그들은 온몸을 부들부들 떨고 있었다. 프란체스코는 앞장서서 걷고 있는 아우 레오를 불러 말했다.

"오, 레오야, 제발 우리 형제가 온 지상에 거룩한 삶의 본보기를 보여줬으면 좋겠구나. 그러나 거기에 완전한 기쁨이 있기 때문은 아니라는 것을 잊지 말아라."

조금 걷다가 프렌체스코는 다시 아우 레오를 불렀다.

"레오야, 설사 우리 형제가 병자를 낫게 하고 악마를 쫓고 소경을 눈뜨게 하고 심지어는 나흘 전에 죽은 사람을 되살릴 수 있다 해도, 그 속에 완전한 기쁨은 없다는 것을 잊지 말아라."

그리고 또 잠시 걸은 뒤 프란체스코는 아우에게 말했다.

"레오야. 설사 우리 형제가 온갖 언어와 온갖 학문을 알고, 온갖 책을 다 읽고, 또 앞날을 내다볼 뿐만 아니라 사람들 마음속의 모든 비밀을 안다 하더라도, 거기에도 완전한 기쁨은 없다는 것을 잊지 말아라."

또 잠시 걸으면서 프란체스코는 다시 레오를 불러 말했다.

"그리고 말이다, 신의 어린 양인 레오야. 설사 우리가 천사의 말로 얘기하고, 별의 운행을 알고, 또 대지의 온갖 보물을 발견하고, 새와 물고기, 온갖 동물, 인간, 나무, 돌, 물의 생명의 온갖 비밀을 다 안다 하더라도 이것 역시 완전한 기쁨이 되지 못하리라는 것을 잊지 말아라."

그리고 또 조금 걷고 나서 프란체스코는 다시 아우 레오를 불러 말했다.

"그리고 또, 설사 우리가 모든 이교도들을 그리스도의 신앙으로 돌아오게 할 수 있을 만큼 뛰어난 설교자라 하더라도, 역시 그것은 완전한 기쁨이 아니라는 것을 잊지 말아라."

그때 아우 레오가 프란체스코에게 말했다.

"그렇다면 프란체스코 형님, 도대체 어디에 완전한 기쁨이 있다는 것입니까?"

그러자 프렌체스코가 대답했다.

"그것은 바로 여기에 있다. 즉 우리가 진흙투성이에 흠뻑 젖어서 추위에 감각을 잃은 데다 굶주리고 지친 몸으로 포르치운쿨라에 다다라, 안에 들어가게 해달라고 아무리 애걸해도, 문지기가 '뭐라고, 요 부랑자들아, 온 세상을 빈둥빈둥

돌아다니며 사람들을 속이고 가난한 사람들에게서 동냥이나 뜯어내는 주제에 무엇이 어째, 썩 꺼지지 못할까!' 하고 말하며 우리들에게 문을 열어주지 않는다 하더라도, 그때 우리가 화를 내지 않고 겸손과 사랑으로 문지기가 옳다, 신께서 그에게 그렇게 하라고 시킨 것이다 하고 생각하며, 젖은 채 추위와 굶주림으로 몸을 벌벌 떨면서 문지기에게 한마디도 불평하지 않고 눈비 속에서 아침까지 밤을 샌다면 그때 레오야, 거기에 비로소 완전한 기쁨이 있을 것이다."

5

강과 바다가 저들이 흘러내리는 골짜기를 지배하는 것은, 강과 바다가 골짜기보다 낮기 때문이다.

그렇기 때문에 성인은, 만약 사람들보다 높게 되기를 바란다면 사람들보다 낮게 있지 않으면 안 된다. 만약 사람들보다 앞장서고 싶다면 그들 뒤에 있지 않으면 안 된다.

그리하여 성인은 설사 사람들보다 높이 있어도 사람들은 그것을 느끼지 못하며, 사람들 앞에 서 있어도 사람들은 그것을 보지 못하니, 그것으로 괴로워하지 않는다. 성인은 누구하고도 말다툼을 하지 않고 세상의 어느 누구도 그와 시비를 벌이지 않는다. 그렇기 때문에 세상은 끊임없이 그를 기다리는 것이다.

노자

6

어떤 사람이 한 지혜로운 이에게, "세상 사람들이 당신은 나쁜 사람이라고 말하고 있다"고 말했다. 그러자 지혜로운 이는 대답했다.

"그들이 미처 나의 모든 것을 알고 있지 않아서 다행이다. 만일 그랬다면 더 심한 말을 했을 텐데."

7

자기 자신에 대해 이러니저러니 말하지 말라. 특히 남과 비교하는 것은 좋지 않다. 비교할 거면 오직 완전한 신과 비교하라.

5월 9일

1

삶은 끊임없이 변화한다. 육체가 서서히 스러지고 정신생활이 서서히 풍요로워지는 과정 그 자체이다.

2

자기 자신과 투쟁하고 자기 자신에게 강제를 가하는 것은, 원래 번뇌를 갖고 태어난 우리 인간에게는 어쩔 수 없는 일이다. 그러나 자기 자신에 대한 이 강제는 사랑에 의한 정당한 것이다. 어머니는 자식을 맹수의 아가리에서 떼어놓는다. 아이는 깜짝 놀라지만, 그렇다고 자신을 구해준 어머니를 원망해서는 안 되며, 원인은 자신을 물어 가려 한 맹수에게 있다는 것을 알아야 한다. 선과 악의 투쟁에 대한 우리의 태도도 꼭 이와 같지 않으면 안 된다. 선은 어머니처럼 우리의 영혼을 악에서 떼어놓는다. 이 투쟁은 우리에게 고통스러운 것이기는 하지만, 역시 꼭 필요한 것이며 우리에게 행복을 가져다주는 것이다. 만약 이 투쟁이 없다면 우리는 불행에 빠지게 되며, 결코 선량해질 수 없을 것이다. 파스칼

3

우리의 내부에 있는 빛이 밝아질수록, 우리는 우리 자신이 전에 생각하고 있었던 것보다도 훨씬 더 추하다는 것을 알게 된다. 또 우리의 마음에서 튀어나오는 온갖 부끄러운 감정을 느낄 때마다, 전에는 어째서 그것이 보이지 않았을까 하고 놀란다. 우리는 자신의 내부에 그렇게 추악한 감정이 숨어 있으리라고는 꿈에도 생각한 적이 없기 때문에 두려운 눈으로 그것을 바라본다. 그러나 놀랄 것도 없고 절망할 것도 없다. 우리는 전보다 나빠진 것이 아니라 오히려 나아진 것이므로.

페늘롱

4

살아 있는 한 배워라. 늙음이 지혜를 가져다주기를 빈손으로 기다리지 말라.

솔론

5

우리에게 가장 필요한 것은, 하늘이 곧 우리의 잘못을 바로잡아 주겠지 하는 어리석은 기대를 버리는 것이다. 음식을 아무렇게나 장만하면서 하늘이 그것을 맛있는 것으로 만들어 주기를 바랄 수는 없지 않은가! 그와 마찬가지로 만약 너희가 오랫동안 어리석은 나날을 보내며, 자신의 생활을 그릇된 방향으로 이끌었다면, 신의 손길이 곧 모든 것을 바로잡아 주기만을 기대해서는 안 된다.

존 러스킨

6

덕은 끊임없이 전진하며, 또 끊임없이 새롭게 출발한다. 칸트

7

비둘기의 온화함을 덕이라고 할 수는 없다. 비둘기가 이리보다 더 선한 것은 아니다. 덕 또는 덕을 향한 한 걸음은 노력이 시작될 때 비로소 시작된다.

8

만일 그편이 좋다면, 신은 우리 모두를 한 백성으로 만들었을 것이다. 하지만 신은 우리를 시험하고 있다. 너희가 어디에 있든 온 힘을 기울여 선을 향해 노력하라. 그러면 언젠가 신이 너희를 모두 하나로 맺어줄 날이 올 것이다. 《코란》

9

자기완성의 길 위에서 걸음을 멈춰서는 안 된다. 네가 자신의 영혼에 대해서보다 외부 세계에 대해 더 관심을 느끼는 순간, 자신이 걸음을 멈춘 것임을 알아야 한다. 세상은 네 옆을 지나가 버리고, 너는 멍하니 그 자리에 서 있게 된다.

5월 10일

1

진정으로 존재하는 것은 정신적인 것뿐이다. 육체적인 것은 모두 허상에 지나지 않는다.

2

아무도 두 주인[1]을 섬길 수는 없다. 한편을 미워하고 다른 편을 사랑하거나 한편을 존중하고 다른 편을 업신여기게 된다. 너희는 하느님과 재물을 아울러 섬길 수는 없다.

〈마태복음〉 제6장 24절

3

자신의 영혼과 세속적인 행복을 동시에 돌볼 수는 없다. 세속적인 행복을 바라거든 영혼을 거부하라. 만약 자신의 영혼을 지키고 싶거든 세속적인 행복을 부정하라. 그렇지 않으면 너는 분열만 되풀이하다 결국 하나도 얻지 못할 것이다.

에픽테토스

4

손으로 만질 수 있는 것만 존재한다고 생각하는 사람들이 있다면, 그들은 굉장히 무지한 자들이다.

플라톤

5

사람은 두 종류의 삶을 살 수 있다. 진실한 내면적인 삶과 허위의 외면적인 삶이다. 내면적인 삶은 사람이 단순히 외적인 자극과 겉모습만으로 살지 않고 모든 것 안에서 피안을, 즉 신을 보며, 자신의 생명이 자신의 만족을 위해 주어져 있는 것이 아님을 알고 신의 이름으로 자신에게 주어진 재능을 실천적으로 발휘하여 그것을 흙 속에 묻힌 채 두지 않는 것을 말한다.

고골

6

의무의 감정은 우리로 하여금 물질적 세계의 현실성을 느끼게 하고, 그 생활에 참여케 하지만, 동시에 우리를 그 세계에서 떼어놓고 우리에게 그 비현실성을 드러내 보여준다.

아미엘

1) 두 주인이란 정신과 육체를 말한다.(원주)

7

눈에 보이지 않고 손으로 만져지지도 않는 정신적인 것, 우리가 자신의 내부에서 자기 자신으로 의식하는 것, 오직 그것만이 현실이다. 눈에 보이고 손에 만져지는 것은 모두 우리의 감각기관이 만든 것이며 따라서 환영에 지나지 않는다.

8

육체의 가르침과 영혼의 가르침 두 가지가 있는데, 주의하여 육체의 가르침에서 멀어지도록 하라. 그것은 사람들을 노예상태로 이끄는 가르침이다. 육체를 위해서만 일하는 자는 머지않아 자신의 발목에 채워질 족쇄를 스스로 만들고 있는 것과 같다. 영혼의 생활을 잊고 감성적 생활을 좇는 자에게 화가 있으리니! 그것이 한 인간이든 전 국민이든 정신적 타락 끝에 완전히 육체적 욕망의 늪에 빠져 그 속에서 허송세월을 하는 자는, 결국 육체의 죽음과 함께 벌레에게 잔치를 제공할 준비를 하고 있는 것이다. 영혼의 가르침만이 자유와 생명과 구원을 준다. 영혼의 가르침에 의해서만 죽은 자도 새롭게 태어난다. 새롭게 태어나고자 하는 자, 모든 더러움과 해골로 가득 찬 낡은 세계의 무덤에서 탈출하려는 자는, 영혼의 목소리에 귀를 기울여라. 이 목소리가 어디서 오는지 알고 있는 사람은 아무도 없다. 왜냐하면 그것은 어떤 특정한 목소리가 아니기 때문이다. 이 목소리는 설교단에서도 들을 수 없고, 사람들이 들으나 마나 한 말을 들으려고 모여 있는 공개적인 모임에서도 들을 수 없다. 그것은 바로 들판을 가로지르는 바람 같은 것이어서 어느 누구도 그것이 여기서 일어났다, 저기서 일어났다 하고 말할 수 있는 성질의 것이 아니다. 또 이 목소리가 어디까지 미치는지 그것도 모른다. 오늘은 여기, 내일은 저기, 조심스러운 귀와 준비된 마음이 있는 곳이라면 어디서든 들을 수 있다. 또 그 목소리가, 그것을 향해 나를 이끌어 달라고 말하는 자를 어디까지 데리고 갈지도 알 수 없는 것이다. 라므네

9

본질적으로는 학문의 대상은 단 하나, 영혼의 여러 가지 양상과 그 변용이다. 그 밖의 모든 대상은 결국 이 하나에 귀착한다. 아미엘

10

나는 내 사상을 여러 사람에게 전할 수가 있다. 만일 그 속에 신성한 사랑과 예지의 힘이 있기만 하다면, 그 사상들은 바다를 건너 세계 방방곡곡을 뒤덮을 것이다. 내 사상은 나의 정신적인 분자이며, 따라서 내 몸은 특정한 시간에 항상 한곳에만 존재할 수 있지만, 내 사상은 동시에 수천 곳에 머물 수 있다.

루시 맬러리

11

자연은 원래 부정(不正)하다. 그런데 만약 우리가 자연의 산물이라면 어째서 우리는 그 자연의 부정에 불만을 느끼는 것일까? 어째서 결과가 원인에 반발하는 것일까? 그것은 인간의 어린애 같은 하찮은 허영심에서 나오는 반항일까? 아니다, 그것은 자기 자신을 자연에서 독립된 것으로 인정하고 무슨 일이 있어도 정의를 요구하는 존재인 우리의 마음 깊은 곳에서 솟구치는 외침이다. 하늘과 땅은 멸망할지라도 선은 존재해야 하며, 부정은 사라져야 한다. 그것이 전 인류의 의식이다. 정신은 자연에 종속될 수 없다.

아미엘

12

우리는 언제나 가장 알기 쉽고 가장 확실하게 존재하는 것은, 모양을 가지고 있는 것, 감각기관으로 확인할 수 있는 것이라고 느끼지만, 실제로는 그것이 가장 애매하고 이해하기 어려우며 모순에 찬 비현실적인 것이다.

5월 11일

1

완전성은 우리한테서 아득히 멀리 떨어져 있는 경지여서, 우리의 삶이 아무리 다르더라도 우리 각자의 완전성과의 거리는 모두 같다고 해도 무방하다.

2

완전성에 대한 관념을 가지지 않는 사람은, 있는 그대로의 현실에 만족하고 현실과 다투지 않으며, 그 현실이 그대로 정의이고 행복이며 아름다움이라고 믿

고 있다. 그런 사람에게는 아무런 진보도 없고 생명도 없다. 아미엘

3

개인의 경우도 국민의 경우도 마찬가지지만, 모든 완전성을 향한 추진력은 그 개인과 민족이 현재 가지고 있는 것에 대한 지식이 아니라 가질 수 있는 것에 대한 관념이다. 마티노

4

"인간은 약하니까 힘에 맞는 일을 시켜야 한다"고 사람들은 말한다. 그것은 마치 "나는 솜씨가 서툴러서 두 점 사이에 최단 거리인 직선을 그을 수 없다. 그러니까 직선을 그을 때에는 부담을 덜 수 있게 곡선이나 구불구불한 선을 본보기로 삼자"고 말하는 것과 같다.

손이 서툴면 서툴수록 나에게는 더욱더 완전한 본보기가 필요하다.

5

"하늘에 계신 아버지께서 완전하신 것같이 너희도 완전한 사람이 되어라."(〈마태복음〉 제5장 48절)

신의 완전성, 즉 모든 사람의 최고선(最高善)에 대한 이념이야말로 전 인류가 지향하는 궁극의 목표이다.

6

완전성에 대한 그리스도의 가르침은 인류를 이끌 수 있는 유일한 가르침이다.

그리스도의 가르침 속에 주어진 완전성의 이념을 외면적인 규범으로 바꿔치기하지 않고, 청정무구한 그 이념을 똑바로 응시하며, 무엇보다 그것을 믿지 않으면 안 된다.

해안에서 그리 멀지 않은 데서 헤엄치고 있는 자에게는 저 언덕, 저 곶, 저 해안을 따라 헤엄치라고 말할 수 있다. 그러나 해안에서 멀리 떨어진 곳을 항해하고 있는 자에게 지침이 될 수 있는 것은 오직 아득한 별과 나침반뿐이다. 우리에게는 그 두 가지가 다 주어져 있다.

7

아무리 타락한 사람이라도 항상 자신이 지향해야 하는 완전성만은 볼 수 있을 것이다.

5월 12일

1

삶은 죽음을 향한 끊임없는 접근이다. 따라서 삶은 죽음이 더 이상 악으로 생각되지 않을 때 비로소 행복한 것이 될 수 있다.

2

인생은 기껏해야 칠십 년, 근력이 좋아야 팔십 년, 그나마 거의가 고생과 슬픔에 젖은 것, 날아가듯 덧없이 사라지고 맙니다. 〈시편〉 제90장 10절

3

건강과 지력이 충실할 때, 우리는 인간의 일과 아주 하찮고 사소한 일상만 생각하고 신에 대해서는 생각하지 않는다. 마치 일상의 세속적인 의례와 습관이 우리에게, 신을 생각하는 것은 생각할 힘이 거의 남지 않아서 더 이상 어쩔 수 없다고 체념한 뒤에나 하라고 요구하고 있는 것처럼. 라브뤼예르

4

많은 사람들이 쇠사슬에 묶여 있는 광경을 상상해 보라. 그들은 모두 사형 선고를 받고 있고, 날마다 그들 가운데 몇 사람이 눈앞에서 죽어가고 있다. 이들이 죽어가는 모습을 보면서 자기 차례를 기다리고 있는 사람에게는 자신에게 다가오고 있는 운명이 보일 것이다.

이런 상황에 있을 때 사람은 어떻게 살아야 할 것인가? 과연 서로 때리고 괴롭히고 죽이고 해도 되는 것일까? 아무리 흉악한 강도들도 이런 상태에서는 서로 악을 행하지 않을 것이다. 그런데 인간은 모두 그러한 상태에 놓여 있다. 그런데도 그들은 도대체 무슨 짓을 하고 있는 것인가? 파스칼

5

우리는 중요한 지위에 있는 사람이 갑자기 쓰러져 이내 죽어가는 것을 보기도 하고, 또 어떤 사람이 매일 조금씩 소모되고 쇠약해지는 것을 알고, 언젠가 결국 죽어버리는 것을 보기도 한다. 이러한 충격적인 사건이 어느 누구의 관심도 끌지 못하고 어느 누구의 마음도 움직이지 못한 채 끝난다. 사람들은 그런 사람에 대해 꽃이 시들거나 잎이 떨어지는 것을 볼 때만큼의 관심도 기울이지 않는다. 단지 그 사람들이 남긴 지위를 부러워하며, 누군가가 벌써 그 자리에 앉았는지, 또 누가 그 자리를 차지했는지 그런 것만 알고 싶어 안달할 뿐이다. 라브뤼예르

6

'비가 오는 계절에는 여기서 살자. 여름에는 저 자리가 좋겠다.' 어리석은 자는 이렇게 생각하며 자신이 죽을 거라는 생각은 하지 않는다. 그러나 죽음은 별안간 찾아와, 악착같이 욕심을 좇아 정신없이 살고 있는 사람을 저세상으로 데려가 버린다.

우리에게 갑작스러운 죽음이 찾아왔을 때는 자식도 부모도 친척도 친구도, 어느 누구도 도와줄 수 없다. 그 사실을 똑똑히 깨닫고 안심입명(安心立命)의 길을 닦는 현자는 행복하도다. 부처의 가르침

7

사람은 태어날 때는 세상이 모두 내 것이라는 듯 주먹을 쥐고 있지만, 세상을 떠날 때는 "보아라, 이렇게 빈손으로 가지 않느냐?"고 하듯이 손바닥을 편다.

《탈무드》

8

어떤 부자가 밭에서 많은 소출을 얻게 되어 '이 곡식을 쌓아둘 곳이 없으니 어떻게 할까?' 하며 혼자 궁리하다가 "옳지! 좋은 수가 있다. 내 창고를 헐고 더 큰 것을 지어 거기에다 내 모든 곡식과 재산을 넣어두어야지. 그리고 내 영혼에게 말하리라. 영혼아, 많은 재산을 쌓아두었으니 너는 이제 몇 년 동안 걱정할 것 없다. 그러니 실컷 쉬고 먹고 마시며 즐겨라" 하고 말했다. 그러나 하느님께서는

"이 어리석은 자야, 바로 오늘 밤 네 영혼이 너에게서 떠나가리라. 그러니 네가 쌓아둔 것은 누구의 차지가 되겠느냐?" 하셨다. 〈누가복음〉 제12장 16~20절

9

'이 자식들은 내 것이다. 이 재산은 내 것이다.' 어리석은 자는 이렇게 생각한다. 그 자신이 이미 그의 것이 아닌데 어찌 자식과 재산이 그의 것일 수 있으랴.

부처의 가르침

10

우리는 눈가리개를 한 채, 겁도 없이 깊은 물을 향해 달리고 있는 것과 같다.

파스칼

11

지금 당장 이 세상에 작별을 고하지 않으면 안 되는 것처럼, 남겨진 시간을 뜻밖의 선물로 생각하고 살아라. 마르쿠스 아우렐리우스

12

너의 일생은 무한한 시간 속의 아주 짧은 한순간에 지나지 않는다. 그러므로 최선을 다해 그 짧은 일생 동안 할 수 있는 일을 다 하여라. 사이드 아마드 칸

13

우리는 이 세상에 살고 있는 것이 아니라 이 세상을 지나가고 있다는 사실을 기억하라.

이레째 읽을거리

병원에서의 죽음

이 글을 쓰고 있는 지금도, 다 죽어가는 한 폐병환자의 모습이 머리에 선명하

게 떠오른다. 거의 내 맞은편에 미하일로프라는 사람이 누워 있었다. 나는 이 미하일로프라는 사람에 대해 실은 잘 알지 못했다. 겨우 스물다섯 남짓한 젊은 청년으로, 키가 크고 호리호리한 체격에 무척 잘생겼다. 그는 혼자 독방에 수감되어 있었는데, 이상하리만치 말수가 적고, 늘 어딘가 차분하고 애수 띤 조용한 표정을 하고 있었다.

그는 감옥 속에서 시들어 말라가고 있었다. 적어도 그에 대한 좋은 기억을 가지고 있던 같은 죄수들은 나중에 그를 그렇게 평했다. 그가 무척 아름다운 눈을 가지고 있었던 것은 나도 기억한다. 그가 숨을 거둔 것은, 춥고 맑게 갠 날 오후 3시쯤이었다. 얼어붙은 녹색 유리창 너머로 강한 햇살이 비스듬하게 방 안에 비쳐 들고 있던 광경이 생각난다. 그 빛은 죽어가는 불쌍한 남자를 정면에서 비추고 있었다. 그는 의식을 잃은 채 몇 시간이나 괴로워하다가 죽어갔다. 아침나절부터 이미 그는 누가 옆에 와도 알아보지 못하고 있었다. 그가 무척 고통스러워하고 있다는 것을 안 우리는 어떻게든 그의 고통을 덜어주고 싶었다. 그는 괴로운 듯 깊은 숨을 몰아쉬며, 목을 그르렁거리고 있었다. 가슴은 더 많은 공기를 원하는 듯 높게 들썩였다. 그는 담요를 걷어차고 옷을 풀어 헤치더니, 나중에는 입고 있는 셔츠까지 벗으려고 했다. 뼈와 가죽만 남은 팔다리와 등에 거의 들러붙은 배, 부풀어 오른 가슴, 해골처럼 선명하게 갈비뼈를 드러낸 그 길고 긴 몸을 바라보는 것은 무서운 느낌이었다. 그가 몸에 걸치고 있는 것이라고 해야, 부적이 달린 나무십자가와 앙상한 다리가 마음대로 들락날락할 것처럼 헐렁한 족쇄뿐이었다. 그가 숨을 거두기 30분 전에는 모두들 왠지 조용해져서, 말을 할 때도 거의 소곤거리다시피 했고, 걸음을 걸을 때도 소리를 내지 않도록 조심했다. 모두들 말은 별로 하지 않고, 갈수록 심하게 목을 그르렁거리며 죽어가는 병자를 이따금 힐끔거릴 뿐이었다. 마침내 그는 그 앙상한 손을 더듬어 가슴 위의 부적을 움켜잡더니, 그것을 잡아 뜯으려고 했다. 마치 그 무게에 짓눌려 숨 쉬기가 괴롭다는 듯이. 누군가가 부적을 벗겨주었다. 10분 뒤에 그는 죽었다. 간수실 문을 두드려 그 사실을 알리자 간수 한 명이 와서, 공허한 눈으로 죽은 사람을 바라보더니, 곧 의무관에게 갔다. 이내 젊고 선량해 보이는 의무관이 나타났다. 그는 죽은 사람에게 다가가서, 아무렇게나 죽은 사람의 손목을 잡고 맥박을 짚어본 뒤, 한쪽 손을 저으며 나가버렸다. 곧 위병에게 보고가 들어갔다. 그 죄수는 독방에 수감된 중죄인이었기 때문에, 그의 사망을 확인하는 데도 특별한 절차가 필요했던 것이다.

위병을 기다리는 동안, 한 죄수가 조용한 목소리로, 죽은 자의 눈을 감겨주는 게 어떻겠느냐고 말했다. 고개를 끄덕이면서 그 말을 듣고 있던 또 한 사람의 죄수가 말없이 죽은 사람에게 다가가서 눈을 감겨주다가, 베개 밑에서 십자가를 발견했다. 그는 그것을 손에 들고 잠시 바라본 뒤, 말없이 그것을 원래대로 미하일로프의 목에 걸어주고 천천히 성호를 그었다. 그러는 동안에도 죽은 사람의 얼굴은 점점 경직되고 있었다. 햇빛이 그 얼굴 위에서 춤추고 있었고, 입은 반쯤 열려 있었다. 하얗고 튼튼한 두 줄의 치아가, 잇몸에 이어져 있는 얇은 입술 안쪽에서 빛나고 있었다. 곧 단검을 차고 헬멧을 쓴 위병 하사관이 찾아왔다. 그 뒤에 두 명의 간수도 따라 들어왔다. 위병 하사관은 천천히 다가오면서, 사방에서 조용하지만 험악한 눈길로 자신을 응시하고 있는 죄수들을 의심스러운 듯이 쳐다보았다. 죽은 자에게 한 걸음을 남겨둔 곳까지 왔을 때, 그는 마치 겁이라도 먹은 것처럼 딱 걸음을 멈췄다. 족쇄만 차고 있을 뿐 완전히 드러난 앙상한 시체가 그의 마음을 움직인 듯, 그는 누가 요구한 것도 아닌데 갑자기 턱 끈을 풀어 헬멧을 벗더니 크게 성호를 그었다. 거의 반백의 머리에 너무나도 군인다운 엄격한 얼굴이었다. 바로 그때, 역시 반백의 노인인 체크노프가 거기 서 있었던 것을 나는 기억하고 있다. 체크노프는 내내 말없이 하사관의 얼굴을 정면으로 바라보면서, 이상하리만치 긴장된 모습으로 그의 일거수일투족을 관찰하고 있었다. 두 사람의 시선이 한순간 부딪혔을 때, 체크노프는 왜 그런지 갑자기 아랫입술을 바르르 떨었다. 그는 그 아랫입술을 이상한 모습으로 일그러뜨리며 이를 드러내더니, 하사관에게 죽은 사람을 턱으로 가리키면서, 마치 자기도 모르는 사이에 입 밖에 튀어나온 것처럼 빠르게 말했다.

"이 사람에게도 역시 어머니가 있었겠지!"

그러고는 방에서 나갔다.

이윽고 시체를 내가기 위해, 그것을 다 같이 볏짚 매트와 함께 들어올렸다. 짚이 바스락거리는 소리와 함께, 족쇄의 부품이 바닥에 떨어져 쇠붙이 소리가 정적 속에 날카롭게 울려 퍼졌다. 부품은 치워졌고 시체는 운반되어 나갔다. 갑자기 모두들 큰 소리로 얘기하기 시작했다. 복도에서는 벌써, 하사관이 누군가에게 대장장이를 데려오라고 말하는 소리가 들려왔다. 죽은 사람의 족쇄를 풀어주기 위해.

도스토옙스키 《죽음의 집의 기록》에서

5월 13일

1

사람은 저마다 자기 자신을 위해 삶과 죽음의 의의에 관한 문제를 스스로 해결해야 한다.

2

군자는 모든 것을 자신에게서 찾고 소인은 모든 것을 남에게서 찾는다.

중국 금언

3

영혼은 배우지 않는다. 영혼은 다만 원래 알고 있는 것을 생각해 낼 따름이다.

다우드 알자히리

4

현자는 언제나 만물 가운데서 도움을 발견한다. 왜냐하면 그에게 주어진 재능의 본질은 모든 사물 가운데서 선을 이끌어 내는 데 있기 때문이다.

존 러스킨

5

정치적 승리, 수입의 증가, 너희 가운데의 병자의 회복, 멀리 갔던 벗의 귀가 같은 행운은 너희의 마음을 설레게 하고 너희에게 드디어 좋은 날이 온 것이라고 생각하게 한다. 그러나 그것을 믿어서는 안 된다. 너희 자신 외에 너희에게 평화를 가져다주는 것은 아무것도 없다.

에머슨

6

인생의 사명이라는 문제에 대한 해답을 바깥 세계에서 찾는 것은 소용없는 일이다. 너희의 모든 문제에 대한 해답은 너희 자신의 마음에 있다. 그러나 그것은 싹의 상태로 있으니, 너희는 선한 생활로 그 해답의 싹을 틔우지 않으면 안 된다. 그것만이 예지에 이르는 유일한 길이다. 루시 맬러리

7

벗을 찾아 헤매는 자는 가련하다. 왜냐하면 참으로 충실한 벗은 자신뿐이며, 밖에서 벗을 찾는 자는 자기 자신에게 참으로 충실한 벗일 수 없기 때문이다.

소로

8

누가 가르쳐 준 진리는 바로 의수요, 의족이요, 의치요, 밀랍이나 남의 살로 만들어 붙인 코처럼, 다만 너희에게 붙어 있을 따름이다. 그러나 자기 자신의 사색을 통해 얻어진 진리는 진짜 손발과 같은 것이다. 오직 그것만이 진짜 우리 것이다. 쇼펜하우어

9

사람이 삶과 죽음의 문제에 대해 남의 해답을, 이를테면 옛 현자들의 해답을 받아들인다 해도 그 해답의 선택과 승인은 어디까지나 그 사람 자신의 몫이다.

5월 14일

1

영혼의 신성을 의식하면 삶의 모든 재난도 두렵지 않게 된다.

2

우리는 영혼에는 신성이 있다는 것을 나는 알고 있다. 현재 내 안에 살고 있는 영혼의 놀라운 모든 특성들이, 언젠가 그대로 다른 육체에 깃드는지 어떤지 나는 말할 수 없고, 또 그것이 나의 이 육체에 깃들기 전에 실제로 내 육체가 더듬어 온 자연적인 역사를 거쳤는지 어떤지도 뭐라 말할 수 없다. 그러나 단 한 가지 내가 확신할 수 있는 것은, 그 모든 특성들은 '존재하기 시작한' 것이 아니

고, 내 육체가 병들면 함께 병드는 것도 아니며, 결코 무덤에도 묻히지 않고, 세상보다 먼저 존재하고 있었다는 사실이다. 그것이 나에게 믿음과 용기와 희망을 준다.

영혼은 모든 것을 알고 있다. 영혼은 어떤 것에도 놀라지 않는다. 누구도 영혼보다 위대할 수는 없다. 무서워하고 싶은 자는 무서워하라. 영혼은 자기 본원의 나라에 살며 공간을 초월하고 시간을 초월한다. 에머슨

3

신은 모든 사람들 속에 살고 있지만 모든 사람이 신 속에 살고 있는 것은 아니다. 여기에 사람들의 고뇌의 원인이 있다.

불이 없으면 등잔을 켤 수 없듯 신 없이 인간은 살 수 없다. 브라만의 가르침

4

너는 자신이 얌전하게 있으면 사람들이 너를 얕보지 않을까 걱정한다. 그러나 공정한 사람들은 그런 것으로 너를 얕볼 리가 없고, 공정하지 않은 사람은 그냥 내버려 두면 되지 않는가. 그들의 말에는 귀 기울일 필요가 없다. 솜씨 좋은 목수는 가구에 대해 아무것도 모르는 사람이 자신의 솜씨를 인정하지 않는다고 한탄하지 않는다.

나쁜 사람들이 너를 해칠지 모른다고 걱정하지 말라. 과연 네 영혼을 해칠 수 있는 자가 있을까? 무엇을 두려워한단 말인가?

나는 나를 해칠 수 있다고 생각하고 있는 자를 속으로 비웃는다. 그들은 내가 누구라는 것도, 내가 선과 악이 어디에 있다고 생각하고 있는지도 모른다. 그들은 자신들이 진정으로 내 것이며 내 삶의 근원을 이루는 것에는 손가락 하나 까딱할 수 없다는 사실을 모르고 있다. 에픽테토스

5

이 세상의 모든 것은 내 것이다. 창조도 파괴도 내 생각에 따라 일어난다. 세상은 다만 껍데기일 뿐이고 그 핵심은 바로 나다. 그런 내가 티끌이 티끌로 돌아가는 것을 어찌 두려워할 필요가 있으랴. 나는 티끌이 아니다. 그러니 신에게 복

종하며 평안하게 이 세상에서 살라. 페르시아 격언

6

이성은 묻는다, "어떻게? 왜?" 하고. 그러나 사랑은 "내가 사랑이다" 하고 말할 뿐이다. 그리하여 물음에 대답하지 않고도 묻는 자를 충분히 만족시킨다.

7

그 누구도 그 무엇도 두려워하지 말라. 네 속에 있는 가장 귀중한 것은 누구에게도 무엇에도 손상될 리가 없다.

5월 15일

1

정직이 곧 선행이라고 말할 수는 없지만 적어도 죄가 없다는 것을 의미한다.

2

진리는 비웃음에 의해 상처받지는 않는다. 그러나 비웃는 자들 속에서 진리는 그 성장을 멈춘다. 루시 맬러리

3

가장 평범하고 가장 광범한 거짓말의 원인은 남을 속이겠다는 욕망이 아니라, 자기 자신을 속이려는 욕망이다. 이 거짓말이 무엇보다 나쁜 거짓말이다.

4

미망에 이르는 길은 무수히 많고, 진리에 이르는 길은 오직 한 길뿐이다.

루소

5

진리가 자신의 죄를 폭로하지 않을까 두려워하는 것보다 불행한 일은 없다.

파스칼

6

우리는 오직 자명한 진리만을 실현시켜야 한다. 공자

7

거짓말은 반드시 또 다른 거짓말을 부른다. 레싱

8

진실을 말하기는 참으로 쉬운 것 같지만, 실제로 그렇게 하기 위해서는 엄청난 정신적 노력이 필요하다. 인간의 정직도는 그 도덕적 완성의 지표이다.

9

정직은 어디서나 통용되는 유일한 화폐이다. 중국 속담

10

정직하라. 그 속에 설득과 덕행의 비결이 있고, 정신적 영향력의 원천이 있으며, 예술과 인생의 최고 규범이 있다. 아미엘

11

세상에는, 경우에 따라서는 진실을 잠시 외면해도 괜찮을 때가 있다고 하는 잘못된 생각을 종종 볼 수 있다.

아무리 작은 허위라도 그 내용과 밖으로 미치는 영향은, 진실을 말할 때의 어색하고 불쾌한 기분보다 훨씬 나쁜 것이다.

5월 16일

1

인류는 여태까지 종교 없이는 산 적이 없었고 또 살 수도 없다.

2

현대의 학자들은 종교는 아무 쓸모도 없는 것이며, 과학이 그것을 대치하게

될 거라고, 또는 이미 대신하고 있다고 단정하고 있지만, 실제로는 옛날이나 지금이나, 단 하나의 인간 사회도 단 한 명의 이성적인 인간도(이성적인 인간이라고 분명히 못 박는다. 왜냐하면 이성을 갖추지 않은 인간은 동물과 마찬가지로 종교가 없어도 살아갈 수 있기 때문이다), 종교 없이 살았던 적은 한 번도 없었고, 살아갈 수도 없다.

이성적 인간이 종교 없이 살 수 없는 까닭은, 종교야말로 그에게, 자신과 자신이 그 안에 사는 무한한 세계의 관계에 대해 이해할 수 있게 하고, 나아가서는 그 이해를 통해 그의 행동에 방향을 제시해 주기 때문이다.

꿀을 따는 꿀벌은, 꿀을 따는 것이 좋은 건지 나쁜 건지에 대해서는 전혀 생각하지 않는다. 그러나 인간은 곡물과 과일을 수확할 때, 그 수확이 앞으로 그들의 성장을 망치게 되지는 않을까, 이웃이 먹을 것을 빼앗는 것은 아닐까 하는 생각을 하게 된다. 또 자신이 이렇게 먹이고 키우고 있는 아이들이 장차 어떤 사람이 될지, 그 밖에도 많은 것을 생각하지 않을 수 없다. 아무리 이성적인 인간이라도, 인생의 가장 중대한 행위에 대한 문제를 철저하게 해결할 수 없는 것은, 자신의 행위에서 생기는 모든 결과를 예상해 보아야 하기 때문이다. 이성적인 인간이라면 모두, 만약 자신이 인생의 가장 중대한 문제에서 개인적인 감정에 사로잡히거나, 눈앞의 결과만을 보고 행동하면, 거기서 발생되는 여러 가지 결과가 종종 모순에 찬 것, 즉 자신에게나 남에게 좋은 일이기도 하고 나쁜 일이기도 한 경우가 있기 때문에, 결코 그래서는 안 된다는 것을, 설사 알지는 못하더라도 느끼고는 있다.

그래서 이성적인 인간은 동물과 같은 규범으로 행동할 수는 없다. 인간은 그날그날을 사는 동물들 속에서 자기도 한낱 동물에 불과하다고 생각할 수도 있지만, 또 가족의 일원, 사회의 일원, 몇 세기 동안 이어져 내려온 민족의 일원으로 생각할 수도 있고, 나아가서는 무한한 시간을 사는 무한한 세계의 일부라고도 생각할 수 있으며, 또 반드시 그렇게 생각해야 한다(왜냐하면 이성이 어쩔 수 없이 그렇게 생각하게 하기 때문이다). 그래서 이성적인 인간은, 인생에서 눈앞에 보이는 현상에 대한 관계뿐만 아니라, 무한한 시간과 공간의 세계 전체를 하나로 보고, 거기에 대한 자신의 관계를 정립하지 않으면 안 되며, 또 언제나 그렇게 해왔다. 그러한, 인간이 자신을 그 일부로 느끼는 무한한 전체자와 인간의 관계 정립과, 그 정립된 관계에서 나오는 행동의 지침이 바로 종교라고 불려왔고, 지금도 불리고 있는 것이다.

그래서 이성적인 인간 내지 이성적인 인류에게 종교는 항상 존재했고, 또 반드시 필요한 생활의 조건으로서 절대적으로 존재해야만 한다.

3

인간의 내부에 종교적 감정이 강하면 강할수록 그에게 '진정으로 있어야 할 것'의 관념이 더욱 명백해지고 행동의 지침도 더욱 확고해진다.

반대로 종교적 감정을 가지지 않거나 조금밖에 가지지 않은 사람들은 이미 있었던 것, 즉 과거의 유물과 전승 등을 행동의 기준으로 삼고 있으며, 사람들은 그들을 종교적이라고 부르고 있다. 그러나 참으로 종교적인 사람은 과거의 나쁜 습관을 버리고 오직 진정으로 있어야 하는 것만 따르기 때문에 사람들의 눈에 오히려 종종 무신론자로 비치는 것이다.

4

결투, 전쟁, 자살 같은 터무니없는 것을 위해 모든 것을, 심지어는 목숨까지도 희생하는 사람들은 자주 보지만, 진리를 위해서 생명을 바치는 사람들은 좀처럼 보기 드물다. 이것은 세상으로부터 칭찬을 받거나 부추김을 받아 머리가 이상해지면, 특별히 신념 같은 것이 없어도 목숨을 버리기는 쉬운 일이지만, 세상을 거슬러 죽음을 각오할 만큼 굳게 진리를 믿는 것은 매우 어려운 일이기 때문이다.

5

무도장에서 귀를 막고 있으면, 이내 정신병원에 있는 것 같은 기분이 든다. 종교적 의식을 상실한 인간에게는 인류의 모든 종교적 행위가 이와 똑같은 인상을 줄 것이다. 그러나 자기 자신을 인류의 법칙 밖에 놓고 자기 자신을 누구보다 올바르다고 생각하는 것은 더욱 위험한 발상이다. 아미엘

6

사람들은 종교가 이미 사람들에 대한 지배력을 잃었다고 자주 이야기한다. 그러나 그것은 사실이 아니며 사실일 리도 없다. 그것은 그렇게 생각하는 사람들이 종교적 감정을 상실한 특정한 계급의 사람들만 관찰하고 있는 데서 생기는 것이다.

7

어떤 사람이 불행한 생활을 하고 있다면 그 원인은 단 한 가지, 신앙심이 부족해서이다. 그것은 사회 전체에 있어서도 마찬가지이다.

5월 17일

1

아시시의 성 프란체스코의 말에 따르면 완전한 기쁨은, 부당한 비난을 참고 거기에서 오는 육체적 고통을 견뎌내며, 그 비난과 고통을 가져다준 자에게 적의를 품지 않는 데에 있다. 그런 완전한 기쁨은 사람들의 악도 자기 자신의 육체적 고통도 결코 파괴할 수 없는 진정한 신앙과 사랑의 의식 속에 있다.

2

너희는 일부러 남들이 보는 앞에서 선행을 하는 일이 없도록 하여라. 그렇지 않으면 하늘에 계신 아버지에게서 아무런 상도 받지 못한다. 자선을 베풀 때에는 위선자들이 칭찬을 받으려고 회당과 거리에서 하듯이 스스로 나팔을 불지 마라. 나는 분명히 말한다. 그들은 이미 받을 상을 다 받았다.

〈마태복음〉 제6장 1~2절

3

선행 때문에 비난을 받아도 슬퍼하지 않고 오히려 그것을 기뻐하는 것은, 그 무엇보다 숭고하다.

마르쿠스 아우렐리우스

4

사람들이 알아주거나 이해해 주지 않더라도 그것을 슬퍼하지 않는 것, 이것이야말로 참으로 선덕이 있는 사람의 특징이다. 중국 금언

5

욕을 하고 모욕을 주거든 기뻐하라. 칭찬을 하고 추켜세우면 두려워하고 슬퍼하라.

6

변명할 수도 없는 비방과 모함을 받는 것은 선을 배우는 가장 좋은 공부이다.

7

사람을 만날 때, 그들로부터 인정과 칭찬이 아니라, 자신을 단련하고 자신의 오만함을 없애기 위해, 오히려 매도와 굴욕과 억울한 모함을 기대하는 습관을 길러라.

8

광신과 같은, 사람들의 비난과 공격을 불러일으키는 행동은, 그것이 사람들의 나쁜 행동을 유발한다는 점에서는 잘못된 것이지만, 한편으로 신과 이웃에 대한 자신의 사랑의 유일한 시금석이 될 수 있다는 점에서, 긍정적이고 바람직한 것이라고 할 수 있다.

5월 18일

1

자기 영혼의 신성에 대한 의식이 우리에게 힘을 준다고 말해서는 안 된다. 이 의식은 우리를, 강하다거나 약하다는 관념조차 없는, 즉 힘에 대한 관념이 없는 높은 경지로 끌어올려 준다.

2

자신의 영혼을 정화하고 의심에서 해방된 사람들에게 하늘은 땅보다 가깝다.

육체의 모든 감각으로 얻을 수 있는 모든 지식을 가지고 있다 해도, 만약 그들이 사물의 참다운 본질을 모른다면 그 지식 속에서 아무런 유익함도 찾지 못할 것이다.

온갖 사물에 대한 참다운 지식은, 그 속에 사물 자체로서의 참다운 본질이 숨어 있음을 스스로 깨닫는 것이다. 인도의 《쿠랄》

3

영혼에 있어서, 참으로 존재하는 것을 인식하는 것 외에 탄생의 길이 있다고는 생각하지 않는 것이 좋다. 그 인식으로 가는 길에 발을 들여놓은 자는 다시는 후퇴하지 않는다. 인도의 《쿠랄》

4

인간은 강한 존재이며, 자기 내부에 있는 영혼의 힘을 아는 자, 자기 밖에서 힘을 찾을 때는 무력한 존재가 되어버린다는 것을 아는 사람은, 자신의 육체와 영혼을 통제함으로써 진정한 지배자가 되어, 한눈팔지 않고 전진해 목표를 달성한다. 그는, 자신의 두 발로 힘차게 서 있기 때문에 당연히 땅바닥에 쓰러진 자보다 강한 사람과 같다. 에머슨

5

어떻게 신을 알고 있느냐고 묻거든 신이 내 마음속에 살고 있기 때문이라고 대답하라. 만일 그렇지 않다면 인간은 완전히 구원받을 수 없는 존재가 되고 만다. 이 시공을 초월한 존재자를 육체의 눈이 아니라 마음의 눈으로 보라. 자기 자신을 모르는 자가 어찌 신을 알 수 있겠는가. 진정으로 자신을 아는 것이 바로 신을 아는 것이다. 페르시아 격언

6

네가 신과 하나가 될 때 누가 너에게 나쁜 짓을 할 수 있겠는가? 또 누가 너

보다 강력할 수 있겠는가? 그 신과의 합일은 너에게도 가능한 일이다.

7

우리는 다음과 같은 것을 알고 있다. 또는 알고 싶은 마음만 있으면 알 수 있다. 즉 인간의 마음, 인간의 양심에는 신성이 있다는 것, 악을 거부하고 선을 받아들임으로써 인간 자신이 신이 된다는 것, 사랑으로 인한 인간의 기쁨, 분노로 인한 인간의 괴로움, 부정을 볼 때의 인간의 분노, 자기희생을 완수했을 때 스스로 느끼는 영광 같은 것은 모두 인간과 최고의 주인 신의 합일을 흔들림 없이 영원히 증명해 주고 있다는 것, 바로 그것이다.

존 러스킨

8

자신의 영혼에 깃든 신의 존재를 인정하고 그것에 의해 살고 있는 자는, 자신의 행복에 필요한 모든 것을 가지고 있다.

5월 19일

1

모든 신앙의 근본은 오직 한 가지이다.

2

의심할 나위 없이 신성의 현현(顯現)인 것이 하나 있다. 그것은 사람이 자신 속에 그 존재를 느끼고 인정함으로써, 다른 사람들과 아무 조건 없이 일치하지 않을 수 없게 되는 선의 법칙이다.

3

사람들은 장사를 하고, 계약을 맺고, 전쟁과 학문과 예술에 종사하고 있는 것처럼 보이지만, 실은 겉으로만 그렇게 보이고 있을 뿐이다. 그들에게 가장 중요하고 또 그들이 유일하게 실제로 하고 있는 것은, 자기 삶의 바탕이 되고 있는 도덕률을 깨닫는 것이다. 그것만이 그들에게 가장 중요하고 유일한 일이다.

4

어떤 사람이 현자에게 물었다.

"행복을 위해 평생 지켜가야 할 말씀이 있습니까?"

현자가 대답했다. "서(恕)라고 하는 말이 있다. 자기가 원하지 않는 것은 남에게도 하지 말라는 의미이다."

중국 금언

5

내가 오늘 너희에게 내리는 이 법은 너희로서 엄두도 내지 못할 일이거나 미치지 못할 일은 아니다. 그것은 하늘에 있는 것이 아니다. "누가 하늘에 올라가서 그 법을 내려다 주지 않으려나? 그러면 우리가 듣고 그대로 할 터인데" 하고 말하지 마라. 바다 건너 저쪽에 있는 것도 아니다. "누가 이 바다를 건너가서 그 법을 가져다주지 않으려나? 그러면 우리가 듣고 그대로 할 터인데" 하고 말하지도 마라. 그것은 너희와 아주 가까운 곳에 있다. 너희 입에 있고 너희 마음에 있어서 하려고만 하면 언제든지 할 수 있는 것이다.

〈신명기〉 제30장 11~14절

6

누구에게나 "나처럼 행동하라"고 말할 수 있도록 행동하라.

칸트

7

우리의 의무의 원천은 신에게 있다. 우리의 의무의 규정은 신의 율법에 들어 있다. 그 율법을 끊임없이 탐구하고 실천하는 것, 그것이 인류에게 지워진 사명이다.

주세페 마치니

8

자연 속에서 관찰되는 지혜, 우리를 자극해서 해야 할 일을 하고 나쁜 짓을 제지하는 자연의 지혜가 법칙인 것은, 그것이 책에 씌어 있기 때문이 아니라, 인간의 이성과 마찬가지로 영원한 신의 법칙이기 때문이다. 그러므로 우리에게 행위를 명령하거나 금하는 참으로 영원불변한 법칙은 최고의 존재자의 이성, 바로 그것이다.

9

사람들과 갈등이 있을 때마다 상호법칙(相互法則), 즉 "남이 나에게 해주기를 바라는 것을 남에게도 행하라"는 법칙을 떠올려라. 그것은 곧 습관이 될 것이다.

이레째 읽을거리

폭력의 법칙과 사랑의 법칙

그리스도교도는 폭력을 사용해서는 안 된다. "누구든지 네 오른뺨을 치거든 왼뺨도 돌려 대라." 이 말의 의미는, 누가 나를 때리면 이쪽에서도 같이 때려줄 것이 아니라 잠자코 그에게 뺨을 대주라는 얘기다. 그것이 그리스도교도에게는 신의 법칙이다. 누가 폭력을 휘두르든, 또 어떤 이유로 그러든 그것은 어디까지나 악이다. 그것은 바로 살인이나 간음을 누가 어떤 이유로 저지르든, 한 사람이 저지르든 백만 명이 저지르든, 어디까지나 악이라는 것과 같다. 왜냐하면 모든 사람은 신 앞에 평등하기 때문이며, 신의 계율은 때와 장소에 따라 여러 가지 예외와 주석과 변명을 만들어 놓은 인간의 계율과는 다르기 때문이다.

신의 계율은 모든 사람에게 단 하나뿐이다. 왜냐하면 우리 속에 깃든 영혼은 모두 같은 영혼이기 때문이다. 그리스도교도는 피치 못할 경우, 살인을 하기보다는 차라리 살해당하는 편이 낫고, 폭력을 휘두르기보다는 폭력을 당하는 편이 낫다. 만약 사람들한테서 모욕을 당하면, 그리스도교도인 나 자신도 남에게 모욕을 준 적이 있으므로, 그 일을 반성하고 회개하라는 뜻에서 신이 이런 식으로 시련을 주는 것이니 좋은 일이라고 생각해야 한다. 또 내가 정의를 실천하고 있는데도 박해를 받는다면, 그것은 더더욱 좋은 일이다. 왜냐하면 그것에 의해 나는, 생명과 빛과 자유를 위해 싸운 선인의 대열에 들어서게 되기 때문이다. 악으로 자신의 영혼을 구원할 수는 없고, 악의 길을 통해 선에 도달하는 것은 집에서 멀어지면서 집에 도착하기를 바라는 것과 마찬가지로 불가능한 일이다. 악마는 악마를 쫓아낼 수 없고, 악은 악에 의해 극복되지 않는다. 그렇게 하면 악은 더욱더 쌓여가서 갈수록 그 힘이 강력해질 것이다. 악은 오로지 악과 반대되는 정신, 정의와 선을 통해서만 극복될 수 있다. 그러므로 악은 선을 통해서, 선과 인내와 고뇌를 통해 뿌리 뽑아야만 한다.

그러나 사람들은 그리스도교의 법칙, 즉 깨달음과 겸양과 자기희생과 관용과 형제애의 법칙에 따라 살지 않고, 약육강식의 동물적 본능, 짐승의 본능을 좇아 살고 있다. 상대에게 악을 행하려는 것이 아니라 불행에서 벗어나게 해줄 목적으로, 이를테면 열병환자와 주정뱅이나 미치광이, 어리석은 어린이를 다스리기 위한 강제는 허용해도 된다. 그러한 강제는 필요악으로서 참고 용서하고 인정해도 되지만, 그렇다고 그것을 찬미해서는 안 된다. 짐승의 본능을 모든 사람의 법칙으로 공공연하게 도입하여, 마치 신의 법칙인 것처럼 찬미하면, 그것은 이성적인 사람들에게, 특히 그리스도교도에게는 이미 자연을 거스르는 것이고, 그리스도에 대한 반역, 그리스도의 정신에 대한 비방이며, 용서할 수 없는 죄악이다.

그리스도와 반그리스도는 오랜 옛날부터 대립하는 두 개의 힘으로 존재해 왔다. 그리스도를 따라 산다는 것은, 인간답게 살고, 인간을 사랑하고, 선을 행하고 선으로 악을 갚는 길이다. 반그리스도에 따라 사는 것은 야수처럼 살고, 자기만 사랑하며, 악에 대해서도 선에 대해서도 악으로 갚는 길이다. 우리가 일상생활에서 그리스도를 따라 살려고 노력하면 할수록, 사람들의 사랑과 행복은 커질 것이다. 반대로 반그리스도의 가르침을 고집하면 할수록, 사람들의 생활은 불행해진다. 악으로 악을 갚지 말라는 가르침은 우리 앞에 두 개의 길이 있음을 똑똑히 가르쳐 준다. 즉 하나는 진리의 길, 그리스도의 길, 성실한 사상과 감정의 길, 즉 생명의 길이며, 또 하나는 허위의 길, 악마의 길, 모든 위선의 길, 즉 죽음의 길이다. 설사 악에 대한 무저항이라는 십자가를 지는 것이 아무리 두렵고, 또 내 몸을 악의 희생으로 바치는 것이 아무리 무서워도, 우리는 어디에 선의 길이 있고 구원의 길이 있는지 다 알고 있지 않은가? 그러니 끝까지 힘을 다해 그 길을 나아가야 하지 않겠는가? 우리는 절대로 벽에 부딪친 것이 아니며, 내 앞에 길이 있고 빛이 있다는 것을 알고, 그 길을 깨달음의 빛으로 비춰야 하지 않겠는가?

그러나 폭력으로 악에 저항하지 않는다는 것은, 자신과 남들의 생명과 노동을 지키는 것을 포기해야 한다는 것이 아니라, 그것을 지키려면 폭력 이외의 방법, 이성에 반하지 않는 방법으로 해야 한다는 얘기다. 자신과 이웃의 생명과 노동을 지키기 위해서는, 우리에게 다가오는 악인의 마음속에 선량한 감정을 환기

시키도록 노력해야 하며, 그러기 위해서는 우리 자신이 선량하고 지혜로워야 한다. 이를테면 어떤 사람이 어떤 사람을 죽이려는 것을 보았을 때 내가 할 수 있는 최선의 길은, 자신이 살해당하려는 사람을 대신하여 자신의 몸으로 그를 보호하고, 가능하면 그 사람을 구출해서 안전한 장소로 데리고 가는 것이니, 이를테면 불이 나서 타 죽어가는 사람과 물에 빠져 죽어가는 사람을 살리는 것과 같으며, 자신이 죽느냐, 상대를 구하느냐 둘 중의 하나가 된다. 가령 나 자신이 길을 잃고 헤매는 죄인으로서 그것을 실행할 힘이 없다고 해도, 폭력행위와 그 변호를 통해 자신 속의 야수를 부추겨서, 세상에 혼란을 가져다줄 권리는 나에게 없는 것이다. 부카

5월 20일

1

동물적 존재로서의 인간에게는 원래 자유에 대해 운운할 여지조차 없다. 그의 모든 삶은 인과율에 속박되어 있다. 그러나 인간이 만약 자신을 정신적인 존재로 생각한다면, 그에게는 부자유 같은 것은 있을 수 없다. 부자유라는 관념은 인간의 이성과 자각과 사랑이 나타나는 곳에는 적용될 수 없는 것이다.

2

네 오성(悟性)은 그 속에 생명의 특질을 지니고 있다. 만약 네가 그것을 왜곡하여 육체에 대한 봉사에 이용하지 않는다면, 그 오성은 너를 자유롭게 해주는 것임을 잊어서는 안 된다. 오성의 빛을 받으며, 그 빛을 흐리게 하는 욕심과 번뇌에서 벗어난 사람의 영혼은 참으로 견고한 성채와 같아서, 인간에게 이보다 안전하고 이보다 악을 물리칠 수 있는 피난처는 없다. 그것을 모르는 자는 장님이며, 알고도 그 성채로 들어가지 않는 자는 불행한 사람이다.

마르쿠스 아우렐리우스

3

그러면 너희는 진리를 알게 될 것이며 진리가 너희를 자유롭게 할 것이다.

〈요한복음〉 제8장 32절

4

물질적 자연에는 악이 존재하지 않지만, 선에 대한 의식과 선과 악을 선택할 자유의지가 주어진 인간에게는 악이 존재한다. 마르쿠스 아우렐리우스

5

자유로운 사람이란, 모든 것이 그가 원하는 대로 되는 사람을 가리킨다. 그러나 그것은 그가 뭔가를 생각하면 반드시 이루어진다는 뜻은 절대로 아니다. 이를테면 읽고 쓰기만 할 줄 알아도 우리는 생각한 대로 글로 쓰고 말로 표현할 수 있지만, 비록 자기 이름조차 자기가 멋대로 만들어 낸 문자로 쓸 수는 없다. 그랬다가는 언제까지나 이름 석 자도 제대로 쓰지 못하게 된다. 즉 정말로 필요한 문자를, 정말로 필요한 순서에 따라 쓰려고 하지 않으면 안 되는 것이다. 무슨 일에 있어서든 다 그러하니, 만약 우리가 머리에 떠오른 대로 제멋대로 하고자 한다면 아무것도 배우지 못할 것이다. 즉 자유로운 인간이 되려면 머리에 떠오른 것이면 무엇이나 원해서는 안 되며, 오히려 자유로운 인간은 자신에게 일어나는 모든 것을 받아들이고, 모든 것에 순응하는 것을 배우지 않으면 안 된다. 왜냐하면 인간에게 일어나는 일은 모두 온 세상을 다스리는 자, 즉 지고한 신의 뜻에 따라 일어나기 때문이다. 에픽테토스

6

우리는 우리의 의지가 자유롭다는 것을, 일어나고 있는 모든 것에는 원인이 있다는 것보다 훨씬 더 똑똑히 의식하고 있다. 하지만 이 명제를 뒤집어 "우리가 가진 인과율의 관념은 크게 잘못된 것이 아닐까? 만일 그 관념이 옳다면 우리의 의지는 자유로울 리가 없으니까"라고 말해서는 안 되는 것일까?

리히텐베르크

7

덕이 높다는 것은 정신이 자유롭다는 것을 뜻한다. 끊임없이 누군가에게 화를 내고 끊임없이 무언가를 두려워하고 욕망에 빠지는 자는 마음이 자유로울 수 없다. 공자

8

자유를 부정하는 사람은 빛을 부정하는 장님과 같다. 그들은 인간의 자유로운 세계를 모르는 것이다.

5월 21일

1

선을 믿기 위해서는 먼저 선을 실천해야 한다.

2

지나가는 나날을 선행으로 장식하라.

3

매일 아침 눈을 뜨자마자, 오늘도 단 한 사람이라도 기쁘게 해줄 수 있기를 기원하는 것보다 좋은 일은 없다.

니체

4

선행은 우리의 의무이다. 이것을 자주 실천하면 결국 자신이 선을 베푼 사람을 진정으로 사랑하게 된다. "네 이웃을 네 몸같이 사랑하라"는 말은 먼저 이웃을 사랑해야 하고 그런 뒤에 그 사랑의 결과로서 그에게 선을 베풀어야 한다는 의미가 아니다. 우리는 이웃에게 선을 베풀어야 한다. 그러면 우리의 그 행위가 선을 지향하는 그 행위의 결과인 인류에 대한 사랑을 네 가슴속에 일깨워 줄 것이다.

칸트

5

선의는, 그것이 베풀어지는 대상에 의해서가 아니라, 다시 말해 무언가의 목적을 달성하는 데 도움이 되어서가 아니라, 그 자체만으로 이미 선이다. 그 자체만으로 인식된 선의에는 그것을 통해 언젠가 누군가를 위해, 또는 모든 사람들을 위해서도 이루어질 수 있는 어떠한 것보다 비교할 수 없는 높은 가치가 있다. 설사 특별히 운이 나빠서 또는 능력이 너무 부족해서, 그 같은 의지가 자신의 의도를 전혀 실현시키지 못하더라도, 또 아무리 노력해도 아무것도 행하지 못하고 그저 선의에 머무른다 하더라도(물론 그것이 단순하고 헛된 소망이 아니라 우리의 힘이 미치는 범위 안의 모든 수단을 다하는 것으로서), 역시 그 같은 의지는 값진 보석처럼, 그 자체가 지극히 큰 가치를 간직한 그 어떤 것처럼, 내면적인 광채를 보여줄 것이다. 칸트

6

어느 누구도 선을 행하지 않는 한, 선에 대한 이념을 가질 수 없다. 또 어느 누구도 희생적으로 몇 번이고 선을 행하기 전에는 진실로 선을 사랑할 수 없다. 어느 누구도 끊임없이 선을 행하지 않으면 그 속에서 안정을 찾아낼 수 없다.

마티노

7

비록 조그만 악일지라도 이웃에게 악을 행했을 때는, 그것을 큰 잘못으로 생각하라. 그러나 남에게 큰 선을 베풀었을 때는, 그것을 보잘것없는 것으로 생각하고 남이 너에게 베푼 작은 선은 큰 은혜로 생각하라.

8

신의 축복은 가난한 사람을 돕고 베푸는 자에게 내린다. 그때 가난한 사람을 친절하게 맞이하고 친절하게 보내는 자는 곱절의 축복을 누린다. 《탈무드》

9

선을 행하면서 그럴 수 있는 것에 감사하라.

10

자신의 한평생을 남의 행복을 위해 바치고 전력을 기울여 그들에게 봉사하는 것이 네 의무라는 것을 똑똑히 깨닫고 깊이 명심하라. 그리고 그것을 말없이 실천하라. 존 러스킨

11

사냥꾼이 사냥감을 찾듯 선을 행할 기회를 찾을 것까지는 없지만, 최소한 주어진 기회를 놓쳐서는 안 된다.

5월 22일

1

그 가장 큰 변화를 포함한 자연계의 모든 변화는 깨닫지 못하는 사이에 서서히 이루어지는 것이지, 결코 돌발적으로 이루어지는 것이 아니다.

정신생활도 이와 마찬가지이다.

2

무릇 참다운 사상, 살아 있는 사상은, 기르는 힘과 변화하는 힘을 갖고 있다는 특징이 있다. 그러나 그 변화는 서서히 나무처럼 변하는 것이지 구름처럼 쉽게 변하는 것이 아니다.

존 러스킨

3

진정으로 위대한 사업은 모두 서서히 눈에 띄지 않게 달성된다.

세네카

4

개개의 인간과 각 사회가 모든 시대에 걸치는 완전성에 도달하는 일은 절대로 없다. 왜냐하면 모든 시대에는 그 시대마다의 독자적인 완전성이 있기 때문이다.

루시 맬러리

5

인생은 영혼의 탄생이어야 한다. 동물적인 것이 인간화되고, 육체가 정신으로 거듭나고, 육체적 활동이 양초가 빛과 열로 바뀌듯 사상으로, 의식으로, 이성으로, 정의로, 관용으로 바뀌지 않으면 안 된다. 이 숭고한 연금술은 지상에서의 우리의 존재를 정당화한다. 여기에 우리의 사명이 있고 우리의 존엄성이 있다.

아미엘

6

속에 병아리를 품고 있는 달걀을 깰 때는 그 병아리의 목숨에 미치는 위태로움을 감수해야 하듯, 사람도 다른 사람의 영혼에 미치는 위험을 감수하지 않고는 자유롭게 할 수 없다. 모든 영혼은 일정한 단계까지 성장하면 스스로 자신의 쇠사슬을 끊는다. 루시 맬러리

7

생명은 끊임없는 기적이다. 생명의 성장이 무엇인지 아는 것은 자연계의 가장 신비로운 비밀을 아는 것이다. 루시 맬러리

8

자신은 성공했다는 생각만큼 도덕적 완성에 해로운 것은 없다.

다행히도 진정한 도덕적 성장의 길은 눈에 띄지 않게 완성되므로, 인간은 오랜 시간이 지난 뒤가 아니면 자신이 그토록 성장했다는 것을 깨닫지 못한다.

네가 만약 자신이 완성되어 가고 있다고 생각한다면, 그것을 확실하게 느낀다면, 그것은 네가 미혹에 빠져 있다는 증거요, 정지하고 있거나 뒷걸음질치고 있다는 증거라는 것을 알라.

5월 23일

1

적은 것에 길들면 길들수록 우리는 가난을 두려워하지 않게 된다.

2

절제는 결코 '힘의 억제'를 뜻하는 것이 아니며, 또 선의 정지, 사랑과 신앙의 정지를 뜻하지 않는다. 오히려 그것은 인간에게 자신이 악이라고 생각하는 것을 행하지 않도록 억제하는 정신력의 발현이다. 존 러스킨

3

연기가 벌을 벌집에서 쫓아내듯 식탐은 정신적인 신의 선물과 지성을 쫓아낸

다. 성 바실리우스

4

자기가 원하는 것을 가지는 것은 커다란 행복이다. 그러나 자기가 가지고 있는 것 외에 아무것도 원하지 않는 것은 더 큰 행복이다. 메네데모스

5

불나방은 제 몸이 타는 것도 모르고 불 속으로 날아든다. 또 물고기는 위험을 모르고 낚싯대 끝의 미끼를 문다. 그런데 우리 인간도 육체의 쾌락이 불행의 그물로 싸여 있음을 잘 알고 있으면서도 그것을 놓치려 하지 않는다. 바닥없는 무분별의 늪이란 바로 이런 것을 두고 하는 말이다. 인도 속담

6

우리의 욕망은 언제나 안절부절못하며 어머니에게 이것저것을 늘 조르면서 무엇을 얻어도 만족하지 않는 어린아이와 같다. 들어주면 들어줄수록 더욱더 귀찮게 한다. 성현의 사상

7

어떤 사람이 지혜로운 사람인가? 모든 사람한테서 무엇인가를 배우는 사람이다.

어떤 사람이 강한 사람인가? 자기 자신을 이기는 사람이다.

어떤 사람이 부유한 사람인가? 자신의 운명에 만족하는 사람이다. 《탈무드》

8

인간이 거부한 것은 그에게 고통을 주지 못한다. '내가' '나의'라고 하는, 마음 속의 오만을 이긴 자는 이미 높은 세계에 가 있다. 인도 금언

9

급할수록 돌아가라.

10

너무 적게 먹었다고 후회한 사람은 아무도 없었다.

11

자연은 조금밖에 요구하지 않지만 인간의 마음이 많은 것을 요구한다.

12

애욕에서 슬픔이 생기고 애욕에서 두려움이 생긴다. 쾌락에서 해탈한 사람에게는 이미 슬픔도 두려움도 없다.[2)] 부처의 가르침

13

지상을 통치하는 것보다, 하늘에 오르는 것보다, 또 온 세상의 왕좌보다, 예류과(預流果)[3)]가 으뜸이다. 부처의 가르침

14

욕망을 키우는 것은, 사람들이 흔히 생각하듯 자기완성으로 향하는 길이 결코 아니다. 반대로 욕망을 억제하면 할수록 인간적 존엄성의 의식이 커져서, 더욱 자유롭고 더욱 용감하게, 그리고 무엇보다 많이 신과 인간에게 봉사할 수 있게 된다.

5월 24일

1

신은 사랑이 아니다. 사랑은 인간에게 나타나는 신의 모습 중 하나일 뿐이다.

---

2) 《법구경》 제16장 〈쾌락의 장〉에 "좋아하는 것에서 근심이 생기고, 좋아하는 것에서 두려움이 생긴다. 좋아하는 데서 벗어난 이는 슬픔이 없는데, 어찌 두려움이 있으랴"라고 되어 있다.〔역주〕

3) 예류과란 성자의 길에 들어섬을 뜻하는 말.〔역주〕

2

우리가 하느님을 사랑하고 또 하느님의 계명을 지키면 우리가 하느님의 자녀를 사랑하고 있다는 것을 알 수 있습니다. 하느님의 계명을 지키는 것이 곧 하느님을 사랑하는 일입니다. 그리고 하느님의 계명은 무거운 짐이 아닙니다.

〈요한일서〉 제5장 2~3절

3

율법학자 한 사람이 와서 그들이 토론하는 것을 듣고 있다가 예수께서 대답을 잘 하시는 것을 보고 "모든 계명 중에 어느 것이 첫째가는 계명입니까?" 하고 물었다. 예수께서는 이렇게 대답하셨다. "첫째가는 계명은 이것이다. '이스라엘아, 들어라. 우리 하느님은 유일한 주님이시다. 네 마음을 다하고 목숨을 다하고 생각을 다하고 힘을 다하여 주님이신 너의 하느님을 사랑하여라.' 또 둘째가는 계명은 '네 이웃을 네 몸같이 사랑하여라' 한 것이다. 이 두 계명보다 더 큰 계명은 없다."

〈마가복음〉 제12장 28~31절

4

쾌락주의는 우리를 절망으로 이끌고, 의무에 관한 철학에는 적지 않은 기쁨이 있다. 그러나 구원은 오로지 의무와 행복의 일치 속에, 개인의 의지와 신의 의지의 합일 속에, 또 그 최고의 의지가 사랑에 의해 지배되고 있다는 신앙 속에 있다.

아미엘

5

인간애에는 정의가 포함되어 있다.

보브나르그

6

현자가 말했다. "나의 가르침은 간단해서 그 의미를 쉽게 이해할 수 있다. 요컨대 그것은 '너 자신처럼 네 이웃을 사랑하라'는 것이다."

중국 금언

7

삶의 목적은 그 모든 곳에 사랑의 각인을 찍는 것이며, 악한 생활을 서서히 선한 생활로 바꿔 가는 것이다. 즉 진실한 생활을 창조하는 것이며(왜냐하면 사랑의 생활만이 진실한 생활이므로) 진실한 생활, 바꿔 말하면 사랑에 의한 생활을 탄생시키는 것이다.

8

선량함은 독자적이고 현실적인 어떤 것이다. 인간 속에 선량함이 있는 만큼 그 속에 생명이 있다. 이 법칙 중의 법칙을 깨닫는 것은, 우리의 마음에 우리가 종교적이라고 부르고 있는, 가장 행복한 감정을 일깨운다. 에머슨

9

행복하기 위해 필요한 것은 오직 하나, 서로 사랑하는 것이다. 내 몸을 희생해 모든 사람과 모든 사물을 사랑하고, 사방에 사랑의 거미줄을 쳐서 거기에 걸려드는 자를 모두 사로잡는 것이다.

10

정상적인 사람이라면 누구나 한 번쯤은 경험했을(특히 유년 시절 초기에) 다음과 같은 행복한 감정을 알고 있다. 즉 이웃도 부모도 형제도 악인도 원수도 개도 말도 풀도 사랑하고 싶어지는 감정, 오로지 모든 사람이 즐겁고 행복하기를 바라고, 특히 내가 그들을 행복하게 해주고 싶은 감정, 언제나 모든 사람이 즐겁고 기쁘게 살기 위해 자기 자신을, 자신의 생명을 바치고 싶은 감정이다. 바로 그 감정이야말로, 그리고 그 감정만이 인간 생명의 원점이다.

11

네 속에 행동력이 있거든 그 행동을 사랑이 넘치는 것이 되게 하라. 만약 네가 나약하고 무력한 존재라면 너의 나약함까지도 사랑이 넘치는 것이 되게 하라.

12

인(仁)은 멀리 있지 않다. 내가 인을 원하는 곳 바로 그곳에 인이 있다.[4]

13

자신의 영혼을 흐리게 하는 모든 오물을 제거하라. 그러면 사랑만이 남을 것이다. 그러나 그 사랑은 대상을 찾으면서 너 자신만으로 만족하지 않고, 살아 있는 모든 것, 나아가서는 살아 있는 모든 것에 생명을 주는 것, 즉 신을 대상으로 선택할 것이다.

5월 25일

1

인간의 도덕성은 그 사람의 언어에 대한 관계를 통해 알 수 있다.

2

누구든지 자기가 신앙생활을 한다고 생각하면서도 자기 혀를 억제하지 못한다면 그것은 자기 자신을 속이는 셈이니 그의 신앙생활은 결국 헛것이 됩니다.

〈야고보서〉 제1장 26절

3

남의 흠이 눈에 띄는 것은 곧 자기 자신의 흠을 잊고 있기 때문이다. 흔히 이웃을 비난하면서 자기가 방금 비난한 잘못과 똑같은 잘못에 빠지는 경우가 있다. 제 영혼을 구하려 하지 않고 더 나은 사람이 되려고 애쓰지 않는 자는, 쉽게 유혹에 빠지고 남의 악을 모방하는 법이다. 성현의 사상

4

이웃의 결점을 알았더라도 그것을 누구에게도 말하지 말라.

4) 특별히 출전이 《논어》라고 되어 있지는 않지만, 《논어》 술이(述而)편 제7장에 나오는 말이 정확하게 번역되어 있다.(역주)

5

남에게 상처를 주는 험담을 퍼뜨려서는 안 된다. 이웃의 결점을 친구에게도 적에게도 얘기해서는 안 된다. 그의 행위 속에 좋지 않은 점이 있음을 알아도 그것을 들춰내서는 안 된다. 남의 험담을 하는 사람이 있거든 될 수 있는 한 말리도록 하라.

성현의 사상

6

재주가 뛰어난 사람이 스스로 가장 뿌리치기 힘든 유혹은 이웃에 대한 교묘한 비난과 비웃음이다.

7

교묘한 비난은 썩은 고기에 친 향신료와 같다. 향신료가 없으면 구역질이 나지만 향신료 때문에 모르고 삼키는 것이다.

8

다른 사람들을 나쁘게 말하고 너를 좋게 말하는 사람들의 말에는 절대로 귀를 기울이지 말라.

9

자기가 말할 것을 미리 생각하지 않아도 될 때는, 마음이 평화롭고 선량하며 사랑에 차 있음을 느낄 때뿐이다. 그러나 나쁜 감정에 사로잡혀 화가 나고 평정을 잃었을 때는 함부로 말하지 않도록 주의하라.

5월 26일

1

우리는 생명의 소멸 자체도, 죽음 직전의 순간들도 죽음이라고 부른다. 전자는 우리의 힘 밖에 있는 일이지만, 후자의 의미에서 죽는 것은 인생에서 가장 중요한 마지막 일이다.

2

죽음은 신의 뜻에 동의하는 것이며, 그렇기 때문에 도덕적 행위일 수 있다. 동물은 숨이 끊어질 뿐이지만, 인간은 자신의 영혼을 창조주에게 온전히 맡기지 않으면 안 된다. 아미엘

3

그리스도의 입에서 나온 참으로 위대한 말, 그것은 그가 죽음에 임하며 "아버지, 저 사람들을 용서하여 주십시오. 그들은 자기가 하는 일을 모르고 있습니다"라고 기원한 말이다.

4

죽어가는 자의 말과 태도는 사람들에게 큰 영향을 미친다. 그러므로 잘 사는 것도 중요하지만 잘 죽는 것은 그에 못지않게 매우 중요하다. 미련을 버리지 못한 추한 죽음은 잘 살아온 자신의 삶에 상처를 내고, 깨달음을 얻은 의연한 죽음은 이전의 나쁜 삶을 보상해 준다.

5

무대장치가 한 장면에서 다른 장면으로 완전히 바뀔 때, 우리가 그때까지 현실 속의 장면처럼 생각했던 것이 한낱 장치에 지나지 않았음을 깨닫는다. 이와 마찬가지로 너는 죽음의 순간, 무엇이 현실이고 무엇이 무대장치였는지 깨닫게 될 것이다.

6

죽어가는 사람은 살아 있는 사람을 잘 알아보지 못하는데, 그것은 그가 그 순간 이해력을 잃었기 때문이 아니다. 그는 뭔가 다른 것을, 살아 있는 자는 알지 못하고 알 수도 없는 뭔가를 알게 되어, 그것에 영혼이 사로잡혀 버렸기 때문이다.

7

한 인간이 죽는 순간, 그가 그때까지 그 아래에서 불안과 기만과 슬픔과 악으로 가득 찬 책을 읽어 왔던 촛불이, 그 어느 때보다 밝게 타올라 지금까지 어둠 속에 있던 모든 것을 비추어 낸 뒤, 이윽고 지지직! 하는 소리와 함께 어두워지면서 영원히 꺼지는 것이다. 아미엘

8

죽어가는 사람은 어느 정도 이미 영원한 세계에 발을 들여놓고 있다. 그가 우리에게 얘기하는 것은 무덤 저편에서 들려오는 목소리처럼 느껴진다. 그 말은 우리에 대한 명령처럼 들린다. 그는 우리에게 거의 예언자와 같은 존재가 된다. 이윽고 생명이 떠나가고, 무덤이 열리는 것을 느끼는 자에게 중대한 발언의 순간이 닥쳐온 것이다. 바야흐로 그의 진면목이 발휘되지 않으면 안 되는 순간이다. 이제 그의 안에 살고 있는 신은 더 이상 숨어 있을 수가 없다. 아미엘

9

죽음을 준비하라. 일반적으로 생각하듯, 죽음에 임해서 여러 가지 종교적 의식이나 사업의 정리라는 의미에서의 준비가 아니라, 최선의 죽음을 맞이하기 위한 준비를 하라. 즉, 네가 이미 다른 세계의 존재가 되어 너의 말과 태도가 뒤에 남는 사람들에게 특별한 영향을 줄 수 있는 엄숙한 죽음의 순간을 충분히 활용할 준비를 하는 것이 좋다.

이레째 읽을거리

소크라테스의 변명

소크라테스에 대한 기소는 (1) 그가 아테네의 국교를 인정하지 않고, (2) 젊은이들에게 국교에 대한 불신을 가르쳐 그들을 타락시키고 있다는 혐의에 의한 것이었다.

훗날 그리스도를 비롯해 대부분의 인류의 스승과 예언자들에게 일어난 것과

똑같은 일이 소크라테스에게도 일어난 것이다. 소크라테스는 세상 사람들에게 자신의 마음에 계시된 올바른 인생의 길을 가르치는 동시에, 이 시대의 사회생활의 기초를 이루고 있던 거짓 가르침을 부정하지 않을 수 없었다. 아테네 사람들은 대부분 그의 가르침이 옳다는 것을 인정하면서도 거기에 감히 발을 들여놓지는 못하고, 그들이 신성한 것으로 생각해 왔던 모든 것이 비난받는 것을 가만히 보고 있을 수도 없어서, 이 기성 질서의 고발자이자 파괴자한테서 벗어날 요량으로 소크라테스를 재판에 회부했고, 결국 사형을 선고하기에 이른 것이다.

그것을 알고 있는 소크라테스는 결코 달아나거나 숨지 않고, 다만 아테네 사람들에게 왜 자기가 그때까지 그렇게 행동했으며, 또 앞으로 살아남을 수 있다 해도 자신은 똑같은 행동을 계속할 것인데 그 이유가 무엇인지에 대해 밝혀야겠다고 생각했다.

재판관들은 소크라테스를 유죄로 인정하고 그에게 사형을 선고했다. 그 선고를 태연히 듣고 나서 소크라테스는 재판관들에게 이렇게 말했다.

이제 세상 사람들은, 아테네의 시민인 당신들이 아무 이유도 없이 현자 소크라테스를 죽였다고 말할 것이오. 사실 나는 전혀 현자가 아니지만, 그들은 당신들을 비난하기 위해서 아마 그렇게 말할 것이오. "당신들이 소크라테스를 죽인 것은 바보 같은 짓이었다. 그냥 내버려 둬도 얼마 못 갔을 다 늙은 노인네인데" 하고 말이오.

또 한 가지, 나에게 사형을 선고한 당신들에게 말하고 싶은 것은, 당신들은 사형만 선고하면 내가 죽음을 면치 못할 거라고 생각하겠지만, 그건 틀린 생각이오. 나는 죽음을 면할 수 있는 방법을 알고 있지만, 그런 짓을 하는 것은 내 품위를 손상시킬 뿐이라는 걸 알기 때문에 하지 않을 뿐이오. 내가 울부짖고 소리치면서 온갖 추태를 부린다면 당신들이 좋아할 거라는 건 알고 있소. 그러나 나는 물론이고 그 누구도, 부당한 방법으로 죽음을 면하려 해서는 안 되는 일이오. 어떤 위험에 처한다 해도 자존심만 버리면 죽음을 면할 방법은 있소.

죽음을 면하기는 그리 어렵지 않지만, 악을 면하는 건 정말 어려운 일이오. 악은 죽음보다 빨리, 순식간에 우리를 사로잡아 버리지요. 나는 늙어 몸의 움직임이 둔해져서 이렇게 죽음에게 포로로 잡혀버렸소. 그러나 나에게 사형을 선고한 당신들은, 아직 젊고 몸도 가볍지만 죽음보다 더 빠른 악에 사로잡혀 버렸소. 즉 나는 당신들의 선고에 의해 죽음에 사로잡혔지만, 나에게 선고를 내린 당신들은 진리의 선고에 의해 악과 오욕에 사로잡힌 것이오. 그리고 나는 사형에 처해지고 당신들은 당신들대로 벌을 받을 것이오. 이것도 인연이라고 한다면 뭐 그뿐이겠지요.

한 가지 더, 나를 고발한 당신들에게 말해두고 싶은 것이 있소. 인간은 죽음 직전에는 미래의 일이 아주 똑똑하게 보이는 법이오. 그래서 아테네 시민 여러분, 여러분에게 예언해 두겠소만, 여러분은 나의 죽음 직후에 당신들이 나에게 내린 선고보다 훨씬 더 끔찍한 벌을 받을 것이오. 다시 말해, 여러분이 기대한 것과 정반대의 일이 일어날 것이라는 말이오. 나를 죽임으로써 여러분은, 여러분은 모르고 있겠지만 내가 지금까지 달래어 왔던, 여러분에 대한 비판자들이 쏘는 화살을 받게 될 것이오. 그 비판자들은 아직 어려서 혈기왕성한 만큼 여러분에게는 성가신 존재가 될 것이므로, 그들의 공격을 견디는 건 쉬운 일이 아닐 것이오. 그래서 여러분은 나의 죽음으로 인해 자신들의 악한 생활에 대한 비난을 면치 못할 것이오. 이것이 나를 고발한 여러분에게 예언해 두고 싶은 말이오. 사람을 죽여 놓고 비난을 면하기를 바랄 수는 없지요. 비난을 면할 수 있는 가장 간단하고 가장 실제적인 방법은 오직 하나, 더욱 선하게 사는 일이오.

그럼 이번에는 법정에서 나를 유죄로 인정하지 않고 끝까지 변호해 준 당신들에게 인사를 하고 싶군요. 당신들과의 마지막 대화에서, 오늘 나에게 일어난 이 놀라운 일, 이 이상한 사건에서 내가 이끌어 낸 추론에 대해 얘기하고 싶소.

나는 오늘까지 전 생애를 통해, 무척 중요한 국면은 물론이고 평범한 일상사에서도, 늘 마음속에 있는 신비한 목소리를 듣고, 그 목소리가 나에게 경고하며 불행을 부르는 행동을 하지 않도록 이끄는 대로 행동해 왔소. 보시는 바와 같이, 오늘 나에게 일반적으로 가장 큰 불행으로 간주되고 있는 사태가 일어났지만, 그럼에도 불구하고 그 목소리는 내가 아침에 집을 나섰을 때도, 이 법정에 들어왔을 때도, 또 이렇게 얘기하고 있는 지금도, 조금도 경고를 발하지 않고 제지도 하지 않고 있소.

이것은 도대체 무엇을 의미할까요? 지금 내 몸에 일어나고 있는 일은, 악이 아닐 뿐만 아니라 오히려 선이라는 것을 의미하고 있다고 나는 생각하오. 사실 생각해 보면, 죽음은 둘 중에 하나, 의식이 완전히 사라지고 없어지는 것이냐, 아니면 전해져 내려오는 전승처럼 영혼이 변화하여 한 장소에서 다른 장소로 이동하는 것이냐 하는 것이오. 만약 죽음이 완전한 의식의 소멸이고, 꿈도 꾸지 않고 깊이 잠든 밤 같은 것이라면, 죽음은 의심할 수 없는 행복이라고 하지 않으면 안 될 것이오. 그렇게 꿈도 꾸지 않고 푹 잔 날 밤과, 자신이 현실 속에서 또는 꿈속에서 경험한, 여러 가지 공포와 불안과 불만에 찬 밤을 비교하면, 누구든지 꿈도 꾸지 않고 잔 밤만큼 행복한 날 행복한 밤은 거의 없었다고 생각할 것이오. 그러므로 만약 죽음이 그런 잠과 같은 것이라면, 적어도 그것은 행복이라고 할 수 있을 거외다. 또 죽음이 이 세상에서 저세상으로 가는 것이고, 저세상에는 우리보다 먼저 죽은 현자들과 성자들이 살고 있는 것이 사실이라면, 저세상에서 그분들과 함께 사는 것보다 더 행복한 일이 어디 있겠소? 그런 곳으로 갈 수만 있다면, 나는 한 번이 아니라 백 번이라도 죽을 수 있소.

그러므로 재판관 당신들이나 시민 여러분도 결코 죽음을 두려워할 필요가 없으며, 다만 선한 사람에게는 삶 속에도 죽음 속에도 악은 결코 존재하지 않는다는 것을 잊지 않아야 할 것이오.

그렇기 때문에 나를 심판한 사람들의 의도가 나에게 악을 행하는 것이었다 해도, 나는 그들은 물론 나를 고발한 사람들에게도 화를 내지 않는 것이오. 자, 이제 헤어질 시간이 왔소. 나는 죽기 위해 가고, 당신들은 살기 위해 가고. 우리 중 누가 더 행복한지는 신만이 아실 것이오.

재판이 끝난 뒤 곧, 소크라테스에게 독배를 마시게 하는 사형이 집행되었다. 그리고 그는 자신의 제자들에게 에워싸여 편안하게 죽음을 맞이했다. 그의 임종에 대한 자세한 묘사는, 그의 제자 플라톤이 쓴 《대화편》 〈파이돈〉에 기록되어 있다.

플라톤 《소크라테스의 변명》에서

5월 27일

1

인간의 지적 활동은, 종종 진리를 해명하는 것이 아니라 진리를 은폐하는 데 이용되는 일이 있다. 그 같은 활동이야말로 모든 유혹의 가장 큰 원인이다.

2

재판의 목적은 현재의 사회 체제를 유지하려는 것에 불과하다. 그래서 일반 사회의 수준보다 높은 사람들도 일반 수준보다 낮은 사람들과 마찬가지로 박해하고 처벌하는 것이다.

3

모든 도덕상의 실천적인 명령 속에는 같은 근거에서 나온 다른 명령과 모순될 가능성이 있다.

절제하라! 그렇다면 아무것도 먹지 않아서 사람들에게 봉사할 수도 없는 사람이 되라는 말인가? 동물을 죽이지 말라! 그렇다면 그대로 동물에게 먹혀버리라는 말인가? 술을 마시지 말라! 그렇다면 성찬(聖餐)도 받지 말고 포도주로 병을 낫게 해주지도 말라는 것인가? 순결을 지켜라! 그렇다면 인류의 절멸을 바라는 것인가? 폭력으로 악에 맞서지 말라! 그렇다면 자기 자신과 다른 사람들이 한 사람에게 죽음을 당해도 좋다는 말인가! 그러나 이러한 모순을 찾는 것은, 그 사람이 도덕적 규범에 따르고 싶어 하지 않는다는 증거이다.

이 논리는 바로, 10년에 한 번, 치료에 포도주가 필요한 단 한 사람을 위해 폭주도 반대하지 않고, 인류의 절멸이 걱정되어 간음을 삼가지 않으며, 언제 누가 난폭하게 덤벼들지 모르니 사람을 죽이고 처형하고 투옥하는 것과 똑같다.

4

인간은 모든 일을 다 할 수는 없다. 그러나 그렇다고 해서 나쁜 짓을 해야만 한다는 뜻은 아니다. 소로

5

이성을 가진 존재로서 인간이 이 세상에 등장한 이래, 그들은 선과 악을 구별하고, 그들 이전의 인간이 행했던 이 구별을 이용해 항상 악과 싸우며, 진정한 최상의 길을 찾아 느리기는 해도 꿋꿋하게 그 길을 걸어왔다. 그러나 언제나 온

갖 기만이 이 길을 가로막으며 인간을 향해 그런 짓은 할 필요가 없으니 그냥 하루하루를 편하게 살면 된다고 유혹한다.

6

나는 농부들을 사랑한다. 그들은 잘못된 판단을 내릴 만큼 많이 배우지 않았으므로.

몽테뉴

7

도대체 왜 그 사람은 종교적, 정치적, 학문적으로 그토록 괴상하고 불합리한 입장을 옹호하는 것일까 하고 참으로 이상하게 여겨질 때가 종종 있지만, 잘 살펴보면 그저 자신의 입장을 옹호하는 호신술에 지나지 않는다는 걸 알 수 있다.

8

사람이 자신의 행위를 복잡한 이론으로 설명하려 할 때는, 그 행위가 나쁜 행위라는 것을 믿어도 된다. 양심의 결정은 항상 간단명료하고 솔직하다.

5월 28일

1

이교도의 세계에서 부는 명예와 권력의 상징이다. 그러나 그리스도교도에게는 부는 그것을 소유한 자의 약점이나 허위의 증명에 불과하다. 부유한 그리스도교도는 발 없는 경주마라는 말과 같이 모순된 말이다.

2

사람들은 완전히 물욕에 사로잡혀, 대인관계 속에 나타나는 사람 마음의 움직임을 자기의 재산을 불린다는 생각에서만 관찰할 뿐이다. 그들의 존경심은 상대방의 부에 정비례하며, 인간의 내면적 가치와는 아무 상관이 없다. 그러나 진정으로 깨달은 사람은 이성적인 존재로서의 '나'에 대한 존경심에서 자신의 재물과 돈을 부끄러워한다.

에머슨

3

이번에는 부자들에게도 한마디 하겠습니다. 당신들에게 닥쳐올 비참한 일들을 생각하고 울며 통곡하십시오. 당신들의 재물은 썩었고 그 많은 옷가지들은 좀먹어 버렸습니다. 당신들의 금과 은은 녹이 슬었고 그 녹은 장차 당신들을 고발할 증거가 되며 불과 같이 당신들의 살을 삼켜버릴 것입니다. 당신들은 이와 같은 말세에도 재물을 쌓았습니다. 잘 들으시오. 당신들은 당신들의 밭에서 곡식을 거두어들인 일꾼들에게 품삯을 주지 않고 가로챘습니다. 그 품삯이 소리를 지르고 있습니다. 또 추수한 일꾼들의 아우성이 만군의 주님의 귀에 들렸습니다.

〈야보고서〉 제5장 1~4절

4

나는 도처에서 사회복지라는 이름하에 자신만의 이익을 좇아 가난한 사람들을 착취하는 부자들의 음모를 보고 있다. 토머스 무어

5

빈곤은 우리에게 지혜와 인내를 가르친다. 라자로는 빈곤 속에 살았지만 마침내 영생의 약속을 얻지 않았는가. 야고보가 원했던 것은 오직 빵뿐이었고, 요셉도 극도의 빈곤 속에서 노예였을 뿐만 아니라 죄수이기도 했지만, 그 때문에 우리는 더욱더 그에게 경이를 느낀다. 우리는 밀을 나누어 주었을 때의 그보다 감옥에 있었을 때의 그를, 재상이 되었을 때의 그보다 쇠사슬에 묶였을 때의 그를 찬미한다. 우리는 이러한 것을 상기하고 그 수많은 위업으로 빛나는 부귀와 명예가 아니라, 또 쾌락과 권력이 아니라 선덕에 의한 빈곤과 쇠사슬, 족쇄, 그것에 대한 인내를 경탄하고 찬미하자. 이오안 즐라토우스트

6

부의 소유는 오만과 잔인, 자만으로 인한 난폭, 부패와 타락의 뿌리이다.

푸지외

7

부자의 냉담함은 차라리 그들의 동정심만큼 잔인하지 않다. 루소

8

부자를 존경해서는 안 된다. 그들의 생활에서 멀리 떨어져서 그들을 가엾게 여겨야 한다. 부자는 자신의 부를 자랑할 것이 아니라 부끄러워해야 한다.

5월 29일

1

인간의 삶은 유한한 육체 속에 사는 무한한 신성을 인식하는 일이다.

2

유일하게 직접적으로 확실한 것은 우리의 뚜렷한 의식이다.[5)]

3

버클리와 피히테도 옳고 에머슨도 옳다. 세계는 무엇인가의 영상에 지나지 않는다. 옛날이야기나 종교적 전설도 박물학과 마찬가지로 옳다. 아니, 그 이상으로 옳다. 왜냐하면 그것은 훨씬 더 이해하기 쉬운 영상이기 때문이다. 진실로 존재하는 것은 정신뿐이다. 그러면 그 밖의 것은 무엇일까? 그림자이고 가정이고 환상이고 영상이고 꿈이다. 우리가 의식하는 것만이 정신이다. 세계는 우리의 연기를 위한 일종의 무대이며, 그 목적은 정신의 단련과 강화이다. 의식만이 참으로 존재하며 그 핵심은 사랑이다. 아미엘

4

발밑에는 굳게 얼어붙은 땅, 주위에는 거대한 나무, 머리 위에는 음울한 하늘, 나는 나의 육체를 느끼며 이렇게 사색하고 있다. 그러나 나는 굳게 얼어붙은 땅도, 거대한 나무도, 하늘도, 내 몸도, 내 상념도 모두 우연한 것이며, 이 모든 것

5) 자기 속에는 실제로 확실한 의식이 있다는 뜻. "나는 생각한다. 고로 존재한다"는 말과도 통한다.[역주]

들이 내 오관의 산물이자 내 표상, 내가 구상한 세계에 지나지 않는다는 것, 그것은 내가 세계의 다른 부분이 아니라 바로 그 부분을 구상했기 때문에 그렇게 되어 있으므로, 그것이 하나의 개체로서 내가 세계로부터 받은 몫이라는 것을 알고 있고, 온몸과 마음으로 그것을 느끼고 있다. 그리고 내가 죽자마자 그것들은 모두 사라지는 것이 아니라, 연극의 무대장치가 수풀과 돌에서 궁전과 탑으로 바뀌는 것처럼 바뀐다는 것도 알고 있다. 죽음과 동시에 내가 완전히 사라지는 것이 아니라, 세계에서 다른 몫을 받은 다른 존재로 옮겨가는 것이라면, 죽음은 내 속에서 그런 변화를 일으킨다. 지금의 나는 내 몸과 내 감정을 나 자신으로 생각하고 있지만, 죽으면 완전히 다른 무언가가 나를 차지할 것이다. 그때 세계는, 뒤에 남은 사람들에게는 그대로 변함없지만, 나에게는 다른 것이 된다. 왜냐하면 나에게 있어서 세계는, 자신이 세계에서 어떤 몫을 받았다고 느끼는지에 따라 어떻게든 바뀔 수 있기 때문이다. 그리고 세계에서 제각각 자신의 몫을 받는 자의 수는 무수히 많다.

5

자신의 마음속에서 신을 찾아라. 그 밖의 어디에도 신은 존재하지 않는다.

알만조르 다르 하페드

6

우리의 생명은, 우리가 자기 자신을 영원하고 무한한 영혼으로, 다시 말해 현상으로서는 시간적, 공간적 조건의 제약을 받고 있지만 본질적으로는 물 자체(物自體)로서 시공을 초월한 영혼으로 의식하는 데 있다.

7

인간을 의식하는 것은 신을 의식하는 것이다.

5월 30일

1

땅은 사람의 몸과 마찬가지로 사고파는 대상이 될 수 없다. 땅을 사고파는 것은 사람을 사고파는 것과 같은 행위이다.

2

노예제도의 본질은 남의 노동을 대가도 주지 않고 빼앗을 수 있는 권리를 특정한 사람에게 주는 것이다. 땅의 개인 소유는 노예 소유의 권리와 마찬가지로 그 권리를 주는 것이다. 노예 소유자는 자신의 노예에게 그 노동에 의해 얻어지는 것 가운데 그가 사는 데 필요한 만큼은 남겨주어야 한다. 그런데 과연 자유국가의 무수한 노동자들은 그 이상의 것을 받고 있는 것일까? 헨리 조지

3

땅은 자연이 인간에게 준 엄숙한 선물이다. 적어도 땅 위에 태어난 사람은 모두 땅에 대한 권리를 가지고 있다. 그것은 아기에게 어머니의 젖을 물 권리가 있는 것처럼 당연한 권리이다. 마르몽텔

4

내가 땅에 태어난 이상, 그것을 갈고 씨를 뿌리는 데 필요한 만큼은 주어져 있을 것이다. 그러므로 나는 내 몫을 요구할 권리가 있다. 에머슨

5

현대 사회에서 살고 있는 인간은 자신이 잠을 잘 자리에까지 돈을 치르지 않고는 잘 수 없다. 공기, 물, 햇빛은 길 위에서만 누릴 수 있을 뿐이다. 법에 의해 보장된 유일한 권리는 지쳐서 비틀거릴 때까지 그 길을 걷는 것이다. 왜냐하면 그는, 땅 위에 머무는 것이 허용되지 않아 쉬지 않고 계속 걸어야 하기 때문이다.

그랜트 앨런

6

남자든 여자든 인간의 몸을 사고팔아서는 안 되며, 영혼은 더더욱 사고팔 수 없는 것이다. 이와 마찬가지로 땅과 물과 공기도 매매의 대상이 될 수 없다. 왜냐하면 그러한 것들은 인간의 육체와 영혼을 지탱하는 데 없어서는 안 되는 조건

이기 때문이다. 존 러스킨

7

땅을 사고팔고, 등기하고 관리하는 것은 크나큰 죄악이다.

8

사람들은 자신이 선이라고 생각하는 것을 실천하려고 노력하지 않고, 가능하면 많은 것을 자신의 것으로 만들려고 노력하고 있다.

5월 31일

1

사치에 익숙하지 않은 사람이 어쩌다 그 속에 빠지면 남들에게 으스대고 싶어서, 이 정도 사치는 당연한 것이고 놀라운 일이 아니며 별것 아니라는 듯이 행동한다. 그와 마찬가지로 삶의 기쁨에 대한 멸시를 자신의 고상한 인생관의 증거로 여기며, 인생 같은 것에는 더 이상 흥미가 없고 인생보다 더 좋은 무언가를 생각하고 있는 척하는 어리석은 자들이 있다.

2

행복하고 영원한 생명을 얻는 것, 신의 품에 안기는 것, 구원받는 것, 이러한 것들은 모두 동일한 것이며, 인생의 사명의 완성이자 삶의 목적 그 자체이다. 슬픔이 성장하듯이 행복도 성장한다. 천국의 기쁨이 흔들림 없이 조용하게 영원히 성장하여 더욱더 깊이 마음에 스며들고 더욱더 확고한 내 것이 되어가는 것, 그것이 바로 행복이다. 행복에는 한계가 없다. 왜냐하면 신에게는 밑바닥도 없고 벼랑도 없으며, 행복이란 원래 사랑을 통한 신의 정복 바로 그것이기 때문이다.

아미엘

3

우리가 인생에 불만을 느끼는 주된 원인은, 우리에게는 어떤 것에도 파괴되지 않는 행복을 누릴 권리가 있고, 또한 그런 행복을 누리기 위해 태어났다는 전혀 근거 없는 착각에 있다.

우리에게는 어떠한 것과도 비교할 수 없는, 다양한 기쁨으로 넘치는 인생의 행복이 주어져 있는데, 인생에는 기쁨이 적다고 불평한다. 우리에게는 영혼과 육체 양쪽을 교류하는 지극히 큰 삶의 기쁨이 주어져 있는데, 왜 인생은 이렇게도 짧은가, 왜 그 끝이 있는가, 더욱더 계속되면 좋을 텐데 하고 말한다.

만약 우리가 사랑을 통해 영혼과 육체 양쪽의 세계와 교류할 가능성이 주어져 있다고 하는, 인생의 위대한 기쁨을 올바로 이해하고 판단한다면, 우리는 더 이상 아무것도 바라지 않게 될 것이다.

4

감사하는 기쁨이야말로 신에 대한 가장 큰 공물이다. 레싱

5

정신의 기쁨이야말로 정신력의 상징이다.

6

행복해지기 위해서는 행복의 가능성을 믿어야 한다.

7

자기 삶의 법칙, 곧 신의 법칙을 파괴하는 자에게는, 그가 바라는 최대의 행복을 주어도 역시 불행해지지만, 삶의 법칙을 지키는 것을 행복으로 여기는 사람에게는 세상 사람들이 행복으로 여기고 있는 모든 것을 빼앗아도 여전히 행복하다.

8

배탈이 난 사람은 고통을 호소한다. 인생에 불만을 가진 사람도 이치는 마찬가지다.

9

우리에게는 현재의 인생에 불만을 품을 어떠한 권리도 없다. 자신의 인생에 도저히 만족할 수 없다면, 자기 자신에게 불만을 품고 있다는 증거이다.

6월

6월 1일

1

유해한 일을 하느니 차라리 아무 일도 하지 않는 것이 더 낫다.

2

흔히 사람들은 일이 바빠서 그럴 틈이 없다며 거만하게 악의 없는 오락을 거절한다. 악의 없고 유쾌한 오락이 다른 일보다 더 필요하고 더 중요한가 하는 문제는 제쳐두고라도, 그 바쁜 사람들이 거들먹거리며 일이라고 부르고 있는 것도, 차라리 하지 않는 편이 더 나을 때가 많다.

3

그리 나쁜 일(나쁜 일은 절대로 해서는 안 되지만)도 아니고, 피해를 주는 일도 아니며, 오히려 좋은 일을 하고 건전한 오락에 빠져 있을 때도, 어떠한 즐거움이나 일보다 더 중요한 양심이라는 것이 있어서, 양심이 다른 것을 요구하거나 현재 하기 시작한 일을 그만두라고 명령한다면, 우리는 모든 걸 즉시 그만두어야 한다는 것을 잊어서는 안 된다. 그런데 일이나 오락에는 완전히 사람을 사로잡는 성질이 있어서, 선량하고 도덕적인 사람들마저 도의상의 요구에 대해 "나에게는 시간이 없다, 소를 샀으니 부려보아야 하고, 죽은 아버지를 묻어야 한다"며 (〈누가복음〉 제14장, 〈마태복음〉 제8장 참조) 달아난다.

"사자(死者)로 하여금 사자를 묻게 하라"는 말의 의미를 우리는 마음에 새겨야 할 것이다.

4

냉혹한 사람들은 자신의 냉혹함을 변호하기 위해 늘 바쁘다는 소리를 연발한다.

5

달구지에 매인 말이 걷지 않을 수 없듯, 인간도 아무것도 하지 않고 있을 수 없다. 그러므로 인간이 일을 하는 것은 호흡을 하는 것과 조금도 다를 바가 없다. 중요한 것은 어떤 일을 하는가 하는 것이다.

6

세상 사람들은 일반적으로, 오락과 기분 전환을 중요하지 않은 것, 심지어 좋지 않은 일로 생각하는 경향이 있다(예를 들면 이슬람교, 정교의 구파, 청교도). 그러나 오락은 노동과 마찬가지로 중요한 일이며, 노동에 대한 대가이다. 노동도 쉬지 않고 계속할 수는 없다. 오락과 기분 전환으로 필요한 휴식을 취하는 것은 자연스러운 일이다.

오락이 좋지 않은 것은, 첫째로 그것을 위해 다른 사람들의 노동을 필요로 할 경우(테니스와 연극, 승마 등의 준비를 위하여), 둘째로 여러 가지 경기에서 흔히 볼 수 있듯 오락이 치열한 경쟁으로 바뀔 경우이며, 셋째로 오락이 오직 소수자들을 위한 것일 경우이다. 그것만 아니면 오락이 나쁘기는커녕 좋은 일이며, 특히 젊은 사람에게는 아주 좋은 일이다.

7

재산을 불리려고 아등바등하는 것만큼 공허하고 쓸데없고 영혼에 해로운 일은 없다. 또 이것만큼 사람을 매료시키고 사람들에게 중요하게 여겨지는 일도 없다.

8

일과 오락은 그 적절한 조화를 통해 인생의 기쁨이 된다. 그러나 모든 일과 모든 오락이 다 그런 것은 아니다.

6월 2일

1

남녀의 사명은 오직 하나, 신에게 봉사하는 것이다. 그러나 남녀의 봉사 방법은 서로 달라서 각각 확실하게 정해져 있다. 그러므로 어느 쪽이나 자신에게 정해진 방법으로 신에게 봉사해야 한다. 그런데 여자에게만 주어진 여자만의 중요한 일, 인류의 생존과 그 완성을 위해 꼭 필요한 일은 출산과 초기의 육아이다. 그러므로 여자의 모든 힘, 모든 주의력은 그것과 관련된 일에 집중되어야 한다. 여자는 남자가 하는 일이라면 무엇이든 할 수 있지만, 남자는 여자가 하는 일, 즉 출산과 초기의 육아를 할 수 없다. 그러므로 여자는 여자만이 할 수 있는 일을 잘 해내기 위해 전력을 기울여야 한다.

2

가정주부로서 행복해질 수 없는 여자는 어디에 가도 결코 행복해질 수 없다.

3

인류에 대한 봉사에는 두 가지가 있다. 하나는 현재의 인류 속에 행복을 증대시키는 일이며, 또 하나는 인류 자체를 존속시키는 일이다. 전자는 주로 남성의 사명이고 후자는 주로 여성의 사명이다.

4

남자와 여자는, 영혼의 악기가 아름답고 힘찬 화음을 내는 데 없어서는 안 되는 두 가지 소리이다.

주세페 마치니

5

부엌일이며 바느질이며 빨래며 아이를 키우는 일은 오직 여자의 일이며, 남자가 그런 일을 하는 것은 수치라는 괴상한 편견이 세상에 뿌리 깊게 만연해 있다. 그러나 오히려 그 반대로, 지치고 허약한 임산부가 힘겹게 부엌일을 하고 빨래를 하고 아이를 돌보고 있을 때, 한가한 남편은 쓸데없는 일에 시간을 보내거나 아무 일도 하지 않고 빈둥거리고 있는 것이 더 부끄러운 일이다.

6

온 세상과 그 속에 있는 모든 것은 아름답다. 그러나 온 세상에서 가장 아름다운 것은 덕성이 있는 여자이다. 마호메트

7

여자와 남자의 덕은 완전히 똑같은 것으로 절제와 성실과 선량함이다. 그러나 여자에게는 그 덕이 특별한 매력을 띠고 있다.

8

출산은 여자에게 자기희생의 학교이다. 그것을 통해 자기를 희생하는 능력을 배운 여자는 다른 어떤 환경 속에서도 그 능력을 쉽게 발휘할 수 있다.

9

남자를 흉내 내려고 하는 여자는 여자 같은 남자처럼 비정상적이다.

10

남자와 여자의 굳은 결합은 정신적인 교류 속에만 있다. 정신적 교류가 없는 성적 관계는 남편에게도 아내에게도 괴로움의 원천이 된다.

11

여자는 큰일을 한다. 아이를 낳는다는 큰일이다. 그러나 사상은 낳지 않는다. 그것은 남자의 일이다. 여자는 언제나 남자가 가져와서 이미 세상에 보급된 사상에 따르며 그것을 더욱 보급할 뿐이다. 그것과 마찬가지로 남자는 다만 아이를 키울 뿐 낳지는 못한다.

12

결혼하기 전이나 출산에서 해방된 뒤에는 남자가 하는 일은 무엇이든 하라. 그러나 출산과 초기의 육아는 여자가 아니고는 할 수 없다는 것을 잊어서는 안 된다.

이레째 읽을거리

귀여운 여인

퇴직한 팔등문관인 플레먄니코프의 딸 올렌카는 자기 집 현관 층계에 앉아 생각에 잠겨 있었다. 날씨는 무덥고 파리가 귀찮게 달라붙어서 어서 저녁이 되기만을 기다렸다. 검은 비구름이 동쪽에서 이따금 습기 찬 바람을 몰고 왔다.

뜰에는 이 집 건넌방에 세 들어 살고 있는 티볼리 야외극장 지배인 쿠킨이 하늘을 쳐다보며 서 있었다.

"또야!" 그는 울상을 지으며 말했다. "또 비냐고! 허구한 날 비만 오다니, 꼭 일부러 그러는 것처럼 말이야. 에잇, 목이라도 매달아야지 원! 이러다간 파산하고 말겠어. 날마다 손해가 이만저만해야지!"

그는 두 손을 딱 하고 마주 치더니 올렌카에게 계속 불평을 쏟아냈다.

"이봐요, 올가 세묘노브나, 이게 우리의 생활입니다. 통곡을 해도 시원치 않을 지경이에요! 매일같이 온갖 고생을 다하며 죽도록 일하고, 밤에는 밤대로 내일은 어떻게 해야 할지 머리를 짜느라 잠도 못 자고, 그래 봤자 무슨 소용이나 있는 줄 아세요? 관중들은 야만인이나 다름없이 무지막지해서 일류 가수들을 동원해서 최고로 고상한 오페레타와 무언극을 공연해 줘도, 쳐다보지도 않아요! 전혀 이해할 생각을 안 한다니까요. 그 사람들이 보고 싶어 하는 건 광대랍니다. 아주 저속한 것만 바라지요. 게다가 날씨까지 이 모양으로 거의 매일 저녁 비가 오잖아요! 5월 10일부터 시작해서 6월 내내 이 지경이니, 나더러 어떡하라는 말입니까! 구경꾼은 얼씬도 하지 않는데 그래도 자릿세는 물어야 하고, 배우들에게 출연료도 줘야 하는데!"

이튿날도 저녁에 다시 검은 구름이 몰려오자, 쿠킨은 미친 듯 웃어대며 말했다.

"에잇, 그래! 퍼부을 테면 퍼부어 봐! 극장이 몽땅 물에 잠기고, 나도 물속에 둥둥 떠다니도록 실컷 퍼부어 보라고! 어차피 난 이 세상에서나 저세상에서나 재수 없는 인간이니까! 배우들이 날 걸어 고소해도 좋아! 재판이 대수야? 시베리아도 좋고 감옥도 상관없어. 웬만하면 교수대에 올려놓지그래! 으하핫!"

그다음 날도 또 비.

올렌카는 늘 어두운 표정으로 말없이 쿠킨의 넋두리를 들었고, 그때마다 눈에 눈물을 글썽였다. 쿠킨의 불행은 드디어 올렌카의 마음을 사로잡았고, 그녀는 그를 사랑하기 시작했다. 그는 키가 작고 바짝 마른 데다, 누런 얼굴에 살쩍을 말끔히 빗어 붙이고, 목소리는 가냘픈 테너였으며, 얼굴에는 언제나 절망의 빛이 감돌고 있었다.

그런 그가 그녀의 가슴에 진지하고 깊은 애정을 불러일으킨 것이다. 올렌카는 한시도 누구를 사랑하지 않은 적이 없었으며, 그러지 않고는 살아갈 수 없는 여자였다. 어릴 때는 지금은 병든 몸으로 어두운 방 안에서 안락의자에 앉아 괴로운 숨을 몰아쉬고 있는 아버지를 무척 따랐다. 그리고 1년에 한두 번 브랸스크에서 다녀가는 작은어머니를 사랑했고, 그 훨씬 전, 여학교에 다닐 때는 프랑스어 선생님을 사랑했다.

올렌카는 온화한 눈빛의, 조용하고 착하고 인정 많고 또 굉장히 건강한 아가씨였다. 그녀의 통통하고 발그레한 뺨, 부드럽고 하얀 살결에 까만 점이 박힌 목덜미, 무슨 재미있는 얘기를 들을 때마다 떠오르는 티 없이 상냥한 미소를 보면, 남자들은 모두 빙그레 웃었고, 여자 손님들은 서로 얘기를 주고받다가도 "아이, 귀엽기도 하지!" 하며 갑자기 그녀의 손을 덥석 잡는 것이었다.

올렌카가 태어나면서부터 살아왔고, 지금은 상속에 의해 그녀의 명의로 되어 있는 이 집은, 마을 변두리에 있는 티볼리 야외극장에서 멀지 않은 교외에 있어서, 저녁마다 밤늦도록 음악 소리와 폭죽 소리가 들려오곤 했다. 그녀에게는 그 소리가, 쿠킨이 자신의 운명과 싸우며 자신의 가장 큰 적인 냉담한 관중을 향해 돌격하고 있는 소리처럼 느껴졌다. 그러면 그녀의 심장은 달콤한 감격으로 벅차오르는 것이었다. 잠을 이루지 못하다가 새벽녘에 그가 돌아오는 소리가 나면, 침실 창문을 톡톡 두드리며 커튼 사이로 얼굴과 한쪽 어깨만 내밀고 상냥하게 미소 지어 보이곤 했다.

이윽고 쿠킨은 올렌카에게 청혼했고 두 사람은 결혼했다.

그는 행복했다. 그러나 결혼식 날에도 하루 종일 비가 왔기 때문에 그의 얼굴에서 절망의 표정은 사라지지 않았다.

결혼 뒤 두 사람은 행복하게 지냈다. 올렌카는 입장권을 팔고 극장 안의 잡다한 일을 도와주며, 지출을 기록하거나 월급을 계산해 주기도 했다. 그녀의 발그레한 두 뺨과 티 없이 맑고 귀여운 미소가 매표구에서 보였는가 하면, 무대 뒤와 구내식당에도 나타나곤 했다. 그녀는 어느덧 사람들에게, 세상에서 가장 멋지고 가장 중요하며 또 필요한 것은 극장이며, 극장에서야말로 진실한 오락을 얻을 수 있고, 교양 있고 인간다운 인간이 될 수 있다고 말하게 되었다.

"하지만 일반 관중이 과연 그것을 이해할까요? 관중이 원하고 있는 건 광대예요! 어제 〈개작(改作) 파우스트〉를 상연했는데, 자리가 거의 비어 있더군요. 만약 우리(원문에는 '바네치카와 나'로 되어 있다)가 저속한 연극을 상연했으면 틀림없이 대만원이었을 텐데! 내일은 〈지옥의 오르페우스〉를 상연하니까 꼭 구경 오세요."

그녀는 이렇게 극장과 배우에 대해 남편 쿠킨이 말하는 것을 그대로 되풀이했다. 그녀도 남편처럼 일반 관중의 예술에 대한 냉담함과 무지를 경멸하며, 무대 연습에도 참견했고, 배우들의 대사와 연기를 고쳐주거나, 악사들을 감독하고, 지방신문에 자신의 극장에 대한 혹평이 실리면 분해서 눈물을 흘리며 편집국으로 해명하러 가기도 했다.

배우들은 그녀를 사랑하여, 그녀를 가리켜 '우리(바네치카와 나)'라고 부르거나 '귀여운 여인'이라고 불렀는데, 그녀도 그들을 동정하여, 약간의 가불도 허용해 주고, 어쩌다가 그들이 약속을 지키지 않아도 혼자 눈물을 찔끔거릴 뿐 남편에게는 이르지 않았다.

겨울에도 그들은 잘 지냈다. 한겨울, 마을 극장을 세내어, 그것을 여러 기간으로 나눠서 소러시아의 극단이나 마술사, 지방의 아마추어 연극 단체에 다시 빌려주기도 했다. 올렌카는 점점 살이 포동포동해졌고 넘칠 것처럼 만족스러운 표정으로 지냈지만, 쿠킨은 여위고 안색도 갈수록 누렇게 되어, 겨울 내내 경기가 좋았음에도 불구하고 손해가 막심하다고 늘 투덜거리기만 했다. 밤에 그가 기침을 하면, 그녀는 딸기즙이며 보리수꽃을 즙을 내어 먹이고, 오드콜로뉴로 마사지해 주거나 자신의 부드러운 숄로 몸을 감싸주기도 했다.

"난 당신이 얼마나 좋은지 몰라요! 당신은 정말 좋은 사람이에요." 그녀는 남편의 머리를 쓰다듬으며 진심으로 말했다.

사순절 기간에 쿠킨은 새로운 극단을 모집하기 위해 모스크바로 떠났다. 올렌카는 남편이 없이는 도저히 잠을 이룰 수가 없어서, 밤새도록 별을 바라보며 창가에 앉아 있곤 했다. 그런 때 그녀는 자신을, 닭장에 수탉이 없으면 불안해서 잠을 못 자는 암탉과 같다고 생각했다.

쿠킨은 모스크바에 오래 머물러 있었는데, 부활절까지는 돌아갈 테니 극장 일에 대해 여러 가지로 부탁한다는 편지를 보내왔다. 부활절을 일주일 앞둔 일요일 밤 늦게 불길한 예감을 주는 노크 소리가 들려왔다. 마치 문밖에서 누가 커다란 나무통을 쿵쿵 두드리는 것 같았다. 잠이 덜 깬 하녀가 맨발로 물이 질퍽하게 고인 뜰을 지나 대문을 열어주러 달려갔다.

"문 좀 열어주세요! 전보가 왔어요!" 밖에서 누군가가 둔탁한 저음의 목소리로 말했다.

올렌카는 전에도 남편으로부터 전보를 받은 일이 있었지만 이번만은 어쩐지 몸이 얼어붙는 듯한 느낌이었다. 그녀는 떨리는 손으로 봉투를 뜯어 전문을 읽었다. 거기에는 이렇게 적혀 있었다.

"이반 페트로비치 오늘 급사. 화요일 장례식. 연락 기다림."

이렇게 장례식이니 뭐니 하는 도통 무슨 소린지 모를 말이 적혀 있었고, 극단 지배인의 서명이 들어 있었다.

"오, 여보! 사랑하는 바네치카! 어쩌자고 당신을 만났을까요? 어쩌자고 당신을 좋아하게 되었을까요? 당신은 이 가엾은 올렌카를, 불행하고 가련한 나를 도대체 누구의 손에 맡기겠다는 거예요?" 올렌카는 울음을 터뜨렸다.

쿠킨은 화요일 모스크바의 바간코보 묘지에 묻혔다. 올렌카는 수요일에 집에 돌아와서 자기 방에 들어가자마자, 침대에 몸을 던지고 거리와 이웃집에까지 들릴 만큼 큰 소리로 통곡했다.

"가엾기도 하지! 가여운 올가 세묘노브나, 얼마나 상심이 클까!" 이웃 사람들은 가슴에 성호를 그으며 말했다.

그로부터 석 달이 지난 어느 날, 올렌카는 상복을 입고 수심에 찬 표정으로 교회에서 돌아오고 있었다. 바로 그때 이웃에 사는 바실리 안드레이치 푸스토발로프도 교회에서 돌아오다가 우연히 올렌카와 나란히 걷게 되었다. 그는 바바카예프라는 목재상의 창고관리인이었다. 밀짚모자를 쓰고 하얀 조끼에 금시곗줄을 드리운 품이 상인이라기보다는 차라리 시골 지주라고 하는 편이 어울릴 것 같았다.

"세상의 모든 일은 다 주님의 뜻대로 이루어지는 겁니다. 올가 세묘노브나. 우리에게 가장 소중한 사람이 죽는다 해도 다 주님의 뜻이니, 슬픔을 참고 묵묵히 그 뜻에 순종해야 하지 않을까요?" 그는 동정 어린 목소리로 차분하게 말했다.

집 앞까지 올렌카를 바래다준 다음 그는 작별 인사를 하고 돌아갔다.

이런 일이 있고부터 그녀의 귓전에서는 온종일 그의 차분한 목소리가 떠나지 않았고, 눈을 감으면 금방 그의 검은 턱수염이 어른거렸다. 그녀는 그를 무척 좋아하게 되었다. 그녀 역시 그에게 좋은 인상을 준 것 같았다. 그로부터 얼마 지나지 않아 그녀와 잘 아는 사이도 아닌 중년 부인이 차를 마시러 찾아와서, 자리에 앉기가 무섭게 푸스토발로프에 대한 얘기를 꺼내더니, 그 사람은 무척 착실하고 좋은 사람이며, 그 사람 정도면 여자들이 서로 시집가려고 줄을 서 있다고 말한 것을 보면. 그로부터 사흘이 지났을 때, 당사자인 푸스토발로프가 찾아왔다. 그는 겨우 10분 정도 있으면서 별로 말도 하지 않았지만, 올렌카는 완전히 그에게 빠져버려, 밤새도록 잠을 이루지 못하고 몸은 열병에라도 걸린 것처럼 들떴고, 아침이 되자 마침내 그 중년 부인을 부르러 사람을 보냈다. 곧 혼담이 성사되어 이윽고 결혼식이 거행되었다.

결혼한 뒤 푸스토발로프와 올렌카는 화목하게 살았다. 대개 푸스토발로프는 점심때까지는 목재창고에 있다가 그 뒤 장사일 때문에 외출하면, 그때부터는 올렌카가 대신해 저녁때까지 사무실에 앉아 계산서를 작성하고 물건을 팔기도 했다.

"목재는 요즘 해마다 2할씩 가격이 오르고 있어요." 그녀는 찾아오는 손님과 만나는 사람들에게 말하기 시작했다. "보세요, 전에는 이곳의 목재만으로도 충분했는데, 지금은 우리 집 양반이 모길료스카야현(縣)까지 가서 사와야 하잖아요? 운임이 보통 많이 들어야지요." 그녀는 정말 고충이 이만저만이 아니라는 표정으로 뺨을 두 손으로 감쌌다.

그녀는 자신이 오래전부터 목재를 다루고 있었던 것 같은 기분이 들었고, 또 세상에서 가장 중요하고 필요한 것도 목재인 것 같은 느낌이 들어, 대들보, 통나무, 판자, 창 재료, 기둥, 톱밥 같은 이름들이 왠지 모르게 친근하고 다정하게 들리는 것이었다.

남편의 생각이 곧 그녀의 생각이었다. 그가 방 안이 덥다고 생각하면, 그녀도 그렇게 생각했다. 그녀의 남편은 아무런 취미도 없었고, 축제일에는 언제나 집에 있었기 때문에 그녀도 그렇게 했다.

“당신은 언제나 집하고 사무실만 오가는군요. 가끔은 연극을 보러 가거나 서커스를 구경하러 가는 것도 좋을 텐데.” 아는 사람들이 그렇게 말하면, “저나 우리 집 양반이나 그런 것 보러 갈 틈이 어디 있어야지요” 하고 그녀는 차분하게 대답했다. “우리에게는 일이 있는 걸요. 그런 쓸데없는 일은 하고 있을 새가 없답니다. 그런 연극이 도대체 뭐가 좋다는 건지 모르겠어요.”

토요일에는 푸스토발로프와 함께 빠짐없이 교회의 저녁기도에 나갔고, 일요일에도 오전 예배에 갔다가 경건한 표정으로 어깨를 나란히 하고 집으로 돌아왔는데, 그럴 때 두 사람의 몸에서는 달콤한 향수 냄새가 나고, 또 그녀의 비단옷은 사락사락 경쾌한 소리를 냈다. 집에 도착하면 버터빵과 여러 가지 잼과 함께 홍차를 마시고 만두를 먹었다. 정오 무렵이 되면 매일, 수프며 양고기, 오리고기를 굽는 냄새가 집 안은 말할 것도 없고 집 밖의 한길까지 진동했고, 또 육식을 금하는 날에는 생선 굽는 냄새가 나서 지나가는 사람들을 너나없이 군침 흘리게 했다. 사무실에는 언제나 사모바르가 끓고 있었고, 손님들은 홍차와 도넛을 대접받았다. 일주일에 한 번은 꼭 둘이서 함께 목욕탕에 갔다가, 발갛게 달아오른 얼굴로 어깨를 나란히 하여 집으로 걸어갔다.

“네, 덕택에 그럭저럭 행복하게 살고 있어요! 하느님이 모든 사람에게도 나와 우리 집 양반처럼 행복하게 살게 해주시라고 늘 기도한답니다!” 올렌카는 아는 사람들에게 종종 이렇게 말했다.

푸스토발로프가 모길룝스카야현으로 목재를 구입하러 가면, 그녀는 몹시 외로워하며 밤에는 잠도 자지 않고 울기만 했다. 그런 때 가끔, 한밤중에 그녀의 집 건넌방에 세 들어 사는 군 수의관인 스미르닌이 그녀를 찾아왔다. 그리고 그녀와 함께 여러 가지 얘기를 나누고 트럼프 놀이도 해주었는데, 그것이 그녀의 외로운 마음에 위로가 되어주었다. 그 자신의 가정에 대한 이야기는 특별히 더 흥미로웠다. 그는 결혼해 아들을 하나 낳았지만 아내의 행실이 좋지 않아서 헤어지고, 지금은 그녀를 미워하면서도 아이의 양육비만은 매달 40루블씩 꼬박꼬박 송금하고 있다는 것이었다. 그 말을 듣고 올렌카는 깊은 한숨을 내쉬면서 고개를 젓고는 ‘정말 가엾은 분!’ 하고 생각했다.

“그럼 편히 주무세요. 절 위해 와주셔서 정말 고마웠어요. 그럼 편히 주무시고 몸조심하시길."

촛불을 들고 계단까지 그를 배웅하고 헤어질 때 그녀는 말했다.

그녀는 그런 말을, 남편을 흉내 내어 장중하고도 사려 깊은 말투로 얘기한 뒤, 수의관이 아래로 내려가 문밖으로 자취를 감추기 전에, 다시 한번 그의 이름을 부르며 이렇게 말했다.

"저, 블라디미르 플라토니치 씨, 부인하고 화해하시는 게 어떨까요? 아드님을 위해서라도 부인을 용서하셔야 해요! 아드님도 이제 곧 철이 들 텐데."

푸스토발로프가 돌아오면, 그녀는 소곤거리는 목소리로 수의관에 대해, 그 불행한 가정생활에 대해 얘기하고는, 둘이서 함께 한숨을 쉬며 고개를 가로저었다. 그리고 틀림없이 아버지를 그리워하고 있을 아이에 대해 얘기하다가 일종의 이상한 연상 작용에 촉발되었는지 둘이서 함께 성상 앞에 나아가, 무릎을 꿇고 머리를 바닥에 조아리며, "제발 하느님, 저희도 자식을 하나 얻게 해주십시오" 하고 기도하는 것이었다.

이런 식으로 푸스토발로프 부부는 사랑과 완전한 화합 속에서 조용하고 평온한 6년을 보냈다. 그런데 어느 해 겨울, 바실리 안드레이치는 사무실에서 뜨거운 차를 마신 뒤, 목재를 반출하기 위해 모자도 쓰지 않고 밖에 나갔다가 감기에 걸려 몸져눕게 되었다. 유명한 의사들이 그를 치료했지만, 결국 병을 이기지 못하고 넉 달 뒤에 저세상으로 가고 말았다. 이리하여 올렌카는 또다시 과부가 되었다.

"아아, 여보, 전 이제 누구를 의지하고 살아야 해요? 나처럼 불행하고 가련한 여자가 또 있을까! 당신 없이 이제부터 어떻게 살라고. 여러분, 홀로 남은 저를 불쌍히 여겨주세요." 그녀는 남편을 묻어주고 그렇게 말하며 울었다.

그녀는 검은 상복에 하얀 상장을 달고, 모자와 장갑은 절대 착용하지 않고, 외출하는 일도 거의 없이, 오로지 교회와 남편의 무덤에만 다닐 뿐, 수녀처럼 집에 틀어박혀 지냈다. 여섯 달이 지나자 처음으로 그녀는 상장을 떼고 창문의 덧문을 열었다. 간혹 아침나절에 하녀와 함께 시장에 물건을 사러 가는 그녀의 모습이 보이기 시작했지만, 그녀가 자기 집에서 어떤 생활을 하고 있는지, 방 안에서 무엇을 하고 있는지에 대해서는 여전히 추측만 하는 수밖에 없었다. 이를테면 그녀가 자기 집 뜰에서 그 수의관과 차를 마시고 있거나, 수의관이 그녀에게 신문을 읽어주는 장면을 보고, 또 아는 부인을 우체국에서 만났을 때 그녀가 다음과 같이 말하는 것을 듣고, 모두 그런가 보다 하고 추측할 뿐이었다.

"이 마을에서는 가축 검역이 제대로 실시되고 있지 않아서 이렇게 병이 많은 거예요. 그러니까 우유를 마시고 병에 걸리거나, 소와 말에서 병이 옮는 거랍니다. 정말 가축의 건강에 대해서도 사람과 똑같이 주의를 기울여야 해요."

그녀는 수의관의 생각을 그대로 되풀이했고, 그의 의견은 모두 그녀의 의견이 되었다. 누군가에 대한 애착 없이는 살아갈 수 없는 그녀가, 이제 자기 집 건넌방에서 새로운 행복을 발견한 것은 명백해 보였다. 다른 여자였다면 비난을 받았겠지만, 올렌카의 경우는 아무도 나쁘게 생각하지 않았고, 사람들은 그것이 그녀에게는 당연한 삶의 방식인 것으로 받아들였다. 그녀와 수의관은 둘 사이에 생긴 변화에 대해 누구한테도 얘기하지 않고 세상에 숨기려고 노력했지만, 원래 비밀을 간직할 수 없는 올렌카에게는 그건 도저히 불가능한 일이었다. 같은 연대의 동료들이 수의관을 찾아오면, 페스트와 결핵 같은 가축의 병과 마을 도살장에 대한 얘기를 늘어놓아 수의관을 난처하게 만드는 바람에, 손님이 돌아가면 수의관은 그녀의 손을 잡고 화를 내며 나무라는 것이었다.

"자기도 잘 모르는 말을 해서는 안 된다고 그렇게 일렀는데! 우리 수의관끼리 얘기하고 있을 때는 제발 끼어들지 말아요. 내 입장이 뭐가 되겠소!"

그러면 그녀는 놀라고 불안한 표정으로 그를 바라보며 물었다.

"그럼 볼로디치카, 난 무슨 말을 하면 돼요?"

그렇게 말한 뒤, 그녀가 눈에 눈물을 글썽거리며 그의 품을 파고들면서 제발 화내지 말라고 애원하면, 두 사람은 다시 원래처럼 행복해졌다.

그러나 그 행복도 오래가지 못했다. 수의관은 이윽고 연대와 함께 떠나버렸다. 그것도 영원히. 연대가 이동한 곳은 아득히 먼 곳, 시베리아처럼 먼 곳이었기 때문이다. 올렌카는 또다시 혼자 남겨졌다.

이제 그녀는 완전히 고독해졌다. 아버지는 벌써 옛날에 세상을 떠났고, 그가 앉았던 안락의자는 다리가 하나 빠진 채 먼지에 싸여 다락방에 굴러다니고 있었다. 그녀는 여위고 추해졌고, 거리를 오가는 사람들도 이제 전처럼 그녀를 쳐다보지도 않고 웃어주지도 않았다. 그녀의 좋은 시절은 이미 지나가 버려 단순한 추억으로 남았고, 이제 새로운 미지의 생활이, 더 이상 생각하지 않는 게 좋은 생활이 시작된 것이 분명했다. 밤이 되면 올렌카는 자주 현관 층계에 나와 앉아 있었다. 그러면 그 '티볼리'에서 음악 소리가 들리고 폭죽 소리가 울리지만, 그것은 그녀의 가슴에 아무런 상념도 불러일으키지 않았다. 그녀는 단지 공허한 눈으로 아무도 없는 자기 뜰을 바라보며, 아무것도 생각하지 않고, 아무것도 바라지 않고, 먹는 것도 마시는 것도 죽지 못해 겨우 시늉만 내는 것이었다.

거기에 무엇보다 불행한 것은, 그녀에게는 자기의 의견이라고 할 만한 것이 하나도 없다는 것이었다. 그녀는 자기 주위에 있는 여러 가지 사물을 보고, 주위에서 일어나는 모든 일에 대해 알지만, 그것들에 대해 무엇 하나 의견을 가질 수 없었고, 무슨 말을 해야 할지 도무지 알 수가 없었다. 이를테면 눈앞에 병이 굴러다니고 있어도, 비가 내려도, 농부가 짐마차를 타고 가도, 왜 거기에 병이 있는지, 비는 왜 내리는지, 왜 농부가 짐마차를 타고 가는지, 그리고 그런 것들에 어떤 의미가 있는지 하나도 얘기할 수 없었다. 쿠킨과 푸스토발로프, 그리고 그 수의관과 함께 살았을 때는, 올렌카는 모든 걸 얘기할 수 있었고, 모든 것에 대해 자신의 의견을 말할 수 있었지만, 지금은 어떤 것을 보고 들어도 그녀의 마음속은 그녀의 뜰처럼 텅 비어 있었다.

마을은 점차 사방으로 뻗어나갔다. 집시 부락도 지금은 큰 거리가 되었고, '티볼리' 야외극장과 목재창고가 있던 자리에도 집들이 들어서고 많은 거리가 생겼다. 정말 유수같이 흘러가 버린 세월이었다! 올렌카의 집은 허물어져 가고 지붕은 녹슬었다. 헛간은 기울고, 집 전체에 잡초와 쐐기풀이 무성했다. 올렌카 자신도 더욱 늙고 추해졌다. 그녀는 여름에는 현관 계단에 앉아 있었고, 겨울에는 창가에 앉아 눈을 바라보았다. 봄바람이 불고 성당 종소리가 울려 퍼지면, 갑자기 지난날의 추억이 한꺼번에 되살아나 달콤한 감상이 가슴을 옥죄는 듯 하염없이 눈물이 흐르지만, 그것도 잠시뿐 마음은 곧 다시 공허해지고, 도대체 무엇 때문에 살고 있는지 자신도 알 수 없게 되어버리는 것이다. 검은 고양이 브리스카가 야옹야옹 응석을 부리지만, 고양이의 응석도 올렌카의 마음을 위로해 주지는 못했다. 그녀에게 필요한 것은 그런 것일까? 그녀에게는 그녀의 영혼, 그녀의 이성, 그녀의 전 존재를 사로잡아, 그녀에게 사상과 인생의 지침을 주고, 그녀의 늙어버린 피를 다시 따뜻하게 데워줄 사랑이 필요했다.

그녀는 달라붙는 고양이를 떼어내며 화가 나서 말했다.

"저리 가, 저리 가지 못해! 귀찮아!"

이렇게 하루하루가 가고 해가 가도 무엇 하나 기쁨은 없고, 자신의 의견도 아무것도 없었다. 살림은 모두 가정부 마브라에게 맡겨버렸다.

그러던 7월의 어느 무더운 날 저녁, 마을의 가축 떼가 흙먼지를 일으키며 집 앞을 지나간 뒤, 갑자기 누군가가 문을 두드렸다. 직접 문을 열어주러 나간 올렌카는 깜짝 놀라 그 자리에 우뚝 서버렸다. 문밖에 서 있는 것은, 이미 머리가 희끗희끗하고 평복을 입고 있기는 했지만, 옛날의 그 수의관 스미르닌 바로 그 사람이 틀림없었다. 그 순간 모든 기억이 되살아나 어쩔 줄 몰라 하면서, 그녀는 말도 하지 못하고 수의관의 가슴에 자신의 얼굴을 묻고 울기만 할 뿐이었다. 너무 흥분한 나머지, 그 뒤 두 사람이 언제 집 안에 들어갔으며, 어떻게 해서 식탁에 앉아 차를 마셨는지 전혀 기억이 나지 않을 정도였다.

"아, 당신!" 그녀는 기쁨에 몸을 떨면서 말했다.

"블라디미르 플라토니치! 도대체 어디서 오시는 거예요?"

"이쪽에 아주 자리를 잡고 싶어서 왔소. 실은 군대에서 나왔어요. 그리고 이제 자유의 몸으로 이쪽에서 일자리를 얻어 정착할 생각이에요. 아들 녀석도 어느새 자라서 벌써 중학교에 보내야 할 나이가 되었어요. 실은 아내와도 화해했소."

"그럼 부인은 어디 계세요?" 올렌카가 물었다.

"아들과 함께 여관에 있어요. 그래서 이렇게 셋집을 찾고 있는 거요."

"어머나, 그래요? 그럼 우리 집으로 오세요! 이 정도면 충분하잖아요? 당신한테는 집세 같은 건 절대로 받지 않겠어요. 이리로 오세요, 난 건넌방에서 지내도 괜찮으니까. 아, 정말 잘됐어요!"

이렇게 말하면서 올렌카는 또다시 흥분하여 울음을 터뜨렸다.

이튿날 당장 사람을 불러 지붕을 다시 칠하고 벽도 새하얗게 칠하면서, 올렌카는 두 손을 허리에 대고 지붕 위를 왔다 갔다 하며 꼬치꼬치 잔소리를 해댔다. 그녀의 얼굴에는 예전처럼 미소가 반짝였고, 마치 오랜 잠에서 깨어난 것처럼 완전히 생기를 되찾아 싱싱한 표정이 되어 있었다. 수의관의 아내인, 머리를 짧게 자르고 변덕스러워 보이는 얼굴에 여위고 못생긴 여자가 사샤라고 하는 아들과 함께 찾아왔다. 사샤는 열 살치고는 작은 몸집에, 밝은 하늘색의 동그란 눈동자와 귀여운 보조개를 가진 소년이었다. 사샤는 집 안에 들어서기가 바쁘게 고양이를 쫓아다녔고, 이내 아이의 쾌활하고 기쁜 웃음소리가 들려오게 되었다.

"아줌마, 이거 아줌마네 고양이에요?" 사샤가 올렌카에게 물었다. "새끼 고양이가 태어나면 저도 한 마리 주세요. 엄마가 쥐를 굉장히 싫어하시거든요."

올렌카는 그 아이와 얘기를 나누며 차를 따라주고 하는 사이에, 갑자기 마치 그 아이가 자신의 아들이기라도 한 것처럼 가슴이 따스해지면서 심장이 달콤하게 죄어오는 듯한 기분이 들었다. 밤이 되어 사샤가 식당에 앉아 공부를 하면, 그녀는 대견스럽다는 듯 그 모습을 바라보며 속삭였다.

"정말 착한 아기야! 귀여운 나의 도련님, 어쩜 이렇게 머리도 좋고 살갗도 뽀얄까!"

"사방이 바다로 에워싸인 육지의 일부를 섬이라고 한다……" 하고 사샤가 낭독했다.

"육지의 일부를 섬이라고 한다……" 하고 그녀도 따라 했다. 그것은 바로 그녀가 오랜 침묵과 사상의 진공상태 뒤에 확신을 가지고 말한 최초의 의견이 되었다.

이리하여 그녀는 다시 자신의 의견을 가지게 되었다. 저녁 식사 때 사샤의 부모를 상대로, 요사이는 중학교 공부도 무척 어려워졌다, 그래도 실업 교육보다는 역시 고전 교육이 낫다, 중학교만 나오면 길은 얼마든지 열려 있어서, 의사가 되고 싶으면 의사가, 기사가 되고 싶으면 기사가 될 수 있지 않느냐고 말했다.

사샤는 중학교에 다니기 시작했다. 그의 어머니는 하리코프의 동생 집에 간 뒤로 돌아오지 않았다. 아버지는 매일 어디론가 가축을 진찰하러 나가 이틀이고 사흘이고 돌아오지 않을 때가 있었다. 올렌카는 사샤가 두 사람한테서 버림받은 귀찮은 존재가 되었으며, 이대로 버려두면 굶어 죽을 거라고 생각했다. 그래서 그녀는 사샤를 자신의 건넌방으로 데리고 와서 옆에 작은 방을 하나 꾸며주었다.

사샤가 그녀의 건넌방에 살게 된 지 반년이 지났다. 아침이 되어 올렌카가 사샤의 방에 들어가 보면, 아이는 뺨에 손을 고이고 잠들어 있었다. 깨우기가 아까울 지경이었다.

"사셴카!" 그녀는 애처로운 듯이 아이를 불렀다. "이제 그만 일어나렴! 학교에

늦겠다."

사샤는 일어나 옷을 입고 기도를 드린 다음 식탁에 앉아 차를 마셨다. 아이는 차를 세 잔 마시고, 커다란 도넛 두 개, 버터 바른 프랑스빵 반 개를 먹어치웠다. 아직 잠에서 덜 깼기 때문에 기분이 좀 좋지 않았다.

"얘야, 사센카, 넌 아직 우화를 완전히 외우지 않았더구나." 올렌카는 마치 먼 길을 나서는 자식을 배웅하는 듯한 눈길로 아이를 보면서 말했다. "우리 사센카가 왜 그럴까? 열심히 해야지, 넌 공부를 해야 해. 선생님이 하시는 말씀 잘 듣고."

"에이, 그런 말 좀 이제 그만하세요!"

사샤는 작은 몸에 커다란 모자를 쓰고, 가방을 메고 학교를 향해 걸어갔다. 그 뒤를 올렌카가 가만히 따라갔다.

"사센카!" 그녀가 불렀다. 사샤가 돌아보면, 그녀는 아이의 손에 대추야자 열매와 캐러멜을 쥐여주었다. 학교로 가는 길모퉁이에 오면, 사샤는 키가 크고 뚱뚱한 여자가 따라오는 것이 창피해졌다. 거기서 아이는 그녀를 돌아보며 말했다.

"아줌마, 어서 집으로 돌아가요. 이제 나 혼자 갈 수 있어요."

그녀는 멈춰 서서 아이가 학교 정문 속으로 사라질 때까지 눈도 깜박이지 않고 지켜봤다. 아! 그녀는 사샤를 얼마나 사랑하고 있는지! 지난날 그녀가 사랑했던 어느 누구에게도 이토록 깊은 애착을 느낀 적이 한 번도 없었고, 그녀 속에 모성애가 날이 갈수록 뜨겁게 불타오르는 지금처럼, 그녀의 마음이 헌신적인 애정 속에, 크나큰 희열과 함께 빠져든 적도 여태까지 한 번도 없었다. 자신과 피 한 방울 섞이지 않은 이 소년에게, 그 뺨의 보조개에, 아이가 쓰고 있는 학생모에, 그녀는 감격의 눈물과 함께 자신의 목숨이라도 기꺼이 바쳤을 것이다. 도대체 왜 그런 건지 누가 알랴!

사샤가 학교에 가면 그녀는 완전히 흡족하고 애정으로 가득 찬 기분 속에서 조용히 집으로 돌아왔다. 지난 반년 동안 다시 젊음을 되찾은 그녀의 얼굴은 미소로 빛났고, 거리에서 만나는 사람들도 그녀의 얼굴을 보고 기뻐하며 이렇게 말하는 것이었다.

"어머나, 안녕하세요, 올가 세묘노브나! 요즘 어떻게 지내세요?"

"요사인 학교 공부도 무척 어려워졌더군요." 그녀는 시장에서 이런 말도 했다. "어젠 말도 마세요, 1학년 아이에게 우화 암송과 라틴어 번역, 거기다 숙제가 한 가지 더 있지 뭐예요. 아직 어린아이에게 너무 무리한 것 아니에요?"

그녀는 교사들과 학과 공부, 교과서에 대한 것 등을 사샤의 말을 그대로 흉내 내어 되풀이했다.

2시 지나 두 사람은 함께 점심을 먹고, 밤에는 다시 함께 복습과 예습을 하느라 진땀을 뺐다. 소년을 침대에 누인 뒤, 그녀는 오랫동안 아이를 향해 성호를 그으면서 낮은 목소리로 기도했다. 그리고 자신도 침대에 들어가, 사샤가 학교를 졸업하고 의사나 기사가 되어, 커다란 집과 말과 마차를 가지고, 결혼하고, 아이가 태어나고 하는 먼 꿈같은 미래를 끝도 없이 상상했다. 그녀는 어느새 잠에 빠져들면서도 내내 같은 생각만 하다가, 감긴 눈꺼풀 사이로 눈물이 넘쳐 뺨을 타고 흘러내렸다. 검은 고양이가 그녀 옆에서 코를 골며 잤다.

"가르릉 가르릉 가르릉."

갑자기 누가 문을 세차게 두드리는 소리가 났다. 눈을 뜬 올렌카는 두려움에 숨이 막혔다. 심장이 마구 방망이질했다. 30초쯤 지나자 다시 문 두드리는 소리가 났다.

"하리코프에서 전보가 온 거야. 사샤의 어머니가 사샤를 하리코프로 데려가려나 봐. 아, 이 일을 어떡하지!" 그녀는 온몸을 부들부들 떨면서 생각했다.

그녀는 절망에 빠졌다. 머리도 다리도 손도 싸늘해지고, 온 세상에서 자기보다 더 불행한 사람은 없을 것 같은 느낌이 들었다. 다시 1분쯤 지나자 사람의 목소리가 들렸다. 수의관이 클럽에서 돌아온 것이었다.

"아, 다행이다!"

그녀의 무거운 기분은 점차 사라지고, 마음이 다시 가벼워졌다. 그녀는 침대에 다시 누워 사샤를 생각했다. 옆방에서 깊이 잠들어 있는 사샤가 이따금 잠꼬대를 했다.

"이 자식! 저리 비켜! 그만해!"

안톤 체호프

체호프의 단편 〈귀여운 여인〉 뒤에 부친 글

구약 〈민수기〉에 모압 왕 '발락'이 그 변경에 접근한 이스라엘 민족을 저주하려고 발람을 부르는 의미심장한 이야기가 나온다. 발락은 발람에게 그 대가로 많은 선물을 주겠다고 약속한다. 발람은 그 꾐에 빠져 발락에게 가는데, 가는 도중에 천사가 그를 불러 세운다. 그러나 그 천사는 발람의 나귀에게는 보이지만 발람 자신에게는 보이지 않는다. 발람은 천사의 제지에도 불구하고 발락에게 가서, 함께 송아지와 양을 희생으로 바치는 제단이 준비된 산으로 올라간다. 발락은 저주의 말을 기대하고 있었지만, 발람은 이스라엘 민족을 저주하는 대신 오히려 축복을 내리고 만다.

23장 11절—발락이 발람에게 말하였다. "웬일이오? 원수들을 저주해 달라고 청해 왔는데 도리어 복을 빌어주다니!"

12절—발람이 발락에게 "야훼께서 내 입에 담아주신 말씀 말고 무슨 말을 하란 말이오?" 하고 대답하자

13절—발락은 그에게 다른 곳으로 가자고 하였다. "저자들이 다 보이지 않고 조금만 보이는 곳으로 갑시다. 거기에서 그들을 저주해 주시오."

그리하여 그를 다른 장소로 데리고 가는데, 그곳에도 제단이 준비되어 있었다. 그러나 발람은 또다시 저주 대신 축복을 내린다. 그리고 다음 장소에서도 역시 그렇게 했다.

24장 10절—발락은 울화가 치밀어올라 주먹을 치며 발람에게 말하였다. "나는 원수들을 저주해 달라고 너를 불러왔는데, 너는 이렇게 세 번씩이나 그들에게 복을 빌어주었다."

11절—"당장 너 살던 데로 물러가거라. 내가 너를 잘 대우해 주겠다고 했지만, 너는 야훼 때문에 부귀를 누리지 못하게 되었다."

이리하여 발람은 발락의 적을 저주하는 대신 축복을 주었기 때문에 선물을 받지 못하고 돌아갔다.

발람에게 일어난 일은 진정한 시인, 진정한 예술가에게도 흔히 일어나는 일이다. 발락의 꾐에 빠져, 즉 명성이나 어쩌다 빠진 잘못된 견해에 유혹되어, 시인은 자신을 제지하는 천사, 나귀에게는 잘 보이는 그 천사의 모습을 보지는 못하지

만, 막상 저주하려는 순간에 오히려 축복해 버리는 것이다.

바로 이런 일이 진정한 시인이자 진정한 예술가인 체호프가 이 멋진 〈귀여운 여인〉이라는 작품을 썼을 때 일어난 것이다.

작자는 분명히, 한때는 쿠킨과 함께 연극 때문에 마음을 졸이고, 한때는 목재 장사에 열중하거나 수의관의 영향을 받아 가축의 결핵과 싸우는 것이 가장 중요하다고 여기고, 나중에는 커다란 학생모를 쓴 어린 학생의 문법 문제와 그 밖의 관심사에 완전히 마음을 빼앗기기도 하는 '귀여운 여인'이라는, 그의 판단에 의하면 참으로 가련한(그러나 개인적 주관에 따라서는 그렇지 않은) 여성을 조롱하고 싶었으리라. 쿠킨이라는 이름도 우스꽝스럽고, 그의 병과 자신의 죽음을 알리는 전보 얘기도 이상하고, 단정하고 장중한 목재상의 모습도, 수의관과 그 아이도 모두 우스꽝스럽지만, 자신이 사랑하는 사람에게 전심전력을 바치는 능력을 가진 '귀여운 여인'의 아름다운 마음은, 우스꽝스럽기는커녕 오히려 성자의 마음이라 하지 않을 수 없다.

내 생각에는, 작자가 이 〈귀여운 여인〉을 썼을 때, 그의 마음이 아니라 머릿속에, 남녀평등론 위에 계몽되고 교양을 갖춘, 남자 이상은 아니라도 남자 못지않게 독립적으로 사회를 위해 일하는 신시대의 여성, 여성해방을 소리 높여 주장하는 여성이 어렴풋이 뇌리에 떠오르지 않았을까 한다. 그리고 〈귀여운 여인〉을 쓰기 시작할 때는 그녀를 부정적으로 쓸 생각이었을 거라고 짐작한다. 일반 여론이라는 발락이 체호프를, 오로지 남자에게 헌신하는 연약하고 순종적이고 무지한 여성을 저주하도록 유혹했고, 그래서 그는 송아지와 양이 바쳐진 제단이 있는 산으로 올라갔지만, 막상 입을 열었을 때 시인 체호프는 저주하는 대신 축복을 내린 것이다. 적어도 나는 작품 전체에 흐르는 훌륭하고 경쾌한 유머에도 불구하고, 이 멋진 작품의 몇몇 군데는 눈물 없이 읽을 수가 없었다. 나는 그녀가 모든 것을 바쳐서 쿠킨을 사랑하고, 또 쿠킨이 사랑한 모든 것을 사랑한 것에, 또 그것과 마찬가지로 목재상과 수의관을 사랑한 것에 감동하고, 나아가서 그 이상으로 그녀가 혼자가 되어 사랑할 대상을 잃고 고뇌하는 모습에 감동하고, 마지막으로 여성 특유의 모성애(실제의 어머니로서 직접 경험한 것은 아니지만)로 커다란 학생모를 쓴 어린 학생, 미래를 짊어진 소년에 대한 한없는 사랑에 몰입한 것에 감동했다.

작자는 그녀에게 염치없는 쿠킨과 보잘것없는 목재상, 불쾌한 수의관을 사랑하게 했는데, 아마 사랑이라는 것은 그 대상이 쿠킨이든 스피노자든 파스칼이든 실러든, 또 〈귀여운 여인〉의 경우처럼 끊임없이 대상이 바뀌든 평생을 통해 단 한 사람이든, 그 신성함에는 조금도 다를 바가 없을 것이다.

상당히 오래전 일이지만, 나는 〈새 시대〉의 문예란에서 아타 씨의 여자에 관한 훌륭한 글을 읽은 적이 있다. 그는 그 글 속에서 여자에 대한 매우 지혜롭고 심오한 사상을 전개하고 있었다.

"여자들은," 하고 그는 시작한다. "우리에게 우리 남자들이 할 수 있는 일은 뭐든지 자신들도 할 수 있다는 것을 보여주려고 노력하고 있다. 나는 그 사실을 부정하기는커녕 여성들이 우리 남성이 하는 일을 모두 할 수 있다는 것, 어쩌면 우리 남성 이상으로 잘할 수 있을지도 모른다는 것에 쾌히 동의한다. 그러나 슬프게도 문제가 되는 것은 우리 남성들은 여성들이 할 수 있는 것을 흉내조차 내지 못한다는 사실이다."

정말 그렇다! 그것은 출산과 수유와 초기의 육아뿐만 아니라, 원래 남성에게는, 인간을 가장 신에게 다가갈 수 있게 하는 숭고하고 선하고 아름다운 그 사랑의 행위, 수많은 여성들이 훌륭하고도 참으로 자연스럽게 수행해 왔고, 지금도 수행하고 있으며, 앞으로도 수행할, 사랑하는 사람을 위해 온몸을 바쳐 헌신하는 사랑의 행위는 불가능한 것이다. 만약 여성에게 그러한 특성이 없고, 또 있어도 그것을 발휘하지 않는다면, 세상은, 그리고 우리 남성은, 과연 어떻게 될까! 여의사와 여기사, 여변호사, 여성학자와 여성작가는 없어도 상관없지만, 어머니와, 남성 속에 있는 모든 좋은 것을 사랑하며 그 좋은 모든 것을 알게 모르게 남성의 마음에 불어넣어 지키고 키워주는 여성 협력자, 여성 친구, 여성의 위로의 손길이 없다면, 그러한 여성이 없다면, 이 세상은 얼마나 따분한 것이 되겠는가! 만약 그리스도에게 마리아와 막달레나가 없었더라면, 아시시의 프란체스코에게 클라라가 없었더라면, 유형지의 12월 당원에게 그 아내들이 없었더라면, 두호보르파에게 그들을 말리지 않고 오히려 의를 위한 순교를 지지한 아내들이 없었더라면, 누구보다도 사랑의 위로가 필요한 주정꾼이나 무능력자, 방탕아들에게 그들을 위로해 주는 참으로 부덕 높은 무수한 이름 없는 여성들(이름 없는 여성이야말로 진정으로 숭고하다)이 없었더라면, 세상은 과연 어떻게 되었을까! 그 사랑이 쿠킨에게 돌아가든 그리스도에게 돌아가든, 그러한 애정이야말로 가장 중요하고 가장 위대하며 무엇과도 바꿀 수 없는 여성의 힘이다.

꼭 쓸데없는 일에서 그렇듯, 수많은 여성들과 심지어는 남성까지 휩쓸고 있는 이른바 여성해방이라는 것은 또 얼마나 터무니없는 착각인지!

“여성은 자기완성을 원하고 있다.” 이보다 더 지당한 얘기가 어디 있을까?

그러나 여성의 일은 그 사명에서 볼 때 남성의 일과는 다를 수밖에 없다. 그래서 여성의 자기완성에 대한 이상도 남성의 그것과 같을 수가 없다. 이를테면 그 이상이 어디에 있는지는 모르겠지만, 적어도 남성의 자기완성의 이상과 같지 않다는 것은 의심할 여지가 없다. 그런데 현재 수많은 여성들을 혼란에 빠뜨리며 최근에 바람을 일으키고 있는 여성운동의 우스꽝스러운 움직임은, 그 남성의 이상을 획득하는 데 목표를 두고 있다.

어쩌면 체호프 자신도 이 〈귀여운 여인〉을 썼을 때, 그러한 잘못된 생각의 영향을 받고 있었는지도 모른다.

체호프는 발람처럼 저주할 생각이었지만, 시(詩)의 신이 그것을 제지하며 반대로 축복하라고 명령한 결과, 자신도 모르게 그 사랑스러운 여성에게 신비로운 빛의 옷을 입혔고, 그래서 그녀는 자기 자신도 행복해지고, 운명이 자신과 짝지워 준 사람도 행복하게 만드는 여성의 전형으로서 영원히 남게 된 것이다.

이 단편은 그러한 의도치 않은 무의식 속에서 태어났기 때문에 이러한 걸작이 될 수 있었다.

나는 사단의 열병장이기도 한 어떤 마술(馬術) 연습장에서 자전거 연습을 한 적이 있었다. 그런데 한 부인도 한쪽에서 역시 자전거를 연습하고 있었다. 나는 그 부인을 방해하지 말아야지 하고 생각하면서 그녀 쪽을 바라보았다. 그런데 바라보는 사이에 나도 모르게 점점 그녀에게 다가갔고, 위험을 느끼고 피하려는 그녀에게 자전거째 부딪혀서 그녀를 넘어뜨리고 말았다. 그러니까, 그녀에게 너무 주의하다가 오히려 자신의 의지와는 정반대되는 일을 하고 만 것이다.

그것과 같은 일이 반대의 형태로 체호프에게 일어났다. 그는 〈귀여운 여인〉을 넘어뜨릴 생각으로 그녀를 유심히 응시하다가 오히려 그녀를 찬양하게 된 것이다.

레프 톨스토이

6월 3일

1

그들이 그것을 알고 있든 모르고 있든, 모든 존재는 떼어놓을 수 없이 서로 굳게 맺어져 있다.

2

사람의 아들이여, 그대는 네 형제들을 기만하지 않았는가? 그렇다, 기만하지는 않았다. 그대는 그들에게 "고생하며 무거운 짐을 지고 허덕이는 사람은 다 나에게로 오너라. 내가 편히 쉬게 하리라"(《마태복음》 제11장 28절)고 말했다. 그러나 그들은 그대를 찾아오지 않았고, 그대의 가르침을 마음과 행위로 받아들이지 않았으며, 그대의 명령에 따르지 않고, 유일한 아버지의 아들로서 서로 사랑하지 않았다. 만약 그들이 신의 곁으로 다가왔더라면 그들은 서로 사랑했을 것이고, 모두 하나가 되었을 것이다. 그리고 그들이 하나가 된다면, 그들이 정의를 세우고 신의 나라를 건설하는 것을 누가 방해할 수 있으랴? 지금 그들은 무력하다. 그들은 뿔뿔이 흩어져 제각각 힘을 잃은 채 길을 잃은 압제자들 앞에 서 있기 때문이다. 그들은 무력하다. 그들에게는 모든 것을 극복할 신앙도 없고, 신앙보다 더 강한 사랑도 없기 때문이다. 그들은 무력하다. 개인적 욕심에 빠져 있기 때문이며, 그들 속에 스스로를 희생시킬 용기를 주는 것, 단 하루가 아니라 매일매일 결코 지치지 않고 결코 절망하지 않고 싸울 수 있는 용기를 주는 것이 없기 때문이다. 그들은 무력하다. 그들은 인간을 두려워하기 때문이다. 그들은 그대가 자신들에게 해준 말, 즉 "자신의 생명을 지키는 자는 그것을 잃고, 그대의 율법이 지배하는 나라를 건설하기 위해 생명을 잃는 자는 오히려 생명을 얻을 것이다"라고 한 말을 이해하지 못하기 때문에 더욱 무력한 것이다. 라므네

3

자신의 자아만을 진정한 존재로 생각하고, 다른 존재는 그들이 자신의 삶에 도움을 주거나 방해하는 경우에만 일종의 상대적 관계를 인정하는, 이를테면 환영에 지나지 않는다고 생각하는 사람은, 깊이를 알 수 없는 심연을 사이에 두고 자신과 타자가 동떨어져 있는 것으로 느낀다. 그리고 자신의 자아에만 존재

를 인정하기 때문에, 자신이 죽으면 유일한 존재인 자신뿐만 아니라 전 세계도 함께 사라진다고 생각한다.

한편 모든 타자, 즉 살아 있는 모든 것 속에 자기 자신을 인정하고, 자신의 생명을 통해 살아 있는 모든 것과 하나가 되는 사람은, 죽음으로 자기 존재의 극히 일부를 잃을 뿐이다. 그런 사람은 모든 타자 속에, 자신이 항상 그 속에 자신의 존재 또는 자기 자신을 인정하고 또 사랑해 온 타자 속에 계속 존재한다. 그런 사람에게는 자신을 타자와 분리하는 기만과 망상이 사라진다.

이러한 점에서, 지극히 선량한 사람과 지극히 사악한 사람이 죽음에 임해 보여주는 태도에 차이가 드러난다. 오직 그것만이라고는 할 수 없더라도 주요 원인이 숨어 있는 것이다. 쇼펜하우어

4

나는 결코 나 한 사람만의 구원을 원하지 않고 또 인정하지도 않는다. 혼자서만 안심하며 살고 싶지도 않다. 나는 가는 곳마다 항상 모든 세계의 모든 존재의 구원을 지향하면서 살며 그것을 위해 노력할 것이다. 모든 생명이 미망에서 해방되기 전에는 나는 죄와 슬픔과 싸움의 이 세상을 버리지 않을 것이다.

중국의 고문헌

5

함께 같은 일에 힘을 쏟는 사명을 띤 이성적 존재들은 일반 세계의 삶에서 팔다리가 인간의 몸에서 하는 것과 같은 역할을 수행하고 있다. 그들은 이성적 일치와 협동을 위해 창조되어 있다. 자신이 하나의 커다란 정신적 우호 단체의 일원이라는 의식이 우리에게 얼마나 용기를 주고 위안을 주는지 모른다.

마르쿠스 아우렐리우스

6

우리 인간들은 모든 운명을 함께하지 않으면 안 된다는 것을, 인류는 점점 확실하게 의식하고 있다. 사람들은 우리 마음속에서 끊임없이 얘기하고 있는 목소리에 더욱더 귀를 기울이기 시작했다. 루시 맬러리

7

개개인의 행복이 있을 수 있다거나, 개개인의 악은 세계 전체의 악이 아니며 나하고는 아무 상관 없다고 생각해서는 안 된다.

6월 4일

1

인간은 모두 노예가 아니면 안 된다. 문제는 누구의 노예가 될 것인지 선택하는 일이다. 만약 욕망의 노예라면 말할 것도 없이 인간의 노예이고, 정신적 본원의 노예라면 오로지 신의 노예일 따름이다.

기왕이면 높은 주인을 가지는 것이 더 좋지 않을까.

2

그리스도교가 왜곡된 결과 우리의 생활은 이교도의 생활보다 더 나빠지고 말았다.

3

인간이 악으로 생각하고 있는 것도 결국 우리를 선으로 이끈다는 이기적 가르침의 기묘한 암시에 의해, 현대인들의 잔학성은 날이 갈수록 커지고 있다. 이 가르침의 결과 우리는 실제적으로는 우리에게 불쾌한 모든 악을 피하기 위해 진지한 노력을 기울이지만, 남이 입는 그 악의 영향은 만족스러운 듯이 냉정하게 바라보고 있다.

존 러스킨

4

"가난한 사람들은 언제나 너희 곁에 있다."(〈마태복음〉 제26장 11절) 성경의 말 가운데 이 말처럼 사악한 의도로 왜곡해 해석되고 있는 것은 없다. 만일 현대 사회의 모든 진보 발전에도 불구하고, 아직도 자신의 잘못도 아닌데 건전하고 정상적인 생활 조건 속에 살 수 없는 가난한 사람들이 있다면, 그것은 '우리'의 잘못이며 '우리'의 치욕이다. 누구든지 자신의 주위를 둘러보면 노동자들에게 당연히 주어져야 할 권리와 이익이 주어지지 않고, 그들이 자신의 노동의 결과를 빼앗기는 부정과 불의, 오직 그것만이 우리 모두가 부유해지는 것을 방해하고 있음을 깨닫게 될 것이다. 헨리 조지

5

이 세상의 범죄와 악의 대부분은 이성을 불신하는 데서 생긴다. "나를 믿어라. 그렇지 않으면 저주가 있으리라!" 이러한 독단 속에 악의 가장 큰 원인이 있다. 자신의 이성으로 선택해야 할 것을 남으로부터 무비판적으로 받아들임으로써, 인간은 결국 판단력을 잃고 사실상 자신을 저주에 빠뜨리고 이웃을 죄악으로 끌어들이게 된다. 사람들이 구원받는 길은 오직 스스로 생각하는 법을 배워 자신의 생각을 올바른 쪽으로 돌리는 데 있다. 에머슨

6

세계의 모든 국민이 그것에 따라 행동하고 있는 체제는, 가장 가증스러운 기만 위에, 가장 심각한 무지 위에, 또는 그 둘의 결합 위에 기초를 두고 있다. 그러므로 이 체제가 서 있는 기초를 겉으로 아무리 바꿔 놓더라도, 그것은 사람들에게 선을 가져다주지 못하고 오히려 그 결과는 언제나 악을 불러올 뿐이다.

로버트 오웬

7

어떤 사물, 어떤 습관, 어떤 법률이 존중받으면 받을수록, 정말로 그것이 존중할 만한 가치가 있는지 주의 깊게 살펴야 한다.

8

현재의 생활의 악을 바로잡기 위해서는 한 사람 한 사람이 자신 속의 종교적 허위를 버리고 종교적 진리를 자유롭게 세우는 것에서 시작하는 수밖에 없다.

6월 5일

1

우리가 눈앞에 보고 있는 외부 세계는 우리에게만 그렇게 보일 뿐이다. 이 세

계가 실제로 우리가 보고 있는 대로의 것이라고 말하는 것은, 바로 우리와 다른 외적 감각을 가진 존재는 있을 수 없다고 말하는 것과 똑같다.

2

모든 물질적인 것은 우리의 표상에 지나지 않는다는 사상은 사람들에게 기이하게 느껴질지도 모른다. "이렇게 분명히 책상이 있지 않은가, 언제나 그곳에. 내가 이 방에서 나가도 책상은 그곳에 있고, 나에게 그것이 있는 것처럼, 모든 사람에게도 마찬가지로 그것은 존재하고 있다"고 보통 사람들은 말한다. 그러나 두 개의 손가락을 교차시켜서, 그 사이에 하나의 구슬을 끼우면, 반드시 두 개로 느껴지지 않는가? 내가 그렇게 하면 구슬이 두 개로 느껴지듯, 누가 해도 그렇게 느껴지지만, 실제로는 두 개가 아니다. 바로 그와 같이, 책상은 내 감각이라는 교차된 두 개의 손가락에 있어서만 책상에 지나지 않으며, 실은 2분의 1의 책상, 100분의 1의 책상, 또는 전혀 책상이 아닌 다른 물건일지도 모른다.

3

나는 눈에 보이는 선(線)을 내가 만들어 놓은 표상 속에 있는 어떤 형태에 끼워 맞춘다. 이를테면 지평선 위의 흰 물체를 보고 자신이 알고 있는 하얀 교회를 연상하는 것이다. 우리가 이 세상에서 보는 것은 모두, 어쩌면 우리가 전생에서 가지고 온 표상 속에 이미 존재하는 것의 모습을 취하고 있는 것이 아닐까?

4

나는 우리의 외부에 있는 것은 그것 자체로 존재하고 있는가 아닌가 하는 문제는 참으로 합리적인 의미를 잃고 있다고 생각한다. 우리는 그 본래의 성질상 우리의 감각기관을 통해 받아들이는 여러 가지 물체에 대해, 그러한 것들은 우리의 외부에 있다고밖에 말할 수 없다. 달리 어쩔 도리가 없는 것이다. 우리가 존재하고 있다고 인정하는 것이 실제로 존재하고 있는 것인가 하는 문제는, 이를테면 푸른 물감은 정말 푸른 것인가 하는 것과 마찬가지로 어리석은 질문이다. 우리는 이 문제에서 벗어날 수가 없다. 나는 단지 "대상은 내 밖에 있다. 왜냐하면 내 눈에는 그렇게밖에 보이지 않기 때문이다"라고 말할 수밖에 없다. 그렇지만 이 '내 밖에 있는 것'이 어떤 구조로 되어 있는지는 알 수 없다. 그것에 대해서는 우리는 아무 말도 할 수 없다. 리히텐베르크

5

생명의 법칙은 무형의 것이 유형의 것을 낳는다는 데 있다. 원인은 보이지 않지만 결과는 눈에 보인다. 원인은 무한하지만 결과는 유한하다. 무형의 것을 믿는다는 것은 곧 모든 힘의 원인을 믿는다는 것이며, 유형의 것만을 인정한다는 것은 곧 그 사람이 무익하고 쓸모없으며 죽음이 예정되어 있는 덧없는 존재라는 것을 의미한다. 루시 맬러리

6

우리가 여러 가지 대상을 실재하는 것으로 생각하는 데는 두 가지 방법이 있다. 하나는 그 대상들을 시간과 공간의 관계에서 관찰하는 경우이며, 또 하나는 그것이 신 속에 포함돼 있으며 신적인 필연성에서 생긴 것으로 보는 경우이다. 모든 정신적인 것은 후자에 속해 있다. 스피노자

7

외적 세계는 그 자체로서, 실제로는 우리가 인식하고 있는 그대로가 아니다. 그러므로 이 세상의 물질적인 것은 모두 그다지 중요하지 않다. 그렇다면 중요한 것은 무엇인가? 모든 존재에 있어서 언제 어디서나 틀림없이 단 하나인 것, 곧 우리 생명의 정신적 본원이 그것이다.

6월 6일

1

인간이 저지르는 악은 인간의 영혼에 상처를 주고, 그에게서 참된 행복을 빼앗을 뿐만 아니라, 현세에서도 종종 그것을 저지른 당사자에게 되돌아오는 법이다.

2

이 세상의 악은 금방 열매를 맺지는 않지만 대지처럼 때가 되면 서서히 열매를 맺는다. 그리고 그 열매는 참으로 무서운 것이다. 《마누법전》

3

적[1]에 대해서도 악을 행하지 말 것, 이것이야말로 가장 큰 선덕이다.

남을 멸하려는 자는 반드시 스스로 파멸한다.

악을 행하지 말라. 가난은 악을 정당화할 수 없다. 만일 악을 행한다면 더욱더 가난해지리라.

사람들은 적의 악의에서 비롯되는 악으로부터 몸을 피할 수 있지만 자신의 죄악에서 생기는 악으로부터는 결코 달아날 수 없다. 그것은 물체에 따르는 그림자처럼 그들의 뒤를 따라와서 결국 그들을 멸망시킬 것이다.

슬픔에 쫓기기를 바라지 않는다면 남에게 악을 행하지 말라.

만일 자신을 사랑한다면 아무리 작은 악일지라도 행해서는 안 된다.

인도의 《쿠랄》

4

위로 던져 올린 돌이 그 자리에서 멈추지 않고 반드시 땅에 떨어져 되돌아오듯이, 네가 어떠한 모습으로 어떠한 세계에 들어가더라도, 네가 행하는 선한 일과 악한 일에 따라 네 마음의 소망이 채워지기도 하고 채워지지 않기도 할 것이다. 스리랑카 불교

5

악인도 그가 행한 악이 아직 곪아 터지기 전까지는 행복하다. 그러나 그것이 곪아 터졌을 때 악인도 악을 의식할 것이다. 어느 누구도 악에 대해, 그런 것은 자기와 아무 상관 없는 거라고 생각해서는 안 된다. 한 방울의 물이 모여 항아리를 채우듯, 어리석은 자는 조금씩 악을 거듭해 가는 동안 악으로 가득 차게 된

1) 이 경우의 '적'이란 이민족, 외국인으로 생각해도 무방할 것이다. 옛날에는 이민족은 언제나 적으로 간주되었다.〔역주〕

다. 악은 바람을 향해 뿌린 먼지처럼 그것을 행한 자에게 되돌아온다.

하늘을 날아가도 바다에 들어가도 깊은 산속에 숨어도, 인간이 자신이 저지른 악한 일에서 달아날 수 있는 곳은 세상 어디에도 없다.[2)]《법구경》

6

복수를 생각하는 자의 상처는 늘 처음 그대로이다. 복수를 생각하지 않으면 금방 나을 것을.

7

악을 행하는 것은 야수를 성나게 하는 것과 마찬가지로 위험하다.

악은 대부분의 경우 이 세상에서 가장 거친 형태로 그것을 행한 자에게 되돌아온다.

6월 7일

1

겸양은 자기만족에 빠진 오만한 자는 결코 알 수 없는 기쁨을 준다.

2

사람들 사이의 평화는 행복한 삶의 필수 조건이다. 평화에 대한 가장 큰 장애는 우리의 오만이다. 오직 겸양만이—모욕을 참고 매도를 견디고 오해도 두려워하지 않는 각오만이—사람이 자신과 타인의 관계 속에, 또 사람들 사이의 관계

---

2) 《법구경》을 그대로 옮기면 다음과 같다.

119 "악의 열매가 맺기까지는 악한 자도 행복을 맛본다. 그러나 악행의 열매가 익었을 때 악한 자는 악업을 받는다."

121 "그것은 내게 가까이 오지 않을 것이라고 악을 가볍게 여기지 말라. 방울물이 고여서 항아리를 채우나니, 조그만 악이라도 쌓이고 쌓이면 어리석은 자는 악으로 가득 찬다."

125 "순진하고 티 없는 이를 해치려는 어리석은 자는 도리어 갚음을 받는다. 마치 맞바람에 던진 먼지가 되날아오듯."

127 "하늘에도 바다에도 산속의 동굴에도, 사람이 악행에서 벗어날 수 있는 곳은 아무 데도 없다."〔원주〕

속에 평화를 가져다주는 것을 가능하게 한다.

3

고생하며 무거운 짐을 지고 허덕이는 사람은 다 나에게로 오너라. 내가 편히 쉬게 하리라. 나는 마음이 온유하고 겸손하니 내 멍에를 메고 나에게 배워라. 그러면 너희의 영혼이 안식을 얻을 것이다. 내 멍에는 편하고 내 짐은 가볍다.

〈마태복음〉 제11장 28~30절

4

세상이 우리를 질책하고 비난할 때 결코 화를 내서는 안 된다. 오히려 그 비난 속에 어떤 근거가 있지 않은지 살펴보아야 한다.

흄

5

만약 네가 지난날 성현의 가르침을 무시하고 성현이 산 것처럼 살지 않아서, 자신이 성현의 명예를 얻을 자격이 없다고 생각해 자존심에 고통을 느낀다면, 그런 것에 대해 미련을 두지 않도록 생각을 고치는 것이 좋다. 네가 성현으로서의 평판을 얻지 못하고 있다면 그것은 오히려 좋은 일이다. 또 만일 지금 당장 네 양심이 요구하는 대로 살 수 있다면 그것으로 만족해야 한다.

마르쿠스 아우렐리우스

6

인간이 행복한 삶을 살기 위해 반드시 배워야 하는 것은 겸허함이다. 오만과 권세욕과 허영심은 따뜻하고 부드러운 마음에 자리를 양보하지 않으면 안 된다. 오만한 사람은 이미 모든 걸 다 가지고 있다고 생각하고 있으므로 아무것도 획득할 수 없다.

세계의 선진 사상

7

오만은 오만뿐만 아니라 인간의 다른 모든 죄악도 옹호한다. 왜냐하면 그것은 비난을 싫어하고 치료를 거부하기 때문이며, 죄악을 숨기고 그것을 정당화하려

하기 때문이다. 인간을 겸허하게 하는 죄의식은 그의 오만을 부추기는 선한 일보다 더 유익하다. 백스터

8

자기 자신에게는 엄격하고 타인에게는 관대하라. 그러면 너희에게는 적이 없을 것이다. 중국 금언

9

겸허한 마음으로 받아들일 수 있다면 굴욕을 두려워할 필요가 없다. 굴욕은 겸허와 결합된 온갖 정신적 행복에 의해 몇 갑절 더 많은 보상을 받을 것이다.

6월 8일

1

진실이 없으면 선은 있을 수 없다. 선량함이 없으면 진리를 전할 수 없다.

2

선과 진리는 마차의 두 바퀴와 같다.

3

진리를 아는 자는 그것을 좋아하는 자보다 못하다. 진리를 좋아하는 자는 그것을 즐기는 자보다 못하다.[3) 공자

4

너희는 나에게 "주님, 주님!" 하면서 어찌하여 내 말을 실행하지 않느냐? 나에게 와서 내 말을 듣고 실행하는 사람이 어떤 사람인지 가르쳐 주겠다. 그 사람은 땅을 깊이 파고 반석 위에 기초를 놓고 집을 짓는 사람과 같다. 홍수가 나서 큰물이 집으로 들이치더라도 그 집은 튼튼하게 지었기 때문에 조금도 흔들리지

3) 《논어》 옹야(雍也)편 제6장에 '眞理' 대신 '之'로 되어 있는데, 톨스토이는 그 之를 진리로 해석한 것이다.(역주)

않는다. 그러나 내 말을 듣고도 실행하지 않는 사람은 기초 없이 맨땅에 집을 지은 사람과 같다. 큰물이 들이치면 그 집은 곧 무너져 여지없이 파괴되고 말 것이다.

〈누가복음〉 제6장 46~49절

5

덕으로 증오에 보답하라. 모든 일은 아직은 쉬워서 더 어려워지기 전에 점검하고 대책을 강구하라. 또 작은 일은 커지기 전에 처리하라. 천하의 가장 어려운 일도 반드시 쉬운 일에서 시작되며, 천하의 큰일도 반드시 작은 일에서 시작된다.[4)]

노자

6

덕에 이르는 두 길이 있다. 올바를 것, 생명이 있는 것에 악을 행하지 않을 것이 그것이다.

《마누법전》

7

진리는 결코 폭력으로 악에 맞서지 않는다. 그 밝은 빛과 내면의 강인함이 무엇보다 강하게 악을 타파한다.

소로

8

모든 악은 나약함에서 생긴다.

루소

9

위선보다 나쁜 것은 없다. 위선은 노골적인 악보다 더 불쾌하다.

---

4) 《도덕경》 제63장에 "무위(無爲)를 행하고 무사(無事)를 일하고 무미(無味)를 맛본다. 크든 작든, 많든 적든 덕으로써 원한을 갚는다. 어려운 일은 그것이 쉬울 때 계획하고, 큰일은 그것이 작을 때부터 한다. 천하의 어려운 일은 반드시 쉬운 일에서 비롯되고, 천하의 큰일은 반드시 작은 일에서 비롯된다"라는 말이 있다.[역주]

6월 9일

1

그리스도교 사회의 현 체제는 진정한 의미의 그리스도교의 가르침을 어기고 있다.

2

인간의 거의 모든 지식은 노동하는 사람들의 수고를 덜어주는 것이 아니라, 부자들의 게으름을 거들고 그것을 장식하는 데 이용되고 있다.

3

정신적, 육체적으로 인간의 본성을 배반하는 삶을 살아온 현대인들은, 바로 그러한 삶이 가장 참된 삶이라고 끊임없이 사람들을 설득하려 한다. 오늘날 문화라고 불리고 있는 것, 즉 학문, 예술, 온갖 형태의 진보와 발달은 모두 인간의 정신적 요구를 기만하려는 시도에 지나지 않는다.

4

만약 누군가가 현재 우리가 살고 있는 이 세상을 들여다본다면, 그 복잡하고 무질서한 모습에 기가 막혀, 얼마나 눈물을 흘리고 배를 잡고 웃고 또 분노를 느낄까! 우리가 실제로 하고 있는 일은 참으로 가소롭고 어리석고 가련하고 또 혐오스럽다. 어떤 자는 들짐승을 잡기 위해 개를 키우다가 자신이 야수가 되어버린다. 또 어떤 자는 돌을 운반하기 위해 소와 당나귀를 키우면서, 굶주림으로 죽어가는 사람들에게는 눈길조차 주지 않는다. 또 어떤 자는 석상을 만들기 위해 돈을 물 쓰듯 하면서, 가난으로 정작 돌처럼 되어 있는 사람들은 돌아보지 않고 있다.

또 어떤 자는 열심히 보석을 모아 그것으로 벽을 장식하면서, 가난해 헐벗은 사람을 보아도 조금도 동정심을 보내지 않는다. 또 어떤 자는 많은 옷을 두고도 유행 따라 새 옷을 만들어 입지만, 변변하게 몸을 가릴 옷이 하나도 없는 사람들도 있다. 또 어떤 자는 모든 것을 매춘부나 손님에게 쏟아붓고, 어떤 자는 희극배우나 무희에게 쏟아부으며, 또 어떤 자는 호화로운 집을 짓기 위해, 땅과 집들을 사들이기 위해 그렇게 한다. 어떤 자는 이자를 계산하느라 밤이 새는 줄 모르고, 또 어떤 자는 사람들을 파멸시키기 위해 밤잠도 자지 않고 인간을 살육하는 계획서 작성에 열을 올리고 있다. 낮이 되면 어떤 자는 부정한 이익을 구하여 동분서주하고, 어떤 자는 방탕에 빠지고, 또 어떤 자는 국민의 혈세로 자기 배를 채우려 한다. 이를 한마디로 표현하면, 무익하고 사악한 일에는 열심이지만, 꼭 필요한 일은 아랑곳도 하지 않는 것이다. 이오안 즐라토우스트

5

어린이가 어른을, 어리석은 자가 지혜로운 자를 지배하는 것이 자연의 법칙에 어긋나듯, 굶주린 군중이 생활필수품도 없어서 쩔쩔매고 있을 때 몇몇 사람들이 사치품에 싫증 내는 것은 자연의 법칙에 어긋나는 것이다. 루소

6

식인(食人)의 시대에는 강자가 약자를 먹었다. 단적으로 말해 약한 자의 살을 먹었다. 그 뒤 온갖 법률이 정해지고 온갖 학문이 발달했지만, 무자비한 강자는 오늘날까지 여전히 불행하고 어리석은 약자들을 착취해서 살아가고 있다. 그들이 그 살코기를 먹지 않고 그 피를 마시지 않는 것은 사실이지만, 약자를 곤경과 궁핍에 빠뜨리면서 살고 있다는 점에서는 다를 바가 없다. 가혹한 노동으로 몸을 망쳐가면서 한평생 자신과 가족을 부양하기 위해 고생하고 있는 가난한 사람들은, 실제로는 자기네 동포에게 먹히고 있는 것이다. 문명 세계의 몰락을 보며 그 불안과 눈물, 부서진 희망과 가련한 현실, 기아와 범죄, 그 굴욕과 오욕을 목격할 때, 우리는 자기도 모르게, 식인도 타인을 희생시켜 살아가는 삶의 한 형태로서 이보다 더 잔인하지는 않았다는 결론에 이르게 된다. 루시 맬러리

7

과거, 현재, 미래에 걸쳐서 인간이 전 생애를 걸 만한 일이 꼭 한 가지 있다. 그것은 사람들 사이의 사랑에 의한 마음의 교류이며, 그들과의 사이에 만들어 낸 장벽을 무너뜨리는 것이다.

이레째 읽을거리

정말 이래도 된단 말인가

들판 한복판에 커다란 굴뚝이 쉴 새 없이 검은 연기를 내뿜고 있고, 쇠사슬 소리와 용광로가 돌아가는 소리가 들려온다. 담장이 둘러쳐진 주철공장이 있는 그곳에는 철도의 지선이 들어와 있고, 주위에는 감독과 노동자들의 집들이 늘어서 있다. 이 공장과 광산에서 노동자들이 개미처럼 분주하게 일하고 있었다. 어떤 자는 지하 100아르신(1아르신은 71.12센티미터)의 어둡고, 좁고, 축축하고, 숨이 막힐 것 같은 갱도 속에서 끊임없이 생명의 위험과 마주한 채 밤낮을 교대로 광석을 캐내고, 어떤 자는 어둠 속에서 등을 구부리고 그 광석과 진흙을 수직 갱도로 운반한 뒤, 빈 광차(鑛車)를 밀며 원래의 장소로 돌아가서 다시 거기에 광석과 진흙을 담는 일을 되풀이하며, 일주일 내내 하루 열두 시간 내지 열네 시간 동안 일한다.

한편 용광로에서는, 어떤 자는 가마 바로 옆의 숨 막히는 열기 속에서, 또 어떤 자는 이글이글 녹아내린 광석과 광재(鑛滓)를 밑으로 흘려보내는 관 바로 옆에서 일하고 있다. 또 기관사와 화부와 대장장이, 벽돌공, 목수도 각자 자신의 일터에서, 역시 일주일 내내 하루 열두 시간에서 열네 시간씩 일하는 것이다.

그들은 일요일마다 급료를 받아 몸을 씻거나, 때로는 씻지도 않은 더러운 몸으로, 사방에서 공장을 에워싸고 노동자들을 유혹하고 있는 요릿집과 선술집에서 술을 마시고, 월요일이면 아침부터 다시 같은 일에 매달린다.

그 공장 옆에서는 농부들이 지치고 비쩍 마른 말을 부리며 남의 밭을 갈고 있다. 이 농부들은 만약 밤에 방목하러 나가지만 않는다면, 즉 말이 충분히 먹고 마실 수 있는 유일한 장소인 늪지 옆에서 밤을 새우지만 않는다면, 모두 새벽과 함께 일어나 자기 소유의 말에 안장을 얹고, 빵 한 조각을 싸 가지고 남의 밭을 갈러 나갈 것이다.

또 다른 농부들은, 역시 공장에서 제법 가까운 거리 옆의 거적으로 둘러친 작업장에 앉아 도로용 자갈을 깨고 있다.

그들의 다리는 휘어지고, 손은 못투성이가 되어 있으며, 몸은 더럽고, 얼굴과 머리와 수염뿐만 아니라 그 폐장까지 석탄가루로 시커멓게 뒤덮여 있다. 그들은 아직 부수지 않은 돌무더기에서 커다란 돌을 캐어, 그것을 짚신을 신고 넝마 조각을 감은 발바닥으로 고정시킨 뒤, 커다란 쇠망치로 몇 번이고 몇 번이고 두드려 깬다. 그리고 깨진 그 돌조각을 손에 들고 작게 바스러질 때까지 때린다. 그런 다음 다시 커다란 돌을 캐어, 이렇게 새벽부터 한밤중까지 열다섯 시간 내지 열여섯 시간 일한다. 그동안 점심 식사 뒤에 두 시간쯤 쉬고, 아침과 점심으로 두 번 빵을 먹고 물을 마실 뿐이다.

이렇게 그들은, 광산에서, 공장에서, 밭에서, 채석장에서, 젊었을 때부터 늙을 때까지 일한다. 또 그들의 아내와 어머니들도 마찬가지로 가혹한 노동에 허덕이면서, 히스테리 증세에 시달리며 살고 있다. 그리고 그들의 아버지와 자식들도 역시 아침부터 밤중까지, 어려서부터 늘그막까지, 제대로 먹지도 입지도 못하며 몸을 망칠 정도로 중노동을 계속하는 것이다.

한편 그 공장과 채석장과 밭 옆을, 넝마를 걸치고 자루를 짊어지고 여기저기 구걸하며 돌아다니는 남녀 거지들 사이로, 놀라울 정도로 튼튼한 구렁말 네 마리가 끄는 사륜마차가 달려간다. 그 말 중의 가장 나쁜 것도, 그것을 찬탄의 눈길로 바라보는 농부의 집보다 값이 비싸다. 그 사륜마차에는 두 명의 아가씨가 화려한 꽃무늬 파라솔 밑에서 리본과 깃털로 장식한 모자를 쓰고 앉아 있는데, 그 파라솔과 모자가 또 농부의 밭을 갈고 있는 말보다 값이 비싸다. 사륜마차 앞자리에는 새하얀 군복에 금몰과 금단추가 반짝이고 있는 군인이 앉아 있고, 마부석에는 푸른 소맷부리가 달린 비단 루바시카에 비로드 속옷을 입은 뚱뚱하게 살찐 마부가 앉아 있다. 그는 하마터면 여자 거지를 치어 죽일 뻔한 뒤, 또 광석으로 더러워진 루바시카를 입고 짐마차를 타고 흔들거리며 지나가던 농부도 거의 도랑에 처넣을 뻔했다.

"이봐, 이게 안 보여?" 하고 마부가, 얼른 마차를 피하지 않은 농부를 향해 채찍을 휘둘러 보이니, 농부는 한 손으로는 고삐를 잡고 한 손으로는 황급히 모자를 벗으며 사죄한다.

사륜마차 뒤에서는 남녀 한 쌍이 햇빛에 에나멜이 반짝이는 자전거를 타고 웃고 떠들면서, 놀라서 가슴에 성호를 긋는 거지들을 추월해 간다.

거리 옆의 갓길에서는 두 사람이 말을 타고 간다. 한 사람은 영국산 수말을 탄 남자이고, 또 한 사람은 약간 빨리 말을 달리는 부인이다. 말과 안장의 가격은 그만두고라도, 그 부인의 보랏빛 베일이 달린 검은 모자만 해도, 값이 돌 깨는 인부의 두 달 치 임금과 맞먹고, 남자가 손에 들고 있는 최신 유행의 영국식 채찍만 해도, 광산에 고용된 것에 만족하고 사는 젊은이—두 사람에게 길을 비켜주며, 말과 말을 탄 사람들의 말쑥한 모습과, 혀를 빼고 주인을 좇아가고 있는, 살찐 목에 값비싼 목줄을 건 커다란 외국산 개를 감탄한 듯이 바라보고 있는 젊은이—의 일주일 치 임금에 해당한다.

두 기수 바로 뒤에는 머리를 보글보글 지지고, 화려한 옷에 하얀 앞치마를 입고 생글거리며 웃고 있는 아가씨와, 구레나룻을 단정하게 빗고 입에 궐련을 문 사내가 달구지를 타고 오는데, 사내는 아가씨에게 뭔가 귓속말을 하고 있다. 달구지 속에서는 사모바르와 냅킨으로 싼 음식, 그리고 아이스크림 같은 것도 보인다.

그들은 사륜마차와 말과 자전거를 타고 가는 사람들의 하인들이다. 오늘 같은 날은 그들에게 결코 특별한 날이 아니다. 그들은 여름 내내 거의 매일처럼 소풍을 가는데, 종종 오늘처럼 한곳이 아니라 새로운 여러 장소에서 먹고 마시기 위해 차와 술과 과자를 싸 들고 나가는 것이다.

이 상류층 사람들은, 시골 별장에서 지내는 세 가족이다. 하나는 2000데샤티나(러시아의 넓이 단위, 1데샤티나는 1.092헥타르)의 땅을 가지고 있는 지주의 가족이고, 또 하나는 3000루블의 월급을 받는 고급 관료의 가족이며, 나머지 하나는 공장주의 아들들인데 이들이 가장 부유한 가족이다.

그들은 주위에 널려 있는 빈곤과 가혹한 노동에는 눈 하나 깜빡하지 않고 조금도 신기해하지 않는다. 그들은 그런 것을 모두 당연한 일로 여기고 있다. 그리고 그것과는 전혀 다른 데 관심을 갖고 있다.

"안 돼요, 그건 너무해요!" 말 위의 부인이 개를 보면서 말했다. "차마 그냥 보고 있을 수가 없어요." 이렇게 말하며 그녀는 사륜마차를 세웠다. 모두들 프랑스어로 얘기하고 웃기도 하면서 개를 마차에 태운 뒤, 돌 깨는 사람과 길 가는 사람들에게 석회 먼지를 일으키면서 사라져 갔다.

사륜마차도, 말을 타고 가는 사람들도, 자전거를 탄 사람들도, 마치 딴 세상에서 온 유성처럼 사라졌다. 한편 공장의 직공과 채석장의 인부와 땅을 가는 농부들은 여전히 그 고통스럽고 단조로운, 타인을 위한 노동을 계속하다가 무덤에 들어가는 날에야 비로소 거기서 해방될 것이다.

"나도 저렇게 한번 살아봤으면."

그들은 사륜마차와 자전거, 말을 타고 가는 사람들을 바라보면서 마음속으로 생각한다. 그리고 자신들의 고통스러운 생활에 더욱더 절망한다.

정말 이래도 된단 말인가!

레프 톨스토이

6월 10일

1

우리의 영혼 속에는 결코 죽지 않는 무언가가 있다. 우리는 그 무언가를 의식할 수도 있고 의식하지 못할 수도 있다.

2

남을 아는 사람은 지혜롭고 자기 자신을 아는 사람은 밝음이 있다.

남을 이기는 사람은 힘이 있고 자기 자신을 이기는 사람은 강하다.

죽으면서 자기가 멸망하지 않음을 아는 사람은 영원한 존재를 유지한다.[5)]

노자

3

인간은 일종의 속성을 가지고 태어나 그것에 의해 살아간다. 그리고 그것은 결코 사라지지 않는다. 설사 우리의 눈앞에서 모습을 감추어도 사라지는 것은 아니다.

4

어떤 사람은 내 시야를 천천히 지나가고 다른 한 사람은 빨리 지나가 버렸다

---

5) 《도덕경》 제33장에 "남을 아는 것은 지혜이지만, 자신을 아는 것은 명철함이다. 남을 이기는 것은 힘이 있는 것이요, 자신을 이기는 것은 강한 것이다. 만족할 줄 아는 것은 부유함이요, 힘써 행하는 것은 뜻이 있는 것이다. 제자리를 잃지 않으면 오래가며, 죽어도 없어지지 않으면 영원한 것이다"라는 말이 있다.(역주)

고 해서, 나로서는 도저히 전자에 더 많은 생명을 인정하고 후자에 더 적게 인정할 수는 없다. 만일 내 창문 앞을 사람이 지나간다면 빨리 지나가든 천천히 지나가든 아무 차이가 없으며, 그 사람은 내가 보기 전부터 있었고, 또 내 눈에서 사라진 뒤에도 존재한다는 것을 나는 알고 있다.

5

나는 현존하는 모든 종교를 믿지 않기 때문에, 내가 무언가의 전승과 교육의 영향에 맹목적으로 따르고 있다고 의심받을 이유가 없다. 나는 평생 동안 내가 할 수 있는 데까지 깊이, 우리의 삶의 법칙에 대해 생각해 왔다. 나는 그것을 인류의 역사와 나 자신의 의식 속에서 탐구한 결과, 다음과 같은 흔들리지 않는 신념에 도달했다. 즉 죽음은 존재하지 않는다는 것, 생명은 원래 영원한 것이어야 하며, 늘 그 자리에 있으며 변하지 않는 것이 진정한 생명의 법칙이라는 것, 내 안의 모든 능력과 모든 사상, 모든 요구는 실천을 통해 살려야 한다는 것, 우리 안에는 우리가 세상살이에서 얻을 수 있는 가능성을 훨씬 넘어서는 높은 사상과 동경이 있다는 것, 우리 안에 있는 그러한 동경은 우리의 감성을 통해 그 출처를 확인할 수 있다는 것, 바로 그런 사실들이야말로, 그것이 세상 밖에 있는 세계에서 우리 안에 들어왔으며, 세상 밖에서만 채워질 수 있다는 것을 증명한다는 것, 이 세상에서 멸망하는 것은 물질의 온갖 형태뿐이며, 우리의 육체가 멸망하니까 우리도 멸망한다고 생각하는 것은, 노동자가 사용하는 연장이 닳아서 못쓰게 되었다고 해서 노동자도 죽어버렸다고 생각하는 것과 같다는 것이다.

주세페 마치니

6

삶의 근원이 영혼이라는 것을 알고 있는 자는 모든 위험의 밖에 있다. 삶의 마지막 순간에 감성의 문을 닫을 때도 그는 아무런 두려움도 느끼지 않는다.[6]

노자

---

6) 《도덕경》 제52장에 "천하에는 그 시작이 있다. 그것이 천하의 어머니이다. 이미 그 어머니를 찾아냈으니 그 아들을 알 수 있다. 그 아들을 알고 다시 그 어머니를 지키면 몸이 다할 때까지 위태롭지 않을 것이다"라는 말이 있다.(역주)

7

신은 무궁한 시간과 무궁한 공간 속에서 영원하고 치우침 없는 생명이다. 신은 존재하는 모든 것이며 신 밖에 신은 없다. 모든 것은 신 속에 있으며 어떤 것도 신 밖에는 존재하지 않는다. 그러므로 모든 존재는 신의 생명의 나타남이고, 모든 생명은 태어날 때 비존재(非存在)에서 나오는 것이 아니라 신에게서 나오는 것이며, 죽음도 존재이기를 그만두는 것이 아니라 다시 신에게 돌아가는 것이다.

앙팡탱

8

진정한 생명은 시간과 공간 밖에 있다. 그러므로 죽음은 이 세상에서의 생명의 현상을 바꿀 수 있을 뿐, 결코 생명 자체를 멸망시킬 수는 없다.

9

영원한 생명에 대한 믿음은 누구로부터 얻을 수 있는 것이 아니며, 제멋대로 그렇게 생각해서도 안 된다. 영원한 생명에 대한 믿음을 가지려면 영원한 생명이 실제로 있어야 하고, 그러려면 자신의 생명을 영원한 생명이라는 차원에서 이해해야 한다.

10

내세를 믿을 수 있는 자는 오직 그 의식 속에 이 세상에는 존재하지 않는 세계와의 새로운 관계를 세운 자뿐이다.

11

네 영혼 속에 있는, 스스로를 불멸의 존재로 의식하고 죽음을 두려워하지 않는 부분에 의해 살라. 영혼 속의 그 부분은 바로 사랑이다.

6월 11일

1

우리의 삶의 모든 외면적 변화는, 우리의 사상 속에서 일어나는 변화에 비하면 참으로 하잘것없는 것이다.

2

인간의 감정과 행위에 변화가 일어나려면 무엇보다 먼저 그의 사상에 변화가 일어나야 한다. 그리고 사상에 변화가 일어나려면, 자신의 영적 본성과 그 본성의 요구에 대한 깊은 성찰이 필요하다.

3

우리의 생애의 각 시기는, 우리가 의식하는, 우리의 의지에 의해 수행되는 행위, 즉 결혼, 취직 같은 것에 의해 결정되지 않고, 이를테면 산책할 때, 한밤중에, 식사 중에 떠오르는 사상에 의해 결정되는데, 특히 과거 전체를 통틀어 우리에게 너는 지금까지 그런 행동을 해왔지만 좀더 다른 행동을 하는 편이 나았을 거라고 얘기해 주는 사상에 의해 결정된다. 그 경우, 그 뒤의 우리의 모든 행동은 노예처럼 그 사상에 봉사하고 그 의지를 실천하는 것이다. 소로

4

인간이 그 앞에서 발을 멈추는 모든 사상은 그가 그것을 말하든 안 하든 반드시 그의 생활을 해치기도 하고 돕기도 한다. 루시 맬러리

5

죄악을 피하고 그것을 이기기 위해서는 무엇보다 먼저 모든 죄악의 뿌리는 나쁜 사상에 있다는 것을 인정해야 한다. 우리는 모두 우리의 사색의 결과에 지나지 않는다. 부처의 가르침

6

인간의 운명을 결정하는 것은 그가 자기 자신을 어떻게 이해하고 있는가 하는 것이다. 소로

7

그릇된 사상은, 우리가 함께 살려고 불러들인 형편없는 남자가 우리의 집에 대해 하는 것과 같은 일을 우리의 마음에 대해 할 것이다. 루시 맬러리

8

우리는 실생활에서 일어난 변화는 똑똑히 볼 수 있다. 전에는 사람이 타고 짐을 나르고 하는 데 마차를 썼지만 지금은 증기기관차를 쓰고 있고, 전에는 나뭇조각이나 기름을 태웠지만 지금은 가스나 전기를 쓰고 있는 것처럼. 그러나 우리는 인간의 정신에서의 그 같은 변화는 보려고 하지 않는다. 사실은 그 같은 변화가 가장 중요한 것이다.

9

우리는 돈이 든 지갑을 잃어버리면 아까워하지만, 우리의 머리에 떠오르거나 남한테서 들은 좋은 사상, 명심해 두고 있다가 자신의 인생에 적용하면 크게 도움이 될 만한 사상은 잃어버리고도, 어떠한 보물보다 값진 그것을 아까워할 줄 모른다.

6월 12일

1

고뇌는 육체적, 정신적 성장에 없어서는 안 되는 조건이다.

2

정말 잘 들어두어라. 너희는 울며 슬퍼하겠지만 세상은 기뻐할 것이다. 너희는 근심에 잠길지라도 그 근심은 기쁨으로 바뀔 것이다. 여자가 해산할 즈음에는 걱정이 태산 같다. 진통을 겪어야 할 때가 왔기 때문이다. 그러나 아이를 낳으면 사람 하나가 이 세상에 태어났다는 기쁨에 그 진통을 잊어버리게 된다.

〈요한복음〉 제16장 20~21절

3

우리는 고통을 호소한다. 그러나 고통은 어떠한 것이라도 반드시 우리에게 이로운 데가 있다. 때때로 우리도, 어린아이들이 자랄 때나 종기가 터졌을 때처럼 육체적인 고통이 우리에게 약이 된다는 것을 안다. 또 때로는 우리의 육체적인 고통과 정신적인 고통이 주는 이익을 모를 때가 있다. 즉 모든 고통이 우리에게 선을 이룬다는 것, 우리가 더 나은 인간이 되어 신에게 더 가까이 갈 수 있도록 도와준다는 사실을 깨달으려 하지 않는 것이다.

4

고통의 괴로움을 덜어주는 것은 첫째로 자신의 고통보다 더 큰 남의 고통을 머릿속에 생생하게 그리는 것이며, 둘째로 고통에 대처하는 데는 몸부림치며 괴로워하는 나쁜 방법과 그것을 조용히 견디며 인내하는 좋은 방법이 있다는 것을 깨닫는 일이다.

5

우리는 다음과 같이 성장해 간다. 즉 각자의 사상 속에는 이미 더욱 높은 사상이 들어 있다. 지금은 어떤 성격을 나타내는 사람 속에도, 이미 더 높은 성격이 완성되어 가고 있다. 청년은 유년 시절의 어린아이 같은 몽상을 버리고, 장년은 청년 시절의 무지와 거친 혈기를 버리고, 노인은 장년의 아욕을 버리며 점점 우주적인 정신을 배워간다. 그리하여 그는 더 높고 더 강한 인생의 기반에 서게 된다. 외적인 관계와 조건은 서서히 소멸하고 더욱더 신 속에 몰입하면서. 신도 또한 그의 속으로 들어와 마침내 아욕의 마지막 옷이 벗겨져 신과 일체가 되면, 자신의 의지를 신의 의지에 합류시켜 신의 위대한 행위에 참여하게 되는 것이다.

에머슨

6

좋은 일을 하면 할수록 더 많은 생명력이 인간에게 부여된다. 존 러스킨

7

마음이 괴로울 때도 결코 약해져서는 안 된다. 신 이외의 누구에게도 고백해서는 안 된다. 침묵을 지키며 견디는 것이 중요하다. 때로는 고통이 타인에게 옮아 그들을 괴롭히는 결과가 되기도 하고, 네 속에서 다 타버려 너를 더욱 높이고 더욱 완전에 다가갈 수 있게 해주기도 한다.

8

선덕과 정신력은 불행과 고뇌와 질병 속에서 강화되고 완성되어 간다. 그러므로 너희는 자신에게 찾아올지도 모르는 시련을 두려워하지 말고 의연하게 그것을 견뎌내야 한다. 온갖 시련이 너희를 더욱더 신에게 가까이 갈 수 있게 해줄 것이다. 성현의 사상

9

불행은 인생의 시금석이다. 플레처

10

고통 속에서 네 정신적 성장의 의의를 찾아라. 그러면 고통도 그 쓴맛을 잃을 것이다.

6월 13일

1

이성은 인간을 동물과 구별할 수 있게 하는 특성이다.

2

부처는 말했다. "사색할 때도, 생활할 때도, 말을 할 때도, 배울 때도 나는 결코 가장 중요한 것, 즉 이성의 요구를 잊은 적이 없다"고.

3

이성적인 것과 도덕적인 것은 언제나 일치한다.

4

스스로 깨달았다고 자만하는 자는, 한평생 지혜로운 사람을 만나도 숟가락이 자기가 사람의 입에 넣어주는 음식의 맛을 모르듯 진리를 알지 못한 채 죽는다.[7)]

동양의 금언

5

우리가 '인간'이라는 이름 자체에 존엄성을 인정하는 것은, 인간이 자신의 이성을 사용하는 점을 존중하는 것이 아니면 안 된다. 우리는 타인의 어리석음을 탓하거나 그를 가리켜 바보라느니 우둔하다고 해서는 안 되며, 반대로 그의 마음속 깊은 곳에는 뭔가 이성적인 것이 있을 것으로 생각하고 그것을 찾아내도록 힘써야 한다. 또 그를 속이는 그릇된 관념을 지적함으로써 그의 미망의 원인을 알게 하고, 그가 자신의 이성을 신뢰하도록 도와주어야 한다. 실제로 우리가 인간 속에 이성을 인정하지 않으면 어떻게 그를 설득할 수 있겠는가? 남의 잘못을 비난할 때도 마찬가지이다. 그 같은 비난이 절대로 잘못을 저지른 사람에 대한 경멸로 이어져서는 안 된다. 우리는 절대로 인간의 도덕적 존엄성을 부정해서는 안 되며, 그 도덕적 본성의 부활이 불가능하다고 생각해서도 안 된다. 왜냐하면 그 같은 생각은 원래 도덕적 존재이며 선의의 능력을 절대로 잃지 않는 인간의 개념에 반하기 때문이다.

칸트

6

우리는 그 사람 속에 아직 잃어버리지 않고 남아 있는 선을 통하지 않고서는 누구도 더 나은 사람으로 만들 수 없고, 그 사람 속에 잃어버리지 않고 남아 있는 지혜를 통하지 않고서는 누구도 더 현명하게 만들 수 없다.

칸트

7

이성은 생활의 근본 원리가 될 수 없다고 말하는 사람은, 이성을 거부함으로써 자신의 생활을 망쳐놓고도 그것을 개선하려 하지 않는 사람이다.

---

7) 《법구경》 제5장 〈바보의 장〉에 "어리석은 자는 한평생 현명한 이와 사귀더라도 진리를 모른다. 마치 숟가락이 국맛을 모르듯이"라는 말이 있다.[역주]

8

이성은 모든 사람들 속에 있어서 단 하나이다. 사람들의 교류는 이성에 근거하고 있다. 그러므로 모든 사람에게 단 하나인 이성의 요구에 따르는 것은 우리 모두의 의무이다.

6월 14일

1

남을 비난하지 않는 데는 아주 약간의 노력이면 충분하다. 남을 비난하지 않는 자의 생활은 참으로 당당하다. 그런데 그 약간의 노력을 하는 사람을 이렇게 찾아보기 힘들다니!

2

성자열전에 이런 얘기가 있다. 한 노인이 꿈속에서 생전에 결점이 많았던 수도승이 천국의 맨 윗자리에 앉아 있는 것을 보고, 어떻게 그 많은 결점을 가진 수도사가 가당찮게도 저렇게 큰 행복을 누리게 됐느냐고 물었다. 그러자 그가 한평생 아무도 비난한 적이 없었기 때문이라는 대답이 돌아왔다고 한다.

3

그러므로 남을 판단하는 사람이라 하더라도 자기는 죄가 없다고 말할 수는 없습니다. 남을 판단하면서 자기도 똑같은 짓을 하고 있으니 결국 남을 판단하는 것은 바로 자기 자신을 단죄하는 것입니다. 〈로마서〉 제2장 1절

4

남의 행위를 비난하지 말라. 남을 비난하면 공연히 자신의 마음이 어지러워져 커다란 잘못을 범하게 된다. 오히려 자기 자신을 반성하라. 그러면 그것은 결코 헛되이 끝나지 않을 것이다. 성현의 사상

5

자기 스스로를 가차 없이 엄격하게 비판하면 할수록, 남을 더욱 공정하고 더

욱 너그럽게 비판할 수 있게 될 것이다. 공자

6

남의 불명예 속에서 자신의 명예를 찾지 말라.

선량한 사람은 남의 치욕을, 심지어 그에게 해를 끼친 자의 치욕까지 숨겨주는 것이 어울린다.

뉘우치는 자에게 그 전의 잘못을 들춰내서는 안 된다. 《탈무드》

7

남의 잘못을 알아채기는 쉽지만 자신의 잘못을 깨닫기는 어렵다. 사람은 이웃의 잘못을 들춰내는 건 좋아하면서 자신의 잘못은 도둑이 범행도구를 감추듯 감추려고 한다.

사람은 남을 비판하기를 좋아한다. 그리고 그저 남들이 잘못한 것만 보지만, 그 자신의 번뇌는 갈수록 깊어져서 자기 개선의 길에서 점점 멀어져 간다.

부처의 가르침

8

너 자신에게 죄가 있는 한, 절대로 남의 죄를 들춰내서는 안 된다.

바브교(페르시아의 이슬람교 분파) 경전

9

남을 비난하는 말을 하지 말라. 그러면 너는 자신의 마음에 사랑의 힘이 커지는 것을 느끼고, 생명과 행복이 증대되는 것을 느낄 것이다.

6월 15일

1

신을 사랑하는 것은 우리가 마음에 그릴 수 있는 최고의 선을 사랑하는 것이다.

2

신에 대한 사랑이 뭔지 모른다고 말하는 사람이 흔히 있다. 그러나 더 정확하게는, 신에 대한 사랑 없이는 어떤 사랑도 이해할 수 없다고 말해야 할 것이다.

3

신에 대한 참된 사랑은 최고선에 대한 명료한 이해를 바탕으로 한 도덕적 감정이다. 그러므로 신에 대한 사랑은 덕, 정의, 선의에 대한 사랑과 완전히 일치한다.

채닝

4

율법에 대한 지식은 해박한데 신에 대한 사랑과는 거리가 먼 사람은, 바깥쪽 열쇠는 없이 안쪽 열쇠만 맡은 금고지기와 같다.

《탈무드》

5

신의 계율을 지키는 것은 신에 대한 사랑 때문이지 신에 대한 두려움 때문이 아니다.

《탈무드》

6

사람이 마음속에서 자기 자신을 어떻게 느끼는지가 그대로 그의 신이 어떤 신인가 하는 것으로 이어진다. 즉 그가 선량함과 사랑과 정의로 차 있는가, 아니면 복수심이 강하고 화를 잘 내며 악의에 차 있는가에 따라 그의 신의 성격도 결정되는 것이다.

루시 맬러리

7

어떤 사람을 그 사람 속의 신, 즉 선을 사랑함이 없이 사랑한다면 그 사랑은 결국 환멸과 고뇌를 가져다줄 뿐이다.

8

신을 사랑한다고 말하면서 이웃을 사랑하지 않는 자는 사람을 속이는 자이다. 이웃을 사랑한다고 말하면서 신을 사랑하지 않는 자는 자기 자신을 속이는 자이다.

9

오직 완전한 것만이 완전한 사랑을 받을 가치가 있다.

완전한 사랑을 경험하려면 우리의 불완전한 사랑의 대상을 완전한 것으로 보거나, 참으로 완전한 것, 즉 신을 사랑하거나, 둘 중의 하나를 선택해야 한다.

6월 16일

1

사회 질서의 개선은 사람들의 도덕적 완성에 의해서만 가능하다.

2

만약 국가가 자체의 목표에 도달하면, 사상적 영역에서도 도처에 완전한 정의가 지배하는 것 같은 상태가 성립될 것이다. 그러나 이 두 상태, 즉 표면적인 정의의 상태와, 진정한 정의에 근거하는 상태의 내적 본질과 근원은 완전히 정반대이다. 즉 진정한 정의의 상태에서는 부정을 행하는 것을 아무도 바라지 않지만, 표면적인 정의의 상태에서는 아무도 부정을 참으려 하지 않아 선택되는 수단은 그 목적에 완전히 일치하고 있다. 이렇게 외면적으로는 완전히 반대되는 방법으로 같은 목표에 도달할 수가 있다. 육식동물도 재갈을 물리면 초식동물과 마찬가지로 위험하지 않다. 그러나 국가는 거기까지밖에 할 수 없다. 따라서 국가는 우리 앞에 모든 사람들이 서로 선의와 사랑으로 살아가는 세상을 만들어 보여주지는 못한다.

쇼펜하우어

3

내가 이렇게 붓을 들고 있는 방의 창문 밖으로, 코에 코뚜레가 꿰여 말뚝에 매어 있는 커다란 소 한 마리가 보인다. 소는 풀을 뜯어 먹다가 저도 모르게 자신이 매여 있는 고삐를 말뚝에 감아버렸다. 소담스럽게 자란 풀을 눈앞에 두고도 배를 주리고 어깨에 달라붙는 파리를 쫓기 위해 목을 흔들지도 못한 채 죄수처럼 가만히 서 있다. 그는 몇 번이나 빠져나갈 양으로 몸부림쳐 보지만, 그때마다 슬픈 신음 소리를 지르다가 지금은 얌전해져서 조용히 괴로워하고 있다.

엄청난 힘을 가지고 있으면서도 어떻게 하면 자유로워질 수 있는지 이해할 만한 지각도 없이, 많은 풀 앞에서 배를 주리며 지극히 연약한 생물에게 비참하게 당하고 있는 이 소의 모습은, 내 눈에는 마치 노동자들의 상징처럼 비친다.

모든 나라에서 이마에 땀 흘리며 풍요로운 부를 생산하는 노동자들은 가난에 시달리고 있다. 하루하루 진보하는 문명이 새로운 사상의 분야를 개척하고 새로운 욕망을 부추기고 있을 때, 그들은 그 보잘것없는 동물적 욕구를 채우기 위해 가축과 같은 생활을 하고 있다. 그들도 불공평하기 짝이 없는 현실을 의식하고, 마음속으로 자신들이 이런 비참한 생활을 보내야 할 이유가 없다는 걸 느끼며 때로는 싸우고 항의하기도 한다. 그러나 그들이 이런 현실의 결과가 어떤 이유에서 발생하는지를 배우지 않는 한, 자신들이 왜 이런 굴레에서 헤어나지 못하고 있는지, 또 어떻게 하면 거기서 헤어날 수 있는지 깨닫지 못하는 한, 그들의 싸움도 항의도 옴짝달싹할 수 없게 된 소의 슬픈 신음 소리처럼, 아니 그 이상으로 헛된 몸짓이 될 뿐이다. 나는 방에서 나가 "이랴! 이랴!" 소리를 지르며 소를 몰아 말뚝에 감긴 고삐가 풀리도록 해준다. 그러나 인간인 노동자들을 자유롭게 해줄 수 있는 자는 아무도 없다. 그들이 자신에게 주어진 이성을 사용하지 않는 한, 아무도 그들을 도와줄 수 없기 때문이다.

이를테면 어떠한 통치 형태 아래서도 최종적인 정치권력은 실질적으로 대중의 손안에 있다. 모든 나라에서 대중을 노예화하고 있는 것은, 실질적으로는 왕도 귀족도 아니요, 지주와 자본가도 아니다. 대중을 노예화하고 있는 것은 바로 대중 자신의 무지인 것이다. 헨리 조지

4

나쁜 조직에 대해서는 폭력을 통해서만이 아니라 좋은 조직을 통해서도 투쟁해서는 안 된다.

왜 노동자의 조직을 만들어서는 안 되는가!

조직을 만들려면 만들어도 좋다. 그러나 노동자의 조직을 만듦으로써 우리는 단순히 노동의 능률과 생산성을 높일 뿐이며, 인류의 복지를 달성할 수는 없다

는 것을 잊어서는 안 된다.

인류의 복지는 오직 자주적이고 도덕적이며 종교적인 길을 통해서만 달성될 수 있다.

실제로 나쁜 사회제도 자체보다 오히려 인간이 그 제도를 만들고 그것을 참아내며 그것을 이용해 사리사욕을 채우려고 하는 것이 더욱 가증스럽고 화나는 일이 아닌가?

우리는 바로 거기에 맞서 싸우지 않으면 안 된다. 표도르 스트라호프

5

우리는 훈련과 교육의 시대에 살고 있지만 덕성의 시대에 살기에는 아직 멀었다. 현재와 같은 상태에서는 국가가 번영할수록 인간의 참상은 오히려 늘어난다 해도 지나친 말이 아닐 것이다. 그래서 오늘날과 같은 교육이 전혀 없었던 원시시대가 더 행복하지 않았을까 하는 의문이 남는다.

사람들이 좀더 도덕적이고 현명해질 수 있게 하지 않고, 어떻게 그들을 행복하게 할 수 있단 말인가! 칸트

6

일반적인 사회악을 극복하는 데는 오직 한 가지 방법밖에 없다. 자신의 생활을 도덕적으로 완성하는 데 더욱 노력하는 것이다.

이레째 읽을거리

첫 슬픔

그리샤는 발코니에 나가 그 커다란 푸른 눈을 가늘게 떴다. 그러자 곧 활짝 열려 있는 마구간 문안에, 자기 칸에 서 있는 애마 롭키의 반들거리는 둥긋한 엉덩이와, 칸막이 판자에 걸려 있는 마구류, 낡은 등걸이를 걸친 마부 이그나트가 보였다. 그쯤 되면 으레 그리샤는 당장 그곳으로 달려가고 싶어진다. 그는 두 손을 반바지 호주머니 속에 찔러 넣고, 발코니 계단을 내려간 다음 풀이 무성한

넓은 뜰을 지나 단숨에 마구간으로 달려갔다.

"어때?" 그는 눈에 익숙한 커다란 마구간의 광경을 바라보면서 이그나트에게 물었다. "왼쪽 말은 아직도 다리를 절고 있어?"

"아직 절고 있습니다, 절룩절룩하고요." 이그나트는 기꺼이 상대해 줄 작정으로 그렇게 말했다.

"굴레는 고쳤어?"

"지금 고치고 있습죠."

"오늘은 내 코롤료크를 아무한테도 내주면 안 돼, 알았지?"

"그렇지만 어디 제 마음대로 할 수 있나요? '마을에 볼일이 있어서 역으로 가야겠으니 코롤료크를 마차에 매어주게' 하고 분부하시면…… 그렇잖아도 코롤료크를……."

"이게 뭐야, 정말! 언제나 내 말만, 언제나 내……." 소년은 볼멘소리로 말했다. "그런데 귀리는 먹였어?"

"먹이라는 분부도 없으신데 제가 어디서 가져옵니까? 아버님께서 분부가 없으셨습죠." 이그나트의 수염으로 뒤덮인 음울한 얼굴에 장난기 가득한 표정이 떠올랐다.

"귀리도 주지 않고!" 흥분해서 소리치는 그리샤의 눈에 서러운 눈물이 글썽였다.

이그나트는 밝고 상냥한 미소를 지었다.

"어이구, 저런! 성미도 급하셔라! 저 토라지신 것 좀 봐. 걱정 마세요, 절대로 코롤료크가 배를 곯게 하지는 않을 테니까요. 다른 말은 몰라도 코롤료크에게만은 언제나 듬뿍 먹이고 있답니다."

이그나트는 달래듯이 소년의 눈을 다정하게 들여다보면서, 그 옹이가 박힌 거친 손으로 소년의 머리를 쓰다듬어 주었다. 그리샤는 그제야 마음이 진정되는 듯, 늘 하던 대로 마구간을 돌아보기 시작했다. 그는 차례차례 모든 마차에 올라타 마부석에도 앉아 보면서 그때마다 자신의 감상을 얘기했다.

"이 마차는 썩 괜찮은데!" 그리샤는 마치 어른 같은 투로 말했다.

"예, 하나도 나무랄 데가 없지요! 그리고 튼튼하기도 하고." 이그나트도 맞장구를 친 뒤 주의를 주었다. "옷에 타르가 묻겠습니다, 도련님! 유모가 또 잔소리를 할걸요."

이그나트는 이 집에 고용된 지 채 1년도 되지 않았지만, 얼마 안 가 이 어린 주인과 친해져서, 두 사람 사이에는 기이하지만 진정한 우정이 싹트고 있었다.

"제가 루홉스키 씨 집에서 일했을 때 거기도 말이 있었는데."

"우리 집에 오기 전에 거기 있었어?"

"아니요, 이곳에 오기 바로 전에는 어떤 상인의 집에 있었지요. 입에 풀칠하기만 어렵지 않았다면 단 하루도 그런 데서 살지 않았을 겁니다! 나를 고발하다니! 왜 제가 재판을 받아야 합니까? 남의 것을 훔친 것도 아닌데!"

"그 상인이 아저씨를 재판에 부치려 했단 말이야?"

"부치려 했다는 얘기가 아닙니다! 정말로 재판소에 고발했어요. 제가 그놈의 말과 마차를 훔쳤다고 하면서요. 아, 글쎄! 새경을 꼬박 1년이나 주지 않고 쉬는 날도 주지 않더라니까요! 그러니 견딜 수가 있어야지요. 내내 그런 식으로 저도 마누라도 공짜로 일만 해줬지요. 그자는 우리가 신분증을 갖고 있지 않은 것을 이용한 겁니다. 그래서 에라 나도 모르겠다 하고 마누라 마트료나와 함께 한밤중에 마차에 말을 채워서, 그러니까 집으로 돌아가 버린 거지요. 걸어서는 갈 수 없었으니까요. 아이도 있는데 집까지는 60베르스타나 되거든요. 상인이 알았을 때는 우리는 흔적도 없이 사라진 뒤였죠. 말은 돌려줄 생각이었어요. 말 같은 것 있어봤자 뭐합니까? 그렇지만 그자는 공짜로 부리던 일꾼이 달아났다고 노발대발해서 재판소로 달려간 겁니다. 말을 훔쳤다느니 뭐라느니 하면서."

"그래서 유죄가 되었어?"

"그렇다더군요."

"어떻게?"

"어떻기는요……." 이그나트는 애매하게 대답했지만, 그 짙은 눈썹이 험악하게 8자를 그리고, 얼굴에는 오랫동안 침울하고 거의 괴로운 듯한 표정이 떠올라 있었다.

"그럼 죄가 없다고 말하면 되잖아." 그리샤가 진지한 얼굴로 말했다.

"저한테 물어보기나 해야지요. 지금의 재판은 다 그 모양이에요. 전혀 진실이 없다니까요, 도련님. 결국 저는 재판에 회부돼 도둑이 되고 말았습니다. 이런 젠장맞을!"

"어째서 그런 일을 하는 거지?" 소년은 집요하게 물었다.

"누가 알겠습니까!" 이그나트는 얼굴을 찡그리고 쓴웃음을 지으면서 말했다.

때로는 대화가 다른 방향으로 흐를 때도 있었다.

"정말 마트료나가 아저씨 부인이야?" 그리샤가 묻자, "그럼요!" 하고 이그나트는 상냥하게 대답했다.

"그럼 왜 아저씨와 함께 있지 않고 움막에서 매일 빵만 굽고 있는 거야?"

이그나트는 빙그레 웃었다.

"뭐 하러 저하고 같이 있어야 합니까? 뭐 옛날이야기라도 해주라고요?"

"옛날이야기?" 소년은 반발하는 듯 흥분한 목소리로 말했다. "우리 엄마는 아빠한테 아무 얘기도 하지 않지만, 그래도 함께…… 그런데 폴카는 아저씨 딸이야?"

"예."

"아이가 또 있어?"

"아니요, 그 아이뿐입니다."

"어째서 그 아이뿐인데?"

이그나트는 웃으면서 고개를 설레설레 저었다.

"어이구, 참, 도련님도!"

"왜 웃는 거야?" 그리샤는 약간 화난 얼굴이 되어 자기가 생각하는 대로 계속 말했다.

"우리 아빠와 엄마한테는 셋이나 있는데. 이그나트!" 그는 그 다정한 친구 마부의 눈을 들여다보면서 상냥하게 말했다. "우리가 시내에 간 뒤에도 내 코롤료크를 잘 돌봐줘, 응?"

"그럼요, 잘 돌봐드리다마다요! 하지만 도련님, 제가 도련님보다 먼저 이 집에서 나갈지도 모릅니다."

"어디로 가는데?" 소년은 깜짝 놀라 물었다.

"저어…… 그러니까 거기로요." 이그나트는 또 수수께끼 같은 말투로 그렇게 대답했다.

이 두 사람의 정다운 대화를 종종 유모가 끊어놓는다.

"그리셴카! 여기 계세요? 아이참, 여기서 뭐하시는 거예요?" 그녀가 헛간을 들여다보면서 나무라듯이 말했다. "도련님이 돼 가지고 노상 마구간에 붙어 사시다니! 어머니한테 이를 거예요! 이런 남자하고 친구처럼 지내신다는 게 말이 되는 소리예요? 자, 자, 이리 오세요! 그리고 요 건달 같은 작자!" 이번에는 이그나트를 향해 말했다. "당신이 자꾸 이상한 말을 지껄여대니까, 도련님 머리가 점점 이상해지는 거야."

"내가 뭘 어쨌다고 그래? 안나 게라시모브나, 난 아무 말도 하지 않았어." 이그나트는 당황하면서 변명했다. "내가 도련님에게 무슨 못할 말이라도 했나?"

"누가 당신한테 물어봤어?" 유모는 경멸하는 듯 말했다. "가세요, 도련님, 어서요!"

그리샤가 아버지와 어머니의 얼굴을 볼 수 있는 건 대개 식사 때뿐이었다. 아버지는 늘 바빴고, 어머니는 몸이 아프다며 매일 침실에 있었다. 머리가 아프지 않을 때는 어딘가 다른 데가 아팠기 때문에, 그녀는 떠들썩한 아이들의 세계는 물론이고 한낮의 햇빛조차 견디지 못했다. 그리샤가 문득 생각이 나서 어머니의 침실로 달려가자, 그녀는 아들을 어루만지며 몇 번이고 키스를 해주지만, 곧 "자, 이제 저리 가서 놀렴, 엄마를 조용히 놔두고" 하고 말하는 것이었다.

이따금 그리샤는 그 말을 듣지 않았다.

"엄마, 나 가만히 있을 테니까, 네? 가만히 있을게요."

그리샤는 안락의자에 앉아 무릎 위에서 두 손을 맞잡았다.

"너, 몸은 괜찮은 거니?" 어머니가 걱정스러운 듯이 물었다.

"네." 그리샤는 다른 생각을 하고 있다가 건성으로 그렇게 대답하더니, 곧 자기가 관심을 가지고 있는 문제로 화제를 돌렸다. 그는 어머니의 침실의 조용하고 차분한 분위기를 깨지 않기 위해 속삭이는 목소리로 말했다.

"엄마, 더울 때는 왜 땀이 나요?"

"너 덥니?" 어머니가 물었다.

"더워요. 엄마는 내가 셔츠를 두 장 입고 있을 거라고 생각하세요?"

"한 장밖에 입지 않았단 말이야?"

"물론 한 장이죠! 보세요!" 그리샤는 새된 목소리로 그렇게 외치더니, 비뚤어진 루바시카의 깃을 헤치고 맨살을 보여주었다.

어머니는 괴로운 듯 얼굴을 찡그렸다.

"어째서 그렇게 큰 소리를 지르는 거니?" 그녀는 나무라는 것처럼 아들에게 말했다.

"아 참, 깜박 잊었어요!" 소년은 미안한 듯 그렇게 말하고 입을 다물었다. 그러나 1분쯤 지나자 다시 속삭이듯 말했다. "엄마! 꼬리는 왜 있는 거예요?"

"무슨 꼬리?"

"있잖아요, 말이니 개에게 있는 것."

"거기에 무슨 이유가 있을까? 그냥 있으니까 있는 거지. 원래 그런 거야."

"그렇지 않아요, 엄마! 그건 파리를 쫓기 위해서예요. 꼬리가 없으면 파리를 쫓을 수 없잖아요."

소년의 수다에 어머니의 신경이 날카로워지기 시작했다. 하지만 그녀는 이제 곧 방 안이 어두컴컴해지면 그리샤는 그것이 싫어서 나가려 하겠거니 하고 꾹 참고 있었다. 그런데 그리샤는 안락의자의 등에서 미끄러져, 의자 위에 누워서 두 다리를 꼬아 높이 쳐들었다.

"엄마! 이는 어디에 생기는지 아세요?" 소년은 다시 입을 열었다.

어머니는 징그럽다는 듯 얼굴을 찡그리며 눈을 감았다.

"얘도 원! 무슨 소릴 하고 싶어서 그러니?"

"가죽 고삐 속에 있어요. 이가 슬면 그 고삐는 내버리고 새것을……."

"너 하루 종일 마구간에서 노는 게로구나! 가을에는 가정교사라도 고용해야지. 너 때문에 창피해서 안 되겠어!"

"왜 창피해요, 네?"

"이제 그만하고 저리 가서 놀렴! 유모나 누나들한테 가거라. 넌 늘 혼자 있거나, 아니면 하인들하고만 있구나."

그리샤는 깊은 한숨을 내쉬고는 마지못해 의자에서 일어나며 또 한숨을 내쉬었다. 그는 아직 시원한 방에서, 병이 들어 우울한 얼굴을 하고 있지만, 그래도 자기가 무척 좋아하는 어머니한테서 떨어지고 싶지 않았던 것이다.

"자, 키스해 주렴!" 어머니는 조용히 말했다.

소년은 어머니에게 키스를 하고 자신의 얼굴을 어머니의 뺨에 비볐다. 그녀는 루바시카 밑으로 아들의 앙상한 어깨를 느끼며 슬픈 듯 말했다.

"너, 정말 말랐구나, 얼굴도 파리하고! 왜 그런 거니, 그리샤."

"괜찮아요!" 소년은 늘 하는 대로 대답했지만, 안타까운 듯 아들을 바라보고 있는 어머니의 표정이 그의 감정에 작용하여, 그만 마음이 슬퍼지고 말았다.

"몸이 많이 약해졌구나! 이 일을 어떡해! 너, 항상 이렇게 피곤한 것 아니니, 그리샤?"

그리샤는 자신에 대한 어머니의 연민과, 아직 의미를 알 수 없는 그 말에 가슴이 북받쳐 와서, 느닷없이 그녀의 어깨에 얼굴을 묻고 울음을 터뜨렸다.

"왜 그러니? 애야, 왜 우는 거야?" 어머니는 깜짝 놀라서 물으며 열이 나는 게 아닌가 하고 아들의 이마를 짚어보았다.

하지만 그리샤는 이내 울음을 그치고 나갔다. 그리고 채 문까지 가지도 않아서, 벌써 뭔가 새로운 생각이 떠올라, 까닭도 없이 흘린 눈물 같은 건 까맣게 잊어버렸다. 가슴속에서는 아직 무언가가 떨며 흐느끼고 있지만, 그리샤는 호주머니 속에 들어 있던 노끈을 즐겁게 만지작거리면서, 이 노끈으로 뭘 하고 놀까 하고 생각했다.

그러는 사이 최초의 슬픔이 그리샤를 향해 다가오고 있었다.

어느 날 아침, 아버지가 신문에서 눈을 떼지 않은 채 식탁 너머로 어머니에게 말했다.

"당신 알고 있소? 이그나트를 데리러 왔소."

"왔어요? 벌써?" 어머니는 깜짝 놀라 되묻더니, 뭔가 깊이 생각하는 듯 들고 있던 컵을 식탁에 내려놓았다.

"정말 어떻게 할 수 없는 거예요? 그 사람들에게는 아이도 있는데." 그녀는 낮은 목소리로 말했다.

"방법이 없어." 아버지는 어깨를 으쓱하면서 말했다. "그런 불한당하고는 애초에 관계를 맺지 말았어야지. 그 사람 보통내기가 아니야! 그 상인한테 걸리면. 그자에 대해 좀 아는데, 탐욕스러운 사기꾼이라고."

"맞아요, 그러니까 더……." 어머니가 말했다.

"그러니까 더, 뭐? 말은 훔쳤고 자물쇠는 부서져 있고, 그건 강도 짓이야. 분명히 말해두지만."

"그렇지만 그 사람들로서는 어쩔 수 없는 일이었잖아요 그 상인은 신분증을 가지고 있지 않다는 걸 핑계 삼아, 새경도 주지 않고 거저 부려먹었잖아요. 그러니까 이그나트도 노예처럼 살 수는 없다고 생각해서……."

"그렇지만 말을 훔쳐 간 건 누가 뭐래도 잘못한 거야! 어쨌든 이제 와서 왈가왈부해도 소용없는 일이지만!" 아버지는 혐오스럽다는 듯 말하고, 다시 신문을 읽기 시작했다.

그리샤는 조용히 듣고 있었지만, 뭐가 뭔지 도무지 알 수가 없었다.

"엄마, 이그나트를 어디로 데리고 가는 거예요?" 그리샤는 눈을 동그랗게 뜨면서 물었다.

어머니는 공허한 표정으로 그를 바라보다가, 갑자기 그리샤와 마부 사이를 떠올리고 살짝 얼굴을 찌푸리며 시선을 돌렸다.

"누가 이그나트를 데리러 왔어요, 엄마?" 그리샤가 다시 집요하게 물었다.

"말해줘도 되지 않소!" 아버지가 못마땅하다는 듯 말했다. "이 아이의 신경을 건드릴까 봐 늘 조마조마해하다간 끝이 없잖아. 그러니까 소심한 계집아이처럼 저 모양이지."

"어머, 너무해요, 당신. 그렇다면 당신이 직접 말씀하세요. 말리지 않을 테니까요!" 어머니는 눈물을 글썽이면서 그렇게 소리치고는, 두 손으로 관자놀이를 누르면서 식탁에서 일어나 나가버렸다.

"당신은 언제나 그러지! 언제나 그래!" 아버지가 그녀의 등에 대고 소리쳤다.

"당신의 그 이그나트는 말이야, 강도죄로 감옥에 들어가는 거라고. 알겠어?" 그는 냉혹하게 내뱉었다. 그리샤의 얼굴이 새파랗게 질렸다. "이그나트는 강도죄, 그 마누라 마트료나는 방조죄로, 이그나트는 3년, 마트료나는 1년 반의 징역형이야."

"그럼 폴카는요?" 그리샤가 물었다.

"폴카? 그래, 폴카는 어떻게 할까? 물론 감옥에 넣지는 않지만, 아빠도 잘 모르겠구나. 그 아이를, 폴카를 어떻게 할지."

아버지를 똑바로 쳐다보는 그리샤의 눈이 분노로 이글이글 타오르고 있었다. 얼굴은 점점 더 새파래졌지만, 아버지가 두려워 있는 힘을 다해 참고 있는 것이다.

"도대체 무엇 때문에 그러는 건데요?" 그리샤는 도전하는 듯한 말투로 물었다.

"도둑질을 했다고 말했지? 아무튼 도둑질을 한 거나 마찬가지야."
"절대로 마찬가지가 아니에요! 아빠도 그 상인은 사기꾼이라고 하셨잖아요!"
"아, 그랬지."
"그런데 왜요? 어째서요? 도대체 왜 그렇게 되는 거예요?"
아버지는 갑자기 화를 벌컥 냈다.
"어허, 시끄럽다, 요 녀석! 오냐오냐하니까 완전히 계집아이처럼."
그리샤는 이를 악물고 일어서서 방에서 나갔다. 문을 나가자마자, 누군가에 대한 분노와 슬픔으로 목구멍이 죄어드는 것 같았다. 그리샤는 복도를 달려 발코니로 뛰쳐나갔다. 무엇보다 먼저 이그나트를 보고 싶었지만 마구간 문은 닫혀 있었다. 그것은 이그나트가 그곳에 없다는 뜻이다. 그리샤는 이번에는 하녀 방으로 뛰어갔다. 그곳에서는 유모가 탁자에 앉아서 차를 마시고 있고, 유모의 맞은편에는 그리샤가 생전 처음 보는 군복 차림의 웬 남자가 앉아 있었다. 군인은 위엄 있게 팔꿈치를 놀려, 단지 속의 잼을 떠서 차를 마시며 그것을 핥고 있었다. 그리샤는 곧 그것이 유모의 단지이며, 그녀가 군인을 대접하고 있다는 것을 깨달았지만, 이그나트가 가버린다는 뜻밖의 소식에 정신이 팔려 있었기 때문에, 유모의 손님에게는 전혀 주의를 기울이지 않았다.
"유모, 누가 이그나트를 데리고 가는 거야?" 그리샤는 떨리는 목소리로 물었다.
유모는 얼른 대답해 주지 않았다.
"그래요, 도련님이 좋아하시는 이그나트는 잡혀갈 거예요. 그러니까 이제 이 유모한테서 도망가지 못할걸요?"
"유모, 누가 데리러 왔느냐니까!"
"이젠 도망갈 수 없다니까요. 누가 데리러 왔느냐고요? 아, 바로 이분이랍니다."
그리샤는 얼른 이해가 되지 않았다. 이그나트와 마트료나를 감옥으로 데리고 갈 사람은, 몸집이 크고, 무섭고, 미운 얼굴을 한 남자일 거라고 생각했는데, 유모의 손님은 햇볕에 잘 그을린 마음씨 좋아 보이는 얼굴로, 당황하는 것 같기도 하고 그냥 멍청해 보이기도 하는 웃음을 지으며 그리샤를 쳐다보고 있었다. 방 안에는 그 남자와 유모 말고는 아무도 없었다. 그래서 마침내 그리샤도 깨달았다.
"아저씨야?" 그리샤는 가만히 군인을 응시하면서, 이상하고 믿기 어렵다는 듯 물었다.

"그렇습니다." 군인은 얼굴 가득 웃음을 띠고, 이 어린 도련님 앞에서 일어서야 할지 앉은 채로 있어도 될지 망설이는 듯한 모습으로 말했다.

"아저씨? 아저씬…… 아저씬 나쁜 사람이야! 아저씨, 아저씨를 때려줄 테야!" 그리샤는 새된 소리를 지르면서 군인에게 달려갔다.

그러나 별안간 그리샤의 얼굴이 일그러지고 입꼬리가 바르르 떠는 것 같더니, 마치 의지할 데 없는 아이가 심한 학대라도 받고 우는 것처럼 큰 소리로 호소하듯이 울음을 터뜨리고 말았다. 하사관은 난감해하는 웃음과 함께 두 팔을 벌리며 주위를 둘러보았다.

그리샤는 자기 방으로 달려가서, 자신의 침대 옆 구석에 숨어 들어가, 두 팔로 가슴을 안고 벽에 꼭 기대고 있었다. 무력한 분노가 여전히 소년의 가슴속에서 꿈틀거리며 분출구를 찾고 있었다. 그리샤는 방바닥에 누나의 인형이 나뒹굴고 있는 것을 보고 그것을 발로 마구 짓밟은 뒤, 방 반대쪽으로 내던져 버렸다. 벽에는 그가 그린 그림이 걸려 있었는데, 그것도 끌어내려 바닥에 내동댕이쳤다. 그 격렬한 행동 덕분에, 팽팽하게 긴장되어 있던 그리샤의 신경이 약간 누그러졌다. 그리샤는 일어나서 침대 난간에 이마를 대고, 숨을 죽이며 생각에 잠기기 시작했다. 그리샤는 힘에 대해 생각하고 있었다.

그리샤는 복수하기 위해, 이그나트를 재판한 재판관과 그를 연행해 가는 하사관 같은 잔인하고 나쁜 사람들에게 복수하기 위해, 또 하사관에게 잼을 대접한 유모와 아버지에게도 복수하기 위해 힘을 갖고 싶었다. 아버지에 대해서는, 그가 이그나트의 운명에 대해 냉담한 것에 화가 났다. 아버지는 마땅히 이그나트를 보호하고 하사관을 쫓아버려야 하는데도, 태연하게 신문을 읽으며 "이그나트는 도둑이나 마찬가지"라는 말까지 했다.

그리샤는 자신의 친구 이그나트를 이렇게 잔인하게 다룬 모든 사람들에게 복수하고 싶었다.

그리샤는 아버지와 유모와 하사관에게 복수할 방법을 생각하면서, 발톱으로 침대 난간의 벗겨지다 만 에나멜을 긁고 있었다. 갑자기 그리샤는 귀를 쫑긋 세웠다. 아버지의 높은 목소리와 거기에 대답하는 이그나트의 겁먹은 목소리가 들려왔다. 그리샤는 벌떡 일어나 하녀 방으로 달려갔다. 방 한복판에 이그나트와 마트료나가 고개를 푹 숙인 채 말도 제대로 못하고 몸을 떨고 있었다. 마트료나 옆에는 폴카가 어머니의 옷 주름 속에 코를 처박듯이 매달려 있었다. 마트료나는 폴카를 위에서 내려다보고 있었는데, 그 표정은 공포와 슬픔이라기보다는 오히려 뭐가 뭔지 전혀 모르는 것 같은 어리둥절한 표정이었다. 그들 뒤에 있는 문 밖에서 하인들이 호기심 어린 눈길로 기웃거리고 있었다.

"이제 그만!" 그리샤의 아버지가 큰 소리로 말했다. "이제 와서 말해봤자 이미 늦었어. 도저히 방법이 없어. 폴카는 걱정하지 않아도 돼. 절대로 나쁘게는 하지 않을 테니까. 사는 것도 죽는 것도 모두 신의 뜻에 달렸다. 어쨌든 폴카는 잘 돌봐주겠다고 약속하마. 그럼 몸조심해, 이그나트! 어쩔 수 없는 일이잖아!"

아버지는 이것으로 작별은 끝났다는 신호인 듯 한 손을 흔들어 보였지만, 아무도 그 자리에서 움직이려 하지 않았다.

이그나트는 정신 나간 사람처럼 묵묵히 자신의 발밑을 쳐다보고 있었다.

"그래, 우리, 약속할게……." 어머니가 떨리는 목소리로 말하면서 폴카 쪽으로 손을 뻗었지만, 이내 그 손을 내리고 얼굴을 돌렸다.

"이렇게 된 이상 어쩔 수 없는 일이잖아!" 아버지는 절망한 나머지 아무 말도 하지 못하는 이그나트 부부의 모습을 보기가 괴로운 듯, 다시 그렇게 되풀이 했다.

"어쨌든 형기가 그리 길지 않으니까 견뎌내야지. 하는 수 없어."

마트료나는 폴카를 가만히 떼어놓고 한 걸음 앞으로 나서더니, 여주인 앞에 무릎을 꿇고 바닥에 이마를 조아렸다.

"마트료나!" 소리치는 어머니의 눈에서 이내 눈물이 흘러넘쳤다. "그러지 마, 마트료나! 걱정하지 마. 네 딸은 내가 잘 보살펴 줄 테니까. 맹세코 그렇게 할 거야, 응? 그렇게 자꾸 조아리지 말라는데도!"

그녀는 허리를 구부려 떨리는 손을 마트료나의 어깨에 얹더니, 자신도 마트료나와 나란히 바닥에 앉았다.

"견뎌야 해. 모든 걸 참고 견디는 거야, 모든 걸!" 그녀는 빠르게 말했다.

"이제 됐어, 그만해!" 아버지는 짜증을 숨기지 않고 말했다. "나도 정말 유감으로 생각해. 자네는 열심히 일해 주었어, 이그나트. 형기를 마치면 다시 찾아오게, 써줄 테니. 자네 딸은 걱정하지 말고. 그럼, 건강하게!"

그는 아내의 손을 잡고 나가려 했지만, 그녀는 남편의 손을 뿌리치고 마트료나를 다시 꼭 끌어안았다.

"꿋꿋하게 견뎌야 해!" 그녀는 다시 한번 속삭였다.

마트료나는 일어섰다. 그녀는 뭐가 뭔지 모르겠다는 눈길로 방 안을 둘러보다가 그리샤에게 시선을 멈췄다. 한 순간 두 사람의 눈과 눈이 마주쳤고, 이윽고 그리샤는 가만히 눈을 감고 마트료나 옆으로 다가갔다.

"안녕!" 그리샤는 무척 조용하고 상냥한 목소리로 말했다. 마트료나는 여전히 뭔가 이해할 수 없다는 표정으로 말없이 그리샤를 응시했다. 그리샤는 이번에는 이그나트에게 다가갔다. 그리샤가 손을 내밀자, 이그나트는 그 손을 잡고 허리를 굽히며 그리샤의 얼굴을 들여다보았다.

"폴카를 귀여워해 주실 거지요?" 이그나트가 말했다.

"응, 귀여워해 줄 거야!" 그리샤는 진지하고 굳은 표정으로 대답하며, 슬픔에 잠긴 이그나트의 눈을 향해 결연히 반짝이는 시선을 보냈다. 이그나트는 그리샤의 머리를 쓰다듬으며, 성상을 향해 열심히 성호를 그은 뒤 문을 향해 걸어갔다.

"마트료나!" 하인 중의 누군가가 불렀다.

"마트료나! 이그나트는 나갔어. 널 기다리고 있어. 어서 가! 마차는 현관 앞에 있어."

젊은 어머니의 몸이 꿈틀하더니 공허한 표정이 경악의 표정으로 변했다. 그녀 옆에는 폴카가 역시 조금 전처럼 얼굴을 그녀의 옷 속에 파묻은 채, 온몸을 바르르 떨고 있었다. 마트료나는 천천히 몸을 돌려 나갔다.

그리샤는 눈물을 참으며, 처음에는 보통 걸음으로 나중에는 뛰어서 자기 방에 들어가, 다시 침대 위에 앉아 침울한 표정으로 앞쪽을 응시하고 있었다. 복도에서 아버지의 발소리가 들려왔다. 그는 아들 방으로 들어와서 그리샤 앞에 섰다.

"왜 이런 곳에 있니? 유모한테 가거라." 그는 말했다.

소년은 아무 말 없이 그대로 꼼짝 않고 있었다.

"그리샤!" 아버지가 엄한 목소리로 말했다. "아버지가 하는 말이 들리지 않니?"

그리샤는 고개를 들어 침울하고 원망하는 듯한 눈길로 아버지를 뚫어지게 바라보았다.

"얘야, 그리샤." 아버지는 어느새 목소리가 누그러져 있었다. "넌 아버지를 원망하고 있는 모양이구나. 하지만 아버지더러 어떡하란 말이냐? 아버지가 나쁜 게 아니야! 그보다 너에게 주의를 주어야 할 일이 있다. 왜 그 하사관에게 그렇게 대들었니, 응? 왜!" 아버지는 아들의 집요한 시선에 초조감과 일종의 압박감을 느끼면서 말했다.

"마음대로 하세요." 그리샤가 침착한 목소리로 조용히 말했다.

"뭘 마음대로 하란 말이냐?"

"아버지가 화내셔도 상관없어요. 저 이제 아무래도 상관없어요."

아버지는 조금 당황했다.

"좋아! 너하고는 더 이상 말하고 싶지 않다."

그는 몸을 돌려 문 쪽으로 갔다.

"아버지는 그럼" 하고 그리샤는 아버지의 등 뒤에 대고 말했다. "아버지는 그럼, 유모처럼 그 사람한테 잼을 준 것이 잘한 거라고 생각하시는 거예요?"

아버지는 걸음을 멈췄다.

"모두들 각자 제 할 일을 하고 있는 거란다. 자신의 의무를 다하고 있는 거지. 하사관은 이그나트를 데리고 오라는 명령을 받았기 때문에 온 거야. 그 사람은 선량하고 훌륭한 사람이다. 그런데도 너는 그 사람을 모욕하는 말을 했어. 게다가 나에게도 유모에게도 심한 행동을 했고. 도대체 왜 그랬지?"

그리샤는 가만히 눈을 감았지만, 그 얼굴에는 분명히 의혹과 고통의 표정이 드러나 있었다.

"그건 잘못한 거야, 너!" 아버지는 나무라듯이 그렇게 말하고 방에서 나갔다.

그리샤는 그대로 꼼짝 않고 앉아 있었다.

"그건 잘못한 거야, 너!"라는 아버지의 꾸짖는 듯한, 그래도 조금은 위로하는 듯한 목소리가 떠올랐다.

소년은 아픈 마음으로 생각했다.

'그건 잘못한 거라고?…… 심한 행동?…… 내가 심한 행동을 했다지만…… 모두들 이그나트에게 더 심한 짓을 했어…… 도대체 왜?'

그리샤는 고개를 떨구며 어린아이답게 얼굴을 찡그렸다.

'모두들 각자 제 할 일을 하고 있다고? 그렇다면 어째서 이렇게 안 되는 일, 나

뿐 일이 일어나는 것일까?'

그는 시선을 들었다. 그 미동도 하지 않는 눈동자에는 괴로운 의문이 가득 차 있었다.

리디야 아빌로바

6월 17일

1

전쟁과 전쟁 준비가 빚어내는 모든 불행은, 전쟁을 변호하기 위해 제시되는 온갖 이유에 비해 너무 클 뿐만 아니라, 그 이유라는 것이 대부분 논의할 가치도 없을 만큼 하찮은 것이고, 또 전쟁 속에 죽어가는 사람들은 전혀 이해할 수 없는 것들뿐이다.

2

오늘날 전쟁의 광기는 왕조의 이익과 민족주의, 유럽에서의 세력균형, 민족의 명예 같은 것으로 변호된다. 그러나 명예라는 것으로 전쟁을 변호하는 것보다 더 기괴한 일은 없다. 왜냐하면 명예라는 이름으로 온갖 범죄와 행위에 빠짐으로써 자기 자신을 더럽히지 않은 국민은 하나도 없기 때문이다. 또 명예라는 이름으로 온갖 굴욕을 경험하지 않는 국민도 하나도 없다. 설사 또 여러 국민들 사이에 명예라는 것이 존재한다 하더라도 그것을 전쟁을 통해 유지하는 것은, 즉 명예를 중시하는 사람이라면 수치로 생각하는 방화, 약탈, 살인 같은 범죄행위를 통해 그것을 유지하는 것은 얼마나 기괴한 방법인가.

아나톨 프랑스

3

사람들은 묻는다. 여러 문명국들 사이에 아직도 전쟁이 필요한 것인가 하고. 거기에 대해 나는 이렇게 대답한다. '이미' 필요하지 않을 뿐만 아니라 애당초부터 그런 것은 한 번도 필요한 적이 없었다고. 이따금이 아니라 어떠한 경우에도 전쟁은 언제나 인류의 올바른 역사적 발달을 저해하고 정의를 파괴하여 그 진보를 방해해 왔다.

설사 전쟁의 결과가 때로는 문명 전반에 걸쳐서 유익하게 작용한 적이 있었다

하더라도, 유해함이 그보다 훨씬 더 컸다. 금방은 그 결과의 일부밖에 보이지 않기 때문에 우리는 그것을 깨닫지 못하고 있을 뿐이다. 그 같은 유해한 결과의 대부분, 그것도 가장 중요한 대부분을 우리는 모르고 있는 것이다. 그러므로 우리는 '아직도'란 말을 사용해서는 안 된다. 이런 말을 사용하는 것은 전쟁을 변호하는 사람들에게 우리들 사이의 논쟁은 한갓 시간적 문제, 개인적 견해의 문제라고 주장할 권리를 주는 것이 되며, 그렇게 되면 우리와 그들의 대립점은 우리는 이제 전쟁은 무익하다고 생각하는데, 그들은 그것이 아직 유익하다고 생각하고 있다는 것뿐이다. 그와 같은 문제의 제기에 그들은 기꺼이 우리의 의견에 찬성하고 동의하면서, 전쟁은 언제나 무익한 것, 오히려 유해한 것도 될 수 있지만 그것은 장래의 일이며, 지금은 그렇지 않다고 말할 것이다. 그들로서는 지금은 그 전쟁이라 불리는 무서운 유혈 참사를, 극히 일부 사람들의 사적인 명예욕을 만족시키기 위해 일어나는 전쟁을, 국민에게도 강요할 필요가 있다고 생각한다.

요컨대 이와 같은 것이 언제나 전쟁의 원인이었고 지금도 그러하다. 즉 대중의 희생 위에서는 소수자의 권력욕, 명예욕, 물욕의 만족, 대중의 맹신, 소수자에 의해 날조되고 유지되고 있는 각종 편견, 이런 것들이 전쟁을 가능하게 만들고 있다.

가스통 모슈

4

전쟁이 얼마나 사소한 불화에서 발생하는지를 생각하면 개탄을 금할 수 없다. 이를테면 영국과 프랑스가 1815년에 러시아에 선전포고를 한 것도, 그 원인을 완전히 이해하려면 오랫동안 각종 외교 문서를 샅샅이 뒤지지 않으면 안 되는 지극히 사소하고 하찮은 원인에서였다. 그런데 그 기묘한 불화의 결과로 50만의 무고한 사람들의 죽음과 50억에서 60억에 이르는 재산의 소실이 초래되었다.

사실 원인이 있기는 있었다. 다만 그것은 진정한 원인으로 인정되고 있지 않을 뿐이다. 나폴레옹 3세는 영국과 동맹을 맺어 전쟁에서 승리함으로써 원래 범죄 행위로 획득한 권력을 확고하게 굳히려 했다. 러시아는 콘스탄티노플을 탈취하려고 했다. 또 영국은 자국의 상업권을 지키고 동양에 대한 러시아의 지배력을 저지하려고 했다. 이면은 요리조리 가려져 있어도 결국 그것이 언제나 변함없는 전쟁과 폭력의 정신인 것이다.

리세

5

때때로 한 권력자가 다른 권력자를, 이자가 나를 공격해 오지는 않을까 하는 공포에서 먼저 습격한다. 또 때때로 전쟁은 적이 너무 강하거나 반대로 너무 약할 경우에 일어나기도 한다. 그리고 또 우리의 이웃이 우리가 소유하고 있는 것을 원하거나, 그들이 우리가 갖고 있지 않는 것을 소유하고 있기도 한다. 그런 경우에도 전쟁이 일어나 그들이 자기에게 필요한 것을 약탈하거나, 우리가 필요로 하는 것을 그들이 내놓을 때까지 계속된다. 스위프트

6

전쟁만큼 사람들의 행동에서 외부로부터의 조종의 힘, 또는 이성이 아닌 사람들의 소문에 의해 좌우된 결과가 뚜렷이 나타나는 것은 없다. 몇백만 명의 사람들이 그것이 어리석고 추하고 해롭고 위험하며 파괴적이고 고통스럽고 사악하고 아무런 필요도 없는 것임을 스스로 인정하면서도, 기꺼이 자랑으로 여기며 실행하고, 그것이 일어나서는 안 된다는 것을 다 알고 입으로는 그렇게 말하면서도, 여전히 그만두려 하지 않는다.

7

정부가 전쟁과 군비의 필요성을 역설하는 말의 이면에는 항상 전혀 다른 동기가 숨어 있다.

6월 18일

1

의무에 대한 의식은 우리에게 우리 영혼의 신성에 대한 의식을 준다. 또 그 반대로 우리 영혼의 신성에 대한 의식은 우리에게 의무에 대한 의식을 준다.

2

우리의 영혼 속에는 만일 우리가 그것에 대해 적당한 관심을 기울인다면 언제나 최대의 감탄으로 바라보지 않을 수 없는 어떤 것이 존재한다(그 감탄이 당연한 것이라면 그것은 동시에 우리의 영혼을 높여주는 작용을 한다). 이 어떤 것이 바

로 우리의 내부에 심어진 본원적 도덕성이다. 칸트

3

인간의 존엄성은 때로는 이성으로, 때로는 양심으로 불리는 우리의 영적 본원에 존재한다. 이 본원은 시공을 초월하여 의심할 나위 없는 진리와 영원불변의 진실을 가진다. 그것은 불완전한 것 속에서 완전한 것을 본다. 그것은 보편적이고 공평하며 언제나 인성(人性) 속의 편파적이고 이기적인 것과 대립하고 있다. 이 본원은 우리들 각 개인에게 엄연히 우리의 이웃이 우리와 마찬가지로 귀중한 존재라는 것, 그들의 권리 또한 우리의 그것과 조금도 다름없이 신성하다는 것을 말하고 있다. 그것은 또 우리에게 진리가 아무리 우리의 자존심에 거스르는 것일지라도 끝까지 진리를 받아들이라고 명령한다. 우리에게 공정하다는 것이 아무리 이익이 되지 않는 것일지라도 언제나 공정하라고 명령한다. 이 영적 본원은 우리에게 그것이 어떤 사람 속에서 발견되더라도 아름답고 거룩하고 행복한 모든 것을 진심으로 기뻐하라고 호소한다. 이 본원은 바로 인간의 내부에 있는 신의 빛이다. 채닝

4

사람들은 육체적인 생활 속에서 하늘의 기쁨을 얻고 법열을 얻을 수 있다. 그러한 사람들은 오직 선한 삶을 살고 싶은 바람으로 가득하기 때문에 청정한 사람들이다. 그들의 지혜와 감정이 청정할 때 그들에게 신성이 계시된다.

브라만의 가르침

5

인간의 마음의 문이 덕성을 향해 열릴 때 새롭고 신비롭고 기쁘고 초자연적인 아름다움이 그의 눈앞에 모습을 드러낸다. 그때 그는 자기보다 높은 것을 인식한다. 그때 그는 또, 자신의 존재가 무한하며, 현재의 자신이 아무리 보잘것없는 존재일지라도 자신은 선을 위해, 완전을 위해 태어났음을 인식한다. 그가 숭배하는 것은, 아직 손으로 만질 수는 없어도 이미 그의 것이라고 할 수 있다. "그는 그러하지 않으면 안 된다"—그는 이제 이 위대한 말의 의미를 알고 있는

것이다. 에머슨

6

양심의 소리는 곧 신의 소리이다.

6월 19일

1

양심은 자신의 영적 본원에 대한 의식이다. 양심이 그런 의식일 때, 비로소 사람들의 삶을 올바로 이끌 수 있다.

2

사람은 철들고부터 종종 자기 내부에서 서로 다른 두 존재를 깨닫는다. 하나는 맹목적이고 감성적인 존재이며, 또 하나는 관조적이고 영적인 존재이다. 맹목적이고 동물적인 존재는 먹고 마시고 쉬고 자고 번식하며 태엽이 감긴 기계처럼 움직인다. 그러나 또 하나, 동물적 존재와 공존하는 관조적이고 영적인 존재는, 자신은 아무것도 하지 않지만 동물적 존재의 활동을 시인할 때는 그 동물적 존재와 하나가 되고, 그것을 부인할 때에는 그로부터 등을 돌림으로써 그 활동을 평가할 따름이다.

이 관조자, 우리가 그것이 나타나는 것을 보통 양심이라고 부르는 이 영적인 존재는, 나침반의 바늘에 비교할 수 있다. 이 바늘은 한쪽 끝으로는 선을 가리키고 다른 한쪽 끝으로는 악을 가리키고 있다. 우리의 영적 존재는, 우리가 이 바늘이 가리키는 방향에서 벗어나지만 않는다면, 바꿔 말해 선을 떠나 악으로 향하지만 않는다면 우리의 눈에는 보이지 않는다. 그러나 우리가 양심이 가리키는 방향에서 벗어나는 행위를 하는 순간, 우리의 동물적 존재가 양심이 가리키는 방향에서 이탈했음을 지적하는 영적인 존재의 의식이 나타나는 것이다.

3

신은 너에게 전통적인 가르침, 즉 전 인류의 의식과, 너 자신의 개인적 의식, 즉 너의 양심이라는 두 개의 날개를 주었다. 그것을 통해 너는 비로소 신에게 접근하고 신의 곁으로 올라갈 수 있다. 그런데 어째서 너는 이 날개의 하나를 잘라내고 싶어 하는가? 왜 이 세상에서 숨어버리거나 이 세상에 빠져버리려고 하는가? 어찌 제 양심의 목소리를 죽이고 인류의 목소리를 죽이려고 하는가? 그 둘은 다 신성한 것이다. 그 둘을 통해 신은 너에게 말하고 있다. 그 둘이 일치할 때, 너의 의식 또는 양심의 목소리가 전 인류의 의식에 의해 뒷받침될 때, 너는 언제나 신과 정면으로 마주하고 있는 것이며, 자신이 진리를 발견한 것을, 또는 최소한 신의 섭리의 일부를 알아냈다는 것을 확신해도 된다. 왜냐하면 한 목소리가 또 하나의 목소리가 지닌 진실성을 보증하기 때문이다. 주세페 마치니

4

사람들은 도덕에 대한 전통적인 가르침 또는 종교와, 우리의 양심에 대해, 인간에 대한 두 개의 다른 지침인 양 말하고 있다. 그러나 실제로는 오직 하나의 지침, 즉 양심만 있을 뿐이다. 왜냐하면 도덕에 대한 가르침과, 종교를 인정하느냐 인정하지 않느냐는, 오직 양심에만 속하는 문제이기 때문이다.

5

양심! 너, 신성하고 영원한 하늘의 목소리여! 너, 무지하고 유한한 자, 그러나 이성을 갖추고 자유가 주어진 존재의 유일한 바른 지도자여! 너, 선에 대한 실수 없는 심판자여! 너만이 인간을 신과 닮은 존재로 만들 수 있다. 인간 본성의 탁월함과 그 행위의 도덕성은 모두 너에게서 나온다. 네가 없으면 내 속에는 무질서한 판단과 나침반 없는 이성이 작용한 결과, 갖은 미망에 빠지는 슬픈 특성 말고는, 나를 동물보다 높여주는 것은 아무것도 존재하지 않게 될 것이다. 루소

6

아직 젊은 너는 쾌락과 방종 속에 나날을 보내고 있다. 그런 때는 너는 무엇보다 먼저 양심의 목소리에 귀를 기울이며 양심의 목소리를 존중하지 않으면 안 된다. 색욕에 빠지고 방종에 몸을 맡김으로써, 또는 세속의 가르침과 관습(설령 그 관습을 사람들이 법률이라 부르더라도)에 굴복함으로써 양심을 버려서는 안 된다. 항상 이것이 내 양심과 일치하는지 자문하라. 양심의 요구에 응하기 위해 용

감해지고 스스로를 버리고 뛰어들라. 사람들의 의견과 달라도 결코 두려워하지 말라. 파커

7

인간은 언제나 자신의 배후에 어떤 목소리를 듣고 있다. 하지만 그는 고개를 돌려 그 목소리의 주인을 볼 수 없다. 그 목소리는 온갖 나라의 언어로 말하며 모든 사람에게 말을 걸지만, 일찍이 그 목소리의 주인을 본 사람은 아무도 없다. 만일 그가 올곧게 그 목소리에 따르고 그 목소리를 자신 속에 받아들여 한시도 그것에서 떨어지지 않는다면, 그에게는 그 자신이 그 목소리이고 자신과 그 목소리가 하나가 된 것을 느낄 수 있을 것이다. 그가 그 목소리에 주의 깊게 귀를 기울이면 기울일수록 그는 더욱더 많은 예지를 얻게 되고, 그 목소리는 위대하고도 장엄한 외침이 되어 그에게 최고의 행복으로 가득한 삶을 계시해 줄 것이다. 그러나 그가 세속의 일에 골몰해, 모든 행위가 추구해야 할 목표인 진리를 소홀히 한다면, 그 목소리는 희미해져서 모기 소리처럼 약해지고 말리라. 에머슨

8

우리의 양심의 목소리를 억압하는 것도, 거기에 귀 기울여 그 빛을 받는 것도 모두 우리의 마음에 달려 있다. 양심에게 무언가를 하라고 명령해도, 우리가 그것을 하지 않거나, 양심이 우리에게 줄곧 경고하고 있는데 우리가 그것에 주의를 돌리지 않는다면, 그 목소리는 서서히 약해져서 마침내 완전히 사라져 버린다. 그러므로 항상 그 목소리에 귀를 기울이고 있지 않으면 안 된다. 사소한 죄를 돌아보지 않음으로써 우리는 쉽사리 커다란 죄에 빠질 수 있다. 사소한 죄야말로 우리에게 온갖 위험한 습관을 심어 놓는다. 아직 우리의 내부에 깊이 뿌리를 내리기 전에 싹을 도려내도록 하자. 선과 악은 우리가 우리의 마음에 그것을 받아들이는 정도에 비례해 성장한다. 성현의 사상

9

너의 양심이 인정하지 않는 것은 모두 피하라.

6월 20일

1

인간이 인육(人肉)을 먹는 것을 나쁘게 생각하지 않았던 시대가 있었다. 지금도 그런 야만적인 사람이 전혀 없지는 않다. 그러나 사람들은 점차 인육을 먹는 것을 그만두었다. 마찬가지로 동물의 살코기를 먹는 습관 또한 현재 서서히 줄어들고 있다. 따라서 아주 가까운 미래에 사람들이 인육을 먹는 악습에 대해 현재 느끼고 있는 것과 같은 혐오감을, 동물의 고기를 먹는 습관에 대해서도 똑같이 느끼게 될 때가 올 것이다. 라마르틴

2

어린아이를 버리고, 검투사를 고용해 관중들 앞에서 격투를 시키고, 포로를 학대하는 것 같은, 전에는 아무도 죄악이나 정의에 반하는 것으로 여기지 않았던 온갖 야만행위가, 지금은 추악하고 수치스러운 행위로 여겨지고 있듯, 언젠가는 동물을 죽이고 그 주검을 식탁에 올리는 것도 용서할 수 없는 부도덕한 행위로 여겨질 날이 올 것이다. 요한 게오르크 치머만

3

너희들은 장난 삼아 새끼 고양이나 어린 새를 괴롭히고 있는 어린아이를 보면 틀림없이 그들을 말리며 생명의 소중함을 가르칠 것이다. 그러면서 자신들은 사냥을 나가 길짐승이며 날짐승을 쏘고, 경마에 나가고, 점심 식사에는 여러 마리의 산 동물의 주검으로 마련된 식탁에 앉는다. 즉 너희가 그래서는 안 된다고 가르치면서 아이들을 말렸던 바로 그 짓을 하고 있는 것이다.

이 얼토당토않은 모순이 확연히 드러나 사람들이 육식을 그만두는 날은 정녕 오지 않을 것인가?

4

육식을 그만두는 사람이 점점 늘어나고 있다. 지금은 고기가 들어가지 않은 음식만 내는 이른바 채식주의 식당이 한 군데서 여남은 군데쯤 없는 도시가 거의 없을 정도다. 루시 맬러리

5

"같은 육지에서 살며, 우리와 똑같은 것을 먹고, 같은 공기를 호흡하고, 같은 물을 마시고 있는 동물을 죽이고 먹을 권리는 우리에게 없다. 동물들이 살해될 때 무섭게 울부짖는 소리는 우리의 마음을 전율시키고 우리로 하여금 그 행위를 부끄러워하게 한다."

무슨 이유에서인지 플루타르코스는 물에서 사는 동물은 제외하고, 나머지 동물에 대해 그렇게 생각했다. 육지에서 사는 동물에 대해서는 우리가 그보다 훨씬 더 야만적이다.

6

네 형제를 향해 손을 치켜들지 말라. 또 땅에 사는 어떠한 산 동물의 피도 흘리지 말라. 사람의 피도, 가축의 피도, 맹수와 새의 피도 흘려서는 안 된다. 네 마음속에서 예언하는 목소리가 너에게 피를 흘리는 것을 금하고 있다. 왜냐하면 거기에는 생명이 존재하고, 한번 죽임을 당한 생명은 원래대로 되돌릴 수 없기 때문이다.

라마르틴

7

오락을 위해 또는 식욕을 위해 동물을 죽이는 행위가 죄악임이 명백해진 오늘날, 사냥과 육식은 해도 괜찮은 행위가 아니라, 의식적으로 저질러진 모든 악행과 마찬가지로, 그 뒤에 더욱 끔찍한 악행을 부르는 명백한 악행이다.

6월 21일

1

불합리한 생활에서 오는 고뇌는 우리에게 합리적인 생활이 필요함을 깨닫게 한다.

2

나 역시 그 도둑처럼 내가 더러운 생활을 보내왔고 지금도 그렇게 살고 있다는 것을 알고 있었고, 내 주위에 있는 대부분의 사람들도 똑같은 생활을 하고 있는 것을 보았다. 나 또한 그 도둑과 마찬가지로 내가 불행하며 괴로워하고 있다는 것, 내 주위 사람들도 마찬가지로 불행하며 괴로워하고 있다는 것을 알고 있었지만, 죽음 외에는 이 처지에서 빠져나갈 수 있는 길은 보이지 않았다. 나는 바로 십자가에 못 박힌 도둑처럼 어떤 힘에 의해 이 고뇌와 악의 인생에 못 박혀 있었다. 그리고 그 도둑에게 무의미한 인생의 고뇌와 악 뒤에 무서운 죽음의 어둠이 도사리고 있었던 것처럼, 나에게도 똑같은 것이 기다리고 있었다.

모든 점에서 내 처지는 완전히 이 도둑과 닮아 있었다. 내가 이 도둑과 다른 것은, 그는 이미 죽어버렸지만 나는 아직도 살아 있다는 것뿐이었다. 도둑은 자신이 저세상에서 구원받을 것임을 믿을 수 있었지만 나는 그것을 믿을 수 없었다. 왜냐하면 저세상의 삶 외에 내 앞에는 아직도 이 세상의 삶이 있었기 때문이다. 그런데 나는 이 세상의 삶을 이해하지 못하고 있었다. 그것은 나에게는 너무나 무서운 것이었다.

그때 갑자기 나는 그리스도의 말을 듣고 그것을 이해했고, 죽음과 삶도 나에게는 더 이상 악이 아니라는 것을 깨닫게 되었다. 그리고 절망 대신 죽음에 의해서도 소멸하지 않는 삶의 희열과 행복을 경험한 것이다.

3

대부분의 사람들은 아무런 가치도 없는 것에 자신의 생명력과 재산을 낭비하는 방탕한 아들, 방탕한 딸과 같다. 그들은 '아버지의 집'에서 점점 멀어져서, 성서에 나오는 방탕아처럼 돼지 먹이로 배를 채우게 된다. 마침내 정신적인 빈곤이 그들로 하여금 '아버지의 집'으로 돌아가게 한다. 그때 그들은 마치 어린애처럼 맨 처음부터 진정한 삶의 길을 배우게 되는 것이다.

루시 맬러리

4

우리는 세 가지 방법으로 예지를 얻을 수 있다. 사색에 의한 방법, 이것이 가장 좋은 길이고, 모방에 의한 방법, 이것은 가장 수월한 길이며, 마지막으로 경험에 의한 방법, 이것이 가장 힘든 길이다.

공자

5

고통이 너를 덮칠 때는 항상, 어떻게 해서 그 고통에서 벗어날 것인가 하는 것보다 네가 도덕적으로 더욱 완전해지기 위해 그 고통이 무엇을, 어떤 노력을 너에게 요구하고 있는지 생각해 보라.

6

전 인류의 불행도 개개인의 불행도 모두 무익한 것이 아니며, 비록 멀리 돌아가기는 하지만, 그것은 전 인류와 개개인을 인간에게 부여된 같은 하나의 목적으로 이끈다. 그 목적이란 한 사람 한 사람이 전 인류 속에 신을 나타내는 일이다.

6월 22일

1

모든 사람에게 진정한 종교는 오직 하나이다.

2

사람들이 신을 모르는 것은 나쁜 일이지만, 그보다 더 나쁜 것은 신이 아닌 것을 신으로 인정하는 일이다.

락탄티우스

3

종교의 차이라니, 이 얼마나 기묘한 표현인가! 물론 종교를 공고히 하기 위해 시대에서 시대로 전해지는 역사적 사건에 대한 여러 가지 신앙은 있을 수 있다. 마찬가지로 《젠드아베스타》(페르시아의 고대 경전), 《베다》(브라만의 경전), 《코란》과 같은 여러 가지 종교 서적도 있을 수 있다. 그러나 예나 지금이나 진실한 '종교'는 오직 하나뿐이다. 여러 가지 신앙도 다만 진정한 종교에 대한 보조 수단 외에 아무것도 포함하고 있지 않으며, 그 보조 수단은 우연히 출현한 것으로, 때와 장소에 따라 모습을 달리할 뿐이다.

칸트

4

믿는다는 것은, 우리가 알고 있는 것, 의심할 여지 없이 존재하는 것, 그러나 우리가 이성으로 파악할 수 없고 언어로 표현할 수 없는 것에 대해서만 가능하다.

5

세상의 많은 사람들을 두고, 그들은 이 종교를 믿고 있다거나 저 종교를 갖고 있다고 말할 때, 우리는 그들에게 지나친 존경을 보내고 있는 것이다. 왜냐하면 사실 그들은 어떠한 종교도 모르고 있고 또 탐구하지도 않기 때문이다. 그들이 사용하는 종교라는 말은 교회의 교의에 대한 신앙일 뿐이다. 그처럼 자주 세계를 뒤흔들고 피로 물들인 종교전쟁이라는 것도, 교회 신앙에서 오는 싸움 외에 아무것도 아니었다. 그리고 종교적 억압에 항의한 사람들은, 사실은 자신들의 신앙이 방해를 받은 것에 항의한 것이 아니라(왜냐하면 그것은 어떠한 외적인 힘으로도 방해할 수 없는 것이므로), 자신들이 그 교회 신앙을 공공연하게 내세우는 것이 허용되지 않은 것에 대해 항의한 것이다.

칸트

6

너는 그르고 나는 옳다고 말하는 것은 사람이 사람에게 할 수 있는 말 중에서 가장 잔인한 말이다. 특히 그것이 인생에서 가장 중요한 사항일 경우 더욱 그렇다. 그런데 종교에 대해 논쟁하고 있는 사람들이 바로 그 잔인한 말을 서로 거침없이 내뱉고 있다.

7

네가 만약 이슬람교도라면 그리스도교도에게 가서 함께 살아라. 만일 그리스도교도라면 유대인과 함께 살아라. 만일 가톨릭교도라면 정교도와 함께 살아라. 네 종교가 어떠한 것이든 신앙을 달리하는 사람들과 사귀어라. 만일 그들의 말에 네가 화내지 않고 자유로이 그들과 사귈 수 있다면 너는 이미 평화를 얻은 것이다.

하피즈(중세 페르시아의 시인)도 말했다. "모든 종교의 대상은 단 하나이다. 모든 사람들은 사랑을 구하고 있다. 전 세계가 사랑의 주거이다. 무엇 때문에 이슬람 사원을 말하고 그리스도교 교회를 말할 필요가 있으랴!" 수피의 금언

8

참으로 믿는 자는 어떤 교의 또는 어떤 경전을 맹신하는 자가 아니라, 자신의 신앙을 순수한 양심과 명쾌한 사상 속에, 즉 신의 의지를 가장 바르게 표현하는 것에 두는 자이다. 게르베르트 비겔로프

9

의심하는 것을 두려워하지 말라. 너희에게 제시된 신앙의 조항을 이성적으로 대담하게 검토하라.

6월 23일

1

자기 생명의 본질은 육체적 생명이 아니라 정신적 생명에 있다고 생각하는 사람만이 자유로운 인간일 수 있다.

2

자신의 처지에 만족하는 노예는 이중으로 노예이다. 왜냐하면 그는 육체뿐만 아니라 정신까지 노예이기 때문이다.

3

남에게 악을 행하는 것은 자기 자신에게 악을 행하는 것이다. 너에게 그들은 악을 행할 수 없다. 너는 사람들과 함께 악을 행하고 죄를 짓기 위해서가 아니라 선한 일로서 그들을 돕고 그 속에서 행복을 찾아내기 위해 태어난 것이다.

만약 어떤 사람이 불행하거든 그것은 그 당사자의 죄임을 기억하라. 왜냐하면 신은 모든 인간을 행복하게 하기 위해 만들었지, 그들을 불행에 빠뜨리려고 만든 것이 아니기 때문이다.

신이 이 세상에서 우리에게 주는 모든 것 가운데 일부를, 신은 완전히 우리의

처리에 맡겼다. 그것은 말하자면 우리의 사유재산이다. 다른 일부는 우리의 지배 밖에 있고 우리에게 속해 있지 않다. 다른 사람들이 속박하고 강제로 빼앗을 수 있는 것은 우리의 것이 아니며, 어느 누구도 또 어떤 것도 방해할 수 없고 해칠 수 없는 것이 바로 우리의 소유이다. 그런데 다행히도 신은 우리에게 진짜 행복을 재산으로 준 것이다. 그러니까 신은 우리의 적이 아니며 우리를 좋은 아버지로서 대하고 있다. 신은 우리를 불행하게 하는 것은 주지 않았다.

그러므로 현자는 오직 신의 의지를 실천하는 것에만 전념하며, 마음속으로 이렇게 생각한다.

'주여, 만일 당신이 제가 더 살기를 바라신다면 저는 당신이 명령하신 대로 살 것이며, 당신이 저에게 속하는 모든 것에 주신 자유를 행사할 것입니다.

그러나 만일 제가 당신에게 더 이상 필요하지 않다면 부디 당신의 뜻대로 처분하십시오.

저는 여태까지 오로지 당신을 섬기기 위해 이 지상에서 살아왔습니다. 만일 당신이 저에게 죽음을 보내신다면 저는 제 주인의 명령과 금지를 분별할 줄 아는 종으로서 당신의 뜻에 좇아 이 세상을 떠날 것입니다. 그러나 이 지상에 머무르는 동안은, 저는 당신이 원하시는 사람으로 살겠습니다.'

에픽테토스

4

평화는 커다란 행복이다. 그러나 만일 그것이 노예제도에 의하여 얻어진다면 그것은 행복이 아니라 불행이 될 것이다. 평화는 모든 사람의 권리를 인정하는 것에서 오는 자유이며, 노예제도는 인권의 부정, 인간 존엄성의 부정이다. 그러므로 우리는 평화를 얻기 위해 모든 것을 희생해야 하며, 더욱이 노예제도에서 벗어나기 위해 더욱더 그렇게 하지 않으면 안 된다.

키케로

5

나의 생각을 바꾸고 나의 잘못을 바로잡아 주는 자의 뜻에 따르는 것은, 그 잘못을 고집하는 것보다 훨씬 자유의 정신에 부합되는 것임을 기억하라.

마르쿠스 아우렐리우스

6

나는 자유롭게 받아들여진 불변의 원리를 바탕으로 한 내적 동기에 의해 활동하는 영혼만을 자유로운 영혼이라 부른다. 나는 관습이라는 노예제도에 굴복하지 않는 영혼, 낡은 도덕에 만족하지 않는 영혼, 일정한 틀 안에 갇히지 않는 영혼, 뒤에 있는 것을 잊고 양심의 소리에 귀를 기울이며, 더 높은 새로운 과제를 향해 정진할 수 있는 것을 기뻐하는 영혼, 그런 영혼만을 자유로운 영혼이라 부른다. 채닝

7

노예적 굴종을 강요하지 않는 의무만이 진정한 의무이며, 자유를 위한 지식만이 진정한 지식이다.

다른 모든 의무는 새로운 멍에일 뿐이며, 다른 모든 지식은 쓸모없는 허구에 불과하다. 인도 철학

8

중간은 없다. 신의 노예가 되든지, 그렇지 않으면 인간의 노예가 되라.

이레째 읽을거리

스스로 노예이기를 원하다

의사들은 흔히 회복될 가망이 없는 중상에는 손을 대지 말라고 충고한다. 내가 아주 오래전에 모든 이해력을 잃고 자신이 병에 걸린 사실조차 알지 못할 만큼 치명적인 병에 걸려 있는 사람들에게 충고하려는 것 또한 어리석은 일일지도 모른다.

무엇보다 분명하게 말할 수 있는 것은, 우리가 자연이 주는 법칙과 가르침에 따라 살아간다면, 우리는 부모에게 효도하며 보다 이성적인 삶을 살 수 있고, 또 아무도 노예로 전락하지 않을 거라는 사실이다. 부모에 대한 효도의 소중함에 대해서는 모든 사람들이 스스로 잘 알고 있다. 나는 이성이란 인간의 영혼의 본

성이며, 사람들이 그것을 내면에 간직하고 있다면 반드시 선덕의 꽃을 피울 것이라고 생각한다.

하지만 결코 의심할 수 없는 것, 태양처럼 명명백백한 것은, 자연이 우리 모두를, 우리가 서로를 동지로 생각하도록, 아니 형제로 생각하도록, 마치 한 모양 틀에서 뽑아낸 것처럼 똑같이 만들었다는 것이다. 설사 자연이 재능을 분배함에 있어서 어떤 자에게는 약간의 육체적, 정신적 우월성을 주었다 해도, 그것은 결코 우리들 사이에 불화의 씨앗을 뿌리려는 것이 아니고, 숲속의 강도처럼 약자를 습격하도록 하기 위한 것도 아니다. 오히려 어떤 사람들에게 다른 사람들보다 큰 재능을 줌으로써, 전자가 도움을 필요로 하는 후자를 위해 우애정신을 발휘하도록 하는 것에 자연의 의도가 있다고 생각해야 할 것이다.

그래서 만약 따뜻한 어머니인 자연이 우리가 서로 상대방 속에서 자신을 볼 수 있도록 같은 외모를 주었다면, 또 만약 자연이 우리 모두에게 서로 사상을 교환하고 감정과 의사를 서로 주고받는 습관을 통해 상대를 더욱 잘 알게 되고, 그래서 더 가까이 다가갈 수 있게 하기 위해 언어라는 위대한 재능을 주었다면, 나아가서는 자연이 모든 방법을 동원해, 서로의 교류 사이에 단단하게 묶은 꾸러미처럼 인류 사회를 하나로 화합시키려고 노력한다면, 또 자연의 이 화합에 대한 노력이 삼라만상에 의해 뒷받침된다면 우리는 모두 형제라는 것, 어느 누구도 자연이 어떤 사람들에게는 노예가 되기를, 또 어떤 사람들에게는 군주가 되기를 명령했다고 생각해서는 안 된다는 것은 의심할 여지가 없다.

또 현실적으로 자유가 자연에 합당한 것인가 하는 문제에 대해 골몰하는 것은 쓸데없는 짓이다. 왜냐하면 노예가 되는 것보다 괴로운 것은 없고, 세상에서 굴욕만큼 견디기 힘든 것은 없다는 걸 모를 사람은 아무도 없기 때문이다. 따라서 우리는 자유가 자연스러운 것이며, 우리에게 원래 자유가 자연스러운 일일 뿐만 아니라, 자유를 지키려는 욕구도 자연스러운 일이라는 것을 인정하지 않으면 안 된다.

그러나 만약 그것이 의심스럽다면, 또는 우리의 행복과 우리의 당연한 희구를 인식하는 능력을 완전히 잃어버릴 만큼 우둔해졌다면, 그것을 야생동물한테서 배우도록 하라. 인간에게 듣는 귀가 있다면 동물들이 '자유 만세!'라고 소리치고 있는 것을 들을 수 있을 것이다. 실제로 대부분의 동물들은 자유를 빼앗기면 이

내 죽어버린다. 또 큰 동물과 작은 동물은 사람이 잡으려고 하면 부리, 발톱, 뿔 같은 온갖 무기로 저항하며, 그들이 얼마나 자신들의 자유를 소중히 하고 있는지 보여준다. 그러다가 잡히면, 자신들이 얼마나 큰 불행을 느끼고 있는지를 생생히 표현하고, 그 뒤에도 잃어버린 자유를 계속 탄식하면서, 자신들의 노예상태에 대해 절대로 만족하는 법이 없다. 우리는 말이 태어나면 곧바로 일을 할 수 있도록 길들인다.

그러나 아무리 말을 귀여워하며 돌봐줘도, 막상 무슨 일을 시키려 하면 말은 재갈을 물어뜯고 버둥거리며, 자신이 좋아서 인간에게 봉사하는 것이 아니라 인간의 강요에 의해 어쩔 수 없이 일한다는 기분을 분명히 표현한다. 그처럼, 무릇 감정을 가진 생물은 본능적으로 예종을 거부하고 항상 자유를 추구하기를 그치지 않는다. 인간보다 저급한 동물조차 마지못해 하면서 가까스로 길들여지고 있는데, 원래 자유롭게 살기 위해 태어난 인간이 그 본성을 완전히 바꾸어, 자유에 대한 추억도 그것을 되찾고자 하는 욕구도 다 잃어버렸다는 건 얼마나 괴이한 얘기인가!

전제군주에는 세 종류가 있다(내가 여기서 전제군주라고 한 것은 나쁜 군주를 가리킨다). 첫 번째는 민중의 선거를 통해 군주가 된 자, 두 번째는 무기의 힘을 빌려 권력을 잡은 자, 세 번째는 세습에 의해 권력을 잡은 자이다. 전쟁에서 이겨 군주가 된 자는, 자신이 정복자로서 권력을 휘두르고 있다는 것을 조금도 감추지 않는다. 세습에 의한 군주들도 정복자 못지않게 나쁘다. 전제정치의 전통 속에서 자란 그들은, 어머니의 젖과 함께 전제군주의 자질을 빨아들여, 민중을 세습재산으로서의 노예처럼 다룬다. 탐욕스러운 군주는 탐욕스러운 대로, 방종한 군주는 방종한 대로, 모두 민중을 자신의 사유재산으로 생각하는 것이다. 민중들로부터 권리를 받은 군주는 그보다 조금 나을 수 있다. 나도 만약 그가 권력에 우쭐해하지 않고 아첨꾼들에게 에워싸여 있지 않으며, 온갖 칭호를 얻어도 거기에 집착하지 않고, 그 권력을 자신의 아들에게 물려주기 위해 악용하지도 않는다면, 정말 그럴 거라고 생각한다. 그런데 이상하게도, 민중의 선거에 의해 권력의 자리에 앉은 군주들이 오히려 다른 군주들보다 더 포악하고 더 잔인한 정치를 한다. 그들은 노예제도를 강화하는 것 외에는, 즉 그들의 신하로부터 이미 얼마 남지 않은 자유를 더욱더 박탈하는 것 외에는 자신의 권력을 강화하는 방법을 모른다.

이상과 같은 이유로, 사실을 말하자면 앞에서 든 세 종류의 전제군주에는, 서로 약간의 차이는 있어도 그 본질은 모두 같으며, 권력을 획득하는 과정은 다양하지만 권력을 행사하는 방법은 모두 똑같다. 전쟁에 의해 정복한 군주들은 민중을 마치 전리품처럼 다룬다. 또 세습 군주는 신하를 자신의 사유재산인 노예로 취급한다.

그러나 만약 현대에, 예속에도 자유에도 익숙지 않은 완전히 새로운 인종이 태어났다 치고, 아니 그 어느 쪽도 전혀 모르는 사람들이 태어났다 치고, 그들에게 예속과 자유 중 어느 쪽을 선택하겠느냐고 물으면, 과연 그들은 어느 쪽을 선택할까? 그들이 한 사람의 인간을 따르기보다 자신의 이성, 즉 자유를 선택하리라는 것은 불을 보듯 뻔한 일 아닌가? 그러나 그것은 다만, 그들이 그 특별히 강요받지도 않고 또 그럴 필요도 없는데 일부러 자신들의 군주를 만들어 낸 이스라엘 민족을 흉내 내지 않는 경우에만 그렇다. 이스라엘 민족의 역사를 읽을 때면, 나는 도저히 분개를 참지 못하고 급기야 잔인한 기분이 되어, 이스라엘 민족이 자신들에게 스스로 초래한 재앙이 오히려 통쾌하게 여겨질 지경이다. 모든 인간에 대해 말할 수 있는 일이지만, 그들이 적어도 인간인 한 그들을 복종시키려면 폭력이나 기만, 둘 중의 하나가 필요하다.

민중은 한번 예속당하기 시작하면 당장 자유를 망각해 버리고, 자유를 되찾기 위해 일어서는 일이 좀처럼 없다는 것에는 참으로 놀라지 않을 수 없다. 민중이 너무나 기꺼이 군주를 섬기는 걸 보면, 그들이 잃은 것은 자유가 아니라 노예제도가 아닌가 하고 생각될 정도다.

처음에는 사람들이 강제되고 정복되지 않으면 안 되었던 건 사실이다. 그러나 자유를 한 번도 경험해 본 적이 없어서 자유가 도대체 어떤 것인지 모르는 다음 세대 사람들은, 이미 아무런 불평 없이 복종하며, 전 세대가 강요에 의해 행동했던 것을 스스로 하게 된다. 그렇게 멍에 아래에서 태어나 노예제도하에서 자란 사람들은, 자신들이 태어났을 때의 상태를 당연한 것으로 받아들이고, 미래를 바라지도 않고 현실에 만족하며, 자신들의 눈앞에 있는 권리와 행복 외에는 아무것도 구하려 하지 않는다. 이를테면 아무리 방종하고 제멋대로인 상속자라도, 언젠가 한 번쯤은 자신의 상속권리서를 들여다보며, 자신이 그 모든 권리를 행사하고 있는지, 자신과 자신의 조상이 부당하게 권리를 빼앗기고 있지는 않은지 점검해 보지 않을까? 그러나 일반적으로 우리에게 큰 위력을 휘두르고 있는 습관이라는 것도, 우리를 노예로 길들이고, 자기 자신을 서서히 독살해 갔던 그 미트리다테스처럼, 노예제도라는 독약을 아무렇지도 않게 삼키도록 길들이는 습관보다 더 큰 위력을 발휘하지는 않는다.

어떤 나라, 어떤 풍토에서든 굴종은 나쁘고 자유는 좋은 것이다. 그래서 목에 멍에를 지고 태어난 사람들을 가엾게 여겨야 한다. 동시에 그런 사람들을 용서해 주지 않으면 안 된다. 왜냐하면 그들은 여태까지 자유라는 걸 한 번도 구경한 적이 없어서 노예제도의 폐해를 전혀 모르고 있기 때문이다. 한 번도 가져본 적이 없는 것을 아까워하는 사람은 아무도 없을 것이고, 가지고 있던 기쁨을 잃고 나서야 비로소 분노하는 법이다.

인간에게 있어서 자유롭다는 것, 자유롭고 싶어 하는 것은 당연한 일이지만, 동시에 인간에게는 모든 것에 익숙해지는 성질이 있다.

그래서 우리는, 인간이 익숙해지기만 하면 무엇이나 자연스럽다고 말한다. 따라서 사람들이 즐겨 노예가 되는 첫 번째 원인은 습관, 아무리 혈통이 뛰어난 말이라 해도 처음에는 재갈을 물어뜯지만 나중에는 그것을 가지고 놀게 되고, 처음에는 멍에를 지는 것을 거부하며 소란을 피우지만, 마지막에는 사뭇 자랑스러운 듯이 마구를 달고 유유히 걸어가게 되는, 그 습관이라는 놈이다. 사람들은 자신들은 항상 국왕의 신민으로서 그에게 복종해 왔고, 자신들의 조상도 그랬기 때문에, 자신들은 당연히 지금의 노예상태에 만족해야 한다고 생각하고, 자신들에게 폭압을 가하는 군주의 권력을, 그것이 긴 역사를 가졌다는 이유로 억지로 정당한 것으로 믿으려 한다. 그러나 그렇게 길들여진 사람들 중에도, 멍에의 고통을 느끼고 이것을 뿌리치려고 하며 결코 예속에 길들지 않는 고귀한 사람들이 있다. 그런 사람들은 바다에서도 뭍에서도 고향의 아궁이의 연기를 보고 싶어 했던 그 오디세우스처럼, 자신들의 원래의 권리와, 자유로웠던 자신들의 조상들을 떠올린다. 명징한 이해력과 날카로운 통찰력을 가진 그들은, 우매한 대중처럼 자신의 발밑에 있는 것만으로는 만족하지 못하고, 두 어깨 위에 꼿꼿한 머리를, 교양과 학문으로 함양된 머리를 가지고 있는 것이다. 그 사람들은 설사 자유가 이 세상에서 완전히 자취를 감춘다 해도, 사람들이 그것을 잃는다

해도 역시 마음속으로 그것을 느끼고 그것을 계속 사랑할 것이다. 왜냐하면 그들에게 노예제도는 겉모습을 아무리 장식해도 언제나 혐오스러운 것이기 때문이다.

일찍이 터키의 술탄은 그것을 간파했다. 그는 책과 학자가 무엇보다 민중의 자각을 촉구하고 전제정치에 대한 증오심을 부추긴다고 생각했다. 그래서 그의 영토 내에는 그에게 필요한 학자 외에는 한 사람의 학자도 없었다고 한다. 그 때문에 그런 가운데에서 마음속에 자유에 대한 열망을 계속 품고 있었던 사람들이 아무리 많고, 자유를 원하여 아무리 거기에 정진했어도, 결국 아무런 영향력도 가질 수 없었다. 왜냐하면 완전히 언론의 자유를, 아니 그것은 고사하고 생각하는 자유조차 빼앗기고 있었기 때문에, 서로를 알 수 없었던 것이다.

그러므로 사람들이 스스로 노예의 처지에 몸을 내맡기는 가장 큰 원인은, 그들이 그런 처지로 태어나 그런 처지에서 자란 것에 있다. 거기에서 다시 파생하는 현상은, 전제군주의 지배 아래서는 사람들은 금방 겁 많고 연약한 존재가 되어버린다는 것이다. 군주는 결코 자신의 권력이 안전하다고 생각하지 않기 때문에, 자신의 영토 내에 고결한 인간이 한 사람도 없도록 노력한다.

전제군주들이 자신의 백성을 바보로 만드는 데 사용하는 간계가 무엇보다 확실하게 드러나고 있는 것은, 그 키루스가 리디아인의 수도 리디아를 점령하고, 그곳의 부유한 국왕 크로이소스를 포로로 끌고 간 뒤, 리디아인에게 했던 행위이다. 리디아인들이 반란을 일으켰다는 보고를 받자, 그는 당장 그들을 다시 제압했다. 그러나 그 아름다운 도시를 파괴하고 싶지 않았고, 또 그 도시를 계속 점령하기 위해 끊임없이 군대를 주둔시키는 것도 원하지 않았기 때문에 그는 다른 방법을 생각해 냈다. 즉 그 도시에 술집과 유곽, 극장 같은 유흥시설을 만들고, 주민들에게 그것을 이용하라는 포고령을 내린 것이다. 이 방법은 매우 효과적이어서, 그 뒤 그에게는 리디아인과 전쟁할 필요가 전혀 없었다. 이 가엾은 민족은 거기서 다양한 오락을 만들어 내어 그 즐거움에 빠져들고 말았다. 그래서 로마인은 리디아인의 이름에서 따온 'ludi'라는 말을 '소일(消日)'이라는 의미로 사용할 정도다.

전제군주들은 그들이 민중을 타락시키고 싶어 한다는 것을 공개적으로 인정하지는 않는다. 그러나 실제로는 키루스가 공공연히 한 것을 어느 군주나 다 하고 있다. 왜냐하면 도시의 일반 민중에게는 자신을 사랑하는 자는 의심하고, 자신을 속이는 자는 쉽게 믿는 성질이 있기 때문이다. 작은 새가 그물에 걸리는 것보다, 물고기가 낚싯바늘에 걸리는 것보다, 가느다란 깃털로 입술에 살짝 기름을 발라주기만 해도 일반 민중이 이내 노예로 전락하는 것이 훨씬 더 쉽다고 나는 생각한다(그들이 살짝 가려운 곳을 긁어주기만 해도 금방 노예로 전락하는 모습에는 정말 놀라지 않을 수 없다). 연극과 흥행물, 광대, 격투기, 진기한 동물, 그림, 그 밖에 이와 비슷한 온갖 어리석은 것들이, 옛날 사람들에게 노예제도에 대한 함정이 되고, 자유에 대한 보상이 되며, 전제정치를 유지하는 무기가 되었다. 그것이 옛날의 전제군주들이 민중을 그 멍에 아래 잠재우기 위해 이용했던 농간이다. 이렇게 그러한 오락으로 우둔해져서 눈앞에서 벌어지고 있는 하잘것없는 구경거리에 빠져버린 사람들은, 책 속의 아름다운 삽화의 의미를 알고 싶어서 글을 배우는 어린아이들처럼, 쉽사리 노예의 신분으로 전락해 간다.

아시리아의 역대 왕과 그 뒤 메디아의 왕들은, 민중이 자신들을 이상하고 거대한 인물로 상상하고 영원히 그 망상에서 깨어나지 않도록, 가능한 한 민중 앞에 모습을 드러내지 않았다. 왜냐하면 일반적으로 사람들에게는, 자신이 볼 수 없는 것을 과장되게 생각하는 버릇이 있기 때문이다. 이리하여 아시리아 왕정하의 민중은 그 비밀 덕택에 노예제도에 길들여졌고, 군주를 아는 자가 적으면 적을수록 스스로 노예가 되어갔던 것이다. 또 때로는 원래 왕이 있는지 없는지도 모르는 채, 아무도 본 적이 없는 왕의 존재를 믿고 그것을 두려워했다. 이집트의 초기 왕들은, 민중 앞에 모습을 드러낼 때는 반드시, 나뭇가지를 들고, 또는 머리에 불을 얹고 가면을 쓰고 나가서, 민중에게 외경심을 불어넣으려 했다. 그 당시만 해도 아직 노예근성이 그다지 배어 있지 않아서 그렇게까지는 어리석지 않았던 사람들은, 그것을 보고 우습기도 하고 가소롭기도 했을 것이다. 고대의 전제군주들이 쉽사리 기만에 걸려드는 민중을 그 권력 아래 두기 위해 이용한 속임수는, 이렇듯 참으로 어리석고 허술한 것이었다.

그러나 아무리 허술한 함정에도 민중은 걸려들었다. 전제군주로서는 그들을 속으로 비웃고 있을 때가 가장 그들을 속이기 쉽고, 가장 지배하기 쉬웠다. 그러니 전제군주들이 자신의 권력을 강화하기 위해, 복종과 노예적인 봉사뿐만 아니라, 자신을 신으로 숭배하도록 민중을 길들이지 않았던 시절이 과연 있었던가

하는 생각이 드는 것이다.

전제군주들이 사람들을 자신에게 복종하도록 조련하고 있다는 나의 지금까지의 얘기는, 단순하고 무지몽매한 민중에 대한 것이다.

이번에는 전제정치의 비밀이자 그 주된 무기가 되고 있는 것에 대해 생각해 보자. 전제군주들이 호위병의 무기와 요새로 자신을 지키고 있다고 생각하는 것은 큰 착각이다. 그들이 그것을 이용하는 건 사실이지만, 그것은 주로 형식적이고 단순한 위협에 사용할 뿐이며, 실제로 그것에 의지하는 경우는 그리 많지 않다. 그들에게는 철통같은 호위병이 붙어 있어서, 위험한 인물이 궁중에 들어오는 것을 철저히 차단하고, 군주에게 아무런 위해를 가할 수 없는 하잘것없는 자들만 들여보낸다.

암살당한 역대 로마 황제를 예로 들어보아도, 그들의 호위병이 그들을 위험에서 지키기보다 오히려 그 주인을 살해한 예가 더 많음을 알 수 있다. 무기와 무장한 사람들(기병이든 보병이든)이 전제군주를 지키는 것이 아니라, 좀 믿기 어려운 말 같지만, 몇몇 소수의 사람들이 전제군주를 지지하며 그를 위해 민중 전체를 노예로 삼고 있다. 전제군주의 측근은 늘 5, 6명 정도이며, 그중의 어떤 자는 스스로 군주에게 다가가 환심을 사고, 어떤 자는 군주의 부름을 받아 그 잔학행위의 공범자, 향락의 동료, 향락의 시중꾼, 그리고 민중에 대한 가렴주구의 공모자가 된다. 그 6명이 자신의 주인을, 그 자신의 흉악성에 그들의 흉악성까지 더한 흉악한 존재로 만드는 것이다. 이 6명 밑에는 다시 600명이 있는데, 그 6명이 전제군주를 대하는 것과 같은 태도로 그들을 대한다. 그 600명은 다시 6000명의 하수인을 거느리고 있고, 그들은 그 하수인들에게 지방행정권과 재무지배권을 준다. 그것은 곧, 그 하수인들을 자신들의 사리사욕과 잔학행위에 봉사하게 하여, 그 협력을 통해 비로소 가능해지는, 법률적으로 처벌할 수 없는 악을 저지르게 하기 위해서이다. 또 그 6000명 밑에는 다시 막대한 수의 하수인들이 있다. 그럴 생각만 있다면 누구든지 이 거대한 그물망을 풀려고 시도해 보라. 6000명은커녕 수십만, 수백만의 하수인들이 그 그물망을 통해 전제군주와 연계되어 있다는 놀라운 사실을 곧 알게 될 것이다. 그리하여 전제정치를 유지하는 데 필요한 직무가 점점 늘어난다. 그 직무를 수행하는 사람들은 거기서 이익을 얻고, 그 이익을 통해 군주와 연계되어 있는데, 전제정치가 자신에게 유리한 사람이 매우 많아서 자유를 좋아하는 사람들과 거의 같을 정도도 많은 사람들이 그 직무에 벌 떼처럼 몰려드는 것이다. 우리의 몸 어딘가에 나쁜 데가 있으면 몸 안의 나쁜 피가 모두 그곳으로 몰린다고 하는 의사들의 말처럼, 국왕이 전제군주가 되면 이내 온 나라의 사악한 자들, 도둑과 파락호 같은 아무런 쓸모도 없으면서 탐욕만 많은 무리가, 민중으로부터의 약탈물에서 떨어지는 고물이라도 받아먹으려고, 두목인 전제군주 밑으로 모여드는 것이다. 유명한 약탈자와 해적들은 모두 그런 식으로 한다. 어떤 자는 먹잇감을 찾아 덤벼들고, 어떤 자는 여행자가 가는 길을 가로막고 이를 약탈하며, 또 어떤 자는 호시탐탐 먹잇감을 털려고 노리고, 어떤 자는 숨어서 기다린다. 이렇게 약탈하고 살육까지 하면서, 그들은 하수인과 주인이라는 차이는 있어도 모두 민중으로부터 약탈한 것을 나눠 가지는 공범자들이다.

이리하여 군주는 한 신하들을 다른 신하들을 써서 복종시키며, 때로는 악당까지는 아니더라도 마땅히 위험시해야 할 자들에 의해 보호되고 있다. 그러나 속담에도 "장작을 패는 데 같은 나무로 만든 쐐기를 쓴다"는 말이 있는 것처럼, 전제군주의 호위병도 전제군주와 같은 인간이다. 그들도 종종 전제군주를 위해 희생하고 고통을 겪는다. 그러나 신에게 버림받고 타락의 늪에 빠진 이들 무리는, 자신들에게 악을 행하는 사람들이 아니라 악을 참고 견디는 것 외에는 아무것도 할 수 없는 사람들에게 악을 행할 수만 있다면, 자신들에게 가해지는 악쯤은 얼마든지 참아낼 수 있는 것이다.

라보에티[8)]

독수리

한때 우리 감옥 속에 '카라구시'라고 하는, 보통 스텝(시베리아 초원)에 사는 작

8) 에티엔 드 라보에티는 1530년에 태어나 16살 때 여기에 그 일부를 발췌 소개한 《스스로 노예이기를 원하다》를 썼다. 라보에티는 보르도 재판소의 재판관으로, 몽테뉴의 친구였다. 몽테뉴는 그를 작가로서도 인간으로서도 높이 평가하고 그의 병과 죽음에 대한 기록을 남겼다. 라보에티는 1563년에 사망했다. 이 《스스로 노예이기를 원하다》의 출판자는 이 글에 대해, 이런 글을 읽는 것은 불행히도 현대인이 잃어버린 '사자의 뇌수(moelle de lion)'에 양분을 주는 것이라고 극찬했다.[역주]

은 독수리가 있었다. 누군가가 다친 독수리를 감옥에 가지고 온 것이었다. 죄수들이 그것을 빙 에워쌌다. 그 독수리는 날지 못했다. 오른쪽 날개는 밑으로 축 처져 있고 한쪽 다리는 부러져 있었다. 그 독수리가 신기한 듯 자신을 들여다보고 있는 사람들을 날카로운 눈길로 노려보며, 갈고리처럼 생긴 부리를 벌리고, 미친 듯 덤벼들려고 하던 모습이 지금도 눈에 선하다.

모두들 실컷 구경하고 뿔뿔이 흩어지자, 독수리는 다리를 절름거리고 아직 성한 날개를 파닥이며 방에서 가장 먼 구석으로 가더니, 거기 있는 말뚝에 몸을 착 기대며 웅크리고 앉았다. 독수리는 석 달가량 감옥 속에서 살았는데, 그동안 한 번도 그 구석에서 나온 적이 없었다. 처음에는 모두들 하루 종일 녀석만 들여다보며, 개를 부추겨 싸움을 붙여보기도 했다. '샤리크'라는 그 개가 녀석에게 사납게 짖어댔지만, 차마 겁이 나서 가까이 다가가지는 못하는 모습을 보고 죄수들은 모두 웃어댔다.

"요 녀석! 바짝 얼었군!"

그러나 그 뒤 샤리크는 점점 독수리를 괴롭히기 시작했다. 두려움이 사라진 개는, 우리가 부추기면 독수리의 다친 날개를 물기까지 했다. 독수리는 온 힘을 다해 발톱과 부리로 방어하며, 구석에 웅크린 채 호기심 많은 구경꾼들을 마치 부상을 입은 왕처럼 오만하고 사나운 눈빛으로 노려보았다. 그러다가 모두들 독수리에게 싫증이 나서 아무도 돌아보지 않게 되었지만, 그래도 매일 녀석 옆에는 신선한 고기 조각과 물이 담긴 깨진 그릇이 놓여 있는 것으로 보아, 역시 누군가가 돌봐주기는 하는 모양이었다. 독수리는 처음에는 먹는 것을 거부하며 며칠 동안 아무것도 먹지 않다가, 이윽고 먹기는 했지만 결코 사람 손에서 직접 받아먹거나 사람이 보는 데서 먹지는 않았다.

나는 그 독수리를 먼발치에서 여러 번 관찰한 적이 있었다. 이따금 아무도 보지 않는다고 생각한 듯, 독수리는 그 구석에서 조금 나와, 말뚝에서 열두 걸음쯤 되는 곳에서 말뚝을 따라 다리를 절며 한 바퀴 돈 뒤 이내 제자리로 돌아가서는, 다시 나와서 같은 동작을 되풀이하는 것이었다.

내 모습을 보면, 독수리는 부리나케 다리를 절고 날개를 파닥이면서 제자리로 돌아가, 머리를 높이 쳐들고 부리를 벌리고 털을 곤두세워 전투 자세를 취했다. 나는 아무리 해도 그 독수리를 길들일 수가 없었다. 독수리는 부리를 들이대거나 날뛰면서 내가 소고기를 줘도 먹으려 하지 않았고, 내가 그 옆에 서 있으면 증오에 찬 날카로운 눈초리로 내 눈을 뚫어지게 노려보기도 했다. 녀석은 아무도 믿지 않고, 누구하고도 화해하지 않은 채, 고독과 적의 속에서 죽음을 기다리고 있었다.

하지만 얼마 뒤 드디어 죄수들도 독수리에 대해 진지하게 생각하게 되었는지, 두 달 동안 아무도 관심을 보이지 않고 얘기도 하지 않다가, 갑자기 모두들 독수리에 대한 동정을 표시하기 시작했다. 그러다가 독수리를 바깥세상으로 내보내줘야 한다는 말까지 나왔다.

"어차피 죽더라도 감옥에서 죽게 하는 건 너무 가여워." 누군가가 말했다.

"맞아, 자유로운 야생 새라서 감옥에 길들 리가 없지." 다른 사람들도 맞장구를 쳤다.

"아마 우리하고는 다른가 봐."

"당연하지, 이놈은 새고 우리는 인간이니까."

"독수리란 놈은 말이야, 자네들, 숲의 왕으로……" 하고 말 많은 스쿠라토프가 또 얘기를 늘어놓기 시작했지만, 아무도 그의 얘기를 들으려 하지 않았다.

어느 날 점심시간이 끝난 뒤, 작업 시작 신호인 큰북이 울렸을 때, 다 같이 독수리의 부리를 잡고(무시무시하게 저항했기 때문에) 감옥 밖으로 데리고 나갔다.

모두들 감옥을 에워싸고 있는 보루 옆으로 갔다. 12명의 죄수들은 독수리가 어느 쪽으로 날아갈지 마른침을 삼키며 지켜보고 있었다. 이상하게도 모두들 뭔가 기쁨을 느끼고 있는 듯했다. 마치 반쯤 자기 자신이 자유의 몸이 되는 듯한 기분인 것 같았다.

"아니! 요놈이 자유롭게 해주려는데도 물어뜯고 난리야!" 독수리를 잡고 있던 죄수가 날뛰는 독수리를 오히려 사랑스럽다는 눈길로 바라보면서 말했다.

"이제 놓아줘, 미킷카!"

"이놈을 이런 좁은 곳에 가둬둬서는 안 돼. 놔줘, 놔줘, 완전히 자유의 몸이 되게."

미킷카가 독수리를 보루 위에서 스텝 쪽으로 높이 던져 올렸다. 쌀쌀하고 찌무룩한 늦가을의 어느 날이었다. 황량한 스텝을 불어 지나가는 바람에 바싹 말라 누렇게 뒤엉킨 풀이 바스락거렸다. 독수리는 다친 날개를 움직이면서 한시바

삐 우리의 시야에서 벗어나고 싶은 듯 똑바로 날아 내려갔다. 죄수들은 독수리의 머리가 풀 사이에서 숨바꼭질하는 것을 열심히 바라보고 있었다.

"저것 좀 봐!" 한 사람이 감동스럽다는 듯 말했다.

"돌아보지도 않는구먼!"

"야! 정말 한 번도 돌아보지 않고 그대로 달아나 버리네."

"돌아와서 고맙다고 인사라도 할 줄 알았나?"

"저렇게 자유로운데! 저 녀석은 자유를 느끼고 있어."

"자유로운 세상!"

"아, 이젠 보이지도 않아, 저기 봐."

"뭘 그렇게 멍하니 서 있나 자! 일해야지, 일!" 간수들이 불렀다. 모두들 묵묵히 입을 다물고 느릿느릿 일터로 향했다.

도스토옙스키 《죽음의 집의 기록》에서

6월 24일

1

죽음은 그것을 생각하는 인간에게 지금 눈앞에 있는 상황 속에서 언제나 완전무결한 것을 선택하도록 한다. 그것이야말로 가장 필요한 것이다.

2

흔히 인간은 자신의 생명을 보존하려는 욕구가 유달리 강하다고 한다. 참으로 옳은 말이다. 그러나 이 욕구의 대부분은 사람들에 의해서 키워진 것이다. 인간은 그 본성으로 미루어 보건대 자신의 생명을 보호할 수 있는 수단이 있을 때 비로소 욕구를 채우기 위해 노력한다. 그러나 일단 그 수단을 잃었다고 느끼기 무섭게, 포기하고 차분해지면서 헛되이 괴로워하기를 그친다. 그러한 체념은 자연에 의해 우리에게 주어진 것이다. 미개인들은 동물과 마찬가지로 죽음을 피하지 않고 불평 없이 그것을 받아들인다. 자연이 주는 이 수단이 상실되었을 때 이성에서 나오는 다른 수단이 생기지만, 그것을 이용하는 사람은 극히 적다.

루소

3

죽음이 너를 얼마나 빨리 덮치는지 모르느냐! 그런데도 너는 여태 허위와 욕망에서 벗어나지 못하고, 세속적이고 외면적인 모든 것들이 인간을 해칠 수 있다고 생각하는 편견을 버리지 못하고, 모든 것을 온유하게 견디는 것을 배우지 못하고 있다.

마르쿠스 아우렐리우스

4

현자는 죽음에 대해서보다 삶에 대해서 더 많이 생각한다. 스피노자

5

정신에는 죽음이 없다. 따라서 정신에 의해 사는 사람은 죽음으로부터 자유롭다.

6

두려움 없이 죽음을 생각할 수 있게 되기를 원하거든, 열심히 삶에 매달리려고 하는 사람들을 바라보고 그들의 입장이 되어보라. 그들은 죽음이 너무 일찍 찾아왔다고 생각한다. 그러나 수많은 사람들의 장례식을 지켜보며 지극히 오래 살았던 사람도 결국은 역시 죽지 않았는가. 그 기간이 얼마나 짧고, 그 속에 얼마나 많은 슬픔과 재앙이 들어 있으며, 생명의 그릇은 또 얼마나 깨지기 쉬운 것인가!

이 순간적인 인생의 기간에 대해 이러쿵저러쿵 말할 필요가 있을까! 너 이전에도 영원이, 그리고 또 미래에도 영원이 있다는 것을 생각하라. 이 무한한 두 심연 사이에서 네가 사흘을 살든 300년을 살든 무슨 차이가 있겠는가.

마르쿠스 아우렐리우스

7

정리되지 않은 마음은 자유를 방해하는데, 마음을 정리하지 못하는 것은 일을 뒤로 미루는 데서 비롯된다. 준비가 되어 있다는 것은 곧, 끝났다는 것을 뜻한다. 끝나지 않은 것은 결국 아무것도 이루어지지 않은 것이다. 우리가 미루

고 있는 일은 나중에 가서 다시 우리를 가로막고 우리의 진로를 방해한다. 우리는 하루하루, 그날의 일을 처리하고 다음 날은 다음 날의 일을 위해 남겨두어야 한다.

준비가 되어 있다는 것은 언제라도 죽을 수 있다는 것을 뜻한다. 아미엘

8

흔히 "이제 와 무엇을 한들 무슨 소용이냐. 이제 곧 죽을 텐데"라고 말하는 사람이 있다. 그러나 곧 죽을 것이니 할 필요가 없는 일은 언제 해도 필요 없는 일이다. 그런데 언제 어디서나 필요하고 죽음에 가까워지면 가까워질수록 더욱더 필요한 일, 그것은 바로 영혼을 키우는 일이다.

9

이렇게 할까 저렇게 할까 판단이 서지 않는 문제가 발생했을 때는, 만일 자신이 그날 저녁에 죽는다면, 또 자신이 무엇을 할 것인지 아는 사람이 아무도 없다면, 어떻게 행동할 것인지 스스로에게 물어보면 해답이 나올 것이다.

10

죽음은 사람들에게 자신의 일을 최종적으로 마무리하는 방법을 가르친다. 모든 일 가운데서 언제든지 충분히 마무리할 수 있는 일이 있는데, 그것은 바로 대가를 바라지 않는 사랑의 일이다.

6월 25일

1

사람은 타인에 대한 아첨과 허영에서 벗어나면 벗어날수록 신을 섬기기가 수월해지고, 그 반대의 경우 역시 진실이다.

2

다른 사람들이 나에 대해 어떻게 생각할지 마음을 졸이며 살 것이 아니라, 너 자신이 좋다고 생각하는 삶을 살도록 살라. 루시 맬러리

3

남의 결점에 대해서는 불쾌하게 느끼면서도, 자신 속의 결점은 전혀 깨닫지 못하고 그것을 알려고도 하지 않는 법이다. 남의 얘기를 할 때, 그 사람을 흉보는 사람은 그게 바로 자신에 대한 얘기임을 알지 못한다.

만일 우리가 다른 사람들 속에서 자기 자신의 모습을 볼 수 있다면, 그것보다 빨리 우리의 결점을 바로잡아 주는 것은 없을 것이다. 그렇게 떨어진 거리에서 우리의 결점을 있는 그대로 관찰하면 당연히 그 결점이 싫어지기 때문이다.

라브뤼예르

4

선한 사람들이 편히 쉬는 곳은 그들의 양심이지 결코 다른 사람들의 입술이 아니다.

5

인간은 자기가 아무것도 보지 못할 때는 자기도 다른 사람들에게 보이지 않을 거라는 착각에 빠지기 쉽다. 마치 자기가 남에게 보이지 않도록 눈만 꼭 감는 어린아이처럼.

그래서 우리의 생활과 우리의 행위가 다른 사람들에게 어떤 인상을 주고 있는지 반성해 보는 것이 필요하다.

6

선덕이 있는 사람이라는 평판을 얻을 수 있는 가장 빠르고 가장 확실한 방법은, 그런 사람이 되도록 스스로 노력하는 것이다. 모든 선덕을 관찰해 보라. 그것은 모두 정진과 노력의 결과임을 알게 될 것이다. 소크라테스의《대화편》

7

입을 다물고 있어도 비난하고 말이 많아도 비난하며 또한 말이 적어도 비난한다. 세상에 비난당하지 않는 사람은 아무도 없다. 《법구경》

8

인간의 가장 돋보이는 특징은 부끄러움이다. 부끄러움을 아는 사람은 좀처럼 죄를 짓지 않는다. 《탈무드》

9

절대로 변명하지 말라.

10

진리를 존중하지 않는 친척보다 진리를 사랑하는 남이 더 낫다.

11

너는 행복이 자식과 친구, 무상한 것, 소멸하는 것 속에 있다고 생각하는 사람을 행복한 사람이라고 부르는가? 그런 사람의 행복은 한순간에 무너지지 않던가? 너 자신과 신 외에 네 행복을 지켜주는 것은 하나도 없음을 알아야 한다.

데모스테네스

12

인간의 허영심은, 진정한 슬픔과 가장 양립할 수 없는 감정이면서도 인간의 마음속에 깊이 파고들어, 가장 비통한 슬픔도 그것을 몰아내지 못한다.

슬플 때의 허영심은 자신이 너무나 슬픔에 빠져 있는 것처럼, 또 불행한 것처럼, 그러면서도 꿋꿋한 것처럼 보이고 싶다는 바람으로 나타난다. 우리가 스스로 인정하려 하지 않는 이 비열한 욕구는 거의 절대적이라 할 수 있을 만큼(가장 슬플 때도) 우리에게 달라붙어 떨어지려 하지 않는다. 그것은 이웃의 슬픔이 사람들의 마음에 불러일으키는 동정심이 우리에게 돌아오는 것을 방해한다.

13

아무리 선량한 행위에도 어느 정도는 허영과 세상 사람의 칭찬을 바라는 마음이 섞여 있다. 이 마음은 그가 자신의 행위 때문에 칭찬이 아니라 비난을 받더라도 절대로 그 행위를 바꾸지 않겠다고 자기 스스로에게 말할 수 있을 때 비로소 사라진다고 말할 수 있다.

6월 26일

1

사랑은 인간에게 그의 삶의 목적을 보여주고 이성은 그것을 실천으로 옮기는 방법을 보여준다.

2

태양은 온 세상 구석구석 그 빛을 비추고 있어도 그 빛이 다하는 일은 결코 없다. 바로 그와 같이 네 이성의 빛도 모든 방향으로 비치지 않으면 안 된다. 그것은 마르는 일이 없이 모든 곳을 비추며, 설사 장애에 부딪히더라도 안달하거나 노여워하지 않고, 오로지 조용히, 그것을 갈망하며 줄기차게 그 빛을 향하는 모든 것을 감싸면서, 다만 제 쪽에서 얼굴을 돌리는 자만을 그늘에 남겨둘 뿐이다.

마르쿠스 아우렐리우스

3

인간은 자신을 둘러싸고 있는 삼라만상에 비하면 연약한 갈대에 지나지 않는다. 그러나 그는 생각하는 갈대이다.

아주 사소한 것으로도 사람을 죽일 수 있다. 그러나 인간은 모든 생물, 모든 지상의 존재보다 고귀하다. 왜냐하면 그는 죽으면서 자기가 죽는다는 것을 잘 알고 있기 때문이다. 인간은 자연 앞에 자신의 육체가 얼마나 작은지 알고 있다. 그러나 자연은 아무것도 모른다.

우리 인간의 우수성은 그 사고력에 있다. 오직 사고력만이 우리를 다른 세계 위로 높여 준다. 우리의 사고력을 소중하게 지키자. 그것은 우리의 삶을 골고루 비추며 무엇이 선이고 무엇이 악인지 우리에게 가르쳐 준다.

파스칼

4

인간은 오직 그 이성에 의해 다른 동물과 구별된다. 그런데 어떤 사람들은 그것을 단련하고 발달시키고 있지만 대다수 사람들은 그것을 무시하고 있다. 마치

자신과 가축을 구별하는 모든 것을 거부하고 싶은 듯. 동양의 금언

5

내가 그리스도교를 찬미하는 것은 그것이 내 이성적 본질을 펼쳐주고 강화시켜 주며 드높여 주기 때문이다. 만일 내가 그리스도교도가 되면 이성적 존재로 있을 수 없다고 한다면, 나는 그 선택에 있어서 추호도 망설이지 않을 것이다. 나는 그리스도교를 위해 재산이고 명예고 생명이고 모두 내던져야 한다고 생각한다. 그러나 어떠한 종교를 위해서든 나를 짐승보다 높여 주고 나를 인간으로 만들어 주는 것을 희생시켜서는 안 된다고 생각한다. 또 나는 신에게서 부여된 고귀한 자질을 거절하는 것보다 더 큰 신성 모독은 없다고 생각한다. 그렇게 함으로써 우리는 우리의 내부에 깃들어 있는 신적 원리에 육체적인 자연을 대립시키게 된다. 이성이야말로 사색하는 자연의 최고의 표현이다. 그것은 신과 만물의 합일에 호응하는 것이며, 우리의 영혼을 그 최고의 합일의 표현, 그 통일을 비추는 거울로 만드는 것이다. 채닝

6

만약 인간에게 이성이 없다면, 그는 선악을 구별하지 못하고 진정한 행복을 찾아 그것을 누릴 수도 없을 것이다.

6월 27일

1

선한 삶은 끊임없이 그것을 향해 노력하는 사람에게만 주어진다.

2

선한 삶을 달성하려면 어떠한 선행도 소홀히 해서는 안 된다. 보잘것없는 미미한 선행도 세상을 떠들썩하게 하는 최대의 선행에 못지않게 강한 힘이 필요하다.

3

사람이 무엇이 선인지를 알고도 그것이 그에게 요구하는 바를 행하지 않는다면, 그것은 바로 나그네가 길을 계속 나아가면 잠자리도 먹을 것도 있다는 것을 뻔히 알고 있으면서도, 걸음을 멈추고 그것들이 자기에게 찾아오기를 기다리는 것과 똑같다.

4

그릇에 찰랑찰랑한 물을 흘리지 않으려면 조심스럽게 그것을 반듯이 들어야 한다.

날이 잘 들게 하려면 그것을 항상 갈아야 한다.

네가 진정한 행복을 찾고 있다면 네 영혼도 또한 그와 마찬가지다. 노자

5

너에게 있어서 매우 중요하고 좋은 일이 있다 하더라도, 그것을 한두 번 부른다고 금방 너에게 찾아오지 않는다. 수고와 노력을 하지 않으면 쉽게 찾아오지 않는 것이다.

에머슨

6

구하여라, 받을 것이다. 찾으라, 얻을 것이다. 문을 두드리라, 열릴 것이다. 누구든지 구하면 받고, 찾으면 얻고, 문을 두드리면 열릴 것이다.

〈마태복음〉 제7장 7~8절

7

피타고라스는 가능한 한 선과 일치하는 생활을 하라고 말했다. 그것은 가장 어려운 일일지도 모르지만 그것에 익숙해짐에 따라 점점 즐거운 것이 되어간다.

8

신은 동물들에게 그들에게 필요한 모든 것을 주었다. 그러나 인간에게는 그것을 주지 않고 인간 자신이 자기에게 필요한 모든 것을 스스로 구하게 했다. 인간

이 지닌 최고의 예지는 인간과 함께 태어난 것이 아니고, 그것을 얻기 위해서는 노력이 필요하며, 그 노력이 크면 클수록 돌아오는 것도 더 많아진다. 인간은 많은 노력이 없이는 최고의 예지에 가까이 다가갈 수 없을 것이다. 바브교 경전

9

행복을 원한다면 신의 법칙을 따르라. 신의 법칙을 따르는 것은 오직 노력에 의해서만 가능하다. 노력은 즐거운 생활로 보상받을 뿐만 아니라, 노력 자체가 우리에게 인생 최대의 행복을 준다.

6월 28일

1

가족적 결합이라는 것은 그것이 단순히 가족일 뿐만 아니라 종교적이기도 할 때, 온 식구가 하나의 신과 그 법칙을 믿을 때 비로소 확고한 것, 사람들에게 행복을 주는 것이 된다.

그렇지 않으면 가족은 기쁨의 샘이 아니라 괴로움의 샘이다.

2

가족적 이기주의는 개인적 이기주의보다 훨씬 더 맹렬하다. 자기 한 사람을 위해 다른 사람의 행복을 희생시키는 것을 부끄러워하는 사람도, 가족을 위해서 다른 사람들의 불행과 곤경까지 이용하는 것을 자신의 의무로 여긴다.

3

자신의 나쁜 행위를 변명하기 위해 가장 자주 이용되는 그릇된 구실은 가족의 행복을 위해서라는 구실이다.

인색, 뇌물, 노동자의 탄압, 부정한 상술, 이러한 것들은 모두 가족에 대한 사랑이라는 이름으로 합리화되고 있다.

4

가족이니 조국이니 하는 것이 우리의 영혼을 제약할 수는 없고, 또 제약해서

도 안 된다. 인간은 태어난 날부터 몇몇 사람들에게 둘러싸이는데, 그 사람들의 사랑이 그의 마음속에 인간에 대한 사랑을 불러일으킨다. 그러나 가족애와 조국애가 배타적인 것이 되어 그것 때문에 인류의 보편적인 요구를 물리치게 된다면, 그것은 우리의 마음의 양육자가 아니라 그 무덤이 되고 만다. 채닝

5

가족에 대한 사랑은 결국 자기애의 감정이며, 그렇기 때문에 부정하고 나쁜 행위의 원인은 될 수 있어도 결코 그 변명이 될 수는 없다.

6

그래서 어떤 사람이 예수께 "선생님의 어머님과 형제분들이 선생님을 만나시려고 밖에 서 계십니다" 하고 알려드렸다. 그러자 예수께서는 사람들에게 "하느님의 말씀을 듣고 그대로 실행하는 사람들이 내 어머니이며 내 형제들이다" 하고 말씀하셨다. 〈누가복음〉 제8장 20~21절

7

아버지나 어머니를 나보다 더 사랑하는 사람은 내 사람이 될 자격이 없고 아들이나 딸을 나보다 더 사랑하는 사람도 내 사람이 될 자격이 없다.

〈마태복음〉 제10장 37절

8

"누구든지 나에게 올 때 자기 부모나 처자나 형제자매나 심지어 자기 자신마저 미워하지 않으면 내 제자가 될 수 없다."(〈누가복음〉 제14장 26절) 여기에 나오는 '미워한다'는 말은 그리스도가 가족을 부정하거나 가족에 대한 미움을 설교한 것이 아니라, 〈누가복음〉 제8장 21절에서 말하고 있는 것, 즉 그리스도와 그 제자, 그리고 그들의 추종자들에게 있어서, 인간은 그 가족적인 결합을 통해 가까이하고 사랑하는 것이 아니라, 신과의 결합을 통해, 또 그것으로 인한 서로의 결합을 통해 가까이하고 사랑한다는 의미이다.

이 말은 방탕한 가족이나 도덕적으로 더 높은 가족만 생각하는 사람에게 있

어서, 가족이라는 상태는 최고의 상태가 아니라, 오히려 반대로 대부분의 경우 최고의 상태에 도달하는 데 장애가 되는 종교적인 인간을 생각한 적이 없는 사람들에게 자주 오해받고 있다.

9

어떤 사람들은 행복을 권력 속에서 찾고, 어떤 사람들은 지식욕, 즉 학문 속에서 찾으며, 또 어떤 사람들은 육체적 향락 속에서 찾는다. 이 세 종류의 욕망에서 세 개의 학파가 태어나는데, 모든 철학자들은 그 셋 중 어느 하나에 속해 있다.

그러나 누구보다 참된 철학에 가까이 다가가 있는 사람들은, 다음과 같은 것을 이해하고 있다. 즉 모든 사람들이 노력하는 목표인 만인의 행복은, 일부 사람들만이 소유할 수 있는 것, 그것을 나누었을 때 자신에게 돌아오는 몫에 기쁨을 느끼기 않고 오히려 나눠준 몫만큼 적어진 것을 아깝게 생각하는 것 속에 있지 않다는 것이다. 그들은 참된 행복은 모든 사람이 동시에 서로를 부러워할 필요 없이 송두리째 소유할 수 있는 것, 누구든지 자신의 의지와 상관없이 잃는 일이 있을 수 없는 것임을 깨닫고 있다.

파스칼

10

가족에 대한 사랑 속에는 자아에 대한 사랑과 마찬가지로 도덕적인 의미의 선악이 들어 있지 않다. 이것은 어느 쪽이나 다 자연적인 현상이다. 그러므로 가족에 대한 사랑도 자아에 대한 사랑과 마찬가지로 적당한 한계를 넘어서면 죄악이 될 수는 있어도 절대로 선이 될 수는 없다.

6월 29일

1

실의란 인간이 자신의 삶 속에서나 세계의 어떤 삶 속에서도 의미를 찾지 못하는 정신상태를 가리킨다.

2

실의와 분노 속에 있으면서 그러한 정신상태에 도취하거나, 심지어는 그것을 자랑하기까지 하는 사람들이 있다. 그것은 바로 자신을 태우고 산을 달려 내려가는 말의 고삐를 놓치고도 여전히 채찍질을 하고 있는 것이나 다름없다.

3

실의와 불쾌감은 주변 사람들을 괴롭힐 뿐만 아니라 남에게 전염되기도 한다. 따라서 올바른 사람이라면 다른 사람들이 불쾌하게 생각하는 일은 언제나 혼자 있을 때 하듯이, 그러한 실의와 불쾌감에 몸을 맡기는 것도 혼자 있을 때 한다.

4

외적 원인이 인간의 정신상태에 영향을 준다고 하는 생각은 사람들이 자주 빠지는 미망이다. 피로와 굶주림, 질병 같은 육체적 조건이 정신상태에 영향을 미치는 것은, 자신의 생명의 영적 본원과 자신의 활동을 약화시키기는 해도 그 방향을 바꾸지는 않는다는 견해를 가진 사람의 경우뿐이다. 어린이들, 종교가 없는 사람들과 같이 외적 생활에 의해서만 사는 사람들만이 외적 원인에 의해 인생에 대한 태도를 바꾸고, 실의와 초조 속에서 전에는 칭찬하고 사랑했던 사람을 비난하고 미워한다.

5

모든 것이 어둡게 보이고 모든 사람이 나쁘게 여겨지고, 아무한테나 욕을 퍼부으며 심술을 부리고 싶어질 때는, 절대로 자기 자신을 믿지 않는 것이 좋다. 그런 때는 자신을 주정꾼을 보듯 바라보며 아무것도 하지 말고 그런 상태가 빨리 지나가기를 기다려야 한다. 그런 상태에 있을 때는 가능한 한 아무것도 하지 않는 것이 빨리 원상태로 돌아갈 수 있는 방법이다. 그것은 바로 주정꾼이 하룻밤 푹 자고 나면 말짱해지는 것과 같다.

6

악인으로 일컬어지고 있는 사람들의 대부분은, 자신의 나쁜 정신상태를 정상으로 생각하고 그것에 몸을 맡겨버린 결과 자신도 모르게 그렇게 되어버린 것이다.

7

세상이 추악하게 여겨지고 사람들이 악하고 불쾌하며 그들의 행위가 어리석고 추악하게 보인다면, 오히려 그런 상태를 이용하여 서둘러 자기 자신을 돌아보도록 하라. 그러면 너는 자신 속에서 전에는 보지 못했던 오점을 발견하고, 그 같은 자신의 추악함을 인정함으로써 스스로를 이롭게 할 것이다.

8

끝없는 불행은 좀처럼 없는 법이다. 절망은 희망 이상으로 사람을 기만한다.

보브나르그

9

절대로 의기소침하지 말라.

10

인간은 행복하지 않으면 안 된다. 만일 불행하다면 그것은 그 사람 자신의 잘못이다.

11

나는 인간은 행복하고 만족하다는 것을 첫 번째 명제로 삼아야 한다고 생각한다. 불만을 느낄 때는 나쁜 짓을 했을 때처럼 부끄러워해야 하고, 내 주위나 내 마음속에 무엇인가 불쾌한 일이 있으면, 그것을 다른 사람들에게 얘기하거나 불평하지 말고, 조금이라도 빨리 그것을 바로잡도록 노력해야 한다.

12

주여, 저에게 힘을 주시어 청정한 마음과 겸양과 사랑으로 당신의 뜻을 실천하며 끊임없이 기쁨을 누릴 수 있게 해주옵서!

13

육체적 고통과 의기소침한 시기는 지상에서의 삶의 재앙이며, 언젠가 그것이 지나가기를 기다리거나 지상의 삶 자체가 지나가기를 기다리는 수밖에 없다.

14

주위의 모든 것과 자신의 상황에 불만을 느낄 때는, 껍데기 속으로 움츠러드는 달팽이처럼 이 세상에서의 자신의 사명에 대해 깊이 생각하면서, 자신을 이런 상태로 이끈 조건들이 지나갈 때를 기다려라. 그러면 다시 자신의 인생에서 해야 할 일에 뛰어들 수 있는 힘이 솟아날 것이다.

6월 30일

1

외면적 문제는 일단 제쳐두고, 인생을 어떻게 더 잘 보낼 것인가 하는 단 하나의, 진정으로 인간에게 필요한 내면적 문제를 자신에게 제기한다면, 외면적 문제도 모두 최선의 해결책을 찾을 수 있을 것이다.

2

우리는 모든 사람의 행복이 어디에 있는지 모르고 있고 또 알 수도 없다. 그러나 그 모든 사람의 행복은 우리 각자가 자신에게 계시된 선의 법칙을 실천함으로써 비로소 가능하다는 것은 똑똑히 알고 있다.

3

참된 생활은 외면적인 큰 변화, 즉 이동, 충돌, 투쟁, 살육 같은 것에 있는 것이 아니라, 오직 눈에 띄지 않는 미미한 변화, 즉 사람들의 의식의 변화 속에서 생기는 것이다.

4

주께서 이렇게 대답하셨다. "마르타, 마르타, 너는 많은 일에 다 마음을 쓰며 걱정하지만 실상 필요한 것은 한 가지뿐이다. 마리아는 참 좋은 몫을 택했다. 그것을 빼앗아서는 안 된다."

〈누가복음〉 제10장 41~42절

5

온 세상 사람들이 두려움에 떨고 있다. 곳곳에 흡사 지진의 전조인 양 무언가의 징후가 느껴진다. 지금처럼 우리들 각자의 책임이 중요했던 적은 일찍이 없었다. 더욱더 중요한 문제가 시시각각 우리에게 일어나고 있다. 우리는 뭔가 위대한 일이 일어나고 있다는 것을 느낀다. 그러나 그리스도가 출현하기 전에는, 세계는 위대한 일을 그토록 목마르게 기다리고 있었으면서도, 막상 그리스도가 출현했을 때는 그를 받아들이려 하지 않았다. 그처럼, 지금도 온 세상이 그리스도의 새로운 출현을 앞두고 산고를 경험하면서도, 여전히 다가올 것이 무언지 이해하려 하지 않고 있다.

루시 맬러리

6

사회주의에는 두 종류가 있다. 그리고 둘 다 모든 사람의 최대 행복을 추구한다.

하나는 모든 사람의 행복을 획득하려고 노력하지만, 또 하나는 모든 사람에게 저마다 제 나름대로 행복해질 수 있는 가능성을 주려고 한다.

전자는 국가의 권력을 인정하지만, 후자는 어떠한 권력도 인정하지 않는다.

전자는 국가의 전제를 요구하지만, 후자는 모든 전제의 타도를 외친다.

전자는 일정한 지배 계급의 지배를 원하지만, 후자는 모든 계급의 절멸을 희구한다.

전자는 사회주의적 전쟁을 긍정하지만, 후자는 오직 사회주의의 평화적 방법만을 믿는다.

사회주의에는 이 두 가지밖에 존재하지 않는다. 하나는 어린이의 사회주의, 하나는 어른의 사회주의이다. 전자는 과거의 것이고 후자는 미래의 것이다. 따라서 전자는 마땅히 후자에게 그 자리를 물려주어야 한다. 우리들 각자는 이 두 사회주의 중의 하나를 선택해야 한다. 그렇지 않으면 자신을 사회주의자로 불러서는 안 된다.

7

온갖 집단의 흥분한 외침 속에서 진리의 목소리를 가려듣는 것은 참으로 어려운 일이다. 실러

8

진리와 정의를 추구하는 사람은 고독 속에 혼자 있을 마음의 준비가 되어 있어야 한다. 베르시에

9

납과 같은 본성에서 황금 같은 행동을 이끌어 내는 것은 어떠한 정치적 연금술로도 불가능하다. 허버트 스펜서

10

만약 사람들이 세계를 구원하는 대신 자기 자신을 구원하고자 하고, 인류를 해방시키는 대신 자기 자신을 해방시키고자 한다면, 그들은 세계를 구하고 인류를 해방하기 위해 참으로 많은 일을 할 수 있을 텐데! 게르첸

11

사람들이 뭔가 외면적인, 자신들의 의지와 관계없이 저절로 움직이는 힘에 의해 자신들의 삶을 변혁하고 개선할 수 있다고 생각하면 할수록, 그 변혁과 개선은 더욱 어려워진다.

이레째 읽을거리

딸기

바람 한 점 없는 6월의 무더운 날이 계속되었다. 숲속의 나뭇잎은 짙은 녹색으로 촉촉하게 물기를 머금고 있고, 군데군데 노란 자작나무와 보리수 잎이 떨어져 있을 뿐이었다. 들장미 수풀에는 향기로운 꽃들이 흩어져 있었다. 숲속의 풀밭에는 꿀을 머금은 클로버가 쫙 깔려 있고, 풍요롭게 자란 호밀은 검게 물결치며 이미 반쯤 알이 차 있었다. 저지에서는 뜸부기가 서로를 부르고, 귀리밭과 호밀밭에서는 메추라기가 후두음과 설음 비슷한 목소리로 지저귀고 있었다. 휘파람새는 숲속에서 이따금 노래를 한 가락 뽑다가 뚝 그치곤 했다. 타는 듯한 여름이었다. 길에는 손가락만 한 두께의 마른 먼지가 쌓여 있다가, 이따금 살짝 미풍이 불기만 해도 구름처럼 피어올라 이쪽저쪽으로 일렁거렸다.

농부들은 움막을 다 지었는지 벌써 거름을 옮기고 있다. 가축들은 바짝 마른 묵정밭에서 배를 곯며 다시 새 풀이 돋기를 기다리고 있다. 암소와 수송아지들은 꼬리를 갈고리 모양으로 발딱 세우고 울면서 소치기한테서 벗어나 외양간에서 달아나고 있다. 아이들은 길가와 지주에게 빼앗긴 땅에서 말을 지키고 있다. 아낙네들은 숲속에서 풀 망태를 끌고 나오고, 혼기에 든 처녀와 계집아이들이 앞다투어 벌목된 뒤의 숲속을 돌아다니며 딸기를 따서 별장 사람들에게 팔러 간다.

색색으로 칠해 풍취 있게 꾸민 별장 주인들은, 가볍고 아름다운 값비싼 옷으로 치장해, 양산을 들고 조약돌이 깔린 오솔길을 거닐거나, 나무 그늘이나 정자의 화려하게 색칠된 탁자 앞에 앉아, 더위에 쩔쩔매면서 차와 시원한 음료수를 마시고 있다.

작은 탑과 베란다, 발코니, 회랑까지 있는, 모든 것이 산뜻하고 새롭고 청결한 니콜라이 세묘노비치의 호화 별장 옆에, 방울을 단 삼두 역마차가 서 있었다. 그것은 마부들이 말하는 왕복 15베르스타 떨어진 곳에 있는 도시에서, 상트페테르부르크의 한 귀족을 태우고 온 것이었다.

이 귀족은 모든 위원회와 간부회, 자문위원회 등, 겉으로는 정부 편인 척하고 있지만, 사실은 지극히 자유주의적 성향을 가진 여러 모임에 얼굴을 내밀고 있는 유명한 자유주의자였다. 그는 그 도시에서(언제나 굉장히 바쁜 그는 그곳에서 2, 3일밖에 묵지 않았다) 자신의 죽마고우이자, 자신과 거의 같은 사상을 가지고 있는 니콜라이 세묘노비치를 찾아온 것이었다.

두 사람은 헌법의 원리를 적용하는 방법에 대해 약간 의견을 달리하고 있을 뿐이었다. 상트페테르부르크 토박이인 이 손님은 오히려 유럽인에 가까웠고, 사회주의에도 제법 동조하는 편이었다. 현재 그는 자신이 차지하고 있는 몇몇 지위로 인해 거액의 봉급을 받고 있었다. 한편 수천 정보의 땅을 가지고 있는 니콜라이 세묘노비치는, 순수한 러시아인 정교도로, 슬라브주의적인 색채를 띠고 있었다.

그들은 뜰에서 다섯 가지 요리로 식사를 하고 있었다. 그러나 너무 더워서 거의 아무것도 먹지 못했기 때문에, 손님을 위해 특별히 솜씨를 발휘한, 한 달 40루블의 봉급으로 고용된 요리사와 그 조수의 노력은 거의 허사로 돌아갔다. 그들은 얼음을 채운 신선한 황어수프와 줄무늬로 설탕가루를 치고 비스킷으로 장식한 갖가지 빛깔의 아이스크림만 먹었을 뿐이다. 그때 식탁에 앉아 있었던 사람들은 그 손님과 자유주의자 의사, 니콜라이 세묘노비치가 고삐를 잘 잡고는 있지만 극렬한 혁명사회주의자 대학생인 가정교사, 니콜라이 세묘노비치의 아내 마리야, 세 아이들이었는데, 아이들 중 막내는 과자가 나올 때에나 겨우 얼굴을 내밀었다.

식사는 약간 숨 막히는 분위기에서 진행되었다. 왜냐하면 무척 신경질적인 부인인 마리야가 '고가'(상류 가정의 관습대로 그 막내아이는 그렇게 불리고 있었다)의 배탈로 몹시 걱정하고 있는 데다, 손님들과 니콜라이 세묘노비치 사이에 정치에 대한 얘기가 시작되자마자, 그 맹렬한 혁명주의자 학생이 자기는 누구 앞에서도 자신의 신념을 밝히는 것을 두려워하지 않는다는 태도를 보여주기 위해 두 사람의 대화에 당장 끼어들었고, 그 바람에 손님이 입을 다물어 버리자, 니콜라이 세묘노비치는 당황하여 그 혁명주의자를 달래는 상황이 연출되었기 때문이었다.

식사는 7시에 끝났다. 식후에 두 친구는 베란다에 나가 얼음을 띄운 나르잔산(産) 탄산수와 백포도주를 마시면서 얘기를 나눴다.

두 사람 사이의 의견 차이는 무엇보다도, 선거는 어떻게 해야 하나, 간접선거로 해야 하나 직접선거로 해야 하나, 하는 문제에서 극명하게 드러났다. 그리고 바야흐로 맹렬한 논쟁이 시작되려는 순간, 두 사람은 차를 마시러 오라는 전갈을 받고, 파리를 막기 위해 창문에 철망이 쳐진 식당으로 갔다. 마리야도 있는 그 자리에서는 평범한 대화가 오갔지만, 마리야는 전혀 그 대화에 관심을 보이지 않았다. 고가의 배탈이 걱정되어서 그럴 정신이 없었던 것이다. 그래도 화제가 그림으로 옮겨갔을 때, 마리야는 데카당스의 그림에는 "뭐라고 표현해야 할지 알 수 없지만(un je ne sais quoi)" 아무래도 부정할 수 없는 뭔가가 있다고 말했다. 그때 그녀는 데카당스의 그림 같은 것은 전혀 생각하고 있지 않았고, 전에 여러 번 말한 적이 있는 것을 되풀이한 것에 지나지 않았다. 손님은 그런 것에는 아무 흥미도 없었지만, 그도 데카당스에 대한 반대 의견을 여러 번 들은 적이 있어서, 그것을 그대로 잘 활용했기 때문에, 사실은 그가 데카당스니 비(非)데카당스니 하는 것에 관심이 없다는 것을 아무도 눈치채지 못했다. 니콜라이 세묘노비치는 아내를 바라보며, 그녀가 왠지 기분이 좋지 않다는 것, 저러다가 뭔가 불쾌한 일이 일어날지도 모른다고 느끼고 있었다. 게다가 그로서는 벌써 백 번도 넘게 들은 것 같은 얘기를 또 듣는 건 어지간히 지겨운 일이었다.

값비싼 청동램프에 불이 켜지고, 뜰에도 등불이 켜졌다. 고가가 의사의 진료를 받은 뒤, 아이들은 모두 침실에 자러 들어갔다.

손님과 니콜라이 세묘노비치와 의사는 베란다로 나갔다. 하인이 갓이 달린 촛대와 나자르산 탄산수를 내오자, 드디어 12시가 거의 다 되어, 현재의 러시아에서 매우 중대한 이 시기에 어떠한 정책이 채택되어야 하는가 하는 문제에 대한 본격적인 토론이 시작되었다. 두 사람은 쉴 새 없이 담배를 피우면서 열정적으로 얘기를 주고받았다.

문밖에서는 여물을 얻어먹지 못한 말이 방울을 짤랑짤랑 울리고 있고, 마차 속에서는 늙은 마부가 하품을 했다, 코를 골았다 하면서 기다리고 있었다. 이 늙은 마부는 벌써 20년이나 한 주인을 모시며, 자신의 급료에서 술값으로 3루블에서 5루블을 뺀 나머지를 몽땅 동생에게 보내고 있었다.

이윽고 여기저기의 별장에서 닭들이 홰를 치며 울기 시작했고, 바로 옆 별장에서 유난히 크고 날카로운 닭 울음소리가 들렸을 때, 마부는 주인이 혹시 자기가 거기 있다는 것을 잊어버린 게 아닌가 걱정이 되어, 마차에서 나가 별장 안으로 들어갔다. 그는 자신의 손님이 그곳에서 뭔가 먹으면서, 사이사이에 얘기를 하고 있는 모습을 보았다. 그것을 보자 그는 주인을 방해하지 않으려고 하인을 찾으러 갔다. 하인은 제복을 입은 채 현관방에 앉아서 말뚝잠을 자고 있었다. 마부가 그를 깨웠다. 자신의 벌이(한 달에 15루블의 봉급과 이따금 주인한테서 100루블에 가까운 보너스를 받고 있어서 썩 괜찮은 수입이었다)로 다섯 딸과 두 아들을 포함한 대가족을 부양하고 있는 그 하인은, 이내 일어나서 매무새를 가다듬고 주인과 손님들이 있는 곳에 가서, 마부가 걱정하며 일찍 돌아가고 싶어 한다는 걸 알렸다.

하인이 들어갔을 때 논쟁은 한창 무르익고 있었다. 의사도 두 사람 옆에 다가가서 논쟁에 끼어들었다.

"러시아 민족이 다른 발전 경로를 걸어가야 한다는 건 인정할 수 없어요. 무엇보다 필요한 것은 자유, 정치적 자유입니다. 그 자유…… 모두가 알고 있는 그 최대의 자유…… 타인의 최대의 권리를 보장해 주는 자유 말입니다."

손님은 자기가 혼란에 빠져 있고, 스스로도 이상한 말을 하고 있다는 걸 느꼈지만, 논쟁이 열기를 뿜으면 뿜을수록 어떻게 말해야 할지 잘 생각이 나지 않았다.

니콜라이 세묘노비치는 손님의 말은 귀담아듣지 않고, 특별히 마음에 드는 자신의 생각만 말하려 했다. "그건 그렇지만, 그건 더욱 다른 방법으로, 투표수에 의해서가 아니라 전반적인 합의에 의해 달성될 수 있어요. 예를 들면 농촌 공동체의 결의를 보시오."

"아니, 그 농촌 공동체라는 것이 정말이지!"

"그러나 슬라브 민족에게는 슬라브 민족 특유의 견해가 있다는 걸 부정할 수는 없습니다. 이를테면 폴란드의 저 거부권 말입니다. 나도 그것이 좋다고는 생각하지 않지만……." 의사의 말에 니콜라이 세묘노비치가 다시 끼어들었다.

"실례지만 끝까지 들어주시겠소? 러시아 민족에게는 독특한 성격이 있어요. 그 성격은……."

그러나 그때 잠에 취한 얼굴로 찾아온 정복 차림의 이반이 그의 말을 방해했다.

"마부가 걱정을 하고 있어서……."

"아! 곧 출발할 거라고, 그리고 지체한 만큼 사례할 거라고 전해주시오." 손님이 말했다. 그는 하인들에게 늘 존댓말을 했고, 그것을 자랑으로 여기고 있었다.

"알겠습니다."

하인은 물러갔고, 니콜라이 세묘노비치도 자신의 생각을 끝까지 말할 수 있었다. 그러나 손님도 의사도 이미 그 얘기를 스무 번쯤 듣고 있어서(적어도 두 사람에게는 그렇게 느껴졌다) 이내 그것을 반박하기 시작했고, 특히 손님은 역사의 예를 들어 반론을 펼쳤다. 그는 역사에 무척 해박한 지식을 가지고 있었다.

의사는 손님 편이 되어, 그의 해박한 지식에 감탄하면서 그와 가까워질 수 있는 기회를 가진 것을 행운으로 여겼다.

얘기가 무척 길어져서, 길 건너편의 숲 너머가 뿌옇게 밝아오고, 앵무새도 잠에서 깼지만, 두 사람은 여전히 쉴 새 없이 담배를 피우면서 얘기를 나눴다.

그때 하녀가 들어오지 않았다면 얘기가 얼마나 더 계속되었을지는 아무도 모르는 일이었다.

이 하녀는 고아 출신으로, 살아가기 위해 하녀살이를 하지 않으면 안 되었다. 그녀는 맨 처음에는 어느 장사치의 집에 들어가서 일했는데, 거기서 지배인에게 유혹당하여 아기를 낳게 되었다. 아기는 이내 죽고 그녀는 다시 관리의 집에 들어갔지만, 이번에는 중학생인 그 집 아들이 끈질기게 그녀를 쫓아다녔다. 그 뒤에 수습하녀로 니콜라이 세묘노비치의 집에 들어와서야 겨우 행복해질 수 있었다. 이제 그녀에게 치근거리는 남자는 아무도 없었고, 급료도 꼬박꼬박 받을 수 있었다. 그녀는 마님이 의사와 주인 나리를 찾고 있다는 걸 알리러 왔다.

'음, 틀림없이 고가의 상태가 더 나빠진 게야' 하고 니콜라이 세묘노비치는 속으로 생각했다.

"무슨 일이지?" 그가 묻자 하녀는 대답했다.

"니콜라이 니콜라예비치의 상태가 좀 좋지 않아서요."(니콜라이 니콜라예비치는 너무 많이 먹어서 설사를 하고 있는 고가를 가리킨다)

"아, 이만 실례하겠소! 벌써 날이 저렇게 밝았군요. 너무 오래 폐를 끼쳤소!" 손님은 마치 두 사람이 오랫동안 많은 대화를 나눈 것에 대해, 자신과 상대를 칭찬하는 것처럼 미소 지으면서 말했다.

이반은 손님이 엉뚱한 곳에 둔 모자와 우산을 찾기 위해, 그 피곤한 다리로 한참 동안 이리저리 뛰어다녀야 했다. 이반은 팁을 받을 수 있을 거라고 생각했지만, 언제나 흔쾌하게 1루블씩 주는 손님은 얘기에 열중해 버린 나머지 까맣게 잊고 있다가, 나중에야 팁을 주지 않은 것이 생각났다. "에잇, 하는 수 없지!"

마부는 마부석에 올라가 고삐를 잡고 비스듬히 앉아서 마차를 출발시켰다. 상트페테르부르크의 손님은 방울 소리가 짤랑짤랑 울리는 가운데 부드러운 스프링에 흔들리면서, 자기 친구가 편협한 사상과 선입관에 사로잡혀 있다고 생각했다.

니콜라이 세묘노비치도 곧장 아내한테 가지 않고 역시 같은 생각을 하고 있었다. '그 페테르부르크식의 옹졸함! 아무리 해도 자신의 껍데기를 깨지 못하고 있는 거야' 하고 그는 생각했다.

아내한테는 서둘러 가고 싶지 않았다. 만나봤자 좋은 일은 없을 거라는 걸 알고 있었기 때문이다. 사건의 발단은 딸기였다. 어제 마을 아이들이 딸기를 팔러 왔기에, 니콜라이 세묘노비치는 달라는 대로 돈을 주고 덜 익은 딸기를 두 접시나 샀다. 그때 아이들이 뛰어와서 먹겠다고 조르더니, 결국 접시에 담긴 딸기를 손으로 집어 먹었던 것이다. 아내 마리야는 자기 방에 있다가 나중에 고가가 딸기를 먹은 것을 알고 무섭게 화를 냈다. 고가가 그 전부터 배탈이 나 있었기 때문이다. 그녀는 남편을 나무랐고, 남편도 아내를 비난했다. 그리고 거의 싸움에 가까운 말다툼이 벌어졌다. 저녁이 되자 아니나 다를까, 고가가 설사를 하기 시작했다. 니콜라이 세묘노비치는 설사를 하고 나면 좀 가라앉을 줄 알았는데, 의사가 불려온 것을 보면 용태가 심상치 않은 것 같았다.

그가 아내한테 갔을 때, 그녀는 전부터 무척 좋아하던(하기는 지금은 그런 얘기를 할 때가 아니지만) 화려한 빛깔의 비단 실내복을 입고, 의사와 함께 아이 방의 변기 옆에 서서, 촛불로 의사에게 그 속을 보여주고 있었다.

의사는 변기 속의 오물을 작은 막대 끝으로 헤집으면서, 코안경 너머로 지그시 들여다보고 있었다.

"그래요, 모두 그 끔찍한 딸기 때문이에요." 그녀는 의미심장하게 말했다.

"어째서 딸기 탓이란 말이오?" 니콜라이 세묘노비치가 기가 죽은 모습으로 말했다.

"어째서 딸기 탓이냐고요? 당신이 저 아이한테 딸기를 너무 많이 주었기 때문에, 난 간밤에도 잠을 자지 못했어요. 저 아인 거의 죽을 지경이 되었다고요."

"뭐, 꼭 그렇지는 않습니다. 비스무트를 조금 먹이고 앞으로 조심만 하면 괜찮아질 겁니다. 당장 먹입시다." 의사가 웃으면서 말했다.

"이 아인 지금 곤히 잠들어 있어요." 어머니가 말했다.

"그럼 깨우지 않는 게 좋겠군요. 내일 다시 오겠습니다."

"부탁드려요."

의사는 돌아갔고, 니콜라이 세묘노비치는 혼자 남아 아내를 달래느라 한동안 진땀을 빼야 했다. 그가 잠들었을 때는 이미 날이 훤히 밝은 뒤였다.

바로 그 시간, 이웃 마을에서는 농부와 아이들이 밤새 불침번을 선 뒤 집으로 돌아오고 있었다. 어떤 사람은 말을 타고, 어떤 사람은 여러 마리의 말의 고삐를 잡고 오고, 그 뒤에 망아지들이 따라오고 있었다.

열두 살 난 소년 타라스카 레주노프는 반코트를 입고 챙 없는 모자를 쓰고, 맨발로 얼룩 암말을 탄 채, 어미 말과 같은 얼룩 망아지의 고삐를 끌며, 다른 사람들을 앞질러 마을을 향해 언덕길을 달려 올라갔다. 검은 개 한 마리가 말보다 앞쪽에서 뒤를 돌아보고 또 돌아보며, 신이 나는 듯이 달려갔다. 살이 오른 얼룩 망아지는 그 뒤에서 양말이라도 신은 것처럼 하얀 발로 이곳저곳을 차면서 뛰어갔다. 타라스카는 집에 도착하자, 말들을 문에 매어놓고 현관으로 들어갔다.

"얘들아, 아직도 자고 있니!" 그는 매트 위에서 자고 있는 동생들을 향해 소리쳤다.

함께 자고 있던 어머니는 벌써 일어나 소젖을 짜러 나가고 없었다.

올구시카는 벌떡 일어나 새집처럼 헝클어진 금발을 손가락으로 대충 빗었다. 나란히 자고 있던 페디카는 여전히 목을 코트 속에 웅크린 채 일어나지 않고, 밖으로 삐져나온 그 가느다란 어린이다운 한쪽 발을 다른 발의 까칠까칠한 뒤꿈치로 긁고 있었다.

전날 밤부터 딸기를 따러 갈 계획을 세워둔 동생들을, 타라스카가 불침번에서 돌아오면 깨워주기로 약속이 되어 있었던 것이다.

그래서 그는 그 약속을 지켰다. 불침번을 설 때는 수풀 속에 앉아서 연신 졸고 있었지만, 지금은 완전히 정신이 맑아져서 이대로 자지 않고 아이들을 데리고 딸기를 따러 가기로 마음먹었다. 어머니가 우유를 한 컵 가득 따라주었다. 빵을 직접 적당히 잘라서, 식탁 앞의 높은 의자에 걸터앉아 아침을 먹기 시작했다.

그가 달랑 저고리와 잠방이 차림으로, 그 맨발의 발자국을 선명하게 찍으면서 빠른 걸음으로 밖으로 나갔을 때(그 길에는 이미, 마찬가지로 맨발인 크고 작은 다양한 발자국들이 발가락 하나하나까지 선명하게 찍혀 있었다)는, 벌써 멀리 앞쪽에 있는 숲의 짙은 녹색 사이로, 계집아이들의 모습이 빨갛고 하얀 점으로 보이고 있었다. 그녀들은 벌써 어제부터 항아리와 커다란 컵을 준비해 두었다가, 아침도 먹지 않고 점심때 먹을 빵도 가지지 않고, 성상을 향해 성호를 두 번 긋기만 하고, 그대로 밖으로 뛰어나간 것이다. 타라스카는 커다란 숲 뒤에서 그녀들을 따라잡았다. 그들은 마침 길을 돌아 그곳으로 들어간 참이었다.

풀 위에도 덤불 위에도, 심지어는 나무의 낮은 가지에까지 이슬이 잔뜩 맺혀 있었다. 계집아이의 조그만 맨발은 이내 젖어버려서, 처음에는 차가웠지만 부드러운 풀과 울퉁불퉁한 흙 위를 걷는 사이에 이내 따뜻해졌다.

딸기는 벌채림 곳곳에 있었다. 계집아이들은 맨 먼저 작년에 벌목한 땅에 들어갔다. 어린 새순이 막 키를 키우며, 온기를 머금고 있는 싱싱한 덤불 사이에, 키 작은 풀이 자라는 곳이 군데군데 있고, 아직 담홍색의 딸기 사이사이에 새빨간 딸기가 잘 익어서 숨어 있었다.

계집아이들은 몸을 둘로 거의 꺾듯이 하여, 햇볕에 탄 손으로 딸기를 하나하나 따서, 좋지 않은 것은 자기 입 속에 쏙 집어넣고, 좋은 것만 커다란 컵에 담았다.

"올구시카, 이쪽으로 와! 이쪽에 많이 있어!"

"거짓말! 오빠, 어디 있어?" 두 사람은 덤불 속에 들어가서 너무 멀리 떨어지기 전에 서로를 찾았다.

타라스카가 계집아이들한테서 멀리 떨어져서, 골짜기 저편의 재작년에 벌목한 곳에 들어가 보니, 어린나무가, 특히 어린 호두나무와 단풍나무가 사람 키보다 높게 자라 있었다. 풀이 유난히 싱싱하고 무성한 그곳의 딸기는 풀 속에서 한층 더 크고 싱싱해 보였다.

"그루시카!"

"왜?"

"늑대가 오면 어떡할래?"

"늑대가 어쨌다고. 겁줘도 소용없어. 난 무섭지 않아" 하고 그루시카는 대답했지만, 늑대를 생각하자 긴장한 나머지 자기도 모르게 가장 좋은 딸기를 큰 컵이 아니라, 제 입 속으로 계속 집어넣고 있었다.

"오빠는 골짜기 건너편으로 가버렸어. 오빠! 어디 있어?"

"나 여기 있어! 이쪽으로 건너와!" 타라스카가 골짜기 저편에서 대답했다.

"우리도 가자, 저쪽에 많이 있을 것 같아."

계집아이들이 관목을 헤치면서 골짜기를 기어 내려가, 계곡의 지류를 타고 건너편으로 건너갔다. 키 작은 풀이 자라고 볕이 잘 드는 그곳은 온통 딸기밭이었다. 두 아이는 말도 하지 않고 손과 입을 쉴 새 없이 움직였다.

그러자 갑자기 뭔가가 튀어나오더니, 일대의 정적을 깨는 무시무시한 굉음(두 여자아이에게는 그렇게 느껴졌다)과 함께 풀과 관목 수풀을 헤치고 뛰어가는 것이었다.

그루시카가 깜짝 놀라 엉덩방아를 찧는 바람에, 컵에 열심히 모은 딸기가 반쯤 쏟아지고 말았다. "엄마야!" 하고 소리치며 그녀는 울음을 터뜨렸다.

"토끼야, 토끼라니까. 그루시카! 토끼야, 저기 봐!" 올구시카는 회갈색의 작은 동물의 등과 긴 귀가 덤불 속으로 힐끗 보이는 것을 가리키면서 말했다.

"왜 우는 거니?" 토끼가 자취를 감췄을 때 올구시카가 그루시카에게 물었다.

"난 늑댄 줄 알았어." 그렇게 말한 그루시카는 이내, 공포와 눈물에 대한 반동으로 큰 소리를 지르며 웃기 시작했다.

"이 바보!"

"정말 무서웠단 말이야!" 그루시카는 방울 소리처럼 까르르 높은 웃음을 터뜨렸다.

둘은 쏟은 딸기를 주워 모으고 다시 앞으로 나아갔다. 해가 높이 떠올라 밝게 반짝이는 빛과 그늘의 얼룩무늬를 풀 위에 펼치며, 계집아이들의 허리께까지 흥건히 적신 이슬을 반짝반짝 비춰주고 있었다.

두 아이가 앞으로 더 가면 딸기가 더 있을 거라고 생각하며, 드디어 거의 숲 가장자리까지 왔을 때, 뒤에 나타나서 역시 딸기를 따고 있던 처녀들과 아낙네들이 높은 소리로 서로를 부르는 소리가 여기저기서 들려왔다. 아침밥을 먹을 시간이 되자 컵이며 항아리가 벌써 반이나 차 있었다. 그때 두 아이는, 역시 딸기를 따러 온 아쿨리나 아주머니를 만났다. 아쿨리나 아주머니 뒤에서 저고리 바람에 모자도 쓰지 않고, 배가 나온 난쟁이 같은 사내아이가 통통한 안짱다리로 뒤뚱뒤뚱 걸어왔다.

"나한테서 떨어져야 말이지." 아쿨리나 아주머니는 사내아이를 두 손으로 안아 올리면서 아이들에게 말했다. "누구, 맡길 사람도 없고 해서."

"우리 방금 커다란 토끼를 한 마리 쫓아냈어요. 어찌나 무서운 소리를 내던지, 정말 컸어요!"

"그래?" 아쿨리나는 그렇게 말하고 사내아이를 다시 내려놓았다.

그런 대화가 오간 뒤, 아이들은 아쿨리나 아주머니와 헤어져 다시 딸기를 따기 시작했다.

"잠깐 쉬었다 하자." 올구시카가 그렇게 말하며 호두나무 그늘에 앉았다. "아! 힘들어. 에이, 빵을 더 가지고 올걸 그랬어. 배고파."

"나도 배고파." 그루시카가 말했다.

"아쿨리나 아주머니가 왜 저렇게 소리를 치실까? 너도 들었니? 아쿨리나 아주머니!"

"올구시카!" 아쿨리나 아주머니의 목소리가 대답했다.

"왜 그러세요?"

"우리 아이 거기 없니?" 아쿨리나 아주머니가 지류 저편에서 소리쳤다.

"없는데요."

그때 관목 덤불이 바스락 소리를 내나 싶더니, 지류 쪽에서 바로 그 아쿨리나 아주머니가 무릎까지 옷자락을 걷어 올린 채 손에 바구니를 들고 나왔다.

"우리 아이 보지 못했어?"

"못 봤어요."

"아, 큰일 났다! 미시카!"

"미시카!"

아무 대답도 없었다.

"어이구, 이 일을 어떡해, 아이를 잃어버렸어! 숲속에서 길을 잃어버릴 텐데!"

올구시카는 벌떡 일어나서 그루시카와 함께 한쪽으로 찾으러 갔고, 아쿨리나 아주머니는 다른 쪽으로 찾으러 갔다. 세 사람은 쉴 새 없이 큰 소리로 미시카를 불렀지만, 아무 대답이 없었다.

"아이, 힘들어." 자꾸 뒤처지던 그루시카가 말했다.

그러나 올구시카는 계속 "미시카! 어디 있니!" 하고 소리치면서 주위를 두리번거리며 이쪽저쪽으로 뛰어다녔다.

아쿨리나 아주머니의 필사적인 목소리가 멀리 숲속에서 들려왔다. 올구시카가 더 이상 찾는 것을 포기하고 집으로 돌아가려 했을 때, 어린 보리수나무 그루터기 부근의 덤불 옆에서, 아무래도 새끼를 데리고 있는 듯한 새가 무언가에 화가 난 것처럼 끈질기고 맹렬하게 울고 있는 소리가 들려왔다. 새는 분명히 뭔가를 걱정하며 화를 내고 있었다. 올구시카가 하얀 꽃이 핀 키 큰 풀이 가득 자라고 있는 덤불을 들여다보니, 바로 그 밑에 숲의 풀과는 전혀 다른 푸른색이 보였다. 멈춰 서서 자세히 들여다보니 틀림없는 미시카였다. 새는 미시카를 두려워하며 신경을 곤두세우고 있었던 것이다.

미시카는 커다란 배를 깔고 엎드려, 머리 밑에 손을 괴고, 퉁퉁한 안짱다리를 뻗은 채 곤히 잠들어 있었다.

올구시카는 큰 소리로 아주머니를 부른 뒤, 미시카를 깨워 딸기를 먹여주었다.

그 뒤 오랫동안 올구시카는 만나는 사람마다, 그리고 집에 돌아간 뒤에는 어머니와 아버지, 이웃 사람들에게 자기가 아쿨리나 아주머니의 아이를 얼마나 찾아다녔으며, 결국 어떻게 찾았는지 그 경위를 자랑스럽게 들려주곤 했다.

태양은 완전히 숲 위로 떠올라, 대지와 그 위에 있는 모든 것을 불태우려는 듯 내리쬐고 있었다.

"올구시카, 우리 목욕하러 가자!" 올구시카를 만난 아이들이 그녀를 꼬드겼다. 그리고 다 같이 줄을 지어 노래를 부르면서 강으로 갔다. 아이들이 물을 찰싹찰싹 때리고 꺅꺅 소리치며 발로 첨벙첨벙 차기도 하면서 시간 가는 줄 모르고 놀고 있는 동안, 서쪽 하늘에서 검은 구름이 낮게 나타나, 해가 구름 속으로 들락날락하기 시작하더니, 꽃향기와 자작나무 이파리의 냄새가 피어오르고, 드디어 천둥이 우르릉 쾅! 하고 울리기 시작했다. 아이들이 미처 옷을 입을 사이도 없이, 비가 쫙 하고 쏟아져 내려 모두 물에 빠진 생쥐처럼 젖고 말았다.

비에 젖어서 거뭇한 색으로 몸에 착 달라붙은 셔츠를 입은 채, 아이들은 집으로 뛰어가서 간단하게 요기한 뒤, 감자밭에서 일하고 있는 아버지에게 도시락을 가지고 갔다.

그녀들이 집에 돌아와서 식사를 할 무렵에는 이미 옷도 다 말라 있었다. 산딸기를 잘 가려서 컵에 담고, 그것을 언제나 좋은 값에 사주는 니콜라이 세묘노비치의 별장으로 가지고 갔다. 하지만 이번에는 거절당하고 말았다.

파라솔 밑의 큰 의자에 앉아서 더위에 괴로워하고 있던 마리야는, 딸기를 가지고 온 계집아이들을 보더니 그녀들에게 부채를 흔들어 보였다.

"필요 없어, 돌아가!"

그때 중학교에서 공부를 끝내고 쉬면서, 이웃집 아이들과 크리켓을 하고 있던 열두 살 난 장남 발랴가 딸기를 보더니 곧장 올구시카 옆으로 달려와서 물었다.

"얼마니?"

그녀는 대답했다.

"30코페이카예요."

"비싼데?" 발랴가 말했다. 이런 경우 어른들이 늘 그렇게 말하는 걸 듣고, 그도 그렇게 말한 것이었다. "잠깐만 기다려, 저쪽 구석에서." 그는 그렇게 말하고 유모한테 뛰어갔다.

올구시카와 그루시카는 그동안, 집과 숲과 뜰이 어쩐지 작게 비쳐 보이는 유리공을 넋을 잃고 들여다보고 있었다. 하지만 그 유리공도 그 밖의 여러 가지 것도, 그녀들에게는 그리 큰 경탄의 대상은 못 되었다. 왜냐하면 그녀들은 자신들이 이해할 수 없는 신비로운 귀족들의 세계에는 어떤 멋지고 신기한 것이 있더라도 놀라운 일이 아니라고 생각했기 때문이다.

발랴는 유모에게 가서 30코페이카를 달라고 졸랐다. 유모가 20코페이카면 충분하다며 작은 궤에서 그만큼만 돈을 꺼내 주자, 발랴는 간밤의 괴로운 잠에서 겨우 일어나 담배를 피우며 신문을 읽고 있던 아버지 몰래 나가서, 20코페이카를 아이들에게 주고 딸기를 접시에 옮겨서 그대로 먹기 시작했다.

집으로 돌아온 올구시카는 20코페이카 은화 한 닢을 싼 손수건의 매듭을 이로 풀어서, 그 은화를 어머니에게 주었다.

어머니는 돈을 챙겨 넣고 빨랫감을 들고 강으로 나갔다.

아침 식사 뒤 아버지와 함께 감자밭에서 일했던 타라스카는, 그때 짙게 우거진 떡갈나무 밑에서 낮잠을 자고 있었다. 아버지도 같은 곳에 앉아서, 다리를 묶고 마구를 풀어준 말을 지키고 있었다. 무엇보다 남의 밭 바로 옆이었기 때문에, 말이 언제 보리밭과 남의 목장에 들어갈지 몰랐던 것이다.

니콜라이 세묘노비치의 집에서는 그날도 여느 때와 다름없이 모든 것이 잘 돌아가고 있었다. 세 가지 요리의 아침 식사가 벌써부터 준비되어, 아까부터 파리가 먼저 맛을 보고 있었지만, 아직 아무도 먹으러 오지 않았다. 모두 식욕이 나지 않았던 것이다.

니콜라이 세묘노비치는 오늘 읽은 신문 기사에도 자신의 생각이 옳다는 것이 증명되어 있는 것에 만족을 느꼈다. 마리야도 고가의 병이 차도가 있어서 한시름 놓고 있었다. 또 의사는 자신이 처방해 준 약이 효과가 있었기 때문에 흐뭇해하고 있었다. 발랴는 발랴대로 딸기 한 접시를 먹어치우고 흡족한 기분이었다.

레프 톨스토이

7월

7월 1일

1

인간의 마음에는 신성이 깃들어 있다.

2

모든 진리의 근원에는 신이 있다. 진리가 인간 속에 나타난다고 해도 그것은 진리가 인간으로부터 만들어진 것이 아니라, 다만 인간에게 진리를 비추는 거울과 같은 성질이 있기 때문이다.

파스칼

3

빗물이 홈통을 따라 흐를 때 마치 홈통 속에서 흘러나오는 것처럼 보이지만, 실제로는 하늘에서 떨어지는 것이다. 성자들이 우리에게 얘기하는 신성한 가르침도 그와 같아서, 성인에게서 나오는 것처럼 보이지만 사실은 신에게서 나오는 것이다.

라마크리슈나

4

자신의 정신력을 신의 힘과 따로 떼어놓고 생각하는 것은, 노자의 가르침에 의하면 마치 풀무는 단순히 공기를 통과시키기 위한 도구가 아니라 그 자체가 공기를 만드는 독자적인 원천이며, 진공 속에서도 바람을 일으킬 수 있다고 믿는 것과 같다.

5

인간이 어떤 위대하고 훌륭한 일, 착한 일을 하거나 할 수 있는 경우, 그것은 단순히 그가 자신보다 높은 어떤 존재나 누군가의 도구에 불과하다는 것을 나는 특별히 강렬하게 느낀다. 이때 느끼는 감정이 바로 신앙이다. 신앙이 깊은 사람은 이 같은 '자신에 의해서가 아니라 자신을 통하여' 나타나는 기적을 볼 때, 신성한 기쁨에 전율하게 된다.

그는 자신의 사업을 수행하기 위해 잠시 그를 이용하는 신의 귀중한 사업을 가능한 한 왜곡하지 않도록, 적극적으로 자신을 비우고 자신의 의지를 그 기적을 위해 바친다. 그의 자아는 소멸되면서 무(無)로 돌아간다. 그는 성령이 이야기할 때, 바꿔 말하면 신이 활동할 때, 그의 '자아'는 소멸되어야 한다는 걸 느낀다.

이와 같이 예언자는 신의 목소리를 듣고, 젊은 어머니는 그 태내의 태아의 움직임을 느낀다. 우리가 '자아'를 느끼는 동안, 우리는 한정된 존재이고 자기애에 사로잡힌 존재이다. 이에 반해, 세계의 생명과 융합하여 신의 목소리에 응할 때 우리의 '자아'는 소멸한다. 아미엘

6

만일 우리가 한 순간이라도 자신의 보잘것없는 '자아'를 떠나 악을 생각하지 않고 빛을 반영하는 맑은 거울이 된다면, 우리가 비추지 못할 것이 뭐가 있을까! 만물은 당장 밝은 빛이 되어 우리의 주위에 펼쳐질 것이다. 소로

7

참다운 예지는 우리에게, 위대한 인물의 사상적 바탕이 그의 겸허한 형제들 속에도 살고 있다는 것, 학자가 그 심오한 발견에서 보여주는 자질도 극히 평범한 사람이 일상생활에서 보여주는 자질과 완전히 같다는 것을 가르쳐 준다.

위대한 사람들은, 지금은 비록 소수의 사람들에게만 나타나고 있지만 원래 모든 사람들의 마음속에 이미 갖춰져 있는, 우리의 공통된 본성을 드러내 보여주고 있다. 그들에게서 나오는 빛은 모든 인간 속에 잠재된 힘이 희미하게 나타나는 것일 뿐이다. 그것은 특별히 이상한 일이나 신기한 일이 아니라, 인간 정신의 당연한 발전 형태이다. 세계의 선진 사상

8

지상에서 인간이 해야 할 진정한 일은 자기 존재를 영원한 것과 조화시켜 살아가는 것이다. 그때 비로소 사랑과 이성의 힘이 맑은 운하를 흐르듯 그를 통해 도도히 흘러갈 수 있다. 세계의 선진 사상

9

생명이 우리에게 주어진 것은, 갓난아기가 유모에게 맡겨진 것과 같다. 〈마태복음〉 제25장 14~30절의 재능에 관한 우화가 그것을 말해주고 있다.

10

신의 힘이 너의 내부를 통과할 수 있도록 너 자신을 악으로부터 순결하게 보호하라. 이 신의 힘이 통과하는 것 속에 크나큰 행복이 있다.

7월 2일

1

어떤 분야에서든, 예술 작품에 대한, 특히 사이비 예술 작품에 대한 평가처럼 언어가 남용되는 일은 없다.

2

예술 작품에 대해 아무리 생각해도 충분히 이해할 수 없는 무언가를 느꼈을 때, 우리는 비로소 예술 작품으로부터 만족을 경험한다. 쇼펜하우어

3

예술이란 사람들의 마음속에 숨겨져 있던 것이 드러나고, 어렴풋했던 것이 선명해지며, 복잡했던 것이 단순해지고, 우연이었던 것이 필연이 되는 것과 같은, 사람의 마음에 대한 작용을 말한다. 진정한 예술가는 언제나 모든 것을 단순화한다. 아미엘

4

표상으로서의 전 세계가 눈으로 볼 수 있는 영상이라고 한다면, 예술은 그 영상의 해명이고, 사물을 더욱 순수하게 표현하며, 그것을 더욱 잘 관찰하여 파악할 수 있게 하는 암실이라고 할 수 있다. 예술은 연극 햄릿의 경우처럼 연극 중의 연극이요, 무대 위의 무대이다. 쇼펜하우어

5

보통 사람은 생각을 사물에 맞추지만, 예술가는 사물을 자신의 생각에 맞춘다. 보통 사람은 자연을 불변하는 것, 고정적인 것으로 생각하지만, 예술가는 자연을 움직이고 변화하는 것으로 생각하여 그 위에 자신의 존재를 새긴다. 예술가에 대해서는, 불복종의 세계도 지극히 순종적이 되어 그의 뜻에 따른다. 그는 흙덩이나 돌멩이에 인간성의 옷을 입히고 그것을 이성의 표현으로 탈바꿈시킨다. 에머슨

6

경쟁심으로는 어떤 아름다운 것도 만들 수 없고 오만한 마음으로는 어떤 고귀한 것도 만들 수 없다는 것을 기억하라. 존 러스킨

7

학문과 예술이 민중에게 필요한 것은, 민중 속에서 민중의 한 사람으로서 살고 있는 사람들이 아무런 권리도 주장하지 않고 자신의 학문적, 예술적 봉사를 민중에게 제공하고, 그때 그 봉사를 받아들이고 아니고의 여부 또한 민중의 뜻에 따를 때뿐이다.

8

진정한 학문과 진정한 예술에는 두 가지 특징이 있다. 첫째는 내면적인 것으로, 학문과 예술의 봉사자는 자신의 이익을 위해서가 아니라 자기희생으로써 자신의 사명을 수행한다는 것이며, 둘째는 외면적인 것으로, 그의 학문과 예술이 모든 사람들이 이해할 수 있는 것이라는 것이다.

9

학문과 예술은 폐와 심장처럼 서로 밀접한 관계에 있다. 그러므로 한쪽이 고장 나면 다른 쪽도 제대로 기능할 수 없다.

진정한 학문은 일정한 시대, 일정한 사회의 사람들에게 가장 중요한 것으로 여겨지고 있는 진실을 사람들에게 가르치고, 사람들의 의식에 반영한다. 한편 예술은, 그 진실을 지식의 영역에서 감정의 영역으로 옮긴다.

10

예술에 종사하는 것은 비록 그것에 종사하는 사람들이 흔히 생각하는 것처럼 굉장히 고상한 일은 아닐지라도, 사람들을 합일시키고 사람들 속에 선량한 감정을 불러일으키는 한 결코 무익하지 않은 좋은 일이다. 그러나 현대의 부유한 계급에 의해 장려되고 있는 예술, 사람들을 분열시키고 사람들의 가슴에 좋지 않은 감정을 불러일으키는 예술은, 무익하기만 한 것이 아니라 오히려 해롭다고 해야 할 것이다.

7월 3일

1

인간은 자신의 생명을 동물적 자아 속에 두면 둘수록 부자유스러운 존재가 된다.

2

인간에게 가장 큰 행복은 자유이다. 만약 자유가 행복이라면 자유로운 인간은 불행할 수 없다. 어떤 사람이 불행하고 괴로워하고 신음하고 있다면, 그 사람은 자유로운 사람이 아니라고 생각하면 된다. 즉 그는 반드시 누군가의 또는 무엇인가의 노예가 되어 있는 것이다.

만일 자유가 행복이라면, 자유로운 인간이 스스로 노예가 될 리 만무하다. 그러므로 만일 어떤 사람이 타인에게 굽실거리며 아첨하는 것을 보거든, 그 사람 또한 자유롭지 않다고 생각하면 된다. 그는 먹을 것을 원하거나 유리한 지위를 원하고, 그 밖에 뭔가 원래 자기 것이 아닌 것을 억지로 자기의 것으로 만들려고 애쓰는 노예인 것이다.

자유로운 사람은 자신이 아무런 방해도 받지 않고 지배할 수 있는 것만 지배한다. 그런데 완전히 자유롭게 지배할 수 있는 것은 자기 자신뿐이다. 그러므로 만약 어떤 사람이 자기 자신이 아닌 남을 지배하고자 하는 것을 보거든, 그는 자유롭지 않음을 알라. 즉 그는 남을 지배하려는 욕망의 노예인 것이다.

에픽테토스

3

내면적인 자유가 없는 외면적인 자유는 아무런 가치가 없다. 설사 외적 폭력에 억압당하지 않더라도 무지, 죄악, 이기주의, 공포 때문에 자기 마음을 스스로 지배할 수 없다면, 외면적인 자유가 내게 무슨 소용이 있겠는가. 나는 자기 자신이나 자기 영역 속에 갇혀 있지 않은 사람, 오만, 분노, 게으름을 극복하고 인류의 행복을 위해 몸을 바칠 마음의 준비가 되어 있는 사람, 그런 사람만을 자유인이라고 부른다.

채닝

4

신앙 없이는 아무것도 할 수 없다. 의혹은 사람을 죽이고 민중을 죽인다. 민중의 해방은 왜 이다지도 어렵고 이다지도 오래 걸리는 것인가? 그것은 민중에게 자신들의 권리에 대한, 또 자신들의 권리를 쟁취할 수 있는 힘에 대한 믿음이 없기 때문이다. 왜 도처에서 피압박 계급은 좀처럼 찾아오지 않는 해방을 기다리며 신음하고 있는 것인가? 그것은 그들이 자기 자신에 대한, 그리고 언제나 그들을 구원할 준비가 되어 있는 신에 대한 믿음이 없기 때문이다. 그러나 신은 그들 자신이 스스로를 구원하기 위해 노력하기를 원한다. 생각건대 자유로운 존재의 특징은 자신이 스스로 그렇게 되기를 원하는 존재가 되는 것이고, 그들이 벌을 받는 것은 남의 의지에 따라 부정과 폭압의 멍에 아래 고분고분하게 굴종하는 사람이기 때문이다. 그러나 그들이 그런 멍에 아래에 있을 때도 신은 그들을 버리지 않는다. 그들을 깨닫게 하기 위해 신은 자신의 복음을 전할 사자를 보내 그들에게 계시를 내리고 자신의 권능을 부여한다. 그러면 세계는 당장 진동하며 민중은 복음을 들으려고 달려와 술렁거리고, 빵 반죽이 효모에 의해 발효하듯 들끓어 올라, 더 나은 미래의 사회상이 희미하게 그들의 상상 속에 떠오른다. 그리하여 그들은 기쁨에 떨며 생명의 충만감에 잠긴다.

바로 그때 압제자인 바리새인과 율법학자들이 나타난다. 그들은 자신들의 권력이 흔들리려 하는 것에 놀라고 당황하여, 하느님 아버지가 보낸 사자를 죽이거나, 가능하면 그 사자들의 가르침과 행위를 헐뜯는다. 그리고 그 사자들이 행한 선에서까지 그들을 비난하기 위한 구실을 찾아낸다. 그들은 말한다. "사실 우리도 그것을 부정할 수는 없다. 그들은 악귀를 몰아냈다. 그러나 그들은 악마의 우두머리의 힘으로 악귀를 몰아낸 것이다"라고. 고개를 쳐들라. 그 위선자들이 너희 주위에 짙게 드리우려 하는 암흑보다 높이 머리를 들라. 그러면 너희는 곧, 너희에게 세상을 두루 비추는 빛으로 너희를 따뜻하게 해주는 태양이 동쪽 하늘에 떠오르는 광경을 볼 수 있을 것이다. 라므네

5

진정 자유롭기 위해서는 너는 항상 신에게서 받은 것을 언제라도 신에게 돌려줄 각오가 되어 있어야 한다. 너는 자신의 의지를 신의 의지와 일치시키지 않으면 안 된다. 오직 신의 의지에 어긋나는 일에서만 인간은 자유롭지 못하다. 오직 신이 바라는 것만을, 즉 진리와 사랑만을 바란다면 너는 자유를 얻을 것이다. 네가 진실과 사랑을 나타낼 수 없는 경우는 없다. 따라서 네가 자유를 빼앗기는 경우도 없다. 만일 네가 진실과 사랑을 원하지 않는다면, 설사 네가 이 세상의 모든 명예를 얻고, 또 왕이 된다 하더라도, 너는 노예의 한 사람으로서 한평생을 살다가 인생을 마치게 될 것이다. 에픽테토스

6

자유가 없는 생활은 동물의 생활과 같다. 주세페 마치니

7

한 사람의, 또는 몇몇 사람의 노예가 되지 말고 만인의 노예가 되어라. 그러면 너는 만인의 벗이 될 것이다. 키케로

8

인간으로서의 존엄성과 자유는 우리에게 태어나면서부터 주어진 것이다. 그것을 지켜가자. 그렇지 않으면 존엄성과 함께 죽게 된다. 키케로

9

만일 네가 자신을 자유롭지 못하다고 느낀다면, 그 원인을 자신의 내부에서 찾는 것이 좋다.

7월 4일

1

형벌은 오늘날 인류가 졸업하려고 하는 낡은 관념이다.

2

예수께서 또 다른 비유를 그들에게 말씀하셨다. "하늘나라는 어떤 사람이 밭에 좋은 씨를 뿌린 것에 비길 수 있다. 사람들이 잠을 자고 있는 동안에 원수가 와서 밀밭에 가라지를 뿌리고 갔다. 밀이 자라서 이삭이 팼을 때 가라지도 드러났다. 종들이 주인에게 와서 '주인님, 밭에 뿌리신 것은 좋은 씨가 아니었습니까? 그런데 가라지는 어디서 생겼습니까?' 하고 묻자 주인의 대답이 '원수가 그랬구나!' 하였다. '그러면 저희가 가서 그것을 뽑아버릴까요?' 하고 종들이 다시 묻자 주인은 '가만두어라. 가라지를 뽑다가 밀까지 뽑으면 어떻게 하겠느냐? 추수 때까지 둘 다 함께 자라도록 내버려 두어라……' 하고 대답하였다."

〈마태복음〉 제13장 24~30절

3

어린애가 자기가 넘어져서 부딪힌 마룻바닥을 때리는 것은 어리석은 짓이기는 하지만, 심하게 놀란 사람이 자기도 모르게 벌떡 일어나는 것과 마찬가지로 이해가 되는 일이다. 또 남에게 맞은 사람이, 고통스러운 나머지 상대에게 덤비는 기분도 역시 이해된다. 그러나 어떤 사람이 예전에 나쁜 짓을 했다는 이유로, 그 사람에게 냉혹하게 악으로 보복하고, 그것을 이런저런 이유로 변명하려는 것은,

원래 인간이 자신의 악행을 변명하는 능력과 성향을 가지고 있는 게 아니라면 도저히 이해할 수 없는 일이다.

사람들은 자신의 복수심을 정당화하기 위해 생각해 낸 이유를 완전히 믿어버리고, 복수를 마치 정의인 것처럼 '인과응보'라는 이름으로 부르며 그것을 신에게 돌린다.

4

어떤 사람이 악을 행한다. 그러면 다른 한 사람 또는 여러 사람들이 그것에 맞서 더 큰 악으로 보복하면서, 그것을 형벌이라는 이름으로 부르고 있다.

5

모든 형벌은 결코 정의에 의한 것이 아니라, 단순히 자신이나 다른 사람에게 악을 행한 자에게 더 큰 악을 행하고자 하는 나쁜 욕망에 근거하고 있다.

6

어린이의 교육 문제와 사회제도 문제, 종교 사상 문제에 가해지는 형벌은, 어린이와 사회와 내세를 믿는 사람들의 개선에 도움이 되지 않았을 뿐만 아니라, 어린이를 점점 난폭하게 만들고, 사회를 타락시키고, 지옥을 내세워 위협함으로써 선덕의 근본 원리를 파괴하는 등, 수많은 악을 만들어 왔고 지금도 만들고 있다.

7

이미 오랜 옛날부터 사람들은 형벌의 불합리성을 이해해 위협, 예방, 교도 등의 여러 가지 이론을 개발해 왔다. 그러나 그 이론들은 차례차례 무너지고 있다. 왜냐하면 거기에는 복수라는 근본 원리가 있을 뿐이며, 모두들 그 원리를 숨기려 하기 때문이다. 요컨대 사람들은 참으로 많은 것을 고안하지만, 단 한 가지 꼭 필요한 행동만은 실천하지 않고 있다.

즉 죄를 지은 자가 회개하든 말든, 다시 일어서든 말든, 아무것도 하지 않고 내버려 두며, 여러 이론을 고안해 실시하려는 사람들 자신이 선하게 살려고 노력하는 것, 바로 그것이다.

8

형벌이니 형법이니 하는 것은, 현재의 우리에게 식인이나 인간을 제물로 바치는 행위가 그런 것처럼, 미래 사람들에게는 이해할 수 없는 놀라움의 대상이 될 것이다. "어떻게 옛날 사람들은 자신들이 하고 있는 행동의 어리석음, 잔인함과 그 해악을 깨닫지 못했을까?" 하고 우리의 자손들은 말할 것이다.

9

사형은 현재의 사회제도가 완전히 비그리스도교적이라는 사실을 가장 명확하게 증명해 주고 있다.

10

형벌을 가하는 것은 마치 타고 있는 불에 더욱 부채질을 하는 것과 같다. 모든 범죄는 항상 그 자체 속에 인간이 가할 수 있는 모든 형벌보다 더 엄격하고, 더 합리적이며 더 행하기 쉬운 형벌이 들어 있다.

11

감옥을 채우고 교수대 위에서 죽어가는 사람들의 대부분은, 그들을 벌줄 권리를 가진 법률 그 자체 때문에 불행해진 사람들이다. 허버트 비글로

12

벌주고 싶은 욕망은 낮은 동물적 감정이므로 우리는 그것을 억제해야 하며, 그것을 결코 이성적 활동의 범주에 넣어서는 안 된다.

7월 5일

1

악을 행할 수 있는 것은 본인 자신뿐이다. 인간의 의지와 상관없이 일어나는 일은 모두 선이다.

2

솔로몬과 욥은 속세의 허망함을 누구보다 잘 알고 있었고 또 그것에 대해 얘기했다. 한 사람은 가장 행복한 인간이었고, 또 한 사람은 가장 불행한 인간이었다. 한 사람은 이 세상에서의 만족이 얼마나 하찮은 것인지 체험했고, 또 한 사람은 현실의 불행을 체험했다. 파스칼

3

신이 주시는 것은 모든 인간에게 모두 유익하지만, 그것은 또한 그것이 주어지는 바로 그때 가장 유익하다. 마르쿠스 아우렐리우스

4

사람의 일생은 행복을 향한 노력이다. 그가 얻고자 노력하는 것은 반드시 그에게 주어진다. 죽음이 아닌 삶과 악이 아닌 선이 그것이다.

5

도대체 언제 너의 육체가 아니라 너 자신이 너의 진정한 주인이 될 것인가? 도대체 언제 너는 모든 사람에 대한 사랑의 행복을 이해할 것인가? 또 너는 언제 남들의 희생을 필요로 하지 않고, 올바르게 인생을 이해함으로써 스스로를 슬픔과 번뇌에서 해방할 것인가? 도대체 언제 너는 진정한 행복은 언제나 네 안에 있으며, 남에 의해 좌우되는 것이 아니라는 것을 이해할 것인가?

마르쿠스 아우렐리우스

6

너에게는 너의 영혼 외에 진정한 소유물은 없다는 것을 명심하라. 단호하게 최상의 생활 방식을 선택하라. 습관은 너의 생활을 쾌적한 것으로 만들어 줄 것이다.

부(富)란 믿을 것이 못 되며, 명예는 그 이상으로 믿을 만한 대상이 아니다. 육체도 권력도 이 세상의 명예도 마찬가지로 모두 허무하고 모두 무력하다. 그렇다면 인생에서 진정으로 의지할 수 있는 것은 무엇일까? 오로지 선덕만이 있을

뿐이다. 견고하고 흔들림 없는 것은 선덕뿐이라는 것이 바로 신의 법칙이며 그 밖의 모든 것은 무(無)에 지나지 않는다. 피타고라스

7

만일 네가 불행을 두려워한다면 너는 이미 불행하다. 그리고 불행할 수밖에 없는 인간은 항상 그것을 두려워한다. 중국 속담

8

인생에서 줄어드는 일이 없는 정신적 재산을 얻는 것은 참으로 인간 본성에 합당한 일이다. 이에 반해 외적, 물질적 행복에 의지하는 것은, 우리를 사람들과 우연에 대한 노예로 전락시킨다. 에머슨

9

어떤 사람들은 말한다. "자기 자신 속으로 들어가라. 그러면 너는 평화를 발견할 것이다." 그러나 이것은 아직 완전한 진리는 아니다.

또 다른 사람들은 반대로 말한다. "자기 자신에서 나와 애써 자신을 잊고 쾌락 속에서 행복을 추구하라." 그러나 이런 방법은, 이를테면 질병을 면하는 것조차 불가능하다는 것만 생각하더라도 잘못됐음을 알 수 있다.

결국 정신적인 평화와 행복은 우리의 안에도 없고 우리의 밖에도 없으며, 우리의 안과 밖에 모두 존재하는 신 가운데 있다. 파스칼

10

정신력이 강한 사람에게 외적인 장애는 아무런 해가 될 수 없다. 왜냐하면 그 경우의 해는, 장애물을 만나 미친 듯 날뛰는 동물의 경우처럼, 인간을 추하게 하고 약하게 하는 데 지나지 않기 때문이다. 자신에게 주어진 정신력으로 장애물을 받아들이는 사람의 경우에는 모든 장애가 그 사람에게 정신적인 아름다움과 힘을 준다. 마르쿠스 아우렐리우스

11

모든 것은 신에게서 온다. 그러므로 모든 것은 선이다. 악이라는 것도 우리의 근시안에는 보이지 않는 선일 뿐이다.

12

악은 자신의 행동 속에만 있다는 것을 깨달은 사람에게는, 어떠한 불행도 그가 누리고 있는 평화롭고 자유로운 행복에 비한다면 지극히 하찮은 일에 불과하다.

7월 6일

1

아무리 전쟁의 무서움을 묘사하고 보여주어도 사람들이 전쟁에 참여하는 것을 막을 수는 없다. 그 원인 중 하나는, 전쟁의 무서움을 보면 자기도 모르게 모두들, '이렇게 무서운 일이 일어나고 있는데 그냥 방치되고 있는 걸 보면, 아마도 우리가 모르는 숨겨진 이유가 나름대로 있을 것'이라고, 말로 표현하지는 않아도 막연히 생각하기 때문이다. 이 같은 생각에서 종종 원래는 선량한 사람들이 전쟁을 마치 자연 현상의 경우처럼 좋은 측면만 부각해 변호하는 현상이 생기는 것이다.

2

금세기 말에는 불가피하게 종말이 찾아올 것이며, 그것에 대비해야 한다는 생각은, 우리를 말할 수 없는 공포로 몰아넣는다. 지난 수십 년 동안 인간의 모든 지혜가 파괴적인 무기 개발에 투입돼 왔고, 머지않아 몇 개의 포탄으로 군대 전체를 살상하게 될 것이다. 오늘날 총을 잡는 것은, 전과 같이 돈으로 고용한 몇천 명의 가난한 사람들이 아니며, 민족 전체가 서로를 살육할 준비에 몰두하고 있다. 그들에게 살인을 준비시키기 위해서 너희는 적으로부터 미움을 받고 있다는 것을 강조해 그 적개심을 부추기면 되는데, 순진한 그들은 그것을 그대로 믿고 뭔가 이상한 국경 분쟁이나 무역 문제, 식민지의 이권에 얽힌 문제로 인해 공격 명령을 내리면, 평화스런 시민 집단은 즉시 야수처럼 서로 달려들어 죽이고 죽는 것이다.

그들은 자신들이 어디로 가는 건지 알면서도, 아내를 남겨두고 자식을 굶주리게 한다는 걸 알면서도, 마치 순한 양처럼 도살되기 위해 자발적으로 전쟁터로 향한다. 소리 높여 외치는 거짓말에 완전히 속아 넘어가서, 살인을 자신들의 의무처럼 생각하며, 자신들이 벌이는 유혈의 참사를 신이 축복해 주기를 기도하면서 나아간다.

자신들이 뿌린 밭작물을 짓밟고, 자신들이 건설한 마을을 불태우고, 군가를 부르면서 기쁜 듯, 둥둥둥 북소리와 함께 나아간다. 그들은 불평 한마디 없이 명령받은 대로 얌전하게 나아간다. 바로 자신들에게 힘이 있고 자신들이 서로 대화하면, 외교관들의 교활한 흥정 대신, 사람들 사이에 인간다운 양식(良識)과 우애를 확립할 수 있음에도 불구하고 나아가는 것이다. 로드

3

한 목격자는 러일전쟁 당시 바랴크함(艦)의 갑판에서 본 광경을 얘기한다.

"정말 무서운 광경이었다. 이르는 곳마다 피와 살덩이, 목 없는 시체, 잘린 팔이 즐비하고, 그 피비린내에는 전쟁에 이골이 난 최고참 장병들조차 구토가 날 지경이었다. 그중에서도 사령탑이 가장 심하게 당했다. 유탄이 그 위에서 작열해 대포를 조준하고 있던 젊은 장교를 날려 보냈다. 이 불행한 장교에게서 남은 것은 조준기를 꼭 쥐고 있는 한쪽 손뿐이었다. 사령관과 같이 있던 네 명의 부하 중 두 명은 갈기갈기 살점이 찢겨져 흩어지고, 나머지 두 명은 중상을 입었다. 이 두 사람은 이미 두 다리가 절단되었지만, 나중에 한 번 더 절단하지 않으면 안 되었다. 사령관은 다행히 관자놀이에 유탄의 파편이 박혔을 뿐이다."

이뿐만이 아니다. 괴저(壞疽)와 열병 같은 전염병 때문에, 중립국 선박도 부상자를 자기 나라의 배에 수용할 수 없었다.

괴저와 그 고름에 의한 병원에서의 전염은 굶주림, 화재, 파괴, 질병, 장티푸스, 천연두와 함께 전쟁이 남긴 전리품의 일부이다. 이것이 전쟁이라는 것이다.

그런데도 조제프 드 메스트르는 다음과 같이 전쟁을 예찬했다.

"인간의 정신이 나약해진 나머지 탄력성을 잃고, 무신론에 빠져, 과도한 문명의 발전을 이룩한 결과, 썩은 냄새를 풍기게 되었을 때, 그것은 오직 피에 의해서

만 소생시킬 수 있다."

그러나 대포의 먹이가 되는 가난한 사람들은 거기에 반대할 권리를 가지고 있다.

그런데 불행히 그들은 자기들의 신념을 주장할 용기가 없다. 옛날부터 자기들로서는 이해할 수 없는 문제 때문에 살해당하는 것에 익숙해진 그들은, 변함없이 계속 당하며, 그 희생으로 모든 것이 평화로워질 거라고 생각하고 있다.

그렇기 때문에 지금 이렇게 시체가 바다 위에 흩어지고, 이윽고 바닷속에서 새우의 먹이가 되고 있는 것이다.

이와 같이 오늘날, 총알이 그들 주위의 모든 것을 파괴하고 있을 때, 과연 그들은 이것은 모두 자신들의 행복을 위한 것, 그리고 과도한 문명에 중독돼 탄력성을 상실한 동시대 사람들의 정신을 일깨우기 위한 것이라고 기쁘게 생각하고 있는 것일까?

불행하게도 그들은 아마 조제프 드 메스트르의 주장을 모르고 있을 것이다. 나는 전쟁 부상자들이 침대에서라도 메스트르의 책을 읽기를 권유한다. 틀림없이 그들은 전쟁은 사형집행인과 마찬가지로 필요불가결한 것이며, 그것은 사형집행인과 마찬가지로 전쟁도 신의 정의의 발현이기 때문이라고 확신할 것이다.

그리고 그 위대한 사상은 외과의사의 톱이 그들의 뼈를 싹싹 자를 때 그들에게 위안이 되어줄 것이다.

아르두앙

4

전쟁은 이제 미증유의 광포성을 나타내고 있다. 이 방면의 달인이자 천재적인 살육자인 몰트케 장군은 평화 단체의 대표자들에게 다음과 같이 해괴한 주장을 한 바 있다.

"전쟁은 신성한 것, 신이 내리신 제도, 이 세계의 신성한 법칙 중의 하나이다. 그것은 사람들 속에 있는 모든 위대하고 고귀한 감정, 즉 염치, 무사(無私), 선덕, 용기를 유지할 수 있게 해준다. 한마디로 말하면 사람들을 혐오스러운 물질주의에서 구원해 준다."

그러니까 40만 명의 인간이 무리를 지어 밤낮으로 행진하면서 아무것도 생각하지 않고, 아무것도 공부하지 않고, 아무것도 읽지 않고, 누구에게도 도움이 되지 않은 채, 치매 상태에서 진창 속에 누워, 짐승처럼 부단한 광기 속에서 살며, 도시를 약탈하고, 촌락을 불태우고, 국민을 멸망시키고, 이윽고 자신들과 같은 인간의 집단을 만나 그들을 덮쳐 피바다를 이루고, 갈기갈기 찢긴 살 조각으로 들판을 덮으며, 시체로 땅을 덮고, 불구자가 되어, 아무런 쓸모 없이 마침내 어떤 낯선 들판에서 숨을 거둔다. 그때 그들의 늙은 부모와 처자는 굶어 죽어가고 있다. 이것이 혐오스러운 물질주의에서 사람들을 구원하는 것이라는 얘기다.

기 드 모파상

5

전쟁의 해악에 대해 이러쿵저러쿵 논할 때는 이미 지났다. 그것에 대해서는 이미 다양하게 논의가 되었다. 이제 남은 것은 단 한 가지, 각자가 이제부터 무엇을 시작할 것인가 하는 것이다. 즉 각자가 해서는 안 된다고 생각하는 일을 하지 않는 것, 오직 그것뿐이다.

6

전쟁이 존재한다는 것 자체가 그 불가피성을 증명한다는 것은 잘못된 발상이다. 인류의 양심은 그것이 거짓이며 전쟁은 없어져야 한다는 것을 말하고 있다.

7월 7일

1

신을 부정하는 것은 정신적, 이성적 존재로서의 자기를 부정하는 것이다.

2

나는 신과 영혼을 그것을 정의하는 방법이 아니라 전혀 다른 방법으로 알고 있다. 정의는 신에 대한 나의 인식을 파괴한다. 나는 신이 존재한다는 것과 내 영혼이 존재한다는 사실을 확실하게 알고 있다. 그러나 내가 그것을 의심할 여지 없이 알고 있는 것은 내 의지가 아니라 신의 의지에 의해서일 뿐이다. 내가 의심할 여지 없이 신을 인식하게 된 것은, "나는 어디서 왔는가" 하는 자문에 의해서였다. 또 영혼의 인식으로 인도된 것은 "나는 도대체 누구인가" 하는 자문에 의해서였다.

그럼, 나는 도대체 어디서 온 것인가?

나는 어머니에게서 태어났다. 어머니는 외할머니에게서, 외할머니는 외증조할머니에게서 태어났다. 이렇게 거슬러 올라간 맨 마지막 사람은 도대체 누구에게서 태어난 것인가? 그리하여 나는 마침내 신에게 도달할 수 있다.

그러면 나는 도대체 누구인가?

발은 내가 아니고, 손도 내가 아니고, 머리도 내가 아니고, 감각도 내가 아니고, 사상도 내가 아니다. 도대체 나는 무엇인가? 나는 나이며 나의 영혼이다.

어떠한 측면에서 신에게 접근해도 답은 모두 마찬가지이다. 나의 사상과 이성의 본원은 신이다. 내 사랑의 본원도 신이다. 물질의 본원 역시 신이다.

영혼에 대한 인식의 경우도 그렇다. 진리에 대한 깨달음을 추구하다 보면, 나의 비물질적 본원이 내 영혼이라는 것을 알 수 있다. 자신의 선을 사랑하는 마음을 생각해도, 역시 그 원천은 내 영혼 속에 있다는 것을 알 수 있다.

3

아무리 신앙이 없는 사람이라도, 원하든 원하지 않든 결과적으로 신을 인정하고 있다. 그는 자신의 생명 법칙, 그것을 따를 수도 있고 외면할 수도 있는 법칙을 인정하지 않을 수 없다. 이 같은, 인간이 가까이 다가갈 수 없는 참으로 높은 존재를 인정하는 것이야말로, 또 그의 마음속에 새겨져 있는 자신의 생명 법칙을 인정하는 것이야말로 신의 것, 또는 신의 현현이라고 할 수 있다.

4

신은 선한 사상 속에, 올바른 말 속에, 그리고 성실한 행위 속에 모습을 드러내며, 그 숨결에 의해 세상에 최고의 행복과 영원성을 준다. 《젠드아베스타》

5

신은 존재한다. 우리는 그것을 증명할 의무도 없고 필요도 없다. 신의 존재를 증명하려는 모든 시도는 이미 신성 모독이며, 그 부정은 모두 광기이다. 신은 우리의 양심과 의식 속에, 우리를 둘러싼 삼라만상 속에 있다. 우리의 의식, 우리의 양심은 극도로 슬프거나 기쁜 순간, 언제나 신에게 호소한다. 별이 반짝이는 밤하늘 밑에서, 참으로 선한 사람들의 무덤 옆, 또는 순교자의 처형장에서 신을 부정할 수 있는 것은, 참으로 불쌍한 인간이거나 참으로 죄 많은 인간뿐이다.

주세페 마치니

6

이 세계의 삶은 누군가의 의지에 의해서 이루어지고 있고, 전 세계의 삶과 우리의 삶을 통해 누군가가 자신의 사업을 수행하고 있는 것이다. 바로 그 누군가가 우리가 신이라고 부르는 존재이다.

7

사람들이 신을 믿지 않는 것은, 신이라는 이름을 빌려 행세하는 가짜를 믿고 있기 때문이다.

이레째 읽을거리

파스칼

이를테면 사소한 허영심이나 공명심, 명예욕, 아무튼 어떤 형태로 나타나든, 그러한 인간적 명성에 대한 모든 욕망만큼, 사람들을 오랫동안 그 지배하에 두고, 이 세상의 거짓된 삶의 공허함을 철저히 숨기며(종종 그것은 죽음에 이를 때까지 계속된다), 사람들이 삶의 의의와 그 진정한 행복을 깨닫는 것을 방해하는 것은 없다.

모든 욕망은 그 자체 속에 벌을 내포하고 있으며, 그 만족에 따르는 고뇌는 그 공허감을 폭로한다. 그리고 모든 욕망은 해가 갈수록 쇠퇴하지만, 명예욕은 반대로 갈수록 커진다. 또 무엇보다 인간적인 명예에 대한 욕망은 언제나 사람들에 대한 봉사라는 관념과 결부되어 있어서, 실제로는 사람들의 찬사를 구하면서, 자신은 자신을 위해 살고 있는 것이 아니라 자신을 칭찬해 주는 그 사람들을 위해 살고 있는 것이라는 자기기만에 빠지기 쉽다. 그래서 가장 사악하고 위험한 이 욕망은, 다른 어떤 욕망보다 뿌리 뽑기가 어렵다. 이 욕망에서 해방되려면 그야말로 강인한 정신력이 필요하다.

강인한 정신력은 그들에게 빠르게 큰 명예를 얻을 수 있는 가능성을 주지만, 한편으로 그러한 강인한 정신력은 그들에게 명예의 허망함을 가르쳐 준다.

파스칼이 바로 그런 사람이었다. 우리에게도 친근한 러시아인인 고골(나는 고골을 통해 파스칼을 이해했다고 생각한다)도 그랬다. 이 두 사람은 전혀 다른 성격과, 크기도 형태도 전혀 다른 지능을 가지고 있었으면서도 완전히 똑같은 것을 체험했다.

이 두 사람 다 간절히 원하던 명예를 매우 일찍 얻었다. 그리고 둘 다 그것을 얻자마자 이내 그때까지 세상에서 가장 고상하고 소중한 행복으로 생각했던 것의 허망함을 깨달았다. 두 사람은 그때까지 빠져 있었던 미혹의 무서운 힘에 전율했다. 그들은 자신들이 방금 빠져나온 미혹의 공포를 사람들에게 알리는 일에 전력을 기울이며, 명예에 대한 환멸이 컸던 만큼, 누구에 의해서도 파괴되지 않는 목적 또는 인생의 사명이 필요하다는 것을 절실히 느꼈던 것이다.

그래서 고골과 파스칼은 신앙에 대한 열렬한 자세를 보였고, 그래서 자신들의 지난 업적을 무시했던 것이다. 그것은 모두 명예를 위해 성취했던 일이 아니었던가? 그런데 명예를 얻고 보니 거기에는 기만 말고는 아무것도 없었다. 따라서 명예를 얻기 위해 노력했던 모든 것은 전혀 필요하지 않은 하찮은 일이었던 셈이다. 중요한 것은 아직 거기에 없는 것, 세속적인 명예욕에 의해 가려져 있었던 것뿐이다. 중요하고 필요한 것은 단 한 가지, 무상한 이 세상의 삶에 의의를 부여하고, 그 모든 활동에 확고한 목표를 심어주는 신앙이다. 신앙이 없어서는 안 된다는 것과 신앙이 없이는 살 수 없다는 인식이, 이들에게 커다란 충격을 주어, '도대체 왜 나는 지금까지, 나의 가치를 설명해 주고 죽음 다음의 내세에 대한 믿음을 주는 신앙이 없이 살아올 수 있었을까? 또, 일반 사람들도 왜 신앙 없이 살 수 있는 것일까?' 하고 놀라게 된다. 그것을 깨닫자마자 그들은 자신들이 방금 빠져나온 무서운 미망에서 사람들을 구원하고, 신앙 없이는 살 수 없고 신앙만이 구원해 준다는 것을 사람들에게 가르치기 위해, 몸과 마음을 다해 사람들에게서, 파스칼의 말을 빌리면, 사람들이 절벽을 향해 달려가면서 눈을 가리고 있는 눈가리개를 벗기려고 노력한 것이다.

파스칼은 그런 사람이었다. 거기에 그의 헤아릴 수 없이 위대한, 게다가 오늘날에도 여전히 충분히 평가받지 못하고 있는 공적이 있다.

파스칼은 1623년 프랑스 클레르몽페랑에서 태어났다. 그의 아버지는 유명한 수학자였다. 그는 다른 아이들처럼 아버지를 모방해 아주 어렸을 때부터 수학을 배우기 시작했고, 시작하자마자 당장 탁월한 재능을 발휘했다. 아버지는 아들을 너무 일찍부터 공부시키고 싶지 않았기 때문에 그에게 수학책을 주지 않기로 했다. 그런데 어린 파스칼은 아버지와 친분 있는 수학자들의 대화를 들으면서, 스스로 새로운 기하학의 이론을 생각해 냈다. 아버지는 어린 아들의 범상치 않은 능력을 보고 놀라, 감격한 나머지 눈물을 흘렸다. 그때부터 그는 직접 아들에게 수학을 가르쳤다. 소년은 아버지가 가르쳐 준 것을 재빨리 모두 소화했을 뿐 아니라, 스스로 수학적인 발견을 하기 시작했다. 그의 성공은 그와 가까운 사람들은 물론이고, 학자들의 주의를 끌기에 충분했다. 그리하여 파스칼은 아주 젊었을 때부터 주목할 만한 수학자로 명성을 얻었다. 젊은 나이에도 불구하고 뛰어난 학자로서의 명예는 그를 더욱 연구에 몰두하도록 자극했고, 그의 위대한 재능은 그에게 더 큰 명성을 얻게 해, 파스칼은 모든 시간과 노력을 학문 연구에 바쳤다. 그러나 그는 어렸을 때부터 허약 체질이었다. 과도한 학문 연구는 점점 그의 건강을 해쳐, 파스칼은 급기야 청년기에 이르러 큰 병에 걸리고 말았다. 병을 앓은 후 그는 아버지의 간청에 못 이겨, 연구시간을 하루에 두 시간으로 단축하고 나머지 시간을 철학책을 읽으면서 보냈다.

그는 에픽테토스를 읽고, 데카르트를 읽고, 몽테뉴의 《수상록》을 읽었다. 몽테뉴의 저서는 특히 그에게 충격을 주었다. 종교에 대한 회의와 냉담이 그를 자극한 것이다. 파스칼은 언제나 종교적이었고, 자신을 키워준 가톨릭의 가르침을 순진무구한 아이처럼 굳게 믿고 있었다. 그런데 몽테뉴의 책이 그의 마음에 의혹을 불러일으켜, 그로 하여금 신앙의 여러 문제, 특히 인간의 이성적인 생활에 신앙이 얼마나 필요한지 깊이 생각하게 하였고, 그 결과 더욱 엄격하게 종교상의 의무를 실천하게 되어, 철학서 외에 종교적인 내용의 책도 가까이 접하기 시작했다. 그러한 책 가운데 네덜란드의 신학자 얀선이 쓴 《내면적 인간 혁명》이 있었다.

이 책에는 다음과 같은 내용이 거론돼 있었다.

인간에게는 육체적 번뇌 외에 지식욕의 만족이라는 정신적 번뇌가 있는데, 그 밑바닥에는 다른 모든 번뇌와 마찬가지로 이기주의와 자기애가 도사리고 있으며, 그러한 표면상으로 고상한 번뇌야말로 무엇보다도 인간을 신으로부터 멀어지게 한다는 것이었다.

이 책은 파스칼에게 큰 충격을 주었다. 위대한 정신에서 볼 수 있는 진실성에 의해 그 말이 그대로 자신에게 적용되는 것을 느낀 파스칼은 결심했다. 학문 연구와 그에 결부된 명예를 포기하는 것은 그로서는 매우 괴로운 일이었으나, 아니 오히려 매우 괴로운 일이었기 때문에, 그는 자신을 유혹하는 학문 연구를 과감히 포기하고, 더욱 강하게 마음을 사로잡게 된 신앙 문제에, 자신을 위해 또 타인을 위해 전력을 기울이기로 한 것이다.

파스칼의 여성 관계와 여성의 유혹이 그에게 어떤 영향을 주었는지에 대해서는 전혀 알려져 있지 않다. 그의 전기 작가들은 그의 작은 저서인 《사랑에 대하여》를 논거로(그 글 속에서 파스칼은 인간이 획득할 수 있는 가장 큰 행복은 사랑이며, 그것은 순수하고 정신적인 것으로, 모든 고상하고 소중한 것의 원천이 아니면 안 된다고 말했다), 파스칼은 젊은 시절 자신보다 신분이 높은 여자를 사랑했지만 실연으로 끝났다고 결론짓고 있다. 어쨌든 그러한 로맨스가 있었다 하더라도 그것은 파스칼의 생애에 아무런 흔적도 남기지 않았다. 젊은 파스칼의 가장 절실한 관심은 학문 연구와, 그것이 그에게 주는 명예에 대한 욕구, 그 학문의 공허함과 무가치, 명예욕의 유혹에 대한 두려움, 그리고 자신의 모든 힘을 오로지 신을 위한 봉사에 바치고 싶다는 욕구, 이 두 가지 욕구의 갈등과 투쟁에 있었다.

그런데 그가 학문 연구를 포기하겠다고 결심한 바로 그때, 우연히 토리첼리의 《진공론》을 읽게 된다. 그 문제의 해법이 바르지 않고 더 정확한 정의가 가능하다는 것을 느낀 파스칼은, 토리첼리가 한 실험을 다시 확인해 보고 싶은 욕구를 참을 수가 없었다. 그러다가 그는 그 유명한 '공기의 비중'에 관한 발견을 한다. 그 발견으로 그는 다시 학계의 주목을 받게 된다. 수많은 학자들이 그에게 편지를 보내거나 방문해 찬사를 아끼지 않았다. 이때부터 인간적 명예에 대한 유혹과의 싸움이 더욱더 힘들어졌다.

그 싸움을 위해 파스칼은, 안쪽에 못이 많이 박혀 있는 허리띠를 차고 다녔다. 그리고 자신을 칭찬하는 편지를 읽거나 찬사의 말을 듣고 마음속에 명예욕과 자만심이 고개를 들고 일어날 때마다, 그는 팔꿈치로 그 허리띠를 강하게 눌렀다. 그러면 못이 그의 몸을 찌르고, 그때마다 그는 명예욕의 유혹에서 벗어나게 해준 사상과 감정의 흐름을 다시 상기하곤 했다.

1651년 파스칼에게 그리 중요하지 않은 것 같으면서도 그에게 큰 충격을 주고, 그의 정신상태에 커다란 영향을 미친 사건이 일어났다. 그가 넬리 다리에서 떨어져 하마터면 죽을 뻔한 것이다. 바로 그 무렵, 파스칼의 아버지도 세상을 떠났다. 죽음에 대해 생각하게 하는 이 두 가지 사건은 파스칼을 전보다 더욱 삶과 죽음의 문제에 깊이 파고들게 한다.

종교적 감정에 더욱 강하게 사로잡힌 파스칼은, 1655년에는 완전히 은둔생활에 들어갔다. 그는 포르루아얄의 얀선파 교단 본부로 옮겨서, 그곳에서 거의 수도사 같은 생활을 하면서 저서를 구상하고 준비했다. 그 저술에서 그는 첫째로 인간의 이성적 생활을 위해서는 종교가 필요하다는 것, 둘째로 그 자신이 믿는 종교의 진실성을 얘기하고 싶었다. 그러나 여기서도 인간적 명예에 대한 유혹이 파스칼을 놓아주지 않았다.

파스칼이 있었던 포르루아얄의 얀선파 교단은 강대한 제수이트파(예수회)의 반감을 사고 있었다. 그 제수이트파의 음모에 의해 포르루아얄의 남녀 학교는 폐쇄되고 포르루아얄의 수도원 자체도 하마터면 폐쇄될 뻔했다. 얀선파 교도들과 같이 지내면서 같은 신앙을 믿고 있었던 파스칼은, 자신과 같은 신앙을 가진 사람들이 직면한 상황에 무관심하게 있을 수 없어서, 제수이트파와의 논쟁에 끼어들어 얀선파를 변호하는 글을 썼다. 그는 그 글에 《시골 사람의 편지》라는 제목을 붙였다. 그 속에서 그는 얀선파의 가르침을 변호하기보다는 그들의 적 제수이트파의 비판에 중점을 두고, 그 가르침의 비도덕성을 폭로했다. 이 책은 큰 호응을 얻었으나 그 평판도 파스칼을 유혹할 수 없었다.

그의 모든 생활은 이미 신에 대한 끊임없는 봉사로 채워지고 있었다.

그는 빈틈없이 생활의 규칙을 정해 엄격하게 그것을 지키며, 게으름에 의해서든 병에 의해서든 절대 소홀히 하지 않았다. 그는 가난이야말로 선의 기초라고 생각했다.

'가난해서 아무것도 없는 곳에는 악이 존재하지 않을 뿐만 아니라, 그 속에 우리의 행복이 있다. 그리스도는 가난했고 무일푼이었으며 머리를 누일 곳조차 없

지 않았는가?'

파스칼은 가능한 한 모든 것을 가난한 사람들에게 나누어 주고, 자신은 최소한 필요한 몇 가지만으로 생활했다. 그는 병에 걸려 몸을 움직일 수 없을 때만 하인의 도움을 받았다. 그의 주거지는 먹을 것, 입을 것과 마찬가지로 지극히 검소했다. 그는 손수 방을 치우고 자기가 먹을 음식은 직접 날랐다.

날이 갈수록 병이 악화돼 끊임없이 고통을 받았지만, 그 고통을 옆에 있는 사람도 놀랄 만한 인내로 참고 견뎠을 뿐만 아니라, 오히려 기쁨과 감사하는 마음으로 그것을 맞이했다.

"제발 나를 가엾게 생각하지 마십시오. 병을 앓는 것은 그리스도교도에게 어울리는 일입니다. 왜냐하면 병에 걸렸을 때야말로 그리스도교인은 그 본래의 상태에 있는 것이기 때문입니다. 질병은 우리에게 모든 세속적인 행복과 육체적 쾌락을 포기하는 것을 가르치고, 한평생 우리를 지배해 온 욕정을 억제하도록 가르치며, 명예욕과 물욕을 극복해 언제라도 죽음을 기다릴 수 있는 마음을 갖도록 도와줍니다." 그는 자신의 병을 동정하는 사람들에게 이렇게 말했다.

그를 사랑하는 친지들이 몰려와 그를 위해 제공하려 한 사치는 오히려 그를 괴롭히기만 했다. 그는 누이동생에게 자신을 가난한 불치병 환자들이 있는 병원으로 옮겨, 생애의 마지막 며칠을 그들과 함께 지낼 수 있게 해달라고 부탁했다. 하지만 누이동생이 그의 소망을 들어주지 않아 결국 자신의 집에서 숨을 거두었다.

그는 마지막 몇 시간 동안 의식을 잃고 있다가, 드디어 숨을 거두기 직전에 침대에서 일어나 앉아 참으로 기쁜 표정으로 말했다.

"주여, 저를 저버리지 마시옵소서."

이 말을 마지막으로 그는 세상을 떠났다. 1662년 8월 19일이었다.

인간이 행복하기 위해서는 두 가지 신앙이 필요하다. 하나는 인생의 의미에 대한 가르침이 '있을 것'이라는 신앙이며, 또 하나는 인생에 대한 가장 좋은 가르침을 '발견하는' 일이다.

파스칼은 첫 번째 신앙을 누구보다 잘 수행했다. 그러나 운명은, 신은, 그에게 두 번째를 허락하지 않았다.

목이 말라 다 죽어가는 사람이 눈앞에 물이 있는 것을 보면, 그것이 어떤 물인지 생각하지도 않고 달려들 듯이, 파스칼도 그것이 어떤 것인지 분간할 새도 없이, 그가 그 속에서 자란 가톨릭에 진리와 인간의 구원이 있다고 생각한 것이다. '물만 있으면 된다! 신앙만 있으면 그만이다!'라고 생각한 셈이다.

물론 이 세상에 무슨 일이 일어날지 예측할 권리는 아무한테도 없지만, 저 천재적이며 자기 자신에게 정직한 파스칼이 가톨릭을 믿는다는 것은 약간 믿기 어려운 느낌이다. 그는 신앙의 절대적 필요성을 증명하면서 발휘해야 했던 사상의 힘으로 가톨릭을 음미할 여유가 없었고, 따라서 그의 마음속에는 가톨릭만이 완전무결한 상태로 남아 있었던 것이다. 그는 가톨릭에 대해 탐구하기도 전에 그냥 그것에 의지했다. 오직 가톨릭 속에 있었던, 그리고 영원히 이어지는, 진실한 것에 기댄 것이다. 그는 가톨릭에서 자기완성을 위한 정진, 유혹과의 투쟁, 부에 대한 혐오, 그가 임종을 맞아 자신의 영혼을 맡긴 신의 자비에 대한 굳은 신앙을 획득한 것이다.

그는 행복을 위한 신앙의 제1부는 완성했지만, 제2부는 다시 하지 못한 채, 아니 시작도 하지 못하고 죽어갔다. 그러나 제2부가 완성되지 않았다고 해서, 그것 때문에 제1부의 중요함이 조금이라도 감소되는 것은 아니다. 병들어 죽어가고 있던 파스칼이 자신의 사상을 기록해 둔 여러 단편들을 모아서 편집한 《팡세》는 참으로 경탄할 만한 책이다.

이 책의 운명 또한 놀라운 것이었다.

예언적인 책이 세상에 등장한다. 그러면 군중은 그 예언적인 말의 힘에 놀라고 어리둥절하여, 도대체 자신들은 어떻게 해야 할지 가능한 한 빨리 이해하고 확실히 알고 싶어 한다.

그때, 파스칼 자신의 말을 빌리면, 뭐든지 다 알고 있다고 생각하는 사람, 그런 만큼 세상을 어지럽히는 사람이 나타난다. 그런 종류의 사람은 다음과 같이 말한다.

"굳이 이해하거나 확실하게 알 필요도 없다. 지극히 간단한 이야기일 뿐이다. 이 파스칼이라는 사람은(고골의 경우도 마찬가지지만) 보시는 바와 같이 삼위일체와 성찬식을 믿고 있었다. 그는 병에 걸려 정상적인 사람이 아니었고, 그래서 그 사상의 허약함과 병 때문에 모든 걸 거꾸로 생각하고 있었던 것이 분명하다. 무것보다 분명한 그 증거로, 그는 자신이 이룩한 훌륭한 업적, 우리도 환영했던 그 일(왜냐하면 그것은 우리가 이해할 수 있으므로)을 포기하고, 아니 배척하고, 인간의 운명이 어떠니, 내세가 어떠니 하는 무익한 '신비주의'에 지나치게 집착하지 않았는가? 그러므로 우리가 그에게서 섭취할 것은 그 자신이 중요하다고 생각한 것이 아니라, 우리가 이해할 수 있는 것, 우리의 마음에 드는 것이어야 한다."

그러면 군중은 기뻐서 환호한다. 군중은 파스칼을 이해하지 못했고, 그가 그들을 높이고자 했던 수준까지 자신들을 끌어올리려면 큰 노력이 필요하지만, 위에서 말한 대로 생각하면 모든 건 지극히 간단하다. 파스칼은 펌프의 원리를 발견했다. 펌프는 우리에게 매우 유익하므로 그것은 매우 좋은 일이다. 그러나 신이 어떻다느니, 영혼불멸이 어떻다느니 하는 그의 말은 모두 쓸데없는 것들이다. 왜냐하면 그는 삼위일체를 믿고 성서를 믿었기 때문이다. 우리가 그의 수준까지 스스로를 높일 노력을 할 필요가 어디에 있단 말인가? 반대로 우리는 그 정상적 기준에서, 그의 비정상성에도 불구하고 그 공적만은 관대하고 친절하게 인정해 주면 된다.

파스칼은 종교가 없는 사람들은 짐승이나 정신병자와 같다고 주장하며, 그들의 추악함과 어리석음에 대해 반성을 요구했고, 어떤 학문도 종교를 대신할 수 없다고 강조했다. 파스칼은 신을 믿고 삼위일체를 믿고 성경을 믿었다. 그러므로 그들에게는 모든 것이 결정되어 있었고, 파스칼이 그들의 삶의 어리석음과 학문의 공허함에 대해 말한 것은 거짓말이라는 것이 된다. 그토록 반박할 여지 없이 그들에게 분명히 밝혀진 학문과 삶의 허망함, 그리고 어리석음…… 그들은 바로 그 허망하고 어리석은 학문과 삶이야말로 진정한 생활이며 진리라 생각하고, 파스칼의 말은 그의 병적인 상태에 의한 산물이라고 생각했다. 그러면서도 파스칼의 사상과 말의 힘을 인정하지 않을 수 없었기 때문에 그의 책을 고전으로 꼽고 있지만, 그 책의 내용은 그들에게 필요하지 않은 것이었다. 그들은 사람이 다다를 수 있는 가장 높은 종교적 의식에 달한 정신상태, 바로 파스칼이 도달한 정신상태보다 자신들이 훨씬 높은 곳에 있다고 생각했기 때문에, 이 경탄할 만한 책의 의의를 전혀 이해할 수 없었다. 정말이지 '아는 척하는', 그리고 파스칼의 의견에 의하면 '세상을 어지럽히는' 사람들에 의해 현대적으로 덕지덕지 치장된 언론보다, 인류의 진정한 진보에 유해하고 위험한 것은 없다.

그러나 빛은 어둠 속에 있을 때 빛이 난다. 가령 가톨릭에 대해 파스칼과 신앙을 같이하지는 않지만, 그가 그 위대한 두뇌에도 불구하고, 무신론자가 되지 않고 적어도 가톨릭을 선택한 마음을 이해하고, 한편으로 사람들에게 신앙의 절대적 필요성을 호소하며, 신앙이 없는 인생, 바꿔 말하면 세계와 그 본원에 대한 인간의 확고부동한 관계가 결여된 인생은 불가능하다는 것을 힘차게 주장하는 그의 놀라운 책의 가치를 이해하는 사람들도 세상에는 분명히 있다.

그것을 이해하는 동시에 사람들은 또 각자의 도덕적, 지적 발달의 정도에 따라, 파스칼이 제기한 신앙 문제에 대한 해답을 발견할 수 있을 것이다.

거기에 파스칼의 위대한 공적이 있다.

레프 톨스토이

7월 8일

1

사람들은 인생의 모든 모순을 해결하고 인간에게 최대의 행복을 주는 감정을 알고 있다. 그 감정은 사랑이다.

2

어떻게 불쾌한 마음을 극복할 것인가? 무엇보다 먼저 '겸허'한 태도로 극복해야 한다. 자신의 약점을 알고 있다면 다른 사람들이 그것을 지적한다고 어떻게 화를 낼 수 있겠는가? 지적하는 쪽이 친절하지 않다 하더라도 잘못된 것은 아니다. 다음은 냉정한 '판단'으로 극복해야 한다. 누가 지적하든 안 하든 역시 원래 너 그대로이며, 만약 네가 자신을 지나치게 존경하고 있다면 자기 평가를 바꾸면 되는 것이다. 이웃이 아무리 불친절해도 실제의 우리는 어디까지나 실제의 우리이다. 세 번째로 가장 중요한 것은 '용서'에 의한 극복이다. 우리에게 악을 행하고 우리를 모욕하는 사람들을 미워하지 않는 유일한 방법은, 그들을 선으로 대하고 선으로 분노를 극복하는 것이다. 자신의 감정을 극복함으로써, 그들을 변화시킬 수는 없지만 자신을 통제할 수는 있다. 아미엘

3

선량함을 띠지 않은 눈길에 무슨 가치가 있으랴? 선량한 것이야말로 진정한 부(富)이다. 평범한 재산은 선인이나 악인이나 다 가지고 있다. 참된 길에 서서 선한 마음을 갖도록 노력하라. 가령 네가 모든 종교의 교리를 다 알더라도, 너를 행복하게 하는 것은 오로지 선량함뿐이다. 선량한 마음을 지니고 사는 사람은 결코 어두운 세계, 슬픈 세계에 들어서지 않는다. 어떠한 악도 선량한 사람과 수많은 사람들을 위해 봉사하는 사람은 해치지 못한다.

인도의 《쿠랄》

4

사랑은 죽음을 멸하고 죽음을 즉시 사라지게 만든다. 사랑은 인생을 무의미한 것에서 의미 있는 것으로 바꾸고, 불행을 행복으로 바꾼다.

5

말없는 가운데 친절한 배려라는 향유(香油)가 아니면 상처에서 독침을 뺄 수 없다. 무엇 때문에 다른 사람의 악의와 배은망덕, 질투, 심지어는 교활함에 대해서까지 그렇게 안절부절못하는 것인가? 말다툼이나 불평, 처벌에는 끝이라는 것이 없다. 가장 간단한 것은 마음속에서 모든 것을 지워버리는 것이다. 모욕, 비방, 분노는 마음을 어지럽힌다. 그러한 악에서 벗어날 수 있는 수단을 가지는 것이 필요하다. 불은 물질계의 모든 것을 정화하지만 사랑은 정신계의 모든 것을 정화한다.

아미엘

6

만일 네가 의식적으로 모든 사람들에 대해 친절하지 않다면, 종종 무의식적으로 많은 사람들을 잔인하게 대할 것이다.

존 러스킨

7

사랑은 인간을 자신으로부터, 자신의 자아로부터 탈출시킨다. 그러므로 자아가 고통스러울 때 사랑이 그 고통에서 벗어나게 한다.

8

인간은 사랑이 적으면 적을수록 고통을 많이 받고, 사랑이 많으면 많을수록 고통을 적게 받는다. 모든 활동이 사랑으로 충만한, 완전히 이성적인 생활에서는 고통을 전혀 찾아볼 수 없다. 인간의 고통은 사람들이 자신의 삶과 세계의 삶을 연결하는 쇠사슬을 끊으려 할 때 느끼는 아픔이다.

9

네가 괴로울 때, 사람들이 두렵고 자기 자신이 두려울 때, 어떻게 생각하고 행동해야 할지 갈피를 잡을 수 없을 때, 스스로에게 인생길에서 만나는 모든 사람을 사랑하자고 말하고, 실제로 그렇게 하도록 노력하라. 그러면 그대는 즉시 고통이 사라지고, 두려움도 해소되며, 방황도 사라지는 것을 알 수 있을 것이다. 그리고 아무것도 바라지 않고, 아무것도 두려워하지 않게 될 것이다.

7월 9일

1

해박한 지식을 높이 평가하는 것은 잘못이다. 중요한 것은 지식의 양이 아니라 질이다.

2

소크라테스는 어리석음과 현명함을 양립하지 않는 것으로 보았으나, 무지를 어리석음이라고 하지는 않았다. 그러나 그는 자기 자신을 모르고, 자신이 알고 있지 않으면서도 아는 것처럼 생각하는 것은 어리석다고 했다.

3

우리는 철학과 학문과 이지(理智)의 시대에 살고 있다. 모든 학문은 인생이라는 미궁 속에서 우리가 나아갈 길을 비쳐주기 위해 한자리에 모인 것과 같다. 그래서 대형 도서관이 완성되었고, 우리는 곳곳의 초등학교, 중학교, 대학교에서, 수천 년 동안 계승된 인간의 지혜를 이용할 수 있는 가능성이 어려서부터 주어져 있다. 흡사 모든 것이 협력해 우리의 지능을 발전시키고 이성을 강화하고 있는 것처럼 보인다. 그렇다면 과연 우리는 그런 도움으로 얼마나 현명해진 것일까? 또 우리의 갈 길을 더 잘 알고 우리의 사명이 지닌 의미를 알게 된 것일까? 과연 우리는 우리의 의무가 무엇인지, 특히 인생의 행복이 어디에 있는지 더 잘 알게 된 것일까?

우리는 그러한 모든 공허한 지식에서 적의와 증오와 애매함과 의혹 이외에 무엇을 얻은 것일까? 모든 종교상의 가르침과 각 종파가 자신들의 가르침만이 진리라고 주장하고 있고, 모든 작가들은 자신만이 우리의 행복이 어디에 있는지 알고 있다고 큰소리치고 있다. 어떤 자는 육체는 존재하지 않는다고 주장하고, 어떤 자는 영혼이 없다고 말하며, 어떤 자는 영혼과 육체 사이에는 아무 관련성이 없다고, 또 어떤 자는 인간도 결국 동물이라고, 또 어떤 자는 하느님은 말하자면 거울에 지나지 않는다고 말한다.

루소

4

어떤 사실에 대해 아무것도 모르거나, 또 매우 드문 일이지만 자신이 아무것도 모른다는 것을 분명히 알고 있는 사람은, 그 사실에 대해 조금밖에 모르면서 다 알고 있다고 생각하는 사람보다 훨씬 훌륭하다!

소로

5

우리는 자주적으로 사색함으로써 불필요한 독서를 얼마나 많이 피할 수 있는지 모른다! 과연 독서와 학문은 같은 것일까? 어떤 사람은 도서 출판이 학문의 광범위한 보급에 공헌했을지는 몰라도, 학문의 질과 내용은 그것 때문에 훼손되었다고 주장했는데, 근거가 없는 말이 아니다. 지나친 독서는 사색의 적이다. 내가 연구한 학자들 가운데서 가장 위대한 사상가는 바로 책을 가장 적게 읽었던 사람들이었다.

만약 사람들이 무엇을 사색할 것인가에만 매달리지 않고, 어떻게 사색할 것인가를 배운다면 그로 인해 생기는 많은 오해를 미리 방지할 수 있을 것이다.

리히텐베르크

6

모르는 것을 두려워하지 말고 잘못된 지식을 두려워하라. 이 세상의 모든 악은 잘못된 지식으로부터 생긴다.

7

자신의 어리석음을 숨길 수 있는 사람이 자기의 현명함을 보여주려는 사람보다 훌륭하다.

8

도덕적 완성에 도달하려면 무엇보다 먼저 정신을 맑고 깨끗하게 유지해야 한다. 맑고 깨끗한 정신은 마음이 진리를 구하고 의지가 신성을 향해 노력할 경우에만 얻을 수 있다. 그리고 이러한 모든 것은 참된 지식에 달려 있다. 공자

9

육체가 깨끗한 공기와 오염된 공기에 의해 강해지기도 하고 약해지기도 하듯, 지능도 독서의 질에 따라 강해지기도 하고 약해지기도 한다. 존 러스킨

10

논쟁을 불러일으키는 지식은 의심스러운 지식이다.

7월 10일

1

우리의 세계에서는 진정한 신앙은 대부분 여론으로 대체되고 말았다. 사람들은 신을 믿지 않고 세상 사람으로부터 배운 것을 믿고 있다.

2

신의 존재를 부정하는 가장 중요하면서도 가장 평범한 방법은, 항상 여론을 무조건 옳다고 인정하고, 자신의 신에 대한 의식에는 아무런 의의도 인정하지 않는 것이다. 존 러스킨

3

신은 개개인에게 진실과 안일함 중 하나를 택할 것을 요구한다. 어느 쪽이든 하나만 골라라. 두 가지를 다 가질 수는 없다. 인간은 시계추처럼 이 둘 사이에서 흔들린다. 안일함을 더 많이 바라는 사람들은 자신이 처음에 만난 신앙과 철학, 정치 강령을 받아들이고, 특히 대부분의 경우 자신의 아버지가 믿고 있던 것을 받아들인다. 그 결과, 그는 안일하고 편리한 생활과 사회적 존경을 받겠지만, 그 대신 진리에 대한 문을 닫게 된다. 에머슨

4

사람들의 불행과 악은 그들이 자신의 의무를 모르는 데서 생기기보다는, 오히려 그들이 자신의 의무가 아닌 것을 의무로 인정하는 데서 생기는 경우가 많다.

5

교회에도 국가나 사회에도, 청년의 사상을 흘려 넣는 거푸집 같은 것이 있다. 그래서 새로운 세대의 특성을 발휘해야 할 때가 와도, 이미 그들의 사상은 그 거푸집 속에서 굳어져서 새로운 것을 받아들일 수가 없다. 루시 맬러리

6

신앙은 다수결로 결정되는 것이 아니다. 찬성하는 사람이 많다는 것이 그 신앙의 진실성을 증명한다고 생각하는 사람은 신앙이 뭔지 모르는 사람이다.

7

"신은 존재하지 않는다"는 전제에서 출발한 사회는 모든 것이 예기치 않은 결과에 도달한다. 대부분 그런 사회는, 세상의 구조가 우연과 무한한 기만의 나열로 이루어져 있어서, 개개의 어떤 우연이나 기만에도 아무도 놀라지 않기 때문이다. 그래서 우리 생활에서 아무리 비참한 사건이 일어나도 아무도 놀라지 않는다. 이것은 신을 믿지 않는 사회에서 나타나는 당연한 결과이다.

8

우리 사회가 빠져 있는 비참한 상태의 원인은, 상류 계층 사람들이 전혀 신앙 없이 살면서, 그 신앙의 결여를 다른 것으로 대체하려는 데 있다. 그들은 거짓으로 외적, 종교적 형식을 믿고 있는 척하거나, 대담하게 자신의 무신앙을 선언하고, 또 이상야릇한 회의주의를 내세우거나 이기주의를 합법화함으로써 종교적 가르침을 대신하려 한다.

9

질병의 원인은 그리스도의 가르침을 그 참된 의미, 즉 전적인 의미에서 받아들이지 않는 데 있다. 질병을 치료할 수 있는 열쇠는 그리스도의 가르침을 전적으로 인정하는 것에 있다. 그것을 인정하는 것은 지금도 가능할 뿐만 아니라 반드시 필요한 일이다.

10

요즘 사람들이 괴로워하고 있는 악의 근본적인 원인은, 요즘 대부분의 사람들이 아무런 신앙도 가지고 있지 않은 것에 있다.

7월 11일

1

진정한 자선은 강자가 자신의 땀과 노력의 대가를 약자에게 줄 때뿐이다.

2

남에게 베푸는 것이 선인 것은, 그것이 노동의 결실인 경우뿐이다.

속담에서 말하기를 "메마른 손은 인색하고 땀이 밴 손은 인정이 많다"고 했다. 열두 제자들의 가르침에도 "네가 베푸는 것은 땀에 젖은 네 손을 통해 나가도록 하라"는 말이 있다.

3

인간에게 힘이 주어져 있는 것은 약자를 괴롭히기 위해서가 아니라 그들을

위로하고 도와주기 위해서이다. 존 러스킨

4

모든 선한 일은 자비이다. 목마른 자에게 물을 주는 것도 자비이다. 길에 굴러다니는 돌을 치우는 것도 자비이다. 선덕을 베풀라고 이웃에게 권하는 것 역시 자비이다. 나그네에게 길을 가르쳐 주는 것도 자비이다. 이웃의 얼굴을 보고 미소 짓는 것 또한 자비이다.

마호메트

5

달라는 사람에게는 주고 빼앗는 사람에게는 되받으려고 하지 마라. 너희는 남에게서 바라는 대로 남에게 해주어라. 〈누가복음〉 제6장 30~31절

6

네가 준 것은 너의 것이지만, 네가 꽉 움켜쥐고 있는 것은 이미 잃은 물건이다.

동양의 금언

7

자신의 전 재산을 사람들에게 나누어 준 사람이 칭찬을 받았을 때 그는 이렇게 말했다.

"나는 칭찬받을 만한 일을 한 것이 없다. 나는 다만 이제부터 헤엄쳐서 건너야 할 강으로 가서, 헤엄치기 편하도록 입은 옷을 벗었을 따름이다. 이제부터는 강을 어떻게 헤엄쳐서 건널 것인가가 문제이다."

8

부자가 진정으로 자비심을 갖게 되면 그는 당장 부자이기를 그만둘 것이다.

7월 12일

1

사랑의 원천은 한 사람 한 사람이 모든 사람의 마음속에 살아 있는 영적 본

원의 동일성을 인정하는 것이다.

2

일반적으로 사람들을 조화롭게 하나가 되게 하는 것은 모두 선하고 아름다운 것이고, 사람들을 분열시키는 것은 악하고 추한 것이다. 이 진리는 우리 마음속에 깊이 새겨져 있기 때문에 누구나 잘 알고 있다.

3

내가 산사태 때문도 아니고 박테리아 때문도 아니고, 당연히 사랑해야 하는데도 나를 이렇게 증오하고 괴롭히고 있는 인류 형제 때문에 괴로워하며 죽어가고 있다는 것을 아는 것은 얼마나 끔찍한 비극인가! 그것은 자살하는 사람이 경험하는 감정과 비슷하다.

4

아무리 나쁜 일이라도 그것을 행한 사람만 벌을 받아야 하는 것은 아니다. 우리는 우리의 악이 퍼져가지 않을 만큼 제각각 따로 떨어져서 살 수는 없다. 우리의 행위는 우리의 자식과 같다. 그들은 우리의 의지와 상관없이 살아서 움직이고 있다.

조지 엘리엇

5

나는 인간이라는 것은 오로지 자기 자신의 이익을 위해 행동하고 있다고 믿어 의심치 않으며, 한 사람 한 사람이 육체적 생명을 유지하는 데 감각이 필요하듯, 전 세계의 생명을 위해서도 역시 그런 것이 필요하다고 믿고 있다. 우리를 창조한 자는 일부 사람들의 이해를 다른 사람들의 이해와 교묘하게 연결시켜 두어서, 우리는 이웃에게 선을 베풀지 않고는 자기 자신에게도 진실한 선을 베풀 수 없다.

리히텐베르크

6

누구도 혼자서는 진리에 이를 수 없다. 인류의 시조인 아담에서부터 오늘에 이르기까지 수백만 수천만 세대 동안 모든 사람이 참여해, 하나하나의 돌을 쌓아 올려야 비로소 위대한 신이 머물 수 있는 성전이 완성된다.

7

인간의 생명은 스스로 도는 둥근 고리와 같은 것이다. 그것은 무한히 작은 고리에서 사방으로 확대되어 점점 큰 새로운 고리가 되며, 그 확대는 무한하게 계속된다. 에머슨

8

모든 진실한 선행, 내 욕심을 버리고 오로지 상대방을 생각하면서 행동하는 진정한 봉사는, 그 근본까지 엄밀하게 파고들면, 설명하기 힘든 신비로운 행위임을 알 수 있다.

왜냐하면 그것은 살아 있는 모든 것은 원래 하나라는 신비로운 의식에서 생기며, 다른 어떠한 설명도 허락하지 않기 때문이다. 사실, 마음속에 오로지 타인을 괴롭히고 있는 가난을 조금이라도 덜어주겠다는 순수한 마음으로 자선을 베푸는 것은, 그 베푸는 사람이 지금 눈앞에서 가련한 거지의 모습을 하고 있는 자가 다름 아닌 바로 그 자신임을 깨닫고, 그 속에서 자기 자신의 존재를 인정해야 비로소 가능하다. 쇼펜하우어

9

우리는 살아 있는 모든 것과 외면적으로는 떨어져 있지만 내면적으로는 하나로 이어져 있다.

정신계의 어떤 파동은 우리가 느끼지만, 어떤 것은 아직 우리에게 도달하지 않고 있다. 그러나 그 파동은 아직 우리가 육안으로 보지 못하는 별에서 빛이 오고 있듯 끊임없이 우리를 향해 오고 있다.

7월 13일

1

현재의 사회제도를 이용하여 자신의 행위를 합리화해서는 안 된다. 현재의 사

회제도는 결코 영원한 것이 아니다. 그것은 끊임없이 변화하며 악한 것에서 선한 것으로 바뀌고 있다. 이 이행은 우리가 현재의 사회제도를 반대함으로써 비로소 실현된다.

2

일부 권력자가 그 시대의 부를 독점하면서 반성하는 일 없이 무절제한 생활을 하는 동안, 한편에서는 대다수 사람들이 밤낮없이 일하면서 그 노동의 대가를 고스란히 남에게 빼앗기고 있다는 것을 전혀 눈치채지 못하고 있는 동안은, 사람이 사람을 잡아먹는 세상은 언제까지나 계속된다. 사람들은 자주 편견이나 습관을 진리로 받아들인다. 그 경우 그것은 사람들을 괴롭히지 않는다. 그러나 일단 그들이 그 진리가 새빨간 거짓임을 깨닫게 되면, 모든 것은 그것으로 마지막이다. 그렇게 되면, 사람들이 불합리하다고 생각하는 것을 억지로 강요하기 위해서는 폭력에 의지하는 수밖에 없다. 게르첸

3

현재의 모든 자선 시설, 모든 형법, 범죄의 방지와 근절을 위한 모든 제한 조항 및 금지 조항은 모두, 아무리 좋게 말해도, 당나귀의 한쪽 바구니에 짐을 모두 싣고 다른 바구니에는 같은 무게의 돌을 담아 그 가련한 노새를 도와주려고 했다는 바보의 생각과 같다. 헨리 조지

4

현대 문명의 한복판에서 차마 눈뜨고 볼 수 없는 비참한 가난, 거기서 발생하는 죄악과 범죄, 타락, 약탈은 미개인 중의 미개인도 알 수 있을 만큼 단순 명쾌한 정의의 법칙을 인정하지 않고 있는, 현재의 토지에 관한 법률의 결과이다. 원래 우리 모두가 태어날 때부터 갖고 있는 권리인 것이 특정한 사람들의 사유재산이 되고, 자연법으로 보아도 사회 전체의 비용을 조달하기 위한 기본 재산이어야 하는 것이 몇몇 소수에게 주어진 결과, 그 소수가 같은 인간인 다수를 멋대로 지배하는 상황이 되고 말았다. 그래서 특정한 소수는 살이 찌고 기름기가 흐르는데, 한쪽에서는 수많은 사람들이 굶주림에 허덕이고 있는 동안, 사실은

다 같이 풍요롭게 살 수 있는 물자가 낭비되고 있는 것이다. 헨리 조지

5

현명한 소비는 현명한 생산보다 훨씬 어렵다. 20명이 힘들여 생산한 것이 단 한 사람의 낭비로 쉽게 사라질 수 있다. 그러므로 각 개인에게 있어서나 전 국민에게 있어서 문제가 되는 것은, 얼마나 생산하는가가 아니라 그 생산된 것이 어디에 사용되는가이다.

사람들은 보통, 단 한 사람이 아무리 노력한들 결국 현대의 산업과 생산 수단, 무역 구조를 바꾸고 억제하는 것은 불가능하다고 주장한다.

나는 세간에서 한쪽 귀로 들어와서 한쪽 귀로 나가는 수많은 교활한 주장, 아무런 설득력도 없는 그 주장을 생각할 때, 종종, 이제부터는 평생 자신이 옳다고 생각하는 일을 묵묵히 하며 어떤 일에 대해서도 아무런 발언도 하지 않겠다는 기분을 억제할 수 없다. 존 러스킨

6

우리는 양심 있는 사람들이 자신의 사회적 지위가 높아지는 것에 매력을 느끼기보다 오히려 두려움을 느끼는, 그런 이상적인 사회를 향해 나아가야 하지 않을까? 존 러스킨

7

우리는 연구에 연구를 거듭한 결과, 최근에 분업이라고 하는 위대한 문명을 발명했다. 하지만 우리는 그것에 잘못된 이름을 붙이고 있다. 정확하게 표현하면 일이 나누어져 있는 것이 아니라, 인간이 수많은 작은 조각으로 나뉘어 부스러기가 된 것이다. 그래서 인간에게 남겨진 판단력도 줄어들어 핀 하나 못 하나도 온전하게 만들지 못하고, 고작해야 핀 끝이나 못대가리만 만들 수 있게 되어버린 것이다. 사실 하루에 많은 핀을 만드는 것은 바람직한 일이다. 그러나 만약 우리가 그것을 어떤 모래로 연마하고 있는지만 안다면, 결국 인간의 영혼이라는 모래로 연마하고 있다는 것만 안다면, 우리는 이것도 별로 바람직한 일이 못 된다고 생각할 것이다.

아무리 사람들을 속박하고 괴롭히며 가축처럼 붙들어 매어 여름철 파리 떼처럼 죽인다 해도, 역시 그 사람들은 어떤 의미에서, 또는 가장 좋은 의미에서 자유로운 존재일 수 있다. 그러나 그들 속의 불멸의 영혼을 죽이고, 그 인간적인 이성의 싹을 잘라버리고, 그들의 살과 가죽을 기계를 움직이는 벨트로 사용하는 것, 바로 거기에 진정한 노예제도가 있다. 그래서 인간이 유린되고 기계화되어 버리면, 노동자들은 자유의 본질을 모른 채 자유를 위한 어리석음으로 파괴적이고 무익한 투쟁을 하게 된다. 그들의 부에 대한, 그리고 지배층에 대한 증오는, 기아 때문도 아니고 상처받은 자존심 때문도 아니다(이 두 원인은 언제나 사회에 영향을 주었지만 그래도 오늘날만큼 사회의 기초가 흔들린 적은 일찍이 없었다). 문제는 사람들이 초라한 식사밖에 할 수 없는 것에 있는 것이 아니라, 그들이 생계를 의지하고 있는 그 일에 만족할 수 없다는 사실이다.

그들이 자신들을 향한 상류 계급 사람들의 멸시에 괴로워하고 있다는 것이 문제가 아니라, 자신들에게 운명 지워진 일이 굴욕적이며, 자신들을 타락시켜 인간 이하의 존재로 만들어 버린다는 것을 느끼는 자괴감을 견딜 수 없는 것이 문제이다. 지금처럼 상류 계급 사람들이 하류 계급 사람들에 대해 사랑과 동정을 표시한 적은 일찍이 없었지만, 그런데도 그들이 지금처럼 하류 계급 사람들에게 증오의 대상이 된 적도 없었던 것이다. 존 러스킨

8

한 나라가 도(道)의 기초 위에서 다스려지고 있다면, 가난하고 남루한 것을 부끄러워해야 한다. 그러나 한 나라가 도의 기초 위에서 다스려지고 있는 것이 아니라면 부귀를 부끄러워해야 한다. 중국 금언

9

우리에게 밝혀져 있는 신의 율법을 실현하는 데는 노력이 필요하다. 사람들은 그 노력을 하며 비록 느리기는 하지만 한 걸음 한 걸음 그 실현에 다가가고 있다.

7월 14일

1

신의 나라는 신의 율법이 사람들에게 계시되어 있는 한, 그것을 이 세상에 실현하는 나라이다.

2

만약 한 사람 한 사람이 무엇보다 먼저 신의 나라와 그 정의를 찾는다면 빈곤 같은 것은 어디론가 멀리 사라져 버리지 않을까? 즉, 한 사람 한 사람이 자발적으로 신의 율법에 따라 양심적으로 의무를 실천하려고 노력한다면 어떻게 빈곤이 있을 수 있겠는가?

빈곤은 부정과 탐욕의 딸이고, 인류의 신성한 의무에 대한 범죄적 배반의 딸이며, 그 전면적이고 끊임없는 배반의 결과, 우리의 양심은 무서울 정도로 마비되어 빈곤을 사회생활의 불가피한 조건으로 생각하게 되었다. 오, 주여! 당신의 나라를 이룩하게 하소서. 당신의 율법이 이 세상의 새로운 탄생의 법칙이 되게 하소서. 가난이 인류의 4분의 3의 운명이 되게 하지 말아주소서. 이 세계가 잔인하게 서로를 상처 주는 사람들의 소굴이 아니라 서로 도와주는 사람들의 집이 되게 하소서. 신의 아들들을 나날이 늘려서 악을 멸하고 악마의 소굴을 파괴하여, 그 폐허 위에 당신의 신전을 세울 수 있도록 모두 단결하게 하소서. 라므네

3

교회적인 신앙에서 반드시 보편적이고 이성적인 종교로 이행되어야 함이 공개적으로 인정될 때, 비로소 충분한 근거를 갖고 신의 나라가 왔다고 할 수 있을 것이다. 신의 나라의 실현은 아직도 우리로부터 무한히 먼 곳에 있다. 그러나 교회적 신앙 대신 보편적이고 이성적인 종교가 확립되는 곳에는, 싹이 트고 성장하는 배아처럼 이윽고 세상을 비추고 그것을 지배할 모든 것이 준비돼 있는 것이다.

세계의 생명에 있어서 천년은 하루와 같다. 우리는 인내심을 가지고 신의 나라 실현을 위해 노력하며, 그것이 다가올 날을 기다리지 않으면 안 된다. 칸트

4

지상에서의 신의 나라는 인류의 궁극적인 목적이요, 궁극적인 희망이다("당신의 나라를 임하게 하소서"). 그리스도는 신의 나라를 우리에게 보냈지만, 사람들은 그를 이해하지 못하고 신의 나라 대신 성직자의 나라를 세우고 말았다. 칸트

5

시적인 정서와 웅장한 분위기로 사람들을 끌어들이는 데 지나지 않는 의식적인 예배와, 이 세상의 불가피한 조건으로 여겨지고 있는 폭력적 사회기구가, 인생에 대한 참다운 이해에 의해 사라질 날이 오고 있다. 모든 일에 있어서 우리의 인생이 신의 율법을 의식적으로 실천함으로써 채워지듯, 지상에서의 천국, 지상에서의 신의 나라가 다가오고 있다.

그것을 위해 중요한 것은 오직 한 가지, 종교를 그 진정한 의미에서 이해하는 것이다.

즉 주술이나 속임수로서의 종교가 아니라, 진정한 학문, 진정한 인생관으로서의 종교를 이해하는 것, 신에 대한 봉사를 뭔가 신비적이고 초자연적이며 사제와 하늘의 특별한 도움 없이는 불가능하다고 생각하지 말고, 신에 대한 봉사는 신과 이웃에 대한 사랑이고, 이웃에 대한 봉사이며, 이웃의 행복을 위해, 모든 사람의 행복을 위해 일하는 것, 다시 말해 신을 섬기는 것은 선을 행하는 것임을 이해하는 것, 바로 그것이다. 부카

6

신의 나라는 너희 안에 있다. 그러므로 신의 나라를 마음속에서 찾아라. 그러면 그 밖의 모든 것은 우리에게 바람직한 것이 될 것이다.

이레째 읽을거리

1. 세상의 구조

이 세상은 지금도 본질적으로 예수의 시대와 다를 바가 없다. 왜냐하면 18

세기에 걸친 그리스도교 역사도 이 세상의 사회적 기반을 바꾸지는 못하고, 다만 그 발현 형식을 온건하게 유지해 왔을 뿐이기 때문이다. 겉모습은 바뀌었어도, 이 세상은 도처에서 폭력과 탐욕에 의해 지배되고 있다. 권력으로 지배하고 자신의 이익을 위해 명령함으로써 사람들을 압박하고 괴롭힌다. 그런 것이 세상이다.

이 세상과 예수 사이에는 영원한 투쟁이 있다. 왜냐하면 예수가 원하는 것은 세상이 원하는 것과 정면으로 대립하고 있기 때문이다. 예수는 사람들이 자유롭기를, 한 아버지 앞에서 평등한 것처럼 서로 평등하기를, 진정한 형제애가 사람들을 결합해 한 가족이 되기를 원하고 있다. 그런데 세상은, 거의 모든 사람들이 특정한 몇몇 사람들에게 복종하기를, 모두 한 형제가 아니라 신분이 높은 사람과 그렇지 않은 사람으로 나뉘어서, 약자는 아무 권리도 없이 강자에게 예속되고, 강자는 그들을 마음대로 다스리고 싶어 한다.

예수는 권력이 봉사이기를 원했다. 그런데 우리가 살고 있는 이 세상은 권력이 지배하기를 원한다. 그래서 예수는 이 세상을 비난하고 세상은 예수를 증오했으며, 그 증오가 예수의 제자들에게까지 확대되어 그들도 세상 사람들의 박해를 받았다. 만약 그들이 이 세상에서 용인된다면, 만약 세상과 그들이 무언가의 형태로 다시 손을 잡게 된다면, 그들은 예수의 제자가 아니라 그의 가르침에 대한 배신자이며, 예수에게 입을 맞추면서 팔아넘긴 유다와 공범자이다.

그러므로 예수가 소망한 것을 원하는 너희는, 그의 사명을 잇기 위해 예수에 의해 선택된 너희는, 이 세상에서 너희를 기다리고 있는 운명을 각오하지 않으면 안 된다. 그러나 세상은 결코 최후까지 강력할 리가 없으니, 언젠가 너희는 승리할 것임을 알아야 한다. 왜냐하면 세상을 극복하는 진리가 이미 모든 사람 앞에서 빛을 발하기 시작해, 그들의 양심을 움직이기 시작하고, 세상은 지난날 예수를 죽인 것처럼 그 진리를 죽이려고 헛되이 몸부림칠 뿐이기 때문이다.

때가 이르러, 불만의 소리가 다음에 올 해방의 날을 예고하고 있다. 사방에서 쇠사슬이 끊어지는 소리가 들린다. 강자는 당황해하며 자신들이 약자로 전락하는 것을 느낀다. 약자는 고개를 쳐든다. 마지막 결전이 치러지지 않으면 안 된다. 인류가 예수에 의해 약속대로 해방되느냐, 아니면 반대로 처음부터 살인자였던 자의 후손의 영원한 노예로 머물 것이냐를 가리는 이 결전에 임하여, 사람들이여! 의연한 태도를 보여주기 바란다!

2. 초기 그리스도교도의 전쟁에 대한 태도에 대하여

"이 세상은 어리석게도 항상 서로 피 흘리며 싸우고 있는데, 한 사람에 의한 살인은 범죄가 되지만 집단에 의한 살생은 명예로운 위업으로 간주되고 있다."

3세기의 저명한 키프리아누스는 군대에 관해 이렇게 말했다.

5세기까지 초기 그리스도교 단체들은 모두 전쟁에 대해 이런 태도를 취했다. 그리스도교 단체는 그들의 지도자를 통해 분명하게 그리스도교도에게는 모든 살인행위가 금지되어 있고, 그래서 전쟁에서의 살인도 금지되어 있다는 것을 인정하고 있다.

2세기에 그리스도교로 개종한 철학자 타티아노스는 전쟁에 있어서 살인을 다른 온갖 살인과 마찬가지로 그리스도교도에게는 허용되지 않는 것으로 하고, 공훈을 찬양해 씌워주는 화관 같은 건 그리스도교도에게 어울리지 않다고 생각했다. 같은 세기에 아테네의 아테나고라스는 그리스도교도는 자신이 절대로 살인을 하지 않는 건 물론이고, 살인하는 자리에 함께 있는 것도 피한다고 말했다.

3세기에 그리스의 클레멘스는 '호전적인 이교도'에 대해 '평화를 사랑하는 그리스도교도'를 대비시켰다. 그러나 그리스도교도의 전쟁에 대한 혐오감을 가장 분명하게 표현한 것은 그 유명한 오리게네스였다. 사람들이 칼을 쳐서 보습을 만들고 창을 쳐서 낫을 만들 때가 올 것이라는 이사야의 말을 그리스도교도에게 적용하면서 그는 지극히 명쾌하게 말했다. "우리는 어떠한 민족에 대해서도 무기를 들지 않을 것이며 싸우는 기술을 배우지 않을 것이다. 왜냐하면 우리는 예수 그리스도를 통해 평화의 아들로 태어났기 때문이다."

켈수스가 그리스도교도들을 병역을 기피하고 있다고 비난하며, 만일 로마 제국이 그리스도교 국가가 되는 날에는 로마 제국은 반드시 멸망할 것이라고 말한 것에 대해, 오리게네스는 이렇게 대답했다. "그리스도교도는 다른 누구보다 로마를 위해 싸우고 있다. 선행과 기도와, 사람들에 대한 선한 영향으로 싸우는 것이다."

또 무기를 사용한 싸움에 대해서는 "그리스도교도는 로마의 군인들과 함께 싸우지 않으며, 황제가 아무리 강요하더라도 결코 전쟁터에는 가지 않을 것이다" 라고 말했다.

오리게네스와 동시대 사람인 테르툴리아누스도 그리스도교도는 병사가 되어서는 안 된다는 생각을 분명히 했다. "그리스도의 깃발과 악마의 깃발을 함께 섬길 수는 없다. 빛의 성(城)과 어둠의 성을 함께 지킬 수는 없다. 한 마음으로 두 주인을 섬길 수는 없다. 주께서 스스로 칼을 거두셨는데 칼 없이 어떻게 싸운단 말인가? 주께서 '칼을 든 자는 모두 칼로 멸망할 것'이라고 말씀하셨는데, 어찌 칼로 사람을 죽이는 연습을 할 수 있겠는가? 평화의 아들이 어떻게 살육에 가담할 수 있단 말인가?"

4세기에 락탄티우스도 그것과 똑같은 말을 했다. "사람을 죽이는 것은 어떤 경우에도 죄악이라는 신의 율법에 어떠한 예외도 있어서는 안 된다. 그리스도교도들이 무기를 드는 것은 허용되지 않는다. 왜냐하면 그들의 무기는 오직 진리뿐이기 때문이다." 3세기경 이집트 교회의 율법과, 이른바 '우리의 주 예수 그리스도의 유훈(遺訓)'에 의하면 모든 그리스도교도는 군대에 들어가는 것이 절대로 금지되며, 금지를 어긴 자는 교회에서 파문당하게 되어 있었다.

〈사도행전〉 가운데는 1, 2세기 무렵, 로마 군대에 복무하는 것을 계속 거부하여 박해를 받은 그리스도교도들의 수난사가 많이 등장한다.

예를 들면, 병역을 거부하다가 관청에 끌려온 막시밀리안은 이름이 무엇이냐는 부총독의 첫 물음에 이렇게 대답했다. "내 이름은 그리스도교도입니다. 그러므로 나는 싸움터에 갈 수 없습니다." 그럼에도 불구하고 그는 병사로서 등록되었지만 끝까지 병역을 거부했다. 그는 병역을 마치거나, 그렇지 않으면 사형을 당하거나 둘 중의 하나를 선택하지 않을 수 없게 되었다. 그는 이렇게 말했다. "차라리 죽을지언정 전쟁터에 나가 사람을 죽일 수는 없습니다." 그는 결국 사형당하고 말았다.

마르켈리우스는 트라야누스 황제의 군대의 백부장(百夫長)이었다. 그리스도의 가르침을 믿고 전쟁은 비그리스도교적인 것이라고 확신한 그는 많은 군인들이 보는 데서 갑옷과 투구를 벗어 땅바닥에 내동댕이치고는 더 이상 군대에 복무할 수 없다고 선언했다. 그는 감옥에 갇혔지만 옥중에서도 여전히 "그리스도교도는 무기를 들 수 없다"고 말했다. 그도 역시 처형당하고 말았다.

배교자(背教者) 율리아누스 황제 때, 군인의 세계에서 태어나 군인의 세계에서 자란 마르티누스는 군대 생활을 계속하는 것을 거부했다. 황제가 그를 심문했을 때 그는 단호하게 말했다. "나는 그리스도교도입니다. 그러므로 전쟁에서 적을 죽일 수 없습니다."

제1차 그리스도교 공의회(325년)에서는 한번 군복무를 포기한 사람의 재입대를 엄격히 금지했다. 러시아 정교회에 의해 인정받은 이 결정은 다음과 같다.

"하느님의 은총으로 올바른 믿음의 세계에 들어가 용감하게 군복을 벗어던진 자로서, 개가 자기가 토한 것을 다시 먹는 것처럼, 다시 군대에 복귀하는 자들은 10년 동안 교회에 찾아가 엎드려 용서를 빌고, 교회 문 앞에서 3년 동안 성경 말씀을 듣도록 하라."

군대에 남은 그리스도교도도 전쟁 때 절대로 적을 죽이지 않는 것이 의무가 되었다. 아직 4세기에 바실리우스 대제는 이 같은 의무를 어긴 병사에게 3년 동안 성찬식에 참석하지 말 것을 권유했다.

이와 같이 그리스도교도가 박해를 받았던 최초의 3세기뿐만 아니라, 그리스도교가 이교에 대해 승리를 거두고 국교로 인정되어 종교계를 지배한 뒤에도, 그리스도교 신자들 사이에서는 전쟁이 그리스도교와 양립할 수 없다는 신념이 유지되고 있었다. 페루치는 이것에 대해 다음과 같이 단호하게 말했다. 그리고 그도 그것 때문에 처형을 당했다. "그리스도교도는 아무리 정의의 전쟁일지라도, 또 그리스도교에 귀의한 황제의 명령일지라도 피를 흘리는 것은 절대로 허용되지 않는다."

4세기에 칼리아리의 주교 루치페르는 그리스도교도들에게 가장 귀중한 것은 자신의 신앙이므로, "남을 죽임으로써가 아니라 자신이 죽음으로써 신앙을 지켜야 한다"고 가르쳤다. 431년에 죽은 놀란의 주교 파울리누스는 "무기를 들고 카이사르를 섬긴 자는 영원히 고통을 받게 될 것"이라고 경고했다.

이상이 4세기까지 그리스도교도가 그리스도교와 병역의 관계에 대해 가졌던 견해였다.

타우베와 뤼나르

3. 병역을 거부했던 농부 올호비크의 편지

1895년 10월 15일 나는 징병 검사를 받으라는 통지를 받았다. 나에게 심지를 뽑을 차례가 돌아왔을 때 나는 심지를 뽑지 않겠다고 말했다. 관리들은 나를 쳐다본 뒤 자기들끼리 얘기를 주고받더니 왜 심지를 뽑지 않으려 하느냐고 물었다.

거기에 대해 나는, 선서도 하지 않고 무기도 들지 않을 것이기 때문이라고 대답했다.

그들은 그것은 나중 일이니 우선 심지부터 뽑으라고 말했다. 나는 재차 거부했다. 그러자 관리들은 나 대신 우리 마을 촌장에게 심지를 뽑으라고 명령했다. 촌장이 심지를 뽑았다. 674번이 나왔다. 기록계 관리가 그것을 기록했다.

징병사령관이 들어와서 나를 사무실로 불러 이렇게 물었다. "선서하지 않겠다고 했다는데, 누가 너에게 그것을 가르쳐 주었는가?"

나는 대답했다. "성서를 읽으면서 스스로 배웠습니다."

징병사령관이 말했다. "네 스스로 성서를 그런 식으로 이해했다고는 생각할 수 없어. 성서는 무척 난해한 것이거든. 성서를 이해하려면 공부를 많이 해야 해."

이 말에 대해 나는 이렇게 말했다. "그리스도는 특별히 어려운 것을 가르치려 한 것이 아닙니다. 그 증거로 가장 신분이 낮고 배우지 못한 문맹자들도 그의 가르침을 이해하고 있지 않습니까?"

그러자 징병사령관은 한 병사에게 나를 부대로 보내라고 말했다. 그 병사와 나는 그 부대의 취사장으로 갔다. 그곳에서 모두들 식사를 하고 있었다. 식사가 끝난 뒤 그들은 나에게 왜 선서를 하지 않았느냐고 다시 물었다.

나는 말했다. "왜냐하면 복음서에 절대로 맹세하지 말라고 적혀 있기 때문입니다."

그들은 깜짝 놀랐지만 곧 이렇게 물었다. "정말 복음서에 그런 것이 적혀 있다는 말이지? 그럼, 어디 한번 찾아봐."

내가 그 부분을 찾아내 읽어 주자 모두들 귀를 기울였다.

"아무리 그렇게 적혀 있어도 역시 선서를 하지 않을 수는 없어! 그렇지 않으면 고통을 받게 될 거야."

나는 이렇게 대답했다. "이 세상의 생명을 버리는 자는 영원한 생명을 얻을 것입니다."

20일에는 나를 다른 젊은 병사들의 대열에 집어넣고, 우리에게 군인 복무규정을 설명했다. 나는 그들에게 그것을 하나도 지키지 않을 것이라고 말했다. 그들은 "어째서?" 하고 물었다.

나는 대답했다. "그리스도교도로서 나는 총을 들고 적으로부터 나를 지키지 않을 것이기 때문입니다. 그리스도께서 원수를 사랑하라고 가르치지 않았습니까?"

그들은 말했다. "아니, 너 혼자만 그리스도교도란 말이냐? 우리도 다 그리스도교도란 말이야."

나는 말했다. "나는 다른 사람들에 대해서는 아무것도 모릅니다. 그리스도가 지금 내가 행동하고 있는 것처럼 행하라고 말씀하신 것을 알고 있을 뿐입니다."

그들이 또다시 "만일 네가 끝까지 병역을 거부할 경우, 우리는 너를 감옥에 가둘 것이다"라고 말하자, 나는 이렇게 대답했다. "좋을 대로 하십시오. 하지만 나는 군대에 복무하지 않을 것입니다."

오늘 군법회의가 열렸다. 장군이 장교들에게 말했다. "그놈의 애송이가 병역을 거부하다니, 대단한 신념을 가졌군 그래! 수백만 명이 복무하고 있는 판에 저 혼자 거부해? 그자를 채찍으로 실컷 때려주면 그 어리석은 생각을 버리겠지."

올호비크는 붙잡혀 야쿠츠카야주(州)로 유형당했다.

7월 15일

1

나의 육체적 생명은 고뇌와 죽음이 운명 지워져 있어서, 어떠한 노력으로도 나를 고뇌와 죽음에서 달아나게 할 수는 없다. 그러나 나의 영적인 생명은 고뇌와 죽음을 초월하고 있다. 그러므로 고뇌와 죽음을 면할 수 있는 길은 오직 한 가지, 자신의 의식을 자신의 영적 '자아'로 옮기는 것이다.

2

외적 세계를 인식하는 두 가지 방법이 있다.

그 하나, 가장 거칠고 선택의 여지가 없는 인식은 오관으로 인식하는 것이다. 만일 이 방법뿐이라면, 현재 우리가 알고 있는 세계상은 떠오르지 않고, 거기에 있는 것은 무의미한 혼돈뿐일 것이다.

또 하나의 방법은 자기에 대한 사랑을 통해 자신을 알고, 똑같은 그 사랑을 통해 다른 존재, 즉 인간, 동물, 식물, 돌, 천체를 알며, 또 그 사랑을 통해 모든 존재의 상호관계를 알고 그 상호관계 속에서 현재 우리가 알고 있는 것과 같은 세계를 구성하는 방법이다.

이 방법이 바로 첫 번째 방법에 의해 파괴된 만물이 하나라는 인식을 부활시키는 방법이다. 이 같은 인식법은 사랑에 기초를 두고 있다. 바꿔 말하면 자신과 다른 모든 존재의 합일, 즉 신과의 합일에 기초를 두고 있는 것이다.

3

아버지, 아버지의 뜻에 어긋나는 일이 아니라면 이 잔을 저에게서 거두어 주십시오. 그러나 제 뜻대로 하지 마시고 아버지의 뜻대로 하십시오.

〈누가복음〉 제22장 42절

4

필요한 것은 오직 한 가지, 신을 인식하는 것이다.

모든 감정, 모든 정신력과 지력, 모든 외적인 인식 방법은 결국 신을 비춰내는 기쁨의 빛, 신을 숭배하는 수단에 지나지 않는다. 언젠가는 소멸할 모든 것을 떠나 오로지 영원하고 근본적인 것과 결합하여, 그 밖의 모든 것은 일시적인 것으로 생각하고 그것을 누려야 한다. 숭배하고 이해하고 받아들이고 느끼고 주고 행동하는 것, 그것이 너의 율법이고, 의무이며, 너의 행복이자, 하늘이다. 비록 그것이 죽음일지라도 올 것은 오게 하라. 신과의 내면적인 화합을 이룩하고, 신 앞에서, 신과의 접촉 속에 살며, 저항할 수 없는 영원한 힘이 그대의 생명을 이끄는 대로 맡겨라. 아직까지 죽음이 찾아오지 않는다면 그것도 다행한 일이다. 만약 죽음이 너를 채간다고 해도 그것도 괜찮다. 죽음이 인생의 중간에서 너를 멸망시킨다 해도 역시 좋은 일이다. 그 경우, 죽음이 너의 성공의 길을 가로막는 것은, 너를 위해 무아(無我)의 위업과 헌신과 정신적인 위대함의 길을 열어주기 위한 것이다. 모든 생명은 나름대로 위대함을 가진다. 너는 어차피 신 밖으로 나갈 수 없기 때문에 오히려 의식적으로 신을 너의 동거자로 선택하는 것이 현명하다.

아미엘

5

왜 이렇게 괴로운가! 결국 한 순간 뒤에 죽는 것을, 도대체 왜 무엇에 흥미를 가져야 한단 말인가?

원래 시간은 공허하지만, 너는 생명으로 넘치고 있고, 만약 네가 바로 오늘 신을 발견한다면 그 하루는 몇백 년과 맞먹는 가치를 갖게 될 것이다.

아미엘

6

우리의 생명의 중심은, 우리가 사색하고 느끼고 의사표시를 하는 그 사상과 감정과 의사 속에도 없고, 그러한 의식 속에도 없다. 왜냐하면 도덕적인 진리는 이러한 여러 가지에 의해 일단 얻을 수 있지만, 그것은 이내 다시 우리에게서 달아나기 때문이다. 우리의 의식보다 더 깊은 곳에 우리의 본질이 있다. 우리의 본질이야말로 우리의 진정한 근원이다. 그 근원적 영역에 그야말로 우리 자체가 되어, 어느 순간엔가 문득 무의식적, 본능적으로 들어오는 진리, 그러한 진리만이 실질적인 우리의 생명, 바꿔 말하면 진정한 나인 것이다. 우리가 진리와 우리 사이에 어떤 거리를 인정하는 한, 우리는 진리의 밖에 있다. 사상과 감정, 의사, 생명의 의식은 아직 생명 자체가 아니다. 우리는 본질적으로는 오직 생명 속에서만, 영원한 생명 속에서만 평화와 안정을 발견할 수 있다. 영원한 생명이 곧 신적 생명이며 신 자체이다. 신성을 갖춘 존재가 되는 것이야말로 생명의 목적이다. 그때 비로소 진리는 우리와 함께 있으며 사라지지 않는다. 왜냐하면 그것은 이미 우리의 밖에는 없고 안에도 없으며, 우리가 진리이고 진리가 우리이기 때문이다. 그때 우리는 진리이고 신의 뜻이며 신의 조화이다. 또한 그때 자유는 우리의 본성이 되고, 우리가 창조하는 것은 조물주와 하나가 되어, 사랑에 의해 조물주와 결합함으로써 그 근원적인 존재가 된다. 조물주의 교육은 끝나고 최고의 희열의 세계가 시작된다. 태양은 시간을 초월하고 영원한 기쁨의 빛이 나타난다.

아미엘

7

신에 대한 사랑의 본질은, 조물주의 숭고한 빛과 하나가 되기 위해 그것을 지향하며 거기에 이끌리는 정신 속에 있다. 《탈무드》

8

만일 우주적인 '자아'의 인식에 도달하고 싶으면 무엇보다 먼저 자기 자신을 알아야 한다. 자기 자신을 알려면 자신의 '소아(小我)'를 '대아(大我)'를 위해 바쳐야 한다. 만약 정신적으로 살고 싶으면 자신의 생명을 희생시키지 않으면 안 된다. 네 마음을 외적인 사물에서, 외부에서 제시되는 모든 것에서 멀어지게 하라. 일어나는 모든 표상을, 그것이 네 영혼에 어두운 그림자를 던지는 일이 없도록, 자신에게서 멀어지도록 힘써라.

너의 그림자는 나타나고 또한 사라진다. 네 속에 있는 영원한 것, 이해하는 존재, 그것은 늘 그 자리에 있으며 변하지 않는 생명에 속한다. 이 영원한 것은 과거에도 존재했고 지금도 존재하고 있으며 또 앞으로도 존재해야 하며, 그 세계에서 시간은 결코 멈추지 않는다. 브라만의 가르침

9

우리의 '동물적 자아'에 있어서 행복이니 불행이니 하는 것은 우리의 의지 밖에 있으며, 참으로 높은 분의 의지에 속한다. 그러나 우리의 '영적인 자아'에 있어서의 선과 악은, 오로지 우리 자신에게, 우리가 참으로 높은 분의 의지에 복종하는가 하지 않는가에 달려 있다.

7월 16일

1

쓸데없는 잡담처럼 게으름을 조장하는 것은 없다. 만일 그들이 심심풀이로 잡담하는 것을 그만두고 입을 다문다면, 그들은 그 지루함을 이겨내지 못할 것이다.

2

말이 많은 사람은 좀처럼 자신의 말을 실천하지 않는다. 현자는 자신의 말이 행위를 앞지르는 것을 늘 두려워한다. 중국 금언

3

현자는 자신의 행동이 말과 일치되지 않는 것을 두려워하기 때문에, 함부로 빈말을 하지 않는다. 중국 금언

4

먼저 생각한 뒤 말하라! "이제 그만"이라는 말을 듣기 전에 그쳐라. 사람이 동물보다 나은 것은 말하는 능력이 있기 때문이지만, 만약 이것을 악용한다면 사람은 오히려 동물보다 못한 존재가 될 것이다. 사디

5

어리석은 자의 말에 이쪽에서도 상대방의 수준에 맞춰 똑같이 어리석게 대답하지 않는 것이 현명하다.

6

침묵 속에 사는 사람은 신의 곁으로 쉽게 다가갈 수 있다. 심심풀이로 하는 잡담은 결국 지루함과 불안의 원인이 된다. 성현의 사상

7

말하지 말걸 그랬다고 후회하는 일이 천 번일 때, 말할걸 그랬다고 후회하는 일은 한 번 있을까 말까 하다.

8

속이 텅 빈 사람이 꼭 말이 많은 법이다.

9

남에게 어떤 일을 하지 못하게 하고 싶을 때는 그 일에 대한 대화에 그를 끌어들이는 것이 좋다. 사람은 말을 하면 할수록 그 일에 대한 관심이 없어지기 마련이다.

칼라일

10

말할 것이 적으면 적을수록 실천은 많아진다.

7월 17일

1

고대 사회기구의 기초는 폭력이었지만, 현대에 적합한 사회기구의 기초는 이성적인 화합과 폭력의 부정이다.

2

"눈은 눈으로, 이는 이로" 하신 말씀을 너희는 들었다. 그러나 나는 이렇게 말한다. 앙갚음하지 마라. 누가 오른뺨을 치거든 왼뺨마저 돌려 대거라.

〈마태복음〉 제5장 38~40절

3

겸손한 사람일수록 사람을 잘 쓸 줄 안다. 이것을 다툼이 없는 덕이라 한다. 이것을 하늘과의 화합이라고 한다.

노자

4

사람들의 이성을 무시하고, 그들을 지배할 수 있는 것은 오직 폭력과 강제뿐이라고 생각하는 사람은, 얌전하게 원을 그리며 걷게 하려고 말의 눈을 가리는 것과 같은 짓을 인간에게 하고 있는 것이다.

5

이른바 교양 있는 사람들, 폭력과 강제라는 문제에 대해, 이성적 존재의 인간으로서 당연히 취해야 할 태도의 모범을 보여줘야 할 사람들, 즉 학자와 자유주의자, 나아가서는 혁명주의자까지, 자유에 대해 인간의 존엄성에 대해 논의하거나, 논쟁을 하거나, 설교하려고 한다. 그러나 그것도 입에 재갈을 물리라는 호각소리가 날 때까지뿐이다. 호각 소리가 나자마자 모든 논의, 모든 자유주의, 모든 자유에 대한 설교는 끝나고, 즉시 화려한 군복이 입혀지고 총칼이 주어져, 뛰고, 달리고, 서고, 모자를 쓰고, 경례를 붙이며 만세를 부르도록, 심지어 명령 한마디에 자신을 낳아준 아버지까지 쏠 수 있는 각오를 갖도록 혹독한 훈련을 받는다.

그러면 그 자유주의자와 학자, 혁명주의자, 자유의 설교자들은, 이리저리 뛰어다니며 명령대로 누구에게든 경례를 하고, 만세를 외치며, 명령하는 대로 상대가 누구든 총살할 준비를 하는 것이다.

그리하여 본인들 자신이, 당연히 누구보다도 자신의 실생활과 의식을 일치시키기 위해 노력해야 할 교양인 스스로가, 자신들이 설교하고 있는 것, 가르치고 있는 것을 믿지 않는 것이다.

6

오직 폭력에 의하지 않고는 사람들에게 영향력을 미칠 수 없다면, 인간의 이성은 도대체 무엇을 위해 있는 것일까?

7

폭력이 행사되는 모든 경우, 어디까지나 이성적인 신념에 충실하라. 그러면 너는 세속적인 의미에서도 잃을 것이 적을 것이고, 정신적으로는 넘치는 만족감을 느낄 것이다.

7월 18일

1

영원한 생명을 믿는다는 것은, 생명의 본원은 정신적인 것이며, 그러므로 시간을 초월한다는 것을 믿는 것이다.

2

계율을 어긴 사람은 자신의 생명은 죽음과 함께 완전히 끝난다고 생각한다. 그런 사람은 어떠한 악에도 뛰어들 수 있다. 부처의 가르침

3

우리의 마음에는 인간 본래의 영원불멸이라는 진리의 싹이 숨 쉬고 있다. 그것은, 이 세상에서의 우리의 존재가 부족하다는 것을 알고, 자신의 목적을 달성하기 위해 더욱 그것이 계속되기를 바라는 우리의 의식 속에 있다. 그 싹은 또 이 세상에서는 결코 채워질 수 없는 행복에 대한 뜨거운 갈망 속에 있다. 그 싹은 바로, 우리가 노력하면 할수록 우리 속에 완전무결성과 완전한 것의 합일에 대한 희구를 불러일으키는 선에 대한 애정 속에 있다. 채닝

4

사람들은 저세상에 대해서는 아무것도 모르기 때문에 이 세상에서 오래 살기를 바란다. 즉 그들의 가장 큰 소망은 영원히 이 세상에서 사는 일이다. 하지만 꽃밭에서 살아본 적이 있는 작은 새는 새장 속에 갇히고 싶어 하지 않는다. 만약 새장에 갇히면 그 새는 다시 꽃밭으로 돌아가기 위해 새장 속에서 빠져나가고자 할 것이다. 인간도 마찬가지로 한번 육체에서 탈출하면 다시는 육체로 돌아가고 싶어 하지 않는다. 과연 한번 태어난 아기가 다시 어머니의 태내로 돌아갈 수 있을까? 감옥에서 풀려났다가 다시 그곳으로 돌아가고 싶어 하는 사람이 과연 있을까? 새장에서 빠져나왔다가 다시 그 새장 속에 갇히고 싶어 하는 새가 과연 있단 말인가? 이와 같이 인간도 그가 육체적 생명에 집착하지만 않으면, 자신의 앞날에 기다리고 있는 육체로부터의 해방을 두려워하지 않을 것이다.

바브교 경전

5

인간은, 자신은 결코 새롭게 태어난 것이 아니라 항상 존재해 왔고, 존재하고 있으며, 존재할 것이라는 사실을 깨달을 때, 비로소 자신이 결코 죽지 않는다는 것을 느낀다.

인간은 자신의 생명이 단순한 '파도'가 아니라, 다만 이 세상에서 '파도'로 나타나는 영원한 운동임을 깨달을 때, 비로소 자신의 영원한 삶을 믿을 수 있다.

6

죽음에 대해 심각하게 고민할 것은 없지만, 항상 죽음을 철저하게 응시하며 살아가지 않으면 안 된다. 죽음을 응시하는 삶은 모두 엄숙하고 의미심장하며, 참으로 얻는 것이 많아 우리에게 기쁨을 준다.

왜냐하면 그 삶은 언제 단절될지 알 수 없고, 게다가 죽음을 응시하고 있으면 아무래도 불멸의 생명을 위해, 다시 말하면 신을 위해 필요한 일만 하게 되기 때문이다. 그렇게 살 때 그의 생활은 즐거운 것이 되어, 오직 동물적인 생명만을 사는 사람들을 위협하는 허수아비, 즉 죽음의 공포는 소멸된다. 죽음에 대한 공포는 선한 생활에 반비례한다. 성스러운 생활을 할 때 이 공포는 사라진다.

7

생명은 출생과 함께 시작된 것도 아니고, 죽음과 함께 끝나는 것도 아니라는 것을 믿고 있는 사람은, 이것을 이해하지도 믿지도 못하는 사람보다 힘들이지 않고 선한 삶을 살 수 있다.

7월 19일

1

참으로 유익한 것, 참으로 선한 것, 따라서 참으로 위대한 것은 언제나 단순하다.

2

진실한 말은 간결하다.

3

선한 것은 인간의 본성과 자연스럽게 어울린다. 그러므로 선한 것은 모두 꾸밈이 없고 두드러지지 않는다.

4

인간 생활에서 진정으로 위대한 것은 거의 언제나 눈에 띄지 않는다. 지금 우리 눈앞에서 조용하고 은밀하게 가장 위대한 행위, 가장 위대한 헌신이 행해지고, 가장 높고 원대한 기도가 진행되고 있지만, 다만 우리가 그것을 깨닫지 못하고 있는지도 모른다. 나는 그렇게 위대한 것은 우리가 그 이름을 들은 적도 없고, 알지도 못하는 대중 속에서 매우 잘 볼 수 있다고 믿고 있다. 나는 그러한 서민들 속에서야말로 고뇌에 대한 용감한 인내와 꾸밈없는 진실, 확고한 신앙, 자신에게도 꼭 필요한 것을 남에게 주는 참으로 진정한 도량을 자주 볼 수 있음을 믿고, 또 무엇보다도 부자에 비해 삶과 죽음에 대한 진정한 이해를 더 많이 발견할 수 있음을 믿는다.

채닝

5

종종 가장 많이 배운 사람들이 바로 그 지식 때문에, 자신뿐만 아니라 모든 사람에게 필요한 단 하나의 진리를 받아들일 수 있는 힘을 잃고 있다. 이에 비해, 가장 단순하고 배우지 못해 교양 없는 사람들이 종종 지극히 명료하게, 의식적으로, 그리고 참으로 쉽게, 진리에 합당한 인생의 가르침을 받아들이고 있다.

6

의식주를 위해 필요한 것은 아주 적다. 그 밖의 것은 다만 남의 취미에 영합하기 위해, 또는 남보다 돋보이기 위해 장만하고 있을 뿐이다.

동양의 금언

7

생활, 언어, 습관이 간소함은 사람들에게 활력을 주지만, 사치스러운 생활, 가식에 찬 언어, 게으른 습관은 그들을 쇠약과 멸망으로 이끈다.

존 러스킨

8

지극히 명확한 관념이 복잡한 이치 때문에 종종 애매해질 때가 있다.

키케로

9

귀감으로 삼을 만한 인물을 찾고 싶으면, 소박하고 겸손한 사람들 속에서 찾아라. 그런 사람들이야말로 진실하고, 자신을 과시하지 않는 정도가 아니라 스스로 그것을 의식하지 않는 위대함이 있다.

7월 20일

1

살아 있는 것에 대한 연민은 우리의 마음에 육체적인 고통과 비슷한 감정을 불러일으킨다. 그리고 육체적 고통에 대해 무감각해질 수 있듯 연민의 고통에도 무감각해질 수 있다.

2

살아 있는 모든 것에 대한 연민이야말로 그 사람의 도덕성에 대한 가장 확실하고 튼튼한 보증이다. 참으로 동정심이 깊은 사람은 결코 남을 모욕하지 않고 화나게 하지 않으며, 남에게 고통을 주지 않고 또 남을 비난하지 않으며 모두를 용서한다. 따라서 그 사람의 모든 행동에는 정의와 인간애의 각인이 새겨질 것이다. 만약 누군가가 "이 사람은 덕이 있는 인물이지만 연민이라는 것을 모른다"거나 "이 사람은 부정하고 사악한 사람이지만 동정심이 매우 많다"고 말한다면 우리는 거기서 커다란 모순을 느낄 것이다. 쇼펜하우어

3

인간들이여, 이제 정당하지 않은 음식물로 몸을 더럽히지 말라!

너희에게는 곡식이 있다. 싱싱하게 반짝이는 붉은 열매가 주렁주렁 달려 저 나뭇가지가 저렇게 휘어져 있지 않은가!

반짝반짝 윤기가 흐르는 포도가 가지에 탐스럽게 달려 있고,

부드럽고 달콤한 뿌리와 풀은 들판에 무성하다.

그 밖에도 우리의 혀에 딱딱한 것은 불이 달콤하고 부드럽게 익혀준다.

신선한 우유도,

차조기의 향을 담고 있는 달콤한 꿀도,

너희에게 모두 허락돼 있다.
대지는 넘칠 듯한 풍요를
너희에게 제공하고 있다.
잔인한 살육도 피흘림도 없이
너희를 위해 맛있는 식탁을 준비한다.
다만 사나운 들짐승들만이
날짐승의 고기로 굶주린 배를 채운다.
그렇다고 모든 짐승이 다 그런 것은 아니다.

말도, 염소도, 소도, 모두가 조용히 풀을 뜯으며 평화롭게 살아가고 있지 않느냐!

오직 사나운 호랑이와 잔인한 사자, 또는 굶주린 이리와 곰 같은 포악한 육식동물만이 피를 즐긴다.

이 무슨 죄 많은 습성, 이 무슨 참혹한 모습인가!
위장이 위장을 삼키다니!
우리와 닮은 생물의 피와 살로 자신의 혀와 배를 만족시키고,
다른 생물을 죽여,
그 피를 마시고 살아가도 괜찮은 것일까?
우리를 키워주는 어머니인 대지의,
그 풍요로운 은혜에 둘러싸인 우리에게,
야수가 아니라 인간인 우리에게,
갈기갈기 찢긴 주검의 살점을,
흉포한 야수처럼,
날카로운 송곳니로 탐욕스럽게 물어뜯는 것이
정말 부끄러운 일이 아니란 말인가?
인간들이여! 다른 생명을 희생시키지 않으면,
너희의 처절한 굶주림을, 채워지지 않는 위장을,
달래줄 방법은 정말 없는 것일까?
전설에 의하면 그 옛날
황금시대라고 불리던 시절이 있었다.

사람들은 온화하고 소박하게, 또 행복하게 살며,
대지가 주는 열매만으로 만족할 줄 알고,
살아 있는 생물의 피로 그 입을 더럽히지 않았다.
그때 새들은 평화롭게 하늘을 날았고,
겁 많은 토끼도 두려움 없이 들판을 뛰어다녔다.
물고기도 미끼에 속아 바늘에 걸리는 일이 없었고,
심술궂은 올가미와 함정도 없었으며,
어느 누구도 공포와 배신, 악의를 몰랐다.
지상의 모든 곳을 평화가 지배하고 있었다.
그 평화는 지금 어디에 있는가?
부드럽고 온순하며 남을 해칠 줄 모르는 양들이여,
인간들의 기쁨을 위해 태어난 양들이여,
너희들은 왜 죽지 않으면 안 되었느냐?
그 풍만한 젖가슴으로 아낌없이 우리를 먹이고,
부드러운 털로 따뜻하게 감싸주는 양들
그 행복한 삶이야말로 무참한 죽음보다
우리에게 더욱더 유익한 존재인 것을!
우리의 협력자로서 하늘이 내려준 황소여!
묵묵히 거부할 줄을 모르는 농부의 벗이여,
너희에게 무슨 죄가 있겠는가?
무거운 멍에로 털마저 닳아버린 부드러운 그 목에
잔인한 손으로 날카로운 도끼를 내려칠 수 있을 정도로
인간들은 너희에 대한 고마움을 까맣게 잊었구나.
인간들을 키워주는 어머니인 대지를
곡식을 수확할 수 있게 논밭을 갈아준 것을
그 일꾼의 뜨거운 피로 물들이다니?
오, 인간들이여!
무서운 것은 너희의 혐오스러운 습관
그것은 참으로 쉽게 범죄의 길을 연다.

죽기 전의 가련한 울음소리를 들으면서
죄 없는 송아지를 도살하는 자
그 가냘픈 울음소리가
갓난아기의 울음소리와도 닮은 어린 양을 도살하는 자
재미 삼아 하늘의 새를 쏘고
특히 자기 손으로 키운 것을 잡아먹는 자여!
너희에게는 사람을 죽이는 것도 어렵지 않으리라.
너희의 잔인한 습관은 식인의 한 걸음 앞이다!
오, 형제들이여!
삼가라, 각성하라.
우리는 너희에게 호소한다!
살해함으로써 논밭의 경작자인 황소를,
그 경작에서 떼어놓지 말라.
오히려 너희에게 묵묵히 봉사한
소로 하여금 자연사할 수 있도록 내버려 두어라.
자신의 몸을 방어할 줄 모르는 가축을 죽이지 말고
너희를 그 부드러운 털로 따뜻하게 감싸고
제 젖을 아낌없이 너희에게 마시게 하면서
너희의 목장에서 평화롭게 살다
조용히 혼자 숨을 거두게 하라.
올가미를 치우고 함정을 제거하라!
하늘을 나는 새들을 해하지 말라.
오히려 그들로 하여금 걱정 없이 날아다니며
우리에게 행복과 자유의 노래를 부를 수 있게 하라.
교활한 그물을 거두고 죽음의 먹이를 매단 바늘을 버려라!
순진한 물고기를 비겁한 속임수로 낚지 말라.
산 짐승의 피로 인간의 입을 더럽히지 말라.
죽어야 할 자여, 똑같이 죽어야 하는 존재를 동정하라!
허락된 음식만으로 살아라.

사랑으로 가득한 깨끗한 사람의 마음에 어울리는 음식으로 살아라.

오비디우스 원작, 안나 바리코바 옮김

4

인생에서 종교를 실천하는 첫 번째 조건은 살아 있는 모든 것에 대한 사랑과 동정심이다. 《불본행집경(佛本行集經)》

5

생명에 대한 연민은 선량한 성격과 떼어놓을 수 없는 밀접한 관계이므로, 생명에 대해 잔인한 인간은 절대로 선량한 인간이 아님을 확신을 가지고 주장해도 된다. 쇼펜하우어

6

살생은 모두 혐오스러운 것이지만, 그중에서도 먹기 위해 하는 살생이 가장 혐오스럽다. 그리고 어떤 방법으로 죽일 것인지 생각하거나 죽인 생물을 어떻게 먹으면 가장 맛이 있을지, 또는 어떤 양념을 하면 좋을지 등등 여러 가지 취향을 시도하면 할수록 더욱더 혐오스러운 것이 된다. 골트슈타인

7

다른 생명이 고통스러워하는 모습을 보고 괴로움을 느낄 때, 그 괴로운 광경에서 눈을 돌려, 그 장면에서 달아나고자 하는 순간적인 감정에 빠져서는 안 된다. 반대로 괴로워하는 것에게 달려가 그것을 구할 방법을 찾는 것이 옳다.

7월 21일

1

사랑은 신적 본성이 나타난 것이며, 그 본성에는 시간이라는 것이 없다. 그러므로 사랑은 오직 현재, 바로 지금, 시시각각으로 나타난다.

2

사랑한다는 것은 일반적으로 선을 행하는 것을 뜻한다. 우리는 모두 사랑을 그렇게 이해하며, 다른 방식으로 이해하려 하지 않는다. 그리고 사랑은 결코 단순한 언어가 아니라 다른 사람들의 행복을 지향하는 행동이다.

만약 어떤 사람이 미래에 더 특별한, 더 큰 사랑을 베풀기 위해서라는 명분으로, 현재의 극히 작은 사랑의 요구에는 응하지 않아도 된다고 생각한다면, 그 사람은 자기는 물론이고 다른 사람까지 속이고 있는 것이며, 결국 자신 외에는 아무도 사랑하지 않는 것이다.

'미래의 사랑'이라는 것은 없다. 사랑은 오직 현재의 행위이다. 현재 사랑을 보여주지 않는 사람에게 사랑은 존재하지 않는다.

3

사랑하는 사람에게 올바르게 행동하고, 동정과 따뜻한 관심으로 대하는 것을 미루지 말라. 그들 또는 우리가 병에 걸리고 죽음의 위협을 받을 때까지 기다려서는 안 된다. 인생은 짧다. 그 짧은 길에서 우리 길동무의 마음을 기쁘게 해줄 수 있는 시간은 결코 길지 않다. 그러니 어서 서둘러 잘해 주어야 하지 않겠는가?

아미엘

4

자신이 도와주고 있는 상대에게 자신을 드러내지 말라. 상대방이 그 은혜는 받을지라도 베푼 사람의 이름은 모르는 것이 좋다. 성현의 사상

5

가난한 사람을 만나면 그 가난의 원인이 무엇인지 따지느라 동정심이 사라지게 만들지 말고, 얼른 도와주어라. 성현의 사상

6

비록 세상이 너를 비난할지라도 너는 선량한 사람이 되어라. 그것은 네가 주위로부터 칭찬을 받으면서 사악하게 사는 것보다 좋은 일이다. 로드

7

복음서의 가르침에는 소박한 신앙, 즉 하느님에 대한 신앙과 찬양, 신의 율법에 대한 실천이 포함되어 있다. 그런데 신의 율법은 모두 네 이웃을 사랑하라는 한 가지 율법과 관련되어 있다. 자기 자신처럼 이웃을 사랑하는 것은 신의 율법을 실천하여 행복해지는 것이며, 반대로 자신의 이웃을 멸시하고 증오하는 것은, 자신의 마음을 어지럽히고 아집의 늪에 빠지는 것이다. 스피노자

8

사랑에는 두 종류가 있다. 하나는 내가 모든 사람들 속에 숨 쉬는 정신적 본원에 대한 사랑을 모르고, 단순히 사람들을 사랑하는 경우이다. 또 하나는 내가 모든 사람들 속의 오직 한 가지만을 사랑하는 경우로, 그 한 가지야말로 모든 사람들 속의 정신적 본원이다.

이 두 가지 사랑의 차이를 말하면, 먼저 첫 번째의 경우는 내가 사람들을 사랑하는 것은 그들이 나에게 있어서 유쾌한 존재인 동안뿐이지만, 두 번째 경우 즉 모든 사람 속에 있는 단 하나의 본질적인 것을 사랑하는 경우에는, 사람들이 나에게 있어서 불쾌할지라도 역시 그들을 사랑한다는 것이다.

첫 번째 경우에는, 우리는 사랑의 대상을 아내, 벗, 남편 등으로 바꿀 것이다. 왜냐하면 우리가 사랑하는 사람들은 끊임없이 변화하고, 그들에 대한 우리의 감정도 변화하기 때문이다.

두 번째 경우에는, 우리는 자신의 도덕적 성장의 정도에 따라 점점 분명하게 모든 사람한테서 볼 수 있는 신적, 영적 근원을 더 많이 사랑하게 될 것이다.

표도르 스트라호프

9

우리는 자신이 자선을 베풀 수 있는데도 하지 않아, 자신에게 손을 내민 사람에게 도움을 줄 수 있는 기회를 영원히 놓쳐버리고, 또 자신도 당연히 해야 할 의무를 했다는 기쁨을 놓쳐버린 것을 떠올리며, 후회할 때가 종종 있다.

이레째 읽을거리

믿음이 없는 사람

"그것을 자주 또한 오래 생각하면 할수록, 늘 새로운 감탄과 숭배와 존경으로 우리 마음을 채워주는 것이 두 가지 있다. 그것은 우리 머리 위에서 별이 빛나고 있는 밤하늘과 우리의 내부에 있는 도덕률이다." 칸트

1852년 초, 내가 브뤼셀에 살고 있을 때 낯선 젊은이가 나를 찾아왔다. 꾸밈없이 솔직한 미소와 마찬가지로 솔직하고 생기 있는 눈빛을 한, 무척 인상이 좋은 사람이었다. 그는 약간 멋을 낸 옷차림이었다. 조각이 새겨진 단추가 달린 비로드 조끼를 입고 노란 장갑을 끼고 단추 구멍에 꽃을 꽂았으며 손에는 지팡이를 들고 있었다. 그리고 새하얀 셔츠를 최대한 잘 보이게 드러내고 있었다. "누구신가요?" 하고 내가 묻자 그는 성직자라고 대답했다. 그러고는 덧붙였다.

"아니, 오히려 전에 성직자였던 사람이라고 말하는 편이 낫겠군요. 나는 진실한 것을 위해 거짓된 것을 버렸습니다. 지금은 나도 당신처럼 추방당한 사람입니다."

나는 그에게 의자를 권했다.

"나는 아나톨 르레라고 합니다." 그는 자신의 이름을 말했다.

우리는 얘기를 나누기 시작했다. 그는 나에게 반평생을 살아온 얘기를 들려주었다. 그 이야기에 따르면, 그는 스물다섯 살이 되었을 때, 왜 그렇게 되었는지 자신도 모르는 사이에 어느덧 성직자가 되어버리는, 그런 교육을 받고 자랐다. 본의 아니게 느닷없이 성직자가 되어버린 것이 그를 눈뜨게 했다. 그는 자연과 자신 사이를 가로막고 있는 빠져나갈 수 없는 어둠의 벽, 즉 성직제도의 벽을 본 그날부터, 오랫동안의 신비주의적 교육에 의한 미망에서 눈을 뜬 것이다. 첫 미사가 그에게는 임종의 순간처럼 괴로웠다. 제단을 내려오면서 그는 자기가 유령이 된 것 같은 기분을 느꼈다. 자신을 기다리고 있는 미래를 생각하니 두려움이 밀려왔다. 그때가 스물다섯 살이었다. 그는 자신의 몸 구석구석까지 피가 들끓고 있는 것을 느꼈다. 그의 내부에 있는 자연은 만족을 원하고 있었다. 그렇지만 그 자연의 요구는 그에게는 다만 번민의 불꽃처럼 느껴졌다.

요컨대 그는 성직에 적성이 맞지 않았고, 그 사실을 너무 늦게 깨달은 자신에 대해 어이가 없었던 것이다.

성직자로서의 자신에게 부과된 의무에 대한 저항감은 점점 치열해져 몇 년 동안 계속되었다. 그는 일단 스스로 짊어진 의무는 엄격하고 충실하며 정직하게 수행했다.

하지만 그는 결국 많은 고난을 겪은 뒤 그 투쟁에서는 패자가 되어, 아니 오히려 승자가 되어 거기서 벗어날 수 있었다. 인간이 성직자를 이긴 것이다. 르레는 젊음과 생명과 신성으로, 극복할 수 없는 자연에 몸을 맡겼다. 이것은 그가 나에게 얘기했을 때 그 자신이 한 표현이다. 그는 자신의 양심에 대한 위선자가 되기보다는 로마에 대한 배교자가 될 것을 선택했다. 그리하여 그는 성직에서 물러났다. 교회를 떠난 사람에게 열려 있는 문은 오직 하나, 민주주의였다. 르레가 지닌 모든 성향이 그를 그쪽으로 인도했다. 성직자이기 전에 그는 민중의 아들이었다. 그는 브르타뉴의 한 가난한 집안에서 태어났다. 그러므로 그가 민중에게 돌아간 것은 물방울이 원래의 바다로 돌아가는 것처럼 지극히 자연스러운 일이었다. 그것은 또 그에게는 기쁜 일이었다.

그는 이러한 사연을 담담하고 솔직하며 자신감에 찬 목소리로 얘기했다. 평범한 민중으로 돌아온 그는 점점 성장해 갔다. 원래 정치사상가의 소질이 있었던 그는 몇몇 신문에 논설을 기고했고, 결국 열렬하고 극단적인 신념을 가진 혁명투사가 되었다.

자신의 지난 이야기를 끝내자, 그때부터 그는 자신의 사상에 대해 피력하기 시작했다. 나는 조용히 귀를 기울였다.

그런데 얘기 도중에 갑자기 그가 흥분해서 외쳤다.

"그래요! 우리는 그것을 교훈으로 삼아야 합니다. 민주주의를 정착시키려면 수단이 필요합니다. 인간을 개조하고 사람들을 어릴 때부터 새롭게 교육시켜야 합니다. 우리는 오직 교육을 통해서만 혁명의 논리를 가르칠 수 있습니다."

"나도 동감입니다."

내가 그렇게 말하자 그의 얘기는 더욱 열기를 띠기 시작했다.

"나는, 무릇 교육의 목표는 인간의 지혜를 모든 초자연적인 것으로부터 해방시키는 데 있다고 생각합니다."

"그 초자연적인 것이라는 말은 어떤 의미로 하는 말씀인지요?"

나는 물었다.

"요컨대 인간은 종교적인 환상 때문에 멸망할 거라는 말을 하고 싶은 겁니다. 종교적인 미망은 인류의 미래를 질식시키고 있습니다. 민중이 도도한 광신적인 분위기 속에서 호흡하고 있는 한, 인간의 이성과 지혜를 기대할 수 없습니다. 그렇습니다! 예로부터 전해 내려온 인간의 지혜는 그런 미망의 어둠에 덮여 멸망하고 종교적인 환상의 바닷속에서 익사하고 있습니다. 그 바다 위에 떠 있는 배에는 사방에서 물이 새어들고 있어요. 이제는 의심할 여지 없이 현실에만 의지해야 할 때가 아닐까요? 둘 더하기 둘은 넷, 이것 외에 구원은 없습니다. 오직 사실 위에 철학을 세우고, 이성으로 검증될 수 없는 것은 어떤 것도 허용하지 말아야 합니다. 현실적인 것은 오직 볼 수 있는 것, 느낄 수 있는 것뿐입니다. 모든 신앙은 자기 손바닥을 들여다보듯 명백해야 합니다. 그렇습니다, 싸움이 있을 뿐입니다. 기적처럼 보이는 모든 미망과의 필사적인 싸움이 있을 뿐입니다. 우리는 오직 자기 자신만을 믿어야 합니다. 요람 속에는 실제로 우리가 볼 수 있는 것, 즉 갓난아기 외에는 아무것도 없고, 무덤 저편에는 멸망 외에는 아무것도 없다는 것을 깨달아야 합니다. 모든 환상과는 완전히 관계를 끊어버리자! 지구와 그 위에 살고 있는 생명 외에는 아무것도 존재하지 않습니다. 현재 우리의 머리 위에 있는 하늘 외의 다른 하늘은 없고, 우리 지구는 그 하늘을 회전하고 있습니다. 우리는 건전한 이성으로 명확하게 판단하고 모든 환상을 제거하지 않으면 안 됩니다! 열매를 원하지 않는 사람은 나무를 베어버립니다. 종교에서도 그 모든 존재와 주장을 박탈해야 합니다."

"그럼 결국 당신의 종교는 무엇입니까?" 내가 물었다.

"신학교 학생이었다고 말씀드리지 않았던가요?"

"그래서요?"

"그러니까 나는…… 무신론자지요."

"그런 식의 표현에 찬성할 수 없군요. 예수회 학교라고 반드시 볼테르를 만들어 낸다고는 할 수 없으니까요. 그건 그렇고, 어쨌든 얘기를 더 들어봅시다. 말씀, 계속하세요."

"이젠 다 말씀드린 것 같습니다만. 가설을 피하고 환상의 감옥에서 탈출해, 그러한 것에서 인간의 지혜가 해방될 수 있도록 서로 힘을 합치는 것, 그것이 중요합니다."

"나는 미신에서 만들어진 가설이나 인간의 지혜를 방해하는 환상을 싫어하는 점에서는 당신과 다르지 않습니다. 그러니까, 표면상 당신과 나는 견해가 같은 것처럼 보이지만, 아무래도 꼭 그런 것 같지만은 않군요. 어쨌든 당신의 의견을 좀더 상세하고 정확하게 들려주시겠습니까?"

"좋습니다. 결국 내가 주장하는 건, 유신론자들이 말하는 이념이라는 것을 전면적으로 배제하는 것입니다. 이념이라는 것은 초자연적인 것이고 초자연적인 것은 이 세상에서, 그리고 또 인간에게서 추방하지 않으면 안 됩니다. 이 세상에서 초자연적이라고 할 수 있는 것은 신이고, 따라서 그 신을 타파해야 하며, 인간 속의 초자연적인 것은 영혼이며, 이 영혼을 타파해야 하는 것입니다. 영원한 것이니 불멸의 것이니 하는 것은 절대로 있을 수 없습니다. 우리는 바로 이런 진실을 교육의 기본으로 삼아야 합니다. 내가 말하고 싶은 것은 그것뿐입니다."

"아니오, 당신이 한 말은 겨우 시작에 불과합니다. 당신은 이 세계가 도대체 뭐라고 생각합니까?"

"물질에 지나지 않습니다."

"그러면 인간은?"

"역시 물질이지요."

"그러면 당신은 세계라는 물질과 인간이라는 물질을 구별할 수 있습니까?"

"그런 어리석은 짓은 하지 않지요. 물질과 물질은 언제나 같습니다. 바로 그 점에 만물평등의 대원칙이 있으니까요."

"그럼 유기체의 경우는?"

"유기체? 그건 단순히 물질의 형태에 불과합니다. 필연적으로 각각의 어떤 형태를 가지고 나타나, 그 자신으로서는 맹목의 존재인 유기체가, 이른바 계단이라는 형태의 환상을 만드는데, 그 첫 번째 계단을 당신들은 '이지(理知)'라 부르고, 두 번째를 '양심', 세 번째를 '영혼' 그리고 마지막 단계를 '신'이라고 부르고 있는 것입니다. 모든 종교가 그러한 계단을 가지고 있습니다. 그러므로 우리는 그것을 타파해야 합니다. '신'이라는 계단도, '영혼'이라는 계단도, '양심'이라는 계단도, '이지'라는 계단도, 나아가서는 유기체라는 계단까지 모두 타파해야 합니다.

만약 유기체가 기적적인 것으로 보이거나, 유기체 사이에 차별을 두어, 어떤 형태의 물질이 다른 형태의 물질보다 우월하다는 결론을 내린다면, 그것은 절대로 배척되지 않으면 안 됩니다! 유기체의 귀족제도는 타파되어야 합니다. 언젠가는 소멸하는 물질을 갖는 형태는 그 자체가 '무(無)'에 지나지 않습니다. 만물은 원자에 의해서, 불가분의 관계인 의식이 없는 원자에 의해 구성돼 있습니다. 다른 것보다 차원이 높은 원자가 있다면 그것은 신이 되어버립니다. 물질을 말하는 자는 곧 평등을 말하는 자입니다. 물질과 물질은 언제나 평등합니다."

나는 그의 얼굴을 찬찬히 쳐다보았다.

"그러면 날아다니는 모기도, 자라나는 우엉도, 구르는 돌도 모두 인간과 같다는 말인가요?"

그는 잠시 생각에 잠겼지만, 이윽고 그는 아무리 괴로워도 자기 자신에게 정직해야 한다고 결심한 듯이 말했다.

"당신의 삼단논법은 엄격하지만, 역시 옳다고 하지 않을 수 없군요."

"정직한 사상가는 흔치 않습니다. 당신은 한결같은 성실함으로 논리 정연하게 말했어요. 나는 당신의 그 성실함을 이용하고 싶진 않군요. 그러니까 조금 전의 잔인하고 극단적인 논법은 삼가기로 하겠습니다. 그저 인간에 대해서만 얘기합시다. 영혼이 없으면 신도 없고, 초자연적인 것도 이념도 없으며, 물질은 다 똑같다는 당신의 논리를 적용해 봅시다. 나는 문제의 수많은 측면 가운데 단 하나에 대해서만 말하겠습니다."

"말씀해 보시죠."

"당신은 이 세상에서 사는 우리 인생의 목적이 뭐라고 생각합니까?"

"행복입니다."

"나는 의무와 책임이라고 생각합니다. 하지만 지금 우리의 문제는 나의 사상이 아니라 당신의 사상입니다. 이제부터 불필요한 감상적인 논쟁은 그만두기로 합시다. 물질평등의 저울이 있다고 합시다. 어떤 한 사람의 행복은 무게와 가치에 있어서 다른 한 사람의 행복에 비해 얼마만큼 우월한 것일까요?"

"전혀 우월하지 않지요."

"얘기를 계속하기 전에 묻겠습니다만, 논리적으로 말해, 모든 행동에는 반드시 그것을 결정하는 동기가 필요하다는 것을 인정하십니까?"

"물론입니다."

"그렇다면 얘기를 계속하겠습니다. 한 사람의 행복을 다른 한 사람의 행복을 위해 희생할 필요가 있을 때, 이 두 가지 행복을 저울질해 그 무게가 어느 정도일 때, 어떤 사람의 행복을 다른 사람의 행복을 위해 희생시키는 것이 불가피하고 도리에 맞는다고 할 수 있을까요?"

"그런 일은 있을 수 없습니다."

"그렇다면 당신 생각은, 예지가 잠재되어 있는 유일한 물질만 생각했을 때, 인간은 타인의 행복을 위해 자기 자신이나 자신의 행복을 희생할 필요가 없다는 것이군요."

그 점에 대해서는, 그의 마음속에 조금의 의혹도 남아 있지 않은 것 같았다. 그는 침착한 목소리로 대답했다.

"전혀 희생할 필요가 없습니다."

"그렇다면, 인류의 행복을 위해 자신의 행복을 희생할 필요가 없다는 말이군요?"

그 말을 듣고, 르레는 부르르 몸을 떨었다.

"그 상대가 인류가 되면 문제가 다르지요."

"어째선가요? 영이라는 숫자는 아무리 더해도 영일 텐데요."

그는 한순간 입을 다물었지만, 이윽고 간신히 내 말에 동의했다.

"진리는 언제나 진리입니다. 무척 신랄한 말씀이지만, 당신의 삼단논법은 옳습니다."

나는 말을 계속했다.

"나는 당신의 주의 주장을 비판하고자 하는 게 아닙니다. 다만 거기서 당연히 나오는 결론에 대해 말하고 있을 뿐입니다. 당신 자신도 한 발짝 한 발짝 그 결론에 도달하고 있어요. 당신이 상당히 논리적으로 공정하게 생각해 주어서 내가 무척 수월하군요. 그래서 '인간은 물질이고 무에서 태어나 무로 돌아간다. 거기에 있는 것은 생명뿐이고 그 생명만이 인간에게 종속돼 있다'는 얘기가 되는군요. 인간의 모든 이성과 양식과 철학은 오로지 그 생명을 이용하고, 가능한 한 생명을 영원히 지속시키기 위한 것일 뿐이다. 따라서 유일한 도덕은 위생학이고, 인생의 목적은 행복이며 인생을 누리는 것이니, 요컨대 인생의 목적은 살아가는

데 있다는 얘기가 되는군요. 이 같은 결론에서 다시 여러 가지 많은 결론을 이끌어 낼 수 있지만, 지금은 그 문제는 접어두고 한 가지만 묻겠습니다. 당신은 진심으로 그렇게 생각하고 있습니까?"

"예, 정말 그렇게 생각합니다."

"그렇다면 한 젊은이가 자신과 똑같은 한 사람 또는 많은 사람들을 위해 자신의 이웃, 자신과 똑같은 원자, 똑같은 물질을 위해 자신의 생명을 내던질 경우, 당신은 그 사람을 뭐라고 부르겠습니까?"

"바보라고 부르겠습니다."

우리는 냉정하게 작별했다.

아나톨 르레는 브뤼셀을 떠나 영국에 갔다가 호주로 향했다. 항해는 다섯 달 동안 계속되었다.

배가 항구에 다가갔을 때 갑자기 폭풍이 일기 시작했다. 배는 뒤집혔고, 승객과 선원들은 거의 모두, 어떤 사람은 보트를 타고 어떤 사람은 헤엄쳐서 목숨을 구했다. 아나톨 르레도 무사히 살아남은 사람들 가운데 한 사람이었다. 미친 듯한 파도 속에서 공포에 울부짖는 사람들, 모두가 오로지 자기만을 생각하는 처참한 생존 경쟁의 아우성 속에서, 그는 물결 사이로 숨바꼭질하며 표류하는 부서진 보트를 발견했다. 보트에는 세 여자가 타고 있었다. 바다는 아직도 거칠게 요동치고 있었다. 용감한 선원들 중에서 이 물에 빠지기 직전의 여자들을 구하기 위해 바다에 뛰어드는 사람은 아무도 없었다. 그때, 아나톨 르레가 바다에 뛰어들어 그중의 한 여자를 간신히 구했다. 그러나 보트에는 아직 두 여자가 남아 있었다. 그는 다시 뛰어 들어가 또 한 여자를 살려냈다. 모든 사람들이 그를 향해 "이제 그만! 그만둬요!" 하고 외쳤다. 그러나 그 자신도 부상을 입고 탈진한 상태에서도 그는 다시 한번 바다에 뛰어들었다. 그 뒤 그의 모습은 끝내 다시 볼 수 없었다.

빅토르 위고 원작, 레프 톨스토이 다시 씀

7월 22일

1

생활이 신앙과 일치하지 않는다면 그 신앙은 신앙이라고 할 수 없다.

2

그러므로 지금 내가 한 말을 듣고 그대로 실행하는 사람은 반석 위에 집을 짓는 슬기로운 사람과 같다. 비가 내려 큰물이 밀려오고 또 바람이 불어 들이쳐도 그 집은 반석 위에 세워졌기 때문에 무너지지 않는다. 그러나 지금 내가 한 말을 듣고도 실행하지 않는 사람은 모래 위에 집을 짓는 어리석은 사람과 같다. 비가 내려 큰물이 밀려오고 또 바람이 불어 들이치면 그 집은 여지 없이 무너지고 말 것이다.

〈마태복음〉 제7장 24~27절

3

태어난 자에게는 죽음이 불가피하다. 죽어야 하는 자에게 탄생이 불가피한 것처럼. 그러므로 어차피 불가피한 것은 한탄해도 소용이 없다. 지상에 존재하는 자의 이전의 상태는 알 수 없는 것이고, 중간의 상태는 분명하지만, 미래의 상태 역시 알 수 없다. 그러니 무엇을 생각하고 고민한단 말인가? 어떤 사람들은 영혼을 일종의 기적 같은 것으로 보고, 어떤 사람들은 외경심을 품고 그것에 대해 얘기하고 듣지만, 영혼이 어떤 것인지는 아무도 모른다.

하늘에 들어가는 문은 그대를 위해 꼭 필요한 만큼만 열려 있다. 모든 번뇌와 마음의 동요를 떠나 너의 영혼을 정신적인 것으로 향하도록 하라. 너의 행동을 다스리는 것은 너 자신이어야 하며, 결코 주변에서 일어나는 것으로부터 영향을 받아서는 안 된다. 항상 신중하게 처신하고, 자신의 의무를 다하며, 모든 일이 너에게 기분 좋은 결과가 되건 불쾌한 결과가 되건 아무 상관 없다는 마음으로, 모든 결과에 대해 생각하지 않는 것이 좋다.

인도의 《바가바타 푸라나》

4

나의 형제 여러분, 어떤 사람이 믿음이 있다고 말하면서 그것을 행동으로 나타내지 못한다면 무슨 소용이 있겠습니까? 그런 믿음이 그 사람을 구원할 수 있겠습니까? 어떤 형제나 자매가 헐벗고 그날 먹을 양식조차 떨어졌는데 여러분 가운데 누가 그들의 몸에 필요한 것은 아무것도 주지 않으면서 "평안히 가서 몸을 따뜻하게 녹이고 배부르게 먹어라" 하고 말만 한다면 무슨 소용이 있겠습니까? 믿음도 이와 같습니다. 믿음에 행동이 따르지 않으면 그런 믿음은 죽은 것입니다. 이렇게 말하는 사람도 있을 것입니다. "당신에게는 믿음이 있지만 나에게는 행동이 있소. 나는 내 행동으로 내 믿음을 보여줄 테니 당신은 행동이 따르지 않는 믿음이라는 것을 보여주시오."

그러므로 여러분은 사람이 믿음만으로 하느님과의 올바른 관계를 가지게 되는 것이 아니라 행동이 뒤따라야 한다는 것을 알아두십시오. 이와 같이 창녀 라합도 유다인들이 보낸 사람들을 친절히 맞아들였다가 다른 길로 떠나 보낸 행동으로 말미암아 올바른 사람으로 인정받은 것이 아닙니까? 영혼이 없는 몸이 죽은 것과 마찬가지로 행동이 없는 믿음도 죽은 믿음입니다.

〈야고보서〉 제2장 14~18, 24~26절

5

법칙을 알면서 그것을 실천하지 않는 사람은 밭을 갈아 놓고 씨앗을 뿌리지 않는 사람과 같다. 동양의 금언

6

자기가 신의 법칙으로 인정하는 것을 부지런히 실행하려고 하지 않는 자는, 신도, 신의 법칙도 믿지 않는 것이다.

7월 23일

1

노력은 도덕적 완성을 위한 필수 조건이다.

2

덕행은 자신의 의무로 인정하는 것을 실천하는 것이다. 그러나 그 실천이 결코 습관이 되어서는 안 된다. 자신의 의무로 인정하는 것을 실천하는 습관이 붙으면, 그의 마음에 새로운 의무에 대한 요구가 생기지 않으면 안 된다. 칸트

3

순찰병이 주의 깊게 요새를 감시하면서 성벽 안팎을 지키듯이, 사람도 항상

정신을 차리고 자기 자신으로부터 한눈을 팔아서는 안 된다. 특히 인간관계에 있어서는 더욱 그렇다. 인생에 있어서 결정적인 순간을 놓치는 자는 결국 지옥의 길로 들어서게 된다. 부처의 가르침

4

자신이 불행할 때 자신을 나무라지 않고 운명을 탓하는 것으로 만족하는 사람은 구제할 길이 없다.

"상대가 그렇게 불쾌하게 나오지 않았으면 좀더 친절하고 선량하게 행동했을 텐데. 그렇게 바쁘지만 않았으면 좀더 신앙에 관심을 기울였을 텐데. 몸만 건강하다면 참을성이 더 강할 수 있었을 텐데. 더 유명하다면 세상을 깜짝 놀라게 해줄 수 있었을 텐데, 등."

만약 우리가, 자신이 지금 처한 입장을 선하고 거룩한 것으로 만들 수 없다면, 어떠한 입장이 된다 해도 그렇게 할 수 없을 것이다.

우리가 어려운 입장에 처하는 것은, 우리로 하여금 그 어려움을 자신의 선량함과 흔들림 없는 굳센 마음으로 제거하라고 주어지는 것이고, 우리의 입장이 암울한 것은, 우리의 내면적이고 영적인 노력으로 그 암울함에 하느님의 빛이 비칠 수 있게 하라고 주어진 것이다. 또 슬픔은 우리로 하여금 그것을 강한 인내심으로 끝까지 신앙을 잃지 않고 견뎌내라고 주어지는 것이고, 유혹은 그것을 자신의 신앙으로 극복하라고 주어지는 것이다. 마티노

5

그 육체가 안일과 사치의 늪에 빠져 있을 때도 정신적으로 고상한 생활이 가능하다고 생각하는 사람들은 터무니없는 착각을 하고 있는 것이다. 육체는 언제나 영혼의 첫 번째 제자이다. 소로

6

인간에게 있어서 공적은 오직 그 사람의 노력뿐이다. 인간은 그 노력 속에서만 진정한 모습을 보여주는 법이다. 《코란》

7

우리는 자신이 놓인 상황에 대해 화를 내고 슬퍼하며 어떻게든 그것을 바꾸고자 한다. 그러나 모든 상황은 우리에게 그런 상황에서는 어떻게 행동해야 할 것인가에 대한 교시일 뿐이다. 만일 건강하거든 너의 힘을 사람들을 위한 봉사에 쓰도록 힘써라. 네가 병을 앓거든 그것이 다른 사람들을 방해하지 않도록 노력하라. 네가 부유하거든 부유한 것에서 도망치도록 노력하라. 네가 가난하거든 가능한 한 사람들에게 아무것도 요구하지 않도록 노력하라. 네가 만일 수모를 당했어도 그 사람들을 사랑하도록 힘써라. 네가 남에게 잘못했으면 다시는 그런 일이 없도록 노력하라.

7월 24일

1

인간이 자신이 지켜야 할 법칙을 의식하는 것은 그의 내부에 사는 신이 모습을 나타낸 것이다.

2

완전히 순수한 의무에 대한 관념은, 행복에 대한 욕구에서 나오거나 그것을 전제로 한 의무의 관념(그것은 항상 적지 않은 기교와 섬세한 사색을 요구한다)보다 경우에 따라 훨씬 더 간단명료할 뿐만 아니라, 그 관념이 이기적인 동기와는 전혀 관계없이 건전한 사고를 통해 나온 것이라면, 세상의 평가를 받는 경우에도 훨씬 정당하고 유리한 평가를 받을 수 있다.

의무이기 때문에 해야 된다는 생각은, 진정한 사명의 위대함과 숭고함을 느끼게 하는 신의 깊은 뜻을 보여준다. 만일 우리가 그것을 더욱 자주 생각하며, 덕행과, 의무를 수행했다는 이유에서 돌아오는 그 덕행에 대한 대가를 단호하게 떼어놓고, 덕행 자체의 순수한 모습을 바라보는 것에 익숙해진다면, 또 개인적이고 사회적인 교육의 기초에, 덕행에 대한 부단한 훈련, 즉 지금까지 거의 항상 무시되어 온, 꾸준히 의무를 수행하는 훈련을 도입한다면 우리의 도덕적 상태는 급속히 개선될 것이다. 역사상 지금까지, 도덕 교육의 시도가 좋은 결과를 가져다주지 못한 것은, 순수한 의무의 관념에서 나온 동기는 너무 쓸데없고 귀찮은 것이며, 더 개인적인 동기, 자신의 법칙의 수행에 따른 대가로서 이 세상, 나아가서는 저세상에서 받게 될 이익에 대한 계산에서 나오는 동기가 더 강력하다는 잘못된 사고방식 때문이다.

그런데 실제로, 인간이 자신의 내부에서 신의 원리를 의식하는 것은 모든 외면적인 대가보다 더욱 강하게 선의 법칙을 실천하도록 그를 고무해 준다. 칸트

3

도덕성은 자신의 의지를 사회를 위해 전 세계를 위해 돌리는 것이며, 개인적인 목적을 위해 행동하는 자는 비도덕적인 인간이라고 한다. 우리는 마르쿠스 아우렐리우스 그리고 칸트와 함께 말한다. 자신의 목적과 동기가, 동시에 모든 이성적인 존재의 목적과 공기가 될 수 있는 사람이야말로 덕성이 높은 사람이라고.

우리는 그와 같은 위대한 관념과 교훈이 모든 사람의 마음속에 있다는 것을 믿어 의심치 않는다. 이것이야말로 언젠가는 죽어야 할 우리 한 사람 한 사람 속에 있는 영원한 존재이다. 에머슨

4

왕에서 거지에 이르기까지, 모든 인간은 자기완성을 위해 노력하지 않으면 안 된다. 왜냐하면 자기완성만이 모든 사람에게 행복을 가져다주기 때문이다.

공자

5

결국 인간은 자신이 목적한 것만을 얻는 법이다. 그러므로 가장 높은 것을 목적으로 삼아야 한다. 소로

6

선의 법칙을 따르는 것과 물질적이고 세속적인 행복은 아무런 관계가 없다. 법칙의 준수에 물질적 행복이 따르는 것은 인간의 영혼에는 오히려 해롭다. 정신적 행복과 물질적 행복의 대립 때문에 고뇌가 생기는 상황하에서, 정신은 비로소 가장 고양될 수 있다.

7월 25일

1

우리의 고뇌와 죄 사이에는 눈에는 보이지 않더라도 분명히 어떤 관계가 있다.

2

"나의 선행이 악으로 돌아왔다."

그러나 만약 네가 자신이 선을 베푼 상대를 사랑한다면, 너는 이미 사랑한다는 기쁨으로 충분히 대가를 받은 것이다.

그러므로 너는 사랑함으로써 항상 자신에게 선행을 하고 있다.

3

덕행에 대한 대가는 자신의 덕행을 의식하는 그 자체 속에 있다. 키케로

4

예수는 민중에게 내세의 구원을 설교하면서, 그것을 위해서는 어떤 조건이 필요한지를 얘기했다. 즉 내세에서의 구제는 사랑과 자기희생, 자비, 관용에 의해 가능하다는 것이다.

그러니까 아직도 해방이 찾아오지 않고 여전히 기아와 슬픔, 박해의 시간이 계속되고 있다면, 오로지 자기 스스로를 나무랄 수밖에 없다.

너희는 그리스도의 계명을 철저히 지켰는가? 해야 할 일을 하였는가? 너희는 너희 권리를 다시 회복하고 낡은 쇠사슬을 끊은 다음, 불법의 힘이 너희를 몰아넣은 어둡고 비참한 은신처를 떠나 더 좋은 집은 지으려고 시도했다. 그러나 그 결과는 어떻게 되었는가? 도대체 왜, 너희가 그토록 고생해 쌓은 탑은 언제나 그렇게 순식간에 파괴되고 마는가? 그것은 너희가 모래 위에 집을 지은 어리석은 사람을 흉내 내기 때문이다. 강물이 넘쳐 집을 덮치고, 그 충격을 견디지 못해 무너지니, 그 무너짐이 참으로 비참하도다. 라므네

5

자신의 개인적인 고민의 원인을 개인적인 미망 속에서 발견하고, 그 미망을 없

애려고 노력하는 사람은, 그 고민 때문에 초조해하지 않고, 오히려 쉽게 그리고 자주 기쁨으로 그것을 견딜 수 있다. 그러나 그에게, 미망과 고민의 관계가 보이지 않는 세계에서 일어나는 고뇌가 덮치면, 그로서는 원래 부당한 것이 자기에게 덮친 것 같은 억울한 생각이 들어, "도대체 왜? 무엇 때문에?" 하고 자문하면서 어찌할 바를 모른 채 그 고뇌에 대해 화를 내고, 그로 인해 그의 고뇌는 더욱 깊어진다.

만약 자신이 경험하는 고뇌와 자신의 삶의 방식의 관계를 모르는 경우, 그가 취해야 할 태도는 두 가지 중 하나이다. 즉 그 고뇌를 전혀 의미 없는 고통으로 생각하고 그대로 참고 견디거나, 그 고뇌는 바로 그가 범한 죄를 보여주는 것이며, 또 자기 자신과 남들을 그 죄에서 벗어나게 하는 방법을 보여주는 것이라고 인정하는 것이다.

첫 번째 태도의 경우는, 고뇌에 대한 설명이 없이, 아무것도 해결되지 않는 절망과 분노가 끊임없이 커지면서 계속될 뿐이다. 두 번째 태도의 경우는, 그 고뇌는 참된 생활을 추진하는 원동력이 된다. 다시 말해 죄의식과 미망에서의 해방과, 이성의 법칙에 대한 복종으로 이끄는 것이다.

6

인간이 죄에 빠지는 것에 대한 전설, 그 죄와 고뇌, 죽음으로부터 구원받는 전설은, 바로 고뇌와 죄의 관계를 그림으로 보여주는 것과 같다.

7

고뇌를 경험하고 나서야 비로소 나는 인간의 영혼과 영혼의 밀접한 유사성을 알게 되었다. 스스로 철저하게 고민해 보면 모든 고민하는 사람들에 대해 잘 알 수 있고, 그들에게 무슨 말을 해야 할지도 대강 알게 되는 법이다. 그뿐만 아니라, 거기에서 영감을 얻어 그때까지 알지 못했던 타인들의 입장과 경력이 분명해지고, 누구에게 무엇이 필요한지도 알게 된다. 우리에게 지혜를 내려주신 신은 참으로 위대하도다! 그런데 도대체 무엇을 통해 내려주시는 것일까? 그것은 다름 아닌 우리가 그것에서 달아나 숨으려고 하는 비애를 통해서이다. 우리는 오직 고뇌와 비애를 통해서만 책에서 배울 수 없는 지혜를 얻을 수 있다. 고골

8

정신적인 생활을 하는 자에게 고뇌란 항상 자기완성과 깨달음과 신에게 다가갈 수 있는 자극제 역할을 한다. 그런 사람들에게는 고뇌는 항상 그의 삶의 방식과 관련되어 있다.

9

네가 괴로워하고 있는 악의 원인을 너 자신 속에서 찾는 것이 현명하다. 때로는 그 악은 단순히 네 행위의 직접적인 결과이고, 때로는 복잡한 경로를 거쳐 너에게 되돌아오지만, 어쨌든 그 원인은 너 자신 속에 있고, 거기서 해방되는 길은 네 행위를 개선하는 데 있다.

7월 26일

1

모든 신앙 가운데 진실한 것은 오직 영적인 것뿐이다.

2

예수는 사마리아인을 향해 당신들의 신앙과 전설을 버리고 유대인의 그것을 받아들이라고는 하지 않았고, 또 유대인들에게 사마리아인과 같은 신앙을 요구하지도 않았다. 그는 사마리아인과 유대인에게 당신들은 똑같이 잘못하고 있다고 말했다. 신은 영혼이며, 신을 믿는다는 것은 장소와 외면적인 형태에 사로잡히지 않는 내면적인 것이다. 중요한 것은 신전도 아니요 신전에서의 예배도 아니다. 또는 그리심산(성경에 나오는 성산의 이름)도 예루살렘도 아니다. 진정한 예배자가 영혼과 진실로서 하느님 아버지를 예배할 날이 찾아오고 있고, 이미 찾아와 있다. 왜냐하면 아버지는 바로 그러한 예배자를 찾고 있기 때문이다.

하느님 아버지는 예루살렘 시절에도 그 예배자를 찾았고, 지금도 그들을 찾고 있다. 그러면 하느님 아버지는 언제 그들을 발견할 것인가? 그것은 모든 사람이 궁극적으로 갈증을 풀어주지 못하는 샘에서 물을 긷다 지쳐 예수를 찾으며 "주여, 제가 이 샘에 와서 물을 길을 필요가 없는, 목이 마르지 않는 물을 주소서!" 하고 말할 때이다.

라므네

3

그리스도는 '영원한 것은 내세적인 것'이 아니라 다만 '눈에 띄지 않는 것'이며, 영원은 사람들이 시간이라는 강의 흐름을 따라 흘러가는 바다가 아니라, 그것은 지금 그들을 에워싸고 있고, 그 존재를 느끼는 정도에 비례하여 사람들의 진실한 생활이 있다는 것을 우리에게 알리기 위해 이 세상에 온 것이다. 그리스도는 인간에게 하느님은 저 먼 구름 위에 있는 우연적이고 추상적인 존재가 아니며, 하느님은 사람들이 그 안에서 살고 그 안에서 움직이는 것이며, 하느님이 사랑하는 예배는 교회에서 거행되는 장엄한 의식이 아니라 자비와 공정과 겸양과 사랑이라는 것을 가르쳐 주려고 온 것이다. 패러

4

하느님은 영적인 분이시다. 그러므로 예배하는 사람들은 영적으로 참되게 하느님께 예배드려야 한다. 〈요한복음〉 제4장 24절

5

몸을 굽히거나 펴고 움직일 뿐인 종교는 격투기를 훈련하는 것보다 못하다.

마음속에서 신을 보지 못하고 말만으로 신에 대한 믿음을 과시하지 말라.

현재의 삶을 거부하는 것이 이롭다고 말하는 신앙은 거짓된 신앙이다. 영원한 삶이 현재의 삶 속에서 시작되는 것은 자명한 일이다.

완벽한 경지에 도달한 인간은 영혼과 만물 사이, 자기와 남 사이에 아무런 차별을 두지 않는다.

모든 인간 중에 자신의 마음속에서 신을 의식하는 자만을 성자라고 할 수 있다. 너 자신을 알면 너는 신이 될 것이다. 생명의 근원이 지금 네 영혼 속에 있음을 알지 못하고, 어딘가 다른 곳에 그것이 있다고 생각하고 헤매느냐? 그것은 마치 대낮에 촛불을 켜는 어리석음과 같다. 인도의 《푸라나》

6

영혼을 구원하기 위해 반드시 육체로서의 그리스도를 인정해야 하는 것은 아니다. 그러나 영혼을 구원하기 위해서는 절대적으로 하느님의 아들을, 다시 말하

면 만물 속에서, 특히 인간의 영혼 속에서, 예수 그리스도 속에 나타나고 있는 영원한 하느님의 예지를 최대한 인정하지 않으면 안 된다. 그 예지가 없으면 어느 누구도 최상의 행복에 도달할 수 없다. 왜냐하면 그것만이 우리에게 무엇이 진실이고 거짓인지, 또 무엇이 선이고 악인지 일러주기 때문이다. 스피노자

7

너의 신앙에서 모든 육체적인 것, 눈에 보이는 것, 손으로 만질 수 있는 것을 버리는 것을 두려워하지 말라. 네 신앙의 정신적 핵심을 정화하면 정화할수록 그것은 너에게 더욱 확고부동한 것이 될 것이다.

7월 27일

1

지식은 수단이지 목적이 아니다.

2

사람들이 참되게 아는 것이 적은 이유는, 원래 우리에게 그것을 알 수 있는 능력이 주어져 있지 않은 것, 즉 하느님과 영원, 영혼 같은 것이나, 그다지 생각할 필요도 없는 '물은 어떻게 어는가, 수의 이론은 어떤 것인가, 어떤 질병은 어떤 박테리아와 관련이 있는가'와 같은 것을 알려고 허둥대고 있기 때문이다.

진정한 지식의 길은 오직 하나, 인간은 어떻게 살아야 하는가를 아는 것뿐이다.

3

발에 가시가 박히면 다른 가시를 가지고 그것을 뽑는다. 그리고 가시가 빠지면 둘 다 버린다. 이와 같이 지식도 신적인 '자아'의 시야를 가리는 미망을 제거하기 위해서만 필요하며, 지식 그 자체는 별로 대단한 것이 아니다. 그것은 단순히 수단에 불과하다. 브라만의 가르침

4

"아, 나처럼 불행한 사람이 또 있을까! 나는 훌륭하고 유익한 책을 읽고 싶은데 그것도 하지 못한 채, 이렇게 귀찮은 인간의 부탁이나 들어줘야 하다니."

"하지만, 과연?" 하고 나는 거기에 대해 말하고 싶다. 누군가가 너에게 도움을 청할 때 책만 읽고 있는 것이 네가 할 일이란 말인가? 네가 진지하게 생각해야 할 것은 오직 한 가지, 신은 지금 네가 무엇을 하고, 또 무엇을 하지 않기를 원하는가 하는 사실이다. 신은 조금 전까지는 네가 고독 속에서 자기 자신과 대화를 나누며 책을 읽고 글을 쓰고 앞으로의 선행을 준비하기를 원했다. 그런데 오늘은 너에게, 네가 행동으로 도와주어야 할 사람들을 너에게 보냈다. 그 일에 대해 신은 말하자면 다음과 같이 말한 것이다. "너는 이제 고독에서 나와 그동안 배운 바를 실천을 통해 보여주어라. 왜냐하면 지금이 바로 네가 읽고 사색한 내용이 얼마나 도움이 되는지 알아야 할 때이기 때문이다."

귀찮아 하지 말라. 사람들이 네가 책을 읽는 것을 방해한다고 불평하지 말라. 만약 그들이 없으면, 도대체 너는 누구에게 봉사해야 한단 말이냐? 무엇을 위해, 어떻게 더 많은 사람에게 봉사해야 하는지에 대해 쓴 책을 읽는단 말이냐?

에픽테토스

5

학문은 종교의 확립을 위해 사용돼야 하며, 부의 획득을 위해 사용되어서는 안 된다.

사디

6

지식을 얻어도 그것을 활용하지 않는 사람은 밭을 갈아 놓고 씨앗을 뿌리지 않는 사람과 같다.

7

인생에서 지식이 가장 중요하다고 생각하는 사람은, 등불에 날아들어 자기 몸을 태워서 불을 끄는 나방과 같다.

8

학자라는 말은, 누군가가 무언가를 많이 공부했다는 것을 뜻할 뿐이지, 그 사람이 무언가를 끝까지 밝혀냈다는 것을 뜻하는 것은 아니다. 리히텐베르크

9

인생의 목적은 신의 법칙을 지키는 것이지, 결코 지식을 얻는 것이 아니다.

7월 28일

1

자기완성에는 항상 회개가 선행되어야 한다. 자신은 회개할 필요가 없다고 생각하는 사람은 화를 입게 될 것이다.

2

악의 원인을 우리 외부에서 찾는 것은 위험하다. 그렇게 되면 회개는 불가능해진다. 로버트슨

3

가장 철저하게 원수진 사람까지 네 마음속의 모든 것을 믿을 수 있는 삶을 살아야 한다. 세네카

4

자신의 잘못을 인정하지 않는 것은 결국 더 큰 잘못을 키우는 것이다.

5

만일 어떤 사람이 불행할 때, 그가 가장 먼저 해야 할 일은 무엇일까? 다른 사람을 비난하거나 자신의 처지를 한탄해야 할까? 이 세상 전체를 불평과 비난으로 채워야 할까? 물론 아니다. 도덕을 가르치는 스승들은 모두 자신 이외의 누구도 비난하지 말라고 가르친다. 불행한 사람은 무엇보다 먼저 자신이 불행한 것은 자신의 어리석음 때문이라는 것을 인정해야 한다. 그가 만약 자연과 그 법

칙에 충실하다면 자연은 그 불변의 법칙에 따라 그에게 선과 행복을 줄 것이다. 그러나 그가 자연의 법칙에 따르지 않으면, 자연도 더 이상 참지 못해 그를 버리고 "그 길이 아닌 다른 길을 통하지 않으면 너는 행복을 얻을 수 없다. 그 길은 너도 잘 알고 있듯이 오직 불행으로 이끌 뿐이다. 그 길에서 떠나라"고 얘기한다. 모든 도덕 교사가 우리에게, 스스로 뉘우치면서 자신을 향해 다음과 같이 말할 것을 권하고 있다.

"그래, 내 생각이 짧았다. 나는 신의 법칙을 어기고 거짓된 법칙, 즉 악마의 법칙에 따랐기 때문에 이렇게 불행해지고 만 것이다." 칼라일

6

내 마음은 무겁다. 나는 나의 긴 인생에서 아무도 행복하게 해주지 못했다. 내 친구도 가족도 나 자신조차도. 나는 참으로 많은 죄를 지었다. 나는 세 번의 큰 전쟁에 대해 책임이 있다. 나 때문에 80만 명이 넘는 사람들이 이슬로 사라졌다. 지금 그들을 위해 그 어머니, 형제, 자매, 그리고 뒤에 남겨진 아내들이 울고 있다. ……이 모든 것이 하느님과 나 사이를 가로막고 있는 것이다. 비스마르크

7

인간은 현재 자신이 어떤 단계에 있든지 가능한 한 빨리 무한한 자기완성을 목표로 나아가야 한다.

이레째 읽을거리

1. 뉘우침

악에 저항하지 않는다는 것은 악과 싸우지 않는다는 뜻이 아니다. 오히려 반대로 그것은 악과 싸우는 것이며, 그저 그 인간과 싸우는 것이 아니라 인간 속의 악과 부정을 상대로 싸우는 것, 악의 구렁텅이에 빠져 있는 인간을 동정하고 애정을 쏟으면서 그 악과 싸우는 것이다.

인간의 말과 행동은 그 사람의 사상에 좌우된다. 그러므로 악과의 싸움은 악

을 행하고 있는 사람의 사상을 바꾸도록 노력하거나 그 마음에 변화를 일으키는 것이다. 그런 의미에서 악에 대한 헌신적인 투쟁의 가능성이 열리는 것이다. 자신의 마음속에서 그러한 위대한 업적과 자기희생의 의욕을 느끼는 사람들은, 혼자 가까운 형제들과 그 동료들을 찾아 그 소굴에 들어가서, 자신의 고뇌와 굴욕은 아랑곳하지 않고 목숨을 걸고, 악에 빠져 있는 형제들 속에 하느님의 아들을 다시 깨어나게 할 수 있다. 그 방법은 자신을 신에게 바치고 자신의 생명을 악을 행하는 자의 생명과 결합시켜, 일상생활의 기쁨은 사이좋게 나누고, 그가 행하려 하는 악한 일은 생명을 걸고 저지함으로써 내 몸을 신에게 바치는 것이다. 진리에 굶주려 있는 수많은 사람들에게 진리를 전할 수 있는 지극히 간단한 방법도 있고 많은 사람들이 이미 인류애라는 의식에 눈뜨고 있는 현대에 있어서, 그것은 참으로 위대한 정신에 의한 훌륭한 행위라고 해야 할 것이다. 그래서 언젠가는 모든 사람들이 신의 가르침을 받아, 지난날의 악인 대신, 단지 버림받음으로써 악을 행할 수밖에 없었던 병든 사람과 불행한 사람들의 모습을 볼 수 있게 되는 날이 올 것이다. 어쨌든 원수라는 것은 그와의 싸움에서 선의 힘이 분출할 때 비로소 극복할 수 있다.

악과의 싸움은 언제나 인류의 가장 뛰어난 대표자들의 몫이지, 오늘날의 체제에서처럼 경찰관이나 교도관, 공무원 같은 물욕과 허영, 오만, 위선, 불공평으로 똘똘 뭉친 사람들의 몫이 아니며, 그러한 현재의 체제하에서 악과 싸우고 있는 투사들은, 현재 자신들이 받는 막대한 봉급과 부당한 검은 돈, 관직과 훈장, 사람들을 눈 아래로 내려다보며 그들의 추종을 받는 온갖 사악으로 가득 찬 특권을 빼앗긴다면, 어제까지의 열렬한 투사와 진지한 논객의 모습은 당장 꼬리를 말고 어디론가 뿔뿔이 흩어져 달아날 것이다.

인간 속의 악을 제거하기 위해서는 그의 내부에 사상의 변화를 불러일으켜야 한다. 그리 바람직한 것은 아니지만 일단 기만에 의해서라도 사상의 변화는 일어날 수 있다. 그러나 폭력에 의해서는 절대로 변화될 수 없다.

사람들이 악인에게 저항하지 않을 때 거기에 뚜렷한 이점이 나타난다. 그것은 악으로 악을 갚지 않고 선으로 갚음으로써 상대방이 반성하게 되는 일이다. 반성에 의해 정화된 영혼이 우리에게 얼마나 크게 보답해 주는지는 상상도 할 수 없을 정도이다.

우리가 악인에게 폭력과 형벌을 가한다면 우리는 정의에 목숨을 바쳐줄 한 사람을 잃게 될지도 모른다. 〈누가복음〉에서도 "회개할 것 없는 의인 아흔아홉보다 죄인 한 사람이 회개하는 것을 하늘에서는 더 기뻐할 것이다"라고 하지 않았는가. 만약 지금까지 무의미하게 살해당했고 또 현재 살해당하고 있는 범죄자들 전부는 아니더라도, 비록 백 명에 한 사람이라도 복역을 통해 자신의 죄를 속죄하며 괴로워한 자, 괴로워하고 있는 자가 있다면, 비록 천 명에 한 사람이라도 자신이 저지른 악에 대해 악으로 보답받지 않고 끝까지 선으로 보답받음으로써 크게 뉘우쳐 스스로 자신의 죄를 속죄할 방법을 찾는다면, 그 뉘우친 영혼이 우리에게 어떤 것을 줄지는 감히 상상도 할 수 없다.

어쩌면 먼 옛날에 신의 나라가 그 영광과 권능으로 우리에게 찾아와, 우리는 이미 오래전에 지금 우리가 괴로워하며 신음하고 있는 불행의 어둠에서 탈출할 수 있었을지도 모른다. 그런데 우리는 악에 악으로 저항함으로써, 우리의 생활을 왜곡하고 균형을 잃어 정신생활을 해치는 것은 물론이고, 얻으려고 마음만 먹으면 얻을 수 있는, 상상할 수 없이 많은 것을 잃게 되는 것이다. 부카

2. 돌

두 여자가 장로에게 가르침을 받으러 찾아왔다. 한 여자는 자신을 큰 죄인이라 생각하고 있었다. 그녀는 젊었을 때 남편을 배신하고, 그것 때문에 줄곧 괴로워하고 있었다. 또 한 여자는 한평생 율법을 지키며 이렇다 할 죄를 지었다고 생각하지 않았고 자신에게 만족하며 살고 있었다.

장로는 두 여자에게 지금까지 살아온 것에 대해 여러 가지를 물었다. 한 여자는 눈물을 흘리면서 자신의 죄를 고백했다. 그녀는 자신이 저지른 죄를 참으로 크다고 생각하고 아예 용서를 바라지도 않았다. 그런데 또 한 여자는 이렇다 할 죄를 저지른 기억이 없다고 말했다. 장로는 먼저 첫 번째 여자에게 말했다.

"하느님의 종이여, 울타리 밖에 나가 당신이 들 수 있는 한 큰 돌을 찾아 가지고 오시오…… 그리고 그대는," 하고 그는 큰 죄를 저지른 적이 없다는 여자에게 말했다. "그대는 가능한 한 많은 돌을 가져오되 작은 돌만 가져오시오."

여자들은 나가 장로가 시키는 대로 했다. 한 여자는 큰 돌을 한 개 가져오고

다른 여자는 작은 돌을 가득 채운 자루를 하나 가지고 왔다.

장로는 그 돌을 보고 여자들에게 말했다.

"이번에는 가지고 온 그 돌을 다시 가지고 가서 제자리에 놓고 오시오."

여자들은 장로가 명령한 대로 하기 위해 밖으로 나갔다. 첫 번째 여자는 돌이 있었던 곳을 금방 찾아내어 그것을 제자리에 놓았다. 그러나 다른 여자는 어디서 어떤 돌을 주웠는지 도무지 생각나지 않아서 시키는 대로 하지 못하고 다시 장로에게 되돌아왔다.

장로가 그녀에게 말했다.

"자, 죄라는 것도 그와 같소. 저 여인은 자신이 어디서 그 돌을 주웠는지 기억하고 있었기 때문에 그 크고 무거운 돌을 쉽게 제자리에 가져다 놓을 수 있었고, 그대는 어디서 그 많은 작은 돌을 주웠는지 기억하지 못했기 때문에 그렇게 할 수 없었던 거요. 죄의 경우도 마찬가지요. 저 여인은 자신의 죄를 기억하고 남들의 비난과 스스로 양심의 가책을 겸허하게 견뎌냈기 때문에 죄의 결과에서도 해방될 수 있었던 거요.

그런데 그대는 작은 죄를 많이 짓고도 그것을 기억하지 못해 후회하기는커녕, 죄의 생활에 익숙해져서 오히려 남의 잘못을 비난하면서 스스로 점점 깊은 죄에 빠졌던 것이오."

우리는 모두 죄인이다. 그러므로 만약 회개하지 않는다면 우리는 모두 멸망하고 말 것이다.

7월 29일

1

필요한 것일수록 그것을 악용하면 커다란 폐해가 나타난다. 사람들의 불행의 대부분은 우리 인생에서 가장 귀중한 것, 즉 이성을 악용하는 데서 생기는 것이다.

2

신이 우리에게 영혼, 즉 이성을 준 것은, 우리가 신의 의지를 이해하고 그것을 실천하라는 뜻이었다. 그런데 우리는 그것을 자기만족을 위해 자기 마음대로 이용하고 있다.

3

이성이 악의 노예, 욕망의 수단, 허위의 옹호자가 될 때, 그것은 단순한 왜곡으로 끝나는 것이 아니라 병적으로 발전되어 진실과 허위, 선과 악, 옳고 그름조차 구별할 수 없게 된다. 채닝

4

만약 사람이 그 이성을 세계는 왜 존재하고, 자신은 왜 이 세상에 살고 있는가 하는 문제를 풀기 위해 사용한다면, 그는 일종의 구토감과 현기증 같은 것을 느낄 것이다. 인간의 지혜는 그 문제에 대한 해답을 줄 수 없다. 그것은 무엇을 의미할까? 그것은 인간에게 이성이 주어진 것은, 그러한 문제에 대답하기 위해서가 아니라, 그러한 문제를 제기하는 것 자체가 이성의 방황을 의미할 뿐이다. 이성은 다만, "어떻게 살 것인가" 하는 문제를 해결할 뿐이다. 그 해답은 명백하다. 즉 나뿐만이 아니라 모든 사람이 다 같이 행복하게 살아가는 것이다. 그 가능성은 나를 포함한 살아 있는 모든 것들에게 주어져 있다. 그 문제가 해결되면 '왜' '무엇 때문에'와 같은 질문은 의미를 잃게 된다.

5

자신의 이성을 불필요한 일에 사용하는 사람은, 어둠 속에서는 앞을 볼 수 있으나 햇빛 아래서는 아무것도 볼 수 없는 야행성 부엉이 같은 존재이다. 그들의 지능은 공허한 학문의 유희에 사용될 때는 상당히 예리하지만, 진리의 빛 앞에서는 갑자기 아무것도 볼 수 없게 된다. 피타코스

6

깨어 있는 이에게 밤은 길고, 지쳐 있는 자에게는 지척도 천리다. 바른 진리를 알지 못하는 어리석은 사람에게 윤회는 길다. 《법구경》 〈바보의 장〉

7

이성의 사명은 진리를 밝히는 데 있다. 그러므로 이성을 진리의 은폐나 왜곡에 이용하는 것은 크나큰 잘못이다.

7월 30일

1

자신의 허물을 알고 있는 자만이 남의 허물에 너그럽다.

2

아들들아! 만약 누군가가 너희를 모욕하는 말을 하거든, 아랑곳도 하지 말고 생각도 하지 마라. 그러나 만약 너희가 남을 모욕하는 말을 하였다면 "우리가 못할 말이라도 했단 말이냐? 아무 일도 아니지 않은가. 별것도 아닌 걸 가지고"라고 말하면서 자신의 양심을 속여서는 안 된다. 결코 그렇게 생각하지 말고 자신의 행위를 돌아보며, 너희들 자신의 기도나 친구의 중재에 의해 너희가 모욕한 자와 완전한 화해를 이룰 때까지 마음을 놓아서는 안 된다. 《탈무드》

3

무슨 일이든 상대방의 입장에서 생각한다면, 우리가 그들에 대해 품고 있었던 증오의 감정에서 벗어날 수 있다. 또한 남을 자신의 처지에 놓고 생각할 수 있다면, 우리의 오만한 마음은 사라질 것이다.

4

남을 용서할 줄 모르는 사람은 자신이 건너야 할 다리를 파괴하는 사람과 같다. 왜냐하면 누구에게나 용서가 필요하기 때문이다. 허버트 경

5

어리석은 사람의 말에 대한 가장 좋은 대답은 침묵이다. 우리가 대답하는 한 마디 한 마디는 반드시 우리에게 되돌아온다. 모욕으로 모욕을 갚는 것은 활활 타오르는 불길에 장작을 던지는 것과 같다. 자신을 모욕한 자에게 평온한 얼굴

로 대하는 자는, 그것으로 이미 상대방을 극복한 것이다.

마호메트와 알리는 어느 날 한 남자를 만났는데, 그 남자는 자신이 알리에게 모욕을 당한 것으로 생각하고 그를 욕하기 시작했다. 알리는 그것을 참을성 있게 견디면서 상당히 오랫동안 듣고만 있다가, 드디어 더 이상 참지 못하고 상대방의 모욕에 대항하기 시작했다. 마호메트는 그 두 사람의 싸움을 굳이 말리지 않고 두 사람이 마음껏 서로 욕을 퍼부으며 싸울 테면 싸우라는 듯 그 자리를 떠났다. 한동안 싸우고 나자 알리가 마호메트를 뒤따라가 섭섭하다는 듯이 말했다. "왜 내가 그 교활한 놈으로부터 욕지거리를 듣고 있는데도 나를 두고 가버린 건가?" 그러자 마호메트는 이렇게 대답했다. "그 사람이 자네를 욕하는데도 자네가 침묵을 지키고 있을 때, 나는 자네를 에워싸고 있는 열 명의 천사들이 그 남자에게 대답하고 있는 것을 보았네. 그런데 자네가 그 남자에게 같이 욕을 하며 반격을 시작하자 천사들은 모두 자네 곁을 떠나더군. 그래서 나도 자네를 두고 떠나버린 걸세."

이슬람 전설

6

우리는 남의 잘못에 대해서는 쉽게 비난하지만, 자기 안에서도 언제나 그와 똑같은 잘못과 죄를 발견한다. 설령 그것과 같은 죄를 범한 기억이 없다 해도 잘 찾아보면 그보다 더 나쁜 죄를 발견할 수 있을 것이다.

7

깊은 강은 돌을 던져도 조용하다. 모욕을 당했을 때 몹시 흥분하는 신앙인은 강이 아닌 웅덩이다. 만일 네가 모욕을 당하거든 그것을 참고 견디며 상대방을 용서함으로써 자신도 용서할 가치가 있는 사람이 되는 것이 현명하다. 우리는 모두 흙으로 돌아간다는 것을 생각하며 겸허하게 살자. 살이 타서 재가 되기 전에 머리에 재를 뒤집어쓰고 참회하자.

사디

8

잠시만 생각해도 우리는, 자기 안에서 인류에 대한 무언가의 죄를 발견할 것이다. 비록 그것이 사회적 불평등 때문에 자신이 일종의 특권을 누리고, 이에 따라 다른 사람들은 더욱 빈곤을 겪게 되는 정도의 죄라 할지라도. 그것이 우리에게, 자신의 공적만 내세우며 당연한 의무를 망각하는 것을 허락하지 않는다.

칸트

7월 31일

1

만약 그리스도교도들이 진실하게 그들의 율법을 실천한다면 부자도 가난한 사람도 전혀 없을 것이다.

2

한번은 어떤 사람이 예수께 와서 "선생님, 제가 무슨 선한 일을 해야 영원한 생명을 얻겠습니까?" 하고 물었다.

예수께서는 "네가 완전한 사람이 되려거든 가서 너의 재산을 다 팔아 가난한 사람들에게 나누어 주어라. 그러면 하늘에서 보화를 얻게 될 것이다. 그러니 내가 시키는 대로 하고 나서 나를 따라오너라" 하셨다.

〈마태복음〉 제19장 16, 21절

3

부자들은 남의 고통에 비정하고 냉담하다. 《탈무드》

4

부자와 가난한 사람은 서로 동전의 양면과 같은 관계에 있다. 부유한 계급이 존재한다는 것 자체가 빈곤층이 존재하는 전제 조건이 된다. 어리석은 사치는 무서운 빈곤과 연결되지 않을 수 없고 가난한 사람은 그 빈곤 때문에 그 어리석은 사치를 위해 봉사하지 않을 수 없다. 부자는 빼앗는 자이며 가난한 사람은 빼앗기는 자이다. 그래서 예수 그리스도는 항상 가난한 사람을 동정하고 부자를 질타했다. 그의 가르침에 의하면 빼앗는 자가 되느니 빼앗기는 자가 되는 것이 낫다. 그가 설교한 진리의 나라에는 부자도 가난한 사람도 존재하지 않는다.

헨리 조지

5

정말 무서운 것은 돈에 대한 욕심이다. 그것은 우리의 눈을 가리고 귀를 막으며, 우리를 야수보다 포악하게 하고, 양심이나 우정, 인간적인 교류, 자신의 영혼의 구원에 대해서도 생각하는 것을 허용하지 않는다. 그리하여 한꺼번에 모든 것을 빼앗아 사람들을 자신의 노예로 만든다. 그러한 비참한 노예상태 중에서도 가장 무서운 것은, 사람들이 그 노예상태를 즐기게 되어 그 같은 상태가 심하면 심할수록 더욱 만족을 느끼게 된다는 사실이다. 그렇기 때문에 그 질병은 여간해서 낫지 않고 그들 속의 야수도 얌전해지지 않는 것이다.

6

매우 부유한 사람들과 매우 가난한 사람들로 구성되어 있는 사회는 권력을 장악한 자들에게 간단하게 먹혀버린다. 매우 가난한 사람들에게는 저항할 수 있는 힘이 없고, 매우 부유한 사람들은 너무 큰 도박이라 모험을 할 수 없기 때문이다.

헨리 조지

7

부는 똥과 마찬가지로, 그것이 한곳에 쌓여 있을 때에는 악취를 풍기지만, 널리 거름으로 뿌려지면 땅을 기름지게 한다.

8

그리스도교 사회에서 수천 명의 가난한 사람들 앞에서 자신의 부를 자랑하는 것은, 도덕적 감정이 극도로 마비되지 않고서는 불가능한 일이다.

8월

8월 1일

1

인간을 해방할 수 있는 것은 이성뿐이다. 인간의 생활은 비이성적일수록 자유롭지 못하게 된다.

2

어떻게 하면 완전한 자유를 손에 넣을 수 있을까? 그것을 위해서는 세상 사람들에게서 배울 것이 아니라, 스스로 선과 악을 구별하는 것을 배워야 한다.

세네카

3

만약 악을 원하지 않고 명예도 원하지 않는다면, 너는 어떠한 선행도 할 수 있다.

중국 금언

4

스스로 극복하는 것이야말로 남에게 지지 않을 수 있는 가장 좋은 방법이다. 자신을 억제하는 것이야말로 자신을 지배하는 주인을 두지 않을 수 있는 가장 좋은 방법이다.

동양의 금언

5

어느 특정한 사상만 고집하는 것은 땅에 세운 말뚝에 자신을 끈으로 매어놓는 것과 같다. 인간이 자유를 누리는 정도는 그 연결된 끈의 길이와 완전히 비례한다. 그러므로 만인의 행복이라는 이념에 자신을 연결한 자야말로 최대의 자유

를 누릴 것이다. 루시 맬러리

6

인생의 길을 찾고 생각하는 사람, 두려움에서 도덕률을 따르는 것이 아니라 그것이 당연하기 때문에 도덕률을 존중하고 이에 따르는 사람, 자신의 희망과 판단 외에 어떠한 권위에도 지배당하지 않는 사람, 그런 사람만이 자유롭게 살고 있다. 키케로

7

자신이 원하는 대로 살아가는 사람만이 자유로운 인간이라고 할 수 있다. 현자는 언제나 자기가 하고 싶은 대로 살아간다. 그는 자기가 얻을 수 있는 것만을 바라기 때문이다. 그러므로 오직 현자만이 자유롭다.

죄인이 되고 싶어 하는 사람은 아무도 없다. 미망과 부정 속에서 살려는 사람도 아무도 없다. 특히 슬픔과 고통을 부르게 될 생활을 선택하는 사람은 아무도 없다. 추악하고 타락한 생활을 하고 싶어 하는 사람도 없다.

그러므로 옳지 않은 생활을 하고 있는 사람들은 모두 자기가 원해서가 아니라 의지에 반해서 그렇게 하고 있을 뿐이다. 그들로서도 슬픔과 두려움을 바라지 않는데도 줄곧 괴로워하며 두려워하고 있다. 그들은 자신이 원하지 않는 것을 하고 있다. 따라서 그들은 자유롭지 않다.

현자 디오게네스는 말했다. "언제라도 죽을 각오가 되어 있는 자만이 자유롭다."

그는 또 페르시아 왕에게 이런 편지를 썼다. "당신은 물고기를 노예로 만들 수 없는 것과 마찬가지로, 진정으로 자유로운 사람들을 노예로 만들 수는 없소. 당신이 아무리 그들을 잡아 가두어도 그들은 당신의 노예가 되지는 않을 것이오. 만약 그들이 포로가 되어 그대로 죽어버린다면, 모처럼 그들을 잡아 가둔다 한들 무슨 득이 있겠소?"

바로 이것이 자유로운 인간의 말이다. 이러한 인간이야말로 진정한 자유가 어디에 있는지 알고 있다. 에픽테토스

8

우리는 정신적으로나 육체적으로 인간의 본성에 반하는 생활을 날조하여, 그 속에 빠져서 자유로워지고 싶어 허우적대고 있다.

9

순종도 그것이 선과 진실에 대한 것이면 더할 나위 없이 좋은 것이고, 그러나 그것이 나쁘고 거짓된 것에 대한 순종이라면, 반대로 그것은 인간적으로 지극히 비열하고 부끄러운 행위이다.

칼라일

10

번뇌의 불길에 몸을 내맡기는 자, 쾌락을 갈망하는 자는, 끊임없이 육욕을 불태우며 자신과 자신의 몸을 쇠사슬로 묶는다.

오직 마음의 평화만을 생각하고 자신의 마음을 깊이 되돌아보며, 사람들이 행복으로 보지 않는 곳에서 행복을 찾는 사람은 그 죽음의 쇠사슬을 끊고 영원히 그것을 버릴 것이다.

불교의 금언

11

자유는 자유를 찾는 노력에 의해서가 아니라 진리를 탐구함으로써 얻어진다. 자유는 목적이 아니라 결과일 뿐이다.

12

자유는 누가 누구에게 주는 것이 아니다. 누구든지 스스로 자신을 자유롭게 하는 수밖에 없다.

8월 2일

1

만약 인간이 육체적 존재에 지나지 않는다면 죽음은 모든 것의 끝이다. 그러나 인간이 정신적 존재이고 육체는 그 정신적인 존재의 일시적인 집이라고 한다면 죽음은 단지 하나의 작은 변화에 지나지 않는다.

2

우리의 육체에는 우리가 영혼이라고 부르는 정신적 본원이 담겨 있다. 이 육체라는 집은 마치 그릇이 그 안에 담긴 액체와 기체에 일정한 형태를 주듯이, 거기에 사는 정신적 본원에 형태를 준다. 그릇이 깨지면 그 안에 담겨 있던 것은 원래의 모습을 잃어버리고 흘러버린다. 그것이 뭔가 다른 것과 결합하는지 아니면 새로운 모습으로 바뀌는지 우리는 알 길이 없다. 다만 확실하게 알 수 있는 것은 육체라는 집이 부서졌기 때문에 그 안에서 살았던 때의 모습을 잃어버린다는 사실이다. 거기에 담겨 있던 것이 어떻게 되는지에 대해서는 전혀 알 수 없다. 사후의 영혼은 뭔가 지금까지와 다른 말로 표현할 수 없는 어떤 것이 된다.

3

자신은 영원히 산다고 주장하던 에머슨에게 누가 찾아와 물었다.

"하지만 세상이 끝나면 어떻게 됩니까?"

그 질문에 대해 그는 대답했다. "내가 영원히 살기 때문에 이 세계가 꼭 필요한 것은 아니다."

4

겸허는 삶에 있어서뿐만 아니라 죽음에 있어서도 필요하다. 신의 집에 들어가기 위해서는 사람들에 대해, 자기 자신에 대해 겸허하지 않으면 안 된다. 자신의 육체를 버려야만 신과 하나가 될 수 있다. 자기를 부정하면 할수록 죽음은 편안한 것이 된다.

5

죽음은 우리의 끊임없는 생성과 발전 속의 단 한 걸음에 지나지 않는다. 출생 역시 그러한 한 걸음이었다. 그 둘의 차이라고 하면, 출생은 어떤 한 존재 형태의 죽음이며, 죽음은 다른 존재 형태의 출생이라는 것이다.

죽는 자에게는 죽음은 행복한 것이다. 그는 죽음으로서 영원히 죽지 않는 존재가 된다. 나는 어떤 사람들처럼 그 변화를 두려움을 가지고 바라볼 수는 없다. 내 생각으로는 죽음은 더 좋은 것으로의 변화이다. 죽음에 대한 준비를 운운하는 것은 어리석은 일이 아닐까?

우리가 할 일은 사는 일이다. 사는 법을 아는 자는 죽는 법도 잘 알 것이다. 나는 살기를 바란다. 우리의 영혼은 우리에게 결코 죽음을 말하지 않는다. 감각은 죽는다. 그리고 그 감각이 죽음을 만들어 내고 있다. 따라서 이성이 있는 사람들에게 어찌 죽음을 두려워해야 할 이유가 있을까? 파커

6

임종이 우리에게 주는 것은 사멸이 아니라 변화이다. 키케로

7

죽음은, 그 자체로 사는 정신적인 존재인 영혼을 그것이 살고 있는 육체적, 자아적인 조건으로부터 해방하는 일이다.

8

정신적인 삶을 사는 자에게는 죽음이 존재하지 않는다.

8월 3일

1

우리는 우리가 행한 선과 악에 대한 대가를 시간 속에서 찾지만 종종 그것을 찾지 못할 때가 있다. 그러나 선과 악이 행해지는 것은 원래 시간을 초월한 정신적 영역에서이며, 그 영역에서는 비록 그 대가의 표시가 겉으로 보이지 않더라도, 우리의 양심 속에는 틀림없이 의식되고 있다.

2

부끄러움을 모르는 자, 허풍쟁이, 교활한 사람, 부당한 비방을 일삼는 자, 뻔뻔하고 불손한 자, 불량배들의 생활은 편안해 보이고, 끊임없이 순결한 삶을 목표로 노력하고, 늘 온화하며, 사려 깊고, 욕심 없는 자의 삶은 고단해 보인다. 하지만 그것은 단지 그렇게 보일 뿐이다. 전자는 언제나 불안과 동요 속에 있고 후자는 언제나 평화롭다. 부처의 가르침

3

아무리 사소한 일이라도 선은 서두르는 것이 좋고, 모든 죄악으로부터는 빨리 달아나는 것이 좋다. 왜냐하면 하나의 선한 일은 다른 선한 일을 부르고, 하나의 죄악은 다른 죄악을 부르기 때문이다. 즉 선한 일의 대가는 선한 일이고, 죄악의 대가는 죄악이다. 《탈무드》

4

진정한 형벌은 네가 누릴 수 있었을지도 모르는 커다란 행복을 무심하게 놓쳐 버렸다는 의식 속에 있다. 그 이상의 형벌은 기대하지 말라. 그것보다 더 끔찍한 형벌은 있을 수 없으므로.

5

너는 악의 원인을 찾고 있으나, 그것은 오직 네 안에 있을 뿐이다. 루소

6

너희가 남에게 행하고 있는 것은 모두 자기 자신에게 행하는 것이다. 그렇기 때문에 모든 자선행위는 네 안에 선한 마음을 불러일으키고, 잔학행위는 악한 마음을 불러일으킨다. 루시 맬러리

7

상대를 고르지 말고 선을 행하라. 어느 누구에게 선을 베풀어도 그것은 네 스스로 그렇게 한 것이다.

8

선을 베푸는 것이야말로 틀림없이 우리에게 행복을 주는 유일한 행위이다.

9

뿌린 것은 거두어야 한다. 남을 때리면 너도 반드시 괴롭다. 네가 한평생 사람들을 위해 봉사하면서 산다면, 아무리 달아나도 그것에 대한 보상에서 끝까지

도망칠 수는 없다. 에머슨

10

네가 누군가에게 선을 베풀면 그 선이 결실을 맺을 텐데, 어찌하여 너는 선행에 대한 칭찬과 대가를 구하는 것이냐? 마르쿠스 아우렐리우스

11

선에 대해 눈에 보이는 대가를 바라지 말라. 그것은 네 양심 속에 이미 주어져 있다. 그리고 자신이 행한 악에 대한 대가가 눈에 보이지 않는다고 해서 없는 것으로 생각해서는 안 된다. 그것은 이미 네 마음속에 있다. 네 마음의 고통을 다른 원인으로 돌린다면 그것은 잘못된 것이다.

8월 4일

1

자기 부정은 자기 자신을 부정하는 것이 아니라, 자신 속의 동물적인 부분을 부정하는 것이다.

2

인간은 누구나 마음속에 전 인류의 삶을 의식하고 있다. 그것은 마음속 깊이 잠재된 상태로 분명히 존재한다. 그러므로 사람은 조만간에 이 더 큰 생명을 의식하지 않을 수 없다.

그의 마음에서 나오는 자아의 부정은 즉시 그가 이제부터 시작하려는 더욱 높은 삶으로 보상받는다.

사람은 고립된 자아를 부정해야 비로소 진정한 생명을 지니는 개성이 되고, 다른 존재의 생명을 자신의 생명으로 인정함으로써 자신의 내부에 무한하고 영원한 생명을 의식할 수 있다. 카펜터

3

오로지 자신만을 생각하고 무슨 일에 있어서나 자신의 이익을 추구하는 사

람은 결코 행복해질 수 없다. 자신을 위해 살고 싶다면 남을 위해 살아야 한다.

세네카

4

인간이 알 수 있는 가장 큰 행복은 자기 부정과 사랑의 경지이다. 이성은 이 행복에 도달할 수 있는 오직 하나의 길을 인간에게 계시하고, 감정은 인간을 그 길로 향하게 한다.

5

많은 사람들은 자신의 인생에서 자아와 그것에 대한 사랑을 빼면 아무것도 남지 않는다고 생각한다. 그들은 자아가 없으면 생명도 없다고 생각하는 것이다. 그러나 자기 부정의 기쁨을 경험한 적이 없는 사람들만 그렇게 생각할 뿐이다. 자아의 생활을 버리고 그것을 부정한다면 우리는 더 나은 삶의 최상의 행복, 즉 사랑을 알게 될 것이다.

6

참된 삶은 자기 부정과 함께 시작된다.

칼라일

7

네 마음속의 등불이 꺼지면 어둠이 너의 길을 뒤덮을 것이다. 그 무서운 어둠을 조심하라. 그대의 마음속에서 모든 이기심이 사라지지 않는 한, 이성의 어떠한 빛도 네 마음에서 생기는 어둠을 몰아낼 수 없다.

브라만의 가르침

8

개인의 행복을 목표로 노력하는 것은 우리 내부의 동물적인 자아를 지속시키는 것에 지나지 않는다. 참다운 인간 생활은 동물적 자아를 부정함으로써 비로소 시작된다.

아미엘

9

사람들에게 많이 주고 자신은 적게 가지려는 사람일수록 선한 사람이고, 남에게는 적게 주고 자기가 더 많이 가지려는 사람일수록 나쁜 사람이다. 그러나 현대인들은 그렇게 생각하지 않는다. 그들은 온갖 교활한 논리를 갖다 붙여 변명하지만, 소박한 사람이라면 누구나 당연히 알 수 있는 이치를 모른다. 그들의 주장에 의하면, 사치품의 사용을 삼가야 할 필요가 전혀 없는 노동자의 처지를 동정하고, 그들의 이익을 위해 얘기하고 책을 쓰는 것은 좋지만, 그와 동시에 노동자를 파멸시키는 가혹한 노동을 계속해서 이용해도 좋다는 것이다.

10

우리가 자기 부정이라고 하는 것은, 동물적 자아에서 정신적 '자아'로 의식을 옮겨가는 결과에 지나지 않는다. 이렇게 의식이 옮겨가면, 그때까지는 부정이라고 생각되었던 것이 꼭 부정인 것이 아니라, 단지 필요 없는 것으로부터 당연히 떠나는 것에 지나지 않는다고 여기게 되는 것이다.

이레째 읽을거리

1. 큰곰자리

아득한 옛날 지상에 큰 가뭄이 찾아왔다. 크고 작은 강과 우물이라는 우물은 모두 말라버렸고, 나무와 숲과 풀도 타들어가고, 사람과 동물도 목이 말라 죽어갔다.

어느 날 밤 한 소녀가 병에 걸린 어머니에게 드릴 물을 찾아 국자를 들고 집을 나섰다. 하지만 소녀는 어디에서도 물을 찾지 못하고, 지칠 대로 지쳐 들판의 풀 위에 누워 잠이 들고 말았다. 소녀는 잠에서 깨어 다시 국자를 들다가 하마터면 물을 엎지를 뻔했다. 국자에 맑고 깨끗한 물이 가득 담겨 있었던 것이다. 소녀는 뛸 듯이 기뻐하면서 자기도 모르게 그 물을 마시려고 입을 가져가다가, 그러면 어머니에게 드릴 물이 모자란다는 것을 생각하고 국자를 들고 집으로 달려갔다. 너무 급해서 발밑에 개가 있는 줄도 모르고 그 개에 걸려 그만 국자를 놓치고 말았다. 개는 처량하게 짖어댔다. 소녀는 다시 국자를 움켜잡았다.

그런데 물이 엎질러졌을 줄 알았지만, 이상하게도 국자가 바닥을 아래로 하여 똑바로 떨어져 물이 그대로 가득 들어 있는 게 아닌가. 소녀가 손에 물을 부어 개에게 주자, 개는 그것을 한 방울도 남기지 않고 핥아 먹고는 금세 기운을 되찾았다. 소녀가 다시 국자를 들었을 때, 나무국자였던 것이 어느새 은국자로 바뀌어 있었다.

소녀는 국자를 들고 집에 가서 어머니에게 드렸다. 어머니는 "나는 어차피 죽을 몸이니 네가 마셔라" 하면서 국자를 소녀에게 다시 주었다. 그 순간 국자는 은에서 금으로 바뀌었다. 소녀가 더 이상 참지 못하고 국자에 입을 대려는 순간, 지나가던 나그네가 들어와서 물을 마시게 해달라고 사정했다. 소녀는 침을 삼키면서 국자를 노인에게 건네주었다. 그러자 갑자기 국자 위에 일곱 개의 커다란 다이아몬드가 나타나더니, 맑고 시원한 물이 강물처럼 흘러나오기 시작했다.

일곱 개의 다이아몬드는 하늘 높이 올라가서 '큰곰자리'가 되었다.

2. 참새

나는 사냥에서 돌아와 정원의 오솔길을 걷고 있었다. 개는 앞장서서 뛰어갔다.

별안간 개가 걸음을 늦추더니 눈앞에 사냥감을 보았는지 살금살금 다가가기 시작했다. 오솔길 저쪽을 보니 부리 주위가 노랗고 머리에 솜털이 나 있는 새끼 참새 한 마리가 있었다. 거센 바람이 자작나무를 흔들어, 새끼 참새가 둥지에서 떨어진 것이다. 새끼 참새는 아직 채 자라지 않은 어린 날개를 힘없이 파닥거리면서 한곳에 가만히 웅크리고 있었다.

개가 천천히 새끼 참새에게 다가가자, 별안간 옆에 있는 나무 위에서 가슴이 검은 어미 참새가 개의 코끝을 향해 돌멩이처럼 날아와, 온몸의 털을 곤두세우고 미친 듯 필사적으로 애처로운 소리를 지르면서, 이빨을 드러낸 개의 입을 향해 두어 번 달려들었다.

새끼를 구하려고 온몸으로 막아내는 어미 참새의 작은 몸뚱이는 공포로 떨리고 있었고 울음소리도 이상하게 높고 날카로웠다. 새끼를 대신해 자신이 죽으려 하는 것이다! 어미 참새에게는 내 개가 얼마나 거대한 괴물로 보였을 것인가!

그래도 어미 새는 높고 안전한 나뭇가지에 가만히 앉아 있을 수가 없었다. 자신의 의지보다 더 강한 어떤 힘이 어미 새를 그 나뭇가지에서 뛰어내리게 한 것이다.

개는 걸음을 멈추며 약간 주춤했다. 개도 어떤 힘을 느낀 모양이었다. 나는 얼른 주저하고 있는 개를 불러, 마음속에 감동을 느끼면서 그 자리를 떠났다.

그렇다, 나는 그 작은 새의 용기에, 그 사랑의 충동에 감동하며 생각했다.

'사랑은 죽음보다, 죽음의 공포보다 강하다. 오직 그것에 의해서만, 오직 사랑에 의해서만 생명은 유지되고 움직이는 것이다.'

투르게네프

3. 쿠나라의 눈

아소카 왕에게 '쿠나라'라는 이름의 왕자가 있었다. 그런 이름이 붙여진 것은 그가 깜짝 놀랄 만큼 아름다운 눈을 가지고 있었는데 그 눈이 마치 쿠나라라는 새의 눈과 같았기 때문이다. 그는 궁전에서 멀리 떨어진 곳에서 살며 신과 영원에 대한 명상에 빠져 있었다. 그때, 왕의 한 왕비(계모)가 그를 사모했으나 그는 그 사랑을 거절했다. 왕비는 그것을 자신에 대한 모욕으로 받아들이고 복수할 것을 결심했다. 그가 먼 곳에 파견됐을 때, 그녀는 계략을 짜내 왕의 상아 옥새를 훔쳐내고, 왕자의 눈을 도려내라는 명령서를 만들어 거기에 옥새를 찍은 뒤 지방 장관에게 보냈다.

명령서를 받은 지방 장관은 그것을 차마 실행할 결심이 서지 않았지만, 왕자가 스스로 그것을 요구했다. 왕자의 눈을 도려낼 사람이 나타났다. 많은 사람들이 눈물을 흘리는 가운데, 쿠나라의 한쪽 눈을 도려내자 왕자는 자기 눈을 손에 받아놓고 말했다.

"오! 이 천덕꾸러기 같은 둥근 고깃덩이야! 무엇 때문에 너는 지금까지 보고 있었던 것을 더 이상 보려 하지 않는 것이냐? 너를 존중하며 너를 바로 나라고 생각한 사람들을 그동안 얼마나 속이고 현혹시켰는지 아느냐!"

또 하나의 눈을 도려냈을 때, 그는 또 말했다.

"고깃덩이 눈, 사람들의 선망의 대상이었던 것이 이제 내게서 사라졌구나. 그렇지만 나는 완전하고 맑은 진리의 눈을 얻었노라. 왕께서는 더 이상 나를 자신의 아들로 인정하지 않으시겠지만, 나는 하늘에 있는 왕, 즉 진리의 아들이 되었다. 나는 고통과 슬픔으로 가득 찬 왕국을 잃은 대신, 모든 고뇌와 비애를 소멸시키는 진리의 왕국을 얻었노라."

자신이 눈을 잃은 것은 왕비의 명령 때문이었다는 사실을 알았을 때 왕자는 이렇게 말했다.

"명령서를 보낸 왕비께서 앞으로도 오래오래 장수하시고 행복하시기를! 왕비님 덕분에 상상할 수 없는 큰 행복을 누리게 되었으니."

두 눈을 잃은 그는 노래를 부르고 비파를 뜯으면서 아내와 함께 곳곳을 걸어 다녔다. 그가 자신의 아버지가 있는 성문 앞에 다다라 그 왕궁의 창문 밑에서 노래를 부르자, 왕은 아들의 목소리를 알아듣고 그를 자기에게 데려오라고 명령했다. 왕은 아들이 왕비의 명령으로 눈을 잃은 것을 알고, 그녀를 처형하라고 명령했다. 그러나 쿠나라는 왕에게 이렇게 말했다.

"왕이시여! 왕비가 아무리 비열한 행동을 해도 당신께서는 고결하게 행동하십시오. 가장 큰 덕행은 인자함입니다. 저는 전혀 분노를 느끼지 않습니다. 저는 제 눈을 도려내라고 명령하신 어머니를 위해 오로지 선을 기원하고 있습니다. 다만 솔직하게 말씀드리자면, 저도 제 눈이 원래대로 돌아가면 좋겠다고 생각하고는 있습니다."

그렇게 말한 순간, 그의 눈은 다시 아름답고 신비로운 빛을 발하기 시작했다.

불교의 전설

8월 5일

1

해롭고 거짓된 의견은 대부분 암시에 의해 퍼지고 암시에 의해 유지된다.

2

우리는 자신과 함께 살고 있는 사람들이 공유하는 견해와 사상을, 자칫하면 자신의 것으로 생각하기 쉽고, 그 사상을 더욱 넓히고 더욱 심화시키려고 노력하지 않는다. 그래서 우리의 성격과 삶도 매우 보잘것없는 것이 되고 만다.

3

영혼은 다른 영혼의 영향을 받기 쉽다. 그러므로 인간은 오직 혼자 있을 때 완전히 자유롭다.

4

우리는 세상 속에서는 여론을 좇아 살다가 혼자 살 때 비로소 자신의 생각대로 살기 쉽다. 그러나 사람들 속에 있을 때도 혼자 있을 때처럼 온후함과 독자성을 유지할 수 있는 사람이 강한 사람이다. 에머슨

5

"복되어라. 악을 꾸미는 자리에 가지 아니하고, 죄인들의 길을 거닐지 아니하며 조소하는 자들과 어울리지 아니하는…… 그에게 안 될 일이 무엇이랴!"(《시편》 제1장 1~3절)

좋은 본보기만큼 전염성이 강한 것은 없다. 좋은 본보기의 영향은 예전에는 생각지도 못한 좋은 행위를 하게 해준다.

6

너를 모욕하려는 자의 기분에 끌려가지 말라. 그가 너를 끌고 가려는 길에 발을 들여놓지 말라. 마르쿠스 아우렐리우스

7

사람은 아무리 나쁜 생활 방식에도 익숙해질 수 있다. 특히 주위에 있는 모든 사람들이 그렇게 살고 있을 때는 더욱 그렇다.

8

내가 얼마나 자주 비굴하게 자신의 신념을 저버리고, 낡아서 이미 화석처럼 된 옛날의 제도와 습관에 얼마나 무분별하게 굴종했는지 생각하면 부끄러워서 견딜 수가 없다. 에머슨

9

암시에 의해 확산된 잘못된 관념과 해로운 풍조는 그것들을 감싸고 있는 현란함과 어마어마함에서도 알 수 있다. 진리는 외면적인 무대장치를 필요로 하지 않는다.

10

암시는 사회생활에서 없어서는 안 되는 조건이기는 하지만, 그것을 사용할 때는 아무리 조심해도 지나치지 않다. 도덕적인 사람은 남에게 영향을 미치는 자신의 언행에 대해 이중으로 엄격해진다.

8월 6일

1

각 개인의 경우이든 집단의 경우이든, 이성이야말로 인간의 삶에 유일한 지도자이다.

2

몸의 등불은 눈이다. 네 눈이 성하면 온몸이 밝을 것이며 네 눈이 병들었으면 온몸이 어두울 것이다. 그러니 네 안에 있는 빛이 어둠이 아닌지 잘 살펴보아라.

〈누가복음〉 제11장 34~35절

3

대부분의 인간 생활을 보면, 역시 인간은 식물과 마찬가지로 여러 가지 양분을 흡수하며 성장하여, 지상에 종족을 남긴 뒤, 이윽고 늙고 병들어 죽도록 창조된 존재처럼 보인다. 그렇다면 인간은 모든 존재 중에서도 자신의 목적을 이루는 일이 가장 적은 존재이다. 왜냐하면 인간은 목적을 위해 그 뛰어난 능력을 한껏 사용하고 있는데도, 다른 존재가 인간보다 훨씬 확실하고 훌륭하게 목적을 이루고 있기 때문이다. 그러므로 만약 인간이 단순한 동물적 생활이 아니라, 그가 그 가능성을 의식하고 있는, 인간 특유의 이성적 생활을 부분적으로도 실현시키지 않고, 또 언젠가는 완전히 실현시키겠다는 생각도 하지 않는다면, 진정한 예지자가 봤을 때, 인간은 모든 존재 중에서 가장 경멸해야 할 존재가 될 것이다.

칸트

4

우리는 모두 함께 살고 있으면서도 또한 따로따로 살고 있다. 인간도 따로따로 벌레들도 따로따로 산다. 그리고 그 개개의 존재들은 자신만이 살고 있다고 생각하며 모든 것을 자신만을 위해 추구하면서, 쉬지 않고 그 개별적 존재의 죽음과 멸망을 향해 다가가고 있다.

만약 이 세상에 이성이 없다면 이 같은 모순은 해결되지 않을 것이다. 그러나 인간의 내부에는 이성이 있어서 그것이 이 모순을 해결해 준다.

5

이성적인 삶은 자신이 갈 길을 비춰줄 등불을 저만치 앞에 들고 가는 사람과 같다. 그 사람은 절대로 등불이 비춰주는 곳의 끝자락을 밟을 수는 없다. 불빛은 항상 앞으로 먼저 나아가기 때문이다. 이성적인 삶도 그와 마찬가지여서, 그런 삶에는 죽음이 존재하지 않는다. 왜냐하면 등불은 마지막 순간까지 쉬지 않고 빛나고 있고, 한평생 그랬던 것처럼 그 순간에도 고요한 마음으로 그 뒤를 따라갈 수 있기 때문이다.

6

어떤 사람들은 자신의 생각에 따라, 또 어떤 사람들은 남의 생각에 따라 행동한다. 다만, 자신의 생각이 어느 정도이고 또 남의 생각이 어느 정도인 선에서 행동하는가가 인간의 커다란 갈림길이 된다. 어떤 사람들은 자신의 사상을 벨트에서 빠진 바퀴처럼 장난감 삼아 가지고 놀 뿐, 실제 행동에서는 습관과 전통과 법률을 따르지만, 어떤 사람들은 자신의 사상을 모든 행동의 중요한 추진력으로 생각하고, 자신의 이성적 요구에 귀 기울여 그 목소리에 따르되, 간혹 필요한 경우, 그것도 충분히 검토한 뒤에 남의 결정에 따른다.

7

인간은 누구나 인류 전체의 이성이 만들어 낸 것을 이용해도 되고, 또 이용해야 마땅하지만, 동시에 자신의 이성으로 선인들이 만들어 낸 진리를 검토해도 되고, 또 검토해야 마땅하다.

8월 7일

1

허영심이 강한 사람은 사람들에게 칭찬을 듣고 싶어 한다. 칭찬을 들으려면 사람들에게 좋게 보이지 않으면 안 된다. 그런데 사람들은 자기 마음에 드는 것을 좋아한다. 그리고 사람들이 좋아하는 것은 자기를 좋게 생각해 주는 것이다. 그러므로 허영심의 만족만큼 우스운 것은 없는 셈이다.

2

부끄러워해야 할 일이 아닌 것을 부끄러워하고 부끄러워해야 할 것을 부끄러워하지 않는 자는 그릇된 생각 속을 헤매다가 그릇된 길로 들어가 자기를 망치게 된다. 부처의 가르침

3

허영심이 강한 사람은 자신에 대한 생각으로 머릿속이 꽉 차 있어서 다른 것은 들어갈 틈이 없다. 팬

4

혼자서 아무리 허세를 부려 보았자 아무도 놀라주지 않는다. 속담

5

"남들 하는 대로 하는 것이 좋다." 이것은 대부분의 경우, 나쁜 짓을 하는 것이 좋다는 뜻이 된다. 라브뤼예르

6

어떤 사람이 친구에게 왜 너는 너 자신이 공감하지도 않는 행동을 하느냐고 물었다.

"모든 사람이 그렇게 하기 때문이네." 친구가 대답했다.

"아니야, 모두는 아니지. 나만 해도 그렇게 하지 않고, 그 밖에도 하지 않는 사람들이 있다는 것을 자네한테 보여줄 수 있어."

"그야 전부는 아닐지 몰라도 아주 많은 사람들, 세상 사람들 대부분이 그렇게 하고 있지 않나."

"그렇다면 묻겠는데, 세상에는 어느 쪽이 더 많을까, 현명한 사람하고 어리석은 사람하고."

"물론 어리석은 사람이지!"

"그렇다면 결국 자네는 어리석은 사람들을 흉내 내고 있다는 뜻이 아닌가?"

7

남들에게 나를 실제 모습보다 더 좋게 보이려 하는 것은, 대부분의 경우, 내가 실제로 남에게 보여주고 싶은 수준의 사람이 되는 것 이상으로 어려운 일이다.

리히텐베르크

8

머리가 나쁜 사람일수록 자만심이 강하다. 포프

9

예나 지금이나 마찬가지지만, 사람들은 침묵하는 자를 비웃고, 말이 많은 사람을 비웃고, 말이 적은 사람들을 비웃는다. 세상에 비웃음을 당하지 않는 사람은 아무도 없다.

항상 비난만 받고 있는 사람은, 항상 칭찬만 받는 자와 마찬가지로 옛날에도 없었고, 지금도 없으며, 앞으로도 없을 것이다. 부처의 가르침, 《법구경》

10

세상 사람들의 여론만큼 잘못된 인생의 지침은 없다.

11

자만심에 빠지지 않고, 칭찬을 받고도 좋아하지 않는 것은 지극히 어려운 일이다.

아미엘

12

오만은 좀처럼 극복하기 어려운, 인간의 이상한 특성이다. 하나의 틈새를 막으면 즉시 같은 오만이 다른 모습으로 다른 틈새에서 얼굴을 내밀고, 그 틈새를 막았다고 생각하면 또 다른 틈새에서 얼굴을 내민다.

리히텐베르크

13

우리가 남을 칭찬하는 것은 그들이 우리와 비슷한 경우에 한해서이다. 그러므로 누군가를 존경한다는 것은 그 사람과 자기가 같다는 것을 뜻하는 경우가 많다.

라브뤼에르

14

진정한 덕행은 결코 자신의 그림자, 즉 자신의 명성을 돌아보지 않는다.

15

한 가지 사실을 두고 모든 사람이 다 좋게 생각하는 것이 아니며, 어떤 사람들은 가장 좋다고 생각하는 것을 또 어떤 사람들은 나쁘게 생각한다. 그러므로 세속적인 명성과 세상 사람들의 칭찬을 바라는 것은 참으로 어리석은 일이다.

8월 8일

1

많은 사람들이 위대하다고 인정하는 작가들에게, 특별하고 예외적인 의의와 중요성을 부여하는 것은 진리의 인식에 큰 장애가 된다. 신의 진실은 극히 보통 사람들의 대화와 편지 속에는 물론이고, 어린이의 한마디, 백치의 잠꼬대 속에도, 미치광이의 헛소리 속에도 나타날 수 있고, 위대하고 신성하다고 인정받고 있는 책에서도 지극히 빈약한 엉터리 사상을 만날 수 있다.

2

모든 사람들이 인정하는 의견일지라도, 우리가 그것에 대해 한 번도 진지하게 생각하지 않았기 때문에 의심하지 않을 수 없는 것이 많다. 로드

3

성서는 사도의 손으로 기록되었기 때문에 신성한 것이 아니라, 그 속에 진리가 들어 있기 때문에 신성하다고 생각해야 한다. 부처와 마호메트와 그 밖의 모든 사람이 얘기한 진리도 성서 속의 진리와 마찬가지로 중요하다.

4

현대의 법령 속에 존재하는 옛날의 낡은 법칙을 적용하자고 주장하는 것은 마치 현대인들에게 몇 세대 전에 조상들이 살던 집에서 살며 그때의 도구를 사용하도록 강요하는 것이나 다름없다. 루시 맬러리

5

인류의 대부분에게 종교는 습관에 지나지 않는다. 아니, 오히려 습관이 종교라고 말해야 할 것이다. 이렇게 말하면 이상하게 들릴지도 모르지만, 나는 도덕적 완성을 향한 첫걸음은 자신이 그 속에서 자란 종교로부터 자기를 해방시키는 것이라고 굳게 믿는다. 그 과정을 통하지 않고서는 어느 누구도 완성을 향해 나아갈 수 없다.

6

《성경》, 《코란》, 《우파니샤드》 속에 표현되어 있는 사상은, 그것이 신성한 것으로 인정받고 있는 책 속에 표현되어 있기 때문에 진리인 것이 아니다. 신성한 것으로 여겨지는 책 속에 기록된 모든 것을 진리로 생각하는 것은 모든 우상 숭

배보다도 더 해로운 우상 숭배이다.

7

모든 사상은 그것이 누구의 사상이든 비판의 대상이 되어야 하며, 또 주목해야 할 대상이 되어야 한다.

8월 9일

1

사람들이 저지르는 대부분의 악행은 악의에 의해서가 아니라 잘못 믿고 있는 사상에 의해 일어난다.

2

물질적 결과는 눈으로 볼 수 없는 힘이 나중에 나타난 것에 지나지 않는다. 대포 소리가 들려왔을 때 포탄은 이미 하늘을 날고 있다. 결정적인 것은 모두 사상 속에서 이루어지고 있다. 아미엘

3

마음에서 나오는 것은 살인, 간음, 음란, 도둑질, 거짓 증언, 모독과 같은 여러 가지 악한 생각들이다. 〈마태복음〉 제15장 19절

4

행위는 우리가 원하는 것처럼 선하지도 악하지도 않다. 보브나르그

5

모든 악행의 원천이 되는 생각은 모든 악행보다 훨씬 나쁘다. 나쁜 행위는 그것을 반복하지 않도록 할 수 있고 후회도 할 수 있지만, 나쁜 사상은 수많은 나쁜 행위를 낳는다. 나쁜 행위는 모든 나쁜 행위로 가는 길을 열어줄 뿐이지만, 나쁜 생각은 선택의 여지 없이 우리를 악한 길로 끌고 들어간다.

6

형태가 없는 생각은 먼 곳에서 조용히 다가와 우리 마음속에 깊이 숨어버린다. 이것을 극복하고 통제하는 사람은 유혹에서 벗어날 수 있다. 부처의 가르침

7

선한 생각은 결국 선한 행위로 이어진다.

8

모든 것은 사상과 관련되어 있다. 사상은 모든 것을 통제할 수 있다. 그러므로 가장 중요한 것은 자기완성이다. 다른 말로 하면 사상의 함양이다.

9

불행이 닥쳤을 때, 그 원인을 네 행위가 아닌 너를 그렇게 만든 사상 속에서 찾는 것이 현명하다. 마찬가지로 어떤 외적인 사건이 너를 슬프게 하거나 화나게 할 경우, 그 원인을 사람들의 행위 속에서 찾지 말고, 그 행위를 불러일으킨 사상 속에서 찾아야 한다.

8월 10일

1

"인간은 자유롭지 못하다. 왜냐하면 인간의 모든 행위에는 그보다 앞선 어떤 원인이 있기 때문이다"라는 말이 있다. 그러나 인간은 언제나 현재라는 시점에서 행동하고 있으며, 현재는 원래 시간의 밖에 있고, 과거와 미래라는 두 가지 시간의 접점에 불과하기 때문에, 현재의 시점에서는 인간은 언제나 자유로운 것이다.

2

사람들이 현자에게 인생에서 어떠한 때가 가장 중요한 때이고 어떠한 사람이 가장 중요한 사람이며, 어떠한 일이 가장 중요한 일이냐고 물었다.

현자의 대답은 이러했다. "가장 중요한 때는 오직 현재뿐이다. 왜냐하면 인간은 현재에만 자기 자신을 지배할 수 있기 때문이다."

"가장 중요한 사람은 지금 우리가 관계를 갖고 있는 상대방이다. 왜냐하면 그가 또 다른 누구와 관계를 갖게 될지 어떨지는 아무도 알 수 없기 때문이다."

"가장 중요한 일은 우리가 현재 관계를 갖고 있는 상대방을 사랑하는 마음을 가지고 대하는 일이다. 왜냐하면 인간은 오직 모든 사람들과 서로 사랑하기 위해 이 세상에 보내졌기 때문이다."

3

잃어버린 시간은 다시 돌아오지 않고, 이미 저질러진 악은 다시 주워 담을 수 없다. 존 러스킨

4

우리는 자신의 영원성을 믿을 때 비로소 순간순간을 용기를 가지고 살 수 있다. 우리가 그 속에 우리의 영성에 대한 의식을 가지고 들어갈 때 비로소 아무리 사소한 의무도 결코 하찮게 보지 않게 될 것이다. 마티노

5

인간이 가장 먼저 빠지는 일반적인 유혹은, 인생 그 자체가 아니라 인생에 대한 준비라는 유혹이다.

"내가 해야 할 의무와 내 영혼이 요구하는 것을 지금 잠깐 미루는 건 괜찮을 거야. 왜냐하면 아직 준비가 되어 있지 않으니까. 하지만 준비가 끝나면 그때부터 완벽하게 양심에 따라 생활해야지." 사람들은 스스로에게 이렇게 말한다.

이 유혹 속에 들어 있는 기만성은, 사람이 유일한 실생활인 현재를 떠나 원래 인간에게 속하지 않은 미래 속에 그것을 가지고 들어가려 한다는 점에 있다.

이 같은 유혹에 빠지지 않으려면, 사람에게는 원래 준비할 시간이 없으며, 바로 지금 자신의 모습 그대로 최선을 다해 살아야 한다는 것, 그에게 유일하게 필요한 것인 자기완성은 사랑의 완성이라는 것, 그리고 그 완성은 오직 현재에만 이루어질 수 있다는 것을 마음 깊이 새겨야 한다. 그러므로 그는 언제 어느 때 다른 사람에 대한 봉사가 불가능해지는 순간이 올지 알 수 없으며, 자신은 원래 순간순간 사람들에게 봉사하기 위해 이 세상에 태어났음을 인식하고, 오늘

당장 전력을 다하여 신을 위해, 다시 말하면 모든 사람을 위해 살지 않으면 안 된다.

6

현재란, 그곳에만 우리의 신적 본성이 나타나는 상태이다. 현재에 대해 경건하라. 신은 현재 속에 있다.

8월 11일

1

인간은 삶의 끝에서 홀로 죽어가듯, 자신의 내면적, 정신적 생활에서도 항상 고독한 존재이다.

2

자원을 수입할 필요가 없는 나라는 가장 행복한 나라이다. 마찬가지로 내면의 풍요로움에 만족하며, 생존을 위해 외부로부터 물품이 조금밖에 필요하지 않거나 전혀 필요 없는 사람은 누구보다 행복한 사람이다. 외국에서 수입한 물건은 가격이 비싸고, 외국에 대한 의존을 낳으며, 위험을 부르고 불만을 불러, 결국 자기 나라의 생산품에 대한 나쁜 대체물의 역할밖에 하지 못한다. 타인이나 외부로부터는 어떤 일에 있어서든 많은 것을 기대해서는 안 된다. 어떤 사람이 남을 위해 할 수 있는 역할은 지극히 좁은 범위에 한정되어 있다. 궁극적으로는 모든 사람은 오직 자기 자신과 대면하게 되며, 그렇게 되면 문제는 그가 자기 자신과 대면하게 되었을 때, 그 대면하는 상대방, 즉 자기 자신은 '어떤 사람인가' 하는 것에 있다.

쇼펜하우어

3

자신의 신상에 뭔가 불쾌한 일이 일어나거나 난처한 상황에 처했을 때, 우리는 종종 자신과 상관없는 외적인 것에 불쾌함과 번거로움을 느끼는 것은 우리 자신 속에 문제가 있기 때문이라는 생각은 하지 않고, 남을 탓하거나 운명을 한탄하기 쉽다.

에픽테토스

4

인간에게는 자신이 만들어 낸 것만이 진정한 자신의 것이다. 누구든, 자기 자신 속에 있는 것, 자기 속에서 자신의 생명과 함께 성장하는 것 외에는, 결코 영원한 선으로 생각해서는 안 된다.

에머슨

5

스스로 죄를 지으면 스스로 더러워지고, 스스로 죄를 짓지 않으면 스스로 깨끗하다. 깨끗함과 더러움은 자신에게 달려 있다. 아무도 남을 깨끗하게 할 수는 없다.

《법구경》 〈자신의 장〉

6

사람들의 가장 일반적이고 가장 해로운 미망은, 세상에 자신들의 자유와 행복을 방해하는 것이 있다고 생각하는 것이다.

7

인간은 다른 사람이나 신이 자기를 도와주기를 바란다. 그러나 그 자신 외에는 아무도 그를 도와줄 수 없다. 왜냐하면 그를 도울 수 있는 것은 그의 선한 생활뿐이며 그것을 할 수 있는 것은 오직 자기 자신뿐이기 때문이다.

8

사람은 각자 그 본질을 남에게 전할 수 없는 깊은 내면 생활이 있다. 때로는 그것을 사람들에게 전하고 싶어지지만, 곧 그것을 다른 사람에게 완전히 전하는 것은 불가능하다는 것을 느낀다. 그 욕구가 바로 신과의 교류에 대한 욕구이다. 그 교류를 확립하여, 다른 데서 구하지 않도록 하라.

이레째 읽을거리

고독

독신자들의 모임에서 즐거운 식사가 끝난 뒤, 내 옛 친구가 말했다. "엘리제 궁전의 광장을 거닐어 보지 않겠나?"

우리는 잎이 드문드문 달려 있는 나무들 사이의 긴 가로수 길을 천천히 걸어갔다. 끊임없이 술렁거리는 파리의 변함없는 희미한 소음 외에는 소리 하나 없었다. 서늘한 미풍이 얼굴을 어루만지고, 어두운 하늘에서는 무수한 금빛 별들이 가득히 빛나고 있었다.

친구가 입을 열었다.

"왜 그런지는 모르겠지만 밤에 이곳에 오면 다른 어디에 있는 것보다 마음이 가벼워지네. 뭔가 내 사상이 성장하는 것 같은 느낌이 들거든. 이따금 내 두뇌가 밝은 섬광을 받아 번쩍하고 빛나는 순간, 신성한 인생의 비밀을 안 것 같은 느낌이 들지만, 이윽고 창문이 탁 하고 닫히면 그것으로 그만이지."

이따금 연인들의 그림자가 나무 사이에서 어른거리는 것이 보였다. 우리는 벤치 옆을 지나갔다. 그 벤치에 앉아 있는 한 쌍의 남녀는 하나의 검은 그림자처럼 보였다.

친구가 말을 이었다.

"불쌍한 사람들! 나는 저들에 대해 혐오가 아니라 한없는 연민을 느껴. 나는 인생의 온갖 비밀 가운데 오직 하나만을 터득할 수 있었네. 우리의 생존에 대한 고통은, 우리는 영원히 고독한 존재이며 우리가 하는 일은 모두 그 고독에서 벗어나기 위해서라는 사실이지. 보게, 저 밤하늘 아래 벤치에 앉아 있는 연인들도 우리와 마찬가지로, 모든 살아 있는 것과 마찬가지로, 한 순간만이라도 자신의 고독에서 도망치고 싶어 하지만, 그들도 역시 영원히 고독한 존재야. 마치 우리가 영원히 고독한 것처럼……."

"어떤 사람들은 그것을 강하게 느끼고 어떤 사람들은 약하게 느끼는 그 차이뿐이지."

"언제부턴가 나는 견딜 수 없는 고통을 느끼게 되었네. 나는 무서운 고독감을 뼈저리게 깨달았고, 그야말로 누구도, 세상의 어느 누구도 그 고독을 깰 수 없다는 것도 잘 알고 있어. 이해하겠나? 우리의 어떤 시도와 노력, 달콤한 속삭임, 포옹은 모두 쓸데없는 짓이라네. 우리는 항상 고독할 뿐이야."

"내가 자네에게 산책하자고 한 것은 집으로 돌아가고 싶지 않아서였네. 방 안에 혼자 있는 것이 견딜 수 없이 괴로워. 하지만 그런 건 아무래도 좋아. 내가 얘기하고 싶은 건, 자네는 지금 내 얘기를 들으면서 이렇게 나란히 걷고 있지만, 우리는 각자 외톨이라는 걸세. 이해하겠나?"

"성서에서는 '마음이 가난한 자는 행복하다'고 했네. 그들은 아직도 행복에 대한 환상을 잃어버리지 않고 있어. 그들은 아직 우리의 고독에 대한 슬픔을 모르고 있고, 나처럼 사람들과 그저 팔꿈치만 스치면서 자신의 영원한 고독을 이해하고 통찰하며, 그 고독이라는 의식 때문에 한없이 괴로워하면서 이기적인 만족을 느끼는 것 외에는 아무런 기쁨도 느끼지 못한 채 인생행로를 방황하지는 않지."

"자네는 내가 정신이 좀 이상하다고 생각할 거야, 그렇지?"

"하지만 잘 들어보게. 나는 내 존재의 고독을 느끼면서부터 어쩐지 깜깜한 동굴 속에, 어디에도 출구가 없는 끝없는 동굴 속에 매일 깊이 빨려 들어가는 듯한 느낌이 드네. 그 속에 빠져 들어가면서, 내 옆에는 단 한 마리의 생물도 보이지 않아. 그 동굴이야말로 우리의 인생이네. 가끔 나는 시끄러운 소음과 얘기 소리, 떠드는 소리를 들어…… 그래서 손으로 더듬으며 그곳으로 다가가지. 그러나 그 소리가 어디서 들려오는 건지 아무리 귀를 기울여도 알 수가 없어. 아무도 만날 수 없고, 나를 에워싼 암흑 속에서 누군가의 손을 만질 수도 없는 걸세. 이해하겠나?"

"이따금 이 무서운 고통을 통찰한 사람도 있었지. 프랑스 시인 뮈세는 이렇게 노래했네.

> 거기 지나가는 사람은 누구요? 혹시 나를 부르고 있는 거요?
> 아무도 없구나!
> 여전히 난 홀로 있을 뿐. 시계 소리가 울린다.
> 오오, 이 고독이여! 오오, 이 공허함이여!

그러나 뮈세에게 있어서는 그건 순간의 의혹이었을 뿐, 그에게는 나와 같은 고독에 대한 확신은 없었네. 그는 시인이었고, 인생을 환영과 꿈으로 가득 채우고 있었지. 그는 결코 나처럼 철저하게 고독하진 않았어."

"소수의 위대한 선각자 중 한 사람이었기에 이 세상에서는 불행했던 위대한 귀스타브 플로베르는, 한 여자친구에게 다음과 같은 절망적인 편지를 써 보냈네. '우리는 모두 황야 속에서 살고 있습니다. 그 누구도 누군가를 이해하지 못합니다'라고."

"그렇네, 그 누구도 누군가를 이해하지 못하네. 우리가 무엇을 생각하고 무엇을 말하고 또 무엇을 하든, 아무도 다른 사람을 이해하지 못해. 공간에 불씨처럼 뿌려져 있는 저 별 무리, 우리에게 보이는 것은 그 가운데 극히 일부분뿐이고, 그 밖의 무수한 별 무리가 무한한 공간 저편에 모습을 감추고 있는 저 별 위에서 무슨 일이 일어나고 있는지, 과연 지구는 알고 있을까? 어쩌면 그 무수한 별들은 서로 매우 근접해 있고, 한 물체의 분자처럼 하나의 전체를 구성하고 있을지도 모르지 않나?"

"그처럼 그 별들 위에서 무슨 일이 일어나고 있는지 지구가 모르는 것처럼, 인간도 다른 인간 속에서 무슨 일이 일어나고 있는지 모르는 거네. 우리는 그 천체 이상으로 서로 떨어져 있고, 또 무엇보다도 그 이상으로 뿔뿔이 흩어져 있어. 왜냐하면 사상에는 끝이 없으니까."

"끊임없이 서로 접촉하면서도 결코 합일할 수 없다는 건 얼마나 무서운 일인가! 우리는 서로에게 묶여 있는 것처럼 사랑하며 손을 뻗고 있지만, 아무리 애써도 합일할 수는 없네. 합일에 대한 간절한 욕구가 우리를 괴롭히지만, 역시 아무리 노력해도 소용없고, 정열은 불모로 끝나며, 맹세는 무익하고, 포옹은 무력하고, 애무는 공허하네. 우리는 하나로 융합하고 싶어 하지만 아무리 노력해도 서로 부딪히기만 할 뿐이야. 내가 가장 강하게 고독을 느끼는 것은 내 마음을 상대에게 바치고자 할 때라네. 그때 서로 합일할 수 없다는 사실이 가장 분명해지지. 예를 들면, 지금 여기에 한 남자가 있고 밝은 눈으로 나를 바라보고 있다고 치세. 그러나 그 눈 속에 있는 영혼에 대해서는 나는 알 수 없네. 그는 내가 하는 말을 듣고 있네. 그러나 무엇을 생각하고 있는 것일까? 정말 대체 무엇을 생각하고 있을까? 그 의문에서 오는 고통을 자네는 아는가? 어쩌면 그는 나를 싫어하고 경멸하고 비웃고 있는지도 모르는 일 아닌가? 내 말을 진지하게 듣고 나를 비판하고, 조롱하고, 비난하고, 나를 평범하고 어리석은 녀석이라고 생각하고 있을지도 모르는 일 아닌가? 과연 그가, 내가 그를 사랑하고 있는 것처럼 나를 사랑하고 있는지 어떻게 알 수 있나? 자신은 알 수 없는 타인의 생각, 우리가 알 수도, 통제할 수도, 억제할 수도, 극복할 수도 없는, 감춰져 있는 자유로운 사상이라는 건 얼마나 무서운 비밀인가!"

"그런데 나는? 내가 아무리 자신을 바치고 마음의 문을 열려고 해도, 그것은 불가능해. 내 마음 깊은 곳, 가장 내밀한 곳에는, 언제나 이 '나'라는 비밀의 장소가 있고, 그곳에는 아무도 들어올 수 없어. 그 비밀 장소를 열고 안으로 들어오는 자는 아무도 없어. 왜냐하면 나는 누구와도 닮지 않았고, 어느 누구도 다른 사람을 이해할 수 없기 때문이지."

"예를 들어 하다못해 지금, 자네는 나를 이해하고 있을까? 아니야, 자네는 내 머리가 이상해졌다고 생각하고 있네! 나를 힐끔힐끔 쳐다보며 경계하고 있어! '이 친구가 갑자기 어떻게 된 건가?' 하고 생각하고 있겠지. 그러나 언젠가 자네가 나의 이 무섭고 복잡기괴한 고뇌를 이해할 수 있는 날이 온다면, 그때는 내게 와서 오직 '자네를 이해하네'라는 한마디만 말해주게. 그러면 나도 그 순간만큼은 행복할 거야."

"여자는 특히 나에게 깊은 고독을 느끼게 하네."

"아! 아! 여자 때문에 내가 얼마나 고통을 받았는지 자네는 모를 거야! 여자는 남자보다 더 내 가슴에 자신은 고독하지 않다는 그릇된 기대를 품게 했지."

"연애를 하면 왠지 자기의 존재가 확대되어, 초인간적인 행복감에 빠지는 듯한 느낌이 드는데, 왜 그런지 아나? 이 커다란 행복감이 어디서 오는지 알고 있나? 그것은 오로지 자신은 이제 고독하지 않다고 믿는 데서 오는 거라네. 고독이, 인간의 기본적인 소외감이, 사라진 듯한 느낌이 드는 거지. 얼마나 가엾은 미망인가!"

"여자는 우리 남자 이상으로 우리의 고독한 마음을 괴롭히는 저 영원한 사랑의 요구 때문에 괴로워하고 있는 것이네. 이 여자라는 존재가 우리에게 가장 거짓된 환상을 심어주는 걸세."

"이 여자라고 하는, 긴 머리에 매혹적인 그 눈동자만으로도 우리의 마음을 어지럽히는 생물과 단둘만의 그 달콤한 순간을, 자네도 알고 있겠지? 미칠 듯한 환희가 머리를 혼돈에 빠뜨리는 거야! 멋진 환상이 우리를 사로잡지! 드디어 그녀와 자신이 하나가 된 것처럼 느껴지네. 그러나 그것은 오직 그렇게 느끼는 것일 뿐, 기대와 희망과 거짓 기쁨을 경험한 뒤, 나는 전보다 더욱 고독한 자신을 느낀다네."

"키스를 할 때마다, 포옹을 할 때마다, 고독감은 더욱 커지네. 그 두려움! 그 괴로움! 시인 쉴리 프뤼돔은 이렇게 노래했네.

> 모든 애무는 어리석은 충동에 지나지 않는다.
> 육체의 결합을 통해 어차피 이루어질 수 없는 영혼의 결합을
> 찾아 헤매는 허무한 사랑의 시도에 지나지 않는다.

'자, 이젠 헤어집시다. 모든 것은 끝났어요!' 순간순간 우리의 모든 것이었던 여자, 물론 저급한 것이 틀림없는 그 마음속을 한 번도 안 적이 없는 그 여자는 이제 우리의 기억에서 거의 사라져 버리지."

"우리 존재의 신비로운 화합 속에, 모든 희망과 충동의 완전한 융합 속에, 그녀의 마음속을 들여다본 것 같은 순간에조차, 단 한 마디, 우연한 그녀의 말 한 마디가 우리의 자기기만을 폭로하고, 밤하늘의 번개처럼 그녀와의 사이에 가로놓인 심연을 비추기 시작하는 거네."

"그러면서도 사랑하는 여자와 단둘만의 밤보다, 많은 말은 하지 않아도 그녀가 옆에 있다는 것만으로 행복한 느낌이 드는 그런 밤보다 좋은 것은 없네. 그 이상의 것은 바라지 않기로 하세. 왜냐하면 두 존재가 하나로 융합하는 것은 절대로 있을 수 없는 일이니까!"

"나 자신에 대해 말하면, 나는 지금 모든 사람에게 내 마음의 문을 닫고 있네. 나는 내가 무엇을 믿고, 무엇을 생각하며, 무엇을 사랑하고 있는지 누구한테도 말하지 않네. 나는 자신이 무섭도록 고독한 운명을 타고났다는 것을 알고 있고, 냉정하게 모든 것을 바라보며 아무 말도 하지 않는다네. 남의 의견이나 논쟁, 만족, 신앙이 나에게 무슨 소용인가! 남과 나누어 가질 것이 아무것도 없으니 관심을 가질 대상도 없지. 내 눈에 보이지 않는 사상은 언제까지나 누구에게도 알려

지지 않고 있네. 나는 흔해빠진 질문에 대해서는 흔해빠진 말로 대답하고, 대답하고 싶지 않을 때는 미소를 지어 보일 뿐이지."

"자네는 내 마음을 이해하겠나?"

우리는 가로수 길을 지나 '에투알 개선문'까지 걸어간 뒤 '콩코르드 광장'으로 내려갔다. 그는 느릿한 어조로 그 밖에도 많은 얘기를 했지만 지금은 기억조차 나지 않는다.

마침내 그는 파리의 도로 위에 서 있는 화강암 오벨리스크 앞에서 걸음을 멈추었다. 옆면에 기묘한 기호로 그 나라의 역사가 기록되어 있는 그 추방의 기념비의 긴 이집트식 옆얼굴이, 별빛을 받아 희미하게 빛나고 있었다. 갑자기 내 친구는 손을 들어 그 오벨리스크를 가리키며 소리쳤다.

"우리는 모두 이 돌탑 같은 것이네!"

그리고 그는 더 이상 아무 말도 하지 않고 걸어가 버렸다.

그가 술에 취해 있었는지, 미쳐 있었는지, 그렇지 않으면 아주 멀쩡했는지, 나로서는 지금도 확실하게 알 수 없다. 때때로 그의 말이 옳은 것 같기도 하고, 때로는 미쳐 있었던 게 분명하다는 생각이 들기도 한다. 기 드 모파상

8월 12일

1

인간이 짊어지고 있는 십자가는 하느님의 의지를 나타내는 긴 세로 부분과 인간의 의지를 나타내는 짧은 가로 부분으로 구성되어 있다. 그러므로 자신의 의지를 하느님의 의지와 같은 방향으로 향하게 하면 십자가는 없어질 것이다.

2

외면적인 행운 속에서 행복을 찾는 사람은 모래 위에 집을 짓는 사람이다. 진정으로 견고한 행복을 주는 것은 내적 생활과 신의 의지의 일치뿐이다.

루시 맬러리

3

내 편에 서지 않는 사람은 나를 반대하는 사람이며 나와 함께 모아들이지 않

는 사람은 헤치는 사람이다. 〈누가복음〉 제11장 23절

4

우리에게는 늘 좋은 것과 나쁜 것이 함께 섞여 있다. 그러나 우리가 무언가를 목표로 나아갈 때는 그렇지 않다. 신의 의지에 따라 나아갈 때는 모든 것이 선이며, 신의 의지와 일치하지 않는 자신의 의지에 따라 나아갈 때는 모든 것이 악이다.

5

그날이 오면 너희가 나에게 물을 것이 하나도 없을 것이다. 정말 잘 들어두어라. 너희가 내 이름으로 아버지께 구하는 것이면 아버지께서 무엇이든지 주실 것이다.

〈요한복음〉 제16장 23절

6

운명은 두 가지 방법으로 우리를 멸망시킨다. 하나는 우리의 희망을 거부함으로써, 또 하나는 그것을 이룸으로써. 그러나 신이 원하는 것만을 원하는 자는 그 어떤 불행도 피할 수 있다. 모든 것이 그에게는 복이 된다. 아미엘

7

만일 네가 타인에게 어떠한 것도 기대하지 않고 아무것도 받으려는 생각이 없다면, 마치 벌에게 벌이 무섭지 않고 말에게 말이 무섭지 않듯, 너는 그들을 조금도 두려워하지 않게 될 것이다. 그러나 만약 네 행복이 타인의 수중에 있다면 너는 반드시 그들을 두려워할 것이다. 그러므로 우선 다음과 같은 것에서부터 시작해야 한다. 즉 우리에게 속해 있지 않은 모든 것을 포기할 것, 그것이 우리의 주인이 되지 않을 정도로 내버릴 것, 자신의 육체와 육체에 필요한 모든 것에 대한 집착에서 멀어질 것, 부와 명예, 지위와 영화에 대한 애착을 버릴 것, 그런 뜻에서 자신의 자식과 아내, 형제도 버릴 것, 바로 이것이다. 그러한 것은 모두 우리의 소유물이 아니라고 스스로에게 들려주어야 한다.

그렇게 되면 우리는 폭력으로 사람들의 폭력을 타파할 필요가 없을 것이다.

감옥을 예로 들면, 감옥이 있다고 해서 그것이 나에게, 나의 정신에 어떤 해악을 끼치겠는가? 무엇 때문에 나는 그것을 파괴하지 않으면 안 되는가? 무엇 때문에 폭력을 휘두르는 사람들을 공격하여 그들을 살해하지 않으면 안 되는가? 그들의 감옥과 쇠사슬과 무기가 나의 정신을 노예로 만들 수는 없다. 나의 육체를 죽일 수는 있으나 나의 영혼은 자유롭다. 그러므로 누구도 나의 자유를 방해할 수 없고 그렇기 때문에 나는 내가 원하는 대로 살 수 있다.

그러면 나는 어떻게 하여 그런 경지에까지 도달했는가? 나는 나의 의지를 신의 의지에 종속시킨 것이다. 신이 나에게 열병으로 고생하기를 원하면 나도 그것을 원한다. 신이 나에게 저것이 아니고 이것을 하기를 원한다면 나도 그것을 원한다. 신이 그것을 원하지 않으면 나도 원하지 않는다. 신이 내가 죽기를 원하고, 고문을 당하기를 원한다면 나도 죽기를 원하고 고문을 당하기를 원하는 것이다.

에픽테토스

8

신에게 몸을 내맡기는 정신은 위대하다. 이와 반대로, 세계를 지배하는 신의 법칙을 비난하고, 자기 자신이 아니라 신을 시정하려는 정신은 비굴하고 타락한 정신이다.

세네카

9

하느님의 뜻을 실천하려는 사람이면 이것이 하느님으로부터 나온 가르침인지 또는 내 생각에서 나온 가르침인지를 알 것이다. 〈요한복음〉 제7장 17절

10

고생하며 무거운 짐을 지고 허덕이는 사람은 다 나에게로 오너라. 내가 편히 쉬게 하리라. "나는 마음이 온유하고 겸손하니 내 멍에를 메고 나에게 배워라. 그러면 너희의 영혼이 안식을 얻을 것이다. 내 멍에는 편하고 내 짐은 가볍다."

〈마태복음〉 제11장 28~30절

11

자신의 의지를 신의 의지와 하나가 되게 함으로써 불행을 면하고 안식을 얻을 수 있을 뿐만 아니라, 오직 그 길에 의해서만 신을 인식하고 불멸에 대한 신앙을 얻을 수 있다.

8월 13일

1

세속적인 지혜는 모든 사람이 사는 것처럼 사는 것이고, 참다운 지혜는 비록 모든 사람으로부터 비난을 받아도 이성적인 삶을 사는 것이다.

2

진리가 반박할 여지 없는 형태로 나타날 때, 진리의 적들은 자신들의 수중에 있는 최후 수단을 동원한다. 즉 진리를 표현하는 사람들을 비방하는 것이다. 그러나 진리를 표현하는 사람들을 욕하고 매도하는 것은, 마치 진리의 씨앗에 흙을 덮어주는 것과 같아서 씨앗은 더욱더 빨리 싹을 틔우고 성장한다.

루시 맬러리

3

하늘은 우리의 잘못에 대해 분노하지만, 이 세상은 우리들의 선행에 대해 분노한다.

《탈무드》

4

너를 따르는 사람들의 수에 관심을 갖지 말고 질에 관심을 가져라. 어리석은 사람들이 너를 따르지 않는 것은 인간으로서 칭찬받아야 할 일이다. 세네카

5

인간의 이성은 신의 등불과 같다. 그 빛은 사물의 가장 깊은 곳을 비춘다.

동양의 금언

6

종은 그 주인보다 더 나을 수가 없다고 한 내 말을 기억하여라. 그들이 나를 박해했으면 너희도 박해할 것이고 내 말을 지켰으면 너희의 말도 지킬 것이다.

〈요한복음〉 제15장 20절

7

우리가 움직이고 있는 배 안에서 그 배 안의 물체를 볼 경우, 우리는 자신들이 움직이고 있는 것을 알 수 없다. 그러나 우리가 배 밖의, 자신들과 함께 움직이지 않는 것, 이를테면 해안을 바라보면, 우리는 바로 자신들이 움직이고 있다는 것을 알 수 있다. 인생에 있어서도 마찬가지이다. 모두가 올바른 생활을 하지 않고 있으면 아무도 그것을 이상하게 생각하지 않으나, 단 한 사람이 깨달아 신의 계명에 따라 살기 시작하면 즉시 다른 사람들이 얼마나 사악한 생활을 하고 있는지 확실히 알게 되고, 그것 때문에 그들은 그 사람을 박해한다. 파스칼

8

"모든 사람이 너를 칭찬할 때 너는 불행하다"라고 그리스도는 말했다.

이 말의 뜻은 우리는 사람들의 다양하고 불완전하고 그릇된 취향과 희망과 충동에 아부하고, 장단을 맞춰 그들의 환심을 사는 외면적인 목표를 지향해서는 안 되며, 신의 유일하고 완전한 의지에 따라 거기에 발맞춰, 신을 기쁘게 하는 내면적 목표를 지향해야 한다는 뜻이다.

석공이 돌을 자를 때, 다른 돌의 요철과 특수한 형태에 맞춰서 자르는 것이 아니라, 반듯한 사각으로 잘라야 비로소 집을 지을 수 있듯, 사람들이 자기 자신과 자신의 자식들을 모순에 차 있고 변덕스러운 세상의 요구에 맞춰서 교육하는 것이 아니라, 양심과 이성의 힘으로 인식한, 만인에게 공통되는 선과 진리의 법칙에 따라 자기완성에 노력할 때, 비로소 신의 나라를 이 땅에 건설할 수 있는 것이다.

표도르 스트라호프

9

현자에 대한 박해와 공격, 핍박을 슬퍼하는 것은 잘못이다. 나쁜 생활의 잘못

을 지적하지 않는다면 현자도 현자가 아닐 것이다. 또 사람들도 자신의 생활을 고치려 하지 않고 잘못이 드러나도 아무렇지도 않다면 이미 인간이 아니다.

8월 14일

1

사람들은 외면적인 생활 질서를 폭력으로 유지하는 습관이 완전히 몸에 배어버려, 폭력이 없는 생활은 상상도 할 수 없게 되었다. 그렇지만 만약 사람들이 폭력으로 외면적인 생활 질서를 세운다면, 그것을 세운 사람들은 정의가 무엇인지 알아야 하고, 그들 스스로 정의로운 사람이 되어야 한다. 만약 어떤 사람들이 무엇이 정의인지 알고 있고, 또 스스로 정의로운 사람이 될 수 있다면, 어째서 다른 모든 사람들도 그것을 알고 의인이 되어서는 안 된단 말인가?

2

폭력이란 무지하고 야만적인 자가 민중들에게 그들의 본성에 어긋나는 것을 강요하기 위한 무기이다. 그러나 그 무기가 작용을 중지하면 효과도 중지된다. 반대로 설득은, 마치 강물이 우리의 관심이나 노력 없이도 스스로 자연스럽게 흘러갈 수 있도록 기울어져 있는 강바닥과 같은 것이다. 인간의 활동을 지도하는 방법에는 단 두 가지밖에 없다. 그 하나는 인간에게 그 사람의 성향과 판단과는 반대로 행동하도록 강요하는 방법이고, 또 하나는 그 성향을 다스리며 이치로 설득하는 방법이다. 하나는 무지하고 야만적인 방법이므로 그 결과는 환멸뿐이지만, 다른 하나는 경험이 증명해 주는, 반드시 성공을 거둘 수 있는 방법이다. 아기가 딸랑이를 갖고 싶어 우는 것은, 있는 힘을 다해 그것을 손에 넣기 위해서이다. 부모가 자식을 때리는 것은, 힘으로 말을 잘 듣게 하려는 것이다. 술 취한 남편이 아내를 때리는 것은, 힘으로 그녀를 제압하려는 것이다. 죄인에게 형벌을 가하는 것은, 힘으로 세상을 살기 좋게 하려는 것이다. 어떤 사람이 어떤 사람과 재판으로 싸우는 것은, 힘으로 정의를 실현하기 위해서이다. 성직자가 지옥의 무서운 고통에 대해 설명하는 것은, 설교를 듣는 청중을 힘으로 천국에 데려가기 위한 것이다. 한 나라가 다른 나라와 싸우는 것은 힘으로 자기 나라에 유리한 상태를 얻으려는 것이다. 이렇게 놀랍게도 오늘날까지 무지와 야만이 인류를 항상 환멸로 이끌어 왔고 앞으로도 이끌 것이며, 또 폭력의 방법으로 이끌어 왔고 지금도 이끌어 가고 있다. 콤브

3

강자의 권리는 권리가 아니며, 항의와 저항을 만나지 않는 동안만 권리로 통할 뿐이다. 그것은 마치 난방과 조명과 지렛대가 없는 동안은 견디지 않으면 안 되는 추위와 어둠, 무게 같은 것이다. 인류의 모든 산업은 거친 자연으로부터의 해방이며, 정의의 진보는 바로 강자의 전제가 제한되어 온 역사적 과정이다. 의학의 목적이 질병의 극복에 있듯이, 인간의 행복은 맹목적인 동물성의 극복, 동물로서의 무분별한 욕망의 극복에 있다. 이리하여 나는 늘 하나의 법칙을 본다. 개개인의 끊임없이 커져가는 자유해방과, 모든 사람의 행복과 정의와 지혜에 대한 접근이 그것이다. 아미엘

4

신이 없으면, 폭력으로 다스릴 수는 있어도 설득은 할 수 없다. 폭군은 될 수 있어도 교육자는 될 수 없다. 주세페 마치니

5

폭력은 그릇된 정의를 만들어 냄으로써, 사람들을 폭력 없이 바르게 살 수 있는 가능성으로부터 점점 멀어지게 한다.

6

인간은 이성적인 존재이므로, 언젠가는 폭력을 버리고 자유로운 협력으로 나아가야 한다. 모든 폭력은 그날이 오는 것을 방해하고 있다.

8월 15일

1

삶의 기쁨은 동물과 어린이, 성인(聖人)에게는 원래부터 갖춰져 있는 것이다. 왜냐하면 동물의 경우, 잘못된 방법으로 사용하면 삶의 기쁨을 빼앗아 가는 이

성이 처음부터 없기 때문이고, 어린이의 경우에는 그들의 이성이 아직 다행히도 비뚤어지지 않았기 때문이며, 성인의 경우는 인생 그 자체가 진실로 그들이 희구하는 것, 즉 자기완성과 신을 향한 접근의 가능성을 주기 때문이다.

2

추억이 된 지난날의 고통은 과거, 미래, 현재의 기쁜 추억 속에서는 즐거운 것이 된다. 그러므로 미래와 현재의 슬픔만이 우리를 괴롭혀, 결과적으로 이 세상에서의 비중은 기쁨 쪽이 압도적으로 크다. 또 그 기쁨은 우리가 끊임없이 그것을 얻으려 노력하고, 또 대부분의 경우, 틀림없이 그것을 얻을 수 있다는 것을 알고 미리 즐김으로써 더욱 커지지만, 우리의 앞날에 기다리고 있는 슬픔은 좀처럼 예상할 수 없기 때문에 더욱 그렇다. 리히텐베르크

3

우리는 신이 인간의 눈으로 볼 수 있는 것보다 훨씬 많은 아름다운 것을 창조한 것에 대해서는 기뻐해야 하고, 우리가 자신의 영혼이 이해하고 행동으로 바로잡을 수 있는 것보다 훨씬 많은 잘못을 저질러 온 것에 대해서는 슬퍼해야 한다. 존 러스킨

4

행복이란 후회하는 일이 없는 기쁨을 말한다.

5

오, 우리를 증오하는 사람들에게 미움을 품지 않고 산다면 우리는 얼마나 행복할까! 우리를 미워하는 사람들과 함께 산다면 얼마나 행복할까! ……탐욕스러운 자들 사이에서 욕심을 버리고 사는 우리는 얼마나 행복한가! 탐욕 때문에 괴로워하는 사람들 사이에서 우리는 욕심을 벗어나 생활한다!

어떠한 것도 내 것이라고 부르지 않는 우리는 얼마나 행복한가! 신성한 빛을 한 군데 치우침 없이 받은 우리는 빛나는 신의 모습을 닮았다. 부처의 가르침

6

"또 다른 비유를 들겠다. 어떤 지주가 포도원을 하나 만들고 울타리를 둘러치고는 그 안에 포도즙을 짜는 큰 확을 파고 망대를 세웠다. 그러고는 그것을 소작인들에게 도지로 주고 멀리 떠나갔다. 포도철이 되자 그는 그 도조를 받아 오라고 종들을 보냈다. 그런데 소작인들은 그 종들을 붙잡아 하나는 때려 주고 하나는 죽이고 하나는 돌로 쳐 죽였다. 지주는 더 많은 종들을 다시 보냈다. 소작인들은 이번에도 그들에게 똑같은 짓을 했다. 주인은 마지막으로 '내 아들이야 알아보겠지' 하며 자기 아들을 보냈다. 그러나 소작인들은 그 아들을 보자 '저자는 상속자다. 자, 저자를 죽이고 그가 차지할 이 포도원을 우리가 가로채자' 하면서 서로 짜고는 그를 잡아 포도원 밖으로 끌어내어 죽였다. 그렇게 했으니 포도원 주인이 돌아오면 그 소작인들을 어떻게 하겠느냐?" 사람들은 이렇게 대답하였다. "그 악한 자들을 모조리 죽여버리고 제때에 도조를 바칠 다른 소작인들에게 포도원을 맡길 것입니다."(〈마태복음〉 제21장 33~41절)

사람들에게는 그들이 심은 것이 아닌 포도원이 주어졌다. 그리고 그들은 삶을 즐기려면, 그들에게 포도원이 주어진 조건을 실행하기만 하면 된다. 그런데 사람들은 그것을 실행하지 않고, 나쁜 것은 자기네가 아니라 포도원 주인이라고 말하는 것이다.

7

너는 하늘나라를 찾으며, 고통도 원한도 없는 그곳에 가기를 원한다. 네 마음을 해방하여, 그것을 깨끗하고 밝은 것이 되게 하라. 그러면 너는 이미 이 지상에서 네가 원하는 천국에 살게 될 것이다.

8

만일 인생이 너에게 있어서 위대하지도 않고 기뻐할 만한 가치도 없다면, 그것은 네 이성의 방향이 잘못되어 있기 때문이다.

8월 16일

1

우리는 단순히 모든 사람들뿐만 아니라 생명을 가진 모든 존재와 정신적 유대에 의해 하나로 굳게 이어져 있다.

2

어느 날 누군가가 나에게 "어떤 사람이든 그 내부에는 뭔가 매우 선한 것, 박애적인 것이 잠재되어 있지만, 동시에 또 뭔가 매우 악한 것, 악의에 가득 찬 것이 있어서, 그때그때의 기분에 따라 어느 한쪽이 얼굴을 내밀기도 하고, 또 다른 쪽이 얼굴을 내밀기도 한다"고 말한 적이 있는데, 정말 옳은 말이다!

남이 괴로워하고 있는 모습은 많은 사람들의 마음속뿐만 아니라, 한 사람의 마음속에도 때로는 한없는 동정심을 불러일으키지만, 때로는 일종의 기쁨을 불러일으키거나 경우에 따라서는 지극히 잔인한 악의에 찬 기쁨을 느끼게 하기도 한다. 나는 나 자신도 때로는 마음으로부터의 동정심을 가지고 모든 것을 바라보기도 하지만, 때로는 매우 냉담하게, 또 경우에 따라서는 증오심이나 상대방의 불행을 즐기는 기분으로 바라볼 때도 있다는 것을 알고 있다.

이와 같은 사실은 분명히 우리에게 두 개의 다른, 아니 완전히 대조적인 인식 방법이 있다는 것을 보여주고 있다. 그 하나는 고립과 분열, 소외의 원리에 의한 인식 방법으로, 그 경우 모든 사람이 우리에게 있어서 완전한 타인, 나와는 전혀 다른 것이 된다. 이때 우리는 그들에 대해 냉담, 질투, 증오, 악의 외에는 아무것도 느낄 수 없다.

또 하나는 모든 사람과 하나가 되는 의식에 의한 인식 방법이다. 이 방법에 의하면, 모든 존재가 우리의 자아와 동일한 것으로 보이고, 그들의 모습은 우리의 마음에 동정과 사랑을 불러일으킨다.

한쪽의 형태는 두꺼운 벽으로 우리를 서로 떼어놓고, 또 한쪽은 벽을 허물어 우리를 하나로 결합시킨다. 하나의 방법은 우리에게 어떠한 존재에 대해서도, 그것은 바로 '나'라는 것을 느끼는 것을 가르치고, 또 하나의 방법은 그것은 '내'가 아니라고 느끼게 하는 것이다.

쇼펜하우어

3

우리는 모두 뿌리는 하나이며, 하나의 법칙 아래 있고, 또 모두 하나의 목적을 지향하도록 운명 지어져 있다.

그러므로 우리에게는 하나의 신앙과 하나의 행동 목표, 그리고 그 밑에서 우리 모두가 싸워야 하는 하나의 깃발이 있어야 한다. 주세페 마치니

4

우리는 언제나 나와 남을 구별하지 말고, 나와 남에게 공통되는 것을 찾기 위해 노력해야 한다.

5

네가 아무리 그것을 원한다 해도 너의 삶을 인류의 삶과 떼어놓을 수는 없다. 너는 인류 속에서, 인류에 의해, 그리고 인류를 위해 살고 있는 것이다. 너의 영혼은 그런 조건으로부터 달아날 수 없다. 왜냐하면 우리는 모두 손과 발, 눈처럼 함께 활동하도록 되어 있기 때문이다. 서로 적대적으로 행동하거나 분노하고 또 외면하는 것은 곧 자연에 반하는 행위를 하는 것이다. 마르쿠스 아우렐리우스

6

원숭이, 개, 말, 새를 우리의 형제가 아니라고 말해서는 안 된다. 만일, 그들을 남이라고 한다면 어째서 아프리카의 흑인들은 우리의 형제가 아니라고 말해서는 안 된다는 말인가? 만약 흑인들이 우리의 형제가 아니라면 우리와 피부가 다른 모든 사람 또한 우리의 형제가 아닐 것이다. 그렇다면 도대체 이웃은 누구인가? 거기에 대한 대답은 오직 하나 사마리아 여자의 이야기가 있을 뿐이다. 누가 이웃이냐고 물어서는 안 된다. 자신과 살아 있는 모든 것의 동일성을 인정하고, 살아 있는 모든 것을 동정하며 그들을 위해 봉사해야 한다.

8월 17일

1

선한 마음은 모든 음식에 빠져서는 안 되는 양념과 같은 것이다. 아무리 훌륭

한 성품도 '선한 마음'이 없으면 가치가 없고 아무리 나쁜 죄악도 선한 마음이 있으면 용서받는다.

2

외적, 육체적 원인에서 오는 자연스러운 선량함, 즉 유전적 소질이나 음식물을 잘 소화시켜 건강하고, 사업에서 성공했다는 것 등에서 오는 선량함이 있다. 이 같은 선량함은 직접 경험하는 사람이나 옆에 있는 사람에게 매우 즐거운 것이지만, 그런 것은 금세 사라지기 쉽다. 이와는 달리 정신적, 내면적 활동에서 오는 선량함이 있다. 그러한 선량함은 눈에 확 드러나지는 않지만, 그 대신 첫 번째 선량함이 소멸되기 쉬울 뿐만 아니라 증오로 바뀌기도 하는 데 반해, 두 번째 선량함은 절대로 사라지지 않고 끊임없이 커질 뿐이다.

3

네가 좋다고 여기는 일을 할 경우에도, 남에게 적의를 느끼거나 남이 자신에게 적의를 느낀다면 즉시 그 일을 그만두는 것이 현명하다. 결국 너는 아직 그 일을 잘할 수 없다는 것을 의미하기 때문이다. 만약 네가 무슨 일을 하면서 신체의 어딘가가 아프다면, 너는 그 일을 잠시 중단하고 어떻게 하면 고통을 제거할 수 있는지 연구할 것이다. 마찬가지로 무슨 일을 하든, 그것이 좋지 않은 감정을 불러일으킬 것 같으면 잠시 중지할 필요가 있다. 그것은 너에게 그 일을 충분히 할 수 있는 능력이 아직 없다는 증거이므로 더 배워야 할 필요가 있다.

4

우리는 남이 베푸는 선은, 설령 그것이 표면적인 것에 지나지 않는다 해도 소중하게 받아들여야 한다. 왜냐하면 그것 때문에 그들이 사람들의 존경을, 그것도 어쩌면 부당한 존경을 받을지 모르는 일시적이고 거짓된 선에서, 결국엔 뭔가 진지한 것이 나올지도 모르기 때문이다.

그러나 우리 자신은 그 거짓된 선을 가차 없이 버리고, 자애심이 스스로의 결점을 덮는 일이 없도록 덮개를 벗겨내야 한다. 칸트

5

선을 행하는 것은 즐거운 일이지만, 그것으로 만족할 수 있는 것은 아니다. 더 많은 선을 베풀어야 했는데 하며 늘 아쉬워한다.

6

아무리 선한 일을 해도 항상 더 많이 해야겠다는 기분은 남기 마련이다.

공자

7

원래 인간에게는 도덕적으로 사악한 행위에 대해서는 직접적인 경향성이 없지만, 선량한 행위에 대해서는 직접적인 경향성이 확실히 있다. 칸트

8

사람들에 대한 봉사, 살아 있는 모든 것에 대한 봉사 속에서 기쁨을 찾아내려면, 무엇보다 먼저 사람들과 그 밖의 생명에 대해 악을 행하지 않도록, 자신의 생활을 그들의 고통과 삶 위에 세우지 않도록 스스로를 훈련해야 한다.

9

선한 성품은 정신의 기본적 성격이다. 만일 사람이 선하지 않다면, 그것은 그가 어떤 기만이나 유혹, 정욕에 굴복해 원래의 성격을 파괴했기 때문이다.

8월 18일

1

그리스도교가 진리인 것은, 그것이 가장 추상적인 문제에 답하면서, 바로 그 대답에 의해 가장 실제적인 삶의 문제에도 해답을 제시하기 때문이다. 그리스도교는 개개인의 마음의 세계에, 그리고 사람들의 사회생활 속에 하느님의 나라를 건설한다.

2

그리스도교도라고 자칭하는 수백만 명의 사람들에게 그리스도교가 무엇이냐고 물어보라. 그들은 그리스도교도는 어느 하나의 가르침에 따른다고 대답할 것이다. 그러나 그 그리스도교를 믿는다고 자처하는 사람들도 의견이 제각각 다 다르다. 어떤 사람들은 이렇게 믿어야 한다고 말하고 또 어떤 사람들은 저렇게 믿어야 한다고 말한다. 바로 그 의견 대립에서 비난과 증오, 박해가 일어나고, 심지어는 비참한 유혈 사태에까지 이르게 되는 것이다. 만일 그런 것이 진정한 그리스도교라면 어떻게 그리스도가 여러 민족의 해방자, 구원자일 수 있겠는가? 어떻게 인류가 기다리고 기다리던 자일 수 있겠는가? 실제로 그리스도 자신도 자신이 이 땅에 보내진 사명은 그런 것이 아니라는 것을 우리에게 말하고 있다. 그는 가난한 자들에게 복음을 가져다주기 위해, 고통과 고난과 박해에 지친 마음을 치유해 주기 위해, 장님들이 앞을 볼 수 있게 되어 다시는 빛을 빼앗기는 일이 없도록, 그들을 가축과도 같은 무지몽매한 상태에 가둬놓고 묵묵히 그 멍에를 지게 하기 위해 권력자들이 그들에게서 빛을 빼앗는 일이 없도록 하기 위해, 쇠사슬에 매여 있는 자들을 해방하고 전 세계의 노예제도 대신 자유를 주기 위해 지상에 보내진 것이다. 그것이 예수의 사명이었다.

그러나 과연 그의 이름으로 그것이 실천되고 있을까? 민중이 기다리고 기다렸던 그가 해야 할 일은 과연 이루어졌는가? 가난한 사람들은 복음을 들었는가? 상처받은 마음은 치유되었는가? 눈 먼 사람들은 앞을 볼 수 있게 되었는가? 얽매인 자의 쇠사슬은 풀렸는가? 감옥에 갇힌 자는 자유를 얻었는가? 아니다. 그리스도는 지금도 십자가 위에서 자신의 사도들이 오기를 간절하게 기다리고 있다. 왜냐하면 사람들의 고통은 너무나 크고, 주님의 축복된 해의 여명을 기다리며 동녘 하늘을 바라보는 눈은 너무나 지쳐 있기 때문이다. 라므네

3

종교는 성인이 그것을 설교했기 때문에 진리인 것이 아니라, 그것이 진리이기 때문에 성인이 설교한 것이다. 레싱

4

사람들의 불행은 모두 신앙의 결여에서 온다. 사람은 종교 없이는 살 수 없다. 오직 종교만이 선악을 구별할 수 있게 하므로, 인간은 종교의 바탕 위에서 비로소 무엇을 할 것인지 선택할 수 있다. 종교만이 이기주의를 타파하며, 종교적 요청에 따라 비로소 우리는 이기주의를 떠나서 살 수 있다. 종교만이 우리에게 삶의 의미를 부여하고, 종교만이 인간의 평등을 확립하며, 종교만이 우리를 모든 외적인 박해로부터 해방시킨다.

5

의심할 여지 없이 모든 사람의 행복을 실현시켜 주는 가르침이 있다면 어찌 믿지 않겠는가?

여기 참으로 뛰어나고 진실한 가르침이 있다.

그 가르침은 바로 그리스도교이다.

이레째 읽을거리

가톨릭과 개신교

역사적 사실로서의 그리스도교와, 그것이 발생한 기원을 혼동해서는 안 된다. 오늘날 '가톨릭 신앙'으로 불리고 있는 것을 신성시하는 데는, 오직 비할 데 없는 뻔뻔스러움이 필요할 뿐이다. 그리스도는 무엇을 부정했는가? 바로 오늘날 가톨릭교회로 불리고 있는 것, 바로 그것을 부정했다.

가톨릭교회, 그것은 그리스도교의 근본 원리와 정면으로 대립되는 것이다. 바로 가톨릭교회적인 의미에서의 그리스도교적인 것이야말로 근원적 의미에서 비그리스도교적이다. 교회에 있는 것은 일정한 신념 대신 물건과 사람이다. 영원한 것 대신 역사가 있고, 실천적인 생활 대신 가톨릭적 규칙과 의식, 그리고 교의가 있다. 그리스도교는 본질적으로는 제사와 사제, 교회, 신학이니 하는 것과는 아무런 관계가 없다.

그리스도교의 실천을 위해서는 어떠한 환상도 필요치 않다. 그것은 오직 행복을 얻기 위한 수단일 뿐이다.

"남과 자신을 구별해서는 안 된다. 화내지 말고 누구도 미워하지 말라. 자선은 남몰래 베풀어야 한다. 맹세하지 말라. 심판하지 말라. 누구와도 화해하고 용서할 줄 알아야 한다. 기도할 때는 은밀한 장소에서 조용히 하라."

예수는 직접적으로 사물의 본질을, 다시 말해 인간의 마음속에 있는 '하느님의 나라'를 보고, 그 나라에 이르는 길을 제시했는데, 그것은 그가 인정하지 않는 유대교회의 율법 준수 같은 외면적인 길이 아니라 내면적인 길이었다. 그는 외면적인 것에 대해서는 생각하지 않고, 오직 내면적인 것을 중요하게 여겼다.

신과의 교류라고 하는 기만에 찬 수법에 대해서도 그는 같은 태도를 보여주었다. 그는 자신을 '신성을 지닌 자'로 느끼려면 어떻게 살아야 하는지 설교하고, 고행으로는 그 상태에 도달할 수 없으며, 신성을 지니기 위해서는 무엇보다 '자기 부정'이 가장 중요하다고 가르쳤다.

가톨릭은 그리스도가 행하였고 행하고자 했던 것과는 근본적으로 다르다. 개신교는 원래 위대한 반이교적(反異教的) 운동이지만, 그 가르침, 즉 그리스도의 언행은 개신교와 전혀 상관이 없는 목적을 위해 제멋대로 해석되었고, 그 뒤에 기존의 여러 가지 종교적 언어로 번역되고 말았다.

예수는 평화와 행복을 설교했지만, 가톨릭은 사람들의 인생에 대한 어두운 견해, 특히 약한 자, 힘없는 자, 억압받는 자, 고통받는 자의 견해를 표현했다.

복음서는 사회적으로 비천한 사람, 가난한 사람에게도 행복을 향한 길이 열려 있음을 가르치고 있다. 그러기 위해서는 오로지 지배 계급이 만들어 놓은 모든 사회 조직을 거부하면 된다. 사유재산, 신분, 소득, 재판, 국가, 교회, 교육, 예술, 군대, 이러한 모든 것은 행복을 얻는 데 방해물이며, 복음서가 무서운 재판을 면할 수 없다고 예언한 미망이자 악마의 유혹이다.

가톨릭은 그리스도교로부터 결국은 국가와 타협하는 가르침, 전쟁을 하고, 재판을 하고, 고문을 하고, 맹세하고, 증오하는 가르침을 만들어 냈다.

가톨릭에서는 책임과 죄의 관념이 가장 먼저 강조되며, 그리스도의 가르침에 의한 새로운 생활은 필요치 않고 새로운 예배 형식과 기적적인 변용(믿음에 의한 속죄)에 대한 새로운 신앙이 필요하다.

가톨릭은 예수의 삶과 죽음의 역사에서 제멋대로 선택하여 곳곳에서 핵심을 바꿔놓고, 모든 것을 자신들에게 유리하게 해석했다. 단적으로 말해 원시 그리스도교를 완전히 멸망시켜 버린 것이다.

이교도와 유대교의 성직자 및 교회와의 싸움은, 가톨릭 덕분에 새로운 성직자와 신학의 건설, 그리고 새로운 지배 계급으로, 즉 다시 교회로 되돌아가고 말았다.

여기에 비극적인 모든 아이러니가 들어 있다. 가톨릭은 총체적으로 그리스도가 멸망시켰던 것을 다시 부활시켰다. 그리고 마침내 새로운 가톨릭교회가 세워졌을 때 그들은 국가까지도 그 지배하에 두게 되었다.

가톨릭은 바로 예수 그리스도가 정면으로 부정하고 사도들에게 그것과 싸우라고 가르쳤던 바로 그것이다. 예수와 함께 십자가에 못 박힌 도적이 고통스럽게 죽어가면서도 예수처럼 불평도 노여움도 없이 자신을 괴롭힌 자를 용서하며, 운명에 대한 순종으로 괴로움을 견디며 죽는 것이 옳다고 생각했을 때, 그는 복음서를 믿고 하늘나라에 올라간 것이다.

그리스도교는 언제 어느 때나 실현할 수 있는 가르침이다. 그것은 형이상학도 금욕주의도 '자연과학'도 필요로 하지 않는다. 그리스도교는 생활 그 자체이다. 그리스도교는 우리에게 어떻게 행동해야 하는지를 가르쳐 준다.

"나는 군인이 되고 싶지 않다. 나는 남을 심판하지 않는다. 나에게는 경찰 같은 것은 필요 없다. 나는 나의 내면적인 평화를 어지럽히는 짓은 절대로 하지 않는다. 아무리 괴로울지라도 그 괴로움만큼 내 마음을 평화롭게 하는 것은 없다"고 말할 수 있는 사람이 진정한 그리스도교도이다. 니체

8월 19일

1

인생은 운동이다. 따라서 인생의 행복은 어떤 일정한 상태가 아니라 좋은 방향을 향해 나아가는 것이다.

그 방향은 자신에 대한 봉사가 아니라 신에 대한 봉사이다.

2

어떤 사람은 자신의 행복과 쾌락을 권력 속에서 찾고, 또 어떤 사람은 학문에

서, 또 어떤 사람은 육욕에서 찾는다. 그러나 참으로 행복에 가까이 다가간 사람들은, 행복이란 특정한 일부 사람들만 소유할 수 있는 것 속에는 없다는 것을 알고 있다. 그들은 인간의 참된 행복이란 모든 사람이 차별이 없고 부러워할 필요도 없이 다 함께 소유할 수 있는 것이며, 누구나 스스로 잃어버리려 하지 않는 한 잃어버릴 수 없는 성질의 것임을 알고 있다.

파스칼

3

행복이란 인간이 자기 개인을 위해 바라는 것이고, 선복(善福)은 모든 사람과 함께 자신에게 바라는 것이다. 행복은 투쟁을 통해 얻을 수 있고 선복은 오직 사랑을 통해 얻을 수 있다.

4

진정한 행복은 아무 데나 흔히 있는 것이 아니다. 진정한 행복은 오직 모든 사람에게 행복하고 선한 것이어야 한다.

그러므로 사람들에게 해롭지 않고 유익한 존재가 되고 싶으면 만인의 행복과 일치하는 것만 하라. 그렇게 행동하는 사람은 자기 자신도 행복을 얻을 수 있다.

마르쿠스 아우렐리우스

5

진정한 선은 신에 대한 봉사이다. 빛에는 연료가 소모되듯이 봉사에는 언제나 봉사자의 동물적 생명이 소모된다.

6

우리는 이웃에게 선을 행함으로써 자신도 모르는 사이에 남에게보다 자기 자신에게 더 많은 선을 행하고 있는 것이다.

성현의 사상

7

선을 행하는 것, 오직 그것만이 행복해질 수 있는 유일하고 진실한 길이다.

8

우리가 행하는 것, 경험하는 것이 진정한 행복에 가까우면 가까울수록, 그 행복을 다른 사람들과 함께 누리고 싶은 마음도 더욱 자연스럽게 우러난다.

8월 20일

1

정말로 중요한 일을 하고 있는 사람들의 생활은 언제나 단순하다. 왜냐하면 그들에게는 쓸데없는 일을 생각할 겨를이 없기 때문이다.

2

욕구는 일단 그것이 채워지면 사라지지만, 나쁜 습관은 채워지면 채워질수록 더 늘어난다.

아미엘

3

모든 새로운 욕망은 새로운 결핍의 시작이며 새로운 슬픔의 발단이다.

볼테르

4

정욕의 노예는 노예 중에서도 가장 비천한 노예이다. 《탈무드》

5

온갖 욕망으로 자기 몸을 감싸면 감쌀수록 그는 더욱더 노예상태에 빠지게 된다. 왜냐하면 욕망이 커지면 커질수록 자유는 줄어들기 때문이다. 완전한 자유는 아무것도 바라지 않는 것에 있으나 그 두 번째 자유는 적은 것을 바라는 것이다.

6

향락과 사치가 바로 너희들이 행복이라고 생각하고 있는 것이다. 그러나 아무것도 바라지 않는 것이야말로 하느님이 주신 최상의 행복이다. 따라서 아주 조금밖에 바라지 않는 것은 그 최상의 행복에 가까이 다가간 것이라고 할 수 있다.

소크라테스

7

우리는 우리의 육체를 위해서 사는 것이 아니라, 말하자면 어쩔 수 없이 육체와 조화를 이루며 살아가지 않으면 안 된다. 에피쿠로스는 이렇게 말했다. "만약 너희가 자연의 순리에 따라 생활한다면 너희는 결코 가난하지 않을 것이다. 그러나 세상에서 널리 행해지고 있는 습관에 따라 생활한다면 결코 부유해지지 않을 것이다. 자연은 조금밖에 요구하지 않지만 세상의 풍습은 필요 없는 것까지 요구한다."

세네카

8

건강하고 충분한 식사를 하는 데는 식물성 음식만으로 충분하다.

9

절제의 좋은 점은 절제하는 생활을 함으로써 모든 사람이 결핍과 선망을 느끼지 않고 살 수 있다는 데 있다.

8월 21일

1

기도의 보람은, 네가 가장 선한 순간에 도달했을 때, 네 가슴속에 삶의 의의에 대한 최고의 깨달음을 주는 것이다.

2

신에게 봉사하는 내적 형식으로서, 신의 은총을 구하는 수단으로 이해되고 있는 '기도'란 공허한 미신에 지나지 않는다. 왜냐하면 그것은 원래 언어를 필요로 하지 않는 존재인 신에게 언어로 자신의 소망을 표현하는 것이기 때문이다. 그러한 기도에 의해서는 우리는 본질적으로는 아무것도 한 것이 없으며, 또 신의 계율로서 우리의 마음에 각인된 의무의 하나를 수행한 것도 아니므로, 결국은 실제로 신에게 봉사한 것이 아니다.

우리의 모든 행위를 통해 신을 기쁘게 하려는 마음으로부터의 소망, 다시 말해 우리의 모든 행위가 바로 신에게 봉사하는 거라는 마음에서 이루어지기를 바라는 소망 속에는, 우리의 마음에 절대적으로 내재해야 하는 기도의 정신이 들어 있다. 이 소망에 언어와 형식을 부여하는 것은, 그것이 아무리 내면적이라 해도 큰 가치가 있는 건 분명하지만, 결국 우리의 마음에 그런 기분을 느끼게 하는 수단일 뿐이다. 칸트

3

그러므로 제단에 예물을 드리려 할 때에 너에게 원한을 품고 있는 형제가 생각나거든 그 예물을 제단 앞에 두고 먼저 그를 찾아가 화해하고 나서 돌아와 예물을 드려라. 〈마태복음〉 제5장 23~24절

4

이따금 어린아이처럼 누군가에게(신에게) 호소해 도움을 청하고 싶어질 때가 있다. 이것은 좋은 감정일까? 아니다, 좋지 않다. 그것은 나약한 마음이고 믿음이 없는 것이다. 뭔가를 간절히 소망하는 기도가 남에게는 독실한 신앙행위처럼 보이지만 사실은 신에 대한 믿음이 확고하지 못함을 보여주는 것이다.

원래 악은 존재하지 않으므로 뭔가를 소망할 필요가 없다. 만약 자신에게 좋지 않은 일이 일어난다면, 그것은 당연히 일어나야 할 일이 일어난 것일 뿐이고, 또 당연히 해야 할 일을 하는 것에 대한 불신의 결과이므로, 자기 스스로 반성하고 변해야 한다는 증거이다.

5

너희는 기도할 때에 이방인들처럼 빈말을 되풀이하지 마라. 그들은 말을 많이 해야만 하느님께서 들어주시는 줄 안다. 그러니 그들을 본받지 마라. 너희의 아버지께서는 구하기도 전에 벌써 너희에게 필요한 것을 알고 계신다.

〈마태복음〉 제6장 7~8절

6

정직하고 진지한 한 시간의 사색은 열광적으로 신을 숭배하는 일주일보다 고귀하다. 그 신에 대한 숭배가 행위가 되어 나타나지 않는 한. 해리슨

7

그리스도교적 생활에서 불가피한 조건인 신의 의지에 대한 복종과 무언가를 기원하는 것, 즉 이렇게 되게 해달라, 저렇게 되게 해달라며 빌고 기도하는 것은 결코 양립할 수 없다.

8

끊임없이 기도하라. 가장 필요하고도 어려운 기도는 나날의 생활 속에서, 신에 대한, 그리고 그 법칙에 대한 자신의 의무를 떠올리는 일이다. 놀라거나 화내고 곤란을 겪거나 무언가에 열중할 때, 곧 자신은 누구이며 무엇을 해야 하는지를 생각하라. 그것이 기도이다. 처음에는 어렵지만 노력하면 곧 습관이 될 것이다.

8월 22일

1

우리의 생명은 물질적인 힘의 산물이며 그 힘에 좌우되는 것이라는 생각이 사람들 사이에 퍼지는 것은 해로운 일이다. 그러나 이처럼 잘못된 생각이 학문이라는 이름으로 신성한 지식인 것처럼 인류에게 주어진다면, 그 학문의 해악은 더욱더 무서운 것이다.

2

인생의 의의와 선악의 관념에 대해, 현대의 학자들보다 더 혼란에 빠져 있는 사람들은 없을 것이다. 그러므로 현대의 학문은, 물질계의 모든 조건을 연구하는 분야에서는 큰 진보를 거두었으면서도 사람들의 실질적인 생활에는 아무런 도움도 주지 못할 뿐만 아니라, 오히려 큰 해악을 끼치기도 한다.

3

오늘날의 그리스도교 세계의 진정한 진보를 방해하는 가장 큰 오류는, 현재 모세의 자리에 앉아 있는 학자들이 르네상스 시대에 부활한 이교적 세계관에 지배되어, 그리스도교는 이미 시대에 뒤떨어졌고, 반대로 그들이 주장하는 이교적이고 사회적인 낡은 인생관, 실제로는 인류 사회가 이미 졸업해 버린 인생관이 최고의 인생관이라며, 이제 인류가 그것을 튼튼하게 유지 발전시켜야 한다고 주장하고 있는 것이다.

4

그릇된 학문과 그릇된 종교는, 일반인들이 뭔가 신비하고 중대하며 매력적으로 느낄 수 있도록 그 교리를 과장된 언어로 표현하고 있다. 학자들의 논의는 직업적인 설교사의 설교처럼 그것을 자주 듣는 사람들뿐만 아니라, 논의하는 당사자들까지 이해하지 못하고 있을 때가 있다. 거만한 학자는 종종 무턱대고 라틴어나 권위자인 양하는 언어를 구사하여, 원래는 지극히 쉽고 단순한 것을 마치 무지한 신자들 앞에서 읊조리는 라틴어 기도처럼 이해하기 어렵게 만든다. 신비로운 것이 곧 예지의 표시는 아니다. 현명한 사람일수록 생각을 표현하는 언어는 참으로 간결하다.

5

적은 노력으로 빠르고 쉽게 얻은 지식은 그리 충실한 것이 아니다. 학문도 열매를 맺지 못하면서 파란 잎만 무성한 경우가 있다.

세상에서는 흔히 피상적인 두뇌밖에 가지지 않았으면서도 놀랄 만큼 많은 것을 알고 있는 사람이 있다. 그러나 실은, 인간이 자기 스스로 연구한 지식만이 그의 판단력에 흔적을 남기며, 다른 상황에서도 거기에 따라 행동할 수 있는 지침이 된다. 리히텐베르크

6

자손의 눈앞에서 조상의 악업을 칭송하느니보다 우리들 자신의 생활에서 악을 제거하도록 노력하는 것이 얼마나 더 좋은 것인가! 필리포스 2세나 알렉산드

로스 대왕 같은 정복자들이 파괴와 살육을 자행한 침략행위보다, 자연의 힘을 찬양하는 것은 얼마나 더 훌륭한가! 모든 백성들을 도탄에 빠뜨리고 고생시킨 덕택에 유명해진 그 침략자들은, 나라 전체를 폐허로 만드는 홍수나 수많은 사람을 타 죽게 만드는 화재에 못지않은, 인류에 대한 하늘의 채찍이다. 세네카

7

학문을 내 몸을 장식하는 제복으로 생각하거나 먹고살기 위한 수단으로 생각해서는 안 된다. 《탈무드》

8

지식은 그 목적이 외면적 이익일 때는 반드시 해로운 것이 되고 만다. 다만 내면적 요구에 의해 축적된 지식만이 자신에게나 이웃에게 이롭다.

9

학문은 이제 게으른 생활에 대한 면허증으로 전락하고 말았다.

10

학문의 올바른 목적은 사람들의 행복을 위해 봉사하는 진리를 인식하는 데 있다. 한편 그 잘못된 목적은 인간 생활에 악을 초래하는 기만을 변호하는 것이다. 법률학이나 경제학, 특히 신학이 바로 그것이다.

8월 23일

1

사람들이 만일 진실로 선량하다면 결코 진리를 떠나는 일이 없을 것이다.

2

빛이 세상에 왔지만 사람들은 자기들의 행실이 악하여 빛보다 어둠을 더 사랑했다. 이것이 벌써 죄인으로 판결받았다는 것을 말해준다. 과연 악한 일을 일삼는 자는 누구나 자기 죄상이 드러날까 봐 빛을 미워하고 멀리한다. 그러나 진

리를 따라 사는 사람은 빛이 있는 데로 나아간다. 그리하여 그가 한 일은 모두 하느님의 뜻을 따라 한 일이라는 것이 드러나게 된다. 〈요한복음〉 제3장 19~21절

3

신분이 높거나 낮거나, 부유하거나 가난하거나, 학문이 있거나 없거나, 어떤 인간도 두려워하지 말라. 모든 사람을 존경하고 모든 사람을 사랑하되 그 누구도 두려워하지 말라. 너의 이성이 너에게 계시하는 진리를 추구하며, 어떠한 경우에도 신념에 충실하라. 많은 사람들의 공감을 기대하지 말라. 진리에 보내는 목소리가 적으면 적을수록 더욱더 목소리를 높여라. 진리가 미망이나 편견, 육체적 욕망보다 강하다는 것을 믿고 정의를 위한 수난을 각오하라. 진리는 장소와 시간에 제약받는 것이 아니며, 영원하고 불변한 것, 어떠한 세계에서도 동일한 것, 신과 하나가 되어 그 권능을 지니는 것임을 기억하라. 채닝

4

진리를 따분한 책 속이 아니라 사상 속에서 찾아라. 달을 보려거든 웅덩이가 아니라 하늘을 쳐다보라. 페르시아 격언

5

네가 진리로부터 떠나는 순간, 태어난 이후 네가 쌓아온 선행의 성과는 모두 사라져 버린다. 네 안에 살면서, 네가 너 자신과 한 몸이라는 것을 아는 지극히 높은 정신이, 모든 곳에서 네가 행하는 선과 악을 관찰하고 있다. 《마누법전》

6

진리는 단순한 대화를 통해 알 수 있는 것이 아니라, 활동과 관찰을 통해 알 수 있다. 그리고 네가 하나의 진리를 알았을 때, 반드시 다른 두 개의 진리가 네 앞에 나타날 것이다. 존 러스킨

7

진리는 악을 행하는 사람에게만 방해가 될 뿐이다. 선을 행하는 사람들은 모

두 진리를 사랑한다.

8월 24일

1

인류는 눈에 띄지 않게, 그러나 쉬지 않고, 사랑에 의한 합일에 바탕을 둔 신의 나라의 건설에 다가가고 있다.

2

개개인이든 인류 전체이든, 결코 현재의 단계에 머무르지 않고(성장의 가능성은 바로 신에게 있고 무한한 것이므로), 끊임없이 껍질을 벗고 변신하면서 낮은 상태에서 높은 상태로 옮겨가야 한다. 모든 상태는 그것에 앞서 있었던 상태의 결과이다. 그 성장은 씨앗이 자라는 것과 마찬가지로, 눈에 띄지 않는 가운데 쉬지 않고 계속되는데, 어느 누구도 그 끊임없이 생성 발전하는 인과율의 사슬을 끊을 수는 없다. 그렇다 하더라도 한 개인이나 전 인류가 운명적으로 탈피와 변신을 거듭할 수밖에 없다 하더라도, 그 변신은 역경과 고뇌 속에서만 이루어져야 한다.

위대성을 몸에 걸치기 전에, 빛을 향하기 전에, 어둠 속을 걸으며 박해를 견디고, 영혼을 구원하기 위해 육체를 내던지지 않으면 안 된다. 더욱 강하고 더욱 완전한 생명으로 다시 태어나기 위해서는 죽지 않으면 안 된다. 십자가에 못 박히지 않으면 안 된다. 그것이 예수가 말씀을 통해, 또 자신의 실천을 통해 가르쳐준 것이다.

이리하여 18세기가 지난 오늘날, 하나의 발전 단계를 끝낸 인류는 다시 서둘러 변신을 모색하여, 낡은 조직, 낡은 사회가 붕괴되고 있다. 아니 이미 붕괴되어 사람들은 폐허 속에서 공포와 고통의 나날을 보내고 있다. 이 폐허와 이미 일어난 죽음, 또는 지금 일어나려 하고 있는 죽음을 앞에 두고, 너희는 용기를 가지고 분발하라! 사라져 가는 것, 그것은 불후의 존재자가 입고 있는 낡은 옷이다. 뿔뿔이 흩어져 가는 것, 그것은 가을의 나뭇잎이다. 태양이 낮아지면 겨울이 다가온다. 그러나 겨울 다음에는 봄이 오고 만물을 소생시키는 봄의 입김이 찾아온다. 지금이 바로 그때이다.

라므네

3

아니다, 전지전능하신 신의 말씀은 아직 다 끝나지 않았고 하느님의 의지는 아직 다 계시되지 않았다. 신은 인간의 두뇌로는 상상할 수 없는 영겁의 시간을 통해 창조하고 있고, 앞으로도 창조할 것이다. 과거는 다만 신이 창조한 극히 일부만을 우리에게 보여주었을 뿐이다. 우리의 사명에는 끝이 없다. 우리는 그 원천을 거의 모르고 있고, 그 궁극적인 목적을 전혀 모르고 있다. 시간과 지식, 온갖 계시는 그 한계를 더욱 넓힐 뿐이다. 100년, 200년 시간이 지남에 따라 그것은 우리가 극히 일부밖에 이해할 수 없는 자신의 법칙을 모색하면서 우리가 모르는 운명의 높은 곳으로 올라가는 것이다. 주세페 마치니

4

항상 걸음을 서둘러 전진하라. 결코 멈추어 서거나 후퇴하거나 옆길로 빠지면 안 된다. 멈추면 앞으로 갈 수 없고 걸음을 중단하면 후퇴하게 되며 화가 나면 옆길로 빠진다.

만약 현재의 자신과 다른 존재가 되고 싶다면 항상 스스로에게 불만을 가져라. 어디서 멈추든 한번 멈춰버리면 이미 끝난 것이다. 만약 이 정도면 충분하다고 생각한다면 오직 멸망이 기다리고 있을 뿐이다. 아우구스티누스

5

자신의 일을 사랑하라. 그러나 자신이 이룩한 성과를 사랑하지는 말라.

마코프스키

6

나는 이 세상에 불을 지르러 왔다. 이 불이 이미 타올랐다면 얼마나 좋았겠느냐? 내가 받아야 할 세례가 있다. 이 일을 다 겪어낼 때까지는 내 마음이 얼마나 괴로울지 모른다. 내가 이 세상을 평화롭게 하려고 온 줄로 아느냐? 아니다. 사실은 분열을 일으키러 왔다. 〈누가복음〉 제12장 49~51절

7

개개인의 생활도 전 인류의 생활도 육체와 영혼의 끊임없는 투쟁이다. 이 투쟁에서 승자는 언제나 영혼이지만 그것은 결코 결정적인 승리가 아니라, 이 투쟁은 무한하니 그러한 무한한 투쟁이 바로 인생의 본질이다.

8

인생의 목적은 인생에서 일어나는 모든 현상에 사랑을 침투시켜, 서서히 그리고 끊임없이 나쁜 삶을 선한 삶으로 바꾸어 가는 것이고, 진실한 삶을 창조하는 것이며, 그 진실한 삶을 통해 사랑의 삶을 만들어 가는 것이다.

9

인간의 이성과 육욕 사이에는 끊임없는 내면 투쟁이 일어나고 있다. 만약 우리 인간에게 이성만 있고 육욕이 없거나 육욕만 있고 이성이 없다면, 나름대로 평화를 얻을 수 있다. 그러나 그의 내면에는 이 두 가지가 공존하고 있기 때문에 도저히 그 투쟁을 피할 수가 없으니, 한쪽과 싸우지 않으면 다른 한쪽과 평화롭게 지낼 수가 없는 것이다. 그러므로 인간은 항상 분열해 자기 자신과 대립하게 된다.

파스칼

10

인간의 세계는 끊임없이 완성을 향해 나아가고 있다. 그 완성에 대한 의식이 인간에게 가장 큰 기쁨이고, 또 그 완성에 참여함으로써 그 기쁨은 더욱 커진다.

8월 25일

1

노동은 육체 생활에서 없어서는 안 되는 조건이다. 만약 인간이 노동을 하지 않는다면 그는 얼어 죽거나 굶어 죽게 될 것이다. 이것은 누구나 쉽게 이해할 수 있는 사실이다. 그러나 노동이 정신생활의 필연적인 결과인 것은, 육체에 있어서의 그 불가피성과 마찬가지로 의심할 나위 없는 사실인데도 반드시 모든 사람이 다 이해하고 있는 것은 아니다.

2

육체노동에 종사하지 않으면 우리는 반드시 체력을 잃고 진리를 놓치게 될 것이다. 나는 현대의 문학과 철학에 나타나 있는 오류와 결함, 그 지나친 장식과 나약함, 우울함이 현대 문단의 허약하고 병적인 습관의 결과임을 믿어 의심치 않는다. 책은 그리 좋지 않더라도 그것을 쓰는 사람이 더욱 노력하는 훌륭한 사람이어야 하며, 현재처럼 그 사람이 쓰는 것과 실제 인물이 너무 동떨어진 대비를 이루어서는 안 된다고 생각한다. 에머슨

3

우리는 육체노동을 통해 외부 세계를 배운다. 풍요로움의 은혜는 그것을 공짜로 얻는 사람보다 그것을 생산하는 자에게 주어진다.

삽을 들고 밭에 나가 이랑을 고를 때, 나는 언제나 큰 기쁨과 함께 육체의 건강을 느끼며, 왜 나는 지금까지 내 손으로 할 수 있는 것을 남에게 시킴으로써, 이런 행복을 나 자신한테서 빼앗았던 것일까 하고 생각한다. 그것은 단순히 자기만족이나 건강만의 문제가 아닌 교육의 문제이다.

나는 나무꾼과 농부, 요리사에 대해 항상 부끄러움을 느낀다. 왜냐하면 그들은 스스로 자신을 만족시키며, 나의 도움 없이 살 수 있는 능력을 갖추고 있는데, 나는 사지가 멀쩡하게 있어도 그들에게 의존하며 아무 역할도 하지 못하고 있기 때문이다. 에머슨

4

일하기 싫어하는 사람은 먹지도 말라. 〈데살로니가후서〉 제3장 10절

5

아무 일도 하지 않고 있는 사람은 나쁜 짓을 하게 된다.

6

아무 일도 하지 않는 사람은 언제나 많은 도움을 필요로 한다.

게으른 자의 머리는 악마가 살기에 딱 좋은 집이다.

7

자연은 머무르지 않고 항상 움직이며 아무것도 하지 않는 자를 벌한다.

괴테

8

우리가 부끄러워해야 할 것은 육체적으로 불결한 일이 아니라, 도덕적으로 불결한 상태, 즉 필연적으로 남의 노동에 편승하게 되는 육체적 태만이다.

이레째 읽을거리

토지제도에 대해

일반 민중은 이제 자신들의 불행이 대부분 토지의 사유제도에서 비롯된다는 것을 깨닫기 시작해 '토지는 신의 것'이라고 말하고 있다. 불행의 원인은 특정한 사람들이 많은 땅을 소유하는 데 있다. 그들은 땅을 잘 경작하는 데는 관심이 없는데, 그도 그럴 것이 그들에게는 그럴 필요가 없다. 해마다 땅값이 올라가서 굳이 경작하지 않아도 그들에게 이익을 주기 때문이다. 그러나 한편에서는 땅이 너무 좁아서 그 자연의 은혜를 거의 누리지 못하는 사람들이 있다. 그래서 사람들은 도시로 나가 공장과 사무실에서 일하며 가는 곳마다 임금을 떨어뜨리고 있고, 그것이 그들이 불행한 중요한 원인이 되고 있다.

그러면, 그러한 폐해를 방지하고 모든 사람이 평등하게 토지를 이용할 수 있게 하려면 어떻게 해야 할까? 농민들이 농촌공동체에서 하듯, 땅을 많이 가지고 있는 자들한테서 빼앗아, 그것을 경작할 사람들에게 공평하게 분배해야 할 것인가? 그러나 단 한 마을이라도 그 주민들 모두에게 평등하게 토지를 분배한다는 것은 쉬운 일이 아니며, 그것을 위해 좁은 띠 모양으로 땅을 마구 구획함으로써 경작하기 어려워지는 사태를 피하는 것은 더욱 어려운 일이다. 지금도 마을에 따라서는 각각의 경작지마다 20~30개씩의 띠 모양의 땅이 할당되어, 그러한 구획 때문에 아무리 연구해도 효과적으로 땅을 이용할 수 없는 실정에 있다. 그렇다면 어떤 방법으로 하면 토지를 필요한 사람 모두에게 공평하게 분배할 수 있을까? 모든 공동체를 일괄적으로 고려하면, 한 마을의 경우보다 토지의 질적 차이라는 문제가 생긴다. 1데샤티나에 15루블 내지 20루블밖에 하지 않는 모래땅도 있는가 하면, 300~400루블이나 하는 흑토지대도 있다. 또 1000루블이 넘는 비옥한 초지도 있고 몇만 루블의 광산지대와 유전지대, 석탄지대도 있다. 그리고 도시의 땅은 시골보다 비쌀 뿐만 아니라 토지에는 가격 변동이라는 문제가 뒤따른다. 철도가 지나가면 사람들이 모이기 때문에 땅값이 올라간다.

그뿐만이 아니다. 땅이 필요하지 않은 사람들, 이를테면 기술자, 대장장이, 운송업자, 또는 공장 노동자, 교사, 문필가와 같은 도시에 사는 사람들이 있다. 이런 사람들에게는 경작하기 위한 땅은 필요하지 않지만, 그들도 역시 땅이 주는 모든 혜택을 다른 사람들과 마찬가지로 누리고 싶어 한다.

이럴 경우에는 어떻게 해야 할 것인가? 토지가 주는 혜택을 모든 사람이 공평하게 누리자면 어떻게 해야 할까?

그것을 위해서 지금 땅을 가지고 있는 사람들한테서 그것을 빼앗아 모든 사람들에게 분배할 필요는 없다. 지금 땅을 가지고 있는 자는 그대로 가지게 하라. 그리고 자유롭게 채소밭을 갈든 뜰을 만들든, 또는 목축을 하고 밀을 뿌리든 마음대로 하게 하라. 광산을 가지고 있는 자에게는 거기서 광석을, 금을, 석유를, 또는 석탄을 캐게 하라. 모든 사람들이 지금까지 하던 대로 땅을 가지고, 다만 그 땅에 대해 1년에 얼마의 토지세를 공공의 이익을 위해 내면 되는 것이다. 이를테면 경작지는 한 해에 3, 5, 10루블, 기름진 목초지는 50, 80, 100루블, 광산지와 도시의 땅은 1000루블의 가치가 있다면, 그 토지의 이용자가 그 금액을 해마다 공익을 위해 지불하는 것이다. 만일 자기 땅에 몇 해 동안 건축이나 토지 개량을 하지 않고 남에게 빌려주어, 그것으로 몇백, 몇천 루블을 받고 있다면, 그 몇백, 몇천 루블을 공익을 위해 내놓으면 되고, 누군가의 땅이 5, 6루블밖에 하지 않는다면 그 5, 6루블을 내놓으면 된다. 모든 사람들이 자기가 땅을 가지고 있는 동안 그 땅에 대해 해마다 1년에 얼마씩의 토지세를 내는 것이다. 그래서 예를 들면 올해는 토지세로 10~15루블을 냈는데, 이듬해에 20~30루블을 내고 그 땅을 사용하고 싶다는 사람이 나타날 경우, 그가 작년에 이어서 계속 토지를 사용하고 싶으면 그만큼의 금액을 내게 하면 된다. 그런 식으로 결정되면 땅은 모든 사람들에게 골고루 돌아가게 될 것이다. 왜냐하면 지금 땅을 가지고 있으면서 그 땅을 이용해 일하지 않는 사람은, 그 땅에서 토지세를 벌 수 없으므로 이내 그 땅을 포기하게 될 것이고, 그러면 그 땅을 활용해 일할 사람이 그것을 인수하게 될 것이다.

땅에서 걷히는 돈은 공공의 이익을 위해 사용되어야 한다. 그 수입은 모든 다른 세금과 공물을 충분히 대신할 수 있을 것이다. 러시아의 토지세는 현재 온갖 세금의 형태로 징수되고 있는 것보다 두 배, 세 배나 많다. 모스크바에서만 그 토지세가 약 2000만 루블에 달할 것이다. 이 제도가 실시되면 농민들이 땅이 없어서 부치지 못하는 일이 없고, 또 세금과 공물도 전혀 내지 않아도 되므로 크게 유리하고, 기술자와 직공 같은 도시의 주민들에게도 살림이 편해질 것이다. 왜냐하면, 그렇게 되면 많은 사람들이 농촌으로 흩어져서, 일자리를 찾아 도시에 몰려와 임금을 떨어뜨리는 일이 없을 것이기 때문이다. 그러면 상품의 가격도 공장주에 의해 일방적으로 결정되지 않고 노동자들이 스스로 결정할 것이고, 상품에 부과되는 각종 세금도 없어지므로 생활용품의 가격도 당연히 싸지게 된다.

이상과 같은 토지제도하에서는, 사람들은 원래 하느님으로부터 그들이 받게 되어 있는 땅의 혜택을 공평하게 분배받을 수 있다. 과거의 농노제도와 노예제도 때처럼, 어떤 계급은 모든 것을 갖고 있고, 어떤 사람들은 아무것도 가지지 못하는 그런 사회가 되지는 않을 것이다. 그리고 지금처럼 일부 사람들이 토지를 경작하고자 하는 농부들로부터 사유재산이라는 이름으로 땅을 빼앗는 일도 없어질 것이다.

세르게이 니콜라예프 구술, 헨리 조지 기록

8월 26일

1

정의는 그것을 추구하는 것에 의해서가 아니라 사랑에 의해 실현된다.

2

과녁을 명중시키려면 그 과녁보다 위를 겨냥해야 하듯이 공정하려면 자기를 희생해야 한다. 즉 자기 자신에게는 오히려 불공정해야 하는 것이다. 오로지 공정하려고만 하면 결국 자신에게 관대해져서 다른 사람들에게는 불공정하게 되어버린다.

3

완전하게 올바른 행동만 하는 사람은 아무도 없다. 그러나 정직한 인간이 오로지 진실만을 얘기하려고 노력함으로써 거짓말쟁이와 구별되듯이, 정의로운 사람은 그 정의롭고자 하는 노력에 의해 정의롭지 못한 사람과 구별된다.

4

부정 그 자체보다 나쁜 것이 있다. 그것은 사이비 그리스도교 세계에서 흔히 볼 수 있는 거짓 선행, 거짓 사랑, 하느님에게 대한 거짓 봉사이다. 사람들은 사랑의 법칙을 실천할 생각으로, 또는 실천하는 척하면서 정의의 요구를 외면하고 자못 우쭐하여 악랄한 부정에 빠져든다. 그들은 교회에 헌금하고 가난한 사람들에게 자선을 베풀지만, 그들이 내는 것은 그의 형제들이 피땀 흘려 만든 결과물이다.

5

재판관은 문제의 어느 한 면만을 보고 옳고 그름의 판단을 내린다. 그러나 사실상 인생에 있어서는 어떤 측면에서 문제를 보느냐에 따라 어느 것이나 옳다고 말할 수 있는 다양한 대답이 나올 수 있다.

6

세상에서 고귀한 것은 오직 하나, 끊임없이 나타나는 허위나 부정과 충돌을 되풀이하면서도 변함없이 온유함을 유지하는 일이다. 마르쿠스 아우렐리우스

7

부정한 대우를 받고 괴로울 때는 스스로를 위로하라. 참으로 불행한 사람은 부정을 당하는 사람이 아니라 부정을 저지르는 사람이다.

8

딱 적당하게 정의로울 수는 없다. 부족하거나 넘치거나 둘 중의 하나이다. 그러므로 정의에 어긋나지 않기 위한 유일한 방법은 언제나 정의가 넘치도록 노력하는 일이다.

8월 27일

1

모든 사람에게 가장 필요하고 중요한 연구 대상은 자기 자신이고 자신의 영적 존재이다.

2

모든 학문을 다 잘 알면서 자기 자신에 대해 모르는 사람은 무지한 자이다. 아무것도 모르지만 자기 자신과 자신의 영적 자아를 알고 있는 사람은 충분히 깨달은 사람이다.

3

대부분의 사람들은 신은 알고 싶어 하면서도 자기 자신을 알려고 하지 않는다. 그러나 그들이 자신의 내부에 선을 인식하고 성장시키면 그때 비로소 신을 알게 될 것이다. 왜냐하면 그것 말고는 신을 인식할 수 있는 길이 없기 때문이다.

루시 맬러리

4

인간이 자연을 향해 도대체 나는 무엇인가 하고 질문해도 대답은 돌아오지 않을 것이다. 왜냐하면 그 자신이 그 질문에 대한 대답이기 때문이다. 그는 스스로 자신을 알지 않으면 안 된다.

루시 맬러리

5

폭력을 휘두르고 싶어지면 사람들 앞에서 즉시 떠나라.

소로

6

명예의 길은 왕궁으로 통하고, 행복의 길은 시장으로 통하며, 선의 길은 황야로 통한다.

중국 속담

7

대부분의 사람들에게 내적 세계는, 너무 넓어서 연구하고 싶은 생각조차 들지 않는 큰 바다와 같다. 그러나 언젠가는 그 속에 들어가 그때까지 헛되이 외부 세계에서 찾아 헤맸던 하늘의 은신처를 찾아내지 않으면 안 된다.

루시 맬러리

8

인간에게는 언제나 모든 불행에서 벗어날 수 있는 피난처가 있다. 그것은 곧 그의 영혼이다.

9

만일 인간으로서 자신이 누구인지 깨닫는다면, 자신의 슬픔이 얼마나 하찮은 것인지 느끼게 될 것이다.

8월 28일

1

신앙이 인생을 결정한다.

2

종교적 인식은 다른 모든 인식의 기초이다. 그렇기 때문에 그것은 모든 인식에 앞장서는 것이다.

3

인간은 모두 평등하다는 것, 남에게 봉사하기 위해 자신의 생명을 희생하는 것이 남을 희생시키는 것보다 낫다는 것을 깨닫기 위해서는, 세계에 대한 자신의 관계를 확립하는 것이 필요하다. 그런데 그렇게 세계와 인간의 관계를 확립할 수 있게 하는 것은 오직 신앙뿐이다.

4

종교 없이 도덕을 세우려고 시도하는 것은, 마치 어린아이들이 자기가 좋아하는 식물을 옮겨 심으면서, 마음에 들지 않고 쓸모없어 보이는 뿌리를 잘라버리고 뿌리가 없는 식물을 땅에 꽂아 놓는 것과 같다. 뿌리가 없는 것은 진짜 식물이 아닌 것처럼, 종교적 기초가 없는 것은 결코 진정한 도덕일 수 없다.

5

한 사제가 착하고 훌륭하게 살아가는 농부의 고해를 받으면서, 평소에 하던 대로, 하느님을 믿느냐고 물었다.

"믿지 않습니다." 농부가 대답했다.

"어째서 신을 믿지 않습니까?"

"믿지 않습니다, 신부님. 만일 믿고 있다면 이런 식으로 살 리가 있겠습니까? 오직 자기만 생각하고 먹고 마시며, 하느님과 형제들에 대해서는 잊어버리고……."

모든 사람들이 이 농부처럼 신앙을 이해하고 그리스도의 계율을 믿는다면 얼마나 좋을까!

6

신앙에는 두 가지가 있다. 하나는 어떤 사람 또는 어떤 사람들이 말하는 것을 믿는 것으로, 이런 신앙은 수없이 많다. 또 하나는 자신과 자신을 이 세상에 보낸 자의 관계를 믿는 것이다. 이것이야말로 신을 믿는 것이며, 이 신앙은 모든 사람에게 오직 하나이다.

7

신앙은 영혼 속에 반드시 존재하는 특성이다. 인간은 필연적으로 무엇인가를 믿게 되어 있다. 왜냐하면 인간은 단순히 자기가 알고 있는 대상뿐만 아니라, 알지는 못하지만 역시 존재하고 있는 누군가와도 관계를 갖지 않을 수 없기 때문이다. 이 알 수 없는 존재와의 관계가 바로 신앙이다.

8

사람들은 한결같이 항상 이해하기 쉬운 것은 중요한 것이 아니고, 뭔가 이해하기 어렵고 중대한 것이야말로 위대하다고 느낀다.

9

어떤 처지에 있는 인간이라도 자신이 해야 할 행위에 대한 가장 확실한 지침으로서, 예수 그리스도가 그 가르침 속에서 준 기준만 있으면 충분하다. 전적으로 그 가르침만을 믿고, 다른 모든 가르침은 믿지 않도록 해야 한다. 마치 항해하는 선장이 항해지도와 나침반만 전적으로 믿고, 주위에 있는 여러 가지를 보며 이리저리 키를 변경해서는 안 되는 것과 같이.

10

신앙 같은 건 없다고 말하는 사람들이 있다. 그러나 그것은 거짓말이다. 그들은 자기들의 신앙에 대해 잘 모르거나, 그것을 공표할 수 없거나 공표하고 싶지 않을 뿐이지, 어쨌든 신앙은 다 가지고 있다. 다만 자기들의 신앙이 그다지 자랑스러운 것이 아니어서 그렇게 말하는 것뿐이다.

11

인간의 종교는 그가 의심하거나 믿으려고 노력하는 잡다한 것으로 성립된 것이 아니며, 극히 적지만 자신이 확신하는 것, 그것을 믿는 데 아무런 어려움을 느끼지 않는 것으로 성립되어 있다. 칼라일

12

자신의 신앙을, 그 신앙의 이름 아래 너희가 살고 있는 신앙을 확고하게 의식하도록 노력하라. 그것은 너희에게 만약 그 신앙이 잘못되었을 때는 바로잡도록, 옳을 때는 더욱 확신하도록 도와줄 것이다.

8월 29일

1

만약 인간이 자신의 영혼 속에 신을 의식하고 신을 느낀다면, 그는 세상의 모든 사람들과 자신이 하나인 것도 의식하고 느낄 것이다.

2

모든 영혼은 같은 가족, 같은 기원, 같은 성질에 같은 뿌리이며, 같은 빛에 의해 주어진 생명으로 모두 같은 중심, 같은 행복을 지향하고 있다.

우리에게 가장 큰, 모든 종교의 밑바탕에 깔려 있는 이 진리는, 이성에 의해 증명되는 것은 물론이고, 나는 그것이 틀림없는 우리 본성이라고 생각한다.

채닝

3

지고한 자를 숭배하는 사람의 마음에서는 오만한 마음이 사라진다. 마치 햇빛 아래의 모닥불처럼. 마음이 맑고 오만하지 않은 사람, 온유하고 절조가 있고 순수한 사람, 살아 있는 모든 것을 친구로 생각하고 모든 사람의 영혼을 자신의 영혼처럼 사랑하는 사람, 모든 사람을 똑같이 자비와 사랑으로 대하는 사람, 선행을 원하며 허영심을 버린 사람, 그런 사람의 마음에는 생명의 주재자가 살고 있다.

대지가 자신이 키우는 아름다운 초목으로 장식되듯, 마음속에 생명의 주재자가 살고 있는 사람은 선덕으로 장식된다.

인도의 《비슈누 푸라나》

4

네 속에, 우리 안에, 모든 사람들 속에 생명의 신이 살고 있다. 너는 나를 나무라지 말라. 내가 너에게 접근하는 것을 꺼리지 말라. 우리는 모두 평등하다는 것을 알고, 네가 아무리 높은 곳에 있을지라도 오만하지 말라.

인도의 마흐무드 샤

5

영혼이 태어난 흔적을 지상에서 찾아내는 것은 불가능한 일이다. 영혼에는 구성분자가 전혀 없으며, 이 지상에서 태어나 성장할 수 있는 성분이 아무것도 없다. 물이나 공기, 불과 유사한 어떠한 것도 없다. 실제로 물속에도, 공기 속에도, 불 속에도 기억하고 이해하며 과거를 반성하고 미래를 전망하며, 현재를 이해하고 해석할 수 있는 능력을 가진 것은 아무것도 없다. 이러한 모든 것은 영적인 존재에게만, 즉 신에게만 주어진 것으로, 너희가 신 아닌 다른 곳에서 그 발생을 아무리 탐구해도 소용없는 일이다. 그러므로 모든 존재는 그것이 감각하고 생각하고 살아 있고 행동하는 한, 그 기원은 하늘에 있고 신에게 있으며, 따라서 영원한 것이어야 한다. 신은 육체적인 것이 섞여 있는 것은 어떤 것도 허용하지 않는 영적인 존재로밖에 생각할 수 없다. 인간의 영혼도 그와 같다. 키케로

6

하나의 위대한 사상이 내 마음을 사로잡았다. 그것은 내 영혼의 위대함에 대한 의식이며, 신에 대한 무조건적인 복종의 결과가 아니라, 신을 받아들이는 능력과 자기완성과 무한하고 위대한 운명과 그 불멸성의 결과인 신과 하나라는 의식이다. 아미엘

7

모든 사람은 한 아버지의 자식이다. 그러므로 네가 형제를 사랑하지 않는 것은 자연의 법칙에 어긋나는 것이다.

8월 30일

1

사람들은 전 인류의 선한 삶은 어떤 것이며, 또 그것이 어떻게 달성되는지 알고 있다. 그리고 그것을 알고 있는 한, 그들은 언젠가는 그것을 달성하지 않을 수 없다.

2

예수는 이미 그 도덕적 기초가 흔들리고 있던 구사회(舊社會)의 종말을 내다보고 있었다. 그는 제자들에게, "사람들이 만들어 낸 생활 질서의 물질적 상징인 신전은 더욱 완전한 것의 건설을 위해 무너져야 한다"고 예언했다. 그리고 그는 조만간 실현될 그 예언 위에, 훨씬 훗날 실현될 똑같은 사태에 대한 예언을 덧붙이며, 그 사태를 당시 사람들이 세상의 종말이란 이런 것이 아닐까 하고 상상하던 모습으로 그려 보여주었다.

우리는 지금 그가 예언한 시대에 살고 있다. 전 세계의 끝에서 끝까지 모든 것이 흔들리고 있다. 모든 사람들의 생활에 기초가 되는 모든 시설과 질서를 살펴보면 튼튼한 것은 한 가지도 없다. 사람들은 그러한 것들이 곧 모두 붕괴되어 예루살렘 신전처럼 신전의 돌 위에 돌멩이 하나 남지 않는 상태가 되리라는 것을 느끼고 있다.

그러나 살아 있는 신이 멀리 떠나버린 예루살렘과 그 신전의 붕괴가 새로운 도시와 신전의 건설을 준비하고, 모든 민족과 모든 국민들이 자발적으로 그곳에 모였던 것처럼, 그렇게 오늘날의 신전과 도시의 폐허 속에, 여전히 서로 적의를 가진 인류 형제를 서로 멀어지게 하고 그들 사이에 신을 멸시하는 증오심과 무서운 전쟁의 씨앗을 뿌리는 가르침에 의해, 아직도 분열해 있는 인류를 위해, 언젠가는 모두의 고향이 될 새로운 도시와 신전이 건설되고 있다. 오직 하느님만이 아는, 모든 세상 사람들이 하나의 신전과 하나의 도시에 모이는 때가 왔을 때, 비로소 진정한 그리스도의 왕국과 신성한 위업의 궁극적 완성이 실현될 것이다.

원래 그가 이 세상에 온 것은, 사람들에게 사랑의 율법으로 조화롭게 사는 법을 가르치기 위해서였다. 그러한 신성한 사회를 탄생시키는 데 큰 고통이 뒤따른다면 거기에 무슨 의미가 있을까? 너희는 이미 다시 시작되고 있는 선과 악의 싸움을 두려워해서는 안 된다. 너희들의 의무는 싸우는 것이다. 너희는 모두 하느님의 군대이다. 그러나 오늘날과 같은 광기의 시대, 어리석은 독선의 시대에는 가짜 그리스도, 거짓 예언자에 속지 않도록 조심해야 한다. 그리스도는 황야에 있지 않다. 그리고 숨겨진 장소에 있는 것도 아니며, 사람들과 떨어진 곳에서 구원은 자신들만의 것이라고 생각하는 사람들과 함께 있는 것도 물론 아니다. 그런 사람들은 바로 그런 생각을 통해, 사람들을 갈라놓는 모든 장벽을 부수고 무엇보다 하느님을 사랑하고 또한 이웃을 자기처럼 사랑하는 이중의 사랑을 몸소 실천하려는 모든 사람들에게 평화와 영원한 기쁨을 약속한 그리스도의 가르침을 부정하는 자들이다.

사랑이 있는 곳에 그리스도는 있다. 그 밖의 다른 장소에서 그를 찾지 말라. 너희는 그곳에서 기만의 그림자만 발견할 수 있을 뿐이다. 라므네

3

산꼭대기에 있는 사람들은 평지에 있는 사람들보다도 빨리 해돋이를 본다. 정신적으로 높은 수준에 있는 사람도 이와 마찬가지다. 그들은 육체적인 생활만을 보내고 있는 사람들보다 빨리 영적인 해돋이를 본다. 그러나 얼마 후 때가 되어 해가 높이 솟아오르면 그것은 모든 사람에게 보이게 된다. 세계의 선진 사상

4

지금까지 종종 사람들이 남을 위해 죽는 것이 쉽다는 것을 깨달은 것처럼, 남을 위해 사는 것도 쉽다는 것을 깨닫게 될 날을 기대해서는 안 되는 것일까? 인간의 일생이, 신이 그에게 인연을 맺어준 형제에 대한 고귀하고 아름다운 봉사가 되기 위해서는, 사람들의 내부에 있는 정신의 고양과 광채가 필요할 뿐이다.

브라운

5

나의 상상력으로는 아직 온유한 자가 지상에서 최고의 행복을 누리는 그때를 그릴 수 없다. 그러나 그날은 반드시 올 것이고 가난한 사람들의 희망은 헛되지 않을 것이다. 신은 폭력이나 권력이 아니라 자신의 정신으로 온유한 사람들을 그 심판의 자리에 불러 그들에게 자신의 길을 가르쳐 줄 것이다.

존 러스킨

6

가장 강력한 힘이 이 세상에서 작용하고 있다. 그것을 막을 수 있는 자는 아

무도 없다. 그리스도교에 대한 새로운 이해, 참된 인간 존중, 새로운 인류 형제의 감정과, 모든 사람의 아버지인 하느님 앞에 모두가 평등하다는 생각 등이 그 증거이다. 우리는 그것을 보고 그것을 느낀다. 그리고 이에 앞서 모든 압제가 사라진다. 말없는 가운데 그런 정신으로 하나가 된 사회는 그 끊임없는 전쟁을 평화로 바꿔놓을 것이다. 모든 것을 사로잡으며 저항할 수 없을 것처럼 보였던 이기심의 힘은 이 자연적인 힘 앞에 굴복할 것이다. 그리하여 '땅에는 평화, 사람들에게는 은혜'라는 하느님의 축복은 언제까지나 환상만으로 남지는 않을 것이다.

채닝

7

인류 앞에 지난날보다 높은 완전성의 관념이 제시되는 순간, 완전성에 대한 지난날의 모든 생각은 마치 태양 앞에서 별빛이 사라지듯 빛을 잃고, 사람들은 태양을 보지 않고 살 수 없듯 더욱 높은 완전성을 인정하지 않을 수 없게 된다.

8월 31일

1

일반적으로 비평가들이 찬사를 보내는 가짜 예술 작품은 사이비 예술가들이 침을 흘리며 기웃거리는 문과 같다.

2

말하기조차 두렵지만, 현대 예술에는 천박한 쾌락을 찾아 모여드는 남자들에게, 어머니가 될 여성으로서 주어진 매력을 팔아넘기는 여자한테서나 볼 수 있는 일이 일어나고 있다.

우리의 현대 예술은 창녀로 전락했다고 할 수 있다. 이 비유는 참으로 미세한 부분까지 꼭 들어맞는다. 예술은 창녀와 마찬가지로 항상 화장을 하고 있고, 언제든지 매매할 수 있으며, 창녀처럼 사람을 유혹하고 파멸시키며 언제든지 손님을 맞을 준비를 하고 있다.

진정한 예술 작품은 마치 어머니의 태내처럼 새로운 생명의 결정체로서 극히 드물게 예술가의 마음에 나타나는 것이다.

가짜 예술은 수요자만 있으면 기술자나 직공의 손으로 얼마든지 계속 생산된다.

진정한 예술은 자신을 사랑해 주는 남편을 기다리는 아내처럼, 특별히 화장하거나 치장할 필요가 없다. 그러나 사이비 예술은 창녀처럼 화려하게 치장하지 않으면 안 된다.

진정한 예술이 출현하는 이유는 어머니의 잉태의 원인이 사랑인 것처럼 축적된 감정을 표현하려는 내적 욕구이다. 그러나 가짜 예술의 원인은 창녀와 마찬가지로 이익을 탐하는 욕심이다.

진정한 예술의 결과는 아내에 대한 사랑의 결과가 새로운 인간의 탄생이듯, 새로운 감정을 이 세상에 불어넣는 것이다. 그러나 가짜 예술의 결과는, 인간의 타락과 만족할 줄 모르는 쾌락의 추구, 그리고 인간 정신의 쇠약뿐이다.

이와 같이 부패하고 타락한 예술의 홍수 같은 혼탁과 오염을 뒤집어쓰지 않기 위해, 현대를 살아가는 우리는 위와 같은 사실을 잘 이해해야 한다.

3

예술로 생계를 유지하고자 하는 것은 인간이 선택한 가장 나쁘고 가장 해로운 방법의 하나이다. 어느 시대에나 들을 만한 말을 하고 주목할 만한 작품을 만드는 사람은 그리 많지 않다. 그 몇몇 사람들은 대중이 외면하더라도 하고 싶은 말만 하고 부르고 싶은 노래만 부른다. 그들은 우화에 나오는 귀뚜라미처럼 노래를 그만둘 바에는 차라리 굶어 죽는 것을 선택할 것이다. 그래서 우리는 그 노래가 마음에 들지 않아도 자비심에서라도 그들의 생명을 위해 약간의 빵을 베풀지 않을 수 없다.

그러나 더 나은 삶을 위해 글을 쓰고 그림을 그리는 사람들은, 자신들은 거지보다 훨씬 고상하여 경멸의 대상이 되지 않는다고 생각하지만, 사실은 그들도 귀찮고 해로운 거지에 지나지 않는다. 나는 빈민가에 사는 사람들을 도와주는 건 좋다고 생각하지만 그것은 그들이 내 귓전에서 시끄럽게 오르간을 치거나, 풍자화를 그려서 보여주고, 또 젊은 아가씨들을 하찮은 소설로 유혹하거나, 더러운 거짓말로 가득한 인쇄물의 바닷속에 모든 사람들을 빠뜨리고 있기 때문이 아니다. 정당한 노동으로 빵을 벌 능력이 없는 사람들은 길모퉁이에서 아우성치지 말고, 입을 다문 채 공손하게 창백한 손을 내미는 것이 낫다. 그러면 동정심이 그들을 먹여 살릴 것이다.

존 러스킨

4

자신의 재능을 팔아서는 안 된다. 그것을 팔게 되면 너희는 즉시 성직매매나 매음행위와 다름없는 죄에 빠지게 된다. 너희는 자신의 노동은 팔 수 있지만 영혼을 팔아서는 안 된다.

존 러스킨

5

장사꾼들을 몰아내지 않는 한 예술의 전당은 진정한 전당이 될 수 없다. 미래의 예술은 그들을 몰아낼 것이다.

9월

9월 1일

1

이성은 사람들에게 그들이 인생의 법칙을 배반하고 있음을 지적한다. 그러나 사람들은 그 배반에 완전히 익숙해져서 그것을 편하게 여기고 있기 때문에, 자신들의 그 익숙한 생활을 방해하려는 이성의 목소리를 압살하려고 애쓴다.

2

인간은 자신이 그릇된 생활을 하고 있을 때, 자기가 빠져 있는 비참한 처지가 보이지 않도록 자신의 눈을 가릴 수 있다는 것은, 구원도 되고 형벌도 된다.

3

사람은 자신의 생활이 양심에 합치되지 않으면 양심 쪽이 마비되어 생활에 장단을 맞춘다.

4

사격을 받고 있는 엄폐물 뒤에서 아무것도 할 것이 없는 병사들은, 위험한 순간을 더 쉽게 견딜 수 있도록 애써 일거리를 찾는다. 모든 사람들도 때때로 인생이라는 위험을 견디는 병사와 같다. 어떤 사람은 명예욕으로, 어떤 사람은 오락으로, 어떤 사람은 법률 문서를 씀으로써, 어떤 사람은 여자로, 어떤 사람은 도박으로, 어떤 사람은 경마로, 어떤 사람은 사냥으로, 어떤 사람은 술로, 어떤 사람은 정치활동으로 그것을 견디고 있다.

5

사람들이 보드카와 포도주, 담배, 아편 등으로 자신을 마비시키고 해치는 일을 그만둔다면, 인간 사회에 어떤 멋진 변화가 생길지 상상하기조차 어렵다.

6

어떤 종파의 신자들은 집회 끝에 불을 끄고 음란행위에 빠진다고 한다.

현재의 우리 사회에서도 끊임없는 음란행위에 빠지기 때문에, 니코틴이나 알코올로 계속 이성의 불을 끄고 있다.

7

현대의 인간 생활을 개선하는 중요한 조건의 하나는 그들이 놓여 있는 마비상태에서 탈출하는 일이다. 그런데 그들은 담배, 포도주, 보드카에 의해 자신들을 더욱 마비상태로 몰아넣고 있다.

8

정부가 자신의 이익을 위해 인간의 정신과 육체를 타락시키고 파괴하는 알코올을 전매하고 있다는 사실은, 다른 증거는 없이 그 사실 자체만으로도, 입으로 말하는 것처럼 국민의 도덕과 행복을 배려하고 있지 않을 뿐 아니라, 반대로 정부를 구성하고 있는 사람들의 이익을 위해 참으로 확실하게 국민에게 해악을 끼치고 있음을 더할 나위 없이 명료하게 보여주고 있다.

9

무엇에 의해서든 자신을 마비시키는 행위는, 아직은 범죄에 이르지 않았더라도 적어도 모든 종류의 범죄에 대한 준비행위라고 할 수 있다.

10

현대인들의 부패한 생활, 특히 그 무의미함은 주로 그들이 자신을 끊임없이 도취상태에 빠뜨리고 있는 것에서 시작된다. 맨 정신의 사람이라면 오늘날 우리 사회에서 일어나고 있는 죄의 아주 작은 부분도 범할 수 없을 것이다.

11

술을 마시고 안 마시고, 담배를 피우고 안 피우고는 그리 중요한 문제가 아니라고 너희는 말한다. 만약 그게 중요한 문제가 아니라면 음주나 흡연에 의해 자신도 해치고 남에게도 나쁜 본을 받게 한다는 것을 알고 있을 테니, 당장 끊는 것이 좋지 않겠는가?

이레째 읽을거리

사람들은 왜 스스로를 마비시키는가

의식적인 생활의 시기에 들어가면 사람은 종종 자신 속에서 두 개의 다른 존재—하나는 맹목적이고 동물적인 것, 또 하나는 관찰하는 것으로 정신적인 것—를 본다. 맹목적이고 동물적인 존재는 기계가 시동이 걸리면 움직이듯 먹고, 마시고, 쉬고, 자고, 번식하고, 활동한다. 한편 이 동물적 존재와 맺어져 있는, 관찰하는 정신적 존재는, 자기 스스로는 아무것도 하지 않지만, 동물적 존재의 활동을 인정할 때는 그것과 일치하고, 인정하지 않을 때는 그것에 등을 돌림으로써 가치 판단을 내린다.

이 관찰하는 존재는 한쪽 끝은 북쪽을, 다른 쪽 끝은 정반대인 남쪽을 가리키는 나침반의 바늘과 같다. 그것은 전체가 금속판으로 덮여 있어, 그 나침반을 갖추고 움직이는 것이 올바른 방향으로 움직이고 있는 한 모습을 드러내지 않지만, 그것이 바늘이 가리키는 올바른 방향에서 벗어나는 순간, 금속판에서 나와 모습을 드러낸다.

이와 마찬가지로, 우리가 그것이 나타나는 것을 보통 양심이라고 부르고 있는, 관찰하는 정신적 존재도, 언제나 그 한쪽 끝으로는 선을, 반대쪽 끝으로는 악을 가리키고 있으며, 우리가 그 가리키는 방향, 다시 말해 악에서 선으로 향하는 방향에서 벗어나지 않는 한 모습을 보이지 않는다. 그러나 양심이 가리키는 방향에 어긋나는 행동을 보이는 순간 정신적 존재의 의식이 나타나, 그 동물적 존재가 양심이 지시한 방향에서 벗어났음을 알려 준다. 그리하여 마치 항해자가 진로가 잘못되었음을 알면 나침반이 가리키는 방향으로 진로를 바꾸거나 방향에서 벗어난 것을 무시하지 않는 한, 키든 기관이든 돛이든 어느 것도 조작을 계속할 수 없듯이, 그 누구도 자신의 양심과 동물적 활동의 분열을 느꼈을 때는, 그 활동을 양심의 요구에 응하거나, 동물적 생활의 잘못을 지적하는 양심의 목소리에 귀를 막지 않는 한, 활동을 계속할 수 없다.

모든 인간의 생활은 다음 두 가지에 의해 성립된다고 할 수 있다. 즉 자신의 활동을 양심의 요구에 일치시키는 것과, 자신의 생활을 계속할 수 있도록 양심이 가리키는 것을 외면하는 것이다.

어떤 사람들은 전자를 선택하고 어떤 사람들은 후자를 선택한다. 전자를 실천하기 위해서는 오직 하나, 정신적 계몽, 즉 자신의 내부에 빛을 증대시켜 그 빛이 비추는 것으로 주의를 돌리는 것이며, 후자를 달성하기 위해서는, 즉 양심이 가리키는 것을 외면하는 데는 두 가지 방법, 곧 외적인 방법과 내적인 방법이 있다. 외적인 방법은 양심의 지적에서 주의를 돌리기 위해 이 일 저 일에 몰두하는 것이며, 내적인 방법은 양심 자체가 흐려지게 하는 것이다.

사람이 자기 눈앞에 있는 사물을 보지 않기 위해서는 두 가지 방법, 즉 더욱 눈길을 끄는 다른 것으로 시선을 옮기는 외적인 방법과, 눈을 가리는 방법이 있다. 이와 같이, 사람은 양심의 지적도 다음의 두 가지 방법으로 피할 수 있다. 곧 외적으로는 여러 가지 바쁜 일과 오락, 또는 도박에 열중하는 것이고, 내적으로는 주의력 자체의 활동을 저지하는 것이다. 도덕적 감정이 무딘 사람들에게는, 그릇된 생활에 대한 양심의 지적을 보지 않으려면 이 외적인 방법으로 충분하지만, 도덕적으로 민감한 사람들은 이 방법으로는 충분하지 않은 경우가 많다.

외적인 방법은 생활과 양심의 요구의 부조화라는 의식에서 주의를 돌리기에는 부족하다. 바로 이 의식이 삶을 방해한다. 그래서 사람들은 어떻게든 살아가려고 다른 것을 이용하여 뇌를 마비시킴으로서 양심 자체를 흐리게 하는 확실한 내적 방법에 호소하게 된다.

생활은 양심의 정당한 요구에 합치되지 않으며, 그렇다고 합치되도록 그것을 전환시킬 힘이 있는 것도 아니다. 그 분열감에서 주의를 돌리는 여러 가지 방법마저 불충분하거나 싫증이 나게 되면, 사람들은 생활의 잘못을 양심이 지적함에도 불구하고 어떻게든 생활을 계속하기 위해, 마치 보고 싶지 않은 것 앞에서 일부러 눈을 가리는 것과 마찬가지로, 양심의 지적이 이루어지는 기관 자체를 마비시켜 잠시 그 기능을 정지시키려 하는 것이다.

레프 톨스토이

9월 2일

1

사람들은 진리에 가까이 다가가면 다가갈수록, 타인의 잘못에 대해 너그러워진다. 그 반대 또한 진리이다.

2

신앙이 없는 사람들, 즉 인생의 정신적 기초를 믿지 않고 자신들이 터득한 외적인 관습으로 신앙을 대신하고 있는 사람들은 가끔 너그럽지 않을 때가 있다. 그들이 너그럽지 못한 까닭은 진정한 신앙은 인간의 의지와 무관하다는 것을 모르기 때문이다. 그렇기 때문에 그리스도를 괴롭힌 바리새파 사람들을 비롯하여 오늘날의 세속적인 지배자에 이르기까지, 가장 신앙심이 부족한 사람들이 언제나 신앙을 가진 사람들을 박해해 왔고 또 박해하고 있는 것이다. 이러한 박해는 사람들의 신앙을 약화시키기는커녕 오히려 그것을 강화해 왔고 또 강화하고 있다.

3

신은 양심과 이성의 힘으로 사람들의 마음에 믿음의 불을 켜주고 있다. 폭력으로는 믿음의 불을 켤 수 없다. 폭력과 위협이 가져다주는 것은 믿음이 아니라 공포이다. 그러나 믿음이 없는 사람, 방황하는 사람을 비난하고 나무라서는 안 된다. 그들은 그 미망으로 인해 이미 충분히 불행하기 때문이다. 만약 그것이 그들에게 이익을 가져다주고 있을 때는 그들을 나무라도 상관없지만, 오히려 그것은 대부분의 경우 그들에게 반발심을 일으켜 그들을 더욱 돌아서게 만든다.

파스칼

4

우리가 결코 잊어서는 안 되는 의심할 여지 없는 원칙이 있다. 그것은 만약 어떤 선한 일이 선을 배반하지 않고는 이루어질 수 없다면, 그것은 진짜 선한 일이 아니거나 아직 그 일을 할 시기가 되지 않은 것이다.

5

우리의 조상이 진리라고 생각했던 것이 허위라는 걸 알았다고 탄식하는 것처럼, 이성적인 존재에 어울리지 않는 것은 없다.

6

우리는 오히려, 과거의 것을 대신할 수 있는 새로운 일치의 기초를 탐구해야 하지 않을까? 마티노

7

신앙은 사랑과 마찬가지로 억지로 불러일으킬 수 있는 것이 아니다. 그러므로 정치적 수단으로 신앙을 도입하고 그것을 보호하려 해도 잘 되지 않는다. 왜냐하면 사랑을 강요하면 오히려 증오를 불러일으키듯, 신앙을 강요하면 오히려 불신을 불러일으키기 때문이다. 쇼펜하우어

8

사람들이 종교를 부정하는 것은 성직자의 편협한 마음과 권력욕의 자연스러운 결과이다. 워버튼

9

신앙이 없는 사람들은 광신자와 마찬가지로 편협하다. 뒤클로

10

진정한 신앙은 강요에 의한 외면적 지지도, 보석으로 장식하는 외면적 지지도 모두 필요치 않다. 또 특별히 포교활동을 할 필요도 없다. 신에게는 시간이 많아 천년도 하루와 같다. 자신의 신앙을 강요에 의해, 또는 외면을 장엄하게 장식함으로써 지탱하려는 사람, 또 그것을 서둘러 포교하려는 사람은 거의 또는 완

전히 신앙을 가지지 않은 사람이다.

9월 3일

1

신은 인간의 지혜로는 파악할 수 없는 존재이다. 우리는 다만 신이 존재한다는 것을 알고 있을 뿐이다. 원하든 원하지 않든 우리는 그것을 확실히 알고 있다.

2

나는 전에는 인생의 여러 가지 현상을 봐도, 그것이 어디서 오고 또 왜 나에게 그것이 보이는지 생각해 본 적이 없었다.

내가 만물의 근본 원인에 대해 생각하기 시작했을 때, 나는 모든 것의 원인은 오성(悟性)의 빛이라는 확신에 도달하여 완전히 그 생각에 빠졌고, 모든 것을 오성으로 설명하고 만물의 시작은 오직 오성이라고 인정하며 혼자 만족해했다.

그러나 그 뒤 나는 오성이 어떤 반투명 유리를 통해 우리에게 도달하는 빛이라는 것을 알게 되었다. 나는 빛은 볼 수 있지만, 그 빛을 발하는 것이 무엇인지는 모른다. 그것이 확실히 존재하고 있다는 것만 알고 있을 뿐이다.

나를 비추고 있는 빛의 원천인 내가 모르는 것, 그러나 그것이 존재하는 것만은 의심할 여지 없이 알고 있는 것, 그것이 바로 신이다.

3

신성의 본질까지 꿰뚫어 보려 해서는 안 된다. 신이 계시하지 않은 것까지 알려고 하는 것은 신성 모독이다. 메난드로스

4

신을 믿고 신을 섬겨라. 그러나 신의 본질을 알려고 꾀하지는 말라. 너는 네 헛된 노력에서 환멸과 피로 외에는 아무것도 얻지 못할 것이다.

신이 존재하는지 존재하지 않는지 알려고 할 필요조차 없다. 신은 존재하며, 도처에 모습을 보이고 있으니, 인간은 그저 그를 믿으면 된다. 그 외에는 아무것도 필요하지 않다. 필레몬

5

지금까지 위대한 태초의 비밀을 잠시라도 들여다본 사람은 아무도 없다. 일찍이 자기 자신 밖으로 한 발짝이라도 내디딘 사람은 아무도 없다. 오! 그대, 온 세상을 온통 찾아 헤매고 있는 자여! 성자이든 죄인이든, 가난뱅이든 부자이든 어느 누구고 그대를 알려면 아직도 멀었다. 그대의 이름은 모든 존재와 함께 울려 퍼지고 있지만 사람들은 모두 귀머거리이다. 그대는 모든 사람의 눈앞에 있지만 사람들은 모두 장님이다.

11세기 페르시아의 우마르 하이얌

6

우리가 신의 존재를 아는 것은 오성에 의해서가 아니라, 어머니 품에 안긴 갓난아기가 경험하는 감정을 우리에게 느끼게 해주는 신에 대한 전적인 종속감에 의해서이다.

갓난아기는 도대체 누가 자기를 따뜻하게 안아 젖을 먹여주는지 모르지만, 누군가가 존재하고 있음은 알고 있을 뿐만 아니라, 자기를 안아주는 그 사람을 사랑한다.

7

인간은 신을 닮으려고 노력해 왔다. 그런데 성직자들이 신을 인간과 비슷한 존재로 만들어 버리자, 경박한 인간의 마음은 그런 신의 이미지에 만족해 버린 것이다.

마리 다굴

8

신이라는 개념이 분명하지 않다고 해서 당황할 필요는 없다. 오히려 그것이 분명해질수록 진리에서 더욱 멀어져 정신적 지주로서의 역할이 약해지고 만다.

9월 4일

1

진정한 행복은 결코 단번에 얻을 수 있는 것이 아니라 끊임없는 노력에 의해 얻을 수 있다. 진정한 행복은 나날이 새롭게 완성으로 가는 길을 걷는 것에 있기 때문이다.

2

우리는 글을 배우면 글을 읽고 쓸 수 있게 된다. 그러나 그것만으로 벗에게 편지를 써야 하는지 쓰지 말아야 하는지는 알 수 없다. 그것과 마찬가지로 음악은 우리에게 노래를 부르고 악기를 켜는 것을 가르쳐 주지만, 언제 노래를 부르고 악기를 켜야 하는지는 가르쳐 주지 않는다.

오직 이성만이 우리가 해야 할 일과 하지 말아야 할 일을 가르쳐 줄 수 있다.

우리에게 이성을 부여함으로써 신은 우리에게 가장 필요하고 우리 스스로 사용할 수 있는 것을 준 것이다.

지금과 같은 나를 창조한 신은 어쩌면 나에게 다음과 같이 말했을지도 모른다. "에픽테토스야! 나는 네 보잘것없는 육체와 초라한 운명에 훨씬 더 많은 것을 줄 수도 있었다. 그러나 내가 그렇게 하지 않았다 해서 나를 원망하지는 마라. 나는 너에게 네가 하고 싶은 일은 뭐든지 할 수 있는 완전한 자유를 주는 대신, 네 속에 나 자신의 신성의 일부분을 불어넣었다. 나는 너에게 선을 향해 나아가고 악을 피할 수 있는 힘을 주었다. 나는 네 속에 자유로운 이성을 주었다. 만약 네가 너에게 일어나는 모든 일에 이성으로 대응한다면, 내가 명령한 것을 행하는 데 있어 너를 방해하거나 너를 겁먹게 하는 것은 이 세상에 아무것도 없을 것이다. 너는 결코 자신의 운명과 사람들에 대해 탄식하지 않을 것이고, 또 사람들을 비난하거나 그들에게 아부하지도 않을 것이다.

그것만으로는 부족하다고 생각해서는 안 된다. 이성에 합당한, 조용하고 즐거운 일생을 보낼 수 있다면 더 이상 무엇이 필요하겠느냐? 그것으로 만족하라!"

에픽테토스

3

탕왕(湯王)의 목욕통에는 다음과 같은 말이 새겨져 있었다. "날마다 완전히 새롭게 태어나라. 내일도, 그다음 날도, 또 그다음 날도 그렇게 하라." 중국 금언

4

현자의 선덕은 먼 나라로 여행하거나 높은 산을 올라가는 것과 같다. 먼 나라로 여행하는 것도 최초의 한 걸음에서 시작되고, 높은 산을 올라가는 것도 산기슭의 첫 걸음에서 시작된다. 공자

5

무슨 일이든 착하게 바르게 하려면 어떻게 해야 하는지 배워야 한다는 것은 모든 사람들이 이해하고 있는 사실이다. 그것과 마찬가지로 착하고 바르게 살려면 착하고 바르게 사는 법을 배워야 한다. 에픽테토스

6

예수께서는 "쟁기를 잡고 뒤를 자꾸 돌아다보는 사람은 하느님 나라에 들어갈 자격이 없다" 하고 말씀하셨다. 〈누가복음〉 제9장 62절

7

인간은, 나는 내 일을 했다, 내 일에 심혈을 기울여 마지막까지 최선을 다했다고 말할 수 있어야 비로소 행복하다고 할 수 있다. 만약 그렇지 않으면 아무리 고생해서 일을 끝내더라도, 아무런 기쁨도 안도감도 느끼지 못할 것이다.

에머슨

8

너는 너의 선을 향한 노력에 신속한 효과를 기대해서는 안 될 뿐만 아니라, 눈에 보이는 효과는 결코 기대해서는 안 된다. 네가 한 발짝 앞으로 나아가면 그만큼 네가 목표로 하는 완전성도 앞으로 나아가기 때문에, 너는 결코 자기 노력의 결실을 보지 못할 것이다. 노력은 행복을 획득하는 수단이 아니며, 노력 자체가 행복을 주는 것이다.

9월 5일

1

러시아어로 '벌을 준다(наказывать)'라는 말은 가르친다는 뜻을 가지고 있다. 가르치는 것은 솔선수범에 의해서만 가능하다. 악을 악으로 갚는 것은 가르치는 것이 아니라 타락시키는 것이다.

2

그때에 베드로가 예수께 와서 "주님, 제 형제가 저에게 잘못을 저지르면 몇 번이나 용서해 주어야 합니까? 일곱 번이면 되겠습니까?" 하고 묻자 예수께서는 이렇게 대답하셨다. "일곱 번뿐 아니라 일곱 번씩 일흔 번이라도 용서하여라."

〈마태복음〉 제18장 21~22절

3

인간이 인간에게 벌을 준다고 하는, 본디 인정할 수 없는 권리를 설령 인정한다 쳐도, 도대체 어떤 인간이 그 권리를 행사할 것인가? 오로지 자신들의 죄를 알지 못하고 그것을 까맣게 잊어버릴 정도로 타락해 버린 인간들뿐이지 않은가.

4

그때에 율법학자들과 바리새파 사람들이 간음하다 잡힌 여자 한 사람을 데리고 와서 앞에 내세우고 "선생님, 이 여자가 간음하다가 현장에서 잡혔습니다. 우리의 모세법에는 이런 죄를 범한 여자는 돌로 쳐 죽이라고 하였는데 선생님 생각은 어떻습니까?" 하고 물었다. 그들은 예수께 올가미를 씌워 고발할 구실을 찾으려고 이런 말을 하였던 것이다. 그러나 예수께서는 몸을 굽혀 손가락으로 땅바닥에 무엇인가 쓰고 계셨다. 그들이 하도 대답을 재촉하므로 예수께서는 고개를 드시고 "너희 중에 누구든지 죄 없는 사람이 먼저 저 여자를 돌로 쳐라" 하시고 다시 몸을 굽혀 계속에서 땅바닥에 무엇인가 쓰셨다. 그들은 이 말씀을 듣자 나이 많은 사람부터 하나하나 가버리고 마침내 예수 앞에는 그 한가운데 서 있던 여자만이 남아 있었다. 예수께서 고개를 드시고 그 여자에게 "그들은 다 어디 있느냐? 너의 죄를 묻던 사람은 아무도 없느냐?" 하고 물으셨다. "아무도 없습니다, 주님." 그 여자가 이렇게 대답하자 예수께서는 "나도 네 죄를 묻지 않겠다. 어서 돌아가라. 그리고 이제부터 다시는 죄짓지 말라" 하고 말씀하셨다.

〈요한복음〉 제8장 3~11절

5

사람들의 불행의 대부분은 죄 많은 사람이 자신에게 형벌권이 있다고 생각하는 데서 온다. 복수는 나에게 있으니 내 이를 갚으리라.

6

만약 누군가가 너에게 죄를 저질렀다고 생각하더라도 그것을 잊고 용서하라. 만약 네가 그때까지 그런 경험이 없었다면 너는 '용서한다'는 새로운 기쁨을 경험하게 될 것이다.

7

악행에 대한 진정한 형벌은 범죄자 자신의 마음속에서 생기는 것이며, 인생의 행복을 누리는 그의 능력이 감소하는 데 있다. 외부로부터의 형벌은 범죄자를 반발하게 할 뿐이다.

8

형벌은 항상 잔혹한 것이다. 잔혹하지 않다면 처음부터 가해지지 않을 것이다. 오늘날의 금고형은 100년 전의 태형과 마찬가지로 잔혹하다.

9

아메리칸 인디언은 어떠한 법률, 어떠한 권력, 어떠한 정부의 보호에도 복종한 적이 없다. 그들의 유일한 지도자는 관습이며, 또 미각과 촉각처럼 개개인의 내부에 원래부터 갖춰져 있는 선과 악에 대한 도덕적 의식이다. 그들 사이에서 의무로 여겨지고 있는 것을 위반하는 행위는 모멸과 집단 따돌림으로 처벌을 받고, 강도나 살인 같은 더욱 중대한 죄의 경우에는 그 처벌이 피해자에게 맡겨진다. 이러한 방법은 얼핏 보아 불완전한 것 같지만 실제로 그들 사이에는 범죄가 극히 드물다.

만약 아메리칸 인디언과 같은 법의 결여와, 유럽 문명 제국과 같은 법의 과잉 중, 과연 어느 쪽이 인간에게 죄를 범하기 쉽게 하는지 묻는다면, 양쪽의 생활 상태를 본 사람이라면 물론 법의 과잉 쪽이며, 양은 양끼리 사는 것이 늑대의 신세를 지는 것보다 행복하다고 대답할 것이다. 제퍼슨

10

'학문'이라는 말 속에 지극히 하찮을 뿐만 아니라 지극히 유해한 가르침이 들어 있다는 명백한 증거는, 형법이니 하는 학문이 존재하고 있다는 것, 다시 말하면 어린이나 야만인 같은 가장 낮은 발전 단계에 있는 사람들에게만 어울리는 행위의 실행에 관한 학문이 있다는 사실 그 자체이다.

9월 6일

1

미망은 인간이 빠지기 쉬운 상태이다. 하지만 일정한 시대, 일정한 사회 계층 사람들 사이에 특히 그것이 널리 퍼져 있는 경우가 있다. 현대의 그리스도교 사회가 바로 그러하다. 고차원의 인생의 법칙을 하나도 모르는 사람들이나, 알고 있으면서도 그것을 실천하지 않는 사람들의 사회에서는 그렇게 되지 않을 수가 없다.

2

"죄를 저지른 사람이 누구든, 학문을 배운 사람이 저지른 죄가 가장 무섭다. 무지하고 타락한 민중은 방자한 학자보다 낫다. 전자는 눈이 멀어 길을 잃지만 후자는 눈이 멀쩡하면서도 우물에 빠지기 때문이다."(사디)

그리스도교에 의해 계몽되고 눈부시게 발달한 교통기관에 의해 이어져 있는 현대인들의 죄가 바로 그것이다.

3

사람들은 영혼을 잃어버렸다. 그 뒤 시간이 흐르자, 이제는 다시 그것을 그리워하고 있다. 이 영혼의 상실이 바로 우리의 환부, 현대의 모든 현상에 무서운 죽음을 선고하려 하고 있는, 전 세계에 걸친 사회적 부패의 중심이다. 우리에게는 이제 종교도 없고 신도 없다. 인간은 영혼을 잃어버리고 헛되이 치료 방법을 찾고 있다. 그러나 잠시 병세가 수그러든 것처럼 보이는 나병은 곧 다시 더욱 맹렬하고 더욱 무섭게 기승을 부릴 것이다. 칼라일

4

모든 범죄와 온갖 종류의 무서운 기사로 가득한 신문은 고기를 중심으로 한 아침 식사의 반찬과도 같은 것이다. 몸도 마음도 갖가지 유해한 영향에 노출되어 있는 사람들이, 이윽고 다툼과 전쟁과 자살의 길을 걸어가기 쉽다는 것이 뭐 그리 놀라운 일이겠는가? 이런 식으로 하루를 시작한 사람들이 행복하다는 것이 오히려 이상하지 않을까? 정신적, 육체적으로 유해한 음식을 섭취하고 있는 동안, 그들은 끊임없는 불안과 고뇌와 절망상태에 빠져든다. 루시 맬러리

5

사람들은 자신의 삶이 공허함을 느끼기 때문에 사방으로 뛰어다니면서 만족을 찾는다. 그러나 그들을 끌어당기는 새로운 위안의 공허함을 아직 깨닫지 못하고 있다. 파스칼

6

우리가 자신의 생활을 보장하기 위해 여러 가지로 하고 있는 일은, 마치 타조가 제가 살해당하는 것을 보지 않으려고 머리를 숨기는 짓과 완저히 같다. 아니, 오히려 타조보다 더 나쁘다. 불확실한 미래의 불확실한 생활을 불확실하게 지키려고, 확실한 현재의 확실한 생활을 확실히 파괴하고 있는 것이 우리들이니까.

7

오늘날 부유층의 생활을 옆에서 보고 있으면, 그들이 자기 생활의 안전을 보

장하겠다는 듯 여러모로 하고 있는 일들은, 실은 전혀 그것 때문이 아니라 그런 것으로 기분을 속일 뿐이며, 자신들의 생활의 안전이 절대로 보장되지 않으며, 또한 보장될 리가 없다는 것을 잊기 위함이라는 것을 곧 알 수 있다.

8

현대인들은 극히 일부 사람들이 터무니없이 거대한 부를 차지하고, 심한 빈곤 상태에 있는 다수자가 그들에게 선망과 증오를 느끼고 있는 세상에서, 폭력과 군비와 전쟁이 난무하는 세상의 무의미함과 잔혹함은 누구의 눈에도 보이지 않으며, 자신들이 그런 생활을 계속하는 것을 방해하는 것은 아무것도 없다고 필사적으로 믿고 싶어 한다.

9

대다수의 사람들이 미망에 빠져 있다고 해서 미망을 미망이 아니라고 할 수는 없다.

9월 7일

1

만약 삶이 행복이라면 삶의 필연적 조건인 죽음도 역시 행복이라고 하지 않으면 안 된다.

2

죽음은 자아로서의 자신으로부터 해방되는 일이다. 대부분의 죽은 사람의 얼굴에 나타나는 평화와 안도의 표정은 아마 거기서 유래하는 것이리라. 선한 사람의 죽음은 대개 조용하고 평온하다. 그러나 각오를 하고 죽는 것, 스스로 나아가 기꺼이 죽는 것은 자기를 버린 자, 살려는 의지를 거부하며 그것을 포기한 자의 특권이다. 왜냐하면 이러한 사람만이 겉으로만이 아니라 진실로 죽기를 원하는 자이며, 따라서 자아의 존속을 더 이상 필요로 하지 않고 또 요구하지도 않기 때문이다.

쇼펜하우어

3

죽은 자들은 지금 어디에 있는가? 아직 태어나지 않은 자들이 있는 곳에 있다.

세네카

4

만약 죽음이 무섭다면 그 원인은 죽음 속이 아니라 우리의 내부에 있다. 선량한 사람일수록 죽음을 두려워하는 일이 적다.

성자에게는 이미 죽음이 존재하지 않는다.

5

육체의 죽음은 육체를 결합시키고 있는 것을 멸망시킨다. 즉 순간적인 생명의 의식을 멸망시키는 것이다. 그러나 그것은 우리가 매일 잠들 때 늘 일어나고 있는 일이다. 문제는 과연 육체의 죽음은, 나의 모든 의식의 흐름을 통일하고 있는 것, 다시 말해 세계에 대한 나의 특별한 관계를 무너뜨리는가 하는 것이다. 그것을 긍정하려면 그 전에 나의 모든 의식을 통일하고 있는 것, 나의 세계에 대한 특별한 관계가 내 육체적 생존과 함께 태어나고, 따라서 그것과 함께 죽는 것임을 먼저 증명할 필요가 있다. 그런데 그런 일은 절대로 없다.

자신의 의식에 따라 판단한 경우, 나의 모든 의식을 통일하고 있는 것, 어떤 자는 관심을 가지고 받아들이고 어떤 자에게는 냉담하며, 그것 때문에 전자는 내 마음에 남고 후자는 사라지도록 하는 것, 다시 말해 나로 하여금 내 나름대로 선을 사랑하고 악을 미워하게 하는 것, 즉 바로 이 나를, 특수한 나 자신을 구성하고 있는, 세계에 대한 나의 특수한 관계는 외적 원인의 결과가 아니며, 내 생명의 모든 현상의 근본적 원인이라는 것을 알 수 있다.

다음에는 관찰에 근거하여 판단했을 경우, 이 '나'의 특수성의 원인은 내 부모의 특수성과, 나와 내 부모에게 영향을 준 환경의 특수성에 있는 것으로 생각된다. 그러나 이 논법으로 나아가면, 즉 나의 특수성이 내 부모와 부모에게 영향을 준 환경에 의한 것이라고 한다면, 그것은 또 내 조상 전체와 그들이 처한 생활환경에도 영향을 받은 것이라고 하지 않을 수 없다. 따라서 나의 특수성의 원인은 무한 속에, 다시 말해 시간과 공간을 초월한 곳에 있으며, 그래서 나의 특수한 '자아'는 시간과 공간을 초월한 세계에서 태어났다는 것, 즉 내가 실제로 의식하는 나 자체라는 것을 깨닫지 않을 수 없다.

6

늙기 전에는 나는 선하게 살려고 노력했다. 늙은 뒤부터 나는 선하게 죽으려고 노력하고 있다. 선하게 죽는다는 것은 곧 기쁜 마음으로 죽는 것이다.

세네카

7

삶을 이해하지 못하는 사람들은 죽음을 두려워하지 않을 수 없다.

8

너는 죽음을 두려워하고 있다. 그러나 만일 네가 영원히 변하지 않는 자신의 자아 속에 갇혀 있는 운명이라면 어떻게 될지 생각해 보라.

9월 8일

1

어린이들에게는 크고 수많은 가능성이 있다.

2

나는 분명히 말한다. 너희가 생각을 바꾸어 어린이와 같이 되지 않으면 결코 하늘나라에 들어가지 못할 것이다. 그리고 하늘나라에서 가장 위대한 사람은 자신을 낮추어 이 어린이와 같이 되는 사람이다. 또 누구든지 나를 받아들이듯이 이런 어린이 하나를 받아들이는 사람은 곧 나를 받아들이는 사람이다. …… 그러나 나를 믿는 이 보잘것없는 사람들 가운데 누구 하나라도 죄짓게 하는 사람은 그 목에 연자맷돌을 달고 깊은 바다에 던져져 죽는 편이 오히려 나을 것이다.

〈마태복음〉 제18장 3~6절

3

하늘과 땅의 주인이신 아버지, 안다는 사람들과 똑똑하다는 사람들에게는 이 모든 것을 감추시고 오히려 철부지 어린아이들에게 나타내 보이시니 감사합니다. 그렇습니다. 아버지! 이것이 아버지께서 원하신 뜻이었습니다.

〈마태복음〉 제11장 25~26절

4

왜 어린이는 대부분의 어른들보다 도덕적으로 높은가? 그들의 이성은 미신에 의해서도 유혹에 의해서도 죄악에 의해서도 비뚤어져 있지 않기 때문이다. 자기완성으로 가는 길 위에 그들을 가로막는 장애는 아무것도 없다. 그런데 어른들에게는 죄와 유혹과 미신이 가로막고 있다.

어린이들은 그저 살기만 하면 되지만 어른들은 싸우지 않으면 안 된다.

5

자기완성의 모든 가능성을 가지고 있는 청정무구한 어린이들이 끊임없이 태어나지 않았더라면 세상은 얼마나 무서운 곳이 되었을까! 존 러스킨

6

이 잔인한 세상에서 조금이나마 천국을 엿볼 수 있는 유년 시절을 축복할지어다! 통계가 보여주고 있는 하루 8만 명의 출생은 단순히 종의 절멸을 막아주는 것일 뿐만 아니라, 인류의 타락과 모든 죄악의 오염과 싸우는 신선하고 맑은 물줄기라고 할 수 있다. 요람과 유년 시절의 주변에서 피어나는 선한 감정은 위대한 신의 섭리의 비밀 가운데 하나이다. 만약 이 청정한 이슬이 지상에서 사라진다면, 이기주의의 회오리바람이 당장 요원의 불길처럼 인류 사회를 까맣게 태워버리고 말 것이다.

인간이 죽지 않아 증감하지 않는 10억의 인구로 이루어져 있다고 가정한다면, 오오, 위대한 신이시여! 우리는 지금 어디에 있으며 어떻게 되었을 것인가! 우리는 두말할 것 없이 천 갑절이나 현명해졌겠지만 동시에 천 갑절이나 나빠졌을 것이다. 지식은 축적되었겠지만 수난과 헌신에서 태어나는 모든 선, 즉 가족과 사

회는 사멸할 것이다. 득이 될 것이 아무것도 없다는 얘기다.

유년 시절은 그것이 스스로 주는 선으로 인해, 그리고 스스로 그것을 알지 못하고 그것을 바라지도 않은 채, 사람들에게 자신을 사랑하게 하는, 아니 사랑하는 것을 허락함으로써 태어나는 선으로 인해 축복받아 마땅하다! 오직 그 덕택으로 우리는 지상에서 천국의 일부를 엿볼 수 있는 것이다. 죽음 또한 축복할지어다. 천사는 본디 태어남도 죽음도 필요하지 않다. 그러나 인간에게는 양쪽 다 없어서는 안 된다. 아미엘

7

어린이, 젖먹이들이 노래합니다. 이로써 원수들과 반역자들을 꺾으시고 당신께 맞서는 자들을 무색케 하셨습니다. 〈시편〉 제8장 2절

8

아기들은 종종 그 고사리 같은 손가락으로, 어른들이 마디가 불거진 손으로도 붙잡지 못하는, 그리고 그 발견이 인생의 마지막까지 커다란 자랑거리가 되는 진리를 움켜잡고 있다. 존 러스킨

9

아기들은 마치 눈까풀이 눈을 보호하듯 그 영혼을 보호하고 있다. 그리고 사랑의 열쇠가 없이는 어떠한 사람도 그 안에 들어갈 수 없다.

10

어린이들은, 흔히 어른들이 비록 대화를 나눌 수는 없어도 어떤 외국어를 알고 있는 경우가 있는 것처럼, 진리라는 것을 알고 있다. 그들은 선이 어디에 있는지 입으로 말하지는 못하지만, 선이 아닌 것으로부터는 어김없이 얼굴을 돌린다. 허위는 가장 총명하고 가장 통찰력이 있는 어른은 속일 수 있을지 모르지만, 아무리 교묘하게 위장하더라도 아무런 지혜가 없는 어린이까지 속일 수는 없다.

11

세상에 태어난 지 얼마 안 되는 어린이들에게 성급하게 저세상에 대해 얘기하는 것만큼 어리석은 일이 또 있을까! 칸트

12

순진무구한 쾌활함과 사랑의 요구라는 두 가지 뛰어난 선덕이 유일한 삶의 동기인 유년 시절만큼 멋진 시절이 또 있을까!

13

모든 사람을 존중하라. 그러나 어린이는 그보다 백 갑절이나 더 존중하며, 그 더러움을 모르는 영혼의 순수함을 해치지 않도록 노력하라.

이레째 읽을거리

어린이의 힘

"죽여라! 쏴버려! 저놈을 당장 쏴 죽여! 저 살인자의 목을 베어버려라! 죽여라, 죽여!" 군중들이 일제히 외치는 소리가 들려왔다.

수많은 사람들이 한 사내를 포박하여 끌고 가고 있었다. 그 키 큰 사내는 허리를 꼿꼿하게 펴고, 머리는 높이 쳐들고, 확고한 걸음걸이로 걸어가고 있었다. 그 아름답고 남자다운 얼굴에는 자기를 에워싸고 있는 사람들에 대한 경멸과 증오의 표정이 서려 있었다.

그는 권력에 저항하는 민중의 투쟁에서 권력 편에 서서 싸운 사람들 중의 하나였다. 지금 그는 붙잡혀서 형장으로 끌려가는 중이었다.

'어쩔 수 없는 일이지! 힘이 언제나 우리 편에 있으라는 법은 없으니까. 어쩔 수 없는 일이야! 지금은 놈들에게 권력이 있어. 죽어야 한다면 죽어주지. 아무래도 그게 내 운명인 모양이군.' 사내는 그렇게 생각하며 어깨를 움츠리고, 군중의 고함 소리를 향해 냉정한 미소를 지었다.

"저놈은 경찰이었어, 오늘 아침까지 우리에게 총을 쏘았던 놈이야!" 군중 속에

서 누군가가 그렇게 외쳤다.

군중은 그를 더욱 앞으로 끌고 갔다. 어제 군대에 의해 살해당한 사람들의 시체가 아직도 처리되지 않은 채 길바닥에 나뒹굴고 있는 곳에 이르자, 군중은 더욱 흥분하여 소리쳤다.

"뭘 우물쭈물하는 거야! 당장 여기서 죽여버리지 않고 어디로 자꾸 끌고 가는 거야!"

잡혀가는 사내는 눈살을 찌푸리며 더욱 고개를 높이 쳐들 뿐이었다. 그는 군중이 자기를 증오하는 것 이상으로 군중을 증오하는 것처럼 보였다.

"모조리 죽여버려야 해! 스파이도, 왕족도, 사제들도, 이런 놈들도! 죽여, 지금 당장 죽여!" 여자들도 앙칼진 목소리로 외쳤다.

그러나 군중의 지도자들은 그를 광장까지 데려가서 처치하기로 결정하고 있었다.

광장은 그리 멀지 않았다. 그때 잠깐 조용해진 사이, 수많은 사람들 뒤쪽에서 한 어린아이가 우는 소리가 들려왔다.

"아버지! 아버지!" 여섯 살쯤 된 사내아이가 군중 사이를 헤치고, 잡혀가는 남자에게 가까이 다가가려 하면서 울부짖고 있었다.

"아버지! 우리 아버지를 어떻게 하려는 거예요? 잠깐만요, 잠깐만요. 나를 데려가세요, 나도 데려가줘요!"

아이가 걷고 있는 쪽의 군중들 사이에서 고함 소리가 그쳤다. 군중은 마치 어떤 힘에 밀려서 길을 비켜 주는 것처럼 아이에게 길을 내주어 아버지 쪽으로 갈 수 있게 해주었다.

"아, 귀여운 아기야!" 한 여자가 말했다.

"아가, 누구를 찾고 있니?" 또 한 여자가 아이 쪽으로 허리를 구부리며 물었다.

"우리 아버지예요! 아버지한테 가고 싶어요!" 아이가 소리쳤다.

"아가, 너 몇 살이니?"

"우리 아버지를 어떻게 하려는 거예요?"

"아가야, 집에 가거라. 엄마한테 가." 한 남자가 아이에게 말했다.

잡혀가는 사내도 아이의 목소리를 듣고, 사람들이 아이에게 하는 말도 듣고 있었다. 그의 얼굴이 점점 어두워졌다.

“그 아이는 어머니가 없습니다!” 아이에게 엄마한테 가라고 말한 남자를 향해 그는 이렇게 외쳤다.

아이는 드디어 사람들을 헤치고 또 헤치며 나아가 아버지한테 가서 그 손에 매달렸다.

군중 속에서는 여전히 “죽여라! 목을 매달아! 총살해!” 하고 외치는 소리가 들려오고 있었다.

“얘야, 왜 집에 있지 않고 나왔니?” 아버지가 아들에게 말했다.

“이 사람들이 아버지를 어떻게 하려는 거예요?” 아이가 말했다.

“저, 얘야.”

“예?”

“카추샤 아주머니 알지?”

“옆집 아줌마, 알아요.”

“그래, 그 아주머니한테 가거라, 아버지도…… 아버지도 곧 갈 테니까.”

“아버지도 같이 가지 않으면 싫어!” 아이는 울음을 터뜨렸다.

“왜 싫어?”

“사람들이 아버지를 괴롭히는 걸.”

“그렇지 않아. 봐라, 아무 짓도 하지 않잖아?”

잡혀가는 사내는 아이를 떼어놓고 군중을 지휘하는 남자에게 다가가서 말했다.

“부탁이 있소. 어디서 죽어도 상관없으니 이 아이가 보는 곳에서만은 죽이지 말아주시오.” 그리고 아이를 가리켰다. “2분 동안만 포승을 풀고 내 손을 잡아주시오. 나는 아이에게 친구와 산책을 하고 있는 거라고 말하겠소. 그러면 저 아이는 집으로 돌아갈 거요. 그때 어디든 좋으니 마음대로 죽이시오.”

지휘자는 동의했다.

잡혀가던 사내는 다시 아이를 안아 올리며 말했다.

“아버지 말 잘 듣지, 얘야? 어서 카추샤 아주머니한테 가거라.”

“아버지는?”

“보렴, 아버지는 친구하고 잠시 산책하고 갈 테니 너 먼저 집에 가 있으렴. 아버지도 곧 갈 테니까. 자, 어서! 착한 아이지?”

아이는 아버지를 가만히 쳐다보며, 고개를 좌우로 갸웃거리면서 생각하는 눈치였다.

"어서 가라니까. 아버지도 곧 간다고 하잖니?"

"꼭 오실 거죠?"

아이는 아버지의 말을 믿었다. 한 여자가 아이를 군중 속에서 데리고 나갔다.

아이의 모습이 보이지 않게 되자 사내가 말했다.

"이제 됐소, 자, 죽이시오."

그때 갑자기 아무도 예상치 못한 일이 일어났다. 바로 그때까지 잔인하고 무자비한 증오심으로 불타고 있던 사람들의 가슴속에 일제히 똑같은 움직임이 일어난 것이다. 한 여자가 말했다.

"이 사람, 풀어주는 게 좋겠어요."

"그래요. 풀어줍시다!" 누군가가 또 말했다. "용서해 줍시다!"

"용서해요, 용서해 줘요!" 마침내 모든 사람들이 일제히 외치기 시작했다.

그러자 조금 전까지 군중을 증오했던 오만하고 냉혹한 사내는 흐느껴 울기 시작하며, 두 손으로 얼굴을 가리고 마치 자기 죄를 부끄러워하는 듯 군중들 사이로 빠져나갔다. 그를 가로막는 사람은 아무도 없었다.

빅토르 위고 원작, 레프 톨스토이 다시 씀

9월 9일

1

오늘날 학문이라고 불리고 있는 지식은, 인간 생활의 행복에 공헌하는 게 아니라 오히려 그것을 저해하고 있다.

2

천문학, 기계학, 물리학, 화학을 비롯한 모든 학문은, 다 함께 또는 따로따로 자기 분야에서 생명의 한 측면을 연구하고 있지만, 생명 일반에 대한 어떠한 결론에도 이르지 못하고 있다. 다만 그 학문들이 아직 젖먹이였던 시대, 막연하여 확실한 형태를 갖추고 있지 않았던 시대에, 그중의 일부가 자신의 관점에서 생명의 모든 현상을 파악하려고 시도하면서, 새로운 관념과 말을 생각해 내려다 혼란에 빠지고 말았다. 천문학 이전의 점성술이 그랬고, 화학 이전의 연금술이 그랬다.

오늘날의 진화론도 꼭 그것처럼, 단순히 생명의 한 측면 또는 몇몇 측면만 관찰하면서 생명에 대한 모든 것을 연구하고 있는 것처럼 주장하고 있다.

3

학문은 태양의 흑점이 나타나는 원인을 해명함으로써가 아니라, 우리의 삶의 법칙과 그 법칙의 배반에서 생기는 결과를 밝힘으로써, 자신의 과제에 답하는 것이라고 할 수 있다.

존 러스킨

4

자연에 관한 한, 경험은 우리에게 법칙을 주고 또 진리의 원천이 되어주지만, 도덕적인 법칙에 관해서는 경험은 유감스럽게도 미망의 어머니이다. 그러므로 나는 무엇을 해야 하는가에 대한 법칙을, 자연계에서 일어나고 있는 일과 역사상 일어났던 일에서 이끌어 내거나, 그것에 한정하는 것은 지극히 부당한 일이다.

칸트

5

지식은 위인을 겸허하게 하고, 보통 사람을 놀라게 하며, 소인배를 우쭐하게 한다.

6

학문은 마음의 양식이다. 그러나 육체의 양식을 지나치게 많이 먹으면 육체에 해롭듯이, 마음의 양식도 지나치면 병에 걸리는 수가 있다. 그것을 피하려면 마음의 양식도 육체의 양식과 마찬가지로 꼭 필요한 때 필요한 만큼 섭취해야 한다.

존 러스킨

7

지식이 중요한 것이 되려면, 사람들의 행복을 위해, 사람들의 일치를 위해 봉사하지 않으면 안 된다. 사람들은 모든 사람에게 유일한 진리를 인정함으로써 서로 화합한다. 그 진리의 표현은 명료하고 알기 쉬워야 한다. 오늘날 학문의 표현은 명료하지 못하고 난해하기만 하다.

8

소크라테스는 말했다.

"더 나은 사람이 되는 것 말고는 바라는 것이 없는 사람들에게는 어떠한 학문도 어렵지 않다. 왜냐하면 그들은 어떤 분야의 학문에서든 모든 사람들에게 필요한 것밖에 알려고 하지 않기 때문이다."

9

소크라테스가 현명했던 것은 자신이 모르는 것을 안다고 생각하지 않았던 점에 있다. 키케로

10

아무리 위대한 지식도 인생의 중요한 목적 달성을, 다시 말해 도덕적 자기완성을 도와주지는 못한다.

9월 10일

1

양심이 우리에게 자신의 동물적 자아의 시인을 요구하지 않고 그 희생을 요구할 때는 결코 잘못된 것이 아니다.

2

자신을 살려주는 성령, 하느님이 '아낌없이 주시는'(〈요한복음〉 제3장 34절) 성령이 '어디서 불어와서 어디로 가는지를 모르는'(〈요한복음〉 제3장 8절) 그리스도교도는, 인생의 외면적 목적을 자신에게 부과할 수 없다.

목적의 관념은 지상적인 일과 지상적인 계획에 대해 임시로 설정된 것이다. 세계 창조의 목적은 인간이 이해할 수 있는 것이 아니며, 인간은 자신을 다스리는

데 외면적 목적이 아닌 자신의 마음속에 있는 하느님의 의지에 따라야 한다.

마치 항해사가 그 배가 나아가야 할 올바른 진로를 선택하기 위해 연안의 광경을 안표로 삼을 수 있는 것은, 그것이 그의 눈에 보일 때, 이를테면 강을 지나갈 때뿐이며, 대양을 항해할 때는 나침반에 의지하지 않으면 안 되듯, 그리스도교도로서도 일상생활에서는 외면적인 목적에 따라 행동해도 되지만, 보편타당한 인생의 의의를 탐구할 때는, 진리의 길을 벗어난 순간, 또는 벗어나려 하는 순간, 어김없이 똑똑히 들리도록 경고하는 양심의 소리에 따라야 한다.

표도르 스트라호프

3

사욕을 떠난 행위를 할 때마다 우리가 느끼는 만족감은, 그 행위가 다른 사람의 모습 속에 자기 자신의 존재가 들어 있음을 단적으로 인식하는 것에서 생기는 감정이며, 그 때문에 또한 우리의 진정한 '나'는 단순히 우리의 자아, 즉 고립된 자기 몸뿐만 아니라, 살아 있는 모든 것 안에 존재함을 인정한 것이 옳았음을 뒷받침해 준다.

사욕이 우리의 마음을 편협하게 하는 것과는 반대로, 그 인식은 우리 마음을 넓고 풍요롭게 해준다. 실제로 사욕이 우리의 모든 관심을 자아에 집중시켜, 끊임없이 자아를 위협하는 수많은 위험이 계속 머리에 떠오름으로써 불안과 동요의 감정이 우리 생활의 기반이 되어버리는 것과는 반대로, 살아 있는 모든 것들이 우리의 자아와 마찬가지로 바로 우리 자신이라는 인식은, 우리의 관심을 저절로 살아 있는 모든 존재로 향하게 하여, 우리의 마음을 넓고 풍요롭게 해주는 것이다. 그리고 그러한 자아로서의 자신에 대한 관심이 줄어듦으로써, 세속에서의 우리의 불안과 동요가 진정되고 해소된다. 선량한 마음과 깨끗한 양심이 조용하고 흔들림 없는 기쁨을 주는 것도 그 때문이며, 선행을 할 때마다 신선한 환희의 감정이 커지면서, 그 일 자체가 우리에게 그 감정의 근거가 어디에 있는지 밝혀주는 것도 그 때문이다.

이기주의자는 적대적인 타자들 사이에 있는 고독한 자신을 느끼고, 오로지 자기 한 사람의 행복을 바라게 된다. 선량한 사람은 우애로 가득한 존재들의 세계에서 살며, 그 모든 존재의 행복이 그 자신의 행복이 된다. 쇼펜하우어

4

우리와 외계의 물상(物象) 사이에 있는 이 많은 장벽들! 기분, 건강상태, 눈의 조직, 방 안의 유리, 안개, 연기, 비, 또는 먼지, 심지어 빛까지도 모두 끝없이 변화하고 있다. 헤라클레이토스는 "똑같은 강물에서 두 번 목욕할 수 없다"고 말했다. 나는 말하고 싶다, "똑같은 풍경을 두 번 볼 수 없다"고. 왜냐하면 그것을 보는 자도 보이는 풍경도 끊임없이 변하기 때문이다.

그러므로 인간으로서의 예지는 '세상의 일반적인 환상을 좇으면서 그것에 속지 않는' 데 있다.

나는 '이성은 모든 물질적인 것이 꿈속의 꿈에 지나지 않는다는 의식으로 이끄는 것'이라고 생각한다. 환상적인 꿈의 세계에서 우리를 데리고 나오는 것은 오직 의무의 감정과 도덕적 요구이다. '양심'만이 우리를 미망의 세계에서 해방한다. 그것은 안일과 무위의 안개와, 아편의 환각과 방관자적인 무관심을 사라지게 한다. 양심이야말로 우리 속에 인간적인 책임 의식을 자각시키는 것이다.

양심, 그것은 자명종 시계이고, 유령을 몰아내는 수탉의 외침이며, 사람들을 거짓 천국에서 내쫓는 칼로 무장한 대천사이다. 아미엘

5

육체를 위해 사는 사람은 사변적, 또는 감성적인 생활의 복잡한 미로에서 길을 잃는 수가 있지만, 영혼은 언제나 정확하게 진리를 알고 있다. 루시 맬러리

6

육욕은 양심보다 강하고 그 목소리도 더욱 높을지 모른다. 그러나 그 외침은 양심이 말하는 외침과는 전혀 다르다. 그 외침에는 양심의 목소리가 지닌 힘이 없다. 그것은 이겨서 의기양양할 때도 양심의 조용하고 깊고 위압하는 듯한 목소리 앞에서는 역시 겁을 먹는다. 채닝

7

양심의 소리는, 언제나 그것이 이욕을 떠나 있고, 손으로 만질 수 없으며, 그러면서도 매우 아름답고, 우리의 노력에 의해서만 얻을 수 있는 무언가를 늘 요구

한다는 점에서 다른 모든 심적 동기와 구별되고 있다.

그 점에서 양심의 소리는 자주 그것과 혼동되는 명예욕과도 구별된다.

9월 11일

1

진실한 신앙은 믿는 자에게 행복을 약속함으로써가 아니라, 오히려 모든 인생의 불행은 물론이고 죽음의 공포에서도 달아날 수 있는 유일한 피난처를 제공해 준다는 점에서 사람들의 마음을 끌고 있다.

2

네가 만약 자신에게 믿음이 없다는 것을 인식할 때는, 세상을 살아가는 데 있어서 가장 위험한 처지에 있다는 것을 알아야 한다.

3

그것을 위해서는 죽어도 좋다고 생각하는 무언가를 가지고 있지 않은 사람은 불행한 사람이다.

4

이득의 숭배자에게는 공리주의 이외의 어떠한 도덕도 없으며, 물질 숭배 이외의 어떠한 종교도 없다. 그들은 불구의 육체 때문에 가난에 시달리고 있는 사람을 보면, 깊이 생각하지도 않고 "저 몸을 치료해 주자. 저 몸이 튼튼해지고 영양이 공급되어 살이 오르면 틀림없이 영혼도 되돌아올 것이다"라고 외친다.

그러나 나는 "영혼을 치료해야 육체도 치료할 수 있다" 말하고 싶다. 병의 뿌리는 바로 영혼 속에 있으며, 육체적인 여러 질병은 영혼의 병이 외부로 드러난 것에 지나지 않는다. 지금의 인류는 이 지상과 신들이 사는 하늘을 이어주는 보편적인 신앙의 결여로 인해 멸망해 가고 있다. 그저 공허한 말과 알맹이가 빠진 형식만 남고 영혼의 종교가 자취를 감추었기 때문에, 또한 의무에 대한 의식과 자기희생의 능력이 완전히 결여되었기 때문에, 사람들은 마치 야만인처럼 퇴폐하고 타락하여 '이득'이라는 우상을 제단에 높이 모셨다. 세상의 폭군과 왕후 귀족이 그 사제장이 되어, 그들의 입에서 "모두들 오직 자신만을 위해, 오로지 자기 한 사람만을 위해!"라고 하는 혐오스러운 공리주의의 가르침이 활개치고 있다.

주세페 마치니

5

아주 가까운 곳에 있는 원인에서 더욱 근원적인 원인에 이르기까지, 사람들을 괴롭히는 모든 불행의 원인을 깊이 관찰하면, 반드시 모든 인간의 불행의 근본적인 원인에 도달하게 된다. 즉 신앙의 결여 또는 부족, 다시 말해 세계와 그 본원에 대한 사람들의 관계가 명료하지 않고 잘못되어 있다는 사실에 도달하게 되는 것이다.

6

외면적인 법칙을 신봉하는 사람은 기둥에 매단 등불 밑에 서 있는 것과 같다. 그는 그 밝은 등불 밑에서 아무 데도 가지 않고 가만히 서 있다. 그러나 종교에 귀의한 사람은 일정한 길이의 막대 끝에 등불을 매달아 들고 있는 것과 같다. 빛은 언제나 그가 가는 길을 앞장서서 가며 그를 따라오라고 격려하고, 늘 앞쪽에 있는 새로운 공간을 비춰줌으로써 그를 그쪽으로 인도한다.

7

우리를 구원하는 것은 종교적 의식도 아니고, 이런저런 교의를 신봉하는 일도 아니며, 자기 인생의 의의를 확실하게 이해하는 일이다.

9월 12일

1

우리는 하느님과 재물의 신을 함께 섬길 수는 없다. 부를 가지려 하는 노력과 진실한 정신적 생활의 요구는 양립할 수 없는 것이다.

2

한번은 어떤 사람이 예수께 와서 "선생님, 제가 무슨 선한 일을 해야 영원한 생명을 얻겠습니까?" 하고 물었다.

예수께서는 "네가 완전한 사람이 되려거든 너의 재산을 다 팔아 가난한 사람들에게 나누어 주어라. 그러면 하늘에서 보화를 얻게 될 것이다. 그러니 내가 시키는 대로 하고 나를 따라오너라" 하셨다. 〈마태복음〉 제19장 16, 21절

3

예수께서는 제자들에게 이렇게 말씀하셨다. "나는 분명히 말한다. 부자는 하늘나라에 들어가기가 어렵다. 거듭 말하지만 부자가 하느님 나라에 들어가는 것보다는 낙타가 바늘귀로 빠져나가는 것이 더 쉬울 것이다."

〈마태복음〉 제19장 23~24절

4

나는 부가 행복을 준다는 낡은 미신은 이미 무너지기 시작했다고 생각한다.

5

바울은 배금사상을 우상 숭배라고 일컬었다. 왜냐하면 부를 소유하고 있는 대부분의 사람들이 그것을 의미 있게 이용할 줄 모르고, 일종의 성물(聖物)로 여기며 감히 손도 대지 못한 채 그대로 자손에게 물려주기 때문이다. 또 만약 거기에 손을 대야 하는 사정이 생겼을 때는 마치 금지된 짓이라도 하는 것 같은 심리상태에 빠진다. 또 이교도가 우상을 소중히 하듯 그도 문과 빗장으로 황금을 지키며 신전 대신 금고를 만들어 그것을 은그릇에 넣어 보관한다. 이교도는 우상을 빼앗길 바에는 차라리 자신의 눈과 목숨을 내놓는데, 황금을 숭배하는 사람들도 그와 같다. 네가 아무리 황금을 숭배하지 않는다고 말해도, 네가 황금을 보고 그것에 욕망을 느낀다면, 네 마음에 비집고 들어온 악마를 숭배하고 있는 것이다.

금전에 대한 욕망은 악마보다 나쁘다. 그리고 대부분의 사람들은 다른 어떤 우상보다 금전이라는 우상 앞에 무릎을 꿇고 예배를 드린다. 이젠 우상을 따르지 않는 사람들도 많지만, 금전욕에 대해서는 전적으로 복종하며 그것이 명령하는 것은 뭐든지 따른다. 금전욕은 우리에게 무엇을 명령할까? 그것은 이렇게 말

한다. "너는 모든 사람의 원수가 되고 적이 되어라. 자연을 잊고, 신을 모독하고, 너 자신을 나에게 바쳐라. 그러면 사람들은 그 명령에 절대적으로 따를 것이다. 우상 앞에는 소와 양을 산 제물로 바치지만, 금전욕은 '나에게 네 영혼을 제물로 바쳐라'라고 말한다. 그러면 모두들 그렇게 하는 것이다."

이오안 즐라토우스트

6

두꺼운 옷은 몸의 움직임을 방해한다. 부는 영혼의 활동을 방해한다.

데모스테네스

7

부에 대한 욕망은 결코 가라앉지도 채워지지도 않는다. 부를 가진 사람은 더욱더 얻고자 하는 욕망 때문에 괴로워할 뿐 아니라, 지금 가지고 있는 것을 잃어버리지 않을까 하는 두려움 때문에 괴로워한다. 키케로

8

가난을 두려워하지 말고 부를 두려워하라.

9

사람들은 부를 찾는다. 그러나 만약 그들이 부 때문에 자신들이 잃는 것이 무엇인지 확실하게 안다면, 그들이 현재 부를 얻기 위해 쏟고 있는 노력을 부에서 벗어나기 위해 쓸 것이다.

9월 13일

1

현인은 자신의 현재의 처지를 굳이 바꾸려 하지 않는다. 왜냐하면 신의 법칙, 즉 사랑의 법칙의 수행은 어떠한 상태에서도 가능하기 때문이다.

2

군자는 모든 것을 자신에게서 찾고 소인은 모든 것을 남에게서 찾는다.

《논어》

3

나는 내 운명을 한탄하거나 핑계 삼지 않았다. 그러나 딱 한 번, 신발이 없는데 그것을 살 돈마저 없었을 때 나도 모르게 불평한 적이 있었다. 나는 그때 무거운 마음으로 쿠파의 한 커다란 이슬람교 회당에 들어갔는데, 거기서 나는 발이 없는 사람을 보았다. 그래서 나는 신을 신발이 없을 뿐 멀쩡한 두 발을 가진 것에 대해 하느님에게 감사했다.

사디

4

현자는 마음속에 하늘의 섭리를 의식하고 있어서, 문밖에 나가지 않아도 알아야 할 것은 다 알고 있다. 멀리 가면 갈수록 정말 아는 것은 적어진다. 그러므로 현자는 여행을 하지 않아도 알아야 할 것은 알고, 사물을 보지 않아도 그것이 어떤 것인지 알며, 직접 뛰어들지 않고도 위대한 일을 하는 것이다.

노자

5

인간은 자기가 할 수 있는 일에 대해서든 도저히 할 수 없는 일에 대해서든 불평해서는 안 된다.

6

자신의 처지에 불만이 있을 때, 우리는 그것을 두 가지 방법으로 바꿀 수 있다. 즉 자신의 생활 조건을 개선하는 것이고, 또 하나는 자신의 마음가짐을 개선하는 것이다. 앞의 것은 언제나 가능하다고 할 수 없지만 뒤의 것은 언제라도 가능하다.

에머슨

7

자신의 사상은 손님처럼 대하고 자신의 욕망은 어린애처럼 대하라.

중국 속담

8

인간은 종종 자신의 내부에 아무리 애써도 시간의 흐름 속에 묻어버릴 수 없는 영원한 것이 있기 때문에 불행할 때가 있다. 칼라일

9

우리가 자신의 불완전한 사상이나 자신만만한 판단에서 잠시 떠나, 신 자신이 우리 마음속에서 얘기하는 목소리에 마음을 비우고 귀 기울이며, 말없는 가운데 오로지 신의 의지만 따를 수 있도록, 자신의 내부에 입과 마음의 완전한 침묵에 의한 정적의 세계를 건설하지 않으면 안 된다. 롱펠로

10

우리는 다른 사람이나 주위의 사정에 불만을 느끼면 느낄수록, 그리고 자신에게 만족을 느끼면 느낄수록 예지에서 점점 더 멀어진다.

9월 14일

1

폭력은 언제나 외면적 위대함이라는 옷을 걸치고, 그것으로 오로지 혐오감만 불러일으켜야 하는 것인데도 불구하고 반대로 존경심을 강요한다는 점에서 특히 유해하다.

2

폭력으로 우리를 강제하는 자는 우리의 권리를 빼앗는 자이므로 우리는 그들을 증오한다. 반대로 우리를 설득하는 자는 우리의 은혜자로 사랑한다. 어리석고 거칠고 무지한 사람일수록 폭력에 호소한다. 폭력을 행사하는 데는 많은 협력자가 필요하다. 그러나 설득을 하는 데는 협력자가 전혀 필요하지 않다. 자신의 지혜로 설득할 자신이 있는 사람은 결코 폭력을 행사하지 않는다. 자신과 견해가 다른 사람도 우애의 정으로 설득하여 자기편으로 끌어들이는 것이 더 유리한데, 그 사람을 배제할 필요가 어디 있겠는가! 소크라테스의 《대화편》

3

권력을 쥐고 있는 사람들은 폭력과 강제를 통해서만 사람들을 움직일 수 있다고 믿고, 현존하는 체제를 유지하기 위해 대담하게 폭력을 행사한다. 그러나 현재의 체제는 폭력이 아니라 일반 여론에 의해 유지되고 있으며, 폭력은 그 여론의 작용을 파괴해 버린다. 그러므로 폭력의 행사는 그것이 유지하고자 하는 것의 힘을 약화시키고 파괴할 뿐이다.

4

인간은 원래 타인을 강제하거나 타인에게 굴종하도록 창조된 존재가 아니다. 이 두 가지 습관은 사람들로 하여금 서로 상처를 주게 한다. 한쪽에는 오만이 다른 한쪽에는 어리석음이 있을 뿐, 진정한 인간적 존엄성은 자취를 감춰버린다.

콩시데랑

5

인생은 우리가 그 비열함을 잘 이해하기만 하면 참으로 멋진 것이 될 수 있다.

소로

6

폭력으로 사람들을 정의에 따르게 할 수 있다고 하여, 사람을 폭력으로 복종시키는 것을 정의라고 할 수는 없다.

파스칼

7

폭력으로 일을 도모하는 사람은 올바르다고 할 수 없다. 정의와 부정의 길을 판별할 줄 아는 사람, 사람들에게 도리를 가르치고, 폭력이 아니라 정의로 그를 이끌며, 진실과 이성에 충실한 사람, 그런 사람만이 참으로 의인이라는 이름에 합당하다.

또 미사여구를 늘어놓는 사람이 현인이 아니라, 참을성이 있고 증오심에서 해방된, 그리고 두려움을 극복한 사람만이 진정한 현인이라고 할 수 있다.

부처의 가르침

8

모든 폭력은 이성과 사랑에 반하는 것이다. 절대로 거기에 가담하지 말라.

9월 15일

1

진리를 인식하는 데 가장 큰 장애는 허위가 아니라 거짓 진리이다.

2

현실 생활에서의 환상은 어떤 한순간 현실을 왜곡시킬 뿐일지 모르지만, 관념의 세계 속의 미망은 몇천 년 동안 맹위를 떨치며, 수많은 사람들에게 멍에를 지우고, 가장 고귀한 인간 정신의 발로를 압살하며, 속임수에 넘어간 노예들을 시켜 속일 수 없었던 사람들의 발에 쇠사슬을 채운다. 그 미망이야말로 모든 시대의 성현들이 그것을 상대로 불리한 싸움을 해온 불구대천의 적이며, 그들이 그것과 싸워서 얻은 것만이 인류의 진정한 재산이 되었다.

진리는 아무리 그것이 무슨 도움이 될지 알 수 없다 하더라도 탐구해야 한다. 왜냐하면 전혀 예상치 않았던 곳에서 그 효용이 드러날지도 모르기 때문이다. 또 그렇다면 우리는 거기에 덧붙여, 그와 마찬가지로 미망으로 인한 폐해가 아직은 딱히 예상되지 않는 장소라 해도, 모든 미망을 열심히 찾아내어 뿌리 뽑아야 하며, 그것은 미망의 폐해가 언제 어느 때 생각지도 못한 곳에서 그 모습을 드러낼지 모르기 때문이다. 그렇듯 모든 미망은 그 속에 해독을 품고 있다. 만약 진리와 예지가 인간을 지상의 왕자로 만들었다면 무해한 미망은 있을 수 없고, 하물며 존경스럽고 신성한 미망 같은 건 더더욱 있을 수 없다.

자신의 생명과 모든 힘을 미망과의(어떤 종류의 미망이든) 고귀하고 힘든 싸움에 바치는 사람에게 위로의 말로서 자신 있게 할 수 있는 말은, 진리가 나타나기 전까지는 마치 밤의 올빼미와 박쥐처럼 미망이 제멋대로 날뛴다 해도, 한번 철저하게 인식되고 표명된 진리를 그때까지의 미망이 몰아내어 원래의 장소로 복귀시키는 것은, 이미 떠오른 태양을 올빼미와 박쥐가 위협하여 원래의 자리로 가라앉게 하는 것 이상으로 불가능하다는 것이다. 진리의 힘은 그런 것이다. 그 승리는 힘겹고 고통스럽지만, 그 대신 한번 자리를 차지하면 다시는 물러서지 않

는다. 쇼펜하우어

3

적발된 허위는, 인류의 행복에 있어서 명백하게 표명된 진리와 마찬가지로 소중한 재산이다.

4

인간을 미망에서 벗어나게 하는 것은 그에게 무언가를 주는 일이지 결코 빼앗는 일이 아니다. 허위에서 해방되는 것은 진리를 인정하는 일이다. 진리로 여겨졌던 것이 허위임을 아는 것, 그것이 곧 진리이다. 미망은 항상 폐해를 동반한다. 그것은 언젠가는 그것을 진리라고 잘못 생각하고 있는 사람에게 해악을 끼칠 것이다. 쇼펜하우어

5

인식의 세계에서 인류의 진보는 진리를 덮고 있은 덮개를 벗기는 것에 있다.

이레째 읽을거리

페트르 헬치츠키

지금부터 450여 년 전에 페트르라는 사람이 쓴, 세상에 거의 알려지지 않은 책이 있다. 그는 헬치차 마을에서 태어나 학교 문턱에도 가본 적이 없는 사람이었다.

《신앙의 그물》이라는 제목의 이 책 속에서 우리는, 사람들이 진정한 그리스도교와는 거리가 먼 가르침을 믿으면서도 그리스도교를 믿는 것으로 생각하는 무서운 기만에 빠져 왔고, 지금도 빠져 있다는 것을, 간명하고 솔직하고 강력하고 정확하게 지적했다는 것뿐만 아니라, 그리스도에 의해 사람들에게 계시된 행복한 인생에 대한 유일한 길이 명시되어 있음을 발견할 수 있다.

사람들의 행동에 지침이 될 만한 인생의 진리는, 성현들의 의식 속에는 어느

순간 한꺼번에 모습을 드러낼지 모르지만, 대부분의 사람들에게는 서서히 순서에 따라 언제인지 모르게, 때로는 돌발적으로, 때로는 마치 진통처럼 찾아오며, 한때는 완전히 사라졌다가 그 뒤 새로운 힘으로 되살아나는 현상을 보인다.

그리스도교의 경우가 그랬으며, 지금도 그것은 조금도 변하지 않고 있다. 그리스도교의 진리는 처음에는 극소수의 가난한 사람들에 의해 전폭적으로 받아들여졌다. 그런데 그것이 다수의 사람들과 특히 부유하고 고귀한 사람들 사이에 퍼짐에 따라 점점 왜곡되기 시작하여, 교회가 창설되었을 때부터(헬치츠키에 의하면 콘스탄티누스 대제 때부터) 그 왜곡이 극도에 달해, 진정으로 중요한 인생의 의의가 사람들에게서 완전히 은폐되어 그리스도교의 본질과는 거리가 먼 외면적인 형식으로 바뀌었던 것이다.

그러나 한번 사람들의 의식 속에 들어온 진리는 결코 죽지 않는다. 교회 밖에, 즉 교회 사람들이 이단이라고 불렀던 사람들 사이에는, 그리스도교의 가르침을 진정으로 이해하고 실천하는 사람들이 언제나 남아 있었다. 그리고 진정한 그리스도교 탄생을 위한 진통이 거듭 찾아왔다. 그때마다 더 많은 사람들이 그 진실한 의미에서의 그리스도교의 진리에 귀의했다.

헬치츠키는 그런 그리스도교 진리를 올바로 이해하고 부흥시킨 사람이었다. 헬치츠키가 쓴 《신앙의 그물》은, 그리스도교 사회가 그 창시자의 가르침에 의하면 어떤 모습이어야 하는지, 또 그 가르침이 왜곡됨으로써 실제로는 어떻게 되어 있는지에 대해 얘기하고 있다.

그 책 머리말에는 다음과 같이 적혀 있다.

"이 《신앙의 그물》이라는 제목의 책은 헬치차 마을에서 태어난 페트르라는 사람의 저술이다. 그는 로키차니 교구장과 같은 시대에 살았던 인물로, 직접 만나 여러 번 대화를 나눈 적도 있었다. 그는 반(反)그리스도와 그 유혹에 대한 싸움에서 교회에 승리를 안겨주기 위해 하느님의 법칙에 대한 유익한 글을 많이 썼지만, 이 책이 오늘날까지 그다지 세상에 알려지지 않은 것은, 이 페트르 헬치츠키의 책을 사악하고 이단적인 책이라고 민중에게 선전해 왔고, 지금도 선전하고 있는 성직자 계급 때문이었다. 그것은 그가 성직자 계급의 생활양식을 끊임없이 비판했기 때문이다. 그럼에도 불구하고 다양한 계급에 속하는 많은 사람들이 속인인 데다 라틴어도 배운 적이 없는 그가 쓴 이 책과 그 밖의 저서를 기꺼이 읽고 있었다. 그것은, 비록 그가 여러 방면에서 두루 뛰어났던 건 아니지만, 하느님의 모든 계율의 실천자로서 체코의 진정한 학자였기 때문이다.

이 책에서 헬치츠키는 황제, 왕족, 귀족, 기사, 소시민, 장인을 비롯하여 농민에 이르기까지 모든 계층의 사람들에 대해 언급했는데, 특히 그가 관심을 기울였던 것은 성직자 계급, 즉 교황, 추기경, 대주교, 주교, 수도원장, 각종 교단의 수사, 사제장, 교구담당사제, 부사제 등에 대해서였다. 이 책의 제1부에서는 어떤 경로와 형태로 신성한 교회에 무서운 왜곡이 일어났는지 서술하고, 사람들의 마음이 현재의 교회에서 멀어질 때 비로소 진정한 교회의 창립자인 예수 그리스도에게 다가갈 수 있음을 설명하고, 제2부에서는 교회 안에서는 온갖 계급이 발생하여 증식되었으며, 그들의 마음은 오만으로 가득하여 겸양과 온유함을 가르치는 그리스도에게 한사코 대항하고 있기 때문에, 진정한 그리스도의 인식을 방해하고 있다는 내용이 서술되어 있다."

분명히 헬치츠키는 이 책에서나 또 다른 저서에서 그의 선구자인 후스와, 그의 뒤에 활약한 루터, 멜란히톤, 칼뱅처럼 교황의 교회법과 교의를 공격하지는 않았다. 다만 스스로 그리스도교도라고 자처하는 사람들의 생활이 비그리스도교적이라는 것, 그리스도교도는 권력을 잡을 수 없다는 것, 그리고 토지와 노예를 소유하고, 사치에 탐닉하거나 음탕한 생활을 하고, 남에게 형벌을 가하거나, 특히 사람을 죽이고 전쟁을 해서는 안 된다는 것을 말했을 따름이다.

헬치츠키는 인간은 행위를 통해 구원받는가, 아니면 신앙을 통해 구원되는가 하는 문제와, 하느님은 그 구원할 자를 처음부터 예정하고 있다는 것 같은, 그런 종류의 교의에 대해서는 논하지 않았다. 그는 다만 교회의 교의는 사람들이 이해하기 쉬운 것이어야 한다고 말했을 뿐이다. 그는 그 교의를 부정하지는 않았지만, 그리스도교도의 생활에 대해 언급하며, 지상의 권력자, 군대, 재판소, 귀족 사회 등은 그리스도교적 생활과 양립할 수 없다고 말했다(그는 도시의 시민들조차 그리스도교와 양립할 수 없다고 말했다). 특히 그는 사형과 전쟁에 이르러서는 그리스도교도로서는 생각조차 할 수 없는 일이라고 피력했다. 그는 또 그리스도교와 국가의 합일은(실제로 오늘날 이루어져 있는) 그리스도교를 손상시키고 멸망시켜 버렸는데, 사실은 그 반대로, 그리스도교는 국가와 합일함으로써 국가를 멸망시켜야 한다고 말했다. 그리고 그것은 가능한 일이며, 국가 권력이 없어도 사람들의 생활 질서는 파괴되지 않고, 오히려 사람들을 괴롭히는 무질서와 악이 멸망할 뿐이라고 했다.

그것이 바로 헬치츠키의 저서와 활동이 세상에 알려지지 않은 원인이었다. 그리스도교 사회에서 헬치츠키의 저서와 활동이 처해 있는 입장은, 바로 전 인류 사회 속에서 그리스도교가 처해 있는 입장과 같다. 그것은 너무나도 시대를 앞서가고 있다. 그것이 결실을 맺을 시기는 아직 오지 않았다. 루터가 한, 교황의 권위의 부정이나 면죄부의 부정 같은 것은 루터 시대의 사람들에게도 가능한 일이었으나, 헬치츠키가 말한 것은 그것이 확실하지 않거나 잘못되어 있어서가 아니라(오히려 반대로 그가 말한 것은 모두 참으로 명백하고 정당했다), 너무나도 시대에 앞서갔기 때문에 사람들에게 받아들여지지 않았던 것이다.

헬치츠키가 추구한 것은 지금도 받아들여지지 않고 있지만 당시에는 더 말할 것도 없었다. 그러나 헬치츠키가 말한 것을 부정하는 것은 불가능했다. 적어도 그 무렵의 사람들은 아직 정직해서 그리스도가 가르친 것, 즉 사람은 자기 자신을 사랑하듯이 원수도 사랑해야 한다는 것과, 모욕을 받아도 참고, 악을 선으로 갚으며, 모든 사람들을 형제로 생각하라고 가르친 것을, 가르치지 않았다고 말하는 것은 불가능하다고 생각했고, 또 그러한 그리스도의 가르침이 현재의 사회 체제와 양립할 수 있다고 말해서는 안 된다고 생각했다.

그래서 그리스도교를 택할 것인가, 현재의 사회 체제를 택할 것인가 하는 양자택일의 문제가 발생했다. 만약 그리스도교를 선택한다면 권력을 가진 자는 권력을 포기해야 하고, 부유한 자는 부를 포기해야 하며, 중산 계급은 폭력기구에 의지하여 자신을 보호하는 것을 그만둬야 하고, 가난한 자와 억압받는 자는 그리스도교의 법칙에 반하는 것에 복종하기를 거부하여(국가에 있어서의 모든 사회적 활동은 그리스도교의 법칙에 어긋난다), 그로 인해 박해를 받지 않으면 안 될 것이다. 이것은 참으로 무서운 일이다. 또 만약 비그리스도교적이라는 것을 알면서도 현재의 사회 체제를 선택한다면 그것은 그리스도교를 부정하는 것이 된다. 도대체 어떻게 하면 좋단 말인가? 오직 한 가지, 그리스도가 말한 것, 헬치츠키가 말한 것, 자신의 양심이 말한 것을 잊고, 그것에 대해 생각하는 것도 얘기하는 것도 그만두는 것이다.

바로 거기에 헬치츠키와 그의 저서가 세상에 알려지지 않은 원인이 있다.

사람들은 그의 책을 묵살하고 그를 잊었다. 설령 열 명 정도의 학자가 그것을 알고 있다 하더라도 그들은 그것을 역사적이고 문학적인 기념물로 보고 있을 뿐이다.

그러나 인류의 정신적 부는 결코 멸망하지 않고, 다만 아직 열매가 영글어 가듯 단단하게 영글어 갈 뿐이다. 그것은 때가 오기를 기다리는 시간이 길면 길수록 그 귀중함도 더해간다. 헬치츠키와 그의 저서 또한 마찬가지이다.

그의 저서는 최근에 처음으로 러시아 과학 아카데미에 의해 출판되었는데, 그런 식으로 막대한 비용을 들인 거창한 출판물이 으레 그렇듯이, 그것을 읽는 사람이 아무도 없을 뿐 아니라 그 책에 대한 소문도 듣지 못했다. 니체와 졸라, 베를렌의 저서는 수십 판을 거듭해 수십만 부가 발행되고 있다. 그들의 생활은 시시콜콜한 것까지 모든 사람들에게 알려져 있지만, 헬치츠키의 저서는 오늘날에 이르기까지 체코와 독일에서조차 출판되지 않을 정도이니, 영국과 프랑스는 더 말할 것도 없다.

헬치츠키 자신에 대해서도 세상에 알려진 것이 거의 없다. 대략 1390년 무렵에 태어나 1450년 무렵에 죽은 것으로 되어 있다. 어떤 사람들은 그가 귀족이었을 것으로 생각하고 또 어떤 사람들은 농민이나 제화공, 또는 자작농이었을 거라고 생각하고 있다. 나는 그가 자작농이었을 거라고 생각한다.

내가 그렇게 단정하는 것은, 첫째로 그의 책 속의 말이 간결하고 힘이 넘치며 명료하다는 것, 둘째로 책 속에 넘치는 지혜에 의해서인데, 그 결과 저자는 언제나 무엇이 가장 중요하고 무엇이 덜 중요한지를 알고, 중요한 것은 늘 첫머리에 놓고 있다. 셋째로 그 내용의 성실성과 소박함으로, 그는 그 성실함, 소박함과 함께 때로는 농부답게 거칠고 힘찬 말로 분노를 얘기하고, 때로는 쓰디쓴 냉소로 그에게는 고통스러운 것이었을 사항에 대해 얘기하고 있다.

《신앙의 그물》은 시대적으로는 낡은 책이지만 그 의의와 내용은 참으로 새로운 것이어서, 현대인들이 그것을 이해하려면 더욱더 계몽되어야 한다고 생각될 정도이다. 그러나 그 시기가 드디어 다가오고 있다.

그리스도교는 절대로 인간이 생각해 낸 단순한 아이디어가 아니며, 사회가 그 속에 편입되는 일시적 형식이 아니라, 불변의 진리, 시나이산 꼭대기의 석판 위에 새겨지지는 않았지만 바위보다 훨씬 더 단단하게 사람들의 마음에 새겨져 있는 진리이다. 한번 밝혀진 그 진리는 결코 사람의 마음에서 지워지지 않는다. 그 진리는 때가 오기를 오랫동안 기다렸고 앞으로도 계속 기다릴 것이다. 그러나 그것 때문에 그것은 더욱더 확고해져서 더욱더 끈질기게 그 실천을 요구하게 될 것이다.

그리스도교는 헬치츠키가 말한 것처럼 세속의 지혜를 따라가서는 안 된다. 관리나 재판관, 군인이 되어서는 안 되고, 모든 부정을 온화하고 참을성 있게 견디며 악을 악으로 갚지 말고, 불평하거나 복수해서는 안 된다는 계율을 그리스도교에서 말살할 수는 없다. 사람들은 이 진리를 속이려고 갖은 노력을 다해왔고, 앞으로도 그럴 테지만, 그래도 이 진리는 어디까지나 진리이며, 그것을 은폐하기 위해 몇 세기에 걸쳐 생각해 낸 온갖 궤변을 깨부수고 직접적으로 사람들의 마음을 사로잡아 나갈 것이다.

그러면 도대체 우리는 어떻게 해야 할 것인가? 오늘날까지 사람들은 그리스도교를 묵살하거나 그리스도교에 대해 새빨간 거짓말을 하여 국가를 유지해 가는 방법으로 그 딜레마를 해결해 왔다.

하지만 사람들은 결국 국가를 거부하고 그리스도교에 귀의하는, 그것과는 정반대의 해결법을 시도해야 할 것이다.

이 해결법은, 폭력과 강제의 기구 위에 성립된 모든 국가가 오늘날까지 한 번도 자신이 약속한 행복을 준 적이 없고, 오히려 사람들의 불행은 점점 증대함으로써 그들이 더욱더 국가를 믿지 않게 된 현상에 비추어 봐도 현명한 방법이라고 하지 않을 수 없다.

그러한 축복받은 새로운 해결법에 큰 도움을 주는 것이 헬치츠키의 이 예지에 찬, 성실하고 유익한 책이다. 이 책에서 발췌한 약간의 인용문이 이 책의 이레째 읽을거리 속에 있다.

레프 톨스토이

9월 16일

1

의심해 보는 것은 신앙을 파괴하는 것이 아니라 오히려 그것을 견고하게 한다.

2

나는 하느님과 우리 사이에 넘을 수 없는 금을 그으려는 것이 아니다. 의사를 결정하는 것은 확실히 우리 자신이지만, 자유로운 사상과 감정의 세계에서는 하느님의 존재를 인정하지 않을 수 없다. 우리 내부의 가장 깊은 곳에 존재하는 것은 모두 하느님의 반영에 지나지 않는다.

그는 끊임없이 우리의 정신을 고무하고, 우리가 하느님이 원하는 것을 원하고 그것을 실천하는 것에 동의하기만 하면, 우리를 통해 역사하는 것을 절대로 그치지 않는다. 하느님은 우리의 도덕적인 노력에 협조하고, 우리를 진실 속에서 받쳐 주며, 악과의 싸움에서 우리의 협조를 받아들이고, 또 우리에게 언어로 표현하기에는 너무 아름다운 많은 것을 계시한다.

그러나 하느님에 대한 충성을 조금이라도 잃는 날에는 하느님은 가차 없이 우리를 저버린다.

마티노

3

불신은 인간이 무엇을 믿고 안 믿고의 문제가 아니라, 그 사람이 자기가 믿지 않는 것을 믿고 있다는 뜻이다.

마티노

4

이따금 영혼의 삶을 믿지 않게 될 때가 있다.

이것은 불신이 아니며, 그때 우리는 육체의 삶을 믿고 있는 것이다.

자신의 생명은 영혼에 있다는 것을 알면서도 갑자기 죽음이 두려워질 때가 있다. 그것은 무언가로 인해 머리가 멍해져서, 또다시 육체의 삶이 진정한 삶이라고 믿을 때 흔히 일어나는 일로, 마치 연극을 열심히 관람하고 있는 사람이 무대 위의 세계를 현실로 생각하고 그것에 공포감을 느끼는 것과 같다.

인생에서도 이와 똑같은 일이 일어난다.

그러나 그러한 환각의 순간에도 종교적인 사람은, 자신의 육체적 생명 속에 사는 것은 결코 자신의 진정한 생명의 행복을 빼앗을 수 없음을 알고 있다.

영혼이 침체에 빠지는 시기에는 자신을 환자로 생각하며, 가능한 한 조용히 있는 것이 중요하다.

5

현자는 가장 좋은 정신상태에 있을 때도 회의를 품는 수가 있다. 자유자재로 의심할 수 있는 것은 신앙의 기초를 이룬다. 참된 신앙에는 언제나 회의가 따른다. 만일 내가 의심하지 못했더라면 나는 신앙을 가지지 않았을 것이다. 소로

6

하느님으로부터 먼 것은, 신의 존재를 의심하고 괴로워하는 사람이 아니라, 말만으로 신의 존재 또는 비존재를 믿고, 남이 하는 말을 의심하지 않는 사람이다.

9월 17일

1

토지의 사유제도는 노예제도, 즉 인간의 사유제도와 마찬가지로, 아니 그 이상으로 정의에 어긋난다.

2

맨 처음 누군가가 어떤 땅에 울타리를 두르고 "이 땅은 내 것이다"라고 말했을 때, 그 말을 믿어준 마음씨 좋은 사람들, 그들이 바로 지금과 같은 시민 사회의 창시자이다. 그런 때, 그 말뚝을 뽑아버리고 도랑을 메운 다음, "조심하시오, 이 사기꾼의 말을 믿지 맙시다. 만약 땅은 누구의 소유물도 될 수 없고, 땅에서 나는 것은 모든 사람의 것임을 잊는다면, 여러분은 모두 파멸할 것이오!" 하고 말하는 사람이 있었더라면, 인류는 그 많은 범죄와 전쟁과 살육과 불행과 비참함에서 구원받았을 것을! 루소

3

단순히 공정함이라는 면에서 봐도 토지의 사유는 허용되어서는 안 된다. 왜냐하면 땅의 일부가 한 개인의 사유물이 되어, 마치 그에게만 소유권이 있는 물건처럼 그 한 사람의 이익을 위해, 그 한 사람이 사용하도록 점유되는 것이 공정한 거라면, 그 밖의 땅도 모두 똑같이 사유물이 될 것이고, 결국은 땅 전체가 그

렇게 되어 지구 전체가 온통 사유재산투성이가 되기 때문이다. 허버트 스펜서

4

어떤 지배자 또는 지주가 토지에 대한 무언가의 특권을 돈으로 사거나 조상한테서 물려받았다고 해서 그것이 그에게 그 토지에 대한 도덕적 권리를 주는 것이 아님은 말할 필요도 없는 일이다. 문제는 그 권리 요구 자체가 합리적인가 아닌가 하는 것이다. 왜냐하면 부정한 악은 오래 계속되면 계속될수록 더 큰 부정과 악이 되기 때문이다. 그랜트 앨런

5

현재의 토지 사유권이 합법적이라고 주장할 수는 없다. 그렇게 생각하고 있는 사람에게는 역사의 기록을 보여주라. 폭력, 기만, 강권, 간계—토지 사유권의 발생 원인은 바로 이러한 것들이다. 허버트 스펜서

6

토지를 사유하는 사람들은 말로든 법정에 가서 호소하든 사람들이 자기 토지를 훔쳤다고 비난한다.

도대체 그들은 사람들한테서 결코 빼앗아서는 안 되는 재산을 끊임없이 빼앗고 있는 자신들이야말로, 바로 도둑이라는 말을 떠올리기만 해도 얼굴을 붉혀야 마땅한 사람이며, 자기 자신이 늘 범하고 있는 죄를 이유로 남을 비난하고 공격하는 것은 당치도 않은 일이라는 것을 왜 모르는 것일까?

7

자연을 관찰하는 눈으로 땅이 없는 사람을, 땅을 이용할 가능성도 능력도 가지고 있고 또 꼭 이용하고 싶은 욕구를 가지고 있으면서도 토지에 대한 권리를 완전히 빼앗기고 있는 사람을 한번 바라보라. 마치 공기를 빼앗긴 새나 물이 없는 물고기와 마찬가지로 부자연스러운 얘기가 아닌가? 헨리 조지

8

결코 사람들의 자연스러운 관계에서 발생한 것이 아니라, 역사상으로 항상 침략과 약탈의 결과로 생긴 토지의 사유는, 극도의 부조리이자 어처구니없는 부정이며, 생산력의 명백한 허비요, 자연의 풍요로움을 누릴 수 있는 모든 사람들에 대한 권리의 억압이고, 건전한 사회 정책과 정면으로 대립되며 인류 생활의 진정한 개선을 크게 저해하는 것인데도, 일반 대중이 그것에 대해 생각하지 않고 그것에 대한 논의도 들어본 적이 없기 때문에 그 제도가 유지되고 있는 것이다.

헨리 조지

9

도덕적인 발달이 동일한 수준에 있을 때, 두 가지 노예제도 중에서도 인간을 사유화하는 제도가 차라리 토지 사유제도보다 더 인도적이라고 할 수 있다. 토지 사유제도 아래에서는 보통 사람들은 가혹한 노동과 기아에 허덕이며, 인생의 모든 기쁨과 즐거움도 빼앗기고, 무지한 짐승 같은 상태에 빠져, 급기야 범죄와 자살행위까지 발생하지만, 그것은 누군가의 의지에 의해 일어난 것이 아니라 일종의 운명의 장난이며, 누구에게도 책임이 없는 것으로 인식된다. 헨리 조지

10

토지의 사유제도라는 부정은 다른 모든 부정과 마찬가지로, 그 제도를 지키기 위해 필요한 온갖 부정이나 악행으로 이어진다.

9월 18일

1

생명의 본질은 육체가 아니라 정신에 있다.

2

만약 나에게 뼈와 근육 같은 것들이 없다면, 내가 옳다고 생각하는 일을 할 수 없을 것이다. 그러나 내가 그것을 하는 원인이 뼈와 근육이지, 선을 사랑하는 마음이 아니라고 말한다면, 그것은 큰 잘못이다. 그런 말을 하는 것은, 원인

과 그 원인에 밀접하게 연관되어 있는 것을 구별하지 못하고 있다는 증거이다. 어둠 속을 손으로 더듬으며 걸어가는 대다수 사람들이 하고 있는 것이 그것이며, 단지 원인에 부분적으로 뒤따르는 것에 지나지 않는 것을 원인이라 부르고 있다.

소크라테스

3

육체를 물질적으로 지탱해 주는 것(예컨대 음식물과 물 같은 것)이 없으면 정신생활도 있을 수 없다고 해서, 인생을 정신의 힘이 아니라 물질의 힘으로 설명하거나 영혼과 육체를 합친 힘으로 설명하는 것은, 마치 증기기관차의 움직임을 증기의 힘으로 설명하지 않고 증기를 수시로 실린더 속으로 보내는 밸브의 작용에 의한 것이라고 설명하는 것과 마찬가지로 잘못된 것이다.

물론 밸브가 적절하게 작동하지 않는다면 증기도 증기기관에서 실린더로 적절하게 들어가지 못할 것이다. 그러나 그 밸브만 해도, 역시 증기의 힘으로 축이 회전해 개폐되지 않으면 전혀 작동하지 않는다.

영혼과 육체의 관계를 피상적으로 판단하는 사람들이 빠지기 쉬운 마법의 고리는 이상과 같은 것이다. 그들은 자주 마법의 고리에서 옴짝달싹하지 못하고 이원론(二元論)에 빠지거나, 물질을 생명의 유일한 근거로 인정함으로써 그 고리에서 벗어난 것으로 생각하고 있다.

표도르 스트라호프

4

신성은 언제나 우리의 가슴속에 살며 쉬지 않고 그 본원을 향해 나아가려 한다.

세네카

5

진정으로 이성적인 생활은 원인이 없는 영적 본원을 자신의 행위의 원인으로 인정하고, 그것으로 자신을 다스리는 생활을 말한다.

영적인 본원을 인정하지 않는 사람들은 자신의 행동의 지침으로서 물질적인 인과율을 선택한다. 그러나 물질적 인과율이라는 것은 모든 결과가 결과의 결과이며, 매우 복잡하기 때문에 결국 우리가 알 수 있는 것이 아니다.

따라서 그러한 사람들은 자신의 행위를 다루는 확고한 근거를 절대로 가지지 못하는 것이다.

6

내가 인간의 영혼이라고 말하는 것은 그것 스스로 독립적인 생명을 가지고 있으며, 인간의 마음을 움직여 정신적 생활에 눈뜨게 하는 것을 가리킨다.

마르쿠스 아우렐리우스

7

제행무상(諸行無常)의 이치를 깨달았을 때 너는 비로소 상주불변(常住不變)의 것을 발견할 것이다. 부처의 가르침

8

영혼은 보이지 않지만 영혼, 아니 영혼만이 모든 것을 본다. 《탈무드》

9

인간은 이성에 의하여 산다. 결코 생명의 본질을 육체에, 이 이성이라는 내면의 힘을 담는 그릇에 돌리지 말라. 인간을 에워싼 육체는 오직 이 이성의 힘에 의해서만 살고 있으며 이성 없는 그것은, 베 짜는 사람이 없는 바디, 글 쓰는 사람이 없는 펜과 같다. 마르쿠스 아우렐리우스

10

영적인 것이 육체적인 것을 이끄는 것이지 결코 육체적인 것이 영적인 것을 이끄는 것이 아니다. 그러므로 자신을 개조하려면 육체적인 자신에게가 아니라 영적인 자신에게 작용해야 한다.

9월 19일

1

그릇된 신앙이 빚어낸 폐해, 또한 현재 세상에 끼치고 있는 해독은 헤아릴 수

없이 크다.

신앙은 신과 우주에 대한 인간의 관계를 확립하고, 그 관계에서 생기는 자신의 사명과 행동을 결정한다. 따라서 그 관계와 거기서 나오는 사명의 결정이 잘못되어 있다면, 과연 어떻게 될지 생각해 보라.

2

종교적 불신과 신성 모독이 아무리 큰 악이라 해도 미신은 그보다 더 큰 악이다.

플루타르코스

3

그리스도는 인류를 어떤 큰 악에서 해방시켰느냐고 물으면, 대부분의 그리스도교도들은 지옥에서, 영원한 업보에서, 내세의 형벌에서라고 대답할 것이다. 그들은 그 대답에서 엿볼 수 있듯이 구원이란 다른 사람이 자신에게 가져다주는 것으로 생각한다. 그들은 사실 가장 두려워해야 할 지옥을 자기 자신 속에 가지고 있으면서 단지 외면적인 지옥만을 피하려 한다. 인간에게 가장 필요한 구원, 인간에게 자유를 주는 구원, 그것은 자신의 마음속에 있는 악으로부터의 구원이다.

우리에게는 외면적인 형벌보다 훨씬 더 나쁜 것이 있다. 그것은 신을 배신하는 정신상태, 신성이 주어져 있으면서도 동물적인 욕망의 지배에 자신을 맡기는 정신상태, 신을 눈앞에 보면서도 인간의 위협과 분노를 두려워하고, 자신의 선을 의식하는 조용한 기쁨보다 세속적인 명예를 좋아하는 정신상태이다. 인간에게 그 이상의 파멸은 없다.

이러한 정신상태, 뉘우칠 줄 모르는 인간이 무덤까지 가져가려 하는 정신상태야말로 우리가 두려워해야 할 것이다.

진정한 그리스도교의 가르침은 모두 그런 것으로부터의 구원을 목표로 하고 있다.

채닝

4

'영혼을 잃는다'는 것은 교회가 말하는 영원한 지옥에 떨어지는 것이 아니라 번뇌의 밀림 속에 잘못 들어가 길을 잃고, 숲속에서 길을 잃은 사람이 같은 장소를 빙글빙글 돌고 있는 것처럼, 좁은 아욕의 세계를 빙글빙글 도는 것이다.

세계의 선진 사상

5

하느님의 은혜로 교회와의 갖가지 관계가 확고하게 정해졌다. 교회와 철학 사이에는 벽이 쌓이고, 교회도 철학도 서로를 방해하지 않고 저마다 제 길을 나아갈 수 있게 되었다. 그런데 지금은 어떠한가? 사람들은 이 둘을 갈라놓고 있는 벽을 부수어 우리를 좋은 그리스도교도로 만든다는 구실 아래 우리를 가장 나쁜 철학자로 만들려 하고 있다.

레싱

6

사람들이 타락한 삶을 살고 있는 것은 그들이 진리를 믿지 않고 거짓을 믿고 있기 때문이다.

7

고위 성직자 집단에 의한 교회 지배는 그것이 군주제적이든 귀족제적이든, 또는 민주제적이든, 단순히 각 교회의 내부 사정에 의한 것에 지나지 않는다. 어떠한 형식의 것이든 교회 자체는 언제나 전제적이다. 신앙의 계율이 근본적인 법칙이 되어 있는 곳에서는 반드시, 자신들은 눈에 보이지 않는, 세계를 관장하는 하느님의 의지의 수호자이자 해설자로서의 권리가 주어진 유일한 존재이므로, 이성도 학문도 전혀 필요 없고 굳이 사람들을 설득할 것 없이 지시만 하면 된다고 생각하는 성직자 집단이 있게 마련이다.

칸트

8

그릇된 신앙, 즉 세계에 대한 잘못된 관계를 버리는 것만으로는 충분하지 않다. 올바른 관계를 수립하지 않으면 안 된다.

9월 20일

1

선은 노력을 통해서만 얻을 수 있다.

2

설사 공부하지 않는 사람, 또는 공부해도 진전이 전혀 없는 사람이 있더라도 학문에 절망하거나 그만두지 못하게 하라. 자신이 모르는 것을 지식인에게 묻지 않고, 묻더라도 여전히 이해하지 못하는 사람이 있더라도 그를 절망에 빠지게 해서는 안 된다. 설사 사색하지 않는 사람, 사색해도 인생의 의의를 분명히 깨닫지 못하는 사람, 그런 사람이 있더라도 그를 절망에 빠지게 해서는 안 된다. 선악을 구별할 줄 모르는 사람, 또는 구별은 해도 그것이 아직 확고하지 않은 사람이 있더라도 그를 절망에 빠지게 해서는 안 된다. 선을 행하지 않거나, 행해도 거기에 온 힘을 기울이지 않는 사람이 있더라도 그를 절망에 빠지게 해서는 안 된다. 다른 사람들이 한 번 하는 것을 그에게는 열 번 하게 하면 된다. 또 다른 사람들이 백 번 하는 것을 그에게는 천 번 하게 하면 된다.

이 불굴의 길을 끝까지 가는 사람은 아무리 무지하더라도 언젠가는 반드시 현명해지고, 아무리 약한 사람이라도 언젠가는 강한 사람이 될 수 있다.

중국 금언

3

좁은 문으로 들어가라. 멸망에 이르는 문은 크고 그 길이 넓어서 그리로 가는 사람이 많지만, 생명에 이르는 문은 좁고 또 그 길이 험해서 그리로 찾아드는 사람이 적다.

〈마태복음〉 제7장 13~14절

4

여러 가지 나쁜 일, 즉 우리에게 불행을 가져다주는 여러 가지 나쁜 일을 하기는 매우 쉽다. 우리에게 선이자 행복인 일을 하려면 크게 수고하지 않으면 안 된다.

부처의 가르침

5

지혜에 이르는 길은 결코 백합꽃이 피어 있는 잔디밭을 지나가서는 안 된다. 그것은 항상 초목이 자라지 않는 낭떠러지를 기어 올라가야 한다. 존 러스킨

6

진리의 탐구에는 항상 동요와 불안이 뒤따른다. 그렇더라도 진리는 탐구하지 않으면 안 된다. 왜냐하면 진리를 발견하고 그것을 사랑하지 않으면 너는 멸망하기 때문이다. 그러나 만약 진리 쪽에서 자기를 찾아주기를 원한다면, 또 내가 사랑해 주기를 원한다면, 진리 쪽에서 먼저 나타나면 된다고 너는 말할지도 모른다. 그렇다, 진리는 모습을 드러내고 있지만 네가 그것에 주의를 기울이지 않고 있을 뿐이다. 진리를 찾아라. 진리가 그것을 원하고 있다. 파스칼

7

끊임없이 선량한 삶에 마음을 쏟는 사람만이 그것을 실현할 수 있다.

8

통증은 일을 할 때는 잘 느끼지 못하지만, 일을 하지 않을 때는 비명이 나올 정도로 심하게 느껴진다. 이처럼 자신의 내면적 세계를 쌓는 정신적 노력을 하고 있지 않은 사람은, 인생의 의의는 도덕적 자기완성에 있다고 생각하는 사람이라면 느끼지 않아도 되는 불행에도 극심한 고통을 느끼는 법이다.

9월 21일

1

인간의 자유의 가장 쉽고 가장 사소한 발현 형식은 두 가지 또는 그 이상의, 어느 쪽이든 상관없는 행위, 이를테면 오른쪽으로 갈까 왼쪽으로 갈까, 그것도 아니면 제자리에 서 있을까 하는 선택 속에 있다. 더 어렵고 더 수준 높은 발현 형식은 감정이 이끄는 대로 따를 것인가, 자제할 것인가 하는 선택 속에 있다. 가장 중요한 자유의 발현은 자신의 사상에 어떠한 방향을 줄 것인가 하는 선택 속에 있다.

2

네 사상을 정화하도록 노력하라. 만일 너에게 사악한 사상이 없다면 사악한 행위도 일어나지 않을 것이다. 공자

3

네가 좋지 않다고 여기는 것에 대해서는 생각하지 않는 것이 좋다.
에픽테토스

4

우리가 신에게 봉사하고 자신에게 봉사하고 싶다는 소망 외에는, 모두 하늘이 지배한다.

우리는 새가 우리 머리 위를 날아다니는 것은 막을 수 없지만, 머리에 둥지를 짓지 못하게 하는 것은 가능하다. 이와 마찬가지로 사악한 사상이 우리의 머리 속을 스쳐 지나가는 것은 막을 수 없지만, 그것이 그곳에 둥지를 틀고 들어앉아 사악한 행위를 낳게 되는 것은 막을 수 있다. 루터

5

자신의 사상을 통제하는 능력만큼 지식을 늘리는 데, 평화로운 생활을 보내는 데, 또 여러 가지 일을 성공시키는 데 필요한 것이 또 있을까? 로크

6

사상은 손님 같은 것이다. 그가 처음 찾아온 것에 대해 우리에게는 책임이 없다. 그렇지만 그것은 거기에 대한 우리의 대응 방식에 따라서 더 자주 찾아오게 된다. 너는 오늘 생각한 것을 내일 행동에 옮길 것이다.

7

'그가 나를 욕하고, 나를 때리고, 내 것을 빼앗았다.' 이 같은 생각이 남아 있는 자에게 미움은 사라지지 않을 것이다.

'그가 나를 욕하고, 나를 때리고, 내 것을 빼앗았다.' 이 같은 생각이 남아 있

지 않은 자에게 미움은 사라지리라.

세상의 미움은 미움으로 풀어지지 않는다. 미움은 미움이 없을 때만 풀어진다. 이것은 영원한 진리이다. 《법구경》

8

사물을 보는 눈이 정확해지면 진실한 지식을 얻을 수 있다. 진실을 알면 의지는 정의를 지향하고, 그 의지가 충족되면 마음이 선량해진다. 공자

9

생각을 신중히 하고, 말을 신중히 하고, 모든 악행을 피하라. 이 세 가지 길을 닦으면 너는 진리의 길에 들어설 것이다. 부처의 가르침

10

악을 행하는 것만이 죄악이 아니라 악을 생각하는 것도 죄악이다.

조로아스터

11

감정은 우리의 의지와 관계없이 생긴다. 그러나 그 감정을 시인하는 것도 시인하지 않는 것도, 따라서 그것을 고무하고 억제하는 것도 우리의 사상에 달려 있다.

9월 22일

1

인간은 원래 영원한 삶을 믿도록 창조되었다.

2

누구나 다 자신은 누군가에 의해 이 세상에 부름을 받은 존재라고 믿고 있다. 죽음은 자신의 생명을 끝낼 수는 있지만, 자신의 존재를 끝내는 일은 절대로 할 수 없다는 믿음도 거기서 온 것이다. 쇼펜하우어

3

영혼은 육체 속에서 자기 집처럼 사는 것이 아니라, 잠시 머무는 거처로 살고 있다.

인도의 《쿠랄》

4

얼마나 많은 나라들이 우리에 대해 모르고 있는 것일까! 그러한 무한한 공간에서의 영원한 침묵은 나를 공포에 빠뜨린다. 무한한 과거와 무한한 미래 사이에 있는 인생의 무상함을 생각하고, 내가 차지하고 있는 공간, 나아가서는 내 눈에 들어오는 공간, 내가 모르는, 그리고 또 나를 모르는, 한량없이 넓은 모든 공간에 비해 거대한 바다의 밤톨만 한 그 보잘것없는 공간을 생각하면, 나는 정신이 아득해지면서 내가 지금 왜 이곳에 있고 다른 곳에 있지 않은 건지 의아해진다. 왜냐하면 내가 지금 바로 이 순간 저곳이 아니라 이곳에 있어야만 하는 아무런 근거도 없기 때문이다. 도대체 누가 나를 이곳에 있게 했을까? 도대체 누구의 지시, 누구의 명령으로 바로 지금 바로 이곳에 있게 되었을까."

아마도 인생이란 손님이 되어 지낸 덧없는 하루의 추억과 같은 것이리라.

파스칼

5

죽어야 하는 자여! 우리에게 주어진 생명은 그리 길지 않다. 우리가 사는 것은 그저 한 순간에 지나지 않는다. 그러나 우리의 영혼은 늙는 것을 모르고 영원히 살 것이다.

포킬리데스

6

우리는 내세를 믿는다는 대부분의 사람들이 그러면서도 온갖 죄를 범하고 비열한 행위에 빠져 있으면서, 내세에서 받을 자신의 행위에 대한 대가만큼은 어떻게든 면해보려고 온갖 궁리를 다하는 모습을 늘 목격한다. 동시에 또 진정으로 도덕적인 사람은 모두 그 마음 깊은 곳에서 언제나 자신의 생명이 죽음과 함께 끝나는 것이 아님을 알고 있는 것도 보고 있다. 그러므로 나는 고귀한 마음과 선한 삶을 구하는 마음 위에 내세에 대한 신앙을 쌓는 것이, 반대로 내세에서의 대가를 기대하는 마음으로 선한 생활, 도덕적인 생활을 쌓으려 하는 것보다 훨씬 인간의 본성에 합당하다고 생각한다. 그러한 신앙이 바로 진정으로 실천적이고 도덕적인 신앙이며, 그 순진함은 온갖 궤변과 잔꾀를 쓰는 것의 훨씬 위에 있으며, 또 그것이 우리를 멀리 돌아서가 아니라 곧장 우리의 진정한 목적으로 인도하기 때문에, 어떤 상태에 있는 인간에게도 가장 적절하고 유일한 신앙이다.

칸트

7

죽음에 대한 공포는, 사람들이 자신들의 그릇된 관념으로 인해 인생의 일부분을 인생 자체로 생각하는 데서 생긴다.

8

죽음이란 내가 이 세상에서 세계를 내 눈에 보이는 형태 그대로 받아들이는 데 중개 역할을 해주는 육체적 기관들의 소멸이다. 즉 죽음은 나에게 세계를 보여주었던 유리창이 깨진 것이다. 유리는 깨졌어도 눈이 없어진 것은 결코 아니다.

9

우리의 불멸성에 대한 의식은, 쉽게 말해 우리의 내부에 살고 있는 신의 목소리이다.

이레째 읽을거리

1. 멕시코 왕의 유서에서

지상에 있는 모든 것에는 한계가 있다. 가장 위대하고 가장 즐거워 보이는 것도 그 위대함과 즐거움의 한복판에서 쓰러져 재로 변한다. 이 지구 전체가 하나의 커다란 무덤이다. 지상에는 언젠가 무덤의 흙 속으로 자취를 감추지 않는 것이 하나도 없다. 빗물도 강물도 계곡의 물도 흐르고 흘러 결코 원래의 장소로는 되돌아가지 못한다. 세상의 만물은 모두 가없는 바닷속 깊이 자신을 묻기 위해 앞으로 앞으로 서둘러 나아간다.

어제 있었던 것도 오늘은 이미 없다. 오늘 있는 것도 내일은 이미 없을 것이다. 묘지는 지난날 생명을 누렸던 자, 황제 노릇을 하며 백성을 다스리고, 의회의 우두머리가 되어 군대를 지휘하고, 새로운 나라들을 정복해 복종을 요구하며, 헛된 영화와 권력을 마음껏 누리던 사람들의 주검으로 가득 차 있다.

그러나 모든 영화는 분화구에서 치솟는 검은 연기처럼 허공에 사라져, 연대기의 한 페이지에 몇 줄의 글귀로 적히는 것 외에는 아무것도 남기지 않는다.

위대했던 사람들, 지혜로웠던 사람들, 용감했던 사람들, 아름다웠던 사람들, 아아! 그들은 지금 어디에 있는가? 그들은 모두 흙으로 돌아가고 말았다. 그들의 운명은 언젠가 우리의 운명이요, 우리 자손들의 운명이기도 하다.

그러나 용기를 내라. 너희 높은 지위에 있는 사령관이여, 진실한 벗이여, 충성스러운 백성이여, 우리 모두 함께 모든 것이 영원하고 썩지 않으며 멸망도 없는 저 하늘을 향해 나아가자.

어둠은 태양의 요람이요, 별의 반짝임에는 밤의 어둠이 필요하다.

테츠코코의 왕 네사왈코요틀, 기원전 약 1460년 무렵

2. 소크라테스의 죽음

소크라테스가 세상을 떠난 지 얼마 뒤, 그의 제자 가운데 한 사람인 에케크라테스는 스승의 임종을 지켜본 또 한 사람의 제자 파이돈을 만났다. 에케크라테스는 파이돈에게 그날 상황이 어땠는지, 스승과 함께 있었던 사람들은 뭐라고 말했고, 소크라테스 자신은 또 어떤 말을 하고 어떤 행동을 했으며 어떻게 죽어갔는지 상세하게 얘기해 달라고 했다.

그래서 파이돈은 다음과 같이 얘기했다.

우리는 그날도 여느 때와 마찬가지로 감옥 옆에 있는 법정에 들어갔네. 그러자 늘 우리를 감옥까지 안내해 주던 문지기가 나와서 지금 소크라테스 선생님한테 재판관들이 와 있으니까 잠시 기다리라고 말하더군. 재판관들이 선생님의 쇠

사슬을 풀고 오늘 중에 독약을 마시라는 명령을 내리고 있을 거라고 했네. 한참 있으니 문지기가 우리한테 와서 들어가도 된다고 말하더군. 우리가 안에 들어가니 선생님의 부인인 크산티페가 갓난아기를 안고 침대 위에 선생님과 나란히 앉아 있었네.

그녀는 우리를 보자마자 울음을 터뜨리면서, 그런 경우에 여자들이 으레 하는 푸념을 시작하더군. "보세요, 당신 친구들이 지금 이 세상과 작별하려는 당신과 얘기를 나누려고 찾아왔군요……."

선생님은 부인을 달래며 잠시 동안 자리를 비켜달라고 말씀하셨고, 부인이 방에서 나가자 한쪽 다리를 구부려 문지르면서 우리에게 이렇게 말씀하셨네.

"이보게들, 쾌락과 고통은 정말 기가 막히게 좋은 짝인 것 같군! 쇠사슬에 묶여 있을 때는 무척 고통스러웠는데 그것이 풀린 지금은 이렇게 기분이 좋으니! 아마도 신은 서로 대립하는 고통과 쾌락을 화해시키려고 사슬로 하나로 묶어서, 한쪽을 경험하지 않고는 다른 것도 경험할 수 없도록 하신 거겠지?"

선생님은 말씀을 계속하시려다가 크리톤이 문밖에서 어떤 사람하고 낮은 소리로 얘기하는 것을 알고, 무슨 얘기를 하는 거냐고 물으셨네. 그러자 크리톤이 대답하더군.

"실은 선생님께 독약을 드릴 사람이 되도록이면 말씀을 적게 하시는 것이 좋다고 합니다. 독약을 마시기 전에 얘기를 많이 해 흥분하면, 약효가 떨어져서 두 번 세 번 다시 마셔야 한답니다."

"그게 뭐 어려운 일인가! 필요하다면 두 번이고 세 번이고 다시 마시면 되지. 나는 자네들과, 특히 지금 이 순간 자네들과 마지막 대화를 나눌 수 있는 기회를 놓치고 싶지 않네. 그래서 진정한 예지를 얻기 위해 한평생 정진한 사람이 죽음이 눈앞에 다가온 것을 탄식하기는커녕 오히려 기뻐하고 있다는 것을 보여주고 싶다네." 선생님은 대답하셨네.

"하지만 저희를 뒤에 남겨 두고 가시면서 어찌하여 기쁘다는 말씀이십니까?" 우리 가운데 한 사람이 말했네.

"그야 그렇지. 내 태도가 냉정하게 보이겠지만, 자네들이 만약 내 입장이 되어 생각해 준다면, 평생을 통해 번뇌와 싸우면서 늘 육체의 방해를 받아온 사람이 드디어 그 육체로부터 해방되는 것을 기뻐하지 않을 수 없다는 것을 이해할 걸세. 죽음은 육체로부터의 해방이 아니고 무엇이겠는가? 우리가 자주 토론했던 자기완성이라는 것도 되도록 영혼을 육체에서 분리시켜 영혼이 육체 밖으로 나와 자기 자신에게 스며들어 집중하는 것에 있는 것이고, 죽음은 그런 의미에서 영혼을 해방시켜 주게 되는 걸세. 그렇다면 평생토록 깨달음에 다가가려고 노력한 사람이, 깨달음이 드디어 이루어지려는 것에 불만을 느낀다면 그게 오히려 이상한 일이 아니겠는가? 그러니 자네들과 이별하고 자네들을 슬프게 하는 것은 나도 무척 괴롭지만, 나로서는 내가 바라던 것이 실현되는 셈이니 죽음을 환영하지 않을 수 없지. 그러니 벗들이여, 내가 자네들을 남겨 두고 떠나는 것을 슬퍼하지 않는 것이 나의 변명일세. 이 변명이 전에 내가 법정에서 말한 변명보다 자네들을 더 설득할 수 있었으면 좋겠네만." 선생님은 웃으면서 이렇게 말씀하시더군.

"하지만 그러기 위해서는 영혼이 육체를 벗어난 뒤에도 수증기나 연기처럼 사라져 버리지 않는다는 확신이 필요합니다. 정말로 그렇다는 것을 믿을 수 있다면 얼마나 좋을까요? 그런데 불행하게도 아무리 해도 그런 확신이 서질 않습니다." 케베스가 말했네.

"그렇지. 완전히 확신할 수는 없지만, 그럴 가능성은 충분하지 않나? 전설에 의하면 죽은 사람의 영혼은 저승에 갔다가 다시 환생해 이승에 돌아올 때까지 그곳에 있다고 했네. 그 전설은 믿어도 그만이고 안 믿어도 그만이지만, 인간이 죽어서 다시 태어난다는 건 무척 가능성이 높은 얘기야. 사람뿐만 아니라 동물이나 식물도 모두 죽었다가 다시 태어나지 않는가? 그렇다면 살아 있는 자가 죽음을 두려워할 필요는 없으며, 죽음은 오히려 새로운 삶의 탄생에 지나지 않는 거네. 그것은 또 이승에 사는 우리 모두가 이른바 전생에서의 추억을 가지고 있는 것에서도 확인할 수 있지. 만약 영혼이 전생에 살아 있지 않았다면 그런 추억이 있을 리가 없지. 그러므로 인간의 육체는 사라지더라도 아는 힘, 생각하는 힘을 지닌 영혼은 육체와 함께 죽지 않는 걸세. 그러나 우리의 모든 지식은 우리 영혼이 전생에 겪은 삶의 추억에 지나지 않을 뿐만 아니라, 우리 내부에 육체와는 따로 불멸의 영혼이라는 것이 존재한다는 확실한 증거는, 미와 선과 정의와 진실의 영원한 이념이 우리 영혼에 적합한 건 말할 것도 없고 그러한 이념들이 바로 우리 영혼의 본질을 형성하고 있다는 사실이네. 그런데 그 이념들은 사라지는 일이 없으니 우리의 영혼도 영원히 죽지 않는 걸세."

선생님은 그렇게 말하고 침묵하셨네. 우리도 침묵을 지키고 있었지. 다만 케베스와 심미아스 두 사람만 낮은 목소리로 뭔가 속삭이더군. 그러자 선생님이 물으셨네.

"자네들은 무슨 얘기를 하고 있나? 지금 얘기한 문제에 대한 거라면 어디 자네들의 생각을 말해보게. 내 견해와는 다른 의견 또는 더 좋은 설명을 할 수 있다면 서슴지 말고 말해보게."

"솔직하게 말씀드리면, 저는 선생님이 말씀하신 것에는 동의할 수 없어서 여쭙고 싶었습니다만, 지금과 같은 상황에서 그런 질문을 했다가 선생님의 마음을 불편하게 해드리지 않을까 하여 망설이고 있었습니다." 심미아스가 말했네.

"정말 어려운 일이군. 내가 나에게 닥친 운명을 결코 불행으로 생각하지 않는다는 것을 사람들에게 이해시키는 것이 이렇게 어려울 줄이야! 이렇게 자네들조차 이해시킬 수 없으니, 하물며 다른 사람들을 어떻게 이해시키겠나! 하지만 자네는 내가 지금 정상적인 정신상태가 아니라고 여길 필요는 없으니, 내게 물어볼 것이 있으면 망설이지 말고 말해보게."

"그러시다면 제 궁금증을 솔직히 말씀드리지요. 선생님, 저는 선생님이 영혼에 대해 말씀하신 것은 아직 증명이 부족하다고 생각합니다."

"어떤 점이?"

"선생님이 영혼에 대해 말씀하신 것은 현악기의 가락에 적용해서 말할 수 있다고 생각합니다. 즉 현을 가진 악기 자체는 형태가 있는 것, 지상적인 것, 무상한 것이지만, 현악기가 내는 가락과 소리는 형태를 초월한 불멸의 그 무엇이므로 가령 현악기가 부서지고 줄이 끊어진다 해도 현악기에서 나온 가락과 소리는 결코 사라지지 않고, 현악기가 부서진 뒤에도 반드시 어딘가에 남아 있어야 한다는 논리 아닙니까? 그런데 우리는 현악기의 가락은 현악기에 장치된 여러 현의 온갖 진동에서 생기는 것처럼, 우리의 영혼도 육체의 일정한 관계에 있는 우리 육체의 여러 가지 요소의 통일과 상호작용에 의해 생기는 것이며, 따라서 영혼은 우리 육체의 모든 요소들 사이의 관계가 소멸되는 것과 동시에 소멸하는 것임을 알고 있습니다. 그러한 소멸은 온갖 질병과 육체의 각 부분에 걸친 극단적인 쇠약과 긴장에서 생긴다고 생각합니다."

이렇게 심미아스가 말을 마쳤을 때, 나중에 우리끼리 서로 얘기한 것처럼, 모두들 불쾌한 기분을 느꼈다네. 우리가 소크라테스 선생님의 말씀으로 영혼의 불멸을 믿게 되자마자 순간, 강력한 반론이 제기돼 우리를 혼란시키고, 단순히 지금까지 얘기되어 온 것에 대해서뿐만 아니라, 그 문제에서 파생될 수 있는 모든 사항에 불신이 생기는 것 같은 느낌이 들었기 때문일세.

나는 선생님의 태도에 종종 감탄을 했지만 그때처럼 크게 감탄한 적은 한 번도 없었네. 선생님이 그 대답에 전혀 궁하지 않았던 것은 새삼 놀라운 일도 아니지만, 무엇보다도 선생님이 심미아스의 말에 인자하게 호의와 관심을 가지고 조용히 귀를 기울이셨던 것, 그리고 그 뒤 심미아스의 말에 우리가 혼란스러워하는 것을 아시고 절묘하게 우리의 의혹을 풀어주신 것에 대해 참으로 경탄하지 않을 수 없었다네.

나는 그때 침대 오른쪽의 나지막한 의자에 앉아 있었고, 선생님은 침대 위에 앉아 계셨지. 선생님은 평소에 내 머리를 쓰다듬는 습관이 있었는데, 그때도 한 손으로 내 머리를 쓰다듬고 목덜미의 머리카락을 눌러보시면서 말씀하시더군.

"파이돈, 자네는 내일 이 아름다운 머리를 깎아야 할 것 같군."

"예."

"아니야, 너무 서두르지는 말고 내가 하라는 대로 하게."

"어떻게 하라는 것인지요?" 내가 여쭈었지.

"자네는 내일, 그리고 나는 오늘 머리를 깎기로 약속하는 거야. 단 '우리가 자신의 주장을 검증할 수 없다면'이라는 단서를 붙여서."

나는 반쯤 장난삼아 "예, 그렇게 하겠습니다" 하고 대답했네. 그러자 선생님은 심미아스를 향해 말씀하셨네.

"과연 영혼은 현악기의 가락과 비슷해. 현악기의 가락이 현악기와 현의 올바른 관계에서 나오듯, 영혼도 육체를 형성하는 여러 가지 요소의 일정한 관계에서 나온다고 자네는 말하는 것일 테지. 그러나 만약 그렇다면 그 사실과 우리가 방금 얘기했고 자네도 찬성한 것, 즉 우리의 지식은 모두 전생의 기억이라는 것을 어떻게 양립시킬 수 있을까? 만약 영혼이 현재 깃들어 살고 있는 육체보다 먼저 존재하고 있었다고 한다면, 어떻게 그것이 육체 각 부분의 일정한 관계에서 나온 결과일 수가 있을까? 따라서 가령 우리가 우리의 모든 지식은 전생의 삶의 기억이라는 것을 인정한다면, 우리는 또다시 우리 영혼은 육체가 놓여 있는 조건과는 무관하게 존재하고 있다는 것을 인정하지 않으면 안 되는 걸세.

또 현악기의 가락과 영혼이 다른 것은 현악기의 가락은 스스로를 인식하지 않지만, 영혼은 자신의 생명을 의식할뿐더러 그것을 조종한다는 점에 있네. 현악기의 가락은 현악기의 상태를 바꿀 수 없지만 영혼은 육체와는 별개의 것이어서 완전히 육체의 상태를 바꿀 수도 있거든. 이를테면 실제로 지금 내 육체의 모든 요소는 어제와 마찬가지로 정상적인 상태를 유지하고 있지만, 내 영혼은 이 모든 요소의 정상적인 관계가 파괴될 것을 각오하고 있네. 왜냐하면 자네들도 알다시피 만약 내가 감옥에서 달아나자는 크리톤의 제안에 찬성했다면, 지금쯤 벌써 먼 곳에 있고, 이곳에서 처형을 기다리면서 자네들과 얘기하고 있지는 않을 테니까. 내가 크리톤의 제안에 찬성하지 않은 것은, 공화국의 결정에 따르는 것이 그것을 기피하는 것보다 옳다고 생각했기 때문이네.

결국 내 경우, 가락이 현악기에 죽음을 선고한 것이 되지. 즉 내 안에는 스스로 불멸의 원리를 의식하는 누군가가 존재한다는 얘기가 되는 걸세.

그래서 나는 그것을 확실하게 눈에 보이는 형태로 증명할 수는 없지만, 나 자신 속에 자신을 깃들어 살게 한 이성적인 무엇, 자유로운 무엇을 의식하기 때문에, 내 영혼이 불멸이라는 것을 믿지 않을 수가 없는 걸세.

만약 영혼이 불멸이라면 우리는 단순히 이승을 위해서가 아니라, 육체의 멸망과 함께 가게 되는 저승을 위해서라도 영혼에 대해 생각하지 않으면 안 된다고 생각하네.

그래서 만약 영혼이 불멸이고 이승에서 얻은 것을 저승까지 가지고 간다면, 어떻게 그것이 가능한 한 선하게 가능한 한 현명해지도록 노력하지 않을 수 있겠나?"

선생님은 잠시 침묵하고 계시다가 다시 입을 열고 말씀하셨네.

"그건 그렇고, 이제 목욕할 시간이 된 것 같군. 아낙네들이 시체를 씻는 수고를 덜어주기 위해 목욕을 한 뒤 독약을 마시는 게 좋겠지?"

선생님이 이렇게 말씀하셨을 때 크리톤이 선생님의 자제들에 대해서 어떻게 하면 좋을지를 물었네.

"크리톤, 내가 평상시에 말하던 대로 하면 되네. 뭐 특별히 따로 할 건 없어. 자기 자신을 생각하고 자신의 영혼을 생각하기만 하면, 자네들은 특별히 나에게 약속 같은 것을 하지 않아도, 나를 위해서도 내 자식들을 위해서도 최선을 다하는 게 되는 거니까."

"그렇게 하도록 노력하겠습니다. 하지만 선생님의 장례식은 어떻게 할까요?"

"좋을 대로 하게." 그리고 선생님은 빙그레 웃으시면서 이렇게 덧붙이시더군. "이보게들, 나는 아직도 크리톤에게 소크라테스라는 사람은 지금 이렇게 자네들과 얘기를 하고 있는 이 나이고, 곧 죽어서 싸늘하게 식게 될 내가 아니라는 것을 이해시키지 못한 것 같군그래."

이렇게 말한 뒤 선생님은 일어나서 목욕탕으로 들어가셨네. 크리톤은 선생님의 뒤를 따라갔지만, 우리에게는 그대로 기다리고 있으라고 하시더군. 그래서 우리는 지금까지 얘기한 것과, 우리의 친구이자 스승이요, 지도자이신 소크라테스 선생님을 우리에게서 빼앗아 가는 이번 불행에 대해 얘기하면서 기다리고 있었네.

선생님이 목욕을 마치고 선생님의 아이들—선생님께는 아직 어린아이가 둘, 장성한 아들이 하나 있었네—과 하녀들이 들어왔을 때, 선생님은 그들과 잠시 얘기를 나누신 뒤, 하녀들과 아이들이 나가자 다시 우리에게 오셨지. 어느덧 해질 녘이 가까웠더군. 그 뒤 곧 정리(廷吏)가 찾아와서 소크라테스 선생님에게 다가가 말했네.

"소크라테스 선생님, 당신은 물론 내가 윗사람의 명령에 따라 독배를 마실 것을 요구할 때, 모든 사형수들이 하는 것처럼 나를 비난하고 화를 내거나 욕하지는 않으시겠지요. 나는 당신이 여기 계시는 동안 줄곧 당신을 보면서, 당신이 지금까지 이 감옥에 들어온 사람들 중에서 가장 고귀하고 온화하며, 선한 분이라는 걸 알았습니다. 그리고 당신은 이번 일이 일어난 책임이 누구에게 있는지 다 아시니까 내게 화를 내지 않고 그 사람들에게 화를 내실 거라고 생각합니다. 나는 이제 당신이 독배를 마실 시간이 되었다는 것을 알려드리러 왔습니다. 그럼 안녕히. 어차피 피할 수 없는 운명이니 부디 평온한 마음으로 맞이하셨으면 합니다."

이렇게 말한 뒤 관리는 울음을 터뜨리며 얼굴을 돌리고 나갔네.

"당신도 잘 계시오. 우리는 우리가 해야 할 일을 할 테니까." 이렇게 말하고 선생님은 이번에는 우리를 향해 덧붙이셨네. "정말 좋은 사람이야! 저 사람이 전부터 늘 나를 찾아와서 나하고 이런저런 얘기를 나눴는데, 무척 좋은 사람이더군. 지금도 정말 감동적으로 나와의 작별을 아쉬워하지 않던가! 그럼 크리톤이여, 저 사람이 말하는 대로 하세. 준비가 됐거든 독배를 이리 가져오라고 하게."

"하지만, 선생님. 해가 아직도 높이 걸려 있는 것 같습니다. 그리고 대부분의 사람들은 훨씬 더 늦도록 독약을 마시지 않고, 한밤중까지 술을 마시거나 여자를 데려다가 노는 사람도 있다고 합니다. 서두르실 필요는 없습니다. 아직 시간이 있으니까요."

"사랑하는 크리톤이여, 자네가 말하는 사람들은 아마 그렇게 하는 것이 자신들에게 좋다고 생각할 만한 근거가 있었겠지만, 나는 그렇게 생각하지 않네. 나로서는 독약을 마시는 것을 조금 늦춰봤자 내 눈에 자신의 모습이 우스꽝스럽게 비치기만 할 뿐, 득 될 것이 아무것도 없다고 생각하네. 자, 어서 가서 독배를 가져오라고 이르게."

크리톤은 그 말을 듣자 문 뒤에 서 있는 하인에게 신호를 하더군. 밖으로 나간 하인은 이내 선생님에게 독배를 전할 관리와 함께 돌아왔네.

"당신은 이 약에 대해 잘 알고 있을 테니, 내가 어떻게 하면 되는지 가르쳐 주구려." 선생님이 그에게 말씀하셨네.

"별것 없습니다. 그냥 쭉 들이켜세요. 다리가 무거워질 때까지 걸어 다니면 됩니다. 다리가 무거워졌을 때 침대에 누우면 나머지는 독약이 알아서 다 해줍니다."

이렇게 말한 뒤 그는 선생님에게 독배를 내밀었네. 선생님은 그것을 받아 들더니 밝은 표정으로 두려운 기색 없이, 안색도 눈빛도 전혀 변하지 않은 채, 조용히 그 관리의 얼굴을 쳐다보면서 물으시더군.

"이 약의 일부를 신에게 바치면 어떨까?"

"소크라테스 선생, 우리는 꼭 필요한 분량만 준비했습니다."

"알았네. 그래도 역시 내가 저승으로 이주하는 일이 무사히 끝나도록 하느님께 빌어야겠지. 나도 지금 기도를 드리고 있네."

이렇게 말씀하시고 선생님은 독배를 입으로 가져가 공포의 빛도, 동요의 빛도 없이 입에서 한 번도 떼지도 않고 단번에 다 마셔버리셨네. 그때까지 우리는 억지로 울음을 참고 있다가, 선생님이 마침내 독배를 다 들이켜신 것을 보자 더 이상 참을 수가 없더군. 나도 속절없이 눈물이 나와, 머리에 망토를 쓰고 울었다네. 선생님의 불행 때문이 아니라 좋은 벗을 잃게 된 나 자신이 가여워서 울었던 걸세. 크리톤은 나보다도 먼저 눈물을 참지 못해 밖으로 나가버렸네. 아까부터 울고 있던 아폴로도로스는 아예 목 놓아 통곡하기 시작했지.

"왜 이러나, 자네들, 정말 이상한 사람들이군. 이런 일이 있을까 싶어서 아낙네들을 내보냈던 것인데. 죽을 때는 모름지기 경건한 침묵 속에서 죽어야 하는 것이야. 모두들 마음을 가라앉히고 용기를 내게."

우리는 간신히 울음을 그쳤다네. 선생님은 얼마 동안 말없이 방 안을 거닐다가 이윽고 침대에 다가가 다리가 무거워졌다고 말하면서, 독배를 가지고 온 옥리가 가르쳐 준 대로 침대에 똑바로 누우셨네. 선생님은 꼼짝도 하지 않고 누워 계시고, 옥리가 이따금 선생님의 발목과 정강이를 만져보더군. 그러다가 선생님의 한쪽 발을 꾹 누르면서 감각이 있습니까? 하고 물었네. "없소" 하고 선생님은 대답하셨네. 다음에 옥리는 다시 선생님의 손과 정강이와 허벅다리를 눌러보더니, 우리에게 선생님의 몸이 차갑게 굳기 시작했다고 말하더군.

"심장 부근까지 차가워지면 그것이 마지막입니다."

아랫배까지 차가워졌을 무렵 선생님은 갑자기 몸을 덮고 있던 홑이불에서 얼굴을 내미시고(이미 완전히 천이 씌워져 있었다네) 마지막으로 다음과 같이 말씀하셨네.

"아스클레피오스의 제단에 수탉을 한 마리 바치는 것을 잊지 말게."

아마도 선생님은 독약의 힘으로 자신을 이승의 생명에서 해방시켜 준 의술(醫術)의 신에게 감사하고 싶으셨던 모양이네.

"알겠습니다" 하고 크리톤이 대답했네. "그 밖에 더 하실 말씀은 없습니까?"

그 물음에 대해 선생님은 아무 대답도 하지 않으시고, 잠시 뒤에 몸이 경련을 일으키자, 옥리가 천을 젖혔네. 선생님의 눈은 이미 움직이지 않더군. 크리톤이 다가가서 뜬 채로 굳어버린 눈을 감겨드렸네.

플라톤의 《대화편》에서

9월 23일

1

옛 사람들의 무지함에 비해 지금 사람들의 지식이 아무리 위대해 보일지라도, 그것은 어디까지나 모든 가능한 지식의 무한하게 작은 일부분에 불과하다.

2

소크라테스는 학자들에게 극히 평범하게 보이는 모든 것에 대해 해설하며, 소피스트들이 자연이라고 부르는 것의 기원을 탐구하거나, 천체가 발생한 근본 원인까지 알아내려고 하는 결점을 가지고 있지 않았다. "정말로 사람들은 자신들이 인간에게 중요한 것을 모두 알았다고 생각하고, 인간과 별로 관계가 없는 것에 그토록 열중하는 것일까? 아니면 우리가 배워야 할 것은 소홀히 하고 배울 필요도 없는 비밀을 열심히 찾아도 되는 거라고 생각하는 것일까?"

특히 그는 인간의 지혜로는 그러한 비밀을 풀 수 없다는 것을 깨닫지 못하는 사이비 학자들의 어리석음에 놀라고 있었다. "그 비밀들을 해명할 수 있다고 생각하는 사람들의 근본적인 의견이 실로 제각각이어서, 그들이 말하는 것을 동시에 듣는다면 마치 미치광이들 사이에 있는 것만 같다. 실제로 그들에게서는 머리가 이상해진 가련한 사람들의 특징이 뚜렷이 나타나 있지 않은가? 그들은 조금도 두려워할 것이 없는 것을 두려워하고 정말로 위험한 것은 무서워하지 않는다."

크세노폰

3

학문이 언젠가 종교와 적대하게 될 거라는 생각은 잘못된 것이다. 보여주기 위한 학문이라면 종교뿐만 아니라 진리도 적대한다. 진정한 학문은 종교를 적대하기는커녕 항상 그것에 협력한다. 존 러스킨

4

우리보다 높은 것과 낮은 것, 또 우리보다 앞에 있었던 것과 우리 뒤에 올 것의 비밀을 모두 알려고 하는 사람은 차라리 태어나지 않는 편이 낫다. 《탈무드》

5

지식은 무한하여, 사람들이 최고의 학자라고 인정하고 있는 사람도 배우지 못하고 글을 모르는 농부와 다를 것 없이 진정한 지식에서 멀리 떨어져 있다.

존 러스킨

6

장님이 눈을 뜨지 않는 한 어둠이 어떤 것인지 상상할 수 없는 것처럼, 우리도 학문의 힘이 아니면 자신의 무지를 깨달을 수 없다. 칸트

7

필요 이상으로 많은 것을 아는 것보다 가능한 한 적게 아는 것이 낫다. 모르는 것을 두려워하지 말라. 오히려 쓸데없는 지식, 짐이 되는 지식, 허영을 위한 지식을 두려워하라.

9월 24일

1

육식이 필요불가결한 것이고 뭔가 변명의 여지가 있는 것이라면, 그만두지 않아도 될지 모른다. 그러나 결코 그렇지 않다. 우리의 시대에 육식은 이미 변명할 여지 없는 악습이다.

2

어떠한 생존 경쟁이, 또는 어떠한 무지함이, 동물의 살을 먹기 위해 너희의 손을 피로 물들이는가? 필요한 것, 편리한 것은 모두 갖추고 있는데, 어째서 너희는 그런 일을 하는 것인가? 어째서 마치 짐승의 살코기가 없이는 대지가 너희를 먹여 살릴 수 없는 것처럼 비방하는 것인가? 플루타르코스

3

만약 우리가 우리를 포로로 만들고 있는 악습에 맹목적으로 복종만 하지 않는다면, 감수성이 조금이라도 있는 사람이라면, 풍요롭고 자비로운 대지가 알아

서 우리에게 수많은 종류의 식물성 음식물을 제공해 주는데도, 날마다 많은 동물을 도살하여 먹지 않으면 안 된다는 생각은 하지 않을 것이다.

버나드 멘더빌

4

피타고라스는 무슨 이유로 육식을 삼갔는가? 하고 너희는 묻는다. 그러나 나는 맨 처음 자신의 입을 피로 더럽히고, 살육당한 동물의 고기에 입술을 대는 짓을 감히 시도한 사람은 도대체 어떤 감정, 어떤 생각, 어떤 이유에서 그랬는지 도무지 이해할 수 없다. 나는 자신의 밥상에 온갖 모양으로 요리한 동물의 사체를 올리게 하고, 바로 조금 전까지 몸을 움직이고, 말을 알아들으며, 목소리를 내고 있었던 생물을 매일 식탁에 올리도록 요구하는 사람들을 생각하면 정말 이상해서 견딜 수가 없다.

플루타르코스

5

맨 처음에 육식에 의존하지 않을 수 없었던 가엾은 사람들의 경우는 살아가기 위한 양식이 없었거나 부족했기 때문에 그렇게 된 것이며, 그들이(즉 원시 시대의 사람들) 육식의 습관에 빠진 것은, 필요한 것이 충분히 있는데도 자기들의 변덕스런 요구를 채우거나 변질적인 미식(美食)을 즐기기 위해서가 아니라, 필요에 쫓기어 그렇게 되었다는 걸 생각하면 정상을 참작할 여지가 있다. 그러나 오늘날의 우리에게는 전혀 변명의 여지가 없다.

플루타르코스

6

육식이 인간의 본성에 맞지 않는다는 증거로, 어린아이들이 고기를 그리 좋아하지 않고 언제나 푸성귀나 우유, 빵과 과일 같은 것에 손을 뻗는 사실을 들 수 있다.

루소

7

인간이 호랑이에게 잡아먹혀서는 안 되는 것 이상으로, 양은 인간에게 잡아먹혀서는 안 된다. 왜냐하면 호랑이는 육식동물이지만 인간은 그렇지 않기 때문

이다. 릿슨

8

살코기 외에는 먹을 것이 없는 사람, 또는 육식이 죄악이라는 말을 전혀 들어 본 일이 없이, 육식을 허용하는 구약성서의 가르침을 소박하게 믿고 있는 사람과, 오늘날 푸성귀도 우유도 있는 나라에서 살며 육식을 꾸짖는 인류의 스승들의 가르침도 알고 있는 교양 있는 사람의 차이는 매우 크다. 나쁜 일임을 알고 있으면서도 계속하는 사람은 큰 죄를 범하고 있다고 할 수 있다.

9월 25일

1

노동은 선은 아니지만 선한 생활의 필수 조건이다.

2

너희가 가지고 있는 것은 다른 어느 누구도 가질 수 없다는 진리, 너희가 이용하고 소비하는 변변치 못한 것이라도 인간의 생명의 일부분이라는 위대하고 변함없는 진실을 결코 잊어서는 안 된다. 존 러스킨

3

불필요하고 공허하고 힘들고 짜증이 나며, 남을 방해하면서 사람의 주의를 끄는 노동이 있다. 그러한 노동은 아무것도 하지 않는 것보다 훨씬 나쁘다. 진정한 노동은 언제나 조용하고 질서 정연하며 눈에 띄지 않는 법이다.

4

스스로 할 수 있는 일을 남에게 맡기지 말라. 모두들 자기 집 문 앞은 자기가 쓸도록 하라. 만약 모두가 그렇게 한다면 거리 전체가 깨끗해질 것이다.

5

부를 얻을 수 있는 방법은 세 가지밖에 없다. 노동과 걸식과 도둑질이다. 만약

노동자의 몫이 적다면 그것은 거지와 도둑의 몫이 너무 많기 때문이다.

헨리 조지

6

사람이 혼자 살면서 자연과 싸우는 의무를 소홀히 한다면 그는 당장 자신의 육체가 멸망함으로써 벌을 받는다. 만일 또 자기는 그 의무를 회피하면서 다른 사람들에게 그것을 강요한다면, 그는 당장 인간의 본성에 적합한 자기완성을 향한 노력이 정지됨으로써 벌을 받게 될 것이다.

7

노동을 좋아하는 것만으로는 부족하다! 대체 그것은 어떤 노동인가? 소로

8

놀고먹는 사람이 한 사람 있으면 다른 한 사람은 가혹한 노동을 하고 있다. 배불리 먹는 사람이 한 사람 있으면 다른 한 사람은 굶주리고 있다.

9

게으른 자들이 일이라고 부르고 있는 것의 대부분은 다른 사람들의 노동을 줄여주기는커녕 오히려 새로운 노동을 덧붙이는 놀이에 지나지 않는다. 사치스러운 놀이는 모두 그런 것이다.

9월 26일

1

도덕률은 참된 지혜에 의해서도, 참된 믿음에 의해서도, 똑같이 명료하게 표현되어 있다.

2

사람이 선의에 따라 행동해야 한다는 것을 이해하는 데 특별히 깊은 사상은 필요하지 않다. 나는 전 세계의 일을 알 수도 없고 거기서 일어나는 모든 일을

이해하고 그것을 설명할 능력도 없지만, 단 한 가지, 자기 자신을 향해 내 행위의 준칙이 모든 사람에게 보편타당한 법칙이 될 수 있는지 어떤지 물어본다. 만약 그렇지 않다면 내 행위의 준칙은 옳지 않은 것이며, 그것은 그 준칙에서 나나 다른 사람들에게 해악이 생길지 모르기 때문이 아니라, 그것이 모든 사람에게 타당한 근본적 법칙이 될 수 없기 때문에 부정한 것이다. 그런데 이성은 나에게 맹목적으로 그런 법칙을 존중하도록 요구한다. 나는 아직 그 존중이 무엇에 근거를 두고 있는지 알지 못하지만, 자신이 그 법칙 속에, 그것이 가지는 가치에 있어서 나의 경향성(傾向性)이 나를 부추기는 모든 것을 훨씬 뛰어넘는 무언가를 존중하고 있다는 것과, 단지 그러한 도덕률에 대한 존중에서 나오는 행위만이, 그 밖의 모든 준칙에 침묵을 명령하는 인간으로서의 의무라는 것은 이해할 수 있다.

칸트

3

그들 중 한 율법교사가 예수의 속을 떠보려고 "선생님, 율법서에서 어느 계명이 가장 큰 계명입니까?" 하고 물었다. 예수께서 이렇게 대답하셨다. "'네 마음을 다하고 목숨을 다하고 뜻을 다하여 주님이신 너희 하느님을 사랑하여라' 이것이 가장 크고 첫째가는 계명이고, '네 이웃을 네 몸같이 사랑하여라' 한 둘째 계명도 이에 못지않게 중요하다. 이 두 계명이 모든 율법과 예언서의 골자이다."

〈마태복음〉 제22장 35~40절

4

전 세계는 하나의 법칙에 따르고, 모든 이성적인 존재의 내부에는 하나의 이성이 있다. 그러므로 이성적인 사람에게 완전성에 대한 개념은 오직 하나뿐이다.

마르쿠스 아우렐리우스

5

신은 자신이 자신을 닮은 모습으로 창조한 인간들한테서 칭송이나 숭배를 바라지 않고, 인간들이 신이 준 이성을 토대로 그 행위에서 자신을 닮기를 바란다. 무화과도 때가 오면 영글고, 개와 벌도 자기들이 해야 할 일은 알고 있지 않은

가! 그런데 인간이 자신의 사명을 다하지 않으면 어떻게 되겠는가? 그러나 이 위대하고 거룩한 진리는 네 머릿속을 스치고 지나갈 뿐, 나날의 삶의 번뇌와 알 수 없는 공포, 정신력의 부족, 그리고 오랜 노예근성이 이내 그것을 압살해 버린다.

마르쿠스 아우렐리우스

6

그것을 자주 그리고 오래 생각하면 할수록, 늘 새롭고 더 큰 경탄과 존경으로 내 마음을 채우는 것이 두 가지 있다. 내 머리 위에 있는 밤하늘과 내 마음속에 있는 도덕률이 바로 그것이다. 칸트

7

너희는 남에게서 바라는 대로 남에게 해주어라. 이것이 율법과 예언서의 정신이다. 〈마태복음〉 제7장 12절

8

도덕률은 참으로 명백하여, 그걸 모른다고 핑계 댈 수 있는 사람은 아무도 없다. 결국 그들은 이성을 부정하는 것 말고는 길이 없기 때문에 그렇게 하는 것이다.

9월 27일

1

남의 험담을 하는 것은 무척 재미있기 때문에, 그것이 얼마나 큰 폐해를 낳는지 깨닫지 못하는 사람은 아무래도 자제하기가 쉽지 않다. 그러나 그 해악을 잘 알고 있으면서 그저 재미로 남의 험담을 그만두지 않는 것은 죄악이다.

2

사람이 어떤 사상을 얘기하는가로 그가 실제로 무엇을 하는지 판단할 수는 없다. 또 반대로 그 사람의 행위를 통해 그가 무엇 때문에 그렇게 하고 있는지, 그의 머릿속에 어떤 사상이 들어 있고 마음속에는 어떤 동기가 감추어져 있는

지 판단하는 것도 어렵다. 가령 어떤 사람이 지칠 줄 모르고 동분서주하며, 책을 읽고, 글을 쓰고, 아침부터 밤까지 일하고, 며칠 밤을 꼬박 세워가며 책상 앞에서 일하는 모습을 본다 해도, 도대체 무엇 때문에 그런 일을 하는 건지 모르는 한, 나는 그 사람이 일을 사랑한다거나 사람들의 이익을 위해 일하고 있다고 말하지는 않을 것이다. 어떤 사람도 유흥가에서 며칠 밤을 새워가며 노는 사람을 가리켜 유익한 사람, 일을 사랑하는 사람이라고는 말하지 않을 것 아닌가! 단순히 천박한 행위뿐만 아니라 얼핏 보기에 훌륭한 행위라도 천박한 목적을 위해, 이를테면 돈이나 명예를 위해 하는 경우도 있으므로, 그가 아무리 정력적으로 일하고, 아무리 큰일을 해냈다 해도, 그 사람이 일을 사랑하는 유익한 사람이라고 말할 수는 없다. 나는 그가 자신의 영혼을 위해, 즉 하느님을 위해 일한 것을 알아야 비로소 그 사람을 일을 사랑하는 유익한 인물이라고 부를 것이다.

그러나 다른 사람의 마음속은 알 수 없다. 그 사람 자신만이 알고 있는 내적 동기를 내가 어떻게 알겠는가?

따라서 결국 사람이 사람을 심판할 수는 없다는 것, 바꿔 말하면 사람을 유죄니 무죄니 하고 판결하거나, 칭찬하고 폄하할 수는 없는 것이다. 에픽테토스

3

나를 심판하려거든 내 옆이 아니라 내 마음 속에 들어와 보아야 한다.

미츠키에비치

4

선량한 사람은 타인 속의 악을 생각하기 어렵고 사악한 사람은 선을 생각하기 어렵다.

5

말다툼을 할 때 진리는 흔히 잊히기 마련이다. 그럴 때 현명한 사람은 말다툼을 그만둔다.

6

우리에게 가장 부족한 것은 우리의 마음의 눈이다. 우리는 남의 나쁜 점을 알아보는 데는 눈이 밝으면서, 자신의 나쁜 점은 전혀 보지 못한다. 브라운

7

다른 사람들의 잘못은 곧 용서하지만, 자기가 뭔가 나쁜 일을 하는 것은, 마치 자기가 누구 한 사람 용서한 일이 없는 것처럼 두려워하는 사람이야말로 진정 고귀한 사람이다. 소(小)플리니우스

8

어떤 사람을 비판하기 시작하면 즉시, 아무리 그 사람의 나쁜 점을 알고 있다 하더라도, 또 그것을 제대로 아는 것도 아니면서 남의 말을 듣고 되풀이할 때는 더더욱, 그 사람을 나쁘게 말해서는 안 된다는 것을 떠올려야 한다.

9월 28일

1

사람들의 대부분의 행위는 이성에 의한 것도 아니고, 감정에 의한 것도 아니며, 거의가 무의식적인 모방이나 암시에 의한 것이다.

2

암시에 의한 행위에는 선행과 악행이 있다. 다만 의식적으로 양심의 요구에 따른 행위에는 악행이 있을 수 없다. 그런데 암시에 의한 행위 가운데 천분의 일이라도 의식적인 행위가 있을까.

3

계몽이란 사람이 자신의 미숙한 태도에서 탈출하는 것이다. 미숙한 태도는 타인의 지도 없이는 자신의 이성을 사용할 수 없는 상태를 말한다. 그리고 그 원인이 이성의 부족에 있는 것이 아니라 타인의 지도 없이 이성을 사용할 결단력과 용기의 부족에 있다면 그 책임은 오로지 본인 스스로에게 있다. 칸트

4

자기 이성을 활용할 용기를 가져라. 그것이 바로 계몽을 위한 기본 원칙이다.

칸트

5

만약 사람이 자기 마음속에서 얘기하는 수많은 목소리 가운데, 어느 것이 진실하고 영원한 '나'의 목소리인지 정확하게 판단할 수만 있다면, 그에게는 결코 과오도 없고 악행도 없을 것이다. 그러기 위해서는 자기 자신을 알지 않으면 안 된다.

6

보통 사람들이 무지한 원인을 유심히 관찰해 보면, 그 주요 원인은 흔히 생각하듯 학교나 도서관의 부족에 있는 것이 아니라, 자신에게 유리한 암시의 수단으로 이용하려는 자들이 끊임없이 퍼뜨리고 있는 온갖 미신 때문이라는 것을 알 수 있다.

7

진정한 계몽은 도덕적 삶의 모범적인 사례에 의해 보급된다. 학교, 도서, 신문, 연극 등등의 이른바 계몽활동이라는 것은, 실은 계몽과는 아무런 관계가 없을 뿐만 아니라, 대부분 정면으로 대립되고 있다.

8

자신의 판단과 내면적 동기에 의하지 않고, 외부의 영향에 의해 행동하고 싶어질 때는, 잠시 멈춰 서서 자기를 끌어들이려 하는 그 영향이 선한 것인지 악한 것인지 잘 판단해 보아야 한다.

9월 29일

1

전쟁의 모든 참화에 대해서는 잠시 접어두고, 그것의 가장 큰 악의 하나는 인간의 마음을 비뚤어지게 하는 것이다. 군대가 존재하고 군사비가 지출되는 것을 어떻게든 설명해야 하는데, 합리적인 설명이 불가능하기 때문에 결국 이성이 비뚤어지게 되는 것이다.

2

이것은 볼테르의 우화 중에서, 다른 별에서 온 미크로메가스라는 우주인이 지구 사람들과 나눈 이야기이다.

"오! 영원한 존재가 그 기술과 힘을 발휘해 창조한 이성적 원자인 여러분! 여러분은 틀림없이 지구상에서 순수한 기쁨을 마음껏 누리고 있을 것이오. 왜냐하면 당신들에게는 물질적인 요소가 매우 적고 정신적으로 이미 고도의 발전을 이룩했으므로, 틀림없이 사랑과 사색의 생활을 보내고 있을 테니까. 그 사랑과 사색의 생활이야말로 진정으로 정신적인 존재자의 삶이 아니겠소?"

이 말에 대해 철학자들은 모두 고개를 저었는데, 그중에서도 가장 솔직한 남자가 그다지 존경받지 못하는 몇몇 활동가를 제외하면 다른 지구인들은 모두 바보이고 악인이며 불행한 사람이라고 말했다.

"만약 악이 육체적인 요소에서 나오는 것이라면 우리 인간에게는 필요 이상으로 육체적 요소가 많은 것이고, 만약 그것이 정신적인 요소에서 나오는 거라면 필요 이상으로 정신적 요소가 많은 것이오"라고 그가 말했다. "이를테면 지금 이 순간에도 모자를 쓴 수천 명의 바보들이 두건을 쓴 다른 수천 명의 생물과 함께 서로 죽고 죽이는 싸움을 하고 있고, 이것은 역사가 생긴 이래 오늘날까지 지구의 곳곳에서 일어나고 있는 현상이지요."

"그 작은 생물들은 도대체 왜 그렇게 싸우는 건가요?"

"당신의 발뒤꿈치만 한 땅이니 뭐니 하는 것 때문이라오!" 하고 철학자가 대답했다. "더구나 서로 죽고 죽이고 있는 자들은 어느 누구도 그런 토지에는 관심이 없어요. 오직 그들에게 문제가 되는 것은 그 토지가 술탄이라는 이름의 남자의 것이 되느냐, 아니면 카이사르라는 이름의 남자의 것이 되느냐 하는 것이오. 그런데 사실은 이 군주니 황제니 하는 사람들도 그 토지를 한 번도 본 적이 없고, 전쟁에서 서로를 죽이고 있는 자들 중에도 황제나 군주를 본 적이 있는 사람은 거의 아무도 없다오."

"정말 한심한 자들이군!" 하고 시리우스성(星)의 주민이 소리쳤다. "그런 어리석고 미친 짓이 어디 있단 말이오? 정말이지 당장 달려가서 그 살인자들의 개미집을 밟아버리고 싶구려!"

"그렇게 할 필요까지는 없어요!"라고 사람들이 그에게 대답했다. "그들 스스로 그렇게 할 거니까. 실은 벌할 상대는 그들이 아니고 궁궐에 들어앉아 그들에게 살인을 명령하고 뻔뻔스럽게 그것에 대해 신에게 감사하라고 명령하는 그 야만인들이지요."

볼테르

3

어떤 사람이 강 건너편에 살고 있고, 그의 황제가 내 황제와 싸우고 있다는 이유로 그와 나 사이에 무슨 나쁜 감정이 있는 것도 아닌데, 그에게 나를 죽일 권리가 있다고 하는 것보다 더 불합리한 얘기가 또 있을까?

파스칼

4

사람들이 전쟁의 어리석음을 깨닫게 되는 날은 반드시 올 것이다.

4세기 전에 피사와 루카의 주민들은 서로 맹렬하게 미워했는데, 마치 그것이 영원히 지속될 것처럼 피사의 짐꾼까지도 신분이 높은 루카 시민에게 뭔가 신세를 지는 것을 피사에 대한 수치스러운 배신이라고 여겼다. 지금 그 적개심의 잔영이 어디엔가 남아 있을까? 마찬가지로 현재 프랑스에 대한 프로이센인의 적개심에는 장차 무엇이 남을까? 그러한 감정이 장차 우리의 자손에게, 마치 스파르타인에 대한 아테네인의 증오심이나 루카 주민에 대한 피사 주민의 증오심과 마찬가지로 보일 것은 의심의 여지 없이 명백하다. 사람들은 이윽고 자신들에게는 서로를 공격하는 것보다 더 중요한 일이 있다는 것, 자신들의 공통의 적은 빈곤과 무지와 질병이고, 그러한 무서운 불행과 싸우기 위해 노력해야 하며, 자신들의 불행한 인류 형제와 결코 싸워서는 안 된다는 것을 이해할 것이다.

샤를 리셰

5

유럽 여러 나라의 정부는 1300억의 빚을 안고 있으며, 그 가운데 약 1100억은 지난 1세기 동안 진 것이다. 이 막대한 빚은 모두 오로지 군비 조달을 위한 것이었다. 유럽의 여러 나라 정부는 평시에도 400만 명 이상의 군대를 거느리고 있고, 전시가 되면 1900만 명까지 끌어올릴 수 있다. 그 정부 예산의 3분의 2는 빚의 이자와 육해군의 유지에 충당되고 있다. 몰리나리

6

만약 여행자가 어떤 외딴섬의 사람들이 자신들의 집을 탄환이 장전된 대포로 지키고, 주위를 밤낮없이 파수꾼들이 오가면서 경비하고 있는 것을 본다면, 그 섬에 살고 있는 사람들은 모두 도둑일 거라고 생각하지 않을 수 없을 것이다. 유럽 여러 나라도 그와 마찬가지가 아닐까?

종교가 사람들에게 미치는 영향이 이렇게도 미미하다니! 또한 우리가 종교에서 이토록 멀어져 있다니! 리히텐베르크

7

전쟁 또는 군인 계급이라는 존재를 시인하지도 부인하지도 말라. 명백한 나쁜 일에 대해서 이러니저러니 논하는 것은 우리의 지성과 감정을 왜곡시킨다.

이레째 읽을거리

무엇 때문에?

1

1830년 봄, 대대로 내려온 영지인 로잔카에 사는 판 야체프스키의 집에 죽은 친구의 외아들인 요시프 미구르스키라는 청년이 찾아왔다. 야체프스키는 이마가 넓고 어깨와 가슴이 딱 바라졌으며 구릿빛 얼굴에 하얀 콧수염을 길게 기른 65세 노인으로, 제2차 폴란드 분할 당시의 애국자이기도 했다. 그는 젊었을 때 미구르스키의 아버지와 함께 코시치유슈코군(軍)에서 복무하며, 지극한 애국심으로 그가 요한묵시록의 탕녀라고 부르고 있었던 예카테리나 2세와 매국노이자 그녀의 비열한 정부(情夫)인 포냐토프스키를 증오했다. 그리고 아침에는 틀림없이 해가 떠오른다는 것을 믿어 의심치 않듯 폴란드의 부활을 굳게 믿었다. 1812

년, 그는 숭배하는 나폴레옹의 군대에 가담해 연대를 지휘했다. 나폴레옹의 실각은 그를 실망시켰다. 그래도 그는 약간 왜곡된 형태이기는 하지만, 어쨌든 폴란드 부활에 대한 희망을 버리지 않았다. 알렉산드르 1세에 의해 바르샤바에 국회가 개설된 것이 그의 기대심을 자극했으나, 신성동맹과 전 유럽에서의 반동화(反動化), 그리고 콘스탄틴의 완고함과 고루함이 그의 오랜 꿈을 물거품으로 만들었다.

1825년 이래 야체프스키는 시골로 내려가 영지 로잔카에서 농사를 지으며 사냥을 하고, 신문과 편지를 읽는 것으로 하루하루를 보냈다. 그는 아무 데도 나가지 않았지만, 조국의 정치적 사건에는 변함없이 관심을 기울였다. 그리고 재혼하여 가난하지만 아름다운 귀족 규수를 아내로 맞이했는데 결혼 생활은 그리 행복하지 않았다. 그는 이 두 번째 아내를 사랑하지도 존경하지도 않고 무거운 짐으로 느끼며, 실패한 결혼에 대해 앙갚음이라도 하듯 아내를 구박하고 학대했다. 두 사람 사이에 자식은 없었다. 전처소생의 두 딸이 있었는데, 큰딸 반다는 굉장한 미인이어서, 자신의 미모를 의식하며 시골 생활을 따분해하고 있었고, 그가 사랑하는 작은딸 알비나는 물결치는 금발과 아버지를 닮아 넓은 미간에 반짝이는 갈색 눈을 갖고 있었다.

요시프 미구르스키가 찾아왔을 때 알비나는 열다섯 살이었다. 미구르스키는 전에 대학생이었을 때도 야체프스키 씨네 사람들이 겨울을 보내고 있던 빌나로 찾아와서 반다와 함께 놀기도 했는데, 이제 완전히 성인이 된 어엿한 남자로서 시골의 야체프스키 일가를 찾아온 것이었다. 젊은 미구르스키의 방문은 로잔카의 주민 모두에게 반가운 일이었다. 노인은 유죠 미구르스키가 그의 아버지인 젊은 시절의 친구를 떠올리게 하는 것과, 가슴 벅찬 장밋빛 꿈을 안고, 폴란드뿐만 아니라 그가 방금 돌아온 외국에도 팽배해 있는 혁명의 기운에 대해 얘기하는 것도 즐거웠다.

야체프스키 부인으로서도 손님이 있으면 남편이 평소처럼 사사건건 잔소리를 하는 일이 없기 때문에 미구르스키의 방문이 반가웠다. 반다는 미구르스키가 자기 때문에 찾아왔으며, 곧 자기에게 청혼할 것이라고 믿고 있었기 때문에 그의 방문을 누구보다 기뻐했다. 그녀는 그의 청혼을 받아줄 생각이었지만, 내심 '조금은 애를 태워줘야지' 하고 생각하고 있었다. 알비나는 모두가 기뻐하는 것이 기뻤다.

미구르스키가 찾아온 것은 반다에게 청혼하기 위해서라고 믿고 있는 사람은 당사자인 반다뿐만이 아니었다. 야체프스키 영감부터 유모 루드비카에 이르기까지, 말은 하지 않아도 모두들 그렇게 생각하고 있었다.

그것은 사실이기도 했다. 미구르스키도 그럴 작정으로 찾아왔지만, 어쩐 일인지 그곳에 머문 지 일주일쯤 지나자, 뭔가 당황한 듯 허둥대는 기색으로 청혼도 하지 않고 돌아가고 말았다. 모두가 이 예기치 못했던 작별에 놀랐지만 알비나 외에는 아무도 그 이유를 알지 못했다. 알비나는 그가 갑작스럽게 떠난 원인이 자기에게 있다는 것을 알고 있었다. 미구르스키가 로잔카에 머무는 동안, 알비나는 내내 그가 자기하고 있을 때 특히 생기가 돌고 즐거워하는 것을 느끼고 있었다. 그는 그녀를 마치 어린애를 다루듯 대하면서 놀리고 장난을 쳤지만, 그녀는 여자의 직감으로 그것은 어른이 어린이를 대하는 태도가 아니라, 남자가 여자를 대하는 태도라는 것을 눈치챘던 것이다. 그녀는 자기가 방 안에 들어설 때 맞이하고 또 방에서 나갈 때 배웅하는 미구르스키의 사랑에 찬 눈빛과 부드러운 미소 속에서 그것을 느꼈다. 그녀는 그것이 도대체 무엇인지 이해할 수 없었지만, 그가 그녀를 대하는 태도는 그녀를 즐겁게 했고, 또 그녀도 무의식적으로 그에게 잘 보이려고 애쓰고 있는 자신을 발견했다. 미구르스키 역시 그녀가 하는 행동은 뭐든지 마음에 들었다. 그래서 그녀는 무엇을 하든 그가 있는 자리에서는 유달리 가슴이 설레는 것을 느꼈다. 그는 그녀가 멋진 보르조이 개와 함께 뛰어다닐 때, 개가 그녀에게 뛰어올라 그 새빨간 사과 같은 뺨을 핥는 모습을 보며 좋아했고, 그녀가 아주 사소한 일에도 큰 소리로 웃음을 터뜨려, 그 자리에 있는 사람들을 웃음의 소용돌이로 끌어들이는 것을 보는 것도 좋아했다. 또 그녀가 신부님이 따분한 설교를 할 때 얼굴은 여전히 웃으면서도 진지한 눈빛을 하고 있는 것이 마음에 들었고, 놀랄 만큼 비슷하고 재밌게 할멈이나 이웃집 주정뱅이, 또 미구르스키 자신까지 흉내 내면서, 순간순간 다른 사람을 재치 있게 표현하는 그녀를 보는 것이 즐거웠다.

무엇보다 그의 마음을 사로잡은 것은 그녀의 약동하는 듯한 생명의 기쁨이었다. 마치 그녀는 이제 막 생명의 아름다움을 깨닫고, 서둘러 그것을 즐기려 하는 것 같았다. 그 생명의 기쁨이 특별히 그를 매혹하고 있다는 것을 그녀가 알게 되자, 그 기쁨은 더욱더 커졌다.

그래서 반다에게 청혼하기 위해 찾아왔던 미구르스키가, 어째서 청혼을 하지 않은 채 돌아가 버렸는지 알고 있는 사람은 알비나뿐이었다. 그녀는 누구한테도 그 사실을 말할 용기가 없었고, 스스로도 모른 척했지만, 마음속으로는 그가 언니를 사랑하려다가 결국 자신을 사랑하게 된 것을 알고 있었다. 현명하고 교양 있고 미인인 언니 반다에 비해 자신은 보잘것없는 여자라고 생각하고 있던 알비나는 무척 놀랐지만, 그래도 그것이 사실임을 모를 수가 없었고, 또 그 사실에 기쁨을 느끼지 않을 수 없었다. 왜냐하면 그녀 자신도 온 마음을 다해 평생의 연인으로서 미구르스키를 사랑하기 시작했기 때문이다.

2

여름이 다 갈 무렵, 신문이 파리 혁명을 보도했다. 이어서 바르샤바에서 반란의 조짐이 일고 있다는 소식이 들려왔다. 야체프스키는 두려움과 희망이 섞인 마음으로, 우편물이 올 때마다 콘스탄틴 암살과 혁명의 발발에 대한 소식을 기다렸다. 11월에 들어서자 드디어 로잔카에는 망루 습격사건과 콘스탄틴 파블로비치의 도피에 관한 뉴스가 들려왔고, 그 후 국회가 로마노프 일가의 폴란드 통치권 박탈을 선언했으며, 흐워피스키가 독재관(獨裁官)이 되면서 폴란드 국민은 다시 자유를 되찾았다는 소식이 전해졌다. 폭동은 아직 로잔카까지는 미치지 않았으나 주민들은 모두 그 과정을 지켜보면서 로잔카에서도 폭동이 일어날 것을 기대하며 그것에 대비하고 있었다. 야체프스키 영감은 폭동의 주동자 중 한 사람인 옛 친구와 편지를 주고받으며, 농사가 아닌 혁명사업을 위한 유대인 혁명가의 은밀한 방문을 여러 차례 받았고, 때가 되면 자신도 폭동에 합류할 준비를 하고 있었다. 야체프스키 부인은 평소보다 더욱 세심하게 남편을 챙겨주며 내조해야 했고, 그로 인해 더욱더 남편을 화나게 하기도 했다. 반다는 혁명위원회에 기부해 달라며 바르샤바의 한 친구에게 자신의 소중한 다이아몬드를 부쳤다. 알비나는 오로지 미구르스키에게만 관심이 있었다. 그녀는 아버지를 통해 그가 드베르니츠키 부대에 입대했다는 사실을 알고, 그 부대에 대한 모든 정보를 수집하느라 여념이 없었다. 미구르스키한테서도 편지가 두 번 왔다. 한 번은 그가 군대에 입대했다는 것을 알리는 것이었고, 한 번은 2월 중순에 쓴 것으로 여섯 개의 러시아군 대포를 노획하고 포로들을 생포한 스토체크의 폴란드군 승전 소식을 알리는 기쁨에 찬 편지였다.

그 편지는 "폴란드인의 승리와 모스크바인의 패배를! 만세!"라고 끝나고 있었다. 알비나는 기뻐서 어쩔 줄 몰랐다. 그녀는 지도를 살펴보면서 언제 어디서 모스크바인들이 결정적으로 격파될 것인가를 예상하곤 했다. 아버지가 우체국에서 가지고 온 소포를 천천히 뜯고 있을 때는 얼굴이 창백해지고 온몸이 떨릴 정도였다.

어느 날 계모가 그녀의 방에 들어갔다가 그녀가 바지와 국민모(폴란드인이 쓰는 위에 술이 달린 사각모자)를 쓰고 거울 앞에 서 있는 것을 보았다. 알비나는 폴란드 군대에 참가하기 위해 남장을 하고 집을 나가려던 것이었다. 계모는 그것을 아버지에게 알렸다. 그녀에 대해 공감하며 속으로 오히려 기쁘기까지 했지만, 그런 마음을 숨기고 아버지는 딸을 불러 전쟁에 나가겠다는 어리석은 생각을 머리에서 싹 지워버리라고 엄하게 나무랐다.

"여자에게는 여자가 할 일이 있다. 그것은 조국을 위해 자신을 희생하고 있는 사람들을 사랑하고 위로하는 것이다."

지금은 자신에게 기쁨이자 위안이 되어주고 있는 딸이 필요하지만, 때가 오면 언젠가 한 남자의 아내가 될 것이다. 그는 딸을 어떻게 다루어야 하는지 알고 있었다. 그래서 딸에게 자신이 고독하고 불행하다는 것을 넌지시 암시했다. 그녀는 아버지의 가슴에 얼굴을 묻고 눈물을 감추면서—그래도 그녀의 눈물은 아버지의 옷소매를 적셨다—아버지의 허락 없이는 앞으로 아무 짓도 하지 않겠다고 약속했다.

3

결국 폴란드는 분할되어 일부는 가증스러운 독일인의, 다른 일부는 더욱더 가증스러운 러시아인의 지배하에 들어가게 되었다. 그때 폴란드인들이 경험한 고통을 겪어보지 않은 사람은, 1830년에서 31년 사이에 실패로 끝난 몇 차례의 해방 운동 뒤 새로운 해방의 희망이 보였을 때의 그들의 기쁨을 이해할 수 없을 것이다. 그러나 그 희망도 오래가지 않았다. 세력의 불균형이 너무 커서 혁명이 또 좌절되고 만 것이다. 또다시 무의미하게 권력자의 명령에 복종하는 수만 명의 러시아인들이 몰려와, 디비치와 파스케비치, 그리고 최고 사령관인 니콜라이 1세의 지휘하에 폴란드를 정복했다. 무엇 때문에 그런 짓을 하는지 스스로도 모르면서, 그들은 자신들과 자신들의 동포인 폴란드인의 피로 대지를 적신 뒤, 그들을 또다시, 그들의 자유나 억압을 원하는 것이 아니라 다만 자신들의 탐욕과 어린아이 같은 허영심의 만족만을 원하는 나약하고 하잘것없는 사람들의 손에 넘겨주고 말았다.

바르샤바가 점령되고 폴란드의 여러 부대도 격파당했다. 수백, 수천 명의 사람들이 총살당하거나 채찍을 맞고 유형당했다. 유형지로 쫓겨난 사람들 가운데 젊은 미구르스키도 끼어 있었다. 그는 모든 재산을 몰수당하고 상비군의 일개 병졸로서 우랄스크에 송치되었다.

야체프스키의 가족들은 1831년부터 이듬해 겨울까지 심장병으로 고생하고 있는 노인의 요양을 위해 빌나에서 지냈다. 그곳에 요새지대의 상비군에서 미구르스키가 보낸 편지가 도착했다. 편지에서 그는, 자신이 지금까지 당한 고난과 앞으로도 감수해야 될 고난이 아무리 괴로울지라도, 자신은 조국을 위해 운명을 기쁘게 받아들이고 있다는 것, 자신이 생명의 일부를 이미 바쳤고 남아 있는 모든 것도 바칠 각오로 임한 이 성스러운 혁명사업에 결코 절망하지 않고 있다는 것, 당장 내일이라도 새로운 가능성이 나타나면 서슴지 않고 똑같은 행동을 할 것이라는 것 등을 쓰고 있었다. 거기까지 편지를 읽었을 때, 노인은 눈물이 앞을 가려 더 이상 읽을 수가 없었다. 이어서 반다가 소리 내어 읽은 편지의 뒷부분에서 미구르스키는, 자신의 일생에서 가장 즐거운 추억으로 남게 된 "귀댁을 마지막으로 방문했을 때의 계획과 꿈이 아무리 장밋빛이었다" 해도 지금은 그것에 대해 얘기할 수도 없고 얘기하고 싶지도 않다고 했다.

반다와 알비나는 저마다 이 말의 뜻을 자신과 관련시켜 해석했으나, 아무한테도 내색은 하지 않았다. 편지의 마지막에서 미구르스키는 모든 사람들에게 인사를 보내면서, 추신의 형태로 알비나에게 안부를 물었다. 그가 지난번에 갔을 때 그녀에게 보여줬던 장난기 가득한 말투로 지금도 개와 어울려 방 안을 뛰어다니고 있는지, 지금도 그렇게 모든 사람들의 흉내를 잘 내고 있는지 궁금하다고 했다. 그는 노인에게는 건강을, 그리고 어머니에게는 집안일에 대한 위로와 격려를, 반다에게는 훌륭한 남편감을, 그리고 알비나에게는 변함없는 생명의 기뼘을 기원하고 있었다.

4

야체프스키 노인의 건강이 갈수록 나빠지자, 1833년 그의 가족은 외국으로 이주했다. 반다는 바덴에서 한 부유한 폴란드인 망명자를 만나 결혼했다. 노인의 병세는 급속히 악화되어 1833년, 결국 이국의 하늘 아래서 알비나의 보살핌 속에 숨을 거두었다. 자신의 아내는 옆에 오지도 못하게 하며, 마지막 순간까지 자신의 실패한 결혼에 대해 그녀를 용서하지 않았던 것이다. 야체프스키 부인은 알비나와 함께 고향으로 돌아왔다.

이제 알비나의 인생 최대의 관심은 미구르스키였다. 그녀의 눈에 최고의 영웅이자 수난자인 미구르스키를 위해, 그녀는 자신의 전 생애를 바치기로 결심했다. 외국으로 떠나기 전부터 이미 그녀는 그와 편지를 교환하고 있었다. 처음에는 아버지의 부탁으로, 나중에는 스스로 그렇게 했다.

알비나는 아버지가 죽은 뒤 러시아로 돌아와서도 그와 계속 편지를 주고받다가, 18세가 됐을 때 계모에게 우랄스크에 가서 미구르스키와 결혼하겠다고 선언했다. 계모는 부유한 집 처녀를 유혹해 자신의 불행을 분담시킴으로써 궁지에서 벗어나려는 이기주의자라고 미구르스키를 비난했다. 화가 난 알비나는 계모에게, 민족을 위해 모든 것을 희생한 사람을 그렇게 비열하게 매도하는 것은 어머니 한 사람뿐일 것이라고 말했다. 그리고 미구르스키는 오히려 자기가 돕겠다는 것도 거절한 사람이라면서, 자기는 무슨 일이 있어도 그가 있는 곳에 가서 그가 받아만 준다면 결혼할 결심이라고 말했다. 알비나는 이제 성인이 되어 있었고, 또 죽은 작은아버지가 두 조카딸에게 남긴 30만 즈워티(폴란드의 화폐 단위)의 돈이 있었기 때문에, 더 이상 그녀를 방해할 수 있는 것은 아무것도 없었다.

1833년 11월 알비나는 한 번도 본 적이 없는 야만적인 모스크바 사람들이 사는 먼 나라를 향해, 마치 죽으러 가기라도 하는 것처럼 눈물로 떠나보내는 집안 식구들과 작별하고, 늙고 충실한 유모인 루드비카와 함께, 먼 여정을 위해 새로 수리한 아버지의 마차를 타고 출발했다.

5

미구르스키는 병영 안에서 살지 않고 혼자 하숙하고 있었다. 니콜라이 파블로비치는 강등당한 폴란드인들에게, 엄격한 군대 생활의 모든 고통뿐만 아니라, 당시 일반 졸병들이 겪고 있던 모든 굴욕도 감수할 것을 요구했다. 그러나 그의 명령에 복종해야 하는 입장에 있는 대다수의 소박한 사람들은, 그러한 강등병의 괴로운 처지를 이해해 명령 불복종으로 처벌받을 위험을 무릅쓰고, 될 수 있는 한 엄격한 조치는 취하지 않고 있었다.

미구르스키가 편입된 대대의 대대장은 교육은 받지 못했지만 갑자기 출세한 장교로, 전에는 부유한 데다 높은 교양을 갖춘 청년이었다 지금은 모든 것을 잃어버린 미구르스키를 이해하고 동정하며 모든 일에 편의를 봐주고 있었다. 미구르스키도 하얀 구레나룻을 기르고 병졸처럼 퉁퉁한 얼굴을 한 중령의 친절을 고맙게 여겨, 유년학교 입학을 준비하고 있던 그의 아들들에게 수학과 프랑스어를 가르쳐 주기로 했다.

벌써 일곱 달째에 접어든 우랄스크의 생활은 단조롭고 우울하고 지루할 뿐만 아니라 무척 고통스러웠다. 가능한 한 거리를 두려고 노력하고 있던 대대장 외에 아는 사람은, 역시 유형을 받아 이곳에서 생선 장사를 하고 있는, 무식하고 교활하며 불쾌한 폴란드인 단 한 사람뿐이었다. 미구르스키에게 가장 괴로운 것은 그로서는 아무리 해도 가난한 생활에 익숙해지지가 않는 일이었다. 재산을 몰수당한 뒤 그는 완전 무일푼이 되어, 몸에 지니고 있던 금붙이를 팔아서 겨우 살아가고 있었다.

유형을 당한 뒤 미구르스키의 유일한 삶의 기쁨은 알비나와의 편지 교환이었다. 로잔카를 방문했을 때부터 그의 머릿속에 새겨져 있던 그녀의 시적이고 사랑스러운 모습은, 유형지에 있는 지금은 더욱더 멋진 기억으로 남아 있었다. 첫 편지 속에서 알비나는, 궁금해서 물어보는 거라고 하며, 예전에 그가 "내 계획과 꿈이 아무리 장밋빛이었다 해도"라고 말한 것은 무슨 뜻이었느냐고 물었다. 그래서 미구르스키는 "이젠 확실하게 고백할 수 있지만, 실은 그 꿈이라는 것은 당신을 내 아내라고 부르는 것이었소"라고 대답했다. 그 말에 그녀는 그를 사랑하고 있다고 화답했다. 그러자 미구르스키는 그런 말을 하면 안 된다, 왜냐하면 이젠 그것이 불가능하다는 것을 생각하는 것이 두렵기 때문이라고 썼다. 그녀는 다시 그것은 가능할 뿐만 아니라 반드시 그렇게 될 것이라고 답장을 보냈다. 그는 그녀의 희생을 받아들일 수 없으며, 자신의 지금과 같은 상태에서 그것은 불가능하다고 대답했다. 그 편지를 보낸 지 얼마 지나지 않아 그는 2000즈워티의 소액우편환이 든 편지를 받았다. 봉투의 스탬프와 필적으로 알비나가 부친 것임을 안 그는, 초기에 쓴 편지에서 자신이 농담 비슷하게 가정교사 아르바이트로 차와 담배, 심지어 책 같은 필수품을 살 돈을 벌고 있는 상황을 재미있고 우스꽝스럽게 쓴 것을 떠올렸다. 그는 그 돈을 다른 봉투에 넣은 다음, "우리의 신성한 관계를 돈으로 더럽히지 말아달라"고 쓴 편지와 함께 돌려보냈다. "내 생활은 아무 불편한 데가 없고, 당신 같은 친구가 있다는 것만으로도 행복하다"고 그는 썼다. 두 사람의 편지 왕래는 그것이 마지막이었다.

11월 어느 날, 미구르스키가 중령의 집에서 소년들의 공부를 봐주고 있을 때였다. 우편썰매의 방울 소리가 가까이 다가오더니, 썰매 미끄럼판이 얼어붙은 눈 위를 삐걱거리는 소리가 나면서 현관 앞에 멈춰 섰다. 아이들이 누가 왔는지 알아보려고 뛰어나갔다. 미구르스키는 방에 남아 문 쪽을 쳐다보면서 아이들이 돌아오기를 기다리고 있었다. 잠시 뒤 방에 들어선 것은 중령의 부인이었다.

"선생님, 어떤 여자분들이 두 분 오셔서 당신을 찾는군요. 아마 당신의 고국에서 온 사람들일지도 모르겠어요. 폴란드 사람들 같아요."

만약 누군가가 미구르스키에게 알비나가 이곳에 오는 일이 있을 수 있다고 생각하느냐고 묻는다면, 그는 즉각 그런 일은 상상도 할 수 없는 일이라고 대답했을 것이다. 그러나 마음속 깊은 곳에서 그는 그녀를 기다리고 있었다. 그는 심장이 두근거리고 숨이 가빠지는 걸 느끼면서 현관으로 달려갔다. 현관에는 얼굴에 마마 자국이 있는 뚱뚱한 여자가 머리에 쓴 두건을 풀고 있었다. 또 한 여자는 중령의 방으로 막 들어가는 참이었다. 등 뒤에서 발소리를 듣고 그녀가 돌아보았다. 두건 밑으로 알비나의 서리가 앉은 속눈썹 아래, 넓은 미간에서 삶의 환희로 반짝반짝 빛나는 두 눈동자가 보였다. 그는 자기도 모르게 우뚝 선 채, 어떻게 맞이해야 할지 무슨 말로 인사를 해야 할지 몰라 망연자실해 있었다.

"유죠!" 알비나가 미구르스키를 불렀다. 아버지가 늘 그렇게 불렀고 자신도 마음속으로 남몰래 부르던 이름이었다. 알비나는 두 팔로 그의 목을 끌어안고, 그의 얼굴에 새빨갛게 얼어버린 자신의 뺨을 비비며, 웃었다가 울었다가 했다.

알비나가 어떤 사람이고 무엇 때문에 찾아왔는지 알자, 친절한 중령 부인은 그녀를 맞아들여 그들이 결혼할 때까지 그 집에서 묵게 해주었다.

6

인정 많은 중령의 노력으로 그들의 결혼은 당국의 허가까지 받게 되었다. 그리하여 오렌부르크에서 폴란드 신부를 초빙하여 미구르스키와 알비나는 결혼식을 올렸다. 대대장의 아내가 결혼식 대모가 되었고, 그가 가르친 아이 중 한 아이가 성상을 들었으며, 같은 유형자인 폴란드인인 브르조조프스키가 들러리를 섰다.

얼핏 이상하게 들릴지도 모르지만, 알비나는 남편을 열렬하게 사랑하면서도 그에 대해 아는 것이 거의 없었다. 사실 결혼을 하고 나서야 비로소 그에 대해 알았다고 할 수 있을 것이다. 당연한 일이지만, 그녀는 육체와 피가 살아 있는 한 인간인 미구르스키 속에, 그녀가 상상 속에 간직하며 키워온 이미지에서는 찾아볼 수 없었던 속되고 현실적인 점도 있다는 것을 알게 되었다. 그런 반면, 바로 육체와 피가 살아 있는 사람이기 때문에, 예전의 추상적인 이미지 속에는 없었던 솔직하고 선량한 면도 많이 발견할 수 있었다. 그녀는 아는 사람들과 친구를 통해 전쟁 때 그가 발휘했던 용기에 대해서는 물론, 재산을 몰수당하고 자유를 빼앗겼을 때의 그 의연한 태도도 알고 있었기 때문에, 언제나 그를 매우 고결한 영웅으로만 상상했던 것이다. 그러나 비범한 체력과 용기를 지닌 그도, 현실 속에서는 부드러운 어린 양 같은 남자였다. 또 악의 없는 농담을 하거나 금발의 콧수염으로 둘러싸인 싱그러운 입가에, 로잔카에 있을 때부터 그녀를 사로잡았던 천진난만한 미소를 지으며, 줄기차게 파이프 담배를 피워서 특히 임신 중인 그녀를 괴롭히는 지극히 평범한 남자이기도 했다.

미구르스키도 결혼한 뒤에 비로소 알비나에 대해 알았고, 알비나를 통해 처음으로 여자라는 것을 알았다. 결혼하기 전에 알던 여자들한테서는 그것을 알 수 없었다. 만약 그가 알비나에 대해 그녀에게만 느낄 수 있는 특별한 애정이나 감사하는 마음이 없었더라면, 역시 그녀에게도 내재된 여자의 일반적인 속성을 발견하고 놀랐을 것이다. 그는 평범한 여성으로서의 알비나에 대해서는 연민과 약간의 해학적인 겸허함으로 대했지만, 알비나만의 특별한 개성 앞에서는, 단순히 부드러운 애정뿐만 아니라 감탄하는 마음으로, 자신에게 과분한 행복을 안겨준 그녀의 헌신에 대해 마땅한 대가를 아직 돌려주지 못하고 있다는 정신적 부채감을 느끼고 있었다.

미구르스키 부부는 서로를 사랑했기 때문에 행복했다. 서로가 모든 애정을 상대방에게 쏟아부음으로써 두 사람은 이방인들 속에 있어도 마치 밤에 길을 잃고 온몸이 꽁꽁 얼어붙은 두 사람이 서로 몸을 기대 서로의 몸을 녹여주고 있는 듯한 감정을 느꼈다. 또 주인에 대해서는 거의 노예처럼 자신을 돌보지 않고 충실하게 헌신하며 악의 없는 잔소리를 연발하지만, 남자면 누구한테나 반해버리는 유모 루드비카도, 미구르스키 부부의 생활을 즐겁게 해주는 데 한몫을 하고 있었다. 두 사람은 자식 복도 있었다. 결혼한 지 1년 만에 사내아이가 태어났고, 그 1년 반 뒤에는 계집아이가 태어났다. 사내아이는 어머니를 쏙 빼닮아 눈과 활달한 성격, 우아한 모습까지 어머니와 똑같았다. 계집아이는 예쁘고 귀여운 동물 같았다.

미구르스키 부부는 조국을 멀리 떠나 있다는 점에서, 그리고 무엇보다도 불쾌하고 굴욕적인 신분이라는 점에서는 불행했다. 알비나가 특히 그 점을 견딜 수 없어 했다. 그녀의 '유죠, 영웅이자 인간의 귀감인 유죠'가, 장교들과 만날 때마다 부동자세를 취하거나 받들어총을 하고 보초를 서면서 상관의 명령에 절대 복종해야 했던 것이다.

게다가 폴란드에서 들려오는 소식은 한결같이 어두운 것들뿐이었다. 대부분의 친척들과 친구들은 유형을 당하거나 모든 것을 버리고 외국으로 피신했다. 미구르스키 부부도 현재와 같은 괴로운 상황이 언제 끝날지 알 수 없었다. 사면이나 하다못해 감형 또는 장교 승진 등을 목표로 한 모든 노력도 허사로 끝나고 말았다. 니콜라이 파블로비치는 검열과 관병식, 훈련을 계속시켰고, 가면무도회에 가서 온갖 가면을 쓰고 놀거나, 할 일도 없으면서 추구예프에서 노보로시스크, 상트페테르부르크에서 모스크바 등지로 러시아 전국을 말을 타고 돌아다니며 민중을 놀라게 하고 말을 혹사시켰다. 어쩌다가 누가 용기를 내어, 조국애 때문에 고난에 빠져 있는 12월 당원과 유형자들에게 좀더 동정을 베풀어 달라고 탄원이라도 하면, 가슴을 쭉 펴고 그 흐릿한 눈으로 한곳을 응시하면서, "아니야, 아직 일러!" 하며 마치 언젠가 적당한 시기가 되면 고려하겠다는 듯이 말하곤 했다. 그러면 장군과 시종, 그의 부인과 같은 그의 주위에 빌붙어 사는 모든 측근들은, 이 위대한 인물의 비범한 통찰력과 지혜에 감동하는 것이었다.

그러나 전체적으로 볼 때 미구르스키 부부의 생활은 불행보다 행복 쪽에 더 가까웠다.

그리하여 5년의 세월이 흘렀다. 그러던 어느 날 예기치 않았던 무서운 불행이 두 사람을 덮쳤다. 먼저 딸아이가 시름시름 앓기 시작하더니 이틀 뒤에는 아들까지 병에 걸린 것이다. 의사라고는 한 사람도 찾을 수 없어서, 아들은 치료도 받지 못한 채 나흘 만에 죽고 말았다. 그 이틀 뒤에 딸아이도 숨을 거두었다.

알비나는 자신이 자살하면 남편이 얼마나 슬퍼할지, 그것이 두려워 우랄강에 몸을 던지는 것을 가까스로 참았다. 하지만 그녀는 사는 것이 괴로웠다. 전에는 그토록 활동적이고 부지런하게 생활했던 그녀가, 집안일은 모두 루드비카에게 맡겨버리고 아무것도 하지 않으며 몇 시간이고 가만히 앉아 있는 시간이 많아졌다. 그러다가 갑자기 벌떡 일어나 자기 방에 뛰어들어, 남편과 루드비카가 아무리 달래도 말없이 흐느껴 울면서, 자기를 혼자 있게 해달라고 부탁했다.

여름이 되자, 그녀는 아이들의 무덤에 찾아가 이제는 돌이킬 수 없는 슬픈 기억과, 그때 어떻게든 손을 썼으면 살 수도 있었을지도 모른다는 회한에 가슴을 쥐어뜯으며 무덤 앞에 앉아 있었다. 특히 자신들이 의학의 혜택을 받을 수 있는 도시에 살고 있었더라면 아이들도 살았을지 모른다는 생각이 그녀를 계속 괴롭혔다.

"어째서? 도대체 왜? 유죠도 나도, 단지 유죠가 자신이 태어난 집에서 그의 조부와 증조부들이 살아온 것과 같은 생활을 하고, 또 나는 그를 사랑하며 함께 어린 자식들을 사랑으로 키워가는 것 말고는 아무것도 바라는 게 없는데. 그런데 유죠는 갑자기 체포되어 유형당하고, 나는 무엇보다 소중한 아이들을 빼앗기고 말았어. 왜? 도대체 무엇 때문에?"

그녀는 사람들을 향해, 하느님을 향해 그렇게 묻는 것이었다. 하지만 어떤 대답도 들을 수 없었다. 그것에 대한 해답 없이는 삶 자체가 있을 수 없었다. 그녀의 삶은 정지되고 말았다. 전에는 그녀의 여성적인 취미와 우아함으로 채색할 수 있었던 유형지에서의 비참한 생활은, 이제는 그녀뿐만 아니라 그녀를 동정하고 괴로워하면서도 어찌할 바를 모르고 있는 미구르스키에게도 견디기 힘든 것이었다.

7

미구르스키 부부에게 가장 고통스러웠던 그때, 그 무렵 시베리아에서 폴란드 신부 시로친스키가 주동한 반란과 탈주 계획에 참여했던 폴란드인 로솔로프스키가 우랄스크로 송치되어 왔다.

로솔로프스키는 미구르스키와 마찬가지로, 즉 태어난 그대로 폴란드인이고자 한 것뿐인데 시베리아로 유형당한 수천 명의 사람들처럼 그 일에 관여했다가 채찍질을 당하고 미구르스키와 같은 대대의 병사가 된 것이다. 전직 수학교사인 로솔로프스키는 두 뺨이 움푹 들어가고 이마가 험상궂은 데다, 큰 키에 곱사등이인 깡마른 남자였다.

도착한 첫날 밤, 로솔로프스키는 미구르스키의 집에 앉아 차를 마시면서 그 느릿하고 침착한 저음으로, 자신이 겪었던 끔찍한 그 사건에 대해 자연스럽게 말문을 열었다. 그 사건은 시로친스키가 시베리아 전역에 비밀결사를 조직한 것으로, 목적은 카자크 부대와 상비부대에 섞여 있는 폴란드인들의 협조 아래 병사들과 죄수들로 하여금 폭동을 일으키게 하고 일반 주민도 봉기시켜서, 옴스크에서 대포를 빼앗고 모든 사람들을 해방하는 것이었다.

"그런 일이 정말 가능했습니까?" 미구르스키가 물었다.

"가능한 정도가 아니었어요. 모든 것이 완벽하게 준비되어 있었으니까요." 로솔로프스키가 어두운 표정, 느리고 침착한 목소리로, 해방을 위한 모든 계획과 만약 실패로 돌아갔을 경우에 공모자들을 구출하기 위해 채택된 모든 방법을 이야기했다. 그 계획은 만약 두 명의 배신자만 없었더라면 틀림없이 성공할 수 있는 것이었다. 로솔로프스키의 말에 의하면 시로친스키는 천재적이고 위대한 정신력의 소유자였다고 한다. 그는 영웅으로서 그리고 순교자로서 죽어갔다. 로솔로프스키는 매끄럽고 차분한 저음으로, 이 사건에 연루된 모든 사람들과 함께 입회해야 했던 형벌의 자초지종을 자세히 들려주었다.

"2개 대대의 병사들이 두 줄로 서서 긴 통로를 이루고 있었습니다. 병사들은 저마다 손에, 총구에 딱 세 개밖에 들어가지 않을 정도의 굵기로 된 탄력 있는 회초리를 들고 있었지요. 맨 먼저 끌려온 것은 의사 샤칼스키였습니다. 두 병사가 그를 앞세우고 나아가면, 채찍을 든 병사들이 그가 자기 앞에 왔을 때 그 알몸의 등짝을 채찍으로 사정없이 내리치는 것이었습니다. 나는 그가 내가 서 있는 곳으로 다가왔을 때에야 가까스로 그것이 보였습니다. 처음에는 커다란 북소리밖에 들리지 않았지만, 곧 채찍이 휙 소리를 낸 뒤 찰싹하고 몸에 닿는 소리가 들리면, 총이 다가오고 있음을 느낄 수 있었습니다. 이윽고 총을 든 병사가 그를 앞세우고 가자, 그는 몸을 벌벌 떨면서 얼굴을 오른쪽 왼쪽으로 이리저리 피하면서 걸어오는 것이 보였습니다. 한번은 그가 우리 옆을 지나갔을 때, 러시아 의사가 병사들에게 '제발 아프게 치지 말아주시오' 하고 말하는 것이 들렸습니다. 하지만 그들은 여전히 계속 때렸고, 두 번째로 우리 옆을 지나갔을 때는 이미 걸음도 걷지 못하고 질질 끌려가고 있었습니다. 그의 등짝은 차마 눈뜨고 볼 수가 없었지요. 나는 자신도 모르게 눈을 감았습니다. 드디어 그는 쓰러져서 들것에 실려 나갔습니다.

다음에 두 번째 사람이, 이어서 세 번째 사람이, 그리고 네 번째 사람이 끌려 왔습니다. 모두들 쓰러져서 어떤 사람은 움직이지 않고, 어떤 사람은 거의 죽은 상태로 실려 나갔습니다. 우리는 모두 선 채로 그것을 보고 있어야 했습니다. 그 광경은 이른 아침부터 오후 2시까지, 여섯 시간 동안이나 계속되었습니다. 마지막으로 끌려온 것이 시로친스키였습니다. 오랫동안 보지 못한 사이에 그는 몰라볼 만큼 늙었더군요. 면도를 했지만 그의 주름살투성이 얼굴은 창백했습니다. 발가벗겨진 몸뚱이는 누런 데다 너무 깡말라 툭 불거져 나온 갈비뼈가 움푹 꺼진 배를 거의 덮고 있는 것 같았습니다. 그도 다른 사람들과 마찬가지로 걸어가면서 채찍에 맞을 때마다 몸을 떨며 고개를 이리저리 돌렸지만, 신음 소리는 내지 않고 큰 소리로 기도문을 암송했습니다. '주여, 당신의 크신 자비로 저희를 불쌍히 여겨 주시옵소서.'"

"나는 이 귀로 똑똑히 들었습니다." 로솔로프스키는 갈라진 목소리로 얼른 그렇게 말하더니, 입을 다물고 '흥!' 하고 콧소리를 냈다.

창문가에 걸터앉아 있던 루드비카가 손수건으로 얼굴을 가리며 울음을 터뜨렸다.

"아! 이제 그런 이야기는 그만하십시오! 짐승들! 짐승 같은 놈들!" 미구르스키는 그렇게 외치면서 파이프를 내던지더니 벌떡 일어나 캄캄한 침실로 들어가 버렸다. 알비나는 마치 돌처럼 굳어버린 듯 어두운 방 한구석을 가만히 응시하면서 앉아 있었다.

8

이튿날 미구르스키가 군사 훈련을 끝내고 집에 돌아오니, 아내가 예전처럼 가벼운 걸음으로 그를 맞이하며 웃는 얼굴로 침실로 안내하는 것이었다. 미구르스키는 깜짝 놀라고 한편으로는 기쁘기도 했다.

"저, 유죠, 할 애기가 있어요."

"말해봐요, 뭔데."

"난 지난밤 내내 로솔로프스키가 얘기한 것을 생각해 보았어요. 그리고 결심했어요. 난 이렇게는 살 수 없어요. 이런 곳에서는 더 이상 살 수 없어요. 이젠 절대로 못 참아요! 죽어도 좋으니까, 다시는 이런 곳에서 살지 않을 거예요."

"그럼 어떡하자는 거요?"

"우리 도망가요!"

"도망가자고? 어떻게!"

"밤새도록 생각해 봤어요. 내 얘길 좀 들어보세요."

그녀는 간밤에 궁리해 낸 계획을 그에게 이야기했다.

그것은 다음과 같은 것이었다. 우선 미구르스키는 저녁에 집에서 나와 우랄강의 기슭에 외투를 벗어놓고 그 위에 자살한다고 쓴 편지를 올려둔다. 그렇게 하면 사람들은 그를 투신자살한 것으로 생각할 것이다. 시체에 대한 수색이 시작될 것이고 얼마 후 찾지 못했다는 보고서가 상부에 전달된다. 미구르스키는 감쪽같이 자취를 감춘다. 그녀는 그를 아무도 발견하지 못하게 숨긴다. 한 달은 숨어 살 수 있을 것이다. 그리하여 모든 것이 다 잠잠해졌을 때 함께 달아난다는 것이었다.

그녀의 계획은 처음에는 미구르스키에게는 도저히 불가능한 것처럼 보였지만, 그녀가 무척 열렬하게 확신을 가지고 계속 설득하자, 그날 밤 늦게 마침내 거기에 찬성하고 말았다. 그뿐만 아니라 탈주에 실패했을 때는 로솔로프스키가 얘기했던 그런 형벌이 그에게 내려질 것이지만, 만약 성공하면 그녀를 구원하게 된다는 생각이 그의 마음을 움직였던 것이다. 그는 아이들이 죽은 뒤 이곳에서의 생활이 그녀에게 얼마나 괴로운 것이었는지 너무나 잘 알고 있었다.

로솔로프스키와 루드비카도 이 계획에 참여했다. 그리하여 오랜 협의와 변경과 수정을 거쳐 탈주 계획은 확정되었다. 최초의 안은, 미구르스키가 익사한 것으로 인정되면 혼자 걸어서 도망간다. 그러면 나중에 알비나가 마차를 타고 가서 약속한 장소에서 만난다는 것이었다. 그러나 그 뒤 로솔로프스키가 최근 5년 동안 시베리아에서 도주하려다 실패로 돌아간 여러 시도에 대해 이야기했을 때 (그 5년 동안 탈주에 성공한 운 좋은 사람은 딱 한 사람뿐이었다), 알비나는 다른 안을 내놓았다. 그것은 유죠가 마차 속에 숨어서, 그녀와 루드비카와 함께 사라토프까지 간다. 사라토프에서 그는 옷을 갈아입고 볼가강 기슭을 내려가, 약속한 장소에서 그녀가 사라토프에서 세를 낸 배를 타고 알비나, 루드비카와 함께 볼가강을 따라 아스트라한까지 가서, 카스피해를 거쳐 페르시아로 간다는 것이다.

이 안은 모든 사람과, 특히 핵심적인 계획 수립자인 로솔로프스키의 찬성을 얻었지만, 마차 속에, 관헌의 눈을 피해 한 사람이 숨을 만한 공간을 어떻게 만드는가 하는 것이 문제였다. 그런데 얼마 전 알비나가 아이들의 무덤을 다녀와서 로솔로프스키에게 낯선 땅에다 아이들의 유골을 두고 가는 게 얼마나 괴로운 일인지 얘기했을 때, 그는 잠시 생각하더니 이렇게 말했다.

"당국에 아이들의 관을 가지고 가게 해달라고 청원해 보십시오. 허가해 줄 겁니다."

"아니에요, 난 싫어요. 그렇게는 하기 싫어요!" 알비나가 말했다.

"그렇게 하세요. 꼭 그렇게 해야 됩니다. 사실은 무덤을 파내는 게 아니고, 대신 커다란 상자를 만들어서 그 속에 유죠를 숨기는 겁니다."

처음에 알비나는 이 제안을 거절했다. 아이들에 대한 추억을 이용해 사기행위를 하는 것이 불쾌했기 때문이었다. 그러나 미구르스키가 이 계획에 선선히 동의하자 그녀도 하는 수 없이 찬성했다.

최종적인 계획은 그렇게 완성되었다. 미구르스키는 당국이 자신을 익사했다고 믿도록 모든 조치를 강구한다. 그의 죽음이 인정되면 알비나는 당국에 남편이 죽었으니 죽은 아이들의 유골을 가지고 고국으로 돌아가고 싶다고 청원한다. 그 허가가 나오면 무덤을 파고 관을 꺼내는 시늉을 한 뒤, 아이들의 관 대신 준비해 간 궤짝 속에 미구르스키가 들어간다. 궤짝을 여행 마차에 싣고 사라토프로 간다. 사라토프에서 배를 탄 뒤 유죠는 궤짝에서 나와 함께 카스피해까지 간다. 그곳에서는 페르시아나 터키로 갈 수 있고, 또 어디를 가든 자유를 얻을 수 있다는 것이었다.

9

맨 먼저 미구르스키 내외는 루드비카를 고국으로 보낸다는 구실로 여행 마차를 샀다. 그런 다음 마차 속에서 공기가 통하고 몸을 오그리고서라도 누워 있을 수 있고 쉽사리 눈치채이지 않게 드나들 수 있는 궤짝을 만들었다. 다음에는 알비나와 로솔로프스키, 미구르스키, 세 사람이 이리저리 연구하여 그 궤짝을 마차에 설치했다. 그때 특히 도움이 됐던 것은 뛰어난 목수 기술을 가진 로솔로프스키였다. 궤짝을 차체 뒤의 스프링 위에 고정하자 차체에 딱 맞게 들어갔고, 차체와 상자 사이의 칸막이를 움직일 수 있도록 하여, 그것을 교묘하게 움직이면 몸의 반은 상자 속, 반은 마차 바닥에 눕힐 수 있도록 되어 있었다. 그뿐만 아니라 궤짝에는 공기가 통하도록 구멍을 뚫고, 위와 옆을 거적으로 덮은 뒤 끈으로 묶었다. 그리고 출입은 마차 안에 설치되어 있는 의자 아래를 통해 할 수 있었다.

여행 마차와 궤짝이 마련되자, 알비나는 남편이 실종되기 전에 당국의 눈을 속이는 사전작업으로서, 대령에게 가서 최근에 남편이 우울증에 빠져 자살을 기도했는데, 걱정이 되어 견딜 수가 없다며 한동안 휴가를 달라고 요청했다. 그녀의 훌륭한 연기는 효과가 있었다. 남편을 염려하는 극심한 불안과 공포의 표정이 하도 자연스러워서 완전히 감동해 버린 대령은, 가능한 한 힘이 되어주겠다고 약속했다. 미구르스키는 우랄강의 기슭에 벗어놓을 외투 깃에 끼워둘 편지를 작성했다. 그리고 약속한 날 저녁에 우랄강에 가서 어두워지기를 기다렸다가, 강기슭에 자신의 옷과 편지를 끼워둔 외투를 벗어놓고 몰래 집으로 돌아왔다. 자물쇠를 채운 다락방에 그의 은신처가 마련되어 있었다. 밤이 되자 알비나는 루드비카를 대령의 집에 보내 남편이 스무 시간 전에 집에서 나간 뒤 아직도 돌아오지 않는다고 알렸다. 아침에 그녀에게 남편의 편지가 전달되었고, 그녀는 절망한 표정으로 눈물을 흘리면서 그것을 대령에게 가지고 갔다.

일주일 뒤 알비나는 고국으로 돌아가겠다는 청원서를 제출했다. 미구르스키 부인의 비탄에 빠진 모습은 그녀를 본 모든 사람의 마음을 움직였다. 모두들 불행한 어머니이자 불행한 아내인 그녀를 가련하게 여겼다. 귀국이 허락되자 그녀는 아이들의 관을 파서 가지고 가게 해달라는 청원서를 또 한번 냈다.

당국은 그 감상적인 생각에 약간 놀랐지만 그것도 허가하기로 했다.

그 허가가 떨어진 다음 날 저녁, 로솔로프스키와 알비나, 루드비카는 세를 낸 짐마차에 아이들의 관이 들어갈 궤짝을 싣고 무덤으로 갔다. 알비나는 아이들의 무덤 앞에서 잠시 무릎을 꿇고 앉아 기도를 올린 뒤, 곧 일어나서 눈물을 닦으며 로솔로프스키에게 말했다.

"당신이 알아서 해주세요. 나는 못하겠어요." 알비나는 그렇게 말하고 무덤 앞에서 물러났다.

로솔로프스키와 루드비카는 묘석을 치우고 삽으로 무덤이 파헤쳐진 것처럼 보이도록 무덤 위의 흙을 파냈다. 모든 것이 끝나자 그들은 알비나를 불러 흙이 담긴 상자와 함께 집으로 돌아왔다.

드디어 출발 일자가 다가왔다. 로솔로프스키는 계획이 거의 성공한 것을 무척 기뻐했다. 루드비카는 여행 중에 먹을 도시락과 비스킷, 러시아식 튀김 만두를 구우면서, 늘 읊조리고 있는 '어머니를 사랑하듯이'를 중얼거렸다. 그리고 공포와 기쁨에 심장이 터질 것만 같다고 했다. 미구르스키도 한 달 이상 갇혀 있던 다락방에서 나갈 수 있게 된 것이, 또 무엇보다 알비나가 활기를 되찾아 즐거워하고 있는 것이 정말 기뻤다. 그녀는 지난날의 모든 슬픔도 현재의 위험도 다 잊은 듯이 마치 다시 소녀로 돌아간 것처럼 환희에 얼굴을 빛내면서 다락방의 그에게 달려가곤 했다.

새벽 3시쯤 카자크인 호송병이 마부와 세 필의 말을 끌고 왔다. 알비나는 루드비카와 함께 강아지를 데리고 마차에 올라타 융단으로 덮인 의자 위에 앉았다. 카자크인과 마부는 마부석에 앉았다. 농부 옷으로 갈아입은 미구르스키는 여행 마차의 궤짝 속에 누워 있었다.

마을을 나서자 훌륭한 세 필의 말은, 작년의 은빛 나래새풀이 그대로 뒤덮여 있는 끝없는 초원 사이로, 수많은 발길에 다져져 가래도 들어가지 않을 정도로 단단해진 길을 따라 마차를 달려갔다.

10

알비나는 희망과 기쁨으로 가슴이 높이 고동치고 있었다. 자신의 감정을 함께 나누기 위해 그녀는 이따금 미소를 지으면서 루드비카에게 고갯짓으로 마부석에 앉아 있는 카자크 사람의 넓은 등과 마차 바닥을 가리키는 시늉을 했다. 루드비카는 엄숙한 얼굴로 꼼짝도 하지 않고 앞만 바라보며 앉아 그저 입술을 살짝 비틀 뿐이었다.

쾌청한 날씨였다. 주위에는 온통 아침 햇살을 받아 은빛으로 반짝이는 나래새풀로 뒤덮인 황야가 끝없이 펼쳐져 있었다. 가끔 편자를 박지 않은 바시키르 말이 마치 아스팔트 길 위를 가듯이 따각따각 소리를 내며 빠른 걸음으로 가고 있는 단단한 도로 양쪽에, 시베리아 쥐들이 만들어 놓은 흙무덤이 보였다. 그 흙무덤 뒤에서 쥐 한 마리가 망을 보고 있다가 날카로운 소리로 위험을 알리며, 잽싸게 구멍 속에 숨어들었다. 가끔 지나가는 사람과 마주치기도 했다. 짐마차로 밀을 나르는 카자크인들과 말을 타고 가는 바시키르인들이었는데, 그들은 타타르 말로 유쾌하게 얘기를 나누고 있었다. 어느 역참에나 건강하고 살찐 말이 있어서, 알비나가 50코페이카나 되는 술값을 던져주면, 마부들은 그들의 말을 빌리면 '마치 경기병처럼' 끝도 없이 전속력으로 달려갔다.

첫 번째 역참에 도착했을 때, 마부가 말을 몰고 가고 새 마부가 아직 오지 않아서 카자크 병사도 밖으로 나갔을 때, 알비나는 허리를 구부려 남편에게 기분은 어떠하냐, 필요한 건 없느냐고 물었다.

"좋아, 무척 편안해. 필요한 건 아무것도 없어. 이틀 밤이라도 누워갈 수 있겠어."

저녁 무렵에 데르가치라고 하는 큰 마을에 도착했다. 알비나는 남편이 팔다리를 뻗고 편히 쉴 수 있도록 하기 위해 역참이 아니라 여관 앞에 마차를 세우고, 카자크인에게 돈을 주어 달걀과 우유를 사오라고 시켰다. 마차는 처마 밑에 세워지고 여관 안은 캄캄했기 때문에, 알비나는 루드비카에게 카자크 사람을 감시하게 하고, 남편을 마차 밖으로 나오게 하여 식사를 하게 했다. 그런 다음 미구르스키는 카자크 사람이 돌아오기 전에 다시 숨어 있던 장소로 기어 들어갔다. 새 말이 매어지고 여행은 다시 계속되었다. 알비나의 가슴은 점점 더 부풀어 올라, 즐겁고 흥겨운 기분을 도저히 억제할 수가 없었다. 이야기할 상대는 루드비카와 카자크 사람, 그리고 애완견 트레조르카밖에 없었기 때문에 그녀는 그들을 상대로 농담을 나눴다.

루드비카는 못생겼으면서도 남자만 만나면 상대방이 자기에게 호감을 갖고 있다고 착각하는 습관이 있었는데, 지금도 자신들을 이곳까지 호송하며 그 솔직하고 시원스런 태도로 두 여성에게 좋은 인상을 준, 무척 밝고 부드러운 비둘기색 눈에 건강하고 친절한 우랄 카자크 사람이 자신에게 마음이 있다고 생각하고 있었다.

알비나는 의자 밑을 킁킁거리며 냄새 맡지 못하도록 눈길을 떼지 않고 있는 트레조르카에게 위로받는 것 말고도, 루드비카가 자기를 어떻게 생각하고 있는지 꿈에도 모르고 무슨 말에나 싱글벙글 웃기만 하는 카자크 사람에게, 그녀가 연신 우스꽝스러운 애교를 보내는 모습도 재미있었다. 알비나는 위기감과 이번 일이 곧 성공할 것이라는 기대감, 그리고 초원의 상쾌한 공기에 자극받아 오랫동안 느끼지 못했던, 아이들 같은 기쁨과 흥분을 느꼈다. 미구르스키도 그녀의 명랑한 목소리를 들으면서 자신이 처한 상황에서 오는 육체적 고통을 숨겨야 하는 어려움에도 불구하고—무엇보다도 덥고 목이 마른 것이 괴로웠다—오직 그녀의 기쁨을 자신의 기쁨으로 생각했다.

이틀째 저녁 무렵, 안개 속에 뭔가가 보이기 시작했다. 사라토프 시가지와 볼가강이었다. 카자크 사람은 뛰어난 시력으로 저 멀리 볼가강 위의 돛단배를 알아보고 루드비카에게 그것을 가리켰다. 루드비카도 보인다고 말했다. 알비나의 눈에는 아무것도 보이지 않았지만, 남편이 들을 수 있도록 일부러 큰 소리로 "아, 사라토프! 아, 저게 볼가강이군요!" 하고 소리쳤다.

11

알비나 일행은 사라토프로 들어가지 않고 볼가강 왼쪽 강기슭, 바로 사라토프 맞은편의 포크롭스카야라는 마을에 마차를 세웠다. 그녀는 그곳에서 밤에 남편과 얘기도 나누고 가능하면 궤짝에서 그를 꺼내줄 생각이었다. 그러나 카자크 사람은 짧은 봄 밤 내내 마차 옆을 떠나지 않고 옆의 처마 밑에 있는 빈 달구지 안에 앉아 있었다. 알비나의 지시로 마차 안에 있던 루드비카는, 카자크 사람이 마차에서 떠나지 않고 있는 것은 자기 때문이라고 완전히 믿어버린 듯, 윙크

하거나 웃음을 보내고 그 마마 자국이 있는 얼굴을 손수건으로 가리기도 했다. 그러나 알비나는 그것을 재미있어하기보다는, 카자크 사람이 무엇 때문에 저렇게 끈질기게 마차 옆에 붙어 있는지 알 수가 없어서 점점 불안해지기 시작했다.

저녁놀과 아침놀이 마치 이어지고 있는 것처럼 보이는 그 짧은 밤 동안, 알비나는 몇 번이나 여관방에서 나와 퀴퀴한 냄새가 나는 복도를 지나 뒷문으로 나가 보았다. 카자크 사람은 여전히 자지 않고 마차 옆에 세워진 빈 달구지 위에 다리를 뻗고 앉아 있었다. 날이 밝기 직전에 수탉들이 잠에서 깨어나 여기저기서 울기 시작할 무렵, 알비나는 아래로 내려가서 남편과 잠시 이야기를 나눌 수 있었다. 카자크 사람이 달구지 안에 누워서 코를 골고 있었던 것이다. 그녀는 조심스럽게 마차에 다가가서 궤짝을 두드렸다.

"여보!" 대답이 없었다.

"여보, 여보!" 그녀는 당황하여 큰 소리로 불렀다.

"왜 그래, 무슨 일이야?" 미구르스키가 궤짝 안에서 졸리는 듯한 목소리로 말했다.

"왜 대답이 없으셨어요?"

"자고 있었지." 대답하는 목소리로 미루어 그가 웃고 있음을 알 수 있었다. "어때, 나가도 돼?"

"안 돼요, 카자크 사람이 옆에 있어요." 그녀는 그렇게 말하며 달구지 안에서 자고 있는 카자크 사람을 힐끗 쳐다보았다.

그런데 놀랍게도 카자크 사람은 코는 골면서도 그 순한 비둘기색 눈은 뜨고 있는 것이 아닌가! 그는 그녀 쪽을 보고 있다가 시선이 마주치자마자 얼른 눈을 감았다.

'그렇게 보인 것뿐일까? 아니면 정말로 자지 않고 있었던 걸까? 아마 그렇게 느껴진 거겠지?' 그녀는 그렇게 생각하며 다시 궤짝에다 대고 말을 걸었다.

"조금만 더 참으세요. 뭐 먹고 싶은 건 없어요?"

"없어. 담배가 피우고 싶군."

알비나는 다시 한번 카자크 사람을 돌아다보았다.

그는 자고 있었다.

'그래, 내가 너무 예민해져 있었던 거야.'

"나, 이제부터 이곳 지사를 찾아가겠어요."
"응, 잘 다녀와요."
알비나는 트렁크에서 옷을 꺼내 갈아입으려고 여관방으로 갔다.
가장 좋은 상복으로 갈아입은 알비나는 볼가강을 건너갔다. 그리고 부두에서 지나가는 마차를 잡아타고 지사공관으로 찾아갔다. 지사가 그녀를 맞이했다. 미인인 데다 매력적인 웃음과 유창한 프랑스어를 구사하는 폴란드인 과부는 젊은 여자에게 관심이 많은 늙은 도지사를 만족시켰다. 그는 그녀가 원하는 모든 것을 허락하고, 차리친 시장에게 보내는 명령서를 내줄 테니 내일 다시 찾아오라고 말했다. 자신의 노력이 효과가 있었던 것과, 자신의 매력도 어느 정도 작용했음을 지사의 태도 속에서 확인한 알비나는, 행복하고 희망에 찬 기분으로 마차를 타고 부두를 향해 먼지 나는 언덕길을 내려갔다.
해는 벌써 숲을 빠져나와 있고, 햇살은 넘실대며 흐르는 봄날의 물결 위에서 뛰놀고 있었다. 언덕길 양쪽에 향기로운 꽃이 가득 핀 사과나무가 마치 하얀 구름처럼 보였다. 돛대의 숲이 강가에 보이고, 미풍에 잔물결을 일으키면서 햇살과 장난치고 있는 넓은 수면에는 하얀 돛이 점점이 보였다. 알비나가 부두에 도착하여 마부에게 아스트라한까지 배를 빌릴 수 있는지 물어보고 있는데, 어느새 열 명 정도의 선주들이 나타나 서로 자기 배를 빌려주겠다고 아우성이었다. 그녀는 우선 선주들 가운데 가장 마음에 드는 한 사람과 흥정을 하고, 부두 근처에 빽빽이 들어차 있는 배들 가운데 끼어 있는 그의 배를 보러 갔다. 그것은 작은 돛이 달린 범선이어서 바람을 이용할 수 있었다. 또 바람이 없을 경우에 대비하여 노도 준비되어 있고, 건장하고 쾌활한 사공 두 사람이 햇빛을 받으며 앉아 있었다. 유쾌하고 친절해 보이는 선주는 마차도 버리지 말고 바퀴만 떼어 배에 실으라고 조언해 주었다.
"얼마든지 실을 수 있습니다. 조금도 곤란할 것 없어요. 날씨만 좋으면 닷새 만에 아스트라한에 도착할 겁니다."
알비나는 선주와 흥정을 마치고, 그 마차를 볼 겸 선금을 받으러 포크롭스카야 마을에 있는 로기노프 여관으로 함께 가자고 말했다. 모든 것이 예상했던 것보다 훨씬 잘 풀리고 있었다. 알비나는 더할 나위 없이 행복한 기분으로 볼가강을 건너가 빌린 마차의 마부에게 돈을 지불하고 서둘러 여관으로 향했다.

12

카자크 사람인 다닐로 리파노프는 옵시 시르트의 스트렐레츠키 우묘트 출신이었다. 나이는 서른네 살이고, 카자크군 병사로서 근무하는 마지막 달에 접어들고 있었다. 그의 가족은 아직도 푸가초프를 기억하고 있는 아흔 살의 할아버지와 두 동생, 가톨릭 신앙 때문에 시베리아로 유형당한 형과 형수, 아내, 두 딸과 두 아들이 있었다. 그의 아버지는 프랑스군과의 싸움에서 전사했다. 그는 집안의 가장이었다. 그의 집에는 열여섯 마리의 말과 네 마리의 황소가 있고, 자유롭게 경작할 수 있는 15소텐니크(면적 단위)의 밭에 밀을 경작하고 있었다. 다닐로는 오렌부르크와 카잔에서 근무한 뒤 곧 군복무를 끝낼 예정이었다. 그는 가톨릭을 굳게 믿으며 담배도 피우지 않고 술도 마시지 않았다. 또 일반 사람들과 같은 그릇에서 밥을 먹지 않고 맹세는 철저하게 지켰다. 그의 모든 행동은 느긋한 가운데 빈틈없고 요령이 있었으며, 상사가 지시한 일에는 전력을 기울여 그것을 완수할 때까지, 자신의 사명이라는 것을 한시도 잊지 않았다. 지금 그는 아이들의 관을 가지고 가는 두 명의 폴란드 여자를 여행길에 아무 일도 없도록 지켜주고, 또 그녀들이 수상한 짓을 하지 않도록 감시하면서, 사라토프까지 호송하여 사라토프에서 틀림없이 당국에 넘겨주라는 명령을 받고 있었다. 두 여자는 비록 폴란드 여자들이기는 하지만 무척 얌전하고 상냥했으며 나쁜 짓은 전혀 하지 않았다. 그런데 이곳 포크롭스카야 마을에 온 날 저녁 마차 옆을 지나가는데, 강아지가 마차 안에 뛰어들어 짖어대며 꼬리를 흔들자, 의자 밑에서 누군가 사람 목소리가 들려오는 것 같았다. 두 여자 중 나이가 많은 여자가 마차 안에서 강아지를 보고, 뭔가 당황한 듯이 그것을 붙잡아 끌고 나갔다.

'이상한데' 하고 생각한 카자크 사람은 그들을 살피기 시작했다. 밤이 되어 젊은 여자가 여관방에서 밖으로 나왔을 때, 그는 자는 척하면서 궤짝 속에서 남자의 목소리가 나는 것을 똑똑히 들었다. 이튿날 아침 일찍, 그는 경찰서에 찾아가, 자신이 호송하고 있는 두 명의 폴란드 여자들의 행동이 수상하며, 유골 대신 궤짝 속에 살아 있는 남자를 숨기고 있다고 보고했다.

알비나가 드디어 모든 것이 끝나고 며칠 뒤에는 자유로운 몸이 될 거라고 믿고 기쁜 마음으로 여관에 도착하니, 놀랍게도 멋진 쌍두마차와 한 마리의 부마(副馬), 그리고 두 명의 카자크 사람이 문 앞에서 서성거리고 있는 것이 보였다.

문 앞에는 사람들이 많이 모여 있고, 계속 뭔가를 들여다보고 있었다.

하지만 그녀는 희망과 활기로 넘치고 있었기 때문에, 그 말과 군중이 자신과 관계가 있을 거라고는 꿈에도 생각지 못했다. 그녀가 여관 마당에 들어서자, 다름 아닌 그녀의 마차 옆에 사람들이 모여 있었고, 바로 그때 트레조르카가 맹렬하게 짖는 소리가 들려왔다. 생각할 수 있는 한 가장 무서운 일이 터진 것이다. 마차 앞에는 멋진 제복을 입고, 단추와 견장, 에나멜을 칠한 장화를 햇빛에 반짝이면서, 좋은 풍채에 새까만 구레나룻을 기른 남자가 서서, 갈라진 목소리로 뭔가 명령조로 소리치고 있었다. 그 남자 앞에는 농부 옷을 입고 헝클어진 머리에 마른풀이 붙어 있는 그녀의 유죠가 두 명의 병사 사이에 서서, 마치 자신의 신상에 무슨 일이 일어났는지도 도무지 모르겠다는 듯이 그 늠름한 어깨를 올렸다 내렸다 하고 있었다. 트레조르카는 자기가 모든 불행의 원인인 줄도 모르고 털을 곤두세우고 경찰서장을 향해 앙칼지게 짖어대고 있었다. 알비나를 본 미구르스키가 몸을 부르르 떨면서 그녀에게 다가가려고 하자 병사들이 그를 제지했다.

"걱정하지 마, 알비나. 아무 일 없을 거야!" 미구르스키는 평소처럼 온화한 미소를 지으며 말했다.

"아, 당신이 부인이오?" 경찰서장이 말했다.

"이쪽으로 오시오. 그래, 이게 당신 아이들의 관이란 말이오?" 그는 미구르스키를 향해 눈짓하면서 말했다.

알비나는 대답하지 않고 자신의 가슴을 움켜쥔 채, 멍하니 입을 벌리고 공포에 찬 표정으로 남편을 바라보았다.

임종 때나 인생에서의 결정적인 순간에 흔히 그렇듯, 그녀도 한 순간에 수많은 감정, 수많은 상념이 한꺼번에 가슴에 떠올랐다. 그러면서도 아직도 자신의 불행을 도저히 믿을 수가 없다는 느낌이었다. 맨 먼저 떠오른 것은 전부터 그녀가 믿어 의심치 않았던 것으로, 영웅인 자신의 남편이 이렇게 무식하고 야만적인 자들의 손아귀에 들어가 수모를 당하고 있는 데 대한 참을 수 없는 굴욕감이었다. 이자들이 어떻게 감히 내 남편을, 모든 인간 중에서 가장 훌륭한 사람을 체포할 수 있단 말인가? 그와 동시에 그녀를 덮친 또 하나의 감정은 무척 슬픈 일이 일어나고 말았다는 것이었다. 그 생각은 또 그녀에게 자신의 인생에서 가장 큰 슬픔인 아이들의 죽음을 떠올리게 했다. 그러자 이내, 도대체 왜, 무엇 때문에 아이들을 빼앗기고 말았는가 하는 의문이 일어났다. 그리고 그 의문은 또, 도대체 무엇 때문에 지금 이렇게 누구보다도 훌륭한 사람인 내 남편이 고통 속에서 쓰러져야 하는가 하는 의문을 불러왔다. 그다음에는 이번에는 도대체 얼마나 무서운 형벌이 남편을 기다리고 있을 것인가 하는 생각과 이 모든 것이 오로지 자신의 잘못이라는 생각이 떠올랐다.

"이 남자는 당신과 어떻게 되는 사이요? 당신의 남편이오?" 경찰서장이 물었다.

"왜, 도대체 무엇 때문에!" 그녀는 그렇게 소리치더니, 갑자기 큰 소리로 웃기 시작하며, 마차에서 밖으로 나와 있는 궤짝 위에 털썩 쓰러졌다. 온몸을 떨며 숨죽여 울고 있던 루드비카가 눈물을 뚝뚝 떨어뜨리면서 그녀에게 다가갔다.

"마님, 가엾은 우리 마님! 하느님의 가호가 있을 거예요. 염려하지 마세요, 괜찮을 거예요." 그녀는 정신없이 알비나의 몸을 두 손으로 어루만지며 말했다.

미구르스키는 수갑이 채워져서 끌려 나갔다. 그것을 본 알비나도 그의 뒤를 따라갔다.

"용서하세요, 여보. 날 용서하세요! 모든 것이 다 내 잘못이에요! 나 한 사람의 잘못이에요!"

"누구에게 죄가 있는지는 조사하면 가려져요. 물론 당신도 무사하지 못할 거요." 경찰서장은 그렇게 말하며 그녀를 한 손으로 밀쳐냈다.

미구르스키가 부두 쪽으로 끌려가자, 알비나는 루드비카가 아무리 붙잡아도 듣지 않고 미친 사람처럼 그 뒤를 쫓아갔다.

카자크 군인인 다닐로 리파노프는 그동안 내내 마차 옆에 서서, 어두운 눈길로 경찰서장과 알비나를 번갈아 쳐다보다가, 자신의 발밑으로 시선을 떨어뜨렸다.

미구르스키가 끌려가자, 혼자 남은 트레조르카는 꼬리를 흔들면서 카자크 사람에게 애교를 부리기 시작했다. 강아지도 여행하는 동안 그와 친숙해진 것이었다. 카자크 사람은 갑자기 마차에서 떨어지더니 모자를 벗어 땅바닥에다 힘껏 내팽개쳤다. 그리고 트레조르카를 발로 걷어찬 다음 술집으로 찾아 들어갔다. 술집에서 그는 보드카를 주문해 대낮부터 한밤중이 될 때까지 계속 마시고, 가지고 있던 돈과 입고 있던 옷까지 술값으로 지불했다. 이튿날 밤 도랑에 처박힌 모습으로 겨우 정신이 돌아왔을 때, 그는 자기가 궤짝 속에 숨어 있던 폴란드 여자의 남편을 경찰에 신고한 것이 잘한 일인지 아닌지 하는 괴로운 문제에 대해 더 이상 생각하지 않기로 했다.

미구르스키는 재판에 회부되어 탈주죄로 천 대의 태형(笞刑)을 선고받았다. 그러나 그의 친척과 상트페테르부르크에 연고를 가진 반다가 그의 감형을 위한 청원 운동을 벌여, 그는 시베리아에서 일생을 마감하는 종신유형에 처해졌다. 알비나도 그를 따라 시베리아로 갔다.

한편, 니콜라이 파블로비치는 폴란드뿐만 아니라 유럽 전역에서 혁명의 뿌리가 송두리째 뽑힌 것을 기뻐하며, 자기가 러시아 전제정치의 전통을 깨지 않고 러시아 국민의 이익을 위해 폴란드를 러시아의 통치하에 둔 것을 크게 자랑으로 여겼다. 또 그것에 대해, 가슴에 훈장을 가득 달고 금실이 번쩍이는 제복을 입은 추종자들이 그를 크게 찬양하자, 그는 진심으로 자신이 위대한 인물이며 자신의 생애는 전 인류에게, 특히 러시아인들에게 위대한 은혜라고 생각하게 되었다. 그는 자신이 러시아인들을 타락시키고 어리석은 국민으로 만드는 데 전력을 기울였다는 것을 전혀 의식하지 못하고 있었다.

레프 톨스토이

9월 30일

1

인간은 고독해질수록 항상 자신을 부르고 있는 신의 목소리가 잘 들린다.

2

오로지 침묵하고 감추어라
너의 감정도, 꿈까지도!
네 영혼 깊이
그것을 키우고 심화하라.
밤하늘에 빛나는 별처럼
그것을 사랑하며 침묵하라!
마음을 어떻게 표현해야 할까.

누가 이해하랴 네 마음을
누가 이해하랴 네 생명을.
언어는 사상을 속이는 것을
샘물은 흐림을 꺼리는 것을
오직 침묵하고 헤아려라!

이젠 고독을 배울지어다.
네 마음에는 한없는
만다라의 세계가 펼쳐지거늘.
떠들썩함은 마음의 귀를 빼앗고
드러난 빛은 눈을 빼앗도다.
침묵 속에 마음의 노래를 들어라.

튜체프

3

좋은 의도도 입 밖에 내어 말해버리면 그것을 실천하고자 하는 마음이 약해진다. 그러나 청년 시절에 선을 지향하려고 분발한 감정을 입 밖에 표현하지 않기란 매우 어려운 일이다. 훨씬 시간이 지난 뒤에야 우리는, 아직 제대로 피지도 않은 꽃을 기다리지 못하고 꺾었다가, 얼마 후 그것이 땅 위에서 짓밟혀 있는 모습을 볼 때처럼 후회하게 된다.

4

인생의 중대한 문제에 있어서 우리는 언제나 고독하다. 따라서 우리의 진정한 역사는 결코 남이 이해할 수 있는 것이 아니다. 우리의 마음속에서 연출되는 드라마의 가장 훌륭한 부분은 독백 또는 오히려 우리와 신의, 즉 우리의 양심과의 진지한 대화이다.

아미엘

5

파스칼은 말한다, 사람은 혼자서 죽어야 한다고. 이와 마찬가지로 사람은 또 혼자서 살아야 한다. 인생의 중대한 문제에서 인간은 언제나 고독하다. 즉 사람들과 함께가 아니라 신과 함께 있는 것이다.

6

남들에게 꼭 필요한 존재이면서 자신은 남들을 필요로 하지 않는 사람이야말로 진정 행복한 사람이다.

7

죄가 많은 사람은 인생에서 항상 다른 사람들과 연관을 맺고 있지만, 죄가 깊을수록 마음속의 고독을 느끼기 마련이다. 이와는 반대로 선량하고 총명한 사람은 사람들 사이에 있을 때도 가끔 고독을 느끼지만, 그 대신 고독하게 있어도 끊임없는 인류와의 일치를 의식한다.

8

이따금 모든 세속적인 것을 버리고 자신 속의 신적 본성을 발견하는 것은, 육체에 음식이 필요하듯 우리의 삶에 없어서는 안 되는 영혼의 양식이다.

10월

10월 1일

1

진정한 현자는 무지를 두려워하지 않고 회의를 두려워하지 않으며 수고와 탐구도 두려워하지 않는다. 그가 두려워하는 것은 오직 하나, 자기가 모르는 것을 알고 있다고 생각하는 마음이다.

2

자신의 지식이 얼마나 보잘것없는 것인지를 알려면 사람은 많이 배워야 한다.

몽테뉴

3

모르는 것을 남에게 묻는 것을 절대로 부끄러워하지 말라.

진실을 말하는 것이 아무리 괴롭더라도 언제나 진실을 말하라.

학문을 배우고도 그것을 실제로 적용하지 않는 사람은 모처럼 밭을 갈아 놓고 씨앗을 뿌리지 않는 사람과 같다.

아라비아의 속담

4

철학이나 자연과학의 역사를 연구하는 사람은, 가장 위대한 발견은, 보통 사람들이 확실하다고 믿고 있는 것을 단순히 그럴 수도 있을 뿐이라고 생각하는 사람들에 의해 이루어졌음을 알게 된다.

리히텐베르크

5

모든 것을 시험해 보고 좋은 것을 꼭 붙드십시오. 그리고 악한 일은 어떤 종

류이든지 멀리하십시오. 〈데살로니카전서〉 제5장 21~22절

6

우리의 영혼에는 양식이 부족한 일이 없다. 그것을 자기 몸에 섭취하는 능력이 부족할 뿐이다.

과거에 존재했고 또 앞으로 언젠가는 존재할 모든 요소는 육체적인 것, 지적인 것, 정신적인 것, 모두 실제로 지금 우리 안에 존재하고 있다. 그러한 요소들을 지배하는 것이 지혜로운 사람들이 할 일이다. 루시 맬러리

7

참된 지혜는 무엇이 좋은 것이고 무엇을 해야 하는지 '아는' 것이 아니라, 무엇이 가장 좋은 것이고 무엇이 그보다는 덜 좋은 것인지, 따라서 무엇을 먼저 하고 무엇을 나중에 해야 하는지를 아는 것이다.

8

예지의 내용은 적극적이라기보다 소극적인 것이다. 무엇이 불합리하고 무엇이 불법이며 무엇이 해서는 안 될 일인지를 아는 것이다.

10월 2일

1

종교는 우리에게 우리가 어떤 존재이며 우리가 살고 있는 이 세계가 어떤 것인지를 얘기한다. 윤리학은 인생에 대한 종교적 이해에서 생기는 행동의 지침이다.

2

그러므로 나는 분명히 말한다. 너희는 무엇을 먹고 마시며 살아갈까, 또 몸에는 무엇을 걸칠까 하고 걱정하지 마라. 목숨이 음식보다 소중하지 않느냐? 또 몸이 옷보다 소중하지 않느냐? 공중의 새들을 보아라. 그것들은 씨를 뿌리거나 거두거나 곳간에 모아들이지 않아도 하늘에 계신 너희의 아버지께서 먹여주신

다. 너희는 새보다 훨씬 귀하지 않느냐? 너희 가운데 누가 걱정한다고 목숨을 한 시간인을 더 늘일 수 있겠느냐? ……그러므로 무엇을 먹을까 무엇을 마실까, 또 무엇을 입을까 하고 걱정하지 마라. ……너희는 먼저 하느님의 나라와 하느님께서 의롭게 여기시는 것을 구하여라. 그러면 이 모든 것도 곁들여 받게 될 것이다. 그러므로 내일 일은 걱정하지 마라. 내일 걱정은 내일에 맡겨라. 하루의 괴로움은 그날에 겪는 것만으로 족하다. 〈마태복음〉 제6장 25~34절

3

빵 바구니에 빵이 들어 있는데 내일은 무엇을 먹을까 하고 묻는 사람은 믿음이 적은 사람이다. 《탈무드》

4

신에 대한 최상의 예배는 아무런 목적 없이 하는 행위이다. 그리고 신에 대한 최악의 예배는 일정한 목적을 위해 하는 행위이다.

지고한 존재를 우러르는 자는 모든 피조물 속에서 그 모습을 인정해야 할 것이다. 인도의 《아그니 푸라나》

5

종교의 교의를 가르치는 것이 일종의 폭력행위라는 것, 그리스도가 말한, 어린아이를 유혹하는 일이라는 것은 의심할 여지가 없다. 어떻게 우리에게, 대다수 사람들이 부정하고 있는 삼위일체니, 부처와 마호메트와 그리스도의 기적 같은 것을 그럴듯하게 설교할 권리가 있단 말인가? 우리가 아이들에게 가르쳐도 되는 것, 반드시 가르쳐야 하는 것은 오직 하나, 모든 종교에 공통되고 모든 사람이 이해할 수 있는 것, 즉 도덕적인 사랑과 합일의 가르침이다.

6

부처는 말했다. "세상에 어려운 일은 수없이 많다. 가난하면서도 자비심이 깊은 것, 부와 명예 속에 있으면서도 종교적인 것, 육욕과 번뇌를 억제하고, 좋은 것을 보아도 탐하지 않는 것, 모욕을 받아도 참는 것, 모든 것을 철저하게 연구

하는 것, 무지한 사람을 멸시하지 않는 것, 싸움과 말다툼을 피하는 것, 아욕에서 완전히 벗어나 마음에 있어서나 행동에 있어서 모든 사람들에게 평등한 것이 그것이다"라고.

중국 불교

7

대부분의 사람들은 하느님의 가르침에 따르지는 않고 단지 하느님을 숭배할 뿐이다. 하느님을 숭배하지 않아도 좋으나, 하느님의 가르침은 반드시 따르라.

8

하루하루를 열심히 살아라. 영원히 살 것처럼 일하고 당장 죽을 것처럼 사람들을 대하라.

9

종교는 본질적으로 보아 우리의 모든 의무를 하느님의 계율로 인정하는 일이다.

칸트

10

도덕상의 가르침은 만약 그것이 종교적이 아니면, 다시 말해 필연적인 의무가 뒤따르는 것이 아니면 불충분한 가르침이다. 종교는 만약 그것이 도덕적이 아니면, 즉 좋은 생활로 인도하지 않으면 아무 쓸모가 없다.

10월 3일

1

부는 우리에게 결코 만족을 주지 않는다. 부가 늘어남에 따라 욕망도 함께 커지기 때문에, 부가 크면 클수록 욕망의 만족도는 낮아진다.

2

우리의 재물욕에 적당한 한계를 두는 것은 전혀 불가능한 일은 아니지만 매우 어려운 일이다. 실제로 그 점에 대한 사람들의 만족도는, 어떤 사람이든 재산의 절대적인 크기에 좌우되는 것이 아니라, 어느 정도 상대적인 크기, 즉 그 사람의 욕망과 재산의 양 사이의 관계에 좌우된다. 그러므로 재산 그 자체는 분모가 없는 분자처럼 지극히 의미가 적은 것이다. 인간은 자신이 가지고 싶어 한 적이 없는 것, 그래서 그에게는 필요 없는 것은 없어도 충분히 만족할 수 있다. 그런 반면, 그 사람보다 백 갑절이나 되는 재산을 가지고 있어도 더 가지고 싶어 하는 사람은 스스로 불행한 사람이라고 느끼는 법이다. 쇼펜하우어

3

좀더 재산이 있었으면 하는 기분이 들 때는 즉시, 실은 이것만으로도 너무 많이 가지고 있는 거라고 고쳐 생각하는 것이 좋다. 리히텐베르크

4

조금밖에 가지지 않은 사람이 가난한 것이 아니라, 많은 것을 바라는 사람이 가난한 것이다. 세네카

5

욕구를 적게 가지고, 그 적은 욕구도 스스로 충족시키며, 모든 기회를 이용해 얻으려 하기보다 오히려 주고자 하는 것보다 훌륭한 일은 없다. 에머슨

6

사치스러운 봉사를 받는 것보다 자신에게 필요한 것은 스스로 하는 것이 훨씬 훌륭하다. 그것은 오늘날에도 소수의 사람들에게는 그다지 훌륭하게 보이지 않을지도 모르지만, 그것이야말로 어느 때 누구에게나 오직 유일한 훌륭한 일이다. 에머슨

7

재물을 땅에 쌓아두지 마라. 땅에서는 좀먹거나 녹이 슬어 못쓰게 되며 도둑이 뚫고 들어와 훔쳐간다. 그러므로 재물을 하늘에 쌓아두어라. 거기서는 좀먹거나 녹슬어 못쓰게 되는 일도 없고 도둑이 뚫고 들어와 훔쳐가지도 못한다. 너

희의 재물이 있는 곳에 너희의 마음도 있다. 〈마태복음〉 제6장 19~21절

8

도둑이 훔쳐가지 못하고 권력자가 침범하지 못하며 죽은 뒤에도 네 손에 남아 절대로 줄지도 않고 썩지도 않는 부를 얻어라. 그 부는 곧 네 영혼이다.

인도 속담

9

가난으로 괴로워하지 않기 위해서는 두 가지 방법이 있다. 즉 자신의 부를 늘리거나 자신의 욕망을 줄이는 것이다. 전자는 우리의 힘으로 어떻게 하지 못하지만 후자는 우리의 힘으로 얼마든지 할 수 있다.

10월 4일

1

사랑은 그것을 경험하는 자에게 정신적, 내적 기쁨을 줄 뿐 아니라, 세상을 즐겁게 사는 데 중요한 조건이다.

2

진정한 사랑은 어떤 특정한 사람에 대한 사랑이 아니라, 모든 사람을 사랑하고자 하는 정신상태이다. 즉 우리가 그 안에 있어야 비로소 우리 영혼의 신적 본원을 의식하는 정신상태이다.

3

사람들에 대한 너의 선의를 이웃에 대한 선물로 생각해서는 안 된다. 너는 그 선물을 너 자신에게 하는 것이다.

4

다른 사람의 사랑을 받으려고 억지로 애쓰지 말라. 사랑하라, 그러면 사랑을 받을 것이다. 성현의 사상

5

인생의 고뇌를 유화(柔和)로, 배신을 은혜로, 굴욕을 용서로 바꾸는 것, 바로 그것이 숭고한 정신에서 나오는 성스러운 연금술이다. 그리고 그 변화는 극히 평범하고 극히 쉽게 이루어져서 사람들 눈에 참으로 자연스러워 보이고, 따라서 사람들로부터 격려를 받을 필요조차 없을 정도가 되어야 한다. 아미엘

6

사랑한다는 것은 사랑하는 대상의 삶을 사는 것이다.

7

성인은 자신의 감정을 갖지 않고, 모든 사람들의 마음을 자신의 마음으로 한다. 선한 사람에게는 선으로 대하고, 선하지 않은 사람도 역시 선으로 대한다. 믿는 사람에게는 믿음으로 대하고 믿지 않는 사람도 역시 믿음으로 대한다.

성인은 세상의 모든 사람들을 각각의 마음으로 대한다. 그는 모든 사람들을 대신해 생각하고, 모든 사람들은 그에게 눈과 귀를 기울인다. 노자

8

사랑은 우리에게 은혜로 가득 찬 비밀을 계시해 준다. 즉 자기 자신과 화합하고, 또 모든 사람과 화합하기 위한 비밀을 계시하는 것이다. 성현의 사상

9

사랑이 없으면 어떤 것도 이익을 가져다주지 않고, 사랑이 배어 있는 것은 아무리 작고 보잘것없게 보일지라도 풍요로운 결실을 가져다준다. 성현의 사상

10

종교는 사랑의 최고 형식이다. 파커

11

어떤 사람이 사랑을 더 많이 실천하면, 사람들은 그를 더 많이 사랑한다. 사

람들의 사랑을 많이 받으면 받을수록 다른 사람들을 사랑하는 것도 또한 쉬워진다. 그러므로 사랑에는 한계가 없다.

10월 5일

1

육체는 끊임없이 자신을 주장하기 때문에 그만큼 정신적 노력이 필요하다. 자신의 정신을 단련하는 것을 그만두면 그 순간부터 너는 육체의 포로가 된다.

2

진리를 터득한다는 것은 미망으로 가득 차 있는 사람들에게는 쉽지 않은 일이다. 온갖 종류의 나쁜 영향들이 무서운 힘으로 그들을 덮치려고 노리고 있기 때문이다. 따라서 우리는 특별한 불굴의 정신으로 진리를 탐구해 그것을 붙들어야 한다.

루시 맬러리

3

애매한 것은 끝까지 확실하게 밝혀야 한다. 어려운 일은 끝까지 참을성 있게 해내야 한다.

공자

4

여인에 대한 애착을 뿌리째 뽑아내지 않는 한, 네 마음은 젖을 빠는 송아지가 어미 소의 품에 매달리는 것처럼 지상적인 것에 매달릴 것이다.

정욕에 사로잡힌 사람들은 덫에 빠진 토끼처럼 몸부림친다. 육욕의 쇠사슬에 묶인 그들은 오랜 세월에 걸쳐 되풀이되는 괴로움에 빠진다.

부처의 가르침

5

자기개선은 참으로 어려운 작업이다. 그러나 그것은 그 작업 자체가 어려운 것이 아니라, 우리가 너무나 오랫동안 죄악에 물들어 왔기 때문이다. 그 죄악이 자기개선의 길을 복잡하게 하고 어렵게 만든다. 그 죄악이 우리 안에 얼마나 깊게 뿌리내리고 있는가에 따라, 우리는 그만큼 괴로운 싸움을 해야 한다. 우리가 그런 싸움을 해야만 하는 것이 신에게 책임이 있다고 볼 수는 없다. 왜냐하면 만약 우리 안에 죄악이 없다면 굳이 싸울 필요가 없기 때문이다. 즉 싸움의 원인은 우리 자신이 항상 불완전하다는 데 있다. 그런데 바로 그 싸움 자체 속에 우리의 구원이 있는 것이다. 만약 신이 우리에게서 그것을 빼앗아 간다면, 가엾게도 우리는 영원히 죄악에 사로잡혀 살게 되기 때문이다. 파스칼

6

우리의 고상한 감정에 대한 것은, 동시에 우리의 다양한 능력 전반에 대해 적용할 수 있다. 우리가 고상한 감정의 훈련을 게을리하면 우리는 자신이 그것을 가지고 있다는 사실조차 잊어버리게 된다. 또한 자신이 가지고 있는 재능을 한 번도 이용하지 않는 사람은 그것을 가지고 있다는 사실조차 느끼지 못하게 된다. 루시 맬러리

7

선한 일은 언제나 노력에 의해 이루어진다. 그러나 노력이 여러 번 되풀이되는 동안 그 선한 일은 습관이 되어버린다.

8

너에게 선을 행하도록 가르치고 훈련시켜 주는 것은 모두 소중히 하라. 더욱이 네가 악을 행하지 못하게 가르치고 훈련시켜 주는 것은 더욱 소중히 하라.

10월 6일

1

병에 걸리는 것은 인간에게는 당연한 현상이므로, 우리는 그것을 사람들에게 당연한 조건의 하나, 인간과 떼어놓을 수 없는 생활 조건의 하나로 생각해야 한다.

2

육체의 건강을 도외시하면 사람들에 대한 봉사를 할 수 없게 된다. 또 육체에

대해 너무 염려하는 것도 마찬가지이다. 그 중용을 발견하는 방법은 단 한 가지, 사람들에게 봉사하는 것을 방해하지 않는 정도로, 또 사람들에 대한 봉사와 대립하지 않는 형태로, 육체를 배려하는 것이다.

3

병자가 생활을 완전히 중단하고 질병 치료에만 전념하는 것보다는, 불치병이든 나을 수 있는 병이든, 병 같은 것은 아예 무시하고 평소대로 생활하는 것이 낫다. 설사 그것 때문에 생명이 단축되는 한이 있더라도(이것은 크게 의심스럽지만) 그것이 제대로 사는 것이며, 끊임없이 자신의 육체를 두려워하고 걱정하지 않는 만큼 훨씬 나은 삶이라고 할 수 있다.

4

인간으로서 해야 할 일을 못하게 방해하는 병은 없다. 사람들에게 노동으로 봉사할 수 없다면, 사랑으로 가득한 인내의 모범을 보임으로써 봉사하라.

5

마음의 병은 육체의 병보다 위험하고, 또한 더 흔하게 볼 수 있다. 키케로

6

치료의 근본적인 조건은 그 치료가 해를 주지 않도록 하는 것이라는 히포크라테스의 말은, 육체에 병이 있을 때도 자주 무시되지만, 마음에 병이 있을 때는 반드시 무시된다고 할 수 있다.

육체에 해를 가하지 않는다는 이 법칙은 그 옛날의 사혈술(瀉血術)의 경우에도 지켜지지 않았고, 오늘날에도 수술이나 독성이 있는 약의 복용, 또 그 밖에서도 볼 수 있듯 결코 지켜지지 않고 있는 건 물론이고, 모든 치료행위에 뒤따르는 마음에 대한 해독은 어느 누구도 생각하려 하지도 않고, 이해하지도 않는다. 실은 극심한 이기주의를 정당화하려고 한다는 점에, 다시 말해 자신은 사람들에게 봉사하지 않으면서 사람들에게는 자신에게 봉사할 것을 요구한다는 점에 그 해악이 있지만.

7

질병을 두려워하지 말고 치료를 두려워하라. 독한 약을 먹어야 할 때도 있다는 점에서 두려워하라는 것이 아니라, 병을 빙자하여 자신은 도덕적 요구에서 해방되었다고 생각하기 쉽다는 점에서 두려워하라는 뜻이다.

이레째 읽을거리

살아 있는 주검

아, 오랜 세월을 견뎌온 조국이여!
그대, 러시아의 국토여!
튜체프

이튿날 아침 나는 일찍 눈을 떴다. 해가 막 솟아올랐을 때였다. 하늘에는 구름 한 점 없었다. 사방은 아침의 상쾌한 햇살이 어젯밤부터 내린 빗물이 고여 있는 웅덩이에서 반짝반짝 빛나고 있어 눈이 부실 정도였다. 마차가 준비되는 동안 나는 정원을 산책했다. 그 정원은 전에는 과수원이었는데 지금은 완전히 퇴락해 향기 높은 싱싱한 풀숲이 사방에서 별채를 에워싸고 있었다. 아아, 상쾌한 대기 속에서 활짝 갠 하늘 아래를 걷는 것은 얼마나 기분 좋은 일인지! 그 하늘에서는 방울을 굴리는 듯한 종달새의 노랫소리가 은구슬처럼 쏟아져 내린다! 그 날개에는 아마 이슬방울이라도 떨어지고 있으리라. 그 새소리까지 마치 이슬에 젖어 있는 듯하다. 나는 모자를 벗어 던지고 기쁜 마음으로 가슴 가득 공기를 들이마신다…… 산울타리 바로 옆 낮은 골짜기의 비탈에 벌집이 하나 보였다. 한 줄기의 오솔길이 키가 큰 풀과 쐐기풀이 빽빽하게 자란 사이를 뱀처럼 구불구불 기어가 벌집이 있는 곳까지 이어지고 있고, 그 풀 위에는 어디서 시작되고 있는지도 모를 삼의 검은 녹색 잎사귀 끝이 드리워져 있다.

나는 그 오솔길을 따라 벌집이 있는 곳까지 걸어갔다. 그 옆에 나뭇가지를 엮어서 지은 암샹크라고 하는 오두막이 있다. 겨울철에 벌집을 넣어두는 곳이다. 나는 반쯤 열려 있는 그 문을 들여다보았다. 어둡고 조용하고 건조한 느낌이었다. 박하 비슷한 향기가 코를 찔렀다. 구석 바닥에 판자가 깔려 있고 그 위에 조그마한 사람이 담요를 덮고 누워 있었다…… 나는 그냥 지나가려고 했다…….

"서방님, 서방님, 표트르 페트로비치 서방님!" 하고 마치 연못가에서 갈대가 바람에 술렁이는 소리와도 비슷한, 힘없고 쉰 목소리가 느릿하게 들려왔다.

"표트르 페트로비치 서방님! 이리로 좀 와보세요" 하고 다시 한번 그 목소리가 말했다. 그 목소리는 내가 금방 보았던 구석의 판자 바닥 위에서 들려오고 있었다.

나는 그리로 다가가다가 깜짝 놀라 걸음을 멈췄다. 눈앞에 살아 있는 사람이 누워 있었다. 대체 누구일까.

머리는 완전히 말라붙은 느낌이고, 색깔은 완전히 청동색, 흡사 오래된 성상(聖像) 같았다. 그리고 날카로운 코는 날이 선 칼 같고 입술은 거의 알아볼 수가 없었으며, 오직 이와 눈만 하얗게 반짝이고 있는데, 머리에 쓴 프라토크 아래로 연노란색 머리카락이 이마 위에 내려와 있었다. 턱 밑의 담요 끝자락이 접힌 곳에 역시 청동색을 띤 두 개의 작은 손이 젓가락처럼 가느다란 손가락을 움직이고 있었다. 나는 자세히 살펴보았다. 얼굴은 추하기는커녕 오히려 아름다울 정도였지만, 어쩐지 섬뜩한 데가 있는 이상한 모습이었다. 그 얼굴에, 그 금속 같은 뺨에, 어떻게든 미소를 지어보려고 애쓰고 있지만, 그것이 도저히 되지 않고 있는 것을 보고, 나는 더욱더 섬뜩한 느낌을 받았다.

"서방님, 절 모르시겠어요?" 하고 다시 목소리가 속삭였다. 그것은 거의 움직이지 않는 입술에서 몰래 새어나오는 것 같은 목소리였다. "하긴 모르시는 게 당연하지요! 저, 루케랴예요…… 스파스코예에 있는 당신 어머님 집에서 춤을 가르쳤던 루케랴…… 기억나세요? 합창도 지도했는데."

"루케랴!" 하고 나는 소리쳤다. "네가 루케랴라고? 정말이야?"

"네, 네, 서방님, 제가 그 루케랴예요."

나는 아무 말도 나오지 않았다. 그 죽은 사람 같은 빛바랜 눈으로 나를 응시하며 미동도 하지 않는 어두운 얼굴을 망연히 바라볼 뿐이었다. 정말이란 말인가? 이 미라 같은 여자가 그 루케랴라고!

우리 집에서 제일 미인이었던 루케랴, 키가 크고 풍만한 몸매에 하얀 살결, 건강한 혈색, 잘 웃고 춤 잘 추고 노래를 잘 불렀던 그 루케랴라니! 루케랴, 그 영리했던 루케랴, 당시에 뭇 청년들의 동경의 대상이었고, 그때 열여섯 살 소년이었던 나 역시 남몰래 혼자 가슴을 태웠던 루케랴라니!

"아, 루케랴!" 나는 가까스로 입을 열었다. "이게 도대체 어떻게 된 거지?"

"네, 정말 엄청난 일을 겪었어요! 하지만 서방님, 제발 싫어하지는 마세요. 제 불행을 경멸하지 말아주세요. 저기 통이 있으니 좀 앉으세요. 좀더 가까이, 안 그러면 제 목소리가 들리지 않을 테니까요…… 이젠 목소리마저 이렇게 되고 말았어요…… 어쨌든 만나 뵙게 돼서 정말 반가워요! 어쩐 일로 이런 알렉세옙카 같은 촌구석엘 다 오셨어요?"

루케랴는 무척 조용하고 힘없는 목소리로, 그러나 쉬지 않고 얘기했다.

"사냥꾼인 예르몰라이를 따라왔어. 그건 그렇고, 넌 대체 어쩌다가……."

"저에게 내려진 재앙에 대해 얘기하라는 말씀인가요? 물론 얘기하고말고요. 벌써 오래전, 한 6, 7년 전의 일이었어요. 그때 저는 바실리 폴랴코프와 막 약혼했을 때였죠. 기억하실는지, 그 늘씬하고 아름다운 곱슬머리의 바실리, 당신 어머님의 심부름꾼으로 있었잖아요. 아 참, 그렇군요, 그때는 당신은 모스크바에 가서 공부하느라고 시골에는 안 계셨지요. 바실리와 전 서로 열렬하게 사랑하고 있었어요. 저는 자나 깨나 그 사람만 생각했지요. 마침 봄철이었는데, 그날 밤…… 날은 이미 훤하게 밝아오는데…… 전 도저히 잠을 이룰 수 없었어요. 뜰에서는 꾀꼬리가 아름답고 달콤한 목소리로 노래하고 있었죠!…… 전 참을 수가 없어서 일어나 그 소리를 들으러 정면 계단까지 나갔어요. 꾀꼬리는 여전히 구슬 같은 목소리로 울고 있었죠…… 그런데 어디서 누군가가 바실리와 똑같은 목소리로 가만히 루샤! 하고 저를 부르는 거예요. 그래서 그쪽을 돌아본 순간 아직 잠에서 덜 깬 탓인지, 계단을 헛디뎌서 거꾸로 쿵! 하고 땅에 떨어지고 말았어요! 하지만 크게 다친 것 같진 않았어요. 금방 일어나 방으로 돌아갔을 정도였으니까요. 그런데 어쩐지, 몸 안의…… 어딘가 깊숙한 곳을 다쳤던 모양이에요…… 아, 잠깐만 쉬어야겠어요…… 잠깐만…… 죄송해요."

루케랴는 말을 중단했다. 나는 경탄의 눈길로 그녀를 바라보고 있었다. 특히 나를 놀라게 한 것은 그녀가 신음은 물론 한숨도 쉬지 않고, 자신의 운명에 불평을 하지 않을 뿐만 아니라, 동정도 구하지 않으며 거의 즐거운 듯이 얘기에 몰두해 있는 것이었다.

"그 사건이 있고 나서는 몸이 점점 쇠약해지기 시작했어요. 온몸이 점점 검게 변하고 걷는 것조차 힘들어지더니 결국 다리를 쓰지 못하게 되고 말았죠. 서지도 앉지도 못하고 내내 누워 있어야 했어요. 그래서 아무것도 먹지도 마시지도 못한 채 날이 갈수록 악화되기만 할 뿐이었어요. 당신 어머니께서는 친절하게도 의사의 진찰을 받게 해주시고 병원에 데리고 가기도 하셨지요. 하지만 전혀 차도가 없었어요. 의사선생님들도 누구 한 사람 도대체 무슨 병인지조차 몰랐으니까요. 불에 달군 쇠로 등을 지지고 얼음으로 찜질도 하면서 갖은 치료를 다 해 보았지만 도무지 효과가 없었어요. 그러는 사이 제 몸은 점점 굳어갔어요…… 그래서 아무리 치료해도 소용없다는 걸 알고, 집안에 불구자를 둘 수도 없고 해서…… 결국 이곳으로 옮겨졌어요. 이곳에는 제 친척이 살고 있거든요. 그래서 이렇게, 이런 꼴로 있게 된 거예요."

루케랴는 입을 다물고 다시 열심히 미소를 지어보려고 애썼다.

"아무리 그래도 이건 너무해!" 하고 나는 소리쳤다. 그리고 무슨 말을 덧붙여야 할지 몰라서 "그래, 바실리 폴랴코프는 어떻게 됐어?" 하고 물었다.

그것은 참으로 어리석은 질문이었다.

루케랴는 시선을 살짝 옆으로 비켰다.

"폴랴코프 말인가요? 그 사람은 무척 슬퍼해 주었어요. 하지만 곧 글린노예 마을의 아가씨와 결혼했죠. 글린노예라는 마을을 아세요? 여기서 그다지 멀지 않아요. 그 여자 이름은 아그라페나라고 해요. 그 사람은 절 무척 사랑했지만, 무엇보다 아직 젊었고, 언제까지나 혼자 살 수는 없는 노릇이었죠. 이런 몸으로 그 사람의 아내가 되는 건 생각도 할 수 없는 일이니까요. 그 사람 색시는 무척 상냥하고 좋은 여자예요. 벌써 아이도 생겼어요. 이 마을 옆의 한 저택에서 관리인 노릇을 하고 있대요. 당신 어머니께서 신원을 보증해 주신 덕택에 지금은 아주 잘 살고 있답니다."

"그래서 이렇게 줄곧 여기 누워서 지내고 있는 거야?" 하고 나는 다시 물었다.

"네, 벌써 7년쯤 됐어요. 여름에는 이 오두막에 누워 있지만 날씨가 추워지면 목욕탕 안에 자리를 마련해 주니까 거기서 자요."

"누가 병구완을 해주고 있지? 돌봐주는 사람이라도 있는 거야?"

"네, 이곳에도 친절한 분들이 많아요. 다들 잘 돌봐주고 있죠. 그리고 전 그다지 도움을 필요로 하지 않아요. 식사도 조금만 먹을 뿐이고 물은 이 병 속에 깨끗한 샘물이 언제나 들어 있거든요. 한쪽 팔은 아직 쓸 수 있어서 손을 뻗기만 하면 물병을 잡을 수 있어요. 그리고 고아인 소녀가 하나 있는데 기특하게도 이따금 저를 보러 와줘요. 조금 전에도 다녀갔는데…… 혹시 못 보셨어요? 귀엽고 살결이 뽀얀 아이인데 꽃도 자주 따다 주지요. 전 꽃을 참 좋아해요. 정원에는 꽃이 없어요. 전에는 있었지만 지금은요. 하지만 들에 피는 꽃도 아름다워요. 향기도 정원의 꽃보다 낫답니다. 저 산나리도 얼마나 좋은 향기가 나는데요!"

"하지만 루케랴, 답답하지 않아? 외롭지 않아?"

"하는 수 없는 일이잖아요. 솔직하게 말하면 처음에는 무척 괴로웠어요. 하지만 곧 익숙해져서 이젠 견딜 만해요. 또 저보다 더 불쌍한 사람도 많은 걸요."

"정말 그럴까?"

"세상에는 잘 곳도 없는 사람이 얼마나 많은데요! 또 눈이 보이지 않는 사람도 있고 귀가 들리지 않는 사람도 있고! 전 덕택에 눈도 잘 보이고 귀도 다 들리잖아요. 두더지가 땅속에서 굴을 파는 소리도 알아들을 수 있어요. 그리고 냄새도, 아무리 희미한 냄새도 맡을 수 있답니다! 밭의 메밀꽃이나 뜰의 보리수나무에 꽃이 피면 누가 일러주지 않아도 당장에 알 수 있어요. 그쪽에서 바람이 조금이라도 불어오기만 하면요. 그래서 전 하느님을 조금도 원망하지 않아요. 저보다 훨씬 더 불행한 사람들도 많으니까요. 또 예를 들면, 저와 달리 건강한 사람은 금방 죄를 범하기 쉽지만 전 이제 죄를 지을 수 없어요. 요전에도 알렉세이 신부님이 성찬을 주러 오셔서 이렇게 말씀하셨어요. '당신의 참회는 들을 필요도 없겠군. 이렇게 누워 있으면 죄를 지으려 해도 짓지 못할 테니까' 하고요. 그래서 제가 '마음으로 짓는 죄는 어떻게 하나요?' 하니까 신부님은 웃으시면서 '글쎄, 그러나 뭐 대단한 죄는 아니겠지' 하시더군요. 사실 저도 마음으로도 별다른 죄를 범하지 않았다고 생각해요. 왜냐하면 저는 아무 생각도 하지 않도록, 특히 아무것도 떠올리지 않도록 노력해 왔으니까요. 그러니까 세월이 무척 빨리 가요."

솔직히 말해 나는 깜짝 놀라고 있었다.

"이렇게 늘 혼자 있으면서 어떻게 아무 생각도 떠오르지 않게 할 수가 있지? 밤낮 잠만 자고 있다는 말인가?"

"아니에요, 서방님, 그렇지는 않아요! 늘 자고 있는 건 아니에요. 대단한 정도는 아니지만 그래도 몸속의 어딘가 깊은 곳이 아프고 뼈가 쑤셔서 제대로 잠을 이룰 수 없어요. 네…… 다만 이렇게 혼자 내내 누워 있어도, 아무것도 생각하지 않고, 그저 자신이 살아 있고 숨을 쉬며 이렇게 이곳에 있다는 것에 감사할 뿐이에요. 하지만 눈을 뜨고 바라보거나 귀를 기울이고 듣고 있으면, 꿀벌이 벌집 위를 윙윙거리며 날아다니고 비둘기가 지붕에 앉아 구구구 하고 울고 있는 것을 알 수 있어요. 때로는 암탉이 병아리를 데리고 빵 부스러기를 쪼아 먹으러 들어오지요. 그런가 하면 참새가 날아들기도 하고, 나비가 날아들고…… 무척 재미있어요. 재작년에는 제비가 저기 저 구석에다 집을 지었어요. 새끼를 여러 마리 까더군요. 그게 얼마나 제 눈을 즐겁게 해주던지! 한 마리가 날아 들어와 둥지 위에 앉아 새끼한테 먹이를 먹이고 다시 날아가면, 금방 다른 제비가 또 날아와요. 때로는 안에 들어오지는 않고 열려 있는 문 앞을 휙 날아서 지나가 버리기도 하지요. 그러면 새끼들은 조그만 부리를 힘껏 벌리고 재재거려요. 전 작년에도 그 제비들이 돌아오기를 기다렸는데, 이곳의 어떤 사냥꾼이 총을 쏴서 죽여버렸다는 거예요. 그런 걸 잡아서 뭘 하려는 건지! 제비는 딱정벌레나 다를 것 없이 조그마한데…… 사냥을 하시는 분들은 어쩜 그렇게 잔인할까요!"

"난 제비 같은 건 쏘지 않아!" 하고 나는 당황해서 얼른 말했다.

"그런데 한번은 정말 이상한 일이 있었어요! 토끼가 한 마리 뛰어든 거예요! 사냥개한테 쫓기기라도 한 건지 쏜살같이 문으로 뛰어 들어왔어요! 그리고 제 옆에 앉아서 꽤 오래 있었어요. 계속 콧구멍을 벌름거리고 귀를 쫑긋쫑긋 움직이고 하면서 말이에요. 꼭 무슨 장교 같은 모습으로요! 그리고 저를 쳐다보더군요. 제가 무서운 사람이 아니라는 걸 알았던 모양이에요. 그러다가 일어나서 깡총깡총 문 쪽으로 뛰어가더니 문턱에서 바깥을 살피는 거예요. 그때 토끼가 하는 짓이 얼마나 우스꽝스럽던지!"

루케랴는, 어때요…… 재미나지 않아요? 하는 듯한 표정으로 내 얼굴을 쳐다보았다. 나는 그녀를 만족시키기 위해 웃어주었다. 그녀는 마른 입술을 축이기라도 하는 듯이 달싹거렸다.

"물론 겨울철이 되면 아무래도 좋지 않죠. 어두우니까요. 촛불을 켜는 게 큰일이기도 하지만 불을 켠들 무슨 소용이 있겠어요? 전 글을 읽을 줄 알고 전부터 책 읽는 것을 좋아했어요. 하지만 무엇을 읽으면 좋을까요? 이곳에 책 같은 건 하나도 없어요. 책이 있다 해도 제 손으로 들지도 못하는 걸요. 알렉세이 신부님이 심심풀이가 될지 모른다고 달력을 갖다주셨지만 아무 소용이 없다는 걸 알고 도로 가져가셨어요. 하지만 어두워도 귀를 기울이면 언제나 무슨 소리가 들려요. 귀뚜라미가 울거나 쥐가 어디서 뭘 갉아먹고 있는 소리. 그럴 때면 아무 생각 하지 않고 그것을 듣고 있는 것도 재미있어요! 게다가 이따금 기도도 드린답니다." 루케랴는 잠시 쉬었다가 다시 말을 계속했다.

"하지만 전, 아주 조금, 모든 사람이 알고 있는 기도밖에 몰라요. 또 하느님을 너무 자주 성가시게 하는 건 미안한 노릇이죠. 이제 와서 하느님께 무슨 부탁을 드리겠어요? 하느님은 제가 뭘 필요로 하는지 저 자신보다 더 잘 알고 계시는 걸요. 하느님이 저에게 이런 십자가를 주신 것은—곧 절 사랑하고 계신다는 증거예요. 우리는 정말 그것을 깨달아야 한다고 생각해요. 그래서 저는 〈주기도문〉이나 〈성모찬가〉, 〈고뇌하는 자들의 소망〉을 외고 나서는 아무 생각도 하지 않고 그냥 누워 있어요. 그거면 더 이상 할 얘기가 없지요!"

2분쯤 흘렀다. 나도 말없이 의자 대신인 작은 통에 걸터앉아 꼼짝도 하지 않고 있었다. 내 눈앞에 누워 있는 살아 있는 이 불행한 여자가 돌같이 움직이지 않고 있는 불길한 모습이 나에게 그대로 전염되어 나 자신도 몸이 오그라드는 듯한 느낌이었다.

"저어, 루케랴," 나는 드디어 입을 열었다. "실은 이렇게 하면 어떨까 하는 생각이 드는데, 괜찮다면 내가 널 돌봐줄 테니까, 병원으로 옮기면 어떨까? 시내의 좋은 병원에. 어쩌면 아직 병을 고칠 수 있을지 모르잖아? 어쨌든 이렇게 혼자 있는 것보다는……."

루케랴의 눈썹이 희미하게 움직였다.

"아니에요, 서방님" 하고 그녀는 조급하게 속삭이는 목소리로 말했다. "병원에 보내진 말아주세요. 이대로 내버려 두세요. 그런 데 가면 오히려 더 힘들 뿐이에요. 이젠 나을 리가 없어요! 언젠가 어떤 의사선생님이 여기 오셔서 절 진찰해 보고 싶다고 한 적이 있었어요. 전 제발 가만히 내버려 달라고 부탁했죠. 그런데도 들은 척도 하지 않고 제 몸을 이리저리 뒤집고 돌리고, 팔다리를 여기저기 만지고 잡아당기고 하면서, '나는 의학 연구를 위해 진찰하고 있는 거야. 이것이 내 일이지. 난 학자니까!' 하고 말하는 거예요. 그렇게 제 몸을 실컷 주무르면서 괴롭힌 뒤 병명을 말하고는—뭔지 무척 어려운 이름이었어요—그대로 돌아가 버리더군요. 덕택에 그 뒤 일주일 동안 뼈마디가 쑤시고 아파서 견딜 수가 없었어요. 서방님은 제가 늘 혼자 외톨이로 있다고 하시지만 항상 그런 건 아니에요. 많은 사람들이 보살피러 와주거든요. 전 얌전하게 누워서 별로 귀찮게 하지 않으니까요. 마을 처녀들이 찾아와서 수다를 떨기도 하고, 순례하는 여자가 들러서 예루살렘이며 키예프 같은 성지에 대한 얘기를 들려주기도 해요. 전 혼자 있는 것이 조금도 무섭지 않아요. 오히려 그게 좋아요. 정말이에요!…… 그러니까 서방님, 그냥 내버려 두세요. 병원 같은 데 데려가지 말아주세요…… 절 생각해 주시는 마음은 고맙지만 부탁이니 제발 이대로 내버려 두세요."

"그야 네가 정 그렇게 생각한다면 하는 수 없지만, 루케랴. 난 다만 너에게 도움이 될까 해서 하는……."

"알고 있어요, 서방님. 절 염려하는 마음으로 말씀하신다는 것을. 하지만 서방님, 대체 누구에게 남을 도울 수 있는 힘이 있을까요? 남의 영혼 속까지 들어가는 일을 누가 할 수 있나요? 사람은 누구나 스스로 자신을 도와야 해요! 믿지 않으실지도 모르지만…… 이렇게 혼자 누워 있으면…… 이따금 마치 이 세상에 나 말고는 아무도 없는 것 같은 기분이 들어요. 나 혼자 살아 있는 것 같은 기분! 그리고 문득 어떤 생각이 떠오르지요. 어떤 때는 놀랍도록 멋진 생각일 때도 있어요!"

"어떤 생각이지, 루케랴?"

"그게 서방님, 도저히 말로 표현할 수가 없어요. 잘 설명할 수가 없어요. 게다가 금방 잊어버리거든요. 뭔가 구름 같은 것이 가슴속을 스치고 지나가고, 마음이 환하게 밝아지는 것 같으면서 기분이 무척 좋아지는데, 그 정체는…… 아무래도 잘 모르겠어요! 단지 만약 사람들이 옆에 있다면, 그런 기분을 느끼기는커녕 자신의 불행 외에는 아무것도 느끼지 못할 거라는 생각이 들어요."

루케랴는 고통스러운 듯 한숨을 내쉬었다. 그녀의 폐도 팔다리와 마찬가지로 자유롭지 못한 것 같았다.

"서방님은 절 무척 동정하고 계시는 것 같지만" 하고 그녀는 다시 계속했다. "제발 그렇게 생각하지 마세요! 정말이에요! 그래서 말씀드리는 건데요, 전 지금도 이따금…… 옛날에 제가 얼마나 명랑한 아가씨였는지 기억하고 계시죠? 정말 덜렁이였죠!…… 그리고 서방님, 전 지금도 노래를 부른답니다."

"노래를 부른다고, 네가?"

"그럼요, 옛날 노래를요. 윤무를 출 때의 노래, 연회의 노래나 성가, 그 밖의 여러 가지 노래를 불러요! 전 그런 노래를 많이 알고 있고 지금도 잊어버리지 않고 있어요. 다만 춤곡만은 부르지 않아요. 이렇게 된 몸으로는 아무래도 어울리지 않으니까요."

"어떻게 부르는데, 마음속으로?"

"네, 마음속으로 부르기도 하고 소리 내어 부르기도 해요. 소리가 크게 나오지는 않지만 남이 알아들을 수 있을 만큼은 불러요. 아까 저를 봐주러 오는 고아 소녀가 하나 있다고 했죠? 아주 똑똑한 아이예요. 전 그 아이에게 노래를 가르쳐 주었어요. 벌써 네 곡쯤 가르쳤죠. 곧이들리지 않으세요? 잠깐만 기다리세요, 당장 불러 볼 테니까……."

루케랴는 호흡을 가다듬었다. 이미 반은 죽은 것이나 다름없는 사람이 노래를 부르려 한다는 것을 생각하자, 나도 모르게 전율이 느껴졌다. 그러나 내가 뭐라고 말하기도 전에 벌써 내 귀에는 길게 꼬리를 끄는 듯한, 간신히 들릴 만큼 가는 목소리지만 그래도 아름답고 정확한 멜로디가 들려왔다…… 그것은 곧 두 번째 멜로디, 세 번째 멜로디로 이어졌다. 그녀는 화석이 된 듯한 얼굴 표정을 그대로 한 채, 한곳만 가만히 응시하면서 노래를 불렀다. 하지만 그 가련한, 힘겹게 올라가는 연기처럼 떨리는 노랫소리가 얼마나 감동적으로 울려 퍼졌는지! 자신의 마음을 노래에 담아 토로하고 싶은 그녀의 마음이 얼마나 강렬하게 느껴졌는지…… 이제 두려움은 사라지고 형언할 수 없는 연민의 정이 내 가슴을 조여왔다.

"아아, 더 이상 못하겠어요!" 갑자기 루케랴가 말했다. "기운이 없어서 안 되겠어요…… 서방님을 만나 뵌 게 하도 반가워서."

그녀는 눈을 감았다.

나는 그녀의 작고 차가운 손가락 위에 내 손을 얹었다…… 그녀는 나를 흘깃 쳐다보았지만, 그 금빛 속눈썹으로 테를 두른, 마치 옛날의 조상(彫像)에서 볼 수 있는 검은 눈꺼풀은 이내 다시 닫히고 말았다. 이윽고 두 눈이 어둠 속에서 반짝 빛났다…… 눈물이 스며 나오고 있었다.

나는 여전히 꼼짝도 하지 않고 있었다.

"아이, 내가 왜 이럴까!" 루케랴는 별안간 힘찬 목소리로 그렇게 말하더니, 눈을 크게 뜨고 깜빡거리면서 눈물을 떨치려고 애썼다. "창피하게 내가 왜 이러지? 오랫동안 이런 적이 없었는데…… 작년 봄에 바실리 폴랴코프가 저를 찾아왔던 날 이후로는 처음이에요. 그 사람이 옆에 앉아 얘기하는 동안은 아무렇지도 않았는데, 그 사람이 가고 난 뒤에 저 혼자 울었어요. 도대체 왜 울었는지는 알 수 없지만!…… 정말 우리 여자들은 아무것도 아닌 일 가지고 눈물을 잘 흘린다니까요, 서방님. 혹시 손수건 가지고 계세요? 죄송하지만 제 눈을 좀 닦아주시겠어요?"

나는 얼른 그녀가 해달라는 대로 해주고 손수건은 그대로 루케랴에게 주었다. 그녀는 처음에는 왜 그런 걸 자기한테 주느냐고 사양했다. 그 손수건은 무척 소박하지만 하얗고 깨끗했다. 루케랴도 나중에는 그 힘없는 손가락으로 손수건을 움켜쥐고는 다시는 놓으려 하지 않았다. 이윽고 방 안의 어둠에 익숙해진 나는 그녀의 모습을 똑똑히 볼 수 있었다. 그 청동색 피부 속의 희미한 홍조까지 들여다보였고, 거기서 지난날 그녀의 아름다운 자취까지 느낄 수 있었다. 적어도 나에게는 그것이 보인 것 같은 느낌이 들었다.

"서방님은 아까 제게 줄곧 잠을 자고 있느냐고 물으셨지요?" 루케랴가 다시 말을 시작했다. "전 좀처럼 잠을 자지 않지만, 잠들면 그때마다 꿈을 꾸어요. 아주 좋은 꿈이죠! 꿈속에서는 이렇게 병든 몸이 아니랍니다. 언제나 건강하고 젊어요…… 하지만 슬프게도 잠에서 깨어나 몸을 편하게 뻗으려고 하면 쇠사슬에 묶인 것처럼 꼼짝할 수가 없어요. 한번은 굉장히 멋진 꿈을 꿨어요! 그 얘기를 해드릴까요? 한번 들어보세요. 꿈속에서 전 큰길가의 버드나무 밑에 앉아 있었어요. 대패로 깎은 지팡이를 짚고 어깨에는 배낭을 메고 머리에는 두건을 쓴, 마치 순례자 같은 차림을 하고서 말이에요! 어딘지 먼 성지로 순례를 떠난 것 같았어요. 제 옆으로 다른 순례자들이 계속 지나가고 있더군요. 모두들 조용히 걸어와서 뭔가 마지못한 표정으로 같은 방향을 향해 걸어가는데, 무척 지친 표정을 하고 있고 또 모두들 비슷한 얼굴들이었어요. 그런데 그 사람들 속에서 한 여자가 이리저리 서성거리고 있는데 키가 다른 사람들보다 머리 하나는 더 크고, 옷도 러시아 옷과는 다른 특별한 것을 입고 있었어요. 그리고 얼굴도 보통 사람하고 다른 어둡고 엄숙한 얼굴이더군요. 왠지 모두들 그 여자에게서 되도록이면 멀리 떨어지려고 하는데, 별안간 그 여자가 빙 돌아서서 내 쪽을 향해 곧장 다가왔어요. 그러더니 내 앞에서 걸음을 멈추고 가만히 저를 쳐다보는 거예요. 그 눈은 꼭 매의 눈처럼 노랗고 크고 밝았어요. 제가 누구냐고 묻자 그 여자는 '나는 너의 죽음이다'라고 하는 거예요. 절 위협할 생각이었겠지만 전 오히려 너무 기뻐서 즉시 성호를 그었어요! 그러자 그 여자, 즉 저의 죽음이 저에게 '미안하지만 루케랴, 네가 가엾지만 지금은 데려갈 때가 되지 않았어. 안녕!' 하고 말하는 거예요. 얼마나 실망했는지 몰라요! 데려가 주세요, 네? 제발 절 데려가 주세요! 하고 제가 말하자 그 여자는 돌아서서 뭔가 중얼거리는 소리로 말하더군요…… 언제 데리러 오겠다는 말을 한다는 건 알 수 있었지만 확실하게 들리지 않아서 잘 모르겠어요. 좀더 나중에, 성 베드로제가 끝나면이라고 말하는 것 같았는데, 그 순간 저는 꿈에서 깨어났어요…… 이런 멋진 꿈도 다 꾼다니까요!"

그렇게 말한 루케랴는 눈을 위로 치뜨고…… 가만히 생각에 잠겼다.

"그리고 또 이런 꿈도 꿨어요" 하고 그녀는 다시 얘기하기 시작했다. "어쩌면 이건 환각이었을지도 몰라요. 그건 잘 모르겠어요. 제가 이 오두막에 누워 있는데 돌아가신 부모님이, 아버지와 어머니가 찾아오셔서 아무 말 없이 저에게 고개를 숙이는 거예요. 그래서 제가 아버지, 어머니, 왜 그렇게 저에게 절을 하시는 거예요? 하고 물으니, 두 분께서는 '네가 이승에서 큰 고난을 겪고 있기 때문에, 너는 네 영혼을 구했을 뿐만 아니라 우리의 고통까지 없애주었다. 그래서 저승에서의 우리의 생활이 무척 편해졌어. 넌 너 자신의 죄를 소멸했을 뿐만 아니라 우리의 죄까지 소멸시켜 준 거야. 그래서 고개를 숙인 거란다' 하고 말씀하시는 것이었어요. 그리고 부모님은 다시 한번 절을 하고 그대로 사라져 버렸어요. 그 뒤에는 오두막의 벽밖에 보이지 않았어요. 나중에 저는 그게 도대체 무슨 꿈이었을까 하고 이리저리 생각해 봤지요. 그러다가 결국 고해성사 때 신부님께 말씀드렸어요. 하지만 신부님은 '그건 환영이 아니겠지. 환영은 성직자들에게만 나타나는 것이니까'라고 말씀하시더군요. 다만 괴로운 것은 가끔 일주일 동안 전혀 잠을 자지 못할 때가 있어요. 작년에 어떤 부인이 오셔서 저를 보시고는 수면제를 한 병 주시더군요. 한 번에 열 알씩 먹으라고 했어요. 그 덕분으로 잘 잤는데 지금은 그 약도 다 떨어지고 말았어요…… 당신은 그 약이 무슨 약인지, 어떻게 구할 수 있는 건지 아세요?"

그 부인이라는 사람은 아마 그녀에게 아편을 주고 간 것이 틀림없었다. 나는 그녀에게 그것을 구해 주겠다고 약속하고, 다시 한번 그녀의 강한 인내심에 대해 칭찬의 말을 해주었다.

"아니에요, 서방님!" 하고 그녀가 말했다. "왜 그런 말씀을 하세요? 이 정도의 인내가 뭐 대단하다고. 그야 주상성자(柱上聖者) 시므온의 인내심이라면 정말 위대한 것이지만. 30년 동안이나 기둥 위에 서서 수행하셨잖아요! 또 어떤 성자는 자신을 땅속에 가슴까지 파묻게 하고, 개미들이 얼굴을 뜯어먹어도……."

잠시 침묵이 흐른 뒤, 나는 그녀에게 지금 몇 살이냐고 물었다.

"스물여덟…… 아니면 스물아홉…… 어쨌든 서른은 되지 않았어요. 하지만 나이를 따져서 뭐 하시게요? 그보다 서방님, 한 가지 더 들어주실……."

갑자기 루케랴는 숨이 막힐 듯한 심한 기침을 하고 나서 크게 한숨을 내쉬었다…….

"얘기를 너무 많이 하니까 그래" 하고 나는 말했다. "그러면 몸에 해로울지도 몰라."

"그렇군요" 하고 그녀는 간신히 알아들을 수 있을 만큼 낮은 목소리로 속삭였다. "이제 그만하는 게 좋겠군요. 어차피 끝이 없을 테니까요! 하지만 서방님이 가시고 나면 저는 다시 실컷 침묵할 수 있으니까 괜찮아요. 아무튼 서방님을 만나 뵙게 돼서 정말 즐거웠어요……."

그녀에게 작별을 고할 때, 다시 한번 약을 구해서 보내주겠다는 약속을 되풀이하고, 더 필요한 게 없는지 잘 생각해서 말해보라고 했다.

"아무것도 없어요. 덕택에 전 아무것도 불편한 게 없는 걸요" 하고 그녀는 간신히, 그래도 감동이 담긴 목소리로 말했다. "여러분들도 다 건강하시기를 바라요! 그런데 서방님, 당신 어머님께 한마디 전해 주시면 안 될까요? 이곳의 농민들은 모두 가난해요. 하다못해 소작료만이라도 좀 가볍게 해주셨으면! 그 사람들은 토지가 좁아서 수확이 적거든요…… 인정을 베풀어 주신다면 정말 고맙게들 생각할 거예요. 하지만 전 아무것도 바라는 게 없답니다. 정말 불편한 것이 전혀 없으니까요."

루케랴에게 그 희망이 이루어지도록 노력하겠다고 약속한 뒤 문 쪽으로 걸어가는데 그녀가 다시 나를 불렀다. "기억하고 계세요, 서방님?" 하고 그녀는 말했는데, 그 순간 그 눈동자와 입가에 형용하기 힘든 어떤 것이 떠올랐다. "제 머리카락이 어땠는지? 무릎에 닿을 만큼 길었잖아요! 전 오랫동안 결심이 서지 않아 망설이고 있었어요…… 그 삼단 같은 머리를!…… 하지만 이젠 그것을 빗을 수가 있어야 말이죠. 지금의 제 몸으로는!…… 그래서 결국 큰맘 먹고 잘라버렸어요…… 네…… 그럼 서방님, 안녕히 가세요! 저도 이젠 지쳐버렸어요."

그날 사냥을 가기 전에, 나는 마을 순경과 루케랴에 대해서 얘기를 나눴다. 그의 이야기에 의하면 마을에서는 루케랴를 '살아 있는 시체'로 부르고 있다고 하며, 그래도 아무 불평도 한탄도 하지 않고, 조금도 남에게 폐를 끼치려 하지 않는다는 것이었다. "뭘 어떻게 해달라고 요구하는 일이 전혀 없고 모든 걸 감사하게 생각합니다. 정말 '착한 여자'입니다. 세상에 둘도 없이 '착한 여자'예요."

몇 주일 뒤 나는 루케랴가 죽었다는 소식을 들었다. 그 죽음은 역시 성 베드로제 뒤에 찾아왔다. 들은 얘기로는 그녀는 내내 종소리를 들었다고 한다. 알렉세옙카 마을에서 성당까지는 5베르스타 이상이나 떨어져 있는 데다 그날은 일요일도 아니었는데! 하긴 루케랴는 그 종소리는 성당에서가 아니라 '저기서' 들려온다고 말했다고 한다. 그녀로서도 '하늘에서'라고는 말할 수 없었던 것이리라.

투르게네프

10월 7일

1

하느님의 이름을 부르지 않을 수도 있고 하느님이라는 말을 피할 수도 있지만, 그 존재를 인정하지 않을 수는 없다. 하느님이 없다면 아무것도 없다.

2

지금 내가 알고 있는 모든 것은, 신이 있기 때문에, 그리고 내가 신을 알기 때문에 아는 것이다.

오직 이 사실 위에서만 모든 사람들에 대한, 또 자신에 대한, 나아가서는 초지상적, 초시간적인 생명에 대한 관계가 확립된다. 나는 그것을 신비주의로 생각하지 않을뿐더러, 그것과 반대되는 사고방식이야말로 신비주의이며, 그 사고방식 자체는 모든 사람이 이해할 수 있고 가까이 다가갈 수 있는 유일하고 엄연한 사실이라고 생각한다. 신이란 무엇인가? 하고 묻는다면 나는 이렇게 대답하겠다. 신이란 내가 자신을 그 일부로 의식하는 무한한 존재이며, 전체라고.

신은 나에게는 정진의 목표이고, 그것을 향해 정진하는 것이 바로 나의 삶 그 자체이며, 그렇기 때문에 나에게 존재하는 것이지만, 그래도 도저히 그것을 이해하거나 이름을 부르거나 할 수는 없는 지고한 존재이다. 만약 내가 신을 이해했다면 나는 이미 신에게 도달했을 것이고, 그러면 정진의 목표도 없어지므로 내 삶도 사라질 것이다.

나는 신을 이해할 수는 없지만, 그래도 신을 알고 있고 신에게 가는 방향을 알고 있으며, 이 지식이 바로 나의 모든 지식 가운데 가장 믿을 만한 지식이라고 할 수 있다. 신이 없을 때 나는 항상 공포를 느끼지만, 신과 함께 있을 때 공포는 존재하지 않는다.

3

이기적인 목적에서 나오는 종교적 행위, 이를테면 기우제나 내세에서의 보답을 목적으로 바치는 제물 같은 것은 언제나 타산적인 행위이며, 오로지 신을 인식한 결과 일어나는 행위만이 신에게 기쁨을 줄 수 있다.

진정한 신앙인은 모든 존재 속에 있는 지고한 이성을 인정하고, 자신의 마음을 신의 영혼에 향하게 함으로서 제물로 삼아 신에게 바치고, 스스로의 빛으로 만물을 비추는 자, 즉 신의 본성에 다가간다.

누구든지 주의 깊게 관찰함으로써 모든 자연은 눈에 보이는 것이나 눈에 보이지 않는 것이나 모두 신의 예지 안에 있다는 것을 깨달아야 한다. 왜냐하면 무한한 자연을 신의 예지 안에 있다고 보는 사람은 다시는 그릇된 생각에 빠지는 일이 없기 때문이다.

《마누법전》

4

내가 신에 대해 얘기할 때 금이나 은으로 만들어진 물체를 말하고 있는 것으로 생각해서는 안 된다. 내가 너에게 얘기하는 신, 그것은 너 자신도 마음속으로 느끼고 있을 것이다. 너는 신을 너 자신 속에 가지고 있으면서, 너의 불순한 사상과 추악한 행위로 네 영혼 안에 있는 신의 모습을 모독하고 있다. 너는 자신이 신으로 여기며 숭배하고 있는 황금우상 앞에서는 뭔가 잘못을 저지르지나 않을까 하고 조심하지만, 너 자신 속에 있는 신, 모든 것을 보고 모든 것을 듣는 신 앞에서는, 아무리 추악한 사상과 행위에 몸을 맡기고 있어도 얼굴을 붉히지 않는다.

만약 우리가 우리의 모든 행위와 사상의 증인인 신이 우리 안에 있다는 것을 끊임없이 마음에 새긴다면 죄를 범하지 않게 되어, 신은 언제나 우리 안에 존재할 것이다. 할 수 있는 한 자주 신을 떠올리고, 신에 대해 생각하고, 신에 대해 얘기하도록 하자.

에픽테토스

5

신은 기도를 드리고 아첨을 떨어야 하는 우상이 아니라 우리가 일상생활 속에서 실현해야 하는 이상이다.

루시 맬러리

6

신을 향해 나아갈 때가 아니라 신을 외면하고 신을 떠날 때, 바로 그런 때야말로 나는 신이 존재한다는 것을 안다. 나는 지금, '신'이라는 말을 사용하고 있지만, 그 말이 적절한지 어떤지 잘 모른다. 너희는 내가 뜻하는 바를 헤아려 주기 바란다.

소로

7

일부러 신에게 다가가야겠다고 생각해서는 안 된다. '이번에는 신에게 다가가서 신을 따라 살아보자. 지금까지는 악마를 따라 살아왔지만, 시험 삼아 이제부터는 신을 따라 사는 거다. 의외로 나쁘지 않을지도 모른다.' ……아니다, 나쁘다. 아주 나쁘다. 신에게 가까이 가는 것은 마치, 시집을 가고 싶지 않거나 신부를 맞고 싶지 않은데도 도저히 그렇게 하지 않을 수 없을 때 결혼하듯, 도저히 가까이 가지 않을 수 없을 때 비로소 가까이 가야 하는 것이다. 따라서 나는 또한, 누구에게든 일부러 유혹에 가까이 다가가라고는 말하지 않지만, 가령 "악마에게 가지 않고 신에게 가면 손해를 보게 되지 않을까?" 하고 말하는 사람한테는 있는 힘을 다해 이렇게 소리칠 것이다. "가거라, 가거라, 제발 악마에게 가거라!" 하고.

갈림길에서 머뭇거리거나 위선적인 마음으로 신에게 다가가는 척할 바에는, 차라리 악마에게 가서 크게 한번 그 맛을 보는 편이 낫다.

8

인간은 자신이 공기를 호흡하고 있다는 것을 몰라도, 숨 쉬기가 힘들 때면 무언가가 부족하다는 것을 안다. 신을 인식한 적이 없는 인간도 역시 신을 잃어버리게 되면 같은 경험을 할 것이다.

9

신을 잊지 않는 것은 위대한 일이다. 하지만 그것은, 입으로 신의 이름을 부르는 것이 아니라, 신이 자신의 모든 행위를 살펴보며 그것을 비난하거나 칭찬하고 있는 것처럼 사는 일이다. 러시아의 농민들은 흔히 "너는 신을 잊었느냐?"라고 말한다.

10월 8일

1

인생에서 매우 중요하고 본질적인 문제들에 대해 한 번도 생각해 본 적이 없는 사람들만이 인간의 이성으로 모든 것을 다 이해할 수 있다고 생각한다.

2

인간은 세 종류가 있다. 첫 번째는 분명한 말로 표현할 수 없는 것은 일체 믿지 않는 사람이고, 두 번째는 어렸을 때부터 자신에게 주입된 지식밖에 믿지 않는 사람, 세 번째는 스스로 마음속에 의식하는 도덕률을 믿는 사람이다. 이 세 번째 종류의 사람들이야말로 가장 총명하고 가장 강한 사람들이다. 태어날 때부터 주입된 것을 믿는 사람들은 이들에 비해 총명함과 강함에서 뒤떨어지지만, 그래도 인간으로서의 중요한 소질을 잃고 있지는 않다. 즉 무언가 아주 높은 것, 우리의 이해를 초월한 것, 우리에게 선한 생활을 요구하는 것을 인정하고 있다. 자신들에게 자아의 부정과 선한 행위를 요구하는 지고한 영적 존재로서의 신이든 또는 기적을 행하는 니콜라이든, 어쨌든 그런 누군가에게 호소하는 시골 아낙네가, 첫 번째의 이치로 설명할 수 없는 것은 모조리 인정하지 않으려는 사람들보다 진리에 더 가까이 다가가 있다.

3

모든 사물의 기원은 비밀이다. 모든 개인과 집단의 생명의 원인은 비밀이다. 그것은 이성을 초월한 것, 설명할 수도 없고 정의할 수도 없는 것이다. 한마디로 말해 모든 개개인이 풀 수 없는 수수께끼이며, 그 어떤 기원도 해명할 수 없다. 다시 말하면 어떤 일이 이루어졌을 때, 그것을 과거에 이루어진 일과 연관시켜 설명할 수 있지만, 기원이 이루어진다는 것은 있을 수 없는 일이다. 그것은 언제나 창조의 기적을 전제로 한다. 왜냐하면 그것은 다른 무언가의 결과가 아니기 때문이다. 그것은 자신을 에워싸는 과거의 온갖 환경과 기회와 상태 속에서, 그리고 자신의 출현에 뒤따르는 그들 모든 것 속에서 모습을 드러낸다. 그러나 출현한 기원 그 자체는 어디까지나 우리의 이해를 넘어서는 그 무엇이다. 아미엘

4

너는 그 훌륭한 교육 덕택에 원형과 사각형, 별과 별 사이의 거리 따위를 잴 수 있다. 너의 그 기하학이면 뭐든지 측정할 수 있다. 그러나 네가 정말 훌륭한 측량기사라면 인간의 지혜를 한번 측정해 보라. 그것이 얼마나 큰지 아니면 얼마나 작은지 말해보라. 너는 직선이 무엇인지 알고 있다. 그러나 네가 인생에서 가야 할 반듯한 길을 모른다면 그것이 대체 무슨 소용이겠는가? 자유로운 모든 학문도 선행을 가르치는 근거를 가지고 있지 않은 것은 명백하다. 다른 무언가에 도움이 될지는 몰라도 선행에는 아무런 쓸모가 없다. 그것들은 우리의 마음을 선덕으로 이끌지 못하고 다만 선덕의 길을 깨끗하게 쓸어 줄 뿐이다.

세네카

5

식물의 생명의 비밀도 우리 인간의 생명의 비밀과 똑같은데도, 생물학자는 자기가 만든 기계를 설명하듯 그것을 설명하려고 헛된 노력을 한다. 우리는 신성하기 그지없는 동물의 생명에도 손을 대어서는 안 된다. 그런 짓을 해봤자 우리

는 외면적인 것 외에는 어떠한 것도 해명하지 못한다. 소로

6

어떤 것이라도 현미경이나 망원경으로 보면 지극히 하찮은 것이 되어버린다.
소로

7

산더미처럼 쌓인 책들은 독자를 가르치기는커녕 오히려 그 머리를 산만하게 만들어 버린다. 무턱대고 많은 책을 읽는 것보다는 몇 사람의 뛰어난 작가들의 책만 읽는 것이 낫다. 세네카

8

알 수 없는 것을 무턱대고 알려고 애쓰기보다, 알 수 있는 것 중에서 많은 것을 모르고 있는 편이 낫다.

인식이 불가능한 세계에서 헛되이 헤매는 것만큼 우리의 지력을 타락시키고 약화시키고, 아집을 더욱 키우는 것은 없다. 무엇보다 가장 나쁜 것은 자기가 알지도 못하는 것을 아는 척하는 것이다.

10월 9일

1

자신의 생명이 자신의 영적 '자아'에 있음을 인식하는 사람에게는, 삶에 있어서나 죽음에 있어서나 악이 있을 수 없다.

2

우리가 진정한 생명의 의식을 깨달았을 때, 이 세계에서 우리가 놓여 있는 물질적 형태는 우리의 영적 본질을 제한하는 굴레처럼 보인다.

물질은 영혼의 굴레이다. 진정한 생명은 이 굴레를 끊임없이 타파하여, 마침내 완전히 파괴에, 그것으로부터의 완전한 해방, 즉 죽음에 도달하는 것이다. 이러한 인생관이야말로 삶에 있어서나 죽음에 있어서나 완전한 평화를 가져다

준다.

3

설사 운명이 너를 어디로 내던지더라도, 네가 스스로 생존의 법칙에 충실한 한, 너의 본질, 너의 영혼, 너의 생명, 너의 자유와 힘의 중심은 언제 어디서나 너와 함께 따라다닐 것이다. 세상에는 자신과 자신의 영혼의 합일을 파괴하거나, 영혼과의 교류를 단절하고, 자기 자신과의 내면적 불화에 의해 영혼의 평화를 깨면서까지 추구해야 하는 외면적 행복이나 외면적 위대함 같은 것은 있을 수 없다.

그런 값비싼 희생을 치러서라도 손에 넣어야 할 무엇이 있다면 부디 나에게도 가르쳐 주기 바란다.

마르쿠스 아우렐리우스

4

우리는 때때로 우리가 자신의 내부에서 그가 의식하는 무한하게 위대하고 강력한 어떤 것과 마찬가지로 자신의 내부에서 의식하는 왜소하고 무력한 어떤 것 사이에 있는 무서운 모순과 대립을 생생하게 느끼며, 슬퍼하거나 기뻐한다.

5

육에서 나온 것은 육이며 영에서 나온 것은 영이다. 새로 나야 된다는 내 말을 이상하게 생각하지 마라. 바람은 제가 불고 싶은 대로 분다. 너는 그 소리를 듣고도 어디서 불어와서 어디로 가는지를 모른다. 성령으로 난 사람은 누구든지 이와 마찬가지다.

〈요한복음〉 제3장 6~8절

6

많은 점에서 생각해 보건대 나에게는 선량한 사람들의 영혼은 신성을 갖추고, 영원불멸성을 갖추고 있는 것 같지만, 특히 가장 선량하고 가장 총명한 사람들의 영혼은 모두 내세를 향하고 있으며, 그 모든 사상이 영원한 것에 집중되어 있기 때문에 더욱 그렇게 생각된다.

키케로

7

단지 실천적이고 도덕적이고 정신적이고 심오하며 또 종교적인 의식만이 인생에 모든 가치와 힘을 준다. 그러한 의식은 우리를 불굴의 것, 감히 이길 수 없는 것으로 만든다. 하늘의 이름에 의하지 않는 한 땅을 정복할 수 없다. 그뿐만 아니라 모든 행복은 예지만을 찾는 사람에게 주어진다. 사람은 완전히 사욕에서 벗어날 때 비로소 무엇보다 강한 존재가 되며, 세상은 자신이 유혹할 수 없는 자의 발밑에 엎드린다. 어째서인가? 정신은 물질을 지배하고 세계가 신에게 속하기 때문이다. "너희는 용기를 가져라" 하고 하늘의 목소리는 말한다. "나는 세계를 정복했다"고.

하느님이시여, 선을 열망하나, 힘이 모자라는 자에게 힘을 주소서! 아미엘

8

모든 인간의 지혜를 능가하는 최고의 이성이 있다. 그것은 먼 곳에 있으면서 또한 가까운 곳에 있다. 그것은 모든 세계 위에 있으면서 또한 모든 존재 속에 내재되어 있다.

모든 존재가 최고의 이성에 의해 포괄되고, 최고의 이성이 모든 존재에 내재되어 있다는 것을 아는 자는, 어떠한 존재도 경멸의 눈으로 대할 수 없다.

그 사람에게 있어서 모든 정신적 존재가 최고의 정신적 존재와 같은 사람, 그와 같은 사람에게는 미망이나 슬픔이 존재할 여지가 없다.

오직 종교적인 의식만 지키고 있는 사람들은 캄캄한 어둠 속에서 헤매고 있다. 그러나 최고의 이성에 대한 무익한 논쟁에만 빠져 있는 사람은 더욱더 깊은 어둠 속에 있는 것이다. 《우파니샤드》

9

신은 자신의 경지까지 오르고자 하는 사람들을 끌어당긴다. 따라서 인간이 신에게 다가가기 위해 노력하는 것은 놀라운 일이 아니다. 신은 인간들에게 다가와 사람들 속에 들어온다. 신 없이 행복한 영혼은 결코 있을 수 없다. 세네카

10

자신의 정신성을 의식하는 것, 그것이 우리를 모든 것에서 구원해 준다. 어떤 일이 일어나더라도 자신의 정신성을 의식하는 사람에게는 어떠한 악도 근접하지 못한다.

10월 10일

1

동물로서의 인간은 죽음에 저항하지 않을 수 없다. 그러나 영적 존재로서의 인간은 죽음을 모르고 따라서 죽음에 저항할 수도 죽음을 원할 수도 없다.

2

죽음에 대한 관념이 당연히 우리에게 주어야 할 영향을 주지 않고 있는 까닭은, 우리는 행동적인 존재로서의 본성으로 인해, 실은 결코 죽음을 생각해서는 안 되도록 되어 있기 때문이다. 칸트

3

삶에는 죽음과 상통하는 것이 아무것도 없다. 우리의 이성을 흐리게 하고, 죽음의 불가피성에 의심을 품게 하려는 막연한 희망이 끝까지 우리의 마음에서 떠나지 않는 것도, 아마 그 때문일 것이다. 생명은 악착같이 열심히 살고자 한다. 그것은 우화 속의 앵무새처럼 목이 졸려 마지막 숨이 넘어가는 순간에도 "뭘, 괜찮아, 이까짓 것!" 하고 되풀이한다. 아미엘

4

죽음의 순간, 영적 본원은 육체를 떠나지만, 육체를 떠남과 동시에 시공을 초월한 모든 본원과 합치하는지, 아니면 다른 유한한 존재 속으로 옮아가는지 우리는 모른다. 우리가 아는 것은 오직, 죽은 뒤에 육체는 자기를 길러 왔던 것에게 버림받고 단순한 관찰의 대상이 된다는 것뿐이다.

5

죽음은 의식하는 대상의 변화 또는 소멸이다. 연극의 막이 바뀌었다고 해서 손님이 사라지는 것이 아닌 것처럼 의식도 죽음에 의해 소멸되는 것은 아니다.

6

너는 이 세상에 자신도 모르는 사이에 찾아왔다. 그러나 너는 네가 현재 있는 그대로의 유일한 '나'로서 찾아왔다는 것을 알고 있고, 그 뒤에도 계속 살면서, 도중에 갑자기 너무 기뻐 어쩔 줄 모르거나 너무 무서워 견딜 수 없는 것도 아닌데, 멈춰 서서 움직이려 하지 않는다. 앞길에 무엇이 있는지 모른다며 앞으로 나아가기를 꺼린다. 그러나 너는 자신이 어디서 나왔는지 알지도 못한 채 이 세상에 나오지 않았는가. 너는 입구로 들어왔으면서도 출구로 나가고 싶어 하지 않는다.

너의 전 생애는 육체적 존재를 통한 행진이었다. 너는 그 행진을 서둘러 왔으면서 갑자기 네가 끊임없이 해온 일이 완성되는 것을 두려워한다.

너는 육체의 죽음과 함께 일어나는 네 처지의 큰 변화를 두려워하지만, 네가 태어났을 때도 마찬가지로 큰 변화가 있었고, 그 변화로 너에게 그렇게 나쁜 일이 일어나지 않았을 뿐만 아니라 오히려 그 반대로, 현재 네가 그것과 지금 헤어지고 싶어 하지 않을 정도로 좋은 일이 일어나지 않았던가.

7

만약 우리가, 이 세상에서 일어나는 모든 일이 우리의 행복을 위한 것임을 믿는다면(선한 생명의 본원을 믿는 사람은 그것을 믿지 않을 수가 없다), 우리는 그와 동시에 우리의 죽음과 함께 우리에게 일어날 일 또한 우리의 행복을 위한 것임을 믿지 않을 수 없다.

10월 11일

1

대다수의 사람들은 진정으로 존경할 만한 것을 자랑하지 않고 자신들에게 필요하지 않은 것, 유해한 것을 자랑한다. 즉 권력과 부귀가 그것이다.

2

어디를 찾아봐도 어떤 점에서든 자신보다 더 나쁜 사람을 찾아낼 수 없는 악한 자, 따라서 스스로 만족할 만한 것을 아무것도 찾을 수 없는 악한 자는 한 사람도 없다.

3

글을 읽지도 쓰지도 못하는 사람은 다른 사람에게 그것을 가르칠 수 없다. 그것과 마찬가지로 자신이 무엇을 해야 하는지 모르는 사람이 어떻게 다른 사람들에게 그것을 가르칠 수 있겠는가. 마르쿠스 아우렐리우스

4

현명한 가르침을 듣자마자 남에게 그것을 가르치려 하는 사람들이 있다. 그러한 사람들은 섭취한 음식을 이내 토해내는 병든 위장과 같은 짓을 하고 있는 것이다. 그런 사람들을 흉내 내어서는 안 된다. 귀로 섭취한 마음의 양식을 자신의 내부에서 잘 씹고 소화하기 전까지는 성급하게 토해내지 말라. 그렇지 않으면 누구의 마음에도 양식이 되지 않는 오물이 나올 뿐이다. 에픽테토스

5

자신의 인간적 존엄성을 의식하는 것은 결코 교만이 아니다. 교만한 마음은 세속적인 성공에 비례해 커지지만 인간적 존엄성의 의식은 그 반대로, 세속적으로 냉대를 받으면 받을수록 증대한다.

6

교만한 인간은 자기 자신이 아니라 자신에 대한 사람들의 의견을 존중하지만, 자신의 인간적 존엄성을 의식하는 사람은 자기 자신만을 존중하지 남들의 의견은 문제 삼지 않는다.

7

자신의 어리석음을 의식하는 사람에게는 아직도 지혜가 있지만, 자신의 현명

함을 굳게 믿고 있는 사람에게는 절대로 지혜는 존재하지 않는다.

부처의 가르침

8

어리석은 자는 현명한 사람 옆에서 한평생을 보내도 조금도 진리를 터득할 수 없다. 그것은 마치 숟가락이 음식의 맛을 절대로 알 수 없는 것과 같다.

부처의 가르침

9

자신을 사랑하고 자신의 내면세계에 집중하는 자에게는 경쟁자가 적다는 장점이 있다.

리히텐베르크

10

자만심이 강한 사람은 언제나 어리석다. 이 둘은 서로 상관관계가 있다. 사람은 자만 때문에 어리석고, 또 어리석음 때문에 자만한다. 그는 자신이 좋은 것을 만들어 내지 못한다는 것을 의식하기 때문에, 자신이 만들어 내는 것은 모두 좋은 것이라고 스스로를 설득한다.

11

교만한 마음에는 처음에는 현혹하는 힘이 매우 커서, 그 영향으로 본인 스스로 위대하다고 생각하는 건 물론, 남들도 그를 위대하다고 믿어버린다. 그러나 그 현혹하는 힘이 사라지고 나면 교만한 인물은 곧 우스꽝스런 인물이 되고 만다.

10월 12일

1

한번 몸에 밴 습관에서 벗어나려면 많은 노력이 필요하다. 그러나 자기완성을 향한 첫걸음은 언제나 그러한 벗어남에서 시작된다.

2

너희는 남들의 생각에 의해서가 아니라, 자신의 생각에 의해 행동하지 않으면 안 된다. 이 원칙은 실생활에 있어서나 정신생활에 있어서나 똑같이 필요불가결한 것이다. 이 법칙을 지키는 일은 대단히 어렵다. 왜냐하면 세상에는 자신들이 너희 이상으로 너희의 의무를 잘 알고 있다고 생각하는 자들이 너무 많기 때문이다. 세상 속에서는 세상의 의견에 따라 사는 것이 쉽지만, 고독 속에서는 자기 자신의 의견에 따르는 것이 쉽다. 다만 군중 속에 있으면서, 자신이 고독할 때의 독립자존을 지키는 자가 참으로 위대한 사람이다. 에머슨

3

본질적으로 너희와 아무 관계도 없는 인습에 영합하는 것이, 너희의 정력을 소비하고 너희의 시간을 빼앗으며, 너희의 원래의 소질을 망쳐버린다. 그런 것에 얽매여 있으면 그 쓸데없는 일에 너희의 가장 뛰어난 능력이 허비되는 건 물론이고, 원래 너희 자신이 대체 어떠한 존재인지 인식하는 것조차 참으로 어려워진다. 그러한 생활은 영혼도 육체도 멸망시킨다. 에머슨

4

세상 사람들은 이렇게 말한다. "우리처럼 생각하고 우리처럼 믿고, 우리처럼 먹고 마시고, 우리처럼 입어라. 그렇지 않으면 저주받으리라." 만약 이것에 따르지 않는 자가 있으면 사회는 조소와 비방과 험담과 배척과 따돌림으로 그 생활을 지옥으로 바꾸어 놓는다. 그러나 결코 그것을 두려워해서는 안 된다.

루시 맬러리

5

자신의 양심이 요구하는 것에 따라 자신이 살고 있는 세상의 인습을 버리는 사람은, 자신에 대해 매우 엄격하게 주의를 기울여야 한다. 그의 모든 잘못, 모든 약점, 그리고 특히 한번 결심한 것을 뒤집는 것이, 세상 사람들의 비난의 대상이 될 것이다.

6

올바르게 삶으로써 악한 사람들의 박해를 받고, 선을 실천함으로써 그들의 냉소를 부를지라도 슬퍼하거나 탄식하지 말라. 선행이란 원래 악한 사람들의 증오를 부르는 성질을 가지고 있다. 악한 사람들은 올바르게 살고자 하는 사람들을 질시하며, 다른 사람들의 명예를 해치면 자신이 정당화된다고 생각하고, 선량한 사람들을 자신의 적으로 간주하고 미워하며, 기를 쓰고 그들의 생활을 중상하는 것이다. 그러나 마음이 꺾여서는 안 된다. 왜냐하면 악한 사람들의 증오야말로 선덕의 증거이기 때문이다. 이오안 즐라토우스트

7

세상의 일반적인 관습을 외면하여 사람들을 분노하게 만드는 것은 좋지 않다. 그러나 관습에 영합해 양심과 이성의 요구를 묵살하는 것은 더 좋지 않다.

10월 13일

1

국가기구라는 것은, 그게 어떤 국가이든 그리스도교의 근본 정신에 극도로 반하는 것이기 때문에, 사람들이 그리스도의 가르침과 정반대되는 생활을 하고 있음을 말하기 위해서는, 그들은 국가기구에 올라타서 살고 있다고 말하면 될 정도이다.

2

위대한 현인이 권력을 쥐고 있을 때, 백성들은 그의 존재를 알지 못한다. 그리 현명하지 않은 사람이 권력을 잡을 때, 백성들은 그의 명령에 따르며 그를 찬양한다. 더욱 현명하지 않은 사람이 다스릴 때는, 백성들은 그를 두려워한다. 그러나 그보다 훨씬 더 현명하지 않은 사람일 경우에는, 백성들은 그를 경멸한다.

노자

3

아직 깨어나지 못한 사람에게는 국가 권력은 사람들이 사는 데 필요한 육체

의 여러 기관처럼 신성한 구조로 보인다. 그러나 깨어난 사람에게는 그것은 아무런 합리적인 근거가 없는데도 스스로에게 환상적인 의의를 부여해, 폭력과 강제를 통해 제멋대로 자신들의 욕구를 채우는 무서운 미망에 빠진 사람들에 지나지 않는다. 그들은 모두 깨어난 사람에게는, 마치 대로에서 사람들을 습격하는 강도처럼 사람들에게 폭력을 휘두르는 자들이며, 매수된 자들이다. 그 폭력의 역사와 규모와 기구 같은 것으로는 그 어떤 것의 본질도 바꿀 수 없다.

깨어난 사람에게는 이른바 국가라고 하는 것은 존재하지 않는다. 그러므로 국가라는 이름으로 자행되는 모든 폭력행위는 변명의 여지 없는 악이며, 따라서 그는 국가기구에 절대로 참여할 수 없다. 국가의 폭력행위는 외적인 수단으로는 사라지지 않으며, 진리를 깨달은 사람들의 의식에 의해 비로소 사라지는 것이다.

4

힘은 서로의 사랑 속에 있으며, 나약함은 서로의 적대관계 속에 있다. 우리는 사랑에 의한 합일에 의해 살고, 불화에 의한 분열에 의해 멸망한다.

루시 맬러리

5

옛날 같은 상황에서는 사람들에게 국가적 폭력이 필요했을지도 모르고, 지금도 필요할지 모르지만, 그래도 사람들은 폭력은 그들의 평화로운 생활을 방해할 뿐인 미래를 꿈꾸지 않을 수 없다. 또 그렇게 꿈꾸는 이상, 아무래도 그런 세상을 만들기 위해 노력하지 않을 수 없게 된다. 그러한 세상을 실현하는 수단은 우리의 내면적 자기완성에 있으며 폭력에 대한 불참이다.

6

폭력이 너에게 필요하지 않은, 그런 삶이 되도록 노력하라.

이레째 읽을거리

하느님의 법칙과 이 세상의 법칙

오직 '신앙'만이 인간을 미망과 악마의 함정에서 빠져나오게 할 수 있다. 신앙만이 우리에게 선과 악을 구별할 수 있게 해주며, 우리는 신앙을 통해서만 영적이고 신적인 존재와 교류할 수 있다.

현대인들은 믿을 만한 가치가 없는 온갖 것을 믿으면서, 진정한 그리스도교 신앙을 미신이나 이단으로 생각하고, 반대로 생명을 잃은 낡은 관습을 진짜 신앙인 줄 알고 있다. 사람들 사이에 분열이 일어나, 한쪽이 다른 한쪽을 이단이라 비난하고, 그로 인해 전쟁과 이단심문(異端審問)과 살인과 화형, 그 밖의 온갖 범죄가 발생한다. 그래서 오늘날 참다운 신앙을 아는 것은 쉬운 일이 아니다. 왜냐하면 그것에서는 모두 이단의 냄새, 적의(敵意)의 냄새가 나기 때문이다. 이러한 상황에서 지혜로운 사람들은, 일찍이 그리스도를 통해 하느님에 의해 주어졌고 사도들에 의해 주어진 진정한 신앙을 지키며, 오늘날의 대부분의 사람들이 끌려가고 있는 새로운 신앙에 유혹되지 않도록 조심해야 한다.

원시 그리스도교 시대에 사도들은 평등을 수립했다. 사람들은 그 무엇에도 구속당하는 일 없이, 오직 모두가 서로 사랑하고 사랑으로 봉사하며 한 몸의 손과 발처럼 합일하여 그리스도를 높이 받들기만 하면 되었다. 그들 사이에는 이교적인 직무를 수행하는 관리, 예컨대 재판관이나 시의원 같은 것은 없었다. 이교도의 권력 아래 살면서 그들에게 세금을 바쳐야 했던 시대에도, 그리스도교도는 그러한 이교도의 직무를 맡지 않았다.

그런 상태가 콘스탄티누스 황제의 시대까지 300년이 넘도록 계속되었다. 그런데 콘스탄티누스 황제가 처음으로 그리스도교도 사회에 이교도적인 권력기구, 이교도인 관리들을 도입한 것이다. 사도들이 그리스도교도를 이끌려고 했던 목적은 이교적 권력이 추구하고 있던 목적보다 훨씬 높고 훨씬 완전한 것이었다. 왜냐하면 종교적 도덕적으로 일체를 이루어 오직 신령에 의해서 인도되는 것은, 이교적 권력에 의해 모든 폭력과 강제를 통해 유지되고 있는 지상적인 무력한 정의를 지키는 것보다 훨씬 더 높기 때문이다.

재판관들은 약탈당한 재산을 찾아주기도 한다는 점에서는 도움이 되었을지 모르지만, 동시에 그리스도교도로서는, 그러한 재판을 거부하지 않고는 면할 수 없는 모든 죄악으로 사람들을 이끌기도 한다. 그리스도교도는 누구한테도 부정을 행하지 않고, 누구도 속이지 않고, 자신에게 가해지는 부정은 오직 인내하며, 악을 악으로 갚아서는 안 되는 것이다.

원시 그리스도교도들의 사회에서 사도들에 의해 수립된 인간관계는, 신앙상의 반대자, 유혹자, 이단자들에 대하여 어떻게 행동할 것인지를 정한 그리스도교의 법칙을 바탕으로 하고 있다. 그런 이단자들에 대해서는 처음에는 한 사람씩 충고하거나, 그 잘못을 지적하고, 그래서 잘 되지 않을 때는 몇 명의 증인을 입회시켜 그렇게 하고, 그래도 되지 않을 경우에는 마지막 수단으로서 교회에 그 사실을 고한다. 만약 교회의 충고에도 따르지 않을 때는 그들을 이교도나 세리처럼 다룬다. 즉 그들과 사귀지 않는 것이다. 그런 의미에서 사도들은 간음을 한 자나 그 밖에 비슷한 자들과의 교제를 금했다. 복음서 위에 수립된 이와 같은 사회기구가, 지상의 왕이나 마을의 재판관에 의해 유지된 이교적 사회기구보다 훨씬 더 타락한 인류를 잘 바로잡아 주는 법이다. 전자의 경우에는 사람은 자신의 죄 때문에 잃어버렸던 하느님의 은혜를 다시 얻을 수 있지만, 후자의 경우에는 그런 죄인들은 모두 죽음의 선고를 받기 때문이다.

그러므로 원시 그리스도교도의 사회를 구축하는 데는 그리스도의 법칙만 있으면 충분하며, 그 법칙만으로 도덕적 인간관계의 수립에 성공할 수 있었다. 그런데 그 후 그들의 세계에 시민법과 로마 교황의 교회법이 개입하게 되자, 도덕성이 땅에 떨어지기 시작했다. 연대기의 작자들도 그것을 인정하고 있으며, 지금의 우리도 우리의 눈으로 직접 이 두 가지 법률이 신앙과 하느님의 법칙을 어떻게 파괴해 가고 있는지 목격하고 있다. 그래서 우리 후대 사람들은, 말하자면 이 두 가지 법칙의 그림자 밑에서 하느님의 법칙과 하느님의 지배에 대해 애매한 말만을 소곤거리며 이야기하고 있을 뿐이다. 왜냐하면 이 두 가지 법률의 어둠이 우리의 눈을 가리고 있기 때문이다. 여기서 나는 이른바 암중모색하는 심정으로 다음과 같은 물음을 제기한다. 과연 그리스도교의 법칙은, 그것에 부수되는 인간의 법률 같은 것이 없어도 이 지상에 완전하게 그리스도교적인 종교의 기초를 쌓고, 그것을 수립하는 데 충분한가? 그것에 대해 나는 마음에 전율을 느끼면서 감히 이렇게 대답하고 싶다. 그렇다, 지금도 충분하다. 왜냐하면 이전에도 그것으로 그리스도교적 사회를 수립하는 데 충분했으니까.

그리스도의 법칙은 그것에 가해지는 저항에 의해서도, 그것에 귀의하는 신자의 수의 증대에 의해서도, 결코 그 힘이 줄어들지 않는다. 오히려 그것으로 인해 더 큰 힘을 얻으니, 따라서 언제든지 그 법칙 하나면 충분하다. 그리고 만약 그것이 불신자를 그 신앙에 귀의시키는 데 충분하다면, 동시에 세상에 도덕을 수립하는 데도 충분하다. 왜냐하면 그렇게 하는 것이 전자보다 한결 쉽기 때문이다. 그리스도의 가르침의 도움을 받는 지배 체제가 인간이 만들어 낸 협잡물의 도움을 받는 그것보다 좋다고 한다면, 신의 법칙에 따라 사는 것이 독이 든 온갖 협잡물을 마시며 사는 것보다 훨씬 더 낫다는 것을 의심할 사람이 어디에 있겠는가?

시민법 또는 이교적인 왕들의 법률의 목적은 사람들의 사회에 인간의 육체와 재산과 관련된 모든 것에 대한 정의를 수립하는 것이고, 복음서적인 율법의 목적은 인간의 정신적인 완성에 있다. 이교도들은 자신의 행복은 오직 생명과 재산의 안전에 있다고 생각하기 때문에, 시민적 법률에 기를 쓰고 매달린다. 이와 마찬가지로 하느님과 하느님의 법칙을 버리고 이단으로 돌아서서, 오로지 현실적인 만족, 즉 자유와 이 세상에서의 안락과 육체상의 부를 지향하는 사람들도, 또한 그들의 욕망에 아부하며, 그들의 생명과 재산의 안전이 위협받을 때, 실제로 무기를 들거나 재판을 통해 잃어버린 재산을 찾아주는 세속적 권력의 편에 선다. 세속적 권력이 이룩하려 하는 정의는, 권력자들 자신에게도 없어서는 안 되는 것이다. 만약 사람들이 타인을 공격하고 타인에게 악을 행하면 그 왕국은 성립할 수 없게 된다. 세속적 권력은 그런 의미의 정의 외의 선덕에 대해서는 일체 고려하지 않고, 따라서 그런 의미의 부정 외에는 어떠한 죄도 방임해 버리는 것이다.

그리스도교적 제도는 사람들을 정신적으로 선덕을 기르게 하고, 그들을 이끌어 하느님의 뜻에 합당하며 그래서 영원한 보상을 얻을 수 있는 청정함에 도달할 수 있게 한다. 그리스도교적 제도하의 사람들은 육체적 피해를 입더라도 전혀 다른 태도를 취한다. 즉 그것을 되갚아 주려 하지 않고, 재판에 호소하여 해결하지도 않으며, 오로지 참고 인내하는 것이다.

그리스도교도들 사이에는 인간의 평등한 관계가 수립되었다. 그러므로 어느 누구도 자신을 남보다 높은 위치에 두어서는 안 되며, 따라서 진정한 그리스도교도는 결코 다른 그리스도교도 위에 왕으로서 군림해서는 안 된다. 그뿐만 아니라 그리스도교도에게는 서로 무거운 짐을 나누어지라는 사도의 계율을 지킬 의무가 있다. "그런데도 어찌 선량한 그리스도교도가 왕이 됨으로써 사람들에게 무거운 짐이 되겠다는 마음을 먹을 수 있으랴!"

왕권이 민중에게 견딜 수 없이 무거운 짐이라는 것은, 솔로몬이 죽은 뒤 유대인들이 그의 아들 르호보암에게 가서, 당신 아버지의 가혹한 노역으로부터 우리를 해방하여 그 고통스러운 멍에로부터 구해달라고 탄원했을 때, 르호보암은 자신과 같은 부류인 바보들과 상의한 끝에, "나의 손가락 하나조차 너희들에게는 나의 아버지의 등뼈보다 무거워지리라" 하고 냉혹하게 대답한 것으로도 알 수 있다. 그것만 봐도 솔로몬 같은 가장 지혜로운 왕의 경우에도, 그 권력이 민중에게 고통스러운 멍에였던 것을 확실하게 알 수 있는 것이다.

예수 그리스도 자신은 제자들에게 서로 다른 사람 위에 서는 것을 금했다.

"이 세상의 왕들은 강제로 백성을 다스린다. 그리고 백성들에게 권력을 휘두르는 사람들은 백성의 은인으로 행세한다. 그러나 너희는 그래서는 안 된다. 오히려 너희 중에서 제일 높은 사람은 제일 낮은 사람처럼 처신해야 하고 지배하는 사람은 섬기는 사람처럼 처신해야 한다."(〈누가복음〉 제22장 25~26절)

또 구약성서에서도, 기드온은 자신들의 왕이 되어달라는 유대인들의 제의를 거절하면서 "나는 너희들을 지배하지 않을 것이고, 내 아들도 지배하지 않을 것이다. 주께서 너희를 지배하신다"고 대답했다.

강제적인 수단이 인간의 마음에 하느님에 대한 사랑을 일깨울 수는 없다. 그것은 인간의 자유로운 의지를 바탕으로 하여 하느님의 말씀에 의해 싹트는 것이다. 만약 왕이 하느님의 말씀을 설교하여 악인들을 바로잡을 수 있다면, 그는 이미 성직자라 불러야 마땅하며, 사람들을 교수형에 처하지 않고는 바로잡을 수 없는 권력에는 처음부터 의지하지 않을 것이다.

타인의 고통을 대가로 자신의 사치스러운 생활을 이루기 위해 이교적 권력에 의지하는 자들은, 구약성서에 나오는 감람나무와 무화과나무와 포도나무를 향해 자신들을 지배해 달라고 부탁한 잡목의 얘기를 읽어보라. 그 세 나무는 한결같이, 그러면 자신들의 좋은 점을 완전히 잃어버리지 않을 수 없다 하며 그것을 거절했지만, 가시덤불만이 이렇게 대답했다고 한다.

"만약 너희들이 나를 왕으로 뽑는다면 내 그늘 밑에 들어오너라. 그게 싫다면 내 몸에서 불을 뿜어 너희들 레바논 삼목을 모조리 태워버릴 테니 그리 알아라!"

하늘이 준 자질을 가진 사람들은 그것을 육체적인 행복이나 세속의 행복, 사람을 지배하고 사람보다 위에 서는 것과 맞바꾸지 않는다. 그러한 것에서 반드시 잔인함과 무자비함, 폭력과 강제, 형제에 대한 착취가 생긴다는 것을 알고 있기 때문이다. 그런데 냉혹하고 무자비한 가시덤불만은 감히 이렇게 말했다.

"너희는 나를 왕으로 선택하였으므로 오늘부터 나는 너희의 왕이며, 너희들 중에는 나에게 원래의 모습을 알아볼 수 없을 정도로 껍질을 뜯기는 자도 있을지 모르니, 미리 각오해 두는 것이 좋을 게다. 나는 그것들의 날개를 찢고, 농부들의 가죽을 보리수처럼 벗겨 주리라." 그러면 이에 대해, "좋으실 대로 하십시오! 농부에게서 껍질을 벗기십시오. 어차피 강가의 버드나무처럼 새살이 돋아나올 테니까요" 하고 말하는 사람이 나타난다. 배가 불룩하도록 비곗살이 두둑이 올라 호화로운 생활을 하는 사람들은, 민중에 대한 그러한 태도를 인정하는 것이다.

인간에 의해 만들어진 어떠한 법률도 하느님의 법칙만큼 사람들의 도덕적 완성에 도움을 주지는 못한다. 모세의 율법도 좋은 율법이었지만 그리스도교적 지배자는 그 율법에 따라서는 안 된다. 왜냐하면 그것은 이미 다른 율법, 즉 그리스도의 율법에 흡수되어 지양되었으며, 그리스도의 율법은 전면적으로 하느님과 이웃에 대한 사랑을 기초로 하고 있기 때문이다.

교회와 속세, 두 세계의 수장(首長)들이 그리스도교회에 개입한 것이, 사도들에 의해 육성되어 320년 동안 지켜져 왔던 그 순진무구한 상태를 파괴해 버렸다. 많은 사람들이 그 개입은 신앙을 위해 유익한 것으로 생각했지만, 그러한 해독이 신앙이었던 적은 한 번도 없었고, 앞으로도 있을 수 없으며, 그것은 어디까지나 사람들을 해치는 독, 신앙을 멸망시키는 독일 뿐이다. 그러므로 그리스도교도는 진정한 신앙을 지키기 위해서는, 이교도처럼 절대로 타인의 위에서 권력을 휘둘러서는 안 된다는 것을 깨달아야 한다. 그런데 반(反)그리스도의 사도들은 이 세속적 권력을 교회에 속하는 것으로 생각하고 있다.

로마 교회의 가르침에 의하면 세속적인 권력은 성서의 말, 특히 다음과 같은 원문에 근거를 두고 있다고 한다.

군인들도 "저희는 또 어떻게 해야 합니까?" 하고 물었다. 요한은 "협박하거나 속임수를 써서 남의 물건을 착취하지 말고 자기가 받는 봉급으로 만족하여라" 하고 일러주었다.(〈누가복음〉 제3장 14절)

이 말 자체는 그리스도교도가 칼을 휘둘러 사람의 피를 흘리게 할 수 있도록 그 칼을 갈아주는 역할을 하지는 않았지만, 로마 교회가 쓰러지지 않도록 하기 위해 이를 강력하게 지지했던 로마 교회의 위대한 기둥 아우구스티누스가, 이 대목에 커다란 의미를 부여해 그리스도교도에게 날카로운 칼이 필요하다고 설명한 것이다. 그는 다음과 같이 말했다.

"만일 그리스도의 가르침이 철저하게 전쟁을 부인하는 것이라면, 요한에게 물은 군인들에게 차라리 무기를 버리고 군인의 신분에서 벗어나라고 충고했을 것이다. 하지만 그는 군인들에게 자기가 받은 봉급으로 만족하라고 명했으니, 군무를 부정한 것도 아니고 전쟁을 비난한 것도 아니다."

로마 교회가 인용하는 두 번째 대목은 다음과 같다. "누구나 자기를 지배하는 권위에 복종해야 합니다. 하느님께서 주시지 않은 권위는 하나도 없고 세상의 모든 권위는 다 하느님께서 세워주신 것이기 때문입니다."(〈로마서〉 제13장 1절)

이것이 세상의 학자들이 세속적 권력을 지지하는 중요한 근거이며, 프라하 대학교의 한 박사는 나에게, 당신은 그것을 인정해야 하며 만약 인정하지 않는다면 당신은 이단자가 된다고 말했을 정도다.

여기서 좀더, 인간의 어떤 행위를 사형으로 처벌하는 '인간의 법률'이 결코 하느님의 율법에 모순되지 않는다고 하는 박사의 주장을 열거해 보자.

① "살인하지 말라"는 계율은 죄인을 사형에 처하는 것을 금하는 것이 아니다. 왜냐하면 그런 경우에는 재판관이 죽이는 것이 아니라 법률이 그에게 그것을 강요하기 때문이다.

② 하느님은 생사를 다스린다. 따라서 그는 살생을 할 수도 있다. 나는 죽이고, 나는 생명을 창조한다고 하느님은 말했다. 황제는 하느님에 의해 정해진 자이므로 역시 하느님처럼 행동할 수 있다.

③ 사도 바울이 말했다. "그런 짓을 하는 자는 죽어 마땅하다. 관리가 칼을

가지고 있는 것에는 이유가 없지 않다"고.

④ 성서 속에 "나의 통치를 원하지 않는 적들을 이곳에 끌고 나와 내 앞에서 죽여라"라고 되어 있다.

⑤ 우상 숭배자들을 죽이라고 한 구약성서의 계율에 근거하여 키프리아누스는 이렇게 말하고 있다. "만약 그런 계율이 그리스도가 탄생하기 전에 있었다면, 그리스도가 탄생한 뒤에는 '그러한' 짓을 한 자는 죽어 마땅하다고 한 사도 바울의 말에 비추어 봐도 더더욱 엄격하게 지켜야 한다"고.

아우구스티누스와 히에로니무스도 "살인하지 말라"는 계율을 거의 이런 식으로 해석하고 있다.

이 점에 대해서는 성 그레고리우스와 성 아우구스티누스도 역시 같은 주장을 한다. 그래서 이 모든 것을 종합하면, 그들은 결국 하느님에게, 한 입으로는 살인하지 말라고 말하면서 또 한 입으로는 죽이라고 말하는, 한 입으로 두 말을 하게 만들고 있는 것이다.

오늘날 그리스도는 참으로 비참한 처지에 놓여 있다. 이미 군중은 그를 따르지 않고, 사회에서 버림받은 자들과 어리석은 자들만이, 더러운 곳에서 꾀어든 파리처럼 초라하게 그의 뒤를 따르고 있다. 한편 학자들은 이 세상의 큰 부귀와 명예를 입고, 칼을 든 하느님의 수많은 종들을 제조하고 있고, 세상 사람 전부가 그들을 선망의 눈으로 우러르고 있다. 세상의 현자들은 예수가 모두에게 버림받고 빈궁과 곤경에 빠져 있는 것을 알고는, 그에게서 등을 돌려 학자들에게 달려가, 자기들이 멋대로 만들어 낸 법칙에 따라, 교회에서 커다란 집단을 이루어 하느님에게 봉사하고, 전쟁에 참가하고, 고문을 자행하며, 공개형벌장과 교수대를 갖춘 국가적 시설에서 일한다. 세상의 현자들은 그러한 갖가지 방법으로 그럴듯하게 하느님을 섬기고 있고, 예수를 따르는 것은 오직 어리석은 자들뿐이며, 세상은 그들을 비웃는다.

그리스도의 가르침에 가장 어긋나는 것은 칼을 들고 하는 일이다. 왜냐하면 그것은 모두 악을 악으로 갚는 일로 성립되어 있기 때문이다. 흔히 자기 일신을 위해서가 아니라 신의 사업을 위해 칼을 휘두르는 것이라고 변명하지만, 그것이 얼마나 정직한 주장인지는 하느님만이 아실 것이다. 만약 그것이 사실이라면 사람들은 자신에게 가해진 모욕과 부정에 대해서는 복수하지 않아야 한다. 그런데 실제로는 극히 사소한 모욕에 대해서도 반드시 복수를 하면서 하느님에 대한 모독은 방임하고 있는 실정이다. 그리스도는 그 반대로 너희의 적을 사랑하고 그들에게 악을 선으로 갚으라고 가르쳤다. 사마리아인들이 받아들이지 않았음에도 불구하고, 그리스도는 사도들에게 하늘에서 불을 내려 그들을 태워 죽이려는 생각은 하지도 말라고 훈계하였다. 그리스도는 자신의 일시적인 고통보다 적들의 영혼을 더 절실하게 생각했다. 만약 사람들이 그리스도의 말을 믿고 그의 행위를 따랐다면, 지상에 전쟁은 일어나지 않았을 것이다. 모든 전쟁, 모든 살육, 모든 적대행위, 모든 악을 악으로 갚는 행위는, 오로지 우리가 우리의 적을 사랑하지 않고, 자신에게 가해진 모욕을 참고 견디지 않는 것에서 비롯된다.

성서 속에 제시되어 있는 진정으로 그리스도교적인 사회기구와, 칼과 칼을 휘둘러 이루어지는 모든 행위, 즉 모든 유혈행위는 그리스도교도의 본분인 선덕에 반하는 것이기 때문에, 결코 용납되어서는 안 된다.

그리스도교도는 그리스도교의 가르침 아래 모두 모여, "우리에게 빚이 있는 자를 우리가 용서하듯이, 우리의 빚도 용서하라"고 서로 기도하며, 사랑과 평화의 끈으로 굳게 맺어져 있다. 그런데도 거룩한 성인이라 불리고 있는 옛 성직자 가운데 과연 누가, 그 신앙을 바탕으로 그리스도교도들 사이에도 전쟁과 살인이 존재해야 한다고 논증할 수 있을까? 전쟁을 일으키고 그 밖에 여러 가지 유혈행위를 하는 그리스도교도는 이름뿐인 그리스도교도로, 결국 이교도의 흉내를 내고 있는 것이며, 그 둘의 차이라고 하면 오직 이교도는 하느님을 모르고 있어서 그리스도교도가 누릴 수 있는 정신적인 행복을 얻을 수 없다는 것뿐이다. 그리스도교도가 일으키는 전쟁과 유대교도가 일으키는 전쟁을 절대로 동일시해서는 안 된다. 유대교도에게는 그것이 율법으로 허용되어 있기 때문이다.

서로 싸우고 죽이는 그리스도교도는 어떠한 경우에도 그리스도가 약속한 정신적 행복을 누릴 수 없다. 만약 그들이, 어차피 세상일이 너무 바빠서 고매한 정신적인 문제를 생각할 시간도, 이해할 여유도 없다고 변명한다면, 한마디로, 그렇다면 그리스도를 믿는 것을 그만두면 된다, 성호를 긋는 것을 그만두면 된다고 말해주면 된다. 만약 그리스도교도가 스스로 그리스도의 수난에 대한 참여자로 자처하며 내세의 구원을 원하면서도, 동시에 서로를 죽임으로써 자신의 내부에 있는 그리스도를 십자가에 매단다면, 그들을 기다리는 것은 이교도에 대한 것 이상의 천벌과 저주일 것이다.

그리스도교도 사이의 전쟁은, 이웃의 몸과 영혼과 재산과 명예를, 행위 또는 말로 상처 주는 모든 적대행위를 비난하고, 타인이 자신에게 가하는 부정행위를 묵묵히 견딜 것을 가르치는 그리스도교적 사랑의 법칙에 정면으로 반하는 것이다.

그리스도교도들의 상호관계에 대해 사도는 다음과 같이 말했다.

"남에게 해야 할 의무를 다하십시오. 그러나 아무리 해도 다할 수 없는 의무가 한 가지 있습니다. 그것은 사랑의 의무입니다."(〈로마서〉 제13장 8절)

이 말 속에는 신앙에 속하는 것과 이교적 지배 형태에 속하는 것의 차이가 얘기되어 있다. 이 두 가지는 서로를 부정한다. 그러므로 이교와 그리스도교의 통일은 처음부터 불가능한 일이다. 최초에 그리스도교도는 그리스도의 피를 마시는 것에 기쁨을 느끼고, 이교도는 인간의 피를 흘리는 것에 기쁨을 느꼈다. 지금은 그 둘이 일체가 되어 하느님에게 봉사하고 그리스도의 피를 마시면서, 자신의 이웃의 피를 열심히 흘리고 있는 것이다.

여기에 양극단이 존재한다. 하느님을 완전히 버리고 하느님을 떠나는 것과, 전심전력으로 하느님에게 의지하는 일이다. 그러나 인간에게는 그 어느 쪽도 쉬운 일이 아니다. 왜냐하면 전면적으로 하느님을 버릴 만큼 죄가 깊은 인간도 많지 않지만, 전심전력을 기울여 하느님에게 의지하는 사람도 좀처럼 없기 때문이다. 로마 교회법에 기초한 신앙은 그 중간적인 형태의 것으로 대다수의 사람들이 그 신앙 속에 안주하고 있다. 그 신앙은 다양한 외형적 의식이라는 형태로 나타나는 허위적인 신앙행위를 명하고 있어, 결국 사람들은 입으로만 하느님을 믿고, 외형적 의식으로만 하느님을 섬기는 척하면서, 자신들은 진실한 신앙을 지키고 있다고 생각하고 있는 것이다.

페트르 헬치츠키

10월 14일

1

예술은 사람들을 동일한 감정으로 묶어주는 인간적 활동이다. 만일 그 감정이 좋은 것이면 예술의 활동은 유익한 결과를 맺고, 나쁜 것이면 나쁜 결과를 맺는다.

2

언제 어느 때나 어떠한 인간 사회에서도, 무엇이 선이고 무엇이 악인가 하는 그 사회 사람들에게 공통되는 종교적 기준이 있기 마련이다. 그 종교적인 기준이 예술에 의해 주어지는 감정의 가치를 결정한다.

3

그리스도교적 예술은 지금은 사회의 일부 우수한 사람들만 이해하고 있는 동포애와 이웃 사랑의 감정을 모든 사람의 보편적인 감정, 본능적인 감정이 되게 하지 않으면 안 된다. 그리스도교적 예술은 그 동포애와 이웃 사랑의 감정을 묘사함으로써 사람들에게 실제로 그 감정을 맛보게 한다. 그것은 사람들의 마음속에 그러한 예술에 의해 길러진 사람들의 행동이 당연히 그 위를 달려갈 수 있는 튼튼한 레일을 까는 것이다.

4

그리스도교적 사상의 본질은 한 사람 한 사람이 자신을 하느님의 아들로 인정하고, 거기서 탄생하는, 인간과 하느님의 합일과 인간 상호 간의 합일에 있다. 그것은 성서에서 이야기되고 있는 바(《요한복음》 제17장 21절)와 같다. 그러므로 그리스도교적 예술의 내용은 인간과 하느님의 합일과 인간 상호 간의 합일을 촉진시킬 수 있는 감정이다.

5

그리스도교적 예술 작품은 사람들 속에 그들의 하느님과 이웃에 대한 입장이 동일하다는 의식을 불러일으키거나, 사람들 속에 아주 사소한 감정일지라도 그리스도교에 어긋나지 않는, 예외 없이 모든 사람에게 고유한 어떤 하나의 감정을 불러일으킴으로써 모든 사람을 합일시킬 수 있는 작품이어야 한다.

6

그리스도교는 사람들의 이상을 완전히 바꾸었으며 그 결과 복음서에서 말하고 있듯 인간 앞에서는 위대했던 것이 하느님 앞에서는 보잘것없는 존재가 되었다. 사람들의 이상은 이집트 왕이나 로마 황제의 위대함도 아니고 그리스인의 미(美)나 페니키아의 부(富)도 아니며, 겸양과 순결과 자비와 사랑으로 바뀌었다.

영웅은 이제 부자가 아니라 거지 라자로이며, 아름다움을 자랑하고 있었을 때의 이집트의 마리아가 아니라 회개했을 때의 그녀이다. 부를 얻은 자가 아니라 부를 거부한 자들, 궁전이 아니라 움막에서 사는 자가 되었다.

7

현대 예술의 사명은 사람들의 행복이 그들 사이의 일치에 있다는 진리를 이지(理智)의 영역에서 감정의 영역으로 옮기고, 현재 군림하고 있는 폭력과 강제 대신 하느님의 나라를, 즉 우리들 모두가 인류 생활의 최고 목적으로 여기는 사랑의 나라를 세우는 데에 있다.

8

종교적 의식에서 생기는 여러 감정은 무한히 다양하고 또 모두 신선하다. 왜냐하면 향락의 욕구에서 생기는 감정은 한정되어 있을 뿐만 아니라 오랜 옛날에 다 알려졌고 다 표현되어 버린 반면, 종교적 의식은 인간의 세계에 대한 새로운 관계의 지표이기 때문이다. 그러므로 유럽 상류 사회의 무신앙이 그들을 지극히 내용이 빈약한 예술로 이끈 것이다.

9

어쩌면 미래의 예술에서 현재보다 더 높은 이상이 발견되고, 예술은 그 이상들을 실현할지도 모른다. 그러나 현대에 있어서 예술의 사명은 분명하게 정해져 있다.

그리스도교적 예술의 과제는 사람들의 마음에 '우리는 모두 형제'라는 의식을 불러일으키는 것이다.

10월 15일

1

인간의 사명은 자신의 영혼을 지키는 일이다. 자신의 영혼을 지킨다는 것은 그것을 기르고 확대시키는 것이다. 그 확대는 사랑을 통해 이루어진다.

2

"나는 내 뜻을 이루려고 하늘에서 내려온 것이 아니라 나를 보내신 분의 뜻을 이루려고 왔다. 나를 보내신 분의 뜻은 내게 맡기신 사람을 하나도 잃지 않고 마지막 날에 모두 살리는 일이다" 하고 〈요한복음〉(제6장 38~39절)에 얘기되어 있는데, 그것은 유모의 손에 맡겨진 갓난아이처럼 나에게 주어지고 맡겨져 있는 정신적 생명의 불꽃을 잘 지키고 키워서 그것을 신성의 가능한 한 최고의 높이까지 끌어올린다는 것이다. 이것을 달성하려면 무엇이 필요할까? 그것은 육체적 욕망의 만족도 아니요, 인간적인 명성도 아니며, 바로 복음서 속에서 수없이 얘기되어 있는 노동이며, 투쟁이며, 인고이며, 결핍이며, 굴욕이며, 박해이다. 그야말로 우리에게 필요한 그것은 우리에게 다양한 형식으로, 또 크고 작은 온갖 규모로 주어진다. 다만 우리는 그것을 올바르게, 즉 우리에게 필요한 것, 따라서 기쁜 것으로 받아들이고, 결코 우리의 동물적 생존을(우리는 그것을 생명이라고 생각하고 있지만) 위협하는 불쾌한 어떤 것으로 받아들이지 않도록 해야 한다.

3

의로운 사람들이 하는 일은 흙에 뿌려진 씨앗과 같은 것으로, 그것은 때때로 역사라는 흙 속에 오랫동안 움직이지 않고 묻혀 있지만, 그것이 따뜻한 태양과 비를 만나 새롭고 건강한 수분과 싱싱한 생명력을 흡수하면, 그 씨앗에서 싹이 트고 자라서 꽃을 피우고 열매를 맺게 된다. 그러나 폭력과 부정에 의해 뿌려진 씨앗은 썩거나 시들어 흔적도 없이 사라지고 만다. 《탈무드》

4

인간은 우리 전부를 포용하며 한순간도 낡은 과거 속에서 잠자는 일 없이, 끊임없이 자기 자신을 바로잡고, 매일 아침 우리에게 새날을, 그리고 매 시간마다 새로운 생활을 가져다주는 자연을 모방해, 인간이 한 일을 다시 하기 위해, 기만을 밝히기 위해 진리와 선을 부흥시키기 위하여 태어나고 있다. 에머슨

5

개개인의 생명의 의의는, 개인적인 자기완성과 세계 전체의 생명에 의해 이루어지는 일에 대한 봉사 속에 있다.

인간 속에 생명이 있는 한 그는 자기를 완성할 수 있고 세계에 봉사할 수도 있다. 그러나 그는 자기를 완성함으로써 비로소 세계에 봉사할 수 있고, 또 세계에 봉사함으로써 비로소 자기를 완성할 수 있는 것이다.

6

자기완성이라는 것은, 즉 자신의 자아를 육체적 생활에서 정신적 생활, 즉 시간도 없고 죽음도 없으며, 모든 것이 행복할 수 있는 정신생활로 옮겨가는 것이다.

7

다섯 살 난 어린아이에서 나까지는 딱 한 걸음이다. 갓 태어난 갓난아기에서 다섯 살 난 어린아이까지는 무섭도록 멀다. 또 태아에서 갓 태어난 갓난아기까지의 사이에는 큰 심연이 가로놓여 있다. 그리고 또 아직 존재하지 않는 것에서 태아까지의 사이에는 이미 심연 정도가 아니라 인간의 지혜로는 파악할 수 없는 수수께끼가 있다.

8

어린 시절부터 죽는 날까지, 그 죽음이 언제 닥칠지라도 인간의 영혼은 끊임없이 성장하고 더욱더 깊이 자신의 영성을 의식하며, 하느님에게 다가가 자기를 완성시킨다. 네가 그것을 알든 모르든, 또 원하든 원하지 않든 그 운동은 계속 진행된다. 그러나 하느님이 원하는 바를 알고 또한 이것을 원한다면 네 생명은 자유롭고 즐거운 것이 될 것이다.

10월 16일

1

어떠한 사람이라도 자기 속에 하느님을 의식하는 것은 가능하다. 이 의식의 눈뜸이야말로 복음서 속에서 부활이라고 불리고 있는 바로 그것이다.

2

열매가 익으면 꽃잎은 진다. 네 속에 신의 의식이 자라기 시작하면 너의 약점이 사라지기 시작한다.

비록 천년에 걸쳐 어둠이 천지를 뒤덮고 있었다 해도 빛이 그것을 뚫으면 이내 환해진다. 네 영혼도 또한 마찬가지이다. 그것이 아무리 오랫동안 어둠 속에 갇혀 있었다 해도, 신이 그 속에서 눈을 뜨면 당장 환하게 밝아진다.

브라만의 가르침

3

자존심이라는 것은 우리가 자신의 마음속에서 신을 보는 데서 생긴다. 그러므로 자존심의 근원은 종교 안에 있다. 그 가장 좋은 예는 겸허함 속의 위대함이다. 어떠한 귀족도 왕후도 자존심이란 의미에서는 성자와 비교될 수 없다. 성자가 겸허한 것은 자신의 내부에서 그가 느끼는 신에게 의지함으로써 겸허해지지 않을 수 없기 때문이다. 에머슨

4

사람을 아는 자는 지자(知者)이지만 자기 자신을 아는 자는 진정한 현자이다. 자기 자신을 아는 자는 신도 알게 된다. 동양의 금언

5

신은 네 가까이 있다. 하느님은 너와 함께, 그리고 네 속에 있다. 신의 영혼은 우리 속에 있고, 언제나 우리의 선한 행위와 악한 행위의 증인이 되며 우리가 그 영혼에 대해 행동하듯 그 영혼도 우리에 대해 행동한다. 사람은 신 없이는 선해질 수 없다. 세네카

6

만일 괴로울 때는 자신의 내면을 들여다보라. 어딘가에 반드시 신이 있을 것이다. 자신의 내부에서 신을 인식하기만 하면 모든 괴로움은 사라지고 사랑과 기쁨을 느끼게 될 것이다.

7

인간이 자신의 내부에서 신의 힘을 느끼지 못하더라도 그것은 결코 그 안에 신이 살고 있지 않은 증거가 아니며, 다만 그 사람이 아직 자신의 내부에서 신의 힘을 의식하는 법을 배우지 못한 것일 뿐이다.

10월 17일

1

사람이 있고 신이 있다고 한다면 신과 사람 사이에 상호관계가 존재하지 않을 수 없다. 그리고 옛날에 존재했던 그 관계는 현재의 관계보다 중요하지도 절실하지도 않다. 현재의 관계가 우리에게는 훨씬 더 알기 쉽고 훨씬 더 친숙하다. 따라서 현재의 관계가 옛날의 관계를 척도로 해서 점검되어서는 안 되며 오히려 그 반대이다.

2

세상 사람들이 수많은 진리의 높은 계시 중에서 지금은 이미 시대에 뒤처져 버린 가장 낡은 것만 받아들여, 간명하고 솔직하고 자주적인 모든 사상을 하찮은 것으로 생각하며 그 대부분을 기를 쓰며 반대하는 것은 얼마나 놀라운 일인가.

소로

3

인류의 종교적 의식은 결코 정지돼 있는 것이 아니라 끊임없는 변화를 계속하면서 더욱 분명해지고 더욱 순수해져 간다.

4

만약 누군가가 일정한 관념을 고집하면, 설사 그것이 옳은 관념이라 하더라도 그 사람은 본질적으로, 미망에 빠지지 않기 위해 자신을 기둥에 비끄러매는 사람과 같은 짓을 하고 있는 것이다. 정신적 발달의 일정한 단계에서는 바람직한 진리도, 더 높은 단계에서는 발전을 저해하는 요인, 미망의 요인이 될 수 있다.

루시 맬러리

5

인간에게 가장 유해한 미신의 하나는 세계는 창조된 것, 무(無)에서 생긴 것이며 창조주인 신이 존재한다고 생각하는 것이다.

실제로 우리는 창조주인 신을 생각해야 할 아무런 근거도 필요도 없으며(중국인과 인도인들에게는 그런 관념이 없다), 또 창조주 또는 주재자로서의 신의 관념은 그리스도교의 아버지인 신, 영혼으로서의 신, 그 분자가 우리 각자의 내부에 살고 있고, 그것을 드러내고 환기하는 것이야말로 인생의 의의를 구성하고 있는, 사랑으로서의 신의 관념과는 양립될 수 없다.

창조주로서의 신은 냉혹하며 고뇌와 악을 허용한다. 그러나 영혼으로서의 신은 고뇌와 악을 면하게 하고 언제나 완전한 행복을 준다.

자신에게 주어진 감정을 통해 세계를 인식하는 자는 누구나 반드시 내면적으로 자신의 아버지인 신을 알기 마련이지만, 창조주인 신은 알지 못하고 또 알 수도 없다.

6

《코란》이나 불경, 공자의 저술이나 스토아학파의 여러 저작, 또 《성경》과 《우파니샤드》, 복음서에도 좋은 말이 많이 씌어 있지만, 무엇보다 중요하고 무엇보다 이해하기 쉬운 것은 우리에게 가장 친근한 종교적 철학자들 속에 있다.

10월 18일

1

과거는 이미 존재하지 않고 미래는 아직 오지 않았다. 존재하는 것은 오직 현재뿐이다. 현재에 있어서만 인간 영혼의 신적이고 자유로운 본성이 나타난다.

2

예수께서는 이렇게 대답하셨다. "빛이 너희와 같이 있는 것도 잠시뿐이니 빛이 있는 동안에 걸어가라. 그리하면 어둠이 너희를 덮치지 못할 것이다. 어둠 속을 걸어가는 사람은 자기가 어디로 가는지 모른다." 〈요한복음〉 제12장 35절

3

모든 습관이 반복적인 연습에 의해 강화된다는 것은 누구나 다 알고 있는 사실이다. 이를테면 잘 걸으려면 자주 그리고 많이 걸어야 하고, 잘 달리려면 많이 달려보아야 하며, 잘 읽는 것을 배우려면 많이 읽어야 하는 것이다. 그리고 반대로 습관이 되어버린 것도 더 이상 하지 않으면, 습관 자체가 없어지고 만다. 예를 들어 네가 열흘 동안 누워만 지내다가 그 뒤 일어서서 걸으려고 하면, 다리가 완전히 약해져 있는 것을 알게 될 것이다. 즉 어떤 습관을 얻고자 한다면, 그것을 자주 그리고 많이 행동으로 옮겨 보아야 한다. 또 반대로 만일 무언가의 습관을 끊고자 한다면 그것을 더 이상 하지 말아야 한다.

우리의 정신적 능력도 마찬가지이다. 네가 화낼 때 너는 단지 그것만의 악을 행하는 것에 그치지 않고, 그와 동시에 자신의 내부에서 화내는 습관을 기르고 있다는 것, 말하자면 불 속에 장작을 던지는 셈이라는 것을 알아야 한다. 또 육체적인 유혹에 빠졌을 때 단지 그것만의 죄를 지었을 뿐, 그 이상 아무것도 없다고 생각해서는 안 된다. 너는 동시에 그러한 간음행위에 대한 습관을 기르고 있는 것이다. 의식이 있는 사람은 모두들 너에게, 우리의 정신적 질환, 우리의 나쁜 생각과 나쁜 소망은 바로 그렇게 해서 강화되는 것이라고 충고할 것이다. 그러므로 만약 화내는 습관을 가지고 싶지 않거든 분노를 최대한 억제하여, 그 습관이 더 이상 자라지 않도록 해야 한다. 그러나 도대체 어떤 방법으로 자신의 나쁜 생각과 싸울 힘을 얻을 것인가?

자신을 유혹하는 나쁜 생각과 싸울 때 유익한 것은, 너 자신보다 선량한 사람들의 가르침, 또는 너보다 먼저 살았던 현인들의 가르침을 생각해 내거나 책을 읽는 일이다. 진정한 투사는 자신의 나쁜 생각과 싸우는 사람이다. 이 신성한

싸움은 너를 신에게 접근시킨다. 네 인생의 평화와 행복은 이 싸움의 승패에 달려 있다. 그러므로 너는 항상 두 가지의 시점을 생각하라. 하나는 네가 죄 많은 생각에 굴복해 육체적인 욕망에 탐닉하는 현재 시점이고, 또 하나는 그러한 욕망을 채우고 난 뒤의 공허함 속에서 후회하고 스스로를 책망하는 시점이다. 마찬가지로 네가 자제심으로 욕망을 극복했을 때 느끼는 정신적 만족감을 생각하는 것도 좋다.

한번 한계를 넘으면 자제하기가 좀처럼 어렵다는 것도 잊어서는 안 된다. 네가 유혹에 지면서도 내일은 이겨내리라 생각하면서, 그 내일이 되어도 역시 같은 일을 되풀이한다면 결국 네 자제심은 완전히 무너져, 나중에는 자신의 결점도 깨닫지 못하게 되고, 설령 깨닫는다 하더라도 온갖 구실을 만들어 자신의 어리석은 행동을 변호하게 될 것이다. 에픽테토스

4

네가 행할 수 있는 선은 지금 당장 하는 것이 좋다. 왜냐하면 기회는 한 번 지나가면 다시 되돌아오지 않기 때문이다.

5

뉘우침은 모두 유익하다. 왜냐하면 그것은 언제나 현재를 그 현재의 힘에 걸맞게 이용하지 않았던 것에 대한 아쉬움이기 때문이다. 뉘우침이란 현재의 순간순간을 어떻게 행동해야 했는지에 대한 반성이다.

10월 19일

1

삶의 의의는 자신에게 계시되는 것을 기꺼이 받아들일 마음가짐이 되어 있는 사람에게는 바로 계시되지만, 자신이 좋아하고 습관이 된 생활을 파괴하지 않는 삶의 의의 외에는 인정하지 않겠다고 처음부터 마음먹고 있는 사람에게는 결코 계시되지 않는다.

2

“나는 누구인가? 나는 무엇을 해야 하는가? 나는 무엇을 믿고 무엇에 희망을 가질 수 있는가? 철학의 모든 것은 이 세 가지에 귀착된다”고 철학자 리히텐베르크는 말했다. 이 세 가지 문제 가운데 가장 중요한 것은 가운데의 문제이다. 인간이 무엇을 해야 할 것인지 알고 있는 것은 알아야 할 모든 것을 알고 있다는 뜻이다.

3

어떻게 하면 옷이 좀먹는 것을 막을 수 있을까? 쇠가 녹스는 것을 막을 수 있을까? 감자가 썩는 것을 막을 수 있을까? 등등의 문제에 대한 내 의견은 바뀔 수 있다. 그러나 어떻게 하면 영혼이 부패되는 것을 막을 수 있는가에 대해서는 그리 배울 필요가 없으며, 다만 ‘내가 알고 있는 것’을 실천하기만 하면 된다.

소로

4

자신의 일을 찾아낸 사람은 행복하다. 그는 이제 다른 행복을 찾을 필요가 없다. 그에게는 일이 있고 인생의 목적이 있다. 칼라일

5

무엇을 보고 있는지도 모르면서 보고 있는 사람, 어디에 서 있는지도 모르면서 서 있는 사람은 불행하다. 《탈무드》

6

자신의 인생의 의의를 모르는 사람들은 불행하지만, 세상에는 인생의 의의 같은 것은 알 수 없는 거라고 생각하는 사람들이 많으며, 그런 것을 알고 싶어 하지 않는 것을 자신들이 현명하다는 증거라도 되는 듯 자랑까지 한다.

파스칼

7

어떤 사람이 감옥에 들어갔는데 어떤 선고가 내려질지 모르고 있다고 치자. 그에게는 그것을 알기 위한 시간이 한 시간밖에 남지 않았고, 만약 그가 사형선고를 받았음을 알더라도 그 한 시간만 있으면 선고를 변경해 달라고 탄원하는 데 충분하다고 치자. 그런 경우, 과연 그는 그 한 시간을 어떤 선고를 받을지 알려고 노력하는 대신 카드놀이에 쓸 수 있을까? 그런 불합리한 얘기는 아마 없을 것이다. 그런데 신에 대해, 또 영원에 대해 생각하지 않는 사람들은 바로 그러한 불합리한 행동을 하고 있는 것이다.

파스칼

8

새는 모두 어디에 둥지를 틀어야 할지 알고 있다. 어디에 둥지를 틀어야 할지 알고 있다는 것은, 새가 제 사명을 알고 있다는 뜻이다. 그런데 만물의 영장인 인간이 새도 알고 있는 것을, 즉 자신의 사명이 무엇인지를 몰라도 되는 것일까?

중국 금언

9

전 세계의 생명에 대한 진정한 의의를 찾는 것은 불가능하다. 그러나 자기 생명의 의의, 즉 자신이 무엇을 해야 하는지 탐구하는 것은 참으로 간단하여 지능이 낮은 사람이나 어린아이도 알 수 있다.

10월 20일

1

인생은 그것이 의무의 수행이며 봉사라는 걸 깨달을 때 비로소 합리적인 의미를 지닌다.

2

우리는 죽음이 우리를 기다리고 있다는 것만은 확실히 알고 있다. "사람의 인생은 방 안에 날아들었다가 다시 날아가 버리는 제비와 같다." 우리는 어디선지 모르게 이 세상에 왔다가 어디론지 모르게 떠나간다. 뒤에는 보이지 않는 어둠이 있고 앞에는 짙은 암흑이 있다. 마침내 우리의 때가 왔을 때, 우리가 맛있는 것을 먹었는가, 먹지 않았는가, 부드러운 옷을 입었는가, 입지 않았는가, 막대한 재산을 남겼는가, 아무것도 남기지 못했는가, 빛나는 명예 속에 살았는가, 멸시를 받으며 살았는가, 학자로 인정받았는가, 무식한 사람으로 여겨졌는가 하는 것이, 우리가 신으로부터 잠시 빌린 재능을 어떻게 활용했는가에 비해 얼마만한 의미를 가지는 것일까? 헨리 조지

3

이 세상의 아주 사소한 일 속에서도 신의 힘이 번뜩임을 인식하는 사람은 지극히 높은 이해력과 지극히 높은 이상을 가진 사람이라고 할 수 있다. 이러한 사람은 자기 자신도 타인도 존중하며, 사소한 것도 가볍게 보지 않고, 그러한 것들도 모두 하느님의 힘이 나타난 것으로 본다. 페르시아의 잘랄 앗딘 알루미

4

선행이란 사람이 자기 자신에게 해야 하는 봉사이다. 설사 저 세상도 없고 세계를 다스리는 신도 존재하지 않더라도 선행은 역시 필연적인 인생의 법칙이다. 무엇이 옳은지 알고 그것을 실천하는 일, 그것이야말로 인간의 의무이자 특권이다. 《라마야나》(고대 인도 대서사시)

5

사람을 만날 때, 상대방이 자신에게 어떤 식으로 도움이 될지 생각하지 말고, 자신이 상대방에게 어떻게 봉사할 수 있을지를 생각하라.

6

우리에게는 우리의 모든 행동에 대한 확고한 법칙이 주어져 있고, 그 법칙에 따른 행동은 어떠한 권력에 의해서도 저지당하거나 압박받을 수 없다. 그 법칙의 실천은 감옥 안에서도, 고문이나 죽음의 위협하에서도 가능하다.

7

이 세계에서의 나의 생명에는 그 자체로서가 아니라 봉사자로서의 의의가 있음이 명백하다. 또 육체적 존재로서의 우리는 항상 그 정복자나 죽음 자체와 직면하고 있다는 것도 분명하다. 그것은 우리의 눈이 보는 바, 마음이 이야기하는 바이며, 자연 전체가 증명하는 바이다. 이것이 바로 이 세상의 생명의 법칙이며 신이 원하는 것이다. 그것을 이해한 사람은 그 간단한 진리가 밝혀짐에 따라 서서히, 자신의 육체적 생명의 행복을 위해, 즉 자신과 인연이 먼 잠시 동안의 냉혹한 주인임을 알고 있는 자를 위해, 사람들과 각축하며 싸울 의욕을 상실하게 된다.

부카

8

오로지 자신을 위해서 선한 생활, 신의 뜻에 합당한 생활을 찾아서 살도록 하라. 그러면 너희는 미리 너희에게 부과된 봉사를 완전히 수행할 수 있을 것이다.

이레째 읽을거리

라므네

평범한 사람들도 저마다 정도의 차이는 있지만 삶의 과정을 더듬어 가는 인생의 단계를 밟기 마련인데, 사후에 깊은 발자취를 남기는 위대한 지혜와 뜨거운 열정을 지닌 위인들은 그것을 특별히 선명하게 보여준다.

그 단계는 다음과 같다. ① 외부로부터 주입된 미숙한 신앙, 권위에 대한 완전한 복종, 주위에 있는 모든 사람들과의 조용하고 확신에 찬 교류. ② 사람들로부터 주입되어 그들에 대한 믿음을 바탕으로 한 이 신앙의 본질을 깊이 고찰한 결과 생기는, 그 신앙의 진실성에 대한 드러낼 수 없는 의혹, 그것으로 인한 더욱 열성적인 주장과 선전, 주위 사람들의 동의와 칭찬. ③ 최초에 받아들인 가르침에서 거짓된 것과 불필요한 것, 그리고 미신적인 것을 제거하여 더 깨끗한 것으로 고쳐, 그 위에 자신의 삶을 구축하려는 시도. 그것으로 인한 이전의 동의자들과의 결렬, 그들로부터의 증오. ④ 남을 신용하여 받아들인 신앙으로부터의 완전한 탈피, 이성이나 양심과 일치하는 것만의 승인, 사람들 속에서의 고독감, 신과의 일체감, 가까운 소수 사람들로부터의 높고 강한 사랑과 대다수 사람들로부터의 두려움과 증오, 그리고 죽음이 그것이다.

사람들은 누구나 원하든 원치 않든 다소나마 그러한 단계를 의식하지 않을 수 없다. 처음에는 ① 완전한 신뢰, 다음에는 ② 이따금 아주 희미하게 스쳐 지나가는 의혹, 이어서 ③ 때때로 매우 약하지만, 어떻게든 자신의 인생관을 확립하고자 하는 시도, 그리고 마지막으로 ④ 신과의 직접적인 대면, 완전한 진리의 인식, 고독, 그리고 죽음.

누구나 이러한 과정을 거치는 법이지만, 라므네의 경우 그것은 유달리 강렬한 형태로 나타났고, 그 결실 또한 풍부했다.

펠리시테 라므네는 1782년에 브르타뉴에서 태어났다. 그리고 1816년에 사제에 서품되었다.

라므네는 어린 시절부터 종교적인 사람이었지만, 그가 성직자가 된 것은 그 한 사람의 희망에 의한 것은 아니었다. 라므네의 서간문에 의하면 친지들의 권유와 설득에 의해 성직자가 되었음을 알 수 있다. 친지들은 일찌감치 그의 종교적인 성향을 알아보고 그것을 교회를 위해 쓰는 게 좋다고 생각한 것이다.

실제로 라므네는 사제가 되자, 그가 그 진실성을 한 번도 의심한 적이 없었던 가톨릭교회를 위해 전력을 다했다. 라므네는 사회와 민간에서 신앙이 쇠퇴하고 있는 것을 보고, 어떻게든 신앙의 기운을 높이기 위해, 가톨릭이야말로 가장 널리 보급되어 가장 많은 사람들의 인정을 받은 신앙이라는 것을 특별히 강조했다. 또한 그 사실이 바로 가톨릭 신앙이 진정한 신앙임을 보여주는 증거라고 주장하기도 했다. 당시, 그의 의견에 의하면, 진리는 개개인에 의해 파악되는 것이 아니라 인간의 집단에 의해서만 파악될 수 있는 것이었다. 그런데 인간의 가장 큰 집단이 가톨릭을 인정하고 있으므로 가톨릭의 진실성에는 아무런 의심의 여지가 없고, 따라서 가톨릭이 최고의 진리를 구현하고 있는 것이니 국가도 그 진리에 복종해야 한다는 것이다. 곧 종교가 없이 국가는 있을 수 없고, 교회가 없이 종교는 있을 수 없으며, 교황이 없이 교회는 있을 수 없다는 것이었다.

이러한 것이 당시 라므네의 신념이었다. 이 정신에 따라 그는 초기 저작의 하나인 《종교 무관심론》을 썼다. 이것이 라므네의 정신사의 첫 번째 단계, 즉 의심할 여지 없는 신앙의 단계였다. 라므네는 가톨릭 옹호자로서의 국가 권력에 기대를 걸고 있었기 때문에, 그러한 사상이 그를 극단적인 국가 권력의 옹호자들에게 기울게 해, 결국 〈보수주의자〉지(紙)에 글을 발표하게 되었다. 이 신문에서 그는 특수한 위치에 서서, 동료들이 군주제의 옹호와 그 이익을 위해서 글을 쓴 것에 비해, 언제나 종교를 가장 먼저 염두에 두었다. 군주제는 그것이 가톨릭의 승리에 협조할 수 있는 범위 안에서만 그의 관심을 끌었을 뿐이었다.

그러나 얼마 뒤 라므네는 국가 권력과 종교의 이익이 일치하지 않을 뿐만 아니라, 대부분 서로 모순 상반되고 있으며, 권력에 있어서는 종종 종교를 억압하는 것이 유리한 경우가 있다는 것을 알았다. 그것을 안 라므네는 그때까지의 생각을 바꾸어 다른 신문으로 옮기고, 국가 권력에 대해 협조나 동맹의 관계가 아니라, 종교에 관한 완전한 자유와 권력의 불간섭을 요구했다. 라므네는 거기에 머무르지 않고, 곧 한 걸음 더 나아가 국가와 교회의 분리를 요구하고 국가의 권력을 비판하면서, 자신도 모르는 사이에 혁명주의자들 편에 서서 1830년의 혁명을 옹호했다. 이것이 라므네의 정신사의 두 번째 단계였다.

1830년의 혁명 때 라므네는 몽탈랑베르, 라코르데르 등과 공동으로 〈미래〉라는 잡지를 발간해, 그 안에서 교회와 국가의 분리, 인권의 보장, 귀족원과 극단적인 중앙집권제의 폐지, 강제적 국세(國勢) 조사의 폐지 및 보통 선거제도의 확립을 주장했다. 이 잡지에서 그는 국가 권력이 교회에 지나치게 개입해서는 안 되는 것과 같이, 교회 쪽에서도 정치에 관여해서는 안 되며, 따라서 교황은 세속적인 권력을 지양하고, 성직자들은 국가로부터 봉급을 받아서는 안 된다는 생각을 발표했다.

그러한 의견이 로마의 공감을 얻을 리가 없었다. 그것을 예견한 라므네는 로마 교황청을 설득해, 민중을 교회 아래 통솔하기 위해서는 그만한 양보는 꼭 필요하다는 것을 이해시키기 위해 직접 로마로 갔다. 그러나 교황은 그를 만나주지 않았고 그의 제안에 대해서도 아무런 대답을 하지 않았다. 가톨릭의 개혁에 실망한 라므네는 파리로 돌아와 얼마 동안 잡지를 계속 발행하면서, 그 속에서 가톨릭이 민중을 계속 지배하기 위해서는 현재와 같은 형식을 바꾸지 않으면 안 된다는 의견을 피력했다. 이것이 세 번째 단계이다.

1832년 라므네가 발표한 사상을 비난하는 취지의 로마 교황의 교서가 발표됐다. 라므네는 자신이 지금까지 믿고 봉사해 왔던 모든 것과 결별하는 것은 크나큰 고통이지만, 이제 가톨릭을 치유하거나 교정하는 것은 불가능하다는 것을 인정하지 않을 수 없었다. 그때부터 그는 로마와의 관계를 완전히 끊고 그 유명한 《신자의 말》이라는 책을 썼다. 라므네는 이 저서에서 성서의 시편과 복음서의 우화 형식을 빌려 종교적 요구와 정면으로 대립하는 당시의 경제적 정치적 체제를 비난했다. 그 책은 이내 교황의 비난을 받았다. 그 무렵 라므네는 마침내 결정적으로 교회를 떠나, 여생을 민중에 대한 봉사에 바쳤다. 이것이 네 번째, 즉 마지막 단계였다.

라므네는 만년에 모든 정치적 활동을 떠나 오로지 문필활동에 전념하면서, 고독 속에 가난한 생활을 보냈다. 그동안 그는 《철학 초고》를 탈고하고 네 복음서에 대한 매우 뛰어난 주석서를 썼다.

라므네가 자신의 여러 저서와 논문, 연설(국회의원 시절의) 속에서 피력한 근본사상은, 민중은 스스로 자신의 운명의 결정자가 돼야 하며, 또 자신의 삶의 설계자가 돼야 한다는 것이었다. 가톨릭교회를 옹호하였을 때와 마찬가지로, 그는 이번에도 진리와 도덕적 완전성의 소유자는 개개인이 아니라 사람들의 합동체, 집단, 민중, 그들의 극한으로서의 인류라는 원리를 제창했다. 주권은 전적으로 인민에게 있다고 하면서도 라므네는 끊임없이, 국가기구의 틀 안에서의 어떠한 외면적 개혁과 변혁도, 인민이 항상 도덕적 완성에 정진하지 않는다면 절대로 그들의 상황을 개선시킬 수 없다고 주장했다. "정의만을 추구하라"고 그는 민중에게 말했다. "정의는 항상 승리한다. 너희의 권리를 짓밟는 자들의 권리도 존중하라. 예외 없이 모든 사람들의 안전을 보장하는 것이 바로 너희의 성스러운 목적이다. 의무는 모든 사람들에게 있어서 어디까지나, 그리고 언제나 의무이다. 너희가 그 의무를 어기기 시작하면 너희의 입장은 어떻게 될까? 무질서로 무질서를 구하지는 못한다. 너희의 적들은 어떠한 점에서 너희를 비난하고 있을까? 너희가 그들의 지배권을 쓰러뜨리고 자신들의 지배권을 내세우려 한다는 점, 그들이 권력을 악용하고 있듯 너희도 그것을 악용하려 한다는 점, 그리고 너희가 복수심과 나쁜 의도를 품고 있다는 점이 아닌가? 그것 때문에 너희의 적은 너희에게 막연한 두려움을 품고, 그 공포감을 거꾸로 이용하여 교묘하게 너희를 노예의 상태로 계속 매어 두고 있는 것이다."

"사람들의 마음 깊은 곳에서 정신활동이 이루어지지 않는다면 사회 문제는 아무것도 해결할 수 없다"고 그는 말했다.

사회주의와 공산주의 이론에 대해 라므네는 언제나 부정적이었다. 그의 의견에 의하면 이 두 가지 이론은 인간 본래의 법칙을 무시하고 자연적인 생명의 흐름을 권력의 폭력으로 바꾸려 하는 것이었다. 그가 이 두 가지 이론에 찬성하지 않는 큰 이유는, 그것들은 단순히 물질적 목적만을 좇고 종교의 필요성을 인정하지 않는다는 점에 있었다. 모든 사회적인 대변혁 때 없어서는 안 되는 것은, 물질적인 목적이 아니라, 물욕에 대한 이성과 의무감의 승리에 의해 달성되는 정신적 목적이다.

50년대 초에 라므네는 병을 얻었는데, 그 병이 치명적인 것임을 느낀 그는 친구인 바르베를 불러 자신이 병에 걸려 있는 동안 자신의 집을 관리해 줄 것과 그가 죽은 뒤에도 변함없이 돌봐줄 것을 유언으로 의뢰했다. 그 밖에도 그는 자신은 빈민의 한 사람으로서 빈민들의 묘지에 묻어주기를 원하며, 무덤에는 묘비를 세우지 말고, 유해는 절대로 교회에 보내지 말고 곧장 무덤으로 운반하라는 유언을 문서로 남겼다. 가톨릭 사제들이 그를 교회로 돌아오게 하려고 무척 애를 썼지만, 라므네는 그 모든 시도에 대해 예전처럼 정중하면서도 단호하게 사제를 만나는 것을 거절했다. 그는 자신이 철들고부터 죽 가져왔던 신에 대한 생생한 신앙 속에서, 마음의 흐트러짐이 없이 평화롭게 죽어갔다. "드디어 마지막이 온 것 같구나. 하느님의 부르심에 따라야지. 그분 곁으로 갈 수 있으면 좋으련만." 이것이 그의 마지막 말이었다. 마침내 숨을 거두기 직전에도 그는 몇 번이나 "아, 지금이 가장 행복한 순간이다" 하고 말했다. 그가 죽은 것은 1854년 2월 27일이었다.

라므네의 저술, 프랑스인들이 말하는 이른바 '업적(l'oeuvre)'은 매우 방대하고 귀중한 것이다. 그는 위대한 지혜와 열정을 가진 사람들이 대개 그러하듯이, 앞으로 인류가 나아가야 할 길, 이미 나아가고 있는 길을 개척했다. 그 길은 겉모습뿐인, 생명을 잃은 사이비 그리스도교 신앙에서 탈피한 길이며, 개개인의 생활뿐만 아니라 인류 사회 전체의 생활을 변화시키는, 진정으로 근원적인 그리스도교를 수립하는 길이다.

레프 톨스토이

10월 21일

1

폭풍이 물결을 일으켜 물의 투명함을 잃게 하듯이, 정욕과 불안, 동요, 공포는 마음을 어지럽혀 사람이 자신의 본질을 의식하는 것을 방해한다.

2

위대하고 아름다운 영혼을 가진 사람들은 언제나 평화롭고 언제나 만족한다. 빈약한 영혼을 가진 사람들은 언제나 불만이요 언제나 무관심하다.

3

사람들은 자신의 힘으로는 도저히 어쩔 수 없는 외면적인 일에 몰두하고 있을 때만 괴로워하거나 불안과 동요를 느낀다. 그럴 때, 그들은 불안한 듯 자문한다. "어떻게 해야 하나? 도대체 어떻게 되는 걸까? 결말이 과연 어떻게 될까? 이렇게 되면 안 되는데, 저렇게 되면 안 되는데" 하고. 자신들의 권한 밖에 있는 것을 늘 염려하는 사람은 모두 그렇다.

이와는 반대로 자신에게 직접 책임이 있는 일과 씨름하며, 자신의 생명은 자기 완성에 있다고 생각하는 사람은 이처럼 불안에 사로잡히지 않는다. 만일 그가 자신이 진리를 지켜낼 수 있을지, 허위를 벗어날 수 있을지를 걱정한다면 나는 그에게 이렇게 말하리라. "걱정하지 말라. 네 걱정의 씨앗은 바로 네 손안에 있다. 자신의 사상과 행동을 관찰하여 모든 방법으로 자신을 개선하도록 노력하면 된다. 그러므로 '무슨 일이 일어날까?' 하는 말은 할 필요가 없다. 무슨 일이 일어나든 너는 그것을 교훈으로 바꾸고, 또 너 자신의 이익으로 바꿀 수 있다"고.

"하지만 만약 내가 불행과 싸우다 죽어버린다면?"

"그러면 어떤가? 그런 경우, 너는 자신이 해야 할 일을 하면서 인간답게 훌륭하게 죽을 수 있지 않은가? 어차피 너도 언젠가는 죽어야 할 존재이고, 어떤 일을 하고 있을 때 죽음이 너를 찾아올지는 아무도 모르는 일이다. 만약 내가 인간으로서 부끄럽지 않은 일을 하고 있을 때, 모든 사람에게 유익하고 좋은 일을 하고 있을 때 죽음이 찾아온다면, 또는 내가 자신을 개선하기 위해 분투하고 있을 때 죽음이 찾아온다면, 나는 크게 만족할 것이다. 그때 나는 신을 향해 두 팔

벌리고 이렇게 말할 수 있을 것이다. '주여, 당신은 내가 당신의 법칙을 이해하기 위해, 당신한테서 받은 것을 얼마나 사용했는지 잘 아실 것입니다. 내가 당신을 비난한 적이 있습니까? 나에게 일어난 일에 대해 원망한 적이 있습니까? 나에게 주어진 의무의 수행을 회피한 적이 있습니까? 나는 내가 태어난 것을, 또 당신이 나에게 여러 가지 재능을 주신 것을 당신에게 감사합니다. 나는 그것을 충분히 이용했습니다. 자, 이제는 돌려드릴 테니 부디 당신 뜻대로 하소서. 원래 그것은 당신의 것이니까요!'"

"이만한 죽음이 또 있을까? 그러한 죽음에 이르기 위해 너는 그리 많은 것을 잃을 필요는 없으며, 오히려 그것을 통해 더 많은 것을 얻을 수 있다. 만약 네가 원래 너의 것이 아닌 것에 집착한다면 너는 반드시 네 것마저 잃게 될 것이다."

"세속적인 성공을 원하는 사람은 몇 날 밤을 꼬박 새며 마음과 몸을 혹사하면서, 세상의 강자에게 아부하고 비천하게 행동한다. 그리하여 결국 그는 무엇을 얻게 될까? 어떤 종류의 명예를 얻어 사람들의 두려움의 대상이 되고, 높은 자리에 앉아 다른 사람들을 부린다. 오히려 그는 그러한 모든 번뇌와 수고에서 벗어나, 아무것도 두려워하지 않고 아무것도 괴로워하지 않으며, 편안하게 잠을 자는 것에, 그만한 노력을 치러야 한다고 생각하지 않는가? 그러나 그러한 영혼의 평화 또한 수고하지 않고 얻을 수 있는 것이 아님을 잊어서는 안 될 것이다."

에픽테토스

4

이성의 빛 속에 자신의 삶을 두고 이성에 봉사하는 사람에게 세상에 절망이라는 것은 있을 수 없다. 양심의 가책을 모르고, 고독을 두려워하지 않으며, 번거로운 교제도 원하지 않는 사람, 그러한 사람은 고귀하게 살고 있는 사람이며, 그는 오는 사람을 거부하지 않고 가는 사람은 붙들지 않는다. 그런 사람은 자신의 영혼이 과연 육체의 껍질 속에 얼마나 오래 머물러 있을지에 마음을 끓이지 않는다. 그러한 사람의 행동은 언제 어느 때, 죽음이 눈앞에 닥친 순간에도 변하지 않는다. 그에게 있어서 유일한 관심사는 사람들과 평화롭게 사귀면서 올바르게 사는 것이다.

마르쿠스 아우렐리우스

5

사람은 이 세계에서 자신의 처지를 똑똑히 알았을 때 비로소 마음가짐이 확고해진다. 마음가짐이 정해지면 모든 정신적 동요는 그친다. 정신적 동요가 그치면 완전한 정신적 평화가 찾아오고, 그러한 정신적 평화 속에 있는 사람은 사상의 활동이 활발해진다. 사상의 활동이 활발한 사람은 모든 진실한 것을 받아들이게 된다.

공자

6

인간의 진정한 힘은 격정 속에 있지 않고 변치 않는 평화 속에 있다.

7

언제나 한결같이 평안하기란 불가능한 일이지만, 평안한 때가 찾아오면 그것을 소중히 하고 가능한 한 오래 지속되도록 힘써야 한다. 그렇게 평안할 때야말로 여러 가지 사상이, 인생의 뱃길을 안내하는 사상이 태어나 명료해지며, 또 튼튼해지는 때이다.

10월 22일

1

형제를 비난하면 안 된다는 것은, 형제를 비난한 것을 후회할 때는 수백 번도 더 있었지만, 비난하지 않았던 것을 후회한 적은 한 번도 없었다는 것만 미루어 봐도 확신할 수 있다.

2

미망에 빠져 있는 사람에게 화를 내서는 안 된다. 좋아서 미망에 빠지는 사람은 아무도 없다는 것을 알라. 어느 누구도 자신의 판단력이 흐려지기를 바라지는 않는 법이다. 미망에 빠져 있는 사람은 허위를 진리라고 생각하고 있는 사람이다.

그러나 사실은 미망에 빠져 있지도 않으면서, 진리가 눈앞에 훤히 보이는데도 일부러 인정하지 않는 사람이 있다. 그들은 진리를 이해하지 못해서 인정하지 않는 것이 아니라, 진리가 그들의 악업을 폭로하고 그들의 죄에 대한 변명을 허락하지 않기 때문이다. 우리는 그런 사람에게도 역시 화를 내기보다는 동정을 해야 한다. 왜냐하면 그들은 육체적으로는 환자가 아니지만 마음에 병이 있기 때문이다. 에픽테토스

3

시간은 지나가도 말은 남는다.

4

많은 사람들이 누군가를 미워하더라도, 그 사람을 비판하기 전에 무엇 때문에 그렇게 되었는지 사려 깊게 생각해 보아야 한다. 많은 사람들이 누군가를 추켜세우더라도 역시 그 사람을 비판하기 전에 신중하게 검토해야 한다. 공자

5

제 입에 재갈을 물리는 것은 위대한 선덕의 징표이다. 성현의 사상

6

우리의 불안과 동요의 대부분은 우리가 자기 자신을 바로잡는 것을 잊고 남을 바로잡으려 하는 데서 생긴다. 루시 맬러리

7

인간의 마음은 결코 스스로 정의와 선을 외면하는 것이 아니라 강제에 의해 그렇게 될 뿐이다. 그것을 확실하게 깨달으면 깨달을수록 너는 사람들을 더욱 선하게 대하게 될 것이다. 마르쿠스 아우렐리우스

8

만약 남을 비난하고 싶으면 그 사람이 없는 데서가 아니라 그 사람에게 직접 말하는 것이 좋다. 그리고 상대방이 불쾌한 감정을 느끼지 않도록 말하는 것이 좋다.

10월 23일

1

양심은 우리의 내부에 살고 있는 신적 본원을 의식하는 일이다.

2

"양심! 그것은 어린아이와 같은 미망이다. 교육이 낳은 편견이다." 거짓 현자들이 일제히 외치는 소리가 들린다. "인간의 마음속에는 경험에 의해 주어진 것 외에는 아무것도 없다"고 그들은 말한다.

심지어 그들은 또 모든 민중들 사이에서 명백하고 보편적인 일치를 본 사항까지 부정하며, 무엇이 선이고 무엇이 악인지에 대한 모든 사람들의 놀라운 판단의 일치에 대항해, 자신들만이 알고 있는 무언가의 예를 찾아와서, 마치 어떤 여행자가 변질된 야만적인 민족에 대한 얘기를 하면 온 세상 사람들이 다 그런 것처럼, 그런 야만인들의 존재가 밝혀진 이상 전 인류에게 공통되는 성질 같은 것에는 아무런 의미가 없다고 주장한다. "모든 사람들이 공공의 복지에 협력한다 해도, 그것은 오직 자신의 이익을 위한 것에 지나지 않는다"고 그들은 말한다. 그러나 분명히 자신에게 불리하다는 것을 알고 있으면서도, 공공의 복지에 봉사하는 사람들이 있는 것은 무슨 까닭인가? 자신의 이익을 위해서라면 어떻게 사지(死地)에 뛰어들 수 있단 말인가?

물론 사람은 누구나 자신의 행복을 위해 행동하지만, 그 행복에 도덕적이고 정신적인 행복이 없다면, 그것은 결국 사악한 사람들의 행동을 이욕(利欲)으로 설명할 수 있다는 얘기가 될 뿐이다. 선량한 행위를 설명하는 데 반드시 그 뒤에 있는 추한 동기를 찾아내야 한다는 얘기는 얼마나 무서운 논리인가!

양심! 그렇다. 양심이야말로 선악의 확실한 심판자이다. 양심이야말로 인간을 신과 닮게 해주는 것이며, 양심만이 인간의 자질의 절대적인 우수성을 구성하고 있다. 양심을 제외하면 인간에게 동물보다 나은 점은 아무것도 없으며, 있는 것은 단지 아무런 지표도 없이 미망에서 미망으로 떠다니는 가련한 특성뿐이게 된다.

루소

3

네 양심이 경계하는 것은 하지 말고, 진실과 일치하지 않는 것은 말하지 말라. 그렇게 함으로써 너는 네 전 생애의 사명을 완수하게 될 것이다.

어느 누구도 네 의지를 강요할 수는 없다. 의지에는 도둑도 강도도 있을 수 없다. 불합리한 것을 바라지 말고, 대부분의 사람들처럼 자기 한 사람의 행복이 아니라, 사회 전체의 행복을 추구하라.

인생의 사명은 다수자의 편에 서는 것이 아니라, 네가 의식하는 내면적 법칙에 따라 사는 것에 있다. 마르쿠스 아우렐리우스

4

외부로부터 수많은 목소리들이 우리를 부르며 온갖 곳으로 유혹하려 한다. 그러나 오직 내부에서 들려오는 작은 양심의 목소리만이 우리를 이끄는 믿음직한 지도자가 될 수 있다. 루시 맬러리

5

살아가면서 죄를 범하지 않는 사람은 아무도 없다.

다만 죄를 짓고 난 뒤 양심의 가책을 받는 정도의 차이가 사람들의 차이가 되는 것이다. 알피에리

6

양심의 요구를 거스를 수는 없다. 양심의 소리는 신의 소리이므로 당장 그것에 따르는 것이 좋다.

10월 24일

1

만약 우리 모두의 생명의 근본이 같지 않다면, 우리가 늘 경험하는 동정이라는 감정을 설명할 길이 없다.

2

누군가의 분노를 진정시키려면, 예를 들어 그것이 아무리 정당한 분노라 하더라도, 화를 내고 있는 사람에게, "하지만 저 사람도 불행한 사람 아닌가!" 하고 말하는 것만큼 효과적인 것은 없다. 빗물이 불을 끄듯, 곧 동정은 분노를 사라지게 하기 때문이다. 누구라도 좋으니 그 사람에 대해 불같이 화를 내며 그에게 고통을 주고 싶다면, 자신이 이미 그 고통을 상대방에게 주었고, 실제로 상대방이 정신적, 육체적으로 고민하거나 어려움과 결핍으로 고생하는 것을 보면서, 그것이 나 때문이라고 중얼거리는 광경을 상상해 보라. 나머지 일은 어떻게 되든 그것만으로도 분노가 사라질 것이다. 쇼펜하우어

3

똑바른 길, 또는 우리가 따라야 할 행동의 규범—그것은 인간과 멀리 떨어져 있는 것이 아니다. 만일 멀리 떨어져 있다면, 다시 말해 인간의 본성과 일치하지 않는다면, 그것은 행동의 규범이 될 수 없다. 도낏자루를 깎는 목수는 눈앞에 견본을 놓고 일한다. 그는 자신이 깎고 있는 도낏자루를 들고 요모조모 뜯어보며, 새 자루가 완성되면 얼마나 똑같은지 알아보기 위해 두 개를 나란히 놓고 비교해 본다. 그것처럼, 타인에 대해 자기 자신에 대한 것과 같은 감정을 품는 현인은, 확고한 행동의 규범을 발견한다. 그는 자신이 원하지 않는 것을 다른 사람들에게 행하려 하지 않는다. 공자

4

남을 욕하며 그와 다투고 있을 때, 너는 인간은 모두 형제라는 것을 잊고 있으며, 사람들의 친구가 되는 대신 적이 되고 있는 것이다. 그것으로 인해 너는 자신에게 해악을 끼치고 있다. 왜냐하면 네가 맨 처음 신이 창조한 선량하고 자비로운 인간이 아니라, 몰래 다가가서 먹이를 덮쳐 물어 죽이는 야수로 변한다면, 너는 너의 가장 소중한 재산을 잃게 되기 때문이다. 너는 지갑을 잃으면 크게 소동을 피우면서, 어찌하여 너의 가장 소중한 재산인 '마음의 선량함'을 잃고도 아깝다고 느끼지 않는 것인가? 에픽테토스

5

"너보다 더 불행한 사람들도 많다." 확실히 이 말은 네가 사는 데 지붕 역할은 못하더라도 비를 피하기에는 충분하다. 리히텐베르크

6

너는 자신의 불행을 한탄하고 슬퍼한다. 그러나 다른 사람들이 겪고 있는 고통을 떠올린다면, 자신의 불행을 한탄하는 일이 줄어들 것이다.

7

진정한 동정이 시작되는 것은, 우리가 상상으로나마 괴로워하는 사람의 입장에 서서 진정한 고통을 대신 경험해 볼 때이다.

10월 25일

1

자신의 사명을 인식하는 사람은 그 자체를 통해 자신의 인간적인 가치도 인식한다. 그런데 자신의 사명을 인식할 수 있는 것은 오직 종교적인 사람뿐이다.

2

황제가 성자에게 물었다. "너는 나에 대해 생각할 때가 있느냐?" 성자가 대답했다. "예, 있습니다. 신을 잊고 있을 때." 사디

3

이웃의 생명을 자신의 생명과 똑같이 느낄 때, 우리는 신을 섬기고 있는 것이다. 주세페 마치니

4

지적 장애인을 어떻게 대하는가 하는 것만큼 그 사람의 본질을 보여주는 것은 없다. 아미엘

5

어떤 사람을 악인이라거나 바보라거나 부정한 사람이라는 이유로 한번 경멸하기 시작하면, 그때부터 타인에 대한 경멸의 감정에 제동을 걸 수 없게 된다.

6

인간이여, 자신의 가치를 알라. 지금은 그럴 때이다. 우리는 전혀 잘못 태어난 존재가 아닌데, 달아나 숨거나 겁을 먹고 주위를 두리번거릴 필요가 어디 있단 말인가? 아니다, 의연하게 고개를 들어라. 나의 생명은 장식물이 아니며, 그것을 살리라고 주어진 것이다. 나는 어디서든 진실을, 완전한 진실을 말하는 것이 나의 의무라고 생각한다. 나는 사람들이 나를 어떻게 생각하는가가 아니라, 나의 진정한 사명이 무엇인가를 진지하게 생각하지 않으면 안 된다. 에머슨

7

개인의 자유, 이것이 가장 중요하다. 개인의 자유, 오직 개인의 자유 위에서만 민중의 자유가 성장한다. 인간은 자기 안에 있는 그 자유를 존중하고, 이웃의 자유나 모든 사람의 자유 못지않게 그것을 소중히 하지 않으면 안 된다.

게르첸

8

자신을 정신적인 존재로 생각하는 사람만이 자신과 타인의 인간적 존엄성을 인식할 수 있고, 그러한 사람만이 인간답지 않은 행동과 상태에 의해 자신과 이웃을 욕되게 하는 일을 하지 않는다.

10월 26일

1

정신생활에 있어서의 일의 중요성은 그 물질적 의미나 그것이 가져오는 결과에 의해 판단되어서는 안 되며, 그 선의에 의한 노력의 정도에 따라 판단되어야 한다.

2

대다수의 사람들은 자신의 삶을 개선하고자 할 때, 자신의 다양한 욕망을 정화하고 자신의 입장에서 극히 평범한 의무를 수행하는 것에 만족하는 대신, 뭔가 매우 어렵고 놀라운 일을 하고 싶어 하기 마련이다. 실은 전자가 훨씬 더 중요한 것을. 페늘롱

3

자신이 해야 한다고 느끼고 있는 것을 사소한 일이라 하며 하지 않는 사람은 실은 자신을 속이고 있는 것이다. 그가 그것을 하지 않는 것은 알고 보면 그것이 그에게 너무 작은 일이어서가 아니라 너무나 큰일이기 때문이다. 피오치

4

너는 일을 완성시킬 의무는 없지만 그렇다고 그것을 회피해서도 안 된다. 너에게 일을 맡긴 신은 너의 일을 기대하고 있기 때문이다. 《탈무드》

5

자신은 하늘이 맡긴 일을, 즉 하늘의 뜻을 이루기 위해 태어났다고 생각하지 않는 사람은 미개하고 야만적인 사람이다. 중국 금언

6

사람은 사색에 의해서가 아니라 실천에 의해 자기 자신을 인식하고, 자신이 해야 할 일을 실천하는 노력 속에서만 자신의 가치를 발견할 수 있다. 괴테

7

자신의 '자아'를 육체적인 영역에서 정신적인 영역으로 옮긴다는 것은, 의식적으로는 오직 정신적인 것만을 원한다는 것을 뜻한다. 내 몸은 육체적인 것을 원하겠지만 정신은 육체적인 것은 아무것도 원하지 않고 또 원하려 하지도 않는다. 그러면서도 도저히 육체를 떠날 수가 없다. 그것은 바로 내가 아무리 대지가 나를 끌어당기는 것을 원하지 않고 또 아무리 발버둥을 쳐도, 어디에서고 대지에

서 떠날 수 없는 것과 마찬가지이다.

그리고 내 육체는 끊임없이 대지가 끌어당김에도 불구하고, 나는 대지를 떠나 움직이거나 걷고 뛰고 있으며, 그 속에 내 육체적 생명이 존재하는데, 육체와 정신의 관계도 바로 그것과 같다. 육체는 끊임없이 나를 자기 쪽으로 끌어당기지만, 나는 육체를 떠나 육체를 이용만 하면서 정신적으로 사는 것이다. 거기에 나의 진정한 삶이 존재한다.

8

세속적인 의미에서 중요하지 않은 것으로 여겨지는 일을 소홀히 다루는 것만큼 도덕적 완성을 해치는 것은 없다.

10월 27일

1

참된 종교는 이성과 모순되는 것이 아니다.

2

종교적인 부분에 대해 이성을 과신해서는 안 된다는 따위의 주장을 믿어서는 안 된다. 이성의 힘에 대한 믿음이야말로 모든 믿음의 밑바탕이 된다. 우리가 오직 그것에 의지해서 신을 인식하는 이성의 능력을 과소평가한다면 어떻게 신을 믿을 수 있겠는가? 우리가 이 이성의 뛰어난 능력을 성실하고 공정하게 사용한 결과, 어떤 신앙상의 가르침에 모순이 있고 우리가 믿어 의심치 않는 중요한 진리와 일치하지 않는 것으로 판단되었을 때, 우리는 그 가르침을 결코 믿어서는 안 된다. 나는 어떤 책이 신의 의지를 표현하고 있다고 믿기보다는, 차라리 내 이성이 신에 의해 주어졌음을 믿는다. 채닝

3

설령 신이 신앙의 대상으로서 우리의 이해력을 초월하고 있어, 이성으로 그것을 파악할 수 없다 하더라도, 그것 때문에 이성을 유해한 것으로 보고 그 작용을 무시해도 되는 것은 아니다.

비록 신앙의 대상이 의심할 여지 없이 우리의 이해력 밖에 있으며, 이해력을 넘어선 것이라 할지라도, 이성은 역시 거기에 대해 매우 중요한 의미를 가지고 있으며, 우리로서는 도저히 이성이 없이는 살 수 없는 것이다.

표도르 스트라호프

4

어떤 시대의 어떤 사람들이, 우리 인류에게 우리와 전 세계의 모든 존재와 그 목적을 잘 설명해 주었다고 믿는 사람은, 이를테면 순진무구한 커다란 어린아이와도 같다. 원래 현자들의 사상 이외에 계시 같은 것은 있을 수 없다. 그들의 사상에 잘못된 해석이 내려질 수도 있지만, 그 사상들이 당시에는 계시라고 불리며 전 인류를 위해 놀랄 만한 우화와 신화의 형태로 제공되어 왔다. 따라서 자신에게 계시로서 주어지는 사상 역시 인간의 사상에 지나지 않는 이상, 자신의 사상에 의지하든 남들의 사상에 의지하든 이치는 같다고 생각하기 쉽다. 그런데 역시 보통 사람들은 자신의 머리에 의지하기보다는 뭔가 초인적인 사상의 샘을 가지고 있는 것처럼 보이는 다른 사람들의 머리에 더 의지하고 싶어 한다. 지적 능력에 대한 사람들의 극단적인 차이를 고려한다면, 한 사람의 사상이 다른 사람에게는 초자연적인 계시로 보일 수도 있을 것이다.

쇼펜하우어

5

사람들은 아주 어릴 때부터 성직자 계급에게 늘 세뇌를 받아 머리에 깊은 골이 생긴 나머지, 그 뒤부터 그들의 기본적 사고방식이 그 골을 따라 흐르는데, 대부분의 경우 한평생 그 골속에서 헤매게 되어, 결국 진리의 정화나 전달은커녕 진리를 생각하는 것 자체, 진리를 발견하는 것 자체까지 불가능해지도록 열심히 애쓰고 있는 셈이다.

쇼펜하우어

6

장님이 빛을 보지 못한다 해도 빛은 역시 빛이다.

7

빛이 있는 동안에 빛을 믿고 빛의 자녀가 되어라. 〈요한복음〉 제12장 36절

8

진리를 알기 위해서는, 사이비 교사들이 가르치듯 이성을 억누르지 말고 오히려 이를 정화하고 긴장시켜 모든 것을 그것에 따라 검토해야 한다.

이레째 읽을거리

계시와 이성

사람들이 하느님의 계시라고 말하는 것은 보통, 하느님에게 인간적인 번뇌를 돌림으로써 하느님을 모독하는 것이다. 하느님에 대한 여러 가지로 날조된 교의는 그 위대한 존재의 개념을 밝히기는커녕 오히려 혼란을 불러일으킨다. 하느님에 대한 우리의 개념을 높이기는커녕 오히려 그것을 낮춰버린다. 하느님을 둘러싸고 있는 이해할 수 없는 비밀로 인해, 그들은 사람들을 오만하게 만들고, 관대함을 잃어버리게 하며, 무의미한 모순을 강요해, 지상에 평화를 가져다주는 대신 투쟁을 일으킨다. 왜 그럴까 자문하지만, 나는 대답할 말을 모른다. 다만 나는 그것이 사람들의 범죄행위이며 인류의 불행이라는 것을 알 뿐이다.

그들은 내게 하느님에게 봉사하는 방법을 사람들에게 가르치기 위해서는 계시가 꼭 필요했다고 말한다. 그리고 그 증거로 이 세상에 여러 가지의 종교가 있음을 얘기하는데, 사실은 그 계시라는 것 때문에 종교의 차이가 생기는 것은 생각하려 하지 않는다. 사람들이 하느님에게 말씀을 하게 하는 방법을 고안한 이래, 누구나 자기 방식으로 자기가 좋아하는 말을 하느님이 하게 만든 것이다. 우리가 하느님이 우리의 마음속에서 이야기하는 것에만 귀를 기울인다면, 이 세상에 종교는 단지 하나뿐이었을 것을.

사람들은 말한다, 하느님을 예배하는 형식은 오직 하나뿐이어야 한다고. 그런데 하느님이 우리에게 요구하는 예배는 마음에 의한 예배이다. 하느님에게 사제의 몸에 걸치는 옷과 낭랑한 목소리의 기도, 제단 앞에서 하는 몸짓, 그리고 이

마를 바닥에 조아리는 예배가 무척 중요하다고 생각하는 것은 어리석음의 극치이다. 우리가 아무리 등을 꼿꼿하게 세우고 서 있어도, 결국은 바닥에 발을 붙이고 서 있는 것이 아니고 무엇이겠는가? 하느님은 사람들이 마음과 진실로 자신을 예배하기를 원하고 있으며, 그것이야말로 모든 종교, 모든 나라, 모든 사람들의 의무이다.

이 지상에 군림하면서 서로 상대방의 허위와 어리석음을 비방하고 있는 온갖 종파의 상황을 보며, 대체 어느 것이 진짜냐고 물으면 저마다 다 자기네가 진짜라고 대답한다. 모두들 한결같이 "나와 나의 동료들이 생각하는 것만 옳고 다른 사람은 모두 미신에 빠져 있다"고 말한다. 그러나 너희들은 너희들의 종파가 옳다는 것을 어떻게 아는가? "하느님께서 그렇게 말씀하셨으니까." 누가 너희들에게 하느님이 그렇게 말씀하셨다고 말하던가? "우리 교회의 사제님이다. 그분은 잘 알고 있다. 사제님은 나에게 자신이 말하는 대로 믿으라고 하셨기 때문에 나도 그것을 믿고 있다. 사제님은 자신의 말과 다른 말을 하는 사람들은 모두 거짓말쟁이라고 말씀하셨기 때문에, 나는 그 사람들이 주장하는 말은 듣지 않기로 했다."

어허, 이런 일이 있나! 진리는 단 하나뿐이 아니던가? 우리에게는 옳은 것이 너희에게는 옳지 않단 말인가? 옳은 길을 걷고 있는 자와 미망에 빠져 있는 자의 주장이 완전히 같다면, 도대체 무엇으로 옳고 그름을 구별할 수 있단 말인가? 그 선택은 결국 기회의 문제라는 것에 돌아가, 그것을 가지고 사람들을 비난하는 것은, 그들이 갑의 나라에서 태어나지 않고 을의 나라에서 태어난 것이 잘못이라고 비난하는 것과 같지 않은가?

모든 종교가 다 선하고 하느님을 기쁘게 하는 것인가, 아니면 하느님이 스스로 사람들에게 고하며, 그것을 믿지 않는 사람들을 벌하는 유일한 종교가 있다는 것인가? 만약 후자일 경우, 하느님은 그 단 하나의 진정한 종교를 인정할 수 있는 명백한 증거를 주었을 것이다. 그리고 그 증거는 어른이나 아이나, 유식한 사람이나 무식한 사람도, 유럽 사람이나 인도 사람도, 또는 아프리카 사람이나 야만인들도, 다 알 수 있는 것임이 틀림없다.

만약 그것을 신봉하지 않는 사람은 영원한 고통을 받게 되는 어떤 종교가 있는데, 어딘가에 단 한 사람이라도 진실을 추구하는 사람이 있어, 그 종교가 분명히 진실하다고 인정할 수 없다면, 그런 종교의 신은 가장 냉혹하고 사악한 폭군임이 틀림없다.

사람들은 나에게 말한다, "이성이 멋대로 날뛰는 것을 막으라"고. 그러나 그런 말을 하는 사람은 나를 기만하려는 것이다. 그러기 전에 먼저 내 이성이 어째서 멋대로 날뛰고 있는지 증명해야 한다.

대부분의 사람들은 모두 나와 같은 종류의 인간이므로, 인간이 자연스럽게 알게 되는 것은 나도 알 수 있고, 내가 틀리는 일이 있듯이 다른 사람들도 틀릴 때가 있다. 내가 사람들이 하는 말을 믿는 것은 저 사람이 하는 말이니까 이 사람이 하는 말이니까 하는 이유에서가 아니라, 그 사람이 자신의 말의 진실성을 증명해 주기 때문이다. 따라서 사람들이 보여주는 증명은 본질적으로는 내 이성의 증명에 지나지 않으며, 하느님이 나에게 진리를 인식하라고 준 자연적인 방법에 무슨 별다른 것을 보탠 것은 결코 아니다. 진리의 사도들이여, 그대들은 내가 판단할 수 없는 어떤 사항을 나에게 말하려 하는가? "하느님이 그렇게 말씀하셨다. 하느님의 계시를 믿도록 하라. 이것은 하느님의 말씀이다." 그것은 위대한 말이지만, 하느님은 도대체 누구에게 그런 말씀을 하셨는가? "사람들에게 말씀하셨다." 나는 전혀 그런 말을 들은 적이 없는데. "하느님은 다른 사람들을 통해 자신의 말을 너에게 전하도록 위임하셨다." 좋다, 그렇다면 사람들이 나에게 하느님이 말씀하신 것을 말해줄 거라는 얘기로군. 그보다는 하느님이 직접 나에게 말씀해 주시는 게 더 좋을 텐데. 하느님으로서는 그것이 그다지 어려운 일도 아닐 것이고, 나도 속을 염려가 없을 테니까. "그러나 하느님은 자신의 사도들에게 위임하여 자신의 말의 진실성을 증명하고 계신 것이다."

그게 어떤 위임장인데? "기적에 의한 위임장이다." 그 기적은 어디에? "책 속에 있다." 누가 그 책을 만들었지? "인간들이다." 누가 그 기적을 보았지? "보았다고 말하는 사람들이 분명히 있다." 이건 또 무슨 소리란 말인가? 결국 또 사람이 그렇게 말했을 뿐이라는 얘기가 아닌가! 그리고 다른 사람들이 그렇게 말했다고 나에게 말하는 것도 모두 사람이다. 하느님과 나 사이에는 어쩌면 이렇게도 많은 사람들이 있는 것인지! 그건 그렇다 치고 어쨌든 점검하고 비교해 보자. 아아, 하느님이 이렇게 귀찮은 일을 시키지 않아도 나는 열심히 봉사할 작정인데!

보시오, 우리가 얼마나 무서운 논쟁의 소용돌이 속에 휘말려 있는지! 온갖 옛

일과 내력을 들춰내고, 모든 예언자의 말과 계시와 역사적 사실과 세계 구석구석에서 발견되는 신앙의 기념물을 관찰, 비교, 검토, 대조하여, 그 시대와 장소와 작자와 거기에 뒤따르는 모든 조건을 판단하려면 어느 정도의 학문이 필요할까! 진짜 기념물과 가짜 기념물을 감정하고 양쪽의 주장을 검토하고, 번역과 원전을 대조하고, 증인들의 공정성과 그들의 양식과 교양 정도를 조사하고, 뭔가의 사실을 빠뜨리거나 첨가하거나 바꿔치기하지 않았는지 판단하려면. 그리고 또 상대방의 침묵의 의미와 상대방에게 한 말의 내용을 판단하고, 상대방이 자신들에 대한 반론을 과연 들었는지 여부를 아는 등등, 그러한 것을 통해 아직도 남아 있는 모순과 대립을 해결하려면 도대체 얼마나 정확한 비평을 필요로 하는 것인지!

그리고 마지막으로 그러한 기념물들을 진짜로 인정한다 치고, 그 기념물의 작자가 진정으로 하늘의 사명을 띤 자들이었는지 어떤지를 증명하는 단계로 옮겨가지 않으면 안 된다. 그러기 위해서 우리는 그 속의 예언의 실현이 기적의 개입 없이도 어느 정도의 확률로 가능성이 있는지 알아야 하며, 그 속의 말 가운데 무엇이 예언이고 무엇이 단순한 수사에 지나지 않는지, 무엇이 자연스러운 사건이고 무엇이 초자연적인 사건인지 알기 위해 말의 정신을 알아야 하며, 빈틈없는 사람이 어느 정도까지 단순한 사람들의 눈을 속이거나 심지어는 교양 있는 사람들까지 현혹시킬 수 있는지 판단해야 하고, 진짜 기적의 특징과 그 기적의 현실성에 대해 주어져야 할 용인도(容認度 : 그것조차 용인할 수 없다면 벌을 받아야 하는)를 발견해야 하며, 진짜 기적과 가짜 기적의 증거를 비교해 보아야 하고, 이를 위해 그것을 판별할 정확한 법칙을 발견해야 하며, 그리고 마침내 마지막으로 도대체 하느님은 무엇 때문에 마치 일부러 사람들을 조롱하는 것처럼, 또 사람들을 설득할 수 있는 방법을 일부러 피한 것처럼, 자신의 말의 진실성을 증명하는 데 다시 사람의 증명이 필요한 방법을 쓴 것인가 하는 문제를 해결하지 않으면 안 된다.

설사 하느님은 그 위대함으로 인해, 한 인간을 골라 자신의 거룩한 뜻을 전달하기 위한 도구로 삼을 권리가 있다는 것을 인정하더라도 그 선택된 사람의 사명이 아직 확실치도 않은데 전 인류가 그에게 복종하기를 요구하는 것이 과연 이치에 맞는 정당한 일이라고 할 수 있는 것일까? 몇몇의 수상쩍은 사람들의 눈앞에서 그들이 사명을 받았다는 증거로 혀 모양을 한 불이라고 하는 이상한 요술을 보여주고, 다른 사람들은 모두 소문을 통해 그 얘기를 듣기만 하는 것이 과연 이치에 맞는 일일까?

만약 일반 민중이나 일부 의심스러운 사람들이 보았다는 기적을 모두 옳다고 인정한다면, 모든 종파가 단 하나의 진정한 종파라는 뜻이 되며, 그렇게 되면 자연스러운 사건보다 기적이 더 많이 일어난다는 얘기가 된다. 사물의 불변하는 질서에서 미루어 보아 나는 뭐니 뭐니 해도 하느님의 예지를 인정하지 않을 수 없다. 만약 그 질서가 그처럼 많은 예외를 허용하는 것이라면 그런 질서를 대체 어떻게 생각해야 할지 나로서는 알 수 없으며, 게다가 나는 굳게 하느님을 믿지만, 하느님에게 어울리지 않는 그토록 많은 기적이 있다는 것은 아무래도 믿어지지가 않는다. 너희들이 말하는 기적은 어두컴컴한 곳이나 황야에서, 즉 뭐든지 믿고 싶어 하는 구경꾼들을 손쉽게 놀라게 할 수 있는 장소에서 일어나고 있다. 기적이 신용을 얻으려면 실제로 그것을 보았다고 말하는 사람이 얼마나 있으면 되는 건지 누가 말할 수 있으랴? 원래 너희들의 가르침이 진실하다는 것을 증명하기 위한 기적에 다시금 그것을 증명하는 것이 필요하다면, 그런 증명이 무슨 소용이 있을까? 그런 증명이라면 차라리 하지 않는 편이 낫다.

또 한 가지, 그들이 소리 높여 주장하고 있는 가르침 중에서 검토해야 할 가장 큰 문제가 남아 있다. 그것은 바로 만약 하느님이 기적을 일으킨다고 말하는 사람들이, 그와 동시에 악마도 자주 그와 비슷한 짓을 한다고 말한다면, 아무리 증명이 잘된 기적도 문제를 해결할 수 없는 것이 아닐까? 이를테면 이집트 국왕(파라오)의 마법사들이 모세가 보는 앞에서, 모세가 하느님의 뜻에 따라 행한 것과 똑같은 기적을 해 보였다고 한다면, 그들이 모세가 없는 곳에서 자신들은 하느님의 이름으로 기적을 행한 것이라고 주장하는 것을 막을 수 있는 자는 아무도 없지 않은가? 따라서 기적을 통해 가르침의 진실성을 증명할 경우, 악마가 한 것과 하느님이 한 것을 혼동하지 않기 위해서, 이번에는 가르침을 통해 기적의 진실성을 증명하지 않으면 안 되는 것이다.

하느님으로부터 유래하는 가르침은 성스러운 가르침, 신성을 갖춘 가르침이어야 한다. 그것은 신성에 대한 우리의 막연한 관념을 밝혀줄 뿐만 아니라, 더 나아가 우리가 신성으로 돌리는 특질에 걸맞은 도의상의 가르침과 법칙을 우리에게 보여주는 것이 아니면 안 된다.

그러므로 그 가르침이 우리에게 무의미한 명제만을 제시해 보여준다면, 또 우리의 가슴에 이웃에 대한 혐오감만을 일으키는 것이라면, 화를 잘 내고 질투심이 많고, 복수심이 강하고, 편애적이며, 인간을 미워하는 하느님, 전쟁과 유혈의 하느님, 항상 사람들을 섬멸하고 분쇄하려고 벼르고 있는 하느님, 항상 고뇌와 형벌로 사람들을 위협하려고 준비하며, 죄 없는 자를 벌주겠다고 으르릉거리는 하느님을 우리에게 보여줄 뿐이라면, 나는 그렇게 무서운 하느님에게 마음이 끌리는 일은 없을 것이다. 나는 그러한 종파의 사람들에게, 너희들의 하느님은 나의 하느님이 아니라고 말할 것이다. 처음부터 느닷없이 어떤 한 민족을 선민으로 결정하고 그 밖의 민족을 외면하는 신은, 모든 사람에게 공통되는 아버지일 수 없고, 자신이 창조한 존재의 대다수를 영겁의 고통에 몰아넣는 자는, 나의 이성이 나에게 계시해 준 자비롭고 선량한 하느님이 아니다.

그리고 또 여러 가지 교의에 대해 말하자면, 이성은 나에게 그것은 명료하고 투명하며 놀랄 만큼 자명한 것이어야 한다고 일러준다. 신앙은 이해를 통해 더욱 확고해진다. 가장 좋은 종교는 가장 명료한 종교이다. 그 하느님을 예배하는 방식에 비밀이나 모순이 가득 차 있는 종교는 그것만으로도 나의 경계심을 불러일으킨다. 내가 섬기는 하느님은 어둠의 하느님이 아니다. 하느님은 나에게 절대로 사용해서는 안 된다고 하며 이성을 부여한 것이 아니다. 나에게 너의 이성이 멋대로 날뛰는 것을 막으라고 말하는 사람이 있다면, 나는 그가 자신의 창조자를 모독하고 있는 것으로 생각하지 않을 수 없다.

루소의 《사부아 보좌신부의 신앙고백》에서

10월 28일

1

고통의 감각이 우리 육체의 보전에 없어서는 안 되는 조건인 것처럼, 마음의 고뇌는 우리 영혼의 보전에 없어서는 안 되는 조건이다.

2

만약 대기의 압력이 없다면 우리의 몸이 파열하는 것처럼, 인생에 빈곤과 가혹한 노동, 그 밖의 여러 가지 불행한 운명이 찾아드는 일이 없다면, 사람들의 오만은 계속 기승을 부리다가 비록 파열하는 위험에까지 이르지는 않더라도, 급기야 비할 데 없는 어리석음과 광기의 사태에 이르게 될 것이다. 쇼펜하우어

3

의사는 이 병자에게는 이 처방을 내리고 다른 병자에게는 다른 처방을 내린다. 그와 마찬가지로 신은 우리에게 질병과 상처, 또는 극심한 손실 같은 처방을 내린다.

의사의 처방이 병자의 건강 회복을 목적으로 하는 것과 마찬가지로, 신이 인간에게 여러 가지 시련을 주는 것은, 도덕적 의미에서의 건강 회복과, 그의 고립된 존재와 인류 전체의 삶의 연대성 회복을 목적으로 한다.

그러므로 네가 짊어져야 할 모든 운명을 병자가 의사의 약을 받듯이 받아들이도록 하라. 육체의 건강 회복, 그것이 쓴 약이 가지는 의미이다. 그리하여 병자에게 육체의 건강 유지가 중요한 것처럼, 보편적인 세계 이성에는 이성을 가진 하나하나의 존재가 자신의 사명을 지키는 것이 중요하다.

그러므로 너는 네 몸에 일어나는 일은 아무리 괴롭더라도 기꺼이 맞이하지 않으면 안 된다. 왜냐하면 그러한 일들의 궁극적 의미는 전 세계의 건강과 안전에 있기 때문이다. 자연의 작용은 이성적이다. 그리고 자연에서 발생하는 모든 것은 어김없이 모든 존재자의 합일을 위해 작용한다. 마르쿠스 아우렐리우스

4

고뇌는 활동에 박차를 가한다. 그리고 우리는 오로지 활동하는 가운데서만 생명을 느낄 수 있다. 칸트

5

지상의 삶에서 갖가지 불행을 겪는 것은, 인간에게 있어 진정한 행복이다. 왜냐하면 그것이 그를 신성한 정신적 고독 속으로 이끌어, 자신이 고향에서 쫓겨난, 어떠한 지상적 기쁨도 기대해서는 안 되는 인간이라고 느끼게 하기 때문이다. 또 그의 행위의 동기는 순수하고 행위 자체도 올바른데, 여기저기서 그를 반박

하고 비난하거나 나쁘게 생각하고 말한다면, 그것 역시 행복이다. 왜냐하면 그 일이 그를 겸손하게 만들어 허망한 명예에 대한 해독제가 되어주기 때문이다. 거기에 진정한 행복이 있는 가장 큰 이유는, 우리는 세상에서 천대받고, 멸시당하고, 버림받게 될 때 비로소 자신의 내면에 사는 신과 대화할 수 있기 때문이다.

토마스 아 켐피스

6

만약 신이 우리에게 분명히 신이 보냈다는 것을 우리가 믿을 수 있는 지도자를 준다면, 우리는 기뻐 춤을 추며 그의 말에 따를 것이다.

우리에게는 그러한 지도자와 스승이 이미 있다. 그것은 빈곤, 또는 일반적으로 인생에서 일어나는 모든 불행한 일들이다. 파스칼

7

폭풍 속에서 비로소 항해사의 솜씨가 발휘되고, 싸움터에서 비로소 군인의 용감성을 시험할 수 있듯, 인간으로서의 용기는 그가 인생에서 가장 어렵고 위험한 상황과 직면했을 때 비로소 알 수 있다. 대니얼

8

우리가 행복이라고 일컫는 것도, 또 불행이라고 일컫고 있는 것도, 만일 우리가 그것을 시련으로 받아들인다면 똑같이 우리에게 유익하다.

9

편안한 환경에 익숙해져서는 안 된다. 그것은 곧 과거가 될 것이니, 가진 자는 잃어버릴 것을 생각하고, 행복한 자는 괴로움을 배워두어야 하리라. 실러

10

이 세상의 삶에서 자신을 따로 떼어놓고, 자신의 죄가 이 세상에 고뇌를 초래한 것은 생각하지 않으며, 아무 죄도 없는 자신이 이 세상의 죄 때문에 괴로워하는 것에 화를 내는 자, 그런 자만이 괴로움과 고뇌를 경험한다.

11

형벌로서 결코 죽지 않고 영원히 계속 살도록 운명 지어진 방랑하는 유대인의 전설이 지극히 당연한 것처럼, 형벌로서 아무 괴로움도 모르는 일생을 보내도록 운명 지어진 사람의 전설이 있다면, 그것 역시 지극히 당연한 것이라고 할 수 있다.

10월 29일

1

지난날의 미망을 대신하여 사람들의 의식 속에 진리가 들어올 때도, 지난날의 미망이 너무나 명백하고 그것을 대신하는 진리는 이미 확연한데도, 타성에 의해 미망이 여전히 사람들을 지배하는 시기가 있게 마련이다. 그러한 시기에는 그 진리의 해명보다 진리에 합당한 생활의 실천이 더욱 필요하다.

2

나는 언제나 세상의 왕후들은 참으로 쉽게 자신들이야말로 모든 것이라고 믿는데, 보통 사람들은 자신들을 무(無)나 다름없는 존재라고 믿는 것이 참으로 불가사의하게 생각된다. 몽테뉴

3

실례(實例)보다 전염력이 강한 것은 없다. 그것은 우리에게 그 영향이 없었다면 절대로 하지 않았을 행동을 하게 한다. 따라서 잔인하고 육욕적이며 잔인한 사람들과의 교제는 영혼을 멸망시키고, 그 반대도 역시 진리이다.

4

스스로 생각하지 않는 사람은 자기 대신 생각해 주는 사람의 영향하에서 만족하지 않으면 안 된다. 누군가에게 자신의 사상을 팔아넘기는 것은 누군가에게 자신의 육체를 팔아넘기는 것 이상으로 수치스러운 노예행위이다.

5

만일 네가 주위 사람들을 모방하고 싶은 마음이 들거든, 반드시 걸음을 멈추고 그런 일반적인 실례를 좇는 것이 옳은 것인지 아닌지 잘 생각해야 한다. 개인적 또는 사회적인 큰 불행과 범죄는 오로지 사회적 암시를 경솔하게 좇는 데서 시작된다.

6

두려워하지 않아야 할 것을 두려워하고, 참으로 두려워해야 할 것 앞에서 두려움에 떨지 않는 사람은, 그릇된 생각을 좇아 멸망의 길을 걸어가는 사람이다.

부처의 가르침

7

사회의 일원으로서 우리에게 가장 중요하고 어려운 의무는, 사회생활을 누리면서 그 속박에 굴하지 않는 것을 배우는 것이고, 언제나 타인의 사상과 신념의 좋은 점을 받아들이는 데 인색하지 않지만, 그러면서 스스로 판단하는 신성한 권리를 굳게 지키는 것이며, 타인으로부터의 영향은 순순히 받아들이면서도 결국은 자신의 영혼이 요구하는 것에 좇아 행동하는 것이고, 타인과 함께 일할 때도 자신의 양심에 좇는 것이며, 타인의 의견과 자신의 결단을 잘 양립시키는 것이다.

채닝

8

나쁜 영향은 좋은 영향에 의해서만 깨뜨릴 수 있다. 좋은 영향을 위한 가장 강력한 수단은 좋은 생활이다.

10월 30일

1

일정한 한계를 넘는 자기애(自己愛)는 마음의 병이다. 그것이 극한에 다다르면 이른바 과대망상이라고 하는 정신적 질환이 된다.

2

사람들은 자기 부정이 자유를 파괴하는 것으로 여기고 있다. 그들은 사실은 자기 부정만이 우리를 우리 자신으로부터, 우리의 타락한 노예상태로부터 해방함으로써, 우리에게 진정한 자유를 준다는 것을 모르고 있다. 우리의 욕심과 번뇌야말로 가장 잔인한 폭군이다. 그것에 굴복하는 날, 우리는 그 비참한 노예가 되어 호흡마저 자유롭게 할 수 없게 될 것이다. 오직 자기 부정만이 우리를 그러한 노예상태에서 구원할 수 있다.

페늘롱

3

자기애는 개개인의 육체적 생활을 보전하기 위해서만 필요하며, 그러한 범위 안에서 자기애가 작용하는 것은 자연스럽고 당연한 것이다. 그러나 본래 분열을 없애야 하는 사명을 가진 이성이 반대로 분열을 옹호하는 것에 사용될 때는, 자기애는 유해하고 고통스러운 것이 된다.

4

완전한 자기 부정은 신의 생활이며, 무엇으로도 파괴되지 않는 자기애는 동물의 생활보다 나쁘다. 인간의 이성적 생활은 동물적 생활에서 신의 생활로 점차 옮겨가는 과정이다.

5

사사로움이 없는 마음은 정의와 마찬가지로 매우 보기 드물다. 사사로운 욕심이야말로 자기기만, 자기변호의 마르지 않는 샘물이다. 정의가 실현되기를 바라는 사람들의 수는 극단적으로 적다. 진리가 자신들에게 불리한 경우, 사람들은 진리에 두려움을 느낀다. 처세 철학에 빠져 있는 사람들은 진리를 형편에 따라 인생에 적용해도 좋고 그렇지 않아도 좋은 것으로 생각하고 있다. 이와 같이 사사로운 욕심에서 오는 편견이 이 이기주의의 수법에서 나오는 모든 그릇된 생각을 합리화한다. 인류가 바라는 유일한 진보는 향락의 증대이다. 자기희생은 위대한 영혼이 누리는 것이지, 사회의 법칙이 되었던 적은 아직 한 번도 없다.

아미엘

6

향락적이고 자기만족적인 사상가나 예술가는 필요하지 않다. 그 사람에게 진정으로 사명이 있느냐 없느냐에 대한 의심할 수 없는 유일한 증거는 자기 부정, 즉 타인에게 봉사하기 위해 그에게 주어진 힘을 발휘하는 일이다. 고통 없이 영혼의 열매는 맺어지지 않는다.

이 세상에 몇 종류의 딱정벌레가 있는지 가르치거나 태양의 흑점을 조사하고, 소설과 오페라를 쓰는 것은 개인적인 목적에 의해서도 가능하지만, 사람들에게 오로지 자기 부정과 남에 대한 봉사 속에만 존재하는 그들의 행복을 가르치고, 그것을 강렬하게 표현하는 것은 자기희생이 없이는 불가능하다.

그리스도가 공연히 십자가 위에서 죽은 것이 아니다. 자기희생의 고뇌가 모든 것을 극복하는 것 역시 그럴 만한 까닭이 있어서이다.

7

우리에게 없어서는 안 되는 자기애에서 벗어나기가 매우 어려운 것은, 자기애야말로 우리의 생명의 필연적인 조건이기 때문이다. 그것은 유년 시절에는 없어서는 안 되는 것이지만, 이성이 눈을 뜸에 따라, 또 무엇보다 진정한 사랑이 태어남에 따라 서서히 약해져서 소멸되어야 한다. 어린아이는 그 자기애에 대해 양심의 가책을 느끼지 않지만, 이성이 눈을 뜨고 사랑이 태어남에 따라 자기애는 점차 약해져서, 죽음이 가까워졌을 때 완전히 소멸하지 않으면 안 된다.

10월 31일

1

시간의 흐름과 함께 신성화된 낡은 전설을 고수하는 것만큼 진리의 보급을 크게 방해하는 것은 없다.

2

하느님은 자신의 모습을 본떠 인간을 창조했다고 한다. 그것은 인간이 자신의 모습을 본떠 하느님을 창조했다는 말과 같다. 리히텐베르크

3

남이 하는 말을 믿는 경향 속에는 좋은 점과 나쁜 점 양쪽이 들어 있다. 바로 그 경향이 사회의 진보를 가능하게 하고, 또 그것이 그 진보를 매우 느리고 고통에 찬 것으로 만든다. 또한 인류의 각 세대는 그 경향 덕택에 선인이 노고 끝에 얻은 지식을 힘들이지 않고 유산으로 물려받은 반면, 그 경향 덕택에 선인이 남긴 과오와 미망의 노예가 되고 있는 것이다.

헨리 조지

4

인류는 서서히, 그러나 쉬지 않고 자신의 생명의 의의와 사명에 대한 진리를 해명하며, 그 해명된 의식에 합당한 생활을 쌓아 올린다는 목표를 향해 나아가고 있다. 그래서 사람들이 자신의 생활을 이해하는 방법과 그 생활 자체가 끊임없이 변화하고 있는 것이다. 진리에 민감한 사람들은 자신들에게 보이는 지고한 빛에 일치하는 방법으로 이해하고, 그 빛에 합당한 삶을 살려고 하지만, 진리에 둔감한 사람들은 지난날의 인생관, 지난날의 생활 방식을 고집하며 그것을 옹호하려고 한다.

그러므로 세상에는 언제나 가장 앞서가는 새로운 진리를 표방하고, 그 진리에 따라 살려고 하는 사람들과 함께, 시대에 뒤처져 이미 쓸모없게 된 낡은 인생관과 낡은 생활 질서를 고수하는 사람들이 있게 마련이다.

5

신앙상의 모든 기만 중에서 가장 잔인한 기만은 어린이들에게 그릇된 신앙을 불어넣는 것이다. 그것은 어린이가 자신보다 먼저 태어나 옛 성현들의 가르침을 더 많이 알고 있을 어른들에게, 이 세계와 자신의 생명은 도대체 무엇인가, 또 그 둘의 관계는 어떤 것인가 하는 문제를 물었을 때, 거기에 대해 어른들은 자신이 생각하고 있는 것, 알고 있는 것을 대답하지 않고, 몇천 년이나 전에 살았던 사람들이 생각한 것, 그리고 어른들 자신도 믿고 있지 않고 믿을 수도 없는 것을 대답하는 경우에 볼 수 있다. 어린이가 바라고 있고 어린이에게 꼭 필요한 정신적 생명 대신, 어린이의 정신적 건강을 해치는 독약이 주어지니, 그것을 극복하려는 어린이에게는 최대의 노력과 고뇌가 필요하게 된다.

6

전설을 중시하지 않는 데서 오는 해악은, 지금은 이미 합리적 변명의 여지가 없게 된 습관과 규칙, 제도를 중시하는 데서 오는 해악의 천분의 일도 되지 않는다.

11월

11월 1일

1

나의 삶은 내 것이라고 생각하는 사람은 겸허하지 않다. 왜냐하면 그는 자신이 누구에게도 어떠한 책임이 없다고 생각하기 때문이다. 그러나 신을 섬기는 일에 자신의 사명을 두고 있는 사람은 겸허해지지 않을 수 없다. 왜냐하면 그는 언제나 자신이 아직 모든 사람에게 책임을 다하지 못하고 있다고 느끼기 때문이다.

2

사도들이 주님께 "저희에게 믿음을 더하여 주십시오" 하니까 주님께서는 "너희들에게 겨자씨 한 알만 한 믿음이라도 있다면 이 뽕나무더러 '뿌리째 뽑혀서 바다에 그대로 심어져라' 하더라도 그대로 될 것이다" 하고 말씀하셨다. "너희들 가운데 누가 농사나 양 치는 일을 하는 종을 데리고 있다고 하자. 그 종이 들에서 돌아오면 '어서 와서 밥부터 먹어라' 하고 말한 사람이 어디 있겠느냐? 오히려 '내 저녁부터 준비하여라. 그리고 내가 먹고 마실 동안 허리를 동이고 시중을 들고 나서 음식을 먹어라' 하지 않겠느냐? 그 종이 명령대로 했다 해서 주인이 고마워해야 할 이유가 어디 있겠느냐? 너희도 명령대로 모든 일을 다 하고 나서는 '저희는 보잘것없는 종입니다. 그저 해야 할 일을 했을 따름입니다' 하고 말하여라."

〈누가복음〉 제17장 5~10절

3

참으로 선량한 사람들의 겸양은 무의식중에 나타난다. 그들은 지금 하고 있는 일에 열중한 나머지 이미 한 일에 대해서는 안중에도 없다.

중국 속담

4

까치발을 하고 있는 사람은 오래 서 있을 수 없다. 스스로 과시하는 사람은 스스로 빛날 수 없다. 자기만족에 빠진 사람은 남들이 인정해 주지 않는다. 뭐든지 자신의 공으로 돌리고 싶어 하는 사람은 좋은 일은 아무것도 할 수 없다. 스스로 자랑하는 사람은 언젠가는 높은 곳에서 떨어진다. 도(道)에 비추어 말하면, 그런 사람들은 버려진 음식 찌꺼기 같은 자들로 모든 사람들에게 혐오를 불러일으킨다. 그러므로 정도를 따르는 자는 그렇게 하지 않는 것이다. 노자

5

자신의 내부에 깊이 침잠하면 할수록 또 자신을 보잘것없는 것으로 여기면 여길수록, 그는 더욱더 신에게 가까이 다가갈 수 있다. 브라만의 가르침

6

그리스도교의 가르침을 믿는 자는 일정한 단계에 도달할 때마다 더 높은 단계로 들어가려는 욕구가 일어나고, 그 단계에서는 또다시 한 단계 더 높은 경지를 끝없이 원하게 된다. 그리스도의 율법을 믿는 자는, 자기가 지나온 길은 보이지 않고 늘 자기 앞에 있는 가지 않은 길만 보이기 때문에 항상 자신을 미완성의 존재로 느낀다.

7

사람의 몸은 살아 있을 때는 부드럽고 유연하다. 그러나 죽으면 딱딱하게 굳고 거칠어진다. 풀이고 나무고 모든 것은 살아 있을 때는 부드럽고 유연하지만 죽으면 메마르고 거칠어진다. 거칠고 딱딱한 것은 죽음의 친구이며, 연하고 부드러운 것은 삶의 친구이다. 그러므로 폭력은 진정한 승리를 얻을 수 없다. 나무가 딱딱하고 뻣뻣해질 때는 곧 말라서 죽을 때이다. 강하고 큰 것은 아래에 머물고 부드럽고 연한 것은 위에 머문다. 노자

8

학문을 쌓는 자는 점점 학자의 모습을 갖추어, 사람들의 눈에 갈수록 더 훌

룽하게 보인다. 도를 닦는 자는 점점 작아져서 사람들의 눈에 낮아 보이게 된다. 그는 완전히 겸허해질 때까지 자꾸만 작아져 간다. 그리하여 완전한 겸허에 이르면 그는 마침내 자유로워져서 자신도 모르게 어느새 사람들의 스승이 되는 것이다.

노자

9

너에게는 원래 어떠한 권리도 없다는 것, 그리고 너에게 생명을 준 절대자의 종인 너에게는 오직 의무만이 있을 뿐이라는 것을 기억하라.

11월 2일

1

오직 세속적인 이름을 위해 이루어진 행위는 그 결과가 어떤 것이든 반드시 나쁜 행위이다. 선을 바라는 마음과 세속적인 이름을 바라는 마음이 반반인 경우, 그것은 좋지도 않고 나쁘지도 않은 행위이다. 오직 신의 뜻을 수행하기 위한 행위만이 진정으로 좋은 행위이다.

2

자유로운 존재도 자기 자신에게만 얽매여 있으면 악마에게 몸을 맡기는 것이 된다. 도덕적인 세계에는 주인 없는 땅이 없으며 애매한 땅은 모두 악마에게 속해 있다.

아미엘

3

네가 세속적인 통념과 세속적인 관심의 원천이 어디에 있는지 안다면, 너는 세상 사람들의 찬성과 칭찬을 더 이상 찾지 않을 것이다.

마르쿠스 아우렐리우스

4

끝없이 사람들의 눈치만 보다가는 아무것도 결단할 수 없다. 사람들의 평가는 무한하고 다양하다. 너는 말할 것이다. "나는 훌륭한 사람들에게 인정받고 싶다"

고. 그러나 네가 훌륭한 사람이라고 말하는 것은, 네가 이제부터 하려는 행위를 칭찬해 줄 사람들을 말하는 것이 아닌가.

5

우리는 우리의 진정한 내면적 생활만으로는 만족하지 못하고, 그것과 다른 남들의 생각 속에 사는 가공의 자신을 추구하며, 억지로 자신을 실제와는 다른 것으로 보이고 싶어 한다. 그리고 끊임없이 그 가공의 자신을 장식하는 데 정신을 쏟느라, 실제의 자신은 소홀히 한다. 만약 우리가 평정과 성실과 관대의 미덕을 갖추고 있다면, 우리는 서둘러 그것을 과시하며 그 미덕을 가공의 자신에게 주려고 할 것이다.

그러한 미덕을 가공의 자신에게 줄 수 있다면, 진정한 자신은 그것을 잃어도 좋다고 생각할 정도이다. 우리는 용감하다는 평판을 얻기 위해서라면 비겁해지는 것도 마다하지 않는다. 파스칼

6

모든 선행에는 사람들의 칭찬을 바라는 마음이 얼마간 있기 마련이다. 남에게 칭찬받고 싶다는 마음만으로 뭔가를 하는 것은 좋지 않지만, 선한 행위를 하고 싶어 하는 마음속에 남에게 칭찬을 받고 싶다는 마음이 얼마간 들어 있다 해도, 선한 행위는 역시 선한 행위이다. 그러나 그것이 오로지 신을 위해서만 행해진다면 얼마나 멋진 일일까!

7

사람들의 칭찬을 행위의 목적이 아니라 행위의 결과가 되게 하라. 오직 신을 위해 사는 방법을 배우기 위해서는 누구도 절대로 모르는 일을 하는 것이 좋다. 그렇게 하면 너는 특별한 기쁨을 알게 될 것이다.

11월 3일

1

단 하나의 불변하는 법칙, 모든 사람에게 공통된 신의 법칙이 있다. 인간의 법

칙은 그것이 신의 법칙과 충돌하지 않을 때만 법칙이 될 수 있다.

2

예수께서는 그들에게 이렇게 말씀하셨다. "내가 가르치는 것은 내 것이 아니라 나를 보내신 분의 가르침이다. 하느님의 뜻을 실천하려는 사람이면 이것이 하느님으로부터 나온 가르침인지 또는 내 생각에서 나온 가르침인지를 알 것이다."

〈요한복음〉 제7장 16~17절

3

네 의무를 재촉하는 목소리는 신의 암시가 아니고 무엇이겠는가? 그러나 그것은 너희의 상상의 산물일지도 모른다. 너희가 너희 자신과 나눈 대화에서의 명령형이 아닌가?

또 어쩌면 그것은 세상 사람들의 여론의 반향이며, 그 여론의 요구에 대한 굴복은 아닐까?

결코 그렇지 않다. 만약 그것이 우리 자신이 생각해 낸 법칙이라면 그런 것은 파괴해도 상관없고 폐기할 수도 있을 것이다. 그러나 우리는 이 법칙의 힘이 우리의 지배권 밖에 있으며 도저히 그것을 무시할 수 없다는 것을 느끼고 있다.

또 그것이 여론의 영향에서 오는 것이라는 것도 인정할 수 없다. 왜냐하면 그 목소리는 종종 우리를 여론보다 높이 올리며, 군중의 부정과 싸울 힘을, 선의 이름으로 오직 홀로 이길 가능성이 없어도 싸울 힘을 우리에게 주기 때문이다. 너희가 나에게 선의 의식은 직접적인 신의 의식이 아니라고 아무리 믿게 하려고 애써도, 낮의 빛은 내 눈과 여론이 낳은 것이라는 말을 믿지 않는 것 이상으로 나는 믿지 않는다. 감각이 우리에게 우리의 육체 밖에 있는 것을 가르쳐 주듯이, 신의 의식은 우리의 정신적인 개성 밖에 있는 것을 가르쳐 준다. 즉 정의와 선과 진리는 내 개성의 산물이 아니라 신이 나에게 내려주신 것이다.

마티노

4

오늘날 신의 법칙의 실현을 가장 어렵게 만들고 있는 것은, 현재의 인간이 만든 법칙이 그것과 정면으로 모순 대립하고 있는 점이다.

5

인간이 만든 법칙은, 그것이 신의 법칙을 적용하여 만들어짐으로써 신의 법칙과 일치하며, 신의 법칙을 실생활에서 전개시키는 것이어야 비로소 좋은 법칙, 가치 있는 법칙이다. 그러나 신의 법칙과 모순될 때는 절대적으로 나쁜 법칙이며, 그러한 경우 우리에게는 그것을 타파할 권리가 있는 정도가 아니라 적극적으로 타파해야 할 의무가 있다. 주세페 마치니

6

인생에서 가장 중요한 문제를 연구하고자 하는 사람이면 누구나 그러한 문제를 해결하기에 앞서, 몇 세기에 걸쳐 축적되고 온갖 교활한 지혜를 다 짜내어 유지되어 온, 가장 본질적인 개개인의 인생 문제에 대한 거짓된 이론 체계부터 먼저 때려 부수어야 한다.

7

정부라는 존재 자체는, 본질적으로 말해 인간이 사회생활에서 자신의 신성을 의식하지 못하고, 그래서 외적인 권력에 의지하지 않으면 안 되게 된 명백한 증거이다. 그 의식을 잃으면 인간은 외면적인 법률에 의지하지 않을 수 없다. 그런데 이 외적인 법률이라는 것은 언제나 오류투성이다. 모든 사람이 자기 이웃들의 의식과 동일한 그 의식을 보전하고 있다면 그러한 분열은 일어나지 않는다.

그러나 그 의식이 약해지면 그것을 유지하기 위한 부자연스러운 수단이 필요해진다. 이리하여 합일의 의식이 약해지는 동시에 정부라는 형식이 발생하게 되는데, 그 정부라는 것은 전 국민의 생활의 진정한 대표자가 아니라 단순히 지배계급의 외면적이고 강제적인 권력에 지나지 않는 것이다. 카펜터

8

신의 법칙이 인간의 법칙과 모순된다면 대체 어떻게 해야 할 것인가? 신의 법칙을 은폐하고 인간의 법칙을 선포해야 할 것인가? 이미 1900년 동안이나 그렇게 해왔지만, 신의 법칙은 갈수록 확실해지고 내적 모순은 더욱더 깊어져서 고통이 되고 있다. 남은 길은 오직 하나, 인간의 요구를 신의 요구에 복종시키는 것이다.

이레째 읽을거리

신적인 것과 인간적인 것

1

그것은 1870년대 러시아에서 혁명가들과 정부 당국이 가장 치열하게 투쟁하고 있었을 때의 일이었다. 아래로 축 처진 콧수염과 매서운 눈매에 무표정한 얼굴을 한, 남부 지방의 건장한 독일인 총독은, 어느 날 밤 군복 차림으로 목에 백십자장을 걸고 서재의 책상 앞에 앉아 있었다. 녹색 갓이 씌워진 네 개의 촛불 밑에서 비서관이 두고 간 서류를 대충 훑어보며, 시종무관장 아무개라고 길게 서명한 뒤 하나씩 옆으로 밀어냈다.

그 서류 중에는 반정부 음모에 가담한 혐의로, 노보로시스크 대학의 우등 졸업생인 아나톨 스베틀로구프에게 사형을 선고한 판결문이 있었다. 총독은 평소보다 유난히 얼굴을 찌푸리면서 거기에도 서명했다. 노령인 데다가 비누로 너무 자주 씻어서 주름이 잡힌 하얗고 섬세한 손가락으로 서류 가장자리를 가지런히 맞추며 옆으로 제쳐놓았다. 다음 서류는 군대의 식량 수송비 지불에 관한 것이다. 그는 그것을 자세히 읽은 뒤 계산이 틀리지 않았는지 살피고 있다가 불현듯 스베틀로구프 사건에 대해 부관과 주고받은 이야기를 떠올렸다. 총독은 스베틀로구프의 집에서 다이너마이트가 발견됐다 해도, 그것만으로는 그의 범죄의도를 입증하기에 충분하지 않다는 견해를 갖고 있었다. 그와는 반대로 부관은 다이너마이트 외에도 스베틀로구프가 일당의 우두머리임을 암시하는 증거가 많이 있다고 주장했다. 그때를 상기하며 깊이 생각에 잠겨 있는 동안, 가슴에 솜을 두고, 옷깃이 판지처럼 빳빳한 프록코트 속에서 심장이 불규칙하게 뛰기 시작했다. 숨결이 점차 거칠어지면서, 목에 걸려 있는, 그의 기쁨이자 자랑인 백십자장이 가슴 위에서 크게 오르내릴 정도였다. '아직 늦지 않았어. 서기관을 다시 불러오자. 선고를 취소할 수는 없다 하더라도 형 집행을 늦출 수는 있을 거야.'

'부를까, 말까.'

심장이 점점 더 빨리 뛰기 시작했다. 그는 벨을 눌렀다. 곧 전령이 재빠른 걸음으로 소리도 없이 들어왔다.

"이반 마트베예비치는 돌아갔나?"

"아닙니다, 각하! 아직 사무실에 계십니다."

총독의 심장은 느리게 뛰었다 빨리 뛰었다 널을 뛰고 있었다. 그는 며칠 전에 자신의 심장을 진찰한 의사의 충고가 생각났다.

"심장이 염려되신다면 이제라도 일을 그만두고 쉬셔야 합니다. 흥분하는 것이 가장 해롭습니다. 무슨 일이 있어도 흥분하는 것만큼은 꼭 피하십시오."

"부를까요?"

"아니야, 됐네" 하고 총독은 말했다. '그래, 고민하는 것이 무엇보다 사람을 흥분시키는 것이다' 하고 그는 속으로 생각했다. 이미 서명한 일이 아닌가. '누구든 스스로 침대를 손질하고 그 위에서 잠을 자야 한다.' 그는 자기가 좋아하는 속담을 중얼거렸다. '게다가 나하고는 상관없는 일이야. 나는 폐하의 명령대로 하면 되니까 굳이 일을 복잡하게 만들 필요는 없지.' 그는 마음에도 없는 냉혹한 의지를 자기 내부에 불러일으키려고 양미간을 찌푸리며 다시 속으로 중얼거렸다.

그러자 이번에는 최근에 황제를 알현했을 때가 떠올랐다. 황제는 근엄한 얼굴의 그 유리알 같은 눈으로 그를 응시하면서 말했다. "나는 그대를 믿는다. 전쟁에서 충성을 다해 싸웠던 것처럼, 적색분자들과의 투쟁에서도 단호한 자세로, 결코 그들에게 속거나 그들을 두려워해선 안 되네. 그럼 잘 부탁하네!" 하며 황제는 그를 포옹하고, 복종의 서약으로 키스를 받기 위해 자신의 어깨를 내밀었다. 총독은 그 일과 자기가 황제에게 했던 맹세의 말을 상기해 보았다.

"저의 단 하나의 소망은 폐하와 조국을 위해 제 목숨을 바치는 것입니다."

그리고 황제에 대한 헌신적인 복종에서 오는 그 노예적 충성심의 발로를 떠올리며, 잠깐이나마 마음을 어지럽힌 상념을 몰아냈다. 그리고 나머지 서류에 서명한 뒤 다시 한번 벨을 눌렀다.

"차는 준비되었나?"

"예, 곧 준비하겠습니다, 각하."

"그래, 가도 좋아!"

총독은 깊은 한숨을 내쉰 뒤 심장 언저리를 쓰다듬으면서 무거운 걸음으로 텅 비어 있는 커다란 홀로 나갔다. 그리고 말끔하게 닦여 있는 나무 바닥을 지나 사람 소리가 들리는 객실로 들어갔다.

총독 부인에게 손님이 와 있었다. 지사 부부와 대단한 애국자인 늙은 공작 부인, 그리고 총독의 딸과 그녀의 약혼자인 근위사관이었다.

총독 부인은 얇은 입술과 차가운 얼굴의 마른 여자로, 나지막한 탁자 앞에 앉아 있었다. 그 위에는 알코올램프 위에 얹힌 은제 찻주전자와 찻잔들이 놓여 있었다. 슬픔을 가장한 목소리로 그녀는 젊게 차려입은 뚱뚱한 지사 부인에게 남편의 건강이 염려된다고 말했다.

"매일같이 새로운 정보들이 끔찍한 음모와 그 밖의 온갖 것들을 밝혀주고 있어요. 그것을 모두 우리 집 양반이 처리해야 하지 뭐예요."

"오, 저런!" 하고 늙은 공작 부인이 말했다. "난 그 지긋지긋한 놈들에 대해 생각하면 화가 치밀어 올라요."

"맞아요, 정말 무서운 사람들이에요! 여러분은 아마 곧이듣지 않으시겠지만 우리 집 양반은 하루에 열두 시간이나 일을 한답니다. 그렇게 약한 심장을 가지고 말이에요. 정말 걱정이에요."

남편이 들어오는 것을 보자 그녀는 이야기를 중단했다.

"네, 꼭 한 번 들으러 오세요. 바르비니는 정말 훌륭한 테너 가수죠" 하고 그녀는 그때까지 그 얘기를 하고 있었던 것처럼, 지사 부인에게 즐거운 웃음을 던지며 새로 온 가수 이야기를 했다.

귀엽고 풍만한 체격의 총독 딸은 약혼자와 함께 객실 한쪽 구석의 중국 병풍 뒤에 앉아 있었다. 그들은 일어서서 아버지 쪽으로 걸어갔다.

"오, 오늘 너희 둘을 이제야 보는구나!" 총독이 그렇게 말하며 딸에게 키스를 하고 그녀의 약혼자와 악수를 나눴다.

손님들과 인사를 주고받은 뒤 총독은 탁자에 앉아 최근에 있었던 일을 이야기하기 시작했다.

"어머나, 안 돼요, 정치에 대한 이야기는 하지 마세요. 의사가 금지했잖아요!" 하고 총독 부인이 지사의 이야기를 제지했다. "아, 마침 코피예프 씨가 오시는군요. 무슨 재미난 이야기를 해주실 거예요."

"어서 오세요. 코피예프 씨."

재치와 익살로 유명한 코피예프는 요사이 일어난 여러 가지 일화를 이야기하여 모든 사람들을 웃겨주었다.

2

"아니에요, 그럴 리가 없어요. 절대로 그럴 리가 없어요! 이것 놓으세요!" 하고 스베틀로구프의 어머니는 자기를 붙잡으려는 아들의 친구 중학교 교사와 의사의 손을 뿌리치면서 날카로운 목소리로 그렇게 소리쳤다.

스베틀로구프의 어머니는 머리가 약간 희끗희끗하고 눈언저리에 잔주름은 잡혀 있지만, 아직은 그리 나이가 많지 않은 귀여운 인상의 부인이었다. 스베틀로구프의 친구인 교사는 사형 선고서가 서명된 것을 알고 그녀를 찾아가, 그 끔찍한 소식에 충격을 받지 않도록 세심한 주의를 기울였지만, 그녀의 아들에 대해 한 마디밖에 하지 않았는데도, 그녀는 당장 그의 조심스러운 목소리와 눈길만으로도 자기가 두려워하고 있던 일이 기어코 찾아온 것을 눈치채고 말았다.

그것은 그 도시의 한 고급여관의 조그만 방 안에서 일어난 일이었다.

"왜 이렇게 붙잡는 거예요. 놓아줘요!" 하고 그녀는 그들 가족의 오랜 친구인 의사의 손에서 빠져나가려고 몸부림치면서 소리쳤다. 의사는 한 손으로는 그녀의 앙상한 팔꿈치를 붙잡고 다른 손으로는 소파 앞의 타원형 탁자 위에 쓰러져 있는 작은 물약병을 바로 세웠다. 그녀는 사실 오히려 그가 붙잡고 있는 것을 다행으로 여기고 있었다. 왜냐하면 지금 뭔가 하지 않으면 안 된다고 느끼면서도 막상 어찌해야 할지 알 수가 없었고, 어쩌면 자신이 자살을 할지도 모른다는 생각에 스스로 두려웠기 때문이다.

"그만 진정하시고, 이 쥐오줌풀 물약을 조금 마셔보세요" 하고 의사는 포도주잔에 뿌연 물약을 따라 주었다.

그녀는 갑자기 조용해져서, 움푹 들어간 가슴 쪽으로 머리를 숙이며 몸을 거의 반으로 꺾어서 눈을 감은 채 소파 위에 쓰러졌다.

그녀는 아들이 석 달 전에 뭐라 표현할 수 없는 슬픈 얼굴로 작별 인사를 하던 것을 떠올리고 있었다. 그녀는 또 비로드 재킷에 조그마한 맨발, 그리고 긴 금발 곱슬머리의 여덟 살 난 어린 시절의 아들의 모습도 떠올렸다.

"그 아이를, 그 귀여운 아이를 죽이려 하다니!"

그녀는 갑자기 벌떡 일어나 탁자를 밀쳐내고 의사의 손을 뿌리쳤다. 그러나 문까지 가다가 다시 소파에 주저앉고 말았다.

"이래도 신이 있다는 말이에요? 이런 일도 말리지 못하는 신이 무슨 신이란 말인가요! 그런 신은 필요 없어요! 그따위 신이라면!" 그녀는 흐느껴 울다가 미친 것처럼 신경질적으로 웃으면서 소리쳤다. "출세, 재산, 그 모든 것을 모든 사람들을 위해 내팽개친 그 아이를, 국민들에게 모든 것을 바친 그 아이를 목을 매달아 죽인다고?" 그녀는 전에는 그것 때문에 아들을 비난했던 일을, 지금은 정반대로 위대한 자기희생으로 머릿속에 떠올리면서 말했다. "그 아이에게, 그 아이에게 그런 짓을 하다니! 그래도 선생님은 하느님이 있다는 거예요?" 하고 그녀는 소리쳤다.

"아닙니다, 그런 건 어쨌든 우선 이 약이나 좀 드세요."

"아니에요, 아무것도 먹고 싶지 않아요. 아, 하, 하!" 그녀는 절망적으로 웃다가 다시 흐느껴 울었다.

밤이 되자 그녀는 말을 할 수도 울 수도 없을 만큼 지쳐 있었다. 그저 초점 없는 광적인 눈빛으로 앞만 응시하고 있었다. 의사가 모르핀 주사를 놓자 그녀는 가까스로 잠이 들었다.

그녀는 꿈도 꾸지 않고 깊이 잤지만 깨어났을 때는 무서움이 더욱 커져 있었다. 가장 무서운 것은 인간이 그렇게까지 잔인해질 수 있는가 하는 것이었다. 그 깨끗하게 면도질을 한 무서운 장군들과 헌병뿐만 아니라, 차분한 얼굴로 방 청소를 하러 와서 마치 아무 일도 없는 것처럼 인사를 하는 하녀, 무슨 얘기가 그렇게 재미있는지 옆방에서 웃고 떠드는 사람들도, 모두 하나같이 얼마나 잔인한 사람들이란 말인가!

3

독방에 갇힌 지 두 달째 되는 스베틀로구프는 그동안 많은 것을 경험했다.

어릴 때부터 그는 일부러 스스로에게 숨겨왔지만, 부잣집 아들이라는 자신의 특권적인 입장이 부정하다는 것을 무의식적으로 느끼고 있었다. 그리고 그 의식을 지워버리려고 애썼으나, 민중의 가난을 목격하거나 자기만이 특별한 행복과 기쁨으로 넘치고 있다고 느낄 때, 농부와 늙은 사람들, 부녀자와 아이들에 대해 미안한 기분을 느꼈다. 그들은 그가 누리고 있는 기쁨을 전혀 알지 못할 뿐만 아니라, 도대체 그것이 어떤 것인지 생각한 일조차 없고, 평생 혹독한 노동과 빈곤에서 벗어나지 못한 채, 차례차례 태어나 자라서 이윽고 죽는 운명을 되풀이하고 있었다. 대학을 졸업하자 그는 그러한 자책에서 벗어나기 위해 자기 마을에 모범학교를 세우고, 소비조합을 만들고, 의지할 데 없는 노인들을 위해 양로원을 지었다.

하지만 이상하게도 그런 일을 하면 할수록, 친구들과 만찬회를 열고 승마에 돈을 쓰고 다니던 때 이상으로, 민중에 대한 죄의식은 점점 커져만 갔다. 그런 일을 한다고 모든 것이 끝나는 것은 아니며, 오히려 더 나쁜, 뭔가 왜곡되고 도덕적으로 부정한 것이 들어 있다고 그는 생각했다.

그런 식으로 농촌에서 봉사하는 자신에게 환멸을 느끼고 있던 무렵, 그는 대학 시절 키예프에서 가장 친하게 지내던 친구를 만났다. 그 친구는 3년 뒤 어느 날, 키예프 요새의 참호 속에서 총살을 당했다.

그 열정적이고 멋진 재능을 가졌던 친구는 그를 한 결사단체에 가입하도록 권유했는데, 그 결사의 목적은 민중을 계몽해 그들의 마음에 인권사상을 불러일으키고, 지주들과 정부의 지배에서 해방시키기 위해 곳곳에 단체를 결성하는 것이었다. 그 친구와 동료들과의 대화를 통해 스베틀로구프는 지금까지 막연히 생각해 오던 일을 뚜렷하게 의식하게 되었다. 무엇을 해야 하는지를 깨달았던 것이다. 그리하여 그는 새로운 친구들과의 관계를 지속하면서 다시 고향으로 돌아가 완전히 새로운 활동을 시작했다. 그는 스스로 교사가 되어 성인반을 맡아 그들에게 책과 팸플릿을 읽어주기도 하고, 농부들에게 그들이 놓여 있는 처지를 설명해 주었다. 그 밖에 정부에서 금지하고 있는 책자를 출판하면서, 어머니의 도움은 조금도 빌리지 않은 채 모든 것을 버리고 다른 마을에서도 단체를 결성했다.

그러한 새로운 활동을 시작하면서 스베틀로구프는 생각지도 않던 두 가지 장애에 부딪혔다. 하나는 민중의 대부분이 그의 계몽활동에 냉담할 뿐만 아니라 거의 원한의 눈길로 그를 바라보는 일이었다(극히 예외적인 몇 사람, 그것도 거의 도덕적으로 의심스러운 사람들만이, 그를 이해하고 동조하는 자세를 보였을 뿐이다). 또 하나의 장애는 정부로부터의 것이었다. 그의 학교는 폐쇄되었고 그의 집과 가까운 사람들의 집은 가택수색을 당했으며 서적과 팸플릿들은 모두 압수당했다.

스베틀로구프는 첫 번째 장애인 사람들의 무관심에 대해서는 그다지 신경 쓰지 않았다. 두 번째 다른 장애인 무의미하고 모욕적인 정부의 탄압에 너무 화가 나 있었기 때문이다. 자신과 마찬가지로 다른 지방의 동지들도 각자 그런 것을 느끼고 있었고, 정부에 대한 분노가 서로를 부채질하는 형태로 극한에 이르자, 급기야 대부분의 결사에서 수많은 사람들이 힘으로 정부와 맞서 싸우기로 결심하기에 이르렀다.

이 결사의 수령은 메제네츠키라는 사람으로, 그는 불굴의 의지와 흔들림 없는 이론으로 무장해 오로지 혁명을 위해 모든 것을 바치고 있는 것으로 알려져 있었다.

스베틀로구프는 그의 지도에 감화되어 한때 민중에게 쏟아부었던 열성으로 테러리스트 활동에 몸을 던졌다.

그 일은 위험했지만, 그 위험한 것이 무엇보다 그를 매료했다. 그는 자기 자신에게 말했다. "승리냐 수난이냐 둘 중의 하나다. 또 설령 수난이라 해도 그 수난까지 승리라고 할 수 있다. 다만 그것은 미래의 목적을 달성하기 위한 승리이기는 하지만." 그의 마음속에 타오르는 불길은 7년에 걸친 혁명활동이 계속되는 동안 꺼지기는커녕, 오히려 함께 활동하던 사람들에 대한 존경과 사랑에 힘입어 더욱더 맹렬하게 불타올랐다. 그는 자신의 목적을 위해 아버지한테서 물려받은 거의 전 재산을 내던진 것을 아무렇지도 않게 생각했고, 혁명운동 때문에 겪은 고통과 궁핍도 그리 힘들게 느끼지 않았다. 하지만 오직 한 가지 괴로웠던 것은, 자신이 그 투쟁으로 인해 어머니와, 어머니가 양녀처럼 돌봐주고 있는 한 아가씨에게 슬픔을 주고 있다는 사실이었다.

최근에 그가 별로 좋아하지 않는, 같은 테러리스트 동지 가운데 한 사람이 그를 찾아와서, 경찰에 쫓기고 있어 불안하다며 그에게 다이너마이트 몇 개를 숨겨달라고 부탁했다. 스베틀로구프는 그 남자를 싫어했지만, 오히려 그것 때문에 더욱 흔쾌히 승낙했고, 이튿날 경찰이 들이닥쳐 가택수색을 한 끝에 다이너마이트가 발각되었다. 어디서 어떻게 다이너마이트를 손에 넣었느냐는 심문에 대해, 그는 한마디도 대답하지 않았다.

그렇게 해서 그가 평소에 각오하고 있던 수난이 시작되었다. 최근에 많은 동지들이 처형과 감금과 추방을 당하고, 또 많은 여성들까지 괴로움을 당하는 것을 본 그는, 오히려 자기도 빨리 그런 수난을 경험하고 싶었다. 그래서 체포되어 심문을 받았을 때 그는 자랑스러웠을 뿐만 아니라 거의 기쁨까지 느꼈다.

그 기쁜 감정은 그들이 옷을 벗기고 몸을 수색한 뒤 그를 감방에 처넣을 때까지, 또 철문에 자물쇠가 채워질 때에도 여전히 남아 있었다. 그러나 벌레들이 득실거리는 축축하고 먼지투성이인 독방 속에서 옆방의 동료가 벽을 두드려 좋지 않은 소식을 전해주거나 동지의 죄를 캐내려는 냉혹한 자들의 심문을 제외하면, 늘 지루하고 고독한 가운데 하루가 지나고 이틀 사흘이 지나가면 1주일이 가고, 다시 2주일이 지나간 뒤 또 1주일이 지나가자 그의 정신은 체력과 함께 차차 쇠약해지기 시작했다. 마침내 그는 고통에 찬 상황에 어떤 형태로든 종지부가 찍히기를 갈망하게 되었다. 그의 갈망은 자신의 정신력에 의문을 품게 되자 더욱더 강해졌다. 두 달째가 되자 그는 풀려나기 위해 모든 사실을 자백해 버릴까 하는 생각에 사로잡혔다. 그는 자신의 나약한 의지에 몸서리를 쳤지만, 그래도 전과 같은 정신력은 결코 돌아오지 않을 것임을 알고, 자신을 미워하고 경멸하면서도 그 갈망은 점점 더 강해져 갔다.

가장 견딜 수 없었던 것은, 독방에 갇혀 있으니 자유의 몸이었을 때는 그토록 쉽사리 버릴 수 있었던 자신의 젊은 힘과 기쁨이, 지금은 굉장히 매력적으로 느껴지며 아까운 생각이 들고, 지금까지 좋게 여겼던 일들과 때로는 지금까지 해온 혁명운동마저 후회되는 것이었다. 만약 지금 자유의 몸이고 어디 시골이나 외국에 나가서 사랑하는 사람들과 함께 살 수 있다면 얼마나 행복하고 즐거울까 하는 생각이 들었다. 그녀가 아니더라도 다른 여자와 결혼해서 소박하고 밝고 즐거운 생활을 보낼 수 있다면 얼마나 좋을까.

4

단조롭고 괴로운 독방 생활이 두 달째에 접어든 어느 날, 교도소장이 늘 하는 순찰 때 갈색 표지에 금빛 십자가가 박힌 작은 책을 한 권 스베틀로구프에게 건네주며, 지사 부인이 감옥에 찾아와 죄수들에게 주라며 몇 권의 복음서를 두고 갔다고 말했다. 스베틀로구프는 고맙다고 인사하고 웃으면서 그 책을 벽에 붙여 놓은 책상 위에 놓았다.

교도소장이 돌아가자 스베틀로구프는 옆방에 있는 죄수에게 신호를 보냈다. 그리고 교도소장이 별다른 새 소식은 가져오지 않았지만 복음서를 주고 갔다고 말했다. 그 죄수의 대답도 마찬가지였다.

점심을 먹은 뒤 스베틀로구프는 습기로 달라붙은 책장을 한 장씩 넘기며 읽어 보았다. 그는 지금까지 복음서를 일반 책처럼 읽어본 적이 한 번도 없었다. 복음서에 대해 알고 있는 것이라고는 중학교에서 신학교사의 강의를 들은 것과 교회에서 사제와 부사제가 마치 노래하듯이 읽던 부분뿐이었다.

"제1장, 아브라함의 후손이요, 다윗의 자손인 예수 그리스도의 족보는 다음과 같다. 아브라함은 이삭(이사악)을 낳았고 이삭은 야곱을, 야곱은 유다와 그의 형제를 낳았으며" 하고 그는 읽어 내려갔다. "즈루빠벨은 아비훗을…… 낳았으며" 모든 것이 그가 생각한 대로였다. 뭔가 복잡하기만 하고 아무 데도 도움이 되지 않는 무의미한 것이었다. 만약 이곳이 감옥 안이 아니라면 한 페이지도 끝까지 다 읽지 못했을 테지만, 지금 그는 막연히 타성에 의해 그것을 읽고 있었다. "마치 고골이 쓴 소설 속의 페트루시카 같군." 그는 자신을 그렇게 생각했다. 그런 다음 마찬가지로 제1장의 그가 동정녀의 몸에서 태어났다는 것과, "그 이름을 임마누엘이라 하리라 하신 말씀이 그대로 이루어졌다. 임마누엘은 '하느님께서 우리와 함께 계시다'는 뜻이다"라고 예언되어 있는 부분을 읽었다. '그런 예언자가 뭐 하러 이런 곳에 등장하는 거람' 하고 생각하면서 그는 계속해 읽어나갔다. 그는 제2장의 세 명의 동방박사를 안내한 별 이야기와, 제3장의 메뚜기와 꿀을 먹었다는 세례자 요한 이야기, 제4장의 예수에게 높은 지붕에서 뛰어내리라고 말한 악마 이야기를 읽었다. 하지만 그런 이야기들은 조금도 재미가 없어서, 심심했지만 책을 덮어버리고 저녁이 되면 늘 하는 대로 셔츠를 벗어 이를 잡기 시작했다. 그러다가 문득, 중학교 5학년 때 시험에서 그가 산상수훈 속에서 예수가 말한 행복에 대한 계율의 하나를 잊어버리자, 곱슬머리에 얼굴이 붉은 신부님이 화를 내며 그에게 낙제점을 준 일이 생각났다. 그것이 어떤 계율이었는지 생각이 나지 않아서 그 계율에 대한 부분을 읽어보았다. "옳은 일을 하다가 박해를 받는 사람은 행복하다. 하늘나라가 그들의 것이다." '으음, 이건 우리하고 관계가 있는 건데' 하고 그는 생각했다. "나 때문에 모욕을 당하고 박해를 받으며 터무니없는 말로 갖은 비난을 다 받게 되면 너희는 행복하다. 기뻐하고 즐거워하여라. 너희가 받을 큰 상이 하늘에 마련되어 있다. 옛 예언자들도 너희에 앞서 갖은 박해를 받았다." "너희는 세상의 소금이다. 만일 소금이 짠맛을 잃으면 무엇으로 다시 짜게 만들겠느냐? 그런 소금은 아무 데도 쓸데없어 밖에 내버려져 사람들에게 짓밟힐 따름이다."

'이건 완전히 우리를 두고 한 말이다.' 그는 그렇게 생각하며 계속해서 읽어나갔다. 제5장을 다 읽고 났을 때 그는 생각에 잠겼다. '성내지 말라, 간음하지 말라, 보복하지 말라, 원수를 사랑하라.'

'그렇다, 모두들 이렇게 살아간다면 혁명도 필요 없을 것이다.' 그는 이렇게 읽어가는 사이에 많은 부분이 확실하게 이해되기 시작했다. 읽으면 읽을수록 이 책 속에는 중요한 말이 들어 있다는 생각이 점점 뚜렷해졌다. 어떤 것은 이내 마음속 깊이 감명을 불러일으켰고, 어떤 것은 여태껏 한 번도 들은 적이 없었지만 아주 오래전부터 이미 알고 있었던 것처럼 여겨지기도 했다.

예수께서 동행하던 군중을 향하여 돌아서서 말씀하셨다. "누구든지 나에게 올 때 자기 부모나 처자나 형제자매나 심지어 자기 자신마저 미워하지 않으면 내 제자가 될 수 없다. 그리고 누구든지 자기 십자가를 지고 나를 따라오지 않으면 내 제자가 될 수 없다. 너희 가운데 누구든지 나의 제자가 되려면 자기가 가지고 있는 것을 모두 버려야 한다."

"그래, 바로 이거야!" 그는 갑자기 눈물을 글썽이며 소리쳤다. '이것이 바로 내가 행하고자 했던 것이다. 그렇다, 바로 이것이 내가 영혼을 바쳐 구하려 했던 것이야. 쌓아 두지 말고 바쳐라. 여기에 기쁨이 있고, 진정한 생명이 있다! 나는 사람들을 위해, 인간적 명예를 위해 여러 가지 일을 해왔어' 하고 그는 생각했다. '일반 대중으로부터의 평판은 아니지만, 내가 존경하고 사랑하는 나타샤와 드미트리 셸로모프에게 잘 보이고 싶은 마음에서 행동했어. 그래서 의혹이 생기고 마음이 불안했지. 나는 나 자신의 영혼이 명령한 것에 따라 행동했을 때, 내 몸과 내 모든 것을 바치고자 했을 때만 기쁨을 느꼈어.'

이날부터 스베틀로구프는 그 책 속에 적혀 있는 말들을 읽고 그것에 대해 생각하는 것으로 대부분의 시간을 보냈다. 그것이 그를 자신이 현재 놓여 있는 처지에서 구원해 주는 듯한 감동을 느끼게 했을 뿐만 아니라, 그가 지금까지 한 번도 경험한 적이 없는 정신활동을 불러일으켰다. '왜 모든 사람들이 이 책에 적혀 있는 대로 살아가지 않는 것일까?' 하고 그는 생각했다. '그렇게 살면 단지 그 한 사람뿐만이 아니라 모든 사람들에게도 좋은 일이 아닌가? 그렇게 살아나가기만 한다면 슬픔도 가난도 없고 오직 행복만이 있을 것이다. 이 감옥살이가 끝나고 내가 다시 자유롭게 살아갈 수 있게만 된다면?' '언젠가는 나를 석방시켜 주거나 유형지로 보내겠지. 어디서든 살아갈 수 있어. 아니 그렇게 살아갈 거야. 그렇게 살지 못할 이유가 없고 또 반드시 그렇게 해야 해. 그렇게 살지 않는 것은 어리석기 짝이 없는 일이야.'

5

그가 그런 기쁨과 흥분상태에 있던 어느 날, 교도소장이 그럴 시간이 아닌데도 그의 독방에 찾아와서 기분이 어떠냐, 원하는 것은 없느냐고 물었다. 스베틀로구프는 교도소장의 급변한 태도를 미심쩍게 생각하면서, 거절당할 줄 알면서도 담배를 청해보았다. 그러자 교도소장은 곧 가져오게 하겠다고 말했고, 잠시 뒤 간수가 정말로 담배 한 갑과 성냥을 가져왔다.

'누가 나를 위해 부탁이라도 한 것이겠지' 하고 스베틀로구프는 속으로 생각했다. 그는 담배에 불을 붙여 물고 간수의 갑작스러운 변화에 대해 그 의미를 생각하면서 감방 안을 왔다 갔다 했다.

이튿날 그는 법정에 불려나갔다. 여러 번 나간 적이 있는 그 법정에서는, 그에 대한 심문은 전혀 없었다. 다만 재판관 한 사람이 그를 쳐다보지도 않고 일어서자 다른 재판관들도 따라 일어섰다. 처음에 일어선 재판관은 손에 서류를 한 장 들고 부자연스럽고 억양 없는 목소리로 크게 읽기 시작했다.

스베틀로구프는 그것에 귀를 기울이면서 재판관들의 얼굴을 쳐다보고 있었다. 그들은 모두 그의 얼굴은 보지 않고, 다만 심각하고 어두운 표정으로 동료의 목소리를 듣고 있었다.

그 문서에는 이렇게 적혀 있었다. "가까운 장래 또는 먼 장래에 현 정부를 전복할 목적으로 혁명운동을 한 죄로, 피고 아나톨 스베틀로구프의 모든 공민권을 박탈하고 교수형에 처함."

스베틀로구프는 그것을 듣고 그 재판관이 하는 말의 의미를 이해했다. 그리고 그는 그 말의 모순을 깨달았다. 가까운 장래 또는 먼 장래라느니, 사형 선고를 받은 자의 공민권을 박탈한다느니 하는 말의 모순을. 그러나 그 선고가 자신에 대해 가지는 의미는 전혀 이해하지 못하고 있었다.

그는 한참 뒤 퇴정 명령을 받고 헌병과 함께 밖으로 나왔을 때에야 비로소 자기가 사형 선고를 받았음을 확실하게 이해했다.

"아니야, 이상해, 뭔가 잘못되었어. 말도 안 돼. 설마 그럴 리가 없어!" 감옥으로 돌아가는 호송차 속에서 그는 자신을 향해 중얼거렸다.

그는 자신의 몸 안에 넘치고 있는 생명력을 느끼고 있었기 때문에, 자신의 죽음을 상상할 수가 없었다. 자기 자신의 '나'라는 의식을 죽음과 결부시키는 것이, 바꿔 말하면 '나'와 '나'의 비존재의 관념을 결부시킬 수가 없었다.

감옥에 돌아온 스베틀로구프는 독방에 앉아 눈을 감고 자신을 기다리고 있는 운명을 똑똑히 생각해 보려 했지만 아무리 해도 생각이 되지 않았다. 그는 자신의 존재가 없어진다는 것을 도저히 상상할 수 없었고, 또 사람들이 자신을 죽이고 싶어 한다는 것도 믿을 수 없었다.

'이 나를, 젊고 선량하고 행복하고 그렇게 많은 사람들의 사랑을 받고 있는 나를?' 그는 자신에 대한 어머니와 나타샤, 그리고 친구들의 사랑을 떠올렸다. "이런 나를 죽인다고! 교수형을 시킨다고! 도대체 누가, 무엇 때문에? 그리고 내가 없어진 뒤에는? 아니야, 그럴 리가 없어!" 하고 그는 자신에게 말했다.

교도소장이 들어왔다. 스베틀로구프는 그가 오는 발소리를 듣지 못했다.

"누굽니까, 무슨 일입니까?" 하고 스베틀로구프는 물었다. "아! 당신이었군요! 그래, 그게 언젭니까?"

"나도 모르겠네." 교도소장은 그렇게 대답한 뒤, 잠시 말없이 있다가 갑자기 비위를 맞추려는 듯 부드러운 목소리로 말했다. "실은 이곳의 신부님이 저어…… 잠시 자네를 만나고 싶다는군. 그래서……."

"만날 필요 없습니다. 전혀! 돌아가세요!" 스베틀로구프가 소리쳤다.

"그럼 누군가에게 편지를 쓰고 싶지는 않나? 그건 허락할 수 있네."

"아, 그래요? 그럼 쓸 걸 좀 주십시오. 쓸 테니까."

교도소장은 나갔다.

'그러니까 내일 아침에 죽을 거란 말이군.' 스베틀로구프는 생각했다. '교수형은 언제나 아침에 집행하고 있지. 내일 아침이면 난 이 세상에서 사라진다. 아니, 그럴 리가 없어. 이건 꿈이야, 꿈!'

그러나 곧 간수가, 늘 보던 낯익은 간수가 와서, 펜 두 자루와 잉크, 편지지, 그리고 파르스름한 봉투 몇 장을 건네주고, 책상 앞에 의자도 갖다 놓았다. 이것은 모두 현실이고 결코 꿈이 아니었다.

'생각해서는 안 돼, 생각해서는. 그래! 어머니에게 편지를 쓰자.' 스베틀로구프는 그렇게 생각하며 의자에 앉아 당장 편지를 쓰기 시작했다.

"사랑하는 어머니!" 이렇게 쓰고 그는 눈물을 흘리기 시작했다.

"용서해 주십시오, 제가 어머니께 저지른 모든 불효를 용서해 주십시오, 제가 잘못했는지도 모르겠습니다. 그러나 그 길밖에 어찌할 도리가 없었습니다. 오로지 저를 용서해 달라는 말밖에 드릴 말씀이 없습니다."

'아니, 용서해 달라는 말만 계속 쓰고 있잖아?' 하고 그는 생각했다. '하는 수 없지 뭐. 다시 고쳐 쓸 시간이 없어.'

"저에 대해서는 부디 슬퍼하지 마십시오. 언젠가는 누구나 죽기 마련 아닙니까? 저는 두렵지 않아요. 또 제가 한 일을 후회하지도 않습니다. 그렇게 할 수밖에 없었으니까요. 부디 용서해 주시기만을 바랄 뿐입니다. 그리고 다른 사람들도 원망하지 마십시오. 저와 함께 혁명운동을 했던 사람들도, 또 저를 사형에 처한 사람들도 모두 그렇게 할 수밖에 없었습니다. 그들을 용서해 주십시오. 그들은 자기네가 무엇을 하고 있는지도 모르고 있습니다. 저는 이제 용서해 달라는 말은 더 이상 하지 않겠습니다. 그러나 그 마음은 제 마음속에서 저를 지탱해 주고 위로해 줍니다. 안녕히 계십시오, 어머니의 주름진 그리운 손에 키스를 보냅니다."

눈물이 종이 위에 뚝뚝 떨어져 잉크가 번졌다.

"저는 지금 울고 있지만, 그것은 슬픔이나 두려움 때문이 아니며, 저의 생애의 가장 엄숙한 순간에 대한 감동과 당신에 대한 사랑 때문입니다. 저의 동지들을 원망하지 마시고 부디 사랑해 주십시오. 프로호로프는 그가 제 죽음의 원인이 된 만큼 더욱 사랑해 주십시오. 모든 다른 사람들이 꾸짖고 미워하는 인간을 사랑한다는 것은 정말 기쁜 것입니다. 특별히 죄가 있어서가 아니더라도, 어쨌든 비난하고 싶은 사람, 미워하고 싶은 사람을 반대로 사랑하는 것은 참으로 기쁜 일입니다. 나타샤에게 그녀의 사랑이 저에게 위안이 되고 기쁨이 되고 있다고 전해주십시오. 저는 지금까지 그것을 잘 알지 못했지만 제 영혼의 깊은 곳에서 그것을 느끼고는 있었습니다. 그녀가 있어서 저를 사랑해 준다는 걸 알고 있음으로써, 저에게는 살아가는 일이 즐거웠습니다. 이제 드릴 말씀은 다 했으니 이만

펜을 놓겠습니다. 안녕히 계십시오!"

그는 편지를 봉투에 넣은 뒤, 침대에 앉아 두 손을 무릎 위에 놓고 눈물을 삼켰다.

그는 아무래도 자신이 죽지 않으면 안 된다는 사실이 믿어지지 않았다. 몇 번인가 그는 내가 꿈을 꾸고 있는 게 아닐까 하는 자문을 되풀이하며, 꿈이라면 얼른 깨어나기를 바랐다. 그리고 그것이 이번에는 다른 상념으로, 이 세상의 삶 전체가 꿈이고, 거기서 깨어나는 것이 죽음이 아닌가 하는 생각으로 그를 이끌고 갔다. 그러나 만약 그렇다면 이 세상에서의 삶의 의식도, 내가 기억하지 못하는 전생으로부터의 깨어남에 지나지 않을지 모른다. 그렇다면 이 세상의 삶은 삶의 시작이 아니라 새로운 삶의 형식에 지나지 않을지도 모른다. 나는 죽어서 다시 새로운 삶의 형태로 이행하는 것이다. 그 생각이 그의 마음을 사로잡았다. 그러나 그 생각에 의지하려고 하자, 역시 그 생각이나 그 밖의 다른 생각도 죽음의 공포를 해소해 주지는 않는다는 것을 느꼈다. 마침내 그는 생각하는 데 지치고 말았다. 뇌가 더 이상 움직이지 않는 것 같았다. 그는 눈을 감은 채 아무것도 생각하지 않고 앉아 있었다.

그는 편지를 다시 읽어보았다. 그리고 끝에 가서 자신이 적은 프로호로프라는 이름을 보자, 갑자기 이 편지는 틀림없이 검열을 받을 것이고, 그렇게 되면 프로호로프의 신세를 망쳐버리게 된다는 생각이 떠올랐다.

"아아! 큰일 날 뻔했다!" 그가 소리쳤다. 그는 편지를 갈기갈기 찢어 등잔불에 하나하나 태워버렸다.

그는 자포자기하는 심정으로 편지를 새로 쓰기 위해 다시 책상으로 갔는데, 이번에는 어쩐지 차분하고 거의 즐겁기까지 한 기분이었다.

그는 다른 종이를 꺼내 다시 쓰기 시작했다. 그의 가슴에 만감이 교차했다.

"사랑하고 사랑하는 어머니!" 하고 쓰자 그의 눈이 다시 눈물로 얼룩져 글자가 잘 보이도록 죄수복 소매로 눈물을 닦았다. "왜 저는 저 자신에 대해 잘 몰랐을까요? 왜 마음속에 언제나 간직하고 있었던 어머니에 대한 지극한 사랑과 감사를 깨닫지 못했을까요? 이제야 저는 그것을 깨닫고, 지난날 어머니와 말다툼을 하며 이런저런 심한 말을 한 것을 생각하니 정말 괴롭고 부끄러워서 왜 그때 그런 말을 했는지 저 자신도 잘 알 수 없는 심정입니다. 부디 저를 용서해 주십시오. 그리고 좋은 점만을, 만약 제게 그런 것이 있었다면 생각해 주십시오.

저는 죽음은 조금도 두렵지 않습니다. 솔직하게 말씀드리면 저는 죽음이 무엇인지 모르겠습니다. 죽음이 믿어지지가 않습니다. 만약 죽음, 즉 멸망이 존재한다면, 서른 살에 죽든 그보다 조금 빨리 죽거나 조금 늦게 죽든, 다를 게 뭐가 있겠습니까? 또 죽음이 존재하지 않는다면, 더더욱 빨리 죽든 늦게 죽든 조금도 다를 것이 없습니다."

'왜 나는 이렇게 철학적인 말을 늘어놓는 것일까?' 하고 그는 생각했다. 조금 전의 편지에 썼던 것을 써야 한다. 끝에 가서 뭔가 좋은 말을 썼던 것 같은데. 그래!

"부디 저의 동지들을 나무라지 마시고 오히려 사랑해 주십시오. 특히 자기도 모르는 사이에 저의 죽음의 원인이 된 동지를 사랑해 주십시오. 나타샤에게 키스를 보냅니다. 그리고 제가 언제나 그녀를 사랑하고 있었다는 걸 전해주십시오."

'그런데 왜 이럴까? 도대체 어떻게 되는 것일까?' 하고 다시 그는 생각했다. '허무? 아니, 허무는 아니야. 그럼 도대체 무엇일까?'

그는 갑자기 아직 살아 있는 인간은 그런 문제에 대답할 수 없다는 것을 똑똑히 깨닫기 시작했다.

'그렇다면 왜 나는 이렇게 자문하고 있는 거지? 무엇 때문에! 도대체 무엇 때문일까! 그런 걸 자문할 필요는 없어. 그냥 사는 거야. 이 편지를 썼을 때 살아 있었던 것처럼 사는 거야. 우리는 모두 오래전부터 죽음을 선고받았지만 살아오고 있지 않아? 그래, 사랑하기만 하면 우리는 아름답고 기쁘게 살 수 있어. 그래, 사랑하기만 하면. 지금도 나는 편지를 쓰면서 모두를 사랑했어. 그래서 무척 행복했지. 그렇게 살아야 해. 언제 어디서든, 자유의 몸이든 감옥 속에서든, 오늘도 내일도 마지막 순간까지 살 수 있는 거야.'

그는 지금 당장이라도 누구하고든 사랑하는 마음으로 정답게 얘기를 나누고 싶은 생각이 들었다. 그가 문을 두드리자 간수가 들여다보았고, 그는 지금이 몇 시며 언제 교대하느냐고 물었다. 그러나 간수는 대답이 없었다. 그래서 그는 교도소장을 불러달라고 부탁했다. 잠시 뒤 교도소장이 와서 무슨 일이냐고 물었다.

"어머니께 보내는 편지를 썼습니다, 전해주십시오." 이렇게 말하자 다시 어머니가 생각나 두 눈에 눈물이 솟구쳤다.

교도소장은 편지를 받아 들었다. 그리고 전해주겠다고 약속하고 나가려 하자 스베틀로구프가 그를 다시 불러 세웠다.

"당신은 친절하신 분입니다. 그런데 왜 이렇게 괴로운 일을 하고 계시죠?" 그는 교도소장의 옷소매를 다정하게 만지면서 말했다.

교도소장은 어색하고 슬픈 미소를 지으면서 시선을 내리깔고 말했다.

"먹고살아야 하니까."

"이런 일은 그만두십시오. 뭔가 다른 길이 있을 겁니다. 당신처럼 친절하신 분이 왜. 어쩌면 저도……."

교도소장은 갑자기 흐느껴 울면서, 홱 몸을 돌려 문을 쾅 닫고 나가버렸다.

교도소장의 눈물이 스베틀로구프를 더욱 감동시켰다. 그는 기쁨의 눈물을 참으면서 벽을 따라 감방 안을 왔다 갔다 했다. 이제는 조금도 두렵지 않았다. 다만 세상을 초월한 감동뿐이었다.

죽으면 자신은 어떻게 될 것인가 하는, 그가 그때까지 풀려고 무척 애썼지만 도저히 풀 수 없었던 문제도, 이제 뭔가, 실증적이고 논리적이지는 않지만 그의 내부에 있는 생명의 의식에 의해 풀린 것 같은 느낌이 들었다.

그는 복음서의 말을 되뇌어 보았다. "정말 잘 들어두어라. 밀알 하나가 땅에 떨어져 죽지 않으면 한 알 그대로 남아 있고 죽으면 많은 열매를 맺는다."(〈요한복음〉 제12장 24절)

'그래, 나는 지금 땅에 떨어지려 하고 있다. 그래, 바로 그거야' 하고 그는 생각했다.

'어쨌든 잠을 좀 자둬야지. 나중에 지쳐버리지 않게.' 그는 침대에 누워 눈을 감고 이내 잠이 들어버렸다.

그는 아침 6시에 밝고 즐거운 꿈의 여운 속에서 눈을 떴다. 꿈속에서 그는, 한 금발머리 소녀와 함께 가지에 새까맣게 익은 버찌가 주렁주렁 달린 나무에 기어올라가 큼직한 구리 쟁반에 버찌를 따서 담고 있었다. 그런데 버찌는 쟁반에 들어가지 않고 땅에 떨어져, 어딘지 이상한, 고양이 비슷한 동물들이 그것을 집어 위로 던졌다가 떨어지는 것을 다시 받고 있었다. 그것을 보고 소녀가 재미있다는 듯이 까르르 웃어서 스베틀로구프도 별 생각 없이 싱글거리며 웃었다. 그때 별안간 구리 쟁반이 소녀의 손에서 미끄러졌고, 스베틀로구프가 그것을 잡으려고 했으나 때는 이미 늦어, 쟁반은 나뭇가지에 부딪치며 쇳소리를 내면서 땅에 떨어졌다. 그때 그는 여전히 미소를 지은 채, 그릇 소리에 귀를 기울이면서 잠에서 깨어난 것이다. 그 소리는 복도에서 철문이 열리는 소리였다. 복도에서는 사람들의 발소리와 소총이 찰칵거리는 소리가 들려왔다. 그의 뇌리에 불현듯 모든 것이 떠올랐다. '아아, 조금만 더 잤으면!' 하고 스베틀로구프는 생각했지만, 이제는 그렇게 할 수 없는 노릇이었다. 발소리들이 그의 독방 앞으로 다가왔다. 자물쇠에 열쇠를 꽂는 소리와 문이 삐걱하고 열리는 소리가 들렸다.

헌병 장교와 교도소장과 호송병이 들어왔다.

'죽음, 그게 뭐 어쨌단 말인가! 좋다, 죽자. 그러면 되는 거야.' 스베틀로구프는 간밤에 경험한 감동적인 정신의 고양감이 되돌아온 것을 느끼면서, 그렇게 생각했다.

6

스베틀로구프와 같은 감옥에, 자신의 지도자들을 믿지 못하여 진정한 신앙을 찾고 있는 분리파 신자인 한 노인이 수용되어 있었다. 그는 러시아 정교회의 총주교인 니콘 이후의 교회뿐만 아니라, 그가 반그리스도로 생각하고 있는 표트르 대제의 정부도 부정하고, 황제의 권력기구를 '담배의 나라'라고 불렀으며, 자신의 의견을 용감하게 토로하면서 성직자들과 정부의 버슬아치들의 잘못을 폭로했다. 그래서 재판을 받고 수감되어 이 감옥에서 저 감옥으로 이송되고 있었던 것이다. 그러나 자신이 자유의 몸이 아니라 감옥에 있다는 것도, 교도소장으로부터 박해를 받는 것도, 수갑과 족쇄가 채워지는 것도, 같은 죄수들로부터 야유를 받는 것도, 그 죄수들까지 관리들과 마찬가지로 신을 외면하고 자기네끼리 욕을 하며 독신행위에 빠져 있는 것도, 그를 그다지 놀라게 하지 않았다. 자유의 몸이었을 때 세상의 도처에서 그러한 광경을 보아왔기 때문이다.

그것은 모두 인간들이 참된 신앙을 잃고 어미 품에서 떨어진, 아직 눈도 제대로 뜨지 못하는 강아지처럼, 여기저기를 헤매고 다니는 것에서 기인한다는 것을 그는 알고 있었다. 한편 그는 또, 참된 신앙이 존재하고 있다는 것을 알고 있었다. 자기의 마음속에 그 신앙의 존재를 느끼고 있었기 때문이다. 그는 그 신앙을 도처에서 찾았다. 그중에서도 〈요한계시록〉에서 그것을 찾을 수 있을 거라고 생각했다.

"불의를 행하는 자는 불의를 행하도록 내버려 두고 더러운 자는 그냥 더러운 채로 내버려 두어라. 올바른 사람은 그대로 올바른 일을 하게 하고 거룩한 사람은 그대로 거룩한 사람이 되게 하여라." 주님께서는 이렇게 말씀하셨습니다. "자, 내가 곧 가겠다. 나는 너희 각 사람에게 자기 행적대로 갚아주기 위해서 상을 가지고 가겠다."(〈요한계시록〉 제22장 11~12절)

그는 끊임없이 이 신비로운 책을 읽으며, 언제나 각자의 행적대로 갚아줄 뿐만 아니라, 사람들에게 모든 신성한 진리를 계시하기 위해 '곧 나타날 자'를 이제나저제나 기다리고 있었던 것이다.

스베틀로구프가 처형되는 날 아침, 그는 큰 북소리를 듣고 창문으로 기어올라, 창살 너머로 호송마차가 한 대 서 있고 감옥에서 밝은 눈과 덥수룩한 곱슬머리 청년이 미소 띤 얼굴로 나와 거기에 올라타는 것을 보았다. 그의 하얀 손에는 한 권의 책이 들려 있었다. 청년은 그 책을 가슴에 꼭 안고(분리파 신자는 그것이 복음서임을 알아보았다), 창문 너머로 안에 있는 죄수들에게 고개를 끄덕여 보이거나, 미소를 지으면서 눈인사를 교환하고 있었다. 말이 움직이기 시작하더니 호송마차는 천사처럼 밝은 청년을 태우고, 호송병들에게 둘러싸여 포석 위를 덜컹거리며 옥문 밖으로 나갔다. 분리파 신자는 창문에서 내려와 침대에 앉아 생각에 잠겼다.

'저 청년은 진리를 깨달았어' 하고 그는 생각했다. '그래서 반그리스도의 종놈들이 그가 누구에게도 진리를 말하지 못하도록 교수형에 처하려는 게지.'

7

무겁고 음산한 가을 아침이었다. 태양은 보이지 않고 바다 쪽에서 습기 찬 바람이 불어왔다.

시원한 공기, 집과 마을의 모습, 말, 그리고 자기를 바라보고 있는 사람들…… 이 모든 것들이 스베틀로구프의 눈을 즐겁게 했다. 마부와 등지고 호송마차 속의 의자에 앉아 그는 무심하게 자기를 호위하고 있는 병사들과 길을 가는 사람들의 얼굴을 바라보았다.

아직 이른 아침이어서 거리는 텅 비어 있고 가끔 노동자들만이 보일 뿐이었다. 앞치마를 걸치고 석회를 뒤집어쓴 석공들이 바삐 걸어오던 걸음을 멈추고 돌아서서 호송마차를 바라보았다. 그들 중의 한 사람이 무언가를 말하며 손을 흔들었지만, 이윽고 모두들 다시 방향을 돌려 일터로 향했다. 덜컹덜컹 소리를 내면서 철근을 달구지에 싣고 온 마부들이 호송마차에 길을 양보하기 위해, 그 사나운 말의 고삐를 노련하게 잡아당겨 말을 한쪽에 세우고, 이상하다는 듯이 호기심에 찬 눈으로 그를 쳐다보았다. 그중 한 사람은 모자를 벗고 성호를 그었다. 하얀 모자에 앞치마를 두른 하녀가 바구니를 들고 대문에서 나오다가, 마차를 보고는 부랴부랴 집 안으로 다시 들어가서 또 한 여자와 함께 뛰어나왔다. 둘은 숨을 죽이고 눈을 크게 뜬 채, 호송마차가 멀리 사라질 때까지 꼼짝 않고 지켜보았다. 누더기를 걸치고 희끗희끗한 수염을 덥수룩하게 기른 남자가 스베틀로구프를 가리키며, 요란한 몸짓과 손짓으로 저택의 문지기에게 무엇인가 안타깝다는 듯이 얘기하고 있었다.

두 소년이 뛰어가서 얼굴을 마차 쪽으로 향한 채 앞쪽은 보지 않고 호송차와 나란히 걸어갔다. 나이 많은 소년은 빠른 걸음으로 걷고 있었고, 모자를 쓰지 않은 어린 소년은 나이 많은 소년을 붙잡고 겁먹은 얼굴로 마차를 쳐다보며 짧은 다리로 거의 넘어질 듯이 겨우 따라가고 있었다. 스베틀로구프는 그 소년들과 눈이 마주치자 고개를 끄덕여 보였다. 호송마차에 실려 가는 무서운 남자의 고갯짓에 놀란 소년은, 눈을 크게 뜨고 입을 벌리고 금방이라도 울음을 터뜨릴 것 같았다. 스베틀로구프는 자기 손에 입을 맞춰 보이고 소년에게 부드럽게 미소를 보냈다. 그러자 소년은 자기도 모르게 사랑스럽고 순진한 웃음으로 거기에 화답했다.

호송되어 가는 동안, 앞으로 그를 기다리고 있는 것에 대한 의식이 스베틀로구프의 평화롭고 엄숙한 마음을 어지럽히지는 않았다.

그러나 마침내 호송마차가 교수대 앞에 당도해, 마차에서 내려 가로목으로 고정된 두 개의 기둥과 거기에 감겨 있는 밧줄이 바람에 가볍게 흔들리고 있는 것을 보았을 때, 그는 왠지 심장을 강하게 얻어맞은 듯한 기분이 들었다. 갑자기 그는 구토를 느꼈다. 하지만 그것은 잠시뿐이었다. 교수대 주위에 소총을 든 병사들이 네 줄로 늘어서 있는 것이 보였다. 그 앞에는 장교들이 걷고 있었다. 그가 호송마차에서 내리려 하는 순간, 큰북이 일제히 울리기 시작해 그는 소스라치게 놀랐다. 병사들의 행렬 뒤에는 스베틀로구프의 처형을 구경하러 온 신사 숙녀들의 마차가 늘어서 있는 것이 보였다.

그런 광경은 처음에 그를 놀라게 했지만, 곧 감옥에 들어가기 전의 자신을 떠올리고, 지금은 자신이 알고 있는 것을 사람들이 아직 깨닫지 못하고 있다는 것이 가엾게 생각되었다. '하지만 저 사람들도 언젠가 알게 될 것이다. 나는 죽지만 진리는 결코 죽지 않으니 틀림없이 알 때가 올 거야. 그렇게 되면 모든 사람들이 내가 아닌 모든 사람들이 얼마나 행복해질까? 반드시 그렇게 될 것이다.'

그는 교수대 위로 끌려갔고, 그 뒤를 한 장교가 따라왔다. 북소리가 그치자 그 장교는 어쩐지 부자연스럽고, 넓은 들판 속에서는 더욱 약하게 울리는 목소리로, 이미 재판정에서 낭독되었던, 이제부터 처형할 자의 공민권을 박탈한다느니, 가까운 혹은 먼 장래라느니 하는 기묘한 글귀가 들어 있는 사형 판결문을 읽었다. '저 사람들은 왜, 도대체 왜 이런 짓을 하는 것일까? 저들은 아무것도 모르고 있어. 가엾은 일이다. 이젠 나에게도 그것을 가르쳐 줄 시간이 없구나. 하지만 곧 알게 되겠지. 모두가 알게 될 것이다' 하고 스베틀로구프는 생각했다.

그때 숱이 적은 긴 머리에 수척한 몸의 사제가 스베틀로구프에게 다가왔다. 보랏빛 법복을 입고, 가슴 위에 작은 금십자가를 걸고, 검은 비로드 소맷부리에서 나와 있는 힘줄이 불거진 하얗고 마른 손에는 커다란 은십자가를 들고 있었다.

"자비로우신 주님." 이렇게 말하면서 그는 왼손에서 오른손으로 십자가를 옮겨 쥐더니 그것을 스베틀로구프 앞에 치켜들었다.

스베틀로구프는 몸을 떨면서 뒷걸음질했다. 그는 자신의 처형에 입회하면서 자비로운 주님이라느니 하는 말을 하는 사제에게 하마터면 야유를 보낼 뻔했으나, 곧 복음서 속의 "그들은 자기네가 행하는 것을 모른다"는 말이 생각나서 꾹 참고 중얼거리듯 조용히 말했다.

"아닙니다, 축복은 필요 없습니다. 미안하지만 정말 그런 건 필요 없어요! 아무튼 고맙습니다."

그는 사제에게 손을 내밀었다. 사제는 십자가를 다시 왼손에 바꿔 쥐고 스베틀로구프의 손을 잡더니, 그의 얼굴을 보지 않으려고 애쓰면서 교수대에서 내려갔다. 북소리가 다시 울려 퍼지며 다른 모든 소리를 압도했다. 사제에 이어, 중키에 처진 어깨, 튼튼한 팔뚝을 가진, 러시아풍 셔츠 위에 양복을 입은 남자가 교수대의 널빤지를 삐걱거리면서 빠른 걸음으로 스베틀로구프에게 다가왔다. 그 사람은 스베틀로구프를 힐끗 쳐다본 뒤 그에게 쓱 다가와, 술과 땀에 절은 역한 냄새를 풍기며 끈적끈적한 손으로 그의 팔꿈치 위의 두 팔뚝을 잡더니 그것을 아프게 죄며 등 뒤로 꺾었다. 그러고는 꽁꽁 묶어버렸다. 그리고 뭔가 생각에 잠긴 듯 잠시 서서, 스베틀로구프를 쳐다보다가 자신이 가지고 와서 교수대 위에 둔 도구를 보기도 하고, 가로목에 매달려 있는 밧줄을 살펴보기도 했다. 이윽고 그는 무엇을 해야 하는지 생각이 난 듯, 밧줄에 다가가 그것을 매만지고, 스베틀로구프를 밧줄 가까운 교수대 끝으로 밀었다.

스베틀로구프는 사형 선고를 받았을 때 그것이 자기에게 무슨 의미가 있는지 몰랐는데, 지금도 이제부터 무슨 일이 일어날지 전혀 알지 못한 채, 깜짝 놀란 듯 그 무서운 일을 빨리, 능숙하게, 그리고 열심히 진행하고 있는 사형집행인을 바라보고 있었다. 사형집행인의 얼굴은 극히 평범한 러시아 노동자의 얼굴로, 흉악한 데라고는 조금도 없이, 매우 중요하고 어려운 일을 될 수 있는 대로 실수 없이 정확하게 수행하려는 사람답게 온 신경을 집중시키고 있는 표정이었다.

"이쪽으로 좀더 와…… 이쪽으로 조금 더" 하고, 사형집행인이 쉰 목소리로 말했다. 스베틀로구프는 시키는 대로 움직였다.

"주여! 도와주소서, 자비를 베풀어 주소서!" 그는 중얼거렸다.

스베틀로구프는 신을 믿지 않았고, 신을 믿고 있는 사람들을 곧잘 비웃기까지 했다. 그리고 지금도 그는 신을 믿고 있지 않았다. 왜냐하면 언어로 신을 표현할 수 없었고 또 상상으로 파악할 수도 없었기 때문이다. 그러나 지금 그가 주여! 하고 부른 그 존재야말로, 그가 지금까지 안 모든 것 가운데 가장 실재하는 어떤 것이라는 것을 알고 있었다. 이 부름이 매우 절실하고 중요하다는 것도 그는 알았다. 왜냐하면 이 부름이 그에게 당장 용기를 주고 그의 마음에 평화를 주었기 때문이다.

밧줄 쪽으로 다가가 무심코 병사의 행렬과 화려하게 차려입은 구경꾼들을 보았을 때, 그는 또다시 '왜, 도대체 왜 저들은 이런 짓을 하는 것일까?' 하는 생각이 들었다. 그리고 그들과 자기 자신이 가엾어져서 두 눈에 눈물이 핑 돌았다.

"자네는 내가 불쌍하게 생각되지 않나?" 그는 사형집행인의 날카로운 잿빛 눈을 응시하면서 물었다.

사형집행인은 한 순간 가만히 서 있더니, 그 얼굴에 갑자기 가증스럽다는 듯한 표정이 떠올랐다.

"에잇, 무슨 허튼소리야!" 그는 그렇게 중얼거리더니 자신의 외투와 삼베자루 같은 것이 놓인 바닥에 허리를 구부렸다. 그리고 두 손을 재빨리 움직여 뒤에서 스베틀로구프를 그러안고 그의 머리에 마포자루를 씌웠다. 그리고 얼른 허리와 가슴께까지 끌어내렸다.

"주여! 당신의 손에 제 영혼을 맡기나이다!" 스베틀로구프는 복음서 속의 그 말을 떠올렸다.

그의 영혼은 죽음에 반항하지 않았으나, 그의 굳세고 젊은 육체는 죽음을 받아들이려 하지 않고 마지막까지 거기에 저항하며 싸웠다.

그는 소리치고 몸부림치려고 했지만, 그 순간 등을 강하게 맞아, 발이 허공에 뜨고 숨이 탁 막히면서 머리가 웅 하고 울리나 했더니, 그의 의식에서 모든 것이 사라져 갔다.

스베틀로구프의 몸은 잠시 흔들거리면서 교수대에 매달려 있었다. 어깨가 두어 번 꿈틀꿈틀 움직였다.

사형집행인은 2분쯤 기다리고 나서 음울한 표정으로 두 손을 주검의 어깨 위에 얹고, 아래로 세게 잡아당겼다. 주검은 다시는 움직이지 않았다. 그저 머리에 자루를 뒤집어쓴 인형이, 고개가 부자연스럽게 꺾이고 죄수 양말을 신은 다리가 축 늘어진 모습으로 조용히 흔들리고 있을 뿐이었다.

사형집행인은 교수대에서 내려와 지휘관에게 이제 주검을 밧줄에서 끌러 묻어주어도 된다고 보고했다.

한 시간 뒤 주검은 교수대에서 내려져 죄수묘지로 운반되었다.

사형집행인은 자기가 해야 할 일을 다 했다. 그러나 그것은 괴로운 일이었다. 스베틀로구프가 내가 불쌍하지 않느냐고 한 말이 그의 머리에서 떠나지 않았다.

원래 살인범이었던 그는 징역형을 받은 뒤 사형집행인이 됨으로써 비교적 자유롭고 안락한 생활을 할 수 있었는데, 그날 이후 이제 다시는 이런 일을 하지 않겠다고 선언하고, 그 주 안에 사형을 집행하고 받은 삯으로 몽땅 술을 마셔버린 뒤, 그것도 모자라서 나들이옷까지 술값으로 팔아먹은 끝에, 결국 독방에 감금되었고 독방에서 다시 병원으로 이송되었다.

8

테러 혁명당의 지도자의 한 사람으로 스베틀로구프를 이 운동에 끌어들였던 이그나치 메제네츠키는, 그가 체포된 현(縣)에서 상트페테르부르크로 이송되었다. 그가 수감된 감옥에는 스베틀로구프의 처형을 본 그 늙은 분리파 신자가 있었다. 그는 얼마 뒤 시베리아로 이송될 예정이었다. 그는 여전히 참된 신앙이 무엇인지, 어디서 어떻게 배워야 할 것인지 생각하면서, 이따금 기쁜 듯이 미소를 지으면서 사형장으로 끌려가던 그 광채 속의 청년에 대해 생각했다.

같은 감옥에 그 청년의 친구이자 그 청년과 같은 신념을 가진 또 다른 청년이 있다는 사실을 알고, 이 분리파 신자는 무척 기뻐하며 간수장에게 그를 만나게 해달라고 부탁했다.

메제네츠키는 감옥의 엄격한 규칙에도 불구하고 혁명당 동지들과 끊임없이 연락을 취하며, 그 자신이 지휘한, 황제가 탄 열차를 폭파시킨다는 계획의 실행 보고를 하루하루 기다리고 있었다. 그날도 자신의 계획에 약간의 허점이 있다는 것이 생각나서, 그것을 동지에게 전할 방법을 궁리하고 있었다. 간수장이 그의 감방에 와서 나지막한 목소리로 같은 죄수의 한 사람이 만나보고 싶어 한다고 말했을 때, 그는 어쩌면 동료들에게 연락할 가능성이 생길지도 모른다고 생각하여 기뻐했다.

"어떤 사람입니까?"

"농부 출신이야."

"나에게 무슨 볼일이 있어서?"

"신앙에 대해 이야기하고 싶다는군."

메제네츠키는 빙그레 웃었다.

"그럼 이리로 보내주십시오." 그리고 그는 생각했다. '그 분리파 신자들도 역시 정부를 미워하고 있어. 어쩌면 쓸모가 있을지도 모른다.'

간수장이 나가자, 잠시 뒤 더부룩한 머리에 희끗희끗한 산양 같은 수염을 기르고, 선량하지만 지친 듯한 푸른 눈의 노인이 앙상하게 쪼그라든 모습으로 문을 열고 들어왔다.

"무슨 용건이십니까?" 메제네츠키가 물었다.

"이야기할 것이 좀 있어서."

"무슨 얘긴가요?"

"신앙에 대해서요."

"어떤 신앙 말씀입니까?"

"당신은 반그리스도의 종들이 오데사에서 교수형에 처한 청년과 같은 신앙을 가졌다고 들었소만."

"어떤 청년을 말씀하시는 건지요?"

"가을 무렵에 오데사에서 처형당한 청년 말이오."

"아, 스베틀로구프 말이군요."

"맞아요, 바로 그 사람이오. 당신은 그의 친군가요?"

노인은 질문을 할 때마다 온화한 표정을 띤 눈길로 메제네츠키를 지그시 응시하다가, 이내 다시 시선을 내리깔았다.

"예, 친한 친구였습니다."

"신앙도 같았고?"

"예. 그렇다고 할 수 있지요." 메제네츠키는 웃으면서 대답했다.

"그 일로 당신하고 얘기를 하고 싶었소."

"그래서, 그게 무슨 얘기인지?"

"당신네들의 신앙에 대해 자세히 듣고 싶소."

"우리의 신앙이라…… 우선 앉으십시오." 메제네츠키는 어깨를 으쓱 움직이면서 말했다. "우리의 신앙은 이런 것입니다. 세상에는 권력을 독점하여 민중을 괴롭히고 착취하는 자들이 있으며, 우리는 온몸으로 그들과 싸우지 않으면 안 된다. 민중을 착취하는(그는 습관적으로 착취라는 말을 사용했지만 얼른 고쳐 말했다), 민중을 괴롭히는 그 무리의 발톱으로부터 그들을 해방시키기 위해, 그자들을 멸망시키지 않으면 안 된다. 그들이 우리를 죽이려 하고 있으므로 우리도 그들이 자각하지 않는 한 그들을 죽이지 않으면 안 된다고 하는 것입니다."

분리파 노인은 눈을 내리깐 채 깊은 한숨을 내쉬었다.

"우리의 신앙은 독재정권을 타도하고, 선거에 의한 자유로운 민주정부를 수립하는 것입니다."

노인은 깊은 한숨을 쉬며 일어서더니, 웃옷 자락을 쫙 펼치고 무릎을 꿇어 더러운 바닥에 이마를 조아리며 메제네츠키의 발밑에 엎드렸다.

"저에게 왜 이러십니까?"

"이 늙은 것을 속이지 말고 당신네의 신앙이 어떤 것인지 가르쳐 주시오."

노인은 일어서지도 않고 머리도 들지 않은 채 말했다.

"우리의 신앙이 어떤 것인지 솔직하게 말씀드렸습니다. 자, 일어나십시오. 안 그러면 말씀드리지 않겠습니다."

노인은 일어섰다.

"그 청년의 신앙도 그런 것이었소?" 메제네츠키 앞에 선 노인은, 이따금 그 선량한 눈길로 힐끗 그의 얼굴을 쳐다보고는 이내 다시 눈을 내리깔면서 그렇게 말했다.

"그렇습니다. 그래서 교수형에 처해졌지요. 저도 지금 바로 그 신앙 때문에 페트로파블롭스크 요새로 이송되려 하고 있는 겁니다."

노인은 낮게 머리를 숙인 뒤 묵묵히 독방에서 나가버렸다.

'아니야, 그 청년의 신앙은 그런 것이 아니었어! 그는 진정한 신앙을 알고 있었다. 하지만 이자는 그 청년과 같은 신앙이라고 일부러 거짓말을 하거나, 아니면 뭔가 숨기고 있는 거다. 좋다, 언젠가는 내가 진실한 신앙을 보여주리라. 이곳이든 시베리아든 어디든 신은 있고 인간도 살고 있다. 길을 떠나면 한 번은 길을 물어야 한다.'

노인이 그렇게 생각하며 다시 신약성서를 펼치자 저절로 계시록이 열렸다. 그는 안경을 쓰고 창가에 앉아 읽기 시작했다.

9

그리고 7년이 흘렀다. 메제네츠키는 페트로파블롭스크 요새에서 독방 생활을 마치고 징역감옥으로 이송되었다.

그는 지난 7년 동안 온갖 신산을 다 겪었지만, 그의 사상적 경향은 여전히 변하지 않았고 그의 정력도 줄어들지 않았다. 요새감옥에 갇히기 전에 심문을 받았을 때, 그는 그 의연한 태도와 자신의 생살여탈권을 쥐고 있는 사람들에 대한 경멸적인 태도로, 예심판사와 판사들을 놀라게 했다. 마음속으로는 자기가 체포됨으로써 모처럼 시작한 사업이 중단된 것을 고민하고 있기는 했지만, 겉으로는 그런 기색을 드러내지 않았다. 다만 사람들과 접촉할 때는 증오의 불길이 활활 타오르곤 했다. 어떠한 심문에도 입을 열지 않은 그는, 자신을 심문하는 헌병장교와 검사들을 욕할 기회가 생길 때만 입을 열었다.

심문자들이 늘 그렇듯 "바른대로 자백하고 죄를 가볍게 받는 편이 좋을 텐데" 하고 말하면, 경멸하는 듯한 미소를 지으면서 잠시 침묵했다가 이렇게 말했다.

"당신네가 이익이나 공포로 나를 유혹해 동지를 팔아넘기게 할 생각이라면, 그건 당신네가 나를 당신네와 같은 인간으로 생각하고 있기 때문이오. 혁명사업에 투신하여 여기 이렇게 당신들에게 취조를 당하고 있는 내가, 최악의 사태에 대한 각오도 되어 있지 않을 줄 아시오? 당신들은 절대로 나를 위협하거나 겁먹게 할 수 없소. 마음대로 해보시오. 난 절대로 입을 열지 않을 테니까."

그는 그들이 난처한 표정으로 서로의 얼굴을 쳐다보는 모습을 보는 것이 통쾌했다.

그러나 페트로파블롭스크 요새감옥에 이송되어, 높은 곳에 우윳빛 유리창이 딱 하나밖에 없는 작고 축축한 독방에 갇혔을 때, 그는 그것이 몇 달이나 몇 년이라는 기한이 있는 것이 아니라는 것을 알고 공포를 느꼈다. 그 견고한 벽에 갇힌 죽음 같은 정적이 무서웠고, 자신이 혼자가 아니라 두꺼운 벽 저쪽에는 10년, 20년의 형을 선고받은, 자신과 같은 죄수들이 있으며, 목을 매어 자살하거나 미치거나 결핵에 걸려 차례차례 죽어가고 있다는 의식도 무서웠다. 거기에는 여자도 있고 남자도 있고, 어쩌면 자신의 친구도 있을지 모른다. '세월이 흐르다 보면 나도 미쳐서 목을 매달아 죽을지 모르고, 병으로 죽을지도 모른다. 또 아무도 나에 대해 모를지도 모른다.'

그렇게 생각하자 그의 마음속에 모든 인간에 대한 증오가 일어났다. 그중에서도 그가 이곳에 갇히게 된 원인을 제공한 사람들에 대한 증오가 일기 시작했다. 그 증오에는 그것을 향하는 대상이 필요했고, 운동과 소음이 필요했다. 그러나 그곳에는 죽음과 같은 정적과 물어도 대답하지 않는 사람들의 조용한 발소리, 문을 여닫는 소리, 정해진 시간에 가져다주는 식사, 말없이 왔다 가는 사람들, 어둠침침한 유리창으로 스며드는 아침 해와 다시 암흑과 정적, 조용한 발소리, 조용한 움직임 소리가 있을 뿐이었다. 이렇게 오늘도 또 내일도 배출구가 없는 증오가 그의 마음을 좀먹어 갔다.

그가 벽을 두드려도 아무도 응답하지 않고, 간수가 조용한 걸음으로 다가와서 금고실에 처넣을 거야! 하고 위협할 뿐이었다.

단 한 가지 위안의 시간은 잠잘 때뿐이었다. 그 대신 꿈에서 깨어나는 것은 무서웠다. 꿈속에서는 언제나 자유로웠고, 대부분의 경우, 혁명운동과 일치하지 않는 유희에 빠져 있었다. 이상한 바이올린을 켜기도 하고 여자의 환심을 사려고 애태우기도 하고, 보트 놀이도 하고 사냥도 하고, 또 때로는 이상한 학문적 발견을 하여 외국의 대학에서 박사학위를 받고 축하만찬회에서 감사 연설을 하기도 했다. 그러한 꿈들은 이상하게 또렷한데도, 현실은 너무 우울하고 단조로워서, 꿈의 기억과 현실을 구별할 수 없을 정도였다.

다만 꿈에서 가장 괴로운 것은, 꿈속에서 그가 지향하고 원하는 것이 거의 실현되려고 할 찰나에 꼭 눈이 떠지고 마는 것이었다. 갑자기 심장이 세차게 뛰고 한 순간에 즐거웠던 꿈의 세계는 사라지고 만다. 그리고 뒤에 남는 것은 채워지지 못한 괴로운 욕망과 또다시 램프에 비쳐지고 있는 당초무늬의 잿빛 벽, 그리고 몸 밑에서 짚이 한쪽으로 쏠려버린 딱딱한 침상뿐이었다.

잠자는 동안이 그에게는 가장 행복한 시간이었다. 그러나 독방 생활이 길어지면 길어질수록 그 잠마저도 잘 이루지 못하게 되었다. 그는 자신에게 가장 큰 행복인 꿈을 꾸고 싶었지만, 그것을 원하면 원할수록 눈은 가차 없이 떠지고 말았다. '오늘 밤에는 잘 수 있을까?' 하고 생각만 해도 잠은 저만치 달아나 버렸다. 좁은 독방 속에서 아무리 구르고 뛰어도 전혀 도움이 되지 않았다. 격렬한 운동을 한 뒤에는 지칠 대로 지쳐 신경이 더욱 흥분되고, 머리 꼭대기가 욱신욱신 쑤셔서 눈을 감으면, 곧 뭔가가 번쩍거리는 암흑을 배경으로, 머리를 산발하거나 대머리를 한 얼굴과 커다란 입을 쩍 벌리고 있는 기괴한 얼굴들이 차례차례 나타났다. 그 얼굴들은 모두 참으로 끔찍한 표정들뿐이었다. 마침내 눈을 뜨고 있어도 그런 얼굴들이 나타나게 되었고, 나중에는 얼굴뿐만 아니라 사람의 모습 전체가 나타나서 말을 하고 춤을 추기도 했다. 그는 무서워서 벌떡 일어나 벽에 머리를 부딪치며 소리쳤다. 그러면 문에 붙어 있는 조그만 창이 열린다.

"시끄러워!" 하고 말하는 낮고 억양 없는 목소리.

"간수장을 불러줘!" 메제네츠키는 고함을 질렀다.

그러나 아무 대답도 없이 조그만 창은 닫혔다.

메제네츠키는 절망한 나머지 오로지 죽음을 원하게 되었다.

그러한 상태에 있던 어느 날, 그는 마침내 자살을 결심했다. 독방에는 끈을 걸어서 고리만 만들면, 침대에 올라서서 목을 매달 수 있는 통풍구가 있었다. 그러나 끈이 없었다. 그래서 홑이불을 갈기갈기 찢어서 만들었지만 모자랐다. 하는 수 없이 그는 굶어 죽으려고 이틀 동안 아무것도 먹지 않았다. 사흘째가 되자 몸이 완전히 쇠약해져 환각이 더욱 빈번하게 일어났다. 간수가 식사를 가져왔을 때 그는 정신을 잃고 눈을 뜬 채 마룻바닥에 쓰러져 있었다.

의사가 와서 그를 침상에 눕혀 놓고 럼주를 먹이고 모르핀 주사를 놓자 그는 잠이 들었다.

이튿날 아침 깨어나자, 의사가 머리맡에 서서 고개를 갸우뚱하고 있었다. 그러자 오랫동안 잊고 있었던 격렬한 증오의 감정이 갑자기 그를 덮쳤다.

"이런 데서 일하면서 부끄럽지도 않소!" 그는 고개를 꼬며 자신의 맥박을 재고 있는 의사에게 말했다.

"나를 또 괴롭히려고 치료하다니, 너무하는군! 마치 태형에 입회하여 더욱더 채찍으로 갈겨주기 위해 치료해 주는 것이나 다를 게 없어!"

"그러지 말고 잠깐만 똑바로 누워 봐요." 의사는 그의 얼굴은 쳐다보지도 않고 주머니에서 청진기를 꺼내며 태연하게 말했다.

"놈들은 나머지 곤장 5000대를 마저 치기 위해 상처를 낫게 해준 거야. 빌어먹을! 지옥에나 가버려!" 그는 갑자기 침대에서 발을 내지르며 소리쳤다. "나가! 네 놈이 없어도 난 죽을 수 있어!"

"안되겠군, 젊은이, 그러면 벌을 받아요."

"나가, 꺼져버려!"

메제네츠키의 형상이 너무 험악해서 의사는 허둥지둥 나가버렸다.

10

약효가 있었던 건지, 자연적으로 위기가 지나간 건지, 그것도 아니면 의사에게 퍼부었던 증오 때문인지, 어쨌든 그는 그때부터 제정신이 들어 완전히 새로운 생활에 들어갔다.

'놈들도 나를 영구히 이곳에 가둬둘 수는 없을 것이고 또 그럴 리도 없겠지. 언젠가는 내보내 줄 거야. 어쩌면 그럴 가능성이 가장 높지만, 사회기구가 바뀔지도 몰라. 우리 동지들이 여전히 활동하고 있으니까. 그러니 목숨을 소중히 해서 강하고 건강한 몸으로 나가서 활동을 계속할 수 있도록 해야지' 하고 그는 생각했다.

그는 그러한 목적에 가장 좋은 생활 형태에 대해 곰곰이 생각한 끝에 다음과 같은 결론에 도달했다. 우선 9시에 잠자리에 들어, 잠이 오든 안 오든 아침 5시까지 누워 있을 것. 5시에 일어나서 세수를 하고 옷을 입고 체조를 한 다음, 용변을 보러 간다(그런 식으로 그는 마음속으로 자신에게 들려주었다). 그는 상상 속에서 상트페테르부르크의 네프스키 거리에서 나데즈딘스카야 거리를 향해 걸으며, 그 사이 만날 것 같은 것들을 머릿속에 그려본다. 가게의 간판과 집, 거리에서 있는 경관, 길을 오가는 마차, 그리고 지나가는 사람들. 나데즈딘스카야 거리에서 그는 자신이 알고 있는 혁명가 동지의 집에 찾아가고, 두 사람은 동시에 그 집에 찾아온 몇몇 동지들과 함께 당면한 계획에 대해 의논한다. 의논하는 동안 토론이 논쟁으로 발전한다. 메제네츠키도 자신의 의견을 말하고, 남의 몫까지 자기가 말해버린다. 이따금 그는 소리 내어 말하기 때문에, 당번 간수가 와서 조그만 창으로 들여다보며 주의를 주지만, 메제네츠키는 들은 척도 하지 않고 상상 속에서 상트페테르부르크에서의 하루를 보낸다. 동지의 집에서 두어 시간을 보낸 뒤 집에 돌아와 밥을 먹는데, 처음에는 그것도 상상 속의 식사였지만, 나중에는 간수가 가져다준 밥을 실제로 먹으면서, 언제나 겸허하게 먹으려고 애썼다. 그러고는 상상 속에서 집에 앉아 역사와 수학을 공부하고, 때때로 일요일에는 문학도 공부한다. 그의 역사 공부는 우선 특별한 시대와 민족을 선택해 그동안의 사건과 연대를 생각해 내는 것이었다. 또 수학 공부는 암산을 하고 기하학 문제도 풀었다. 그것은 그가 특히 좋아하는 과목이었다. 일요일에는 푸시킨, 고골, 셰익스피어 등을 생각해 보고 스스로 글을 써본다.

잠자리에 들기 전, 다시 한번 상상 속에서 잠시 산책을 한다. 그리고 남자 친구나 여자 친구들과 농담을 섞어가며 즐거운 대화를 하고, 때로는 진지한 이야기를 주고받기도 하는데, 그것은 모두 전에 실제로 있었거나 새롭게 생각해 낸 것들이다. 그렇게 하다 보면 이윽고 밤이 된다. 잠자리에 들기 전에 그는 운동을 위해 독방 속을 2000걸음 정도 걷는다. 그런 다음 침대에 누우면 대부분의 경우 이내 잠이 든다.

이튿날도 똑같은 일이 되풀이된다. 때로는 남부 지방에 가서 민중을 선동하여 폭동을 일으키고, 민중과 함께 지주를 몰아내어 토지를 농부들에게 나눠준다. 그러나 그는 단숨에 나눠주는 것까지 상상하는 것이 아니라, 순서를 밟아 자세한 여러 가지 상상을 거쳐서 거기에 도달하는 것이다. 상상 속에서 그의 혁명당은 곳곳에서 승리를 거두어, 정부의 권력은 약화되고 국민의회의 소집이 불가피해진다. 그리하여 황제 일가와 모든 민중의 억압자들은 자취를 감추고 공화국이 수립되어 메제네츠키 자신이 초대 대통령으로 선출된다는 식이었다. 때로는 너무 빨리 거기에 도달해 버려서, 처음부터 다시 시작하여 다른 방법으로 목적을 달성하기도 했다.

이렇게 가끔은 그 엄격한 생활 규율에서 벗어나는 일은 있어도 대개 다시 제자리로 돌아가는 사이에 1년, 2년, 3년의 세월이 지났다. 그렇게 상상력을 구사함으로써, 그는 그 불쾌한 환각에서 벗어날 수 있었다. 그래도 때로는 잠을 이루지 못하고 온갖 얼굴들이 환각이 되어 나타날 때도 있는데, 그럴 때는 또 통풍구를 바라보면서 저기에 밧줄을 걸고 고리를 지어 목을 매달면, 하고 생각하는 것이었다. 그러나 그러한 정신적 발작도 오래가지는 않아서 그는 이내 그 마음을 극복할 수 있었다.

그리하여 그는 거의 7년이라는 세월을 보냈다. 금고기간이 끝나 징역형으로 옮겨질 때쯤, 그는 무척 건강하고 생기가 넘치고 있었고, 정신력도 조금도 잃지 않고 있었다.

11

그는 특별한 중죄인으로서 다른 죄수와의 접촉이 허락되지 않은 채 단독으로 호송되었다. 그리고 크라스노야르스크 감옥에서 처음으로, 같은 징역형으로 온 다른 정치범들과 접촉할 수 있는 기회를 얻었다. 두 명의 여성과 네 명의 남성, 모두 여섯 명의 정치범이었다. 그들은 모두 메제네츠키에게는 낯선, 젊고 새로운 분파의 혁명가들이었다. 즉 그들은 그를 잇는 새로운 세대의 혁명가들이자 그의 후계자여서 특별히 그의 관심을 끌었다. 메제네츠키는 그들이 자신의 발자취를 밟아 오고 있었고, 따라서 그들의 선배들, 특히 메제네츠키 자신에 의하여 이루어진 모든 사업을 높이 평가해 줄 것으로 기대하고 있었다. 그러나 놀랍게도 그 젊은이들은 그를 자기들의 선구자나 스승으로 생각하지 않을 뿐만 아니라, 오히려 그를 경계하며 멀리하는 것이었다. 그리고 그의 견해는 시대에 뒤떨어진 것이라 하여 상대도 해주지 않고 배척했다. 그들 새로운 혁명가들에 의하면 메제네츠키와 그의 친구들이 지금까지 해온 일, 이를테면 농민 봉기 계획이나 여러 번의 테러행위, 특히 크로폿킨 총독과 메젠초프, 알렉산드르 2세까지 살해한다는 것은 모두 과오의 연속이었다는 것이다. 그것은 모두 알렉산드르 3세 시대의, 저 엄청난 반동정치를 부르는 결과를 가져왔을 뿐이며, 결국 세상을 퇴보시켜 농노제 시대나 다름없는 상태를 만들고 말았다. 민중 해방의 길은 그것과는 다른 것이 아니면 안 된다는 것이 그들 젊은 혁명가들의 의견이었다.

거의 이틀 동안 밤낮을 두고 메제네츠키와 새로운 혁명가들 사이에 논쟁이 계속되었다. 그들의 지도자로서 사람들이 로만, 로만, 하고 이름으로만 부르고 있는 남자의, 자기의 견해에 대한 흔들림 없는 확신과, 메제네츠키와 그의 동지들이 여태껏 해온 모든 활동을 오만한 자세와 경멸적인 태도로 부정하는 말이 그의 마음을 더욱 아프게 했다.

로만의 의견에 따르면 일반 민중은 모두 '가축'이나 다름없으며, 그러한 미발달된 단계의 민중을 상대로 해서는 아무것도 할 수 없다는 것이었다. 러시아 농민을 궐기시키려는 모든 시도는 돌이나 얼음에 불을 붙이려는 것과 다름없다. 가장 필요한 것은 인민을 교육하는 것, 그들에게 사회적 연대감을 주입시키는 것이며, 그것은 대규모 공업의 발전과, 그것을 기반으로 하는 민중의 사회주의화에 의해 비로소 가능하다. 토지는 민중에게 필요 없을 뿐만 아니라 오히려 민중을 보수적으로 만들고 노예로 전락시킨다. 그것은 러시아뿐만 아니라 유럽도 마찬가지다. 그렇게 말하면서 그는 여러 권위자들의 주장과 통계상의 자료를 암송해 보였다. 그러므로 민중을 토지에서 해방시켜야 한다. 그것도 빠르면 빠를수록 좋다. 그들이 공장으로 들어가면 갈수록, 자본가들이 많은 토지를 독점하면 할수록, 그리고 민중을 괴롭히면 괴롭힐수록 더욱 좋은 것이다. 전제정치, 특히 그

중에서도 자본주의를 타도하는 것은 오직 일반 대중의 단결에 의해서만 가능하며, 그 단결은 동맹이나 노동조합의 결성을 통해서만, 다시 말해 민중이 토지의 소유자가 되는 것이 아니라 프롤레타리아가 될 때에야 비로소 이루어질 수 있다는 것이다.

메제네츠키는 그와 논쟁하면서 분개를 느꼈다. 특히 그를 화나게 한 것은 풍요로운 금발에 반짝이는 눈, 제법 예쁜 얼굴의 여자였는데, 창턱에 걸터앉아 안 그런 척하며 두 사람의 얘기를 듣고 있다가, 이따금 로만의 주장을 지지하는 말을 하거나 메제네츠키의 말을 듣고 경멸하듯 빙글거리며 웃었다.

"농민을 모두 공장 노동자로 만들다니 그게 가능한 일일까?" 메제네츠키가 물었다.

"왜 안 된단 말입니까? 그건 이미 경제상의 보편적인 법칙입니다." 로만이 말했다.

"어떻게 그 법칙이 보편적이라는 걸 알 수 있나?"

"카우츠키의 책을 읽어보세요." 금발머리 여자가 얕잡아보듯이 웃으면서 끼어들었다.

"설사 민중이 모두 프롤레탈리아가 된다고 해도 말이네, 물론 나는 그런 건 인정하지 않지만. 그렇다고 가정해도, 어째서 자네들은 민중이 자네들이 멋대로 만들어 낸 형식 속에 들어올 거라고 생각하나?"

"거기에는 과학적인 증거가 있어요." 금발 여자가 창가에서 메제네츠키 쪽으로 얼굴을 돌리며 말했다.

목적 달성을 위해 필요한 활동 방식에 대한 논쟁이 벌어지자 양쪽의 의견 대립은 더욱더 치열해졌다. 로만과 그의 동지들은 노동자들의 군대를 조직하여 농민들이 공장 노동자가 되는 것을 돕고, 또 노동자들에게 사회주의를 퍼뜨릴 필요가 있다고 주장했다. 그리고 공공연히 정부와 싸우기보다는 목적을 달성하기 위해서는 때로는 정부를 이용해야 한다고 말했다. 거기에 대해 메제네츠키는 정부와 직접 싸우고 테러행위도 해야 하며, 정부는 자네들보다 강력하고 교활하다고 말했다. "자네들이 정부를 기만하는 것보다 먼저 정부가 자네들을 기만할 거네. 그래서 우리는 민중의 선동을 통해 정부와 싸웠던 거네."

"오, 정말 굉장한 활약을 하셨군요!" 금발 여자가 빈정댔다.

"저는 정부와 정면으로 싸우는 것은 힘의 낭비라고 생각합니다." 로만이 말했다.

"3월 1일(알렉산드르 2세가 암살당한 날)이 힘의 낭비였다고?" 메제네츠키가 소리쳤다. "우리는 자기 자신을, 자신의 생명을 희생시켰네. 자네들이 집 안에 편히 들어앉아 즐기면서 입만 가지고 떠들어대고 있을 동안."

"그렇게 즐긴 것도 없어요." 로만은 침착하게 그렇게 말하고 동지들을 둘러보면서, 주위 사람들의 웃음까지 유발하지는 못했지만 자신감에 찬 크고 또렷한 소리로 의기양양하게 웃어댔다.

금발 여자는 고개를 저으면서 경멸하는 듯한 미소를 짓고 있었다.

"그렇게 즐긴 것도 아니었습니다." 로만이 다시 한번 말했다. "그렇기는커녕, 실제로 이런 곳에 앉아 있지 않으면 안 되게 된 것도, 현재의 반동정치 덕택이니까요. 그 반동은 다름 아닌 3월 1일의 산물 아닌가요?"

메제네츠키는 입을 다물었다. 증오로 숨이 막힐 것만 같아 그대로 복도로 나가버렸다.

12

메제네츠키는 마음을 가라앉히려고 복도를 거닐었다. 감방 문은 저녁 점호시간까지 열어두고 있었다. 금발머리는 반쯤 깎였지만 붙임성 있는 표정이 조금도 손상되지 않은, 키 큰 죄수가 메제네츠키에게 다가왔다.

"우리 방에 있는 한 죄수가 당신을 좀 불러와 달라고 합니다."

"누군데요?"

"'담배의 나라'가 그의 별명입니다. 늙은 분리파 신자인데, 저 사람을 불러주시오 하고 말했습니다. 그러니까 당신을 말입니다."

"그 사람은 어디 있소?"

"저기, 제가 있는 방입니다."

메제네츠키는 그 죄수와 함께 작은 방으로 들어갔다. 거기에는 죄수들이 벽에 붙인 침대 위에 걸터앉아 있기도 하고 누워 있기도 했다.

맨 끝 침대의 아무것도 깔지 않은 널빤지 위에, 7년 전에 메제네츠키를 찾아와서 스베틀로구프에 대해 물었던 분리파 노인이 잿빛 죄수복을 입고 누워 있었다. 노인의 파리하게 여윈 얼굴에는 주름살이 잔뜩 잡혀 있었으나, 머리는 아직도 숱이 많고 성긴 턱수염만은 완전히 새하얗게 세어서 위로 곤두서 있었다. 그 푸른 눈은 부드러우면서도 조심성이 많아 보였다. 노인은 똑바로 누워 있었는데 분명히 열병에 걸려 있는 것 같았다.

메제네츠키는 그의 곁으로 다가갔다.

"무슨 일입니까?" 그가 물었다.

노인은 겨우 팔꿈치를 짚고 일어나 덜덜 떨리는 작고 앙상한 손을 내밀었다. 그는 몸을 흔들어서 자세를 바로잡고, 가쁜 호흡을 가까스로 진정하자 조용한 목소리로 말했다.

"당신은 그때 나에게 가르쳐 주지 않았지만, 뭐 괜찮소. 난 모두에게 가르쳐 주겠소."

"무엇을 가르쳐 주겠다는 겁니까?"

"하느님의 어린양에 대해…… 하느님의 어린양에 대해 가르쳐 드리지. 그 청년은 하느님의 어린양과 함께 있었소. 그런데 하느님의 어린양은 나를 이기고 또 모든 사람들을 이긴다고 하오. 그것과 함께 있는 사람들은 선택받은 사람, 올바른 사람이오."

"전 잘 모르겠군요." 메제네츠키가 말했다.

"젊은 양반, 잘 생각해야 합니다. 황제는 짐승과 함께 권력을 얻었지만 어린양은 황제를 이길 것이오."

"어떤 황제 말입니까?"

"일곱 명의 황제가 있는데 그중 다섯 명은 쓰러지고 한 명만 남았소. 그리고 나머지 한 명은 아직 오지 않았어요. 그러니까, 아직 얼굴을 내밀지 않고 있다는 말이오. 그리고 또 오더라도 그리 오래가지 않을 거요. 다시 말해, 그러니까, 곧 멸망할 거라는 말이오. 알겠소?"

메제네츠키는 이 노인이 미쳐서 헛소리를 한다고 여기고 고개를 설레설레 저었다. 다른 죄수들도 모두 그렇게 생각했다. 메제네츠키를 데리고 왔던 죄수가 다가와서 그의 어깨를 가만히 두드리면서 노인 쪽으로 눈짓했다.

"저 '담배의 나라'는 늘 저렇게 중얼거리고 있습니다. 그런데 자기도 무슨 말을 하고 있는지 모르고 있어요."

메제네츠키도 그 방의 죄수들도 노인을 보고 모두 그렇게 생각했다. 그러나 노인은 자기가 무슨 말을 하고 있는지 잘 알고 있었다. 그것은 그에게는 뚜렷하고 깊은 의미가 있는 말이었다. 즉 악은 영원히 지배하지 못한다, 하느님의 어린양은 선량함과 온화함으로 모든 것을 정복할 것이다, 그 어린양이 모든 사람의 눈물을 거두어 주어, 사람들 사이에 질병도 슬픔도 죽음도 없어질 것이라는 의미였다. 그리고 그는 그것은 이미 전 세계에서 성취되고 있다고 느끼고 있었다. 왜냐하면 그것은 죽음에 다가감으로써 비춰진 그의 영혼 속에서 성취되고 있었기 때문이다.

"그것이 하루빨리 오기를! 아멘. 주 예수여, 그것이 하루빨리 오기를!" 그렇게 중얼거리는 그의 얼굴에, 메제네츠키에게는 광적으로 느껴지는 이상한 웃음이 떠올랐다.

13

'저 노인이 요컨대 민중의 대표자다' 하고 메제네츠키는 노인의 감방에서 나오면서 생각했다. '민중 속에서도 훌륭한 남자인데도, 역시 저 무지와 망상이니! 저들도(로만과 그의 동지들) 지금의 상태 그대로의 민중을 상대로 해서는 아무것도 할 수 없다고 한다.'

메제네츠키는 한때 민중들 속에서 혁명사업을 한 일이 있어서, 그의 말을 빌리면 이른바 러시아 농민의 '우둔함'에 대해 잘 알고 있었고, 현역 또는 예비역 병사들과도 접촉하여 그들의 선서나 상관의 명령에 절대복종한다는 굳건한 신앙도, 또 어떤 논리도 그들에게는 통하지 않는다는 것도 알고 있었다. 그런 것은 잘 알고 있었지만 거기에서 도출되는 당연한 결론을 이끌어 내려고는 하지 않았다. 그래서 새로운 분파의 혁명가들과 나눈 대화가 그를 화나게 하고 불쾌하게 했던 것이다.

'그자들은 우리가 한 일은 모두, 할투린과 키발리치, 페트롭스카야(당시의 러시아의 유명한 테러리스트들의 이름)가 한 일은 모두 소용없는 일이었을 뿐만 아니라 오히려 해로운 일이었고, 그래서 알렉산드르 3세의 반동정치가 태어났으며, 또 그것 때문에 민중은 모든 혁명운동이, 농노제를 폐지한 것을 원망하며 황제를 죽인 지주들에 의해 일어난 것으로 믿고 있다고 말하고 있다. 이 무슨 헛소리, 이 무슨 인식 부족이란 말인가! 또 그 오만불손함은 어떻고!' 그는 그렇게 생각하면서 복도를 이리저리 거닐었다.

새로운 혁명가들의 감방을 제외하고 다른 방은 모두 문이 닫혀 있었다. 메제네츠키가 그 방에 가까이 갔을 때 그 가증스러운 금발 여자의 웃음소리와 단호하고 자신감 있는 목소리가 들려왔다. 아무래도 자기 얘기를 하고 있는 것 같아서, 메제네츠키는 걸음을 멈추고 귀를 기울였다. 로만이 얘기하고 있었다.

"경제학 법칙을 모르니까 자신들이 한 일의 의미도 모르는 거야, 그래서 무려,"

메제네츠키는 무엇이 무려라는 건지 알아들을 수 없었고, 또 듣고 싶지도 않았다. 그런 건 알 필요도 없었기 때문이다. 그 남자의 말투만으로도, 그자가 자기를, 혁명의 영웅이며, 혁명을 위해 20년이라는 세월을 바쳐 온 자기를 얼마나 경멸하고 있는지 알 수 있었다.

메제네츠키의 마음속에 지금까지 한 번도 느끼지 못했던 격렬한 증오가 끓어올랐다.

그것은 하느님의 어린양이 어쩌고저쩌고 한 노인처럼 동물적인 사람들이나 사형집행인, 간수 같은 거의 짐승이나 다름없는 인종, 또는 오만불손한 공리공론가들만이 살아갈 수 있는 이 무의미한 세상의 모든 사람에 대한, 그리고 모든 것에 대한 증오였다.

당직 간수장이 와서 그 여성정치범을 여감방으로 데리고 갔다. 메제네츠키는 얼굴이 마주치지 않도록, 복도 맨 끝 쪽으로 갔다. 간수장이 돌아와서 로만이 있는 감방 문을 잠그고, 메제네츠키에게 방으로 돌아가라고 명령했다. 메제네츠키는 반사적으로 시키는 대로 했지만 방문을 잠그지는 말아달라고 부탁했다.

독방으로 돌아간 메제네츠키는 벽 쪽을 향해 침대에 누웠다.

'정말 이렇게 나의 모든 힘이 소멸하고 마는 걸까? 체력도 의지도 나의 재능도(그는 정신적 소질에 있어서는 누구한테도 지지 않는다고 생각하고 있었다) 무익하게 사라진단 말인가!' 그는 최근에 시베리아로 호송되는 도중, 스베틀로구프의 어머니한테서 편지를 받은 일이 생각났다. 그 편지에서 그의 어머니는 자기 아들을 테러활동에 끌어들여 결국 파멸시키고 말았다고, 그의 말을 빌리면 어리석은 여성 특유의 무지한 말을 늘어놓으며 그를 원망하고 있었다. 그 편지를 받았을 때는 경멸하듯이 웃었을 뿐이었다. 자신이나 스베틀로구프가 지향하는 목적에 대해 그런 어리석은 여자가 무엇을 알겠느냐고 생각한 것이다. 그러나 지금 그 편지와, 사람을 잘 믿고 정열적이며 사랑스러운 스베틀로구프의 인품을 떠올리자, 그는 먼저 스베틀로구프를, 이어서 자신에 대해 곰곰이 생각했다. 나의 인생은 정말 그렇게 잘못되어 있었던 것일까? 그는 눈을 감고 자려고 했지만 난데없이 이전에 페트로파블롭스크 요새에 갇혔을 때 처음 한 달 동안 사로잡혔던 그 무서운 상태가 되돌아온 것을 느끼고, 오싹해졌다. 또다시 머리가 지끈지끈 쑤시고, 커다랗게 벌린 입과 흩어진 머리카락의 괴물 같은 얼굴이 무엇이 번쩍거리는 어둠을 배경으로 나타났다. 그 환각은 눈을 떠도 사라지지 않았다. 게다가 잿빛 바지를 입고 머리를 깎은 죄수가 그의 머리 위에서 일렁일렁 흔들리고 있는 새로운 환각까지 나타났다. 그는 또다시 그 환상에 이끌려 끈을 걸 수 있는 통풍구를 찾기 시작했다.

배출구를 찾고 있는 견딜 수 없는 증오의 감정이 메제네츠키의 마음을 불안하게 했다. 그는 가만히 앉아 있을 수도, 마음을 가라앉힐 수도, 떼를 지어 덤벼드는 망상을 뿌리칠 수도 없었다.

"어떻게 해야 하지?" 드디어 그는 자문하기 시작했다. "동맥을 끊을까? 그건 안 돼. 목을 맬까? 그래, 그게 제일 간단해."

그는 복도에 뒹굴고 있던 장작다발을 묶는 끈이 생각났다. "저 장작 위나 의자 위에 올라가는 거야. 복도에는 간수가 있어. 하지만 곧 자거나 밖으로 나가겠지. 그때 끈을 가지고 와서 통풍구에 거는 거다."

문 옆에 서서 메제네츠키는 복도를 지나가는 간수장의 발소리에 귀를 기울이며, 이따금 간수장이 저편으로 가버렸을 때, 문틈으로 엿보았다. 하지만 간수장은 좀처럼 가지 않고 또 잠들지도 않았다. 메제네츠키는 계속 발소리에 귀를 기울이며 기회를 엿보고 있었다.

그때 병든 노인이 있는 감방에서는, 그을린 램프가 켜진 어둠 속에서 숨소리와 중얼거리는 소리, 신음 소리, 코 고는 소리, 그리고 기침 소리에 싸여, 이 세상에서 가장 위대한 일이 일어나고 있었다. 늙은 분리파 신자가 죽어가고 있었고, 그의 영혼의 눈에 그가 평생토록 추구해 온 모든 것이 계시되고 있었던 것이다. 찬연한 빛 속에서 그는 그 밝게 빛나는 청년의 모습을 한 하느님의 어린양을 보았는데, 그 앞에는 많은 나라의 사람들이 흰옷을 입고 수없이 서서 모두가 환희에 차 있었고, 지상에는 이제 악은 존재하지 않았다. 노인은 그것들이 모두 그의 마음속에서, 또 전 세계에서 성취된 것을 알고, 큰 기쁨과 평안을 느끼고 있었다.

같은 방의 죄수들에게 있어서는, 노인이 마지막 순간에 심하게 목이 그렁거리자, 옆에서 자고 있던 남자가 일어나 사람들을 깨웠고, 목이 그렁거리는 소리가 멎고 노인의 몸이 움직이지 않게 되어 차갑게 굳어가자 다 같이 문을 두드렸을 뿐이었지만.

간수장이 문을 열고 감방 안에 들어왔다. 10분쯤 지나 죄수 두 명이 시체를 지고, 아래층의 시체보관실로 운반해 갔다. 간수장도 감방 문을 잠그고 두 사람 뒤를 따라갔다. 복도에는 아무도 없었다.

'문을 잠가, 문을 잠그란 말이야.' 문틈으로 모든 것을 보고 있던 메제네츠키는 생각했다. '내가 이 어리석기 짝이 없는 끔찍한 세상에 작별을 고하는 것을 방해할 수 있는 놈은 아무도 없어.'

메제네츠키는 그때까지 그를 괴롭혀 온 마음의 공포를 더 이상 느끼지 않았다. 그는 오직 자신의 계획에 훼방꾼이 들어오는 일이 없기만을 바라는 생각뿐이었다.

그는 두근거리는 가슴으로 장작더미로 다가가, 끈을 풀어 장작 밑에서 잡아당긴 뒤 문 쪽을 힐끔거리며 자기 방으로 가져왔다. 그리고 의자 위에 올라서서 통풍구에 끈을 건 뒤, 양쪽 끝을 묶고 매듭을 쭉 당겨서 두 줄의 끈으로 올가미를 만들었다. 그러나 올가미가 너무 낮았다. 밧줄을 다시 걸고 새로 올가미를 만들어 그것을 자기 목에 대어보고, 불안한 듯 문 쪽에 귀를 기울이며 의자 위에 올라섰다. 그리고 올가미에 목을 집어넣어 목에 꼭 끼도록 한 다음, 의자를 발로 차버리고 허공에 매달렸다.

아침 순찰할 때에야 비로소 간수는, 메제네츠키가 옆으로 자빠진 의자 옆에 무릎을 구부리고 서 있는 모습으로 죽어 있는 것을 발견했다. 간수는 그를 올가미에서 풀어놓았다. 급히 달려온 간수장이 로만이 의사라는 것을 알고 그를 불러 응급조치를 하게 했다. 모든 수단을 다 써보았지만 메제네츠키를 소생시킬 수는 없었다.

메제네츠키의 주검은 시체실로 운반되어, 늙은 분리파 신자의 주검과 나란히 널빤지 침대 위에 눕혀졌다. 레프 톨스토이

11월 4일

1

논쟁은 언제나 진리를 분명히 밝히기보다는 오히려 애매하게 만든다.

진리는 고독 속에서 성장한다. 그리고 그것이 성장하면 논쟁이 없이도 받아들여질 만큼 명확해진다.

2

자기가 옳을 때도 끝까지 침묵할 줄 아는 사람에게는 큰 힘이 있다. 칸트

3

논쟁을 하지 말라. 논쟁은 설득하는 데 가장 불리한 방법이다. 사람들의 의견은 못과 같아서 때리면 때릴수록 깊이 들어가 뺄 수 없게 된다. 유베날리스

4

누군가가 너희를 슬프게 하거나 모욕을 줄 때는 흥분이 가라앉기 전에는 반박하지 말 것이며, 꼭 해명해야 할 필요가 있을 때는 무엇보다 먼저 자신의 정신적 동요부터 가라앉혀라. 성현의 사상

5

자신이 완전히 믿고 있지 않은 것을 주장해서는 안 된다. 남한테서 들은 것을 무조건 믿어서도 안 된다. 성현의 사상

6

지금 당장 분노를 가라앉힐 수 없을 때는 침묵하라. 잠시 침묵하다 보면 이윽고 마음도 가라앉을 것이다. 백스터

7

나쁜 병에 걸린 사람에게 화를 낼 수 있을까? 그 사람이 옆에 있는 것이 불쾌하다고 해서 그에게 책임이 있는 것은 아니다. 마음의 병일 때도 이와 같이 생각

하지 않으면 안 된다.

"그렇지만" 하고 너는 말할 것이다. "인간은 자신의 결점을 의식할 수 있는 이성을 가지고 있다"고. 맞는 말이다. 그러므로 너도 이성을 가지고 있으니, 이웃에게 그 결점을 일깨우기 위해 이성적으로 대처할 수 있을 것이다. 너 자신의 이성의 힘을 발휘해 이웃의 마음에 양심을 눈뜨게 하여, 화내거나 초조해하거나 거만한 태도를 보이지 않는 가운데 그의 무지를 깨우쳐 주어라.

마르쿠스 아우렐리우스

8

말은 마음의 열쇠이다. 얘기해도 소용없는 경우에는 차라리 한마디도 하지 않는 것이 좋다.

중국 금언

9

혼자 있을 때는 자신의 죄를 생각하라. 사람들 속에 있을 때는 남의 죄를 잊어라.

중국 금언

10

말하고 싶은 생각이 간절하면 할수록 잘못된 말을 할 위험성도 커진다.

11월 5일

1

사상은 진리를 밝히는 등불이다. 그러므로 잘못된 사상은 바로 애매모호한 사상을 말한다.

2

조용한 것은 그대로 조용히 있게 할 수 있다. 아직 일어나지 않은 일은 쉽게 그것을 예방할 수 있다. 아직 약한 것은 금방 극복할 수 있다. 아직 적은 것은 이내 없앨 수 있다.

모든 일은 그것이 아직 모습을 드러내기 전에 대처하는 것이 좋다. 무질서가 시작되기 전에 규율을 바로 세워라.

큰 나무도 어린 가지에서 시작되고, 구층탑도 작은 벽돌 한 장에서 시작되며, 천 리 길도 한 걸음부터다. 자신의 사상에 주의하라. 사상은 바로 행위이다.

노자

3

나는 아침에 눈을 뜨자마자 자신을 반성하며 자신을 향해 이렇게 말한다. 오늘도 언제 어느 때 오만불손하고 위선적이며 집요하고 심술궂은 남자를 만날지도 모른다. 왜냐하면 무엇이 선이고 무엇이 악인지 모르는 사람은 누구나 다 그렇기 때문이다, 라고. 그러나 만약 나 자신이 선악이 어디에 있는지 똑똑히 인식하고, 나에게 악이란 나 자신이 행하는 악밖에 없다는 것을 이해하기만 하면, 아무리 무례한 사람이라도 나를 해치지 못할 것이다. 왜냐하면 어느 누구도 내 의지에 반하여 나에게 악을 행하게 할 수는 없기 때문이다.

또 만약 내가 피와 살에 의해서가 아니라, 신이 우리들 각자에게 내려준 육체보다 고귀한 영혼, 우리의 본질을 이루고 있는 영혼에 의해 우리 모두가 이웃이라는 것을 깨닫는다면, 나는 그토록 나와 가까운 존재에게 화를 내거나 불쾌감을 느낄 수 없게 될 것이다. 왜냐하면 우리는 서로가 서로를 위해 창조되어 있어서, 마치 손과 손, 발과 발이 언제나 서로를 돕는 것처럼, 또 오른쪽 눈과 왼쪽 눈이, 하나하나의 이가 서로 협력하는 것처럼, 서로를 도와야 하는 사명을 띠고 있기 때문이다. 그러므로 우리를 모욕하는 이웃한테서 등을 돌리는 것은 우리의 본성에 어긋나는 일이다. 그리고 모욕을 받은 상대를 미워하는 자는 모두 본성에 반하는 일을 하고 있다.

마르쿠스 아우렐리우스

4

오오, 진리를 구하는 자여, 너의 목적을 달성하고자 하거든 먼저 자신의 사상을 지배하라! 네 영혼의 눈을 욕정에서 자유롭고 유일하게 맑은 빛으로 돌려라.

브라만의 가르침

5

불꽃이 조용한 빛을 발하기 위해서는 바람이 불지 않는 곳에 촛대를 놓아야 한다. 바람이 불면 불꽃이 일렁거리며 어둡고 이상한 그림자를 던진다. 그러한 그림자는 너의 깨끗한 영혼의 표면에 나쁜 사상을 던져줄 것이다.

브라만의 가르침

6

세상의 번거로움과 유혹의 소용돌이 속에서는 우리의 욕망과 싸울 방법을 찾을 여유가 없다.

네가 홀로 있을 때, 유혹이 존재하지 않을 때, 너의 목적을 정하라. 그때 비로소 너는 너를 덮치는 유혹과 싸울 수 있을 것이다. 벤담

7

깊은 사색은 불멸을 향하는 길이고 얕은 생각은 죽음을 향하는 길이다. 깊이 사색하는 자는 결코 죽지 않고, 얕은 생각에 머무는 어리석은 자는 죽은 것과 같다.

자기 자신을 눈뜨게 하라. 그러면 너는 너 자신의 보호를 받으며 깨달음의 길을 나아가 영원불변의 존재가 될 것이다. 부처의 가르침

8

나쁜 생각이 뇌리에 떠올랐을 때 그것을 내쫓을 수는 없지만, 그것이 나쁜 생각이라는 것을 깨닫고, 그것을 약화시키거나 없애고자 하는 마음을 불러일으킬 수는 있다. 이웃의 결점에 대한 생각이 떠올랐을 때, 그것을 내쫓을 수는 없지만 그것이 나쁜 생각이라는 것을 깨달으면, 이웃을 비난하는 생각은 나쁜 것이고, 나 자신에게도 결점이 있으며, 이웃의 내면에도 나의 내면과 마찬가지로 신이 살고 있으므로, 그를 사랑해야 한다고 생각하게 된다.

11월 6일

1

이웃을 비난하는 것은 현명한 일이 못 된다. 그런다고 해서 해결되는 것은 아무것도 없으며, 자신에게나 다른 사람들에게나 해롭기만 할 뿐이다.

2

파티가 끝나고 한 손님이 작별 인사를 하고 돌아가자, 뒤에 남은 사람들이 그를 비판하며 험담을 늘어놓기 시작했다. 두 번째 손님이 돌아갔을 때도 마찬가지였다. 이렇게 차례차례 손님들이 돌아가고 단 한 사람이 남았다. 그 손님은 이렇게 말했다.

"저를 하룻밤 묵어가게 해주십시오. 떠난 사람들이 하나같이 험담을 듣는 것을 보니 두려운 생각이 드는군요."

3

죽은 사람에 대해서는 좋게 말하거나 아니면 침묵하라는 속담이 있다. 하지만 나는 반대로 살아 있는 사람에 대해 나쁘게 말해서는 안 된다고 생각한다. 왜냐하면 그것은 살아 있는 사람을 고통스럽게 만들고 인간관계를 악화시키기 때문이다. 죽은 사람에 대해서는 마음에도 없는 공치사를 늘어놓아도 된다고들 하지만, 사실은 있는 그대로 분명히 말해도 아무런 지장이 없다.

4

남에 대한 비난은 본인의 면전에서 이야기되면 그에게 유익할 수 있을지 모르지만, 언제나 뒤에서 험담으로 끝나기 때문에 당사자의 귀에는 들어가지 않고 제삼자의 귀에만 들어가서, 그들의 마음속에 당사자에 대한 나쁜 감정만 불러일으킨다는 점에서 특히 유해하다.

5

자기 자신에게는 엄격하고 다른 사람들에게는 관대하라. 그러면 우리는 적을 가지지 않게 될 것이다.

중국 금언

6

사람은 자기 자신을 극복하는 순간부터 남을 비난하지 않게 된다.

7

옛날에 한 마디 한 마디 사이를 두고 매우 천천히 말을 하는 노인이 있었다. 그는 말로서 죄를 짓는 일이 없도록 일부러 그렇게 했던 것이다.

8

우리는 모두 죄 많은 인간이며, 우리가 남을 비난하고 있는 말은 언제나 우리들 자신에게 해당되는 말이다. 서로가 서로를 용서하자. 우리가 평화롭게 살 수 있는 유일한 방법은 서로 용서하는 것이다.

9

말은 사상의 표현이고 사상은 신의 힘의 표현이다. 그러므로 말과, 말에 의해 표현된 것은 서로 일치하지 않으면 안 된다. 선악과 관계없는 말도 있을 수 있지만, 그것이 악의 표현일 수는 없으며 또 그래서도 안 된다.

11월 7일

1

삶은 꿈이고, 죽음은 깨어남이라고 생각할 수도 있다.

2

나는 태어나기 전에 죽었고, 죽을 때는 이전의 상태로 돌아가는 것이라는 생각에서 도저히 벗어날 수 없다. 한번 죽었다가 다시 숨결이 돌아와, 원래의 나로 돌아가는 것을 가사(假死)라고 하는데, 죽었다가 새로운 육체의 기관들을 가지고 다시 깨어나는 것이 곧 태어나는 것이다. 리히텐베르크

3

내가 생물을, 이를테면 새, 개, 개구리를 죽일 경우 또는 심지어 미친한 벌레

한 마리라도 죽일 경우, 엄밀히 말하면 나의 부당하고 경솔한 행위로 말미암아 그 존재들이 무로 돌아가는 것이며, 또 더 정확하게 말해, 그 존재들이 한 순간 전까지 에너지와 삶의 환희로 가득한 경이로운 모습을 우리에게 보여주었던 본원적 생명력 자체가 무로 돌아가는 것이라는 생각에는 도저히 동의할 수 없다. 한편 시시각각 무한하고 다양한 모습으로 태어나고 있는, 생명력과 생존에 대한 의지로 넘치는 수백만 종의 생물이, 태어나기 전에는 절대로 존재하지 않았으며 무에서 유로 바뀐 것이라고 할 수도 없다.

그와 같이, 만약 내가, 한 생명이 나의 시야에서 어딘지 모를 곳으로 사라지고, 또 한 생명이 어디선지 모르게 나타나며, 게다가 그것이 동일한 물질이 아닐 뿐, 둘 다 똑같은 형태와 똑같은 본질, 똑같은 성격을 가지고 있고, 그 물질이라는 것도 그것이 존재하는 동안 쉬지 않고 신진대사를 되풀이하고 있다는 것을 안다면, 저절로 다음과 같이 생각하지 않을 수 없을 것이다. 즉 사라지는 생명과 그 뒤에 나타나는 다른 생명은, 단순히 약간의 변용을 통해 존재양식을 바꿨을 뿐 결국 동일한 존재이며, 따라서 개체 자신에게는 잠인 것이 그 개체가 속한 종에 있어서는 죽음이 되는 것이다.

쇼펜하우어

4

우리는 꿈속에서도 거의 생시와 마찬가지로 살고 있다. 파스칼은 이렇게 말했다. 만약 우리가 꿈속에서 줄곧 일정한 상태에 있는 자신을 보고, 생시에 온갖 다른 상태에 있는 자신을 본다면 우리는 꿈을 현실로 생각하고 현실을 꿈으로 생각할 것이라고.

그러나 그것은 완전히 옳다고는 할 수 없다.

현실이 꿈과 다른 점은, 현실 생활에서는 우리가 우리의 도덕적 요구에 응하여 행동할 수 있는 능력을 가지고 있다는 점이다. 그러나 꿈속에서는, 우리는 혐오스럽고 부도덕한 행위를 하고 있는 것을 알면서도 도저히 자제할 수 없을 때가 있다. 그러므로 만일 우리가 꿈에서보다 더 많은 도덕적 요구를 만족시킬 수 있는 생활을 모른다면, 우리는 꿈이 그대로 생활이라고 믿고, 그것이 진짜 생활이 아닐지도 모른다는 의심은 절대로 하지 않을 거라고 나는 말하고 싶다.

뒤집어 생각하면, 우리가 태어나서 죽을 때까지 매일 밤 꿈을 꾸는 삶 자체도,

역시 우리가 현실 또는 현실 생활로 착각하고 있는 꿈이며, 우리가 그것을 현실이라고 의심하지 않는 것은, 우리가 영혼의 도덕적 요구를 추구하는 자유를, 현재의 우리의 생활에서보다 더 많이 가질 수 있는 생활을 아예 모르기 때문일지도 모른다.

5

나는 이 세상에 태어나 이 세상에서 삶의 일부를 보낸 것을 아깝게 생각하지 않는다. 왜냐하면 나도 이 세상에 무언가의 공헌을 했다고 생각하기 때문이다. 죽음이 찾아온다면 나는 진짜 나의 집이 아니라 여관에서 나가듯 이 세상을 떠날 것이다. 왜냐하면 우리는 모두 원래 이 세상에 잠깐 머물러 온 손님, 또는 나그네라고 생각하기 때문이다.

키케로

6

설사 영혼은 불멸이라고 믿는 내 생각이 틀렸다 하더라도, 역시 나는 행복하고 내가 틀린 것에 만족할 것이다. 그리고 살아 있는 동안, 나에게 이토록 변하지 않고 흔들리지 않는 마음의 평안과, 이토록 충실한 만족감을 주는 그 신념을 나한테서 빼앗을 수 있는 자는 아무도 없을 것이다.

키케로

7

죽은 뒤에는 무엇이 있을까? 하는 물음은 물음 자체가 잘못되어 있다. 죽음 뒤의 세계를 얘기하는 것은 시간에 대해 얘기하는 것인데, 우리는 죽음과 함께 시간에서 벗어나는 것이다.

11월 8일

1

우리의 생명 의식과 신의 관계는 우리의 감성과 세계 또는 사물과의 관계와 같다. 감성이 없으면 우리는 세계와 사물에 대해 전혀 모르고, 생명의 의식이 없으면 신에 대해 아무것도 모르게 된다.

2

신을 섬기는 방법은 딱 한 가지밖에 없다. 그것은 자신의 의무를 실천하고 이성이 주는 법칙에 따라 행동하는 것이다. 내 생각에는 신이 존재한다는 것은, 내가 나 자신의 자유의사를 가지면서도 역시 정의에 합당한 행동을 해야 할 책임이 있다는 것을 느끼는 것, 바로 그것이다. 그것이 신이다. 대체로 우리의 마음이 신을 인식하는 것이며, 그 인식을 이성에 전달하는 것은 절대로 불가능한 일이 아니지만, 의심할 여지 없이 어려운 일이다. 또 과연 이성은 마음 없이 저 혼자 신에 도달할 수 있는가 하는 문제도 있다. 왜냐하면 마음이 신을 인식해야 비로소 이성이 그것을 탐구하기 시작하기 때문이다. 리히텐베르크

3

신의 이념은 확실히 위대하지만, 그것은 결국 무한하게 정화되고 무한하게 높여진 우리의 정신적 자질의 이념이다.

신성의 이념의 기초는 우리의 내부에 있다. 채닝

4

신을 두려워하는 것은 좋은 일이지만, 더 좋은 것은 신을 사랑하는 것이다. 그러나 가장 좋은 것은 자기의 내부에서 신을 되살리는 것이다.

안겔루스 질레지우스

5

신을 찾아낼 수 있는 곳은 오직 자신의 마음뿐이다. 안겔루스 질레지우스

6

좋은 하인은 틀림없이 주인의 생활에 대해 자세한 것은 모르고, 게으른 하인만이 아무것도 하지 않고 주인의 눈에 들기 위해 주인의 생활과 취미에 대해 알려고 애쓴다. 인간과 신의 관계도 그것과 마찬가지이다. 중요한 것은 신을 주인으로 인정하고 신이 자신에게 무엇을 요구하고 있는지를 아는 것이며, 신이란 도대체 무엇인가, 신은 어떻게 살고 있는가에 대해서는 나는 결코 알 수 없을 것이

다. 왜냐하면 나는 신과 동격이 아니며, 신의 하인이지 주인이 아니기 때문이다.

7

사람들은 모두 신을 자기 방식으로 이해하지만, 신의 의지를 실천하는 것은 모두가 같다.

11월 9일

1

자기애는 오만의 시작이다. 오만은 방치된 자기애가 기승을 부리는 상태이다.

2

자기애, 즉 자신을 전 세계의 누구보다 위에 두고 싶어 하는 마음에 혐오를 느끼지 않는 사람은 완전히 눈이 먼 장님이다. 왜냐하면 그것은 정의와 진리와도 모순되기 때문이다. 그것이 정의에 반하는 이유는 인간은 누구나 똑같은 것, 즉 남들보다 높이 되는 것을 원하기 때문이며, 그것이 진리에 반하는 이유는, 세상에서 가장 높아지는 일이란 있을 수 없기 때문이다. 파스칼

3

인간에는 두 부류가 있다. 하나는 올바른데도 자신을 죄인으로 여기는 사람들이고, 또 하나는 죄가 많은데도 자신을 올바르다고 여기는 사람들이다.

파스칼

4

인간은 분수(分數)이다. 분자(分子)는 다른 사람들과 비교했을 때 외면적이고 육체적이고 지적인 소질이고, 분모는 스스로 자신을 평가하는 정도이다. 분자, 즉 자신의 소질을 증대시키는 것은 인간의 힘이 미치지 않는 일이지만, 자신의 분모를 줄이는 것, 즉 자기 자신에 대한 평가를 낮춤으로써 무한대에 가까워지는 것, 그것은 누구에게나 가능한 일이다.

5

물질은 가볍고 밀도가 낮으면 낮을수록 넓은 장소를 차지하는 법이다. 오만한 인간이 자신에게 부여하고 있는 가치도 이와 같이 가볍고 밀도가 낮다.

6

자기 자신도 아직 배워야 할 것이 많은데 남의 선생 노릇을 하고 있는 사람들이 많다.

동양의 금언

7

빈 수레바퀴는 언제나 요란한 소리를 낸다. 텅 빈 이삭일수록 고개를 쳐들고 있다. 그런 것이 바로 오만의 본성이다.

8

인간의 비천한 근성은 겸허와 반대되는 것이며, 인간의 마음은 경멸과 모욕을 받는 것을 상상만 해도 화가 나는 법이다. 그래서 우리는 다른 사람들이 보는 데서는 경멸받을 만한 부분을 가능한 한 감추려 하며, 있는 그대로의 자신을 좀처럼 인정하지 않는다. 그러한 비천한 근성이 강하면 강할수록 우리는 더욱더 그것과 싸우지 않으면 안 된다.

9

인생에서 가장 중요한 것은 자기완성이다. 그런데 오만한 사람이 모두 그렇듯, 자기 자신에게 만족하고 있다면 도대체 어떻게 자기를 완성할 수 있으랴!

11월 10일

1

니케아 종교회의의 최초의 회원들이 "우리와 성령(聖靈)이 바라는 것처럼 될지어다" 하고 말했을 때부터, 즉 외면적 권위를 내면적 권위 위에 놓고, 종교회의에서 보잘것없는 인간들이 의논한 결과를, 인간의 내부에 있는 유일하고 신성한 이성과 양심보다 훨씬 중요하고 신성한 것으로 인정했을 때부터, 인간의 육체와 정신을 마비시키고 수백만 명의 인간들을 파멸시킨 그 무서운 거짓이 시작되어 오늘에 이르고 있다.

2

무척 기묘하게 들릴지도 모르지만, 이른바 이단파의 교의 속에서만 그리스도교가 발현하며 진보해 갔다. 즉 그리스도교가 해명되고 실현되어 간 것이다. 이단파도 내부에 미망을 가지고 있었을지 모르지만, 동시에 거기에는 참된 그리스도교도 포함되어 있었다.

국가의 승인을 얻어 권력, 즉 폭력으로 지지를 얻은 가르침은 그리스도교가 아니었다. 왜냐하면 그 기초가 되는 폭력이 반그리스도교적인 것이었기 때문이다. 가톨릭, 정교, 루터교, 성공회는 그리스도교적인 가르침일 수 없었다. 그런 것들은 그리스도교의 근본적 요구의 하나인 사랑에 의한 계몽을 부정하고, 그 대신 가장 반그리스도교적인 수단, 즉 고문과 처형, 화형과 같은 폭력행위를 이용했기 때문이다.

이러한 국가 권력과 유착한 모든 교회는(분리파 사람들이 그것을 계시록에 나오는 간부(姦婦)로 일컫고 있는 것도 무리가 아니다) 결코 그리스도교적이지 않았을 뿐만 아니라, 언제나 가장 악질적인 그리스도교의 적이었다. 그리고 지금도 전죄를 뉘우치지 않은 채, 좀더 유연한 표현이기는 하지만 여전히 자신의 과거를 신성한 것으로 인정하고, 참된 그리스도교의 적이 되어 싸우면서, 사람들이 그리스도교를 통해 계시된 진리를 수용하는 데 커다란 장애가 되고 있다는 점에서, 지금도 변함없이 가장 악질적인 그리스도교의 적이 되고 있다.

3

영국 성공회는 처음부터 압제자의 가장 노예적이고 열성적인 앞잡이로서, 세속적인 권력의 도움을 장엄한 의식을 통해, 가톨릭이 유럽에서 획득한 지위를 획득하려고 노력했다. 그리고 갖가지 어려움에 부딪칠 때마다 국가 권력에 도움을 청했다. 렉키

4

주교직에 반대하는 책을 쓴 존경할 만한 인물인 레이턴은 1682년 영국에서 재판에 회부되어 다음과 같은 형벌을 받았다. 우선 그는 참혹하게 채찍으로 맞은 뒤 한쪽 귀가 잘리고 코도 한쪽이 찢겼다. 그리고 또 불에 벌겋게 단 쇠로 뺨 위에 SS(소요의 씨앗을 뿌린 자)라는 글자를 새겨야 했다. 이레 뒤 등의 상처가 채 낫기도 전에 다시 채찍질을 당하고 나머지 한쪽 코도 찢기고 나머지 한쪽 귀도 잘렸다. 그리고 나머지 한쪽 뺨에도 낙인이 찍혔다. 이러한 모든 일이 그리스도교라는 이름 아래 일어났다.

모리슨 데이비슨

5

그리스도는 어떠한 교회도 세우지 않았고 어떠한 국가도 건설하지 않았으며, 어떠한 법률도 제정하지 않았고 어떠한 정부도 만들지 않았다. 요컨대 어떠한 외면적인 권위도 장치하지 않고, 오로지 사람들의 마음속에 신의 법칙을 새겨 넣어, 그것을 통해 사람들이 자율적인 존재가 될 수 있게 한 것이다.

허버트 뉴턴

6

1415년 얀 후스 주교는 교황의 독신행위를 적발했기 때문에 이단자로 몰려 재판에 회부된 뒤, 피를 흘리지 않는 사형, 즉 화형 선고를 받았다.

형장은 도시의 성문을 나간 라인강 기슭의 정원과 정원 사이에 있었다. 형장에 끌려나왔을 때 얀 후스 주교는 무릎을 꿇고 기도를 드리기 시작했다. 사형집행인이 그에게 장작더미 위로 올라가라고 명령했을 때 얀 후스 주교는 똑바로 일어서서 큰 소리로 말했다.

"예수 그리스도여! 당신의 말을 사람들에게 퍼뜨리기 위해 저는 이 잔인하고 수치스러운 죽음을 받아들이겠나이다. 조용하게 그리고 겸손하게 받아들이겠나이다!"

사형집행인은 얀 후스 주교의 옷을 벗기고 두 손을 뒤로 하여 기둥에 묶었다. 얀 후스 주교는 발판 위에 세워졌다. 그의 주위에 장작과 짚단이 쌓였고, 장작더미는 얀 후스 주교의 턱까지 닿았다. 마지막으로 포펜하임 원수가 얀 후스 주교에게 사교(邪敎)를 버리고 목숨을 건질 것을 권유했다.

"아닙니다" 하고 얀 후스 주교는 말했다. "나는 사교를 믿고 있지 않습니다."
그러자 사형집행인은 장작더미에 불을 붙였다.

얀 후스 주교는 찬송가를 부르기 시작했다. "살아 있는 신의 아들 그리스도여, 저를 불쌍히 여기소서!"

불꽃이 바람을 타고 높이 타올랐다. 그리고 이윽고 얀 후스 주교의 목소리는 들리지 않았다.

7

진실한 신앙을 가진 사람들이 교회를 세우고 있다고들 한다. 그러나 진실한 신앙을 가진 사람이 과연 있는지 우리는 알 수 없다. 우리 모두는 당연히 진실한 신앙인이 되고 싶어 하며, 그렇게 되도록 노력하고 있다. 그러나 자신을 가리켜, 또 자신과 같은 믿음을 가진 사람들을 가리켜, 진실하고 유일한 신앙인이라고 말할 수 있는 사람은 아무도 없다. 그런 말을 하는 사람은 그것만으로도 진정한 그리스도교를 부정하고 있는 것이다.

8

정말 교회가 있다면, 그 교회 안에 있는 자의 눈에는 그것이 보이지 않는 법이다.

이레째 읽을거리

그리스도교와 인간 차별

그리스도교적 저술가인 페트르 헬치츠키는 15세기에 교회의 기만을 폭로하는 《신앙의 그물》이라는 책을 썼다. 그는 이 책에서 그리스도교 신앙이 타락한 원인을 황제와 교황이 자신들을 그리스도교도로 인정하면서 정작 진정한 그리스도교를 왜곡한 사실에서 찾고 있다. 이 진정한 그리스도교의 왜곡을 헬치츠키는, 큰 물고기로 인해 그물이 찢어진 것에 비유했다. 큰 물고기가 뚫어놓은 구멍으로 다른 물고기들도 모두 달아나는 것처럼, 그리스도의 그물 속에 있던 사람들도 교황과 황제가 신앙을 왜곡했기 때문에 진정한 신앙을 잃어버리고 말았다는 것이다.

다음에 헬치츠키가 한 말을 인용해 보기로 하자.

사도들의 전도에 의해 그리스도교에 귀의한 사람들은 오랫동안 완전무결한 신앙의 그물 안에 있었다. 그런데 시간이 지남에 따라, 사람들이 모두 안일하고 편안한 잠 속에 빠지자, 신앙의 적이 나타나서 밀밭 사이에 잡초 씨앗을 뿌렸고, 잡초는 무성하게 자라 급기야 밀의 성장을 방해하게 되었다. 황제가 대주교에게 재산과 권력을 주었을 때, 그리스도교도들은 깊은 잠에 빠져 있었다. 그 깊은 잠 때문에 감각이 마비되어 있던 그들은, 그리스도의 이름으로 살아오던 가난한 생활을 내던지고, 그 대신 부와 권력의 지배 및 황제와 나란히 서는 명예, 아니 황제를 능가하는 명예를 선택했다. 맨 처음 그들은 굴이나 동굴 속, 또는 숲속에 몸을 숨기고 있었지만, 이윽고 이게 웬일인가! 황제가 직접 성직자를 하얀 말에 태우고 로마 시내를 활보하게 되었다.

그리하여 사도가 지켜야 할 사명의 청정무구함은 훼손되고 말았다. 그래서 두 마리의 큰 고래가 그 속에 들어왔을 때, 다시 말해 왕과 같은 권력과 왕을 능가하는 명예를 가진 제사장과, 신앙이라는 가면 속에서 이교적 권력과 이교적 지배를 마음대로 휘두르는 황제, 이 두 마리의 고래가 들어왔을 때, 페트르의 '신앙의 그물'(예수가 베드로에게 사람을 낚는 어부가 되라고 한 말 참조)은 완전히 찢어지고 만 것이다. 이 두 마리의 고래가 그물 속에서 마구 날뛰는 통에 그물은 거의 성한 데가 없이 갈기갈기 찢어지고 말았다. 이 두 마리의 고래 때문에, 여러 부정한 계층이 우후죽순처럼 나타났고, 이번에는 그 계층들이 그물을 찢기 시작했다. 우선 온갖 형태와 온갖 색채의 복장을 한 사제들, 이어서 여러 학교와 대학의 학자들, 교구를 관할하는 성직자들, 또 학자는 아니지만 문장으로 장식된 온갖 종류의 귀족, 나아가서는 시민 계급이 발생했다. 이렇게 다양한 집단과 계급은 간책과 폭력과 매수와 상속에 의해 토지를 차지한 뒤, 사람들에게 군림하려고 기를 쓴다. 한쪽은 종교계의 지주이고 한쪽은 세속적인 지주이다.

로마 교회는 셋으로 갈라졌다. 하나는 이 세상의 지주인 왕후와 귀족인데, 투쟁으로 교회를 지켰고, 또 하나는 성직자 계급으로, 이들은 기도를 했으며, 마지막으로 노동자 계급은 다른 두 계급의 육체적 요구를 보장하지 않으면 안 되었다. 이러한 차별에서 어찌 불평등이 나오지 않을 수 있으랴! 앞의 두 계급에게는 썩 괜찮은 얘기다. 그들은 일도 하지 않고 포식을 하며, 돈을 물 쓰듯 쓰고, 노동 계급을 짓밟고 서서 그들의 노동에 의존하고 있지만, 노동 계급은 두 종류의 포식자들의 사치한 생활을 지탱해 주기 위해 고통에 허덕이지 않으면 안 된다. 이러한 차별은 그리스도교 정신에 위배되는 것이다. 그리스도교에 의하면, 원래 전 세계는 하나의 단체, 하나의 마음, 하나의 영혼을 형성하지 않으면 안 된다.

신앙의 그물을 가장 난폭하게 파괴했고, 지금도 끊임없이 파괴를 계속하고 있는 두 마리의 강력한 고래는 종교계의 최고 지배자와 세속의 최고 지배자이다. 종교계의 최고 지배자인 교황은 가난한 생활과 노동, 포교활동, 그 밖의 종교가로서의 의무를 돌아보지 않고, 세속적인 권력과 명예를 원하는 대로 차지하면서, 세상 사람들에게 신 앞에 무릎을 꿇는 것처럼 자기 앞에 엎드릴 것을 요구함으로써 그리스도교의 계율을 어기고 있다. 그는 신의 법칙과 신앙에 반하는 자신의 독선적인 법칙을 함부로 만들었고, 사람들은 거기에 휘말려 신의 법칙과 신앙을 잊고 신앙이란 그러한 훌륭한 성직자의 법칙을 믿는 것이라고 여겼다.

그 모든 종교활동에서 성직자 계급은 그들의 법칙에 따라 움직인다. 그리고 그 기도라고 하는 것도, 두꺼운 책에 빼곡하게 적혀 있는, 그들의 법칙에 따라 특별히 만들어진 여러 가지 기도문을 중얼거리는 것 외에 아무것도 아니었다. 교회에서 사람들이 듣고 있는 앞에서, 한 사제가 다른 사제와 말과 노래를 주고받는 것이 기도라는 것이다. 무지한 민중은 아무 생각 없이 그것을 그리스도교의 신앙으로 믿고 있지만, 민중이 신앙에 대해 들은 것은, 하느님은 교회에 계신다는 것과 일요일에는 밭을 갈아서는 안 된다는 것뿐임을 아울러 생각한다면 그리 놀라운 일도 아니다.

신앙의 그물 속에 들어와서 그것을 파괴한 또 한 마리의 고래는 이교적 지배 형태와 이교적 제도, 이교적 법률을 가진 황제이다. 콘스탄티누스 대제에 의해 그리스도교가 받아들여지기까지 그리스도교도들은 교황이나 황제의 숨결이 닿지 않는 순수한 그리스도교적 법칙에 따라 행동하며, 자기들 사이에 왕을 두지 않았고, 그저 이교도의 지배하에서 세금을 바치거나 그 밖의 의무만 수행하면 되었다. 콘스탄티누스 대제가 그 이교적인 지배 체제, 이교적인 법률과 함께 그리스도교 신앙에 들어갔을 때, 그리스도교도의 순수함은 상실되었다.

진정한 신앙, 진정한 예배를 훼손한 이교적 특징을 하나하나 헤아리자면 한이 없지만, 황제와 관계되는 것 중에서 몇 가지를 들어보자. 그리스도교도를 지배하고 싶으면, 콘스탄티누스와 그 후계자들이 최고의 경건한 생활의 본보기를 보여줬어야 했음에도, 그들은 그리스도교도들 속에서 신앙을 떠나 가장 독신적(瀆神的)인 생활을 보냈다. 또한 그들의 하인과 추종자들도, 마찬가지로 지극히 타락한 생활을 하며, 결국 그리스도교 사회의 썩은 과일로 전락하여, 그 악취를 사방에 퍼뜨렸다. 그런데도 성직자 계급과 기사단의 우두머리들은 그것을 악마적 교회의 제3부류로서 정당화하고, "그것은 그들의 지위에 어울린다. 궁정 사람들은 즐겁고 여유롭고 개방적으로 살아야 한다"고 말했다.

황제는 오만불손하게 그 이교적 권력을 제멋대로 휘두르며, 자신이 그리스도교도이며 그리스도교도들을 다스리고 있다는 생각은 아예 하려 들지 않는다. 황제가 백성에 대해 세금을 부과하면서 가하는 육체적 압박은 그리 중대한 문제가 아니다. 그것에 의해 재산이 줄어들고 사람들은 힘든 생활을 강요당하지만, 그것을 견디기만 하면 그것 때문에 양심에 가책을 받는 일은 없었다. 그보다 더 중요한 것은 세속적인 권력이 사람을 죽이고 온갖 폭력행위를 휘두르는 것을 죄악으로 여기지 않고, 그리스도교도들끼리 서로 전쟁을 하여 그리스도의 계율을 범하고 있는 일이다.

이교도가 그리스도교도와 아무런 관련도 없었던 초기 교회의 모습은 그리스도교도들에게 가장 축복받은 것이었고, 만일 악마의 간계와 두 명의 인물, 즉 실베스테르 1세(콘스탄티누스 대제에게 세례를 준 교황)와 콘스탄티누스가 장님이 되어, 그것 때문에 그리스도교에 독(毒)이, 바꿔 말하면 교황의 권력과 황제의 권력이 끼어드는 일만 없었더라면, 그 상태는 지금까지 계속 유지되었을 것이다.

그리스도교회에 바로 유대인한테 일어난 것과 똑같은 일이 일어났다. 약속의 땅에 찾아온 유대인들은 자신들의 위에 어떠한 지상의 황제도 두지 않고, 오로지 신과 그 계율의 보호 속에서 400년이 넘게 그곳에서 살았다. 그러나 이윽고 그들은 신을 버리고 예언자 사무엘에게 자신들의 황제를 갖고 싶다고 간청했다. 그들의 소망은 이루어졌지만, 그들에 의해 저질러진 크나큰 죄의 증거로 신은 천둥과 비를 보냈다. 그와 같은 일이 그리스도교도들에게도 일어났는데, 단지 그 둘 사이의 차이라고 하면, 유대인은 지상적인 것에 대한 집착에서, 자신들의 지상 생활이 천상의 왕에 의해서보다 지상의 왕에 의해 더욱 잘 영위될 거라고 생각하여 황제 모시기를 원한 것에 비해, 그리스도교도는 신을 버리지 않고 이교적 지배 체제의 황제를 원하지 않았지만, 결국은 황제가 그리스도교를 받아들임으로써 교회는 큰 은혜를 입었다는 대의명분 아래 황제에 의한 이교적 지배 체제가 확립되었다는 점이다.

그런데 결과는 정반대였다. 전에는 황제가 그리스도교도를 박해하는 것으로도 그들 사이에 끼어들 수 없었던 것을, 이번에는 그들과 신앙을 같이하여 그들에게 은혜를 베푼다는 형태로, 그들을 이교적 무신앙으로 이끈 것이다. 그 점에 있어서 실베스테르 교황과 콘스탄티누스 대제의 죄도 크지만, 그 이후의, 자신들을 가장 완전하고 가장 현명한 신앙의 이해자로 생각하고, "교회의 번영을 위해서는 지상의 권력이 반드시 필요하다"고 설득해 온 그리스도교도들의 죄도 그에 못지않게 크다고 해야 할 것이다.

시간이 지남에 따라 사도들에 의해 그물에 걸린 수많은 물고기들, 즉 무법자들이 난입해 신앙의 그물을 갈기갈기 찢어놓았다. 그 무법자들은 진정한 신앙에 머무르거나 그것을 탐구하려 하지 않고, 신앙을 자기 쪽으로 끌어당겨 각각 진정한 신앙과 거리가 먼 자기 나름의 것을 만들어, 그것을 진정한 신앙으로 인정받고 싶어 했다. 거기에 대해서는 가장 먼저 문장(紋章)으로 장식된 무법자 계층에 대해 한마디 하지 않을 수 없다.

그 문장으로 장식된 다양한 계층은, 신의 계율을 어기는 생활을 하고 신의 아들을 욕되게 하는 것에서 타의 추종을 불허한다. 그들 계층은 이중의 죄 속에서 태어나고 있다. 첫째로, 모든 사람들과 마찬가지로 아담의 죄 속에, 둘째로 고귀한 신분으로 태어났다는 죄의식 속에서 태어난다. 그 의식 때문에 그들은 모든 것에서, 이름과 몸가짐, 복장, 음식, 주택, 권리, 사람을 대하는 태도 같은 모든 점에서 자신들을 다른 사람들과 구별하려 한다.

그들은 모든 생활 방식과 습관과 언어 속에 허영심을 드러낸다. 온갖 영화를 누리기 위해 모든 육체적, 세속적 행복을 소유하려 노력하고, 사람들이 자신의 죄 때문에 견뎌야 하는 모든 불쾌한 일을 회피한다. 그들은 극심한 노동과 인내, 추구, 소박, 겸손, 타인에 대한 봉사는 자신들에게 어울리지 않는다고 생각한다.

그들에게 필요한 것은 자유롭고 여유롭고 편안한 생활, 청결과 아름다움, 특별히 이색적이고 화려한 복장, 즉 지상의 모든 행복을 누리는 일이다. 그들은 마치 신처럼 사람들을 깜짝 놀라게 하는 호화로운 연회를 열지 않으면 안 되고, 깨끗하고 부드러운 침대와 "뭐 필요한 것은 없습니까, 나리!" 하는 달콤한 아부와 추종의 말이 필요하다.

고귀한 신분을 과시하기 위해, 그들이 하인들의 도움을 받아가며 지루하도록 몸단장을 되풀이하는 광경은 정말 구역질이 날 정도이다. 고귀한 신분의 증거로서 그들은 하얀 분을 온몸에 칠하기도 하고, 마지막에 가서는 이교적인 권력을 요구한다. 또 실제로 문장으로 장식된 그들은 토지를 차지하고 앉아 사람들 위에 권력을 휘두르고 있다. 그들은 농노와 '머리가 둔한 바보들'의 땀과 노고에 의해서만 자기의 고귀한 신분을 과시할 수 있으며, 농노들이 일손을 놓기만 하면 그 고귀한 그들도 당장 힘을 잃고, 양치기들과 하나도 다를 게 없는 신세가 되고 말 것이다.

신분의 고귀성은 황제와 왕에게서 문장을 얻으려는 이교적인 관습에 바탕을 두고 있다. 어떤 사람은 영웅적인 행위에 대한 봉사의 대가로 그것을 얻고, 어떤 사람은 명예를 위해 그것을 돈으로 산다. 이를테면 문(門)이나 이리 또는 개의 머리, 계단, 반신반마상(半身半馬像), 파이프, 칼, 돼지고기 소시지 같은 문장이다. 신분의 고귀함은 바로 그런 문장에 달려 있으며, 문장에 따라 그 고귀함의 정도가 결정된다. 만일 그 문장을 유지할 만한 돈이 없을 때는 굶주림이 어쩔 수 없이 그들로 하여금 문장을 버리고 쟁기를 잡게 할 것이다. 그러므로 고귀한 신분의 진정한 힘은 문장이 아니라 돈에 있으며, 돈이 없으면 지주도 농노와 다름없고, 일하는 것을 부끄러워하면 끼니를 때울 빵도 얻지 못하게 된다.

고귀한 계층의 두 가지 탄생(하나는 아담의 죄를 진, 또 하나는 문장에 의한 자신의 고귀성을 동반하는)은 다시 새로운 무수한 죄를 낳는다. 자기가 고귀하다는 의식은 허영심과 겸손과 인내심의 결여를 낳는다. 아무 지주한테나 너는 상놈이고 농노라고 말해보라. 지주는 당장 그 사람을 법정으로 끌고 가서 명예훼손으로 고발할 것이다. 같은 원천에서 태어나는 그 밖의 다른 죄로는, 게으름, 사치, 이교적 지배, 잔인, 폭력 등이 있다. 그런데 성직자들은 그러한 죄악을 보고도 비난하지 않고, 지주들에게 "그런 것은 그리 해로운 것이 아닙니다. 그것은 당신의 지위로 보아 당연하고 어울리는 일입니다" 하고 말한다. 이런 말로 성직자들은 말하자면 그들의 죄에 물을 주어 성장을 촉진시키고, 그것을 선덕으로 변화시키는 것이다.

이러한 죄악은 부모에게서 그들이 스스로 빠진 미망 속에서 키운 자식에게 전해져서, 신의 손에서 그 피창조자를 빼앗는다. 지주들은 자기의 신분이 고귀하다는 의식에서 그들의 자식들을 독일의 여러 귀족의 저택에서 살게 하며, 거기서 온갖 거만한 언어와 하찮은 습관, 예절, 정중하게 고개를 숙일 때의 포즈를 연습시키며 귀족 특유의 독(毒)에 취하게 만든다. 이는 모두 허영심 때문이다. 그들은 세속적인 위대함을 지나치게 사랑하여, 자기 집에서는 그 위대함을 얻을 수 없기에 자식들을 높은 사람한테 보내 그들을 통해 무언가의 명예를 획득하게 하며, 우리 아들은 임금 옆에서 시동(侍童) 노릇을 하고 있다거나, 우리 딸은 여왕의 시중을 들고 있다고 자랑하는 것이다.

그리하여 문장족이 마구 늘어나서 땅이 비좁을 지경이 되고 말았다. 사람들은 부귀와 영화 속에서 다른 사람들을 지배하고자 하는데, 그중에는 내세울 만한 땅이 없는 자도 있고, 많은 사람들이 가난에 시달리면서도 노동을 원하지 않고 부끄럽게 생각하면서도 그래도 모두 큰소리만 치고 있다. 또 어떤 사람들은 온갖 달콤한 말을 늘어놓고, 또 거짓 약속을 하여 끝없이 돈을 빌리면서도, 비천한 노동으로 자신의 고귀한 신분을 더럽혀서는 안 된다며 끝내 일하려 들지 않는다. 그 지주들은 드넓고 비옥한 땅을 소유하고 있었지만 이제 그 땅은 황폐해져서 이리들이 날뛰고 있는데도, 그들은 여전히 궁정에서처럼 앉고 서고, 하루종일 잡담으로 시간을 보낸다.

성서를 아무리 읽어봐도, 어떤 사람들이 어떤 사람들보다 고귀하게 태어났다는 말은 아무 데도 없다. 솔로몬조차 자신이 보잘것없는 존재임을 의식하고 있고, 구약성서와 신약성서 속에 '고귀한'이라는 말이 나오는 건, 선덕과 예지를 바탕으로 한 고귀함을 의미할 따름이다. 이 같은 고귀한 사람들의 생활이 추악한 것처럼, 그들 남녀가 입고 있는 의복도 추악하다. 아무리 이교도고 유대인이라 해도 그러한 문장 본위의 신앙에 대해 그릇된 생각을 하는 계층만큼 그리스도교의 신앙을 더럽히지는 않았다. 그들은 신을 기쁘게 하지 못하고 세상 사람들에게도 유해하며 또 무거운 짐이 될 뿐이다. 노동 계급은 그들의 고귀함이라는 무거운 짐을 짊어지고 있으며, 그들은 노동 계급의 피와 살을 먹고, 지상에 있는 모든 좋은 것을 긁어모아 삼키려 하고 있다. 그들이 모든 사람들에게 끼치는 커다란 해독은, 코를 찌르는 악취를 발하는 시체처럼 그들이 모든 것을 자기 안에 가두고 그 악취를 다른 것에게 전염시킨다는 점에 있다. 그들은 무엇보다 먼저 자기 자식들과 하인들을 자신의 내부에 가두어 그들에게 허영과 모든 귀족적인 행위를 가르치고, 그다음에는 일반 시민이 그 생활양식을 모방하게 한다.

이상은 모두 그러한 문장 본위의 무법자들이야말로, 사도 바울이 불법을 행하는 자, 파멸의 아들이라고 부른 반그리스도와 다름없다는 것을 인식하기를 바라는 마음에서 쓴 것이다.

11월 11일

1

우리가 도덕적 완성에 이르는 것은 불가능하다. 그러나 그것을 향해 다가가는 것은 인생의 법칙이다.

2

아예 실천이 불가능하다면 처음부터 도덕률 같은 것은 없었을 것이다. 사람들은 우리가 원래 이기주의자로 태어났기 때문에 어쩔 수 없이 인색하고 음탕한 존재라고 말한다.

하지만 결코 그렇지 않다. 가장 중요한 것은, 우리가 원래 어떤 모습이어야 하는지 마음속 깊이 느끼는 일이다. 그것이 우리에게 힘을 줄 것이다. 솔터

3

너희는 자유로운 행위자이며 스스로도 그것을 느끼고 있을 것이다. 인간의 양심, 인간의 의식 높은 목소리에 대해 숙명론을 들먹이는 가련한 철학자의 어떠한 궤변도, 양심의 가책과 순교의 위대함이라는, 인간의 자유에 대한 매수할 수 없는 두 증인을 침묵시킬 수는 없었다. 소크라테스에서 그리스도에 이르기까지, 또 그리스도 이후 몇 세기 동안 진리를 위해 죽은 사람들에 이르기까지 모든 순교자들이 그 노예적인 숙명론을 향해 소리 높여, "우리도 우리의 생명과 우

리에게 기쁨을 주었던 수많은 사람들, 우리에게 싸움을 중지하라고 간절히 원한 사람들을 사랑했다. 우리의 심장 박동 하나하나는 우리에게 큰 소리로 '살아라!' 하고 소리쳤다. 그러나 우리는 우리의 의무를 실천하기 위해 죽음을 선택했다"고 외치고 있다.

또 카인에서 시작된 이래 오늘날까지 악의 길을 선택한 가련한 첩자, 배신자, 변절자들은 마음 깊은 곳에서 양심의 가책의 목소리, 그들에게 결코 마음의 평화를 주지 않고, 그들을 향해 언제나 "어째서 너희는 진리의 길을 벗어났느냐? 너희는 자유로운 행위자이며, 따라서 자신의 행위에 책임을 져야 한다"고 추궁하는 목소리를 들을 것이다. 주세페 마치니

4

"무엇을 해야 하는가?" 하고 네가 묻는다면, 네가 지금 그대로의 너라면 아무것도 할 수 없다고 대답하리라. 너에게 지금 당장 필요한 것은, 가능한 한 자타(自他)의 이기심과 무관심의 공허한 메아리가 되기를 그만두고, 비록 위대하지는 않지만 청정한 영혼의 소유자가 되는 일이다. 너는 자신의 내면을 들여다보고 거기에 영혼의 흔적이나마 있는지 확인해야 한다. 그렇지 않으면 아무것도 할 수 없다.

오, 형제들이여! 우리는 있는 힘을 다해 자신의 내면에 영혼과 양심을 눈뜨게 하고, 우리의 게으름을 성실로, 생명 없는 돌 같은 심장을 살아 있는 그것으로 대체하지 않으면 안 된다! 그때 비로소 우리는 우리의 앞날에 기다리고 있는 무한한 선(善)의 계열을 조금이나마 확실한 일관성을 가지고 이해하기 시작할 것이다. 무엇보다 먼저 첫걸음을 내디뎌라. 그러면 두 번째 걸음은 한결 수월하고 한결 확실하며 한결 실행하기 쉬워질 것이다. 칼라일

5

값진 진주를 바다에 떨어뜨린 사람이 있었다. 그래서 그것을 주우려고 바가지로 물을 퍼내기 시작했다. 바다의 정령이 나타나서 물었다. "곧 그만둘 텐가?" 그러자 그 사람이 대답했다. "바닷물을 다 퍼내고 진주를 찾으면 그만두겠습니다." 그래서 바다의 정령은 진주를 찾아와 그에게 주었다.

6

외면적인 결과는 우리의 의지로 어떻게 할 수 없지만 노력은 언제나 가능하며, 노력에는 항상 좋은 내면적 결과가 따르기 마련이다.

11월 12일

1

토지는 그 은혜가 모든 사람에게 골고루 미치는 인류 공동의 재산이다. 따라서 개인의 사유재산의 대상이 되어서는 안 된다.

2

나는 땅 위에 태어났는데, 그렇다면 내 몫은 도대체 어디에 있는가? 세상의 높으신 양반들아, 내가 땔감을 팰 수 있는 숲과, 밀을 뿌릴 수 있는 밭과, 집을 지을 수 있는 대지는 도대체 어디에 있는지 가르쳐 다오. 그런데 세상의 높으신 양반들은 나에게 이렇게 외친다. "숲이건 밭이건 대지건 손가락 하나라도 대어 봐라, 경을 칠 테니까. 그러나 네가 우리 땅에 와서 일하겠다면 살아갈 수 있을 만큼 빵은 주리라" 하고.

에머슨

3

내 이성은 나를 향해 토지는 사고팔아서는 안 된다고 가르친다. 위대한 영혼은 토지를 우리의 자식들이 그것을 갈아서 살아갈 수 있도록 준 것이며, 그들이 그 토지 위에서 살며 그것을 경작하는 한, 토지에 대한 권리는 그들의 것이다.

블랙 호크

4

땅은 아주 팔아넘기는 것이 아니다. 땅은 내 것이요, 너희는 나에게 몸 붙여 사는 식객에 불과하다.

〈레위기〉 제25장 23절

5

엄밀히 말하면 땅은 다음의 두 사람에게 속한다. 즉 전능한 신과 그 땅에서

일하거나 일하려는 모든 사람의 아들에게. 칼라일

6

공정한 창조자여, 내 말을 듣고 누가 도둑인지 판단해 주십시오. 나에게 내가 태어남과 동시에 주어진 땅을 이용할 자유를 나에게서 빼앗은 자가 도둑인지, 아니면 그 땅에서 살며 그것을 경작하여 생계를 잇기 위해 토지를 이용하는 내가 도둑인지를. 제럴드 윈스턴리

7

모든 사람은 태초부터, 그리고 모든 법령 이전에 땅을 소유하고 있다. 바꿔 말하면 자연 또는 우연이 그들로 하여금 있게 한 장소에서 살 권리가 있다. 칸트

8

과연 신은 무언가를 어떤 자에게는 주고 어떤 자에게는 주지 않았던 것일까? 과연 만인의 아버지는 그 자식들 가운데 누군가를 특별하게 취급했던 것일까? 신의 선물에 대한 독점적인 권리를 주장하는 자들이여, 제발 신이 다른 형제들한테서 자신의 유산상속권을 박탈했다는 증거서류를 보여다오. 라므네

9

토지를 사유재산으로 소유하는 것은 가장 자연에 반하는 범죄의 하나이다. 그 범죄의 추악성을 우리가 깨닫지 못하는 것은, 우리의 세계에서는 그 범죄가 오히려 권리로 인정되고 있기 때문이다.

10

내가 숲에서 호두를 따고 있을 때 삼림 감시원이 덤불에서 나와 거기서 뭘 하고 있느냐고 물었다. 나는 호두를 따고 있다고 대답했다.

"호두를 따고 있다고? 어떻게 감히 그런 짓을 하는 것이냐?"

"어째서 그러면 안 된다는 말인가? 원숭이도 다람쥐도 호두를 따고 있지 않은가."

"잘 들어" 하고 삼림 감시원이 말했다. "이 숲은 공동의 것이 아니고 포틀랜드 공(公)의 소유란 말이야."

"오, 그래?" 하고 나는 말했다. "공에게 가서 내가 안부를 묻더라고 전해주게. 그리고 공에게 이 숲은 나에 대해 알고 있는 것처럼 공에 대해서도 잘 알고 있다고 말하게. 또 숲속에 있는 것은 무엇이든 먼저 따는 자가 임자이니, 만약 포틀랜드 공에게 호두가 필요하다면 우두커니 있지 말고 얼른 숲으로 오라고 하게."

토머스 스펜스

11

개인에게 토지 사유권을 주는 것이 부정하다는 것은, 지금은, 19세기 중엽에 노예제도의 부정함이 인정되었던 것과 마찬가지로 인정되고 있다.

11월 13일

1

올바른 인간이라면 결코 자신에게 만족하지 않는다. 이것만 보더라도 자기완성이라는 것은 인간에게 자연스러운 일이다.

2

인간은 자신의 내부에 있는 선에 대한 자질을 더욱 발전시키지 않으면 안 된다. 하늘은 그 자질을 완성품으로서 주지는 않았다. 그것은 어디까지나 자질에 지나지 않는다. 스스로 선한 사람이 되는 것—인간은 이 목적을 달성하기 위해 노력하지 않으면 안 된다.

칸트

3

"악의 뿌리는 진리에 대한 무지이다"라고 부처는 말했다. 그 뿌리에서 망상의 나무가 자라고, 헤아릴 수 없이 많은 고뇌의 열매가 맺힌다.

무지를 극복하는 유일한 수단은 지식이다. 진정한 지식은 오직 개개인의 자기완성을 통해서만 달성될 수 있다. 따라서 사회악을 바로잡는 것도, 사람들이 더욱 높은 인생관을 가지고, 더욱 선한 사람이 되어 행동할 때 비로소 가능하다.

인간 각자가 선해지는 것이 이 세상의 생활을 개선하는 가장 확실한 방법이다.

하르트만

4

내면적 만족 또는 종교적 순종이라는 의미에서 자기 본질의 개선만을 인생에서 찾는 자는, 자신의 인생을 그 사명을 다하지 않고 끝낼 위험성이 누구보다 적다.

아미엘

5

그리스도교도는 단순한 선생도 아니고 단순한 학생도 아니며, 언제나 동시에 선생이자 학생이다. 그러므로 항상 노력하는 그에게는 완성의 끝이란 없다.

6

누구나 자기를 학생이며 제자라고 생각하라. 공부를 하기에는 나이가 너무 많다거나, 자신은 이미 충분히 성숙하고 발달했고, 자신의 성격과 영혼은 이미 훌륭하여 더 이상 훌륭해질 여지가 없다고 자만해서는 안 된다. 그리스도교도에게 졸업이라는 것은 없다. 그는 무덤에 들어가는 날까지 학생이다.

고골

7

깊이 사색하는 사람은 경우에 따라 도덕적 타락으로 이끌릴 수 있는 마음의 고통을 경험할 때가 있다. 그것은 그가 인류를 몹시 괴롭히는 온갖 불행에 대해 너무 깊이 생각한 나머지, 아무래도 사태가 개선될 여지가 없는 것처럼 보여, 세계의 질서를 관장하는 신에게 불만을 느낄 때이다. 그러나 그래도 신을 비난해서는 안 된다. 설령 신이 지금 당장 우리의 지상 생활에 고난의 길을 제시한다 해도. 그것은 괴로운 생활 속에서도 용기를 잃지 않기 위해, 또 신에게 책임을 전가함으로써 어쩌면 우리의 모든 재앙의 유일한 원인일지도 모르는 우리 자신의 죄를 잊지 않기 위해서이다.

칸트

8

어리석은 습관에서 벗어날 수 있는 것처럼 이기주의에서도 벗어날 수 있고, 또 그렇게 하지 않으면 안 된다. 자신의 만족을 늘리고 싶거나 자신을 과시하고 싶고, 자신에 대한 다른 사람의 애정을 불러일으키고 싶을 때는 조용히 자제하라. 남을 위해 아무것도 하고 싶지 않을 때는 하지 말라. 그러나 자신을 위해서는 절대적으로 필요한 일 외에는 하지 않는 것이 좋다.

9

선덕을 달성하는 데 가장 중요한 법칙은, 오로지 자기완성만을 생각하며 남들의 칭찬을 염두에 두고 행동하지 않는 것이다. 《시경(詩經)》

10

악행이 선행으로 소멸되면 구름을 벗어난 달처럼 이 세상을 환하게 비쳐준다.

온 땅의 왕이 되기보다, 하늘에 올라가기보다, 또는 온 세상을 다스리기보다, 예류과(預流果)를 얻는 것이 더 훌륭하다. 《법구경》

11

또 한 사람은 "선생님, 저는 선생님을 따르겠습니다. 그러나 먼저 집에 가서 식구들과 작별 인사를 나누게 해주십시오" 하고 말하였다. 예수께서는 "쟁기를 잡고 뒤를 자꾸 돌아다보는 사람은 하느님 나라에 들어갈 자격이 없다" 하고 말씀하셨다.

〈누가복음〉 제9장 61~62절

12

생애를 자기완성을 위해 바친 사람은 언제나 앞만 보고 있다. 멈춰 서 있는 자만이 자신이 한 일을 되돌아보는 법이다.

13

자기 자신에 대한 불만족은 이성적인 생활의 필수 조건이다. 오직 그것만이 자신을 단련하는 동기가 된다.

11월 14일

1

가장 중요한 지식은 실생활에 지침이 되는 지식이다.

2

인생의 모든 법칙을 아는 것은 매우 중요한 일이다. 그러나 우리를 자기완성으로 이끄는 지식이야말로 가장 중요한 지식이다. 스펜서

3

배가 고프지 않으면서 먹는 것과 부자연스러운 방법으로 식욕을 불러일으키려 하는 것은 모두 해로운 일이다. 억제하기 힘든 충동을 느끼는 일 없이 색욕에 빠져, 자신 속에 색욕을 불러일으키려 하는 것은 더욱 해롭다. 그러나 가장 해로운 것은 굳이 생각할 필요가 없는데도 억지로 생각하며, 자기 속에 부자연스러운 지적 활동을 불러일으키는 것이다. 마치 사람들이 자신의 사회적 지위를 높이기 위해 지적 능력을 과시하는 것처럼.

4

지극히 풍부한 학식을 갖고 자기만족에 빠져 있는 것보다, 건전한 상식을 조금 가지고 겸허한 마음으로 사는 것이 낫다. 학문이 꼭 나쁜 것은 아니며, 어떤 지식이든 지식은 그 자체로서 좋은 것이지만, 순결한 양심과 선한 생활은 모든 지식보다 위에 놓이지 않으면 안 된다. 토마스 아 켐피스

5

학문의 발달이 도덕의 순화에 공헌하는 것은 아니다. 우리가 알고 있는 모든 민족의 경우, 학문의 발달은 오히려 민족의 타락을 재촉했다. 우리가 그것을 반대로 생각하고 있는 것은, 우리가 그 공허하고 거짓으로 가득 찬 지식과 진정으로 고귀한 지식을 혼동하고 있는 데서 온다. 추상적인 의미에서의 학문, 또는 일반적인 의미의 학문은 당연히 존중되어야 하지만, 현재의 어리석은 자들이 학문이라고 부르고 있는 것은 비웃고 경멸함이 마땅하다. 루소

6

우리가 교사에게 기대하는 바는, 그가 자기의 학생을 무엇보다 먼저 스스로 판단하는 인간으로 만들고, 다음에는 이성적인 인간으로 만들며, 마지막으로 학자로 만드는 것이다.

그러한 방법은 설사 학생이 마지막 단계까지 결코 도달하지 못한다 하더라도(사실 대부분의 경우가 그렇지만), 역시 그의 공부는 학교를 위해서는 아니라도 인생을 위해 그를 훈련시켜 줄 것이다.

만일 이와는 반대의 방법으로 한다면, 학생은 판단력을 기르기 전에 이성 비슷한 것을 붙잡고, 배움에서는 진정으로 몸에 배어드는 것이 아니라 단순히 수박 겉핥기식의 학문을 터득함으로써, 그의 정신력은 여전히 불모로 남아 있을 뿐만 아니라, 동시에 허망한 학문에 의해 완전히 손상되고 마는 것이다. 우리가 자주 판단력도 이성도 없는 학자, 아니 지식장사꾼을 만나고, 또 학문의 전당에서 다른 어떠한 사회적 계층에서보다 훨씬 많은 어리석은 인물들이 생산되는 이유도 바로 거기에 있다.

칸트

7

좋은 행위를 하는 자가 바로 좋은 학자라고 할 수 있다.

인도의 《히토파데샤》

8

지능을 올바르게 사용하는 습관이 확립되지 않으면 바른 의지도 나오지 않는다. 왜냐하면 지능의 습관이 의지에 무엇보다 큰 영향을 주기 때문이다. 그러나 지능의 습관은 그것이 인생의 영원한 법칙 전체에 바탕을 둔 것일 때, 비로소 가장 좋은 것이 된다.

세네카

9

지자(智者)의 말에 귀를 기울여라, 비록 그의 행위가 그 가르침에 어울리지 않는다 할지라도. 사람은 배워야 한다, 비록 그 가르침이 벽에 씌어 있다 할지라도.

사디

10

지식에 있어서 중요한 것은 양이 아니라 그것에 대한 올바른 평가이다. 어떤 지식이 가장 중요하고, 어떤 것이 두 번째이며, 어떤 것이 세 번째인가, 또 가장 중요하지 않은 것은 무엇인가를 아는 것이 중요하다.

11월 15일

1

부(富)에 대한 기쁨은 기만에 지나지 않는다.

2

재물을 땅에 쌓아두지 마라. 땅에서는 좀먹거나 녹이 슬어 못쓰게 되며 도둑이 뚫고 들어와 훔쳐 간다. 그러므로 재물을 하늘에 쌓아두어라. 거기서는 좀먹거나 녹슬어 못쓰게 되는 일도 없고 도둑이 뚫고 들어와 훔쳐 가지도 못한다. 너희의 재물이 있는 곳에 너희의 마음도 있다. 〈마태복음〉 제6장 19~21절

3

"네 보물 있는 그곳에 네 마음도 있느니라!"

재물을 최고의 보물로 여기는 사람의 마음은 얼마나 오염되어 있는 것일까!

4

사람들은 남의 호화로운 집과 많은 논밭, 많은 하인들, 은그릇, 수많은 옷을 보고 자기는 더 많이 가지려고 욕심을 부린다. 그래서 가장 부유한 자는 덜 부유한 자에게, 그러한 나쁜 감정을 불러일으키는 원인이 되고, 그러한 덜 부유한 자도, 더욱 가난한 사람들에게 같은 감정을 불러일으키는 원인이 된다.

그러나 만약 부유한 자가 부를 모으지 않고 그것을 낭비하는 모습을 보여주지 않는다면, 덜 부유한 사람들과 가난한 사람들에게 물욕을 불러일으키지는 않을 것이다. 어쨌든 부에 대한 편애는 어떠한 폭군정치보다 나쁘다. 그것은 걱정, 선망, 나쁜 꾀, 미움, 비방, 그리고 선덕에 대한 무수한 장애물 즉 방심, 음탕, 탐욕, 음주를 낳는다. 그것은 자유로운 사람들을 노예로, 아니 노예보다 더 나쁜

존재, 곧 사람의 노예가 아니라 가장 무서운 욕망과 번뇌, 마음의 병의 노예로 만든다. 그러한 인간은 누군가가 자신을 그 물적 지배의 자리에서 끌어내리지 않을까 하는 두려움에서 신과 인간으로부터 모두 용서받지 못할 어떠한 악행도 마다하지 않는다. 이 얼마나 슬프고 노예적이며 악마적인 지배의 자리인가! 특히 치명적인 것은 그처럼 가련한 상태에 있으면서 우리는 자신의 쇠사슬에 입을 맞추고, 어두운 감옥에서 밝은 곳으로 나오려 하지도 않으며, 악착같이 악에 매달려 병에 걸린 것을 기뻐하고 있는 것이다. 그리하여 우리는 자유로워지지 못하고 광산에서 일하는 사람들보다 더 나쁜 상태에 있다. 그것은 우리가 온갖 어려움과 불행을 겪으면서 그 결과를 누리지 못하기 때문이다. 가장 나쁜 것은 만일 누군가가 우리를 이 가련한 포로상태에서 구출하려고 해도, 우리는 그것을 허락하지 않을 뿐만 아니라 도리어 화를 내고 원망하며 여전히 미치광이 같은 생활을 계속하는 것이다. 아니, 미치광이보다 더 나쁘다. 왜냐하면 그 광기에서 벗어나고 싶어 하지 않기 때문이다. 과연 우리는 오로지 부를 모으기 위해서만 인간으로 태어난 것일까? 신이 우리를 자신의 형상을 본떠 창조한 것은 그것 때문이 아니다. 신이 우리를 창조한 것은 우리로 하여금 신의 의지를 실천하게 하기 위해서이다.

이오안 즐라토우스트

5

부와 권력처럼 사람들이 큰 노력을 기울여 만들어 내고 소중하게 지키고 있는 모든 것에 뭔가 좋은 점이 있다고 한다면, 그것을 기쁜 마음으로 버릴 수 있다는 것뿐이다.

사람들은 자신의 지혜와 정조를 기르는 것보다 부를 축적하는 것에 천배나 더 많은 노력을 한다. 사실은 우리의 행복에는, 인간의 내부에 있는 어떤 것이 인간의 외면에 있는 것보다 더 중요하다는 것은 의심할 여지가 없는데.

쇼펜하우어

6

네가 자신을 위해 요즘 유행하는 장식품을 하나 샀다고 치자. 그러면 너는 앞으로 그것 말고도 10개나 되는 최신 유행품을 사지 않을 수 없게 된다. 에머슨

7

왜 인간은 부유해야 하는가? 무엇 때문에 그에게 값진 말이, 훌륭한 옷이, 아름다운 방이, 공공의 오락장에 출입할 권리가 필요한 것인가? 그것은 모두 사상의 결여에서 온다.

그에게 내면적인 사색활동을 하게 하라. 그러면 그는 가장 부유한 사람보다 더 행복한 사람이 될 것이다. 에머슨

8

가난한 사람은 부유한 사람보다 훨씬 자주, 그리고 훨씬 구김살 없이 웃는다.

세네카

9

정신적인 생활을 하고 있는 자에게 부는 필요하지 않을 뿐만 아니라 오히려 번거롭기만 하다. 그것은 인간으로서의 진정한 삶을 방해한다.

11월 16일

1

이성이 대답해 줄 수 있는 것도 아닌데 스스로에게 던지지 않을 수 없는 문제에 대해 해답을 주는 것은 오직 신앙이다.

2

그리스도는 위대한 인물이었다. 그는 인간에게 진정 보편적인 종교인 하느님과 사람에 대한 사랑을 전했다. 그러나 나는 앞으로 신의 곁에 더욱 위대한 사람들이 나타날 수 있다는 것을 믿어 의심치 않는다. 내가 이렇게 말하는 것은 그리스도의 위대함을 낮추고자 하는 것이 아니라, 신의 전능함을 주장하기 위해서이다. 그러한 사람들이 찾아오면, 전과 같은 싸움이 되풀이되어, 살아 있는 예언자는 또 죽임을 당하고 그 죽은 예언자가 숭배받을 것이다.

그러나 앞으로의 일이야 어찌 됐든, 그리스도는 지금 우리에게 일반적으로 세상에서 얘기되고 있는 것과 정반대의 진리를 가르치고 있다. 만일 그가 그 가르

침을 세상 사람들에 대해 얘기되고 있는 것과 일치시켰다면, 즉 단순한 피와 살의 가르침과 일치시킨다면, 그는 그저 한 가난한 유대인에 지나지 않게 되고, 세계는 종교적인 삶을 고수한 가장 값진 보물을, 유일하고 보편적이고 진정한 종교에 의한 복음을 잃었을 것이다.

만일 그가 다른 사람들처럼 어느 누구도 모세보다 높고 모세보다 올바를 수는 없다고 말했다면 어떻게 되었을까? 그렇게 되면 그는 하잘것없는 인물이 되어, 신의 영혼은 결국 그의 영혼을 버렸을 것이다. 그러나 그는 사람과 교류한 것이 아니라 신과 교류했으며, 우리의 희망에 귀를 기울인 것이지 그 공포에 귀를 기울인 것이 아니었다. 그는 사람들을 위해 사람들과 함께 사람들을 통해 일을 하며, 신을 믿고, 진리 자체처럼 순결했으며, 교회도 국가도 두려워하지 않고, 빌라도와 헤로데가 그를 십자가에 못 박기 위해 손을 잡았을 때도 결코 물러서지 않았다. 나는 언제나 나와 너희들에게 다음과 같이 말하는 숭고한 영혼의 목소리가 들리는 것 같다.

"가난한 형제여, 두려워하지 말라, 그리고 절망하지 말라. 내 안에 있었던 선은 네 안에도 있을 수 있다. 신은 그때 내 가까이에 있었던 것처럼 네 가까이에 있고, 또 그때와 마찬가지로 진리에 차 있으며, 그에게 봉사하려는 모든 사람을 감동시킬 준비를 하고 있다" 하고.

파커

3

죽음, 침묵, 지옥, 그것은 불멸과 행복과 완성을 원하는 존재에게 얼마나 무서운 비밀인가! 내일 아니 몇 시간 뒤라도 내가 숨을 쉬지 않게 되었을 때, 나는 도대체 어디에 있는 것일까? 내가 사랑하고 있는 사람들은 도대체 어디로 가버리는 것일까? 우리는 어디로 가는 것인가? 우리는 도대체 무엇인가? 영원한 수수께끼가 언제나 우리의 눈앞에 엄연한 모습으로 가로막고 서 있다. 마치 사방이 비밀로 싸인 어둠처럼.

신앙만이 이 알 수 없는 어둠 속에 유일한 별빛이다.

아무러면 어떤가! 이 세계가 선에서 태어났고, 의무의 의식이 우리를 기만하지만 않는다면 행복을 가져오고 선을 이루는 것, 그건 바로 우리의 법칙, 우리의 구원의 닻, 우리의 등대, 우리의 생명의 의의이다. 이 종교만 남는다면 다른 모든

종교는 멸망해도 상관 없다. 우리에게는 이상이 있고, 따라서 인생은 살 만한 가치가 있다. 아미엘

4

수많은 종교가 있지만 진정한 종교는 오직 하나밖에 없다. 칸트

5

오직 신앙만이, 사회를 개선할 수 있는 견고하고 강한 신념과 에너지와 일치단결을 낳는다. 주세페 마치니

6

우리는 단 하나의 결점도 없는 안내자, 우리 전부를 함께 또는 개별적으로 꿰뚫으며, 전체 속의 한 단위인 각 개인 속에 합당한 목적을 향해 나아갈 수 있는 힘을 주고 있는 세계정신을 가지고 있다. 그 세계정신은 나무에게 태양을 향해 뻗어갈 것을 명령하고, 식물에게 씨앗을 떨어뜨릴 것을 명령하며, 우리에게는 신을 향해 정진할 것을 명령하여, 그 정진의 과정에서 우리가 서로 하나가 될 것을 명령한다.

7

사람은 살아 있는 한 믿는 법이다. 그의 신앙이 진리에 가까우면 가까울수록 그 생활은 행복하며, 진리에서 멀면 멀수록 그 사람은 불행하다.

인간은 신앙 없이는 살아갈 수 없다. 신앙이 없는 사람은 실제로 자연사했거나 자살행위를 하고 있거나 둘 중의 하나이다.

11월 17일

1

우리가 지난날을 괴로워하며 미래를 망치는 것은 오로지 현재를 경시하기 때문이다. 과거와 미래는 환상이며 현재만이 유일하게 실재하는 것이다.

2

현재에 모든 정신을 기울여라. 우리는 오직 현재 속에서 영원을 인식한다.

괴테

3

가장 흔한 망상의 하나는 현재를 가장 절실하고 결정적인 순간으로 생각하지 않는 것이다. 오늘 하루가 1년 중에 가장 좋은 날이라는 것을 깊이 명심하라.

에머슨

4

모든 시대의 사람들은, 그 시대의 위대한 인물들을 존경해야 한다. 그리고 다음과 같이 말해서는 안 된다. "그들의 조상은 더욱 훌륭했다"고. 《탈무드》

5

우리가 지금 이 순간에 하고 있는 것보다 중요한 것은 아무것도 없다.

6

지금의 자신의 그릇(육체)을 이용하라. 내일이면 깨질지도 모른다. 《탈무드》

7

너는 과연 네가 해야 할 일을 했는가? 그것은 참으로 크고 중요한 문제이다. 왜냐하면 네 삶의 유일한 의미는, 너에게 주어진 짧은 생존 기간에 너를 이 세상에 보낸 자가 바라는 바를 행하느냐 아니냐에 있기 때문이다. 《탈무드》

8

원래 과거와 미래는 없는 것이다. 도대체 누가, 언제, 그 환상의 왕국을 탐험했다는 말인가! 있는 것은 오직 현재뿐이다. 내일에 대해 걱정하지 말라. 왜냐하면 내일이라는 것은 없기 때문이다. 오로지 오늘을 위해 오늘을 살아라. 너의 오늘이 좋으면 그것은 영원히 좋은 것이다. 〈윕〉지(誌)

9

지난날의 기억에 괴로워하거나 미래가 불안해 마음이 무거울 때, 인생은 오직 현재에 있다는 것을 기억하라. 그리고 너의 온 힘을 현재에 투자하라. 그러면 너의 지난날에 대한 고뇌도, 미래에 대한 불안도 해소되어 자유와 기쁨을 느끼게 될 것이다.

이레째 읽을거리

사랑의 요구

지금 이곳에 부유한 계층의 남녀, 즉 남편과 아내, 형제, 자매, 아버지, 딸, 어머니, 아들이 있다고 가정해 보자. 그들은 빈곤과 과로로 힘들게 살고 있는 사람들 틈에서 사치스럽고 게으른 생활에 빠져 있는 것에 대한 죄의식을 깊이 느끼고 도시를 떠나기로 한다. 두 사람이 1년쯤 살 수 있는 150루블의 증권을 남기거나, 아니면 아예 한 푼도 남기지 않고, 누군가에게 나누어 주든지 해서 필요 없는 재산을 청산하고, 뭔가 자신의 힘으로, 이를테면 도자기의 밑그림을 그리거나 좋은 책을 번역하여 돈을 벌어 러시아의 농촌으로 가서 농가를 빌리거나 구입한다. 거기서 제 손으로 채소밭과 과수원을 가꾸고 벌을 치면서, 마을 사람들에게 자기가 알고 있는 의학적인 지식으로 도움을 주고, 아이들에게 글을 가르치며, 모든 사람들에게 편지와 청원서 같은 것을 써주는 등, 문화적인 도움을 주면서 산다고 치자.

얼핏 이보다 더 훌륭한 삶은 없는 것처럼 보인다. 그러나 만일 그 사람들이 위선과 거짓이 없이 참으로 정직하게 살고자 한다면, 그 생활에서 얻는 기쁨은 이내 사라지게 될 것이다. 애초에 그들이 도시와 금전이 자신들에게 주었던 모든 이익과 기쁨과 화려한 생활을 거부한 것은 바로, 그들이 인간은 모두 아버지인 신 앞에 평등하다는 것을, 다시 말해 재능과 인격 같은 것은 평등하지 않더라도, 적어도 생명에 대한 권리와 생명이 줄 수 있는 모든 것에 대한 권리에 있어서 모두 평등하다는 것을 인정했기 때문이 아닌가?

또, 우리가 각자 과거를 지닌 성인들을 보면서 문득 인간의 평등에 대해 의구심이 들 때가 있어도, 어린이들을 보면 그 의구심은 이내 사라질 것이다. 도대체 왜 어떤 어린이는 부모의 극진한 보살핌을 받으며 육체적, 정신적 발육을 위한 모든 지적인 원조 속에서 자라는데, 같은 소질 또는 더 나은 소질을 가진 어떤 아이는, 젖이 모자라 구루병에 걸리고, 영양실조 때문에 난쟁이처럼 되거나, 글도 배우지 못한 채 야만적이고 미신적인 사람이 되어, 결국 단순한 막일을 하는 노동력으로 전락해 버리는 것일까?

그들이 그곳 사람들과 같은 삶을 살 작정으로 도시를 떠나 시골로 이주한 것이라면, 그것은 그들이 말로만이 아니라 진정으로 모든 사람이 형제임을 믿고, 그 즉시 전면적인 실현까지는 아니더라도 적어도 자신의 생활 속에 그것을 실현하겠다고 결심했기 때문일 것이다. 그런데 그 시도는 그들이 그것을 진지하게 생각한다면 반드시 그들을 무서운 궁지로 몰아넣게 될 것이다.

어릴 때부터 편리한 생활, 특히 청결한 생활에 길들여진 그들이, 시골에 와서 농가를 빌리거나 사서 이와 벼룩을 구제하고, 벽지도 제 손으로 바르고, 가구도 철제 침대와 책상, 책장 같은 사치품이 아니라 생활에 꼭 필요한 것만 가지고 왔다고 치자. 그리하여 그들의 생활이 시작된다. 처음에는 마을 사람들은 그들을 경계하며, 모든 부유한 계층이 그렇듯 그들도 폭력으로 자신들의 특권을 지키려 할 것으로 생각하고, 그들에게 가까이 다가가서 부탁이나 요구 같은 걸 할 생각은 아예 하지 않는다. 그러나 곧 그들이 조금씩 무보수 봉사를 자청하면, 이윽고 마을 사람들 중에서도 대담하고 적극적인 사람들이, 경험을 통해 이 새로운 이주자들이 자신들을 배척하지 않고 사이좋게 함께 살아갈 수 있다는 것을 알게 된다.

이리하여 모든 종류의 요구가 시작되고 그 요구가 점차 늘어난다.

또 단순한 요청에 그치지 않고, 그들이 가지고 있는 남는 물건을 나눠주기를 바라는 요구도 당연히 시작될 것이고, 그들 신거주자 자신들도, 마을 사람들과 늘 가까이에서 살면서 극단적인 빈곤을 보았기 때문에, 남는 물건을 나눠주지 않을 수 없다는 걸 느끼게 된다. 그뿐만 아니라 그들은 자신들이 가지고도 남는 것이 있는 한, 즉 평균적인 생활을 하는 사람들이 다 가지고 있는 것이 남아 있는 한, 조금이라도 남에게 주어야 한다고 느끼지만(어느 정도가 평균적이고, 어느 정도를 모두가 가지고 있어야 하는 건지, 그러한 정의가 원래 정해져 있는 것은 아니지만), 주위에는 언제나 씻은 듯한 가난이 있고, 거기에 비해 그들에게는 언제나 여분이 있다고 해서, 그들에게 이 정도면 됐다고 할 만한 한계는 없는 것이다. 하다못해 한 잔의 우유쯤 자신이 마셔도 될 것 같지만, 마트료나에게는 두 아이가 있는데, 젖먹이에게 먹일 젖은 나오지 않고, 두 살 된 아이도 앙상하게 말라 있다. 하루의 노동 뒤의 편안한 잠을 위해, 마땅히 베개와 이불 정도는 가지고 있어도 될 것 같지만, 병자가 이가 득실거리는 옷을 깔고 그 위에서 삼베자루를 덮고 몸을 떨면서 자고 있다. 차와 먹을 것을 조금은 여유로 남겨둬도 좋을 것 같지만, 몸이 쇠약해진 늙은 순례자가 찾아오면 그에게 주지 않으면 안 된다. 하다못해 집이라도 깨끗하게 유지하고 싶은데, 구걸하러 온 아이들을 재워주면 방에 이만 남기고 돌아간다.

정말이지 한도 끝도 없다. 도대체 한계를 어디까지 정해야 한단 말인가?

아마 바로 그것을 위해 그들이 시골로 내려왔을, '인간은 모두 형제'라는 동포애의 감정을 전혀 모르는 사람들만이, 거짓말을 하는 것이 완전히 습관이 되어 거짓말과 정말을 구별할 수 없게 된 사람들만이, 거기에 한계가 있다고 말할 것이다. 그러나 그런 한계는 없다는 것, 그렇게 행동하는 동기가 된 감정에는 원래 한계 같은 것이 있을 수 없으며, 만약 거기에 한계를 둔다면, 처음부터 그런 감정이 없었거나 단순한 위선에 지나지 않는다는 것, 그것이 중요한 점이다.

계속해서 그 사람들에 대해 상상해 보자. 그들은 하루 종일 일하고 집에 돌아가지만, 침대도 베개도 없어서 마른 짚을 구하여 그 위에서 자는데, 드디어 저녁을 먹고 잠을 잘 양으로 자리에 누웠다 치자. 때는 늦가을, 밖에는 진눈깨비가 내리고 있다. 그때 누군가가 똑똑 문을 두드린다. 어찌 열어주지 않을 수 있으랴. 몸이 흠뻑 젖은 데다 열까지 나는 남자가 들어온다. 어떻게 해야 하지? 마른 짚 속에 재워야 하나? 마른 짚은 더 이상 여분이 없는데. 그래서 그 병자를 쫓아내거나 젖은 몸 그대로 바닥에 재우거나, 아니면 자신의 짚을 내주고 그 남자와 함께 자는 수밖에 없다.

그런데 이번에는 그들이 이미 여러 번 도와준 적이 있는, 그리고 그때마다 그들한테서 얻은 돈으로 술을 마셔버리는 주정뱅이에다 방탕아가 찾아와서, 턱을 덜덜 떨며 3루블만 달라고 사정한다. 그 사람은 남한테서 3루블을 훔쳐 술을 마셔버렸기 때문에, 그것을 갚지 못하면 감옥에 들어간다고 한다. 당신들은 지금 가진 것이 4루블밖에 없는데, 그것은 내일 쓸 돈이라고 말한다. 그러면 그 남자는 이렇게 말한다. "그래, 역시 말뿐이었어. 이런 때는 당신들도 다른 사람들과 다를 게 없군. 말로는 형제라고 하면서, 실은 자기들만 안전하면 상대야 죽든지 말든지 상관 없다는 거지?"

이럴 때는 어떻게 대처하면 좋을까? 무엇을 하면 좋을까? 열이 있는 병자를 축축한 바닥에 재우고 자신은 마른 짚 위에서 자면, 마음이 편치 않아 잠을 이룰 수 없다. 그 사람과 함께 침대에서 자면, 이가 옮아 티푸스에 걸린다. 달라는 대로 없는 돈이나마 털어 3루블을 주면 당장 내일 먹을 빵이 없다. 주지 않으면 그자가 말했듯, 바로 그것 때문에 당신이 시골로 이주한 원래의 다짐을 외면한 것이 된다. 여기서 한계를 긋는다면 좀더 전에 한계를 그었어도 되지 않았을까? 왜 남을 돕는가? 왜 재산을 남에게 주고 도시에서 나왔단 말인가? 도대체 한계가 어디에 있는 것일까? 만약 당신이 하고 있는 일에 한계가 있다면, 거기에는 위선의 의미가 있을 뿐이다.

이 점이 바로 깊이 생각할 문제, 도대체 어떻게 해야 한단 말인가? 만약 한계를 두지 않으면, 자신의 생활이 파괴되고 만다. 즉 이가 들끓어서 티푸스에 걸려 죽어버린다. 어쩐지 허망한 느낌이 든다. 만약 한계를 정하면, 그때까지 해온 일의 대의명분을, 그것을 위해 적어도 그때까지 약간의 선행을 베풀어 온 대의명분을 버리는 것이 된다. 그것을 버릴 수는 없는 노릇이다. 왜냐하면 우리는 모두 형제이며 서로 돕지 않으면 안 된다는 것은, 나와 그리스도가 생각해 낸 것이 아니라 사실이 그러하며, 사람의 마음속에 한번 그 의식이 들어온 다음에는 그것을 제거할 수 없기 때문이다. 도대체 어떻게 해야 한단 말인가? 뭔가 빠져나갈 구멍은 없는 것일까?

그러면 여기서 다시 한번 상상해 보자. 그 사람들이, 자신들을 결국 죽음으로 몰아가는 자기희생의 입장에 어쩔 수 없이 서 있게 된 것을 두려워하지 않고, 자신들이 지금의 입장에 처하게 된 것은 자신들이 민중을 돕기 위해 가지고 온 자금이 터무니없이 적었기 때문이며, 더 많은 돈을 가지고 왔더라면, 지금과 같은 일을 겪지 않고 더 많은 민중을 도울 수 있었을 것이라는 결론에 도달했다고 치자. 그래서 그들은 원조자금원을 찾아 거액의 돈을 모금하여 원조활동을 시작한다고 가정해 보자. 그러나 채 1주일도 되지 않아 상황은 원상태로 돌아가고 말 것이다. 아무리 많은 자금이라도 그것은 커다랗게 입을 벌리고 있는 빈곤의 심연에 순식간에 빨려 들어가 버리고 이내 도로 아미타불이 될 것이 뻔하다.

그러나 어딘가 제3의 탈출구가 있지 않을까? 실제로 그것이 있다고 말하는 사람들이 있다. 그것은 바로 민중의 계몽에 힘을 기울이는 것이며, 그렇게 함으로써 불평등을 없앨 수 있다는 것이다.

하지만 그것은 너무나 속이 빤히 들여다보이는 위선이다. 끝없는 굶주림에 허덕이고 있는 민중을 계몽한다는 건 현실적으로 실현 불가능한 얘기다. 게다가 무엇보다 적어도 학문을 통해 인간의 평등을 확립하기 위해 정진하는 사람이, 자신의 실생활을 통해 불평등을 지지할 수 있을 리가 없다는 것만 생각해도, 제3의 길을 주장하는 사람들의 무책임함이 명백하지 않은가?

그러나 여기에 다시 제4의 탈출구가 있다. 그것은 불평등을 낳는 원인을 제거하는 데 협조하는 길, 불평등을 낳는 폭력을 제거하는 데 협조하는 길이다.

자신의 실생활을 통해 인류는 모두 형제라는 의식을 실현해야 한다고 진지하게 생각하는 사람들의 머리에는, 아무래도 이 제4의 탈출구가 떠오르지 않을 수 없다.

"만약 우리가 여기서 마을 사람들과 함께 살 수 없다면" 하고 내 상상 속의 그들은 말할 것이다. "만약 우리가 이가 옮아 병에 걸려 서서히 죽거나, 아니면 우리의 삶의 유일한 도덕적 기반을 버려야 하는 궁지에 몰려야 한다면, 그것은 오로지 어떤 사람들은 부유하고 어떤 사람들은 빈곤하다는 것에서 비롯되는 것이다. 불평등의 원인은 폭력에 있다. 그러므로 우리는 그 모든 것의 원인인 폭력과 맞서 싸우지 않으면 안 된다"고. 그러한 폭력과 폭력에서 생기는 노예상태를 근절해야만 비로소 자신의 목숨을 희생시켜야만 하는 입장에 내몰리지 않고 민중에게 봉사할 수 있다.

그럼 그 폭력은 어떻게 근절해야 하는가? 그것은 도대체 어디에 있는가? 그것은 병사 속에, 경관 속에, 촌장 속에, 나를 가두고 있는 문의 자물쇠 속에 있다. 나는 그 폭력과 어떻게 싸워야 하는가? 어디서 무엇을 가지고, 폭력으로 태어나고 폭력으로 폭력과 싸우고 있는 사람들처럼 싸워야 하는가?

성실한 사람들에게는 그것은 불가능한 일이다. 폭력으로 폭력에 맞서 싸우는 것은 낡은 폭력을 새로운 폭력으로 바꾸는 것일 뿐이다. 폭력기구를 업고 하는 계몽운동에 의한 협력도 결국 이치는 다르지 않다. 폭력을 통해 모금한 돈을, 폭력으로 피해를 입은 사람들을 돕는 데 쓰는 것은, 폭력으로 생긴 상처를 폭력으로 치유하는 것과 같다.

폭력에 대해 폭력이 아니라 비폭력을 주장함으로써, 폭력의 잘못을 지적함으로써, 그리고 무엇보다 비폭력과 자기희생의 범례를 보여줌으로써 싸운다 하더라도, 역시 폭력이 지배하는 세상에서 그리스도교적 삶을 사는 사람에게는, 자기희생, 철저한 자기희생 이외의 탈출구는 없는 것이다.

사람에게는 그러한 무한한 심연과 싸울 용기가 나지 않을 때도 있다. 그러나 자신이 일단 의식한 신의 율법을 실천하기를 진심으로 원하는 자는, 무엇이 자신의 의무인지 생각해 보지 않을 수 없다. 현실적으로 자기희생을 실행할 수 없어도 어쨌든 사랑의 요구에 따르겠다는 마음이 있으면, 그것을 똑똑히 인식하고 그것에 대해 얘기하며, 자신의 생명 자체도 포함하여 모든 것을 남에게 줄 수 없을 때는 자신의 죄를 느껴야 하고 결코 자기를 속여서는 안 된다.

그런데 철저한 자기희생이라는 것은 과연 그렇게 무서운 것일까? 빈곤의 밑바닥은 그렇게 깊은 것이 아닌데도, 우리는 종종 우물 속에 빠진 어리석은 아이 같은 짓을 하고 있다. 그 아이는 우물이 깊을 것으로 생각하고 밤새도록 두 팔로 매달려 있지만, 실은 발아래 바닥이 있는 곳까지는 반 아르신(1아르신은 71.12센티미터)밖에 되지 않는 것이다.

레프 톨스토이

11월 18일

1

선은, 받는 자에게 필요한 정도나 베푸는 자의 희생의 정도로 헤아릴 수 있는 것이 아니다. 오직 주는 자와 받는 자 사이에 성립되는 신과의 합일의 정도에 의해서만 헤아릴 수 있다.

2

삶은 반드시 선하고 행복한 것이 아니다. 좋은 삶만이 선하고 행복하다.

세네카

3

사람들이 자신이 받은 선보다 자신이 입은 피해를 더 많이 생각하는 것은 자연의 이치이다. 그러므로 선은 금방 잊히지만, 모욕은 좀처럼 잊히지 않는다.

세네카

4

우리가 대가를 기대하면서 의무를 행할 때, 그것은 선이 아니라 기만에 찬 선의 모형, 선의 유사품이다. 키케로

5

비난과 불명예가 거꾸로 너를 덮치지 않도록 남을 비방하지 말라. 악령은 앞에서 덤벼들지만 비방은 언제나 뒤에서 몰래 덮친다.

분노에 몸을 맡기지 말라. 분노에 몸을 맡긴 사람은 자신이 할 일을 잊고 자신의 선행을 놓치기 마련이다.

육욕을 삼가라. 육욕의 결과는 병마와 후회뿐이다.

자신의 삶을 해치지 않기 위해 마음에 질투를 품지 말라.

치욕을 당하고 그것 때문에 죄에 빠져서는 안 된다.

근면하고 과묵하며, 자신의 노동으로 살고, 자기가 생산한 것 중에서 가난한 사람들을 위해 저축하라. 그러한 습관은 네 행위에서 가장 가치 있는 것이 될 것이다.

남의 재물을 훔치지 말고 자신의 일을 게을리하지 말라. 자신이 일하여 먹지 않고 남으로 하여금 자기를 부양하게 하는 자는 식인종이라고 해야 마땅하다.

교활한 사람과는 논쟁하지 말고 멋대로 하게 내버려 두는 것이 낫다.

탐욕스러운 사람과는 사귀지 말라. 그런 자의 가르침을 믿지 말라.

어리석은 자와는 시비를 따지지 말라. 악인한테서는 돈을 빌리지 말라. 비방하기 좋아하는 자와는 함께 일하지 말라. 동양의 금언

6

우리가 시금석으로 삼아 모든 행위의 도덕성을 비춰봐야 하는 순수도덕이 무

엇이냐는 질문을 받는다면, 나는 그저 철학자들만이 이 문제의 해결을 우물쭈물 미루고 있다고 대답하지 않을 수 없다. 왜냐하면 건전한 인간의 상식에 있어서 이 문제는, 추상적이고 일반적인 논의에 의해서가 아니라, 우리가 행한 행위의 선악을 오른손과 왼손을 구별하는 것처럼 정확하게 판별한다는 사실에 의해, 이미 오래전에 해답이 나와 있기 때문이다.

칸트

7

그들이 너를 더욱 사랑하도록 네 친구에게 선을 행하라. 그들이 언젠가는 네 친구가 되도록 네 적들에게 선을 행하라.

네가 적에 대해 얘기할 때 그가 언젠가는 친구가 될 날이 올지도 모른다는 것을 기억하라.

클레오불로스

8

모든 사람은 정도의 차이는 있지만 서로 대립하는 두 경계의 어느 하나에 접근하고 있다. 즉 하나는 자기만을 위한 생활이고 다른 하나는 신만을 위한 생활이다.

9

하나의 선행을 다음 선행으로 연결시켜서 그 사이에 틈새가 전혀 없도록 하는 것, 이것이야말로 행복한 생활이라고 나는 부르고 싶다.

마르쿠스 아우렐리우스

10

우리가 진심으로 선을 실천하는 것은, 자기도 모르는 사이에 자기 자신한테서 나가 그 사람 속에서 살 때이다.

11월 19일

1

인간이 저지른 물질적인 악은 이 세상에서는 그것을 저지른 자에게 돌아오지 않을지 모르지만, 그러한 나쁜 행위를 부른 나쁜 감정은 반드시 그 사람의 마음에 흔적을 남겨, 무언가의 형태로 그를 괴롭힐 것이다.

2

죄 없는 사람은 아무리 큰 이익을 얻을 수 있다 해도 남에게 슬픔을 주지 않기 위해 배려한다. 죄 없는 사람은 자신에게 악을 행한 자에게도 악을 행하지 않도록 배려한다.

만약 어떤 사람이 아무 까닭도 없이 자신을 미워하는 사람을 같이 미워한다면, 그는 결국 지울 수 없는 죄책감만 갖게 될 것이다. 악을 행하는 자들에 대한 형벌은 그에게 커다란 선을 베풂으로써, 자신의 행위를 부끄럽게 여기게 하는 데 있다. 자신의 이웃을 자신과 마찬가지로 고통에서 벗어나게 하려고 노력하지 않으면, 아무리 학식이 있다 한들 그것을 어디에 쓴단 말인가?

사람이 아침에 남에게 악한 마음을 품는다면, 저녁에는 악이 그를 찾아올 것이다.

인도의 《쿠랄》

3

사계절이 저마다 각각의 특징을 보여주듯, 모든 자의 행위가 그를 절로 자신에게 어울리는 상태로 이끌고 간다.

모욕을 받은 사람은 편안하게 잠을 이루고 기쁨 속에 눈을 뜨며, 기쁨 속에 살 수 있지만, 남을 모욕한 자는 파멸할 것이다.

아무리 괴로울 때라도 화내지 않도록 하라. 행위로건 생각으로건 어떤 사람도 모욕하지 말라. 누군가를 불쾌하게 만드는 말을 하지 않도록 하라. 그것들은 모두 행복을 달성하는 데 방해가 된다.

《마누법전》

4

우리는 악이 세상과 맺어져 있다 해서 그 세상에서 달아나서는 안 된다. 악은 우리의 것, 진리의 법칙에 대한 우리의 무지의 결과이다. 진리의 법칙에 대한 무지는 우리를 이 세상에서 불행하게 만들고, 가는 곳마다 불행하게 만든다. 무엇보다 우리의 무지에서 해방되도록 노력하자. 그러면 우리의 불행은 저절로 물러

갈 것이다. 루시 맬러리

5

악인은 남을 해치기 전에 자기 자신부터 해치는 법이다. 아우구스티누스

6

인간은 하늘이 내리는 불행은 피할 수 있지만, 스스로 부른 불행은 피할 수 없다. 동양의 속담

7

언제나 지독한 우울 속에 있을 수 있는 권리를 확보하려는 듯, 특별히 불행한 생활 속에 자신을 가두려고 애쓰는 사람들이 있다. 그들은 그것을 위해 언제나 기를 쓰며 집요하게 움직이고 돌아다닌다. 이 사람들의 가장 큰 만족, 가장 큰 요구는, 삶의 기쁨을 만나자마자, 곧바로 거기에 집요하게 우울한 작용을 하여 그 기쁨에 찬물을 끼얹는 것이다. 그러한 사람들은 매우 불행하지만, 그 불행의 책임이 바로 자기 자신에게 있음을 깨달아야 한다.

8

선을 행할 수 있을 때 그것을 행하지 않는 자는 결국 괴로워하게 된다. 사디

9

누구나 자기가 남에게 이렇게 되라고 가르치는, 그런 사람이 스스로 되도록 노력해야 한다. 자기를 이기는 자가 다른 사람들도 이길 수 있다. 자기를 이기는 것이 가장 어려운 일이다.

10

자기만이 자신의 주인, 어떤 주인이 따로 있으랴? 자신이 만들고 자신으로부터 생기며 자신에게 기인하는 죄는 어리석은 자를 파괴해 버린다. 마치 다이아몬드가 다이아몬드를 깨는 것처럼. 스스로 죄를 지으면 스스로 더러워지고, 스스

로 죄를 짓지 않으면 스스로 깨끗해진다. 남을 이롭게 하는 것이 아무리 중요하다 해도, 자신을 이롭게 하는 것을 소홀히 해서는 안 된다. 《법구경》

11

어떠한 물질적 행복도 악을 범함으로써 영혼이 입는 손실을 보상할 수는 없다.

11월 20일

1

설사 사람들의 선한 생활이 악한 생활을 보내고 있는 사람들에게 사랑이 아니라 박해를 불러일으킨다 해도, 그것은 그 생활의 올바름에 대한 확신을 흔들지 못할 뿐만 아니라 반대로 그 올바름에 대한 움직일 수 없는 증거가 되어준다.

2

너희를 법정에 넘겨주고 회당에서 매질할 사람들이 있을 터인데 그들을 조심하여라. 또 너희는 나 때문에 총독들과 왕들에게 끌려가 재판을 받으며 그들과 이방인들 앞에서 나를 증언하게 될 것이다. 그러나 잡혀갔을 때에 '무슨 말을 어떻게 할까?' 하고 미리 걱정하지 마라. 때가 오면 너희가 해야 할 말을 일러주실 것이다. 말하는 이는 너희가 아니라 너희 안에서 말씀하시는 아버지의 성령이시다. 〈마태복음〉 제10장 17~20절

3

죽음조차도 온 힘을 다해 정의를 위해 싸우는 자의 승리를 방해할 수는 없다. 그렇다면 싸워라. 굽힐 줄 모르는 올바른 마음이여, 결과를 생각하지 말고 전진하라. 그리고 네가 그것을 위해 싸우는 정의의 승리를 확신하라. 파멸하는 것은 오직 부정이며, 옳은 것은 결코 패배하지 않는다. 왜냐하면 그것은 너의 의지에 의해서가 아니라 영원한 신의 법칙에 의해 이루어지는 것이기 때문이다.

칼라일

4

정신력에 의해 극복된 선의 길에서의 장애물은 나에게 새로운 힘을 준다. 선의 달성에 대한 장애물로 생각되었던 것이 저절로 선이 되어, 출구조차 보이지 않던 곳에 갑자기 밝은 길이 열리기 시작한다. 마르쿠스 아우렐리우스

5

“최후까지 인내하는 자는 구원받으리라.”

우리는 왜 이렇게 조금만 더 노력하면 목적이 달성되는 곳에서 절망하고, 주저앉고, 심지어는 뒷걸음질까지 치는 것인지!

6

모든 박해는 그리스도교적 순종으로 참고 견디기만 하면 박해자의 의도와는 정반대로 작용하게 마련이다. 사람들은 숲속의 불을 감추려고, 나뭇잎과 풀, 삭정이, 장작 등을 닥치는 대로 그 불 위에 덮어서 발로 밟지만, 그럴수록 불은 더욱더 타오르고 빛은 더욱더 멀리 퍼지게 된다.

7

박해와 그것으로 인한 고뇌는 그리스도교의 율법을 지키는 데 없어서는 안 되는 조건이다. 마찰이 모든 노동의 긴장도를 나타내듯, 외면적인 고뇌의 정도는 그리스도에 대한 우리의 추종의 정도를 나타낸다.

8

박해는 모든 인위적인 지주(支柱)를 파괴하고, 인간이 의지하고 살아가야 할 신앙을 표면으로 불러낸다는 점에서 소중하다.

9

박해 속에서 위험한 것은, 고통이 아니라 자신에 대한 연민과 그것으로 인해 박해자에 대해 좋지 않은 감정을 갖게 되는 일이다.

10

사람들의 사랑을 구하지 말라. 그들이 미워한다 해도 두려워하지 말라. 사람들은 종종 악이기 때문에 사랑하고 선이기 때문에 미워한다. 인간이 아니라 신의 칭찬을 받을 수 있도록 노력하라.

11월 21일

1

우리가 이 세상에서 이루어야 할 특별한 위업이 따로 있는 것이 아니다. 우리의 전 생애가 위업이 아니면 안 된다.

2

아침에 눈을 뜰 때마다 오늘은 무슨 좋은 일을 할까 스스로 묻도록 하라. 그리고 이윽고 태양이 서쪽으로 기울면, 나에게 예정된 삶의 일부도 함께 사라지는 거라고 생각하라.

인도 금언

3

인간의 선덕은 그 사람의 특별한 노력이 아니라 하루하루의 행위에 달려 있다.

파스칼

4

신에게 봉사하는 것이 사람에게 봉사하는 것보다 좋은 점은, 사람 앞에서는 자기도 모르게 잘 보이고 싶어지고 나쁘게 보이면 화가 나지만, 신 앞에서는 그럴 일이 없다는 것이다. 신은 네가 어떤 사람인지 알고 있으며, 신 앞에서는 아무도 너를 비방할 수 없으므로, 너는 굳이 겉모습을 장식할 필요 없이 실제로 더 나은 사람이 되도록 노력하면 된다.

5

매일 아침의 여명이 우리의 삶의 시작이 되게 하고, 매일 저녁의 일몰이 삶의 마지막이 되게 하라. 그 짧은 삶의 하나하나에, 다른 사람들에게 행한 사랑의

행위의 각인과, 자기 자신에 대한 선한 노력의 각인이 남도록 하라. 존 러스킨

6

나는 신이 사용하는 도구이고, 나의 진정한 행복은 신의 사업에 참여하는 것이다. 그리고 또 나는 나에게 주어진 도구인 나의 영혼을 정돈하고, 정결히 하고, 예민하게 하고, 올바르게 하여야만 비로소 신의 사업에 동참할 수 있다.

7

아무리 복잡하고 까다로운 일이라도, 인간과 상관없이 오로지 신의 심판 앞에 두면 당장 간단명료해지고 만다.

8

인생의 의의는 우리를 이 세상에 보낸 힘이 우리에게 원하는 것을 가장 잘 실천하는 데에 있다. 그렇게 하고 있는지 아닌지를 아는 것은 언제나 가능하다. 양심이 그것을 지적해 줄 테니까. 그러므로 오로지 양심에 귀 기울이며 그것을 더욱더 예민하게 가꿀 필요가 있다.

9

신에게 봉사할 때 우리의 모든 행위는, 그것이 중요한 행위이든 중요하지 않은 행위이든 그 의의의 무게에 아무 차이가 없다. 우리는 우리의 행위가 어떻게 이용되는지 알지 못하며, 다만 그 행위를 해야 한다는 사실만 알고 있을 뿐이다.

11월 22일

1

인간은 스스로 만족하는 일이 적어서, 자신의 내면적 생활을 개선하기 위해 노력하면 할수록, 외면적, 사회적 생활에서도 두각을 나타내게 된다.

2

우리는 특정한 사람들이 다른 사람들, 즉 보통 사람들의 생활을 멋대로 지배

하는 것이 당연하다는 사고방식에 너무나도 길들여져서, 조금도 의심하려 들지 않는다. 그러나 그러한 사고방식은 종교적인, 따라서 자유로운 사람들 사이에는 절대로 존재할 수 없을 것이다. 그러한 사고방식은 한 사람 또는 몇몇 사람이 모든 사람을 지배하는 것이 당연하다고 인정하는 데서 나온다.

그러한 미망은 원래 어떤 사람들—그것도 대다수 사람들—이, 어떤 사람들—그것도 도덕적으로 가장 열등한 소수의 사람들—에게 복종하지 않으면 안 된다는 근거가 전혀 없으므로 완전히 난센스일 뿐만 아니라, 남에게 좋은 영향을 주는 실제적인 효과를 거둘 수 있는 유일한 방법은 자기 자신을 바로잡는 것임에도 불구하고, 그 미망은 자신의 자세를 바로잡아야 한다는 사람들의 의식을 약화시킨다는 점에서 특히 유해하다.

3

대의제(代議制)에 의한 지배의 목적은 큰 사회정의를 실현하는 것이 아니라, 사람들이 나쁜 지배에 굴종하면서 그것을 불평할 권리를 가지지 못하도록 하는 데 있다.

4

만약 장로들이 너에게 "파괴하라"고 말하고, 젊은이가 "건설하라"고 말하거든 건설하지 말고 파괴하라. 장로들이 말하는 파괴는 건설이고 젊은이가 말하는 건설은 파괴이므로. 《탈무드》

5

헌법 조문 같은 건 아무 짝에도 쓸모없다. 그것은 주인과 노예의 계약서이다. 우리의 과제는 노예의 지위 향상이 아니라 노예제를 폐지하는 것이다. 게르첸

6

한 사람이 많은 사람을 지배할 권리가 없을 뿐만 아니라, 많은 사람이 한 사람을 지배할 권리도 없다. 블라디미르 체르트코프

7

진리란 무엇인가? 진리는 대다수 사람들에게 진짜처럼 보이는 것, 찬성과 반대의 투표수로 결정되는 것에 불과하다. 칼라일

8

투표수의 많고 적음이 정의의 척도가 될 수는 없다. 실러

9

우리는 총칼을 고문도구가 놓여 있는 박물관의 선반에 진열하는 것은 물론, 곧 경찰기구와 투표함도 그 뒤를 따르게 될 것임을 알지 않으면 안 된다.

어니스트 크로즈비

10

이곳의 바닷가에 앉아 절벽에 부딪쳐 부서지는 파도 소리에 귀를 기울일 때, 나는 내가 모든 의무에서 해방되고, 전 세계의 국민들 역시 내가 없어도 자기 나라의 헌법을 재검토할 수 있을 거라고 느낀다. 소로

11

절대로 무엇을 세우지 말고 늘 무엇을 심어라. 왜냐하면 세우는 경우에는 자연이 너의 노동의 결과물을 파괴하며 너를 방해할 테지만, 심는 경우에는 자연은 네가 심은 것을 모두 성장시키고 도와줄 것이다. 정신세계도 이와 마찬가지이다. 그러므로 인간이 일시적으로 정한 규칙과 너의 욕망이 아니라, 인간 본연의 영원한 법칙에 따라 행동하라.

11월 23일

1

인생의 의의를 결정하는 것은, 사람이 신을 향해 무엇 때문에 자기를 이 세상에 보냈느냐고 물을 때는 매우 난처하고 해결하기 어려운 과제가 되지만, 자기 스스로를 향해 무엇을 해야 하느냐고 물을 때는 매우 간단해진다.

2

언제 어느 때 끝날지 모르는 삶이 비참한 웃음거리가 되지 않기 위해서는, 삶의 의미가 그 지속 기간의 길고 짧음과는 관계없이 무언가의 의의를 가지지 않으면 안 된다.

3

나그네들은 여인숙의 방과 마당을 더럽히고 부수고 난 뒤, 자신들에게 방과 마당을 마음대로 쓰게 한 여인숙 주인을 비난한다. 이와 같이 사람들은 이 세상의 악에 대해 신을 비난한다.

4

현명한 사람에게는, 자기보다 높은 존재의 본성에 대해 이러쿵저러쿵 떠드는 것도, 자기보다 낮은 존재의 본성에 대해 그렇게 하는 것도 어울리지 않는 일이다. 인간이 자기보다 높은 존재를 다 알 수 있다고 생각하는 것은 지나친 오만이며, 자기보다 낮은 존재에 모든 관심을 기울일 수 있다고 생각하는 것은 지나친 굴욕이다. 자신의 영원한 상대적 위대함과 왜소함을 인정하는 것, 신에 다다를 힘은 없지만 신에게 복종하는 것에 만족하는 것, 자기보다 낮은 생물을 사랑과 자비로 대하면서, 그 동물적 욕망을 가지지 않고 그것을 모방하지 않는 것, 그것이 신에 대해서는 경건함이고 그 피조물에 대해서는 선량함이며, 자기 자신에 대해서는 현명함이다. 존 러스킨

5

삶의 의의를 외면한 채 살고 싶다면 딱 한 가지 길이 있다. 담배, 술, 아편에 절어 육체적 마비상태 속에서 살거나, 갖가지 유흥과 모든 종류의 오락에 빠져 감성적 마비상태 속에서 살면 된다.

6

이 세계는 결코 허구의 세계가 아니다. 단순한 시련을 위한 속세도 아니고, 더 나은 영원한 세계로 안내하기 위한 속세도 아니다. 그것 역시 영원한 세계의 하

나, 아름답고 즐거운 세계, 우리가 우리와 함께 사는 사람들과 우리 뒤에 살게 될 모든 사람들에게 아름답고 즐거운 곳이 되게 할 수 있는 세계, 아니, 반드시 그렇게 되어야 할 세계이다.

7

영혼의 완성이 우리의 유일한 목적이라는 것은, 죽음을 생각하면 그 밖의 모든 목적이 무의미해지는 것만 봐도 알 수 있다.

8

인생의 의의를 잘 모르고 이해하지 못하는 것을 뭔가 고상하고 비극적인 것으로 생각해서는 안 된다. 인생의 의의를 모르는 사람은, 좋은 책을 열심히 읽고 있는 독서 친구를 찾아와서도 그가 무엇을 하고 있는지 모르는 사람과 같다. 사람들이 좋은 책을 읽고 있는데도 귀를 기울이지 않고 이해도 하지 못하며 그들 사이를 여기저기 서성거리고 있는 사람은, 고상하고 비극적인 인물이 아니라 우스꽝스럽고 어리석고 가련한 인물이라 해야 할 것이다.

11월 24일

1

이웃에 대한 물질적 도움보다 그를 정신적으로 지지하는 것이 바로 자선이라고 할 수 있다. 정신적 지지는 무엇보다 먼저 이웃을 비난하지 않고 그 인간적 존엄성에 경의를 표하는 것이다.

2

가난한 사람들이 짜증 내고 화를 내는 것을 보면 동정하라. 바로 눈앞에서 잘 먹고 잘 입은 사람들이 걸어가는 것을 보면, 초라한 집에서 사는 가난한 사람들이 그 가난을 견디는 것이 얼마나 어려운 일인지 생각하라. 성현의 사상

3

너희가 자신에게 남는 것뿐만 아니라 생활에 필요한 것까지 가난한 사람에게

베풀었다고 해서, 그것으로 자신을 자비로운 인간으로 생각해서는 안 된다. 진정한 사랑은 거기서 더, 너희가 마음속에 그들의 자리를 만들어 줄 것을 요구하고 있다. 성현의 사상

4

비방과 험담에 귀를 기울이지 않는 사람이 진정으로 자비로운 사람이다.

5

증거도 없이 이웃에 대한 나쁜 얘기를 믿거나, 그 말을 남에게 옮겨서는 안 된다. 페인

6

선한 사람은 반드시 악인에게 화를 낸다고 테오프라스토스는 말했다. 만약 그렇다면 선한 사람일수록 더 많이 화를 내야 한다는 얘기가 되는데, 실제로는 그 반대로 선한 사람일수록 온화하고, 화를 내지 않으며, 아무도 미워하려 하지 않는다. 총명한 사람은 미망에 빠진 사람을 미워하지는 않는다. 그렇지 않으면 그는 자기 자신을 미워해야 할 것이다. 그는 그 자신이 얼마나 자주 선덕에 반하는 행위를 했는지, 자기가 한 얼마나 많은 행위가 겸허하게 심판을 받아야 할 성질의 것인지 생각하면, 자신에게 화가 날 것이다. 왜냐하면 올바른 재판관은 자신의 이웃을 심판하는 것과 똑같이 자기 자신도 심판할 것이기 때문이다.

"나는 완전무결하다"고 말할 수 있는 사람은 아무도 없으며, 남 앞에서는 나는 무죄라고 말해도 자신의 양심 앞에서는 그렇게 말할 수 없는 법이다. 그러므로 미망에 빠진 사람을 만나면 너그럽게 사랑을 가지고 대하며 비난하지 않고, 그가 올바른 길로 돌아갈 수 있도록 하는 것이 훨씬 인간적인 방법이다. 실제로 길을 잃은 나그네가 우리를 찾아오면, 우리는 그를 쫓아내지 않고 바른길을 가르쳐 주지 않는가?

미망에 빠진 자에게 바른길을 가르쳐 주는 것은 우리의 의무이다. 우리는 나 자신을 위해, 그리고 다른 사람들을 위해 진지하게 설득하여야 하며, 절대로 화를 내서는 안 된다. 자신의 환자에게 화를 내는 의사가 어디 있겠는가? 세네카

7

바르게 살라, 화를 내지 말라, 요구하는 자에게는 주어라. 그는 너희에게 많은 것을 요구하는 것이 아니다. 이 세 개의 길을 걸음으로써 너는 성인에게 가까이 다가갈 수 있다. 부처의 가르침

8

자신의 이웃이 죄악에 빠진 것을 보고 화를 내고, 선을 사랑한다는 명분 아래 그에게 악의를 품는 자가 있다면, 그에게는 신에 대한 사랑을 바탕으로 한 진정한 자비심이 없는 것이다. 왜냐하면 신으로부터 태어난 것은 모두 평화와 관용의 각인이 찍혀 있어, 우리의 눈을 우리 자신의 결점으로 향하게 하기 때문이다.

성현의 사상

9

자비와 온유와 자기 부정에 의해 너는 모든 적의 무장을 해제할 것이다. 장작이 떨어지면 어떤 불이라도 꺼지고 만다. 스리랑카 불교

10

네가 범한 수치스러운 죄의 기억을 어둠 속에 숨기지 말고, 오히려 이웃을 심판하게 되었을 때 네가 그것을 이용할 수 있도록 늘 준비해 두어라.

이레째 읽을거리

미리엘 주교

1815년 샤를 프랑수아 비앵브뉘 미리엘은 D교구의 주교였다.

어느 날 저녁 주교의 집 문을 두드리는 사람이 있었다.

"들어오시오" 하고 주교는 말했다.

문은 밖에서 힘껏 떠민 것처럼 기세 좋게 활짝 열렸다.

한 사나이가 들어와서 한 걸음 들어서더니 문도 닫지 않고 섰다. 그는 등에 바

랑을 지고 두 손에 지팡이를 짚고 있었다. 얼굴은 화난 듯하면서도 대담하고 거친, 그리고 지친 듯한 표정이었다. 난로의 불빛이 그의 모습을 비추었다.

주교는 조용히 그를 바라보았다. 무슨 일로 왔느냐고 물으려는 순간, 그 사나이는 지팡이에 몸을 의지하며 늙은 주교를 빤히 바라보면서 말했다.

"저, 나는 장 발장이라는 사람입니다. 전과자지요. 19년 동안 징역생활을 했어요. 석방된 지 나흘이 됐는데 지금 퐁타를리에로 가는 길입니다. 그곳으로 가라는 지시를 받았거든요. 툴롱을 떠난 지 벌써 나흘짼데 오늘은 80리를 걸었습니다. 여기 와서 한 여인숙에 들어갔더니 내 여행허가증이 노란색이라고 쫓겨났습니다. 다른 여인숙에 가봤지만 거기서도 받아주지 않았어요. '나가!'라고 하더군요. 그래서 감옥에 갔더니 거기서도 수위가 넣어주지 않았습니다. 개집에 갔더니 개마저 짖어대며 나를 쫓아내더군요. 마치 사람처럼 내가 누구인지 알고 있는 것 같았어요. 들판으로 나가 별을 안고 자려고 했지만 캄캄한 데다 비가 올 것 같아서 어디든 처마 밑에서라도 잘 요량으로 마을로 되돌아왔습니다. 그리고 정말로 돌벤치 위에 누워서 자려는데 어느 친절하신 부인께서 이 집을 가리키면서 '저 문을 두드려 보시오!' 하고 일러주기에 이곳에 찾아온 겁니다. 여기는 무엇 하는 곳입니까, 여관집인가요? 나는 돈을 109프랑 가지고 있습니다. 내가 19년 동안 감옥에서 일해 번 돈이지요. 돈은 내겠습니다. 여기 이렇게 있으니까요. 나는 무척 피곤합니다. 80리나 걸어온 데다 아무것도 먹지 못했어요. 여기서 재워주시겠습니까?"

"마글루아르 부인." 주교는 하녀에게 말했다. "그릇을 한 사람분 더 내와요."

사나이는 두세 걸음 나아가 식탁 위에 있는 램프 앞으로 다가갔다.

"잠깐만요" 하고 그는 주교의 진심을 알 수 없다는 듯한 표정으로 말했다. "내가 징역살이를 하고 나온 죄수라고 한 말을 이해하셨습니까? 감옥에서 방금 나왔어요." 그는 호주머니에서 노란 종이를 꺼내어 펼쳤다. "이게 내 여행허가증입니다. 보세요, 노란색이죠. 이것 때문에 나는 어디에 가나 쫓겨납니다. 읽어보시겠습니까? 나는 글을 읽을 줄 알아요. 감옥에서 배웠지요. 감옥에서는 희망자에게 글을 가르치는 학교가 있거든요. 보세요, 이렇게 씌어 있습니다. '장 발장, 징역을 마쳤음, 출생지는?' 하기는 이런 거야 당신한테는 아무 상관없겠지요. '징역 19년. 그 가운데 5년은 도둑질을 한 죄, 14년은 그간 네 번이나 탈옥을 기도한 죄에 의함. 매우 위험한 인물임.' 이래서 누구든지 다 나를 쫓아냈는데 당신은 나를 받아주시는 겁니까? 여기보다 마구간 같은 곳은 없나요?"

"마글루아르 부인, 손님용 침대에 흰 시트를 깔아 놓구려."

마글루아르 부인은 주교가 시키는 대로 방에서 나갔다. 주교는 손님에게 말했다.

"자, 앉아서 불을 쬐시오. 저녁을 드시는 동안에 잠자리를 준비시키겠소."

나그네는 비로소 상황을 이해한 모양이었다. 음울하게 굳은 그의 얼굴이 놀랍기도 하고 의아스러우면서도 기쁜 표정으로 바뀌었다. 그리고 몸 둘 바를 모르겠다는 듯 말했다.

"그래요? 아, 이렇게 고마울 데가! 여기 있어도 괜찮단 말인가요? 나를 쫓아내지 않으시는군요! 징역을 살고 나온 사람을 너라고 부르지 않고 '당신'이라고 불러주시다니! 다른 사람들처럼 개새끼, 저리 꺼져, 하고 말하지 않으시다니! 난 당신이 나를 쫓아낼 거라고 각오하고 있었어요. 그래서 내가 어떤 사람인지 처음부터 말씀드린 겁니다. 그런데 당신은 저녁을 먹게 해주시고 여느 사람과 마찬가지로 이부자리를 깐 침대를 준비해 주시는군요! 나는 지난 19년 동안 침대에서 자본 적이 없습니다! 당신은 정말 친절하신 분이군요! 그런데 주인장, 당신의 이름은? 숙박료는 얼마든지 달라는 대로 내겠어요. 당신은 정말 훌륭한 분이군요. 당신이 이 가게의 주인이시죠?"

"나는 신부입니다." 주교가 대답했다.

"신부!" 징역살이를 하고 나온 사나이는 반문했다. "그럼 틀림없이 이 커다란 성당의 주교님이시군요. 내가 왜 이렇게 멍청하지? 머리에 쓰고 계신 그 둥근 모자를 몰라보다니!"

이렇게 말하면서 그는 바랑과 지팡이를 한쪽 구석에 놓고 여행허가증을 호주머니에 넣은 다음 의자에 앉았다.

그가 말하는 동안 주교는 일어나서 열려 있던 문을 닫았다.

마글루아르 부인이 돌아왔다. 그녀는 1인분의 그릇을 더 가져와 식탁 위에 차렸다.

"마글루아르 부인, 식기를 좀더 불 가까이에 놔야지." 주교는 이렇게 말한 뒤 이번에는 손님에게 덧붙였다. "당신도 무척 추우셨겠소. 알프스의 밤바람은 차니까요."

그가 '당신'이라는 말을 그 침착하고 부드러운 목소리로 말할 때마다 징역을 살고 나온 사나이의 얼굴이 환하게 밝아졌다.

죄수에게 '당신'이라고 부르는 것은 목마른 사람에게 물을 한 대접 주는 것과 같다. 굴욕을 당한 사람은 존경에 굶주리고 있는 법이다.

"이 램프는 아무래도 너무 어두운 것 같군!" 주교가 말했다.

마글루아르 부인은 그 말뜻을 알아차리고, 주교의 침실로 가서 은촛대를 가져와, 거기에 불을 붙여 식탁 위에 놓았다. 그녀는 주교가 손님이 있을 때 거기에 촛불을 켜는 걸 좋아한다는 것을 알고 있었다.

"정말 친절하신 분이군요. 나를 경멸하지 않고 받아주셨어요. 내가 어디서 왔는지 어떤 사람인지 숨기지 않고 말씀드렸는데도." 사나이가 말했다.

주교는 죄수의 손을 다정하게 잡고 말했다. "당신은 자신이 누구인지 밝힐 필요가 없었어요. 이 집은 내 집이 아니라 하느님의 집입니다. 이 집 문은 들어오는 사람에게 이름이 있느냐고 묻지 않고 마음에 슬픔이 있느냐고만 묻습니다. 당신은 지금 괴로워하고 있어요. 굶주리고 목말라하고 있어요. 그렇다면 잘 오신 겁니다. 내가 당신을 이 집에 받아들인 것이 아닙니다. 이 집의 주인은 비바람을 피할 곳이 필요한 사람입니다. 여기 있는 것은 모두 당신의 것이에요. 당신의 이름을 알아서 뭐하겠습니까? 실은 당신이 이름을 말하기 전에 당신을 어떻게 불러야 하는지 나는 알고 있었습니다."

사나이는 놀라서 눈이 휘둥그레졌다.

"정말입니까? 내 이름을 알고 있었단 말입니까?"

"그럼요. 당신을 나의 형제라 불러야 한다는 걸 알고 있었습니다."

"아, 나는 여기 들어올 때 무척 배가 고팠는데, 신부님 말씀에 하도 놀라 배가 고픈 줄도 모르겠군요!"

주교는 그를 바라보면서 말했다.

"당신은 고생을 많이 하셨지요?"

"예, 붉은 죄수복에 발에는 사슬에 묶인 쇳덩어리, 침대로 쓰는 널빤지, 추위와 더위, 고역, 채찍질, 사소한 과오에 대해 이중의 족쇄와 수갑, 말대꾸를 잘못하면 금고실, 잠자리에서는 물론 병원에 들어가서조차 쇠사슬에 매여 있었습니다. 개, 차라리 개가 더 행복할 겁니다! 그런 세월이 19년이었으니까요. 지금 나는 마흔여섯 살입니다. 그런데, 이제 그 노란 여행허가증을 가지고 마음대로 살라는 겁니다!"

"그랬군요. 당신은 정말 슬픈 곳에서 나오셨습니다. 하지만 내 말을 들어보세요. 하늘에는 올바른 백 사람의 때 묻지 않은 흰옷보다 회개한 한 죄인의 눈물 젖은 얼굴을 위해 더 많은 기쁨이 준비되어 있습니다. 만약 당신이 그 고통스러운 곳에서 세상 사람들에 대한 원한과 증오의 마음을 가지고 나왔다면 당신은 가엾은 사람일 것입니다. 하지만 온유하고 평화롭고 겸손한 마음을 가지고 나왔다면 당신은 누구보다 훌륭한 사람이에요."

그러는 동안 마글루아르 부인은 저녁상을 다 차려 놓았다. 물과 기름과 빵과 소금으로 된 수프, 베이컨 조금, 한 조각의 양고기, 무화과, 신선한 치즈, 그리고 한 덩어리의 커다란 호밀빵. 그녀는 또 의논도 없이 주교의 여느 때 식사에다 모브 포도주 한 병을 곁들여 내었다.

주교의 얼굴에는 갑자기 손님을 대접하는 주인다운 즐거운 표정이 떠올랐다.

"어서 듭시다." 그는 손님에게 음식을 권할 때에는 으레 그렇듯 쾌활하게 말했다.

주교는 기도를 올린 다음 손수 수프를 접시에 따랐다. 손님은 게걸스럽게 먹기 시작했다.

"아무래도 식탁에 뭔가 빠진 것 같은데." 주교가 말했다.

사실 마글루아르 부인은 꼭 필요한 3인분의 그릇밖에 내놓지 않았다. 하지만 손님이 왔을 때에는 은그릇을 있는 대로 다 내놓는 것이 이 집의 관습이었다.

마글루아르 부인은 곧 눈치채고 말없이 나갔다. 그리하여 곧 주교가 원하는 은그릇이 식탁에 둘러앉은 각자의 식탁보 위에 보기 좋게 차려지자 찬란하게 빛나기 시작했다.

저녁 식사를 마치고 주교는 식탁 위에서 은촛대를 하나는 자기가 들고 또 하나는 손님에게 쥐여주면서 말했다.

"자, 이제 방으로 안내하겠습니다."

사나이는 그의 뒤를 따라갔다. 그들이 침실을 지날 때 마글루아르 부인은 주교의 침대 머리맡에 있는 다락에 은그릇을 넣어두는 중이었다. 그녀는 매일 밤

자기 전에 그렇게 하고 있었다.

주교는 손님을 침실로 안내했다. 거기에는 깨끗한 침대가 준비되어 있었다. 주교는 촛대를 조그만 탁자 위에 놓고 잘 자라고 말한 뒤 방에서 나갔다.

대성당의 종이 2시를 쳤을 때 장 발장은 잠을 깼다. 그가 눈을 뜬 것은 이부자리가 너무 푹신해서였다. 그는 지난 20년 동안 푹신한 잠자리에 누워본 적이 한 번도 없었다. 그래서 옷도 벗지 않고 누운 것인데 너무도 부드러운 감촉이 오히려 깊은 잠을 방해한 것이다. 이 생각 저 생각이 그의 머리를 스쳤다. 그중에서도 하나의 생각이 끊임없이 되돌아와서는 다른 생각을 덮어버렸다. 그것은 다름이 아니라 마글루아르 부인이 식탁 위에 차렸던 여섯 개의 은그릇과 커다란 수프용 스푼이었다. 그것은 지금 그가 있는 데서 불과 몇 걸음밖에 안 되는 곳에 있었다. 아까 주교의 침실을 지나올 때 하녀가 그것을 침대 머리맡의 다락에 넣는 것을 보았다. 그는 그 장소를 잘 봐두었는데 식당에서 침실 쪽으로 가다가 바로 오른쪽에 있었다. 옛날 은으로 만들어진 그 묵직한 은그릇을 팔면 19년 동안 징역살이에서 번 것의 곱절이나 되는 돈이 생길 것이다.

그는 꼬박 한 시간을 동요와 마음의 투쟁 속에서 보냈다.

3시 종이 울렸다. 그는 눈을 뜨고 침대에서 몸을 일으켰다. 그리고 손을 뻗어 침대 한구석에 내던져 두었던 바랑을 만져 보았다. 다음에는 두 다리를 바닥에 내리고 앉았다.

그는 그 자세로 잠시 동안 생각에 잠겨 있다가, 이윽고 일어서서 다시 또 잠시 주저하는 것처럼 귀를 기울였다. 집 안은 고요했다. 그는 곧 신을 호주머니 속에 쑤셔 넣고 바랑을 끈으로 묶은 뒤 어깨에 짊어졌다. 숨을 죽이고 조심스럽게 걸음을 옮겨 주교의 침실인 옆방으로 갔다. 침실 문은 열려 있었다. 주교는 문을 잠그지도 않았던 것이다. 장 발장은 모자를 푹 눌러쓰고 주교 쪽은 쳐다보지도 않고 곧장 다락으로 다가갔다. 다락문에는 열쇠가 그대로 꽂혀 있었다. 그는 그것을 열었다. 맨 먼저 눈에 들어온 것은 은그릇이 담긴 바구니였다. 그는 그것을 움켜쥐자마자 더 이상 조심할 필요도 없다는 듯이 발소리도 전혀 신경 쓰지 않고, 급히 창문으로 달려가서, 지팡이를 꼭 잡고 창문턱을 뛰어넘었다. 그리고 은그릇을 바랑에 집어넣고는 부리나케 마당을 가로지르고 울타리를 넘어 어둠 속으로 사라졌다.

이튿날 아침 해가 뜰 무렵 주교는 뜰을 거닐고 있었다. 마글루아르 부인이 새파랗게 질린 얼굴로 허둥대며 달려왔다.

"주교님, 그 사람이 은그릇을 가지고 달아났어요. 보세요, 여기를 뛰어넘어 달아났나 봐요!"

주교는 한참 동안 말없이 서 있더니 이윽고 생각에 잠겨 있던 눈을 들고 차분하게 말했다.

"우선 스스로 이렇게 물어봐야 할 것이오, 그 은그릇이 과연 우리의 것인지. 내가 오랫동안 그것을 가지고 있었던 건 옳지 못한 일이었소. 그건 가난한 사람들의 것이오. 그리고 그 사람은 가난한 사람이었고."

잠시 뒤 주교는 전날 밤 장 발장이 저녁을 먹은 식탁에서 아침을 먹고 있었다.

그가 식탁에서 일어나려고 할 때 문을 두드리는 소리가 들려왔다.

"들어오시오." 주교가 대답했다.

문이 열렸다. 세 남자가 한 남자의 목덜미를 붙잡고 있었다. 세 남자는 헌병이고 한 남자는 장 발장이었다.

주교는 자신의 늙은 몸이 허락하는 한 빠른 걸음으로 그들에게 다가가 장 발장을 보면서 말했다.

"아, 당신이었군요! 당신을 다시 만나게 돼서 다행입니다. 내가 촛대도 드리겠다고 했는데, 그건 왜 식기와 함께 가져가지 않으셨소? 촛대도 식기와 마찬가지로 은으로 된 것인데!"

장 발장은 눈을 들고 뭐라고 형언할 길 없는 표정으로 미리엘 주교를 쳐다보았다.

"그럼, 이자의 주장이 사실이었군요, 주교님." 한 헌병이 말했다. "순찰을 하다가 이자를 만났는데, 탈주자 같은 행색을 하고 있기에 붙잡아서 검문했더니 이 은그릇이 나와서."

"그래서 이 사람이 당신들에게 말했겠지요." 주교는 미소를 지으며 말했다. "이것은 자기를 하룻밤 재워준 늙은 신부가 준 것이라고. 그런데도 당신들은 이 사람을 붙잡아 여기까지 끌고 왔군요. 오해를 한 겁니다."

"그럼 이자를 놔줘도 괜찮다는 말씀입니까?"

"물론이지요."

헌병들은 장 발장을 풀어주었다.

"정말로 나를 풀어주는 겁니까?" 그는 꿈속에서 잠꼬대라도 하는 것처럼 얼떨떨한 목소리로 말했다.

"그래, 석방이야, 못 들었나?" 헌병 중 한 사람이 말했다.

"잠깐만 기다리시오." 주교가 장 발장에게 말했다. "떠나기 전에 당신의 촛대를 가지고 가시구려, 자."

그는 난로에 다가가서 은촛대를 집어 장 발장에게 주었다.

장 발장은 온몸을 부들부들 떨고 있었다. 그는 기계적으로 촛대를 받아 들고 넋이 나간 것처럼 그것을 쳐다보았다.

"그럼 잘 가시오!" 주교가 말했다. "그런데 형제여, 한 가지 말해둘 것이 있어요. 다음에 다시 올 때는 마당을 통해서 들어올 필요가 없어요. 언제라도 앞문으로 출입해도 괜찮습니다. 이 집 문은 낮이고 밤이고 잠겨 있지 않으니까요."

그리고 헌병들을 돌아보며 이렇게 말했다.

"여러분은 이제 그만 돌아가셔도 됩니다."

헌병들은 물러갔다. 장 발장은 정신이 아득해지는 느낌이었다.

주교는 그에게 다가가서 속삭이는 소리로 말했다.

"잊으면 안 됩니다, 절대로 당신이 한 약속을 잊으면 안 됩니다. 당신은 그 돈을 정직한 사람이 되기 위해 쓰겠다고 약속한 거예요."

장 발장은 자기가 무슨 약속을 했는지 알지 못했으므로 어리둥절했다. 주교는 한 마디 한 마디에 힘을 주어 엄숙하게 계속했다.

"장 발장, 나의 형제여, 오늘부터 당신은 악을 떠나 선의 나라로 들어가는 겁니다. 나는 당신의 영혼을 샀어요. 나는 당신의 영혼을 암담한 생각과 파멸의 정신에서 끌어내어 하느님께 맡겼습니다."

빅토르 위고

11월 25일

1

오늘날, 전쟁이 무익할 뿐 아니라 얼마나 어리석고 잔인한지 모르는 사람이 없지만, 그런데도 여전히 전쟁이 그치지 않고 있는 것은, 사람들이 자신 한 사람

한 사람의 행위를 통해서가 아니라, 일반적인 정치적 결정에서 그 해결을 구하고 있기 때문이다.

2

19세기가 새로운 길을 걸어가려 하고 있음은 인정하지 않을 수 없다. 이 시대의 사람들은 국제적인 법률과 재판이 존재해야 한다는 것, 한 나라가 한 나라에 대해 저지르는 범죄는 그것이 아무리 대규모의 것이라 해도, 개인이 개인에 대해 저지르는 범죄에 못지않게 증오해야 마땅한 것임을 이해하기 시작했다.

케틀레

3

인간의 여러 가지 행위를 피상적으로가 아니라 근본적으로 연구해 보면, 결국 다음과 같은 슬픈 생각에 도달하지 않을 수 없다. 즉 지상에서 악의 나라를 유지하기 위해 얼마나 많은 생명이 희생되고 있으며, 군대의 존재가 그 악을 얼마나 조장하고 있는가 하는 것이다.

군대제도라는 것은 원래부터 필요 없는 것이며, 대부분의 사람들이 그것을 순순히 받아들이는 것은 그들의 어리석음 탓이며, 또 그들이 몇 사람밖에 되지 않는 교활하고 부패·타락한 사람들이 자신들을 착취하는 대로 내버려 두기 때문이라는 것을 생각하면 놀라움과 슬픔을 금할 수가 없다. 파트리스 라로크

4

이 지구상의 주민들은 아직까지도 참으로 어리석고 생각이 얕고 둔감하여, 여러 문명국의 신문은 매일같이 가상 적국에 대항해 군사동맹을 맺으려는 각국 수뇌들의 외교활동과 전쟁 준비 기사로 장식되어 있고, 한편으로 국민은, 한 사람 한 사람의 생명이 자기 자신의 것이라는 사실도 모르는 듯, 마치 도살장에 끌려가는 가축처럼 권력자들의 횡포를 눈감아 주고 있다.

이 이상한 별의 주민들은 모두 국가, 국경, 국기라고 하는 것이 당연히 있어야 한다는 신념을 세뇌당하며 자라기 때문에, 인류 동포의 의식이 매우 약하며, 조국이라는 언어 앞에서는 그 의식은 완전히 소멸해 버린다. 분명히, 의식 있는 사

람들이 마음을 합치면 그러한 상황은 순식간에 달라질 것이다. 왜냐하면 개인적으로는 아무도 전쟁을 바라지 않기 때문이다. 그러나 세상에는 수백만의 기생충들을 거느린 정치적 도당이라는 것이 있는데, 그 기생충들에게는 전쟁이 꼭 필요한 것이어서, 그들이 사람들의 마음이 하나로 합쳐지는 것을 방해하고 있다.

플라마리옹

5

사람들은 꿀통을 놓고 그 위에 튼튼한 동아줄로 잡아맨 통나무를 매달아 곰을 잡는다. 곰은 꿀을 먹을 양으로 통나무를 홱 밀어제친다. 그러면 그 통나무는 되돌아와서 냅다 곰을 때릴 수밖에. 곰은 화가 나서 더 세게 통나무를 밀어제친다. 통나무도 한결 더 세게 곰을 때린다. 이런 식으로 통나무가 곰을 때려 죽일 때까지 계속되는 것이다. 그런데 인간은 적어도 이 곰보다는 영리해야 하지 않을까?

6

전쟁은 살인이다. 살인을 하기 위해 사람들이 아무리 많이 모이든, 또 그들이 자신들을 뭐라고 부르든, 살인은 역시 세상에서 가장 나쁜 죄악이다.

7

정부의 권력이 인정되어 정부가 국민을 지배하고 세금을 부과하며 재판제도를 만들어 사람들을 벌할 권리가 인정되는 한, 전쟁은 결코 사라지지 않을 것이다. 전쟁은 정부 권력이 낳은 결과이다.

11월 26일

1

한 자루의 초가 다른 초의 심지에 불을 붙여, 결국 한 자루의 초로 인해 수천 자루의 초가 타듯, 하나의 마음이 다른 마음에 불을 붙여 수천 명의 마음이 타오르게 된다.

2

인간은 어차피 완성에 이르지 못한다고 말하며, 네가 선을 향해 나아가는 것을 포기하게 하려는 사람들을 경계하라.

3

너희 속에 선량한 감정을 불러일으키는 영향을 받아들이는 것을 결코 무익한 것으로 여겨서는 안 된다. 존 러스킨

4

아주 작은 악을 인간의 본성으로 믿기보다는, 지극히 원대하여 도달할 수 없는 선을 그렇게 믿는 것이 한결 낫다.

5

좋은 책을 읽으면 좋은 감화를 받는다. 좋은 예술을 가까이해도 역시 좋은 감화를 받는다. 그러나 가장 강력한 감화를 주는 것은 선한 생활의 모범이다. 그러므로 사람들의 선한 생활은 선한 생활을 영위하는 사람들에게만이 아니라, 그러한 생활을 보고, 알고, 훗날에 얘기를 듣는 사람들에게도 큰 행복이 된다.

6

원래 선량하고 현명하며 올바른 사람이, 자기가 하고 있는 일, 이를테면 전쟁, 육식, 형사재판 같은 것의 불법성과 범죄성을 알고 있으면서도, 자신이 악으로 인정하고 있는 그 일을 아무렇지도 않게 계속하고 있는 경우를 우리는 자주 본다. 어째서 이런 놀라운 현상이 생기는 것일까? 그것은 그 사람이 자신의 양심과 이성의 요구 이상으로 강한 암시의 영향 아래 행동하기 때문이다. 그리고 그러한 암시가 그 사람을 더욱 강하게 지배하여, 점점 더 악을 행하게 되는 경우도 있는가 하면, 반대로 그 암시가 점점 약해지고 이성의 요구가 더 강해지면, 이윽고 동요가 시작되어 마지막에는 이성이 승리를 거두는 경우도 있다.

7

만약 어떤 사람에게 그가 나쁜 생활을 하고 있다는 것을 이해시키고 싶으면, 자신이 선한 생활을 해 보여라. 말로 설득하려 해서는 안 된다. 사람들은 직접 눈으로 볼 수 있는 것을 믿는 법이다. 소로

8

사람은 혼자서 방황하지 않는다. 누구든지 방황하기 시작하면, 그 방황을 주위 사람들에게까지 퍼뜨리는 법이다. 세네카

9

설교로 사람들을 선으로 이끌기는 어렵지만, 실례로 이끄는 건 쉬운 일이다. 세네카

10

영혼에 유해한 사람들과의 교류는 두려워하고 피하며, 좋은 사람들과의 교류는 존중하고 구하라.

11월 27일

1

만일 네가 정욕의 노예가 된다면, 그러한 욕망은 자신의 영혼과는 원래 인연이 없는 것이며, 단지 일시적으로 뛰어 들어와 그 진정한 본성을 너한테서 가리는 어두운 그림자에 지나지 않는다는 것을 명심하라.

2

자기 자신의 등불이 되어라. 자신을 위한 피난처가 되어라. 너의 등불을 켜놓고 다른 피난처를 찾지 말라. 부처의 가르침

3

영혼은 자신의 빛으로 내부로부터 비쳐지고 있는 투명한 공 같은 것이다. 그

불은 영혼 자체를 위한 모든 빛과 모든 진리의 원천일 뿐만 아니라, 외부의 모든 것을 비쳐 준다. 그러한 상태에서 영혼은 자유롭고 행복하다. 오직 외적인 것에 대한 편애만이 그 매끄러운 표면에 물결을 일으키고 흐리게 하여 빛을 왜곡하고 지우기도 한다.

마르쿠스 아우렐리우스

4

모든 사람들의 마음에는 자비와 수치와 죄를 미워하는 감정이 있다. 우리는 저마다 수양을 통해 그 감정을 강화할 수도 있고 약화시킬 수도 있다. 이러한 감정은 손과 발처럼 인간의 일부이다. 그리고 손과 발처럼 단련할 수 있다.

우산(牛山)에는 아름다운 나무가 자라고 있다. 그 줄기를 자르면 끊임없이 새로운 싹이 난다. 그러나 만일 그곳에 가축을 풀어놓는다면 산은 당장 벌거숭이가 될 것이다. 산이 벌거숭이가 되는 것은 자연스러운 일이 아니다. 영혼의 타락도 마찬가지이다. 우리가 자신의 천박한 욕망에 우리 마음속의 자비와 수치와 죄를 미워하는 감정의 싹을 다 먹어치운 뒤, 인간의 마음속에는 그런 감정은 원래 없는 거라고 말하는 것은 잘못된 일이 아닐까? 하늘의 법칙을 안다는 것은 우리 속의 고귀한 본성을 발전시키는 것을 말한다.

맹자

5

너 자신 속에, 너의 마음에 선의 샘물이 있다. 그 샘물은 네가 그것을 퍼내면 퍼낼수록 더욱 콸콸 솟아날 것이다.

마르쿠스 아우렐리우스

6

인간의 영혼은 그 속에서 신의 예지의 모습을 볼 수 있는 거울이다.

존 러스킨

7

색정의 유혹을 느끼거든 이내 자신의 신성을 불러내라. 자신의 신성이 흐려졌음을 느끼거든 이내 정욕의 포로가 되었음을 알고 그것과 싸워야 한다.

11월 28일

1

생명은 죽음에 의해 완전히 소멸되는 것이 아니라 모습을 바꿀 뿐이다.

2

하루의 고뇌는 그날 하루로 족하다. 자신의 삶을 의혹과 공포 속에서 낭비하지 말라. 현재의 의무를 잘 수행하는 것이, 앞으로의 몇 시간 또는 몇 세기를 위한 최선의 준비임을 믿고, 열심히 자신의 일에 종사하라.

지금의 우리에게는 미래는 언제나 환상처럼 여겨진다. 중요한 것은 삶의 길이가 아니라 깊이이다. 문제는 삶을 지속시키는 것이 아니라, 모든 고귀한 영혼의 행위처럼 영혼으로 하여금 시간을 초월하게 하는 것이다. 우리가 최선을 다해 삶을 살고 있을 때 시간 같은 것은 아무런 문제도 되지 않는다.

예수는 영원한 생명에 대해 아무것도 설명하지 않았지만, 그가 끼친 영향은 세상 사람들로 하여금 시간을 초월하게 하여, 그들 자신을 영원한 존재로 느끼게 했다. 에머슨

3

인간이 살고 있는 집은 부서지고 사라질 수도 있다. 그러나 영혼이 자신을 위해 깨끗한 사상과 선한 행위로 지은 집은 영원히 사라지지 않으며, 그런 집에 사는 자를 해칠 수 있는 것은 아무것도 없다. 루시 맬러리

4

내세를 믿을 수는 없지만, 현재의 삶이 불멸이라는 것은 믿어도 좋을 뿐만 아니라, 똑똑히 확인할 수도 있다.

5

불멸에 대한 신앙은 논리가 아니라 우리의 삶의 방식에 의해 주어진다.

6

미래의 필연성에 대한 믿음은 추론에 의해 주어지는 것이 아니라, 우리가 어떤 사람과 손을 잡고 살아갈 때, 갑자기 그 사람이 어딘지 모를 곳으로 사라지고, 우리가 그 사람이 사라진 심연 옆에 서서 그것을 들여다볼 때 얻어지는 것이다.

7

죽음에 직면하여 우리가 느끼는 공포는, 우리가 인생을 이해하는 진실성의 지표이다. 우리의 죽음에 대한 공포가 적으면 적을수록 우리의 자유, 평화, 영혼의 힘에 대한 의식, 그리고 삶의 기쁨은 더욱 커진다. 죽음의 공포에서 완전히 해방되어, 현재의 삶과 진실하고 무한한 삶의 동일성을 완전히 의식했을 때, 거기에는 어떤 것에도 파괴되지 않는 평화가 있다.

11월 29일

1

말은 곧 행위이다.

2

결코 마음에 없는 말을 해서는 안 된다. 결코 실없는 말로 우리의 영혼을 흐리게 해서는 안 된다.

성현의 사상

3

적이 친구보다 더 유익할 때가 있다. 왜냐하면 친구들은 종종 우리의 결점을 용서하지만, 적은 대개 그것을 지적해 우리의 주의를 그쪽으로 돌리게 해주기 때문이다.

그러므로 적의 비난을 못 들은 척해서는 안 된다.

4

허영심이 아무리 들끓어도 스스로 그것을 잘 알기만 하면, 그것이 허영임을 자기 자신에게 들려주는 것이 그 허영심이 말하는 것을 믿는 것보다 낫다는 것을 깨달을 수 있다. 그리고 전자의 경우가 더 많은 자기희생과 수양을 필요로 하므로, 후자의 경우보다 더 많은 참된 명예를 준다는 것도 알게 될 것이다.

칸트

5

현자는 말만으로 남을 존중하지 않고, 보잘것없는 사람이 한 말이라고 무시하지도 않는다. 중국 금언

6

인간의 혀는 인간의 뇌리에 떠오르는 생각을 전하는 데는 충분한 기능을 하지만, 진실하고 깊은 감정의 영역에서는 서툰 통역자에 지나지 않는다. 코슈트

7

어떠한 말도 그것을 듣는 사람이 받아들일 수 있는 의미밖에 가지지 않는다. 우리는 파렴치한 사람에게 염치의 의미를 설명할 수 없고, 사랑과 인연이 없는 사람에게 사랑의 의미를 설명할 수도 없다. 이러한 말들의 의미를 그들에게 이해시키려고 아무리 노력해도, 끝내 염치와 사랑을 표현하는 말을 찾아내지 못할 것이다. 존 러스킨

8

어떠한 목적일지라도 거짓말은 결코 정당화될 수 없다.

11월 30일

1

온유한 사람은 자아를 떠나 신과 하나가 된다.

2

천하에 물보다 약한 것은 없지만, 아무리 강한 것이라도 물을 이길 수는 없다.

약한 것이 흔히 강한 것을 이기고, 부드러운 것이 흔히 단단한 것을 이긴다. 천하에 이를 모르는 사람은 없지만 이를 실천하는 사람도 없다. 노자

3

자신이 처한 상황에 억지로 저항하는 자는 상황 쪽에서도 그에게 저항하고, 거기에 양보하는 자는 상황도 역시 그에게 양보한다.

만약 네가 처한 상황이 마음에 들지 않는다 해도, 거기에 저항하지 말고 물 흐르듯 되는 대로 맡기는 것이 좋다. 상황을 거스르는 자는 상황의 노예가 되지만, 거기에 순응하는 자는 그 주인이 되기 때문이다. 《탈무드》

4

현자는 선을 행하면서 사람들 눈에 띄지 않게 하며, 아무도 몰라주더라도 결코 서운해하지 않는다. 공자

5

사디가 말했다. "나는 파르티아 지방에서 호랑이를 타고 가는 사람을 만났다. 나는 깜짝 놀라 그 자리에서 옴짝달싹할 수 없었다. 그러자 그 사람이 나에게 말했다. '사디여! 놀라지 말라. 다만 너의 머리를 신의 멍에에서 빼지 않도록 하여라. 그러면 어떤 것도 너의 멍에에서 자기의 머리를 빼지 못할 것이다'라고."

6

인간은 있는 그대로의 모습으로 있고자 할 때는 매우 강하지만, 인간보다 높이 되고 싶어 할 때는 참으로 힘없는 존재가 된다. 루소

7

사람은 겸손의 덕이 높아질수록, 원뿔형의 꼭대기에서 밑변을 향해 내려가고 있는 것과 같다. 밑으로 내려가면 내려갈수록 그 정신세계의 원은 더욱 커진다.

8

세상에서 가장 약한 자가 세상에서 가장 강한 자를 정복한다. 그러므로 겸손의 덕과 침묵의 이익은 크다. 그러나 세상에서 몇 안 되는 자들만이 겸손의 덕을 지니고 있다.

노자

9

사람은 겸손할수록 자유롭고 강하다.

12월

12월 1일

1

여성은 그 근본적인 인생의 사명에 있어서 남성과 다를 바가 없다. 그 사명은 신에 대한 봉사이다. 다른 것이 있다면 단지 그 봉사의 대상뿐이다. 분명히 인생에 있어서의 여성의 사명은 남성의 사명과 똑같으며, 신에 대한 봉사는 동일한 방법, 즉 사랑에 의해 실현되기는 하지만, 대부분의 여성에게 이 봉사의 대상은 남성보다 한정되어 있다. 그 대상은 차례차례 새롭게 태어나는 신의 사업을 위한 일꾼들을 사랑으로 키우고 가르치는 일이다.

2

사치스러운 여성들이여, 만약 너에게 다음의 어느 쪽을 원하느냐고 물으면 뭐라고 대답하겠는가? 깨끗하고 건강하며 아름다운 육체에 초라한 옷을 입겠느냐? 아니면 불구인 데다 병든 육체에 번쩍이는 황금의 옷을 걸치고, 화려하게 치장하고 다니겠느냐? 그래, 너는 사치스러운 옷보다는 육체의 건강과 아름다움을 훨씬 더 바라지 않을까? 육체에 대해서는 그렇게 원하는 그대가, 어째서 정신에 대해서는 반대를 원하는 것이냐? 추악하고 더럽고 혐오스러운 정신을 반짝이는 황금 옷으로 장식한들 무슨 소용이 있단 말인가? 그것은 바로 어리석음의 극치가 아닐까? 이오안 즐라토우스트

3

여성의 선량함에는 한이 없지만 그 사악함에도 한이 없다. 좋은 아내는 남편에게 참으로 값진 선물이요, 악한 아내는 그에게 악성 종양과도 같다.

《탈무드》

4

온화하고 말수가 적은 언행은 여성이 지닐 수 있는 최상의 장식물이다.

5

대도시를 지나가며 일류 백화점에서 몇백만 명의 노동자들의 생명까지 앗아가기도 하는 가혹한 노동의 산물인 몇백만 원어치나 되는 상품들이 팔리고 있는 것을 보라. 그것들은 모두 여성들이 쓰는 아무 짝에도 소용없는 사치품들이다. 여성들이 자신들의 생각 없고 쓸데없는 사치가 얼마나 큰 해악을 낳는지 이해한다면 얼마나 좋을까!

6

여자는 아름다우면 아름다울수록 더욱 정결해야 한다. 여성은 정결에 의해서만, 자신의 아름다움이 낳는 위험한 해악에 대항할 수 있다. 레싱

7

남편이 아내를 선택하는 것이 아니라 아내가 남편을 선택하는 것이다. 자기가 낳을 자식들을 위해 더 좋은 아버지를 찾아주려거든 여자도 무엇이 선이고 무엇이 악인지 알아야 한다. 세상의 여성들은 무엇보다 가장 먼저 그것부터 배워야 한다.

8

자신에게 주어진 모성으로서의 자기를 희생하여 모든 힘을 만인에 대한 사랑이라는 형태로 신에게 바치는 진정으로 순결한 처녀는, 인간 중에서도 가장 훌륭하고 행복한 존재이다.

9

자기희생보다 여성의 특성에 잘 어울리는 것은 없다. 반대로, 여성의 이기주의만큼 나쁜 것도 없다.

10

완전성이라는 것은 남녀에게 동일하며, 사랑의 완전성이 곧 그것이다. 남자는 사랑의 지혜와 신뢰에 있어서 여성보다 뛰어나다고 흔히 말하지만, 여성은 사랑에 의한 자기희생에 있어서 언제나 남자보다 뛰어나다.

이레째 읽을거리

여성

남성이나 여성이나 모든 인간의 사명은 세상 사람들을 위해 봉사하는 데 있다. 인간으로서의 덕의(德義)를 아는 사람이라면, 이 일반적인 명제에 반대할 사람은 아무도 없을 것이다. 이 사명을 받들어 실천함에 있어, 그것을 달성하는 수단, 즉 무엇으로 사람들에게 봉사할 것인가 하는 점에서 남성과 여성의 차이가 있을 뿐이다.

남성은 생활필수품을 생산하는 육체적 노동과 자연을 정복하기 위해 자연의 법칙을 연구하는 정신활동과, 생활의식의 설정, 인간관계의 규정 같은 사회적 활동을 통해 사람들에게 봉사한다. 남성에게는 사람들에게 봉사할 수 있는 방법이 참으로 다양하다. 아이를 낳고, 젖을 물리고 키우는 것을 제외한 모든 인간 활동이 그 봉사의 범위에 들어간다. 한편 여성은 앞에서 말한 남성과 같은 방법으로도 봉사할 수 있지만, 그 본질적인 신체 구조에서 유일하게 남성이 할 수 없는 방법에 사명을 느끼고 끌려간다.

인류에 대한 봉사는 자연히 두 개의 부문으로 나누어진다. 하나는 현재 살고 있는 사람들의 행복을 증대시키는 일이고, 또 하나는 인류 자체를 존속시키는 일이다. 전자는 주로 남성의 사명이다. 왜냐하면 그들은 후자의 방법으로는 봉사할 수 없기 때문이다. 후자는 주로 여성의 사명이다. 왜냐하면 그녀들에게만 그것이 가능하기 때문이다. 그 차이를 잊거나 무시해서는 안 되며, 그것을 잊고 무시하는 것은 죄악(말도 안 되는 오류)이라고 할 수 있다. 그 점에서 남성의 의무와 여성의 의무의 차이는, 인간이 그렇게 만든 것이 아니라 필연적인 남녀 양성의 차이에서 생긴다. 그리고 거기에서 또, 남성과 여성의 선덕과 악덕에 대한 평가의 차이, 모든 시대에 존재했고 지금도 존재하고 있는, 그리고 인간 속에 이성이 존재하는 한 결코 없어지지 않는 평가의 차이가 생기는 것이다.

자기 생활의 대부분을 자신에게 어울리는 여러 가지 육체적, 정신적, 사회적 활동 속에서 보내는 남성이나, 생활의 대부분을 자신들에게만 가능한 출산과 수유, 육아 같은 활동 속에서 보내는 여성이나, 모두 자신들이 해야 할 일을 하고 있고 자신들의 본령에 합당한 일을 하고 있으므로, 사람들의 존경과 사랑을 받을 거라고 느끼는 것은 예나 지금이나 다를 바가 없다.

남성의 사명은 다양하고 광범위하며, 여성의 사명은 단순하고 좁지만, 그 대신 깊다. 따라서 수백 가지의 의무를 가진 남성은 그중 몇 개 또는 몇십 개쯤은 저버려도 여전히 어느 정도 자신의 사명을 다한, 나쁘지 않은 유익한 인물로 남지만, 의무의 수가 적은 여성의 경우는, 그중의 하나라도 저버리면 당장 수백 가지 의무 중 수십 개를 저버린 남성보다 도덕적으로 낮은 평가를 받는 것은, 옛날이나 지금이나 마찬가지이다. 그것이 늘 사람들의 일반적인 의견이었고 앞으로도 그럴 것이다. 바로 그것이 자연의 이치이기 때문이다.

남성은 신의 의지를 수행하기 위해, 육체노동과 사상과 도덕으로 신에게 봉사하지 않으면 안 된다. 그 모든 것을 구사하여 남성은 자신의 사명을 수행할 수 있다. 한편 여성으로서 신에게 봉사하는 방법은 주로, 거의 예외 없이 자식을 통해서이다(왜냐하면 여자 말고는 자식을 낳을 수 없으므로). 남성은 자신이 창조한 것으로 신에게 봉사할 사명을 가지고 있고, 여성은 자신의 자식을 통해서만 봉사할 사명을 가지고 있는 것이다.

따라서 여성 속의 자식에 대한 애정은 도저히 논리적으로 따질 수 없는 예외적인 애정이며, 그것은 어느 세상에서나 어머니인 여성과 떼어놓을 수 없는 것이다. 이 어린 자식에 대한 애정은 결코 이기주의가 아니며, 노동자가 자신이 만든 물건이 아직 자신의 손에 있을 때 그것에 대해 느끼는 애정과도 같다. 자신의 노동의 대상에 대한 애정이 없다면 어떻게 일을 할 수 있겠는가.

어머니의 경우도 이와 마찬가지이다. 수많은 활동을 통해 사람들에게 봉사할 사명이 있는 남성도 자신의 일을 하는 동안 그 일을 사랑하는 법이다. 자신의 자식을 통해 사람들에게 봉사할 사명이 있는 여성 역시, 자식을 낳고 젖을 먹이며 키우는 동안 어찌 그것을 사랑하지 않을 수 있으랴.

신과 사람들에게 봉사한다는 공통된 사명에 있어서는, 봉사의 형태는 달라도 남녀는 완전히 평등하다. 그 평등한 까닭은, 한쪽의 봉사는 또 한쪽의 봉사와 마찬가지로 중요하여 한쪽이 없이는 나머지 한쪽도 생각할 수 없고, 서로가 서로의 조건이 되어 있으며, 실제적인 봉사를 위해서는 남성이나 여성이나 진리를 아는 것이 필요하니 진리를 알지 못하면 남성의 행위도 여성의 행동도 모두 무익한 건 말할 것도 없고 인류에게 오히려 유해하다는 점에 있다. 남성에게는 남성으로서 다양한 일을 해야 하는 사명이 있지만, 그 일이 유익하고 육체적, 정신적, 사회적 활동의 성과가 있는 것은, 그것이 오로지 진리와 타인의 행복을 위해 이루어졌을 때뿐이다.

여성의 사명도 마찬가지이다. 여성이 자식을 낳고 젖을 먹여 양육하는 것이 인류에게 유익한 것은, 단지 자신의 기쁨을 위해서만 그렇게 하는 것이 아니라 미래의 인류에 대한 봉사자를 키우기 위해 그렇게 할 때뿐이며, 그 자식들의 교육이 진리와 만인의 행복을 위해 이루어질 경우, 바꿔 말하면 여성이 자식들을 사람들의 가장 선한 종이 되도록 키울 경우뿐이다.

"그럼 결혼을 하지 않아 자식이 없는 여성과 과부의 경우는?"

여성들이 남성의 다양한 노동에 참여하는 것은 멋진 일이다.

자식을 다 키우고도 아직 힘이 남아 있는 여성은, 모두 남자의 일에 참여할 수 있을 것이다. 그런 일에 대한 여성의 도움은 무척 귀중하다. 그러나 자식을 낳을 능력이 있는 젊은 여성이 남성적인 일에 종사하고 있는 것을 보면, 늘 마음이 안타깝다. 그런 여성을 보면, 마치 연병장과 산책로를 만들기 위해 비옥한 흑토에 자갈을 까는 모습을 보는 것 같다. 아니, 그 이상으로 마음이 아프다. 왜냐하면 토지는 그저 곡물밖에 생산할 수 없지만, 여성은 더 이상 평가할 수 없는 무엇, 그 이상의 것은 아무것도 없는 무엇—즉 인간을 낳기 때문이다. 그것은 오로지 여성만이 할 수 있는 일이다.

레프 톨스토이

누이들

1

1882년 5월 3일 르아브르 항에서 중국해를 향해 삼장선(三檣船 : 세 개의 돛을 단 배) '바람의 성모(聖母)'호가 출범했다. 이 범선은 중국에서 짐을 부린 뒤 새 짐을 싣고 부에노스아이레스로 가서, 거기서 다시 브라질로 상품을 싣고 갔다.

우리는 항구에서 항구로의 이동과 배의 파손, 수리, 몇 달씩 이어지는 무풍(無風), 항로에서 멀리 밀어내는 비바람, 그 밖에 돌발적인 해상사고와 재난 등등이 배의 순조로운 항해를 방해하여, 4년 동안이나 타국의 바다를 헤매고 다닌 끝에, 1886년 5월 8일에야 간신히 미국제 통조림이 든 생철상자를 싣고 마르세유 항에 도착했다.

르아브르에서 출항했을 때는 선장과 조수, 열네 명의 선원이 승선하고 있었다. 항해를 하는 동안 선원 한 명이 죽고 네 명의 선원은 갖가지 사고로 실종되어, 프랑스로 돌아왔을 때는 아홉 명이 남아 있었다. 범선에는 죽은 선원 대신 두 명의 미국인과 한 명의 흑인, 그리고 싱가포르의 한 술집에서 만난 한 명의 스웨덴인이 고용되어 있었다.

배의 돛이 걷히고, 삭구(索具)는 돛대에 열십자로 비끄러매어졌다. 예인선이 다가와 헐떡이는 소리를 내면서, 그것을 다른 배들이 정박해 있는 곳으로 끌고 갔다. 바다는 잔잔하고, 물가에서는 희미하게 잔물결이 일고 있었다. 범선은 다른 배들 틈으로 비집고 들어갔다. 거기에는 전 세계에서 모여든, 온갖 형태와 의장(艤裝)을 한 크고 작은 배들이, 부두를 따라 뱃전이 서로 맞닿을 듯 들어서 있었다. '바람의 성모'호는 새로운 동료에게 자리를 내준 이탈리아의 이장선(二檣船)과 영국의 범선 사이로 들어갔다.

선장은 세관과 항구 안의 관리들과 입항 절차를 마친 뒤 선원들의 반을 하룻밤 동안 휴가를 주어 상륙시켰다.

따뜻한 여름밤이었다. 시 전체가 휘황찬란한 불빛에 싸여 있는 마르세유의 시가지를 걸어가니, 곳곳의 부엌에서 맛있는 음식 냄새가 진동하고, 사방에서 사람들이 떠드는 소리, 마차 바퀴가 삐걱거리는 소리, 즐겁게 고함치는 소리가 들려왔다.

'바람의 성모'호에서 내린 선원들은 넉 달 만에 처음으로 흙을 밟았다. 그렇게 막상 육지에 오르자, 도시에 처음 올라온 시골뜨기처럼 둘씩 짝을 지어 쭈뼛거리며 시내를 걸어갔다. 그들은 부두에서 가장 가까운 거리를, 뭔가를 찾는 것처럼 탐색하듯 기웃거렸다. 그들은 넉 달째 여자를 구경하지 못했던 것이다.

가장 선두에 선 것은 건강하고 거침없는 젊은이 셀레스탱 뒤클로였다. 그는 상륙할 때마다 동료들의 안내역을 맡고 있었다. 그는 좋은 곳을 물색할 줄 알았고, 빠져야 할 때 빠지는 요령도 알고 있었으며, 선원들이 상륙했다 하면 으레 벌어지기 마련인 싸움에 말려드는 일도 없었지만, 혹시 휘말려 들어도 결코 동료를 두고 혼자만 달아나지 않고 용감하게 맞서 싸웠다.

선원들은 오랫동안, 마치 보이지 않는 배수로처럼 바다를 향해 뻗어가며, 움막과 헛간의 역한 냄새를 풍기고 있는 어두운 거리를 어슬렁거리며 돌아다녔다. 마침내 셀레스탱은 문마다 등불이 걸려 있는 한 좁은 골목길을 골라 그곳으로 들어갔다. 선원들은 싱글거리며 웃거나 콧노래를 흥얼거리면서 따라갔다. 각등의 우윳빛 유리에 커다란 글씨로 숫자가 적혀 있고, 현관의 나지막한 천장 밑 짚의자 위에 앞치마를 걸친 여자들이 앉아 있었다. 그녀들은 선원들을 보자 골목 한복판으로 달려 나와, 가로막고 서서 저마다 자기 집으로 끌어당겼다.

그런가 하면 어떤 집 현관 안의 문이 활짝 열리더니, 몸에 꼭 끼는 올이 성긴 무명바지에 짧은 치마, 금몰로 장식한 검은 비로드 가슴받이를 걸친, 거의 알몸이나 다름없는 여자가 나타났다. "이봐요, 미남자들, 이리 좀 와봐요!" 하며 저만치서 부르기도 하고, 때로는 직접 달려 나와 선원 중의 한 사람을 붙잡고 열심히 문 쪽으로 잡아당기기도 했다. 그녀는 마치 거미가 자기보다 힘이 센 파리를 거미줄로 유인할 때처럼 그에게 꼭 들러붙었다. 젊은이는 가볍게 저항했고, 다른 선원들은 어떻게 되어가는지 보자 하고 구경하고 있었다. 그러자 그때, 셀레스탱 뒤클로가 "여기가 아니야. 들어가지마, 조금 더 가야 해" 하고 소리쳤다. 젊은이는 그 명령에 따라 간신히 여자를 뿌리쳤다. 이렇게 하여 선원들은 화난 여자가 욕설을 퍼붓는 소리를 들으면서 다시 걸음을 옮겼다. 골목 속에 울려 퍼지는 시끄러운 소리를 듣고 다른 여자들도 뛰어나와 선원들에게 달려들어, 쉰 목소리로 각자 손님의 환심을 사려고 아양을 떠는 것이었다.

이리하여 그들은 앞으로 앞으로 나아갔다. 허리에 찬 칼을 찰랑거리는 병사들과 홀로 단골가게에 들어가는 상인 또는 점원으로 보이는 남자를 만났다. 다른 골목에도 같은 각등이 켜져 있었지만, 선원들은 집집마다 밑으로 흐르는 악취 풍기는 구정물을 튀기면서 앞으로 나아갔다. 이윽고 뒤클로는 다른 데보다 조금 나은 가게 앞에서 걸음을 멈추고 동료들을 안으로 안내했다.

2

선원들은 유곽의 홀에 자리를 잡았다. 그리고 각자 창녀를 하나씩 골라 밤새도록 붙어 있었다. 그것이 유곽에서의 관습이었다. 세 개의 탁자를 한데 붙이고 우선 여자들과 함께 술부터 거나하게 걸친 선원들은, 곧 여자들과 함께 이층으로 올라갔다. 20개의 다리에서 울리는 투박한 단화 소리가 오랫동안 나무계단 위에서 요란하게 들려온 뒤, 이윽고 모두 좁은 문을 열고 각자 방으로 들어갔다.

그런 다음 다시 아래로 내려와 마시고는, 한참 뒤에 또 이층으로 올라갔다.

여흥이 한창 무르익어 가고 있었다. 반년 치 급료가 네 시간의 방탕한 놀음으로 모두 날아가고 말았다.

11시 가까이 되자 그들은 완전히 술에 취해 눈에 핏발이 서고, 자기도 무슨 소린지 알 수 없는 말을 고래고래 소리 지르고 있었다. 노래를 부르는 자도 있고 고함을 치는 자도 있고, 주먹으로 탁자를 쾅쾅 내리치거나 술을 병째 들이붓는 자도 있었다. 셀레스탱 뒤클로는 그들의 한가운데 있었다. 몸집이 크고 통통하며 뺨이 빨간 여자가 그의 무릎 위에 앉아 있었다. 그도 다른 동료들 못지않게 많이 마셨지만, 아직 완전히 취해 있지는 않았다. 많은 생각들이 뇌리에 떠올랐다가 사라졌다. 그는 감상적인 기분이 되어 자신의 짝과 무슨 얘기를 할까 생각하고 있었다. 그러나 어떤 생각이 떠올랐다가도 이내 다시 사라져 버려, 도저히 그것을 확실하게 붙잡아 말로 표현할 수가 없었다.

그는 웃으면서 말했다.

"음, 저어, 그래, 아가씬 여기 얼마나 있었지?"

"여섯 달쯤요" 하고 여자가 대답했다.

그는 만족스럽다는 듯이 고개를 끄덕여 보였다.

"그래, 어때, 재미있어?"

그녀는 잠시 생각했다.

"뭐, 이제 이 생활에 익숙해졌어요" 하고 그녀는 말했다. "어쨌든 먹고살아야 하니까요. 하녀나 세탁부가 되는 것보다는 낫죠."

뒤클로는 그것도 만족스럽다는 듯이 크게 고개를 끄덕였다.

"넌 마르세유 출신이 아니지?"

여자는 그렇다는 표시로 머리를 좌우로 흔들어 보였다.

"먼 곳에서 왔어?"

여자는 고개를 끄덕였다.

"어디서 왔는데?"

여자는 뭔가를 생각하는 듯이 고개를 갸우뚱했다.

"페르피냥에서 왔어요."

"그래?" 뒤클로는 그렇게 말한 뒤 입을 다물었다.

"당신은 선원인가요?" 이번에는 여자가 물었다.

"그래, 우린 모두 선원이야."

"그럼 먼 곳에 갔다 왔나요?"

"응, 상당히 먼 곳까지 갔지. 그리고 많은 것을 보았어."

"틀림없이 세계를 한 바퀴 돌았겠군요."

"한 바퀴가 아니라 두 바퀴도 돌았을걸?"

여자는 뭔가 기억해 내려는 듯 생각에 잠겼다.

"많은 배도 만나고?"

"물론이지."

"그럼 혹시 '바람의 성모'호라는 배를 만난 적 없어요? 그런 배가 있는데."

그는 여자가 자신의 배의 이름을 말했기 때문에 놀랐지만, 한번 놀려주자는 생각이 들었다.

"만나다마다, 지난주에도 만났는걸."

"정말? 정말 만났어요?" 그렇게 말하는 여자의 얼굴이 순식간에 새파랗게 질렸다.

"정말이지 않고."

"거짓말 아니에요?"

"신께 맹세코 절대 거짓말 아니야."

"그럼 그 배에서 셀레스탱 뒤클로라는 사람을 만나진 않았어요?" 하고 여자가 물었다.

"셀레스탱 뒤클로?" 그 말을 듣고 그는 그냥 놀란 정도가 아니라 거의 까무러칠 정도였다. 이 여자가 어떻게 내 이름을 알고 있단 말인가!

"그 사람을 알고 있어?" 하고 그가 물었다.

여자 쪽도 아무래도 뭔가에 깜짝 놀란 것 같았다.
"아니에요, 내가 아니고 그 사람을 알고 있는 여자가 한 사람 있어요."
"어떤 여잔데? 이 집에 있어?"
"아니, 하지만 이 근방에 있어요."
"이 근방 어디?"
"바로 근처예요."
"뭐 하는 여잔데?"
"그냥 보통 여자요, 나 같은."
"그 여자, 뒤클로한테 무슨 볼일이 있대?"
"그런 건 난 몰라요. 아마 한 고향 사람이겠죠."
두 사람은 서로를 뚫어지게 쳐다보았다.
"그 여자를 만나보았으면 좋겠는걸" 하고 그가 말했다.
"왜요? 무슨 할 말이라도 있나요?"
"할 말이 있지."
"무슨 말을?"
"셀레스탱 뒤클로를 만났다고."
"당신, 셀레스탱 뒤클로를 만났어요? 그 사람, 잘 있던가요?"
"물론 잘 있어. 그래서?"
여자는 입을 다물고 다시 생각에 잠겼다가, 이윽고 조용한 목소리로 말했다.
"'바람의 성모'호는 어디로 가고 있죠?"
"어디냐고? 마르세유."
"정말이에요?" 하고 여자가 큰 소리로 외쳤다.
"정말이지 않고."
"당신은 뒤클로를 알고 있나요?"
"방금 알고 있다고 말했잖아."
그녀는 또다시 생각에 잠겼다.
"네, 그렇군요. 잘됐어요" 하고 그녀는 나직한 목소리로 말했다.
"그 사람한테 뭔가 볼일이라도 있어?"
"그 사람을 만나면 말해주세요. 아니, 그럴 것 없어요."

"도대체 무슨 말인데?"

"아니에요, 아무것도 아니에요."

물끄러미 여자를 응시하던 그는 점점 불안해졌다.

"그럼 넌 그 사람을 알고 있는 거야?"

"아니에요, 몰라요."

"그런데 왜 그런 말을 하지?"

여자는 대답은 하지 않고 갑자기 일어나서, 안주인이 앉아 있는 카운터로 달려가, 레몬을 집어 그것을 둘로 잘라 컵 속에 즙을 짜 넣었다. 그런 다음 거기에 물을 타서 셀레스탱에게 가지고 왔다.

"자, 이거 마셔요." 그녀는 아까처럼 다시 그의 무릎 위에 올라앉았다.

"이건 왜?" 그녀한테서 컵을 받아 들며 그가 물었다.

"술 깨라고, 그러면 얘기하겠어요. 어서 마셔요."

그는 그것을 쭉 들이켠 다음 옷소매로 입을 닦았다.

"이제 말해봐, 들을 테니까."

"당신은 나를 만난 것을 그 사람한테 말하지 않겠죠? 누구한테서 이런 얘기를 들었는지 말하지 않을 거죠?"

"그래, 좋아, 말하지 않겠어."

"맹세해요!"

그는 맹세했다.

"절대로?"

"절대로."

"그렇다면 그 사람에게 말해줘요. 그의 아버지도 돌아가시고 어머니도 돌아가시고, 그리고 형님도 역시 죽었다고요. 열병이었어요. 한 달 사이에 세 사람이나 죽었어요."

뒤클로는 온몸의 피가 한꺼번에 심장으로 몰리는 것 같은 느낌이었다. 무슨 말을 해야 할지 몰라 한동안 묵묵히 있다가 이윽고 입을 열었다.

"그게 정말이야?"

"네, 정말이에요."

"누구한테서 들었지?"

여자는 그의 어깨에 두 손을 얹고 그의 눈을 똑바로 들여다보았다.

"아무한테도 말하지 않겠다고 맹세해요."

"아까 맹세했잖아. 하느님께 맹세코 말하지 않겠어."

"난 그 사람의 여동생이에요."

"프랑수아즈!" 하고 그가 소리쳤다.

그녀는 그의 얼굴을 가만히 들여다보다가, 입술을 희미하게 움직이며 거의 들릴락 말락 하는 목소리로 말했다.

"그럼 당신은 셀레스탱 오빠?"

두 사람은 마치 돌이 된 것처럼 꼼짝도 하지 않고 서로의 눈을 응시했다.

그들의 주위에서는 모두들 술에 취해 고래고래 고함을 지르고 있었다. 컵 부딪치는 소리와 손뼉을 치는 소리, 구두 뒷굽을 쾅쾅 울리는 소리, 여자들의 교성이 시끄러운 노랫소리와 한데 뒤섞였다.

"어떻게 이런 일이!" 뒤클로는 여자가 겨우 알아들었을 만큼 낮은 목소리로 말했다.

갑자기 여자의 눈에서 눈물이 쏟아졌다.

"네, 다 죽어버렸어요. 세 사람 모두 한 달 사이에."

그녀는 얘기를 계속했다. "정말로 나, 어떻게 해야 할지 몰랐어요. 아무도 없이 혼자 남아 약값과 의사의 진료비, 장례식 비용으로 모든 것을 팔아치우고 정리하고 나니, 남은 건 달랑 내 몸뚱아리뿐이었어요. 그래서 카쇼 나리의 집에 하녀로 들어갔어요. 오빠도 기억하고 있죠? 그 절름발이 말이에요. 그때 난 겨우 열다섯 살이었어요. 오빠가 집을 나갔을 때는 열넷이었죠. 난 결국 카쇼 나리와 죄를 짓고 말았어요. 정말 바보였죠. 그다음에는 공증인의 집에 아이 돌보미로 들어갔어요. 이 공증인도 역시 마찬가지였어요. 처음에는 나에게 방도 구해주고 살림을 차려주었지만 그것도 오래가지 못했어요. 그 사람은 나를 버렸고, 난 사흘 동안 아무것도 먹지 못하고 아무도 거들떠보는 사람도 없어서, 결국 이곳의 다른 여자들과 마찬가지로 이런 곳에 흘러 들어오고 말았어요." 그렇게 말하는 그녀의 눈과 코에서 눈물이 넘쳐서 뺨을 타고 입 속으로 흘러 들어갔다.

"아아! 우리가 도대체 무슨 짓을 저질렀담!"

"난 오빠도 벌써 죽었을 줄 알았어요." 그녀는 흐느끼는 사이사이 그렇게 말했다. "내 잘못이 아니에요" 하고 그녀는 속삭이듯 말했다.

"넌 어째서 날 알아보지 못했니?" 그도 역시 속삭이는 목소리로 말했다.

"어떻게 알아봐요? 내 탓이 아니에요." 그녀는 한층 더 심하게 흐느껴 울었다.

"난 널 알아볼 수가 없지. 내가 집을 떠날 무렵의 너는 지금과는 완전히 딴판이었으니까. 어째서 네 쪽에서 알아보지 못했을까?"

그녀는 절망적으로 손을 내저었다.

"아! 난 매일 수많은 남자의 얼굴을 보면서 살고 있기 때문에, 모두 똑같은 얼굴로 보이는 걸요."

그는 심장이 터질 것처럼 아프게 죄어 와서, 마치 세게 얻어맞은 어린아이처럼 비명을 지르며 울고 싶었다.

그는 일어서서 그녀를 자기 몸에서 떼어놓고, 그 선원다운 큼직한 두 손으로 그녀의 머리를 감싸며 누이의 얼굴을 가만히 응시했다.

그의 뇌리에 조금씩 옛날 누이의 모습이 떠오르더니, 마침내 그녀가 묻어준 아버지와 어머니와 형과 함께 집에 남기고 떠났을 때의 그 작고 가녀린, 명랑한 소녀의 모습이 선명하게 떠올랐다.

"그래, 넌 프랑수아즈야! 내 동생!" 하고 그가 말했다.

그러자 갑자기 그의 목구멍에서 술 취한 사람의 딸꾹질 같은 통곡이, 비통한 사나이의 통곡이 치밀어 올라왔다. 그는 누이의 머리를 놓고, 컵이 날아가 산산조각이 되도록 강하게 탁자를 내리치더니, 짐승이 짖는 것 같은 목소리로 울부짖었다.

동료들이 놀라서 그를 돌아보았다.

"아니 저런, 엉망으로 마셔댔군그래!" 하고 누군가가 말했다. "이봐! 뒤클로, 무슨 소릴 질러대는 거야! 자, 다시 한번 이층으로 가자고" 하며 다른 한 남자가 한 손으로 셀레스탱의 소매를 붙잡고, 다른 손으로는 새빨간 얼굴에 까만 눈을 반짝이며, 앞섶을 풀어 헤친 장밋빛 비단 속옷 차림으로, 까르르 웃고 있는 자신의 여자를 끌어안으면서 말했다.

뒤클로는 갑자기 입을 다물더니, 숨을 죽이고 뚫어지게 동료들을 쳐다보았다. 그리고 으레 싸움을 시작하려 할 때의 일종의 이상야릇하고 결연한 표정을 지으며, 비틀비틀 여자를 안고 있는 선원에게 다가가더니, 그와 여자 사이에 미친 듯이 뛰어들어 두 사람 사이를 갈라놓았다.

"떨어져! 이 여자가 네 누이라는 걸 모르겠어? 그녀들은 모두 누군가의 누이라고, 이봐! 이 여자가 내 누이동생 프랑수아즈야. 하하핫!" 그는 마치 웃고 있는 것 같은 목소리로 통곡하면서 비틀비틀 걸음을 옮기다가, 두 팔을 번쩍 위로 치켜들면서 쾅당! 하고 마룻바닥에 엎어졌다. 그리고 마치 빈사상태에 빠진 사람처럼 허덕이면서, 팔다리를 퍼덕거리며 바닥 위를 뒹굴었다.

"그를 재워야 해" 하고 동료 가운데 한 사람이 말했다. "이대로 밖에 나갔다가는 유치장 신세라고."

사람들은 셀레스탱을 업고 이층에 있는 프랑수아즈의 방으로 옮겨 그녀의 침대에 눕혔다.

모파상 원작, 레프 톨스토이 다시 씀

12월 2일

1

"살인하지 말라"는 계율은 단순히 사람을 죽이는 것뿐만 아니라 생명을 가진 모든 것을 죽이는 것에 대해 한 말이다. 이 계율은 시나이산 위에서 들려오기 전부터 사람들의 마음속에 새겨져 있었다.

2

어떤 말로 채식주의를 반대하든, 우리 인간은 양과 닭을 죽이는 것을 불쌍하게 여기며, 제 손으로 죽일 바에는 차라리 고기를 먹지 않겠다는 사람이 대부분일 것이다.

3

"만일 양이나 토끼를 불쌍히 여겨야 한다면 늑대나 쥐도 불쌍히 여겨야 한다"고 채식을 반대하는 사람들은 말한다. 거기에 대해 채식주의자들은, "그렇다, 우리는 그런 동물들도 가엾게 여기고 있고 또 동정하려고 애쓰고 있다. 그래서 그들을 죽이지 않고 그 피해를 막을 수 있는 방법을 찾고 있고, 그것은 틀림없이 발견될 거라고 생각한다"고 채식주의자들은 대답한다. 만일 너희들이 곤충에 대해서도 똑같은 말을 한다면, 우리가 그것에 대해 직접적인 연민의 정을 느끼지는 않는다 하더라도(리히텐베르크는 생물에 대한 우리의 연민의 정은 동물의 크기에 비례한다고 했다), 그들에 대해서도 그것을 느낄 수는 있고(바로 실비오 펠리코가 거미에 대해 느낀 것처럼), 죽이지 않고 그들에 대처하는 방법도 찾을 수 있을 거라고 말할 것이다.

"하지만 식물에도 또한 생명이 있지 않은가, 당신들은 바로 그 식물의 생명을 빼앗고 있다" 하고 채식 반대론자들은 또 말한다. 그러나 바로 그 말이야말로 무엇보다 채식주의의 본질을 잘 표현하고 있으며, 그 요구를 만족시킬 수 있는 방법을 보여준다. 이상적인 채식주의는 과일을 먹는다. 즉 씨앗을 감싸고 있는 과육을 먹는 것에 지나지 않는다. 사과, 복숭아, 수박, 호박, 딸기 등등이 그것이다. 위생학자들은 그러한 것들을 건강에 가장 좋은 먹거리로 인정하고 있고, 그런 것을 먹으면 식물의 생명을 빼앗는 일이 없다. 그리고 그 맛있는 과일, 즉 씨앗을 감싸고 있는 과육을 사람들이 따 먹음으로써 씨앗이 사방에 퍼져, 그 식물을 더욱 증식시킨다는 점에도 커다란 의미가 있는 것이다.

4

문화의 발달과 인구의 증가에 따라, 사람들은 인간을 먹는 습관에서 동물을 먹는 습관으로, 동물을 먹는 습관에서 곡물과 근채류를 먹는 습관으로, 다시 그 습관에서 과일을 먹는 가장 자연스러운 습관으로 이행할 것이다.

5

광대한 땅이 사유재산으로 점유되고 있는 것이 과일을 사치품으로 만들고 있다. 토지의 분배가 공평해질수록 과일의 생산은 늘어난다.

6

글을 읽는 것도, 그것이 사람들에게 생명에 대한 사랑을 가르쳐 주지 않는다면 결코 진정한 교양이라고 할 수 없다. 존 러스킨

7

물질적, 정신적 양면에서의 육식의 어리석음과 부당함, 유해함은 최근에 더욱 명백해져서, 이제 육식은 이론적이 아니라, 단지 오래전부터의 전통과 관습의 타성에 의해 이어지고 있을 뿐이다. 따라서 지금은 이미 다 알고 있는 육식의 폐해에 대해 사람들에게 설명할 필요가 없다. 그것은 때가 되면 저절로 끝날 것이다.

12월 3일

1

예술은 한 사람이 다른 사람에게, 일정한 수단을 가지고 의식적으로 자기가 경험한 감정을 전달하는 것이며, 그 결과 다른 사람들에게 그 감정이 전달되어 그들도 또한 그것을 느끼는 것이다.

2

진정한 예술 작품은 그것을 접하는 사람의 의식 속에서 그와 예술가가 한마음이 되고, 나아가서는 그와 예술가뿐만 아니라 그 작품을 접하는 다른 모든 사람들과 한마음이 되는 작용을 한다. 바로 거기에 개개인과 타자의 분열로부터의 해방과 고독으로부터의 해방이 있고, 바로 이러한 개개인과 타자의 융합 속에 예술의 매력과 공적이 있다.

3

사상적 저술은 이미 잘 알려져 있는 것을 되풀이하는 것이 아니라, 새로운 의견, 새로운 사상을 전달할 때 비로소 사상적 저술이라고 할 수 있는데, 바로 그와 마찬가지로, 예술 작품도 그것이 인간의 삶 속에 새로운 감정을 가져다줄 때 비로소 예술 작품이라 할 수 있다.

4

예술은 인류의 진보를 위한 두 기관 중의 하나이다. 언어를 통해서 인간은 서로의 사상을 주고받으며, 또 예술 작품을 통해서 단순히 현재의 사람들뿐만 아니라 미래의 사람들과도 감정을 주고받는다.

지식이 점점 완성되어 가듯, 바꿔 말하면 더욱 진실하고 더욱 필요한 지식이 그릇되고 불필요한 지식을 몰아내듯, 감정에 있어서도, 예술 작품에 의해 더욱 높고 더욱 뛰어나며, 인류의 복지에 더욱 필요한 감정이, 그보다 저급하고 불필요한 감정을 몰아낸다.

바로 거기에 예술의 사명이 있다.

5

에머슨은, 음악은 인간의 영혼에서 가장 위대한 것을 표현하는 것이라고 말했다. 그것은 모든 진정한 예술 작품에도 해당되는 말이다.

6

예술은 모든 사회적 토양에서 피는 꽃이다. 현대 그리스도교계의 상류 계급 같은, 잔인한 기생충들의 사회에 피는 꽃은 아름다운 꽃일 수가 없다. 그것은 필연적으로 타락하여 일그러진 꽃이 될 것이다.

최근에 갈수록 부패하고 타락해 가고 있는 현대 사회의 예술이 바로 그러하다.

7

"현재의 그리스도교계에서, 잘못된 예술이든 좋은 예술이든, 실제로 예술이라는 이름으로 불리고 있는 것은 모조리 없애버리는 것이 좋지 않을까" 하는 문제가 제기된다면, 나는 지혜롭고 도덕적인 사람이라면 누구나, 그 옛날 플라톤이 그의 《국가》에서 말한 것과 같은, 또 그리스도교계와 이슬람계의 스승들이 한결같이 말한 것과 같은 결론을 내릴 거라고 생각한다. 즉 "현대에 볼 수 있는 타락한 예술과 사이비 예술이 언제까지나 세상을 어지럽힐 바에는, 차라리 예술이라는 것 자체가 없어지는 것이 낫다"고.

8

현재 학문과 예술에 종사하는 사람들은 자신의 사명을 완수하지 못하고 있고, 또 앞으로도 완수할 수 없을 것이다. 왜냐하면 그들은 자신의 의무를 권리로 착각하고 있기 때문이다.

9

현대의 우아하고 퇴폐적인 예술은 민중의 노예상태 위에서만 태어나는 것이며, 그것은 그 노예상태가 유지되는 동안만 지속될 것이다.

12월 4일

1

신을 사랑하고 이웃을 사랑하라는 것이 율법의 전부라는 것은 정말 옳은 얘기이다. 그러나 이웃에 대한 사랑에는 그것을 위한 개별적인 기회가 필요하다. 이웃은 존재할 때도 있고 존재하지 않을 때도 있지만, 신은 항상 존재한다. 따라서 인간은 홀로 광야나 감옥에 있을 때도, 또 하다못해 추억과 상상과 사색 속에서도 신을 사랑하고 그 모든 발현을 사랑함으로써 사랑의 율법을 수행할 수 있다.

2

모든 사람의 가슴속에 신의 영혼이 살고 있음을, 너에게 생명을 준 신의 영혼이 살고 있음을 잊어서는 안 된다. 또 그렇기 때문에, 누구의 영혼이든 신성불가침한 것이며, 우리는 그것을 사랑할 뿐만 아니라 존중해야 한다.

3

말은 그 빼어난 다리의 힘으로 적에게서 달아날 수 있다. 말이 불행한 것은 수탉처럼 울지 못할 때가 아니라 자신에게 주어진 것, 즉 그 다리를 잃었을 때이다. 개는 예민한 후각을 가지고 있다. 개는 자신에게 주어진 그 후각을 잃었을 때는 불행하지만, 새처럼 날지 못한다 해서 불행하지는 않다. 이와 마찬가지로 인간도 또한 곰이나 사자나 흉악한 사람을 힘으로 이기지 못했을 때 불행한 존재가 되는 것이 아니라, 자신에게 주어진 것, 즉 선함과 분별심을 잃었을 때 비로소 불행해진다. 그런 사람이 진정으로 불행하고 동정받아야 할 존재이다.

인간이 죽는 것이나 돈과 집과 재산을 잃는 것은 그리 슬퍼할 만한 일이 아니다. 그런 일들은 원래 인간에게 속한 것이 아니다. 인간이 자신의 진정한 재산, 즉 인간적인 존엄성을 잃는 것, 그것이야말로 참으로 슬퍼해야 할 일이다.

에픽테토스

4

사람들 앞에서든 혼자 있을 때든, 결코 양심에 어긋나는 일을 해서는 안 된다.

5

오늘날의 사람들은 무엇보다 먼저 자신 속의 인간을 존중해야 한다는 것을 잊고 있다. 인간의 최고의 특질은 그가 정신적 안정상태에 있을 때 그 의식이 이성의 원천과 교류하여, 무한한 영적 생명과 융합할 수 있다는 데 있다. 그런데도 사람들은 이 원천에서 직접 영혼의 양식을 길어 올리려 하지 않고, 마치 거지처럼 고인 물 한 국자를 서로 동냥하고 있다. 에머슨

6

우리들 가운데 아무리 보잘것없어 보이는 존재도 뭔가 천부적인 재능을 가지고 있게 마련이다. 그리고 그게 아무리 평범하게 보일지라도 역시 우리 인간의 특질이므로, 올바르게 사용될 때는 전 인류를 위한 선물이 될 수 있다.

존 러스킨

7

우리들 각자에게는 이웃에 대한 의무 외에 신의 아들로서의 자기 자신에 대한 의무가 있다.

12월 5일

1

인류는 오래 존속하면 할수록 갖가지 미망에서 해방되어, 삶의 법칙이 더욱더 단순하게 보일 것이다.

2

현대는 그야말로 비판의 시대이다. 그런데 종교와 입법은 일반적으로 비판을 피하고 싶어 한다. 그래서 종교는 그 신성함의 힘을 빌리고, 입법은 그 외면적인 위대함의 힘을 빌리는 것이다.

그러나 그렇게 함으로써 종교와 입법은, 자신에 대한 사람들의 의혹을 부채질해 사람들의 참다운 존경을 받을 수 없게 된다. 왜냐하면 이성은 자유롭고 공개적인 판단을 거친 것만 존경하기 때문이다. 칸트

3

선교사들은 인도에서 그리스도교를 전파하려고 열심히 노력하고 있다. 그러나 과연 그리스도교가 인도에, 인도가 지난날 겪었던 운명보다 더 나은 운명을 안겨줄 수 있을까? 인도에, 인도가 현재 가지고 있는, 또는 유사(有史) 이전부터 가지고 있었던 것 이상의 지적인 힘과 정신적인 힘을 줄 수 있을까? 과연 그리스도교 안에는 이슬람 이상으로 지고한 편재자(遍在者), 전지자, 전능자의 개념이 존재할까? 아담과 하와와 함께 에덴의 동산을 거닐면서도 그들에게서 조금 떨어진 곳에 있었기 때문에 그들의 대화를 듣지 못했던 신, 자신의 하늘의 요새가 탑의 건설자 따위로부터 공격을 받았다고 놀라 허둥대고, 늙은이들과 함께 구운 양고기를 먹고, 온갖 하찮은 일로 노발대발하며 끊임없이 자기가 창조한 인간들의 잘못을 저주하는 신, 그러한 신의 관념이, 눈에 보이지 않는 전지전능한 존재, 자신의 의지를 전 세계 곳곳에서 보여주는 존재라는 관념에 비해, 어딘가 지고한 점이 있는 것일까? 그렇다면 그리스도는 신이며, 설사 육체를 가지고 지상에 내려와서, 죽은 뒤 부활하여 사람들의 죄를 자신의 희생으로 속죄했다고 운운하는 신앙은 무엇이란 말인가? 하지만 그런 것은, 참으로 높고 참으로 위대한 존재를 죽기로 예정된 인간의 행위 속에 끌어들이는 것은 신성 모독이 아닐까? 정말 이보다 더 눈먼 행위가 있을까? 인도인이 그리스도의 강림을 믿어야 한다면, 어째서 크리슈나와 라마의 강림을 믿어서는 안 되는 것일까? 어째서 크리슈나와 라마가 아니라, 기어이 그리스도만을 믿어야 하는 것인가? 원래 신은 인류의 참으로 신성한 경전에 씌어 있는 것처럼, 육체를 가지지 않고 태어나는 일도 없으니(《요한복음》 제4장), 육체를 가지고 강림할 수도 없다. 부활의 가르

침은 옛날이야기 그 이상도 이하도 아니다. 정말 죽은 것이라면, 그 죽은 자가 무덤에서 나올 이유가 없다. 또 속죄의 가르침에 이르러서는 애초의 시작부터 공정한 개념에 어긋나는 것이다. 루시 맬러리

4

모든 것을 연구하되, 이성에 그 첫 번째 자리를 내주어라. 피타고라스

5

인생은 자신의 사명에 대한 진실을 더 많이 파악하고 더욱더 그 진실을 좇아서 사는 것이다. 그릇된 종교는 모두 자신들의 책과 전설 속에(《베다》, 《성경》, 《코란》 등) 확실하게 완성된 더할 나위 없는 진리가 있고, 그 진리에 따라 사는 방법(신앙, 제물, 기도, 은총 등)도 있다고 한다. 따라서 진리를 탐구할 필요도 없고 자기 생활의 개선을 위해 노력할 필요도 없다는 것이다.

참으로 놀라운 이야기가 아닌가!

6

이성이 사람들의 전설을 파괴하는 것을 두려워할 필요는 없다. 이성은 진리와 맞바꾸지 않고서는 아무것도 파괴하지 못한다.

12월 6일

1

우리가 미망에 빠지는 것은 올바르게 생각할 수 없어서가 아니라 그릇된 생활을 하고 있기 때문이다.

2

무지는 절대로 악을 낳지 않는다. 가장 무서운 것은 미망이다. 사람들이 미망에 빠지는 것은 무지 탓이 아니라 자신을 유식한 자로 과대평가하기 때문이다.

루소

3

모든 미망은 독약이니 해롭지 않은 미망이란 있을 수 없으며, 하물며 아름답고 신성불가침한 미망은 더더욱 있을 수 없다.

게다가 끊임없이 환멸이라고 하는 다모클레스의 칼이 위에서 대롱거리고 있는 위안이 도대체 무슨 소용 있으랴. 안전한 것은 진리뿐이다. 진리만이 튼튼하며, 진리만이 의지가 된다. 진리 안에서만 위안이 있고, 진리만이 깨지지 않는 금강석이다. 인간을 허위에서 해방하는 것은 무언가를 빼앗는 것이 아니라 무언가를 주는 것이다. 허위가 허위임을 아는 것은 바로 진리를 안 것과 다름없다. 미망은 반드시 해악을 끼친다. 그러므로 미망은 거기에 빠져 있는 자에게 나쁜 영향을 미치지 않을 수 없다. 쇼펜하우어

4

우리는 우리의 사상을 통해 세계를 본다. 즉 있는 그대로의 세계가 아니라, 우리의 사상이 거기에 준 빛을 통해 그것을 보는 것이다. 증오는 우리가 그것을 보는 눈을 마치 검은 안경을 쓴 것처럼 어둡고 우울한 것으로 만든다.

루시 맬러리

5

논박할 수 없는 미망이 있다. 미망에 빠져 있는 사람에게는 그 사람의 마음을 비춰주는 지식을 주지 않으면 안 된다. 그러면 미망은 저절로 사라질 것이다.

6

인간의 나쁜 습관의 하나는, 자기 자신을 사랑하고 자신을 소중히 하며, 자신의 행복만을 바라는 것이다. 그러나 자기 자신만 사랑하는 것은 옳은 일이 아니다. 위대해지고 싶지만 자기가 왜소하다는 것을 안다. 행복해지고 싶지만 불행하다는 것을 안다. 완성된 인간이 되고 싶지만 자신이 매우 불완전한 인간이라는 것을 안다. 사람들의 사랑과 존경을 받고 싶지만, 그의 결점이 사람들의 감정을 자극하여 경멸을 불러일으킨다. 자신의 소망이 이루어지지 않는 것을 알면 그는 극도의 죄악에 빠진다. 그는 자신의 마음에 탐탁하지 않은 진실을 증오하게 되

어 그 진실을 말살하려 하지만, 도저히 불가능한 일임을 알고, 가능한 한 자신의 마음과 타인의 가슴속에서 하다못해 진실을 왜곡하려고 기를 쓰게 된다. 그렇게 하여 자신의 결점을 타인으로부터도 자기 자신으로부터도 숨기려는 것이다.

파스칼

7

인간 안의 영혼과 육체의 투쟁은 모든 사람에게 동일하며, 사람들은 모두 똑같은 미망에 빠진다. 그리고 모두가 미망에 빠져 있는 것을 보면 사람들은 더욱 그 속에 빠져들어, 대다수의 사람들이 빠져 있는 것을 이유로 그 미망을 의심할 여지 없는 진실로 생각하게 된다.

8

굶주린 사람에게 먹을 것을 주고 옷이 없는 사람에게 옷을 주며 병든 사람을 문병하는 것은 모두 선행이지만, 그것과 비교도 할 수 없는 큰 선행은 미망에 빠져 있는 사람을 거기서 구제해 주는 일이다.

12월 7일

1

인간의 육체적 생명은 참으로 깨닫기 어려운 듯 보이지만, 잘 관찰하면 그야말로 변화의 연속이다. 그러나 극히 어린 시절에 일어나는 그 변화의 시작과 죽음을 동반하는 그 끝은 인간의 관찰이 미칠 수 없는 것이다.

2

정말 잘 들어두어라. 밀알 하나가 땅에 떨어져 죽지 않으면 한 알 그대로 남아 있고 죽으면 많은 열매를 맺는다. 누구든지 자기 목숨을 아끼는 사람은 잃을 것이며 이 세상에서 자기 목숨을 미워하는 사람은 목숨을 보존하며 영원히 살게 될 것이다. 〈요한복음〉 제12장 24~25절

3

생명은 끊임없이 그 겉모습을 바꾼다. 사물의 겉모습밖에 보지 않는 무지몽매한 인간만이 일정한 형태의 생명을 가진 존재가 사라지면 생명 자체가 소멸했다고 생각한다. 실은, 일정한 형태의 생명이 사라지는 것은 오로지 새로운 형태로 나타나기 위해서이다. 애벌레가 사라지고 새롭게 나비가 되어 나타난다. 어린아이가 사라지고 대신 청년이 나타난다. 동물적인 인간이 사라지고 새롭게 정신적인 인간이 나타나는 것과 같다. 루시 맬러리

4

도토리는 가지, 잎, 줄기, 뿌리, 즉 모든 외형, 모든 고유한 형태를 잃었지만, 그 속에 자신이 포기한 모든 것을 되찾을 수 있는 생산력을 간직한 상수리나무 자체가 아니고 무엇이겠는가? 그러한 외형적인 빈곤은 어디까지나 겉모습에 지나지 않는다. 자신의 영원한 모습으로 돌아가는 것 그것이 곧 죽는 것이다. 죽는 것은 사라지는 것이 아니라 자신의 잠재적 가능성으로 돌아가는 것이다.

아미엘

5

우리는 이미 한번, 미래를 알 수 없는 것 이상으로 현재를 알 수 없었던 상태에서 되살아난 것은 아닐까? 전생의 삶이 현재의 삶에 이어져 있는 것처럼, 현재의 삶은 미래의 삶에 이어지는 것이다. 리히텐베르크

6

너는 변화가 두려우냐? 세상에 변하지 않는 것은 아무것도 없다. 장작이 재로 변하지 않으면 물을 데울 수 없고, 음식도 형태가 변하지 않으면 자양분이 될 수 없다. 이 세계의 삶 자체가 바로 변화이다. 너를 기다리고 있는 변화가 사물의 자연적인 과정상 필연적인 의미를 가지는 것임을 깨달아야 한다. 인간의 참된 본성을 거스르는 행위를 하지 않고, 모든 일에서 그 본성이 이끄는 대로 행동하도록 전념하라. 마르쿠스 아우렐리우스

7

이 세상의 만물은 자라서 꽃을 피우고 다시 그 뿌리로 돌아간다. 자기의 뿌리로 돌아가는 것은 자연과 합일하는 안정상태로 돌아가는 것이다. 자연에 합일하는 것은 영원을 의미한다. 그러므로 육체가 소멸하는 것에는 아무런 위험도 없다.

노자

8

죽음은 우리의 영혼이 깃드는 형태의 변화이다. 형태와 그 형태 속에 깃든 것을 혼동해서는 안 된다.

12월 8일

1

그리스도교의 가르침 속에 표현되어 있는 신의 법칙을 실천하는 것은 얼마나 쉬워 보이는가! 그런데도 우리는 그 실천에서 이렇게 멀리 떨어져 있다니!

2

"살인하지 말라. 살인하는 자는 누구든지 재판을 받아야 한다" 하고 옛사람들에게 하신 말씀을 너희는 들었다. 그러나 나는 이렇게 말한다. 자기 형제에게 성을 내는 사람은 누구나 재판을 받아야 하며 자기 형제를 가리켜 바보라고 욕하는 사람은 중앙법정에 넘겨질 것이다. 또 자기 형제더러 미친놈이라고 하는 사람은 불붙는 지옥에 던져질 것이다.

"간음하지 마라" 하신 말씀을 너희는 들었다. 그러나 나는 너희에게 이렇게 말한다. 누구든지 여자를 보고 음란한 생각을 품는 사람은 벌써 마음으로 그 여자를 범했다.

또 "거짓 맹세를 하지 마라. 그리고 주님께 맹세한 것은 다 지켜라" 하고 옛사람들에게 하신 말씀을 너희는 들었다. 그러나 나는 이렇게 말한다. 아예 맹세를 하지 마라. 하늘을 두고도 맹세하지 마라. 하늘은 하느님의 옥좌이다. 너희는 그저 "예" 할 것은 "예" 하고 "아니오" 할 것은 "아니오"만 하여라. 그 이상의 말은 악에서 나오는 것이다.

"눈은 눈으로, 이는 이로" 하신 말씀을 너희는 들었다. 그러나 나는 이렇게 말한다. 앙갚음하지 마라. 누가 오른뺨을 치거든 왼뺨마저 돌려 대고 또 재판에 걸어 속옷을 가지려고 하거든 겉옷까지도 내주어라. 누가 억지로 오 리를 가자고 하거든 십 리를 같이 가주어라. 달라는 사람에게 주고 꾸려는 사람의 청을 물리치지 마라.

"네 이웃을 사랑하고 원수를 미워하여라" 하신 말씀을 너희는 들었다. 그러나 나는 이렇게 말한다. 원수를 사랑하고 너희를 박해하는 사람들을 위하여 기도하여라. 그래야만 너희는 하늘에 계신 아버지의 아들이 될 것이다. 아버지께서는 악한 사람에게나 선한 사람에게나 똑같이 햇빛을 주시고 옳은 사람에게나 옳지 못한 사람에게나 선한 사람에게나 똑같이 비를 내려주신다. 너희가 자기를 사랑하는 사람들만 사랑한다면 무슨 상을 받겠느냐? 세리들도 그만큼은 하지 않느냐? 또 너희가 자기 형제들에게만 인사를 한다면 남보다 나을 것이 무엇이냐? 이방인들도 그만큼은 하지 않느냐? 하늘에 계신 아버지께서 완전하신 것같이 너희도 완전한 사람이 되어라.

〈마태복음〉 제5장 21~22, 27~28, 33~34, 37~48절

3

그리스도의 5계명 중에는 신의 법칙을 실천하기 위한 조건이 표현되어 있으며, 그 실천을 방해하는 것이 지적되어 있다. 세상 사람들이 그 5계명에 따르기만 하면 지상에 신의 나라가 세워지는 것이다. 그리고 그것을 따르는 것은 우리처럼 교육으로 그르친 자에게도 어려운 일이 아니다. 지상의 모든 어린이들을 이 다섯 가지 계율로 가르친다면 어떨까?

4

종교가 쉬지 않고 나아가야 할 목표는 도덕에의 접근이다. 신학상의 의견은 변해도 행위에 대한 사람들의 신념은 변치 않는 것이다. 에머슨

5

인생의 섭리는 현자에게 처음에는 분명하지 않다가도 그것을 추구해 갈수록

점차 분명해진다. 인생의 섭리는 범인에게는 분명해 보이지만, 그것을 좇아 나아갈수록 점차 흐릿해진다.[1]

공자

6

동서고금의 모든 사람들을 다스리는 오직 하나뿐인 영원불변의 법칙이 있다. 그 법칙을 따르지 않는 자는 자기를 부정하고 인간의 본성을 무시하는 자로, 그런 사람은 인간의 형벌은 피할 수 있을지 모르지만, 인간의 것보다 더욱 무거운 벌을 자신에게 부르게 될 것이다.

키케로

7

우리가 아는 데까지 최선을 다해 신의 법칙을 실현하는 데는 노력이 필요한데, 그 노력은 인간이 하는 것이며, 아무리 느릴지라도 우리는 분명히 그 실현에 점점 다가가고 있다.

이레째 읽을거리

〈열두 사도의 가르침〉 서문

1883년 그리스의 대주교 브리엔니오스는 콘스탄티노플에서 고대 그리스도교와 관련된 고문서 속에서 '열두 사도의 가르침' 또는 '열두 사도에 의해 사람들에게 전해진 주의 가르침'이라는 제목의 글을 발견했다. 교회의 일부 성직자들로부터 신성시되고 있는 이 글은 그때까지는 제목만 알려져 있었다.

이 글에는 그리스도교의 본질이 들어 있는데, 〈마태복음〉의 산상수훈과 〈누가복음〉 제6장 가운데에 기술되어 있는 진리와 가르침이 다른 말로, 그리고 약간의 보충과 설명을 덧붙여서 기록되어 있다. 이를테면 구하는 자에게는 주라는 가르침에는 다음과 같이 덧붙이고 있다. "계율에 따라 주는 사람은 행복하다. 그는 의인(義人)이기 때문이다. 그러나 그것을 받는 자는 불행하다. 가난하여 받는

1) 이 말을 《논어》에서 찾는다면 〈헌문(憲問)〉 제14장의 "군자는 위로 통달하고 소인은 아래로 통달한다"일 것이다.〔역주〕

것은 죄가 없지만 가난하지도 않은데 받는 자는 무엇 때문에 받았는지 밝히지 않으면 안 된다. 마찬가지로 자선은, 땀을 흘린 손에서 나올 때만, 즉 주는 자의 노동에 의한 것이 주어질 때만 진정한 자선이라 할 수 있다."

그것은 제4장에서 더욱 분명하게 얘기되고 있다. 거기에는 그리스도교도는 어떠한 것도 자신의 재물로 여겨서는 안 되며, 가난한 자를 돕는 것은 오직 자신의 노동에 의해서만 가능하다고 되어 있다.

또한 이 글 속에는 그리스도교도는 사람들에 대해 각자의 정신상태에 따라 어떻게 접해야 하는지, 복음서에서는 볼 수 없는 매우 중요하고 훌륭한 가르침이 있다. "누구도 미워하지 말라. 그러나 어떤 자는 충고하고, 어떤 자를 위해서는 기도하며, 또 어떤 자는 진심으로 사랑하라"는 것이 그것이다.

어떤 자에게는 충고하라는 가르침은 명백하게, 지금은 무지나 유혹 때문에 미망에 빠져 있지만 충고의 말로써 바른길로 돌아가게 할 수 있는 사람들에게 해당하는 말이다. 또 기도하라는 것은 충고하고 훈계해도 효과가 없는 사람들의 경우이다. 그것은 분명히 복음서 안에서 돼지에게 진주를 주지 말라고 한 것과 관련이 있다. 여기서는 그 사상이 더욱 부드럽고 친절하게 설명되어 있으니, 그러한 사람도 완전히 외면하지는 말고 그들을 위해 기도하며, 즉 그들의 진정한 행복을 기원하며, 그들이 마음을 연다면 언제라도 손을 내밀 수 있도록 준비하고 있으라는 가르침이다. 진심으로 사랑하라는 것은, 동일한 신앙으로 맺어져 있는 사람들의 경우가 분명하다.

6장에 얘기되어 있는, 가르침을 받아들이려 하지 않는 사람들의 반박에 대해 어떻게 대답해야 할지에 대한 가르침 또한 중요하고 새롭다. "실천할 생각이면 전부를 다 실천하지 않으면 거짓이다"라고 그들은 반박할 것이다. "그러나 전부를 실천해야 한다면 사는 것을 포기하지 않으면 안 된다. 그런 일은 불가능하다."

거기에 대한 대답은 다음과 같다.

"신의 가르침을 반대로 설명해 너를 그 바른길에서 벗어나게 하려는 자에게는 마음을 허락하지 말라. 네가 주의 멍에를 지겠다면 너는 완전해야 한다. 만약 그럴 수 없다면 네가 할 수 있는 데까지 하라."

이러한 여러 가지 새롭고 훌륭한 가르침 외에, 이 글에는 세례를 주는 것에 대한 명확한 지시도 들어 있다. 즉 위에서 말한 가르침을 상대에게 말하고(따라서 세례를 받는 자는 성인이 아니면 안 된다), 성부와 성자와 성령의 이름으로 세례를 주는 것이다. 또 성찬식에 대해서도 그것은 공동의 식탁에서 바쳐지는 감사의 기도이며, 특별히 신비적인 의미는 없다는 것이 설명되어 있다.

기도에 대해서도 복음서와 마찬가지로 "하늘에 계신 우리 아버지" 하고 기도하라고 했다. 또한 사제나 부사제를 뽑는 것도 단순히 교단의 임원을 뽑는 데 지나지 않기 때문에, 특별히 어떤 사람이 어떤 사람의 머리 위에 손을 얹고 그 사람을 성직에 서임하라는 말은 어디에도 없다.

그 밖에도 사도와 예언자에 대한 여러 가지 규정이 있는데, 그것은 모두 현재의 교회의 규정과는 완전히 동떨어진 것이다.

이리하여 수많은 학자들에 의해 1세기 말, 또는 2세기 초의 책, 즉 〈누가복음〉보다 훨씬 오래되고 〈요한복음〉과 동시대의 그리스도교적 문헌으로 인정된 것이 세상에 나왔다. 이 글은 원시 그리스도교 시대의 사람들의 목소리이며, 그리스도교의 도덕적, 실천적 측면에 대한 우리의 지식이 올바르다는 것을 뒷받침하고 해명하고 보강하는 것으로, 많은 점에서, 또 가장 본질적인 점에서, 현재의 무너져 가는 교회의 가르침과는 일치되지 않는 것이다. 그런데 어떠한가? 그러한 역사적 문서의 발견은 당연히 그리스도교계에 커다란 파문을 불러일으켰어야 마땅하다. 그리스도교도들은 당장 이 글에 달려들어, 내용을 검토하고, 그 진의를 파악하여 자신들의 교의와 대조하고, 그것을 토대로 그 교의를 수정했어야 한다. 그런 다음 이 글을 수백만 부 인쇄해 모든 사람들에게 나눠주고 교회 안에서도 그것을 읽었어야 한다.

그런데 그런 일은 전혀 일어나지 않았다. 열 명가량의 학자가 이 글을 교회사와 일반 역사의 입장에서 조사하고, 거짓 해설을 전문으로 하는 몇몇 신부들이 몇 가지 의견을 내놓았는데, 그 의견에 따르면, 현재의 교회의 교의가 옳고 이 글에 적혀 있는 것은 옳지 않다 하여, 결국 '열두 사도에 의해 사람들에게 전해진 주의 가르침'의 발견, 즉 원시 그리스도교 시대의 성인들의 목소리는 그리스도교계에, 어느 발굴에서 비너스상의 조각이 발견되었을 때보다 훨씬 미미한 인상밖에 주지 못했던 것이다.

만약 머리가 이상해진 가련한 니체나 베를렌 같은 사람의 유고(遺稿)인지 뭔지가 발견되었다면, 몇십만 부씩 인쇄되어 전 세계에 뿌려졌을 것이다. 그런데 그토록 신앙으로 삼고 있는 그리스도의 말씀이 발견되면, 우리는 그저 그것이 우리의 중요한 일을 방해하지 않도록 가능한 한 빨리 거기서 달아나려 할 뿐이다.

그것은 마치 다음의 성서의 말과 같다.

"이 백성이 마음의 문을 닫고 귀를 막고 눈을 감은 탓이니, 그렇지만 않다면 그들이 눈으로 보고 귀로 듣고 마음으로 깨달아 돌아서서 마침내 나한테 온전하게 고침을 받으리라."(《마태복음》 제13장 15절)

그러나 다행히도 일반 대중 가운데, 그 1세기 무렵의 이 목소리를 매우 중요하다고 여기고, 그 속에 그들의 생활을 비춰보아, 그들에게 힘을 주는 진리가 한결 선명하고 한결 정확하게 적혀 있는 것을 발견하고 기뻐하는 사람들이 있다.

레프 톨스토이

〈열두 사도에 의해 사람들에게 전해진 주의 가르침〉

두 길이 있으니 하나는 생명의 길이요 또 하나는 죽음의 길이다. 그 두 길 사이에는 커다란 차이가 있다. 그중 생명의 길은 다음과 같다.

첫째로 너를 창조한 신을 사랑하라.

둘째로 네 이웃을 너 자신처럼 사랑하라. 따라서 남이 너에게 하기를 바라지 않는 행동은 너도 남에게 하지 말라.

이 두 마디에 들어 있는 가르침은 다음과 같다.

1

첫 번째 계율—너를 창조한 신을 사랑하라.

너희를 저주하는 자를 축복하고, 너희의 적을 위해, 너희를 공격하는 자를 위해 기도하며, 너희를 박해하는 자를 위해 단식하라. 왜냐하면 너희를 사랑하는 자들만 사랑하는 것은 선이 아니기 때문이다. 이방인들도 그렇게 행동하지 않느냐? 그들은 자민족을 사랑하고 타민족을 미워한다. 그러므로 그들에게는 적이 있다. 너희가 너희를 미워하는 자들을 사랑할 때 너희에게는 적이 없을 것이다.

육체적, 세속적 자극을 경계하라.

만일 네 오른뺨을 치는 자가 있거든 그에게 다른 뺨도 돌려 대라. 그러면 너는 완전한 사람이 될 것이다. 만일 어떤 사람이 너에게 자기와 함께 1베르스타의 길을 갈 것을 강요하거든 그와 함께 2베르스타의 길을 가거라. 만일 네 겉옷을 빼앗는 자가 있거든 속옷도 내주어라. 만일 너에게서 네 것을 가져간 자가 있거든 도로 찾아오지 말라. 왜냐하면 그것은 원래 해서는 안 될 짓이기 때문이다. 너에게 구하는 사람이면 누구에게나 주어라. 그리고 그것을 돌려달라고 요구하지 말라. 아버지이신 신은 그가 모든 사람들에게 준 것을 모든 사람이 가지기를 바라기 때문이다. 계율을 따르는 사람은 행복하다. 그는 의인이기 때문이다. 그러나 공연히 받고자 하는 자는 불행하다. 왜냐하면 가난하여 받는 자만이 올바르기 때문이다. 가난하지 않으면서 받는 자는 자기가 무엇 때문에 받았는지를 밝혀야 한다. 맘몬(재물의 신)의 그물에 걸린 자는 자신이 한 행위 때문에 고통을 당할 것이다. 그리고 마지막 것을 버릴 때까지 그것에서 벗어나지 못할 것이다. 거기에 대해서는 이렇게 씌어 있다. 너의 자선은 네가 그것을 누구에게 줄 것인지 알기 전에 네 손에서 땀처럼 떨어지게 하라고.

2

두 번째 계율—네 이웃을 너 자신처럼 사랑하라. 바꿔 말하면, 남이 너에게 하기를 바라지 않는 행동은 너도 남에게 하지 말라.

살인하지 말라. 간음하지 말라. 어린아이의 마음을 더럽히지 말라. 방탕하지 말라. 훔치지 말라. 요술을 하러 가지 말라. 독살하지 말라. 낙태하지 말라. 갓난애를 죽이지 말라. 네 이웃이 가진 것을 탐내지 말라. 맹세하지 말라. 거짓 증언을 하지 말라. 더러운 말을 입에 담지 말라. 더러운 생각을 품지 말라. 두 마음을 가지지 말라. 한 입으로 두 말 하지 말라. 일구이언은 죽음의 그물이다. 거짓되고 공허한 말을 하지 말고, 항상 진심으로, 해야 할 말만 하라. 탐내지 말라. 빼앗지 말라. 속이지 말라. 음울하지 말라. 오만하지 말라. 네 이웃에게 악의를 품지 말라. 아무도 미워하지 않고, 어떤 자는 충고하고, 어떤 자를 위해서는 기도하며, 어떤 자는 진심으로 사랑하라.

3

나의 자녀들이여! 모든 악과 악에 가까운 것을 피하라. 성내지 말라. 노여움은 살상으로 이어진다. 격정에 사로잡히거나 말다툼을 하고 흥분하지 말라. 이러한 모든 것에서 살상이 일어나기 마련이다. 나의 자녀들이여! 색욕을 피하라. 색욕은 방탕으로 이끈다. 더러운 말을 입에 담지 말며 너에게 필요하지 않은 것은 보지 말라. 이것은 간음으로 이끈다. 나의 자녀들이여! 점을 치지 말라. 왜냐하면 그것은 우상 숭배로 이끌기 때문이다. 요술을 부리지 말라. 마술을 부리지 말라. 주술을 부리지 말라. 또 그와 비슷한 일에 끼어들지 말라. 왜냐하면 그것은 우상 숭배이기 때문이다.

나의 자녀들이여! 속이지 말라. 속이는 건 도둑질로 이끌기 때문이다. 탐욕과 허영에 사로잡히지 말라. 이러한 것도 마침내는 도둑질로 이끈다. 나의 자녀들이여! 불만을 품지 말라. 불만에서 욕지거리가 나온다. 자기만족에 빠지지 말라. 비방하지 말라. 이러한 것도 욕지거리로 이끌기 때문이다. 온유한 사람이 되어라. 온유함이야말로 땅을 이어받는 것이기 때문이다. 참을성 있고 자비로우며 독실하고 겸손하며 선량한 사람이 되어라. 그리고 어떠한 때이건 네가 들은 이 말들을 경건하게 상기하라. 자기를 높이지 말고 자기의 마음속에 교만심을 키우지 말라. 네 마음을 높은 사람이나 권력의 자리에 있는 사람에게 향하지 말고, 올바르고 겸손한 사람들에게 향하라. 무슨 일이든 신의 뜻임을 알고, 너에게 무슨 일이 일어나든 그것을 행복으로 알라.

4

나의 자녀들이여! 너에게 신의 말씀을 가르쳐 주는 사람을 밤이고 낮이고 떠올리며, 그를 주님처럼 공경하라. 왜냐하면 너에게 주에 대해 가르쳐 주는 사람이 있는 곳에 주님도 계시기 때문이다. 언제나 성자들을 찾아 그들의 말 속에서 네 마음의 평화를 찾아내기 위해 그들과 교류하라. 사람들의 분열을 바라지 말고 서로 미워하는 사람들을 화합하게 하라. 정의에 의하여 그들을 판단하여, 지체의 높고 낮음에 구애받지 말고 솔직하게 그들의 죄를 지적하라. 한 입으로 두 말 하지 말라. 이것도 좋고 저것도 좋다고 말해서는 안 된다.

받을 때는 손을 내밀지 말고, 줄 때는 손을 오그리지 말라. 네가 네 손으로 번 것을 자기 죄의 속죄로서 남에게 주어라. 주기를 망설이지 말라. 그리고 한번 주었거든 아까워하지 말라. 왜냐하면 너는 네 선에 대해 무엇이 그 좋은 보상인지를 알 것이므로. 가난한 사람들로부터 얼굴을 돌리지 말고, 네가 가지고 있는 것의 전부를 네 형제들과의 공유물로 생각하며, 어느 것 한 가지도 내 것이라고 부르지 말라. 왜냐하면 너희 가운데 불멸의 것이 공유되고 있다면, 너희에게 육체적인 것은 더더욱 공유되어야 하기 때문이다. 자신의 아들 또는 딸의 지도를 게을리하지 말고, 어릴 때부터 신을 두려워하는 마음을 길러주어라. 아랫사람들을 턱으로 부리지 말라. 그들도 너와 같이 신을 믿고 있다. 그렇지 않으면 그들은 자포자기한 나머지 그들과 너희의 위에 있는 신을 두려워하지 않게 될 것이다. 그러므로 너희는 상대의 얼굴을 보고 명령하지 말고, 너의 영혼이 지정하는 자에게 명령하지 않으면 안 된다.

모든 위선과 신을 거스르는 모든 것을 미워하라. 주의 계율을 저버리지 말고, 네가 받은 계율에 아무것도 더하지 말며 아무것도 빼지 말라. 죄를 저질렀으면 신을 믿는 사람들을 향해 그것을 참회하고, 마음에 악의를 품은 채 기도하려 하지 말라.

이것이 생명의 길이다.

5

죽음의 길은 다음과 같다.

무엇보다 먼저 그것은 불행과 더러움과 추악함으로 가득 차 있다. 살인, 간음, 음탕, 방종, 도둑질, 우상 숭배, 요술, 독살, 약탈, 기만, 위선, 두 마음, 교활, 오만, 증오, 도취, 탐욕, 더러운 말, 선망, 거만함, 거드름, 허영, 선인의 박해자, 진리의 증오자, 허위의 애호자, 정의에 대한 보상을 인정하지 않는 자, 선을 붙잡을 줄 모르고 올바른 판단을 내릴 줄 모르는 자, 선한 일에 마음을 쓰지 않고 나쁜 일에 생각을 달리는 자, 온유와 인내를 모르는 자, 하찮은 일에 매달리는 자, 세속적인 대가를 바라는 자, 가난한 사람을 동정하지 않고, 괴로운 사람과 함께 괴로워하지 않는 자, 자신들을 창조한 창조자를 모르는 자, 아이들을 죽이거나 유혹하는 자, 신의 얼굴을 파괴하는 자, 가난에 허덕이는 사람을 외면하고, 지친 사람에게 더욱 가혹한 노동을 강요하는 자, 부자에게 아첨하고 가난한 사람을 부당하게 심판하는 자—가는 곳마다 죄인들로 넘치고 있다.

나의 자녀들이여, 이러한 자들을 경계하라!

아무도 너를 이 가르침의 길에서 벗어나게 하지 못하도록 조심하라.

서로 사랑하라(어느 청년단에 보내는 메시지)

마지막으로 작별함에 있어서 나는(내 나이가 되면 사람들과의 만남은 모두 마지막 작별입니다), 우리의 생활이 현재 대부분의 사람들이 생각하고 있듯이 악이고 슬픔이 아니라, 신이 원하고 있고 우리 모두가 원하고 있는 것이 되기 위해, 바꿔 말하면, 마땅히 그래야 하듯이 선이고 기쁨이기 위해 사람들이 어떻게 살아야 하는가에 대한 내 의견을 간단하게 얘기할까 합니다.

그것은 요컨대, 사람이 자신의 생명을 어떻게 이해하고 있는가에 대한 문제입니다. 만일 사람들이 자신의 생명은 자신의 '나' 속에, 즉 이반과 표트르와 마리야 속에 주어져 있고, 무릇 인생의 주안점은 그 자신의 '나'에게, 즉 이반과 표트르와 마리야에게 가능한 한 많은 기쁨과 만족과 행복을 얻게 하는 것이라고 이해한다면, 인생은 언제나 모든 사람에게 불행한 것, 싸움이 끊이지 않는 것이 될 것입니다.

왜 불행하고 왜 싸움이 끊이지 않는 것일까요? 그 사람이 원하는 것은 다른 사람들도 모두 원하기 때문입니다. 그런데 모든 사람들이 가능하면 많이 가지기를 원하고 있는 그 행복은, 모두 같은 것이기 때문에 결코 모든 사람에게 골고루 돌아가지 않습니다. 그래서 사람들이 각자 자기만을 위해 산다면, 서로 다투고 증오하며 싸우는 것은 피할 수 없는 일이고, 그러므로 그들의 생활이 행복하지 않게 되는 것입니다. 때로는 자신이 원하는 것을 얻을 수는 있어도 그 욕망에는 한계가 없어서, 더 많이 얻으려고 혈안이 됩니다. 어디 그뿐이겠습니까? 애써 손에 넣은 것을 남에게 빼앗기지 않으려고 노심초사하고, 자신이 가지지 못한 것을 손에 넣은 사람들을 시기하기도 합니다.

그렇게 사람들이 자신의 생명을 저마다 자신의 육체 속에 있는 것으로 이해한다면 그들의 생활은 불행하지 않을 수 없습니다.

실제로 현재 그런 사람들에게는 인생은 불행한 것이 되고 있습니다. 그런데 실은 인생은 그런 것, 즉 불행한 것이어서는 안 됩니다. 인생은 우리의 행복을 위해 주어져 있고, 우리도 모두 인생을 그렇게 이해하고 있습니다. 그렇게 인생이 행복하기 위해서는, 사람들은 우리의 진정한 생명은 결코 육체 속에 있지 않고, 육체에 깃드는 정신 속에 있다는 것, 우리의 행복은 육체에 아첨하며 육체가 원하는 대로 하는 것이 아니라, 우리 속에도 다른 모든 사람들 속에도 깃들어 있는 동일한 정신이 원하는 대로 하는 데 있다는 것을 깨닫지 않으면 안 됩니다. 그 정신은 자신의 행복을, 즉 정신의 행복을 원합니다. 그런데 이 정신은 모든 사람 속에 있으며 동일하기 때문에, 또한 모든 사람의 행복을 원하게 되는 거지요. 모든 사람의 행복을 원한다는 것은 만인을 사랑한다는 것입니다. 우리가 사람들을 사랑하는 것을 방해하는 것은 아무도, 그리고 아무것도 없습니다. 인간은 사랑하면 할수록, 그 인생은 자유와 기쁨으로 가득 차게 됩니다.

인간은 아무리 노력해도 자신의 육체를 충분히 만족시킬 수 없습니다. 왜냐하면 육체에 필요한 것은 언제나 손에 들어오는 것이 아니며, 손에 들어온다 하더라도 그것을 위해서는 타인과 경쟁하지 않으면 안 되기 때문입니다. 그런데 정신을 만족시키는 것은 언제라도 가능합니다. 정신에 필요한 것은 사랑뿐이며, 사랑을 위해서는 누구하고도 싸울 필요가 없습니다. 그뿐만이 아니라, 오히려 사랑하면 사랑할수록 사람들과 친해지게 됩니다. 그렇듯 누구도 사랑을 방해할 수는 없고, 어떤 사람이든 사랑하면 할수록 스스로 행복과 기쁨을 맛볼 뿐만 아니라, 다른 사람들에게도 행복과 기쁨을 주는 법입니다.

그러므로 사랑하는 형제들이여, 마지막으로 작별함에 있어서 여러분에게 말하고 싶은 것은, 이미 모든 성인들과 현인들, 그리고 그리스도까지, 요컨대 전 세계의 성현들이 여러분에게 가르치고 있는 것, 즉 우리의 생활이 불행한 것은 우리 자신 탓이라는 것, 우리를 이 세상에 보낸 힘, 우리가 신이라 부르고 있는 힘은, 우리를 괴롭히기 위해 우리를 이 세상에 보낸 것이 아니라, 우리 모두가 원하는 행복을 손에 넣을 수 있게 하기 위해 그렇게 했다는 것, 그리고 우리가 그 행복을 손에 넣지 못한다면, 그것은 우리가 인생을 올바르게 이해하지 못하고 잘못된 행동을 하고 있는 것, 바로 그것 때문이라는 것입니다.

그런데 우리는 세상이 나쁘다, 세상이 잘못되어 있다고 불평을 하며, 사실은 세상이 잘못되어 있는 것이 아니라 우리가 해야 할 일을 하지 않고 있다는 것은 생각하려 하지 않습니다. 바로 술에 취한 사람이 술집이 너무 많아서 이렇게 취해버렸다고 불평을 하는 것과 같습니다. 실은 그와 같은 술꾼이 많이 있기 때문에 술집이 늘어난 것일 뿐인데도 말입니다.

인생은 사람들의 행복을 위해 주어진 것으로, 다만 그것을 위해서는 인생을 올바르게 살아야 하는 것입니다. 사람들이 서로 질투하지 않고 서로 사랑하기만 하면, 인생은 모든 사람에게 한없는 행복이 될 것입니다.

지금 곳곳에서 끊임없이 지금의 세상이 잘못되어 있기 때문에 우리의 생활도 잘못되고 불행해졌으니까, 세상을 몽땅 개조해야 한다, 그러면 우리의 생활도 좋아질 것이라고 주장하는 목소리가 들려오고 있습니다.

사랑하는 형제들이여, 여러분은 그런 말을 믿어서는 안 됩니다. 세상의 체제만으로 자신들이 행복해지고 불행해진다고 생각해서는 안 됩니다. 세상의 체제를 개조하는 것에 열중하고 있는 사람들의 의견이 모두 다르고, 갑론을박, 어떤 자가 이런 것이 최선이라고 말하면, 어떤 자는 그것은 최악의 체제이며 자신들이 주장하는 것이 최선이라고 말하고, 또 어떤 자는 다시 그것을 반박하여, 자신들이 최선이라고 생각하는 안을 주장하고 있는 실정에 대해서는 여기서는 언급하지 않도록 하겠습니다.

설사 가장 좋은 체제라는 것이 있고, 그것이 최선의 대안이라는 것을 모두가 인정한다 해도, 모두가 그 체제에 따라 살려면 어떻게 해야 할까요? 모두가 잘못된 삶의 방식에 익숙해져서, 잘못된 삶의 방식을 사랑하고 있을 때, 어떻게 그 체제를 유지할 수 있을까요? 실제로 우리는 잘못된 삶의 방식에 익숙해져서, 잘못된 삶의 방식을 사랑하며 우리의 손에 닿는 모든 것을 오염시키고 있으면서도, 세상의 체제가 좋아지면 우리의 삶도 좋아질 거라고 말하고 있습니다. 인간이 올바르지 않은데 어떻게 좋은 체제가 성립될 수 있을까요?

그러므로 그러한 가장 좋은 체제가 있다고 해도, 그것을 성립시키려면 사람들 자신부터 개선되지 않으면 안 됩니다. 그런데 사람들은 여러분에게, 여러분이 지금처럼 잘못된 생활을 하면서, 그 좋은 체제를 성립시키기 위해 사람들과 투쟁하며 사람들에게 폭력을 행사하고, 사람들을 죽이기도 한다면—바꿔 말하면 여러분 자신이 지금보다 더 잘못된 인간이 된다면, 그 뒤 멋진 삶이 찾아올 거라고 약속하는 실정입니다.

사랑하는 형제들이여, 그런 말은 절대로 믿어서는 안 됩니다. 사람들의 생활이 좋아질 수 있는 방법은 오직 한 가지, 사람들 자신이 좋아지는 것입니다. 만약 사람들이 좋아지면, 저절로 좋은 사람들의 좋은 사회가 출현할 것입니다.

오래전부터 사람들은, 좋은 사회 체제를 통해 사악한 사람들을 선량하게 만들 수 있다는 잘못된 생각을 해왔습니다(썩은 밀로 좋은 빵을 구울 수 있는 것처럼). 이 잘못된 생각은 지금까지 사람들에게 커다란 해악을 끼쳐왔고, 실제로 지금도 해악을 끼치고 있습니다. 전에는 그러한 기만행위를 하는 것은 권력자들뿐이었습니다. 그들은 지금까지도 재산 몰수니 감금이니 사형 같은 온갖 폭력행위를 통해, 나쁜 사람들이 사는 세계를 평화로운 사회로 만들려고 노력해 왔고(적어도 노력하고 있다고 말해왔고), 지금도 노력하고 있습니다. 현재 혁명가들이 하고 있는 것이 바로 그것으로, 그들은 여러분에게 혁명에 대한 참여를 호소하고 있습니다.

사랑하는 형제들이여, 절대로 거기에 속아서는 안 됩니다. 황제나 대신, 경감이나 순경 같은 권력자들은 자기들 멋대로 나쁜 짓을 하게 내버려 두십시오. 여러분은 지금까지 나쁜 짓을 하지 않았던 것처럼, 지금도 어디까지나 도덕적으로 깨끗해야 합니다. 그것과 동시에, 혁명가들의 유혹에 넘어가 폭력행위에 참여함으로써, 자신의 도덕성에 상처를 주지 않도록 노력하십시오.

여러분과 모든 사람들의 구원은, 죄 많은, 폭력적인 사회혁명이 아니라 정신의 혁명 속에 있습니다. 그러한 정신혁명에 의해서만, 우리 한 사람 한 사람은 자신을 위해, 또 사람들을 위해 사람들이 바랄 수 있는 한의 최대의 행복, 최선의 사회를 건설할 수 있습니다. 인간의 마음이 간절히 원하는 진정한 행복은, 미래의, 폭력에 의해 유지되는 사회 체제 속에 주어지는 것이 아니라, 현재 우리가 어디서나, 또 생사의 어느 순간에나 사랑을 통해 손에 넣을 수 있는 것입니다.

이 행복은 옛날부터 우리에게 주어져 있는 것이지만, 사람들은 그것을 이해하지 못하고, 그것을 붙잡으려 하지 않았습니다. 그러나 이제 그것을 받아들이지 않으면 안 될 때가 왔습니다. 왜냐하면, 첫째로 우리의 생활의 추악함과 괴로움이 극에 달하여 더 이상 버틸 수 없게 되었기 때문입니다. 두 번째로 진정한 그리스도교가 이제 더욱더 명확해져서, 우리가 우리의 구원을 위해 그것을 인정하고 받아들이지 않을 수 없는 시기에 와 있기 때문입니다.

우리의 구원은 이제 오직 하나, 다음과 같은 것을 인정하는 것에 있습니다. 즉 우리의 진정한 생명은 우리의 육체 속이 아니라, 우리 속에 사는 신의 영혼 속에 있다는 것, 따라서 우리가 지금까지 우리의 육체적 생활(개인적 생활이든 사회적 생활이든)의 개선에 기울여 온 노력을, 인간에게 진정으로 필요하고 진정으로 중요한 단 한 가지—즉 우리 한 사람 한 사람이 우리를 사랑하는 사람들뿐만 아니라, 그리스도도 말했듯, 모든 사람에 대한, 특히 우리가 모르는 사람, 우리를 미워하는 사람들에 대한 사랑까지 마음에 키우는 일에 기울여야 한다는 것입니다.

지금 우리 생활의 실상은 그 일과 너무나 멀리 떨어져 있어서, 맨 먼저 자신의 모든 노력을 세속적인 일이 아니라 우리의 눈에 보이지 않는, 익숙하지 않은 단 한 가지 일, 즉 모든 사람에 대한 사랑을 향해 기울이라는 것은 도저히 불가능한 것처럼 여겨집니다.

그러나 그것은 단순히 그렇게 생각하는 것에 지나지 않습니다. 모든 사람에 대한 사랑, 우리를 미워하는 자에 대한 사랑조차 이웃과의 싸움과 그들에 대한 증오에 비하면 인간의 영혼에 훨씬 더 자연스러운 것입니다. 지금 우리의 인생관을 바꾸는 것이 불가능한 것이 아니라, 오히려 지금 우리가 보내고 있는, 모든 사람이 모든 사람의 적이라는 증오에 찬 생활을 계속하는 것이 불가능합니다. 그러한 인생관의 변화는 단순히 불가능하지 않기만 한 것이 아니라, 오히려 그 반대로, 그 변화만이 사람들을 그들을 괴롭히는 불행에서 구원할 수 있으며, 그래서 그것은 언젠가는 반드시 이루어질 것이 틀림없습니다.

사랑하는 형제들이여, 왜, 무엇 때문에 여러분은 자기 자신을 괴롭히는 것입니까? 부디 여러분에게는 최대의 행복이 예정되어 있다는 것을 알고, 그것을 받아들이십시오. 그것은 모두—여러분 자신의 내부에 있습니다. 그것은 참으로 쉽고, 참으로 간단하고, 참으로 기쁜 것입니다.

그러나 어쩌면 가난하고 괴로워하고 학대받는 사람들은 말할지도 모릅니다. "그거야, 돈과 권력이 있는 사람들에게는 그것도 좋을지 모르지. 부자와 권력자에게는 적이 자신들의 권력에 복종하는 한 그들을 사랑하는 것도 쉬울 테니까. 하지만 우리처럼 고통받고 있는 자, 학대받고 있는 자에게는 그건 어려운 일이야" 하고. 그러나 그것은 잘못된 생각입니다. 사랑하는 형제들이여, 인생관을 바꾸는 것은 권력자와 부자에게나, 노예와 가난한 자에게나, 모두 필요한 일입니다. 오히려 노예와 가난한 자가 부자보다 더 쉽다고 할 수 있습니다. 노예와 가난한 자는 자신의 처지를 바꾸지 않고도, 다만 사랑에 반하는 일만 하지 않으면, 나아가서 그러한 폭력적 행위에 가담하지만 않으면 되며, 그러면 현재의 사랑에 반하는 체제는 저절로 쓰러질 것입니다.

그런데 권력자에게는 이 사랑의 가르침을 받아들이고 실천하는 것은 훨씬 어려운 일입니다. 그 가르침을 실천하기 위해 그들은, 자신들이 소유한 권력과 부의 유혹을 물리치지 않으면 안 됩니다. 그것은 그들에게는 더더욱 어려운 일이지요. 가난한 사람과 노예에게는 단지 새로운 폭력행위를 하지 않기만 하면, 그리고 무엇보다도 낡은 폭력행위에 가담하지 않기만 하면 됩니다.

인간이 성장하듯이 인류도 성장합니다. 사랑의 의식은 지금까지도 성장해 왔고, 지금도 성장하고 있으며, 이제는 그것이 우리를 구원하고 우리의 생활의 기초가 될 거라는 사실을 모를 수가 없는 데까지 성장했습니다. 현재 일어나고 있는 일들은 추악하고 폭력적이며 사랑에 반하는 삶의 단말마 같은 경련입니다.

무엇보다 현재, 이러한 모든 싸움과 모든 증오, 모든 폭력기구가 단지 인류를 불행에 빠뜨리는 무의미한 기만에 지나지 않는다는 것이, 이미 불을 보듯 명백해지지 않았습니까? 그리고 그러한 불행으로부터의 간단하고 쉽고도 유일한 구제법은 모든 사람의 삶의 근본 원리인 사랑을, 조금도 무리하지 않고도 필연적으로 최대의 악을 최대의 선으로 바꾸는 사랑의 원리를 의식하는 것임이 명백해지지 않았습니까?

사도 요한이 최고령에 달했을 때, 사랑의 감정에 휩싸여, 쉬지 않고 "서로 사랑하라!"는 말을 되풀이하여 그 감정을 표현했다는 전설이 있습니다. 노령이, 바꿔 말하면 일정한 한계까지 산 한 인간의 생명이 그런 표현을 한 것입니다. 바로 그와 같이 일정한 한계에 달한 인류의 생명도 그렇게 표현할 것입니다.

참으로 간단명료한 얘기가 아닙니까? 우리는 살아갑니다. 즉 태어나서 성장하여 어른이 되고, 노인이 되고, 마침내 죽습니다. 과연 우리의 일생의 목적이 우리 자신 속에 있는 것일까요? 결코 그렇지 않습니다. 그렇다면 인간은 도대체 무엇인가, 하고 나는 스스로에게 묻습니다.

대답은 단 한 가지, 나는 사랑하는 존재라는 것입니다. 그리고 처음에는 자신만을 사랑하는 것처럼 보이지만, 한참 살면서 한참 생각하면 스쳐 지나가는 생명, 죽어가는 존재인 자신을 사랑하는 것은 불가능하며 무익하다는 것을 알 수 있습니다. 나는 자신을 사랑해야 하고, 또 사랑하고 있다고 느끼기도 합니다. 그러나 자신을 사랑해 보고서야, 나는 나의 사랑의 대상이 실은 사랑할 만한 가치가 없다는 것을 느끼지 않을 수 없습니다. 그래도 나는 사랑하지 않을 수가 없습니다. 사랑이야말로 생명이니까요.

그렇다면 어떻게 하면 좋을까요? 타인을, 이웃을, 친구를, 자신을 사랑해 주는 사람을 사랑하면 될까요? 처음에는 그것이 사랑의 요구를 만족시켜 주는 것처럼 생각됩니다. 그러나 그 사람들도 첫째로 불완전한 존재이며, 두 번째로 시시각각 변화하는 존재이며, 무엇보다도 죽어가는 존재입니다. 그럼 도대체 무엇을 사랑해야 할까요?

대답은 단 한 가지, 모든 사람을 사랑하는 것, 사랑의 근원을 사랑하는 것, 사랑을 사랑하는 것, 신을 사랑하는 것입니다. 사랑하는 상대를 위해서도 아니고 자신을 위해서도 아니고, 사랑 자체를 위해 사랑하는 것입니다. 그것만 깨달으면 인생에서의 악은 당장 소멸하고, 인생의 의미가 명료하고 기쁜 것이 될 것입니다.

"야, 그것참 좋은 일이다. 그보다 더 좋은 얘기는 없을 거야" 하고 사람들은 말할 것입니다. "모두가 그렇게 한다면, 사랑하는 것, 사랑을 위해 사는 것은 매우 좋은 일이지. 하지만 나는 사랑하고 살며 모든 것을 남에게 주는데, 다른 사람들은 자기만을 위해, 자신의 육체만을 위해 산다면, 나는 도대체 어떻게 되는 거야? 게다가 나만이 아니야. 내 가족, 내가 사랑하는 사람들, 사랑하지 않을 수 없는 사람들은 어떻게 되는 거지? 사랑에 대한 설교는 옛날부터 있어왔지만, 아무도 실천하지 않았잖아. 또 실천할 수도 없어. 사랑을 위해 자신의 생명을 바친다는 건, 기적이라도 일어나서 모두가 일제히 지난날의 세속적이고 육체적인 생활을 영적이고 정신적인 생활로 바꿨을 때 비로소 가능한 거야. 그렇지만 그런 기적이 일어날 리가 없으니 결국은 말뿐이지. 사실은 공허한 설교에 지나지 않아."

사람들은 그런 식으로 말하며 여전히 그 잘못된 낡은 생활에 만족하려 합니다. 그러나 입으로는 그렇게 말해도 마음속으로는 그들도 자신들이 잘못되어 있다는 것을 알고 있습니다. 그들은 자신들의 논리가 잘못되어 있다는 것을 알고 있습니다. 왜 잘못되어 있는 것인가 하면, 세속적, 육체적 생활을 위해서는 모두가 일제히 자신의 생활을 바꿀 필요가 있지만, 정신적인 생활과 신과 모든 사람에 대한 사랑을 위해서는 그럴 필요가 없기 때문입니다.

사랑은 그 결과에 따라 사람에게 행복을 주는 것이 아니라, 사랑 자체에 의해 행복을 주는 것입니다. 남이 어떤 행동으로 나올지, 일반적으로 현상의 세계에서 무슨 일이 일어날지 하는 것과는 전혀 상관없이 행복을 줍니다. 사랑이 인간에게 행복을 주는 것은, 인간은 사랑함으로써 신과 하나가 되어, 자신을 위해서는 아무것도 바라지 않고, 자신이 가지고 있는 모든 것을, 자신의 전 생명을 남에게 주기를 바라며, 그렇게 자신을 신에게 바치는 것에 행복을 느끼기 때문입니다. 그러므로 다른 사람들이 무엇을 하든, 세상에 무슨 일이 일어나든, 그의 행위가 거기에 영향을 받는 일은 없습니다.

사랑하는 것은 자기를 신에게 맡기는 것, 신이 원하는 바를 실천하는 것입니다. 그런데 신은 사랑이고, 모든 사람들의 행복을 원하고 있으므로, 사람이 자신의 계율을 지킴으로써 소멸하기를 원할 리가 없습니다.

사랑하는 사람은 사랑하지 않는 사람들 사이에 홀로 있어도 소멸하지 않습니다. 또 설사 그리스도가 십자가에 못 박혀 죽은 것처럼 죽는 일이 있다 해도, 그의 죽음은 그 자신에게는 기쁘고 사람들에게는 의미 깊은 죽음이며, 세속적인 사람들의 경우처럼 절망적이고 무의미한 것이 아닙니다.

그러므로 모두가 그렇게 하지 않고 나 한 사람만 그렇게 하는 거라면 사랑에 몸 바치지 않겠다는 것은, 잘못된 구실에 지나지 않습니다. 그것은 바로 자신과 자신의 아이들을 먹여 살리기 위해 일하지 않으면 안 되는 사람이, 다른 사람들이 일하지 않는다고 해서 나도 일하지 않겠다고 하는 것과 같은 것입니다.

사랑하는 형제들이여, 우리의 생활을 우리의 내부에 있는 사랑의 강화에 두고, 세상은 세상이 원하는 대로, 즉 하늘이 명하는 대로 그 길을 걸어가도록 맡겨둡시다. 그렇게 함으로써 우리는 자기 자신에게도 최대의 행복을 주고, 사람들에게도 내가 할 수 있는 한의 선을 베풀게 되는 것임을 믿으십시오.

그것은 참으로 간단하고 쉽고 기쁜 일입니다. 한 사람 한 사람이 오직 사랑하기만 하면, 자신을 사랑하는 사람들뿐만 아니라, 모든 사람들을 특히 그리스도교가 가르치는 것처럼 자신을 미워하는 사람까지 사랑하면, 우리의 인생은 끝없는 기쁨이 되어, 미망에 빠진 사람들이 헛되이 폭력에 의지하여 해결하려는 모든 문제가 해결될 뿐만 아니라, 문제 같은 건 아예 존재조차 하지 않게 될 것입니다. "우리는 자신의 형제를 사랑함으로써 죽음에서 삶으로 옮겨가는 것을 안다. 형제를 사랑하지 않는 자는 영원한 생명을 얻지 못하고, 자신의 형제를 사랑하는 자만이 자신의 내부에 영원한 생명을 유지한다"고 하는 성서의 말씀 그대로입니다.

사랑하는 형제들이여, 마지막으로 한마디만 덧붙이겠습니다.

무릇 사물은 그것을 실생활에서 경험해 보지 않으면 그 좋고 나쁨을 알 수가 없습니다. 만약 누가 농부에게 호밀은 이랑을 파고 파종하는 것이 좋다고 말하거나, 양봉가에게 벌통은 틀을 만들어 하는 것이 좋다고 말하면, 현명한 농부와 양봉가라면, 정말로 그런지 시험해 보고, 그 결과에 따라 그 말에 따르고 따르지 않고를 결정할 것입니다.

실생활도 모두 이와 같습니다. 사랑의 가르침을 실생활에 얼마나 적용할 수 있는지 한번 시험해 보십시오. 무엇보다 일단 직접 해볼 일입니다. 일정한 기간이라도 좋으니까, 아무튼 모든 것에서 사랑의 요구에 따르겠다는 맹세를 세워보십시오. 무슨 일에서나 무엇보다 먼저 상대가 도둑이든 주정꾼이든, 횡포를 부리는 윗사람이든 아랫사람이든, 모든 사람과 접촉할 때 애정을 잃지 않고, 상대와 교류할 때 자신에게가 아니라 상대에게 무엇이 필요한지를 생각하는 삶을 살아보십시오. 그렇게 일정한 기간 살아본 뒤에, 그동안 자신이 괴로웠는지 어땠는지, 자신의 생활이 더 나빠졌는지 아니면 좋아졌는지 자문해 보고, 그 결과에 따라 실제로 사랑의 실천이 우리의 생활을 행복하게 하는지, 아니면 그저 말뿐인 것인지 하는 결론을 내리는 겁니다.

부디 시험해 보십시오. 자신에게 가해지는 악에 대해 악으로 갚는 대신 부디 선으로 악을 갚도록, 남의 험담을 하지 않도록, 가축과 개에게도 잔인하게 대하지 않고 친절과 사랑을 담아 접하도록 노력해 보십시오. 그런 식으로 하루, 이틀 또는 그 이상(시험이라 생각하고) 해보고, 그동안의 여러분의 정신상태를 지난날의 정신상태와 비교해 보십시오. 그렇게 하면 여러분은 전의 우울하고 화나고 무겁던 기분에서 밝고 즐겁고 기쁜 기분이 되었음을 알 수 있을 것입니다. 또 그런 식으로 두 달, 석 달 살아보면, 여러분의 정신적 기쁨이 자꾸자꾸 커져서, 여러분이 하는 일도 점점 성취되는 것을 느낄 수 있을 것입니다.

사랑하는 형제들이여, 부디 그것을 한번 시험해 보시기 바랍니다. 그러면 사랑의 가르침이 단순한 말뿐이 아니라, 실제로 중요한 일, 모든 사람들에게 가장 친근하고 이해하기 쉽고 중요한 일임을 알 수 있을 것입니다.

레프 톨스토이

12월 9일

1

인간의 사명은 모든 사람에 대한 봉사이며, 특정한 사람을 위해 일부 사람에게 해를 끼치지 않을 수 없게 되는 봉사여서는 안 된다.

2

그리스도교도에게는 애국심이 이웃에 대한 사랑에 방해가 되고 있다. 고대 사회에서, 가족에 대한 사랑이 애국심에 희생되지 않으면 안 되었던 것처럼, 그리스도교 사회에서 애국심은 이웃에 대한 사랑의 희생이 되지 않으면 안 된다.

3

자기 인생의 의미를 알려고 하지 않는 사람들의 맹목이 자연에 반하는 것이라면, 신을 믿는다고 하면서 사악한 생활을 하는 사람들의 맹목은 한결 더 무서운 것이다. 거의 모든 사람이 그 둘 가운데 하나에 해당된다. 파스칼

4

만일 인간이 진정한 본성을 잃어버린다면 그때그때 편리한 모든 것이 그의 본성이 된다. 그것은 마치 진정한 행복을 잃어버리면 그때그때 편리한 모든 것이 그의 행복이 되어버리는 것과 같다. 파스칼

5

악인의 마지막 피난처는 애국심이다. 새뮤얼 존슨

6

애국심은 미덕이 아니다. 국가라는 시대착오적인 미신 때문에 자신의 생명을 희생시키는 것은 우리의 의무가 될 수 없다. 테오도루스

7

오늘날 애국심은 모든 사회악과 개인의 추행을 정당화하는 구실이 되고 있다. 우리는 조국의 행복이라는 이름 아래 그 조국을 존경할 만한 것으로 만들어 주는 모든 것을 거부하도록 교육받고 있다. 우리는 애국심이라는 이름 아래, 개개인을 타락시키고 국민 전체를 파멸로 이끄는 모든 파렴치한 행위에 종사해야 한다. 비처

8

사람들은 자신의 욕심을 위해 많은 악을 저지르고, 가족을 위해 더욱 많은 악을 저지르지만, 애국심을 위해서 가장 무서운 잔학행위, 이를테면 간첩행위, 민중에 대한 가렴주구, 비참하기 그지없는 살육의 전쟁을 저지르면서, 심지어 그것을 자행하는 사람들은 그러한 잔학행위를 자랑하기도 한다.

9

오늘날처럼 전 세계의 민족들이 서로 교류하고 있는 시대에, 단순히 자기 나라에 대한 편협한 사랑을 호소하며, 언제든지 다른 나라와 전쟁을 할 수 있도록 준비해야 한다고 호소하는 것은 바로, 지금 평화롭게 살고 있는 사람들에게 자기 마을만을 사랑하라고 설득하며, 각 마을에 군대를 소집하고 요새를 쌓는 행위와 같다. 전에는 한 나라의 국민을 하나로 이어준 조국에 대한 배타적인 사랑도, 사람들이 이미 모든 교통기관과 무역, 산업, 학문, 예술, 특히 도덕적 의식에 의해 결합되어 있는 현대에는 사람들을 결속시키지 못하고 오히려 분열시킬 뿐이다.

10

애국심도 자기 가족에 대한 사랑과 마찬가지로 인간의 자연스러운 본성이지

만 결코 미덕이 아니며, 그것이 도를 넘어서 이웃에 대한 사랑을 파괴하게 된다면 오히려 죄악이라 하지 않을 수 없다.

11

현대인들에게 애국심은 너무나 부자연스러운 것이어서, 억지로 고취하지 않으면 생기지 않는다.

그래서 정부와, 애국심을 이용하려는 무리가 요란스럽게 그것을 부추기고 있는 것이다. 그들은 이미 애국심 같은 건 느끼지 않는 사람들과, 그것이 오히려 불리한 사람들에게 그것을 부추긴다. 속지 않도록 조심할 일이다.

12월 10일

1

아주 흔한, 그리고 아주 큰 불행으로 이끄는 유혹의 하나는 "다들 그렇게 한다"는 말로 표현되는 유혹이다.

2

사람을 죄짓게 하는 이 세상은 참으로 불행하다. 이 세상에 죄악의 유혹은 있게 마련이지만 남을 죄짓게 하는 사람은 참으로 불행하다. 손이나 발이 죄를 짓게 하거든 그것을 찍어 던져버려라. 두 손과 두 발을 가지고 영원한 불 속에 던져지는 것보다는 차라리 불구의 몸이 되더라도 영원한 생명에 들어가는 편이 더 낫다. 또 눈이 죄를 짓게 하거든 그것을 빼어 던져버려라. 두 눈을 가지고 불붙는 지옥에 던져지는 것보다는 한 눈을 잃더라도 영원한 생명에 들어가는 편이 더 낫다.

〈마태복음〉 제18장 7~9절

3

뭔가 좋은 일을 하려고 할 때마다 방해를 하는 것은 '우리는 우리가 처한 사회적 지위라는 것을 생각하지 않을 수 없다'는 생각이다.

그러한 구실을 대는 사람들의 대부분에게, 자신들의 실생활에서 '하늘의 섭리에 따라' 주어진 지위를 유지한다는 것은, 그들이 자신들의 재력이 허락하는 한 많은 마차와 하인들과 드넓은 집을 계속 소유한다는 것이다. 그런데 만약 하늘이 그들을 그러한 지위에 두었다면(실제로 그런지는 심히 의심스럽지만), 하늘은 또 그들에게 스스로 그 지위를 포기하기를 원하고 있을 것이다.

레위의 직업은 세금을 거두는 것이었고, 베드로는 갈릴리 호수의 어부였으며, 바울은 유대교 신자로 부유한 지식인이었다. 그들은 모두 이러한 지위를 버렸다. 버리는 것이 당연하다고 여겼기 때문이다. 존 러스킨

4

손을 다치지 않았을 때는 뱀독에 닿아도 아무 탈이 없다. 건강한 손에는 독도 위험한 것이 아니다. 이와 같이 스스로 악을 행하지 않는 자에게는 악도 아무런 해가 없다. 부처의 가르침

5

낡은 옷에다 새 천조각을 대고 깁는 사람은 없다. 그렇게 하면 낡은 옷이 새 천조각에 켕기어 더 찢어지게 된다. 또 낡은 가죽 부대에 새 포도주를 담는 사람도 없다. 그렇게 하면 부대가 터져서 포도주는 쏟아지고 부대도 버리게 된다. 새 포도주는 새 부대에 담아야 둘 다 보존된다." 〈마태복음〉 제9장 16~17절

6

벗어나기가 고통스러울 정도로 자신을 죄 많은 직무에 묶어두는 것은, 인간에게 매우 위험한 상태라고 할 수 있다. 처음에는 자신의 죄를 의식하고 부끄럽게 여기지만, 곧 그것에서 벗어나기가 어려워지고, 나중에는 죄에서 벗어나면 세상의 여론 속에서 자신이 멸망하게 될 거라고 여기게 된다. 죄의 첫 번째 계단에서 멈추지 않는 자는 결국 마지막 계단까지 올라가게 되는 법이다. 백스터

7

우리에게 특별한 존경을 요구하는 사물을 만나면, 옷을 벗기듯 그것을 추앙하는 말들을 모두 벗겨내는 것이 좋다. 외면적인 치장은 자주 이성을 왜곡시키기 때문이다. 자신이 지금 고귀한 일을 하고 있다고 굳게 믿고 있을 때가 가장 속

고 있는 것이다. 마르쿠스 아우렐리우스

8

한 노인에게 악의 유혹이 손길을 뻗쳐왔다. 왜 신은 이 세상에 악의 존재를 허락했을까 하는 생각이 그를 괴롭혔다. 그리하여 그는 신을 비난했다.

어느 날 그는 꿈을 꾸었다. 눈부시게 아름다운 화관(花冠)을 손에 든 천사가 하늘에서 내려와 두리번거리며 그것을 씌워줄 사람을 찾고 있었다. 노인은 가슴이 뛰었다. 그는 천사에게 말했다. "어떻게 하면 그 아름다운 화관을 쓸 수 있습니까? 그것을 쓸 수 있다면 무슨 일이든지 하겠습니다."

그러자 천사가 말했다. "여기를 보아라." 그리고 돌아서서 북쪽을 가리켰다. 노인이 그쪽을 보자 커다란 먹구름이 보였다. 먹구름은 하늘의 절반을 덮으며 아래로 내려오고 있었다. 별안간 먹구름이 둘로 딱 갈라지더니 검은 에티오피아인의 무리가 노인을 향해 몰려오는 것이 보였다. 그들의 맨 뒤에는 무서운 형상을 한 커다란 에티오피아인이 있었는데, 그 거대한 다리로 대지에 우뚝 서서, 머리는 산발을 하고 눈매는 사납고 입술이 시뻘건 그 얼굴이 하늘에 닿을 정도였다. "저 대군과 싸워 이기면 너에게 이 화관을 씌워주리라."

노인은 두려움에 떨면서 말했다. "어떤 자하고도 싸울 수 있고 또 싸우겠습니다만, 두 발로 땅을 밟고 머리로 하늘을 받치고 있는 저 엄청나게 큰 에티오피아인만은 인간의 힘이 미치지 못합니다. 저자하고는 싸울 수 없습니다."

"어리석은 자여!" 하고 천사가 말했다. "저 거대한 에티오피아인에 대한 두려움 때문에 네가 싸우려 하지 않는 저 조그만 에티오피아인들은 모두 조그만 인간의 욕정과 번뇌이며, 싸워서 이길 수 있는 것이다. 그리고 저 거대한 에티오피아인은 그러한 작은 인간적인 욕망과 번뇌에서 태어난 이 세상의 악이며, 네가 그것 때문에 신을 비난한 것, 특별히 싸울 필요가 없는 것, 전혀 실체가 없는 것이다. 욕망과 번뇌를 극복하라. 그러면 이 세상의 악도 저절로 사라질 것이다." 전설

9

잘못된 수치심은 악마가 즐겨 쓰는 무기이다. 악마는 그 수치심을 이용해 잘

못된 교만 이상으로 성공을 거둔다. 그는 잘못된 교만으로는 그저 악을 부추길 뿐이지만, 잘못된 수치심으로는 선을 저지할 수 있다. 존 러스킨

10

이 세상에 악은 없다. 악은 모두 우리의 마음속에 있으며, 이것을 물리치는 것은 어려운 일이 아니다.

12월 11일

1

모든 노동 가운데 가장 즐거운 것은 땅을 일구는 노동이다.

2

세상의 모든 민족은 결국 언젠가 그들의 정신적 지도자들이 이미 오래전에 파악한 진리를 알게 될 것이다. 그것은 바로 인류의 첫 번째 미덕은 자신의 불완전성을 인식하고 지고한 존재의 법칙에 따르는 것에 있다는 진리이다. "너는 흙에서 태어나 흙으로 돌아간다"는 것이, 우리가 자신의 육체에 대해 인식하는 첫 번째 진리이다.

두 번째 진리는 우리는 우리가 태어난 흙을 갈아야 하며, 그것은 우리의 중대한 의무라는 것이다. 그 노동과 그것이 우리와 동식물 사이에 성립시키는 관계 속에, 우리의 높은 능력의 발달과 최대의 복지를 위한 근본적인 조건이 들어 있다. 이 노동이 없이는 인간의 평화와 지능과 정신력의 발달은 도저히 기대할 수 없다.
존 러스킨

3

시장에서 빵을 사는 사람은 어버이를 잃은 갓난아기에 비유할 수 있다. 많은 유모가 그에게 젖을 주지만 갓난아이는 여전히 배가 고파 운다. 그러나 이와는 반대로 자기 자신이 경작한 밀로 만든 빵을 먹는 자는 어머니의 따뜻한 품 안에서 자라는 갓난아이와 같다. 《탈무드》

4

노동자와 장인은 모두 성서에서 얘기되었듯 훗날 반드시 농사를 짓는 일로 되돌아갈 것이다.

"노 젓는 사공들이 모두 배에서 내리고, 선원들, 바다 사공들이 모두 육지에 올라."(〈에스겔〉 제27장 29절) 《탈무드》

5

최고의 음식은 너희 자신이나 너희의 자식들이 일해서 얻은 음식이다.

마호메트

6

"이마에 땀 흘려 네 빵을 얻어라." 이것이 불변의 육체의 법칙이다. 여자는 자식을 낳고 남자는 이마에 땀 흘려 일한다는 법칙이 주어져 있다. 여자는 그 법칙을 벗어날 수 없다. 설사 여자가 자기가 낳지 않은 아이를 양자로 삼는다 해도, 그것은 역시 남의 자식이며 어머니로서의 기쁨은 얻을 수 없다. 남자의 노동도 이와 마찬가지다. 만일 남자가 자기가 일해 얻은 것이 아닌 빵을 먹는다면 그는 모든 노동의 기쁨을 잃게 될 것이다. 본다레프

7

헛되이 신을 섬기는 것만 자랑하는 자보다, 제 손으로 일해 먹고사는 사람이 훨씬 더 존경받을 가치가 있다.

개미의 노동정신을 본받으라는 충고를 받는 건 인간으로서 수치스러운 일이지만, 그 충고에 따르지 않는 것은 두 배로 부끄러운 노릇이다. 《탈무드》

8

농부는 인간에게 어울리는 직업 가운데 하나가 아니다. 농업이야말로 모든 사람에게 어울릴 뿐만 아니라, 최대의 독립성과 행복을 주는 유일한 직업이다.

12월 12일

1

선량함은 모든 것을 정복하지만 자기 자신만은 어떤 것에도 정복당하지 않는다.

2

모든 것에 저항할 수 있지만 선량함에 대해서는 저항할 수 없다. 루소

3

개인의 생활과 세상살이의 협조와 통일을 주장하는 것은, 악을 비난하는 것이 아니라 선을 찬양하는 것이다. 사람들은 악을 비난하고 악을 행하는 사람을 비난한다. 그러나 그러한 악과 악을 행하는 자에 대한 비난은 다만 악을 증대시킬 뿐이지만, 악을 무시하고 오로지 선에만 마음을 쓰면 악은 저절로 사라진다.

루시 맬러리

4

선행에 목적이 있다면 그것은 이미 선이 아니다. 대가를 예상하고 이루어진 경우에도 역시 선이 아니다. 선은 인과율을 초월한 것이 아니면 안 된다.

5

횃불과 불꽃의 불이 태양 앞에서는 빛을 잃어버리듯, 우리의 지능도(설사 천재로 불리는 지능이라도) 또 아름다움도, 마음으로부터의 선량함 앞에서는 빛을 잃어버린다. 쇼펜하우어

6

한없는 부드러움은 진정으로 위대한 사람들의 천성이자 재산이다.

존 러스킨

7

연약한 식물이 단단한 흙을 뚫고 바위가 갈라진 틈을 지나 자생한다. 선량함도 그것과 같다. 어떠한 쐐기도, 어떠한 망치도, 어떠한 무기도 선량하고 성실한 사람은 이기지 못한다.

소로

8

인간이 있는 곳에는 그에게 선을 행할 기회도 있다.

세네카

9

우리는 우리의 마음에 드는 자, 우리를 칭찬하는 자, 우리에게 선을 행하는 자를 사랑하고 있는 것 같지만, 사실은 그것은 진정한 사랑이 아니라 편애 또는 이익의 교환이다. 그가 우리를 칭찬하기 때문에 우리도 그를 칭찬하고, 그가 우리에게 선을 행하므로 이쪽에서도 보답하는 것이다. 그런 감정이 반드시 나쁜 것은 아니지만, 진정한 사랑이 아니고 신의 사랑이 아니다. 우리가 어떤 사람을, 우리의 마음에 든다거나 우리에게 선을 행했기 때문이 아니라, 그 사람 속에서 모든 사람들 속에 깃들어 있는 신의 영혼을 보기 때문에 사랑할 때, 비로소 우리는 신의 사랑, 진정한 사랑으로 사랑하는 것이다.

그때 비로소 우리는, 그리스도가 가르친 것처럼, 단순히 우리를 사랑하는 사람들뿐만 아니라, 우리에게 있어서나 세상에 있어서 해로운 악인들, 곧 우리의 원수도 사랑하고 또 사랑할 수 있다. 그러한 사랑은 그 사람들이 사악하고 우리를 미워하고 있다 해서 줄어드는 것이 아니라, 반대로 더욱 강하고 더욱 견고해진다. 왜냐하면 증오의 포로가 된 사람에게는 더 많은 사랑이 필요하기 때문이다. 그 사랑이 일부 사람에 대한 편애와 우리를 사랑하는 사람에 대한 사랑에 비해 더 견고한 까닭은, 우리가 사랑하는 상대에게 어떤 변화가 일어나든 우리의 사랑은 변함이 없기 때문이다.

10

독설에 대해 부드러운 말로 대답하고, 모욕에 대해 선으로 갚으며, 오른쪽 뺨을 맞으면 왼쪽 뺨도 내미는 것은, 악의를 없앨 수 있는 가장 확실하면서도 쉬운 방법이다.

12월 13일

1

신앙은 실제의 삶이 그것과 일치되고, 어떤 경우에도 그것과 모순되지 않을 때, 비로소 진정한 신앙이라 할 수 있다.

2

나의 형제 여러분, 어떤 사람이 믿음이 있다고 말하면서 그것을 행동으로 나타내지 못한다면 무슨 소용이 있겠습니까? 그런 믿음이 그 사람을 구원할 수 있겠습니까? 어떤 형제나 자매가 헐벗고 그날 먹을 양식조차 떨어졌는데 여러분 가운데 누가 그들의 몸에 필요한 것은 아무것도 주지 않으면서 "평안히 가서 몸을 따뜻하게 녹이고 배부르게 먹어라" 하고 말만 한다면 무슨 소용이 있겠습니까? 믿음도 이와 같습니다. 믿음에 행동이 따르지 않으면 그런 믿음은 죽은 것입니다. 이렇게 말하는 사람도 있을 것입니다. "당신에게는 믿음이 있지만 나에게는 행동이 있소. 나는 내 행동으로 내 믿음을 보여줄 테니 당신은 행동이 따르지 않는 믿음이라는 것을 보여주시오."

영혼이 없는 몸이 죽은 것과 마찬가지로 행동이 없는 믿음도 죽은 믿음입니다.

〈야고보서〉 제2장 14~18, 26절

3

진리보다 그리스도교를 더 사랑하는 사람들은 머지않아 그리스도교보다 자신의 교회 또는 자신의 종파를 더 사랑하게 되고, 결국은 자기 자신을 세상에서 가장 사랑하게 된다. 콜리지

4

본질적으로는 신을 섬기는 방법은 오직 하나밖에 없다. 그것은 자신의 의무를 다하고 이성의 모든 법칙에 따라 행동하는 것이다. 리히텐베르크

5

세속적인 명예나 외면적인 신성함을 위한 종교 행사에는 아무런 가치가 없으며, 그것은 잘못된 가르침에서 비롯된다. 고행처럼 자신을 학대하고 남을 학대하는 행사도 잘못된 가르침에서 비롯되었다. 육체의 참회는 정결이고, 언어의 참회는 항상 선의로 진실을 얘기하는 것이며, 사상의 참회는 자기를 다스리고 영혼을 정화하며 선에 마음을 바치는 일이다.

《마하바라타》(인도 고대의 산스크리트 대서사시)

6

밤에 자는 잠이 편안하도록 낮 동안 부지런히 일하라. 너의 노후가 편안하도록 젊은 날을 보람차게 보내라. 인도 속담

7

신앙심이 약한 자는 다른 사람에게 신앙심을 불러일으킬 수 없다.[2] 노자

8

종교가 두 번째 자리밖에 차지하지 않은 사람은 종교를 전혀 가지지 않은 사람이다. 신은 인간의 마음속에서 많은 것과 공존할 수 있지만, 자신이 두 번째 자리에 앉는 것은 용납하지 않는다. 신에게 두 번째 자리를 내주는 것은 전혀 자리를 주지 않는 것과 같다. 존 러스킨

9

인간은 인간의 삶과 전 세계의 삶의 궁극적인 목적을 이해할 수 없다. 그것은 마치 목재를 나르는 노동자가 그 집의 형태와 목적을 모르는 것과 같다. 그러나 자기가 그 건설에 참여하고 있는 집이 매우 계획적이고 훌륭하며, 그에게 있어서나 세상에 있어서나 꼭 필요하다는 것은 알 수 있고, 또 알고 있다. 그것이 바로 신앙이다.

---

2) 《도덕경》 제17장에 "믿음이 부족하면 믿게 할 수 없다"고 되어 있다.(역주)

10

자신의 말이든 남의 말이든 말을 믿지 말고 자신의 행위와 남의 행위를 믿어라.

12월 14일

1

인간의 영혼에는 신성이 있다.

2

인간은 자신의 마음에 신이 살고 있는 정도에 따라 신을 볼 수 있다. 17세기의 신비적인 시인 안겔루스가 말했듯 내가 신을 보는 눈은 그대로 신이 나를 보는 눈이다.

아미엘

3

인간의 영혼은 곧 신의 등불이다.

《탈무드》

4

어느 날 강 속의 물고기들이, 물고기는 물속에서밖에 살 수 없다고 얘기하고 있는 인간들의 목소리를 들었다. 그 말을 들은 물고기들은 무척 놀라서, 도대체 물이 뭔지 아는 물고기가 없느냐고 서로 물어보았다. 그러자 한 영리한 물고기가 말했다. "바닷속에 공부를 많이 해서 지혜로운 늙은 물고기가 한 마리 있는데 무엇이든 다 알고 있다더군. 우리 바다로 헤엄쳐 가서 그 노인한테 물이 무엇인지 물어보자." 그리하여 물고기들은 지혜로운 물고기가 살고 있는 바다에 가서, 물은 어떤 것이며 어떻게 하면 물에 대해 알 수 있는지 물어보았다. 지혜로운 늙은 물고기가 말했다. "물이란 우리가 그것에 의해 살고 있는 것, 그리고 그 속에서 살고 있는 것이다. 너희들이 물을 모르는 것은, 너희들이 그 속에서 살며 그것에 의해 살고 있기 때문이지."

그와 같이 사람들도 신에 의해 살고, 신 속에 살고 있으면서 신을 모르고 있다.

수피

5

자신의 사상을 하늘 높이 올리는 자에게는 매일매일이 밝고 화창하다. 구름 위에는 언제나 태양이 빛나고 있으니까.

6

신의 영혼은 우리 마음을 사로잡아 우리 마음에 스며든다. 신은 우리에게 너무 가까이 있기 때문에 우리의 눈에 보이지 않는 것이다. 또 신이 우리 가까이 있는 것은, 우리가 신을 인식할 수 있게 하기 위해서 일뿐만 아니라, 신이 우리에게 작용하고 영향을 주어 우리에게 그 신성을 전하기 위해서이다. 그것이 아버지인 신의 커다란 은총이다. 채닝

7

만약 네가 무언가를 원하고 무언가를 두려워한다면, 그것은 네가 자신 속에 사는 사랑의 신을 믿고 있지 않기 때문이다. 만약 네가 그것을 믿고 있다면, 너는 아무것도 원하지 않을 것이다. 왜냐하면 네 속에 사는 신이 원하는 것은 모두 실현될 것이기 때문이다. 또 너는 아무것도 두려워하지 않을 것이다. 왜냐하면 신에게는 아무것도 두려운 것이 없기 때문이다.

8

영혼의 본성은 참으로 심오하여, 우리가 아무리 그것을 알고자 해도 절대로 그것을 정의할 수 없다. 헤라클레이토스

9

우리 인간의 힘을 자연의 힘과 비교해 보면, 우리는 운명의 하잘것없는 노리개에 지나지 않음을 알 수 있다. 그러나 만약 우리가 자신을 물질적 피조물과 비교하지 않고, 자기 내부에 창조주의 영혼을 인식한다면, 우리는 스스로가 모든 물질적 세계와 같은 척도로 잴 수 있는 것이 아니라 만물에 임하는 영혼과 동질의 것임을 알게 될 것이다. 에머슨

10

너에게 어떤 일이 일어나든 자신과 신의 합일을 의식하는 한 결코 불행하지 않다.

12월 15일

1

진실은 그 자체가 선은 아니지만 모든 선에 있어 없어서는 안 될 필수 조건이다.

2

거짓말에는 두 종류가 있다. 처음부터 거짓임을 알면서도 거짓말을 하는 것이 자신에게 유리하기 때문에 하는 의식적인 거짓말과, 도저히 진실을 말할 수 없을 때 본의 아니게 하게 되는 거짓말이다.

3

오직 미망만이 인위적인 지지를 필요로 한다. 진리는 스스로 자립하는 것이다.

4

진리의 기쁨보다 더 큰 기쁨은 없고, 진리의 감미로움보다 더 감미로운 것은 없다. 진리의 기쁨은 그 어떤 기쁨보다 크다. 부처의 가르침

5

완전한 진실을 말할 수 있는 사람은 아무도 없다. 왜냐하면 인간 속에는 언제나 온갖 종류의 모순 대립하는 욕구가 있으며, 그것이 서로 싸우면서 강해지기도 하고 약해지기도 하므로, 그 하나하나를 정확하게 표현하는 것은 도저히 불가능하기 때문이다.

6

미망은 일정한 기간 동안만 지속될 뿐이지만, 진리는 아무리 공격받고, 사람

들로부터 은폐되고, 모략과 궤변과 회피와 그 밖의 모든 허위에 둘러싸여 있어도 영원히 진리이다.

7

끊임없이 진실을 행하고 말하고 생각하는 것을 배워야 한다. 그것을 배우기 시작하는 자만이, 우리가 얼마나 진실에서 멀리 떨어져 있는지 이해할 수 있다.

8

거짓말은 모든 실생활에 나쁜 영향을 미친다. 이를테면 헌것을 새것이라 하고 팔거나, 흠이 있는 물건을 그렇지 않은 듯이 속여 팔고, 어차피 돌려주지 않을 거면서 빚을 갚겠다고 약속하는 등등이 그것이다. 그러나 그러한 거짓말은, 정신적인 것에 관한 거짓말에 비하면 아무것도 아니다. 이를테면 신이 아닌 것을 신이라고 속이고, 영혼에 행복을 주지 않는 것을 마치 영혼을 구원하는 것처럼 주장하며, 올바른 것, 선량한 것을 죄 많은 것, 사악한 것처럼 말하는 것이 그것이다. 그러한 경우의 거짓말이 가장 큰 죄악이다.

9

죄를 짓지 않는 인간, 완벽하게 올바른 인간은 아무도 없다. 인간의 차이는 어떤 사람은 전혀 죄가 없고 올바른 인간이고, 어떤 사람은 죄악과 부정으로 똘똘 뭉친 사람이라는 것이 아니라, 어떤 사람은 가능한 한 죄를 짓지 않고 올바른 생활을 하려고 노력하고, 어떤 사람은 그런 노력을 하지 않는다는 점에 있다.

이레째 읽을거리

해리슨과 그의 '선언'

해리슨은 그리스도교의 빛을 받은 자로서, 먼저 실제적인 목적, 즉 노예제도와의 투쟁에 발을 들여놓은 뒤, 곧 노예제도의 원인이, 우연히 그리고 일시적으로 아메리카 남부 사람들이 수백만 명의 흑인을 지배한 것에 있는 것이 아니라, 옛날부터 우리 모두가 일부 사람들이 다른 사람들에게 폭력을 휘두를 권리를 인정해 왔다고 하는, 참으로 비그리스도교적인 사실에 있다는 것을 깨달았다. 그 권리를 인정하는 구실은, 세상에는 항상 악인이 있으며, 그들은 폭력에 의해, 즉 같은 악에 의해 퇴치하거나 줄일 수 있다는 것이었다. 그것을 깨달은 해리슨은 노예제도와 싸우기 위해 노예의 고통스러운 생활과 노예 소유자의 잔인함, 시민으로서의 인권의 평등성 같은 것을 거론하지 않고, "폭력으로 악에 저항하지 말라(non-resistance)"고 하는 영원한 그리스도교적 법칙을 제시했다.

해리슨은 노예제도 폐지운동의 가장 진보적인 투사들이 이해하지 못하는 것을 이해하고 있었다. 즉 노예제도 폐지를 위한 유일하고 반박을 허용하지 않는 대의명분은, 어떠한 조건하에서도 한 인간이 다른 한 인간의 자유를 빼앗을 권리가 없다는 것을 이해하고 있었다. 노예폐지론자는 노예제도는 불법적이고, 불공평하며, 잔인하고, 사람들을 타락시킨다는 주장을 내세웠고, 옹호론자도 이에 지지 않고 노예제도 폐지가 시기상조라는 것, 노예해방이 여러 가지의 위험하고 유해한 결과를 초래할 것이라는 주장을 내세웠다. 그리고 양쪽 다 상대방을 설득하지 못했다. 해리슨은 흑인 노예의 존재는 일반적인 폭력기구 속의 단순한 일환에 지나지 않는다는 것을 깨닫고, 누구라도 받아들이지 않을 수 없는 보편적인 원칙을 제창했다. 즉, 어떤 사람도 어떤 구실로도 자신과 같은 인간 형제를 폭력으로 지배할 권리가 없다는 대원칙이었다. 해리슨은 노예는 당연히 해방해야 한다는 주장보다, 어떤 인간, 어떤 집단일지라도 타인에게 힘으로 무언가를 강요할 권리가 없다는 주장에 역점을 두었다. 노예제도에 맞서 투쟁하기 위해 그는 세계의 모든 악과 투쟁한다는 원칙을 제창한 것이다.

해리슨에 의해 제창된 이 원칙은 반박의 여지가 없는 것이었지만, 그것은 기존의 사회제도를 뿌리째 뒤흔들고 파괴하는 것이었기 때문에, 그런 제도하에서 지위에 연연하는 사람들은 그의 '선언'을 두려워하고, 그 이상으로 그것이 실생활에 적용되는 것을 두려워하여, 애써 그것을 묵살하고 회피하며, 어떻게든 그 '선언'이 성립되지 않고, 또 인류 생활의 복지를 모조리 파괴할 것처럼 보이는 무저항의 원칙이 실생활에 적용되지 않는 가운데, 자신들의 목적을 달성하려고 노력했다.

그렇게 폭력의 불법성을 인정하는 것을 회피한 결과 일어난 것이, 저 골육상

간의 남북전쟁이었다. 그리고 그것은, 문제를 외면적으로 해결함으로써 모든 전쟁에 따르기 마련인 인심의 황폐화를 초래하여, 아메리카 민족의 생활 속에 이전과 다를 바 없는 악을 새로이 불러들였다. 그 결과 문제의 본질은 해결되지 않은 채, 이제 미합중국 사람들은 새로운 형태의 같은 문제에 직면해 있다. 그때는 어떻게 해서 흑인들을 노예 소유자들의 손아귀에서 해방시킬 것인가가 문제였지만, 지금은 어떻게 해서 백인들의 폭력에서 흑인들을 보호하고, 흑인들의 폭력에서 백인들을 보호할 것인가가 문제가 된 것이다.

이 새로운 형태의 문제는 물론 흑인에 대한 개인적인 폭력이나 미국 정치가들의 고의적인 자유주의 정책을 통해 해결되는 것이 아니라, 반세기 전에 해리슨이 제창한 원칙을 실생활에 적용함으로써만 해결되는 것이다.

사람들이 그것을 원하든 원하지 않든, 그들은 오로지 그 원칙 아래서만 인간들이 서로 상대를 노예로 삼고 억압하는 것에서 해방될 수 있다. 또 그들이 원하든 원하지 않든, 이 원칙은 인간의 생활 속에 이루어지고 있고, 또 앞으로 이루어질 모든 진정한 완성의 밑바탕에 존재하고 있다.

사람들은 이 무저항의 원칙을 실생활에 전면적으로 적용하면, 그토록 비용을 들이고 그토록 노력하여 쌓아올린 사회질서가 당장 무너질 것처럼 생각하고 있지만, 그들은 이 무저항의 원칙은 폭력적 원칙이 아니라 사랑과 협조의 원칙이며, 사람들을 강요하는 성질의 것이 아님을 잊고 있는 것이다. 이 원칙은 오로지 자유로운 정신에 의해서만 받아들여질 수 있다. 그것이 사람들의 자유로운 정신에 의해 받아들여져서 실생활에 적용되는 정도에 따라, 인류 사회의 진정한 진보가 이루어진다.

해리슨은 처음으로 이 원칙을 인간 사회의 형성을 위한 규칙으로 선언했다. 바로 그 점에 그의 위대한 공적이 있다.

그가 그때 미국에서의 평화적인 노예해방이라는 목적은 달성하지 못했지만, 인류 전체가 폭력의 지배에서 해방될 수 있는 길을 우리에게 제시한 것은 분명한 사실이다.

레프 톨스토이

세계평화 확립협회의 회원에 의해 채택된 강령선언
1838년, 보스턴에서

우리는 그 어떤 인간적인 지배권도 인정하지 않는다. 우리는 인류에 대한 유일한 왕, 유일한 입법자, 유일한 심판자, 지배자만을 인정할 뿐이다. 우리는 전 세계를 조국으로 인정하고, 전 인류를 형제로서 사랑한다. 우리는 우리나라를 사랑하는 것처럼 다른 나라들도 사랑한다. 우리나라 국민의 이익과 권리는 우리에게 전 인류의 이익과 권리 이상으로 중대하지는 않다. 따라서 우리는 애국심이 우리 민족에게 가해진 모욕과 손해에 대한 복수를 정당화하는 것을 용납하지 않는다.

지상의 모든 정부는 신에 의해 수립되고 축복받았으며, 미합중국과 러시아, 터키 등에 존재하는 정부는 모두 신의 뜻에 합당한 것이라는 교회의 가르침은, 신성 모독인 동시에 어리석기 짝이 없는 것이라고 해야 마땅하다. 이 가르침에 의하면, 우리의 창조주는 공정하지 않은 존재, 악을 내세우고 이를 장려하는 존재가 되고 만다. 어떤 나라의 정권이라 할지라도, 그것이 외적에 대해 그리스도의 가르침과 모범에 따라 행동한다고는 아무도 확신할 수 없을 것이다. 그러므로 그들의 정권활동은 신의 용인을 받지 못하며, 따라서 그들의 정권은 신에 의해 수립된 것이 아니므로, 이를 폭력에 호소하지 않고 사람들의 정신적 갱생에 의해 타도해야 한다.

우리는 단순히 전쟁 자체—침략전쟁이든 방위전쟁이든—뿐만 아니라, 모든 군비, 즉 모든 병기창의 설치, 요새의 구축, 군함 건조 따위도 비그리스도교적이고 또 불법적임을 인정한다. 우리는 모든 상비군, 모든 군사령부의 존재, 전승, 곧 적군의 패배를 축하하는 기념비 종류, 모든 전리품, 모든 공훈 축하행사, 모든 무력에 의한 합병이 비그리스도교적이고 불법적임을 인정한다. 나아가서 우리는 민중에게 병역을 요구하는 모든 국가적 법규가 비그리스도교적이고 불법적임을 인정한다.

이와 같은 모든 이유에 의해 우리는 병역뿐만 아니라, 우리로 하여금, 투옥 또는 사형의 위협 아래 사람들을 멋대로 지배하는 직무에 종사하게 하는 것은 불가능함을 선언한다. 그러므로 우리는 스스로 나아가, 모든 국가적 기관과 관계를 끊고 모든 정치, 모든 세속적 명예와 지위를 거부한다.

스스로 국가기관 내의 직무에 종사하는 것을 인정하지 않는 우리는, 마찬가지로 타인도 그 자리를 선택해서는 안 된다고 믿는다. 또 우리는 타인이 우리로부터 빼앗은 것을 되찾기 위해, 사람들과 법정에서 싸워서는 안 된다고 믿는다. 우리는 "속옷을 가지려고 하거든 겉옷까지도 내주어야"(〈마태복음〉 제5장 40절) 하며, 그에 대해 결코 폭력을 휘둘러서는 안 된다고 생각한다.

우리는 "눈에는 눈, 이에는 이"라는 구약의 계율은 예수 그리스도에 의해 폐기되었다는 것, 그리고 신약의 가르침에 의하면 그 모든 신봉자에 대해 어떠한 경우에도 예외 없이, 적에게 복수하는 대신 이를 용서해야 한다는 말씀을 믿는다. 강제적으로 금전을 강요하고, 투옥하고, 유형 또는 사형에 처하는 것은 명백하게 용서가 아니라 복수이다.

인류의 역사는 육체적 폭력이 도덕적 갱생을 촉진하는 것이 아니라는 것, 인간의 범죄에 빠지기 쉬운 경향은 오직 사랑에 의해서만 억제된다는 것, 악은 오직 선을 통해서만 멸할 수 있다는 것, 악으로부터 자신을 방어하기 위해 폭력에 의지해서는 안 된다는 것, 사람들에 대한 진정한 안전보장은 오직 선과 인내와 자비 속에 있다는 것, 온유한 자만이 땅을 이어받을 것이며, 칼을 들고 일어서는 자는 칼로 말미암아 죽는다는 것, 그러한 모든 것의 증거로 가득 차 있다.

그러므로 생명과 재산과 자유와 사회의 평화와 개개인의 행복을 가능한 한 확실하게 보장하기 위해서도, 또 왕 중의 왕, 주 중의 주인 지상자(至上者)의 뜻을 준수하기 위해서도, 우리는 마음을 다해 악으로 악을 갚지 말라는 기본적인 가르침을 수용하고, 신의 뜻을 표현하고 있는 이 가르침이 생각할 수 있는 모든 경우에 적용되어, 궁극적으로는 모든 악의 힘을 이길 것임을 믿는다.

우리는 혁명적 교의를 설하려는 것이 아니다. 혁명의 정신은 복수와 폭력과 살육의 정신이다. 그것은 신을 두려워하지 않고 개인을 존중하지 않는다. 우리는 그리스도의 정신으로 채워지기를 원한다. 악으로 악을 갚지 않는다는 우리의 기본적 계율에 따르는 한, 우리는 음모를 획책하고, 반란을 기도하며, 폭력에 호소할 수 없다. 우리는 복음서의 요구에 반하지 않는 한, 모든 정부의 법률과 명령에 따를 것이다. 우리의 저항은 다만 우리의 불복종에 대해 내려질 형벌에 흔쾌히 순종하는 것뿐이다. 우리는 우리에게 가해지는 모든 공격을 저항하지 않고 견디려 하며, 동시에 우리 자신도 이 세상의 악을, 사회의 상층에서든 하층에서든, 정계에서든 정부 내에서든, 또는 종교계에서든, 끊임없이 공격하며, 우리에게 가능한 모든 수단을 사용하여 지상의 모든 나라가 주 예수 그리스도의 유일한 나라에 통합될 수 있도록 노력할 것이다.

우리는 복음서와 그 정신에 어긋나는 것, 그래서 마땅히 폐기되어야 할 것은, 지금 당장 모두 폐기하는 것이 당연하다고 믿는다. 그러므로 우리가 칼을 쟁기의 보습으로, 창을 낫으로 다시 벼릴 때가 올 거라는 예언을 믿는 이상, 우리는 세월을 헛되이 보내지 말고 능력에 따라 지금 당장 그것을 이루어야 한다.

우리의 사명은 우리에게 모욕과 박해, 고난, 심지어 죽음조차 부를지도 모른다. 오해와 매도와 비방이 우리를 기다리고 있다. 우리는 폭풍에 직면할 것이다. 오만과 위선과 야심과 잔인성이, 모든 지배자와 권력자들이, 모조리 한 덩어리가 되어 우리를 멸하려 할 것이다. 우리가 힘닿는 데까지 따르려 하는 구세주에 대해서도, 사람들은 그러한 행동으로 나왔다. 그러나 우리는 그러한 공포 앞에 주춤해서는 안 된다. 우리는 인간을 의지하지 않고, 전능한 주에게 매달릴 뿐이다. 우리가 인간의 비호를 거절하는 이상, 오직 하나 '세상을 이기는 신앙' 외에 무엇이 우리를 보호해 줄 수 있으랴! 우리는 우리를 찾아오는 시련에 물러서지 않고, 오히려 주 그리스도의 고난을 함께하는 것을 기쁨으로 여길 것이다.

이상과 같은 모든 이유에서, 우리는 우리의 영혼을 신께 맡기고, 그리스도의 이름 아래 집과 형제자매와 아버지, 어머니, 아내, 자식, 또는 전답을 버리는 자는, 그것의 백배를 돌려받고 영원한 생명을 얻을 것이라고 한 복음서의 말을 믿는다.

이리하여 우리는 이 선언문에 표명된 주의(主義)와 강령이, 우리를 방해하려는 모든 세력을 타파하고, 반드시 전 세계의 승리를 가져올 것임을 확신하고, 또 인류의 이성과 양심에, 특히 우리의 몸을 맡기는 신의 권능에 기대를 걸면서 여기에 서명하는 바이다.

12월 16일

1

사람들 사이에 사랑을 전파하는 것만이 현재의 사회구조를 개선할 수 있다.

2

모든 인간은 서로 멸망시키지만 그와 동시에 서로 사랑하며 돕는다. 이 세상의 삶은 파괴욕에 의해 유지되고 있는 것이 아니라, 우리 마음의 언어로 사랑이라고 부르는 상호 유대의 감정에 의해 유지되고 있다.

이 세계의 삶의 발전 과정에 눈을 돌리면, 그곳에 나타나 있는 것은 상호 협조의 법칙뿐이다. 모든 역사는 이 유일한 인류 협조의 법칙이 점점 확실하게 모습을 드러내는 과정에 지나지 않는다.

3

사랑이라는 것은 위험한 말이다. 가족에 대한 사랑이라는 이름으로 온갖 사악한 행위가 저질러지고, 조국에 대한 사랑이라는 이름으로 더욱 사악한 행위가 자행되며, 인류에 대한 사랑이라는 이름으로 가장 큰 사악한 행위가 일어나고 있다. 사랑이 인간 생활에 의의를 주고 있음은 이미 오래전부터 알고 있지만, 도대체 그 사랑이라는 것은 무엇일까? 이 문제는 지금까지 끊임없이 동서고금의 현자들에 의해 해답이 제시되어 왔지만, 그것은 언제나 부정적인 답이었다. 즉, 흔히 사랑이라 불리며 사랑이라는 이름으로 통하고 있는 것은 진정한 사랑이 아니라는 것이다.

4

사랑은 우리가 마치 서로 이방인이나 적처럼 살고 있는 이 피폐하고 낡은 세상에 새로운 희망을 준다. 사랑은 사람들의 마음을 따뜻하게 하여, 그들은 당장 정치가들의 쓸모없는 외교활동과 거대한 군대, 수많은 요새가 얼마나 쉽게 사라지는지 목격할 것이다. 그리고 자신들의 조상은 어떻게 저런 불필요하고 사악한 것을 위해 그토록 오랫동안 고생을 해왔을까 이상하게 여길 것이다. 에머슨

5

인류 사회의 여러 가지 큰 문제에 적용되는 사랑의 힘은 이제 진부한 것이 되어 잊히고 말았다. 역사상 한두 번 사랑이 적용되었고, 그때 커다란 성공을 거두었을 뿐이다. 그러나 언젠가는 사랑이 인간 생활의 보편적인 법칙이 되어, 오늘

날 사람들이 겪고 있는 모든 불행이 사라질 날이 반드시 올 것이다. 에머슨

6

사람들이 신성한 것으로 여기고 있는 것, 이를테면 사람들에게 성찬(聖餐)과 성해(聖骸), 성전(聖典)에 대한 외경심을 일깨우는 것이 좋은 일이고 실제로 일깨우고 있다면, 어린이와 생각이 얕은 사람들에게, 상상 속의 것이 아니라 실제로 모두가 이해하기 쉽고 모두에게 기쁨을 주는 인간애의 감정을 일깨우는 것은, 그 몇 갑절이나 필요한 일일 것이다. 그러나 언젠가 그날이 올 것이다. 그리스도가 때가 오기만을 기다리고 있었다고 한 바로 그때, 사람들이 타인과 타인의 노동의 결과를 멋대로 지배하는 것을 자랑하지 않고, 타인에게 공포감과 선망의 감정을 불러일으키는 것을 기뻐하지 않으며, 자신들이 모든 사람을 사랑하는 것을 자랑하고, 타인으로부터 아무리 가혹한 처사를 당해도 역시 자신들을 모든 악에서 벗어나게 해주는, 그 사랑의 감정을 느끼는 것을 기뻐할 때가 올 것이다.

7

중국의 현자 가운데 맹자와 비교되는 묵자(墨子)가 있다. 그는 권력자들에게 힘과 부와 권력과 위세에 대한 존경심이 아니라, 사랑에 대한 존경심을 사람들에게 고취하라고 충고했다. 그는 말했다. "사람들은 부와 명성을 사랑하도록 교육받았기 때문에 그것을 사랑하고 있습니다. 그들이 사랑을 사랑하도록 가르쳐 보십시오. 틀림없이 사랑을 사랑하게 될 것입니다."

공자의 제자인 맹자가 그 말에 찬성하지 않고 거기에 반박해, 묵자의 가르침은 묵살되고 말았다. 그러나 그 뒤 2000년이 지난 오늘날, 그 가르침은 바로 그것과 똑같은 말을 하는 진정한 그리스도교의 빛을 사람들로부터 가리는 것이 사라진 뒤에, 우리 그리스도교 사회에서 실현될 것이다.

8

사람들의 행위를 선행과 악행으로 나누는 의심할 여지 없는 기준이 있다. 그 행위가 사람들의 사랑과 합일을 증대시킨다면 그것은 선행이고, 불화와 분열을 조장한다면 악행이다.

9

불화와 전쟁과 형벌과 증오의 시대를 대신하는 융화와 관용과 사랑의 시대는 반드시 온다. 왜냐하면 사람들은 이미 증오는 영혼에 있어서나 육체에 있어서나, 또 개인에 있어서나 사회에 있어서나 유해한 것이며, 사랑은 각 개인과 모든 사람들에게 내적, 외적으로 행복을 준다는 것을 알고 있기 때문이다. 그 시대는 다가오고 있다. 그것이 오게 하는 데 전력을 다하고, 그것을 멀리 밀어내는 일은 애써 삼가는 것이 우리의 의무이다.

12월 17일

1

자신은 남으로부터 분리된 존재이며, 남도 역시 각각 서로에게서 분리된 존재라는 의식은, 시간과 공간이라는 생활 조건에서 나온 표상에 지나지 않는다. 그러한 서로의 거리가 사라지면 사라질수록, 우리는 살아 있는 모든 것과의 합일을 느낄 수 있고, 우리의 삶은 더욱 즐겁고 기쁜 것이 된다.

2

몸은 한 지체로 된 것이 아니라 많은 지체로 되어 있습니다. 발이 "나는 손이 아니니까 몸에 딸리지 않았다" 하고 말한다 해서 발이 몸의 한 부분이 아니겠습니까? 또 귀가 "나는 눈이 아니니까 몸에 딸리지 않았다" 하고 말한다 해서 귀가 몸의 한 부분이 아니겠습니까? 만일 온몸이 다 눈이라면 어떻게 들을 수 있겠습니까? 또 온몸이 다 귀라면 어떻게 냄새를 맡을 수 있겠습니까?

눈이 손더러 "너는 나에게 소용이 없다" 하고 말할 수도 없고 머리가 발더러 "너는 나에게 소용이 없다" 하고 말할 수도 없습니다. 그뿐만 아니라 몸 가운데서 다른 것들보다 약하다고 여겨지는 부분이 오히려 더 요긴합니다.

한 지체가 고통을 당하면 다른 모든 지체도 함께 아파하지 않겠습니까? 또 한 지체가 영광스럽게 되면 다른 모든 지체도 함께 기뻐하지 않겠습니까?

〈고린도전서〉 제12장 14~17, 21~22, 26절

3

큰 가지에서 잘려나간 작은 가지는 결국 나무 전체에서 잘려나간 것이 된다. 사람도 남과 불화를 일으키면 인류 전체에서 떨어져 나가게 된다. 그러나 작은 가지는 사람에게 잘려 큰 가지에서 떨어지지만, 사람은 자신의 증오와 악의로 인해 스스로를 이웃으로부터 떼어놓는 것인데, 사실은 그것이 바로 자기 자신을 인류 전체에서 떼어놓는 것임을 깨닫지 못하고 있다. 그러나 사람들을 한 형제로서 공동의 삶으로 초대한 신은, 불화 뒤에도 다시 화목할 수 있는 자유를 그들에게 주었다.

마르쿠스 아우렐리우스

4

자기 존재의 행복을 느끼지 않는, 하늘과 땅을 창조한 신은, 다음에는 그 행복을 느끼는, 사색하는 많은 구성분자로 이루어진 전체적 존재를 창조하고자 했다. 인간은 모두 그 존재의 구성분자이며, 행복하기 위해서는 자신의 의사와 전체적 존재를 다스리는 보편적인 의사의 일치를 생각하지 않으면 안 된다.

그런데 인간은 종종 자신이 속한 전체적 존재를 보려 하지 않고, 자신을 전부라고 생각하고 오직 자신에게만 속하는 것으로 착각하여, 자신을 중심적 존재로 삼으려 한다. 그러나 그런 상태에 있는 인간은 전체에서 떨어져 나간 신체의 일부분과 같은 것으로, 이미 생명을 잃고 항상 미망 속에 있으며, 자기 존재의 의미를 알지 못한 채 우왕좌왕하게 된다. 그가 마지막으로 자신의 사명을 이해하게 될 때, 비로소 그는 자신으로 돌아가서, 자신은 전체가 아니라 전체적 존재의 한 구성분자라는 것, 구성분자라는 것은 전체적 존재의 생명을 통해, 또 그 생명을 위해 사는 것을 의미한다는 것, 전체적 존재에서 떨어져 나간 구성분자의 생명은 죽어서 소멸할 수밖에 없다는 것, 오로지 이 전체적 존재를 위해서만 자신을 사랑하지 않으면 안 된다는 것, 더 정확하게 말하면, "오로지 그 전체적 존재를 사랑하지 않으면 안 된다. 왜냐하면 생명은 오직 그것 속에, 또 그것을 통해 존재하기 때문이다"라는 것을 깨닫는다.

자신에게 어떠한 애정을 가져야 하는지 결정하기 위해서, 우리는 모두 전체적 존재를 이루는 구성분자이므로 사색하는 구성분자들로 이루어진 전체적 존재를 먼저 마음에 떠올리고, 그 뒤 각각의 구성분자로서 어떻게 자신을 사랑해야 하는지 결정해야 한다.

전체로서의 신체는 손을 사랑하고, 손에도 의지가 있다면 신체 전체를 사랑하듯 자신도 사랑할 것이다. 거기서 도를 넘은 사랑은 모두 부당한 사랑이다. 만약 손과 발에 자신의 의지가 있다면, 전체로서의 신체에 따라 움직여야 비로소 질서 있는 움직임이 나올 것이다. 그렇지 않으면 반드시 혼란과 불행이 일어나게 된다. 그러므로 손발은 신체 전체의 행복을 원할 때 비로소 자신들도 행복해질 수 있다.

우리 구성분자는 자신들의 일치의 행복과 놀라운 협조의 행복을 느끼지 못하고, 자연이 얼마나 고심하여 그들에게 협조의 정신을 불어넣고, 그들의 성장과 존재를 위해 배려하고 있는지 느끼지 못한다. 만약 그들에게 마음이 주어져서, 그 마음이 자신에게 주어진 음식을 자신만이 독점하고 다른 구성분자에게 주지 않는 데 악용된다면, 그것은 부정할 뿐만 아니라 불행하며, 서로 사랑하기는커녕 오히려 증오하게 될 것이다. 그들의 행복과 의무는, 그들이 함께 거기에 속하며, 그들을 그들이 자신을 사랑하는 것 이상으로 사랑하는 전체적인 영혼과의 조화로운 활동에 있다. 파스칼

5

우리가 다른 모든 존재와 하나가 되었다는 의식은 우리 내부에 사랑이 되어 나타난다. 사랑은 자기 생명의 확대이다. 사랑하면 사랑할수록 우리의 삶은 더욱 넓고 충실하며 즐거운 것이 된다.

12월 18일

1

인류는 쉬지 않고 완성을 향해 나아가고 있지만, 그것은 저절로 나아가는 것이 아니라, 개개인이 자신을 완성시키기 위해 치르고 있는 노력의 선물이다. 천국은 노력을 통해 얻을 수 있다.

2

헤롯왕, 그 이름은 권력자, 독재자, 누구한테도 아무런 의무를 지지 않고, 모

든 사람에게 그에 대한 의무를 부과한 특수한 성격의 남자, 미래에 올 왕에 의해 왕좌를 빼앗기는 과거의 왕의 대명사이다. 미래의 왕에 대한 소문만 듣고도 그는 공포에 빠진다. 그는 도대체 무슨 짓을 했던 것일까?

그는 먼저 간계를 꾸미고 속임수를 쓴다. 그리고 그 기만에 이어 살육이 시작된다. 그는 수많은 사람들을 닥치는 대로 죽이고, 아직 젖도 떼지 않은 갓난아기까지 죽인다. 왜냐하면 어디에 있는지 모르는 아기가 두렵기 때문이다. 그 아기를 확실하게 죽이기 위해서는 다른 방법이 없었기 때문이다. 그래서 그 아기를 죽이기 위해 모든 아기를 죽이라고 명령한다.

그러나 그 아기는 죽지 않는다. 미래의 왕은 과거의 왕과 싸우기 위해 계속 살아 있을 것이다. 그리고 그것은 길고 긴 싸움이 될 것이다. 세기에서 세기로, 헤롯에서 헤롯으로, 고뇌와 눈물과 피 속에서, 자식과 아버지의 죽음 속에서, 어머니의 통곡과 모든 사람의 고뇌 속에서 오랫동안 이어질 것이다. 그러나 너희들은 그러한 고난에 주춤해서는 안 된다. 낙담하지 말고 용기를 내기 바란다. 두려워하지 말고, 의심하지 말고, 지치지 말고, 쉬지 않고 싸워주기 바란다. 미래의 왕은 반드시 마지막 승리를 거둘 것이므로. 라므네

3

흔히 지금까지의 생활을 개선하고 악을 뿌리 뽑아 정의로운 삶을 살려는 노력은 전혀 무익하며, 그런 것은 인류의 진보에 따라 저절로 이루어진다고 말하는 사람들이 있다. 그것은 마치 사람들이 배를 타고 가다가, 사공들이 물가에 도착해 배에서 내려버린 뒤에도, 보트에 남은 사람들은 지금까지 배가 움직이고 있었던 것처럼 이제부터도 움직일 거라고 생각하고 노를 잡으려 하지 않는 것과 같다.

4

이 세상의 삶에 휴식은 없고, 또 있을 리도 없다. 인생은 그것을 향해 다가갈 수는 있어도 도달하는 것은 꿈도 꿀 수 없는 목적을 향한 전진이기 때문에 휴식이 없는 것이다. 휴식은 덕의에 반하는 것이다. 나도 그 의무가 무엇인지 확실하게 보여줄 수는 없다. 그러나 그것이 무엇이든, 그것은 존재하고 있고 또 존재하지 않을 수 없다. 그것이 없으면 인생은 무의미하다. 그리고 그것을 인정하는 것

은 곧 신을 부정하는 것이다. 그뿐만 아니라, 그것은 인생을 사악하고 저속한 유희로 인정하는 것이다.

주세페 마치니

5

인류의 모든 역사는, 신은 논리에 의해서가 아니라 오로지 신을 따름으로써만 이해될 수 있다는 것, 이 세상에 영원한 질서가 존재한다는 것은 그 질서에 따라 살아본 뒤에야 비로소 확실해진다는 것, 우리는 오직 그런 방법을 통해서만 이 세상에서의 신의 뜻을 인식할 수 있다는 것, 그러한 반박의 여지가 없는 진리를 증명하고 있다.

존 러스킨

6

우리 인간만이 이 세상에 정의를 이룰 수 있다. 자연의 모든 힘도 우리가 없으면 아무것도 할 수 없다. 만약 의식적 존재의 집합체인 인류가 그것을 하지 않는다면 아무도 할 자가 없다.

기치키

7

만약 우리가 사물을 지금의 상태 그대로밖에 있을 수 없다고 인정한다면, 우리는 세상을 과거의 상태에 머물게 하는 힘에 대한 동조자가 될 것이다.

그러나 만약 우리가 그 힘에 지지 않는다면, 우리는 세계를 바꾸는 힘의 일부가 될 것이다.

솔터

8

대부분의 사람들은 생각이라는 걸 하지 않고 살아간다. 그들은 생존경쟁을 위해 온 힘을 다 쏟고 있어서 생각할 시간도 없이 단순히 현실을 당연한 것으로 받아들인다. 사회개혁자의 과제가 매우 어렵고 그 진로가 험난한 것도 그 때문이다. 위대한 진리를 옹호하기 위해 맨 처음 목소리를 높이는 사람들이, 상류 계층의 조소와 일반 서민의 저주를 받는 것도 그 때문이며, 사람들에게 박해받고 고통받으며, 수난의 옷을 입고 가시관을 써야 하는 것 또한 그 때문이다.

헨리 조지

9

이 세상의 삶을 전반적으로 개선하는 사업에 대한 우리의 참여가 아무리 작고 보잘것없는 것이라 할지라도 그것은 꼭 필요한 것이다. 왜냐하면 사람들의 그러한 사소한 노력에서 우리가 누리고 있는 행복을 향한 모든 작용이 일어나기 때문이다. 그러므로 비록 아무도 쳐다보지 않고 아무도 재촉하지 않아도, 적당히 넘기지 말고 진지하게 고삐를 잡아당겨라.

12월 19일

1

진정한 행복은 언제나 우리 안에 있다. 그것은 물체의 그림자처럼 선한 생활에 항상 따르기 마련이다.

2

신은 우리를 더욱 선하게, 더욱 행복하게 할 수 있는 모든 것을, 우리의 눈앞에 또는 우리 가까이에 갖다 두었다.

세네카

3

자신의 생명을 정신적 자기완성 속에 두는 사람은 불만을 느끼는 일이 없다. 자신이 원하는 것은 언제나 자신의 지배 아래 있기 때문이다.

파스칼

4

진정한 행복은 선행 그 자체이다.

스피노자

5

진정한 삶을 이해하지 못하는 사람들의 활동은, 언제나 쾌락의 획득을, 고뇌의 회피를, 피할 수 없는 죽음으로의 도피를 향하고 있다.

그러나 쾌락에 대한 욕망은 타인과의 투쟁에 박차를 가하고, 고뇌에 대한 감수성을 키우며 죽음을 끌어당긴다. 그 죽음이 다가오는 것을 보지 않기 위해 그들이 알고 있는 방법은 오직 하나, 더욱더 쾌락을 좇는 것이다. 그러나 쾌락에는 한계가 있어, 그 한계를 넘으면 쾌락도 고뇌로 바뀌고 더욱더 다가오는 죽음에 대한 공포로 바뀌어 버린다.

진정한 삶을 이해하지 못하는 사람들의 고뇌의 근본적인 원인은, 그들이 모든 사람이 공평하게 나눠 가질 수 없는, 남으로부터 힘으로 빼앗지 않으면 안 되는 것을 쾌락으로 생각하는 데 있다. 남으로부터 그들에게 필요한 것을 힘으로 빼앗는 것은, 사람들에게 참된 행복을 주는 유일한 것인 모든 사람에 대한 선, 모든 사람에 대한 사랑의 가능성을 빼앗는 것이다.

그러므로 그러한 쾌락을 얻기 위해 기울이는 노력이 크면 클수록 인간에게 가능하고 유일한 행복인 사랑은 더욱 불가능해진다.

6

두 종류의 행복이 있다. 하나는 정신의 평화(결백한 양심), 또 하나는 언제나 밝은 마음이 그것이다. 전자는 사람이 자신에게 아무런 가책도 느끼지 않고, 세속적인 행복이 덧없음을 똑똑히 의식할 때 생기는 정신상태이며, 후자는 자연이 준 선물이다.

칸트

7

설사 그것이 우리에게 운명의 따뜻한 손에 의해 주어지든 차가운 손에 의해 주어지든, 인생의 한 순간 한 순간을 가능한 한 최상의 것이 되게 하는 것, 이것이 바로 삶의 예술이며, 이성적 존재자의 진정한 특권이다.

리히텐베르크

8

자신은 선을 실천하고 있는데도 불행을 느낀다는 사람은, 신을 믿고 있지 않거나, 그가 선으로 생각하고 있는 것이 실제로는 선이 아니거나, 그 둘 중의 하나이다.

12월 20일

1

교회에 의한 그리스도교의 왜곡은, 신의 나라가 실현되는 것을 우리로부터 멀어지게 했다. 그러나 그리스도교의 진리는, 젖은 나뭇가지가 잠시 불기운을 줄이지만, 곧 불기운이 나뭇가지를 말려 다시 불길이 일어나는 모닥불과 같다. 그리스도교의 진정한 의의는 이미 모든 사람에게 분명해져서, 그 영향은 그것을 가리려 하는 기만보다 강하다.

2

예수가 전한 종교를 예수를 대상으로 한 종교로부터 해방시켜야 한다. 우리는 영원한 복음의 핵심이자 원리인 의식 형태를 인식했을 때는, 그것을 영원히 지키지 않으면 안 된다.

외딴 마을의 어두운 등불과 횃불의 행렬이 찬란한 태양 앞에서 빛을 잃는 것처럼, 언제 어디서 갑자기 일어났다고 하는 하잘것없고 수상쩍은 기적 같은 것은, 정신생활의 법칙 앞에서는, 또 신에 의해 인도되는 인류 역사의 장대한 전개 앞에서는 완전히 그 빛을 잃을 것이다. 아미엘

3

내 눈에는 인간에 대한 신뢰를 바탕으로 한 새로운 종교가 보인다. 그것은 우리 마음속의, 지금까지 아무도 들여다본 적이 없는 심연에 호소하는 종교이고, 인간은 대가를 기대하지 않고 선을 사랑할 수 있다고 가르치는 종교이며, 신적 본원이 인간에게 내재해 있다고 말하는 종교이다. 솔터

4

우리에게 필요한 것, 모든 사람에게 필요한 것, 우리의 시대가 오늘날 사로잡혀 있는 이기주의와 회의와 부정의 늪에서 빠져나오기 위해 요구되고 있는 것, 그것은 우리의 정신이 개인적 목적 때문에 방황하는 것을 중지하고, 모든 사람이 동일한 신분, 동일한 법칙, 동일한 목적을 인식하며 함께 나아갈 수 있는 신앙이다. 구태의연하고 시대착오적인 신앙의 폐허 위에 태어난 모든 강력한 신앙은, 현재의 사회 체제를 개혁한다. 왜냐하면 모든 강력한 신앙은 필연적으로 인간 활동의 모든 분야에 적용되기 때문이다. 인류는 "아버지의 나라가 오게 하시며 아버지의 뜻이 하늘에서와 같이 땅에서도 이루어지게 하소서"라는 주기도문

의 말을 다양한 표현, 다양한 어조로 끊임없이 되풀이하고 있다.

주세페 마치니

5

오직 자신만을 사랑하는 사람들이 있다. 그것은 증오의 사람이다. 왜냐하면 자신만을 사랑한다는 것은 다른 사람들을 미워하는 것이기 때문이다.

자신과 동등한 존재를 참지 못하여, 항상 명령하고 지배하고 싶어 하는 오만한 사람들이 있다.

언제나 황금과 명예와 쾌락만을 지칠 줄 모르고 찾아다니는 탐욕스러운 사람들이 있다.

늘 약자를 노리며 힘과 계략으로 그를 수탈하거나, 과부와 고아를 제물로 삼는 약탈자가 있다.

폭력적인 사상으로 가득 찬 살인자들이 있다. 그들은 사람들을 향해 너희들은 우리의 형제라고 말하면서도, 그들이 자신들의 계획을 반대하고 있다는 의심이 생기면, 형제라 부른 그들을 죽이고 그들의 피로 자신의 율법을 기록한다.

악인 앞에서 두려움에 떨며 그 손에 입을 맞춤으로써 악인으로부터의 박해를 벗어나려는 비겁한 사람들이 있다.

이와 같은 사람들은 모두 이 지상에서의 평화와 안전과 자유를 파괴한다.

그러나 그 박해자들도, 민중의 지지를 얻지 못하고 그들 주위에 아무도 없다면 무슨 일을 할 수 있겠는가?

만약 그들이 민중을 노예상태에 묶어두는 데, 그러한 민중의 노예상태가 자신들에게 이익을 주는 사람들의 협조밖에 얻지 못한다면, 그 소수의 사람들이 수많은 민중 전체에게 어느 정도의 힘을 미칠 수 있을까?

신의 지고한 예지는 민중이 항상 전제주의에 대항할 수 있도록 이 세상을 창조하였다. 민중이 그 지고한 예지를 이해하기만 하면 전제주의는 불가능해진다.

그러나 이 세상의 권력자들은 신의 지고한 예지에 대해, 이 세상의 왕, 즉 악마의 지혜로 대항했고, 민중 박해자의 왕인 악마는 그들에게 전제주의를 유지하기 위한 지옥의 간계를 가르쳤다.

악마는 그들에게 말했다. "너희들은 이렇게 하라. 먼저 집집마다 젊고 힘센 자들을 모아 그들에게 무기를 주고 싸우도록 가르치는 것이다. 그렇게 하면 그들은 자기 아버지와 형제들과도 싸울 것이다. 왜냐하면 내가, 그것이 바로 너희들의 명예라고 가르쳐 두었으니까. 나는 그들에게 명예와 충절이라는 우상을 만들어 줄 것이다. 그 우상의 율법은 절대복종이다. 그들은 그 우상을 숭배하고 그 율법에 맹종할 것이다. 왜냐하면 내가 그들의 머리를 혼란시키고 세뇌시켜 둘 것이기 때문이다. 그러므로 너희들은 조금도 걱정할 필요가 없다."

그래서 민중의 박해자들은 악마가 시키는 대로 했고, 악마는 민중의 박해자들에게 약속한 대로 해주었다.

민중은 그 무기를 사용하여 자신의 형제를 죽이고, 아버지를 가두고, 자신에게 젖을 먹여준 어머니까지 잊어버리게 되었다. 그들에게 "모든 성스러운 것의 이름으로, 너희에게 내려지는 명령이 얼마나 부정하고 잔인한지 생각해 보라"고 말하는 사람들이 있으면, "우리는 생각하지 않는다. 다만 복종할 뿐이다"라고 대답한다.

또 "도대체 너희들에게는 너희 아버지와 어머니와 형제에 대한 사랑은 없느냐?"라고 묻는 사람이 있으면, 그들은 "우리는 사랑하지 않는다. 다만 복종할 뿐이다"라고 대답한다.

또 그들에게 신과 그리스도에 대해 얘기하는 자가 있으면, 그들은 "우리의 신은 나라에 대한 충절과 명예다"라고 말한다.

정말 진심으로 여러분에게 말하고 싶다. 이것보다 무서운 유혹은 지금까지 한 번도 없었다.

그러나 이 징병제도라는 저주에도 이제 종말이 다가오고 있다. 악마와 민중의 박해자가 이 세상에서 물러갈 때, 그런 때가 머지않아 올 것이다. 라므네

6

신의 나라가 오는 것을 보려고 기대해서는 안 된다. 그러나 그것이 오는 것을 의심해서도 안 된다. 신의 나라는 쉬지 않고 가까이 다가오고 있다.

7

교회 중심 그리스도교는 불완전하고 일방적이고 형식주의적이기는 하지만, 그

래도 그리스도교는 그리스도교라는 식으로 생각해서는 안 된다. 교회 중심 그리스도교는 그리스도교가 아닐 뿐만 아니라 진정한 그리스도교의 가장 흉악한 적이다. 오늘날 이 교회 중심 그리스도교라는 것은 진정한 그리스도교에 대해 현행범으로 체포된 범인과 같은 입장에 있다. 그에게 남겨진 길은 단 두 가지, 자살하거나 새로운 범죄를 저지르는 것이다. 그러므로 그 입장이 아무리 절망적이라도, 교회 중심 그리스도교는 당분간 그 무서운 범죄행위를 더 계속할 것이다.

12월 21일

1

인간은 그 의식이 가장 높은 곳에 있을 때 고독하다. 그 고독은 때로는 이상하고 낯설며 괴롭게 느껴질 때가 있다. 그래서 생각이 부족한 사람은 여러 가지 기분 전환을 시도하며, 괴로운 고독의 의식에서 도피하고자 의식의 높은 곳에서 바닥을 향해 내려가고 만다. 이에 반해 생각이 깊은 사람들은 기도를 통해 그 높은 곳에 계속 머물러 있다.

2

신이 우리에게 원하는, 신에 대한 우리의 자세는, 인생에서 신의 뜻을 끊임없이 실천하는 것이다. 그러나 이 세상의 다양한 이해관계와 우리의 수많은 번뇌가, 끊임없이 우리를 그 실천에서 멀어지게 한다. 그것을 아는 우리는, 신에 대한 자신의 언어에 의한 외면적인 표현, 즉 기도에 매달려, 자신이 신에게 속해 있다는 생생한 의식을 마음에 불러일으키려고 노력한다. 그러한 기도는 우리에게 죄와 의무를 떠올리게 하는데, 우리가 유혹을 받았을 때 그러한 기도의 심정으로 돌아가면 그 유혹에서 벗어날 수 있다.

3

개체는 유한하다. 그러므로 신은 결코 개체일 수가 없다. 그런데 기도는 신에 대한 호소이다. 개체가 아닌 것에 어떻게 호소한단 말인가?

천문학자들은 정말로 움직이는 것은 그들의 시야를 움직이는 것처럼 보이는 별자리가 아니라, 자신들이 천문대와 망원경을 설치한 지구라는 것을 알고 있지만, 역시 지구의 움직임이 아니라 별자리의 움직임을 기록한다. 그렇게 할 수밖에 없는 것이다. 기도도 바로 그것과 같다. 신은 개체가 아니다. 그러나 나는 개체이기 때문에, 자신과 신의 관계를 신이 개체가 아닌 것을 알면서도 개체와의 관계로 표현할 수밖에 없다.

4

수직갱도에 떨어져 구출될 가망이 없는 자, 얼음 속에 갇혀 얼어 죽어가고 있는 자, 바다 가운데서 굶어 죽어가고 있는 자, 또는 독방에 감금되어 있는 자, 아니면 단순히 자연사하고 있는 자, 귀도 들리지 않고 눈도 보이지 않는 자, 이런 사람들은 만약 기도가 없다면 남은 시간을 어떻게 살아갈 수 있을까?

5

이 세상의 삶 속에서 헛되이 행복을 찾아 헤매다가 지치고 피곤한 손을 신에게 내미는 순간, 그가 느끼는 기쁨을 어떻게 표현할 수 있을까!

6

번뇌가 그들을 완전히 사로잡고 있을 때나, 모든 생활이 신에 대한 봉사로 채워져 있을 때는, 인간은 기도가 없이도 살 수 있다. 그러나 번뇌와 치열하게 싸우고 있는 사람이나, 자신의 의무를 수행하기에는 아직 거리가 먼 사람에게는, 기도는 살아가는 데 없어서는 안 되는 조건이다.

12월 22일

1

사회구조의 개선을 방해하는 가장 큰 원인은, 그것을 사회의 외면적 형식의 변경을 통해서만 달성할 수 있다는 생각이다. 그러한 잘못된 생각은 사람들의 활동을 사람들의 생활 개선에 도움이 되지 않는 것으로 향하게 함으로써 오히려 그것에 도움이 되는 것으로부터 떼어놓고 만다.

2

사회생활은 사람들의 의식 위에 구축되는 것이지 학문 위에 구축되는 것이 아니다. 문명은 무엇보다 먼저 도덕적인 문제이다. 만약 성실함이 없으면, 또 인간의 권리와 의무에 대한 존경과 이웃에 대한 사랑이 없으면, 다시 말해 사람들에게 선덕이 없으면, 모든 것이 위험해지고, 모든 것이 무너질 것이다. 학문도 예술도 영화도 산업도 미사여구도 경찰도 세관도, 토대가 없는 공중누각을 받칠 수는 없다. 단순히 타산에 따라 공포정치에 의해 유지되는 국가는 추악하고 불안정한 구조물에 지나지 않는다. 일반 대중의 도덕성만이 모든 문명의 견고한 기초를 이룬다. 그리고 그 건물 네 귀퉁이의 주춧돌 구실을 하는 것이 의무이다. 조용히 나의 의무를 다하며 사람들에게 좋은 모범을 보여주는 사람이야말로, 그것을 통해 그들에 대해 알 수 없는 미래의 빛나는 세계를 구원하고 이를 지탱하는 자이다. 아홉 명의 의인이 더 있었으면 소돔을 구할 수 있었지만, 민중을 타락과 멸망에서 구하기 위해서는 수천 명의 선인이 필요하다. 아미엘

3

인류의 사상이 지향해야 할 참된 방향은 정치적 또는 종교적인 새로운 법률을 정하는 것이 아니라, 각 개인의 도덕적 존엄성을 인정하는 것에 있다. 그러한 사상의 흐름이야말로 다 같이 독단주의와 권위주의의 구덩이에 빠지는, 장님이 장님을 이끄는 가련한 시도보다 인류의 진보에 훨씬 더 많은 공헌을 할 수 있다.

예이츠

4

문제는 결코 그리스도교인가 사회주의인가 하는 선택에 있는 것이 아니다.

애초에 이 두 가지를 똑같은 것으로 논할 수는 없다. 그만큼 이 양자 사이에는 본질적인 차이가 있기 때문이다.

그리스도교는 이 세계의 영원한 의미와 신성, 또 거기에 따른 우리의 영적 본질인 불멸성과 인간의 사명을 가르치고, 동시에 그 결과로서 올바른 물질적 만족의 방법을 가르치는 것이다.

한편 사회주의는 그리스도교와 비교하여 작은, 노동자 계급의 물질적 수요라

는 이차적인 문제를 안고 있는 데 지나지 않으며, 따라서 인생의 의미는 무엇인가 하는 크나큰 문제 밖에 서 있다고 할 수 있다.

그리스도교와 사회주의는 양립할 수 있는가 하고 물을 수는 있다. 그러나 그리스도교와 사회주의 중 어느 쪽을 선택해야 하는가 하는 질문은 성립되지 않는다. 표도르 스트라호프

5

무정부주의자들이 현체제를 부정하는 것도, 지금의 세상에서 권력자의 폭력만큼 나쁜 것은 없다고 주장하는 것도, 모두 옳은 말이다. 그러나 그들은, 혁명으로 무정부 사회를 수립할 수 있다고 생각한다는 점에서 크게 잘못되어 있다. 무정부 사회는 국가 권력의 보호를 필요로 하지 않는 사람들이나, 국가 권력의 행사 내지 그것에의 참여를 부끄럽게 생각하는 사람들이 점점 늘어남에 따라 비로소 수립되는 것이다.

6

우리는 무엇보다 먼저 인간이 되어야 하며, 그다음에 국민이 되어야 한다. 선을 대하듯 법률에 대해 존경심을 품는 것은 바람직하지 않다. 법률은 결코 사람들을 더 정의롭게 만들지 않으며, 오히려 그것을 중시한 결과 선량한 사람들이 부정을 저지르게 되는 것이다. 소로

7

우리 인간은 모두 한 아버지의 아들이며, 이 지상에 단 하나뿐인 보편적인 율법을 실현하기 위해 보내졌다는 것, 우리 각자는 자기 자신을 위해서가 아니라 남을 위해 살아야 한다는 것, 인생의 목적은 얼마나 행복해지는가에 있는 것이 아니라, 스스로 최선을 다해 선량해지고, 남도 그렇게 되도록 도와주는 것에 있다는 것, 어디서 그것을 만나든, 모든 부정과 미망과 항상 싸우는 것은 우리의 권리일 뿐만 아니라, 그것을 게을리하고 외면하는 것은 중대한 죄악인, 우리의 전 인생에 대한 의무임을 깨닫지 않으면 안 된다. 주세페 마치니

8

무정부 사회란 공공기관이 전혀 사회를 가리키는 것이 아니라, 사람들을 폭력으로 복종시키는 기관이 없는 사회를 가리킨다. 폭력을 배제하지 않으면 이성적인 인간 사회의 건설이 불가능하다는 것은 누구나 다 알 수 있는 이치가 아닌가?

9

사회적인 과제는 처음부터 한계가 없는 것이다. 빅토르 위고

10

기만에 찬, 폭력적이고 강제적인 법률을 인정하고 그것에 따르면, 정의를 확립할 수 없을 뿐만 아니라 부정을 줄일 수도 없다.

이레째 읽을거리

미치광이

여관에 도착해 쉬고 있자니 날씨가 너무 더워 나는 발코니에 나가 앉았다. 눈앞에 뙤약볕에 달궈진 길이 기다란 실처럼 뻗어 있는 것이 보였다. 그 길은 산자락을 가느다란 나선형으로 휘감고 있었다. 빨간 술이 장식된 몇 필의 노새가 방울 소리를 울리면서 술통을 싣고 한 발 한 발 조심스럽게 걸음을 옮기고 있었다. 그 느릿한 행렬이 달려온 역마차에 의해 흐트러졌다. 역마차의 마부가 채찍을 휘두르며 큰 소리로 고함을 치자, 노새의 행렬은 바위투성이의 산기슭에 몸을 바싹 붙였고, 술통을 운반하는 마부들이 욕설을 퍼붓는 가운데, 역마차는 뽀얗게 일어나는 먼지 속에서 이쪽으로 다가와, 내가 앉아 있는 발코니 밑에서 멈춰 섰다. 마부가 말에서 내려 말을 마차에서 풀기 시작했다. 근위병 모자를 쓴 뚱뚱한 여관주인은 마차 문을 열고, 마부석에서 자고 있던 하인이 깜짝 놀라 눈을 뜨고 기지개를 켜며 마차에서 채 내려오기도 전에, 마차 안의 신분이 높은 손님에게 두어 번 인사를 했다.

'저렇게 마부석에서 잠을 자고 저렇게 기분 좋게 기지개를 켤 수 있는 건 아마 러시아 사람뿐일걸.' 그렇게 생각한 나는 그 사내의 얼굴을 자세히 쳐다보았다. 먼지 때문에 다갈색이 된 노란 머리, 길게 뻗어 얼굴 중간쯤에서 콧수염과 맞붙어 버린 구레나룻, 그 밖의 동작 하나하나에서 보이는 민족적 특징 전체가, 그 낯선 사내가 틀림없이 탐보프 지방이나 펜자 혹은 심비르스크 지방 출신이 틀림없다는 결정적인 확신을 나에게 주었다. 아무리 논리적으로 생각하고 아무리 어리석다고 생각해도, 먼 타국에서 뜻밖에 동포를 만나면 역시 반가운 마음이 앞선다. 잠시 뒤 마차 안에서 서른 살쯤 된 혈색 좋고 밝고 건강해 보이는 얼굴의 남자가 내려왔는데, 그 표정에는 전혀 걱정거리가 없고, 위장은 튼튼하며, 약간 신경이 둔한 면이 드러나 있었다. 끈 달린 승마용 코안경을 걸친 그는 좌우를 번갈아 둘러본 뒤 어린아이처럼 들뜬 목소리로 마차 안의 동행자에게 소리쳤다.

"야! 참 좋은 곳입니다. 아니, 정말 멋진 곳이에요! 이곳이 바로 이탈리아로군요. 보십시오, 하늘이 저렇게 파랄 수 있다니! 꼭 사파이어 같아요! 여기까지 오면 진짜 이탈리아에 온 겁니다!"

"자네는 아비뇽에서부터 이미 그 말을 여섯 번이나 했어!" 하고 그의 동행자는 천천히 마차에서 내리면서 지친 듯 신경질적인 목소리로 말했다.

그 동행자는 상대방보다 나이가 훨씬 많은, 여위고 키 큰 남자였다. 몸 전체가 통일된 색깔을 한 복장으로, 연한 초록색 외투에 바래지 않은 삼베 모자를 쓰고, 원래 금발인 머리는 먼지가 내려앉아 새하얀 데다, 생기 없는 눈이 밝은 눈썹에 가려 있어 초췌하고 병적으로 보이는 얼굴은, 창백하다기보다 차라리 황록색이라고 하는 게 나을 것 같았다.

그 가련한 모습의 남자는 경탄과 만족의 표정을 조금도 보이지 않고, 말없이 상대가 가리키는 방향을 바라보았다.

"보세요, 저게 올리브입니다. 모두 올리브예요!" 하고 젊은 남자가 말했다.

"올리브의 초록색은 정말 지루하고 단조로워." 녹색 일색의 남자가 말했다. "우리나라의 자작나무 숲이 훨씬 더 아름답지."

젊은 남자는 어이구 정말 처치 곤란이군! 하고 말하고 싶은 듯이 고개를 설레설레 저으며 하늘을 올려다보았다. 어디선가 본 적이 있는 얼굴인데 어디서 보았는지는 영 생각이 나지 않았다. 도대체가 외국에서 러시아 사람을 알아본다는 건 쉬운 일이 아니다. 그들은 러시아에서는 독일인처럼 턱수염을 깎고 다니다가도, 유럽에서는 당장 러시아식으로 턱수염을 기른다.

그러나 오래 생각할 필요는 없었다.

젊은 남자는 올리브를 반가워했을 때와 같은 들뜨고 구김살 없는 표정으로 나에게 달려와서 러시아어로 소리쳤다.

"아니, 이것 참 뜻밖이군요! '산과 산은 결코 만나지 않지만' 하는 속담은 정말 맞는 말인가 봅니다(산과 산은 결코 만나지 않지만 사람과 사람은 언젠가는 만난다는 속담). 그런데 날 못 알아보는 것 같군요. 옛 친구를 잊은 겁니까?"

"아! 이제 확실히 생각났어요. 이거 너무 많이 변해 있어서, 턱수염을 다 기르고. 게다가 풍채가 좋아지고 남자답게 혈색이 도는 게 얼굴이 좋군요."

"'건강한 육체에 건전한 정신'이라고 할까요?" 하고 그는 늑대도 탐낼 것 같은 가지런한 치아를 드러내며 즐거운 듯 웃었다.

"당신도 변했어요. 조금 늙으신 것 같군요. 세월의 흔적인가요? 그러고 보니 벌써 4년이나 됐군요. 세월이 많이 흘렀죠."

"그렇군요. 그런데 이런 곳에는 무슨 일로?"

"환자와 함께 여행을 하고 있습니다."

그는 모스크바 대학 출신 의사로, 대학에서 해부학 조수로 지낸 적이 있는데, 내가 해부학을 하기 5년 전부터 알고 지내던 사이였다. 그는 착하고 봉사를 좋아하며 매우 근면하여, 열심히 기존 학문에 매진하고 있었다. 즉 남이 풀어주지 않은 문제에는 전혀 관심이 없고, 그 대신 이미 해답이 나와 있는 문제에 대해서는 모르는 게 없는 사람이었다.

"그럼 저 초록색 복장을 한 사람이 당신의 환자란 얘기군요. 저 사람을 도대체 어디로?"

"오, 저 사람은 정말 보기 드문 환잡니다. 아마 이 이탈리아에서도 저런 환자는 좀처럼 만나볼 수 없을 걸요. 한마디로 말해 매우 특이해요! 원래는 머리가 좋은 사람인데, 이 부분이 약간 이상해져서(그렇게 말하면서 그는 자신의 이마를 가리켜 보였다), 내가 지금 그것을 치료 중이지요. 나와 함께 이곳에 왔지만, 내가 그만 당신하고 아는 사이라는 얘길 해버렸기 때문에, 지금 완전히 겁에 질려 있어요. 심한 우울증 환잡니다. 때로는 며칠씩 입을 열지 않다가, 또 때로는 하여간 온몸의 털이 곤두설 것 같은 말을 하지요. 모든 걸 부정해 버리거든요. 요컨대 하는 말이 극단적이에요. 나는 원래 교양 없는 여자들의 미신적인 얘기 같은 건 믿지 않지만, 그래도 뭔가가 있는 것 같아요. 하지만 저 사람은 정말 조용하고 얌전한 사람입니다. 외국에 나가고 싶어 하지 않았지만, 친척들이 합세해 귀찮으니까 내보내기로 한 거죠. 무슨 말을 지껄일지 몰라서 늘 마음을 졸여 왔거든요. 하인과 하녀들까지 경찰에 불려가서 조서를 쓸 지경이니까요. 저 사람은 시골에 가고 싶다고 했는데, 누이와의 재산 분배 문제가 아직 해결되지 않아서요. 그러니 저 사람 누이는 깜짝 놀랐지요. 농부들한테 공산주의라도 부추기면 그야말로 소작료도 거둘 수 없게 될 테니까요. 그래서 마침내 외국행을 승낙하게 된 건데, 꼭 가야 한다면 이탈리아 남부로 가고 싶다고 한 겁니다. 잘된 일이지요! 그래서 칼라브리아를 향해 출발하게 되었고, 나도 주치의로서 동행하게 된 겁니다. 하지만 하필이면 칼라브리아라니, 그곳에는 도둑과 성직자 말고는 아무것도 없어요. 그래서 난, 이것 좀 보세요, 도중에 마르세유에서 권총을 하나 샀습니다. 4연발 회전식으로요, 아시죠?"

"아, 알아요. 그건 그렇고 미친 사람하고 늘 함께 있는다는 건 보통 힘든 일이 아니겠군요."

"하지만 저 사람은 이상한 짓을 하거나 난동을 부리지는 않습니다. 저 사람 나름대로 저에게 호의도 가지고 있어요. 하기는 자기 말에 대한 반박은 용납하지 않지만요. 하지만 나는 완전히 만족하고 있습니다. 모든 비용을 저쪽에서 부담하고 있는 데다 1년에 1000루블이나 받으니까요. 담배도 내 돈으로 살 필요가 없어요. 그런 면은 철저하게 배려해 주고 있지요. 게다가 외국을 두루 구경하는 것도 나쁘지 않거든요. 어쨌든 저 괴상한 환자를 한번 봐주겠습니까. 환자를 이곳으로 데리고 오지요. 뭐, 괜찮지 않습니까, 어차피 또 곧 작별할 거니까요. 저 사람, 실은 매우 좋은 사람이고 머리도 굉장히 좋은데 다만."

"정신만 온전하다면."

"바로 그겁니다. 아, 정말 당신을 난처하게 만드는 일은 없을 겁니다. 또 저 사람에게는 기분 전환이 필요하니 아마 도움이 될 거예요."

"아니, 벌써 나를 환자의 약 대용으로 사용하려는 게요?" 하고 말하려는데 그는 이미 복도를 부리나케 뛰어가고 있었다.

나는 그의 희망과 타인의 의사를 무시하는 러시아식 태도에 거부반응을 표하고 싶었지만, 한편 그 옆은 초록색 복장을 한 공산주의자 지주에게 관심이 끌렸기 때문에, 그냥 기다리기로 했다. 그 사람은 쭈뼛거리고 부끄러워하는 태도로 발코니로 올라와서, 필요 이상으로 정중하게 인사를 하면서 신경질적인 웃음을 지었다. 굉장히 빠르게 움직이는 안면 근육이 슬픈 표정에서 우스꽝스러운 표정으로, 다시 얼이 빠진 듯한 표정으로 시시각각 변하는데, 뭐라 표현하기 어려운 이상한 분위기를 띠고 있었다. 거의 어디도 보지 않고 있는 눈에는, 무언가에 지그시 마음을 집중시키는 습관, 커다란 내면적 활동의 습관이 드러나 있었는데, 그것은 눈썹 위에 깊이 새겨진 주름에서도 볼 수 있었다. 뇌가 두개골을 통해 저런 이마를, 저런 주름을 새겨서 밀어낸 것에는, 분명 깊은 사연이 있을 듯, 하루아침에 저렇게 될 수는 없는 일이었다. 또 얼굴 근육의 쉴 새 없는 움직임에도 원인이 있을 것이다.

"예브게니 니콜라예비치" 하고 의사가 그를 불렀다. "소개하겠습니다. 이런 곳에서 만나서 정말 놀랐지만, 전에 함께 고양이와 개를 해부했던 옛 친구입니다."

예브게니 니콜라예비치는 웃음을 지으면서 입 안으로 중얼거리듯이 말했다.

"만나서 반갑소. 우연히…… 생각지도 않게…… 실례가 되지 않을는지."

"그런데 기억하고 있습니까?" 하고 의사가 말을 계속했다. "둘이서 수위인 스이체프의 개의 기관신경을 잘라 보았죠. 그랬더니 그 개가 기침을 한 일!"

예브게니 니콜라예비치는 찌푸린 얼굴을 창문으로 돌리며 두어 번 헛기침을 한 뒤 나에게 물었다.

"러시아를 떠난 지 몇 년이나 되죠?"

"5년쨉니다."

"그럼 이곳 생활에는 이제 익숙해졌겠군요."

예브게니 니콜라예비치는 그렇게 물으면서 얼굴을 붉혔다.

"예, 그럭저럭."

"그렇군요. 하지만 외국 생활이란 정말 불쾌하고 지루하군요."

"국내 생활도 그렇지요" 하고 의사는 무신경한 투로 말했다.

그때 느닷없이 예브게니 니콜라예비치가 큰 소리로 웃기 시작하더니, 간신히 진정되자 더듬거리는 목소리로 말했다.

"필리프 다닐로비치는 이렇게 늘 나와 논쟁을 합니다. 하하핫! 내가 지구는 별 중에서도 실패작이거나 병에 걸린 거라고 말하면, 이 사람은 그런 어리석은 말이 어디 있냐고 하지요. 그런데 도대체 외국에서나 자기 나라에서나 사는 것이 이렇게 지루하고 불쾌한 이유를 뭐라고 설명하면 좋을까요?" 그렇게 말하더니, 그는 다시 이마의 혈관이 붉게 팽창할 정도로 크게 웃었다.

의사는 정말 바보 같다는 듯이 빙글거리면서 나에게 눈짓을 했다. 나는 병자가 가엾어졌다.

"어째서 병에 걸린 별이 있으면 안 된단 말이오?" 예브게니 니콜라예비치는 새삼 진지한 얼굴로 물었다. "인간도 병에 걸리는데."

"그건 별에는 감각이 없기 때문입니다" 하고 의사가 나를 대신하여 대답했다. "신경이 없으면 통증도 없으니까요."

"그럼 우리는 어떤가? 병에는 신경 같은 건 별로 필요가 없네. 포도도 감자도 병에 걸리지 않나? 나는 지구는 곧 폭발하거나 궤도를 이탈해서 날아가 버릴 거라고 생각하네. 이상한 표현일지 몰라도, 칼라브리아 마을도, 겨울궁전에 있는 니콜라이 파블로비치 황제도, 우리도, 또 필리프 다닐로비치도 모두 날아가 버리고, 그런 권총 같은 건 결국 필요 없게 될 거야."

그는 다시 웃기 시작하더니 굉장한 집요함으로 나에게 말했다.

"이런 식으로 살아서는 안 돼요. 무슨 조치를 취해야 한다는 건 다 알고 있소. 지구도 처음부터 다시 시작해야 해요. 이대로 가다가는 아무것도 안 돼요. 뭔가가 잘못되고 있소. 그것이 구성물질 속에 있는 건지, 달이 떨어져 나갔을 때 뭔가 커다란 이변이 일어난 건지, 특히 그 이후부터 이상해졌소. 처음에는 급성이었지요. 이를테면 지질학적 변동이 일어날 때의 지열 같은 것! 결국 병은 나았지만 후유증이 남은 거요. 균형이 깨지고 지구는 여기저기서 흔들리기 시작했소. 그리고 양적으로 어마어마한 것이 발생했지요. 집채만 한 도마뱀, 한 장의 잎으로 매머드를 가릴 만한 양치류 같은 것. 그러나 물론 모두 멸종해 버렸소. 그런 거대한 것들이 어떻게 살아갈 수 있겠소? 그런데 이번에는 더 나쁜 일이 일어났어요. 질적인 질병이 시작된 거요. 뇌수와 신경이 극단적으로 발달하고 비대해져서 뭐가 뭔지 알 수 없게 되고 만 거지요. 역사는 인간을 멸망시켜 버릴 거요. 당신이 뭐라고 말하든 틀림없이 멸망하고 말 테니까 두고 보시오!"

이런 뚱딴지같은 말을 한 뒤, 예브게니 니콜라예비치는 입을 다물고 말았다.

아침 식사 때, 그는 아주 조금 먹고 아주 조금 마시며, 그동안 내내 "예" 또는 "아니오"밖에 말하지 않았다. 식사를 끝내기 전 그는 보르도산 포도주를 주문했는데, 그것을 컵에 따라 약간 맛을 보고는 곧 불쾌한 듯 컵을 옆으로 밀어버렸다.

"왜 그러세요?" 하고 의사가 물었다. "맛이 없습니까?"

"맛이 없군." 환자가 그렇게 말하자, 의사는 곧 주인을 불러 항의하고 종업원에게 화를 내며, 35퍼센트나 이문을 남겨 먹으면서 이렇게 맛없는 포도주로 사람을 속이다니, 이게 무슨 폭리고 이기주의냐고 비난했다.

예브게니 니콜라예비치는 침착한 목소리로, 왜 의사가 그렇게 화를 내는지 이해할 수 없다, 할 수만 있다면 65퍼센트라도 남길 수 있는 것 아니냐, 또 맛없는 포도주라도 마시겠다는 손님이 있으면 그것을 내는 것이 당연하다고 생각한다, 등등의 말을 했다. 이러한 도덕성을 주제로 한 대화 속에서 우리의 아침 식사는 끝났다.

광인은 대화의 처음부터 그 광인다운 자유분방한 말로 나를 놀라게 했다. 그는 명백하게 '마음의 상처를 받은 자'의 전형으로, 의사가 나에게, 그는 평생 큰 불행을 겪은 적이 없고 큰 심리적 충격도 경험하지 않았다고 말했음에도 불구하고, 나는 그 용감한 해부의의 심리학을 믿을 수가 없었다.

우리는 함께 제노바로 가서, 지금은 호텔로 변해버린 한 성에 묵었다. 예브게니 니콜라예비치는 나와의 대화에 특별한 흥미를 나타내지도 않았지만, 그렇다고 특별한 혐오도 보이지 않았다. 그러나 의사와는 끊임없이 논쟁을 벌이고 있었다.

암울한 우울증이 찾아오면, 그는 모두로부터 떨어져서 방 안에 틀어박혀 있다가 간혹 밖으로 나왔는데, 그런 때 그의 얼굴은 황백색, 몸은 열병을 앓는 것처럼 부들부들 떨며, 때로는 눈에 눈물마저 글썽거리는 것처럼 보였다. 의사는 그의 생명을 염려해 지나치게 용의주도해져서, 면도칼과 권총을 멀리 치우고, 신경안정제로 병자를 괴롭히거나, 향기 좋은 풀을 넣은 따뜻한 욕조에 집어넣기도 했다. 병자는 분노를 억제하지 못하는 괴로운 표정을 지으며, 응석 부리는 어린

아이처럼 모든 걸 반박하면서도 의사의 지시에 따랐다.

기분이 좋을 때는 조용하고 말수가 적지만, 갑자기 둑이 터진 것처럼 마구 말을 쏟아낼 때가 있는데, 그것이 이따금 발작적인 웃음이나 신경질적으로 목을 누르는 동작에 의해 간간이 끊어지기도 하다가, 이윽고 갑자기 다리를 걷어차인 것처럼 입을 다물어 듣는 사람을 의아하게 만들었다. 그의 기묘하고 역설적인 언동은 그에게는 구구단을 외우는 것처럼 쉬워 보였다. 그의 견해는 사실, 그가 자신의 이론적 근거로 자유롭게 선택한 원리에 충실하고 논리 정연한 것이었다.

그는 많은 것을 알고 있었지만, 권위자로부터의 영향은 거의 받지 않은 것 같았다. 그 점이, 툭하면 퀴비에(프랑스 동물학자, 1769~1832)와 훔볼트(독일 박물학자, 1769~1859)의 권위를 끄집어내는 노력파인 의사의 마음에 들지 않았다.

"어째서 내가" 하고 예브게니 니콜라예비치는 반론하는 것이었다. "훔볼트가 생각한 것처럼 생각해야 한단 말인가? 훔볼트는 현명한 사람이고, 여러 곳을 여행도 했고, 그가 본 것, 생각한 것을 아는 건 분명히 재미있지만, 나로서는 그가 생각한 것과 똑같이 생각해야 할 의무는 없다고 보네. 훔볼트가 푸른 연미복을 입었으면 나도 푸른 연미복을 입어야 하나? 아마 자네도 모세를 그런 식으로 믿고 있지는 않을 거라고 생각하는데."

"보세요, 저렇게" 하고 몹시 마음이 상한 의사는 나에게 말했다. "예브게니 니콜라예비치 씨는 종교와 학문을 구별하지 않습니다. 어떻게 생각하십니까?"

"그런 구별 같은 건 없어" 하고 병자는 단정적인 투로 말했다. "같은 것을 두 개의 말로 표현하고 있을 뿐이네."

"아니에요, 하나는 기적에 기초를 두고 있고 또 하나는 지성에 기초를 두고 있으며, 하나는 신앙을 요구하고 하나는 지식을 요구합니다."

"아니네, 둘 다 거기에 있는 것은 기적이네. 다만 종교는 기적에서 출발하지만 학문은 기적에 도착할 뿐이지. 종교는 노골적으로, 인간의 지성으로는 진리를 알 수 없으며, 일반적인 지성 외에 또 하나의 현명한 지성이 있는데 그것이 우리에게 모든 것을 얘기해 준다고 말하고 있네. 그런데 학문은 자신이 모든 걸 다 알고 있다고 착각하고 우리를 속이고만 있지만, 실제로는 둘 다 오로지 인간에게는 모든 것을 알 수 있는 능력은 절대 없으며, 그저 이것저것 조금씩 알 뿐이라는 걸 보여주고 있어. 그런데 그것을 스스로 인정하고 싶지 않아서, 인간적인 약점을 폭로하고, 어떤 사람들은 모세를 믿고 어떤 사람들은 퀴비에를 믿는 거지. 거기에 무슨 참과 거짓의 기준이 있겠나? 한쪽은 신이 어떻게 동물과 식물을 창조했는가를 말하고, 한쪽은 생명력이 동물과 식물을 창조했다고 말하지. 그러니까 그것은 실제로는 지식과 계시의 대립이 아니라 회의와 믿음의 대결이야."

"대개 병리학적 진리는 지성을 통해 유기체의 법칙에서 이끌어 낼 수 있는데, 어째서 신앙에 의지하지 않으면 안 됩니까?"

"법칙에서 이끌어 낼 수 있는 거라면 물론 의지하지 않아도 되지만, 자네든 누구든 그런 법칙을 모르기 때문에 결국 믿고 기억하는 수밖에 없는 거네."

"당신의 논리가 너무나 당당해서" 하고 나는 놀리는 듯한 투로 그의 두 손을 잡으면서 말했다. "당신이 귀국하면 니콜라이 파블로비치가 당신을 문교부 장관에 임명하더라도 난 별로 놀라지 않을 것 같군요."

"날 비난하지 마시오. 제발 날 비난하지 말아요" 하고 그는 감정을 담아 말했다 "내 사상을 비웃지 말아주시오. 나 자신도 루소를 조롱한 적이 있고, 볼테르가 루소에게 이제 와서 네발로 기어다니란 말이냐(볼테르가 루소가 쓴 책을 읽고 나서, 네발로 기어가서 풀을 뜯어 먹어야 할 것 같은 기분이 드는데, 이제 와서 어떻게 그럴 수 있느냐고 말했다는 일화가 있음)고 한 것도 알고 있소. 나는 고통스럽게 노력한 뒤 겨우 모든 악의 근원이 어디에 있는지를 알고, 그 결과 등골이 오싹해지는 걸 느꼈소. 나는 누구에게도 그것을 말하지 않고 입을 다물고 있었지만, 사람들의 고뇌와 눈물이 너무도 비참하여 차마 눈뜨고 볼 수 없어서, 마침내 진리를 더 이상 숨겨둘 수 없게 되었소. 우리는 멸망해 가는 인간이오. 몇 세기에 걸친 타락의 희생자가 되어, 우리 조상의 죄를 모두 씻지 않으면 안 돼요. 우리는 어디서 치료를 받아야 할까! 아마 다음 세대가 그것을 깨닫게 될 거요."

"그렇게 되면 이제 '필경' 인간의 건강 회복은, 사람들이 진보하는 대신 퇴화하여 점점 오랑우탄에 가까워질 때 시작되겠군요" 하고 의사는 새 담배에 불을 붙이면서 말했다.

"동물에 가까워져도 여러 가지 시행착오 뒤 천사가 되는 것도 불가능하지 않아요. 동물은 모두 제각각 서식 장소가 정해져 있어서 다른 장소, 다른 환경으로 옮겨지면 곧 죽고 말지요. 강물은 우리에게는 더없이 쾌적하고 청결하게 느껴지지만, 그 속에 바다의 연체동물을 풀어놓아 보시오, 이내 죽어버릴 테니까. 인간은 결코 스스로 만족하고 있는 것만큼 풍부한 자질을 자연으로부터 받고 있지 않아요. 그 신경과 뇌수의 병적인 발달은 인간을 자신에게 어울리지 않는 높은 생활로 끌고 갔고, 그것 때문에 인간은 병들고 괴로워하며 죽어가는 거요! 사람들이 그 질병을 물리친 뒤에는, 그저 가만히 내버려 두면 모두 안정을 되찾아 만족하면서 행복하게 살게 될 거요. 예를 들어 인도 어딘가의 민중이 지금까지 겪어온 일련의 역사를 돌아보시오. 자연은 인도의 민중에게 모든 것을 풍요롭게 주었고, 국가적, 정치적 생활이라는 역병은 나았으며, 다른 유기체의 모든 기능에 대한 지성의 병적인 우월성은 사라졌소. 전 세계의 역사가 그들의 존재를 잊고, 그 모든 것을 망쳐버린 혐오스러운 동인도회사가 출현하기 전까지는 인간다운 생활, 인간에게 가능한 생활을 하고 있었어요."

"하지만 말입니다" 하고 의사가 다시 끼어들었다 "일반 대중은 우리나라에서도 거의 그런 식으로 살고 있습니다."

"그건 내 말이 옳다는 유력한 증거네. 자네가 일반 대중이라고 부르고 있는 것, 그것이 바로 인류라는 걸세. 그런데 그 일반 대중을 그들이 원하는 삶을 살 수 있게 내버려 두지를 않아요. 문제는 바로 그거요. 문명이라는 것은 무섭도록 비싼 대가를 치러야 하는 거지요. 정부와 종교와 군대는 하층 계급 사람들을 굶겨 죽이려 하고 있소. 게다가 결정적으로 그들을 멸망시키기 위해, 그들의 눈앞에 자신들의 부를 과시해 보이며, 그들 속의 부자연스러운 취미와 불필요한 욕망을 부추겨, 그 결과 진정으로 필요한 것을 손에 넣는 수단까지 빼앗아 버리는 실정이오. 정말 가련하고 눈 뜨고 볼 수 없는 정경 아니오? 밑에는 혹독한 노동에 지쳐 굶주림에 허덕이는 사람들이 아우성치고 있고, 위에는 사상에 휩쓸려서 온갖 욕망에 지쳐버린 사람들이, 자신들의 욕망에 대한 만족을 발견하지도 못한 채 무기력한 허탈상태에 빠져 있소. 그리고 이 두 가지 질병 사이, 두 가지 고뇌 사이에, 빈곤한 생활에서 오는 열병과 이상을 일으킨 신경에서 오는 결핵 사이에, 문명의 밝은 빛이, 문명에 길든 아이들이, 어떻게든 인생을 즐기고 있는 유일한 종류의 사람들이 있어요. 그건 도대체 누구일까? 우리나라에서 중간 정도의 지주들과 이 지방의 상인들 정도요. 그러나 자연은 모욕을 받으면 그냥 있지 않아요. 자연은 자신을 배반하는 것에는 어떤 형리보다 엄격한 보복을 가하지요."

그는 그렇게 말하면서 방 안을 왔다 갔다 하다가 문득 거울 앞에 섰다.

"아, 이걸 보시오, 이 얼굴, 하, 하, 핫! 정말 끔찍한 얼굴 아니오? 러시아의 농부들 가운데 누구의 얼굴이라도 좋으니까, 내 얼굴과 한번 비교해 보시오. 블루멘바흐(독일의 인류학자, 1752~1840)도 놓친 새로운 varietas(변종) '캅카스 도시형'이오. 이 형에 속하는 것은 관리, 상인, 학자, 귀족, 그 밖에 모든 백혈병 환자, 갑상샘 비대증 환자 등등인데, 그들이 교양 사회를 뒤덮고 있소. 그들은 허약하고 근육이 발달하지 않았으며, 류머티즘에 걸려 있는 데다, 어리석고, 사악하고, 인색하고, 추악하고, 아둔하고, 꼭 나처럼 서른다섯에 폭삭 늙어버려 한심하고 쓸모없는, 마치 겨울 내내 두 장의 양탄자 사이에서 자란 샐러드용 채소 같은 자들이오. 아, 불결해! 아니야, 이런 식으로 살아갈 순 없어. 이건 너무 어리석고 너무 썩었어! 자연에는 평화를 주어라! 하고 말하고 싶군. 사회제도라는 바빌론의 탑을 쌓거나, 또 새로운 탑을 쌓는 건 이제 사양하겠어! 그런 건 그냥 내버려 두면 돼! 어차피 오지도 않을 일에 골몰할 필요는 없어! '더 나은 또 하나의 자연, 또 하나의 다른 태양'의 날개에 대해 꿈꾸는 건 사랑에 빠진 소녀에게나 어울릴 거야. 자, 지금은 자연이 마련해 준 부드러운 잠자리로, 신선한 공기로, 믿음직한 자율정신으로, 강인한 무정부적 자유로 돌아가야 할 때요!"

그렇게 말한 예브게니 니콜라예비치는 얼굴이 새빨갛게 달아오르고 이마에는 핏줄이 부풀어 오르더니, 갑자기 얼굴을 찡그리며 엄격하고 진지한 얼굴로 돌아가 그대로 입을 다물고 말았다.

게르첸

12월 23일

1

진정한 예지는 인생에 적용될 수 있는 영원한 진리를 아는 것이다.

2

소크라테스는 철학을 하늘에서 끌어내려, 인생에 대해, 인간의 도의에 대해, 나아가서는 선한 행위와 악한 행위가 초래하는 결과에 대해 배울 것을 사람들에게 충고함으로써, 철학을 널리 보급시킨 최초의 사람이었다. 키케로

3

깨끗한 물로 씻고 닦아야 비로소 우리의 몸은 청결해진다. 인간 사회의 경우도 그와 같다. 인간 사회가 정신적인 의미에서 청결하고 건강해지면, 그것에 모여드는 교회와 정부의 기생충들도 청결한 몸에서 이와 벼룩이 떨어져 나가듯, 저절로 떨어져 나가게 된다.

4

학식과 예지는 좀처럼 양립하지 않는다. 학자는 많은 것을 알고 있지만, 대부분은 쓸모없고 의심스러운 것이다. 진정한 현자는 그렇게 많은 것은 모르지만, 그가 알고 있는 것은 모두 자신에게도 남에게도 필요한 것이며, 또 그가 알고 있다고 말한다면 그건 확실한 것이다.

5

자신의 영혼을 아는 자는 그 속의 신적 본원이 있음을 알 수 있다. 자신 속의 신적 본원을 안 뒤에는, 그는 항상 하늘로부터의 그 선물에 어울리는 행동, 어울리는 생각을 하게 될 것이다. 키케로

6

복음서를 읽고, 그 속의 가장 근본적이고 중요한 것과 중요하지 않고 불필요한 것을 마음으로 이해할 수 없는 사람은, 거기에 관한 논문을 아무리 연구해도 결코 그것을 구별할 수 없다. 또 그것을 구별할 줄 아는 사람은 논문 같은 것을 연구할 필요가 없다. 그 구별을 아는 것은 인생의 지침으로서 복음서가 필요한 사람이지, 학자가 되기 위해 그것을 필요로 하는 사람이 아니다.

7

현명한 사람은 박학하지 않고, 박학한 사람은 현명하지 않다. 노자

8

현대의 학자들은 학문의 본분을, 원래 그것이 있어야 할 자리, 즉 어떠해야 하

는지를 결정하는 자리에 두지 않고, 실제로 어떠한지에 대한 기록에 두고 있다. 실제로 어떠한지에 대해서는, 우리는 모두 많은 것을 알고 있고 그 기록 같은 건 누구한테도 필요하지 않다. 사람들이 술을 마시고 담배를 피우면, 학문은 곧 술과 담배의 사용을 생리학적으로 정당화하는 일을 맡는다. 사람들이 서로를 죽이고 모든 사람의 땅과 생산수단을 빼앗아 극소수의 사람들에게 주면, 이 또한 학문이 즉 법률학과 경제학이 그것을 정당화한다. 사람들이 황당무계한 미신을 믿으면 신학이 곧 그것을 정당화한다. 학문의 사명은, 어떠해야 하는지를 아는 것에 있지 어떠한지를 아는 것에 있는 것이 아니다. 그런데 현대의 학문은 거꾸로, 사람들의 주의를 어떠해야 하는지의 문제에서 어떠한지로, 즉 아무한테도 필요하지 않은 것으로 돌리는 것을 최대의 사명으로 삼고 있다.

9

진정한 예지에 의해 주어진 행복은, 다른 모든 지식에 비해, 마치 사막에서 한 잔의 물이 한 자루의 황금만큼 귀하다.

12월 24일

1

유년 시절부터 정신의 발달과 육체의 쇠퇴가 시작된다. 그건 바로 두 개의 원뿔체를 서로 반대로 세워놓은 것과 같은 것으로, 육체적 힘의 쇠퇴와 정신력의 성장이 동시에 이루어지는 것이다.

2

조화로운 성장은 자연 속에서와 마찬가지로, 인간 속에서도 침묵과 고요 속에서 이루어진다. 떠들썩한 것은 모두 파괴적이고 비도덕적이며 야만적이다.

그러나 아직 소수의 사람들 외에는 진정한 정신적 성장과 발전을 위해서는 정적과 침묵의 생활이 필요하다는 것을 이해하지 못하고 있다. 대부분의 사람들은 번뇌 속에서 허덕이며 가끔 고독해지면 쓸쓸해할 뿐이다.

인간은 오직 고독과 정적 속에서만 힘찬 생명력과 성장력을 발견할 수 있다. 그리스도도 그것을 "네가 기도할 때는 너의 밀실로 들어가라"는 말로 표현했다.

세계는 평화의 실현을 위해 이 침묵 속의 성장을 절실히 필요로 하고 있다. 그런데 세계를 구원할 수 있을 것 같은 모습을 한 온갖 새로운 가르침이 수많은 목소리가 되어 구원을 약속함으로써, 세계의 진정한 정신적 성장이 방해를 받고 있다.

우리는 더욱더 침묵 속에서 살지 않으면 안 된다. 그러면 침묵의 목소리가 우리를 자유롭게 하는 진리를 알려줄 것이다. 루시 맬러리

3

진리의 빛에 한번 도달한 사람은 그 이성과 통찰력에서 끊임없이 발전한다. 진리의 빛에 도달하지 않은 사람은 끊임없이 무지와 배덕의 깊은 구렁텅이에 빠져든다. 중국 금언

4

정신적 생활을 영위하는 사람은 나이를 먹을수록 정신적 시야가 넓어지고 의식은 선명해지지만, 세속적인 생활을 영위하는 사람은 나이와 함께 더욱더 의식이 흐려진다. 《탈무드》

5

더 선해지려면 우리는 나이를 먹지 않으면 안 된다. 그러면 자신이 저지른 적이 없는 과오는 없어질 것이다. 괴테

6

정신의 성숙은 빛으로 넘치는 힘보다 고귀하다. 우리의 내부에 있는 영원한 것은 시간이 우리 속에 가져다주는 파괴 작용을 이용하지 않으면 안 된다.

아미엘

7

육체적 성장은 정신적 활동을 위한 육체의 고갈과 함께 시작되는, 신과 모든 사람에 대한 봉사를 위한 준비 작업에 불과하다.

8

세상의 만물은 자라서 꽃을 피운 뒤 다시 그 근원으로 돌아간다. 근원으로 돌아가는 것은 안정을 의미하고, 자연과의 조화를 의미한다. 그러므로 육체의 죽음에는 어떠한 위험도 없다. 노자

9

스스로 정신적으로 성장하고, 다른 사람들의 성장에도 도움이 되라. 그것이 인생을 사는 길이다.

10

정신적 생활과 그 성장을 의식하지 않는 사람의 현실은 무서운 것이다. 육체적 생활만 하면 반드시 멸망의 길을 걸어가 마침내 사라지지 않는가.

자신의 영적 본성을 깨닫고 그것에 의지하여 생활하라. 그러면 너는 절망 대신 무엇에 의해서도 파괴되지 않고 끊임없이 커지는 희열을 느낄 수 있을 것이다.

12월 25일

1

진정한 자선이 되기 위해서는, 사람들의 칭찬과 내세에서의 보상에 대한 기대를 하지 않아야 한다.

2

너희는 일부러 남들이 보는 앞에서 선행을 하는 일이 없도록 하여라. 그렇지 않으면 하늘에 계신 아버지에게서 아무런 상도 받지 못한다. 자선을 베풀 때에는 위선자들이 칭찬을 받으려고 회당과 거리에서 하듯이 스스로 나팔을 불지 마라. 나는 분명히 말한다. 그들은 이미 받을 상을 다 받았다. 자선을 베풀 때에는 오른손이 하는 일을 왼손이 모르게 하여 그 자선을 숨겨두어라. 그러면 숨은 일도 보시는 네 아버지께서 갚아주실 것이다. 〈마태복음〉 제6장 1~4절

3

가난한 과부가 희사한 한 푼은 부자의 만금과 맞먹을 뿐만 아니라 오히려 그것이 진정한 자비이다.

오직 가난한 자, 스스로 수고하여 일하는 자만이 자선의 기쁨을 누릴 수 있고, 부유한 자와 게으른 자에게는 그 기쁨이 없다.

4

자선사업을 위한 시설은 무익하거나 오히려 유해하다. 아주 드물게 유익할 때도 있지만 결코 도덕적이지는 않다. 그러한 시설은 다만 그것을 건설하는 사람들 중에서, 이웃에 대한 동정심과 거기에서 나오는 자선의 마음에 대한 이해가 완전히 없어진 것을 나타낼 뿐이다.

5

자선은 내 집에서 시작된다. 만일 자선을 행하기 위해 어딘가로 갈 필요가 있다면, 네가 하려는 자선은 진정한 자선이라고 할 수 없다.

6

부자가 가난한 사람에게 공개적으로 자선행위를 하는 것은, 좋게 말해 예의지 결코 자선이 아니다. 누군가가 너에게 길을 물으면, 너는 예의 바르게 걸음을 멈추고 가르쳐 주어야 한다. 또 만약 누군가가 너에게 5코페이카나 5루블, 또는 50루블을 빌려달라고 했다 하자. 네 수중에 그만한 여유가 있다면 빌려주어야 하지만, 만약 빌려주었다 해도 그것은 진정한 자선과는 아무런 관계도 없다.

7

물질적으로 돕는 것은 희생이 동반되어야 선이라고 할 수 있다. 그때 비로소 물질적 도움을 받은 사람은 정신적 도움을 받은 것이다.

만일 그것이 희생행위가 아니고 그저 남는 것을 준 것뿐이라면, 그것은 받는 사람을 화나게 할 뿐이다.

12월 26일

1

유년 시절에는 심리적으로 암시를 받기 쉽다. 그러므로 교육상 가장 중요한 것은 어린이에게 영향을 미치는 암시를 엄격하게 선택하는 것이다.

2

오늘날의 대부분의 사람들은 자신들은 그리스도교를 믿으며 따라서 그리스도교적 도덕을 지키고 있다고 생각하고 있다. 그러나 실제로는 이교적 도덕에 따르고 있는 것이며, 그것을 젊은 세대의 교육의 이상으로 삼고 있다.

3

인간은 어린 시절에 가장 암시를 받기 쉽다. 논리는 어른이 실제로 보여주는 본보기에 비하면 천분의 일의 영향력도 가지지 않는다.

그러므로 어린이가 보는 앞에서 잘못된 본보기를 보여주면서 그들을 훈계하는 것은 헛되고 우스꽝스러운 일이다.

4

어린이의 종교는 부모가 말로 하는 설교에서 나오는 것이 아니라, 부모의 실제 행동에서 나온다. 그들의 생활을 움직이는 내면적이고 무의식적 이념, 그것이 어린이에게 영향을 미치는 것이다. 그들의 말은 모두 잔소리와 설교, 또는 욕설까지 어린이에게는 그때 그뿐이다. 어린이는 부모의 신앙을 본능적으로 예감하고 그것을 꿰뚫어 본다.

어린이는 우리가 아무리 겉모습을 꾸며도 우리의 실체를 다 간파하고 있다. 어린이가 관상쟁이라는 말을 듣는 까닭도 거기에 있다.

그러므로 교육의 근본은 먼저 자기 자신을 교육하는 것이며, 어린이의 의지를 지배하기 위해 지켜야 하는 첫 번째 원칙은 자기 자신을 지배하는 것이다.

아미엘

5

어른들은 아마 어린이들에게 동물과 그 밖의 일반적으로 연약한 존재에 대해 잔인한 짓을 해서는 안 된다고 가르칠 것이다. 그러나 어린이가 부엌에 한 걸음 들어서면, 곧 죽임을 당하여 털이 뽑힌 닭과 거위를 보게 된다. 아이들에게 도덕에 대해 아무리 그럴듯하게 설교한다 한들, 그들의 눈앞에서 벌어지는 어른들의 야만적이고 부도덕한 행위가 정면으로 그것과 모순되어 있다면 도대체 무슨 소용이 있겠는가?

스트루베

6

욕망을 줄이는 것, 누가 뭐래도 그것을 청년들에게 가르치고 그들을 단련시켜야 한다. "욕망이 적으면 적을수록 인간은 더 행복해질 수 있다"고 하는 것은 옛날부터 변함없는 진리이다. 그런데도 아직 아무도 그것을 인정하려 하지 않고 있다.

리히텐베르크

7

안락한 생활을 추구하는 성향만큼 인간에게 불행한 것은 없다. 그러므로 어릴 때부터 어린이에게 일하는 것을 가르치는 것은 매우 중요한 교육이다. 칸트

8

어린이들에게는 겸손하고 검소한 생활과 노동과 자비를 가르치는 것이 무엇보다 중요하다. 그러나 아이들이 부모가 사치스러운 생활을 하고, 노동보다 무위도식을 좋아하고, 빈곤한 사람들 틈에서 풍요로운 생활을 하고 있는 모습을 보고 있는데, 어떻게 그런 것을 가르칠 수 있으랴.

9

어린이에 대한 도덕교육의 핵심은 좋은 본보기를 보여주는 것이다. 그러므로 선한 생활을 하라. 적어도 선한 생활을 하도록 노력하라. 우리가 선한 생활을 하는 데 성공하면 어린이들을 더욱 잘 가르칠 수 있다.

12월 27일

1

우리가 어떤 사물을 인식하는 것은 그 사물 자체를 인식하는 것이 아니라, 우리의 인식능력이 도와주는 한도 안에서 그것을 인식하는 것이다.

2

하늘과 땅은 위대하다. 거기에는 색깔과 형체와 크기가 있다. 그런데 인간의 내부에는 색깔도 형체도 수도 크기도 가지지 않은 무언가가 있는데, 그 무언가는 이성을 갖추고 있다. 만약 이 세계가 스스로 이성을 가지지 않는다고 한다면, 세계에 있어서 이성은 인간의 이성뿐이라는 얘기가 된다. 그러나 세계는 무한하고 인간의 이성은 유한하기 때문에, 인간의 이성이 전 세계의 이성일 리는 없다. 따라서 세계는 이성을 갖추고 있어야 하고, 그 이성은 무한해야 하는 것은 자명한 이치이다.

공자

3

축복받은 사람들이 사는 곳으로 천국에 대해 얘기할 때, 사람들은 보통 머리 위의 무한한 공간 속 어딘가 높은 곳을 연상한다. 그러나 그때 그들은, 우리가 사는 지구도 그 우주 공간에서 바라보면 하늘에 떠 있는 수많은 별 중 하나로 보인다는 것, 그러므로 그 우주의 주민들도 지구를 가리키면서, "저기 저 별을 보라. 저건 영원히 축복받은 장소, 우리를 위해 마련된, 우리가 언젠가는 가야 할 하늘의 집이다"라고 말할 권리가 있다는 것을 잊고 있는 것이다.

요컨대 문제는, 우리의 지성이 일으키는 기묘한 착각에 의해, 우리의 신앙의 날개는 항상 높은 곳으로 올라가는 거라고 생각하기 때문에, 아무리 높이 올라가도 언젠가는 다시 아래로 내려와, 어딘가 또 다른 세계에 발을 힘차게 내딛지 않으면 안 된다는 것을 잊고 있는 것이다.

칸트

4

세계가 우리 속에 반영되고 있다기보다 오히려 우리의 이성이 세계에 반영되고 있다고 해야 할 것이다. 그렇게밖에 생각할 수가 없다.

우리는 세계 속에 질서를 인정하고 하늘의 섭리를 인정하지 않을 수 없는데, 그것은 우리의 사고 구조에서 오기 때문이다. 그러나 거기서는 아직 우리의 사색에 필요불가결한 그 무엇, 즉 질서와 섭리 같은 것이 그 자체로서 정말 존재한다는 결론을 내릴 수는 없다. 왜냐하면 외적 세계의 실제적인 구조에 대해 우리는 아무것도 모르고 있기 때문이다. 리히텐베르크

5

이 잘 치장된 모습을 보라. 영원하지도 않고 견고하지도 못한 온갖 생각으로 이루어진 병든 상처투성이의 육신을 보라. 이 육신은 늙고 시들면 병주머니이고 깨지기 쉬운 그릇이다. 썩은 육체는 조각으로 흩어지고, 인생은 죽음으로 끝난다. 가을에 버려진 표주박처럼 그 하얀 뼈다귀를 보고 무엇을 기뻐하랴! 뼈로 성곽을 이루고, 살과 피로 칠해진 것을, 그 속에 늙음과 죽음과 자만과 거짓이 도사리고 있다. 찬란한 임금의 수레는 닳아 없어지고, 육신도 또한 낡아간다. 그러나 선한 이의 교법은 시들지 않나니, 선한 이는 서로 교법을 전한다.

《법구경》 〈늙음의 장〉

6

자기 자신을 단순한 육체적 존재로 보자마자, 인간은 당장 풀 수 없는 수수께끼, 헤어날 수 없는 모순이 되고 만다.

7

사물의 진정한 의의를 이해하기 위해서는, 눈에 보이는 모든 것을 보이지 않는 것과, 육체적인 것을 정신적인 것과 비교하는 일이 필요하다.

12월 28일

1

학문은 그 목적을 인생의 법칙을 발견하는 데 두고 있을 때는 가장 중요한 인간의 일이 되지만, 유한 계급의 호기심을 부추기는 것만 연구하고 있을 때는 지극히 하찮고 어리석은 일이 된다.

2

학문이라는 것의 중요성을 인정하기 위해서는, 그 일이 유익하다는 것이 증명되어야 하지 않을까? 그런데도 학문에 종사하고 있는 사람들은 보통, 우리는 이러이러한 것을 연구하고 있으므로 그것은 반드시 언젠가 어디선가 누군가를 위해 도움이 될 것이라고 막연하게 말하고 있다.

3

종교적인 미신과 마찬가지로, 인간의 약점에 대해 아부하는 데서 생긴, 종교적 미신보다 나을 것도 못할 것도 없는 유해한 학문적 미신이라는 것이 있다.

사람들은 미망에 빠져 사악한 생활을 하고 있다. 원래 같으면 사람들은 자신의 사악한 생활에 생각이 미쳐, 어떻게든 그것을 개선하려고 노력할 것이다. 그런데 거기에 '학문'이 고개를 내민다. 정치학, 재정학, 교회학, 형법, 경찰법 등등의 학문, 그리고 경제학, 역사학, 나아가서는 최근에 유행하는 사회학 등이 그것이며, 그들 학문에 따르면 사람들의 사악한 생활은 불변의 법칙에서 생기는 것으로, 그들이 해야 할 일은 자신들의 약점과 싸우며, 그 사악한 생활을 조금이라도 개선하기 위해 노력하는 것이 아니라, 오직 학자들이 발견한 법칙에 따른 생활의 흐름에 몸을 맡기는 것이 된다.

그러한 미신은 너무도 명백하게 인간의 상식과 양심에 반해 있어서, 만약 그것이 그토록 사람들의 사악한 생활을 변호하고 그들을 안도시키지 않았다면, 결코 받아들여지지 않았을 것이다.

4

우리에게는 인간의 육체적 생명을 이해할 수 있는 지식조차 없다. 그것을 알려면 무엇이 필요한지 생각해 보자. 육체에는 장소, 시간, 운동, 온도, 빛, 음식물, 물, 공기, 그 밖의 많은 것이 필요하다. 자연계에서는 삼라만상이 모두 밀접한 상관관계 속에 있기 때문에, 하나를 구명(究明)하지 않고서는 다른 하나를 알 수 없다. 전체를 알지 못하면 부분도 알 수 없다. 우리의 육체적 생명을 이해하는 것은 오직 우리가 그것에 필요한 모든 것을 알았을 때이다. 그러기 위해 우리는 삼라만상을 모두 다 구명해야 한다. 그러나 삼라만상은 무한하며, 인간은 무한을 구명할 수는 없다. 따라서 우리는 우리의 육체적 생명을 완전히 이해할 수 없다.

파스칼

5

천문학이니 수학이니 물리학 같은, 정신생활에 불필요한 학문을 연구하는 것은, 모든 오락과 유희, 드라이브, 산책을 즐기는 것과 마찬가지로 의무의 실천을 방해하지 않는 한 허용된다. 그러나 자신의 의무를 소홀히 하고 오락에만 빠져 있는 것이 도의에 어긋나는 것처럼, 참된 인류의 정신적 행복에 기여하지 않는 학문에 종사하는 것도 도의에 어긋난다고 할 수 있다.

6

학문이란 일반적으로 사람들이 그 이름으로 부르고 있는 것이 아니라, 사람들의 행복에 더욱 필요한, 더욱 높은 인식의 대상을 다루는 것이다.

12월 29일

1

폭력과 강제가 있는 한 전쟁은 사라지지 않는다. 폭력은 폭력에 의해서가 아니라 그것에 대한 무저항, 그것에 대한 불참에 의해서만 극복할 수 있다.

2

만일 내 병사들이 생각을 하기 시작한다면 단 한 사람도 군대에 남아 있지 않을 것이다.

프리드리히 2세

3

전쟁에 나가 사람을 죽이는 야만적인 본능이, 수천 년에 걸쳐서 열심히 길러지고 장려되어 왔기 때문에, 이제는 인간의 머릿속에 완전히 뿌리를 내리고 말았다. 그러나 언젠가 우리보다 뛰어난 인류가 그런 무서운 범죄행위를 포기할 날이 올 것이다. 그때 그 뛰어난 인류는 우리가 이렇게 자랑으로 여기고 있는 이른바 세련된 문명에 대해 어떻게 생각할까? 바로 지금 우리가 고대 멕시코 민족에 대해, 호전적인 동시에 미신적이며 또 동물적이었던 것과 그들의 식인 습관에 대해 생각하는 것과 같은 생각을 하지 않을까? 르투르노

4

그리하여 나는 군율이라는 것을 이해했다. 즉 하사와 병졸이 얘기할 때는 하사가 옳고, 중사와 하사가 얘기할 때는 중사가 옳으며, 준위와 중사가 얘기할 때는 준위가 옳다는 식으로, 마지막으로 원수까지 가서, 그가 만약 이이는 오(2×2=5)라고 말해도 맞았다고 해야 하는 것이다.

처음에는 이해하기 힘들지만, 곧 어느 병사(兵舍)에나 군율을 기록한 액자가 걸려 있고, 모두 그것을 읽고 외우는 것을 보면 그런가 보다 하고 이해하게 된다. 그 액자에는 병사들이 하고 싶어 할 것으로 생각되는 일, 이를테면 탈영, 병역거부, 명령 불복종 등등의 조목과 함께 사형이나 5년간의 징역 같은, 거기에 대한 벌칙이 적혀 있다. 에르크만 샤트리앙

5

예를 들어 내가 흑인 노예를 한 명 샀다고 하자. 그는 가축처럼 일한다. 나는 그에게 먹을 것을 주고 허름한 옷을 입히며, 말을 듣지 않을 때는 때린다. 하지만 그것이 놀라운 일일까? 우리는 우리의 병사들에게 그보다 나은 대우를 하고 있다고 할 수 있을까? 병사들도 흑인과 마찬가지로 자유를 박탈당하고 있는 것이 아닐까?

차이라 하면 병사가 훨씬 더 싸게 먹힌다는 것뿐이다. 좋은 흑인은 지금은 적어도 500에퀴는 하지만, 병사는 아무리 좋아도 50에퀴밖에 하지 않는다. 어느 쪽이나 일정한 장소에서 벗어날 수 없고 약간의 실수에도 사정없이 맞는다. 보수도 거의 같다. 그러나 흑인은 생명의 위험에 처하는 일이 없이 처자와 함께 살 수 있다는 점에서 오히려 병사보다 낫다. 아나톨 프랑스

6

전쟁은 사람들이 어떠한 폭력행위에도 가담하지 않고, 그것으로 인해 받을 박해를 감수할 각오를 했을 때 비로소 중지된다. 그것이 전쟁을 없앨 수 있는 유

일한 방법이다.

이레째 읽을거리

헝가리와 세르비아, 크로아티아에 퍼져 있는 나사렛파에 대하여

나사렛파의 가르침의 진수는 신약성서의 가르침, 특히 산상수훈을 따르는 것에 있다. 그들은 모든 사제제도, 문서상의 가르침, 그리고 어떠한 조직, 어떠한 제도도 인정하지 않는다. 그들의 가르침은 고정된 것이 아니라 유동적이며, 교의도 여러 단체에 여러 다양한 종류가 있는데, 심지어 하나의 단체 안에서도 자기식대로 제각각 믿는 단원들이 있었다. 그러나 그 도덕상의 가르침은 모두 동일하고, 모두 도덕적이고 절제적인 생활을 엄격하게 지키고 있었다. 그리고 인생의 중요한 법칙으로서 근면과 사람들에 대한 온화한 태도, 인욕, 폭력행위에 대한 불참을 내세우고 있었다. 그들은 재판을 인정하지 않고, 세금을 자발적으로 내지 않으며, 선서를 하지 않고, 병역을 거부하며, 일반적으로 국가를 자신들에게 불필요한 제도로 생각했다.

주로 노동에 종사하는 사람들로 구성된 나사렛파 단체에서는, 참회하여 새로운 생활에 들어간 '영혼에 의해 다시 태어난 자'만 회원으로 받아들였다. 그래서 나사렛파 신자의 자식이라 하더라도, 성장해 스스로 신자가 되기를 원하기 전까지는 나사렛파로 인정되지 않았다.

나사렛파의 병역거부는 그들에 대한 오스트리아 정부의 박해를 떠올리게 하는데, 나사렛파는 그리스도교와 병역이 양립하지 않는다는 신념을 굳게 지키며, 그리스도의 계율을 배반하지 않기 위해 기꺼이 법적 형벌을 받았다.

나사렛파가 병역을 거부한 근거는, 그리스도가 "그러나 나는 이렇게 말한다. 누가 네 오른뺨을 치거든 왼뺨마저 돌려 대라"(〈마태복음〉 제5장 39~40절)고 한 말과 "그러나 나는 이렇게 말한다. 원수를 사랑하고 너희를 박해하는 사람들을 위하여 기도하여라"(동 44절)고 한 말이다.

나사렛파는 지극히 평범한 젊은 청년들조차 모든 수난에 의연히 대처함으로써 박해자들을 놀라게 하고 있다. 신병으로 소집된 젊은이들뿐만 아니라 예비역까지, 즉 병역이 끝난 뒤 나사렛파가 된 사람들까지 그렇다. 그들은 군사훈련 소집명령을 받아도 무기를 손에 드는 것을 거부한다. 그것 때문에 종신형에 처해질 수도 있다는 것을 알고 있어서, 사전에 집안일을 정리하여 아내가 혼자서도 살아갈 수 있는 방법을 강구하고, 다시는 만날 수 없을지도 모른다는 각오 아래 가족에게 작별 인사를 한다. 그리고 그들의 가족들도 그 순교에 동의한다.

예를 들면 몇 년 전에, 베치바스의 요가 라도바노프라는 세르비아인이 부다페스트의 제6연대 제6중대에 편입되었을 때, 그는 자신의 신앙이 그것을 허락하지 않는다며 손에 무기를 드는 것을 거부했다. 그에게 2년의 금고형이 선고되었다. 1894년에 금고형을 선고받은 그의 형은 이미 10년이나 감옥에 있었다. 두 사람의 어머니가 두 형제 중 동생을 면회하러 갔을 때, 장관은 면회를 허가하지 않았다. 그녀는 감옥 마당에 서서 울었다. 그때 문득 한 창문에서 아들의 모습이 보이자, 그녀는 곧 아들을 향해 큰 소리로 외쳤다.

"사랑하는 내 아들아, 절대로 총을 잡아서는 안 된다!"

1895년 8월 말 세게딘스키 연대의 예비역들이 소집명령을 받았다. 그들에게 총이 배급되자, 그중 두 사람이 자신들의 나사렛파 신앙에서는 그것이 허락되어 있지 않다며 총을 잡으려 하지 않았다. 올치바리라는 대위가 하느님도 군대를 사랑하고 계시고, 게다가 지금은 전쟁에 나가는 것이 아니라 훈련을 하러 가는 것뿐이니까 아무도 피를 흘리지 않는다고 말했다.

그러자 나사렛파 신자는 말했다. "그래도 사람을 죽이는 방법을 가르치기 위해 훈련을 하는 것 아닙니까!"

그래서 대위는 위협하는 방법을 생각해 냈다. 그는 두 사람에게, 작년 가을 역시 한 나사렛파 신자가 총을 잡으려 하지 않았기 때문에 몇 번이나 처벌을 받고, 결국 요새감옥에 17년 동안이나 감금당하게 되었다고 얘기했다. 그러자 나사렛파 신자는 침착하게 말했다.

"설사 총살을 당한다 해도 신의 계율을 어길 수는 없습니다."

다른 예비역들이 그 두 사람의 가정을 방문해 그 얘기를 하니, 아직 나사렛파 신자가 아닌 두 사람의 아내는, 남편에게 상관의 명령을 따르라고 눈물로 설득했지만, 그래도 두 사람은 굽히지 않았다. 대위는 두 사람을 열흘 동안 미결감에 넣었다. 미결감에서 감옥으로 이송될 때 두 사람은 눈물을 흘리며 가족과 작별했다.

"부디 잘 있어요" 하고 그들은 말했다. "우리는 주 하느님의 이름을 위해, 성스러운 영혼의 순결을 위해 생매장되는 것이오. 인간은 신의 어린양처럼 순결하지 않으면 안 되기 때문이오."

프란코 노바크는 타메시바르에서 군에 입대하지 않으면 안 되었다. 맨 처음 다른 신병들과 함께 연병장에 갔을 때 그는 총을 드는 것을 거부했다. 그때 연병장에 있던 장군이 노바크의 주위에서 소란이 벌어진 것을 보고 말을 타고 달려와서 무슨 일이냐고 물었다. 그에게 자초지종이 보고되었다. 장군은 노바크에게 왜 총을 잡지 않느냐고 부드럽게 물었다. 노바크는 호주머니에서 작은 복음서를 꺼내며 말했다.

"당국은 이 책의 인쇄를 허락했으니, 이 안에 적혀 있는 가르침에 따르는 것도 금하지 않을 것입니다. 이 책에는 '네 이웃을 네 몸같이 사랑하라'고 되어 있습니다. 저는 구세주의 가르침에 따르기 위해 총을 잡지 않는 것입니다."

장군은 노바크의 말을 끝까지 조용히 듣고 있다가 다음과 같이 말했다.

"그러나 그 책에는 '카이사르의 것은 카이사르에게 돌리고 하느님의 것은 하느님께'라는 말도 적혀 있지 않느냐?"

노바크는 처음에는 우물거리면서 대답을 하지 못하다가, 한참 곰곰이 생각한 끝에 군모와 총과 군복을 벗어 그것을 모두 내려놓고, "자, 이것은 모두 폐하의 것입니다. 폐하의 것은 모두 폐하에게 돌려드리겠습니다" 하고 말했다.

1897년, 벨리카야 코킨다시 공증인에게 한 늙은 노인이 찾아왔다. 그 손에는 한 장의 종잇조각이 들려 있었는데, 그것은 1848년도의 상이연금증서였다.

"이보시오" 하고 노인이 말했다. "내가 이 연금을 거절한다는 내용을 써주시오."

공증인은 깜짝 놀라 노인에게 물었다.

"왜 그러십니까, 영감님, 어디서 보물이라도 찾으셨나요?"

"그래요. 정말 맞는 말이구먼" 하고 노인은 대답했다. "나는 보물을 찾았소. 나는 말이오, 공증인 선생, 나에게 이 세상의 그 어떤 보물보다 귀한 나의 하느님을, 자신의 종이 무기로 손에 넣은 빵을 먹고 사는 것을 원치 않는 하느님을 찾은 거라오."

정부가 그들에게 엄격한 처벌을 가했음에도 불구하고, 나사렛파 신자들은 자신의 신앙을 바꾸지 않았다.

12월 30일

1

모든 사람이 형제이며 평등하다는 의식은 인류에게 점점 확산돼 가고 있다.

2

"고생하며 무거운 짐을 지고 허덕이는 사람은 다 나에게로 오너라. 내가 편히 쉬게 하리라"(《마태복음》 제11장 28절) 하고 말한 사람은, 그 말에 의해 모든 인류의 중심이 되었다. 왜냐하면 인류 전체가 무거운 짐을 지고 고생하고 있기 때문이다.

그 같은 무거운 짐을 지지 않고 다른 사람들에게 그것을 지우고 있는 사람, 다른 사람들의 고생과 무거운 짐을 이용하는 사람을 헤아려 보아라. 그러한 사람들이 그렇게 많은 것일까? 한 사람의 주인에 대해 백만 명의 노예, 한 사람의 행복한 자(악마적인 의미에서)에 대해 땅에 닿을 정도로 허리를 구부리고, 그 땅을 땀과 눈물로 적시는 백만 명의 사람들에 해당하는 비율일 것이다. 그 불행한 사람들은 선한 목자의 양, 그리스도의 양이며, 그리스도가 그들을 위해 생명을 버린 사람들이다. 그리스도는 그들을 자기 옆으로 부른다. 그리고 약속된 시간이 다가옴에 따라 그들은 서서히 고개를 들고 그의 목소리에 귀를 기울이며, 그를 알아보고 그의 뒤를 따르려 한다.

모든 양의 오두막에서, 모든 민족들 사이에서 그 양들이 모여든다. 왜냐하면 그들은 모두 선한 목자에게 속해 있고, 목자가 그들을 부르고 있기 때문이다. 지친 몸으로 뿔뿔이 흩어져 있던 양들은, 늑대가 오는 것이 보이면 양들을 버리고 달아나 버리는 고용인이나, 오직 자신의 이익과 자신의 욕망 충족만을 생각하고 양을 자신들의 것으로 삼아, 그 털가죽을 입고 살을 먹는 완전한 이방인들이 없는 목장으로 그들을 데리고 가줄 진정한 주인을 하염없이 기다리며 우왕좌왕하고 있다. 선한 목자에게 왔을 때 모든 양들은 그의 앞에 모여들어 양 떼도 하나, 목자도 한 사람이 된다. 그리스도가 이 지상에서 하느님의 말을 전하는 목적은,

모든 사람을 통합하여 국경을 초월한 인류 형제로 만드는 것, 그들을 신과 합일하게 하는 것, 살아 있는 모든 것의 영원한 생명인 사랑의 무궁무진한 성스러운 계율 아래 그들을 하나 되게 하는 것이다. 라므네

3

우리는 우리가 정신적으로 모두 한 형제라는 것을 이해하고 있는가? 우리가 그 이념을 마음속에 품고, 그 완전성에 끊임없이 다가갈 수 있는 하늘의 아버지, 그 유일한 하늘의 아버지의 자식이라는 것을 이해하고 있는가? 과연 우리는 우리와 마찬가지로 모든 사람의 영혼 속에 동일한 신적 생명이 존재한다는 것을 인정하고 있는가? 바로 그것이야말로 진정으로 자유로운 사람들과의 유대이다.

사회구조를 개선하기 위해서는, 사람들이 서로 존중하는 새로운 관계가 필요하다. 사람들이 지금처럼 상대를 거의 동물을 보는 듯한 눈으로 바라보고 있는 한, 그들은 사람들을 동물처럼 다루는 것을 그만두지 않을 것이고, 폭력 또는 계책을 이용해 인간을 자신들의 목적 달성을 위한 수단으로 삼을 것이다. 사람들이 모두 자신들이 유일한 신의 아들이라는 것을 깨닫고, 사람과 신의 관계를 깨닫고, 자신들에게 생명이 주어진 중대한 사명을 깨닫지 않는 한, 사람들의 형제관계는 성립되지 않을 것이다.

현재로서는 그러한 사상은 일종의 환상으로 취급되고, 사람들은 모두 한 형제이며 신의 아들이라는 신앙을 사람들의 마음속에서 찾아내려고 하는 인간의 스승은 몽상가로 간주된다. 그런데 참으로 간단한 이 그리스도교의 진리를 인정하기만 하면, 세상 전체가 탈바꿈하여 오늘날 우리의 상상을 초월하는 인간관계가 성립될 것이다. 사람들이 서로 상대의 정신적인 부분을 관찰하여, 아무리 신분이 비천한 인간의 영혼에도 중요한 의미가 있다는 것을 이해함에 따라 일어날 인간관계의 변화, 부드럽고 유연하며 존경과 사랑이 넘치는 인간관계, 사회의 개선에 노력하는 에너지 등을, 지금의 우리는 아무도 상상하지 못하고 있다.

하지만 그렇게 되면 그때는 지금 우리가 짐작도 하지 못하고 있는 악과 고뇌와 박해가 현재의 가장 큰 범죄행위 이상으로 우리를 분노케 할 것이다. 그때는 모든 인간이 신성하게 보여, 인간을 모욕하는 것은 신에 대한 반역행위로 간주된다. 이 진리를 깨닫는다면, 우리는 이웃에게 함부로 폭언을 하지 못할 것이다.

왜냐하면 우리는 그 이웃 속에서 신성을 보기 때문이다. 우리는 이 가르침보다 실천적인 진리는 생각할 수 없다. 그렇다, 우리에게는 새로운 발견, 천국과 지옥에 대한 발견이 아니라 우리 내부에 사는 영혼에 대한 새로운 발견이 필요하다.

채닝

4

네가 두려워하는 사람도 너를 두려워하는 사람도 사랑할 수는 없다.

키케로

5

도덕을 얘기하면서 너희의 의무를 너희 가족과 조국의 범위 안에 한정하는 사람들은, 그 범위의 크기와 상관없이 너희에게도 타인에게도 해로운 자기애를 가르치고 있는 것이다. 가족과 조국은 더 큰 원, 전 인류라는 원 속에 포함되지 않으면 안 된다. 그것은 넘어가야 할 두 계급이기는 하지만, 그 위에 머물러 있어야 하는 성질의 것은 아니다.

주세페 마치니

6

모든 사람들 속에 사는 동일한 신적 본원의 인식에서 나오는, 전 인류와 자신의 합일에 대한 인식은, 사람들에게 개인적으로는 내면적이고 사회적으로는 외면적인 최고의 행복을 가져다준다. 그 의식을 가장 방해하는 것은 국가적 미신, 민족적 미신, 계급적 미신, 종교적 미신이다. 오직 진정한 종교만이 그 의식을 확립할 수 있다.

12월 31일

1

과거는 이미 존재하지 않고, 미래는 아직 오지 않았다. 현재는 이미 존재하지 않는 과거와 아직 오지 않은 미래의 무한한 접점이다. 그리고 바로 그곳, 그 시간이 없는 한 점에서, 인간의 진정한 생활이 영위되고 있다.

2

"시간은 지나간다!" 우리는 보통 그렇게 말한다. 하지만 원래 시간이라는 것은 없다. 우리가 움직이는 것이다. 《탈무드》

3

시간은 우리 뒤에 있거나 우리 앞에 있지, 우리와 함께 있지 않다.

4

나는 영혼과 육체로 이루어져 있다. 육체에는 모든 것에 차별이 없다. 물질에는 뭔가를 식별할 수 있는 능력이 없기 때문이다. 영혼에는 영혼에서 나온 것 외에는 역시 차별이 없다. 영적인 생명은 자주독립적인 것이기 때문이다. 그러나 영적인 생명은 과거와도 미래와도 아무런 관계가 없다. 그 모든 중요성은 오직 현재에 집중되어 있다. 마르쿠스 아우렐리우스

5

시간은 가장 큰 환상이다. 그것은 그것을 통해 우리가 우리의 존재, 우리의 생활을 분해하는 프리즘이며, 우리가 초시간적인 것, 이념의 세계의 것을 탐구하기 위한 형식이다. 공은 전체적으로 존재하고 있지만, 우리의 눈은 한 번에 그 전체를 다 볼 수 없다. 둘 중의 하나, 공이 그것을 보고 있는 사람의 눈앞에서 구르거나, 우리가 공 주위를 한 바퀴 돌면서 보아야 한다.

첫 번째 경우는 시간 속을 회전하는 세계, 또는 회전하는 것처럼 보이는 세계이며, 두 번째 경우는 세계를 분석하는 우리의 사상, 나날이 새로워지는 우리의 사상이다. 최고의 이성에게 시간은 존재하지 않는다. 존재해야 하는 것은 실제로 존재하고 있다. 시간과 공간—그것은 유한한 존재에게 이용되기 위한 무한한 것의 미분(微分)이다. 아미엘

6

과거를 기억하는 것보다 미래를 예상하는 것이 훨씬 쉬운 존재가 있을 수 있다. 실제로 곤충은 본능적으로 과거보다 미래에 의해 더 많이 이끌리고 있는 게

아닌가 하는 생각이 들 때가 있다. 만약 동물이 미래를 예감하는 능력만큼 과거를 기억하는 능력도 가지고 있다면, 어떤 곤충은 그 점에서 우리보다 뛰어날지도 모른다. 아무래도 미래를 예감하는 힘은 과거를 기억하는 힘과 늘 반비례하는 것 같다.

리히텐베르크

7

우리의 정신은 육체에 깃들어 그 안에서 수와 시간과 양을 발견한다. 그리고 그것에 대해 고찰한 결과로는, 그것을 자연이라 부르고 필연이라 부를 수밖에 없다.

파스칼

8

시간이라는 것은 없다. 있는 것은 오직 무한하게 작은 현재뿐이다. 그리고 그 현재 속에서 인간의 삶이 영위된다. 그러므로 우리는 모든 정신력을 그 현재에 집중시켜야 한다.

톨스토이가 남긴 인류 지혜의 유산

"하루하루 이 세상을 살아가면서 가장 지혜로운 사람들과 날마다 교류할 수 있다면 이보다 더 귀한 일이 또 있을까?"

《인생이란 무엇인가》는 레프 톨스토이가 남긴 마지막 대저작이다. 톨스토이는 1886년 이미 민중을 깨우치고 이끌 목적으로 이 책을 편찬하기 시작했다. 그 이듬해 1887년 《나날의 생각》이라는 제목으로 민중 사이에 널리 보급된 철학자와 성현들의 명언과 잠언 그리고 자기 글을 담은 일력(日曆)을 만들었다. 이 일력은 바로 대저작인 《인생이란 무엇인가》의 바탕이 된다. 1판은 1904년에 《지혜로운 사람들의 사상》이라는 제목으로 출간된 뒤 개정판이 나오기까지 모두 세 차례에 걸쳐 바로잡아 덧붙이거나 고쳐 쓰는 과정이 이루어졌다. 이 책은 1904년에서 1910년까지 톨스토이의 생애에 3판이 인쇄되었다. 그 판마다 부제는 다음과 같다. 《삶의 길》 《인생독본》 《나날을 위한 지혜로운 생각》.

《인생이란 무엇인가》는 톨스토이의 인생관과 사상이 뚜렷하게 집약된 묵상록 형식을 띠고 있으며 러시아와 더 나아가 세계 질서에 대한 강력한 비판적 의지를 담고 있다. 톨스토이는 자신이 몸소 겪은 파란만장한 일생의 경험을 바탕으로 신앙, 도덕, 교육, 혁명, 법률, 토지제, 병역, 사형제도 등 그 시대의 종교, 사회, 정치, 경제, 문화 모든 분야에 걸친 온갖 모순과 불합리, 부조리를 날카롭게 비판하고 있다. 이는 인간 사회 밑바닥에 도사린 무서운 죄악을 낱낱이 고발함으로써 그 내부적 원인과 통렬한 진실을 밝히려는 작가의 의지가 담긴 형식이라 할 수 있다.

톨스토이는 인간 내면의 본질 문제에 아주 큰 관심을 기울였다. 그는 인간의 모든 사회적 죄악에 대한 속죄를 기본 전제로 인생의 진면목과 참된 의의란 오직 '선에 대한 끝없는 희구'에 있다고 말한다. 모든 인간은 사랑을 바탕으로 선을 좇아 나아가야만 한다고 주장하는 것이다. 또한 이 선은 오직 진리에 의해서만 얻을 수 있는 유일하고도 참된 가치라고 했다. 따라서 《인생이란 무엇인가》는 늘 깨어 있으려 애쓰면서 삶의 마지막 순간까지 진리를 간절히 바란 톨스토이 스스로 자신의 인생관을 가장 함축적으로 드러낸 말이면서, 그와 함께 이 대저작이 울리는 그의 내면의 목소리라 여겨져 이 책의 제목으로 삼았다. 톨스토이의 마지막 저작이 된 이 책, 《인생이란 무엇인가》는 그가 겪은 인생 역정과 궤를 같이하며 더욱 빛을 발한다. 그가 청장년기에 걸쳐 남긴 세계문학사상 손꼽히는 불후의 명작들은 폭풍과 격동의 사회 분위기와 맞물려 만년에 성자와도 같았던 톨스토이의 초월하는 인생관을 느끼게 한다.

1828년 9월 9일, 야스나야 폴랴나의 부유한 지주 귀족 집안 넷째 아들로 태어난 레프 톨스토이는, 16세 때 카잔대학에 입학해 어학과 법학을 공부하던 중 문득 '대학은 학문의 장례식장'에 지나지 않는다고 생각하고 1847년 대학을 중퇴한다. 청년 톨스토이는 고향으로 돌아와 소작인의 계몽과 생활개선에 힘을 기울였으나 농노제도 아래에서는 그의 이상이 이루어질 수 없음을 깨닫고 실의에 빠져 몇 해 동안 방탕한 생활을 일삼는다. 그 뒤 1851년 큰형 니콜라이가 있는 캅카스로 가서 사관후보생으로 포병대에 입대하게 된다. 이때 처음 단편소설 《침입》을 쓰기 시작하며 그해 첫 작품으로 기록되는 《유년 시절》을 탈고해 작가로서 첫걸음을 내딛는다.

청년기의 톨스토이는 여러 전투에 참전하며 《러시아 군인은 어떻게 죽는가》 《지주의 아침》 등을 완성한다. 이때 톨스토이가 주로 관심을 기울였던 문제는 농민과 교육, 그리고 전쟁이었다. 군에서 제대한 이듬해인 1857년, 첫 유럽 여행에서 그는 기요틴(단두대)에 의한 사형집행을 목격하고 잔혹하기 이를 데 없는 서구 문명에 깊이 절망한다. 1862년 궁정 황제 시의 베르스의 딸인 18세 소피아와 결혼하고 대작 《전쟁과 평화》 《안나 카레니나》를 완성했으나, 이 무렵부터 인생의 의의와 신의 존재에 대해 심각한 사상적 동요를 겪으며 정신적 대변혁기를 거쳐 마침내 종교에서 구원의 답을 찾게 된다.

톨스토이는 《참회록》 《그러면 우리는 무엇을 할 것인가》 등의 논문에서 일찍이 근대 문명과 국가를 부정하고 자연으로 돌아가라고 주장하는 그 자신의 독자적인 무정부주의관을 확립한다. 만년에 이르러 《이반 일리치의 죽음》 《크로이체르 소나타》 《부활》을 세상에 선보인다. 70세의 톨스토이는 《부활》에서 구체적

농민옷에 맨발의 톨스토이 일리야 레핀. 1901.

으로 그즈음 사회제도와 형벌제도에 강한 문제성을 제기하며 그에 대한 거짓과 위선을 거침없이 폭로했다. 로맹 롤랑은 《부활》을 일컬어 "이 작품은 세기의 양심에 대한 무거운 짐이 될 것이다"라고 말했다.

위대한 문호 톨스토이는 이처럼 인간과 진리에 대한 본질적인 문제를 파고들어 연구하는 데 온 삶을 바쳤다. 1880년부터 그는 위선에 찬 러시아 귀족 사회와 러시아 정교에 의심을 품고 마침내 원시 그리스도교 사상에 몰두, '톨스토이주의'라고 불리는 사상을 이론화함으로써 예술가 톨스토이에서 도덕가 톨스토이로 변모한다. 이 정신적 위기와 그 극복 과정이 이른바 톨스토이의 '회심(回心)'이며, 그의 《참회록》에 서술된 진솔한 고백 내용이기도 하다. 이때부터 톨스토이는 금욕 생활에 들어가 1880년 중반 드디어 《인생이란 무엇인가》 구상이 체계화 단계에 이르게 된다. 톨스토이가 처음 《인생이란 무엇인가》에 대한 영감을 글로 옮기기 시작한 때는 1884년으로, '1년 365일을 위한 세계 모든 민족의 가장 위대한 철학자 문학자들의 빛나는 지혜'가 바로 그것이다.

그해 3월 15일의 일기에 그는 이렇게 적고 있다.

"나 자신이 때때로 되풀이해 읽을 책을 만들어야겠다. 에픽테토스, 마르쿠스 아우렐리우스, 공자, 장자, 노자, 부처, 파스칼, 성경, 불경 등. 이는 모든 사람들에게 꼭 필요한 책이기도 하다."

1885년, 톨스토이는 조수인 체르트코프에게 이런 편지를 보낸다.

"앞으로 출판될 이 책은 소크라테스, 에픽테토스, 아널드, 파커 등의 위대한 사상가들과 교류할 수 있는 아주 커다란 내면의 힘과 안식, 행복을 줄 것일세. ……그들은 인간성에 관한 가장 중요한 것에 대하여, 삶의 의미와 덕에 대하여 우리에게 들려주고 있네. ……나는 삶에 대하여, 삶의 선한 길에 대하여 그들과 몸소 대화를 나눌 수 있는 책을 쓰려고 한다네."

치밀한 구상과 세심한 고찰 과정을 거쳐 《인생이란 무엇인가》가 완성되기까지 무려 15년이 넘는 기간이 소요됐다. 톨스토이는 주위 사람들에게 되풀이 이야기했듯 '가장 뛰어난 저술가들 가운데서' 까다롭게 골라 그들의 저술과 사상을 바탕으로 이 책의 내용을 구성했다. 그들의 철학적 견해와 문화적 배경 그리고 역사적 시기는 매우 폭넓고 여러 모습을 담고 있다.

톨스토이는 서문에서 이렇게 쓰고 있다.

"독자들은 이 책에서 칸트와 같은 널리 알려진 사상가와 더불어 미국 오리건 출신의 이름 없는 저널리스트 루시 맬러리의 사상을 발견하고 크게 놀랄 것이다."

1904년과 1907년 사이에 톨스토이는 개정판을 썼다. 그는 1904년 6월 3일 일기에 이렇게 쓰고 있다.

"《인생이란 무엇인가》 작업으로 몹시 바쁘다. ……다른 것은 도무지 할 수 없다. ……철학자들의 생각을 선별해서 다음 순서대로 모았다. 신, 지성, 법, 사랑, 인간의 신성(神性), 믿음, 유혹, 말, 자기희생, 영원성, 선(善), 친절, 사람과 신의 합일, 기도, 자유, 완전, 노동 등."

1905년 8월, 톨스토이는 일기에 다음과 같이 적고 있다.

"《인생이란 무엇인가》를 개정하고 증보했다. 이제 두 배 부피가 되었다. 두 달 동안 신문과 잡지를 포함해 다른 것은 전혀 읽지 못했다. 그러나 나는 지금 더없이 만족스럽다."

이 새로운 내용은 여러 해 동안의 묵상을 통해 기록해 둔 것과 이전의 일기에 적어둔 자신의 단상(斷想)을 800개쯤 더한 것이었다. 톨스토이는 하루하루의 일기를 자신의 단상으로 시작해 다른 출처의 인용문을 덧붙이고, 다시 자신의 생각으로 마무리했다. 또한 매주 끝에 '이레째 읽을거리'를 실어 한 주간의 도덕, 철학 또는 종교적 주제에 어울리는 52개의 짧은 이야기들을 포함시켰다. 이 이야기는 톨스토이가 직접 썼으며, 나머지는 플라톤, 부처, 도스토옙스키, 파스칼, 레스코프, 체호프 등의 글에서 가려 뽑거나 풀어 쓴 것이다. '이레째 읽을거리'에 등장하는 톨스토이의 산문체는 그의 초창기 소설들에서 보이는 세련미 넘치는 문체와 대조를 이루며 톨스토이 작품을 즐겨 읽는 독자에게 또 다른 즐거움을 선사한다.

뒷날 파스테르나크와 솔제니친이 감탄해 마지않았던 이 이야기들은 명료하고 쉽고 소박한 언어로 기록되었으며, 젊은이들을 비롯한 모든 일반 대중을 위해 쓰인 글이다. 톨스토이는 이 이야기들에서 단순한 형식과 철학적 깊이를 결합시켰다. 어수룩하고 많이 배우지 못한 사람이라도 쉽게 이해할 수 있는 책을 쓰고자 했던 톨스토이는 일찍이 몇몇 부유층과 특정 계급이 즐기는 고급문화 속의 소설 쓰기에 회의를 느끼고 있었다. 톨스토이는 수백만 독자들을 즐겁게 하고 그들 민중의 삶에 실제 지침이 될 수 있는 교양과 정신적 안내서를 목표로 했다. 1904년 12월 21일에 톨스토이는 2판 교정쇄를 살펴본 다음 일기에 이렇게 썼다.

"나는 《인생이란 무엇인가》를 창작할 때 세계에서 가장 뛰어나고 지혜로운 사상가들과 정신적 교류를 나누면서 내내 높은 영적·도덕적 경지를 경험했다."

이 책은 개정판에서 '레프 톨스토이가 날마다 읽을 수 있도록 수집하고 정리한 진리와 삶과 행동에 관한 많은 저술가들의 지혜로운 생각들'로 바뀌었다. 그리고 처음 간행될 때부터 톨스토이는 언제나 이 책을 책상 위에 가까이 두고 자주 뒤적이곤 했다. 1905년부터 1910년까지 하루도 빠짐없이 그는 책에 제시된 그 날의 생각들을 읽었고 친구들에게도 이 습관을 권했다. 1908년 5월 16일, 톨스토이는 쿠제프라에게 이런 편지를 썼다.

"지구상에서 누구보다 지혜로웠던 사람들과 교류하지 않고서 어떻게 살 수 있는지 도무지 이해할 수 없습니다. ……이 책을 읽기 때문에 나는 날마다 더 행복해집니다."

톨스토이는 생애 마지막 해인 1910년에 세 번째로 개정된 이 책을 준비해 《삶의 길》이라는 제목으로 세상에 내놓았다.

딸 알렉산드라(사샤)에게 작별인사를 하는 톨스토이 V.I. 로신스키. 1911.

《인생이란 무엇인가》는 소련 치하에서 영적 측면을 지향하며 종교 인용문이 지나치게 많다는 이유로 출간이 금지되었다가, 페레스트로이카 시대 1995년 러시아에서 다시 이 책이 출간되자 온 국민의 사랑을 받으며 짧은 기간 내에 300만 부 이상이 판매되는 성과를 거두었다.

톨스토이는 이 책의 1판이 간행되었을 때 매우 기뻐하며 말했다.

"내 저술들은 시간이 흐르면 잊힐지 모르지만 이 책만큼은 절대 사람들의 기억에서 사라지지 않을 것이다."

그는 대문호이자 위대한 사상가였으며 또한 종교가였다. 그런 이유에서 그는 세계문학사상 불굴의 영예를 누리며 21세기에 들어서도 도스토옙스키와 더불어 최고의 작가라는 평가를 받고 있다. 부유한 지주 귀족의 아들로 태어나 어느 시골 초라한 간이역에서 폐렴으로 세상을 떠나기까지 톨스토이는 늘 인생에 대해 절박한 고뇌를 체험하고 거기서 얻은 사상을 현실에서 구현하려고 애썼다. 러시아의 부조리와 죄악에 대해 인류 위대한 사상가들처럼 행동하는 지성으로 대신 속죄하려고 했던 것이다.

《인생이란 무엇인가》는 도덕적 저술가로서 인간의 양심을 크게 뒤흔들어 놓은 톨스토이의 마지막 저작이다. 그 생애 만년을 장식하며 인간으로서 참된 행

〈진리란 무엇인가〉 니콜라이 게. 1890. 모스크바 트레차코프 미술관. 그리스도와 빌라도의 대화

복이 무엇인지 스스로 일생을 통해 얻은 교훈을 집대성한, 시대를 뛰어넘는 위대한 삶의 지침서라 할 수 있다. 또한 인류 최고의 지성들과 정신과 영혼의 교류를 가능케 하는 사상, 정신, 종교, 예술의 총체적 결정판이라 할 수 있으리라.

톨스토이는 1910년 11월 7일 라잔 우랄 철도의 작은 간이역 아스타포보(오늘날 톨스토이역) 역장 관사에서 운명했다. 《인생이란 무엇인가》의 편집자였던 비류코프에 따르면, 톨스토이는 임종을 앞두고 그의 머리맡을 지키던 딸 타챠나에게 《인생이란 무엇인가》의 10월 28일 부분을 읽어달라고 부탁했다 한다. 톨스토이가 죽음을 앞두고 말없이 집을 나온 바로 그날이었다. 타챠나가 나직한 목소리로 글을 읽어주자 톨스토이는 이렇게 중얼거렸다고 한다. "모두 나무랄 데 없어. 매우 간결하고 훌륭해. 그래, 정말 그렇군!" 이때 그가 딸 타챠나에게 읽어달라고 부탁한 10월 28일의 계명은 다음과 같다.

"고뇌는 활동에 박차를 가한다. 그리고 우리는 오로지 활동하는 가운데서만 생명을 느낄 수 있다."(칸트)

"편안한 환경에 익숙해져서는 안 된다. 그것은 곧 과거가 될 것이니, 가진 자는 잃어버릴 것을 생각하고, 행복한 자는 괴로움을 배워두어야 하리라."(실러)

얼마 뒤, 임종을 맞아 달려온 부인 소피아가 병상의 톨스토이를 끌어안으면서 용서를 빌며 흐느끼자 "아니, 내 잘못이 크오. 영원한 내 사랑 소피아." 톨스토이는 아내 소피아를 꼭 끌어안았다. 그가 마지막으로 남긴 말은 "진리를…… 나는 영원히 사랑한다. ……왜 사람들은……?"이었다.

고정일 최홍근 채수동, 우리 순수한 그 젊은 날 1950년대 청계천 책방 시절, 대문호 톨스토이가 심혈을 기울여 저술한 인류 지혜의 유산을 초역중역본으로 읽고 깊은 감명을 받아 러시아판 완역본을 온전한 한글문장으로 복원해 내야 할 필요성을 느꼈다. 그 꿈은 러시아 문학을 전공한 채수동이 주러시아 대사관에서 근무하며 3000만 권을 소장한 세계 최대 레닌도서관을 드나들면서 싹트기 시작했다. 1958년 모스크바 국립예술문학출판소에서 완간한 《톨스토이 저작 전집》 전90권에서 이 대저작의 마지막 개정판인 41, 42《레프 니콜라예비치 톨스토이가 하루하루 나누어 읽을 수 있도록 정리한 진리와 삶과 행동에 관한 여러 저술가들의 지혜로운 생각들》을 바탕으로, 그리고 영어판·독일어판·프랑스어판·일어판을 참조했다. 이 본격적 대작업은 1993년 1월에 시작하여 2003년 12월에야 마무리할 수 있었다. 10년이라는 각고의 세월을 뮌헨대학원 김양순, 치바대학원 김은희의 열정적인 도움으로 이겨낼 수 있었음에 깊은 감사를 드린다.

톨스토이 탄생 177주년을 맞으며

채수동

채수동

한국외국어대학교 러시아어과 졸업. 미국 뉴욕대학교 대학원 수료(러시아문학). 미국 콜럼비아대학교 대학원 수학. 주러시아대사관 총영사. 주수단대사관 대사. 한국외국어대학교 러시아문학 강의. 지은책《한 외교관의 러시아 추억》. 옮긴책 톨스토이 《사람은 무엇으로 사는가》《이반 일리치의 죽음》《크로이체르 소나타》, 도스토옙스키《죄와 벌》《악령》《카라마조프 형제들》《백야》

Лев Николаевич Толстой
Круг чтения

인생이란 무엇인가

레프 톨스토이 지음/채수동 옮김

1판 1쇄 발행/2007. 4. 1
2판 1쇄 발행/2021. 3. 1
2판 2쇄 발행/2024. 3. 1
발행인 고윤주
발행처 동서문화사
창업 1956. 12. 12. 등록 16-3799
서울 중구 마른내로 144 동서빌딩 3층
☎ 546-0331~2 Fax. 545-0331
www.dongsuhbook.com
잘못된 책은 구입하신 곳에서 바꾸어드립니다.
*

사업자등록번호 211-87-75330
ISBN 978-89-497-1804-0 04080
ISBN 978-89-497-0382-4 (세트)